and yet if I should
really try.....

No. 6.

.... and there's so
many other privileges,
that .... perhaps.....

never mind,
I reckon I'm good enough
as I am.

MARK TWAIN

ICH BIN DER ESELHAFTESTE MENSCH, DEN ICH JE GEKANNT HABE

NEUE GEHEIMNISSE MEINER AUTOBIOGRAPHIE

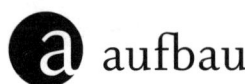 aufbau

Mark Twain, Tuxedo Park, New York, 1907

MARK TWAIN

ICH BIN DER ESELHAFTESTE MENSCH, DEN ICH JE GEKANNT HABE

NEUE GEHEIMNISSE MEINER AUTOBIOGRAPHIE

Herausgegeben von
Benjamin Griffin und Harriet Elinor Smith

unter Mitarbeit von
Victor Fischer, Michael B. Frank,
Sharon K. Goetz und Leslie Diane Myrick

Aus dem amerikanischen Englisch
von Hans-Christian Oeser

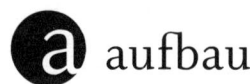 aufbau

Die Originalausgabe unter dem Titel
Autobiography of Mark Twain. The Complete and Authoritative Edition, Volume 2
erschien 2013 bei University of California Press, USA.
Die amerikanische Ausgabe entstand als Veröffentlichung
des Mark Twain Project der Bancroft Library.
Mark Twain Project® ist eine eingetragene Marke.

Mit 46 Abbildungen und einem Frontispiz

Die Arbeit des Übersetzers am vorliegenden Text wurde vom
Deutschen Übersetzerfonds gefördert.

ISBN 978-3-351-03333-0
2 Bände

Aufbau ist eine Marke der Aufbau Verlag GmbH & Co. KG

1. Auflage 2014
© Aufbau Verlag GmbH & Co. KG, Berlin 2014
© 2013 The Regents of the University of California
Published by arrangement with University of California Press
Lektorat Nele Holdack
Einband- und Schubergestaltung hißmann, heilmann, Hamburg
unter Verwendung eines Motivs von unbekannt (Vorderseite)
und Underwood & Underwood (Rückseite). Der Abdruck erfolgt in beiden Fällen mit freund-
licher Genehmigung von Mark Twain Project, The Bancroft Library
Satz LVD GmbH, Berlin
Druck und Binden Kösel, Krugzell
Printed in Germany

www.aufbau-verlag.de

Vorbemerkung

Zu Mark Twains Bewunderern gehören so unterschiedliche Literaten wie Ernest Hemingway und Stephen King, Jonathan Franzen und J. K. Rowling – durchaus bemerkenswert für einen Autor, dessen erste Erfolge bis weit ins 19. Jahrhundert zurückreichen. Twain ist nicht »nur« ein Schriftsteller für bürgerlich-bildungsbeflissene Klassikfreunde, sondern der bis heute populäre Urheber oft leicht daherkommender, immer gewichtig nachwirkender Texte, der scheinbar mühe- wie endlos neue Leser aller Altersgruppen für sich einnehmen kann.

Dank *Tom Sawyer* und vor allem *Huckleberry Finn* gilt Mark Twain schlicht als Begründer der amerikanischen Literatur. Er war der Erste, der über die einfachen Leute schrieb und den Südstaatensound in der (Hoch-)Literatur erklingen ließ. Seine Figuren sprachen auf einmal wie die buntgemischten echten Menschen Amerikas. Und heute, fast ebenso erstaunlich, unerhört und ungekannt, spricht dieser Mark Twain plötzlich direkt zu uns: modern, persönlich und ganz so, wie man sich sonst nur im engsten Kreis seiner Freunde äußern mag. Der Leser, der sich nach der Lektüre des vorliegenden Bandes nicht zu diesen engen Freunden zählt, muss erst noch gefunden werden.

Denn pünktlich zu seinem hundertsten Todestag liefert uns Mark Twain auch im 21. Jahrhundert, dem 3. Jahrhundert in Folge, ein in die Zeit passendes neues Hauptwerk, einen neuen Bestseller. Wie das? Er hatte verfügt, dass seine Autobiographie hundert Jahre unter Verschluss gehalten werde (nur für wenige, von ihm eigens dafür zensierte Textpassagen ließ er eine Ausnahme gelten), damit er sich »so frank und frei und schamlos wie ein Liebesbrief« äußern könne. Der Plan, auf den er damals verfiel, diese geheime Autobiographie nämlich zu diktieren, statt sie mit der Feder zu schreiben, und sie nicht chronologisch zu erzählen, sondern einzig dem aktuellen Erzählinteresse folgend, geht in grandioser Weise auf. Ganz nebenbei nimmt Twain damit auch noch Textformen vorweg, die erst im Internet allgemein üblich werden sollten und die moderne Kommunikation revolutionierten.

Beeindruckend modern also spricht er zu uns, dieser Mark Twain, äußert Gedanken, über die wir mit ihm in einen aktiven Dialog treten, ja, über die er uns zum Freund wird. Diese unglaubliche Erfahrung durften wir erstmals machen, als wir vor zwei Jahren den ersten Teil dieses Mammutwerks lasen, *Meine geheime Autobiographie*. Damals öffnete Mark Twain dem erstaunten Leser seine Haustür und gewährte ihm Einlass in seine privatesten (Gedanken-)Räume.

Jetzt, mit dem vorliegenden neuen Band, zeigt sich dieser uns liebgewordene Freund noch empfindsamer und unverstellter. Längst sitzen wir in trauter Einigkeit bei ihm auf der herrlichen Terrasse von Upton House in New Hampshire (vgl. Abb. S. 329–335), und noch immer hat er uns Neues und Gewichtiges zu erzählen, überrascht uns, erstaunt uns, bringt uns zum Lachen und zum Nachdenken mit Texten, die hier zu mehr als zwei Dritteln erstmals zugänglich gemacht werden können (in der von ihm für seine Autobiographie intendierten, genau festgelegten Weise gilt das sogar für das gesamte Konvolut). Inzwischen hat der autobiographisch anfangs noch tastende Autor die letzten Unsicherheiten bezüglich seines Diktier- und Erzählprinzips abgelegt, denn davon, dass seine Methode funktioniert, nach der er über 30 Jahre suchen musste, hatte er sich längst überzeugt.

Als engagierter Zeitgenosse spricht er auf seine unvergleichliche Art schonungslos wie weitgefächert über gesellschaftliche Themen, die uns heute noch genauso bewegen wie ihn damals: über Steuerhinterzieher und korrupte Politiker; über die Frage nach dem Wert geistigen Eigentums im Zeitalter neuer Technologien; über die Einsamkeit, das Erinnern, das Altern. Aber er zeigt sich auch verspielt, privat und gefühlvoll wie nie zuvor – etwa wenn er hinreißend vom Leben mit seinen Kindern erzählt (was war er nur für ein fortschrittlicher Vater), berührend vom Tod seiner Frau (eine große, lebenslange Liebe), selbstkritisch und erheiternd von seinem unfehlbaren Talent, die falschen Investitionen zu tätigen und die wirklich guten Chancen ungenutzt zu lassen (nicht ohne Grund sagt er von sich, er sei der eselhafteste Mensch, den er je gekannt habe, und er weiß, »immer wenn ein Esel Gelegenheit hat, sein Talent zu erproben, ist er zur Stelle«). Er verrät uns, was er von Mesmerismus und Hypnose, von Phrenologen, Handlesern oder Selbstmördern hält, und vergleicht die Wirkung von Literatur, Wagner-Opern und »Nigger-Shows« – und zeichnet damit ganz nebenbei eine Kulturgeschichte, ein Psychogramm seines Amerikas. Zunehmend nimmt er Alltägliches wie seine drei Babykatzen, seine Meinung über Männermode und das Billardspiel in den Erzählstrom auf: Sujets, die eine Lebensgeschichte bunt und vergnüglich machen und uns diesen Ausnahmemenschen besonders nahebringen – und die ihm stets Anlass bieten für weitere kleine oder auch größere Wahrheiten und Lebensgeständnisse.

Nicht nur können wir hier einem bezaubernd eselhaften Menschen zuhören, beipflichten und widersprechen, mit ihm lachen, unserem eigenen Ärger über die Ungerechtigkeiten des Lebens und unserer Mitmenschen Luft machen, sondern vor allem mit einem der klügsten, hellsichtigsten, warmherzigsten Zeitgenossen (ja, zum Zeitgenossen wird er durch seine Art des Dialogs mit uns) echte, tiefe Gedanken austauschen, unsere eigenen Überlegungen in den seinen spiegeln oder sie, von ihm angeregt, weiterspinnen. Kaum einer hat das Herz so deutlich am rechten Fleck wie dieser große Freund und Kenner der Menschen. Dank dieses späten Hauptwerks trifft hier und jetzt immer noch zu, was der damals 61-jährige Twain bereits 1896 hinsichtlich einer Falschmeldung in der Presse über seinen angeblich kritischen Gesundheitszustand verlauten ließ: »Die Nachricht von meinem Tod ist stark übertrieben.« Wie recht er bis heute damit hat.

Nele Holdack

Inhalt

Mark Twains
Autobiographie

Montag, 2. April 1906

Regierung des neuen Territoriums Nevada – Gouverneur Nye und die Witzbolde – Mr. Clemens beginnt Leben als Journalist beim Virginia City Enterprise *– Berichtet über Sitzungsperiode der Legislative – Er und Orion leben im Wohlstand – Orion baut Zwölftausend-Dollar-Haus – Gouverneur Nye verwandelt das Territorium Nevada in einen Staat*

BEFÖRDERUNG FÜR BARNES, DER VON TILLMAN SCHELTE EINGESTECKT HATTE

Ließ Frau aus Weißem Haus hinauswerfen; soll Postmeister werden

---

MERRITT ERHÄLT NEUE POSITION

Jetziger Postmeister von Washington wird Zolleinnehmer in Niagara – Platt nicht zu Rate gezogen

Sonderbericht der New York Times

WASHINGTON, 31. März – Präsident Roosevelt überraschte die Hauptstadt heute Nachmittag mit der Bekanntgabe, er werde Benjamin F. Barnes zum Postmeister von Washington ernennen, in der Nachfolge des New Yorkers John A. Merritt. Mr. Merritt, der hier mehrere Jahre als Postmeister gedient hat, ist als Zolleinnehmer für den Hafen von Niagara vorgesehen, wo er dem verstorbenen Major James Low nachfolgt.

Mr. Barnes ist derzeit stellvertretender Sekretär des Präsidenten. Erst kürzlich hatten die Zeitungen ausführlich über ihn berichtet, weil er die gewaltsame Entfernung von Mrs. Minor Morris aus dem Weißen Haus angeordnet hatte, einer Frau aus Washington, die ihre Aufwartung machte, um den Präsidenten zu sprechen. Was an dem

Fall für Aufmerksamkeit sorgte, war nicht so sehr der Hinauswurf an sich als vielmehr die Gewaltsamkeit, mit der er ausgeführt wurde.

Mrs. Morris, die sich, soweit Zeugen beobachten konnten, mit Barnes in gewöhnlichem Plauderton und ohne Anzeichen von Erregung unterhalten hatte, wurde von zwei Polizisten gepackt und an den Armen aus dem Gebäude und über den Asphaltweg vor dem Weißen Haus geschleift, eine Entfernung, die zwei gewöhnlichen Häuserblocks entspricht. Einen Teil der Strecke trug ein Neger sie an den Füßen. Ihr Kleid wurde zerrissen und zertrampelt.

Wegen ordnungswidrigen Verhaltens sperrte man sie ein, und als verlautbarte, dass sie bei solcherart Anschuldigung wieder auf freien Fuß gesetzt würde, wurde ein Polizeibeamter, ein Verwandter von Barnes, ins Untersuchungsgefängnis geschickt, der den Vorwurf geistiger Unzurechnungsfähigkeit gegen sie erhob, damit sie weiter festgehalten werden könne. Folglich wurde sie weiter festgehalten, bis zwei Ärzte sie untersucht und für zurechnungsfähig erklärt hatten. Barnes wurde dafür von Mrs. Morris, von verschiedenen Zeitungen und im Senat von Mr. Tillman angeprangert.

Die Ernennung von Barnes zum Postmeister so bald nach diesem Zwischenfall hat hier für endlosen Gesprächsstoff gesorgt. Sie wird dem Präsidenten als Geste ausgelegt, mit der er Barnes sein Vertrauen ausspricht und ihn für die Unbill entschädigt, die er im Zuge der öffentlichen Kritik an seinem Vorgehen zu erdulden hatte.

Wieder Orion Clemens. Um fortzufahren.

Die Regierung des neuen Territoriums Nevada stellte eine interessante Menagerie dar. Gouverneur Nye war ein alter und erfahrener Politiker aus New *1861* York – ein Politiker, kein Staatsmann. Er hatte weißes Haar; er war in guter körperlicher Verfassung; er hatte ein einnehmend freundliches Gesicht und tiefglänzende braune Augen, die den Ausdruck jeder Empfindung, jeder Erregung, jeder Gefühlsbewegung wie eine Muttersprache beherrschten. Seine Augen konnten seine Zunge in Grund und Boden reden, und das will was heißen, denn er war ein äußerst bemerkenswerter Redner, sowohl im Privatleben als auch beim öffentlichen Werben um Unterstützer. Er war ein scharfsinniger Mann; für gewöhnlich schaute er hinter die Dinge und nahm wahr, was unter der Oberfläche vor sich ging, ohne sich anmerken zu lassen, dass er diese Vorgänge auch nur ins Auge gefasst hatte.

4

Wenn Erwachsene Schabernack treiben, sagt dieser Umstand einiges über sie aus. Sie haben ein beschränktes, unbedeutendes und ignorantes Leben geführt, und noch im besten Mannesalter halten sie an einem Restposten übriggebliebener Normen und Ideale fest, die sie, wären sie in die Welt und in ein erfüllteres Leben hinausgezogen, bereits in der Jugend aufgegeben hätten. In dem neuen Territorium gab es viele derartige Witzbolde. Ich finde kein Vergnügen daran, diesen Umstand aufzudecken, denn ich konnte diese Leute gut leiden; aber was ich sage, ist wahr. Ich wünschte, ich könnte stattdessen etwas Freundlicheres über sie sagen – dass sie Einbrecher waren oder Garderobendiebe oder etwas, was nicht völlig unschmeichelhaft wäre. Ich würde es vorziehen, kann diese Dinge aber nicht sagen, sie wären nicht wahr. Diese Leute waren Witzbolde, und ich werde nicht versuchen, das zu maskieren. In anderer Hinsicht waren sie reichlich anständige Leute; ehrliche Leute; achtbar und liebenswert. Erfolgreich spielten sie einander Streiche und zogen die Bewunderung, den Beifall und auch den Neid der übrigen Gemeinschaft auf sich. Natürlich waren sie begierig, ihre Kniffe auch an Großwild auszuprobieren, und genau das war der Gouverneur für sie. Aber sie konnten keinen Erfolg für sich verbuchen. Sie unternahmen wiederholt Anstrengungen, doch der Gouverneur machte diese mühelos zunichte und fuhr fort, sein freundliches Lächeln zu lächeln, so als wäre nichts geschehen. Schließlich taten sich die obersten Witzbolde von Carson City und Virginia City zusammen, um herauszufinden, ob sie nicht mit vereintem Talent einen Sieg erringen könnten, denn allmählich gerieten die Witzbolde in eine höchst unangenehme Lage. Statt über das vorgesehene Opfer zu lachen, lachten die Leute über sie. Zu zehnt rotteten sie sich zusammen und luden den Gouverneur zu etwas ein, was damals einer ganz besonderen Aufmerksamkeit gleichkam – zu Champagner und eingelegten Austern, Luxusartikeln, die man in dieser Gegend nur sehr selten zu Gesicht bekam und die eher als Phantasmen denn als Tatsachen existierten.

Der Gouverneur nahm mich mit. Abschätzig sagte er:

»Das ist ein armseliger Versuch. Ich lasse mich nicht täuschen. Ihre Absicht ist es, mich unter den Tisch zu trinken und dort liegen zu lassen, und von ihrem Standpunkt aus wird es sehr lustig sein. Aber sie haben die Rechnung ohne mich gemacht. Ich bin mit Champagner vertraut und hege gegen ihn keinerlei Vorurteile.«

Das Schicksal des Streichs entschied sich erst um zwei Uhr morgens. Zu dieser Stunde war der Gouverneur gelassen, freundlich, sorgenfrei, zufrieden, glücklich – und nüchtern, obwohl er so abgefüllt war, dass er nicht lachen konnte, ohne Champagnertränen zu vergießen. In ebendieser Stunde gesellte sich der letzte, in höchster Vollkommenheit berauschte Witzbold zu seinen Kameraden unter den Tisch. Der Gouverneur äußerte:

»Hier sitzen wir auf dem Trockenen, Sam, gehen wir uns was zu trinken besorgen und dann ins Bett.«

Die offizielle Menagerie des Gouverneurs hatte sich aus den niedrigsten Rängen seiner heimischen Anhängerschaft zusammengesetzt – harmlosen, guten Kerlen, die ihn bei seinen Wahlkampagnen unterstützt hatten, und nun bezogen sie ihren Lohn in Form von schmalen Gehältern, die ihnen in nahezu wertlosen Dollar-Scheinen ausgezahlt wurden. Diesen Jungs fiel es schwer, mit ihren Einkünften auszukommen. Orions Gehalt betrug achtzehnhundert Dollar im Jahr, und damit konnte er nicht einmal sein Wörterbuch unterhalten. Doch die Irin, die im Mitarbeiterstab des Gouverneurs hierhergekommen war, berechnete der Menagerie nur zehn Dollar pro Kopf und Woche für Kost und Logis. Orion und ich gehörten zu ihren Kostgängern; und zu diesen günstigen Bedingungen hielt das Silber, das ich von zu Hause mitgebracht hatte, sehr lange vor.

Zunächst streifte ich auf der Suche nach Silber durchs Land, doch Ende 62 oder Anfang 63, als ich aus Aurora heraufkam, um ein Leben als Journalist beim *Virginia City Enterprise* zu beginnen, wurde ich unverzüglich nach Carson City geschickt, um über die Sitzungsperiode der Legislative zu berichten. Schon bald war Orion bei den Mitgliedern der gesetzgebenden Körperschaft ausgesprochen beliebt, denn sie stellten fest, dass sie, während sie normalerweise weder einander noch sonst jemandem trauten, ihm trauen konnten. In diesem Landstrich war er unstrittiger Träger des Ehrlichkeitsgürtels, doch in pekuniärer Hinsicht nützte ihm das herzlich wenig, denn dafür, Gesetzgeber umzustimmen oder einzuschüchtern, besaß er kein Talent. Ich hingegen befand mich in einer anderen Lage. Ich saß jeden Tag in der Legislative, um mit ausgewogener Gerechtigkeit Lob und Tadel zu verteilen und selbige jeden Morgen auf

*1862
oder 63*

6

einer halben Seite des *Enterprise* auszubreiten, folglich war ich ein Mann von Einfluss. Ich brachte die Legislative dazu, ein kluges und absolut notwendiges Gesetz zu verabschieden, dem zufolge jedes Unternehmen, das im Territorium Geschäfte machte, seine Satzung vollständig, ohne auch nur ein Wort auszulassen, in ein Register eintragen lassen musste, das der Sekretär des Territoriums verwalten sollte – mein Bruder. Alle diese Satzungen waren in exakt demselben Wortlaut abgefasst. Für diese Dienstleistung durfte er Gebühren von vierzig Cent pro Blatt à hundert Wörter erheben; außerdem fünf Dollar für die Ausstellung einer Bescheinigung über den Eintrag und so weiter. Jeder hatte eine Konzession für eine Mautstraße, aber keine Mautstraße. Doch die Konzession musste eingetragen und bezahlt werden. Jeder war eine Minengesellschaft und musste sich eintragen lassen und dafür bezahlen. Gut und schön, wir lebten im Wohlstand. Die Registerverwaltung warf durchschnittlich tausend Dollar im Monat ab, in Gold.

Gouverneur Nye hielt sich oft außerhalb des Territoriums auf. Dann und wann fuhr er nach San Francisco, um sich ein Päuschen von der territorialen Zivilisation zu gönnen. Niemand beschwerte sich darüber, denn er war ungemein beliebt. In seinen Anfängen in New York oder Neuengland war er Postkutscher gewesen und hatte die Gewohnheit angenommen, sich Namen und Gesichter einzuprägen und mit seinen Fahrgästen gut Freund zu sein. Als Politiker war ihm das nützlich gewesen, und durch Übung erhielt er seine Künste weiterhin lebendig. Nach einem Jahr als Gouverneur hatte er jedem im Territorium Nevada die Hand geschüttelt, und danach erkannte er diese Leute auf den ersten Blick wieder und konnte sie mit Namen anreden. Die gesamte Bevölkerung, alle zwanzigtausend Seelen waren seine persönlichen Freunde, und er konnte tun und lassen, was er wollte, und sicher sein, dass sie damit zufrieden waren. Wann immer er sich außerhalb des Territoriums aufhielt – was meistens der Fall war –, versah Orion das Amt an seiner statt als kommissarischer Gouverneur, ein Titel, der bald und leichthin zu »Gouverneur« verkürzt wurde. Mrs. Gouverneur Clemens genoss es, Gattin eines Gouverneurs zu sein. Noch nie hat jemand auf diesem Planeten einen hohen Rang mehr genossen als sie. Ihre Freude, an der Spitze der Gesellschaft zu stehen, war so unverhohlen, dass sie jede Kritik und sogar allen Neid verstummen ließ. Da sie des Gouverneurs

7

Gattin war und an der Spitze der Gesellschaft stand, sah sie sich nach einem geeigneten Haus um, in dem sie nun leben könnten – einem Haus, das solchen Würden angemessen wäre –, und vermochte Orion unschwer zu überreden, ein solches zu bauen. Orion konnte zu allem überredet werden. Unbesonnen baute und möblierte er ein Haus im Wert von zwölftausend Dollar, und in der Wüstensalbei-Hauptstadt gab es kein anderes, das in Stil und Aufwendungen an diese Immobilie herangereicht hätte.

Als sich Gouverneur Nyes vierjährige Amtsperiode dem Ende näherte, lüftete sich das Geheimnis, weshalb er sich jemals dazu bereitgefunden hatte, den großen Staat New York zu verlassen, und diese Eselhasenwüste besiedeln half: Er war hierher gezogen, um US-Senator zu werden. Jetzt musste er nur noch das Territorium in einen Staat verwandeln, was er ohne jede Schwierigkeit bewerkstelligte. Der Flecken Sand und die spärliche Bevölkerung waren nicht sonderlich geeignet für die schwere Bürde einer Staatsregierung, aber was soll's, die Menschen spielten mit bei der Umwandlung, und so ging der Plan des Gouverneurs auf.

Es sah zumindest so aus, als ob auch Orions Pläne aufgingen, denn dank seiner Ehrlichkeit war er ebenso beliebt, wie es der Gouverneur aus stichhaltigeren Gründen war; im entscheidenden Moment jedoch machte sich ohne Vorwarnung die angeborene Launenhaftigkeit seines Charakters bemerkbar, und das Unheil folgte auf dem Fuße.

Dienstag, 3. April 1906

Noch einmal der Barnes-Zwischenfall – Barnes zum Postmeister von Washington ernannt – Mr. Clemens bereitet Rede über König Leopold von Belgien vor, zieht sie jedoch zurück, nachdem er erfährt, dass unsere Regierung in dieser Angelegenheit nichts zu unternehmen gedenkt – Beabsichtigt, im Majestic Theatre über den »amerikanischen Gentleman« zu sprechen, gibt sich angesichts der Länge des ersten Programmteils aber geschlagen – Theodore Roosevelt, der amerikanische Gentleman – Mark-Twain-Brief bei Nast-Auktion für dreiundvierzig Dollar verkauft – Telegraphischer Bericht, dass Mr. Clemens in London im Sterben liege – Reporter interviewen ihn für amerikanische Zeitungen

Dienstag, 3. April 1906

BARNES' BERUFUNG VERÄRGERT WASHINGTON

»Weißes Haus wendet Holzhammermethoden an«, titelt eine Lokalzeitung

---

SENAT KÖNNTE BERUFUNG AUFHALTEN

Neuer Postmeister als schmarotzender »Carpetbagger« bezeichnet –
Bürger empfinden Berufung als Beleidigung

Sonderbericht der New York Times

WASHINGTON, 2. April – Die Entscheidung des Präsidenten, seinen stellvertretenden Sekretär Benjamin F. Barnes zum Postmeister von Washington zu berufen, hat
einen Sturm ausgelöst. Sie wird als Berufung eines »Carpetbagger« kritisiert, kommt
Barnes doch aus New Jersey. Mitglieder des Repräsentantenhauses und des Senats
sind erzürnt, und angeblich wird man den Versuch unternehmen, die Bestätigung zu
vereiteln.

Die Entrüstung, die das Thema hervorruft, zeigt sich heute Abend an der Aufmachung des *Evening Star*, des treuesten Regierungsanhängers unter den Zeitungen
der Stadt. Der Fall Barnes schlägt Wellen auf allen Seiten des Blattes. Da ist zunächst
eine Karikatur, die den Präsidenten zeigt, wie er dem District of Columbia eine April-
scherz-Zigarre überreicht, die explodiert, und im Rauch ist Barnes' Gesicht zu erkennen, während der Präsident ruft: »April, April!« Es folgen drei Spalten Interviews mit
prominenten Bürgern des Bundesdistrikts und Kongressmitgliedern, die die Berufung
allesamt verurteilen.

Auch der Leitartikel befasst sich mit dem Thema, und darin heißt es, der Präsident
habe »seinen taktlosen und allzu energischen Rausschmeißer« belohnt, indem er ihm
für das Doppelte seines gegenwärtigen Salärs das Washingtoner Postamt anver-
traute. Der *Star* schreibt:

»Logisch betrachtet, bleibt nur noch, auch die Polizisten, die sich die Ehre des
Morris-Rauswurfs mit Mr. Barnes teilen, auf Kosten des Bundesdistrikts zu belohnen.
Was werden sie ernten – eine Position als Polizeirichter, als Polizeidirektor oder gar
als Polizeipräsident?«

Der *Star* druckt eine Reihe von Auszügen aus anderen Zeitungen ab, die die Be-

9

rufung ins Lächerliche ziehen. Zudem sind auf der Seite des Leitartikels einzelne Absätze wie diese verstreut:

Die Holzhammermethoden des Weißen Hauses in Bezug auf das örtliche Postwesen könnten die Kunden vielleicht auch der Notwendigkeit entheben, ihre eigenen Briefmarken anzulecken.

Sosehr die Oyster Bay den Präsidenten auch unterstützt, sie würde vor Entrüstung aufbegehren, sollte er seinen Einfluss geltend machen, um hiesige Männer aus hiesigen Ämtern zu verdrängen.

Der Kasper, der sich den Aprilscherz ausgedacht hat, verliert von Jahr zu Jahr an Schmiss. Sein Sinn für Humor tritt nur noch selten in erschütterndem Ausmaß in Erscheinung. Die kürzlich erfolgte Berufung eines Postmeisters für Washington bietet ein Gegenbeispiel, ist aber nur eine jener Ausnahmen, die die Regel bestätigen.

Wenn Ihre Briefe zukünftig den Anschein erwecken, von einem Wirbelsturm erfasst, durch ein Eisenbahnwrack gejagt und durch den Fleischwolf gedreht worden zu sein, wissen Sie, dass sie aus dem Washingtoner Postamt stammen. Aber bemühen Sie sich gar nicht erst aufs Postamt, um Beschwerde einzulegen, es sei denn, Sie suchen körperliche Ertüchtigung. Damen sollten in dieser Hinsicht äußerste Vorsicht walten lassen.

Einige lokale Schützlinge des Präsidenten begeistern sich für Mr. Barnes ungefähr so, wie sie es vor nicht allzu langer Zeit für den Schandpfahl taten.

Es herrscht der starke Eindruck vor, dass Niagara Falls in der Frage der Berufungen bei weitem das bessere Los gezogen hat.

Der letzte Satz bezieht sich auf die Versetzung von Postmeister Merritt nach Niagara Falls, mit der Platz für Mr. Barnes gemacht wurde. Schließlich druckt der *Star* Leserbriefe von Bürgern ab, die sich gegen die Berufung verwahren.

Unter den Interviews mit prominenten Bürgern findet sich eines mit R. Ross Perry, einem führenden Anwalt, der sagt: »Anscheinend glaubt der Präsident, der Bundesdistrikt sollte regiert werden, wie die Römer eine eroberte Provinz regiert haben.« D. William Oyster nennt das Ganze »eine Beleidigung für unsere Gemeinde«. Mason W. Richardson sagt: »Wir scheinen keine Rechte zu besitzen, die Respekt verdienen.« John Ridout sagt: »Angesichts des Temperaments von Mr. Barnes, wie es sich im Morris-Zwischenfall offenbart hat, sind die Aussichten auf befriedigende Unterredungen zwischen ihm und den Bürgern, die ihr Recht ausüben, die Handhabung seines Amtes zu kritisieren, nicht eben ermutigend.«

Soweit ich mich erinnere, habe ich den Barnes-Zwischenfall im Auge behalten, indem ich hier gelegentlich einen informativen Zeitungsausschnitt habe einfließen lassen. Wenn bei dieser Prozession von Signaltafeln überhaupt etwas fehlt, dann ist es der vor einigen Wochen geschriebene Brief des Präsidenten. Vielleicht habe ich ihn eingefügt. Möglicherweise nicht. Aber es kommt nicht *1906* darauf an. Es läuft aufs Gleiche hinaus. Er war herrlich brutal, freiheraus herzlos. Er enthielt nicht ein Wort des Mitgefühls für die misshandelte Dame; und ein ebenso auffallendes Merkmal des Briefes war, dass er nicht ein Wort des Mitgefühls für den Präsidenten enthielt. Bestimmt hatte jeder andere Mitleid mit ihm und schämte sich für ihn. Er enthielt nicht ein Wort der Zurechtweisung oder auch nur des Tadels an Barnes' Verhalten, vielmehr war dessen Billigung so überdeutlich, dass es an Lob grenzte.

Und jetzt hat der Präsident diesen schamlosen Sklaven zum Postmeister von Washington ernannt. Die Dreistigkeit – die verblendete Dummheit – dieser Angelegenheit ist erstaunlich. Sie wäre geradezu unglaubwürdig, wenn sie von einem anderen Menschen der Vereinigten Staaten ausginge als von unserem unglaublichen Präsidenten.

Als Choate und ich einwilligten, am 22. Januar in der Carnegie Hall zu sprechen, zusammen mit Booker Washington und zugunsten seines Tuskegee Institute, wollte ich zunächst jenen Dieb und Mörder, Leopold II., König der Belgier, zum Gegenstand nehmen und bereitete sorgfältig eine Rede vor – schrieb sie sogar mehrere Wochen vorher vollständig nieder. Als der festgesetzte Termin jedoch näher rückte, begann ich der Haltung unserer Regierung gegenüber Leopold und seinen teuflischen Bosheiten zu misstrauen. Zweimal fuhr ich nach Washington und hielt Rücksprache mit dem Außenministerium. Mir kam der Verdacht, dass die Überzeugung der Congo Reform Association, in der Kongo-Frage stehe die verpfändete Ehre unserer Regierung auf dem Spiel, eine Übertreibung sei; dass die Association gewissen öffentlichen Dokumenten, die mit

11

dem Kongo zusammenhängen, eine Bedeutung beimesse, die vom Wortlaut der Dokumente nicht gestützt wird. Mit einem letzten Besuch im Außenministerium war der Fall erledigt. Das Ministerium hatte sein dem Präsidenten und mir zuvor gegebenes Versprechen, die Angelegenheit erschöpfend zu prüfen und herauszufinden, wie unsere Regierung dazu stehe, gehalten. Es stellte sich heraus, dass unsere Regierung nicht zu den vierzehn christlichen Regierungen gehörte, die sich verpflichtet hatten, Leopold zu überwachen und ihn in die Schranken des Vertrages zu verweisen. Unsere Regierung war nur gefühlsmäßig betroffen, nicht offiziell, nicht praktisch, nicht in Form einer festen Zusicherung oder eines Versprechens. Unsere Regierung war in der Lage, sich in Form von Gebeten oder Protesten einzumischen, aber das hätte auch eine Sonntagsschule gekonnt. Ich wusste, die Administration würde von angemessen diplomatischer Höflichkeit sein und sich aus dem Schlamassel heraushalten; daher zog ich mich persönlich von der Aufgabe, in den Vereinigten Staaten die Kongo-Frage zu erörtern, zurück und schrieb der Bostoner Zweigstelle, dass es mir leidtue, unserer Nation weiterhin mit den Gräueltaten, die Leopold an den hilflosen schwarzen Eingeborenen des Kongo begehe, das Herz erweichen zu wollen, da die Gefühle der Nation völlig umsonst aufgewühlt würden – denn die Nation könne nichts ausrichten außer über ihre Regierung und die Regierung selbst werde natürlich nichts unternehmen.

So unterdrückte ich die Rede und hielt an ihrer Stelle eine über ein anderes Thema. Aber bevor ich dieses Thema wählte, prüfte ich ein anderes und bereitete eine Rede darüber vor. Hätte diese Rede einen Titel gehabt, hätte er vermutlich gelautet: »Was ist ein amerikanischer Gentleman?«, oder vielleicht auch: »Amerika, Land der Freien und Heimat der Tapferen und der Ungehobelten« – oder vielleicht hätte er gelautet: »Die unhöfliche Nation«. Ich warf die Rede nicht weg, sondern bewahrte sie auf in der Hoffnung auf eine günstige Gelegenheit.

Diese günstige Gelegenheit bot sich vor ein paar Wochen, als ich an einem Sonntagnachmittag im Majestic Theatre vor zweitausend Christlichen Jungen Männern sprechen sollte, die sich womöglich für die Ansichten eines Experten über die Eigenschaften, die einen amerikanischen Gentleman ausmachen, interessierten. Aber wieder musste ich mich geschlagen geben. Das Programm war von der üblichen Art, bei der zahlreiche Personen einer großen Sache ohne Honorar viel Zeit und Mühe widmen, und zum Lohn musste einer jeden gestattet sein, vorzutreten und vor dem Publikum herumzutänzeln. Ein Mann, der nicht reden konnte, redete. Und eine Frau, die nicht singen konnte, sang. Ein weiterer Mann, der nicht reden konnte, redete. Eine Band mit Streichinstrumenten und Klavier machte ein paar Geräusche, und als sich der Saal schon freute, dass das Elend ein Ende finde, verstand das die Kapelle als Rufe nach Zugabe und begann von neuem mit den Geräuschen. Daraufhin las ein Mann, der nicht lesen konnte, ein Kapitel aus der Bibel – und so nahm das Chaos seinen Lauf. Von Zeit zu Zeit ließ Gott in seiner unerforschlichen Weisheit die Sängerin abermals auf uns los. Ich dachte schon, ich würde nie an die Reihe kommen. Als es endlich doch so weit war, merkte ich, dass ich meinen Part um die Hälfte kürzen musste; dass ich mich statt mit einer Stunde mit 50 Prozent davon zufriedengeben musste. Folglich sprach ich über einen Text – einen guten Text –, den einer der Redner, die nicht reden konnten, hatte fallenlassen, der nicht wusste, dass er ihn hatte fallenlassen, und ihn nicht vermisste. Und so musste ich meine Ausführungen darüber, was der amerikanische Gentleman sein sollte, abermals unterdrücken.

Nun, alles wendete sich zum Guten. Nach wie vor kommt zu dem, der warten kann, alles mit der Zeit. Ich habe gewartet, weil mir nichts anderes übrigblieb, aber mein Lohn stellte sich trotzdem ein. Ich brauche nicht länger zu erläutern, was ein amerikanischer Gentleman zu sein habe – das ganze Feld lässt sich mit einem Halbsatz abdecken, und man erspart sich eine mühsame einstündige Rede, indem man einfach sagt, was der amerikanische Gentleman ist. Er ist Theodore Roosevelt, Präsident der Vereinigten Staaten.

Ich scherze nicht, vielmehr ist es mein völliger Ernst, wenn ich die Ansicht vertrete, dass unser Präsident *der* repräsentative amerikanische Gentleman ist – der von heute. Ich glaube, er ist so eindeutig und definitiv der repräsentative amerikanische Gentleman von heute, wie Washington der repräsentative amerikanische Gentleman seiner Zeit war. Roosevelt stellt das ganze Argument dafür und dagegen dar, in seiner Person. Er repräsentiert, was der amerikanische Gentleman nicht sein sollte, und zwar klar, verständlich und erschöpfend, genauso wie er repräsentiert, was der amerikanische Gentleman *ist*. Wir sind die

13

mit Abstand ungehobelste aller Nationen, ob zivilisiert oder primitiv, die heute den Planeten bevölkern, und unser Präsident steht für uns wie ein Kolossaldenkmal, das von allen Enden der Erde sichtbar ist. Er ist furchtbar hartherzig und grob, wo ein anderer Gentleman Freundlichkeit und Zartgefühl an den Tag legen würde. Als seine widerliche Kreatur, dieser falsch eingesetzte Arzt, dieser entehrte Gouverneur von Kuba, dieser Taschenspieler von einem Generalmajor Leonard Wood, kürzlich sechshundert hilflose Wilde in ein Loch pferchte, jeden Einzelnen von ihnen abschlachten und nicht einmal eine Frau oder ein Kind entkommen ließ, legte Präsident Roosevelt – repräsentativer amerikanischer Gentleman, erster amerikanischer Gentleman – Herz und Seele unserer gesamten Nation von Kavalieren in den Entzückensruf, den er an Wood telegraphierte, um ihn zu dieser »großartigen Heldentat« zu beglückwünschen und ihn dafür zu loben, dass er »die Ehre der amerikanischen Flagge hochgehalten« habe.

Roosevelt ist der mit Abstand schlechteste Präsident, den wir je gehabt haben, und zugleich der am meisten bewunderte und am meisten zufriedenstellende. Die Bewunderung und Verehrung der Nation für ihn und ihr Stolz auf ihn sind weit herzlicher, umfassender und verbreiteter als alles, was bisher an einen Präsidenten verschwendet worden ist, einschließlich McKinley, Jackson und Grant.

Hat sich der Morris-Barnes-Zwischenfall erledigt? Möglicherweise ja; möglicherweise nein. Wir werden ihn im Auge behalten und abwarten. Fürs Erste scheint es dort in Washington so etwas wie eine Revolte eines Halbdutzends anständiger Leute und einer Zeitung zu geben, aber allzu sehr dürfen wir nicht darauf bauen. Es ist nur eine begrenzte Revolte und kann jederzeit zum Schweigen gebracht werden durch Schmähungen vonseiten der riesigen patriotischen Bande ergebener Leibeigener, der Herausgeber amerikanischer Zeitungen.

Dies stand heute in der Morgenzeitung:

MARK-TWAIN-BRIEF VERKAUFT

Geschrieben an Thomas Nast, schlägt eine gemeinsame Tournee vor

14

Dienstag, 3. April 1906

Ein handgeschriebener Brief von Mark Twain erbrachte bei der gestern durch die Merwin-Clayton Company abgehaltenen Versteigerung von Bibliothek und Korrespondenz des verstorbenen Karikaturisten Thomas Nast $ 43. Der Brief umfasst neun Seiten, ist mit Hartford, 12. Nov. 1877, datiert und an Nast gerichtet. In Auszügen lautet er wie folgt:

Hartford, 12. Nov.

Mein lieber Nast: Ich hätte nicht gedacht, dass ich, bis die Zeit für mich gekommen ist, zu sagen: »Ich sterbe unschuldig«, je wieder auf einem Podium stehen würde. Aber es treffen weiterhin die gleichen alten Angebote ein, die jedes Jahr eingetroffen und jedes Jahr abgelehnt worden sind – $ 500 für Louisville, $ 500 für St. Louis, $ 1000 in Gold für zwei Nächte in Toronto, die Hälfte der Bruttoeinnahmen in New York, Boston, Brooklyn &c. Wie gewöhnlich habe ich sie alle abgelehnt, obwohl ich wie gewöhnlich stark versucht war, sie zu akzeptieren.

Nun, ich lehne nicht ab, weil ich etwas dagegen hätte, zu einem Publikum zu sprechen, sondern weil es (1) so herzzerreißend trostlos ist, allein zu reisen, und weil es (2) eine so stimmungstötende Verantwortung ist, die ganze Show allein zu schultern.

Deswegen schlage ich Ihnen jetzt vor, was Sie mir im November 1867 – vor zehn Jahren (als ich noch unbekannt war) – vorgeschlagen haben, nämlich: dass Sie auf dem Podium stehen und Bilder zeichnen, während ich neben Ihnen stehe und das Publikum beschimpfe. Es würde mir ungeheuren Spaß machen, in Ihrer Gesellschaft durchs Land zu mäandern (in große Städte – in kleine will ich nicht).

Der Brief enthält eine Liste mit Städten und die Anzahl der jeweils geplanten Auftritte.

So sollte es sein. Es ist äußerst lobenswert. Ich spreche es selbst aus, damit nicht andere verständige Personen vergessen, es zu tun. Offenbar sind vier meiner alten Briefe versteigert worden, drei davon für siebenundzwanzig Dollar, achtundzwanzig Dollar respektive neunundzwanzig Dollar und der oben erwähnte für dreiundvierzig Dollar. Damit verbunden ist der sehr erfreuliche Umstand, dass sich der Geldwert meiner Literatur im Zeitraum von sechsunddreißig

15

Jahren mehr als behauptet hat. Ich schätze, dass der Dreiundvierzig-Dollar-Brief für etwa zehn Cent pro Wort versteigert worden sein muss, während sein Marktwert, hätte ich ihn heute geschrieben, dreißig Cent betragen würde – demnach habe ich zwei- oder dreihundert Prozent an Wert gewonnen. Ich hebe einen weiteren erfreulichen Umstand hervor – dass sich ein Brief von General Grant für etwas weniger als achtzehn Dollar verkauft hat. Ich werde niemals die Höhe General Grants in der Achtung dieser Nation erreichen, aber zu wissen, dass er, wenn es um Briefliteratur geht, nicht mit mir in der vordersten Reihe sitzt, erfüllt mich mit tief empfundener Freude.

Da fällt mir ein – vor neun Jahren, als wir am Tedworth Square, London, wohnten, wurde den amerikanischen Zeitschriften die Meldung telegraphiert, ich läge im Sterben. Das war nicht ich. Es war ein anderer Clemens, ein Cousin von mir – Dr. J. Ross Clemens, jetzt in St. Louis ansässig –, der dem Tod geweiht war, ihm aber bald mittels irgendeines Winkelzuges oder einer anderen Eigenheit des Clemens-Clans noch einmal von der Schippe sprang. Amerikanische Telegramme in der Hand, begannen die Londoner Vertreter amerikanischer Zeitungen in Scharen herbeizuströmen, um sich nach meinem Befinden zu erkundigen. Mir fehlte rein gar nichts, und einer nach dem anderen war erstaunt und enttäuscht, mich lesender- und rauchenderweise in meinem Arbeitszimmer und als Gegenstand transatlantischer Nachrichten nahezu wertlos vorzufinden. Einer dieser Männer war ein sanfter, freundlicher, ernster und mitfühlender Ire, der seinen Kummer, so gut er konnte, verbarg, sich Mühe gab, erfreut dreinzublicken, und mir sagte, seine Zeitung, die *Evening Sun*, habe ihm telegraphiert, in New York werde berichtet, dass ich tot sei. Was er denn zurücktelegraphieren solle? Ich sagte:

»Schreiben Sie, die Nachricht sei stark übertrieben.«

Er lächelte nicht, sondern ging mit feierlicher Miene davon und gab das Telegramm mit diesem Wortlaut auf. Die Welt war von der Bemerkung angenehm überrascht, und bis auf den heutigen Tag taucht sie, wenn Leute Anlass haben, Übertreibungen zu dementieren, hin und wieder in den Zeitungen auf.

Der nächste Mann war ebenfalls Ire. Er hatte sein New Yorker Überseetelegramm – von der *New York World* – in der Hand und versuchte dessen In-

halt so offenkundig mit sanften Ausreden und Beschönigungen herunterzu-
spielen, dass meine Neugier geweckt war und ich sehen wollte, was tatsächlich
darin stand. So nahm ich es ihm bei passender Gelegenheit aus der Hand. Es
lautete:

»Falls Mark Twain im Sterben liegt, fünfhundert Wörter schicken. Falls tot,
tausend.«

Nun wurde dieser alte Brief von mir gestern für dreiundvierzig Dollar verkauft. Wenn ich tot bin, wird er sechsundachtzig wert sein.

Mittwoch, 4. April 1906

*Noch einmal der Morris-Fall – Was diese Autobiographie leisten möchte: ein
Spiegel sein – Mehr über die Nast-Auktion; Lorbeeren für Mr. Clemens –
Zeitungsausschnitte über den Empfang des Women's University Club; Mr. Clemens
kommentiert sie – Vassar-Benefizveranstaltung im Hudson Theatre;
Mr. Clemens trifft viele alte Freundinnen*

DER FALL MRS. MORRIS IM SENAT

Barnes' Nominierung macht Weg frei für Untersuchung

Sonderbericht der New York Times

WASHINGTON, 3. April Die Kritik an der Ernennung von Mr. Roosevelts stellvertre-
tendem Sekretär B. F. Barnes zum Postmeister von Washington hält an. Inzwischen hat
es den Anschein, als werde es schwierig, die Ernennung durch den Senat zu bringen.
Hauptgrund für den Widerstand ist, dass Barnes Mrs. Minor Morris aus dem Weißen
Haus werfen ließ. Der Senatsausschuss für Postämter und Postwege hat beschlossen,
Barnes' Vorgehen im Morris-Fall zu untersuchen, und für morgen sind Augenzeugen
des Vorfalls geladen, um vor dem Ausschuss zu erscheinen und auszusagen. Dies ist
genau die Art Untersuchung, die Mr. Tillman beantragt und die der Senat verweigert
hatte. Infolge der Entscheidung des Präsidenten, Barnes zum Postmeister zu berufen,
wird sie nun doch durchgeführt. Die Zeugen, die vor dem Ausschuss erscheinen sollen,

waren nicht gebeten worden, bei der Untersuchung auszusagen, die der Präsident durchführte, als er befand, dass Barnes' Vorgehensweise gerechtfertigt war.

Heute wurde wild darüber spekuliert, wer Mr. Barnes' Nachfolger als stellvertretender Sekretär wird. In der heutigen Ausgabe des *Evening Star* sind den einschlägigen Mutmaßungen anderthalb Spalten gewidmet, und es heißt, Spitzenkandidaten seien John L. McGrew, ein Mitarbeiter im Büro des Weißen Hauses; Warren Young, Bürovorsteher; M. C. Latta, persönlicher Stenograph des Präsidenten; James J. Corbett aus New York sowie Robert Fitzsimmons, Augustus Ruhlin und James J. Jeffries.

Der Artikel ist mit zwei Fotos von Corbett und Fitzsimmons versehen.

Das ist formidabel und ruft bei mir sanftes Entzücken hervor. Die Pointe der ganzen Angelegenheit liegt in den letzten vier Namen, die in dem Bericht erwähnt werden. Diese vier Männer sind Berufsboxer – die gefeiertsten unter den heute lebenden.

Hat sich der Vorfall damit erledigt? Wieder können wir es nicht sagen. Womöglich bleibt sein Gestank noch tausend Jahre in der amerikanischen Geschichte hängen.

Meine Autobiographie unterscheidet sich von anderen Autobiographien – unterscheidet sich von *allen* anderen Autobiographien, vielleicht mit Ausnahme der von Benvenuto. Die herkömmliche Biographie aller Zeitalter ist ein offenes Fenster. Der Autobiograph sitzt da und mustert und bespricht die Leute, die vorübergehen – nicht alle, aber doch die berüchtigten, die berühmten; die, die schöne Uniformen tragen und, wenn's nicht regnet, Kronen; und hochbedeutsame Dichter und bedeutsame Staatsmänner – glanzvolle Persönlichkeiten, mit denen in Berührung zu kommen er das besondere Privileg hatte. Gern winkt er denen, die da vorübergehen, einen anerkennenden Gruß zu, und gern stellt er fest, dass die anderen ihm dabei voller Bewunderung zusehen. Gern tut er so, als wäre er an den vereinzelten Persönlichkeiten, die die guten Kleider tragen, nur interessiert, um seine Leser zu interessieren, und sich dabei seiner selbst gewissermaßen gar nicht bewusst.

Aber meine Autobiographie ist keine solche Autobiographie. Meine Autobiographie ist ein Spiegel, in dem ich die ganze Zeit mich selbst betrachte.

Zufällig bemerke ich auch die Leute, die hinter mir vorübergehen – ich erhasche ihren flüchtigen Anblick im Spiegel –, und wann immer sie etwas sagen oder tun, was dazu beiträgt, mich zu preisen, mir zu schmeicheln und mich in meiner eigenen Achtung steigen zu lassen, halte ich diese Dinge in meiner Autobiographie fest. Ich freue mich, wenn mir ein König oder Herzog über den Weg läuft und sich in dieser Autobiographie nützlich macht, doch das sind seltene Gäste, die Abstände zwischen ihnen groß. Auf meinem Weg kann ich sie effektvoll als Leuchttürme und Denkmäler einsetzen, aber was das Eigentliche betrifft, bin ich auf das gemeine Volk angewiesen.

Hier noch etwas mehr über die Nast-Auktion:

30 CENT FÜR McCURDY-GEDICHT

Weitere literarische Kuriositäten aus der Nast-Sammlung versteigert

Der Verkauf von handschriftlichen Briefen, Tuschzeichnungen, Bleistift- und Federskizzen, Eigentum des verstorbenen Karikaturisten Thomas Nast, wurde gestern von der Merwin-Clayton Company fortgesetzt.

Fünf Briefe von Theodore Roosevelt als Polizeichef, Oberst der Rough Riders, Gouverneur und Präsident an Mr. Nast, in denen er sich für Skizzen bedankt und seiner innigen Freundschaft zu dem Karikaturisten Ausdruck verleiht, erzielten Preise zwischen $ 1,50 und $ 2,25.

Ein handgeschriebener Brief und ein Gedichtautograph von Richard A. McCurdy, adressiert an Nast, brachten zusammen mit einer maschinengeschriebenen Abschrift des Gedichts 30 Cent ein.

Der folgende Brief, von General Philip H. Sheridan an Nast geschrieben, wurde für $ 12,25 von J. H. Manning, einem Sohn des verstorbenen Daniel Manning, ersteigert:

12. Mai 1875

Lieber Nast:

Es stimmt. Am kommenden 30. Juni werde ich ein verheirateter Mann sein, es sei denn, zwischen Glas und Lippe gibt's doch noch manche Klippe, was kaum der Fall sein dürfte. Aus vielerlei Gründen, darunter der kürzliche Tod meines Vaters, werde ich kein Hochzeitsfest ausrichten.

Ich bin sehr glücklich, wünschte aber, die verd-e Sache wäre endlich vorbei. Ihr ergebener

SHERIDAN

PS und M. I. – Das Beigefügte ist für Ihren Ältesten. Bitte schicken Sie mir Ihres, damit ich es für meinen aufbewahren kann.

P. H. S.

Ein von Lincoln verfasster Brief, der auf ein Stück weiße Seide mit verblasstem rotem Fleck gelegt war, wurde für $ 38 verkauft. Das beigefügte Zertifikat erläuterte, die Seide sei von dem Kleid, das Laura Keene an dem Abend der Ermordung Lincolns getragen habe, und der Fleck stamme von seinem Blut.

General W. T. Shermans Brief an Nast, datiert 9. März 1879, der ein Zeugnis über die Verdienste des Karikaturisten um Armee und Marine bestätigt, wurde für $ 6 verkauft.

Eine Mappe mit Skizzen von Lincoln, Sumner, Greeley, Walt Whitman sowie vielen Aquarellskizzen erbrachte $ 75.

Eine Skizze von William M. Tweed und seinem Gefährten Hunt im Arrest erbrachte $ 21. Zwei zusammengehörige Weihnachtsskizzen aus Nasts Feder, die ein Kind darstellen, das mit Santa Claus telefoniert, je $ 43. Eine Skizze von General Grant wurde für $ 36 ersteigert. Eine Skizze des »G. O. P.«-Elefanten* erbrachte $ 28. Eine Skizze des Heilands en face mit Heiligenschein $ 65.

Ein signiertes Foto von Theodore Roosevelt aus dem Jahr 1884 wurde für $ 5 ersteigert.

Es erfüllt mich mit großer Genugtuung, dass ich noch immer allen voraus bin – Roosevelt, Sherman, Sheridan, selbst Lincoln. Das sind schöne Lorbeeren, aber sie werden keinen Bestand haben. Es wird eine Zeit kommen, da einige verwelken. Es wird ein Tag kommen, da ein bloßer Kratzer von Mr. Lincolns Feder einen höheren Preis erzielt als ein ganzer Korb mit meinen Briefen. Es wird eine Zeit kommen, da ein Kratzer von der Feder jener unsterblichen

---

* [G.O.P. = Grand Old Party für Republican Party, dt. Republikanische Partei, deren Wappentier der Elefant ist; Anm. des Übers.]

Soldaten Sherman und Sheridan einen höheren Preis erzielt als tausend meiner Kratzer, und so werde ich meine Vorrangstellung auskosten, solange es mir vergönnt ist. Ich werde mir diesen Zeitungsausschnitt, solange er neu und wahr ist, vierzig-, fünfzigmal durchlesen und die verheerende Zukunft sich selbst überlassen.

Ich übergehe die aufwühlenden Nachrichten, die heute Morgen aus Russland kamen, um Platz für diesen Zeitungsausschnitt von einer halben Kolumne zu schaffen, denn dieser Zeitungsausschnitt handelt von mir.

MARK TWAIN SPICHT MIT COLLEGE-FRAUEN

Sagt, von nun an wird er nur noch mit Alumnae sprechen

ERZÄHLT DIESE GESCHICHTE ÜBER TWICHELL

Fünfhundert Frauen schütteln ihm die Hand und
überschütten ihn mit hübschen Sätzen

Der Women's University Club und Mark Twain verschafften sich gestern gegenseitig Unterhaltung. Der Club gab einen Empfang mit dem Autor als Ehrengast, und sämtliche Mitglieder sowie zahlreiche ihrer Anverwandten und Freundinnen fanden sich ein, um ihn zu treffen. Es waren mindestens 500 gekommen, und eine jede hatte Mr. Clemens etwas zu sagen, als sie ihm die Hand schüttelte.

Jemand, der alles verfolgt hatte, sagte, ziemlich viele seien »Wiederholungstäterinnen« gewesen und zweimal vorgetreten, um ihm die Hand zu schütteln.

Im Laufe eines langen Lebens hat Mr. Clemens andere Erfahrungen gesammelt, bei denen College-Mädchen eine Rolle spielten, und an sie erinnerte er sich nun. Einige der Mädchen, mit denen er gestern sprach, waren die Enkelinnen von Mädchen, denen er früher einmal begegnet war.

»Ich muss doch nichts sagen, oder?«, fragte ein Mädchen, dem noch keine interessante Bemerkung eingefallen war, als sie dem Ehrengast die Hand schüttelte.

»Nein, gewiss nicht«, sagte Mr. Clemens, »in der Hinsicht bin ich selber schüchtern.«

»Seit ich drei war, warte ich auf diese Gelegenheit«, sagte ein anderes Mädchen. »So lange ist es her, dass mir mein Vater die Bilder in *Die Arglosen im Ausland* gezeigt hat.«

»Ich überbringe eine Botschaft von zwei kleinen Mädchen«, sagte eine ältere Frau. »Sie möchten, dass Sie noch so eine hübsche Geschichte wie *Der Prinz und der Bettelknabe* schreiben und ihnen das erste Exemplar schicken«, und Mark Twain versprach es fröhlich.

Mr. Clemens hatte zugesagt, im Club eine Rede zu halten, da er jedoch erkältet war, entschuldigte er sich. Allerdings ließ er sich dazu überreden, »sein Garn zu spinnen«.

Man brachte ein kleines Podest herein, das für die Ansprache vorbereitet worden war, aber damit gab er sich nicht zufrieden.

»Ich glaube, es ist nicht hoch genug«, sagte er, »denn nur wenn ich die Gesichter der Leute sehen kann, weiß ich, was sie denken.« Dann trug man auf seinen Wunsch einen Stuhl herbei, der auf das Podest gestellt wurde, und den bestieg er. Vor einem dankbareren Publikum hat der alte Hase von Autor nie gesprochen.

»Ich bin nicht hier, junge Damen, um eine Rede zu halten«, sagte er, »sondern höchstens etwas, was sich aus der Ferne wie eine solche ausnimmt. Ich wage nicht, eine Rede zu halten, denn ich habe keinerlei Vorbereitungen getroffen, und wenn ich es auf leeren Magen versuche – ich meine, auf leeren Verstand –, bin ich mir unsicher, welchen Frevel ich begehen könnte.

Was Auftritte gegen Bezahlung betrifft und vor Leuten, die Eintrittsgeld entrichten müssen, werde ich mich am 19. dieses Monats in der Carnegie Hall in aller Form für immer vom Podium verabschieden, doch andere Anlässe habe ich noch nicht aufgegeben.

Von nun an werde ich das Podium nur noch zu Bedingungen heimsuchen, die mir gefallen – wenn ich nicht bezahlt werde, um zu erscheinen, und wenn niemand bezahlen muss, um Einlass zu erhalten, und ich werde nur vor Zuhörerschaften aus College-Mädchen sprechen. Viele Jahre lang habe ich mich für das öffentliche Wohl abgerackert, jetzt aber werde ich nur noch zu meiner eigenen Befriedigung reden.«

Dann »spann« Mr. Clemens »sein Garn«.

Es war eine Geschichte über eine Wanderung mit Reverend Joseph Twichell, die das Publikum unterhaltsam fand. Jedenfalls schien sie die College-Frauen zu unterhalten.

22

MARK TWAIN IM WOMEN'S UNIVERSITY CLUB VON COLLEGE-MÄDCHEN ANGEBETET

MARK TWAIN SUHLT SICH IN MÄDCHEN

Fünfhundert umlagern im Women's University Club ihrer aller Sweetheart

---

DA ER NICHT ALLE SEHEN KANN, BESTEIGT ER EINEN STUHL

Wird mit Eiscreme gefüttert, um seine schwindenden Kräfte zwischen Delegationen von »Wiederholungstäterinnen« neu zu beleben

---

Mark Twain ist süchtig nach College-Mädchen!

Dabei macht er zwischen den Colleges keinen Unterschied. Er liebt sie alle! Das gestand er gestern vor rund fünfhundert von ihnen im Women's University Club. Falls er sich zu vorübergehender Zärtlichkeit für Barnard hat hinreißen lassen, so entschuldigte er dies damit, dass Barnard zwar nicht seine größte, wohl aber seine letzte Liebe sei.

Von 4 bis 6 suhlte sich Mr. Clemens in den Mädchen und war glücklich wie ein König. Er schaute ihnen mit neugierigen Blicken ins Gesicht und legte eine freundschaftliche Hand auf diese oder jene Schulter, während er sich eine Geschichte ausdachte, um ein Lächeln auf ein Paar hübsche Lippen zu zaubern. Und als er sie nicht in ausreichender Zahl sehen konnte, bestieg er einen Stuhl, so dass er bis zum Horizont nichts als Mädchen erblickte – Mädchen mit Osterhüten und bezaubernden Kleidern; Mädchen, die in Gegenwart ihres gemeinsamen Sweetheart vor Entzücken erröteten.

Sein Herz ist wahrhaftig

»Am 19. dieses Monats«, sagte Mark, »werde ich in der Carnegie Hall für immer und in aller Form Abschied vom Podium nehmen. Das heißt, soweit es um Auftritte gegen Bezahlung geht. Aber eigentlich habe ich das Podium überhaupt nicht wirklich hinter mir gelassen. Ich werde fortfahren, es zu besteigen, sooft ich will und solange die Bedingungen meinen Wünschen entsprechen. Ich meine, wenn niemand, der zahlt, Zutritt erlangt und niemand außer jungen College-Damen sich im Saal befindet.«

23

Jubel unterbrach ihn.

»Fünfunddreißig oder vierzig Jahre lang«, fuhr Mr. Clemens fort und schüttelte ausgiebig seine Löwenmähne, »habe ich mich für das öffentliche Wohl abgerackert. Für den Rest meiner Zeit beabsichtige ich, nur noch zu meiner persönlichen Befriedigung zu arbeiten.« Sein Lächeln schloss sie alle ein. Mr. Clemens hatte nicht vorgehabt, sich an seine Mädchen als Gruppe zu wenden. Wie er erklärte, mochte er es gar nicht, »eine unvorbereitete Rede zu halten, da sich unmöglich vorhersagen ließ, welche Art Frevel ihm auf leeren Magen unterlaufen mochte – will sagen, auf leeren Verstand«. Aber der Druck war zu viel für ihn. Er war gekommen, um als Ehrengast das Privileg zu haben, sich mit all den College-Frauen einzeln zu unterhalten.

So stand er nun an einem Ende des langgestreckten Salons im Clubhaus am Madison Square North, zu seiner Rechten Miss Maida Castelhun, die Präsidentin, eine Erscheinung in kohlrabenschwarzer Spitze auf blauer Seide, die ihn unterstützte – ja ihn zuweilen buchstäblich stützte. Zu seiner Linken, ganz in Weiß, Miss Cutting von Vassar, die ihm die Mädchen vorstellte, während Miss Hervy vom Organisationskomitee Mr. Clemens' schwindende Kräfte mit gelegentlichen Leckerbissen aus dem Erfrischungsraum neu belebte und die »Wiederholungstäterinnen« unter denen, die ihn begrüßten, wachsam im Auge behielt.

Füttert ihn mit Charlotten

Miss Hervys hochgewachsene Gestalt bot einen herrlichen Anblick, wie sie immer wieder, den Zipfel ihres hellgrauen Talars über den Arm geworfen, gleich einem Schiff unter vollen Segeln durch die Menge pflügte und mit weißbehandschuhter Hand eine Charlotte russe emporhielt.

»Bevor Mr. Clemens ein weiteres Wort sagt, braucht er das hier«, rief sie dann, und die Schlange kam zum Stillstand, während der Humorist das Dargebotene gehorsam verschlang. Wiederholungstäterinnen ermutigte er ungeniert.

»Ich traf eine Dame, die ich erst kurz zuvor am Vassar College gesehen hatte«, sagte er, als er eine Vassar-Hand hielt, »und stellte fest, dass ich die Dinge völlig neu sortieren musste, denn inzwischen ist sie Großmutter. Vielleicht treffe ich gerade einige ihrer Enkelinnen. Es ist ein furchtbares Durcheinander, wissen Sie.«

Einige von ihnen erklärten, ihr ganzes Leben auf diesen Augenblick gewartet zu haben. Eine flüsterte im Vorübergehen:

»Ich muss doch nichts sagen, oder?«

»Nein«, erwiderte Mr. Clemens, »in diesen Dingen bin ich selber schüchtern.«

»Wollen Sie nicht die Geschichte vom Blauhäher erzählen?«

»Ich bin mit *Tom Sawyer* aufgewachsen.«

»Wollen Sie nicht noch ein Buch wie *Der Prinz und der Bettelknabe* für uns schreiben?« Das waren einige der Sätze, die auf ihn einprasselten.

Ein Hauch Natur

Doch das Beste war die kleine Studienanfängerin, die mit tanzenden Augen auf ihn zustürzte, ihm einen festen Händedruck gab und fragte:

»Sagen Sie, war da Eiscreme drin? – Die schmecken vorzüglich.«

Als Mark Twain ihnen ein »Garn« zu spinnen versprach, wurde ein kleines Podest herbeigeschafft.

»Aber ich brauche einen Stuhl«, sagte er. »Ich kann ja gar nicht sehen, was Sie da draußen treiben.«

Ein Dutzend Hände streckten sich ihm entgegen, um ihm hinaufzuhelfen, und er erzählte die Geschichte von Twichell und ihm, als er dreieinhalb Stunden lang nach einer verlorenen Socke suchte – in der Wüste eines deutschen Schlafzimmers, »einer modernen Sahara gleich«.

Dann setzte er sich auf seinen Stuhl, und die Mädchen gruppierten sich zu seinen Füßen.

Es ist offenkundig, dass dieser Reporter dabei war. Er sah nicht alles, und er hörte nicht alles, aber er sah und hörte den Großteil der Veranstaltung und sah und hörte mit beträchtlicher Genauigkeit. Er hat recht, wenn er schreibt, ich sei süchtig nach College-Mädchen. Es war nie anders. Übrigens beweist Susys Biographie, dass es schon vor mehr als zwanzig Jahren so war. Sogar noch früher, wie das Smith College bezeugen kann. Die Vassar-Episode wurde von dem alten Ziegenbock beeinträchtigt, der damals dort Präsident war, doch den lieblichen Anblick der Vassar-Mädchen an jenem ebenso reizenden wie teuflischen

25

Tag wird nichts je beeinträchtigen können. Es war ein lieblicher Anblick, und die Erinnerung daran wird nicht schwinden.

Vorgestern drängte sich ganz Vassar, alt und neu, im Hudson Theatre, und ich war dabei. Anlass war eine von Vassar und dessen Freunden ausgerichtete Benefizveranstaltung zugunsten armer Studentinnen, die dabei unterstützt werden sollten, die Collegekurse zu durchlaufen. Mir war nicht bewusst, dass ich Bestandteil der Veranstaltung sein sollte, und als ich es herausfand, trat mir in meiner Verzweiflung eine höchst unangenehme Schamröte ins Gesicht. In Wahrheit waren Verzweiflung und Schamröte künstlich hergestellt, denn im Grunde genommen freute ich mich. Als mich die Damen, nachdem die Darbietung vorüber war, durch den Saal zur Bühne geleiteten, war ich so verlegen, dass mich alle bewunderten, und das rührte mich. Ich tue derlei Dinge mit einer Kunstfertigkeit, die selbst erfahrene und abgebrühte Zyniker hinters Licht führt. Es hat lange gedauert und mir viel Übung abverlangt, mich in dieser Kunstfertigkeit zu vervollkommnen, aber es war der Mühe wert. Sie macht mich zu dem einnehmendsten alten Ding, das sich je unter vertrauensselige Mädchen begeben hat. Auf der Bühne hielt ich einen ein- bis zweistündigen Empfang ab, und ganz Vassar, alt und neu, schüttelte mir die Hand. Einige der Neuen waren zu schön für Worte, und zu ihnen war ich sehr freundlich. Ich hoffte so sehr, jemand würde mir einen Kuss für meine Mutter geben, wagte aber nicht, es selbst vorzuschlagen. Sobald es jedoch geschah, gab ich mein Bestes, damit es ansteckend wirkte, was mir auch gelang. Es erforderte Kunstfertigkeit, aber die hatte ich vorrätig. Ich *schien* die Alten und die Neuen so zu nehmen, wie es sich gerade ergab, ohne Unterschied, doch ich wendete das prozentuale Verhältnis zu meinen Gunsten und, wie ich meine, ohne dass jemand Verdacht schöpfte.

In diesem Schwarm begegnete ich mindestens einem halben Dutzend hübscher alter Mädchen wieder, denen ich bereits in ihrer Blüte in Vassar begegnet war, damals, vor so langer Zeit, als Susy und ich dem College einen Besuch abstatteten. Gestern im University Club waren fast alle fünfhundert jung und reizend, unberührt von Sorgen, nicht verblasst vom Alter. Es waren Mädchen von Smith, Wellesley, Radcliffe, Vassar und Barnard zusammen mit etlichen College-Mädchen aus dem Süden, dem Mittleren Westen und der Pazifikküste.

26

Vor ein paar Wochen hielt ich den Barnard-Mädchen an der Columbia University eine Moralpredigt, und jetzt war es, als befände ich mich unter alten Freundinnen. Es waren Dutzende, viele Dutzende von Barnard-Mädchen, und ich hatte ihnen bereits in Barnard die Hand geschüttelt. Wie schon gesagt, hörte der Reporter gestern viele Dinge, aber es gab etliche, die er nicht hörte. Ein süßes Geschöpf wollte mir etwas ins Ohr flüstern, und ich war durchaus nicht abgeneigt. Sie stellte sich auf die Zehenspitzen, hob ihre zierliche Gestalt, indem sie mir ihre samtenen Hände auf die Schultern legte, zu mir herauf und fragte mit ihren Lippen an meinem Ohr: »Wie gefällt es Ihnen, die Schönheit von New York zu sein?« Es war so zutreffend und wohltuend, dass sich mein Gesicht hochrot verfärbte und ich nicht antworten konnte. Das war dem Reporter entgangen.

Zwei Mädchen, eines aus Maine, das andere aus Ohio, waren Enkelinnen von Mitreisenden, die bei der Expedition der »Arglosen im Ausland« vor neununddreißig Jahren mit mir an Bord der *Quaker City* gewesen waren. Natürlich plauderten wir angenehm. Dann schüttelte mir eine Dame mittleren Alters die Hand und sagte:

»Auf ähnliche Weise, Mr. Clemens, bin auch ich eine alte Freundin von Ihnen, denn eine meiner ältesten und engsten Freundinnen war ebenfalls mit Ihnen an Bord der *Quaker City* – Mrs. Faulkner.«

Voller Erwartung hatte mein Gesicht zu leuchten begonnen. Der Name blies es aus, als wäre es eine Kerze gewesen. Wie schade, dass die Dame nicht genug Einfühlungsvermögen besaß, um zu erkennen, dass es an der Zeit war, das Thema fallenzulassen und ein anderes zu wählen. Aber nein, sie legte nicht mehr Geistesgegenwart an den Tag, als ich es an ihrer Stelle getan hätte. Damit waren wir schon zwei. Sie war nicht geistesgegenwärtig, und ich konnte ihr nicht beispringen, denn ich war es ebenso wenig. Sie wusste nicht, was sie sagen sollte, also sagte sie das Verkehrte. Sie sagte:

»Erinnern Sie sich denn gar nicht an Mrs. Faulkner?«

Und auch ich wusste nicht, was ich sagen sollte, also sagte ich das Verkehrte. Ich gab preis, dass ich mich an diesen Namen nicht erinnern konnte. Sie geriet ins Wanken. Ich geriet ins Wanken. Keiner von uns wusste noch irgendetwas zu sagen, und die Tatsache, dass wir von einem Gewimmel und Gewusel unge-

27

duldiger junger Zuschauerinnen und Zuhörerinnen umgeben waren, verstärkte unser Dilemma nur noch mehr. Sie tauchte in der Menge unter und verschwand, wobei sie mich ziemlich unbehaglich zurückließ – und wenn mich die Anzeichen nicht völlig trogen, war auch ihr unbehaglich zumute. Ständig kreuzen Leute auf, die mich aus fernster Vergangenheit kennen, und manchmal verhält es sich tatsächlich so, gewöhnlich aber nicht. Dies jedoch ist das erste Mal, dass ich von einem Fahrgast der *Quaker City* hörte, der das Schiff nie gesehen hatte. Unter den Passagieren der *Quaker City* gab es keine Mrs. Faulkner.

Donnerstag, 5. April 1906

Miss Mary Lawton die aufgehende Sonne, Ellen Terry die untergehende Sonne – Ellen Terrys Abschiedsbankett zu ihrem fünfzigsten Bühnenjubiläum – Mr. Clemens' Überseetelegramm – Mr. Clemens hat eine ausgezeichnete neue Idee für ein Theaterstück; Mr. Hammond Trumbull erstickt sie im Keim – Orion Clemens wird nicht zum Sekretär des Staates gewählt – Nach einer Empfehlung von Mr. Camps verspekuliert sich Mr. Clemens – Mr. Camp bietet an, die Ländereien in Tennessee für zweihunderttausend Dollar zu kaufen. Orion lehnt ab – Soeben entdeckt Mr. Clemens, dass ihm von den Ländereien in Tennessee noch tausend Morgen gehören – Orion kommt an die Ostküste, erhält eine Stelle bei der Hartford Evening Post *– Nach verschiedenen Geschäftsvorhaben kehrt er nach Keokuk zurück und versucht es mit der Hühnerhaltung*

Stehe ich auf dem Rücken der Welt und schaue gen Osten zur aufgehenden Sonne und gen Westen zur untergehenden Sonne? Ist das ein hübsches Bild! Ich frage mich, ob es schon einmal verwendet worden ist. Vermutlich ja. Das meiste, was gesagt wird, ist schon einmal gesagt worden. Eigentlich ist alles, was gesagt wird, schon einmal gesagt worden. Mehr noch, es ist viele Millionen Male gesagt worden. Eine traurige Nachricht für die Menschheit, die neun Nächte in der Woche aufbleibt, um ihre eigene Originalität zu bestaunen. Bislang hat es die Menschheit noch stets vermocht, große Stücke auf sich zu halten, und sie kann Leute, die ihre naive Selbstbeweihräucherung mit Ziegelstei-

28

nen bewerfen, gar nicht leiden. In dieser Hinsicht ist sie sehr empfindlich. Neulich formulierte ich als Antwort auf die Anfrage eines Mannes den folgenden Gedanken:

»Das edelste Werk Gottes?« Der Mensch.

»Wer hat's herausgefunden?« Der Mensch.

Ich fand das sehr treffend und klug, mein Gegenüber allerdings weniger.

Aber ich muss auf den Rücken der Welt zurückkommen und wieder gen Osten und gen Westen schauen, zu diesen Sonnen. Eine von ihnen ist Miss Mary Lawton, eine junge Amerikanerin, die sich die Schauspielkunst selbst beigebracht hat; und wir hoffen und glauben, endlich ihren Durchbruch zu erleben. Wir glauben fest daran, dass sie sich eines Tages einen großen Namen machen wird. Fay Davis, eine berühmte und beliebte Schauspielerin, die gerade in einem anspruchsvollen und beeindruckenden Drama namens – der Name tut nichts zur Sache, ich habe ihn vergessen – die Hauptrolle spielt, möchte sich von dem Stück zurückziehen, sobald eine kompetente Nachfolgerin gefunden ist; auf Daniel Frohmans Anregung hin drahtete ich vor zwei, drei Tagen nach London und fragte Charles Frohman, ob er Miss Lawton erlauben würde, sich an dem Part zu versuchen. Dies ist die Sonne, die offenbar im Begriff steht aufzugehen; die Sonne, die im Begriff steht unterzugehen, ist Ellen Terry, die fünfzig Jahre lang eine Königin der englischen Bühne gewesen ist und am 28. dieses Monats, ihrem fünfzigsten Bühnenjubiläum, von ihr abtreten wird. Sie wird in aller Form abtreten, mit einem großen Festbankett in London, und auf die Bankettteilnehmer wird es diesem Anlass angemessene Überseetelegramme regnen, von ihren alten Freunden in Amerika und aus anderen einstmals fernen Weltgegenden – es gibt keine fernen Weltgegenden mehr. Die amerikanischen Überseetelegramme werden von einem Komitee in New York gesammelt, auf dessen Wunsch hin auch ich das meine zur Verfügung gestellt habe. Diese Dinge per Telegramm zu erledigen, für fünfundzwanzig Cent pro Wort, ist die zeitgemäße Methode und die einzige Methode. Man könnte sie ohne große Unkosten per Post verschicken, aber das hätte keinen Stil. [Im Vertrauen will ich anmerken, dass sie *doch* per Post verschickt werden – vordatiert, um den Anforderungen zu genügen.]

Das Alter konnte sie nicht welk und die Gewohnheit sie nicht stumpf machen, die Bewunderung und Zuneigung, die ich seit Jahr und Tag für Sie empfinde. In ihrer unverminderten jugendlichen Kraft und Frische lege ich sie Ihnen ehrenvoll zu Füßen.

Sie ist eine reizende Persönlichkeit, genau wie Sir Henry Irving, der kürzlich aus dem Leben schied. Ich lernte die beiden vor vierunddreißig Jahren in London kennen, und von da an standen sie hoch in meiner Achtung und Gunst.

Als ich vorhin das starke Bild über den Rücken der Welt und die aufgehende und die untergehende Sonne einführte und zaghafte Zweifel an der Frische dieses großartigen Bildes äußerte, war meine Zaghaftigkeit das Ergebnis einer Erfahrung, die ich vor einem Vierteljahrhundert machte. Eines Tages explodierte in meinem Kopf ein glänzender Einfall und verstreute mein Hirn auf der ganzen Farm – in jenem Jahr verbrachten wir den Sommer auf der Quarry Farm. Die Explosion düngte die Farm, so dass sie sieben Jahre lang den doppelten Ernteertrag einbrachte. Dieser wunderbare Einfall schien mir die originellste, bemerkenswerteste und elementarste Idee für ein Theaterstück zu sein, die je entwickelt worden war. Ich wollte das Stück sofort niederschreiben und die Welt damit in Erstaunen versetzen; und tatsächlich machte ich mich unverzüglich an die Arbeit. Dann kam mir der Gedanke, dass ich, bevor ich fortfuhr, gut daran täte, mich zu vergewissern, dass mein Einfall wirklich so neuartig war, denn mit der Geschichte des Dramas war ich nicht sonderlich vertraut. Also schrieb ich an Hammond Trumbull in Hartford und fragte ihn, ob der Einfall schon einmal auf die Bühne gebracht worden sei. Hammond Trumbull war damals der gelehrteste Mann in Amerika und in beiden Hemisphären seit Jahren als solcher anerkannt. Ich wusste, dass er alles darüber wissen würde. Ich wartete eine Woche, dann traf seine Antwort ein. Sie bestand aus mehreren großen Seiten Kanzleipapier, die mit Trumbulls kleiner, schöner Handschrift gefüllt waren und nichts weiter enthielten als eine Liste von Titeln der Stücke, in denen mein neuer Einfall Verwendung gefunden hatte, ungefähr in siebenundsechzig Ländern. Ich weiß nicht mehr, wie viele tausend Stücke die Liste umfasste. Ich weiß nur noch, dass Trumbull nicht alle Titel notiert, sondern mir nur einige Kostproben gegeben hatte. Und ich weiß noch, dass das früheste Stück der Aufzählung ein chinesisches war und mehr als zweitausendfünfhundert Jahre alt.

30

Dieses Bild – auf dem Rücken der Welt zu stehen und der aufgehenden und untergehenden Sonne zuzusehen – ist wirklich imposant, ist wirklich vorzüglich, aber ich verliere das Vertrauen in meine Formulierung. Hammond Trumbull ist tot. Weilte er heute noch unter uns, könnte er mir vermutlich ein paar Ries Papier mit weiteren Kostproben zur Verfügung stellen.

Orion Clemens wird fortgesetzt

Für alle Ämter, die der neue Staat Nevada zu verleihen hatte, gab es mehrere Kandidaten, nur für zwei nicht – US-Senator und Sekretär des Staates. Nye *1864/65* konnte gewiss sein, mit einem Senatorenposten bedacht zu werden, und Orion war der Sekretärsposten so sicher, dass niemand außer ihm für dieses Amt vorgeschlagen wurde. Doch genau an dem Tag, als die Versammlung der Republikanischen Partei ihre Kandidaten nominieren sollte, erlitt er einen seiner Anfälle von Tugendhaftigkeit und lehnte es ab, sich auch nur in die Nähe der Versammlung zu begeben. Man drang in ihn, doch alle Überredungsversuche scheiterten. Er sagte, seine Anwesenheit dort käme einer unlauteren und unstatthaften Einflussnahme gleich, und sollte er nominiert werden, wolle er dieses Kompliment als freiwilliges und unbeflecktes Geschenk überreicht bekommen. Diese Haltung hätte der Sache auch ohne sein weiteres Zutun ein Ende bereitet, doch am selben Tag hatte er noch eine Anwandlung von Tugendhaftigkeit, die das Aus endgültig besiegelte. Seit vielen Jahren besaß er die Angewohnheit, die Religion mit dem Hemd zu wechseln und zugleich seine Ansichten zur Temperenz. Eine Weile war er Abstinenzler und größter Verfechter der Abstinenz, um dann eine Zeitlang die Seiten zu wechseln. Am Tag der Kandidatenaufstellung wechselte er plötzlich von einer freundlichen Haltung dem Whisky gegenüber – was die populäre Haltung war – zum kompromisslosen Abstinenzlertum und versagte sich jeden Tropfen Alkohol. Seine Freunde bettelten und flehten ihn an, doch vergebens. Er konnte nicht dazu überredet werden, über die Schwelle eines Saloons zu treten. Am nächsten Morgen druckte die Zeitung die Liste der nominierten Kandidaten. Sein Name war nicht darunter. Er hatte nicht eine Stimme erhalten.

Sein üppiges Einkommen versiegte, als die Staatsregierung ihre Arbeit aufnahm. Er war ohne Beschäftigung. Etwas musste geschehen. Er stellte sein Rechtsanwaltsschild auf, aber Klienten kamen keine. Es war seltsam. Es war schwer zu erklären. Ich kann es nicht erklären – aber wenn ich des Rätsels Lösung erraten sollte, würde ich mutmaßen, dass er, seiner Veranlagung folgend, beide Seiten eines Falles so sorgfältig und so pflichtbewusst prüfte, dass nach der Mühsal seines Plädoyers weder er noch eine Jury zu sagen gewusst hätten, auf welcher Seite er stand. Ich glaube, ein Klient durchschaute seine Veranlagung, sobald er ihm einen Fall vortrug, beachtete den Warnhinweis und zog seinen Fall rechtzeitig zurück, um sich vor der drohenden Katastrophe zu schützen.

Etwa ein Jahr vor dem Zeitpunkt, von dem ich eben sprach, hatte ich meinen Wohnsitz nach San Francisco verlegt. Eines Tages erhielt ich einen Tipp von Mr. Camp, einem wagemutigen Mann, der dank raffinierter Spekulationen unentwegt große Vermögen machte und sie im Laufe von sechs Monaten dank spekulativer Raffinesse wieder verlor. Camp riet mir, Aktien der Hale & Norcross zu erwerben. Ich kaufte fünfzig Aktien zu dreihundert Dollar das Stück. Ich kaufte auf Kredit und brachte 20 Prozent selbst auf. Damit waren meine Mittel erschöpft. Ich schrieb Orion, bot ihm die Hälfte an und bat ihn, mir seinen Anteil an der Kaufsumme zu schicken. Ich wartete und wartete. Er schrieb und versprach mir, sich darum zu kümmern. Der Kurs stieg ziemlich rasch an. Er kletterte höher und höher. Er erreichte tausend Dollar pro Aktie. Er kletterte auf zweitausend, dann auf dreitausend; dann auf das Zweifache dieses Betrags. Das Geld traf nicht ein, aber ich war nicht beunruhigt. Bald nahm der Kurs eine Wendung und begann nach unten zu galoppieren. Ich schrieb mit Nachdruck. Orion erwiderte, er habe das Geld längst geschickt – er habe es ans Occidental Hotel geschickt. Ich erkundigte mich dort. Man beschied mir, es sei nicht da. Um es kurz zu machen, der Aktienkurs sank immer weiter, bis er unter den Preis fiel, den ich dafür gezahlt hatte. Dann begann er den Kredit aufzufressen, und als ich endlich ausstieg, war ich finanziell ruiniert.

Als es zu spät war, fand ich heraus, was mit Orions Geld passiert war. Jeder andere Mensch hätte einen Scheck geschickt, er aber schickte Gold. Der Hotelangestellte schloss es in den Safe ein und fuhr in Urlaub, und die ganze Zeit über ruhte es in diesem Safe und genoss zweifellos seine verhängnisvolle Arbeit.

Ein anderer als Orion hätte vielleicht daran gedacht, mir mitzuteilen, dass das Geld nicht in einem Briefumschlag stecke, sondern in einem Expresspaket, ihm aber kam das nicht in den Sinn.

Später gab mir Mr. Camp eine zweite Chance. Er erklärte sich bereit, unsere Ländereien in Tennessee für zweihunderttausend Dollar zu kaufen, einen Teil der Summe in bar zu bezahlen und den Rest in langfristigen Schuldscheinen. Sein Plan war, aus traubenzüchtenden und weinanbauenden Gegenden Europas Ausländer zu importieren, sie auf den Ländereien anzusiedeln und diese in ein Weinbaugebiet zu verwandeln. Er wusste, was Mr. Longworth von Tennessee-Trauben hielt, und das genügte ihm. Da Orion einer von drei Erben war, schickte ich ihm die Verträge und andere Dokumente zur Unterschrift. Aber sie trafen zu einem schlechten Zeitpunkt ein – sogar zu einem in doppelter Hinsicht schlechten Zeitpunkt. Die Tugendhaftigkeit des Temperenzlers hatte ihn vorübergehend fest im Griff, und er schrieb und teilte mir mit, dass er sich nicht daran beteiligen werde, die Nation mit Wein zu korrumpieren. Außerdem fragte er, woher er denn wissen solle, ob Mr. Camp diese armen Leute aus Europa auch anständig und ehrlich behandeln werde – und so machte er, ohne abzuwarten und es herauszufinden, den ganzen Handel zunichte, und der Plan zerschlug sich, um nie wieder zum Leben erweckt zu werden. Das Land, das plötzlich zweihunderttausend Dollar wert gewesen war, war ebenso plötzlich wieder so viel wert wie zuvor – nichts, und dazu waren noch Steuern zu entrichten. Einige Jahre hatte ich die Steuern entrichtet und andere Unkosten getragen, damals aber ließ ich die Finger von den Ländereien in Tennessee, und seitdem habe ich mich, weder pekuniär noch anderweitig, je wieder für sie interessiert – bis gestern.

Bis gestern nahm ich an, dass Orion noch den letzten Morgen verschleudert hatte, und das entsprach auch seinem eigenen Eindruck. Gestern jedoch traf ein Gentleman aus Tennessee ein und brachte eine Landkarte mit, die zeigte, dass uns von den hunderttausend Morgen, die uns mein Vater, als er 1847 starb, vermacht hatte, nach einer Korrektur der alten Feldvermessungen noch tausend Morgen von einem Kohlenabbaugebiet gehörten. Der Gentleman brachte einen Vorschlag mit, außerdem einen achtbaren und vermögenden Bürger New Yorks. Der Vorschlag bestand darin, dass der Gentleman aus Ten-

33

nessee das Land verkaufen würde; dass der Gentleman aus New York sämtliche Unkosten übernehmen und sämtliche Prozesse abwehren würde, sollte es zu welchen kommen, und dass von den sich daraus ergebenden Erlösen der Gentleman aus Tennessee ein Drittel, der Gentleman aus New York ein Drittel und Sam Moffett, seine Schwester (Mrs. Charles L. Webster) und ich – die überlebenden Erben – das verbleibende Drittel erhalten würden.

Diesmal hoffe ich, dass wir die Ländereien in Tennessee ein für alle Mal loswerden und nie wieder etwas davon hören.

1867   Im Januar 1867 kam ich an die Ostküste. Orion blieb noch ungefähr ein Jahr in Carson City. Dann verkaufte er sein Zwölftausend-Dollar-Haus und sein Mobiliar mit etwa 60 Prozent Preisnachlass für dreitausendfünfhundert in Dollar-Scheinen. Er und seine Frau schifften sich erster Klasse nach New York ein. In New York stiegen sie in einem teuren Hotel ab; erkundeten auf kostspielige Weise die Stadt; dann flohen sie nach Keokuk und trafen dort fast genauso *1871*   mittellos ein, wie sie im Juli 61 von da fortgezogen waren. 1871 oder 72 kamen sie nach New York. Irgendwo mussten sie schließlich hin. Seit er von der Pazifikküste eingetroffen war, hatte Orion versucht, sich seinen Lebensunterhalt mit Rechtsgeschäften zu verdienen, hatte aber nur zwei Fälle an Land ziehen können. Diese wollte er zunächst gebührenfrei übernehmen – und den möglichen Ausgang werden wir nie erfahren, da sich die Parteien in beiden Fällen außergerichtlich einigten, ohne seine Hilfe.

Ich hatte meiner Mutter ein Haus in Keokuk gekauft. Jeden Monat gab ich ihr eine festgesetzte Summe und Orion eine weitere festgesetzte Summe. Sie alle wohnten gemeinsam in dem Haus. In der Setzerei der *Gate City* (einer Tageszeitung) hätte Orion so viel Arbeit haben können, wie er wollte, und zu gutem Lohn, aber seine Frau war Gattin eines Gouverneurs gewesen und konnte eine solche Degradierung nicht zulassen. In ihren Augen war es besser, von Almosen zu leben.

Aber wie gesagt, sie kamen an die Ostküste, und Orion fand für zehn Dollar die Woche eine Stelle als Korrektor der *New York Evening Post*. Sie bezogen ein einziges kleines Zimmer, in dem sie kochten und von selbigem Geld lebten. Wenig später kam Orion nach Hartford und wollte, dass ich ihm eine Stelle als Reporter einer Hartforder Zeitung verschaffte. So bot sich die Chance, wieder einmal meine Arbeitsbeschaffungsmaßnahme auszuprobieren, und das tat ich denn auch. Ich schickte ihn ohne Empfehlungsschreiben zur *Hartford Evening Post*, wo er sich anbieten sollte, zu putzen und zu fegen und unentgeltlich alles Mögliche zu erledigen, unter dem Vorwand, kein Geld, sondern lediglich Arbeit zu brauchen, nur danach sehne er sich. Binnen sechs Wochen war er für zwanzig Dollar die Woche in der Redaktion dieser Zeitung angestellt und das Geld allemal wert. Bald wollte ihn eine andere Zeitung für einen höheren Lohn abwerben, ich aber sorgte dafür, dass er zu den Leuten von der *Post* ging und ihnen davon erzählte. Sie boten ihm dieselbe Gehaltserhöhung und konnten ihn halten. Es war der sicherste Hafen, in den er je in seinem Leben eingelaufen war. Es war ein ruhiger, in jeder Hinsicht komfortabler Ankerplatz. Aber das Unheil nahm seinen Lauf. Es musste böse enden.

In Rutland, Vermont, wollte eine Aktiengesellschaft wohlhabender Politiker eine neue republikanische Tageszeitung gründen und trug ihm für dreitausend im Jahr den Chefredakteursposten an. Er war erpicht darauf, zu akzeptieren. Seine Frau war ebenso erpicht darauf – nein, zweimal so erpicht, dreimal so erpicht. All mein Flehen und Argumentieren war vergeblich. Ich sagte:

»Du bist nachgiebig wie Wasser. Diese Leute werden dich sofort durchschauen. Sie werden mühelos erkennen, dass du kein Rückgrat hast; dass sie mit dir umspringen können wie mit einem Sklaven. Vielleicht hältst du's sechs Monate durch, länger aber nicht. Sie werden dich nicht entlassen, wie sie einen Gentleman entlassen würden; sie werden dich hinauswerfen, wie sie einen dahergelaufenen Landstreicher hinauswerfen würden.«

Genau so kam es. Er und seine Frau zogen einmal mehr in jenes immer wieder behelligte gutmütige Keokuk. Von dort schrieb Orion, er werde seine Rechtsgeschäfte nicht wiederaufnehmen; er sei der Meinung, seine Gesundheit brauche frische Luft, eine Tätigkeit unter freiem Himmel; sein alter Schwiegervater besitze einen Streifen Land an der Flussgrenze, eine Meile oberhalb von Keokuk, mit einer Art Haus darauf, und er habe den Plan, das Grundstück zu erwerben, eine Hühnerfarm zu gründen und Keokuk mit Hühnern und Eiern zu versorgen, vielleicht auch mit Butter – aber ich weiß nicht recht, ob man auf einer Hühnerfarm Butter züchten kann. Er sagte, für dreitausend Dollar in bar wäre das Grundstück seines, und ich schickte ihm das Geld. Er fing an, Hühner zu halten, und schrieb mir jeden Monat detaillierte Berichte, aus denen hervorging, dass er in Keokuk zwei Hühner für eineinviertel Dollar an den Mann bringen konnte. Ebenso ging daraus hervor, dass es einen Dollar und sechzig Cent kostete, die beiden heranzuziehen. Orion schien das nicht zu entmutigen, und so ließ ich es dabei bewenden. Unterdessen lieh er sich von mir regelmäßig hundert Dollar im Monat, Monat für Monat, was sein unnachgiebiges und unbeugsames Geschäftsgebaren demonstrierte – und auf seine ausgeprägte Geschäftstüchtigkeit war er mächtig stolz: Sobald er zu Beginn des Monats das Darlehen von hundert Dollar erhalten hatte, schickte er mir jedes Mal einen Schuldschein über diesen Betrag sowie über, zusätzlich *aus diesem Geld, drei Monate Zinsen* auf selbige hundert Dollar zu 6 Prozent per annum, und alle drei Monate gab es diese Schuldscheine. Natürlich bewahrte ich sie nicht auf. Sie waren für niemanden von Wert.

Wie gesagt, er schickte mir stets eine detaillierte Schilderung der monatlichen Gewinne und Verluste, die ihm die Hühner eingebracht hatten – oder zumindest der monatlichen Verluste, die ihm die Hühner eingebracht hatten –, und in dieser detaillierten Schilderung tauchten auch die verschiedenen Ausgabenposten auf – Getreide für die Hühner, ein Hütchen für die Frau, Stiefel für sich selbst und so weiter; sogar Fahrtkosten und ein wöchentlicher Beitrag in Höhe von zehn Cent zur Unterstützung der Missionare, die versuchten, die Chinesen in die Hölle zu verdammen nach Maßgabe eines Plans, der diesem Volk nicht behagte. Erst als ich unter all diesen Details schließlich auf fünfundzwanzig Dollar Miete für eine Kirchenbank stieß, griff ich durch. Ich riet ihm, die Religion zu wechseln und die Kirchenbank abzustoßen.

Freitag, 6. April 1906

Mr. Clemens' derzeitiges Haus wegen Abwesenheit von Sonnenschein unzulänglich – Mr. Clemens begegnet Etta am Washington Square – Erinnert sich an den Ballsaal in Virginia City vor vierundvierzig Jahren – Orion wird fortgesetzt; erfindet Holzsägemaschine; erfindet Dampfkanalboot; sein lustiges Erlebnis in der Badewanne – Bill Nyes Geschichte – Orions Autobiographie – Sein Tod

Dieses Haus ist die Nr. 21 Fifth Avenue und steht Ecke 9. Straße, nur wenige hundert Meter vom Washington Square entfernt. Es wurde vor fünfzig oder sechzig Jahren von Renwick, dem Architekten der römisch-katholischen Kathedrale, erbaut. Es ist groß, und jedes Stockwerk verfügt über angenehm geräumige Zimmer. Vor etwas mehr als einem Jahr nahmen Clara und Katy (die Haushälterin) es in Augenschein, und es gefiel ihnen ausgesprochen gut. Sie nahmen es nicht oberflächlich in Augenschein, sondern sie nahmen jedes Detail in Augenschein, und je genauer sie es unter die Lupe nahmen, desto besser gefiel es ihnen. Nun war es an mir, zu handeln, und statt das Haus für ein Jahr zu mieten, mit der Option auf ein, zwei weitere Jahre, mietete ich es für drei und unterschrieb den Vertrag. Wir brachten die Möbel her, dann zogen wir selbst ein und machten alsbald eine Entdeckung. Es gab im ganzen Haus nicht ein Fenster, weder auf der Stirnseite zur Fifth Avenue noch auf der Längsseite zur 9. Straße, das je erfahren hätte, was ein Sonnenstrahl ist. Es war eine böse Sache, und es war zu spät, um den Fehler zu beheben. Das gesamte Haus liegt zu jeder Jahreszeit im Schatten, außer im Hochsommer. Dann scheint zwar die Sonne hinein, da sich um diese Zeit des Jahres aber nie jemand im Hause aufhält, ist das kein Vorzug.

In diesem Haus kann niemand gedeihen. Unser Verweilen hier nützt niemandem außer den Ärzten. Sie scheinen ununterbrochen anwesend zu sein. Wir müssen ausziehen und ein Haus mit etwas Sonnenschein finden.

Gestern ging ich zum Washington Square und wandte mich nach links, um mir ein Haus anzusehen, das an der Ecke Washington Square und University Place steht. Ich trat an den Rand des Square, um einen Blick auf die Vorderfront des Hauses zu werfen. Als ich die Straße überquerte, begegnete ich einer Frau und merkte, dass sie mich erkannte, und auch mir kam etwas in ihrem Gesicht bekannt vor. Ich hatte das instinktive Gefühl, sie würde kehrtmachen, mir folgen und mich ansprechen, und mein Gefühl trog mich nicht. Es war eine dicke kleine Frau mit einem gütigen, freundlichen, aber alten und reizlosen Gesicht, und sie hatte weißes Haar und war ordentlich, aber ärmlich gekleidet. Sie fragte:

»Sind Sie nicht Mr. Clemens?«

»Jawohl«, antwortete ich, »der bin ich.«

37

Sie fragte: »Wo ist Ihr Bruder Orion?«

»Tot«, antwortete ich.

»Wo ist seine Frau?«

»Tot«, antwortete ich und fügte hinzu: »Ich glaube, ich kenne Sie, komme aber nicht darauf, woher.«

Sie fragte: »Erinnern Sie sich noch an Etta Booth?«

Ich hatte in meinem Leben nur eine Etta Booth gekannt, und diese eine stieg im Nu in aller Deutlichkeit vor mir auf. Es war fast so, als stünde sie direkt neben diesem dicken kleinen, antiquierten Madamchen, in der Blüte, Schüchternheit und Lieblichkeit ihrer dreizehn Jahre, das Haar lag ihr in geflochtenen Zöpfen auf dem Rücken, und ihr feuerrotes Kleid endete knapp über den Knien. Tatsächlich konnte ich mich an Etta sehr gut erinnern. Und sogleich stieg eine andere Vision vor mir auf, im Mittelpunkt jenes Kind, das die nüchterne Farbe meiner Vision mit seinem roten Kleid wie eine Fackel erhellte. Aber es war keine ruhige Vision; keine besänftigende. Die Szenerie war ein großer Ballsaal in einem morschen Gebäude in Gold Hill oder Virginia City, Nevada. Anwesend waren zwei-, dreihundert stramme Männer, die nach Herzenslust tanzten. Und inmitten dieses Getümmels wirbelte und blitzte Ettas karmesinrotes Kleid; sie war auf dem Parkett die einzige Tänzerin unter all den Tänzern. Ihre Mutter, groß, korpulent, aber angenehm, saß in einsamer und ehrwürdiger Feierlichkeit lächelnd auf einer Bank an der Wand und betrachtete die Festivität mit abgeklärter Genugtuung. Sie und Etta waren im Saal die einzigen Vertreterinnen ihres Geschlechts. Die Hälfte der Männer repräsentierten Damen, und um den linken Arm hatten sie ein Taschentuch gebunden, damit sie von den Männern unterschieden werden konnten. Ich tanzte nicht mit Etta, denn ich war selbst eine Dame. Ich trug einen Revolver am Gürtel, genau wie all die anderen Damen auch – und die Herren ohnehin. Es war ein düsterer alter Schuppen von einem Saal, erhellt von einem Ende bis zum anderen durch Talgkerzen auf Leuchtern aus Fassreifen, die von der Decke baumelten, und auf uns *1862* alle tropfte das Fett herab. Das war zu Beginn des Winters 1862. Vierundvierzig Jahre hat es gedauert, bis Etta wieder meine Umlaufbahn kreuzte.

Ich erkundigte mich nach ihrem Vater.

»Tot«, antwortete sie.

38

Ich erkundigte mich nach ihrer Mutter.

»Tot«, antwortete sie.

Eine weitere Frage förderte zutage, dass sie seit langem verheiratet war, aber keine Kinder hatte. Wir reichten uns die Hand und trennten uns. Sie ging drei, vier Schritte, dann kehrte sie um und kam zurück, und ihre Augen füllten sich mit Tränen, als sie sagte:

»Ich bin fremd hier und weit weg von meinen Freunden – eigentlich habe ich kaum noch Freunde. Fast alle sind tot. Ich muss Ihnen meine Neuigkeit anvertrauen. Ich *muss* sie jemandem anvertrauen. Ich kann sie nicht allein ertragen, solange sie so frisch ist. Soeben hat mir der Arzt mitgeteilt, dass mein Mann nur noch kurze Zeit zu leben hat, und mir wäre nicht im Traum eingefallen, dass es so schlimm um ihn steht.«

Orion wird fortgesetzt

Ich glaube, das Geflügelexperiment dauerte etwa ein Jahr, möglicherweise zwei Jahre. Inzwischen hatte es mich sechstausend Dollar gekostet. Ich habe den Eindruck, dass Orion die Farm nicht selbst weggeben konnte, sondern sein Schwiegervater sie in einem freundlichen Akt der Selbstaufopferung zurücknahm.

Orion wandte sich abermals den Rechtsgeschäften zu, und ich denke, in dieser Tretmühle blieb er, mit Unterbrechungen, das nächste Vierteljahrhundert, aber soweit meine Kenntnisse reichen, war er nur dem Namen nach Anwalt und hatte keine Klienten.

Im Sommer 1890, in ihrem achtundachtzigsten Jahr, starb meine Mutter. Sie *1890* hatte etwas Geld gespart, das sie mir vererbte, da es von mir gekommen war. Ich gab es Orion, und er sagte voller Dankbarkeit, ich hätte ihm lange genug unter die Arme gegriffen, jetzt werde er mich von dieser Last entbinden, mehr noch, er hoffe, mir einige meiner Auslagen zurückzahlen zu können, vielleicht sogar alle. Folglich schickte er sich an, das Geld für den Bau einer beträchtlichen Erweiterung des Hauses zu verwenden in der Absicht, zahlende Gäste aufzunehmen und reich zu werden. Wir brauchen auf dieses Unterfangen nicht näher einzugehen. Es misslang ihm wie so viele andere. Seine Frau tat ihr Bestes, den Plan zum Erfolg zu führen, und wenn ihn überhaupt jemand hätte zum Erfolg führen konnen, dann sie. Sie war eine gute Frau und sehr beliebt. Ihre Eitelkeit war ziemlich ausgeprägt und lästig, doch besaß sie auch eine praktische Seite, und so hätte sie die Pension durchaus einträglich gemacht, hätten sich nicht die Umstände gegen sie verschworen.

Orion verfolgte noch andere Projekte, um mich zu entschädigen, doch da sie stets Kapital erforderten, hielt ich mich heraus, und sie fanden keine Verwirklichung. Einmal wollte er eine Zeitung gründen. Es war eine grauenvolle Idee, und mit fast ungehobelter Promptheit machte ich ihr den Garaus. Dann erfand er eine Holzsägemaschine, die er selbst zusammenbastelte, und tatsächlich konnte er Holz damit sägen. Sie war raffiniert; sie war leistungsstark; und sie hätte ihm ein hübsches kleines Vermögen eingebracht; doch wieder einmal funkte die Vorsehung genau zum falschen Zeitpunkt dazwischen. Als Orion ein Patent beantragen wollte, fand er heraus, dass die gleiche Maschine bereits patentiert worden und erfolgreich in Produktion gegangen war.

Bald darauf lobte der Staat New York einen mit fünfzigtausend Dollar dotierten Preis für eine praktikable Methode aus, den Eriekanal mit dampfbetriebenen Kanalbooten zu befahren. Orion arbeitete zwei oder drei Jahre an diesem Projekt, ersann und vervollkommnete eine Methode und war wieder einmal bereit, die Hand auszustrecken und sich des zum Greifen nahen Reichtums zu bemächtigen, als jemand auf einen Mangel aufmerksam machte: Im Winter konnte sein dampfbetriebenes Kanalboot nicht genutzt werden, und im Sommer würde die von seinen Rädern aufgewühlte Gischt den Staat New York zu beiden Seiten fortschwemmen.

Zahllos waren Orions Projekte zur Beschaffung von Geldmitteln, um seine Schulden bei mir zu begleichen. Diese Projekte erstreckten sich über die nachfolgenden dreißig Jahre, schlugen aber jedes Mal fehl. Im Laufe dieser dreißig Jahre bekleidete er dank seiner bewährten Ehrlichkeit Vertrauensposten, wo es darum ging, das Geld anderer zu verwahren, ohne dass ihm ein Gehalt gezahlt wurde. Er wurde Schatzmeister sämtlicher Wohltätigkeitseinrichtungen; er verwahrte das Geld und anderes Vermögen von Witwen und Waisen; nie verlor er einen fremden Cent, und nie verdiente er einen eigenen. Jedes Mal, wenn er die Religion wechselte, freute sich die Kirche seines neuen Glaubens, dass sie ihn zu den ihren zählen durfte; auf der Stelle ernannte sie ihn zum Schatzmeister, und auf der Stelle bereitete er dem Amtsmissbrauch und den undichten Stellen in dieser Kirche ein Ende. Er legte eine Fähigkeit an den Tag, seine politische Couleur zu wechseln, die die gesamte Gemeinde in Erstaunen versetzte. Einmal trug sich die folgende kuriose Begebenheit zu, und er selbst war es, der mir davon schrieb.

Eines Morgens erwachte er als Republikaner, und er nahm die Einladung an, noch am selben Abend auf einer republikanischen Massenversammlung eine Wahlrede zu halten. Er bereitete die Rede vor. Nach dem Mittagessen wurde er Demokrat und willigte ein, sich unzählige aufregende Parolen auszudenken, die auf die Transparente gemalt werden sollten, die die Demokraten bei ihrem Fackelumzug am selben Abend tragen würden. Des Nachmittags formulierte er diese jauchzenden demokratischen Parolen, und sie nahmen seine Zeit derart in Anspruch, dass es Abend wurde, bevor er Gelegenheit hatte, seine politischen Anschauungen abermals zu wechseln; so hielt er unter freiem Himmel tatsächlich eine aufrüttelnde republikanische Wahlrede, während zur Freude aller anwesenden Zeugen seine demokratischen Transparente an ihm vorüberzogen.

Er war ein höchst seltsames Geschöpf – aber trotz seiner Verschrobenheit war er sein ganzes Leben lang beliebt, in welcher Gemeinde auch immer er lebte. Und er genoss hohes Ansehen, denn im Grunde war er ein Pfundskerl.

Wann immer er Gelegenheit hatte, sich in eine lächerliche Lage zu bringen, erwies er sich dafür als ungemein kompetent. Als er und seine Frau in Hartford lebten und er in der Redaktion der *Evening Post* arbeitete, waren sie Kostgänger in einem Haus, das von netten, nicht eben bemittelten Männern und Frauen wimmelte. Es gab dort ein Badezimmer, das sich die ganze Sippschaft teilte, und eines Sonntagnachmittags, als die übrigen Hausbewohner in friedlichen Schlaf versunken waren, wollte Orion ein Bad nehmen, und diese Idee brachte er mehr oder weniger erfolgreich zur Ausführung. Nur die Tür schloss er nicht ab. Er hatte die Angewohnheit, bei sommerlichem Wetter die langgestreckte Badewanne fast bis zum Rand mit kaltem Wasser volllaufen zu lassen, dann hineinzusteigen und kniend die Nase auf den Wannenboden zu drücken und ein paar Minuten in dieser angenehmen Stellung zu verharren. Ein Zimmermädchen kam herein, um gleich wieder hinauszustürzen und kreischend durchs Haus zu laufen:

41

»Mr. Clemens ist ertrunken!«

Alles kam aus den Türen geflogen, und Mrs. Clemens hastete herbei und rief in höchster Pein:

»Woher wissen Sie, dass es Mr. Clemens ist?«

Und das Zimmermädchen antwortete: »Ich weiß es ja gar nicht.«

Das erinnert mich an Bill Nye, den armen Kerl – diesen echten Humoristen, diese sanfte, gute Seele. Nun, er ist tot. Friede seiner Asche. Er war der kahlste Mensch, den ich je gesehen habe. Sein ganzer Schädel glänzte hell. Wie eine Kuppel, auf die die Sonne blitzt. Nye besaß nicht eine einzige Haarfranse. Einmal bekundete jemand seine Verwunderung über diese außergewöhnliche Kahlköpfigkeit.

»Oh«, sagte er, »das ist noch gar nichts. Sie sollten mal meinen Bruder sehen. Eines Tages ging er auf einem Fährschiff über Bord, und als er wieder auftauchte, wurde der Tumult erschrockener und besorgter Schreie von einer hohen Frauenstimme übertönt, die rief: ›Sie schamloser Kerl! Und das in Gegenwart von Damen! Hinab mit Ihnen, und kommen Sie andersherum wieder hoch.‹«

Vor rund fünfundzwanzig Jahren – so in etwa – schlug ich Orion vor, eine Autobiographie zu verfassen. Ich forderte ihn zu dem Versuch auf, die unverhüllte Wahrheit zu schreiben; davon abzusehen, sich ausschließlich in rühmlichen Posen zu präsentieren, und sämtliche Vorkommnisse seines Lebens, die er interessant gefunden hatte, ehrlich aufzuzeichnen, einschließlich jener, die in sein Gedächtnis eingebrannt waren, weil er sich ihrer schämte. Ich sagte, das sei noch nie bewerkstelligt worden, und falls er es zuwege brächte, wäre seine Autobiographie ein höchst wertvolles Stück Literatur. Ich sagte, ich trüge ihm eine Aufgabe an, der ich in meinem Fall nicht nachkommen könne, aber ich hätte die Hoffnung, dass sie ihm glücken würde. Inzwischen erkenne ich, dass ich versucht habe, ihm ein Ding der Unmöglichkeit aufzubürden. Seit drei Monaten diktiere ich täglich diese meine Autobiographie; mir sind fünfzehnhundert oder zweitausend Vorkommnisse in meinem Leben eingefallen, deren ich mich schäme, doch nicht einem davon habe ich das Einverständnis abringen können, sich zu Papier bringen zu lassen. Ich denke, der Vorrat wird selbst dann noch unangetastet und ungeschmälert sein, wenn ich diese Memoiren abgeschlossen habe, falls ich sie jemals abschließen werde. Ich glaube, selbst wenn ich alle oder auch nur eines dieser Vorkommnisse festhielte, würde ich sie ganz sicher wieder streichen, wenn ich darangehe, dieses Buch zu überarbeiten.

Orion schrieb seine Autobiographie und schickte sie mir zu. Aber meine Enttäuschung war groß; und meine Verärgerung ebenso. Unablässig machte er einen Helden aus sich, genau wie ich es getan hätte, und wie ich es jetzt tue, und unablässig vergaß er, jene Episoden einzufügen, die ihn in einem unheroischen Licht hätten erscheinen lassen. Mir waren etliche Vorkommnisse aus seinem Leben bekannt, die entschieden und schmerzhaft unheroisch waren, doch wenn ich in seiner Autobiographie auf sie stieß, hatten sie die Farbe geändert. Sie waren auf den Kopf gestellt und zu Dingen geworden, auf die man maßlos stolz sein konnte. In meiner Unzufriedenheit vernichtete ich einen beträchtlichen Teil der Autobiographie. Allerdings hat Miss Lyon in den Überbleibseln Passagen entdeckt, die sie interessant findet, und im weiteren Fortgang werde ich hier und da und dann und wann daraus zitieren.

Als wir 1898 in Wien lebten, traf ein Überseetelegramm aus Keokuk ein, das *1898* uns Orions Tod anzeigte. Er war zweiundsiebzig Jahre alt. In den frühen Morgenstunden eines bitterkalten Dezembertags war er in die Küche hinuntergegangen; er hatte Feuer gemacht und sich an den Tisch gesetzt, um etwas aufzuschreiben, und so war er gestorben, in der Hand den Bleistift, der mitten in einem angefangenen Wort auf dem Papier ruhte – ein Hinweis darauf, dass seine Entlassung aus der Gefangenschaft eines langen, sorgenreichen, kläglichen, unergiebigen Lebens gnädigerweise schnell und schmerzlos erfolgt war.

Montag, 9. April 1906

Brief eines französischen Mädchens einschließlich einer Depesche über Huckleberry Finn – *Der Juggernaut Club – Brief eines Bibliothekars der Brooklyn Public Library zu* Huckleberry Finn *und* Tom Sawyer – *Mr. Clemens' Antwort – Eine Unmenge von Reportern versucht den Inhalt des Briefes zu erfahren*

Aus Frankreich bringt mir die Morgenpost den Brief einer französischen Freundin, dem die folgende New Yorker Depesche beiliegt.

Autobiographische Diktate

MARK TWAIN INTERDIT

New-York, 27 mars. *(Par dépêche de notre correspondant particulier.)* – Les directeurs de la bibliothèque de Brooklyn ont mis les deux derniers livres de Mark Twain à l'index pour les enfants au-dessous de quinze ans, les considérant comme malsains.

Le célèbre humoriste a écrit à des fonctionnaires une lettre pleine d'esprit et de sarcasme. Ces messieurs se refusent à la publier, sous le prétexte qu'ils n'ont pas l'autorisation de l'auteur de le faire.

Der Brief stammt von einem französischen Mädchen, das in St. Dié lebt, in der Heimatregion Jeanne d'Arcs. Ich habe dieses französische Mädchen nie gesehen, aber vor etwa fünf Jahren schrieb sie mir zum ersten Mal, und seitdem wechseln wir drei-, viermal im Jahr freundliche Briefe. Sie unterschreibt mit Hélène Picard, französisches Mitglied. »Französisches Mitglied« wird besser zu verstehen sein, wenn ich den Ausdruck erklärt habe. Er bezieht sich auf den Juggernaut Club. Den Juggernaut Club habe ich erfunden. Ich bin das einzige männliche Mitglied. Kein anderer Angehöriger meines Geschlechts ist zur Mitgliedschaft berechtigt. Mein bescheidener Titel ist Oberdiener des Juggernaut Club – aber das ist ziemlich irreführend. Ich bin der eigentliche Chef. Ich bin die Macht hinter dem Thron, auf dem Thron und vor dem Thron, und kein Bündnis kommt gegen mein Votum an. Ohnehin ist die Wahl geheim. Niemand außer mir weiß, wer für wen stimmt. Es macht einen Heidenspaß. Irgendwo habe ich die Satzung, aber im Moment kann ich das Dokument nicht finden. Es gibt mehrere Mitglieder, und diese mehreren Mitglieder mache ich *glauben*, dass der Club mindestens zwei Dutzend Mitglieder umfasst. Eine der strengsten Regeln lautet, dass es in jedem Land nur ein Mitglied geben darf, niemals zwei. Dieses Mitglied repräsentiert das betreffende Land bis zu seinem Tod. Es kann nicht austreten, und es kann nicht ausgeschlossen werden. Das französische Mädchen hält sich auf seine bedeutende, ja exklusive Position als Repräsentantin Frankreichs ungemein viel zugute, und meist unterschreibt sie nicht mit »Mitglied für Frankreich«, überhaupt mit keinem Namen, sondern zeichnet nur mit »Frankreich«. Unter den Mitgliedern befindet sich eine regierende Königin, eine Königin, die noch

44

dazu hochangesehen ist, andernfalls dürfte sie nicht in diesem Club bleiben. Ich bin die einzige Person, die mit dem Club zu tun hat, die den Namen oder den Wohnort aller anderen Clubmitglieder kennt. Meine Frau kannte die Namen und die Länder der Mitglieder, aber das lag daran, dass sie und ich in Wahrheit eine Person waren und es keine Geheimnisse zwischen uns gab. Manchmal war ich diese Person, manchmal war sie diese Person. Manchmal brauchte es uns alle beide, um diese Person zu konstituieren. Als ich das amerikanische Mitglied ernennen wollte, fragte ich meine Frau um Rat, und wiewohl sie kein Mitglied war und über keinerlei Weisungsbefugnis im Club verfügte, legte sie eigenmächtig Einspruch gegen jenes Mädchen ein und ernannte an seiner Stelle ein anderes. Das war Meuterei. Das war Ungehorsam. Das war Usurpation, aber ich musste es dabei bewenden lassen, und so ließ ich es dabei bewenden.

Ich hatte den Club nach Jagannatha benannt, weil ich die aufrichtigste Bewunderung und Verehrung für diesen Gott hegte und ihm meinen Respekt zollen wollte. In christlichen Ländern ist er stets falsch dargestellt worden. Als ich noch ein Junge in der Sonntagsschule war, lehrte man uns, ihn als eine Art heimtückisches und blutrünstiges Monster zu verabscheuen, gleichwohl habe ich, falls es irgendwo einen besseren Gott als Jagannatha geben sollte, noch nicht von ihm gehört. Jede Regung seines Geistes ist gütig, sanft, barmherzig, wunderbar, liebenswert. Pilger aus allen Schichten, von einem Ende Indiens bis zum anderen, suchen seinen Tempel auf, und wenn sie über die Schwelle seines Tempels treten, hören alle Kasten, aller Adel, alles Königliche, alle Ungleichheit, Rang, Stellung, Reichtum vorübergehend auf zu existieren – verschwinden ganz und gar und führen kein Dasein mehr. Der Straßenfeger und der souveräne Fürst, der Ausgestoßene, der Bettelmönch und der Millionär stehen alle auf ein und derselben Stufe und dürfen einander berühren und von demselben Teller essen und aus derselben Tasse trinken, ohne einander zu beflecken. Vorübergehend bilden diese Pilger eine vollkommene Demokratie, die einzige vollkommene Demokratie, die auf Erden jemals existiert hat oder *jemals* existieren wird. Die anderen Götter würden sich vervollkommnen, wenn sie bei Jagannatha in die Lehre gingen. Nie habe ich ein unterwürfiges Clubmitglied erlebt, mit Ausnahme des amerikanischen.

45

»Frankreich« schreibt gutes Englisch. Sie beschließt ihren Brief mit diesem Absatz:

Etwas in einer Zeitung, die ich heute Morgen gelesen habe, hat mich sehr überrascht. Ich habe es ausgeschnitten, weil derlei Informationen oft gefälscht sind, und sollte dies der Fall sein, wird mir dieses Stück Papier zur Entschuldigung dienen. Bitte erlauben Sie mir zu lächeln, mein lieber ungesehener FREUND! Ich habe nicht die leiseste Sorge, dass Sie darüber sehr betrübt gewesen sind. – In Frankreich hätte eine solche Maßnahme zur sofortigen Folge, dass jeder im Land diese Bücher kaufen würde, ich – zum Beispiel – werde sie mir besorgen, sobald ich nach Paris komme, in der festen Überzeugung, dass ich sie so zuträglich finden werde wie alles, was Sie geschrieben haben. Ich kenne Ihre Feder gut. Ich weiß, dass sie nie in etwas anderes als saubere, klare Tinte getaucht worden ist.

Ich muss auf die französische Depesche zurückkommen. Der Sachverhalt ist zwar nicht ganz korrekt wiedergegeben, aber doch annähernd. *Huck Finn* und *Tom Sawyer* sind keine jüngst entstandenen Bücher. *Tom* ist über dreißig Jahre alt. Das andere Buch existiert seit nunmehr einundzwanzig Jahren. Als *Huck* auf der Bildfläche erschien, vor einundzwanzig Jahren, warf ihn die öffentliche Bücherei in Concord, Massachusetts, empört hinaus, teils weil er ein Lügner war, teils weil er nach gründlichem Nachdenken und sorgfältiger Überlegung in einer schwierigen Frage zu dem Entschluss gekommen war, dass er, vor die Alternative gestellt, Jim zu verraten oder zur Hölle zu fahren, lieber zur Hölle fahren wolle – was einer Gotteslästerung gleichkam, die die Puristen von Concord nicht dulden konnten.

Nach diesem Unglück ließ man *Huck* sechzehn oder siebzehn Jahre in Frieden. Dann warf ihn die öffentliche Bibliothek von Denver hinaus. Seitdem bekam er keine vergleichbaren Scherereien mehr – bis vor vier oder fünf Monaten, will sagen, bis zum vergangenen November. Damals erhielt ich den folgenden Brief.

Montag, 9. April 1906

Zweigstelle Sheepshead Bay

BROOKLYN PUBLIC LIBRARY

1657 Shore Road

BROOKLYN-NEW YORK, 19. Nov. 05

Sehr geehrter Herr,

kürzlich nahm ich zufällig an einer Besprechung der für Kinderliteratur zuständigen Bibliothekare der Brooklyn Public Library teil. Im Laufe der Besprechung wurde vorgebracht, in einigen der Lesesäle für Kinder seien Exemplare von *Tom Sawyer* und *Huckleberry Finn* zu finden. Die Leit. der Kinderbuchabt. – eine gewissenhafte und enthusiastische junge Frau – war sehr entrüstet, das zu hören, und ordnete an, sie sofort in die Erwachsenenabteilung zu schaffen. Daraufhin bekannte ich verschämt, *Huckleberry Finn* meinen wehrlosen Blinden vorgelesen zu haben, ohne Rücksicht auf Alter, Hautfarbe oder früheren Stand als Sklave. Ich erinnerte sie auch an Brander Matthews' Ansichten über das Buch und erwähnte den Umstand, dass ich es fast auswendig kann, da es mir mehr Vergnügen bereitet hat als jedes andere Buch, das ich gelesen habe, und Lesen ist das größte Vergnügen in meinem Leben. Meine glühende Verteidigung führte zu weiteren Diskussionen und kritischen Beurteilungen, aus denen ich schloss, dass die herrschende Meinung über Huck die ist, dass er ein hinterlistiger Junge sei, der »schwitzen« sagt, wo er »transpirieren« sagen sollte. Letzten Endes lief alles darauf hinaus, dass es Anfang Januar bei einer Besprechung, an der teilzunehmen ich ausdrücklich eingeladen bin, eine weitere Erörterung dieser Bücher stattfinden soll. Als ich Sie neulich bei der Aufführung von *Peter Pan* sah, kam mir der Gedanke, dass Sie (der Huck so gut kennt wie ich – besser kennen oder inniger lieben *können* Sie ihn gar nicht) vielleicht gewillt wären, mir mit ein, zwei Worten, die seinen guten Charakter bestätigen, zu Hilfe zu kommen, »trotzdem er selbst nicht von vornehmerem Stand war als 'n Straßenköter«.

Ich möchte Sie um den Gefallen bitten, diese Mitteilung vertraulich zu behandeln, ob Sie nun Zeit finden, zu antworten, oder nicht; denn aus naheliegenden Gründen gebe ich die Einrichtung, von der ich mein Gehalt beziehe, nur ungern der Lächerlichkeit, der Verachtung oder der Anklage preis.

47

Mit vorzüglicher Hochachtung
Asa Don Dickinson
(Leiter der Abteilung für Blinde
und der Zweigstelle Sheepshead Bay, Brooklyn Public Library)

Dies war ein sehr privater Brief. Ich kannte seinen Verfasser nicht, glaubte aber, ihn für einen zuverlässigen Mann halten zu dürfen und es wagen zu können, einen recht privaten Antwortbrief abzufassen, darauf vertrauend, dass er den scheußlichen Inhalt nicht durchsickern und in die Zeitungen gelangen lassen würde. Am 21. schrieb ich ihm.

21 Fifth Ave.
21. Nov. 1905

Sehr geehrter Herr:

Über Ihr Schreiben bin ich äußerst beunruhigt. Ich habe *Tom Sawyer* und *Huckleberry Finn* ausschließlich für Erwachsene geschrieben, und es quält mich immer, wenn ich feststelle, dass man Jungen und Mädchen Zugang zu ihnen gewährt. Der Geist, der in der Jugend besudelt wird, kann nie wieder reingewaschen werden; das weiß ich aus eigener Erfahrung, und bis auf den heutigen Tag hege ich eine nicht zu besänftigende Bitterkeit gegen die treulosen Hüter meines jungen Lebens, die mir, noch bevor ich 15 Jahre alt war, nicht nur erlaubten, sondern mich dazu nötigten, eine unzensierte Bibel ganz zu lesen. Das vermag keiner, der diesseits des Grabes je wieder einen sauberen, süßen Atemzug tun soll. Fragen Sie die junge Dame – sie wird es Ihnen bestätigen.

Ich wünschte aufrichtig, ich könnte ein, zwei Worte zur Verteidigung von Hucks Charakter anführen, da Sie mich darum baten, doch nach meinem Dafürhalten ist er keinen Deut besser als Salomon, David, Satan und der Rest der heiligen Bruderschaft.

Falls es in der Kinderbuchabteilung eine nicht zensierte Bibel geben sollte, würden Sie der jungen Frau bitte dabei helfen, Huck und Tom aus dieser fragwürdigen Gesellschaft zu befreien?

Mit freundlichen Grüßen
(gezeichnet) S. L. Clemens

Ich werde Ihren Brief niemandem zeigen – er ist bei mir in sicheren Händen.

Montag, 9. April 1906

Zwei Tage später erhielt ich diese noble Erwiderung.

ZWEIGSTELLE SHEEPSHEAD BAY

BROOKLYN PUBLIC LIBRARY

1657 SHORE ROAD

BROOKLYN-NEW YORK, 23. Nov. 05

Sehr geehrter Herr,

habe Ihren Brief erhalten. Ich bin überrascht, zu hören, dass Sie der Meinung sind, dass Huck und Tom eine unzuträgliche Wirkung auf Jungen und Mädchen ausüben. Aber erleichtert, dass Sie sie nicht in dieselbe Kategorie wie die vielen Gottverworfenen aus der Bibel einordnen. Ich weiß von einem Jungen, der 1884 im Alter von acht Jahren mit Huck Bekanntschaft schloss und ihm seither inniglich verbunden ist, und ich kann Ihnen versichern, dass er dieser zwanzigjährigen Gesellschaft wegen nicht ein Fünkchen verdorbener ist. Im Gegenteil, er wird Hucks Vater – ich meine nicht Pap – stets dankbar sein für die vielen Stunden, die er mit ihm und Jim verbracht hat und die ihn Krankheit und Kummer vergessen machten.

Huckleberry Finn war das erste Buch, das ich auswählte, um es meinen Blinden vorzulesen (aus eigennützigen Gründen, wie ich fürchte), und nichts, was ich seither vorgelesen habe, reicht an den unschuldigen Genuss heran, den sie dadurch erfahren haben.

Für die fast unerwartete Liebenswürdigkeit Ihrer Antwort dankend, bin ich

mit vorzüglicher Hochachtung

Ihr Asa Don Dickinson

Vier friedliche Monate verstrichen. Dann erklang die Musik! Eine Flut von Zeitungsreportern rollte heran, und sie belagerten die arme Miss Lyon den ganzen Tag. Ich lag natürlich im Bett. Ich liege immer im Bett. Sie verstellte ihnen die Treppe. Sie wollten mich unbedingt sprechen, und sei es nur für einen Augenblick, aber keinem gelang es, sich an meiner Wächterin vorbeizustehlen. Sie sagten, es sei das Gerücht aufgekommen, ich hätte der Brooklyn Public Library einige Monate zuvor einen Brief geschrieben; dem Gerücht zufolge sei der Brief von glänzender beißender Ironie, und sie wollten eine Abschrift haben. Sie sagten, die leitenden Angestellten der Brooklyn Library hätten behauptet, den Brief nie gesehen, ja nicht einmal davon gehört zu haben, bis die Reporter gekommen seien, um danach zu fragen. Ich urteilte, dass mein Mann – der nicht in der Haupt-, sondern in einer Zweigstelle der Bücherei tätig war – sein Geheimnis tatsächlich bewahrt hatte, und glaubte, darauf vertrauen zu können, dass er das Geheimnis auch weiterhin hüte, um seinetwillen wie um meinetwillen. Sollte der Brief öffentlich werden, würde er wie eine Bombe unter mir explodieren – aber auch ihn in die Luft jagen. Daher war ich durchaus zuversichtlich, dass er mich schützen würde, wenn schon keinem anderen zuliebe, dann immerhin um seiner selbst willen.

Miss Lyon hatte einen schweren Tag, ich dagegen einen höchst vergnüglichen. Sie ließ nicht zu, dass einer der Reporter auch nur eine dunkle Ahnung von der Wesensart des Briefes erhielt; auf ihre taktvolle, einnehmende und diplomatische Art besänftigte sie all diese jungen Burschen und schickte sie hochzufrieden mit ihr, aber mit leeren Händen fort. Jedes Mal, wenn sie einen Feind abgewehrt hatte, kam sie nach oben und erzählte mir alles, was der Feind gesagt und wie geistreich er seine Sache vertreten habe, und wir amüsierten uns königlich. Einmal hatte sie gleich drei dieser zungenfertigen Abgesandten am Hals – aber gleichwohl. Sie vernichtete die ganze Batterie, und sie ergatterten nichts.

Am folgenden Tag führten sie ihren Angriff fort, ich aber riet ihr, sich nicht daran zu stören – die menschliche Natur werde den Sieg für uns erringen. Irgendwo werde es ein Erdbeben geben oder einen Umsturz *hier* in der Stadtverwaltung oder einen drohenden Krieg in Europa – irgendetwas, was große Aufregung hervorrufen und die Zeitungsfritzen für vierundzwanzig Stunden von der Nr. 21 Fifth Avenue weglocken wird, werde sich bestimmt ereignen und unseren Zwecken dienen; sie würden den Brief dauerhaft vergessen und wir unsere Ruhe haben.

Ich wusste, dass die Reporter bald die richtige Fährte aufnehmen würden, daher schrieb ich an Mr. Dickinson und ermahnte ihn, seine Lippen hermetisch verschlossen zu halten. Ich bat ihn, so weise wie wachsam zu sein. Seine Antwort trägt das Datum 28. März.

Montag, 9. April 1906

ZWEIGSTELLE BAY RIDGE

BROOKLYN PUBLIC LIBRARY

73. STRASSE, ECKE SECOND AVENUE

TELEFON-NR. 338 BAY RIDGE

BROOKLYN-NEW YORK, 28. März 06

Sehr geehrter Mr. Clemens,

soeben Ihren Brief vom 26. d. M. erhalten. Da ich mittlerweile in die obige Zweigstelle versetzt worden bin, hat es lange gedauert, bis er mich erreicht hat.

Ich habe versucht, so wachsam wie weise zu sein, und bin Ihnen für Ihre Verschwiegenheit sehr dankbar. Die arme alte B. P. L. hat einiges an trauriger Berühmtheit erlangt. Als ich vorgestern Abend meinen Vorgesetzten am Telefon hatte, dachte ich, er werde mich einen Kopf kürzer machen. Aber ich glaube, gestern begann der Sturm im Wasserglas ihm Spaß zu machen.

Als ich gestern Nacht halb zwölf nach Hause kam, saß ein Mann vom *Herald* auf der Treppe, den Kopf gegen den Türpfosten gelehnt. Er war seit halb acht dort und sagte, wenn ich ihm nur den leisesten Hinweis auf den Inhalt des Briefes verspräche, würde er quietschvergnügt bis zum Morgen sitzen bleiben. Aber ich war so weise wie wachsam.

Bei der Besprechung im Januar wurde beschlossen, Huck und Tom nicht zusammen mit *Nellys Silbermine* und *Dotty Grübchen daheim* in die Lesesäle für Kinder zu stellen. Aber der Zugang zu den Büchern ist in keinster Weise eingeschränkt worden. Sie sind in allgemein zugängliche Regale bei der Erwachsenenliteratur gestellt worden, und jedem Kind steht es frei, Erwachsenenliteratur zu lesen, sofern es denn möchte.

Mit großer Ungeduld freue ich mich darauf, Sie morgen Abend im Waldorf zu sehen und zu hören. Da ich einen wilden Plan für eine Nationalbibliothek für Blinde entwickelt habe, war man so großzügig, mir zwei Logen zur Verfügung zu stellen. Ich hoffe, die »junge Dame«, die Sie in Ihrem Brief erwähnen – die Leit. der Kinderbuchabt. –, und mehrere andere Mitarbeiter der B. P. L. werden anwesend sein.

Es tut mir sehr leid, Ihnen seitens der Reporter so viel Ärger eingebrockt zu haben, aber seien Sie versichert, dass ich ihnen über den Inhalt des Briefes nichts verraten habe noch verraten werde. Und bitte verraten auch Sie mich nicht!

Mit vorzüglicher Hochachtung

Asa Don Dickinson

51

Am folgenden Abend sah ich ihn im Waldorf, wo Choate und ich unseren öffentlichen Aufruf zugunsten der Blinden verlasen, und fand, dass er ein äußerst angenehmer, zuverlässiger und zufriedenstellender Mann war.

Nun, da ich aus Frankreich gehört habe, halte ich den Vorfall für erledigt – denn vor zwei, drei Wochen hatte er seinen kurzen Auftritt in England und auch in Deutschland. Wenn die Leute *Huck Finn* in Ruhe lassen, geht er friedlich seiner Wege, schadet vielleicht da und dort und andernorts ein paar Kindern, aber auch ohne diese wird's im Himmel jede Menge Kinder geben, also kommt es auf die paar nicht an. Nur wenn wohlmeinende Leute ihn exponieren, erhält er Gelegenheit, wirkliches Unheil anzurichten. Zeitweise verbreitet er dann Angst und Schrecken in den Kindergärten und stiftet zweifellos, solange er die Gelegenheit dazu hat, gewaltiges Unheil. Hoffen wir, dass die Menschen, denen tatsächlich die besten Interessen der heranwachsenden Generation am Herzen liegen, demnächst weise werden und Huck nicht reizen.

Dienstag, 10. April 1906

Brief eines Kindes über den Hinauswurf von Huckleberry Finn *aus der Concord Library – Botschafter Whites Autobiographie – Mr. Clemens' Version der Fiske-Cornell-Episode – Ein weiteres Beispiel seiner erfolgreichen Arbeitsbeschaffungsmaßnahme für Erwerbslose – Jener Klient gewinnt den Fiske-Prozess*

Als *Huckleberry Finn* vor einundzwanzig Jahren aus der Concord Public Library hinausgeworfen wurde, erreichte mich eine Reihe Briefe des Mitgefühls und der Entrüstung – vor allem von Kindern, wie ich eingestehen sollte –, von denen ich einige aufbewahrt habe, um sie hin und wieder lesen und als Balsam für meine Wunden verwenden zu können. Heute Morgen habe ich diese alten Briefe noch einmal durchgesehen und stieß dabei auf einen von einem kleinen Mädchen, das sich darüber ärgert, wie die Bücherei mit Huck umgesprungen ist, dann aber fortfährt und mir in aller Unschuld sogar einen noch gröberen Hieb versetzt, als es die Bücherei getan hatte. Sie schreibt:

Ich bin elf Jahre alt und wohne auf einer Farm bei Rockville, Maryland. Diesen Winter hatten wir einmal einen Jungen namens John, der für uns gearbeitet hat. Wir gaben ihm *Huckleberry Finn* zu lesen, und eines Nachts warf er seine Kleider zum Fenster hinaus und machte sich mitten in der Nacht davon. Als wir das letzte Mal von ihm hörten, war er in Ohio; und Vater sagt, hätten wir ihm *Tom Sawyer* zu lesen gegeben, hätte er nicht diesseits vom Ozean haltgemacht.

Gott segne ihr sanftes Herz; sie hat versucht, mich aufzuheitern; und ihre Mühe verdient dasselbe Lob, welches ein Provinzreporter der Essex Band zuteilwerden ließ, nachdem er die Feierlichkeiten zum Unabhängigkeitstag ausführlich gepriesen und seinen Vorrat an Komplimenten erschöpft hatte. Aber er fühlte sich verpflichtet, so etwas wie ein schmeichelhaftes Ei zu legen, und mit einer letzten heroischen Anstrengung presste er das hier heraus:

»Die Essex Band gab ihr Möglichstes.«

Ich habe ein, zwei weitere Kapitel in Botschafter Whites Autobiographie gelesen, und ich finde das Buch bezaubernd, besonders die Stellen, die von mir handeln. Ich finde jedes Buch bezaubernd, das von mir handelt. Ich erwarte, dass diese meine Autobiographie nach ähnlichen Grundsätzen verfährt, und habe die Absicht, sie ihren Gegenstand nicht allzu lange aus den Augen verlieren zu lassen. Mr. White war der erste Präsident der Cornell University, und er stellt den Ärger mit Willard Fiske aus Sicht der Universität dar. An diesem Punkt unterbrach ich meine Lektüre. Ich habe seine Version nicht gelesen, denn zunächst möchte ich eine andere Version wiedergeben, und da diese Version zu der seinigen im Widerspruch stehen könnte, werde ich sie jetzt darlegen, bevor sie die Möglichkeit hat, ihr Aussehen zu verändern, indem sie mit seiner Version in Berührung kommt.

All das weckt in mir Erinnerungen an ein weiteres Beispiel meiner erfolgreichen Arbeitsbeschaffungsmaßnahme für Erwerbslose. Die berühmte Fiske-Cornell-Episode vor einem Vierteljahrhundert erwuchs aus Folgendem. Vor rund fünfzig Jahren, als Willard Fiske noch ein armer, unwissender dreizehnjähriger Junge ohne Freunde war, buchten er und Bayard Taylor eine Überfahrt auf dem Zwischendeck eines Segelschiffes und überquerten den Ozean. Sie gelangten nach Island, und Willard Fiske blieb ein, zwei Jahre dort. Er erlernte die altnordischen Sprachen und vervollkommnete sich darin. Darüber hinaus wurde er Experte für die Literatur dieser Sprachen. Irgendwann kehrte er nach Amerika zurück, und obwohl er noch immer sehr jung und kaum volljährig war, erhielt er von der noch in den Kinderschuhen steckenden Cornell University eine Anstellung als Dozent für diese Fächer. Stätte der Gelehrsamkeit war Ithaca, New York, und Mr. McGraw war Bürger jener kleinen Stadt. Mit dem elektrischen Telegraphen hatte er ein Vermögen gemacht, und er beabsichtigte, einen Großteil dessen der Universität zu vererben. Er hatte eine reizende junge Tochter, und sie und der junge Fiske verliebten sich ineinander. Die beiden waren sich darüber im Klaren; die Eltern des Mädchens waren sich darüber im Klaren; die Universität war sich darüber im Klaren; Ithaca war sich darüber im Klaren. Alle diese Parteien erwarteten, dass Fiske um ihre Hand anhalten werde, was er aber nicht tat. Sein Verhalten ließ sich durch nichts erklären, und so lebten all diese Parteien einschließlich des Mädchens von Monat zu Monat und von Jahr zu Jahr in einem Zustand unterdrückter Verwunderung und warteten darauf, dass sich das Rätsel von allein löste. Was es nicht tat. Schließlich starb Mr. McGraw, und es stellte sich heraus, dass er kein Testament hinterlassen hatte. Folglich war die Tochter die einzige Erbin. Sie wusste jedoch um die Absichten ihres Vaters, und so übertrug sie der Universität einen beträchtlichen Teil ihres Vermögens und setzte auf diese Weise seine Absichten ins Werk.

Die Jahre zogen ins Land, und das Verhältnis zwischen Fiske und Miss McGraw blieb unverändert. Doch zu einem Heiratsantrag kam es nicht. Fiske hatte einen ziemlich einleuchtenden Grund, ihr keinen Antrag zu machen: Es war so, dass er sehr arm und das Mädchen sehr reich war, und er wollte nicht den Anschein erwecken, sie nur des Geldes wegen zu heiraten. Das zeugt von guter Moral, gutem Grundsatz, guter Gesinnung – aber es handelt sich nicht um ein Geschäft. Viele Jahre blieb alles beim Alten, und die gegenseitige Hingabe des Pärchens währte fort, unbeeinträchtigt von der Zeit. Schließlich, als beide hochbetagt waren und Miss McGraw an Lungenschwindsucht litt, lud sie Fiske, Charles Dudley Warner und dessen Frau ein, mit ihr auf einer altmodischen Dahabieh eine Nilfahrt zu unternehmen, die auf drei Monate angelegt war. Miss McGraw hatte bereits etliche Monate auf der anderen Seite des Ozeans verbracht und vielerlei schöne Gegenstände erworben; Gemälde, Skulpturen, kostbare Teppiche und so weiter, mit denen sie einen kleinen Palast auszustatten gedachte, den sie sich in Ithaca erbauen ließ.

Zuletzt begann an Bord der Dahabieh eine traurige Zeit – Miss McGraws Krankheit schritt schnell voran, und es war offenkundig, dass sie nicht mehr lange zu leben hatte. Da legte sie alle Zurückhaltung ab und sagte unumwunden, sie wolle Fiske heiraten, um ihm ihr Vermögen hinterlassen zu können. Fiske wollte sie heiraten, aber die Prinzipien, die er in Herz und Hirn hegte, blieben davon unberührt, und er war nicht gewillt, das Vermögen zu akzeptieren. Die Warners drangen in ihn. Sie setzten ihre besten Überredungskünste ein. Er war ebenso begierig auf die Heirat wie Miss McGraw, wollte jedoch das Vermögen nicht akzeptieren. Zuletzt ließ er sich zu veränderten Bedingungen überreden. Er war bereit, den kleinen Palast mitsamt Mobiliar sowie dreihunderttausend Dollar zu akzeptieren; mehr wollte er nicht akzeptieren. Die Hochzeit fand statt. Mrs. Fiske setzte ein Testament auf, und in diesem Testament hinterließ sie den Palast mitsamt Mobiliar sowie dreihunderttausend Dollar ihrem Gatten Willard Fiske. Den Restnachlass vermachte sie der Cornell University.

Nach und nach begriff Fiske, dass er nicht klug gehandelt hatte. Das Kapital von dreihunderttausend Dollar war völlig unzureichend, davon konnte er das Haus in Ithaca nicht unterhalten. Er versuchte gar nicht erst, darin zu leben. Da stand es nun mit all den schönen Gegenständen, die Miss McGraw auf ihren Reisen in Europa gesammelt hatte, und Fiske lebte anderswo – lebte höchst komfortabel anderswo –, lebte an einem Ort, an dem dreihunderttausend Dollar tatsächlich ein Vermögen darstellten, und war vollkommen zufrieden. Er lebte in Italien. Er war die liebenswerteste und freundlichste Seele, die ich je gekannt habe. Er hatte einen Charakter, der ihm Freunde gewann, und wer einmal sein Freund war, der blieb es für immer.

Nun aber folgte der kuriose Umstand. Dank Mrs. Fiskes Testament war die finanzielle Ausstattung Cornells um eine großzügige Summe vermehrt worden – zwei Millionen Dollar, wenn ich mich richtig entsinne. Ohne Zweifel war die Cornell University zufriedengestellt. Doch die Anwälte der Universität, die Mrs. Fiskes Testament auf Herz und Nieren prüften, stießen auf einen Fehler, der weder Mrs. Fiske noch Charley Warner, der das Testament aufgesetzt hatte, aufgefallen war. Es hatte etwas mit dem »Restnachlass« zu tun. Nach Auffassung der Anwälte konnte die Universität Anspruch auf den kleinen Palast und seine üppige Ausstattung erheben und diesen Anspruch vor Gericht geltend machen.

Die Forderung wurde erhoben. Fiske und Warner waren empört über diese Unverschämtheit, diese Gier. Beide wussten, es war der Wunsch der sterbenden Frau gewesen, dass ihr Mann in diesem Haus wohnen sollte, umgeben von den Dingen, die ihr heilig waren und die sie zu dessen Verschönerung eigenhändig ausgewählt hatte. Beide wussten, dass, hätte Fiske nicht so hartnäckigen Widerstand geleistet, nicht nur das Haus, sondern überdies eine beträchtliche Geldsumme in seinen Besitz übergegangen wäre, und jetzt, wo die Universität beabsichtigte, Fiske das Haus zu nehmen – nun, es wurde Zeit, dass der getretene Wurm sich krümmte. Der getretene Wurm krümmte sich. Der getretene Wurm war Fiske. Fiske widersetzte sich der Forderung der Universität, und die Universität reichte Klage ein.

Nun denn, ich muss zu einem Zeitpunkt zurückgehen, der drei oder vier Jahre vor Einreichen der Klage liegt. Eines Tages schaute ein junger Bursche in Hartford vorbei und wollte mich sprechen. Ich glaube, er sagte, er komme aus Kanada. Er sagte, er habe das starke Verlangen, das unwiderstehliche Verlangen, Anwalt zu werden, und er glaube, wenn er Arbeit fände, um für seinen Lebensunterhalt zu sorgen, könne er unterdessen seine freien Stunden, sofern er welche habe, dazu nutzen, den Blackstone zu studieren. Er glaubte, zum Journalisten zu taugen. Er glaubte, zumindest einen guten Reporter abzugeben, und er hatte den Einfall, mich dazu zu bringen, meinen Einfluss bei den Zeitungsleuten von Hartford geltend zu machen, ihm die Chance zu verschaffen, auf die er erpicht war.

Ich sagte: »Gewiss, ich werde Sie bei jeder Zeitung der Stadt unterbringen. Treffen Sie Ihre Wahl.«

Er war sehr dankbar. Das sind meine Klienten immer, bis sie meine Bedingungen hören. Auf die bewährte Art machte ich ihn mit meinen Bedingungen bekannt. Er dachte einen Augenblick lang nach und sagte dann:

»Wie einfach das ist; wie sicher das ist; wie zuverlässig das ist; ja, wie unfehlbar das ist, da die menschliche Natur nun einmal beschaffen ist, wie sie ist –

wie kommt es, dass noch nie jemand darauf verfallen ist?« Dann, als er zur Tür hinausging, fügte er hinzu: »Ich will zum *Courant*, und noch heute Abend habe ich die Stelle.«

Etwa drei Monate später kam er vorbei, um von den Fortschritten zu berichten. Er war so rasch befördert worden, von der Reinigungskraft über die verschiedenen Stufen, dass er jetzt der Redaktion angehörte und dabei sehr glücklich war, zumal ihm die Redaktionsarbeit ein ordentliches Stück Freizeit für das Studium der Rechtswissenschaft ließ, die nun einmal Ziel seiner hohen Ambitionen war.

Ich komme wieder auf den Fiske-Prozess zu sprechen. Eines Sommers waren wir wie gewöhnlich nach Elmira gefahren, um die Sommermonate auf der Quarry Farm zu verbringen, und für einige Zeit besuchten wir Mrs. Clemens' Familie unten in der Stadt. Ein junger Mann schaute vorbei und sagte, er würde mich gern sprechen. Ich ging in die Bibliothek, wo ich ihn empfing. Es war der junge Mann, von dem ich eben erzählt habe, da ich ihn aber drei oder vier Jahre lang nicht gesehen hatte, erinnerte ich mich nicht sofort an ihn. Er sagte, während der Zeit beim *Courant* habe er so viel Geld wie möglich gespart und in seinen freien Stunden gewissenhaft Rechtswissenschaft studiert – so dass er vor kurzem den Journalismus aufgegeben habe und versuchen werde, in der Juristerei Fuß zu fassen; dass er sich das Umfeld angeschaut und beschlossen habe, Bürogehilfe bei David B. Hill in Elmira, New York, zu werden – will sagen, er hatte diesen Entschluss offenbar gefasst, ohne Mr. Hill zu fragen, ob er damit einverstanden sei oder nicht. Hill war ein ausgezeichneter Anwalt und ein bedeutender Politiker, ein Mann von ungeheurem Einfluss und Gewicht – und das ist er auch heute noch, im hohen Alter. Die Bewerbung wurde eingereicht, und Hill antwortete umgehend, er benötige niemandes Unterstützung. Der junge Bacon jedoch entgegnete, er wolle keine Bezahlung, er wolle nur die Chance bekommen, zu arbeiten; er könne selbst für seinen Lebensunterhalt sorgen. Er werde alles tun, was Mr. Hill dienlich sei, und sei es nur, das Büro auszufegen; er wolle arbeiten, und zwar in der Nähe eines Mannes wie Hill, denn er sei fest entschlossen, Anwalt zu werden. Nun, da er nicht teuer war und eine Entschlossenheit an den Tag legte, die Hill gefiel, stellte ihm dieser Büroraum zur Verfügung. Gut und schön, das Übliche geschah, das, was immer geschieht. Nach und nach verleitete Bacon ihn dazu, ihm Arbeiten anzuvertrauen, und bald schon vertraute Hill ihm Arbeiten an, ohne eigens dazu verleitet werden zu müssen.

»Nun denn«, sagte Bacon, »Mr. Clemens, das ist meine Chance – meine Chance.«

Professor Willard Fiske trug seine Sache zu Mr. Hill. Mr. Hill prüfte sie sorgfältig und lehnte es ab, den Fall zu übernehmen. Er sagte, Fiskes Fall sei aussichtslos und er wolle keinen Fall übernehmen, nur um ihn zu verlieren. Fiske insistierte, und daraufhin sagte Hill: »Nun, es gibt hier diesen jungen Burschen in meinem Büro. Wenn er Ihren Fall übernehmen möchte, meinetwegen; ich werde ihn beraten und ihm nach besten Kräften helfen, ohne es in Rechnung zu stellen«; und er fragte Fiske, ob er bereit sei, Bacon den Fall anzuvertrauen. Fiske stimmte zu.

Daraufhin hatte der junge Bacon einen glücklichen Einfall. Da allem Anschein nach unter den gegebenen Umständen nichts für Fiske sprach, zog er die Gründungsurkunde der Universität zu Rate, um zu sehen, ob sich darin etwas finden ließe. Er fand sogar etwas sehr Erfreuliches; um eine damals gängige Wendung zu gebrauchen, er stieß in dieser Gründungsurkunde auf Öl. Er trug die Gründungsurkunde zu Mr. Hill und machte ihn auf einen unabweisbaren Tatbestand aufmerksam: dass der Cornell University nicht gestattet war, gleich welches Vermögen zu akzeptieren oder zu erwerben, wenn sie zu dem betreffenden Zeitpunkt bereits über ein Vermögen im Wert von drei Millionen Dollar verfügte. Zu dem Zeitpunkt, da Mrs. Fiske ihr Testament aufsetzte, verfügte Cornell über ein größeres Vermögen und verfügte noch immer über diese Summe.

Hill sagte: »Nun, Bacon, die Sache steht günstig für Sie – will sagen, nun, Bacon, die Sache steht günstig für Fiske. Jetzt ist es die Universität, die nichts mehr zu melden hat.«

Bacon gewann den Fall. Es war sein erster Fall. Er berechnete Fiske hunderttausend Dollar für seine Dienste. Fiske überreichte ihm den Scheck, verbunden mit seinem Dank.

Einige Jahre – ich weiß nicht, wie viele – sah ich Bacon nicht wieder, und dann erzählte er mir, dass sein erster Prozess auch sein letzter gewesen sei; dass sein erstes Honorar das einzige gewesen sei, das er je empfangen habe; dass er, den Scheck kaum in der Tasche, einer höchst charmanten jungen Witwe im Besitz eines großen Vermögens über den Weg gelaufen sei und er beide bei sich aufgenommen habe.

Ich glaube, ich brauche über meine großartige Arbeitsbeschaffungsmaßnahme für Erwerbslose kein Wort mehr zu verlieren. Ich glaube hinreichend bewiesen zu haben, dass es sich um eine geeignete und wirksame Maßnahme handelt.

Mittwoch, 11. April 1906

Mr. Frank Fuller und die Begeisterung, mit der er Mr. Clemens' ersten New Yorker Vortrag lancierte – Beschert ihm keinen Reichtum, aber Ruhm – Führt zu einer Vortragsreise unter der Leitung Redpaths – Zeitungsausschnitt bezüglich Frank Fuller sowie Mr. Clemens' Kommentare – Zeitungsausschnitt über Olive Logan sowie Mr. Clemens' Kommentare – Mr. Clemens' Ansichten über Selbstmörder

Ich pflege keinen Blick in meine Bücher zu werfen, um herauszufinden, was ich darin geschrieben habe. Aus zwei Gründen unterlasse ich es, einen Blick in diese Bücher zu werfen; erstens – und dieser Grund steht in allen Angelegenheiten, die mit meinem Leben zu tun haben, an erster Stelle – aus Trägheit. Ich bin zu träge, nachzuschauen. Der andere Grund ist – nun, lassen wir das. Ich hatte einen weiteren Grund, aber der ist mir entfallen, während ich mir den ersten zurechtlegte. Ich halte es für wahrscheinlich, dass ich Frank Fuller in einem Buch namens *Durch dick und dünn* erwähnt habe. Aber ich weiß es nicht, und es spielt auch keine Rolle.

Als Orion und ich im Sommer 1861 mit der Überlandpostkutsche den Kontinent durchquerten, machten wir in Great Salt Lake City zwei, drei Tage Station. Ich weiß nicht mehr, wer damals Gouverneur des Territoriums Utah war, aber ich weiß noch, dass selbiger abwesend war – eine verbreitete Gewohnheit bei Territorialgouverneuren, die nichts weiter sind als Politiker, die sich in die Randgebiete von Ländern begeben und die dortigen Entbehrungen auf sich nehmen, nur um Staaten zu gründen und als US-Senatoren zurückzukehren.

1861

Der Mann aber, der anstelle des Gouverneurs amtierte, war der Sekretär des Territoriums, Frank Fuller – natürlich Gouverneur genannt, genau wie Orion in jenen großartigen Tagen, als in Gouverneur Nyes Abwesenheit auch ihm dieser verunfallte Titel zufiel. Ehren- und Würdentitel, in einer Demokratie erst einmal erworben, und sei es nur zufällig oder genau genommen nur für achtundvierzig Stunden, sind auf Erden so ausdauernd wie die Ewigkeit im Himmel. Man kann derartige Titel nicht mehr aberkennen. Einmal für eine Woche Friedensrichter, immer »Richter«. Einmal Major der Miliz bei einem Feldzug am Unabhängigkeitstag, immer Major. Als Oberst bezeichnet zu werden, und sei es aus Versehen und ohne Absicht, verleiht einem Mann diese Würde für den Rest seines Lebens. Wir bewundern Titel und Herkunft in unserem Herzen und verspotten sie mit unserem Mund. Das ist unser demokratisches Vorrecht.

Nun gut, Fuller war amtierender Gouverneur, und während der zwei, drei Tage, die wir uns in Great Salt Lake City ausruhten, bescherte er uns eine ausgesprochen angenehme Zeit. Er war ein forscher, energischer Mann; ein Draufgänger; ein Mann, der sich für alles interessierte, was sich ereignete – und nicht nur das, vielmehr interessierte er sich fünfmal mehr dafür, als es die Sache wert war, und zehnmal mehr als jeder andere – ein äußerst rühriger Mann.

1867   Danach hielt ich mich fünf oder sechs Jahre an der Pazifikküste auf und kehrte im Januar 67 über den Isthmus in die Staaten zurück. Im Vorjahr hatte ich im Auftrag der *Sacramento Union* mehrere Monate auf den Sandwichinseln verbracht und war zwar mit leeren Taschen, aber mit einer Fülle von Informationen nach San Francisco zurückgekehrt – Informationen, die sich für das Vortragspodium eigneten. Meine Briefe von den Inseln hatten mir zu großer Bekanntheit verholfen – zu lokaler Bekanntheit. Nach Osten erstreckte sie sich nicht weiter als hundert Meilen oder so, doch reichte diese Bekanntheit aus, um darüber Vorträge zu halten, und auf dem Podium in San Francisco machte ich von ihr Gebrauch und häufte mit den wenigen Abenden, an denen ich mich zur Belehrung und Unterhaltung meines Publikums abmühte, zwölf- oder fünfzehnhundert Dollar an. Fünfzehnhundert Dollar waren etwa die Hälfte – der Türsteher erhielt den Rest. Er war ein alter Zirkusmann und kannte sich aus mit dem Türstehergewerbe.

Als ich in New York eintraf, fand ich Fuller vor, der irgendwelchen Geschäften nachging. Er war sehr herzlich, sehr erfreut, mich zu sehen, und wollte mir seine Frau vorstellen. Von einer Frau hatte ich bis dahin nichts gehört; hatte nicht gewusst, dass er eine hatte. Nun, er stellte mir seine Frau vor, eine liebliche und sanfte Person von sehr gastlicher, freundlicher und gewinnender Art. Dann erstaunte er mich, indem er mir seine Töchter vorstellte. Auf mein Wort, diese waren beleibt, von matronenhafter Erscheinung und verheiratet – er sagte nicht, wie lange schon. Oh, Fuller steckte voller Überraschungen. Hätte er mir ein paar kleine Kinder vorgestellt, wäre das noch angegangen, wäre verständlich gewesen. Aber er sah zu jung aus, um erwachsene Kinder zu haben. Nun, ich konnte das Rätsel nicht lösen und ließ es auf sich beruhen. Offenbar handelte es sich um einen Fall, da ein Mann fortgeschrittenen Alters über das hübsche Talent verfügt, seine Jahre nicht zu zeigen.

Gouverneur Fuller – natürlich nannten ihn jetzt alle seine New Yorker Freunde so – befand sich im vollen Sturm eines seiner Begeisterungsanfälle. Er hatte einen Begeisterungsanfall pro Tag, und immer war es ein Sturm. Er sagte, ich müsse den größten Saal New Yorks mieten und meinen Vortrag über die Sandwichinseln halten – sagte, die Leute seien wild darauf, mich zu hören. Die ungeheure Energie dieses Mannes hatte etwas Ansteckendes. Einen Moment lang hätte er mich fast davon überzeugt, dass New York wild darauf war, mich zu hören. Ich wusste es besser. Ich wusste sehr wohl, dass New York noch nie von mir gehört hatte, weder erwartete, von mir zu hören, noch wünschte, von mir zu hören – und doch hätte dieser Mann mich fast überzeugt. Ich erhob Einspruch, sobald das Feuer, das er in mir entzündet hatte, ein wenig abgeklungen war, und erhob immer wieder Einspruch. Es nützte nichts. Fuller war sich sicher, dass ich auf der Stelle und ohne jede Anstrengung Ruhm und Reichtum erlangen würde. Er sagte, ich solle die Sache ihm überlassen – solle einfach alles ihm überlassen –, solle ins Hotel gehen, mich hinsetzen und es mir bequem machen – in zehn Tagen werde er mir Ruhm und Reichtum zu Füßen legen.

Ich war hilflos. Ich war leicht zu überreden, verlor aber nicht *ganz* den Verstand und flehte ihn an, einen ausgesprochen kleinen Saal zu mieten und die Eintrittspreise auf Schaubudenniveau herabzusetzen. Aber nein, davon wollte er nichts wissen – sagte, er werde den größten Saal New Yorks mieten. Er werde den Saal im Untergeschoss des Cooper Institute mieten, der Sitzplätze für dreitausend Personen biete und Stehplätze für noch einmal die Hälfte davon; und er sagte, für einen Dollar pro Nase werde er den Saal so voll bekommen, dass die Leute ersticken würden und er von jedem zwei Dollar verlangen könne, um wieder hinausgelassen zu werden. Oh, er war Feuer und Flamme für sein Projekt. Er machte Ernst damit. Er sagte, es werde mich nichts kosten. Ich sagte, es werde mir nichts einbringen. Er sagte:

»Lassen Sie das ruhig meine Sorge sein. Verzeichnen wir keinen Gewinn, ist das meine Sache. Verzeichnen wir einen Gewinn, ist das Ihre Sache. Verzeichnen wir einen Verlust, werde ich den Verlust selbst tragen, und Sie werden nie etwas davon erfahren.«

Er mietete das Cooper Institute und begann den Vortrag auf die übliche Weise anzukündigen – mit einem kleinen Absatz im Anzeigenteil der Zeitungen. Nachdem das etwa drei Tage so gegangen war, hatte ich niemanden etwas über den Vortrag sagen hören, auch keine Zeitung, und wurde nervös.

»Ach«, sagte er, »es spricht sich untergründig herum. Auf der Oberfläche sieht man es nicht.« Er sagte: »Halten Sie sich da heraus, lassen Sie es seine Wirkung tun.«

Nun gut, ich ließ es seine Wirkung tun – bis etwa zum sechsten oder siebten Tag. Der Vortrag sollte in drei oder vier Tagen stattfinden – und noch immer war ich nicht in der Lage, hinabzusteigen ins Untergründige, wo es seine Wirkung tat, und insofern von Zweifel und Sorge erfüllt. Ich ging zu Fuller und forderte ihn auf, mit mehr Nachdruck zu werben.

Er versprach es. Nunmehr ließ er tonnenweise kleine Zettel drucken, die man an eine Kordel hängt – fünfzig Stück pro Bündel. Die waren für die Omnibusse bestimmt. Man konnte sie in jedem Omnibus hin und her baumeln sehen. Meine Besorgnis zwang mich, diese Omnibusse heimzusuchen. Ein, zwei Tage lange tat ich nichts anderes, als in Bussen zu sitzen, von einem Ende New Yorks zum anderen zu fahren, diese Dinger baumeln zu sehen und zu warten, bis ich jemanden ertappte, wie er einen Zettel abriss, um ihn zu lesen. Es passierte nie – zumindest passierte es nur ein Mal. Ein Mann griff danach und riss eines der Dinger ab, dann sagte er zu seinem Freund:

»Vortrag über die Sandwichinseln von Mark Twain. Frage mich, wer das wohl sein mag?« – und er warf es weg und wechselte das Thema.

Ich konnte nicht länger mit Omnibusssen fahren. Mir war übel. Ich ging zu Fuller und sagte:

»Fuller, an dem Abend wird außer Ihnen und mir niemand im Cooper Institute sein. Es wird ein Totalausfall, denn wir beide haben Freikarten. Etwas muss geschehen. Ich stehe kurz vor dem Selbstmord. Ich würde Selbstmord begehen, hätte ich den Schneid und das nötige Zubehör.« Ich sagte: »Sie müssen den Saal mit Freikarten pflastern, Fuller. Sie müssen Tausende von Freikarten verteilen. Sie *müssen* es tun. Ich werde sterben, wenn ich vor einen leeren Saal treten soll mit Leuten, die mich nicht kennen, die noch nie von mir gehört haben und die noch nie mit dem Bus gefahren sind und diese Dinger haben hin und her baumeln sehen.«

»Nun«, entgegnete er mit gewohnter Begeisterung, »ich werde mich der Sache annehmen. Es wird erledigt. Ich werde den Saal mit Freikarten pflastern, und wenn Sie die Bühne betreten, werden Sie sich in Gegenwart des erlesensten, des intelligentesten Publikums wiederfinden, vor dem je ein Mann in dieser Welt gestanden hat.«

Und er war ein Mann von Wort. Körbeweise verschickte er Freikarten an jeden Schullehrer im Radius von dreißig Meilen um New York – er überschwemmte diese Leute geradezu mit Freikarten –, und am festgesetzten Abend kamen sie alle. Das Cooper Institute bot nicht einem Drittel von ihnen Platz. Der Vortrag sollte halb acht beginnen. Ich war so aufgeregt, dass ich schon um sieben hingehen musste. Ich konnte mich nicht fernhalten. Ich wollte diese riesige leere Mammuthöhle sehen und sterben. Doch als ich mich dem Gebäude näherte, stellte ich fest, dass sämtliche Straßen im Umkreis einer Viertelmeile von Menschen verstopft waren und der Verkehr zum Erliegen gekommen war. Ich konnte nicht glauben, dass diese Leute versuchten, ins Cooper Institute zu gelangen, doch genau das war der Fall. Ich bahnte mir einen Weg zur Rückseite des Gebäudes und betrat es durch den Bühneneingang. Und tatsächlich, die Sitzplätze, die Gänge, sogar die große Bühne waren bis zum Bersten voll mit gescheit wirkenden Menschen, die man aus den Intelligenzzentren – den Schulen – zusammengetrommelt hatte. Ich hatte ziemliche

Mühe, mich durch das Gewusel auf der Bühne zu drängen, und als es mir gelungen war und ich endlich vor dem Publikum stand, war die Bühne proppenvoll. Nicht einmal für ein Kind war mehr Platz.

Ich war glücklich und unsagbar aufgeregt. Ich überschüttete diese Leute freigebig mit den Sandwichinseln, und zu meiner großen Befriedigung lachten und johlten sie. Eine Stunde und fünfzehn Minuten war ich im Paradies. Aus jeder Pore verströmte ich göttliches Entzücken – und als wir die Einnahmen zusammenrechneten, kamen wir auf insgesamt fünfunddreißig Dollar.

Fuller frohlockte gerade so, als hätte er seine Prophezeiung von Ruhm und Reichtum wahr gemacht. Er war vollkommen entzückt, vollkommen verzaubert. Mehrere Tage lang bekam er den Mund nicht mehr zu.

»Oooh«, sagte er, »der Reichtum ist noch nicht da – das nicht –, aber das ist in Ordnung. Das kommt später. Der Ruhm ist schon da, Mark. Ja doch, in einer Woche werden Sie der bekannteste Mann der Vereinigten Staaten sein. Das ist kein Fehlschlag. Das nenne ich einen gewaltigen Erfolg.«

Die Angelegenheit musste ihn vier- oder fünfhundert Dollar gekostet haben, aber er verlor kein Sterbenswörtchen darüber. Er war so glücklich, so zufrieden, so stolz, so entzückt, als hätte er das legendäre goldene Ei gelegt und ausgebrütet.

Was den Ruhm betrifft, so hatte er recht. Zweifellos verschaffte mir der Vortrag ein Quantum an Ruhm, mit dem sich arbeiten ließ. Die New Yorker Zeitungen lobten ihn. Die Regionalzeitungen druckten das Lob nach. Allmählich verlangten die Vortragssäle des Landes nach mir – es war mitten in der Blütezeit des alten Vortragssaalsystems. Ich begab mich in Redpaths Hände und sprang eben noch auf den fahrenden Zug der Vortragssaison. Ich reiste nach Westen und hielt sechs oder acht Wochen jeden Abend Vorträge für hundert Dollar pro Abend – und inzwischen fand ich, dass die gesamte Prophezeiung in Erfüllung gegangen war. Ich hatte Ruhm erworben und Reichtum. Zwar glaube ich nicht, dass die Einzelheiten stimmen, aber das ist mir völlig egal. Sie taugen ebenso viel wie die Tatsachen. Was ich sagen will, ist, dass ich nicht mehr weiß, ob ich die Vortragsreise in jenem Jahr oder erst im darauffolgenden Jahr unternommen habe. Aber die Hauptsache ist, dass ich sie unternommen habe und dass die Gelegenheit, sie zu unternehmen, von jenem wilden Frank Fuller und seinem unvergesslichen verrückten Projekt geschaffen wurde.

All das trug sich vor achtunddreißig oder neununddreißig Jahren zu. Seitdem bin ich Frank Fuller zwei-, dreimal im Abstand von mehreren Jahren über den Weg gelaufen – für einen Augenblick, nur für einen Augenblick und nicht länger. Aber er war stets jung. Nicht ein graues Haar; nicht die leiseste Spur von Alter an ihm; stets begeistert; stets glücklich und froh, am Leben zu sein. Vergangenen Herbst wurde der Bruder seiner Frau auf grauenhafte Weise ermordet. Offenbar hatte sich ein Einbrecher in Mr. Thompsons Zimmer versteckt und ihn in der Nacht mit einem Knüppel erschlagen. Vor zwei Monaten traf ich Fuller zufällig auf der Straße, und er sah so, so furchtbar alt, so verhutzelt, so verschimmelt aus, dass ich ihn kaum wiedererkannte. Er sagte, seine Frau gehe an der seelischen Erschütterung, die der Mord an ihrem Bruder hervorgerufen habe, zugrunde; die Nervenzerrüttung raffe sie dahin und sie habe nur noch wenige Tage zu leben – so begleitete ich ihn denn, um sie zu besuchen.

Sie saß aufrecht auf einem Sofa, von allen Seiten mit Kissen gestützt. Hin und wieder lehnte sie den Kopf für eine kleine Weile auf eine dieser Stützen. Das Atmen fiel ihr schwer. Das rührte mich, denn dieses Bild hatte ich schon so endlos viele Male gesehen. Zwei oder drei Monate lang hatte Mrs. Clemens Tag und Nacht so dagesessen und um Atem gerungen. Wenn die Opiate und die Erschöpfung sie schläfrig machten, legte sie genau wie Mrs. Fuller den Kopf für eine kleine Weile auf eines der Kissen und konnte für zwei oder drei Minuten einnicken.

Ich sah Mrs. Fuller nicht mehr lebend wieder. Etwa drei Tage später fand sie die ewige Ruhe.

Was mir Frank Fuller ins Gedächtnis zurückgerufen hat, ist die halbe Kolumne, die ich aus der heutigen Morgenzeitung ausgeschnitten habe. Nie finde ich Gelegenheit, in meinen alten Notizbüchern nach Anregungen für meine Autobiographie zu stöbern, aus dem einfachen Grund, weil mir die Zeitung jeden Tag zwei Dutzend davon liefert, und bei dieser Menge werde ich nie dazu kommen.

SELTSAMES NACHSPIEL ZU EINER ERPRESSUNG

Louis R. Fuller erfährt erstmals, dass er nicht der Sohn des reichen Dr. Fuller ist

Als Louis R. Fuller, Yale-Absolvent und Liebling der New Yorker und Bostoner Gesellschaft, als Kläger gegen Homer Hawkins, Nr. 101 West 88th Street, den er der versuchten Erpressung und der tätlichen Beleidigung beschuldigte, gestern im Polizeigericht in der Centre Street erschien, erfuhr er erstmals, dass er nur der Adoptivsohn von Dr. Frank Fuller sei, dem Millionär und Präsidenten der Health Food Company, Nr. 61 Fifth Avenue.

Hawkins hatte Louis R. Fuller einen Brief geschickt, in dem er $ 500 von ihm forderte, andernfalls er einem gewissen Mr. Rowbotham, dessen Tochter mit Fuller verlobt ist, vertrauliche Informationen enthüllen werde. Hawkins' Festnahme folgte auf dem Fuße. Als er gestern vor Gericht gestellt wurde, setzte Friedensrichter Whitman eine Kaution von $ 2500 wegen Erpressung und eine zusätzliche von $ 500 wegen Mitführens einer versteckten Waffe fest. Mrs. Ellen Faxon, Homer Hawkins' Mutter, war im Gericht anwesend, um ihrem Sohn beizustehen. Es war das erste Mal, dass sie auf Louis R. Fuller, ihren Adoptivbruder, stieß. Sie flehte ihn an, die Klage zurückzuziehen.

»Wissen Sie denn nicht, dass er Dr. Fullers eigen Fleisch und Blut ist«, rief sie aus, »und dass Sie nur sein Adoptivonkel sind?«

Zunächst wusste Louis R. Fuller nicht, was er sagen sollte. Es war die erste Andeutung, die er je gehört hatte, dass er nicht Dr. Fullers leiblicher Sohn sei. Dann sah er der Frau direkt ins Gesicht und sagte:

»Ihr Sohn hatte kein Recht, zu tun, was er getan hat; ich werde die Klage nicht zurückziehen.«

Mrs. Faxons Geschichte

Als Mrs. Faxon nach einem vergeblichen Versuch, die Kaution für ihren Sohn aufzubringen, bei sich zu Hause von einem Reporter der *World* interviewt wurde, sagte sie:

»Obwohl ich das Vorgehen meines Jungen nicht billige, werden nur wenige Menschen ihn für das, was er getan hat, verurteilen, wenn die wahren Umstände ans Licht kommen. 1868 haben sich meine Eltern getrennt. Zwei Jahre später starb meine Mutter. Ich heiratete und zog mit meinem Mann und meiner einzigen Schwester nach Kalifornien. Dort wurde Homer geboren. Kurz nach seiner Geburt starb sein Vater. Ein paar Jahre später heiratete ich meinen jetzigen Mann, Frank Faxon, der zurzeit in Südkalifornien weilt.

Vor zwanzig Jahren erfuhr ich, dass mein Vater Miss Anna Thompson aus Portsmouth, N. H., geheiratet hatte. Sie war die Schwester des verstorbenen Jacob H. Thompson, der in seinem Zimmer im St. James Hotel ermordet aufgefunden worden war. Ihnen wurde ein Kind geboren. Dieses Kind starb, und ein Jahr später wurde ein Knabe adoptiert, heute bekannt unter dem Namen Louis R. Fuller. Wer er war oder woher er kam, weiß ich nicht.

Als mein Junge zum Mann heranwuchs, begann er nach seinen Großeltern zu fragen. Ich erzählte ihm die ganze Geschichte. Vor drei Jahren kam Homer nach New York und suchte seinen Großvater auf. Dort erfuhr er, dass sein Adoptivonkel in Yale studierte. Über Nacht war er ein anderer Junge geworden. Sein Großvater schickte ihn zurück nach Kalifornien, um zu verhindern, dass er sich mit Louis traf.

Trifft Vater nach dreißig Jahren wieder

Als ich vor zwei Jahren nahezu mittellos war, fuhr ich zum Sommerhaus meines Vaters in Madison, N. J., und traf ihn dort nach dreißig Jahren zum ersten Mal wieder. Meine Stiefmutter sagte mir, New York sei nicht groß genug für uns beide. Seither habe ich mir meinen Lebensunterhalt als Näherin verdient.

Der Gedanke, dass sich ein anderer des Komforts und der Liebe bemächtigte, die uns gebührten, ließ Homer das Herz bluten.«

Dr. Fuller und sein Adoptivsohn bewohnen schöne Apartments im Allston-Haus, Nr. 17 East 38th Street. Gestern Abend waren sie nicht zu Hause. Mrs. Fuller starb vergangenen Februar an Nervenzerrüttung, von der seelischen Erschütterung, die dem Tod ihres Bruders gefolgt war, hatte sie sich nicht mehr erholt.

New York World

Dieser Zeitungsausschnitt ist mir äußerst rätselhaft. Die Dame sagt: »1868 haben sich meine Eltern getrennt.« Im Vorjahr stellte mir Fuller seine Frau vor –

die, die neulich starb – und versetzte mich mit seinen beleibten und matronenhaften Töchtern in Erstaunen. Inzwischen scheine ich zu begreifen, dass es eine frühere Mrs. Fuller gab und dass die unerklärlichen Töchter jener Verbindung entstammten. Fuller erzählte mir nicht, dass er jemals eine andere Frau gehabt hatte. Ich glaube, die Dame muss sich in ihren Daten irren. Ich glaube, die Trennung muss vor 1867 erfolgt sein, nicht 1868. Die Dame sagt, »getrennt«. Sie sagt nicht, geschieden. Nun, belassen wir's dabei. Ich kann's nicht entwirren. Wie immer ich diesen Bericht deute, Louis Fuller lässt sich nicht vollständig entschlüsseln. Aber belassen wir's dabei. Es ist einerlei. Falls er von Fuller oder sonst wem adoptiert wurde, muss das in seiner Kindheit geschehen sein – denn hätte der Adoptierende länger gewartet, hätte er den ausgewachsenen Louis nicht mehr für eine ganz so gute Investition gehalten und das Feld einem anderen Spekulanten überlassen. Aber vergessen wir das. Lassen wir's dabei bewenden. Es fängt an, mir den Kopf zu verwirren. Eigentlich kann ich der Sache nur entnehmen, dass das Leben Fullers, wie jedes andere Leben, das ins hohe Alter oder in dessen Nähe klettert, eine Tragödie ist. Es ist ein Jammer, alt zu werden, weil man weiß, dass die Tragödie stets über einem hängt, und wenn man nicht durch einen glücklichen Unfall aus dem Leben scheidet, wird sie mit ziemlicher Gewissheit auf einen niedergehen. Ich frage mich, wie alt Fuller wohl ist. Ich denke, über achtzig – und doch wirkte er bis vor kurzem nie alt.

Ich werde von diesem bedrückenden Thema ablassen und zusehen, ob ich nicht unter den Zeitungsausschnitten von heute Morgen ein fröhlicheres finden kann.

Nein, Fehlanzeige. An dem, den ich in Händen halte, ist nichts sehr Fröhliches. Er ist überschrieben: »Olive Logan lässt Ehemann verhaften.« Ich bezweifle, dass ich in den letzten gut dreißig Jahren oder noch länger jemals an Olive Logan gedacht habe oder ihrem Namen begegnet bin. Sie gehört in die tiefste Vergangenheit, in jene kurze Blütezeit des »Vortragssaals«, als ein neuer Schlag von vortragsreisenden Frauen das Podium eroberte. Der alte Schlag waren die Anna Dickinsons gewesen, Frauen, die etwas zu sagen hatten und es gut sagen konnten; Frauen, die voller Talent waren; Frauen, die aus dem Herzen sprachen und die Zuhörer mit ihrer Beredsamkeit stark berührten. Dann kamen Frauen vom Schlage einer Olive Logan: Frauen, die nichts zu sagen hatten

68

und, wäre ihnen etwas in den Sinn gekommen, es nicht hätten sagen können; Frauen, die das Podium eroberten, um ihre Kleider vorzuführen. Sie waren lebende Werbetafeln. Im ganzen Land strömten die Frauen in die Vortragssäle, um diese Kleider zu betrachten, und sie brachten ihre Männer mit. Die Männer wollten nicht, aber sie mussten.

Eine Frau musste bekannt sein, bevor Redpath sie aufs Vortragspodium stellte. Olive Logan war gewillt, sich eine Reputation zurechtzuzimmern. Eine Saison oder zwei schrieb sie albernes, affektiertes und wertloses Zeug für unbekannte Zeitschriften. Als Methode zur Ruhmesbegründung erwies sich das als völliger Fehlschlag. Dann begann sie das absonderlichste – das absonderlichste – nun, mir fällt das Wort nicht ein, nach dem ich suche –, belassen wir's dabei. Was sie begann, war das: Sie heiratete einen Zeilenschinder (dessen Namen ich vergessen habe), und der reichte kleine Zweizeiler ein, die tatsächlich in die Zeitungen gelangten – etwa dieserart:

»Olive Logan hat für den Sommer die Villa Hunter in Cohasset bezogen.«

Weshalb nur sollte das für irgendjemanden von Interesse sein? Aber das war es. Die Meldung enthielt nicht ein Körnchen Wahrheit, aber das konnte der Leser ja nicht wissen. Er hatte noch nie von Olive Logan gehört, aber da Olive Logan so selbstverständlich erwähnt wurde, war sie bestimmt eine Berühmtheit, und daher fand sich der Leser in der unbefriedigenden Lage wieder, etwas ignoriert zu haben, was er hätte wissen sollen. Du meine Güte, Olive Logan hätte keine Villa Hunter oder sonst eine Villa beziehen können. Sie hätte nicht einmal eine Hütte beziehen und die Miete bezahlen können.

Bald darauf erschien eine weitere Notiz:

»Olive Logan hat immerhin ihren eigenen Kopf. Unerschrocken hat sie dem weltberühmten Pariser Putzmacher Worth den Rücken gekehrt und ihre Kleider für die nächste Saison bei seinem neuen, aber florierenden Rivalen Savarin geordert.«

In den gesamten Vereinigten Staaten flatterte diese Notiz von Zeitung zu Zeitung. Jeder, der sie las, hielt es für selbstverständlich, dass Olive Logan eine berühmte und bedeutende Persönlichkeit war, obwohl er sich, soweit er sich erinnern konnte, dessen vorher nicht bewusst gewesen war. Und wenn der Leser eine Frau war, beeindruckte ihn die Notiz, und zwar in jedem einzelnen

Fall. Jemand, der Worth unerschrocken den Rücken kehrte, konnte kaum weniger als eine Herzogin sein.

Diese Notizen folgten in dichter Prozession aufeinander, Woche für Woche, das ganze Jahr hindurch. Nie gab es auch nur ein Wort der Erklärung, wer Olive Logan sein mochte oder was sie getan hatte, um diesen Ruhm zu verdienen. Nie waren die Notizen für irgendjemanden von Bedeutung, da sie lediglich auf Olive Logans Kleider verwiesen und auf die Sommerresidenzen, die sie angeblich bezog, hin und wieder versehen mit einer ihrer Ansichten zu einem beliebigen Thema, mit dem sie nicht vertraut war. Diese Ansichten wurden auf dieselbe selbstverständliche Art und Weise lanciert, die auch die Notizen über die Kleider auszeichnete:

»Olive Logan hat die Meinung geäußert, dass der Transzendentalismus, selbst als Interesse der Bostoner, ausgedient hat.«

Nun geschah tatsächlich etwas Seltsames – und ich bin am Leben, um es zu beschwören –, denn am Ende dieser dreisten Art, mit Hilfe von derlei Notizen eine unbekannte Abenteurerin zum Thema zu machen, konnte Redpath sie für hundert Dollar pro Abend aufs Podium stellen und durchs ganze Land schicken. Sie war keine zehn Cent pro Woche wert, aber drei, vier oder fünf Jahre lang schwebte sie in den gesamten Vereinigten Staaten für ein reguläres Vortragshonorar von hundert Dollar pro Abend von Stadt zu Stadt. Sie war tatsächlich berühmt. Daran besteht kein Zweifel. Ihr Name war allen vertraut. Jeder Mann war mit Olive Logans Namen vertraut; jede Frau war mit ihm vertraut – und in den gesamten Vereinigten Staaten gab es nicht einen Menschen, der eine Antwort parat gehabt hätte auf die Frage: »Worauf gründet sich ihr Ruhm? Was hat sie geleistet?« Man würde ihn geradezu paralysieren, wenn man ihm diese Frage stellte. Für einen Augenblick glaubte er, mühelos Auskunft geben zu können, worauf ihr Ruhm beruhte, aber schon eine einzige Sekunde des Nachdenkens genügte, um ihm vor Augen zu führen, dass er, auch wenn er noch nie darüber nachgedacht hatte, nicht die leiseste Ahnung hatte, wer Olive Logan war oder was sie geleistet hatte. Sie hatte sich einen großen, einen kommerziell wertvollen Namen erworben, aus absoluter Leere; aus bloßen Bemerkungen über ihre Kleider und darüber, wo sie den Sommer verbringen würde, aus ihren Meinungen zu Angelegenheiten, zu denen sich zu äußern

70

niemand sie gebeten hatte. Es war die hohlste Reputation, die je in dieser Welt ersonnen worden ist. Natürlich konnte sie kein drittes Mal in dieselbe Stadt reisen. Das erste Mal wäre der Saal gefüllt. Die Zuhörer würden in dem Bewusstsein nach Hause gehen, für ihr Geld nichts bekommen zu haben. Das zweite Mal wäre der Saal mit den übrigen Leuten gefüllt, die sie noch nicht gehört hatten, aber damit wäre die Stadt erschöpft. Es wären keine Idioten mehr übrig. Das Vortragskomitee der Stadt wüsste inzwischen, dass Olive Logan aufgehört hatte, als Zugpferd zu dienen. Man würde sie nicht wieder einladen. Und, wie gesagt, ich habe von Olive Logan mein ganzes Leben lang nicht mehr gehört. Und jetzt taucht sie in der heutigen Morgenzeitung unter der Überschrift auf: »Olive Logan lässt Ehemann verhaften.«

OLIVE LOGAN LÄSST EHEMANN VERHAFTEN

Berühmte Vortragsreisende, Autorin und Schauspielerin erklärt,
dass er trinke und sie vernachlässige

Olive Logan, Vortragsreisende, Autorin, Schauspielerin, Bühnenschönheit von vor dreißig Jahren, erschien gestern Nachmittag als Bittstellerin beim Polizeigericht von Harlem. Sie ist siebenundsechzig Jahre alt, weißhaarig, wacklig auf den Beinen und nahezu stocktaub. Friedensrichter Cornell verstand ihren Namen nicht, aber ihre bezaubernde Stimme und ihr exquisiter Gebrauch der englischen Sprache erregten seine Aufmerksamkeit. Er schickte sie in einen angrenzenden Korridor mit einem Polizisten, der in ihr Hörrohr brüllte, um ihr ihre Geschichte zu entlocken.

»Ich will einen Haftbefehl«, sagte die betagte Frau, »für meinen Mann James O'Neill Logan. Wir wohnen in Nr. 2568 Seventh Avenue. Er trinkt die ganze Zeit.«

Der Friedensrichter verschickte eine Vorladung, und als der Mann am Nachmittag vor Gericht gebracht wurde, war er in einem so schlechten Zustand, dass er bis heute in Gewahrsam genommen wurde.

»Wir sind furchtbar verschuldet«, sagte Mrs. Logan den Reportern. »Mein Mann ist auf Ellis Island beschäftigt, aber er lässt sein Geld in den Saloons, und oft kommt er ohne einen Cent nach Hause. Wir laufen Gefahr, unser Hab und Gut zu verlieren. Wir haben kein Geld, um Lebensmitel zu kaufen. Ich bin von den Gebrechen des Alters so gezeichnet, dass ich nicht länger schreiben kann. Mich ans Gericht zu wenden ist meine letzte Hoffnung.«

Friedensrichter Cornell wird in dem Fall heute einen Beschluss ergehen lassen.

Olive Logan wurde am 22. April 1839 in Elmira, N. Y., geboren. Sie erlangte Ruhm als Schrifstellerin und Vortragsreisende, und 1872 heiratete sie William Wirt Sikes, durch Präsident Grant zum Konsul in Cardiff, Wales, ernannt. Er starb 1883 in London. Mrs. Sikes hat stets an ihrem Mädchennamen festgehalten. Sie war ein Protegé des verstorbenen Augustin Daly, der sie für die Bühne ausbildete. Sie schrieb *Brandung oder Leben in Long Branch*, dramatisierte Wilkie Collins' *Der rote Schal* und verfertigte eine metrische Übertragung von François Coppées *Le Passant* (*Der Wanderer*).

Mrs. Logan sagte, James O'Neill sei vor fünfundzwanzig Jahren in London ihr Laufbursche gewesen. Später wurde er ihr Sekretär.

»Er kam mit mir nach Amerika«, sagte sie, »und wir beschlossen zu heiraten, obwohl ich zweiundwanzig Jahre älter war als er. Die ersten zehn Jahre unseres Ehelebens waren ein Glückstaumel. Er ist ein feiner Kerl, und ich liebe ihn noch immer. Seine Trunksucht hat uns ruiniert.«

Du meine Güte, allem Anschein nach wurde sie in Elmira, New York, geboren – der Stadt, in der meine Frau geboren wurde und in der wir sechzehn Jahre lang unsere Sommer verlebten. Der Stadt, in der auch das erste, eindeutig ausgelassen-humoristische Buch geboren wurde, das in Amerika je aus der Feder einer Frau floss, *Die Witwe Bedott*. Dieses Buch wurde von einem achtzehnjährigen Mädchen verfasst. Inzwischen ist es vergessen, aber bei seinem Erscheinen fegte es in einem Orkan von Gelächter über diesen Kontinent hinweg.

Und hier stoße ich also auf den Namen ihres Mannes, dieses Zeilenschinders ohne Gehalt oder Wohnsitz oder Ruf, der Olive Logan zum Thema machte und ihren Ruhm begründete. Jetzt ist mir sein Name wieder ganz präsent, William Wirt Sikes. Und natürlich wurde er in einer fernen Gegend dieses Planeten zum Konsul ernannt, weil man in diesem Land seiner nicht bedurfte. Zweifellos haben wir die Welt mit ganzen Regimentern, Bataillonen und Divisionen ignoranter, charakterloser und hohlköpfiger Konsuln ausgestattet, die einem staunenden ausländischen Publikum die Vereinigten Staaten vorführten, wofür sie kein Gehalt hätten beziehen dürfen. Und kein Honorar. Eintrittsgelder wären angebracht gewesen – sagen wir einen Shilling für Ausländer, die unser politisches Produkt zu studieren wünschen. Olive Logans derzeitiger Mann heißt offenbar James O'Neill und war vor einem Vierteljahrhundert in London ihr Laufbursche. Sie ist zweiundzwanzig Jahre älter als er. Die ersten zehn Jahre ihres Ehelebens waren »ein Glückstaumel«. Er hat sich aufs Saufen verlegt.

Sehen Sie, schon wieder so eine Tragödie. Sie brauchen nur lange genug zu leben, und Ihre eigene Tragödie wird eintreten. Vor fünfunddreißig Jahren hätte ich nicht gedacht, dass je der Tag kommen würde, da Olive Logan mein Herz erweichen und ich mir, wenn sie am Ertrinken wäre, die Augen zuhalten würde, um es nicht mit ansehen zu müssen; jetzt aber bemitleide ich sie – ja, ich bemitleide sie. Ihre Tragödie ist eingetreten, und ich muss sie bedauern, und ich bedauere sie. Wäre sie am Ertrinken, würde ich nicht hinsehen – aber herausziehen würde ich sie auch nicht. Ich würde mich nicht an jener letzten und gemeinsten Lieblosigkeit beteiligen, dem Verrat an einer Selbstmörderin. Seit vielen, vielen Jahren genießen Selbstmörder meine Sympathie. Wann immer einem Selbstmörder sein Vorhaben gelingt, freue ich mich. Stets empfinde ich in meinem Herzen aufrichtigen Schmerz, aufrichtigen Kummer, aufrichtiges Mitleid, wenn irgendeiner dieser Schurken die Tat eines Selbstmörders vereitelt und ihn nötigt, sein Leben fortzusetzen.

Heute Morgen in der Zeitung: Eine Frau, die in Kalifornien lebt – ihr Mann, ein Regierungsangestellter, lebt in Washington –, nimmt ihrem Sohn, vierzehn Jahre alt, mit Gas das Leben; versucht, mit ihm zu sterben; wird, neben seinem Bett kniend, bewusstlos, fast schon tot aufgefunden. Statt hinauszugehen und die Tür zu schließen, wie ich es getan hätte, wird sie von den Leuten, die sie in dieser Position auffinden, aus dem Zimmer an die frische Luft gezerrt, ein Arzt wird herbeigerufen, und der Arzt begeht das Verbrechen, sie wieder ins Leben zurückzubefördern mit allem, was das für sie bedeutet. Ihr Mann, abhandengekommen durch die Faszination für eine Ministerialangestellte in Washington; ihr Junge, aus dieser Welt gegangen und glücklich; nichts ist ihr in dieser Welt verblieben, was auch nur einen Penny wert wäre – von der Tragödie ihres Lebens ereilt, als sie das Tragödienalter noch gar nicht erreicht hat. Und man höre den Kommentar des Arztes! Er sagt, er hege »die Hoffnung auf ihre baldige

73

Genesung«. Er gehört erschossen. Ich hege die Hoffnung, dass in der morgigen Morgenzeitung die Nachricht steht, sie sei auf dem Weg zum Friedhof, dorthin, wo sie ihren Frieden findet.

Dublin, New Hampshire, Montag, 21. Mai 1906

Frühe Erfahrungen als Autor – Veröffentlichung des »Springfroschs« in einem Band mit Skizzen – Begegnung mit Carleton in Luzern – Seine Entschuldigung für die Weigerung, Mr. Clemens' Buch mit Skizzen zu veröffentlichen – Schwierigkeiten, die das Erscheinen der Arglosen *im Ausland* begleiten

Für die nächsten fünf Monate wollen wir hier in der grünen Abgeschiedenheit der Wälder und Hügel verweilen.

1867 Meine Erfahrungen als Autor reichen zurück bis Anfang 1867. Im ersten Monat jenes Jahres kam ich von San Francisco nach New York, und bald darauf machte mir Charles H. Webb, den ich von San Francisco als Reporter des *Bulletin* und danach als Herausgeber des *Californian* kannte, den Vorschlag, einen Band mit Skizzen zu veröffentlichen. Ich genoss nur wenig Renommee, auf das ich mich hätte stützen können, war von dem Vorschlag aber begeistert und entzückt und durchaus willens, ihn aufzugreifen, sofern mir eine tüchtige Person die Mühe ersparte, die Skizzen eigenhändig zusammenzutragen. Ich war nicht geneigt, diese Aufgabe selbst zu übernehmen, denn seit Beginn meines Aufenthalts in dieser Welt herrscht bei mir dort, wo der Fleiß seinen Sitz haben sollte, gähnende Leere. (Wo der Fleiß seinen Sitz »hätte haben sollen«, ist vielleicht besser, obwohl sich die Autoritäten darüber nicht einig werden.)

Webb meinte, an der Atlantikküste genösse ich ein gewisses Renommee, aber ich wusste sehr wohl, dass es sich um keines von nennenswertem Ausmaß handelte. Was davon vorhanden war, beruhte auf der Erzählung des »Berühmten *1865/66* Springfroschs«. Als Artemus Ward 1865 oder 66 auf einer Vortragstournee durch Kalifornien reiste, erzählte ich ihm in San Francisco die »Springfrosch«-Geschichte, und er bat mich, sie aufzuschreiben und seinem Verleger Carleton in New York zu schicken, der sie dafür verwenden sollte, ein kleines Buch auszupolstern, das Artemus für den Druck vorbereitet hatte und das noch etwas mehr Füllmaterial gebrauchen konnte, damit es für den geforderten Preis auch dick genug wäre.

Die Geschichte erreichte Carleton rechtzeitig, aber er hielt nicht viel davon und war nicht gewillt, die Satzkosten für ihre Aufnahme in das Buch zu tragen. Er warf sie auch nicht in den Papierkorb, sondern machte sie Henry Clapp zum Geschenk, und Clapp verwendete sie, um das Begräbnis seiner sterbenden Literaturzeitschrift *The Saturday Press* auszugestalten. Der »Springfrosch« erschien in der letzten Ausgabe dieser Zeitschrift, war der fröhlichste Bestandteil der Trauerfeierlichkeiten und wurde sofort von den Zeitungen Amerikas und Englands nachgedruckt. Jedenfalls erlangte er große Berühmtheit, die er auch noch zu dem Zeitpunkt genoss, von dem ich spreche – aber ich war mir bewusst, dass nur der Frosch berühmt war. Nicht etwa ich. Ich war noch immer unbekannt.

Webb übernahm es, die Skizzen zusammenzustellen. Er führte die Aufgabe durch, dann überreichte er mir das Resultat, und ich ging damit zu Carletons Verlagsanstalt. Ich sprach einen Angestellten an, und dieser beugte sich wissbegierig über die Theke, um sich nach meinen Wünschen zu erkundigen; als er aber feststellte, dass ich gekommen war, um ein Buch zu verkaufen, und nicht etwa, um eines zu kaufen, sank seine Temperatur um fünfzehn Grad, und die Altgoldverankerungen in meinem Oberkiefer zogen sich um ein paar Zentimeter zusammen, und meine Zähne fielen heraus. Kleinlaut bat ich um die Gunst, kurz bei Mr. Carleton vorsprechen zu dürfen, und wurde kühl unterrichtet, er halte sich in seinem Privatbüro auf. Weitere Entmutigungen und Schwierigkeiten folgten, aber nach einer Weile überschritt ich das Grenzgebiet und drang ins Allerheiligste vor. Ah, jetzt fällt mir wieder ein, wie es mir gelang! Webb hatte für mich einen Termin bei Carleton vereinbart; andernfalls hätte ich diese Grenze niemals passiert. Carleton erhob sich und fragte brüsk und aggressiv:

»Nun, was kann ich für Sie tun?«

Ich erinnerte ihn daran, dass ich angemeldet sei, um ihm mein Buch zur Veröffentlichung anzubieten. Er begann anzuschwellen und fuhr fort, anzuschwellen und immer weiter anzuschwellen, bis er die Ausmaße eines Gottes zweiten oder dritten Grades erreicht hatte. Dann schossen aus seinen dunklen Tiefen die Fontänen empor, und zwei oder drei Minuten lang konnte ich ihn vor lauter Regen nicht sehen. Es waren Worte, nichts als Worte, aber die fielen

75

so dicht, dass sie die Atmosphäre verdüsterten. Schließlich machte er mit der rechten Hand eine achtunggebietende schwungvolle Bewegung, die das ganze Zimmer umfasste, und sagte:

»Bücher – schauen Sie sich diese Regale an! Jedes einzelne ist mit Büchern beladen, die der Veröffentlichung harren. Will ich noch mehr davon? Entschuldigen Sie, will ich nicht. Guten Tag.«

Einundzwanzig Jahre verstrichen, bis ich Carleton wiedersah. Zu der Zeit weilte ich mit meiner Familie im Hotel Schweizerhof in Luzern. Er sprach bei mir vor, schüttelte mir herzlich die Hand und kam ohne Umschweife gleich zur Sache:

»Im Grunde bin ich ein unbekannter Mensch, doch ich zeichne mich zumindest durch einen Vorzug von so kolossalem Ausmaß aus, dass er mich zur Unsterblichkeit berechtigt – ich habe eines Ihrer Bücher abgelehnt, und dafür stehe ich konkurrenzlos als Preisesel des neunzehnten Jahrhunderts da.«

Es war eine höchst elegante Entschuldigung, was ich ihm auch sagte, und ich meinte, die Rache habe lange auf sich warten lassen, sei für mich aber süßer als jede andere, die man ersinnen könne; in den vergangenen einundzwanzig Jahren hätte ich ihm in meiner Phantasie jedes Jahr mehrmals das Leben genommen und stets auf neue, zusehends grausamere und inhumanere Weise, nun aber sei ich besänftigt, beschwichtigt, glücklich, ja voller Frohlocken; und fortan würde ich ihn für meinen wahren hochgeschätzten Freund halten und ihn nie wieder umbringen.

Ich berichtete Webb von meinem Abenteuer, und er sagte tapfer, nicht einmal sämtliche Carletons des Universums würden dieses Buch vereiteln können; er werde es selbst veröffentlichen, gegen 10 Prozent Tantiemen.

Und das tat er denn auch. Er machte ein sehr hübsches, in Blau und Gold gestaltetes kleines Büchlein daraus. Ich glaube, er nannte es *Der berühmte Springfrosch von Calaveras und andere Skizzen*, Preis: $ 1,25. Satz, Druck und Bindung ließ er durch eine Akzidenzdruckerei ausführen und veröffentlichte den Band in der American News Company.

In Juni nahm ich an der Expedition der *Quaker City* teil. Im November kehrte ich zurück und fand in Washington einen Brief von Elisha Bliss von der Hartforder American Publishing Company vor, in dem er mir für ein Buch, das die Abenteuer der Expedition schildert, 5 Prozent Tantiemen anbot. Als Alternative zu den Tantiemen trug er mir zehntausend Dollar in bar bei Abgabe des Manuskripts an. Ich zog A. D. Richardson zu Rate, und er sagte: »Nehmen Sie die Tantiemen.« Ich befolgte seinen Rat und schloss mit Bliss ab. Laut Vertrag sollte ich das Manuskript im Juli 1868 abliefern. Ich schrieb das Buch in San *1868* Francisco und reichte das Manuskript innerhalb der Vertragsfrist ein. Bliss beschaffte eine Vielzahl von Illustrationen für das Buch, dann stellte er die Arbeit daran ein. Das vertraglich vereinbarte Erscheinungsdatum verstrich, und keine Erklärung erfolgte. Die Zeit floss dahin, und noch immer keine Erklärung. Ich hielt landauf, landab Vorträge; und durchschnittlich rund dreißigmal pro Tag versuchte ich die folgende Rätselfrage zu beantworten:

»Wann erscheint Ihr Buch?«

Ich wurde es müde, mir immer neue Antworten auf diese Frage auszudenken, und irgendwann wurde ich der Frage selbst fürchterlich überdrüssig. Wer immer sie stellte, wurde mein sofortiger Feind, und gewöhnlich war ich sehr darauf bedacht, das auch kundzutun.

Sobald ich von meinen Vortragsverpflichtungen befreit war, eilte ich nach Hartford, um Erkundigungen einzuziehen. Bliss sagte, der Fehler liege nicht bei ihm, er wolle das Buch publizieren, aber die Direktoren seiner Firma seien philisterhafte alte Fossilien und hätten Angst davor. Sie hätten das Buch geprüft, und die Mehrheit sei der Auffassung, es gebe darin Stellen humorvoller Natur. Bliss sagte, der Verlag habe noch nie ein Buch veröffentlicht, dem ein solcher Verdacht anhänge, und die Direktoren befürchteten, mit einem Richtungswechsel dieser Art das Ansehen des Verlages ernstlich zu beschädigen; ihm seien Hände und Füße gebunden und er dürfe den Vertrag nicht erfüllen. Einer der Direktoren, ein gewisser Mr. Drake – oder zumindest stellte er die Überreste dar von etwas, was einmal ein gewisser Mr. Drake gewesen war –, lud mich zu einer Fahrt in seinem Einspänner ein, und ich nahm an. Mr. Drake war ein bemitleidenswertes altes Relikt, und auch seine Manieren und seine Redeweise waren bemitleidenswert. Er verfolgte eine heikle Absicht und brauchte einige Zeit, bis er genügend Mut gefasst hatte, um sie auszuführen, doch am Ende brachte er es zuwege. Er erläuterte mir die Schwierigkeiten und die Not des Verlages, wie sie mir Bliss auch schon erläutert hatte. Dann lieferte er mir den Verlag und sich selbst auf Gedeih und Verderb aus und flehte mich unumwunden an, *Die Arglosen im Ausland* zurückzuziehen und das Unternehmen von dem Vertrag zu entbinden. Ich lehnte es ab – und damit endeten die Unterredung und der Ausflug mit dem Einspänner. Anschließend warnte ich Bliss, er müsse ans Werk gehen oder ich würde Scherereien machen. Er beherzigte die Warnung, ließ das Buch setzen, und ich las Korrektur. Wieder folgte eine lange Wartezeit und keine Erklärung. Schließlich verlor ich gegen Ende *1869* Juli (1869, glaube ich) die Geduld und telegraphierte Bliss, sollte das Buch nicht binnen vierundzwanzig Stunden ausgeliefert werden, würde ich auf Schadenersatz klagen.

Damit waren die Scherereien beendet. Ein halbes Dutzend Exemplare wurde gebunden und innerhalb der geforderten Frist zum Verkauf angeboten. Dann begann man mit Werbemaßnahmen und setzte sie entschlossen fort. Binnen neun Monaten befreite das Buch den Verlag von seinen Schulden, erhöhte seine Aktien von fünfundzwanzig auf zweihundert und erwirtschaftete einen Überschuss von siebzigtausend Dollar. Es war Bliss, der mir das erzählte – sollte es zutreffen, wäre es das erste Mal in fünfundsechzig Jahren, dass er die Wahrheit gesagt hatte. Geboren wurde er 1804.

Mittwoch, 23. Mai 1906

Webb behauptet, dass der Springfrosch *zwar positiv aufgenommen worden sei, er selbst aber aufgrund der Unredlichkeit der American News Company keinen Cent daran verdient habe – Mr. Clemens schließt Vertrag mit der American Publishing Company für* Die Arglosen im Ausland *und untersagt Veröffentlichung des* Springfroschs *durch Webb – Findet hinterher von der American News Company heraus, dass Webb ihn betrogen hat – Bedingungen des Vertrages mit Bliss für* Durch dick und dünn *und* Bummel durch Europa

1867 Aber ich muss auf Webb zurückkommen. Als ich im November 1867 von der Expedition der *Quaker City* zurückgekehrt war, teilte mir Webb mit, das Springfroschbuch sei von der Presse positiv aufgenommen worden und er glaube auch, dass es sich recht gut verkauft habe, es sei ihm allerdings nicht möglich gewesen, von der American News Company eine Abrechnung zu erhalten. Er führte aus, dass das Buch eine regelrechte Katastrophe für ihn gewesen sei, da er es aus eigenen Mitteln finanziert habe und aufgrund der unredlichen und hinhaltenden Vorgehensweise der News Company nicht in der Lage sei, auch nur einen Cent seines Geldes zurückzubekommen.

Webb tat mir aufrichtig leid; es tat mir leid, dass er, weil er mir hatte behilflich sein wollen, Geld verlor; und in gewissem Maße tat es mir auch leid, dass er nicht in der Lage war, mir meine Tantiemen auszuzahlen.

Den Vertrag für *Die Arglosen im Ausland* schloss ich mit der American Publishing Company. Als zwei oder drei Monate verstrichen waren, kam mir der Gedanke, dass ich womöglich gegen den Vertrag verstieß, enthielt er doch eine Klausel, die mir untersagte, innerhalb eines Jahres oder so Bücher bei einem anderen Verlag zu veröffentlichen. Natürlich konnte sich diese Klausel nicht auf ein Buch beziehen, das vor Abschluss des Vertrages veröffentlicht worden war; jedem anderen wäre das klar gewesen. Ich aber wusste es nicht, denn ich hatte nicht die Angewohnheit, irgendetwas Nützliches zu wissen; und ich hatte auch nicht die Angewohnheit, andere um Auskunft zu bitten. Es war meine ignorante Meinung, dass ich gegen den Vertrag mit Bliss verstieß und moralisch verpflichtet war, das Springfroschbuch zurückzuziehen und es endgültig vom Markt zu nehmen. So suchte ich Webb in der Angelegenheit auf. Er war bereit, mir unter den folgenden Bedingungen entgegenzukommen: dass ich ihm alle mir möglicherweise zustehenden Tantiemen abtrete; dass ich ihm zudem, frei von Tantiemen, alle gebundenen und ungebundenen Exemplare abtrete, die sich im Besitz der News Company befinden; dass ich ihm darüber hinaus achthundert Dollar in bar überreiche; dass er außerdem die Zerstörung der Druckplatten des Buches überwachen darf und für diesen Dienst die Prämie erhält, die die Schriftgießer für die alten Metalltypen der zerstörten Druckplatten zahlen würden. Schriftmetall war neun Cent das Pfund wert, und das Gewicht der Druckplatten betrug etwa vierzig Pfund. Diesen Details kann man entnehmen, dass Webb als Händler einiges Talent besaß.

Hiernach verschwand Webb für lange Zeit aus meinem Gesichtsfeld. In der Zwischenzeit jedoch lief ich zufällig dem Geschäftsführer der American News Company über den Weg, und ich fragte ihn nach Webbs Schwierigkeiten mit dem Unternehmen und wie es dazu hatte kommen können. Er sagte, er wisse von keinerlei Schwierigkeiten. Da erklärte ich ihm, dass Webb nie auch nur einen Cent von der Firma bezogen habe. Er wiederum erklärte mir, dass meine Erklärung jeder Grundlage entbehre. Er sagte, die Company habe Webb in den üblichen Abständen Abrechnungen zukommen lassen und den jeweils fälligen Scheck der Firma beigefügt. Auf seine Einladung hin begleitete ich ihn in sein Büro, und anhand der Bücher und Abrechnungen bewies er mir, dass seine Ausführungen zutrafen. Webb hatte von Anfang an regelmäßig seine und meine Anteile eingestrichen und das Geld in die eigene Tasche gesteckt. Zu dem Zeitpunkt, als Webb und ich uns geeinigt hatten, schuldete er mir sechshundert Dollar an Tantiemen. Die gebundenen und ungebundenenen *Springfrösche*, die er damals von mir geerbt hatte, waren seitdem verkauft worden und die Erlöse in seine Tasche gewandert – darunter weitere sechshundert an Tantiemen, die mir zugestanden hätten.

Um es zusammenzufassen: Ich war inzwischen ein Autor; ich war ein Autor mit einem klein bisschen Renommee; ich war ein Autor, der ein Buch veröffentlicht hatte; ich war ein Autor, der durch diese Veröffentlichung nicht reich geworden war; ich war ein Autor, dessen erstes Buch ihn zwölfhundert Dollar an nicht erhaltenen Tantiemen gekostet hatte, achthundert Dollar an Blutgeld und drei Dollar und sechzig Cent, die aus altem Schriftmetall zusammengeklaubt waren. Von jenem Moment an war ich entschlossen, nie wieder bei Webb zu veröffentlichen – es sei denn, ich könnte mir genug Geld leihen, um mir den Luxus zu leisten.

Bald darauf, als ich dank der Veröffentlichung der *Arglosen im Ausland* berühmt-berüchtigt geworden war, konnte Webb die Öffentlichkeit zunächst davon überzeugen, dass er mich entdeckt habe; später, dass er mich erschaffen habe. Allseits wurde eingeräumt, dass ich eine wertvolle Bereicherung für die amerikanische Nation und die hohen Ränge der Literatur sei; und dass die Nation und die Ränge für die Errungenschaft dieser Bereicherung wem gegenüber ihre große Dankesschuld abzutragen hätten? Gegenüber Webb.

Irgendwann waren Webb und seine großartigen Dienste vergessen. Da meldeten sich Bliss und die American Publishing Company zu Wort und begründeten die Tatsache, dass sie mich entdeckt hätten; später, dass sie mich erschaffen hätten; dass daher weiterer Dank fällig wäre. Im Laufe der Zeit gab es noch andere, die diese großartigen Dienste für sich beanspruchten. Sie schossen nur so aus dem Boden, in Kalifornien, in Nevada und andernorts, und zuletzt gelangte ich zu der Überzeugung, ich sei häufiger entdeckt und erschaffen worden als jedes andere Tier, das irgendwann aus den Händen des Schöpfers hervorgegangen ist.

Webb hielt sich für einen literarischen Menschen. Vielleicht hätte die Welt diesen Aberglauben akzeptiert, hätte er ihn nicht durch die Veröffentlichung seiner eigenen Werke null und nichtig gemacht. Sie verrieten ihn. Seine Prosa war bezaubernd kindlich, seine Poesie um keinen Deut besser; dennoch hielt er daran fest, in regelmäßigen Abständen seine Gemeinplätze zu produzieren, bis er vor zwei Jahren an übergroßer Hirntätigkeit starb. Er war ein armes Geschöpf und von Natur aus wie durch Übung ein Betrüger. Als Lügner war er ziemlich gut und konnte einige Erfolge, wenn auch kein Ansehen für sich verbuchen, denn er war ein Zeitgenosse von Elisha Bliss, und wenn es darum ging, zu lügen, konnte Bliss, wie bei einer totalen Sonnenfinsternis, einen ganzen Kontinent von Webbs überschatten und auslöschen.

Etwa 1872 schrieb ich ein weiteres Buch, *Durch dick und dünn. Die Arglosen* *1872* hatte ich gegen 5 Prozent Tantiemen veröffentlicht, was auf etwa zweiundzwanzig Cent pro Band hinauslief. Jetzt trafen Angebote verschiedener angesehener Verlagshäuser ein. Eins bot 15 Prozent Tantiemen; ein anderes schlug vor, mir *sämtliche* Gewinne an dem Buch abzutreten und sich mit dem Werbeeffekt zufriedenzugeben, der dem Haus zufallen würde. Ich bat Bliss zu mir, und er kam nach Elmira. Hätte ich damals über das Verlagswesen so gut Bescheid gewusst wie heute, so hätte ich von Bliss 75 oder 80 Prozent des Verlagserlöses nach Abzug der Herstellkosten verlangt, und das wäre nur recht und billig gewesen. Aber ich verstand nichts von dem Geschäft und war zu träge, etwas darüber in Erfahrung zu bringen. Ich sagte Bliss, ich wolle sein Unternehmen nicht verlassen und auch keine übertriebenen Bedingungen stellen. Ich sagte, meiner Meinung nach sollte ich die Hälfte des Verlagserlöses nach Abzug der Herstellkosten erhalten, und voller Begeisterung erwiderte er, das sei gerade recht, gerade recht. Er ging in sein Hotel, setzte den Vertrag auf und brachte ihn mir am Nachmittag ins Haus. Ich stieß auf ein Problem. In dem

Vertrag stand nicht »Hälfte des Verlagserlöses«, sondern stattdessen 7½ Prozent Tantiemen. Ich bat ihn, sich zu erklären. Ich sagte, das entspreche nicht unserer Abmachung. Er antwortete: »Nein, tut es nicht«, aber er habe die Tantiemen hineinschreiben müssen, um die Sache zu vereinfachen – dass 7½ Prozent Tantiemen bis zum Verkauf von hunderttausend Exemplaren genau die Hälfte des Verlagserlöses, ja etwas mehr darstellten; dass danach die Hälfte des Verlages meiner Hälfte einen Hauch überlegen sein werde.

Ich war ein wenig skeptisch, ein wenig argwöhnisch und fragte ihn, ob er das beschwören könne. Sogleich hob er die Hand und legte einen Schwur ab, wobei er genau dieselben Worte wiederholte, die er zuvor gesprochen hatte.

Ich brauchte neun oder zehn Jahre, um herauszufinden, dass es sich um einen Meineid handelte und 7½ Prozent nicht einmal ein Viertel des Verlagserlöses darstellten. Doch in der Zwischenzeit hatte ich bereits mehrere Bücher gegen 7½ und 10 Prozent Tantiemen bei Bliss veröffentlicht und war natürlich bei allen erheblich betrogen worden.

1879   1879 kam ich mit einem druckfertigen Buch aus Europa nach Hause – *Bummel durch Europa*. Ich bat Bliss zu mir, und er kam, damit wir darüber sprechen. Ich sagte, ich sei mit den Tantiemen nicht zufrieden und glaubte nicht an den vermeintlichen »halben Verlagserlös«; diesmal müsse er den »halben Verlagserlös« in den Vertrag schreiben und dürfe die Tantiemen nicht einmal erwähnen – andernfalls würde ich das Buch woanders hintragen. Er sagte, damit sei er völlig einverstanden, denn es sei nur recht und billig, und wenn seine Direktoren sich dagegenstellten und etwas daran auszusetzen hätten, würde er sich aus der Firma zurückziehen und das Buch selbst herausbringen – das war hübsch dahergeredet, aber ich wusste, dass er in dieser Firma den Hut aufhatte und sie jeden von ihm unterschriebenen Vertrag akzeptieren mussten. Dieser Vertrag lag, mit seiner Unterschrift versehen, auf dem Billardtisch. Seit den Tagen der *Arglosen im Ausland* war Bliss über seine Direktoren rücksichtslos hinweggegangen, und mehr als einmal hatte er mir erzählt, er habe selbige zu Schritten veranlasst, die sie nicht hatten tun wollen, mit der Drohung, dass er, sollten sie sich nicht fügen, aus den Diensten der Firma ausscheiden und mich mitnehmen würde.

Ich weiß nicht, wie ein erwachsener Mensch so einfältig und unschuldig sein konnte wie ich damals. Es hätte mir auffallen sollen, dass ein Mann, der so zu reden verstand, entweder selbst ein Narr sein musste oder davon überzeugt, dass ich einer war. Aber der Narr war ich. Und so fanden nicht einmal einfache und rudimentäre Weisheiten den Weg in meinen Kopf.

Ich erinnerte ihn daran, dass seine Firma wegen eines Vertrages, den er unterzeichnet habe, gewiss keine Schwierigkeiten machen werde. Da verwies er mit dem für ihn typischen zahnlosen Lächeln auf ein Detail, das ich übersehen hatte: Der Vertrag war mit Elisha Bliss als Privatperson abgeschlossen, die American Publishing Company hingegen wurde gar nicht erwähnt.

Hinterher erzählte er mir, dass er den Vertrag den Direktoren vorgelegt und angeboten habe, ihn der Firma für ein Viertel der Gewinne am Buch zusammen mit einer Gehaltserhöhung für sich und Frank, seinen Sohn, abzutreten, und dass, sollten diese Bedingungen keine Zustimmung finden, er die Firma verlassen und das Buch selbst herausbringen werde – woraufhin die Direktoren seinen Forderungen stattgaben und den Vertrag übernahmen. Dass ich diese Dinge aus seinem eigenen Mund erfuhr, ist ein unanfechtbarer Beweis dafür, dass sie nicht zutrafen. Sechs Wochen bevor das Buch aus der Druckerpresse kam, sagte Bliss ein einziges Mal die Wahrheit, nur um zu sehen, wie sie schmeckte, aber das überanstrengte ihn, und er starb.

Drei Monate nach Erscheinen des Buches fand die Jahreshauptversammlung der Firmenaktionäre statt, und als Halb-Partner des Buches war ich anwesend. Die Versammlung wurde im Haus eines Nachbarn von mir abgehalten, Newton Case, der seit den Anfängen der Firma einer ihrer Direktoren war. Der Geschäftsbericht wurde verlesen, und für mich war er eine Offenbarung. Vierundsechzigtausend Exemplare des Buches waren verkauft worden, und meine Hälfte des Verlagserlöses betrug zweiunddreißigtausend Dollar. 1872 hatte *1872* Bliss mir gegenüber behauptet, 7½ Prozent Tantiemen – etwas mehr als zwanzig Cent pro Exemplar – stellten die Hälfte des Vertragserlöses dar, dabei stellten sie kaum ein Sechstel des Vertragserlöses dar. Mittlerweile waren die Zeiten nicht mehr so gut, und doch brauchte es volle fünfzig Cent pro Exemplar, um auf die Hälfte zu kommen.

Nun, Bliss war tot, und für seine zehn Jahre währenden Betrügereien konnte ich ihn nicht mehr zur Rechenschaft ziehen. Inzwischen ist er seit einem Vierteljahrhundert tot. Meine Bitterkeit gegen ihn ist verblasst und verflogen. Ich empfinde nur noch Mitleid mit ihm, und wenn ich ihm einen Fächer schicken könnte, würde ich es tun.

Als mir die Jahresbilanz die Schurkereien offenlegte, die ich durch die American Publishing Company erlitten hatte, stand ich auf und hielt Newton Case und den anderen Verschwörern eine Standpauke –

Donnerstag, 24. Mai 1906

Mr. Clemens versucht, der American Publishing Company seine Verträge abzukaufen, und bietet sein nächstes Buch Alte Zeiten auf dem Mississippi *schließlich James R. Osgood an, der es per Subskription veröffentlicht und Schiffbruch erleidet – Als Nächstes veröffentlicht Osgood* Der Prinz und der Bettelknabe *– Mr. Clemens kauft zahllose Patente, verliert an allen Geld; außerdem Aktien der Accident Insurance Company in Hartford – Beschreibung des Senators Jones – Mr. Clemens weigert sich, Telefonaktien zu kaufen*

– mit den anderen Verschwörern meine ich die anderen Direktoren.

Jetzt war meine Chance gekommen, mich aufzurichten und mit der Publishing Company einig zu werden, aber natürlich sah ich sie nicht. Ich war nur selten imstande, eine Chance zu erkennen, bevor sie aufgehört hatte, eine solche zu sein. Inzwischen wusste ich alles über das Verlagshaus und hätte ihm treu bleiben sollen. Ich hätte auf die Erlöse eine Abgabe zu meinen Gunsten erheben sollen, und zwar so lange, bis die Differenz zwischen den Tantiemen und der Hälfte des Verlagserlöses mit der Zeit aus den Taschen der Firma in meine geflossen und der Raub, den die Firma an mir begangen hatte, ungeschehen gemacht worden wäre. Aber etwas so Vernünftiges konnte mir natürlich gar nicht einfallen, also fiel es mir nicht ein. Mir fielen nur Mittel und Wege ein, meine Ehrbarkeit aus dieser verpesteten Atmosphäre zu retten. Ich wollte der Firma meine Bücher aus den Händen nehmen und sie woanders hintragen. Nach einer gewissen Zeit ging ich zu Newton Case – wie zuvor in sein Haus – und schlug ihm vor, die Firma solle die Verträge lösen, mir meine Bücher unentgeltlich und unbelastet zurückgeben und als Gegenleistung das Geld behalten, um das sie mich bei *Durch dick und dünn*, *Das vergoldete Zeitalter*, *Skizzen alt und neu* und *Tom Sawyer* geprellt habe.

Mr. Case sträubte sich gegen meine Sprache, aber ich sagte ihm, ich könne sie nicht ändern; ich sei vollkommen davon überzeugt, dass er und der Rest der Bibelklasse von dem Betrug, den Bliss 1872 an mir begangen habe, gewusst hätten – gewusst hätten, dass er geschah, und ihm stillschweigend zugestimmt hätten. Er verwahrte sich dagegen, dass ich den Vorstand als Bibelklasse bezeichnete. Und ich entgegnete, dann solle der Vorstand aufhören, seine Sitzungen mit einem Gebet zu eröffnen – zumal wenn er sich anschicke, einen Autor zu betrügen. Ich erwartete, dass Mr. Case den Vorwurf des Vorsatzes zurückweisen und mir verübeln würde, aber das tat er nicht. Was mich davon überzeugte, dass mein Vorwurf wohlbegründet war; daher wiederholte ich ihn und fuhr fort, unfreundliche Dinge über sein theologisches Seminar zu sagen. Ich sagte:

»Sie haben fünfundsiebzigtausend Dollar in diese Fabrik gesteckt und erhalten viel Lob dafür, wohingegen *mein* Anteil an dieser Wohltat unerwähnt bleibt – dabei *habe* ich einen Anteil daran, denn ein Teil von jedem Dollar, den Sie hineingesteckt haben, wurde mir aus der Tasche gestohlen.«

Er wusste mir keinen Dank für diese Komplimente. Er war ein geistloser Mann und unempfänglich.

Schließlich versuchte ich, meine Verträge zurückzukaufen, aber er sagte, es sei dem Vorstand unmöglich, ein solches Kaufangebot zu erwägen, und zwar aus dem einfachen Grund, weil die Firma neun Zehntel ihrer Existenzgrundlage aus meinen Büchern beziehe und ihr Geschäft, wenn ihr diese genommen würden, nichts mehr wert sei. Später erzählte mir Richter Soundso, einer der Direktoren, ich hätte recht; schon damals habe der Vorstand über den Betrug, den Bliss an mir beging, genauestens Bescheid gewusst.

Wie bereits angemerkt, hätte ich bei der Firma bleiben und das Konto ausgleichen sollen. Aber ich tat es nicht. Ich rettete meine Lauterkeit aus dieser verpesteten Atmosphäre und trug mein nächstes Buch nach Boston zu James R. Osgood, vormals Firma Fields, Osgood & Company. Bei dem Buch handelte es sich um *Alte Zeiten auf dem Mississippi*. Osgood sollte es auf meine Kosten herstellen; es auf Subskriptionsbasis veröffentlichen und mir für seine Dienste Tantiemen berechnen. Osgood war einer der reizendsten und sanftesten und liebenswertesten Menschen, die auf diesem Planeten wandeln, aber vom Subskriptionsgeschäft verstand er nichts und setzte die Sache gründlich in den Sand. Er war ein geselliges Geschöpf, und wir spielten oft Billard und amüsierten uns Tag und Nacht. Unterdessen erledigten seine Angestellten unsere Geschäfte, und ich glaube, keiner von uns beiden erkundigte sich je nach ihren Methoden oder wusste, was sie trieben. An dem Buch wurde lange herumgezimmert; und nachdem man mich meinen Geldbeutel schließlich das letzte Mal hatte zücken lassen, merkte ich, dass ich für das Bauwerk sechsundfünfzigtausend Dollar bezahlt hatte. Für das Geld hätte Bliss eine ganze Bibliothek erbauen können. Es dauerte ein Jahr, bis die sechsundfünfzigtausend wieder in meiner Tasche landeten, worauf nicht sehr viel mehr folgte. Mithin war mein erster Versuch, ein solches Geschäft auf eigene Faust zu unternehmen, ein Fehlschlag.

Osgood versuchte es erneut. Er veröffentlichte *Der Prinz und der Bettelknabe*. Er machte ein wunderschönes Buch daraus, doch der Erlös, den ich damit erzielte, betrug gerade einmal siebzehntausend Dollar.

Als Nächstes glaubte Osgood, ein Buch erfolgreich im *stationären Buchhandel* durchsetzen zu können. Schließlich war er ausgebildeter Verleger. Über seine Subskriptionsbemühungen war er leicht verärgert und wollte es auf diese Weise versuchen. Ich gab ihm *Der gestohlene weiße Elefant*, eine Sammlung meist minderwertiger Skizzen. Ich trug ihm die Wette an, dass er in sechs Monaten keine zehntausend Exemplare verkaufen könne, und er nahm an – Einsatz fünf Dollar. Er gewann das Geld, aber nur knapp. Allerdings habe ich das Gefühl, mich zu irren, wenn ich dieses Buch als Letztes aufführe. Ich glaube, es war Osgoods erster Versuch, nicht sein dritter. Nach seinem Scheitern mit *Der Prinz und der Bettelknabe* hätte ich bei Osgood bleiben sollen, da ich ihn so gern mochte, aber er scheiterte, und ich musste woanders hingehen.

Währenddessen hatte ich ein Abenteuer am Rande. Ein alter, besonders guter Freund von mir lud ein Patent auf mich ab, für fünfzehntausend Dollar. Es war wertlos, und er hatte ein, zwei Jahre lang Geld damit verloren, aber diese Einzelheiten waren mir nicht bekannt, denn er versäumte es, sie zu erwähnen. Er sagte, wenn ich das Patent kaufen würde, werde er Herstellung und Vertrieb für mich übernehmen. Ich akzeptierte. Dann flossen monatlich fünfhundert Dollar aus meiner Tasche. Dieser Rabe flog regelmäßig alle dreißig Tage aus der Arche, kehrte jedoch stets mit leeren Krallen zurück, und die Taube meldete sich nicht zum Dienst. Nach einer Zeit, nach einer halben Zeit und noch mehr Zeit erlöste ich meinen Freund und legte das Patent in die Hände von Charles L. Webster, der eine Nichte von mir geheiratet hatte und der mir ein fähiger und tatkräftiger junger Bursche zu sein schien. Für ein Gehalt von fünfzehnhundert im Jahr sandte er den Raben weiterhin allmonatlich in die Welt, mit auf den Cent genau demselben Ergebnis.

Als ich schließlich zweiundvierzigtausend Dollar an diesem Patent verloren hatte, schenkte ich es einem Mann, den ich schon lange verabscheute und dessen Familie ich ruinieren wollte. Dann hielt ich nach anderen Abenteuern Ausschau. Der nämliche Freund hatte ein weiteres Patent für mich in petto. In acht Monaten gab ich zehntausend Dollar dafür aus. Dann versuchte ich, das Patent dem Mann anzudrehen, auf dessen Familie ich es abgesehen hatte. Er war sehr dankbar, mittlerweile aber auch durch Erfahrung gewitzigt und argwöhnisch gegen Wohltäter. Er wollte es nicht annehmen, und ich musste es verfallen lassen.

Unterdessen traf ein weiterer alter Freund mit einer wunderbaren Erfindung ein. Es handelte sich um einen Motor oder einen Hochofen oder etwas Derartiges, was 99 Prozent des Dampfes, der in einem Pfund Kohle steckt, nutzen konnte. Ich suchte Mr. Richards von der Colt Arms Factory auf und erzählte ihm davon. Er war vom Fach und wusste alles über Kohle und Dampf. Er schien seine Zweifel an der Maschine zu haben, und ich fragte ihn nach dem Grund. Er sagte, weil die Menge an Dampf, die sich in einem Pfund Kohle verbirgt, bis auf die Kommastelle genau bekannt sei und sich mein Erfinder hinsichtlich der 99 Prozent im Irrtum befinde. Er zeigte mir ein Buch mit randvoll bedruckten Seiten voller Zahlen; Zahlen, die mich betrunken und benommen machten. Er zeigte mir, dass die Maschine meines Gewährsmannes nicht einmal 90 Prozent dessen leisten könnte, was versprochen wurde. Leicht entmutigt ging ich davon. Aber ich glaubte, dass das Buch womöglich irrte, und so stellte ich den Erfinder an, für ein Gehalt von fünfunddreißig Dollar pro Woche die Maschine zu bauen, sämtliche Kosten würde ich übernehmen. Er benötigte ziemlich viele Wochen, um sie zu bauen. Alle paar Tage suchte er mich auf, um über die Fortschritte zu berichten, und an seinem Atem und seinem Gang merkte ich bald, dass er sechsunddreißig Dollar die Woche für Whisky ausgab, und ich konnte nie herausfinden, von wo er den anderen Dollar bezog.

Als ich für die Unternehmung fünftausend ausgegeben hatte, war die Maschine zwar fertiggestellt, funktionierte aber nicht. Sie konnte 1 Prozent des Dampfes verwerten, der in einem Pfund Kohle steckt, aber das war so gut wie nichts. Das ließ sich auch mit einem Teekessel bewerkstelligen. Ich bot die Maschine dem Mann an, dessen Familie ich nachstellte, aber ohne Erfolg. Da warf ich das Ding weg und sah mich nach etwas Neuem um. Trotz allem war ich ein begeisterter Freund des Dampfes geworden und erwarb einige Aktien an einer Gesellschaft in Hartford, die beabsichtigte, mit Hilfe einer neuen Art von dampfbetriebenem Flaschenzug einfach alles anzufertigen und zu verkaufen und zu revolutionieren. Der dampfbetriebene Flaschenzug zog mir in sechzehn Monaten zweiunddreißigtausend Dollar aus der Tasche, dann ging er zu Bruch, und ich war wieder allein in der Welt und ohne Beschäftigung.

Aber ich suchte mir eine neue. Ich erfand ein Sammelalbum – und auch wenn ich selbst es bin, der das behauptet, es war das einzige vernünftige Sammelalbum, das die Welt je gesehen hat. Ich ließ es patentieren und vertraute es den Händen jenes alten, besonders guten Freundes an, der ursprünglich mein Interesse an Patenten geweckt hatte und ziemlich viel Geld damit verdiente. Bald aber, gerade als ich selbst begann, einen Anteil von dem Geld zu erhalten, fallierte seine Firma. Ich wusste nicht, dass seine Firma vor dem Bankrott stand – er sagte mir nichts davon. Eines Tages bat er mich, der Firma fünftausend Dollar zu leihen, und sagte, er sei bereit, 7 Prozent Zinsen zu zahlen. Als Sicherheit bot er mir die Schuldverschreibung der Firma. Ich fragte nach einem Indossanten. Er war sehr überrascht und sagte, wenn Indossanten so ohne weiteres zu haben wären, käme er wegen des Geldes nicht zu mir, sondern würde es sich anderswo beschaffen. Das leuchtete mir ein, und so gab ich ihm die fünftausend Dollar. Sie gingen binnen drei Tagen bankrott – und nach Ablauf von zwei, drei Jahren bekam ich von dem Geld zweitausend Dollar zurück.

Jene fünftausend Dollar hatten eine Vorgeschichte. Anfang 1872 schrieb mir Joe Goodman aus Kalifornien, sein Freund, Senator John P. Jones in Hartford,

werde eine Konkurrenzfirma zur Travelers Accident Insurance Company gründen und wünsche, dass Joe zwölftausend Aktien übernehme, er werde im Gegenzug dafür sorgen, dass Joe kein Geld dabei verliere. Joe wiederum schlug
vor, die Chance mir zu überlassen, und sagte, wenn ich das Wagnis einginge,
werde Jones mich gewiss vor Verlusten schützen. Also kaufte ich die Aktien und
wurde einer der Direktoren. Jones' Schwager Lester war lange Zeit Aktuar bei
der Travelers Company gewesen. Nun wechselte er zu unserer Firma, und wir
nahmen die Geschäfte auf. Es gab fünf Direktoren. Drei von uns besuchten
anderthalb Jahre lang sämtliche Vorstandssitzungen. Nach achtzehn Monaten
brach die Firma zusammen, und ich hatte dreiundzwanzigtausend Dollar verloren. Jones war in New York, wo er sich eine Weile in einem Hotel aufhielt,
das er gekauft hatte (das St. James), und ich schickte Lester, der versuchen
sollte, die dreiundzwanzigtausend Dollar wiederzubekommen. Doch als er zurückkehrte, berichtete er, Jones habe in so viele Dinge Geld gesteckt, dass er
sich in ziemlicher Verlegenheit befinde und froh wäre, wenn ich eine Weile
warten könnte. Ich ahnte nicht, dass Lester seine Phantasie spielen ließ, doch
genau so war es. Er hatte bei Jones über all das kein Wort verloren. Aber seine
Geschichte erschien mir einleuchtend, zumal ich wusste, dass Jones eine über
die Südstaaten verteilte Kette von Kunsteisfabriken gebaut hatte – diesseits der
Chinesischen Mauer gab es nichts dergleichen. Ich wusste, dass ihn die Fabriken eine Million Dollar oder so gekostet hatten und die Menschen dort unten
nicht dazu erzogen worden waren, Eis zu bewundern, weshalb sie keins wollten
und keins kauften – insofern war die Chinesische Mauer ein einziger Verlust
und Fehlschlag. Ich wusste auch, dass Jones' St. James Hotel aufgehört hatte,
profitabel zu sein, weil Jones – der ein großherziger Mann und zu neunundneunzig Prozent aus ungetrübter Großzügigkeit zusammengesetzt war, was bis
auf den heutigen Tag der Fall ist – sein Hotel vom Dachboden bis zum Keller
mit armen, von den vier Enden der Erde zusammengekehrten Verwandten
vollgestopft hatte: mit Klempnern, Maurern, erfolglosen Geistlichen und eigentlich allen möglichen Leuten, die von der Hotelbranche nichts verstanden.
Mir war außerdem bewusst, dass es in dem Hotel keinen Platz für die Allgemeinheit gab, da sämtliche Zimmer von Scharen anderer armer Verwandter
okkupiert wurden, die auf Jones' Einladung von den vier Enden der Erde zu-

sammengekehrt worden waren und darauf warteten, dass Jones eine einträgliche Beschäftigung für sie fand. Mir war außerdem bewusst, dass Jones ein Stück des Staates Kalifornien gekauft hatte, mit einigen weitläufigen Stadtgrundstücken samt Platz für Eisenbahnen und einem sehr schönen, großräumigen und profitablen Hafen am Eingang der Stadt, und dass Jones wegen dieses Grundbesitzes verschuldet war. Daher war ich es zufrieden, eine Weile zu warten. Unter anderem wusste ich auch dies: Während Jones versprochen hatte, Joe Goodman vor Verlusten zu schützen, hatte er mir gegenüber kein solches Versprechen gegeben.

Als die Monate verstrichen, erbot sich Lester hin und wieder, Jones auf eigene Faust aufzusuchen. Seine Besuche ergaben nichts. Tatsache ist, dass Lester Angst vor Jones hatte und sich scheute, ihn mit meiner Angelegenheit zu behelligen, solange er so viele Lasten zu schultern hatte. Er zog es vor, mir gegenüber so zu tun, als habe er Jones gesprochen und meine Angelegenheit vorgebracht, während er sie in Wahrheit keineswegs vorgebracht hatte. Nach zwei, drei Jahren schlug mir Mr. Slee von unserer Kohlenfirma in Elmira vor, mit Jones zu sprechen, und ich willigte ein. Slee suchte Jones auf, und auf seine taktvolle und diplomatische Art begann er das Gespräch auf meine Angelegenheit zu lenken, doch noch bevor er ausholen konnte, blickte Jones auf und fragte:

»Wollen Sie damit etwa sagen, dass Clemens das Geld niemals ausgezahlt worden ist?«

Er stellte sofort einen Scheck über dreiundzwanzigtausend aus; sagte, dieser hätte längst überreicht werden müssen und wäre auch bei Fälligkeit sofort überreicht worden, wenn er die Umstände gekannt hätte. Es gibt nicht viele John P. Jones auf der Welt.

Das war im Frühjahr 1877. Mit dem Scheck in der Tasche war ich bereit,
1877 abermals das schnelle Glück zu suchen. Der Leser, getäuscht von meinen Ausführungen über meine Abenteuer, wird den voreiligen Schluss ziehen, dass ich sofort nach einer günstigen Gelegenheit Ausschau hielt. Nichts dergleichen tat ich. Ich war ein gebranntes Kind. Mit Spekulationen wollte ich nichts mehr zu tun haben. General Hawley ließ mich ins Büro des *Courant* kommen. Mit meinem Scheck in der Tasche ging ich hin. Dort war ein junger Bursche, der sagte,

er sei Reporter für eine Zeitung in Providence gewesen, jetzt aber in einer anderen Branche tätig: er arbeite für Graham Bell und sei Vertreter für eine neue Erfindung namens Telefon. Er glaubte, damit könne man ein großes Vermögen machen, und wollte, dass ich einige Aktien kaufte. Ich lehnte ab. Ich sagte, mit fragwürdigen Spekulationen wolle ich nichts mehr zu tun haben. Da bot er mir die Aktien für fünfundzwanzig an. Ich sagte, ich wolle sie um keinen Preis. Sein Eifer war geweckt – er bestand darauf, dass ich wenigstens ein paar kaufte – im Wert von fünfhundert Dollar. Er sagte, für fünfhundert Dollar werde er mir so viele geben, wie ich wollte – bot mir an, sie mit den Händen zusammenzuklauben und in einen Bowler zu stopfen –, sagte, für fünfhundert Dollar könne ich einen ganzen Hutvoll davon haben. Aber ich war ein gebranntes Kind und widerstand allen Versuchungen – widerstand ihnen mühelos –, ging mit meinem unangetasteten Scheck fort, und tags darauf lieh ich fünftausend davon gegen eine nicht indossierte Schuldverschreibung meinem Freund, der, wie bereits dargelegt, drei Tage später bankrottgehen sollte.

Gegen Ende des Jahres (vielleicht auch Anfang 1878) ließ ich ein Telefonkabel von meinem Haus zum Büro des *Courant* legen, das einzige Telefonkabel in der Stadt und praktisch das *erste*, das auf der Welt je in einem Privathaus genutzt wurde. *1878*

Mir konnte dieser junge Mann keine Aktien verkaufen, aber einem alten Kurzwarenhändler in Hartford verkaufte er ein paar Hutvoll davon für fünftausend Dollar. Diese fünftausend stellten das gesamte Vermögen des Händlers dar. Ein halbes Leben lang hatte er sie zusammengespart. Sonderbar, wie töricht Menschen sein können und was für ruinöse Risiken sie eingehen, wenn sie schnell reich werden wollen. Der Mann tat mir leid, als ich davon hörte. Ich bildete mir ein, ich hätte ihn vielleicht retten können, wenn mir nur die Gelegenheit gegeben worden wäre, ihm von meinen Erfahrungen zu berichten.

Am 10. April 1878 schifften wir uns nach Europa ein. Wir waren vierzehn Monate fort, und als wir zurückkehrten, war fast mit das Erste, was wir sahen, der Kurzwarenhändler, wie er in einem prächtigen Landauer mit einem Haufen livrierter Lakaien umherfuhr – und wie seine Telefonaktien mit einer Geschwindigkeit Dollarscheine in seine Geschäftsräume spülten, dass er ihrer nur mit einer Schaufel Herr werden konnte. Sonderbar, dass die Unwissenden und

Unerfahrenen so oft und so unverdient Erfolg haben, während die Sachkundigen und Verdienstvollen scheitern.

Um auf meine Abenteuer im Verlagswesen zurückzukommen.

Samstag, 26. Mai 1906

Mr. Clemens wird sein eigener Verleger und macht Webster zum Generalagenten in der Firma Webster & Company, Publishers – Webster veröffentlicht erfolgreich Huckleberry Finn *– Whitford von der Firma Alexander & Green setzt den Vertrag auf – Vortragsreise mit George Cable – Abschiedsrede am 19. April*

Wie bereits angemerkt, hatte ich aus dem Dorf Dunkirk, New York, meinen angeheirateten Neffen Webster importiert, der für ein Gehalt von fünfzehnhundert Dollar das allererste Patentrechtgeschäft für mich abwickeln sollte. Mit diesem Unternehmen hatte ich zweiundvierzigtausend Dollar eingebüßt, daher hielt ich den Zeitpunkt für gekommen, die Sache zu beenden. Nunmehr beabsichtigte ich, mein eigener Verleger zu werden und den jungen Webster die Arbeit tun zu lassen. Er meinte, solange er das Handwerk erlerne, gebührten ihm zweitausendfünfhundert Dollar pro Jahr. Ich brauchte ein oder zwei Tage, um die Angelegenheit zu überdenken und eingehend zu prüfen. Soweit ich sehen konnte, war das eine neue Idee. Ich erinnerte mich, dass Druckerlehrlinge *kein* Gehalt bekamen. Ich holte Erkundigungen ein und fand heraus, dass es sich bei Steinmetzen, Maurern, Klempnern und allen Übrigen ebenso verhielt. Ich fand heraus, dass nicht einmal in Ausbildung befindliche Anwälte oder Ärzte dafür, dass sie ihren Beruf erlernten, ein Gehalt bezogen. Ich erinnerte mich, dass ein Flusslotsenlehrling nicht nur kein wie auch immer geartetes Gehalt bezog, sondern einem Lotsen eine Summe, die er nicht besaß, in bar auf den Tisch legen musste – eine beträchtliche Summe. Genau das hatte ich selbst getan. Ich hatte Bixby hundert Dollar gezahlt, und zwar geborgtes Geld. Jemand, der angab, das geistliche Amt zu studieren, sagte mir, sogar Noah habe während der ersten sechs Monate kein Gehalt bezogen – teils des Wetters wegen, teils weil er die Grundregeln der Nautik erst noch erlernen musste.

Letzten Endes liefen meine Überlegungen und Nachforschungen darauf hinaus, dass ich zu der Überzeugung kam, mir mit Webster etwas in der Geschichte vollkommen Neues gesichert zu haben. Außerdem glaubte ich, dass ein junger Hinterwäldler, der sein Leben in New York ohne Ausstattung jedweder Art, ohne nachweislichen Wert jedweder Art, ohne voraussichtlichen Wert jedweder Art antrat, dabei aber, ohne mit der Wimper zu zucken, vorschlagen konnte, ein Handwerk auf Kosten eines anderen Mannes zu erlernen und für diese Wohltätigkeit eine jährliche Summe zu veranschlagen, die höher war, als sie ein Präsident der Vereinigten Staaten sich jemals von seiner Besoldung für die Lenkung des nach Irland schwierigsten Landes auf dem Planeten hat zusammensparen können, es bestimmt wert war, an mich gebunden zu werden – und zwar augenblicklich –, damit er mir nur ja nicht entwischte. Ich glaubte, dass, wenn sich etwas von seinem riesigen Interesse an Nr. 1 auf den Schutz von Nr. 2 umleiten ließe, das Resultat ein hinlänglicher Glücksfall für mich wäre.

Ich baute Webster zu einer Firma auf – einer Firma namens Webster & Company, Publishers – und installierte ihn zu einer bescheidenen Miete in zwei Büroräumen im ersten Geschoss eines Gebäudes irgendwo unterhalb des Union Square, ich weiß nicht mehr wo. Unterstützt wurde er von einem Mädchen und einem männlichen Angestellten, der vielleicht achthundert Dollar erhielt. Eine Zeitlang hatte Webster noch einen weiteren Helfer, einen Mann, der lange mit dem Subskriptionsgeschäft von Büchern zu tun gehabt hatte, alles darüber wusste und in der Lage war, Webster zu unterweisen – was er auch tat –, wobei ich es war, der die Kosten übernahm. Ich rede jetzt vom Beginn des Jahres 1884. Ich überließ Webster ein passables Kapital, zugleich überließ ich ihm das Manuskript von *Huckleberry Finn*. Websters Stellung war die eines Generalagenten. Seine Aufgabe bestand darin, im ganzen Land Subagenten einzusetzen. Damals gab es sechzehn solcher Subagenturen. Diese beschäftigten Vertreter, die auf Kundenwerbung gingen. In New York City war Webster sein eigener Subagent.

1884

Noch ehe irgendeine dieser Nebensächlichkeiten, von denen ich spreche, vereinbart war, hatte der umsichtige Webster vorgeschlagen, dass vor den ersten Schritten, die zu tun waren, ein Vertrag aufzusetzen, zu unterschreiben und zu besiegeln sei. Das schien mir vernünftig, obwohl ich nicht selbst daran gedacht hatte – ich meine, es *war* vernünftig, *weil* ich nicht selbst daran gedacht hatte. Also veranlasste Webster seinen Freund Whitford, den Vertrag zu entwerfen. Ich lernte Webster wirklich schätzen, und an diesem Punkt des Verfahrens überkam meinen Organismus einer dieser Anfälle von überschwänglicher Großmut; und noch bevor ich nachdenken konnte, versuchte ich, Webster zusätzlich zu seinem Gehalt einen Anteil von zehn Prozent an dem Geschäft zu übertragen, unentgeltlich. Webster lehnte postwendend ab -- natürlich mit bestem Dank, auf die übliche Art. Das ließ ihn wieder ein paar Sprossen in meiner Bewunderung steigen. Ich wusste sehr wohl, dass ich ihm einen Gesellschafteranteil anbot, der ihm innerhalb der nächsten neun Monate das Doppelte oder Dreifache seines Gehaltes einbringen würde, nur er wusste es nicht. Alle meine Weissagungen über den hohen kommerziellen Wert von *Huckleberry Finn* wehrte er kühl und klug ab. Und das war ein neuerlicher Beweis dafür, dass ich in Webster ein Juwel gefunden hatte, einen Mann, der sich nicht ereifern würde; einen Mann, der nicht den Kopf verlieren würde; einen vorsichtigen Mann; einen Mann, der auf ihm unbekannten Gebieten keinerlei Risiko eingehen würde. Es sei denn auf Kosten eines anderen, meine ich.

Wie gesagt, den Vertrag entwarf Whitford. Dunkirk, New York, brachte nicht nur Webster, sondern auch Whitford hervor und hat sich von dieser Anstrengung noch nicht wieder erholt. Whitford war privilegiert, mit dem Zusatz »von der Firma Alexander & Green« zu unterfertigen. Alexander & Green besaßen ein bedeutendes lukratives Geschäft und nicht genug Ethos, um es zu schädigen – ein Umstand, der vergangenes Jahr ziemlich augenscheinlich wurde, als sich jenes Erdbeben ereignete, bei dem den drei großen Lebensversicherungsgesellschaften die Eingeweide aus dem Leib gerissen wurden. Die Firma Alexander & Green hatte ihre Büroräume im Mutual Building und beschäftigte fünfundzwanzig fest angestellte Anwälte. Whitford war einer von ihnen. Er war gutmütig, zuvorkommend und ungeheuer unwissend, ausgestattet mit einer Dummheit, die sich problemlos viermal um den Erdball spannen und dann verknoten ließe.

Der erste Vertrag war in Ordnung. Es gab nichts gegen ihn einzuwenden. Verpflichtungen und Auslagen, Haftung und Verantwortung übertrug er sämtlich auf *mich*, wo sie hingehörten.

Sie waren ein gutes Gespann, Webster und Whitford. Die Menge dessen, was beide zusammen nicht wussten, war mir ein weit schrecklicheres und lähmenderes Schauspiel, als wenn ich hätte zusehen müssen, wie die Milchstraße zerspringt und in Scherben und Splittern am Himmel treibt. Was Mut betrifft, moralischen oder körperlichen – sie hatten keinen. Webster wagte es nicht, auch nur einen geschäftlichen Schritt zu tun, ohne vorab die Versicherung eines Anwalts einzuholen, dass nichts davon ihn ins Gefängnis bringen würde. Whitford wurde pausenlos konsultiert, so dass er fast genauso zum Personal gehörte wie das Mädchen und der Subskriptionsexperte. Da jedoch weder Webster noch Whitford auch nur über die geringsten Gelderfahrungen verfügten, war Whitford kein teurer Stelleninhaber, auch wenn er sich vermutlich dafür hielt.

Zu Beginn des Herbstes ging ich mit George W. Cable auf einen viermonatigen Lesefeldzug an der Ost- und Westküste – die letzte Podiumsarbeit, die ich in diesem Leben und in meinem eigenen Land zu tun gedachte. Damals beschloss ich, nie wieder ein Publikum vom Podium her auszurauben, es sei denn, ich wäre aus finanzieller Notlage dazu gezwungen. Nach elf Jahren stellte sich die finanzielle Notlage ein, und ich hielt Vorträge auf dem ganzen Erdball.

Seitdem sind zehn Jahre vergangen, in denen ich nur honorarfreie Vorträge für gemeinnützige Vereine hielt. Am 19. des vergangenen Monats nahm ich mit einem Vortrag über Robert Fulton zugunsten des Robert Fulton Memorial Fund in aller Form und öffentlich Abschied vom Podium – etwas, was ich zuvor nicht getan hatte.

Ich scheine mich ziemlich weit von Webster und Whitford zu entfernen, aber das macht nichts. Es handelt sich um einen jener Fälle, bei denen Entfernung dem Blick zusätzlichen Reiz verleiht. Webster hatte mit *Huckleberry Finn* Erfolg, und ein Jahr später überreichte er mir einen Scheck über vierundfünfzigtausendfünfhundert Dollar, darin enthalten die fünfzehntausend Dollar Kapital, die ich ihm zu Beginn überlassen hatte.

Wieder einmal erlebte ich eine Neugeburt. Ich nehme an, ich bin öfter geboren als jeder andere, ausgenommen Krishna.

Montag, 28. Mai 1906

*Mr. Clemens sucht General Grant auf, als dieser gerade im Begriff ist,
einen Vertrag mit der Century Company über die Veröffentlichung
seiner Memoiren gegen 10 Prozent Tantiemen zu unterzeichnen –
Mr. Clemens bringt ihn davon ab und entscheidet schließlich,
sie selbst zu veröffentlichen – Bedingungen, zu denen sie veröffentlicht
wurden*

Webster entwickelte die Vorstellung, er habe mich für die Welt entdeckt, führte sich aber halbwegs bescheiden auf. Er gackerte viel weniger über sein gelegtes Ei, als Webb und Bliss es getan hatten.

Es war nie meine Absicht gewesen, andere als meine eigenen Bücher zu veröffentlichen. Ein Zufall brachte mich von diesem weisen Vorsatz ab. Das war General Grants denkwürdiges Buch. Eines Abends in der ersten November-woche 1884 hatte ich in der Chickering Hall einen Vortrag gehalten und ging zu Fuß nach Hause. Es war eine regnerische Nacht, und kaum ein Mensch war unterwegs. Mitten aus der schwarzen Kluft zwischen zwei Laternen lösten sich zwei düstere Gestalten aus einem Hauseingang und gingen vor mir her. Ich hörte eine von ihnen sagen:

1884

»Wissen Sie, dass General Grant tatsächlich beschlossen hat, seine Memoiren zu schreiben und sie zu veröffentlichen? Heute hat er sich unmissverständlich dazu geäußert.«

Mehr hörte ich nicht – nur diese Worte –, und ich hielt es für ein großes Glück, dass es mir vergönnt war, sie aufzuschnappen.

Am Morgen trat ich aus dem Haus und suchte General Grant auf. Ich traf ihn in seiner Bibliothek an, zusammen mit Colonel Fred Grant, seinem Sohn. Der General sagte der Sache nach Folgendes:

»Setzen Sie sich doch und gedulden Sie sich, bis ich diesen Vertrag unter-schrieben habe« – und er fügte hinzu, es gehe um ein Buch, das er schreiben wolle.

Offenbar unterzog Fred Grant den Vertrag gerade höchstpersönlich einer letzten Lektüre und Prüfung. Er fand ihn zufriedenstellend und sagte das auch, und sein Vater trat an den Tisch und nahm die Feder zur Hand. Vielleicht wäre es besser für mich gewesen, wenn ich mich herausgehalten hätte, aber das tat ich nicht. Ich sagte:

»Unterschreiben Sie ihn nicht. Gestatten Sie, dass Colonel Fred ihn mir zuerst vorliest.«

Colonel Fred las ihn vor, und ich sagte, ich sei froh, dass ich rechtzeitig gekommen sei, um einzugreifen. Die Century Company war die »zweitgenannte Vertragspartei«. Sie schlug vor, dem General 10 Prozent Tantiemen zu zahlen. Das war natürlich Unfug – aber der Vorschlag entsprang der Unwissenheit, nicht der Unredlichkeit. Über das Verlegen von Zeitschriften wusste die große Century Company alles; in diesem Fach konnte ihr niemand etwas beibringen; bei Buchsubskriptionen jedoch verfügte sie damals über keinerlei Erfahrungen und hatte vermutlich nichts weiter im Sinn als den Vertrieb über den Buchhandel. Und nicht einmal dafür hatte die Firma nennenswerte Erfahrungen vorzuweisen, sonst hätte sie General Grant nicht gebeten, ein Buch gegen Tantiemen vorzulegen, die gewöhnlich Autoren ohne Namen oder Ruf eingeräumt werden.

Ich erklärte, diese Bedingungen seien völlig inakzeptabel; seien ganz und gar verkehrt, unfair, ungerecht. Ich sagte:

»Streichen Sie die 10 Prozent und fügen Sie stattdessen 20 Prozent ein. Noch besser, schreiben Sie stattdessen 75 Prozent des Nettoerlöses.«

Dagegen sträubte sich der General, ziemlich heftig sogar. Er meinte, eine solche Beteiligung würde die Firma niemals zahlen.

Ich erwiderte, das sei unerheblich, da es in Amerika keinen seriösen Verleger gebe, der sie nicht mit Freuden zahlen würde.

Der General schüttelte noch immer den Kopf. Er war noch immer willens, den Vertrag, so wie er war, zu unterschreiben.

Ich wies ihn darauf hin, dass der Vertrag, so wie er war, ein anstößiges Detail enthielt, von dem ich noch nie gehört hatte, nicht einmal im 10-Prozent-Vertrag des unbekanntesten Autors – dass dieser Vertrag nämlich nicht nur magere 10 Prozent Tantiemen für einen Koloss wie General Grant vorsah, sondern zudem zur Bedingung machte, dass von diesen 10 Prozent ein dem Buch entsprechender Anteil am Lohn der Angestellten, an der Büromiete und -reinigung oder ähnlichem Unfug zu entrichten sei. Ich sagte, der General müsse drei Viertel des Gesamterlöses erhalten und den Verleger die laufenden Kosten aus dem ihm verbleibenden Viertel zahlen lassen.

Die Vorstellung peinigte General Grant. Er war der Meinung, dass sie ihn zu einem Räuber mache – einem Räuber, der einen Verleger ausraube. Ich sagte, wenn er das für ein Verbrechen halte, so liege es daran, dass seine Erziehung vernachlässigt worden sei. Ich sagte, es sei kein Verbrechen und werde im Himmel stets mit zwei Heiligenscheinen belohnt. Oder würde es jedenfalls, sollte es je welche geben.

Der General ließ sich nicht umstimmen und forderte mich auf, ihm einen Verleger zu nennen, der bereit wäre, sich diese edle Tat aufdrücken zu lassen. Ich nannte ihm die American Publishing Company in Hartford. Er fragte, ob ich meine Aussage beweisen könne. Ich sagte, den Beweis könnte ich ihm binnen sechs Stunden telegraphisch vorlegen – drei Stunden für meine Depesche nach Hartford, drei Stunden für Bliss' Übermittlung frohlockender Zustimmung mit Hilfe desselben elektrischen Güterzuges; falls er die Antwort schneller benötige, würde ich zu Fuß nach Hartford gehen und sie selbst einholen.

Der General war noch immer nicht umzustimmen. Fred Grant hingegen ließ sich allmählich überzeugen. Er schlug vor, den Vertrag mit Century für vierundzwanzig Stunden auf dem Tisch ruhen zu lassen und in der Zwischenzeit die Lage zu prüfen und zu erörtern. Er sagte, die Angelegenheit sei keine Gefühlssache; sie sei reine Geschäftssache und dürfe nur unter diesem Gesichtspunkt geprüft werden. Seine Bemerkung über Gefühle war wichtig. Der Grund war folgender. Die Maklerfirma Grant & Ward – bestehend aus General Grant, Mr. Ward (der eine Zeitlang als »kleiner Napoleon der Finanzwelt« bekannt war) und Wards Komplizen Fish – hatte General Grant um jeden Penny geprellt, den er in der Welt besaß. Und zu einem Zeitpunkt, da er nicht wusste, wohin er sich wenden sollte, um sein Brot zu verdienen, hatte ihm Roswell Smith, Leiter der Century Company, für vier Zeitschriftenartikel über gewisse große Schlachten des Bürgerkrieges fünfhundert Dollar pro Artikel geboten. Das Angebot war für den verzweifelten alten Helden, was der sprichwörtliche Strohhalm für den Ertrinkenden ist. Voller Dankbarkeit nahm er es an, schrieb die Artikel und reichte sie ein. Sie waren locker zehntausend Dollar pro Artikel wert, aber das wusste er nicht. Fünfhundert Dollar pro Artikel erschienen ihm

ein fabelhaftes Honorar für diese Belanglosigkeit einer angenehmen und mühe-
losen Kritzelei.

Jetzt widerstrebte es ihm, seinen Wohltätern abtrünnig zu werden. Mit seinem militärischen Verstand und seiner militärischen Ausbildung kam ihm das
wie Verrat vor. Wenn ich mich richtig erinnere, ließ sein erster Artikel die Subskriptionsliste der Century Company von hunderttausend Exemplaren auf
zweihundertzwanzigtausend hochschnellen. Folglich waren die Anzeigenseiten
der Century Company in jenem Monat mehr als das Doppelte dessen wert,
was sie in allen früheren Monaten eingebracht hatten. Ich würde sagen, dass die
Vermehrung der Kundschaft in jenem Monat, grob geschätzt, achttausend
Dollar wert war. Das ist eine vorsichtige, eine zurückhaltende Schätzung. Der
aufs Doppelte angewachsenen Subskriptionsliste, die in jenem Monat zustande
kam, war eine jahrelange Fortdauer beschieden. Ihr war es beschieden, das An-
zeigeneinkommen der Zeitschrift im Laufe von sechs Jahren um acht- oder
zehntausend Dollar pro Monat zu erhöhen. Ich habe gesagt, dass jeder der Artikel von General Grant zehntausend statt fünfhundert Dollar wert gewesen
wäre. Ich könnte sagen, dass jeder der vier Artikel fünfundzwanzigtausend Dollar wert war, und würde nicht übertreiben.

Ich begann Reklame für die American Publishing Company zu machen. Ich
argumentierte, dass die Firma die erste unter den Mitbewerbern für einen Band
der Memoiren Grants gewesen war und vielleicht noch vor der Century Company die Chance erhalten sollte, ein Angebot zu unterbreiten. Das schien General Grant neu zu sein. Aber ich erinnerte ihn daran, dass ich ihn in dieser
anscheinend so wunderbar erfolgreichen Zeit der Firma Grant & Ward in seinem Privatbüro aufgesucht und ihn, während ich ihm half, sein Mittagessen zu
verspeisen, angefleht hatte, seine Memoiren zu verfassen und sie der American
Publishing Company zu überlassen. Damals lehnte er ganz entschieden ab, er
brauche weder Geld, noch sei er ein literarischer Mensch, der seine Memoiren
schreiben könne.

Ich glaube, wir legten die Vertragsangelegenheit einstweilen auf Eis und griffen sie erst am nächsten Morgen wieder auf. In der Zwischenzeit dachte ich
gehörig nach. Ich wusste ziemlich genau, dass die American Publishing Company froh wäre, General Grants Memoiren auf der Grundlage von drei Vierteln

des Erlöses für ihn und einem Viertel für sich selbst zu bekommen. Ja, ich wusste ziemlich genau, dass es nicht einen Verleger im Land gab – ich meine einen Verleger, der Erfahrungen mit der Buchsubskription hatte –, der nicht froh wäre, den Zuschlag für das Buch zu diesen Bedingungen zu bekommen. Ich rechnete fest damit, das Buch in Kürze Frank Bliss und der American Publishing Company zu überlassen und diese Reptilienhöhle reich zu machen – doch dann kam mir nach gründlicher Überlegung ein nüchterner Gedanke. Ich überlegte, dass mich diese Firma seit Jahren ausnahm und von den Einnahmen theologische Fabriken erbaute und sich mir jetzt die Chance bot, meinem alten Grolle gütlich zu tun.

Bei der zweiten Unterredung mit dem General und Fred legte der General etwas von jener Bescheidenheit an den Tag, die ein so hervorstechendes Merkmal seines Charakters war. General Sherman hatte seine Memoiren in zwei großen Bänden bei Scribner's veröffentlicht, und ihre Veröffentlichung war zu einem bemerkenswerten Ereignis geworden. General Grant sagte:

»Sherman hat mir erzählt, dass sich sein Gewinn an diesem Buch auf fünfundzwanzigtausend Dollar beläuft. Glauben Sie, ich könnte aus meinem Buch ebenso viel herausholen?«

Ich sagte, ich glaubte nicht nur, sondern ich *wisse*, dass er einen weitaus größeren Gewinn erzielen würde – dass Shermans Buch über den Buchhandel vertrieben worden sei; dass es ein für die Subskription geeignetes Buch gewesen wäre und auf diese Weise veröffentlicht hätte werden müssen; dass sich nicht viele Bücher für dieses Veröffentlichungsverfahren eigneten, die Memoiren so glanzvoller Persönlichkeiten wie Sherman und Grant jedoch dafür wie geschaffen seien; dass ein Buch, das das richtige Material für selbiges Verfahren bereithalte, auf Subskriptionsbasis acht- bis zehnmal so viel Gewinn abwerfe wie ein über den Buchhandel vertriebenes Buch.

Der General bezweifelte, ob er mit seinen Memoiren tatsächlich fünfundzwanzigtausend Dollar Gewinn erzielen könne. Ich erkundigte mich nach dem Grund. Er sagte, er habe den Test bereits durchgeführt, den Nachweis erbracht und das Urteil gefällt. Ich wollte wissen, wie er zu solchem Nachweis und solchem Urteil gelangt sei, und er erklärte es mir. Er sagte, er habe angeboten, seine Memoiren für eine Pauschale von fünfundzwanzigtausend Dollar an

Roswell Smith zu verkaufen, und der Vorschlag habe Smith derart in Schrecken versetzt, dass ihm kaum noch genug Puste in den Kleidern blieb, um abzulehnen.

Da verfiel ich auf eine Idee. Plötzlich kam mir in den Sinn, dass ich ja selbst Verleger war. Daran hatte ich bisher noch gar nicht gedacht. Ich sagte:

»Verkaufen Sie *mir* die Memoiren, General. Ich bin Verleger. Ich werde die doppelte Summe zahlen. Ich habe ein Scheckheft in der Tasche; nehmen Sie schon jetzt einen Scheck über fünfzigtausend Dollar entgegen, und lassen Sie uns den Vertrag aufsetzen.«

Das lehnte General Grant genauso unvermittelt ab, wie Roswell Smith das andere Angebot abgelehnt hatte. Er sagte, davon wolle er nichts wissen. Er sagte, wir seien Freunde, und wenn es mir nicht gelänge, das Geld aus seinem Buch wieder herauszuholen … An dieser Stelle brach er ab und sagte, er sehe keinen Grund, weiter ins Detail zu gehen, er werde schlichtweg nicht einwilligen, einen Freund zu ermutigen, ein solches Risiko einzugehen.

Da sagte ich:

»Überlassen Sie mir das Buch zu den Bedingungen, die ich Ihnen bereits für einen Abschluss mit den Leuten von Century vorgeschlagen habe – 20 Prozent Tantiemen oder 75 Prozent des Nettoerlöses gehen an Sie, und ich begleiche mit meinem Viertel sämtliche laufenden Kosten wie Gehälter etc.«

Das amüsierte ihn, und er fragte mich, wie hoch mein Gewinn aus dem verbleibenden Viertel sein würde.

Ich antwortete, in sechs Monaten hunderttausend Dollar.

Er hatte es mit einem literarischen Menschen zu tun. Dank der Autorität der Tradition wusste er, dass literarische Menschen flatterhaft, romantisch und unpraktisch veranlagt sind und nicht genug von geschäftlichen Dingen verstehen, um ins Haus zu gehen, wenn es regnet oder zu irgendeinem anderen Zeitpunkt. Er sprach nicht aus, dass er meinen geistigen Höhenflügen keinerlei Wert beimaß, denn er war zu gütig, um Kränkendes zu äußern, aber vielleicht hätte er es tun sollen, denn sein Gesicht sprach Bände und meinte das ganze Unterfangen. Offenkundig um Konversation bemüht, fragte er mich, worauf dieser Traum basiere – falls er überhaupt eine Basis habe.

Ich sagte:

101

»Er basiert auf der Differenz zwischen Ihrem kommerziellen literarischen Wert und dem meinen. Von meinen ersten beiden Büchern sind je hundertfünfzigtausend Exemplare verkauft worden – dreieinhalb Dollar für einen Leinenband, kostspieligere Bände je nach Bindung zu einem höheren Preis – zu einem durchschnittlichen Stückpreis von vier Dollar. Ich weiß, dass Ihr kommerzieller Wert gut viermal so hoch ist wie meiner; darum lehne ich mich nicht zu weit aus dem Fenster, wenn ich annehme, dass sich von Ihrem Buch sechshunderttausend Einzelbände verkaufen werden und folglich Ihr Nettoerlös eine halbe Million Dollar und meiner hunderttausend beträgt.«

Über diese ganze Angelegenheit hatten wir eine lange Diskussion. Schließlich telegraphierte General Grant seinem guten Freund George W. Childs vom *Philadelphia Ledger*, er möge nach New York kommen und eine Einschätzung abgeben. Childs kam. Ich überzeugte ihn, dass Websters Verlagsmaschinerie alles umfasste, was man brauchte, und in einem guten Zustand war. Dann sprach Childs das Urteil: »Geben Sie das Buch Clemens.« Colonel Fred Grant unterstützte und bekräftigte das Urteil: »Gib das Buch Clemens.« So wurde der Vertrag aufgesetzt und unterzeichnet, und Webster widmete sich unverzüglich seiner neuen Aufgabe.

Laut meinem Vertrag mit Webster bezog dieser lediglich ein Gehalt von zweitausendfünfhundert Dollar pro Jahr. Einen Anteil am Geschäft, gratis obendrauf, hatte er abgelehnt, denn er war ein vorsichtiger und risikoscheuer Mensch. Jetzt bot ich ihm, gratis obendrauf, einen Anteil von 10 Prozent an dem Geschäft – was die sonstigen Details betraf, sollte der Vertrag unverändert bleiben. Da bot er mir, als bescheidenen Gegenvorschlag, Folgendes an: dass sein Gehalt auf dreitausendfünfhundert Dollar pro Jahr erhöht werde; dass er 10 Prozent der mit Grants Buch erzielten Gewinne erhalte und ich für 7 Prozent das erforderliche Kapital zur Verfügung stelle.

Ich sagte, ich sei mit dieser Vereinbarung zufrieden.

Daraufhin rief er seinen Compagnon Whitford herein, der den Vertrag aufsetzte. Ich verstand den Vertrag nicht – ich habe noch nie einen Vertrag verstanden – und bat meinen Schwager General Langdon, einen erfahrenen Geschäftsmann, ihn für mich zu verstehen. Er las ihn durch und sagte, er sei in Ordnung. Und so unterschrieben und besiegelten wir ihn. Später fand ich heraus, dass der Vertrag Webster 10 Prozent der Gewinne aus Grants Buch *und* 10 Prozent der Gewinne der Firma zusprach – aber keinen Anteil an etwaigen Verlusten.

Die Neuigkeit, dass General Grant an seinen Memoiren schrieb und die Firma Charles L. Webster & Company sie veröffentlichte, sprach sich herum. Die Ankündigung löste im ganzen Land eine ungeheure Sensation aus. Die Nation freute sich, und dieses Gefühl schlug in sämtlichen Zeitungen hohe Wellen. An einem Tag noch unbekannt wie ein ungeborenes Baby, war der junge Webster am nächsten Tag eine Berühmtheit. Sein Name stand in jeder Zeitung der Vereinigten Staaten. Er war jung, er war menschlich, und natürlich verwechselte er diese vorübergehende Berühmtheit mit Ruhm; folglich musste er sich seinen Hut weiten lassen. Seine kindische Freude über seine neue Hutgröße bot ein hübsches und gefälliges Schauspiel. Als Erstes zog er aus seinem bescheidenen Quartier aus und besorgte sich eines, das seiner neuen Bedeutung als hervorragendster Verleger des Landes angemessener wäre.

Dienstag, 29. Mai 1906

Websters feines neues Quartier – Mr. Clemens stattet General Grant einen Besuch ab, als er hört, dass dessen Halsschmerzen als Krebs diagnostiziert worden sind – General Grant erzählt ihm, auf welche Weise Ward ihn betrogen hat

Sein neues Quartier befand sich im ersten oder zweiten Stock eines hohen Gebäudes am Union Square, in einer in kommerzieller Hinsicht aristokratischen Gegend. Schon sein ehemaliges Quartier hatte aus zwei recht großen Räumen bestanden. Sein neues nahm das gesamte Stockwerk ein. Was Webster eigentlich benötigte, war ein Kämmerlein in irgendeiner Hintergasse mit gerade so viel Platz, dass man eine Katze – eine langgestreckte Katze – umherschleudern konnte, in diesem Kämmerlein für Büroarbeiten. Er brauchte keine Abstellräume, keinen Keller. Die Buchdrucker und -binder der großartigen Memoiren kümmerten sich um die Bogen und die gebundenen Bände und berechneten uns Lagerung und Versicherung. Ein prestigeträchtiges Quartier war für dieses gewaltige Buch einfach nicht vonnöten. Man hätte General Grants Verleger nirgendwo verstecken können, wo ihn Agenten und Vertreter nicht gefunden hätten. Das Kämmerlein hätte allen unseren Erfordernissen Genüge getan. Nahezu sämtliche Geschäftsvorgänge würden per Korrespondenz erledigt. Diese Korrespondenz würde mit den sechzehn Subagenten geführt, nicht mit deren zehntausend Vertretern.

Was jedoch Weiträumigkeit und Aussicht anging, trugen wir ganz schön dick auf. Sie waren eindrucksvoll – das heißt so eindrucksvoll, wie reichlich in die Länge gezogene Kahlheit es sein konnte. Mir schien, die Beschaffenheit dieser Räumlichkeiten würde Leute vom Lande irreführen und das Weite suchen lassen, und so schlug ich vor, gleich hinter dem Eingang ein Warnschild aufzustellen: »Treten Sie ein. Es ist keine Gratwanderung.«

Es war ein Fehler, Webster mit Sarkasmen zu begegnen. Sie schnitten tief in seine Eitelkeit. Er hatte nicht eine intellektuelle Waffe in seinem Arsenal und konnte sich nicht wehren. Es war unritterlich von mir, diesen geistig waffenlosen Mann mit geistigen Waffen anzugreifen, und ich versuchte, es zu unterlassen, aber es gelang mir nicht. Ich hätte großmütig genug sein müssen, seine Eitelkeiten zu ertragen, war es aber nicht. Ich bin ja nicht einmal großmütig genug, immer meine eigenen zu ertragen. Er hatte einen Fehler, der mich besonders zur Verzweiflung brachte, weil ich ihn selber nicht hatte. Wenn eine Angelegenheit zur Sprache kam, von der er nichts verstand, versäumte er es nicht nur, sich aus der Schusslinie zu nehmen, indem er zugab, mit der Materie nicht vertraut zu sein, sondern er verfügte nicht einmal über genügend Umsicht, seine Zunge im Zaum zu halten. Vielmehr sagte er etwas mit dem Ziel, den Zuhörern weiszumachen, er wäre mit dem Thema vertraut – ein höchst unwahrscheinlicher Umstand, da seine Unwissenheit die ganze Erde wie eine Decke überzog und es kaum ein Loch darin gab. Einmal kam in einem Salon das Gespräch auf George Evans und ihre Literatur. Ich sah, dass Webster Anstalten machte, etwas zu der Unterhaltung beizutragen. Es gab keine Möglichkeit, ihn mit einem Ziegelstein, einer Bibel oder dergleichen niederzustrecken und ihn in Ohnmacht zu versetzen und zu retten, denn das hätte Aufmerksamkeit erregt – und deshalb wartete ich, bis sein Berg eine Maus gebar, was er auch tat, sobald sich zwischen den Gesprächsbeiträgen eine Lücke auftat.

Webster füllte diese Lücke mit der folgenden Bemerkung, die er mit stiller Selbstgefälligkeit vortrug:

»Aufgrund meiner Voreingenommenheit habe ich keines seiner Bücher gelesen.«

Bevor wir uns in dem neuen Quartier eingerichtet hatten, hatte Webster vorgeschlagen, den bestehenden Vertrag aufzuheben und einen neuen abzuschließen. Nun denn, so geschah es. Wahrscheinlich habe ich ihn nie gelesen und auch sonst niemanden gebeten, ihn zu lesen. Wahrscheinlich habe ich ihn einfach unterschrieben und keinen weiteren Gedanken daran verschwendet. Den früheren Verträgen zufolge war Webster mein bezahlter Diener gewesen; dem neuen zufolge war ich sein Sklave, sein absoluter Sklave, ohne Gehalt. Mir gehörten neun Zehntel der Firma; ich stellte sämtliches Kapital zur Verfügung; ich schulterte sämtliche Verluste; ich war für alles verantwortlich – aber das alleinige Sagen hatte Webster. Dieser neue Umstand und meine Sarkasmen veränderten die Atmosphäre. Ich konnte nicht länger Befehle erteilen wie früher. Ich konnte nicht einmal mehr einen Vorschlag machen, der auch nur die geringste Chance hatte, angenommen zu werden.

General Grant war ein kranker Mann, an seinen Memoiren aber arbeitete er wie ein Gesunder und machte unaufhaltsame Fortschritte.

Webster inthronisierte sich auf dem Grat und verschickte an die sechzehn Subagenten eine Aufforderung, aus den sechzehn Vertretergebieten der Vereinigten Staaten herbeizukommen und die Verträge zu unterschreiben. Sie kamen. Sie versammelten sich. Webster verlas ihnen das Gesetz wie vom Berg Sinai. Wunderbarer-, erstaunlicherweise bewahrten sie Ruhe. Sie hinterlegten die erforderlichen Sicherheiten. Sie unterschrieben die Verträge und reisten wieder ab. Normalerweise hätten sie die Überheblichkeiten des jungen Mannes übelgenommen, aber es war kein normaler Fall. Die Verträge waren für jeden Subagenten viele Tausende Dollar wert. Das wussten sie, und dieses Wissen half ihnen, ihre Feindseligkeit zu beschwichtigen.

Whitford war zur Stelle. Er war stets an Websters Seite. Webster hatte Angst, irgendetwas ohne Rechtsberatung zu unternehmen. Er konnte so viel Rechtsberatung einholen, wie er wollte, denn inzwischen hatte er Whitford jahresweise angeheuert. Er zahlte ihm zehntausend Dollar pro Jahr, aus meiner

Tasche. Und tatsächlich war Whitford einen Teil davon wert – den zweihundertsten Teil. Zum ersten Mal in seinem Leben verdiente er etwas, was der Rede wert war, und er war zufrieden. Die Wendung »was der Rede wert war« ist überflüssig. Whitford hatte noch nie etwas verdient. Whitford war nicht dazu bestimmt, jemals etwas zu verdienen. Er verdiente weder die zehntausend Dollar noch einen Teil davon. In zwei Fällen entstand der Firma durch seine Dienste finanzieller Schaden. Seine anderen Dienste waren belanglos und unnötig. Ein Buchhalter hätte sie ausführen können.

1884/85 Im Winter 1884/85 stürzte General Grant auf dem Eis und verletzte sich, was Rheuma zur Folge hatte. Den Winter über standen Cable und ich im Westen auf dem Podium. Irgendwann führte uns unser Programm für ein, zwei Tage nach New York, wo ich in der Zeitung las, dass sich die Halsschmerzen, unter denen General Grant seit geraumer Zeit litt, als Krebs herausgestellt hatten – bösartig und unheilbar. Ich suchte sein Haus auf, wo ich ihn, eingewickelt in einen dicken Morgenmantel und in einem Lehnstuhl sitzend, antraf. Er sah elend aus. Einer seiner Spezialisten war zugegen, Shrady oder Douglas; ich glaube, Douglas – ja, ich bin sicher, Douglas. Die Zeitungen hatten den Krebs auf das exzessive Rauchen geschoben. Ich sagte:

»General, das ist uns allen eine Warnung.«

Er schüttelte den Kopf, und Douglas sagte:

»Nein, das ist niemandem eine Warnung und keine Folge des Rauchens. Das Rauchen hat General Grant nie geschadet, und es wird auch Ihnen nicht schaden. Niemand weiß, wie lange sich dieses Krebsgift schon in General Grants System verborgen hielt – vielleicht schon seit vielen, vielen Jahren. Es bedurfte nur einer passenden Gelegenheit, um auszubrechen, und der Ausbruch nahm seinen Lauf. Ohne eine passende Gelegenheit hätte er hundert werden und sterben können, ohne zu wissen, dass sich so etwas wie Krebsgift in seinem Körper verborgen hielt.«

Was diese Gelegenheit schuf, waren die Beschämung, die Demütigung und der Seelenkummer, die die von Fish und Ward an vertrauensseligen Klienten der Firma Grant & Ward verübten Räubereien General Grant zugefügt hatten. Gerade die unantastbare Glaubwürdigkeit und Ehrbarkeit seines Namens wie Charakters hatten sie in die Lage versetzt, die Öffentlichkeit zu betrügen. Ihr eigenes Ansehen hätte dafür nicht ausgereicht. General Grants Seelenkummer war es, was dem Krebsgift die passende Gelegenheit verschaffte. Der Tabak war es nicht.

Zu jener Zeit und eine Weile danach hatte General Grant seine Stimme noch nicht verloren, und so begann er mir etwas über Wards Tricksereien zu erzählen. Es war offensichtlich, dass er glaubte, sich dafür schämen zu müssen, von einem Mann wie Ward getäuscht und übertölpelt worden zu sein, und dass er nach einer Rechtfertigung oder Beschönigung seines Vertrauens suchte, das er fälschlicherweise in Ward gesetzt hatte. Es war geradezu jämmerlich, zu hören, wie dieser alte Löwe, den eine Hyäne so erniedrigt hatte, zu erklären versuchte, weshalb es nur natürlich sei, einer Hyäne zu vertrauen, seine arglose Ahnungslosigkeit bezüglich der Verhaltensweisen eines solchen Tieres offenbarend. Der Sache nach sagte er:

»Sie hätten das Gleiche getan wie ich, Clemens. Er hätte Sie genauso leicht hintergangen wie mich. Er hätte jeden hintergangen, dem die Kniffe finanzieller und kommerzieller Mittel und Methoden fremd sind. Ja, er hätte auch Männer hintergangen, die mit diesen Kniffen und Methoden *vertraut* sind, und das hat er ja auch getan. Beweis dafür sind die Zeugenaussagen, die vor Gericht gemacht wurden. Beweis ist die Aussage wenigstens eines solchen Mannes, der gar nicht erst vor Gericht erschien. Dieser Mann war so beschämt, weil er sich von einer armseligen Kreatur wie Ward hatte betrügen lassen, dass er einen Verlust von dreihunderttausend Dollar hinnahm – um ebendiese Summe hatte ihn Ward geprellt –, dass er diesen Verlust lieber hinnahm und stillhielt und den Zeugenstand umging. Nun denn, wenn sich ebenjener Mann von Ward hat täuschen lassen, ist es da ein Wunder, dass er auch mich täuschen konnte? Bedenken Sie Wards Vorgehensweise, und sehen Sie, wie geschickt er zu Werke ging. Lassen Sie mich für einen Moment in die Einzelheiten gehen. Er saß stets in seinem Privatbüro und akzeptierte Investitionen von Leuten, verschleuderte das Geld, warf es weg, verlor es – und wenn eine Abrechnung fällig war, ließ er sie dem Investor prompt zukommen, zusammen mit einem ansehnlichen Investitionsgewinn. Diese Investition und der Gewinn und alles, was damit zusammenhing, wiederum wurden von einem anderen Investor abgezweigt, der gerade vorgesprochen und sein Geld zu Spekulationszwecken da-

107

gelassen hatte. Ich will Ihnen ein Beispiel nennen. Als unsere Firma, wie ich annahm und wie jeder andere annahm, auf der Welle höchster Prosperität ritt (obwohl sie nicht einen Cent machte, sondern Geld verlor), eilte eines Tages einer der gerissensten und erfolgreichsten Makler dieser Stadt geschäftig in unser Büro und sagte:

›Ward, ich nehme das Dampfschiff nach Europa und zurück, um ein bisschen frische Luft zu schnappen. Hier sind zehntausend Dollar. Glauben Sie, Sie können in so kurzer Zeit etwas damit anfangen?‹

Ward sagte lässig: ›Ach, vielleicht. Wenn Sie es dalassen, werde ich sehen, was wir tun können.‹

Der Mann hinterließ seinen Scheck und eilte geschäftig wieder hinaus. Ward verwendete den Scheck, um einem anderen Kunden eine Dividende auf eine Investition zu zahlen, die nicht einen Penny eingebracht hatte. Dreißig Tage später eilte der Makler wieder geschäftig herein und fragte:

›Und, haben Sie was erreicht?‹

Ward antwortete lässig wie immer:

›Nun ja, nicht viel, aber ein bisschen was‹ – stellte achtlos einen Scheck aus und reichte ihn dem Mann.

Der Mann sagte: ›Grundgütiger! Hundert Prozent Gewinn in dreißig Tagen!‹ Er gab Ward den Scheck zurück und sagte: ›Das Pferd ist mir gut genug. Setzen Sie noch einmal auf den Gaul.‹«

General Grant sagte, dass Ward ihn und seine Verwandtschaft noch um den allerletzten Penny gebracht hatte. Er sagte:

»Ich hatte vierhunderttausend Dollar zurückgelegt. Ward hat alles bekommen. Er horchte mich nach meiner entfernten Verwandtschaft aus, und wo immer er ein Familienmitglied ausmachen konnte, bei dem etwas im Sparstrumpf klimperte, ging er dem Geld nach und bekam es. In einem Fall hatte eine arme alte Verwandte von mir geknausert und gespart, bis sie für die dürren Zeiten im Alter vielleicht tausend Dollar beisammenhatte. Ward hat sie sich, ohne mit der Wimper zu zucken, genommen.«

1885   Bald darauf nahte der denkwürdige 4. März 1885 – mir für immer unvergesslich wegen eines Bildes, das er hervorbrachte.

Donnerstag, 31. Mai 1906

Der herrliche Morgen und der majestätische Mount Monadnock –
Mr. Clemens spricht in dieser Autobiographie freimütig, weil er aus
dem Grab spricht – Glaubt nicht an die Unsterblichkeit –
Webster ein Jude – Am letzten Tag von Arthurs Amtszeit wird im Kongress
ein Gesetzentwurf eingebracht, mit dem Grant wieder zum General
ernannt wird – Grants Gleichgültigkeit gegenüber Elogen

Heute ist ein wunderschöner Morgen. Die schattige vordere Veranda ist genau der richtige Ort, um hier zu diktieren. Es gibt auf Erden keine sanftere, keine friedvollere Aussicht. Es gibt keinen blaueren Himmel, nicht einmal über Schweden. An keinem Himmel diesseits von Australien gibt es eine bezauberndere Verteilung weißer Wölkchen. In der göttlichen Atmosphäre des heutigen Morgens ist Monadnock so nahe, dass es mir fast so vorkommt, als könnte ich mich ausstrecken und meinen Ellbogen auf die Gabelung seiner Zwillingsgipfel stützen wie auf eine Krücke. Monadnock ist stets eindrucksvoll, stets majestätisch, stets wunderhübsch, von einer Schönheit, deren Facetten so mannigfaltig sind wie jene, die ihre Reize auf das Tal dahinter ausüben, das sich an einem Morgen wie diesem weit und weiter erstreckt, bis seine hundert Grünschattierungen ins Blaue changieren und das Blau ein Traum wird und am fernen Horizont mit dem Himmelsgrund verschmilzt und verläuft.

Dies ist weder die Zeit noch der Ort, um Webster zu verdammen, und doch muss es geschehen. Es ist eine Pflicht. Fahren wir fort. Es ist nicht meine Aufgabe, in dieser Geschichte irgendeiner Person gegenüber boshafter zu sein, als ich es empfinde. Ich bin nicht am Leben. Ich bin tot. Diesen Umstand soll der Leser immer klar vor Augen haben. Wäre ich am Leben, schriebe ich eine Autobiographie nach dem gewöhnlichen Muster. Ich würde Webster gegenüber ebenso viel Boshaftigkeit empfinden, wie ich sie in diesem Augenblick empfinde – tot, wie ich bin –, doch statt ihr freimütig und aufrichtig Ausdruck zu verleihen, würde ich versuchen, sie zu verheimlichen; würde versuchen, dem Leser etwas vorzumachen, wenn auch ohne Erfolg. Er würde meine Boshaftigkeit zwischen den Zeilen lesen und mich dafür nicht gerade bewundern. Wenn ich meiner Boshaftigkeit frank und frei Ausdruck verleihe, wird auch nichts

109

Schlimmeres passieren. Dass ich aus dem Grab spreche, geschieht aus dem einfachen Grund, dass ich die Genugtuung verspüren möchte, hin und wieder alles sagen zu können, was in mir ist, statt das Angenehmste für mich zu behalten – für den Hausgebrauch. Aus dem Grab kann ich freimütiger sprechen, als es den meisten Historikern gelingt, denn während sie, und mögen sie sich noch so sehr anstrengen, nicht imstande sind, sich tot zu *fühlen*, bin ich dazu sehr wohl imstande. Sie würden nur vorspiegeln, tot zu sein. Bei mir ist es keine Vorspiegelung. Die ganze Zeit über würden sie auf ziemlich eindeutige Weise fühlen, dass jenes Ding im Grab, das sie repräsentiert, ein bewusstes Wesen ist; ein Wesen, das sich bewusst ist, was es über die Menschen sagt; ein Wesen, das fähig ist, Scham zu empfinden; ein Wesen, das fähig ist, unverhüllten und freien Ausdruck zu scheuen, denn sie glauben an die Unsterblichkeit. Sie glauben, der Tod sei nur ein Schlaf, auf den ein unmittelbares Erwachen folgt, und ihre Seelen seien sich bewusst, was hier unten vor sich geht, und hätten an den Freuden und Leiden der Überlebenden, die sie lieben oder nicht lieben, ein durchgängig reges Interesse.

Ich aber habe meinen Glauben an die Unsterblichkeit schon vor langer Zeit verloren – und auch mein Interesse daran. Jetzt kann ich sagen, was ich, solange ich noch im Leben weilte, nicht sagen konnte – Dinge, die zu hören die Leute schockiert hätte; Dinge, die ich, solange ich noch im Leben weilte, nicht sagen konnte, weil ich diesen Schock vorausgeahnt und mir den persönlichen Schmerz, ihn zuzufügen, gewiss erspart hätte. Wenn wir an die Unsterblichkeit glauben, haben wir einen Grund dafür. Keinen, der auf Informationen beruht oder auch nur auf Plausibilitäten, denn die gibt es nicht. Der Grund für unsere Entscheidung, an diesen Traum zu glauben, besteht darin, dass es uns nach Unsterblichkeit verlangt, aus welchem Grund auch immer, ich selbst kenne ihn nicht. Ich verspüre kein solches Verlangen. Ich habe von diesem Leben gekostet, und das ist genug. Ein weiteres Leben wäre ein weiteres Experiment. Es hätte denselben Ursprung wie dieses. Ich habe diesbezüglich keine großen Erwartungen, und wenn ich davon verschont bleibe, bei diesem Experiment zu assistieren, werde ich entsprechend dankbar sein. Ausgelöschtsein schreckt mich nicht, denn vor meiner Geburt habe ich es schon einmal damit versucht – hundert Millionen Jahre lang –, und in einer Stunde dieses Lebens habe ich

110

mehr gelitten, als ich mich erinnern kann, in all den hundert Millionen Jahren zusammengenommen gelitten zu haben. In jenem hundert Millionen Jahre währenden Urlaub, auf den ich mit zärtlicher Sehnsucht und mit dem dankbaren Wunsch zurückblicke, ihn fortzusetzen, sobald sich die Gelegenheit bietet, herrschten Friede, Gelassenheit, die Abwesenheit von allem Verantwortungsgefühl, die Abwesenheit von Angst, die Abwesenheit von Sorge, Kummer, Bestürzung; und die Anwesenheit tiefer Zufriedenheit und ununterbrochener Genugtuung.

Es ist selbstverständlich, dass, wenn ich aus dem Grab spreche, kein Geist spricht; es ist ein Nichts; es ist eine Leere; es ist eine Substanzlosigkeit; es ist etwas, was weder Empfindung noch Bewusstsein besitzt. Es weiß nicht, was es sagt. Es ist sich nicht bewusst, dass es überhaupt etwas sagt, so dass es frank und frei zu sprechen vermag, weil es gar nicht wissen kann, dass es Schmerz, Unbehagen oder Kränkung mannigfaltiger Art zufügt.

Einige Leute hegten ein Vorurteil gegen Webster, das ich nicht teilte. Sie standen ihm ablehnend gegenüber, weil er Jude war. Zumindest sagten sie, dass er Jude sei, und behaupteten, zu wissen, dass er Jude sei. Ich habe keine Vorurteile gegen Juden. Ich habe nichts, was einem Vorurteil gegen Juden auch nur ähnelt. Für mich sind Juden ganz einfach Menschen, und für meine Begriffe hat der Unterschied zwischen einem Menschen und einem anderen nicht die leiseste Bedeutung. Wenn ich ein Krokodil nicht von einem Alligator zu unterscheiden vermag, wie sollte es da eine Unterscheidung zwischen einem Juden und einem Christen geben – oder zwischen sonst einem Menschen und einem anderen. Ein wie immer gearteter Mensch zu sein ist ohnehin ein hartes Los und selbst unter den besten Bedingungen unangenehm und schimpflich. Weshalb also sollte ein Mann, nur weil er Christ ist, größere Stücke auf sich halten als auf seinen Nachbarn, dem dieses Privileg vorenthalten wurde?

Einer dieser vorurteilsbeladenen Menschen sagte zu mir, er könne Webster nicht ausstehen, da er Jude sei. Das kam mir lieblos vor, ich erklärte ihm, dieses Gefühl läge mir fern, und versuchte ihn zu überreden, heraufzukommen und sich mit mir auf eine höhere und edlere Stufe zu stellen. Ich sagte, ich würde stets und unter allen Umständen versuchen, jedem Menschen gegenüber gerecht zu sein und ihn so rasch loszuwerden, als hätte ich ein persönliches Interesse daran. Aber ich komme ab von Webster und den Memoiren Grants, die mein derzeitiger Gegenstand sind.

Ich rede freimütig von Webster, denn ich rechne damit, dass meine künftigen Herausgeber über genügend Urteilskraft und Barmherzigkeit verfügen, um in den frühen Ausgaben dieses Buches sämtliche Kapitel dieser Art zu unterdrücken und sie Auflage um Auflage unterdrückt zu halten, bis alle, die sie kränken könnten, in ihren Gräbern ruhen. Danach aber sollen sie veröffentlicht werden. Das ist mein dringlicher Wunsch, und an diesem fernen Tage können sie keinen Schaden mehr anrichten.

Ich komme jetzt auf den abschließenden Satz des gestrigen Diktats zurück.

In der Geschichte der Vereinigten Staaten gab es nur einen Offizier, der den höchsten, ebenso prächtigen wie schlichten Einworttitel »General« trug. Vielleicht gab es auch zwei. Ich kann mich nicht erinnern. In dem langen Zeitraum zwischen der amerikanischen Revolution und unserem Bürgerkrieg kam dieser Titel nicht vor. Er bezeichnete ein Amt, das seiner Natur nach etwas Besonderes war. Er gehörte nicht zu unseren militärischen Dienstgraden. Verliehen werden konnte er nur durch ein vom Kongress verabschiedetes Gesetz und nur einer Person, die in diesem Gesetz ausdrücklich benannt wurde. Niemand konnte ihn erben. Niemand konnte ihn durch Beförderung erlangen. Er war General Grant verliehen worden, aber dieser hatte ihn abgegeben, um Präsident zu werden. Jetzt befand er sich in den Klauen des Todes, und die mitfühlenden und trauernden Augen der ganzen Nation waren auf ihn gerichtet – einer Nation, die ihm unbedingt ihre Dankbarkeit bekunden und ihm jeden Wunsch, den er nur äußerte, gewähren wollte. Seinen Freunden war bekannt, dass es sein größter Herzenswunsch war, als »General« zu sterben. Am letzten Tag der Amtszeit von Mr. Arthur und der Sitzungsperiode des Kongresses wurde in letzter Minute ein Gesetzentwurf zur Verleihung des Titels eingebracht. Es war keine Zeit zu verlieren. Eilends wurden Boten ins Weiße Haus entsandt. Mr. Arthur hastete zum Kapitol. Es herrschten Angst und helle Aufregung. Am Ende aber wurden die unermüdlichen Anstrengungen zu spät in Gang gesetzt! Mitten in der Abstimmung lief die Lebensdauer des Kongresses ab. Nein, wäre abgelaufen – doch irgendeine fürsorgliche Person drehte die

Uhr um eine halbe Stunde zurück, und das Gesetz kam durch! Mr. Arthur unterschrieb es sofort, und die Situation war gerettet.

Die Nachricht wurde General Grant per Telegramm übermittelt, und mit mehreren anderen war ich zugegen, als es ihm in die Hand gedrückt wurde. Jedes der anwesenden Gesichter verriet starke Erregung und Emotionen – nur das von General Grant nicht. Er las das Telegramm, doch in seiner eisernen Miene zeigte sich nicht der Anflug oder die Andeutung einer Gemütsveränderung. Seine Rührung war tiefer als die aller anderen Anwesenden zusammengenommen, er aber war in der Lage, sie vollständig zu unterdrücken und sich nichts anmerken zu lassen.

General Grants Fähigkeit, seine Gefühle zu verbergen, hatte ich schon einmal bei einem weniger denkwürdigen Anlass erlebt. Das war 1879 in Chicago, *1879* als er nach seiner triumphalen Reise rund um den Globus eintraf und von Chicago und der ersten Armee, die er befehligt hatte – der Armee des Tennessee –, drei Tage lang gefeiert wurde. Ich saß unweit von ihm auf der Bühne eines Theaters, das bis zur Decke mit überlebenden Helden dieser Armee und ihren Ehefrauen gefüllt war. Als General Grant, begleitet von anderen glorreichen Generälen des Krieges, vortrat und seinen Platz einnahm, erhoben sich alle im Saal, und ein ohrenbetäubender Willkommenssturm brach los, der zwei oder drei Minuten anhielt. Es gab nicht einen Soldaten auf der Bühne, der nicht sichtlich gerührt war, bis auf den Mann, der willkommen geheißen wurde, Grant. Über sein Gesicht huschte keinerlei Regung.

Dann setzten die Elogen ein. Sherman war zugegen, Sheridan war zugegen, Schofield, Logan und ein halbes Dutzend anderer Träger berühmter militärischer Namen waren da. Sämtliche Redner begannen ganze Niagarafälle des Ruhms über Grant auszuschütten. Stets traten sie heran, stellten sich neben ihn, beugten sich zu ihm und überschütteten ihn aus nächster Nähe mit Niagarafällen, aber das hatte auch keine größere Wirkung auf ihn, als wäre er ein bronzenes Standbild gewesen. Der Reihe nach arbeiteten sich die Redner von Grant zu Sherman vor, dann zu Sheridan und all den anderen und entleerten auf jeden von ihnen Fässer entflammten Lobes. Und in jedem Fall war es, als gösse der Redner Feuer auf den Mann, so sehr zappelte und litt, krümmte und wand sich das Opfer. Mit einem Fernglas hätte man den Mann, der gemartert wurde, aus drei Meilen Entfernung ausfindig machen können. Unter der feurigen Flut der Lobpreisungen konnte nicht einer von ihnen still sitzen – bis auf Grant. Zweieinhalb Stunden lang bekam er alle Viertelstunde seine Niagarafälle ab, und doch saß er, als die Tortur vorüber war, in genau derselben Haltung da, die er eingenommen hatte, als er auf seinem Stuhl Platz genommen hatte. Nicht ein Anzeichen der Bewegung von Hand, Fuß, Kopf oder sonst etwas. Es wäre erstaunlich genug gewesen, einen Mann über eine solche Zeitspanne ohne Änderung der Haltung dasitzen zu sehen, wenn nichts ihm durch den Kopf ging, wenn nichts ihn rührte, nichts ihn erregte; aber dass dieser Mann zweieinhalb Stunden so dasaß, obwohl er derart entsetzlich drangsaliert wurde, war eine Leistung, die ich, hätte ich sie nicht mit eigenen Augen gesehen, nicht für möglich gehalten hätte.

Freitag, 1. Juni 1906

General Grant wünscht Mr. Clemens' Einschätzung der literarischen Qualität seiner Memoiren – Mr. Clemens stellt sie in eine Reihe mit Caesars Commentarii – Depews beste Rede – Buckners Besuch bei General Grant – General Grants Tod – Erfolg der Memoiren und Websters angeschwollener Kopf – Webster verdächtigt seinen Buchhalter Scott

Wann immer Fahnen oder Korrekturbogen an General Grant gingen, kam ein Abzug auch zu mir. General Grant wusste das. Mitunter erwähnte ich die Druckfahnen beiläufig, ließ aber keine Einzelheiten verlauten. Bald darauf erfuhr ich von einem Mitglied des Haushalts, dass er beunruhigt und enttäuscht sei, weil ich noch nie eine Meinung über die literarische Qualität der Memoiren geäußert hatte. Auch wurde angedeutet, dass ihm ein aufmunterndes Wort von mir eine Hilfe wäre. Ich war etwa so überrascht, wie es der Koch des Kolumbus gewesen wäre, wenn er erfahren hätte, dass Kolumbus seine Meinung darüber hören wollte, wie gut er, Kolumbus, seine Navigation bewerkstellige. Es wäre mir nicht in den Sinn gekommen, General Grant könnte bei irgendeiner Arbeit, die er in Angriff nahm, jemandes Unterstützung oder Aufmunterung gebrauchen. Er war von allen der Bescheidenste und das ein weiterer Be-

weis dafür. Er ließ sich auf ein neues Handwerk ein – wagte sich auf ein
unbekanntes Meer hinaus – und bedurfte eines aufmunternden Wortes, genau
wie jedes andere Geschöpf aus gewöhnlichem Lehm. Es war ein großes Kompliment, dass er etwas auf meine Meinung gab und sie zu hören wünschte, und
ich nutzte die erstbeste Gelegenheit, das Gespräch geschickt in jene Richtung
zu lenken und meine Meinung vorzutragen, ohne dass es den Anschein hatte,
ich wolle ihm nach dem Munde reden.

Zufälligerweise hatte ich die Memoiren mit Caesars *Commentarii* verglichen
und war also qualifiziert, ein Urteil zu fällen. In aller Aufrichtigkeit konnte ich
sagen, dass sich beide Bücher durch die nämlichen großen Vorzüge auszeichneten – Klarheit des Ausdrucks, Geradlinigkeit, Bescheidenheit, offenkundige
Wahrhaftigkeit, gleichermaßen Ausgewogenheit und Gerechtigkeit gegenüber
Freund und Feind, soldatische Freimütigkeit und Offenheit sowie soldatische
Vermeidung blumiger Rede. Ich stellte die beiden Bücher zusammen auf dasselbe hohe Podest, und ich glaube noch immer, dass sie dorthin gehören.
Hinterher erfuhr ich, dass General Grant mit diesem Urteil zufrieden war. Es
beweist, dass er nur ein Mann war, nur ein Mensch, nur ein Autor. Ein Autor
schätzt ein Kompliment selbst dann, wenn es aus einer Quelle von zweifelhafter Kompetenz stammt.

Das erinnert mich an die vielsagendste Rede, die ich je gehört habe – die beste
Rede, die der begabte Depew je gehalten hat, und die kürzeste dazu. Obwohl
General Grant, wenn außer vertrauten Freunden niemand zugegen war, ein lebhafter und interessanter Redner war, hatte er doch die Angewohnheit, in Gegenwart Fremder den Mund nicht aufzumachen. Bei einem öffentlichen Anlass war
es schwierig, ihn dazu zu bewegen, auch nur ein halbes Dutzend Wörter von
sich zu geben. Forderte man ihn zum Reden auf, blieb er sitzen und überließ es
dem Toastmaster, ihn zu entschuldigen. Jene ausgezeichnete Rede Depews
wurde bei einem Bankett zu Ehren von General Grant gehalten. In jenen frühen
Jahren kam Depew zu Banketten stets zu spät, und auch diesmal traf er erst ein,
als der Vorsitzende eine leidenschaftliche Eloge auf den Ehrengast abschloss.
Depew schritt den Mittelgang des Saals entlang, und als er die Hälfte des Weges
zurückgelegt hatte, setzte sich der Vorsitzende unter dem üblichen Wirbelsturm
von Rufen nach »Grant, Grant, General Grant!« wieder hin.

115

General Grant sagte: »Da ist Depew. Soll er für mich erwidern.«

Depew blieb stehen, wo er war, und sagte, ohne innezuhalten oder zu zögern, dem Inhalt nach mit schöner Eindringlichkeit:

»Für *ihn* erwidern? Das ist nicht nötig. Kein sprachlicher Glücksgriff kann so beredt sein wie das Schweigen und die sichtbare Präsenz eines Mannes, dessen Name sich den Lippen der Menschen noch aufdrängen wird, wenn zwanzig Jahrhunderte gekommen und gegangen sind.«

Das war der Inhalt seiner Rede, nicht die Worte selbst. Die Sprache war vollendet, vollkommen, makellos, ergreifend. Dreißig Jahre lang war Depew der Fürst aller Tischredner. Er hielt Hunderte von gelungenen und ausgezeichneten Reden, aber ich finde, seine kürzeste war seine beste. Jetzt liegt er im Sterben und ist in Misskredit geraten – ein Jammer, dass nach einer steilen Karriere großer und ununterbrochener Beliebtheit das sein Schicksal sein soll.

Während sich seine Krankheit weiter in seinem Leben einnistete, arbeitete General Grant heldenhaft mit seiner Feder, und schließlich war sein Werk vollendet. Er wurde nach Mount McGregor gebracht, und dort ließen seine Kräfte allmählich nach. Gegen Ende konnte er nicht mehr sprechen, sondern benutzte, wenn er etwas mitteilen wollte, einen Bleistift und kleine Streifen Papier.

Einmal, zum Schluss hin, besuchte ich ihn dort, und offenbar in ängstlicher Sorge fragte er mich mittels seines Bleistifts, ob die Aussicht bestehe, dass sein Buch der Familie etwas einbringen werde.

Ich antwortete, dass die Kundenwerbung energisch voranschreite, dass Subskriptionen und Gelder reichlich flössen, dass die Kampagne gerade erst einmal zur Hälfte gediehen sei – doch schon jetzt, selbst wenn alles an diesem Punkt zum Erliegen käme, seiner Familie zweihunderttausend Dollar zustehen würden. Mit dem Bleistift drückte er seine Genugtuung aus.

In dem Moment, als ich das Haus betrat, kam der Konföderiertengeneral *1840* Buckner heraus. Um 1840 waren Buckner und Grant Kadettenkameraden in West Point gewesen. Ich glaube, etwas später hatten sie gemeinsam im Mexikanischen Krieg gedient. Danach war Grant (damals Hauptmann in der regulären Armee) zu einem Militärposten in Oregon abkommandiert worden. Bald darauf schied er aus, kam an die Ostküste und fand sich mittellos in New York wieder. Auf der Straße begegnete er Buckner und lieh sich fünfzig Dollar von ihm. Im Februar 1862 führte Buckner den Oberbefehl über die Garnison der Konföderierten in Fort Donelson. General Grant nahm die Festung im Sturm und machte fünfzehntausend Gefangene. Danach begegneten sich die beiden Soldaten nicht wieder bis zu jenem Tag in Mount McGregor, dreiundzwanzig Jahre später. *1862*

Mehrere Besucher waren zugegen, und es wurden viele Scherze und Späße gemacht, einige davon auf Kosten Buckners. Schließlich sagte General Buckner:

»Die Bewunderung und Wertschätzung für Grant teile ich voll. Sie reicht zurück in unsere Zeit als Kadetten. Ich kenne niemanden, der über mehr Verdienste und Vorzüge verfügt als er, aber er hat eine entscheidende Schwäche. Er ist ein unverbesserlicher Entleiher, und wenn er sich etwas leihen will, kennt er nur eine Grenze – er will alles, was Sie haben. Als ich arm war, lieh er sich fünfzig Dollar von mir; als ich reich war, lieh er sich fünfzehntausend Mann.«

General Grant starb am 23. Juli in Mount McGregor.

Im September oder Oktober gingen die Memoiren in Druck. Es wurden mehrere Sätze Druckplatten angefertigt; der Druck wurde auf verschiedene große Druckereien verteilt; Tag und Nacht liefen zahlreiche Dampfdruckmaschinen für das Buch; mehrere große Bindereien waren pausenlos mit dem Binden beschäftigt. Das Buch sollte als zweibändige Ausgabe erscheinen – in großem Oktavformat. Der Preis betrug neun Dollar für die Leinenbindung. Bei kostspieligeren Bindungen lag der Preis entsprechend höher. Zweitausend Doppelbände in Kalbsleder wurden zu fünfundzwanzig Dollar pro Doppelband ausgeliefert.

Das Buch erschien am 10. Dezember, und ich erwies mich als kundiger Prophet. Zu Beginn hatte ich General Grant gesagt, dass sich von seinem Buch sechshunderttausend Einzelbände verkaufen würden, und genau so geschah es. Dreihunderttausend zweibändige Ausgaben wurden verkauft. Der erste Scheck, den Mrs. Grant erhielt, belief sich auf zweihunderttausend Dollar; der nächste, ein paar Monate später, auf hundertfünfzigtausend. An die nachfolgenden Schecks kann ich mich nicht mehr erinnern, aber ich glaube, Mrs. Grant verdiente alles in allem gut eine halbe Million Dollar an dem Buch.

Webster war in seiner Herrlichkeit angekommen. In den Tagen seiner Unbekanntheit trug er Hutgröße 50; in späteren Tagen passte sein Kopf in kein Fass mehr. Er liebte es, sich über die Wunder des Buches auszulassen. Er erging sich gern in Statistiken. Er erzählte gern, dass dreizehn Meilen an Blattgold erforderlich waren, um die vergoldeten Lettern des Titels auf den Buchrücken zu drucken; er erzählte gern, wie viele tausend Tonnen die dreihunderttausend Doppelbände wogen. Natürlich war es dieselbe alte Geschichte: Webster glaubte, *er* habe das Buch verkauft. Er glaubte, General Grants großer Name habe zwar dabei geholfen, sich selbst aber betrachtete er als den Hauptgrund für den außergewöhnlichen Erfolg des Buches. Das beweist, dass Webster nur ein Mensch war und nur ein Verleger. Alle Verleger sind Kolumbusse. Der erfolgreiche Autor ist ihr Amerika. Der Gedanke, dass sie – wie Kolumbus – weder entdeckten, was zu entdecken sie gehofft hatten, noch entdeckten, was zu entdecken sie ausgezogen waren, bekümmert sie nicht. Sie erinnern sich nur daran, dass sie Amerika entdeckt haben; sie vergessen, dass sie ausgezogen waren, um irgendeinen Flecken oder Winkel Indiens zu finden.

Websters Buchhalter war ein gewisser Mr. Scott. In jenem Sommer, als die Subskriptionsgelder in einem großen und stetigen Strom per Express zugesandter Banknoten einzutreffen begannen, vertraute mir Webster an, dass er Misstrauen gegen Scott hege und ihm eine Falle stellen werde. Er wolle einige markierte Geldscheine durch seine Hände gehen lassen und sehen, ob sie daran kleben blieben.

Samstag, 2. Juni 1906

Prüfung der Bücher und Bestrafung Scotts, der sechsundzwanzigtausend Dollar gestohlen hatte – Webster lehnt Bücher ab, die Mr. Clemens veröffentlichen möchte, und akzeptiert wertlose – Schließlich nimmt er Medikamente, und Mr. Clemens findet ihn ab – Auf ihn folgt Hall – Webster akzeptierte Stedmans Bibliothek der amerikanischen Literatur, *die den Bankrott der Firma zur Folge hatte – Mr. Clemens tritt seine Vortragsreise um die Welt an und zahlt binnen dreizehn Monaten alle seine Schulden ab – J. W. Paige und die Setzmaschine*

Ich vermutete, dass diesem Buchhalter Scott unangenehme Zeiten bevorstan-
den. Wann immer Webster einen Mitmenschen sozusagen am Schlafittchen
packte – einen Menschen, der hilflos war, einen Menschen, der erwürgt werden
konnte, ohne dass der Würger selbst in Gefahr zu geraten drohte –, nahm er
ihn mit größter Wahrscheinlichkeit in den Würgegriff.

Charles L. Webster war einer der eselhaftesten Menschen, denen ich je begegnet bin – vielleicht der eselhafteste. Die Zeiten, da er Gelegenheit hatte, sich
wie ein Esel aufzuführen, und sie zu nutzen versäumte, waren so selten, dass er
sich in einer Monarchie einen Orden verdient hätte. Sein Vorschlag Scott betreffend – ihm nach althergebrachter Art eine Falle in Gestalt markierter Geldscheine zu stellen – war eine gute, vernünftige Idee, und da sie Webster die
Gelegenheit bot, Detektiv zu spielen und herumzuschnüffeln, herumzuspio-
nieren und jemanden dabei zu ertappen, wie er eine Sünde beging, rechnete ich
damit, er werde sein Vorhaben sofort ins Werk setzen. Er hatte ein Faible für
Detektivarbeit. Es gab in Amerika keinen Detektiv – zumindest keinen bedeutenden –, der weniger davon verstand als Webster. Er befand sich etwa auf einer
Stufe mit Sherlock Holmes.

Webster legte die Falle nicht aus – warum nicht, ist mir unerklärlich. Sein
Misstrauen war nicht geschwunden. Es hielt an. Im Laufe der Monate schwapp-
ten Gerüchte aus Jersey herüber, Scott habe sich in seiner Stadt zu einem flotten und beliebten jungen Mann entwickelt; er gründe verschiedene Gesellig-
keitsvereine, denen er sich als Geschäftsführer, Direktor oder Präsident andiene
und so fort; er sei die Seele dieser Vereine; ein wertvoller Unterstützer der Reit-
ställe; seine Lebensführung kostspielig – für ihn selbst oder wen auch immer –,
aber vorteilhaft für seine Gemeinde.

Drei oder vier Monate nachdem Webster vorgeschlagen hatte, die Falle aus-
zulegen, kam für fachkundige Rechnungsprüfer der Zeitpunkt, im Interesse
von Mrs. Grant die Bücher durchzusehen. Webster ordnete die Durchsicht an.
Die Experten trafen ein, und Scott ging ihnen bereitwillig zur Hand. Er holte
die Bücher herbei und schlug sie auf. Mit dem Finger fuhr er eine Spalte im
Grundbuch entlang, deutete auf die Summe unter dem Strich, sprang zum
Hauptbuch und zeigte, dass die Summe im Hauptbuch mit der Summe im
Grundbuch übereinstimmte. Nach kurzer Zeit war die Buchprüfung beendet.

Die Experten gingen zufriedengestellt davon. Auch Webster war zufriedengestellt – und was Scott betrifft, so war er vermutlich mehr als nur zufriedengestellt.

Nur Fred Grant war nicht zufriedengestellt. Er hatte von den Gerüchten gehört. Kraft der Vollmacht, mit der er als Vertreter seiner Dreiviertel-Partnerschaft an dem Buch ausgestattet war, ordnete er eine weitere Buchprüfung an, ohne sie vorher anzukündigen. Er wählte die fachmännischen Rechnungsprüfer selbst aus, und diese betraten überraschend Scotts Herrschaftsbereich, gewappnet und gerüstet für ihre Aufgabe. Sie forderten die Bücher an. Scott eilte geschäftig hin und her, holte sie wie vorher herbei, fuhr wie vorher mit dem Zeigefinger eine Spalte im Grundbuch entlang und zeigte dem Buchprüfer, dass Grund- und Hauptbuch übereinstimmten. Doch durfte er nur eine Probe seiner Hilfsbereitschaft geben. Der Experte erklärte ihm kühl, *er* wisse, wie man Bücher prüfe, und sei auf den Beistand eines Buchhalters, der ein persönliches Interesse bei der Durchsicht verfolge, nicht angewiesen.

Webster schaute zu. Er bemerkte, wie die Farbe aus dem Gesicht des armen Scott wich und dieser ein krankes Aussehen annahm. Scott entschuldigte sich – sagte, er wolle nach Hause gehen und sich hinlegen. Die Experten stellten fest, dass Scott sechsundzwanzigtausend Dollar gestohlen hatte. Webster und jene andere Kaulquappe, Whitford, gerieten jetzt in einen Zustand höchster Erregung und Leistungsfähigkeit. Whitford nahm sich vor, Scott vor ein Geschworenengericht zu bringen mit dem Ziel, ihn hängen zu sehen, was bei einer solchen Straftat nicht in Frage kam, aber das wusste Whitford nicht. Webster machte es sich zur Aufgabe, Scotts Vorgeschichte unter die Lupe zu nehmen – etwas, was er hätte tun sollen, bevor er ihn einstellte. Aber wie gesagt, Webster war einer der eselhaftesten Menschen, die ich je gekannt habe. Er konnte Scotts Werdegang ohne jede Schwierigkeit nachverfolgen. Es war mühelos möglich, Anstellung um Anstellung aufzuspüren. Ja, man konnte ihn von einer Anstellung zur anderen aufspüren anhand des gestohlenen Geldes, mit dem er unterwegs um sich geworfen hatte. Der arme Scott wanderte für fünf oder neun Jahre ins Zuchthaus – ich weiß nicht mehr, wie lange. Wieder einmal ein Beispiel dafür, dass es immer die Falschen trifft. Es hätte Webster treffen sollen.

Webster hegte einen ziemlich bösartigen Hass gegen mich wegen der Sarkasmen, mit denen ich ihn zu unterhalten versuchte, als er sein schönes neues Quartier am Union Square bezog. Seine Abscheu gegen mich hatte sich verfestigt und war, als unser letzter Vertrag ihn zum Herrn und mich zu seinem Sklaven gemacht hatte, dauerhaft und unüberwindlich geworden. Ich konnte nicht verstehen, weshalb er Scott nicht zur Strecke gebracht hatte, als sein Argwohn erstmals geweckt worden war, denn das hätte seiner Natur entsprochen. Bei meinen Versuchen, diesem Rätsel auf die Spur zu kommen, gelangte ich zu der gütigen Schlussfolgerung, dass Webster es darauf angelegt hatte, die Firma ausrauben zu lassen, da es mich neun Dollar kostete, wo es ihn nur einen kostete. In meiner Beurteilung von Menschen bin ich stets gütig gewesen, und das war mein Versuch einer Erklärung für Websters fortgesetzte Gleichgültigkeit in der Causa Scott. Wann immer mir diese Angelegenheit zu einem späteren Zeitpunkt einfiel, schien es Hinweise darauf zu geben, dass diese Erklärung zutraf. Zum Beispiel hatten wir die Generalvertretung für New York uns selbst vorbehalten, während das Buch in den anderen großen Bevölkerungszentren des Landes unter den regulären Subagenten aufgeteilt worden war. Die Sache ließ sich recht mühelos abwickeln und brachte uns einen Gewinn in Höhe von dreißigtausend Dollar ein. Ohne mich zu Rate zu ziehen, trat Webster, dieser Autokrat, wenig später den gesamten Gewinn dieses Vertretergebietes großmütig an die Grants ab und verlangte von ihnen nicht einmal, dass sie einen Teil der Gehälter und der übrigen Vertriebskosten zahlten. Ich glaube, er war bereit, seinen Teil der Opfergabe von dreitausend Dollar auf sich zu nehmen, solange ich siebenundzwanzigtausend auf mich nehmen musste – außerdem fand er womöglich einen Weg, den Verlust wettzumachen, ich hingegen fand keinen.

Für drei Viertel der sechsundzwanzigtausend Dollar, die Scott gestohlen hatte, mussten die Grants entschädigt werden, da das Geld entwendet worden war, als es sich bereits in unserem Besitz befunden hatte. Diese Auslagen waren uns durch Websters Dummheit und Misswirtschaft auferlegt worden, aber das hielt ihn nicht davon ab, mich eindringlich und tränenreich anzuflehen, seinen Anteil an dem Verlust aus meiner eigenen Tasche zu übernehmen. Ursprünglich war er dafür bestimmt gewesen, Bettelmönch zu werden, und auf dieses Gewerbe verstand er sich instinktiv. Er konnte loslegen wie ein Berufsbettler. Ich bin der eselhafteste Mensch, den ich je gekannt habe, und ich erhörte sein

121

Gebet, obwohl ich nicht begreifen konnte, wie sich sein Zehntel am Defizit von achtzehn- oder neunzehntausend Dollar auf viertausend belaufen konnte. Aber offenbar tat es das. Er war ein Meister der Zahlen, sofern die Zahlen zugunsten von C. L. Webster ausfielen.

Zu Beginn, als die Subagenten ausgesucht wurden, übertrug er eines der besten Vertretergebiete im Westen einem ehemaligen Prediger, einem berufsmäßigen Anhänger der Erweckungsbewegung, den Gott wegen der einen oder anderen Betrügerei, die von ebendiesem Staat begangen worden war, nach Iowa verpflanzt hatte. Die anderen Agenturanwärter rieten Webster, sich von diesem Mann fernzuhalten, und versicherten ihm, dass nicht einmal Whitfords Scharfsinn oder der eines anderen die angeborene Neigung dieses Erweckungspredigers zum Diebstahl besiegen könne. Ihre Überredungskünste liefen ins Leere. Webster vertraute ihm die Vertretung an. Wir belieferten ihn mit den Büchern. Er betrieb einen blühenden Handel. Er sammelte eine Bruttosumme von sechsunddreißigtausend Dollar ein, und Webster erhielt davon nicht einen Cent.

Es erstaunt mich nicht sonderlich, dass Mrs. Grant eine halbe Million Dollar an dem Buch verdient hat. Verwunderlich ist vielmehr, dass es sie nicht in Schulden stürzte. Es war ihr Glück, dass wir nur einen Webster hatten. Es war ein für mich ungewöhnliches Versehen, dass ich nicht nach einem zweiten Ausschau hielt.

Ich will versuchen, diese schmerzliche Angelegenheit abzuschließen. Was Webster Tag und Nacht Gift und Galle speien ließ, war der erschwerende Umstand, dass, obwohl er, Charles L. Webster, der große Verleger war – der größte aller Verleger – und mein Name als Inhaber der Firma mit keiner Silbe erwähnt wurde, die Öffentlichkeit darauf beharrte, mich als das Wesen der Firma anzusehen und Webster als dessen Schatten. Jeder, der ein Buch veröffentlichen wollte, bot es mir an, nicht ihm. Ich akzeptierte mehrere ausgezeichnete Bücher, doch Webster lehnte sie alle ab, denn er hatte das Sagen. Bot hingegen jemand *ihm* ein Buch an, war er über dieses Kompliment so entzückt, dass er das Buch annahm, ohne es zu prüfen. Nie bekam er eines in die Finger, das seinen Lebensunterhalt selbst bestreiten konnte.

Joe Jefferson schrieb mir, um mir mitzuteilen, er habe seine Autobiographie verfasst und hätte mich gern als seinen Verleger. Natürlich wollte ich das Buch. Ich leitete seinen Brief an Webster weiter und bat ihn, sich der Sache anzunehmen. Webster lehnte das Buch nicht ab. Er ignorierte es einfach und kehrte die Sache unter den Teppich. Er akzeptierte und veröffentlichte zwei oder drei Kriegsbücher, die keinen Gewinn abwarfen. Er akzeptierte noch ein weiteres: schloss mit Agenturen Verträge, legte den Preis fest (dreieinhalb Dollar für den Leinenband) und sagte zu, das Buch zu einem bestimmten Datum zwei, drei Monate später auszuliefern. Eines Tages fuhr ich nach New York, suchte das Büro auf und verlangte das Buch zu sehen. Ich fragte Webster, wie viele tausend Wörter es umfasse. Er sagte, das wisse er nicht. Ich bat ihn, die Wörter zu zählen oder wenigstens grob zu schätzen. Er tat es. Ich sagte:

»Für diesen Preis und dieses Format enthält es nicht genügend Wörter, es fehlen vier Fünftel. Sie müssen es mit einem Ziegelstein beschweren. Wir müssen sofort eine Ziegelei gründen, denn es ist viel billiger, die Ziegel selbst herzustellen, als sie auf dem Markt zu kaufen.«

Das versetzte ihn in Zorn. Noch die kleinste Bemerkung dieser Art hätte dieselbe Wirkung getan. Er war eine der empfindlichsten Kreaturen, die mir je unter die Augen gekommen ist, wenn man die Beschaffenheit des Materials bedenkt, aus dem er gemacht war.

Er hatte mehrere Bücher am Wickel – wertlose Bücher, die er akzeptiert hatte, weil sie ihm und nicht mir angeboten worden waren –, und ich fand heraus, dass er nicht bei einem die Wörter gezählt hatte. Er hatte sie ohne jede Prüfung angenommen. Webster war ein guter Generalagent, aber vom Verlagsgeschäft verstand er nichts und war außerstande, irgendetwas darüber zu lernen. Nicht viel später fand ich heraus, dass er eingewilligt hatte, Henry Ward Beechers *Leben Jesu* wieder zum Leben zu erwecken. Ich legte ihm nahe, dass er sich lieber an Lazarus hätte versuchen sollen, denn das sei schon einmal versucht worden und wir wüssten, dass es machbar ist. Wieder war er außer sich. Er war zweifellos die empfindlichste Kreatur, die je gelebt hat, wenn man seine Machart bedenkt. Außerdem hatte er Mr. Beecher, der damals nicht eben in gedeihlichen Umständen lebte, einen Vorschuss in Höhe von fünftausend Dollar auf künftige Tantiemen gezahlt. Mr. Beecher sollte das Buch überarbeiten – oder vielmehr vollenden, glaube ich. Ich glaube, er hatte gerade den ersten der beiden Bände, aus denen es bestehen sollte, abgeschlossen, als jener ruinöse Skandal ausbrach und dem Unternehmen die Luft abschnürte. Ich glaube, der zweite Band war noch nicht geschrieben worden, und Mr. Beecher schickte sich jetzt an, ihn niederzuschreiben. Falls es ihm nicht gelingen würde, das Unterfangen innerhalb einer bestimmten Frist zu bewerkstelligen, sollte er das Geld zurückerstatten. Es gelang ihm nicht, und schließlich wurde das Geld zurückerstattet.

Webster hielt eines meiner Bücher, *Ein Yankee an König Artus' Hof*, so lange wie möglich zurück, und am Ende brachte er es derart verstohlen heraus, dass es zwei oder drei Jahre dauerte, bis man herausfand, dass ein solches Buch überhaupt existierte. Eine von Howells und mir zusammengestellte Anthologie *Bibliothek des Humors* unterdrückte er auf gleiche Weise und veröffentlichte sie schließlich so klammheimlich, dass ich bezweifle, ob irgendjemand in Amerika je herausgefunden hat, dass ein solches Buch überhaupt existierte.

William M. Laffan erzählte mir, dass Mr. Walters aus Baltimore einen Prachtband herauszubringen gedenke, der in allen Einzelheiten seine fürstliche Kunstsammlung illustrieren solle; dass er für die Anfertigung der Illustrationen die besten Künstler aus Paris heranziehen werde; dass er das Buch selbst herstellen und dafür sorgen wolle, dass es genau seinem Geschmack entspreche; dass er eine Viertelmillion Dollar dafür aufzuwenden beabsichtige; dass er es zu einem hohen Preis anzubieten gedenke – zu einem Preis, der der kostbaren Ausstattung angemessen wäre – und dass er nicht einen Penny vom Erlös verlange. Der Verleger habe nichts weiter zu tun, als das Buch zu vertreiben und den ganzen Gewinn einzustreichen. Laffan sagte:

»Sehen Sie, Mark, daran können Sie mühelos ein Vermögen verdienen, und das ohne Risiko oder Kosten.«

Ich sagte, ich würde Webster unverzüglich nach Baltimore schicken. Das versuchte ich auch, aber ohne Erfolg. Webster befasste sich in keinster Weise mit der Angelegenheit. Hätte Mr. Walters einen abgelegten Hund veröffentlichen wollen, hätte er sich nur an Webster wenden müssen. Webster hätte keine Anstrengung gescheut, um nach Baltimore zu fahren und diesen Hund zu konfiszieren. Aber Mr. Walters hatte sich an den falschen Mann gewandt. Websters Stolz war verletzt, und er würdigte Mr. Walters' Buch keines Blickes. Webster besaß ungeheuren Stolz, doch an anderen Talenten mangelte es ihm.

Webster war Opfer einer grausamen Kopfneuralgie. Seine Schmerzen linderte er mit dem neuen deutschen Medikament Phenacetin. Die Ärzte schränkten die Dosis ein, doch Webster fand einen Weg, sich das Medikament in ausreichender Menge zu verschaffen: Dank unserer freiheitlichen Einrichtungen kann sich jeder, der es will und bereit ist, den Preis zu zahlen, selbst vergiften. Webster nahm das Medikament mit zunehmender Häufigkeit und in immer größeren Mengen ein. Es benebelte ihn, und er lief umher wie ein Traumwandler. Er hörte auf, regelmäßig ins Büro zu kommen, und wenn er in großen Abständen erschien, machte er seine Autorität mit ziemlicher Sicherheit auf eine Weise geltend, die für die Firma schädlich war. In einem solchen Zustand war er für seine Handlungen nicht verantwortlich zu machen.

Etwas musste geschehen. Whitford erklärte, es gebe keine andere Möglichkeit, dieses gefährliche Element loszuwerden, als Webster abzufinden. Aber womit sollte er abgefunden werden? Webster hatte alles, was ihm an Geld zustand, immer sofort kassiert. Meinen Anteil am Erlös des Buches – hunderttausend Dollar – hatte er längst verschleudert. Die Firma röchelte, lag im Sterben. Insgesamt war sie nicht einmal mehr anderthalb Dollar wert. Was also wäre ein fairer Preis, um einen Anteil von zehn Prozent an der Firma auszuzahlen? Nach eingehender Konsultation und eingehender Korrespondenz stellte sich heraus, dass Webster bereit war, sich mit zwölftausend Dollar zu begnügen und auszuscheiden. Ich stellte den Scheck aus.

Websters Stellvertreter und Geschäftsleiter war seit geraumer Zeit ein junger Bursche namens Frederick J. Hall, ein weiterer Import aus Dunkirk. Alle unsere Talente bezogen wir von jenem Gestüt in Dunkirk. Der arme Hall meinte es gut, aber für diese Position war er völlig ungeeignet. Eine Zeitlang füllte er sie mit der heroischen Hoffnungsfreude der Jugend aus, doch es gab da ein Hindernis, das ihm früher oder später eine Niederlage bereiten musste, und zwar dieses:

Mehrere Jahre zuvor hatte Stedman, der Dichter, ein Sammelwerk namens *Die Bibliothek der amerikanischen Literatur* konzipiert – neun oder zehn Oktavbände. Ein Verleger in Cincinnati hatte versucht, der »Bibliothek« zum Erfolg zu verhelfen. Sie hatte den Verleger samt Familie und allem Drum und Dran verschlungen. Hätte Stedman das Buch mir angeboten, hätte ich sagen müssen:

»Selbst wenn wir das Buch auf Subskriptionsbasis und in Fortsetzungen veröffentlichen – bei Tantiemen über 4 Prozent gibt das Buch für uns nichts her, in Wirklichkeit würde uns das Wasser bei Tantiemen gleich welcher Höhe bis zum Halse stehen, denn ein solches Buch erfordert ein Barkapital von mehreren hunderttausend Dollar, und über die verfügen wir nicht.«

Doch Stedman brachte das Buch nicht zu mir. Er brachte es zu Webster. Webster fühlte sich geschmeichelt und war begeistert. Er akzeptierte das Buch gegen 8 Prozent Tantiemen und stellte damit den schleichenden Selbstmord von Charles L. Webster & Company sicher. Zwei, drei Jahre lang schleppten wir uns mit dieser tödlichen Last dahin. Nach Websters Ausscheiden schleppte sich der arme kleine Hall mit ihr dahin und erhielt die Möglichkeit, bei einer Bank, in der Whitford einer der Direktoren war, Geld zu leihen – Geld zu leihen gegen Schuldverschreibungen, die ich indossiert hatte und von Zeit zu Zeit erneuerte. Diese Schuldverschreibungen wurden mir zur Erneuerung nach Italien geschickt. Ich indossierte sie, ohne sie zu prüfen, und schickte sie zurück. Schließlich fand ich heraus, dass die Kredite ohne meine Kenntnis oder Billigung aufgestockt worden waren. Allmählich wurde ich unruhig. Ich schrieb in dieser Sache an Mr. Hall und sagte, ich hätte gern einen erschöpfenden Bericht über den Zustand der Firma. Mit der nächsten Post traf dieser erschöpfende Bericht ein, und es hatte den Anschein, dass die Vermögenswerte der Firma ihre Verbindlichkeiten um zweiundneunzigtausend Dollar überstiegen. Da fühlte ich mich besser. Aber es bestand überhaupt kein Anlass, sich besser zu fühlen, denn der Bericht hätte andersherum gelesen werden müssen. Bald schrieb mir der arme Hall, dass wir mehr Geld benötigten, und zwar auf der Stelle, oder die Firma würde bankrottgehen.

Ich nahm das Schiff nach New York. Ich gab vierundzwanzigtausend Dollar, die ich mit der Schreibfeder verdient hatte, in die Kasse. Ich sah mich um, wo wir Geld leihen könnten. Es tat sich nirgends eine Möglichkeit auf. Wir befanden uns mitten in der schrecklichen Panik von 93. Ich fuhr nach Hartford, um Geld zu leihen – konnte keinen Penny leihen. Ich erbot mich, gegen jedes noch so kleine Darlehen Haus, Grundstück und Mobiliar zu verpfänden. Unser Anwesen hatte hundertsiebenundsechzigtausend Dollar gekostet und schien für ein kleines Darlehen geeignet. Henry Robinson sagte:

»Clemens, ich gebe Ihnen mein Wort, dieses Anwesen können Sie für keine dreitausend Dollar beleihen.«

Nun gut, ich wusste, dass, wenn es sich so verhielt, ich nicht einmal einen Korb voller Staatsobligationen würde beleihen können. Webster & Company machte Bankrott. Die Firma schuldete mir rund sechzigtausend Dollar geliehenes Geld. Sie schuldete Mrs. Clemens fünfundsechzigtausend Dollar geliehenes Geld. Und sie schuldete sechsundneunzig Gläubigern jeweils durchschnittlich tausend Dollar oder so. Die Panik hatte Mrs. Clemens' Einkünfte versiegen lassen. Sie hatte meine Einkünfte aus meinen Büchern versiegen lassen. Auf der Bank hatten wir nur noch neuntausend Dollar. Wir besaßen nicht einen Penny, mit dem wir Websters Gläubiger hätten auszahlen können. Henry Robinson sagte:

»Übereignen Sie alles, was Webster & Company gehört, den Gläubigern und bitten Sie sie, es gegen einen Schuldenerlass zu akzeptieren. Die werden annehmen. Sie werden sehen, die werden annehmen. Denn die wissen, dass Sie für diese Schulden nicht persönlich verantwortlich sind, sondern dass die Verantwortung bei der Firma als Firma liegt.«

Von diesem Weg aus den Schwierigkeiten hielt ich nicht viel, und als ich Mrs. Clemens Bericht erstattete, wollte sie davon nichts wissen. Sie sagte:

»Das ist mein Haus. Die Gläubiger sollen es haben. Deine Bücher sind dein Eigentum – überlass sie den Gläubigern. Reduziere die Schuldenlast auf jede erdenkliche Weise – dann geh ans Werk und verdiene den Rest der Schuldenlast, wenn du mit heiler Haut davonkommst. Und hab keine Angst. Für jeden Dollar werden wir hundert Cent zurückzahlen.«

Das war eine vernünftige Vorhersage. Etwa um diese Zeit schaltete sich Mr. Rogers ein und predigte zu den Gläubigern. Er sagte, Mrs. Clemens' Haus könnten sie nicht haben – sie müsse bevorrechtigte Gläubigerin sein und werde auf Websters Schuldverschreibungen in Höhe von fünfundsechzigtausend Dollar verzichten, Geld, das er von ihr geliehen hatte. Er sagte, auch meine Bücher könnten sie nicht haben; dass diese nicht zur Vermögensmasse von Webster & Company zählten; dass die Gläubiger alles haben könnten, was Webster & Company gehöre; dass ich die sechzigtausend Dollar, die ich der Firma geliehen hatte, verloren geben und es mir zur Aufgabe machen würde, mir Websters restliche Schuldenlast zu verdienen und nach Möglichkeit für jeden Dollar hundert Cent zurückzahlen – das dürfe jedoch nicht als Versprechen gewertet werden. In einem Gespräch mit Mr. Rogers und zwei Anwälten sagte einer der Männer in jenen Tagen:

»Von den Männern, die sich mit achtundfünfzig finanziell ruinieren, erholen sich nicht einmal fünf Prozent.« Ein anderer sagte voller Begeisterung: »Fünf Prozent? Nicht einer erholt sich.« Mir wurde speiübel.

1894 Ich glaube, das war 94 – vielleicht war es aber auch Anfang 95. Wie auch immer, am 15. Juli 1895 traten Mrs. Clemens, Clara und ich unseren Vortrags-
1895 raubzug um die Welt an. Dreizehn Monate lange hielten wir Vorträge, raubten und plünderten. Ich schrieb ein Buch und veröffentlichte es. Das Geld aus dem Buch und das aus den Vorträgen schickte ich, kaum dass wir es erbeutet hatten, an Mr. Rogers. Er hinterlegte es bei einer Bank und bewahrte es für die Gläubiger auf. Wir beschworen ihn, die kleineren Gläubiger sofort auszuzahlen, da sie auf das Geld angewiesen seien, er aber weigerte sich. Er sagte, erst wenn ich die Welt vollständig ausgenommen hätte, würde er die Erträge nehmen und sie anteilig unter Websters Gläubigern verteilen.

1898 Ende 98 oder Anfang 99 telegraphierte mir Mr. Rogers nach Wien: »Sämtliche Gläubiger haben für jeden Dollar hundert Cent erhalten. Achtzehntausendfünfhundert Dollar sind übrig. Was soll ich damit tun?«

Ich antwortete: »Legen Sie sie bei der Federal Steel Company an« – was er, abgesehen von tausend Dollar, tat. Zwei Monate später zog er sie mit einem Gewinn von 125 Prozent wieder ab.

Na bitte – Gott sei Dank! Hundertmal habe ich versucht, diese unerträgliche Geschichte mit der Feder niederzuschreiben, und es nie zuwege gebracht. Mir wurde immer übel, bevor ich auch nur bei der Hälfte angelangt war. Aber diesmal habe ich nicht lockergelassen, bin bis zum Ende durchgekommen und hab's mir von der Seele geredet, und ich hoffe, nie wieder etwas davon zu hören.

Es wäre nicht aufrichtig, wenn ich so täte, als hätten die Spekulationen, von
1886 denen ich neulich sprach, meine Spekulantenkarriere beendet. 1886 und in den folgenden vier Jahren, während Webster in meinem finanziellen Nest hockte und mein Verderben ausbrütete, unterstützte ich seine Arbeit von mei-

nem Ende in Hartford. Ich traf mit einem Nachkommen von Judas Ischariot namens J. W. Paige, einem geborenen Lügner und Dieb, die Vereinbarung, dass er eine Setzmaschine bauen sollte, für die ich das Geld zur Verfügung stellen würde. Aber wir wollen uns nicht damit aufhalten. Die Maschine war ein Fehlschlag. Es war eine schöne Maschine – die wunderbarste Schöpfung, die je dem Hirn eines Menschen entsprungen ist. Sie steht in der Cornell University, ein Denkmal menschlicher Erfindungsgabe und Dummheit – der Erfindungsgabe von Paige und der Dummheit von mir. Ich wendete hundertsiebzigtausend Dollar für sie auf. Mehr als zwei Drittel davon kamen aus Mrs. Clemens' Tasche. Wir haben es überlebt –

Montag, 4. Juni 1906

Morgen vor zwei Jahren starb Mrs. Clemens – Mrs. Clemens' Krankheit
und die Reise um die Welt – Das Haus in der West 10th Street und
Mrs. Clemens' Überforderung – Drei Monate in den Adirondacks –
Haus in York Harbor – Fahrt dorthin auf Mr. Rogers' Yacht –
Mrs. Clemens' Angst vor Herzbeschwerden – Howells' Besuch und
die seltsame Geschichte, die er erzählte

Morgen ist der 5. Juni, ein Tag, der die Katastrophe meines Lebens markiert – den Tod meiner Frau. Er ereignete sich vor zwei Jahren in Florenz, Italien, wohin wir sie in der Hoffnung gebracht hatten, ihre angegriffene Gesundheit wiederherstellen zu können.

Das Diktieren dieser Autobiographie, Anfang 1904 in Florenz begonnen, wurde wegen der damaligen Sorgen bald unterbrochen, und bis Januar 1906 fühlte ich mich nie veranlasst, die Arbeit wiederaufzunehmen, da ich nicht wusste, wie ich mich je dazu durchringen sollte, über die Einzelheiten der traurigen Ereignisse und Erfahrungen jener hoffnungslosen Phase und der zweiundzwanzig Monate zermürbender Qual, die ihr vorausgegangen waren, zu sprechen. Ich möchte diese Kluft jetzt mit einer knappen Skizze überbrücken. Mehr traue ich mir noch nicht zu.

Mrs. Clemens war nie kräftig gewesen, und eine dreizehnmonatige Reise um

1904
1906

die Welt schien ein zweifelhaftes Experiment für eine Konstitution wie die ihre
1895   zu sein, aber es stellte sich als ungefährlich heraus. Als wir am 15. Juli 1895 in
Elmira den Zug in Richtung Westen nahmen, fuhren wir durch glühende
Sommerhitze und bald darauf durch Sommerhitze mit der zusätzlichen Hitze
brennender Wälder. Und das dreiundzwanzig Tage lang – denn allabendlich
hielt ich Vorträge. Trotz dieser beschwerlichen Umstände war Mrs. Clemens,
als sie Vancouver erreichte, bei ebenso guter Gesundheit wie zu Beginn der
Reise. Von jenem Tag an schien sich ihre Gesundheit sogar zu bessern, obwohl
der Sommer ohne Unterbrechung weitere fünf Monate anhielt. Auf den Sandwichinseln war Sommer. Wir erreichten Sydney, Australien, vierunddreißig
Grad südlich des Äquators, im Oktober, als der australische Sommer gerade
richtig in Fahrt kam. Während unseres gesamten Aufenthalts in Australien,
Neuseeland und Tasmanien war Sommer. Als wir am 1. Januar 96 von Mel-
bourne aus in See stachen, war noch immer Sommer. Natürlich war auch in
Ceylon glühender Sommer, wie sollte es anders sein. Als wir im Januar Bombay
erreichten, nahmen die englischen Bewohner der Stadt an, es herrsche Winter,
wir aber konnten nicht feststellen, dass sich unser Klima seit der Abreise aus
Elmira Mitte Juli irgendwann einmal verändert hätte. Für uns herrschte in ganz
Indien Sommer, bis uns ein englischer Arzt in Jeypore am 17. März riet, nach
Kalkutta zu fliehen und unverzüglich aus Indien abzureisen, da jederzeit die
Warmwetterperiode hereinbrechen und uns gefährlich werden könne. So ka-
men wir in dem »kalten Wetter«, wie man es dort nannte, von Rawalpindi bis
Kalkutta vor Hitze fast um und nahmen ein Schiff nach Südafrika – und noch
immer verbesserte sich Mrs. Clemens' Gesundheitszustand stetig. Sie und Clara
begleiteten mich auf meiner Vortragstournee durch ganz Südafrika, außer nach
Pretoria, und nicht einen Tag war sie krank.

1896   Am 14. Juli 96 beendeten wir schließlich unseren Vortragsraubzug, brachen
anderntags nach England auf und landeten am 31. in Southampton. Mrs. Clemens und Clara reisten vierzehn Tage später nach Hause, um Susy zu pflegen,
deren Erkrankung uns gemeldet worden war, und fanden sie in ihrem Sarg im
Haus der Großmutter vor.

Bald darauf stieß die kleiner gewordene Familie in England wieder zu mir.
1900   Bis Oktober 1900 lebten wir in London, in der Schweiz, in Wien, in Schweden

und wieder in London. Und als wir uns nach Hause einschifften, war Mrs. Clemens gesundheitlich und kräftemäßig in besserer Verfassung, als sie seit dem Alter von sechzehn Jahren und dem Unfall, den ich in einem früheren Kapitel erwähnt habe, jemals gewesen war.

Für ein Jahr mieteten wir die Nr. 14 West 10th Street in der Nähe der Fifth Avenue, und dort begann die Überforderung ihrer Kräfte. Das Haus war groß, die Haushaltsführung – wie immer in New York – Schwerarbeit, sie aber wollte keine Haushälterin. Seit dem Tag unserer Hochzeit hatte sie sich allen meinen diesbezüglichen Überredungsversuchen widersetzt, und zwar mit Erfolg. Auch das gesellige Leben stellte eine erhebliche Belastung für sie dar. In dem Getriebe, Gewoge und Getümmel der New Yorker Wintersaison wuchs meine Korrespondenz über unsere Kräfte, über meine und die meiner Sekretärin, und ich kam dahinter, dass Mrs. Clemens versuchte, uns die Bürde zu erleichtern. Eines Tages schrieb ich eigenhändig zweiunddreißig kurze Briefe, um dann zu meiner Bestürzung festzustellen, dass Mrs. Clemens dieselbe Anzahl geschrieben hatte. Sie hatte diese Arbeit ihren anderen Arbeiten hinzugefügt, die schon zu viel für sie waren.

Im folgenden Juni begann diese Art von Leben, nach neuneinhalb Jahren eines beschaulichen und unangestrengten Lebens in Europa, Wirkung zu zeigen. Drei Monate Ruhe und Abgeschiedenheit in den Adirondacks taten ihr offensichtlich gut. Dann bezogen wir ein Haus in Riverdale-on-the-Hudson. Es war ein großes Haus, und wieder war die Haushaltsführung eine schwere Last. Anfang 1902 drohte ihr ein Nervenzusammenbruch, doch schon bald schien die Gefahr gebannt.

Ende Juni nahmen wir uns für den Sommer ein möbliertes Haus am Rande von York Harbor. Mr. Rogers kam mit der *Kanawha*, der schnellsten Dampfyacht in amerikanischen Gewässern, warf Anker und sandte das Beiboot an unsere Uferpromenade, und Mrs. Clemens, Jean und ich gingen hinunter, um einzusteigen. Da stellte ich fest, dass Mrs. Clemens nicht beabsichtigte, einen Bediensteten mitzunehmen, weil sie befürchtete, Mr. Rogers damit Unannehmlichkeiten zu machen und ihm zur Last zu fallen. Es war ein Jammer. Sie hätte das ganze Schiff und ein großes Willkommen haben können. Jean war bei schlechter Gesundheit und benötigte viel Aufmerksamkeit. Diese Aufgabe würde Mrs. Clemens zufallen. Mein Beitrag würde dumm und stümperhaft ausfallen und völlig ohne Nutzen sein. Es war zu spät. Sie hatte angeordnet, den gesamten Haushalt und alles Gepäck mit dem Zug nach York Harbor zu schaffen.

Es war herrliches Wetter, und wir sausten wie ein Vogel über das glitzernde Meer, jagten alle Schiffe in Sichtweite und ließen eins nach dem andern hinter uns. Aber derlei Freuden waren Mrs. Clemens nicht vergönnt. Sie musste unter Deck bleiben und sich um Jean kümmern. Bei Einbruch der Nacht suchten wir im Hafen von New London Zuflucht vor einem Unwetter. Mrs. Clemens fand wegen Jean kaum Ruhe noch Schlaf. Am nächsten Morgen fuhren wir nach Fairhaven. Das wäre für Mrs. Clemens die Gelegenheit gewesen, sich zwei, drei Stunden an Bord der Yacht auszuruhen, während wir anderen an Land gingen und Mr. Rogers' Familie auf ihrem Landsitz besuchten. Aber sie zog es vor, mit an Land zu gehen. So schwächte sie sich auf vielerlei Weise. Sie trieb die Ermattung weiter voran, indem sie Jean für den Rest der Fahrt nach York Harbor pflegte.

Wieder einmal bot sich eine Gelegenheit, auszuruhen, aber sie wollte sich nicht ausruhen. Sie konnte sich nicht ausruhen. Sie war nicht dazu bestimmt, sich auszuruhen. In einem Körper aus Fleisch hatte sie den Geist einer Dampfmaschine. Dieser folterte den Körper mit seiner unermüdlichen Energie; stets verlangte er ihm Arbeiten ab, die über seine Kräfte gingen. Bald fing sie an, sich Sorgen um ihr Herz zu machen. Zwölf Jahre zuvor hatten zwei renommierte Hartforder Ärzte sie in die Bäder von Aix-les-Bains geschickt und ihr gesagt, wenn sie auf sich achte, habe sie noch zwei Jahre zu leben. Zwei Ärzte in Aix-les-Bains hatten ihr gesagt, wenn sie auf sich achte, habe sie noch länger zu leben. Angesehene Ärzte in Rom, Florenz und Berlin hatten ihr die üblichen zwei Jahre gegeben – und in Bad Nauheim (Deutschland) hatte der Arzt, der im offiziellen Verzeichnis der hier zugelassenen Ärzte an letzter Stelle rangierte, Mrs. Clemens untersucht und mir gesagt, dass ihr nichts Ernsthaftes fehle und sie noch viele Jahre zu leben habe. Ich war erzürnt. Ich war empört, dass dieser ignorante Lehrling mit Menschenleben spielen durfte, beglich die Rechnung und entließ ihn auf der Stelle ohne Weiterempfehlung. Dabei war er der einzige Arzt unter diesem Dutzend, dessen Prognose etwas taugte. Als wir uns in York

Harbor niederließen, hatte Mrs. Clemens alle anderen Prognosen um elf Jahre überlebt.

Aber wie gesagt, Anfang Juli in York Harbor machte sie sich Sorgen wegen ihres Herzens. Ihre Unruhe nahm rasch zu. Innerhalb von vierzehn Tagen begann sie sich vor Spazierfahrten zu fürchten. Alles, was einer schnellen Bewegung nahekam, machte ihr Angst. Sie fürchtete sich vor dem leichtesten Gefälle, selbst wenn es im sommerlichen Dämmerlicht kaum auszumachen war. Nicht nur flehte sie den Kutscher an, seine Pferde diese niedrigen, kaum merklichen Hügel nur im Schritt hinunterzuführen, sie behielt ihn voller Angst und Verzweiflung im Auge, und wenn die Pferde auch nur für einen Moment in Trab verfielen, krallte sie sich in einer Ekstase der Angst an mich auf der einen Seite und an die Kutsche auf der anderen. So ging es den ganzen Juli hindurch.

Jetzt kommt etwas Seltsames. Howells lebte in Kittery Point, eine Dreiviertelstunde mit der Straßenbahn entfernt, und eines Tages im Juli oder Anfang August stattete er uns seinen zweiten Besuch ab. Es war Nachmittag, Mrs. Clemens' Ruhezeit. Sie war oben auf ihrem Zimmer. Howells und ich saßen auf der dem Fluss zugewandten Veranda und plauderten, und bald kam er auf eine mitleiderregende Episode im Leben einer Freundin zu sprechen, die in ein oder zwei ihrer bewegendsten Aspekte in Mrs. Clemens' Fall schon bald eine sonderbare Verdoppelung finden sollte.

Während er an jenem Nachmittag so dasaß und die seltsame Geschichte erzählte, vermutete keiner von uns beiden, dass sie prophetisch war, aber genau das war sie.

Ich schrieb sie sogleich in Form einer Erzählung nieder – natürlich unter Verwendung fiktiver Namen – und schickte sie an *Harper's Monthly*. Ich füge sie hier ein.

War es der Himmel? Oder die Hölle?

I

»Du hast *gelogen*?«

»Du gibst es zu – du gibst es tatsächlich zu – du hast gelogen!«

II

Die Familie bestand aus vier Personen: Margaret Lester, Witwe, sechsunddreißig Jahre alt; Helen Lester, ihre Tochter, sechzehn Jahre alt; Mrs. Lesters unver-
heiratete Tanten Hannah und Hester Gray, Zwillinge, siebenundsechzig Jahre
alt. Die drei Frauen verbrachten ihre Tage und Nächte, ob wachend oder schlafend, damit, das junge Mädchen zu vergöttern; die Regungen ihres lieblichen
Geistes im Spiegel ihres Gesichts zu beobachten; ihre Seelen am Anblick ihrer
blühenden Schönheit zu laben; der Musik ihrer Stimme zu lauschen; dankbar
anzuerkennen, wie reich und schön die Welt dank ihrer Gegenwart für sie war;
zu schaudern bei dem Gedanken, wie trostlos die Welt wäre, sobald dieses Licht
erlöschen würde.

Von Natur aus – und in ihrem tiefsten Innern – waren die betagten Tanten
äußerst reizend und liebenswert und gut, doch in Fragen der Moral und des
Benimms war ihre eigene Erziehung so überaus streng gewesen, dass sie eine
harte Schale hatten, um nicht zu sagen, unnachsichtig waren. Ihr Einfluss tat
im Haus seine Wirkung, und zwar so nachhaltig, dass sich Mutter und Tochter
den moralischen und religiösen Anforderungen heiter, zufrieden, glücklich und
widerspruchslos fügten. Sie waren ihnen zur zweiten Natur geworden. Und so
gab es in diesem friedlichen Himmel keine Zusammenstöße, keine Irritatio-
nen, keine Nörgeleien, kein Sodbrennen.

Da war für eine Lüge kein Platz. Da war eine Lüge undenkbar. Da war alles
Reden auf absolute Wahrheiten, eherne Wahrheiten, unerbittliche und un-
nachgiebige Wahrheiten beschränkt, was für Folgen es auch mit sich bringen
würde. Eines Tages schließlich, von den Umständen getrieben, besudelte der
Liebling des Hauses seine Lippen mit einer Lüge – und gestand diese unter
Tränen und Selbstvorwürfen ein. Die Bestürzung der Tanten lässt sich mit
Worten nicht beschreiben. Es war, als wäre der Himmel krachend eingefallen
und die Erde mit Getöse ins Verderben gestürzt. Sie saßen nebeneinander, kreidebleich und unnachgiebig, starrten sprachlos die Missetäterin an, die vor ihnen kniete, das Gesicht erst in den einen Schoß, dann in den anderen vergrub,
stöhnend und schluchzend um Mitgefühl und Vergebung flehte, ohne eine
Antwort zu erhalten, demütig erst die Hand der einen, dann die der anderen

küsste und doch erleben musste, dass diese Hände zurückgezogen wurden, da die verunreinigten Lippen sie entweihen würden.

Zweimal fragte Tante Hester stockend und in starrem Erstaunen:

»Du hast *gelogen*?«

Zweimal folgte Tante Hannah stockend mit dem gemurmelten und verwunderten Ausruf:

»Du gibst es zu – du gibst es tatsächlich zu – du hast gelogen!«

Mehr brachten sie nicht über die Lippen. Die Situation war neu, beispiellos, unglaublich; sie konnten es nicht begreifen, sie wussten nicht, wie sie damit umgehen sollten, es lähmte ihnen fast die Zunge.

Endlich wurde entschieden, dass das sündige Kind der Mutter vorzuführen sei, die krank war und unbedingt wissen musste, was sich zugetragen hatte. Helen bat, bettelte, flehte, ihr selbst diese weitere Schmach und ihrer Mutter den Schmerz und Kummer zu ersparen; aber das ging nicht an: Die Pflicht forderte diesen Tribut, die Pflicht hatte Vorrang vor allem anderen, nichts konnte einen von einer Pflicht entbinden, bei einer Pflicht gab es keinen Kompromiss.

Helen bettelte noch immer und sagte, die Sünde sei die ihre, die Mutter habe nichts damit zu tun – warum dann sollte diese dafür büßen?

Aber die Tanten beharrten auf ihrer Selbstgerechtigkeit und sagten, es sei nur recht und billig, das Gesetz, nach dem das Kind von den Sünden der Eltern heimgesucht werde, umzukehren; folglich sei es nur richtig, dass die unschuldige Mutter eines sündigen Kindes ihren rechtmäßigen Anteil an dem Kummer, dem Schmerz und der Schmach leide, was der zugeteilte Lohn der Sünde sei.

Die drei gingen in Richtung des Krankenzimmers.

Zu diesem Zeitpunkt näherte sich der Arzt dem Haus, war aber noch ein gutes Stück entfernt. Es war ein guter Arzt und ein guter Mensch, und er hatte ein gutes Herz, aber man musste ihn ein Jahr kennen, um die Abscheu vor ihm zu überwinden, zwei Jahre, um ihn ertragen zu lernen, drei, um ihn schätzen zu lernen, und vier oder fünf, um ihn lieben zu lernen. Es war ein langsamer und anstrengender Prozess, aber er zahlte sich aus. Er war von großer Gestalt; er hatte einen Löwenkopf, ein Löwengesicht, eine raue Stimme und ein Auge, das je nach Stimmung bald das eines Piraten, bald das einer Frau war. Von Etikette verstand er nichts und gab nichts auf sie; in Redeweise, Auftreten, Haltung und Benehmen war er das Gegenteil aller Konvention. Er war aufs äußerste freimütig; zu jedem Thema hatte er eine Meinung, die jederzeit verfügbar und abrufbereit war, und er scherte sich keinen Deut darum, ob sie seinen Zuhörern gefiel oder nicht. Die er liebte, liebte er, und er bekundete es offen; die er nicht liebte, hasste er, und er schrie es von den Dächern. In seinen jungen Tagen war er Matrose gewesen, und die Salzluft der Weltmeere umwehte ihn noch immer. Er war ein standhafter, treuer Christ und glaubte, der beste im Lande zu sein und der einzige, dessen Christentum vollkommen intakt, gesund, durch und durch vernünftig war und keine modrigen Stellen aufwies. Leute, die ein Hühnchen mit ihm zu rupfen hatten, oder solche, die sich aus irgendeinem Grund bei ihm lieb Kind machen wollten, nannten ihn »Der Christ« – ein Ausdruck, dessen zarte Schmeichelei wie Musik in seinen Ohren klang und dessen großes D ihm ein so bezaubernder und lebhafter Gegenstand war, dass er ihn, wenn er einer Person aus dem Mund fiel, noch bei Dunkelheit sehen konnte. Viele, die ihn mochten, malträtierten ihr Gewissen und redeten ihn schamlos und gewohnheitsmäßig mit diesem großen Titel an, da ihnen alles Vergnügen bereitete, was ihm Vergnügen bereitete; der ausgedehnte und sorgfältig kultivierte Kreis seiner Feinde wiederum vergoldete den Titel mit eifriger und herzlicher Bosheit, schmückte ihn aus und erweiterte ihn zu »Der *Einzige* Christ«. Von diesen beiden Titeln genoss letzterer die weitere Verbreitung; dafür sorgten die Feinde, die in großer Überzahl waren. Was immer der Arzt glaubte, glaubte er von ganzem Herzen, und er hätte dafür gekämpft, wo immer sich eine Gelegenheit bot; und wenn die Abstände zwischen den Gelegenheiten unangenehm groß wurden, fand er Mittel und Wege, sie zu verkürzen. Er war, seinen eher unabhängigen Gradmessern zufolge, überaus gewissenhaft, und was immer er als seine Pflicht ansah, erfüllte er, ganz gleich, ob das Urteil der professionellen Moralisten mit dem seinigen übereinstimmte oder nicht. In seinen jungen Tagen auf See hatte er freizügig Kraftausdrücke benutzt, doch kaum war er bekehrt, stellte er die Regel auf, an die er sich auch später immer strengstens hielt, sie niemals außer bei den seltensten Gelegenheiten zu verwenden und auch dann nur, wenn die Pflicht es gebot. Auf See war er ein schwerer Trinker gewe-

136

sen, doch nach seiner Bekehrung wurde er, um der Jugend als Vorbild zu dienen, entschiedener und unerschütterlicher Abstinenzler und trank fortan nur
noch selten; eigentlich nie, außer wenn er es für seine Pflicht hielt – eine Voraussetzung, die mitunter zweimal im Jahr eintrat, aber nie öfter als viermal.

Ein solcher Mann ist notwendigerweise leicht zu beeindrucken, impulsiv,
emotional. Dieser war es und verfügte nicht über die Gabe, seine Gefühle zu
verbergen; oder falls doch, so gab er sich keine Mühe, die Gabe zu nutzen. Das
in seiner Seele vorherrschende Wetter trug er im Gesicht, und wenn er ein
Zimmer betrat, wurden – bildlich gesprochen – je nach den Anzeichen die
Sonnen- oder die Regenschirme aufgespannt. War ein sanftes Licht in seinen
Augen, bedeutete es Billigung und brachte einen Segensspruch mit sich; trat er
mit einem missbilligenden Blick ein, senkte er die Temperatur um mehrere
Grade. In den Häusern seiner Freunde war er ein wohlgelittener Mann, biswei-
len aber auch ein gefürchteter.

Er hatte eine tiefe Zuneigung zum Haushalt der Lesters gefasst, und die verschiedenen Mitglieder erwiderten seine Gefühle mit Anteilnahme. Sie trauer-
ten über seine Spielart des Christentums, und er spottete unverhohlen über die
ihrige; die gegenseitige Zuneigung beider Parteien aber blieb davon unberührt.

Er näherte sich also dem Haus – aus der Ferne; die Tanten und die Missetäterin gingen in Richtung des Krankenzimmers.

III

Die drei Letztgenannten traten an das Bett; die Tanten streng, die Sünderin
leise schluchzend. Die Mutter drehte den Kopf auf dem Kissen herum; als ihre
müden Augen auf ihr Kind fielen, leuchteten sie vor Mitgefühl und leidenschaftlicher Mutterliebe sogleich auf, und sie öffnete ihm die Zuflucht und das
Obdach ihrer Arme.

»Warte!«, gebot Tante Hannah, streckte die Hand aus und hinderte das Mädchen, sich in die ausgebreiteten Arme zu werfen.

»Helen«, sagte die andere Tante eindringlich, »erzähl deiner Mutter alles.
Wasch deine Seele rein und lass nichts unausgesprochen.«

Gepeinigt und verzweifelt stand das junge Mädchen vor ihren Richterinnen und erzählte ihre traurige Geschichte bis zum bitteren Ende, dann rief sie beschwörend aus:

»Ach, Mutter, kannst du mir nicht vergeben? Willst du mir nicht vergeben? – Ich bin todunglücklich!«

»Dir vergeben, Liebling? Ach, komm in meine Arme! – Komm, leg deinen Kopf an meine Brust und finde Frieden. Und wenn du tausend Lügen erzählt hättest –«

Es gab ein Geräusch – eine Warnung – ein Räuspern. Die Tanten blickten auf und verdorrten in ihren Kleidern – da stand der Arzt, sein Gesicht eine Gewitterwolke. Mutter und Kind ahnten nichts von seiner Anwesenheit; sie lagen in enger Umarmung da, Herz an Herz, in unermessliche Zufriedenheit versunken, für alles andere unempfänglich. Der Doktor blieb lange stehen und betrachtete stechenden und düsteren Blickes die Szene vor seinen Augen; studierte sie, analysierte sie, suchte nach ihrem Ursprung; dann hob er die Hand und winkte die Tanten herbei. Zitternd traten sie zu ihm, blieben demütig vor ihm stehen und warteten. Er beugte sich vor und flüsterte:

»Habe ich Ihnen nicht gesagt, dass die Patientin von jeder Aufregung verschont werden muss? Was zum Teufel haben Sie getan? Alle raus hier!«

Sie gehorchten. Eine halbe Stunde später erschien er im Wohnzimmer, heiter, beschwingt, in Sonnenschein gehüllt, Helen an seiner Seite, den Arm um ihre Taille gelegt, liebkoste sie, sagte ihr sanfte und lustige Dinge; und auch sie war wieder ganz sie selbst, sonnig und glücklich.

»Nun denn«, sagte er, »auf Wiedersehen, Liebes. Geh auf dein Zimmer, halte dich von deiner Mutter fern und sei artig. Aber warte noch – streck deine Zunge heraus. So, das genügt – du bist kerngesund!« Er tätschelte ihre Wange und fügte hinzu: »Jetzt aber fort mit dir; ich möchte mit den Tanten reden.«

Sie ging von seinem Angesicht. Sogleich bewölkte sich sein Gesicht aufs Neue; und als er sich setzte, sagte er:

»Sie beide haben großen Schaden angerichtet – vielleicht aber auch etwas Gutes bewirkt. Etwas Gutes, ja – so wie die Dinge liegen. Diese Frau hat Typhus! Ich glaube, mit Ihren Albernheiten haben Sie die Krankheit ausbrechen lassen, und das ist ein Dienst – so wie die Dinge liegen. Vorher hatte ich nicht ermitteln können, um was für eine Krankheit es sich handelt.«

Dem gleichen Impuls gehorchend, sprangen die alten Damen vor Schreck bebend auf.

»Setzen Sie sich! Wo wollen Sie hin?«

»Wohin? Wir müssen zu ihr eilen. Wir –«

»Sie werden nichts dergleichen tun; für einen Tag haben Sie genug Schaden angerichtet. Wollen Sie etwa Ihren ganzen Vorrat an Verbrechen und Narreteien mit einem Mal aufbrauchen? Setzen Sie sich, sage ich. Ich habe dafür gesorgt, dass sie schläft; sie braucht Schlaf; wenn Sie sie ohne meine Anweisung stören, schlage ich Ihnen den Schädel ein – sollten Sie die Gerätschaften dafür dahaben.«

Sie setzten sich, bestürzt und entrüstet, aber gehorsam, wie unter Zwang. Er fuhr fort:

»Nun denn, ich wünsche in dieser Sache eine Erklärung. Die *beiden* wollten es mir erklären – als hätten sie nicht schon genug Emotionen und Erregung erlebt. Sie kannten meine Anweisungen; wie konnten Sie es wagen, daherzukommen und einen solchen Tumult zu veranstalten?«

Hester blickte inbrünstig zu Hannah; Hannah warf Hester einen flehentlichen Blick zu – keine wollte zur Musik dieses verständnislosen Orchesters tanzen. Der Arzt kam ihnen zu Hilfe. Er sagte:

»Fangen Sie an, Hester.«

Hester nestelte an den Fransen ihres Schultertuchs und sagte furchtsam und mit gesenktem Blick:

»Für eine gewöhnliche Angelegenheit hätten wir Ihre Anweisungen nicht missachtet, aber das hier war lebenswichtig. Es war unsere Pflicht. Wenn es sich um eine Pflicht handelt, hat man keine Wahl; man muss alle untergeordneten Überlegungen beiseiteschieben und seine Pflicht tun. Wir waren verpflichtet, sie ihrer Mutter vorzuführen. Sie hat eine Lüge erzählt.«

Der Arzt sah die Frau einen Moment lang finster an und versuchte offenbar, sich Verständnis für eine völlig unverständliche Äußerung abzuringen; dann brach es aus ihm heraus:

»Sie hat eine Lüge erzählt! *Wirklich?* Du meine Güte! Ich erzähle eine Million am Tag! Und so hält es jeder Arzt. Und übrigens halten es alle so – Sie eingeschlossen. Und *das* war die wichtige Begebenheit, die Sie dazu berechtigte, meine Anweisungen zu missachten und das Leben dieser Frau in Gefahr zu bringen? Hören Sie, Hester Gray, das ist der nackte Wahnsinn; dieses Mädchen *könnte* niemals eine Lüge erzählen in der Absicht, einem Menschen zu schaden. Das ist ein Ding der Unmöglichkeit – der vollkommenen Unmöglichkeit. Das wissen Sie selbst – Sie alle beide; das wissen Sie ganz genau.«

Hannah sprang ihrer Schwester bei:

»Hester meinte nicht, dass es diese Art von Lüge war, und das war es auch nicht. Aber es war eine Lüge.«

»Du meine Güte, einen derartigen Unsinn habe ich ja noch nie gehört! Verfügen Sie nicht über genug Verstand, um zwischen Lüge und Lüge zu unterscheiden? Kennen Sie denn nicht den Unterschied zwischen einer Lüge, die hilft, und einer Lüge, die schadet?«

»*Alle* Lügen sind sündhaft«, sagte Hannah und presste die Lippen zusammen wie eine Schraubzwinge, »alle Lügen sind verboten.«

Der Einzige Christ rutschte ungeduldig auf seinem Stuhl herum. Er wollte diese Behauptung angreifen, wusste aber nicht recht, wie oder wo beginnen. Schließlich unternahm er einen Vorstoß:

»Hester, würden Sie niemals lügen, um einen Menschen vor einer unverdienten Kränkung oder Schmach zu schützen?«

»Nein.«

»Nicht einmal einen Freund?«

»Nein.«

»Nicht einmal Ihren teuersten Freund?«

»Nein, würde ich nicht.«

Schweigend mühte sich der Arzt eine Weile mit dieser Antwort ab; dann fragte er:

»Nicht einmal, um ihn vor bitterer Pein, Elend und Leid zu bewahren?«

»Nein. Nicht einmal, um sein Leben zu retten.«

Wieder eine Pause. Dann:

»Und auch nicht seine Seele.«

Es trat Stille ein – ein Schweigen, das eine merkliche Zeitspanne andauerte –, dann wiederholte Hester mit leiser, aber entschiedener Stimme:

»Und auch nicht seine Seele.«

Eine Weile lang sprach niemand; dann sagte der Arzt:

»Und für Sie gilt das Gleiche, Hannah?«

»Ja«, antwortete sie.

»Ich frage Sie beide – warum?«

»Weil es eine Sünde ist, eine solche oder irgendeine Lüge zu erzählen, und uns den Verlust unserer eigenen Seelen kosten könnte – ja kosten *würde*, sollten wir sterben, ohne Zeit zur Reue zu finden.«

»Seltsam … seltsam … ganz unglaublich.« Dann fragte er schroff: »Ist eine solche Seele es *wert*, gerettet zu werden?« Brummelnd und grummelnd stand er auf und schleppte sich mit schweren Schritten zur Tür. Auf der Schwelle drehte er sich um und mahnte mit rauer Stimme: »Läutern Sie sich! Lassen Sie ab von dieser gemeinen, niederträchtigen, selbstsüchtigen Hingabe, um Ihre eigenen schäbigen kleinen Seelen zu retten, und suchen Sie etwas, was Sie mit Würde tun können! *Riskieren* Sie Ihre Seelen! Riskieren Sie sie für eine gute Sache; und wenn Sie sie dann verlieren, was kümmert es Sie? Läutern Sie sich!«

Die guten alten Gevatterinnen saßen wie gelähmt, vernichtet, empört, beleidigt da und brüteten voller Bitterkeit und Entrüstung über diesen Gotteslästerungen. Sie waren zutiefst verletzt, die armen alten Damen, und sagten, diese Kränkungen könnten sie niemals verzeihen.

»Läutern Sie sich!«

Aufgebracht wiederholten sie die Worte. »Läutern Sie sich – und lernen Sie zu lügen!«

Die Zeit verrann, und schon bald kam eine Veränderung über ihre Seelen. Sie hatten die erste Pflicht des Menschen erfüllt – über sich selbst nachzudenken, bis man das Thema erschöpft hat, dann erst ist man in einem Zustand, in dem man sich nebensächlicheren Interessen widmen und an andere Menschen denken kann. Das verändert die Beschaffenheit der Seele – meist in heilsamer Weise.

In Gedanken wandten sich die beiden alten Damen wieder ihrer geliebten Nichte zu und der entsetzlichen Krankheit, die sie befallen hatte; augenblicklich vergaßen sie die Kränkungen, die ihrer Selbstliebe widerfahren waren, und in ihren Herzen stieg das leidenschaftliche Verlangen auf, der Leidenden zu Hilfe zu eilen und sie mit ihrer Liebe zu trösten, für sie zu sorgen und für sie zu arbeiten, so gut ihre schwachen Hände es vermochten, und so freudig wie liebevoll ihre armen alten Körper für den Dienst an ihr aufzuopfern, wenn ihnen dieses Privileg doch nur vergönnt sein würde.

»Und es wird uns vergönnt sein!«, sagte Hester, während ihr die Tränen über das Gesicht strömten. »Es gibt keine Pflegerinnen, die es mit uns aufnehmen könnten, denn es gibt niemanden außer uns, der an dem Bett wachen wird, bis er tot umfällt, und weiß Gott, das würden wir tun.«

»Amen«, sagte Hannah und lächelte billigend und bestätigend durch den feuchten Dunst, der ihre Brille beschlug. »Der Arzt kennt uns und weiß, dass wir seine Anweisungen nicht länger missachten werden; und er wird niemanden sonst herbeirufen. Das wagt er nicht!«

»Nicht wagen?«, sagte Hester voller Wut und wischte sich das Wasser aus den Augen. »Der würde alles wagen – dieser christliche Teufel! Aber diesmal wird ihm sein Versuch nichts nützen – o Herr! Hannah, letztlich ist er begabt und klug und gütig, und Derartiges wird ihm nicht in den Sinn kommen … Bestimmt ist es an der Zeit, dass eine von uns das Zimmer aufsucht. Wo bleibt er nur? Warum kommt er nicht und schickt uns zu ihr?«

Sie wurden seiner nahenden Schritte gewahr. Er trat ein, setzte sich und fing an zu reden.

»Margaret ist eine kranke Frau«, sagte er. »Noch schläft sie, aber sie wird gleich aufwachen; eine von Ihnen muss dann bei ihr sein. Es wird ihr schlechter gehen, bevor es ihr besser geht. Schon bald muss jemand Tag und Nacht bei ihr wachen. Wie viel davon können Sie beide übernehmen?«

»Alles!«, platzten beide Damen gleichzeitig heraus.

Die Augen des Arztes blitzten, und voller Tatkraft sagte er:

»Das hört sich *glaubhaft* an, Sie tapferen alten Relikte! Und Sie *sollen* so viel von der Pflege übernehmen, wie Sie können, denn in der Stadt gibt es niemanden, der sich in diesem göttlichen Amt mit Ihnen messen kann; aber Sie können nicht alles übernehmen, das zuzulassen wäre ein Verbrechen.« Das war ein großes Lob, ein goldenes Lob, noch dazu aus einer solchen Quelle, und es nahm den Herzen der betagten Zwillinge fast allen Groll. »Ihre Tilly und meine alte Nancy werden den Rest übernehmen – beides gute Pflegerinnen, weiße Seelen mit schwarzer Haut, wachsam, liebevoll, zärtlich – die perfekten Pflegerinnen! – und von der Wiege an fähige Lügnerinnen … Hören Sie! Behalten Sie Helen im Auge; sie ist krank und wird noch kränker.«

Die Damen blickten etwas überrascht und ungläubig drein; und Hester fragte:

»Wie das? Vor noch nicht einmal einer Stunde haben Sie gesagt, sie sei kerngesund.«

Der Arzt antwortete ruhig:

»Das war eine Lüge.«

Die Damen wandten sich empört gegen ihn, und Hannah sagte:

»Wie können Sie ein so abscheuliches Geständnis in einem so gleichgültigen Ton ablegen, wo Sie doch wissen, was wir von jeder Form der Lüge halten –«

»Seien Sie still! Sie sind alle beide so was von begriffsstutzig und wissen nicht, wovon Sie reden. Sie sind wie all die anderen moralischen Maulwürfe: Sie lügen von morgens bis abends, aber weil Sie es nicht mit dem Mund tun, sondern nur mit Ihren verlogenen Blicken, Ihrem verlogenen Tonfall, Ihrer vorgeschützten falschen Emphase und Ihren irreführenden Gesten, rümpfen Sie Ihre selbstgefälligen Nasen und stolzieren vor Gott und der Welt als heilige und unbefleckte Verkünderinnen der Wahrheit umher, in deren kühlraumkalten Seelen eine Lüge zu Tode gefrieren würde, käme sie je dorthin! Warum machen Sie sich selbst etwas vor mit der törichten Auffassung, dass nur eine gesprochene Lüge eine Lüge sei? Worin soll der Unterschied zwischen einer mit den Augen und einer mit dem Mund hervorgebrachten Lüge bestehen? Es gibt keinen; und wenn Sie einen Moment lang nachdenken würden, könnten Sie sehen, dass es sich so verhält. Es gibt keinen Menschen, der nicht jeden Tag seines Lebens einen Sack voller Lügen erzählt; und Sie beide – zusammen erzählen Sie dreißigtausend Lügen; und doch brausen Sie in geheucheltem Entsetzen auf, weil ich dem Kind eine mildtätige und sündlose Lüge erzählt habe, um es vor seiner Einbildungskraft zu schützen, die sich in Gang setzen und ihr Blut binnen einer Stunde fiebrig erhitzen würde, sollte ich meine Pflicht verletzen und das Unglück zulassen. Was ich, wenn ich Interesse hätte, meine Seele mit derart anrüchigen Methoden zu retten, vermutlich täte.

Kommen Sie, lassen Sie uns vernünftig reden. Lassen Sie uns die Einzelheiten prüfen. Als Sie beide im Krankenzimmer waren und den Tumult veranstalteten, was hätten Sie getan, wenn Sie gewusst hätten, dass ich komme?«

»Worauf wollen Sie hinaus?«

»Sie hätten sich davongestohlen und Helen mitgenommen – stimmt's?«

Die Damen schwiegen.

»Welches Ziel, welche Absicht hätten Sie verfolgt?«

»Worauf wollen Sie hinaus?«

»Zu verhindern, dass ich Ihre Schuld entdecke; mich zu der Schlussfolgerung zu verleiten, dass Margarets Erregung von einer Ihnen unbekannten Ursache herrührte. Mit anderen Worten, um mir eine Lüge zu erzählen – eine stumme Lüge. Mehr noch, eine möglicherweise gefährliche Lüge.«

Die Zwillinge erröteten, sagten aber nichts.

»Nicht nur erzählen Sie Myriaden stummer Lügen, sondern Sie erzählen Lügen auch mit dem Mund – Sie alle beide.«

»*Das* stimmt nicht!«

»Und ob. Aber nur harmlose Lügen. Es fällt Ihnen nicht im Traum ein, eine gefährliche Lüge zu erzählen. Wissen Sie, dass das ein Zugeständnis ist – und eine Beichte?«

»Wie meinen Sie das?«

»Es ist das unbewusste Zugeständnis, dass harmlose Lügen nichts Kriminelles sind; und es ist das Eingeständnis, dass Sie unablässig zwischen beiden Lügen *unterscheiden*. Zum Beispiel haben Sie vergangene Woche die Einladung der alten Mrs. Foster ausgeschlagen, gemeinsam mit den widerlichen Higbies zu Abend zu essen – in einer höflichen Mitteilung, in der Sie Ihr Bedauern ausdrückten und beteuerten, wie leid es Ihnen tue, dass Sie nicht kommen könnten. Das war eine Lüge. Es war eine Lüge genau wie all die anderen, die je aufgetischt worden sind. Leugnen Sie es, Hester – das wäre die nächste Lüge.«

Zur Antwort warf Hester den Kopf in den Nacken.

»Das reicht mir nicht. Antworten Sie. War es eine Lüge oder nicht?«

Die Röte stieg abermals in die Wangen beider Frauen, und mit Mühe und Not brachten sie ihr Geständnis hervor:

»Es war eine Lüge.«

»Gut – die Läuterung hat begonnen; es besteht also noch Hoffnung für Sie;

um die Seele Ihres teuersten Freundes zu retten, wollen Sie keine Lüge auf sich nehmen, aber um sich die Unannehmlichkeit zu ersparen, eine unerfreuliche Wahrheit auszusprechen, speien Sie mir nichts, dir nichts eine aus.«

Er erhob sich. Hester, die für beide sprach, sagte kalt:

»Wir haben gelogen; wir sehen es ein; es wird nicht wieder vorkommen. Lügen ist eine Sünde. Nie wieder werden wir eine wie auch immer geartete Lüge erzählen, nicht einmal aus Höflichkeit oder aus Mildtätigkeit, um jemandem den Schmerz oder Kummer zu ersparen, der ihm von Gott bestimmt ist.«

»Ha, wie bald Sie gefallene Engel sein werden! Ja, Sie sind es bereits; denn was Sie soeben geäußert haben, ist eine Lüge. Auf Wiedersehen. Läutern Sie sich! Eine von Ihnen geht jetzt ins Krankenzimmer.«

IV

Zwölf Tage später.

Mutter und Kind waren in den Klauen der grässlichen Krankheit gefangen. Für beide bestand kaum noch Hoffnung. Die betagten Schwestern sahen bleich und erschöpft aus, aber sie gaben ihre Posten nicht auf. Ihnen wollte schier das Herz brechen, den armen alten Dingern, aber ihre Entschlossenheit war unerschütterlich und unzerstörbar. Die ganzen zwölf Tage über hatte die Mutter sich nach dem Kind gesehnt und das Kind sich nach der Mutter, aber beide wussten, dass das Gebet dieser Sehnsucht nicht erhört werden konnte. Als die Mutter – am ersten Tag – erfuhr, dass sie Typhus hatte, bekam sie es mit der Angst zu tun und fragte, ob die Gefahr bestehe, dass sich Helen, als sie am Vortag für ihren Beichtbesuch ins Krankenzimmer gekommen war, angesteckt haben könnte. Hester sagte ihr, der Arzt habe die Idee verworfen. Es beunruhigte Hester, das zu sagen, auch wenn es zutraf, denn sie hatte dem Arzt nicht geglaubt; doch als sie die Freude der Mutter über die Nachricht sah, verloren ihre Gewissensbisse einiges an Gewicht – mit dem Ergebnis, dass sie sich für die wirksame Täuschung, die sie betrieben hatte, zwar schämte, aber nicht so sehr, dass sie ausdrücklich und eindeutig wünschte, sie hätte sie unterlassen. Von diesem Moment an begriff die kranke Frau, dass sich ihre Tochter von ihr fernhalten musste, und sie sagte, sie werde sich mit der Trennung abfinden, so gut sie eben könne, denn lieber würde sie sterben, als die Gesundheit ihres Kindes

145

zu gefährden. An jenem Nachmittag musste sich Helen krank zu Bett legen. Im Laufe der Nacht verschlimmerte sich ihr Zustand. Am Morgen erkundigte sich die Mutter nach ihr:

»Ist sie wohlauf?«

Der Tante wurde eiskalt; sie öffnete den Mund, aber die Worte wollten ihr nicht über die Lippen kommen. Die Mutter lag da und sah ermattet, grübelnd, abwartend aus; plötzlich wurde sie kreidebleich und stieß hervor:

»O mein Gott! Was ist passiert? Ist sie krank?«

Da begehrte das gequälte Herz der armen Tante auf, und die Worte kamen:

»Nein – sei unbesorgt; sie ist wohlauf.«

Die kranke Frau legte ihr ganzes frohes Herz in ihre Dankbarkeit:

»Gepriesen sei der Herr für diese lieben Worte! Küss mich. Wie ich dich dafür verehre, dass du sie gesprochen hast.«

Hester berichtete Hannah von dem Vorfall, die ihr mit vorwurfsvollem Blick zuhörte und in kühlem Ton sagte:

»Schwester, das war eine Lüge.«

Hesters Lippen zitterten herzzerreißend; sie unterdrückte einen Schluchzer und sagte:

»Ach, Hannah, es war eine Sünde, aber ich konnte nicht anders. Ich konnte die Angst und den Kummer in ihrem Gesicht nicht ertragen.«

»Ganz gleich. Es war eine Lüge. Gott wird dich dafür zur Rechenschaft ziehen.«

»Ach, ich weiß, ich weiß«, rief Hester händeringend, »aber selbst wenn ich jetzt vor ihm stünde, könnte ich nicht anders. Ich weiß, ich würde es wieder tun.«

»Dann nimmst du am Morgen meinen Platz bei Helen ein. Ich werde den Bericht selbst überbringen.«

Hester klammerte sich an ihre Schwester und flehte inständig:

»Nein, Hannah, bloß nicht – du wirst sie umbringen.«

»Wenigstens werde ich die Wahrheit sagen.«

Am Morgen würde sie der Mutter einen grausamen Bericht überbringen müssen, und sie wappnete sich für die Prüfung. Als sie von ihrer Mission zurückkehrte, wartete Hester bereits blass und zitternd in der Diele. Sie flüsterte:

146

»Oje, wie hat sie es aufgenommen – die arme, untröstliche Mutter?«

Hannahs Augen waren nass von Tränen. Sie sagte:

»Gott vergib mir, ich habe ihr gesagt, das Kind sei wohlauf!«

Mit einem dankbaren »Gott segne dich, Hannah!« zog Hester sie an sich und verströmte ihre Dankbarkeit in einer Flut lobreicher Huldigungen.

Danach wussten die beiden um die Grenzen ihrer Kräfte und nahmen ihr Schicksal an. Demütig kapitulierten sie und gaben sich den schweren Anforderungen der Situation hin. Tag für Tag erzählten sie die morgendliche Lüge und bekannten ihre Sünde im Gebet; sie baten nicht um Vergebung, da sie ihrer nicht würdig waren, sondern wollten nur zum Ausdruck bringen, dass sie sich ihres Frevels bewusst waren und ihn weder verheimlichen noch entschuldigen wollten.

Während es mit der schönen jungen Gottheit des Hauses immer weiter bergab ging, malten die bekümmerten alten Tanten ihre blühende Frische und ihre junge Schönheit der bleichen Mutter Tag für Tag in leuchtenden Farben aus und zuckten unter den Stichen zusammen, die deren verzückte Freude und Dankbarkeit ihnen versetzten.

In den ersten Tagen, solange das Kind noch die Kraft hatte, einen Bleistift zu halten, schrieb sie ihrer Mutter zärtliche kleine Liebesbriefchen, in denen sie ihre Krankheit verschwieg; die Mutter las sie mit frohen, von Dankestränen feuchten Augen immer wieder durch, küsste sie wieder und wieder und hütete sie als Kostbarkeiten unter ihrem Kopfkissen.

Dann kam der Tag, da die Kraft aus der Hand gewichen war, die Gedanken sich verwirrten und die Zunge Unzusammenhängendes lallte. Das war ein schmerzliches Dilemma für die armen Tanten. Für die Mutter gab es keine Liebesbriefchen mehr. Sie wussten nicht, was sie tun sollten. Hester setzte zu einer sorgfältig einstudierten und plausiblen Erklärung an, verlor jedoch den Faden und verheddert sich; im Gesicht der Mutter regte sich erst Argwohn, dann Angst. Hester sah es, erkannte die drohende Gefahr und tat, was getan werden musste, nahm sich entschlossen zusammen und riss in letzter Minute der Niederlage den Sieg aus den Klauen. Mit ruhiger, überzeugender Stimme sagte sie:

»Ich dachte, es würde dich betrüben, aber Helen hat die Nacht bei den Sloanes verbracht. Es gab dort ein kleines Fest, und obwohl sie nicht hingehen

147

wollte, weil du so krank bist, haben wir sie überredet, sie ist doch noch so jung und braucht den unschuldigen Zeitvertreib der Jugend, und wir glaubten, du würdest es gutheißen. Sobald sie zurück ist, wird sie dir ganz sicher schreiben.«

»Wie gut du bist und wie lieb und fürsorglich zu uns beiden! Gutheißen? Mehr noch, ich danke dir von ganzem Herzen. Meine arme kleine Verbannte! Richte ihr aus, dass ich ihr jedes Vergnügen, das sie finden kann, gönne – nicht um eines möchte ich sie bringen. Sorge nur dafür, dass sie gesund bleibt, mehr verlange ich nicht. Wende alles Leid von ihr ab; etwas anderes könnte ich nicht verkraften. Wie dankbar ich bin, dass sie sich nicht angesteckt hat – um ein Haar, und es wäre passiert, Tante Hester! Stell dir nur das hübsche Gesicht vor, ganz stumpf und fieberversengt. Ich kann den Gedanken nicht ertragen. Schütze ihre Gesundheit. Lass sie weiter erblühen! Ich sehe sie vor mir, das anmutige Geschöpf, mit den großen ernsten blauen Augen – und süß, oh, so süß und sanft und einnehmend! Ist sie schön wie eh und je, liebe Tante Hester?«

»Ah, noch schöner und strahlender und reizender denn je, wenn das überhaupt möglich ist« – und um ihre Scham und Trauer zu verbergen, wandte sich Hester ab und machte sich bei den Arzneifläschchen zu schaffen.

V

Wenig später, in Helens Schlafzimmer, mühten sich beide Tanten mit einer schwierigen und verwirrenden Arbeit ab. Ernst und geduldig versuchten sie, mit ihren steifen alten Fingern das benötigte Briefchen zu fälschen. Ein ums andere Mal scheiterten sie, aber nach und nach wurden sie besser. Niemand war zugegen, der das Mitleiderregende, die bittere Ironie in alldem erkannt hätte; sie selbst waren sich dessen nicht bewusst. Oft landeten ihre Tränen auf den Briefchen und ruinierten sie; manchmal ließ ein einziges missratenes Wort eins, mit dem sie sich andernfalls zur Mutter gewagt hätten, riskant erscheinen; aber schließlich brachte Hannah ein Briefchen zustande, in dem die Schrift eine nahezu gelungene Nachahmung der von Helen war, so dass es vor jedem außer dem argwöhnischsten Auge bestehen konnte, und schmückte es großzügig mit den liebevollen Ausdrücken und Kosenamen, die den Lippen des Mädchens seit Kindertagen vertraut waren. Sie trug es zur Mutter, die es begierig an sich riss und küsste und streichelte und die kostbaren Worte wieder und wieder las und mit tiefer Zufriedenheit beim letzten Absatz verweilte:

»Mein liebstes Mäuschen, wenn ich dich doch nur sehen, deine Lider küssen und deine Arme um mich fühlen könnte! Ich bin so froh, dass mein Klavierspiel dich nicht stört. Hoffentlich bist du bald wieder gesund. Alle sind gut zu mir, aber ohne dich, liebe Mama, ist mir ganz einsam zumute.«

»Das arme Kind, ich weiß genau, wie sie sich fühlt. Ohne mich kann sie nicht recht glücklich sein; und ich – ach, ich lebe nur im Lichte ihrer Augen! Sag ihr, sie kann üben, soviel sie will; und, Tante Hannah – sag ihr, von hier oben kann ich das Klavier nicht hören und auch nicht ihre liebe Stimme, wenn sie singt: Weiß Gott, ich wünschte, ich könnte es. Niemand weiß, wie süß ihre Stimme in meinen Ohren klingt; wenn ich nur daran denke, dass sie … eines Tages verstummen wird! Aber warum weinst du?«

»Nur weil – weil – es war nur eine Erinnerung. Als ich von ihr wegging, sang sie gerade ›Loch Lomond‹. Das Pathos! Ich bin immer ganz ergriffen, wenn sie das singt.«

»Ich auch. Wie herzzerreißend schön es ist, wenn ein jugendlicher Schmerz in ihrer Brust sitzt und sie dieses Lied für die mystische Heilung singt, die es bringt … Tante Hannah?«

»Liebe Margaret?«

»Ich bin sehr krank. Manchmal überfällt mich der Gedanke, dass ich ihre liebe Stimme nie wieder hören werde.«

»Nicht doch – nicht doch, Margaret! Ich kann es nicht ertragen!«

Margaret war gerührt und erschüttert und sagte sanft:

»Schon gut – schon gut – lass dich umarmen. Nicht weinen. Schon gut – leg deine Wange an meine. Lass dich trösten. Ich möchte leben. Ich werde leben, wenn ich kann. Ach, was würde sie ohne mich anfangen! … Spricht sie oft von mir? – Aber ich weiß ja, dass sie es tut.«

»Oh, die ganze Zeit – die ganze Zeit!«

»Mein süßes Kind! Hat sie das Briefchen gleich geschrieben, als sie zurückkam?«

»Ja – gleich als Erstes. Noch bevor sie ihre Sachen abgelegt hatte.«

»Ich wusste es. Das ist ihre liebe, impulsive, anhängliche Art. Ich wusste es vor der Antwort, aber ich wollte es dich sagen hören. Die verwöhnte Ehefrau weiß, dass sie geliebt wird, aber sie bringt ihren Mann dazu, es ihr täglich zu sagen, weil es zu hören eine Freude ist … Diesmal hat sie den Füllhalter benutzt. Das ist besser; die Bleistiftzeichen könnten verblassen, und das würde mich bekümmern. Hast du ihr vorgeschlagen, den Füllhalter zu benutzen?«

»J-nein – sie – es war ihre Idee.«

Die Mutter zeigte ihre Freude und sagte:

»Ich hatte gehofft, dass du das sagen würdest. Ein so liebes und aufmerksames Kind hat es noch nicht gegeben! … Tante Hannah?«

»Liebe Margaret?«

»Geh und sag ihr, dass ich die ganze Zeit an sie denke und sie anbete. Aber du weinst ja wieder. Mach dir um mich nicht so viel Sorgen, meine Liebe; ich glaube, noch ist nichts zu befürchten.«

Die bekümmerte Botin trug ihre Botschaft davon und trug sie andächtig zu den tauben Ohren. Das Mädchen lallte nichtsahnend vor sich hin, sah zu ihr auf mit fragenden und verwunderten Augen, in denen das Fieber glühte, Augen ohne das Licht des Erkennens –

»Bist du – nein, du bist nicht meine Mutter. Ich will sie – oh, ich will sie! Vor einer Minute war sie hier – ich habe sie nicht gehen sehen. Wird sie wiederkommen? Wird sie rasch wiederkommen? Wird sie jetzt wiederkommen? … Es gibt so viele Häuser … und sie bedrücken mich … und alles dreht sich und wirbelt durcheinander … oh, mein Kopf, mein Kopf!« – Und so war sie weiter in ihrem Schmerz gefangen, irrlichterte von einer quälenden Phantasie zur anderen und fuchtelte mit den Armen, von unaufhörlicher und ermüdender Unrast getrieben.

Die arme alte Hannah benetzte ihre ausgetrockneten Lippen und strich ihr sachte über die heiße Stirn, murmelte beschwichtigende und mitleidvolle Worte und dankte dem Allvater, dass die Mutter glücklich war und unwissend.

VI

Täglich sank das Kind tiefer und immer tiefer ins Grab, und täglich überbrachten die trauernden alten Wärterinnen der glücklichen Mutter, deren eigene Pilgerfahrt sich jetzt dem Ende zuneigte, geschönte Neuigkeiten von strahlender Gesundheit und Lieblichkeit. Und täglich fälschten sie liebevolle und heitere Briefchen in der Handschrift des Kindes, standen mit reuigem Gewissen und blutendem Herzen da und weinten, wenn sie sahen, wie die dankbare Mutter sie verschlang und verzückt betrachtete und hütete, Gegenstände von unschätzbarem Wert wegen ihres lieblichen Ursprungs und geheiligt, weil die Hand ihres Kindes sie berührt hatte.

Schließlich kam jener sanfte Freund, der allen Heilung und Frieden bringt. Die Lichter brannten schwach. In der feierlichen Stille, die der Dämmerung vorausgeht, huschten undeutliche Gestalten lautlos durch die halbdunkle Diele und versammelten sich stumm und ehrfurchtsvoll in Helens Kammer, scharten sich um ihr Bett, denn es war eine Warnung ergangen, und man wusste Bescheid. Das sterbende Mädchen lag da mit geschlossenen Lidern und ohne Bewusstsein, der Stoff auf ihrer Brust hob und senkte sich schwach, als ihr schwindendes Leben verebbte. Mitunter brach ein Seufzer oder ein gedämpfter Schluchzer das Schweigen. In allen Köpfen spukte derselbe quälende Gedanke: der Jammer dieses Todes, das Verschwinden ins große Dunkel, und die Mutter war nicht hier, um zu helfen, zu ermutigen und zu segnen.

Helen regte sich; ihre Hände begannen sehnsüchtig umherzutasten, als suchten sie etwas – seit einigen Stunden war sie erblindet. Das Ende war gekommen; alle wussten es. Mit einem lauten Schluchzer zog Hester sie an ihre Brust und rief: »Ach, mein Kind, mein Liebling!« Ein glückseliges Leuchten hielt auf dem Gesicht des sterbenden Mädchens Einzug, denn barmherzigerweise war es ihr vergönnt, diese schützenden Arme für die einer anderen zu halten; und sie tat ihren letzten Atemzug mit dem gemurmelten Satz: »Ach, Mama, ich bin so glücklich – ich habe mich so nach dir gesehnt – jetzt kann ich sterben.«

Zwei Stunden später erstattete Hester Bericht. Die Mutter fragte:

»Wie steht's mit dem Kind?«

»Sie ist wohlauf.«

VII

An der Haustür wurde ein Gebinde aus weißem und schwarzem Krepp angebracht, und dort schaukelte es raschelnd im Wind und verbreitete flüsternd seine Kunde. Gegen Mittag war die Tote hergerichtet, und die hübsche junge Gestalt lag im Sarg, ein schöner Anblick, und auf dem süßen Gesicht ein tiefer Friede. Zwei Trauernde saßen bei ihr, bekümmert und verehrungsvoll – Hannah und die Schwarze, Tilly. Hester kam, und sie zitterte, denn auf ihrer Seele lastete eine große Sorge. Sie sagte:

»Sie bittet um ein Briefchen.«

Hannah erbleichte. Daran hatte sie nicht gedacht; es war ihr so vorgekommen, als wäre jener armselige Dienst nun beendet. Jetzt aber erkannte sie, dass das nicht möglich war. Eine kurze Weile standen die beiden Frauen da und schauten einander mit leeren Blicken an; dann sagte Hannah:

»Es führt kein Weg daran vorbei – sie muss ihn bekommen; andernfalls schöpft sie Argwohn.«

»Und dann würde sie alles herausfinden.«

»Ja. Es würde ihr das Herz brechen.« Sie blickte auf das Gesicht der Toten, und ihre Augen füllten sich mit Tränen. »Ich werde ihn schreiben«, sagte sie.

Hester überbrachte den Brief. Die Schlusszeile lautete:

»Liebstes Mäuschen, liebe süße Mutter, bald werden wir wieder vereint sein. Ist das nicht eine gute Nachricht? Und sie ist wahr; alle sagen, sie ist wahr.«

Die Mutter wurde traurig und sagte:

»Armes Kind, wie wird sie es verkraften, wenn sie es erfährt? In diesem Leben werde ich sie nicht mehr wiedersehen. Es ist schwer, so schwer. Argwöhnt sie nichts? Hast du sie von allem abgeschirmt?«

»Sie glaubt, dass du bald genesen wirst.«

»Wie gut du bist und wie umsichtig, liebe Tante Hester! Und es kommt auch niemand in ihre Nähe, der die Krankheit übertragen könnte?«

»Es wäre ein Verbrechen.«

»Aber *du* siehst sie?«

»Aus gehörigem Abstand – ja.«

»Das ist gut. Anderen könnte man nicht trauen; aber ihr zwei Schutzengel – Stahl ist nicht so treu wie ihr. Andere wären treulos; und viele würden täuschen und lügen.«

Hester senkte den Blick, und ihre armen alten Lippen zitterten.

»Ich will dir einen Kuss für sie mitgeben, Tante Hester; und wenn ich tot bin und die Gefahr gebannt ist, drückst du ihr den Kuss irgendwann auf die lieben Lippen und sagst, dass er von ihre Mutter ist und das gebrochene Herz ihrer Mutter enthält.«

Innerhalb einer Stunde hatte Hester, Tränen auf das Gesicht der Toten vergießend, den kläglichen Auftrag ausgeführt.

VIII

Ein neuer Tag brach an, gedieh und breitete seinen Sonnenschein auf der Erde aus. Tante Hannah brachte der schwächer werdenden Mutter tröstliche Nachricht und ein fröhliches Briefchen, das aufs Neue besagte: »Wir brauchen nur noch ein Weilchen zu warten, liebste Mutter, dann sind wir wieder vereint.«

Der Wind trug den tiefen, klagenden Ton einer Glocke heran.

»Tante Hannah, es läutet. Eine arme Seele findet ihre Ruhe. Wie bald schon auch ich. Du wirst nicht zulassen, dass sie mich vergisst?«

»Oh, das wird sie weiß Gott nicht!«

»Hörst du nicht die seltsamen Geräusche, Tante Hannah? Es klingt wie viele schlurfende Schritte.«

»Wir hatten gehofft, du würdest nichts hören, meine Liebe. Es ist eine kleine Gesellschaft, die da zusammenkommt, um – um Helens willen, der armen kleinen Gefangenen. Es wird Musik geben – die liebt sie doch so. Wir dachten, du hättest nicht dagegen.«

»Etwas dagegen haben? O nein, nein – ach, gebt ihr alles, was ihr liebes Herz begehrt. Wie gut ihr zwei zu ihr seid und wie gut zu mir. Gott segne euch beide immerdar!«

Nach einer Pause, in der sie lauschte:

»Wie hübsch! Es ist ihre Orgel. Meinst du, sie spielt selbst?« Leise drangen die üppigen und inspirierenden Akkorde durch die stille Luft an ihre Ohren. »Ja, das ist ihr Anschlag, liebes Herz; ich erkenne ihn. Es wird gesungen. Das ist ja ein Choral! Und der heiligste von allen, der ergreifendste, der tröstlichste … Er scheint mir die Pforten zum Paradies zu öffnen … Wenn ich jetzt sterben könnte …«

Leise und in weiter Ferne stiegen die Worte aus der Stille auf –

Näher, mein Gott, zu Dir,
Näher zu Dir!
Soll doch trotz Kreuz und Pein
Dies meine Losung sein.

Mit dem Schluss des Chorals fand eine weitere Seele ihre letzte Ruhe, und sie, die im Leben eins gewesen waren, waren auch im Tod nicht geschieden. Die Schwestern, voll der Trauer und der Freude, sagten:

»Welch ein Segen, dass sie es nie erfahren hat.«

IX

Um Mitternacht saßen sie bekümmert beisammen, und in ihrer Mitte erschien der Engel des Herrn, umwoben von einem Glanz, der nicht von dieser Welt war; und er sprach zu ihnen und sagte:

»Für Lügnerinnen ist ein Ort festgesetzt. Dort brennen sie in den Höllenfeuern von Ewigkeit zu Ewigkeit. Tut Buße!«

Die Hinterbliebenen fielen vor ihm auf die Knie, falteten die Hände und neigten ehrfürchtig die grauen Häupter. Doch ihre Zungen klebten an ihren Gaumen, und sie blieben stumm.

»Sprecht!, auf dass ich die Botschaft zum himmlischen Gericht trage und euch jene Entscheidung bringe, gegen die es keine Berufung gibt.«

Da neigten sie die Häupter noch tiefer, und die eine sagte:

»Unsere Sünde wiegt schwer, und wir leiden unter unserer Scham, aber nur vollständige und endgültige Buße kann uns heilen; und wir sind arme Geschöpfe, die unsere menschliche Schwäche kennengelernt haben; und wir wissen, sollten wir noch einmal in derartige Bedrängnis geraten, unsere Herzen würden abermals fehlgehen, und wir würden sündigen wie zuvor. Die Starken könnten siegen und wären erlöst, wir aber sind verloren.«

Flehentlich hoben sie die Köpfe. Der Engel war fort. Während sie noch staunten und weinten, kehrte er zurück; und indem er sich tief zu ihnen herabbeugte, tat er flüsternd die Entscheidung kund.

X

War es der Himmel? Oder die Hölle?

Mittwoch, 6. Juni 1906

Die Feierlichkeiten in York Harbor – Mrs. Clemens' angeschlagene Gesundheit –
Zum letzten Mal Gastgeberin der schönen »amerikanischen Fremden«,
eingeführt von Carmen Sylva – Rückkehr nach Riverdale im Krankenwaggon –
Die Saison der Unaufrichtigkeit

In York Harbor

York Harbor besteht aus einer Gruppe weit verstreuter unabhängiger kleiner Dörfer namens York, York Harbor, York Village, York Centre, West York, East York, South York – ich glaube, das sind die Namen, aber ich bin mir nicht sicher, und es ist auch nicht wichtig. Alle werden unter einem schlichten, vernünftigen Namen zusammengefasst, York. Um den 6. August brach in diesem Ameisenhaufen eine Feier los – eine Gedenkfeier aus Anlass des zweihundertfünfzigsten Jahrestages der Einführung der kommunalen Selbstverwaltung auf dem amerikanischen Kontinent. Zwei, drei Tage lang gab es malerische Umzüge, mit denen der alten Siedlungen gedacht wurde, Großveranstaltungen, Reden und so fort bei Tag und Feuerwerk bei Nacht.

Mrs. Clemens war stets jung geblieben, und diese Dinge waren für sie von großem Interesse. An meinen Reden nahm sie noch regeren Anteil als ich selbst. An drei Tagen fuhr sie aus, tagsüber hinter Pferden und abends im Boot, sah und hörte und genoss alles, was vor sich ging. Sie überanstrengte sich, mutete sich zu viel zu, und allmählich merkte man es ihr an. Mit Mühe konnte ich sie überreden, auf die prächtigen Darbietungen am Abschlussabend zu verzichten, und so sahen wir uns das Feuerwerk von der Piazza aus an, aus einer Entfernung von zwei oder drei Meilen. Aber ich hatte zu spät eingegriffen. Die Überanstrengung ihrer Kräfte war bereits zu weit vorangeschritten.

Der folgende Nachmittag war der letzte ihres Lebens, den sie als jemand verbrachte, der in die Angelegenheiten dieser Welt persönlich verwickelt war. Es war das letzte Mal, dass sie Besuch empfangen und bewirten sollte. Der Besuch versprach ganz gewöhnlich zu verlaufen und augenblicklich und mühelos wieder in Vergessenheit zu geraten, doch dank meines angeborenen Talents, unschuldige, aber peinliche Fehler zu begehen, kam es anders. Zu Besuch erschien eine Dame. Sie hatte uns zuvor ein Empfehlungsschreiben geschickt, und jetzt war sie auf unsere Einladung hin gekommen, um den Nachmittag und das Abendessen mit uns zu verbringen. Sie war ein schönes Geschöpf. Sie erzählte uns, sie sei dreißig Jahre alt und seit fünfzehn Jahren verheiratet. Schon ihr Auftreten und ihr Englisch hätten sie einer ausländischen Herkunft überführt, und falls es noch irgendeines Beweises bedurfte, um diese Überzeugung zu festigen und das Urteil zu rechtfertigen, dann wäre es ihr fremdländischer und unaussprechlicher Name gewesen, ein Zungenbrecher, den kein unerfahrener Christ überleben würde. Dabei war sie gar keine Ausländerin. Sie war in Amerika geboren, als Tochter aus Amerika stammender Eltern. Ihre Zunge hatte nie eine andere Sprache als die amerikanische gekannt, bis sie im Alter von fünfzehn Jahren in Paris jenen unaussprechlichen Ausländer heiratete. Ihr Englisch war reizend und hübsch, anmutig und verständlich, aber es war kein Englisch.

Das Einführungsschreiben, das sie mir geschickt hatte, war einer jener furchteinflößenden ellenlangen Briefe, die eine royale Spezialität sind, und stammte von der Königin von Rumänien. Er besagte, dass die Überbringerin und ihr Gemahl, ein rumänischer Adliger, fünfzehn Jahre am rumänischen Hof residiert hätten, wo der Gemahl einen bedeutenden Regierungsposten bekleidet habe. Der Brief sprach liebevoll von der Frau. Des Weiteren hieß es, sie sei eine vollendete Musikerin und qualifiziert zu unterrichten und dass sie in ihr eigenes Land zurückkehre in der Hoffnung, sich ihren Lebensunterhalt mit Unterricht zu verdienen. Ihre Majestät verlieh der Hoffnung Ausdruck, ich könnte mich als nützlich erweisen, ihrer exilierten Freundin Schüler zu verschaffen. Carmen Sylvas Brief war auf Englisch abgefasst, einer Sprache, die sie meisterhaft beherrschte, und sie führte aus, weshalb diese Leute, die fünfzehn Jahre lang so komfortabel an ihrem Hof und in ihrem Herzen genistet hatten, plötzlich zu Exilanten geworden waren, zu Wanderern auf Erden, von Gott und der Welt verlassen und gezwungen, sich ihr Brot im Schweiße ihrer Fertigkeiten zu verdienen. Doch als wir gerade im Begriff waren herauszufinden, *was* diese Katastrophe ausgelöst hatte – wenn es denn eine war –, als meine Frau und ich gerade den Gipfel der Wissbegierde erklommen hatten, um zum Kern dieses faszinierenden Geheimnisses vorzudringen, lieferte die Königin diesen Kern auf *Französisch*. Es war nur eine einzige Wendung – zwei, drei Wörter –, doch ergaben sie eine Kombination, der wir noch nie zuvor begegnet waren und deren Bedeutung wir nicht ergründen konnten. Der Sache nach – den genauen Wortlaut habe ich vergessen – sagte die Königin, der Gemahl habe seine Position oder Positionen aufgeben und sich vom Hof zurückziehen müssen, da – dann folgte jener teuflische französische Satz. Einen Moment lang war ich so verärgert, dass ich wünschte, die französische Sprache nie erlernt zu haben – offensichtlich eine Sprache, die einen im entscheidenden Augenblick mit ziemlicher Gewissheit im Stich lässt.

Am Nachmittag saßen Mrs. Clemens, die schöne amerikanische Fremde und ich zusammen auf der Piazza und plauderten. Ich hielt die laufende Ausgabe der *North American Review* in der Hand, frisch, verlockend, einladend; die Seiten verströmten noch den Duft der Druckerschwärze und erfüllten mich mit dem Verlangen, die Zeitschrift aufzuschlagen und nachzusehen, was darin stand. Das am Hof erzogene Geschöpf hatte seine Augen überall. Sie war es gewohnt, die verborgenen Gefühle und Sehnsüchte der Menschen anhand verräterischer äußerlicher Anzeichen wie Posen, Gezappel und so weiter zu lesen. Sie sah, was in mir vorging, und bat mich höchst gewinnend, ja flehentlich, die Zeitschrift aufzuschlagen und daraus vorzulesen. Ich war ihr von Herzen dankbar. Ich schlug die Zeitschrift auf, und das Erste, was meine Aufmerksamkeit erregte, war der Artikel eines österreichischen Prinzen über das Duellieren in höfischen und militärischen Kreisen auf dem europäischen Kontinent. Mein Interesse war groß, und ich las mit Eifer und Nachdruck. Der Prinz stand dem Duellwesen feindlich gegenüber. Er berichtete von Maßnahmen zur Abschaffung des Duellierens, die von Generälen und bedeutenden Adligen in Österreich – besonders in Österreich, glaube ich – durchgesetzt wurden. Im Verlauf seiner kompromisslosen Anklage gegen das Duellieren kommentierte er den Umstand, dass auf dem europäischen Kontinent kein bedeutender Amtsträger eine Herausforderung zum Duell aus welchem Beweggrund auch immer ablehnen konnte, ohne sich und seine Familie mit Schmach und Schande zu bedecken und fortan von der Gesellschaft, in der er sich mit seiner Familie bewegte, ja selbst von Freunden verachtet und geächtet zu werden.

Zufällig hob ich den Blick – das Gesicht der armen Frau war weiß wie Marmor! Die französische Wendung war übersetzt! Ich las nicht weiter, und wir beeilten uns, ein anderes Thema zu finden.

Wie gesagt, das war das letzte Ereignis in Mrs. Clemens' gesellschaftlichem Leben – einem Leben, an dem sie aktiv teilgenommen und das sie seit ihren Mädchentagen von Herzen genossen hatte. Es war das letzte Ereignis – und mit ihm war dieses Kapitel abgeschlossen. Es leitete das nächste und letzte Kapitel ihres Daseins auf Erden ein.

Am nächsten Morgen (dem 11. August) um sieben wurde ich von einem Schrei geweckt. Auf der anderen Seite des Zimmers sah ich Mrs. Clemens stehen, keuchend gegen die Wand gelehnt. Sie sagte: »Ich sterbe.«

Ich half ihr zurück ins Bett und ließ Dr. Leonard kommen, einen New Yorker Arzt. Er sagte, es handele sich um einen Nervenzusammenbruch und dass nichts als vollkommene Ruhe, Abgeschiedenheit und sorgsame Pflege ihr helfen könnten. Das war der Anfang. Während der folgenden zweiundzwanzig Monate hatte sie im Wesentlichen nur noch Ärzte und ausgebildete Krankenpflegerinnen zu ihrer Gesellschaft.

Die nächsten sechzig Tage waren wir von Angst erfüllt. Als es Oktober wurde, fragten wir uns, ob wir sie überhaupt nach Riverdale zurückbringen könnten. Eine Fahrt auf Mr. Rogers' Yacht konnten wir nicht riskieren. Mrs. Clemens hätte den Seegang nicht verkraftet. Zuletzt beschlossen wir, es mit einer ziemlich armseligen Erfindung namens Krankenwaggon zu versuchen. Ich nenne es eine armselige Erfindung, denn er ist zwar geräumig und bietet allen Freunden, Krankenschwestern und Ärzten, die man so braucht, viel Platz, weist aber einen großen Mangel auf – das Bett des Kranken steht fest und unbeweglich und reagiert auf jedes Ruckeln und Zuckeln des Zuges, während der Kranke, wenn das Bett an elastischen Seilen von der Decke herabhinge wie eine Hängematte, Stöße und Erschütterungen nicht spüren würde. Wir sicherten uns einen Sonderzug, um den Waggon nach Boston und Umgebung zu bringen. Dann hängten wir ihn an einen regulären Schnellzug an, der uns pünktlich zur Grand

Central Station in New York brachte. Dort stand schon eine Lokomotive bereit, die uns binnen fünfzehn Minuten zu Hause in Riverdale ablieferte.

Belagerung und Saison der Unaufrichtigkeit

Der stämmige englische Butler trug Mrs. Clemens nach oben in ihr Bett und überließ sie dort der Obhut der ausgebildeten Krankenpflegerin. Als er die Tür hinter sich zuzog, schloss er die Wahrheit für immer aus dem Schlafgemach aus. Ein-, zweimal am Tag kam der Arzt Dr. Moffat und blieb ein paar Minuten. Wenn es irgendwelcher ärztlichen Lügen bedurfte, tischte er sie getreulich auf. Hatte die ausgebildete Krankenpflegerin Dienst, tischte auch sie bei Bedarf derartige Lügen auf. Drei oder vier Stunden am Tag hielt Clara Krankenwache, und die Ausübung dieses Amtes war wirklich schwierig. Täglich versiegelte sie ein Dutzend gefährlicher Wahrheiten in ihrem Herzen und rettete auf diese Weise Leben und Hoffnung und Glück ihrer Mutter mittels heiliger Lügen. Noch nie in ihrem Leben hatte sie ihrer Mutter eine Lüge erzählt, und fast möchte ich behaupten, dass sie ihr danach nie wieder eine Wahrheit erzählte. Zu unser aller Glück stand Clara bei ihrer Mutter im festen Ruf der Aufrichtigkeit. Das war unser täglicher Schutz vor dem Verhängnis. Die Mutter zweifelte niemals an Claras Wort. Clara konnte ihr, ohne Argwohn zu erregen, die größten Unwahrscheinlichkeiten erzählen, während bei mir, wenn ich versucht hätte, auch nur mit einer schlichten kleinen aufzuwarten, der Fall ganz anders gelegen hätte. Ich war nie imstande, mir einen Ruf wie den von Clara zu erwerben. Jetzt wäre er mir nützlich gewesen, aber es war zu spät, noch mit der Mühe zu beginnen, mir einen solchen zu erwerben, und so gab ich im Schlafgemach keinerlei Informationen preis. Mein Schutz lag darin, dass ich nur einmal am Tag in ihr Schlafgemach durfte und auch dann nur für zwei Minuten. Die Pflegerin stand mit der Uhr in der Hand an der Tür und warf mich hinaus, sobald meine Zeit abgelaufen war.

Mein Zimmer grenzte an das von Mrs. Clemens, dazwischen befand sich ein großes Badezimmer. Zwar sollte ich nicht mit ihr reden, aber ich konnte ja mit ihr korrespondieren. Jeden Abend schob ich einen Brief unter die Badezimmertür, die sich gleich neben ihrem Bett befand – einen Brief, der keinerlei Informationen über aktuelle Ereignisse enthielt und keinerlei Schaden anrichten konnte. Ein- oder zweimal am Tag antwortete sie mir schriftlich – anfangs recht ausführlich, doch als die Monate sich hinschleppten und ihre Kräfte nachließen, notierte sie ihre tägliche Liebesbotschaft in zittrigen Buchstaben auf kleine Papierfetzen, und damit fuhr sie fort bis zu dem Tag, an dem sie starb.

Ich habe erwähnt, dass Claras Aufgabe schwierig war, und das war sie wirklich.

Donnerstag, 7. Juni 1906

Die Schwierigkeiten von Claras Situation während der Krankheiten ihrer Mutter und ihrer Schwester – Der Brief an Susy Crane – Mr. Clemens' Version der Geschichte von Mr. Howells – Fahrt mit Mrs. Clemens nach Florenz und ihr Tod daselbst

Mehrere Male zu jener Zeit füllte ich Briefe, die ich Freunden schrieb, mit Beispielen für die Schwierigkeiten von Claras Situation. Einer dieser Briefe ging Ende 1902 an Susy Crane, zweieinhalb Monate nach unserer Rückkehr aus York Harbor.

Einige Tage vor Weihnachten kam Jean nach Hause, nachdem sie zusammen mit den jungen Dodges lange im Schnee herumgetollt, Schlitten gefahren und Ski gelaufen war und so weiter, und schwitzend setzte sie sich in ihren Pelzen hin und wurde augenblicklich von einer heftigen Erkältung gepackt. Sofort wurde sie der Obhut des Arztes übergeben, und Heiligabend war sie schwer krank. Sie hatte eine doppelte Lungenentzündung. Von diesem Zeitpunkt an bis über das Datum des besagten Briefes hinaus war ihr Zustand äußerst besorgniserregend. In dieser ganzen Zeit argwöhnte ihre Mutter nie, dass irgendetwas nicht stimmte. Jeden Tag fragte sie Clara nach Jeans Gesundheit, Stimmung, Kleidung, ihren Beschäftigungen und Belustigungen und wie sie sich vergnügte; und Clara versorgte sie bis ins kleinste Detail mit Informationen – natürlich war jedes Wort gelogen. Jeden Tag musste sie berichten, wie Jean gekleidet war; und mit der Zeit wurde sie es so müde, wieder und wieder Jeans vorhandene Kleidungsstücke aufzuzählen und zu versuchen, ihnen neue Aspekte abzugewinnen, dass sie schließlich zur Entlastung ihrer überstrapazierten

Phantasie dazu überging, Jeans Garderobe imaginäre Stücke hinzuzufügen, die sie vermutlich verdoppelt und verdreifacht hätte, wenn nicht ein warnender Unterton in den Bemerkungen der Mutter ihr in Erinnerung gerufen hätte, dass sie für diese geisterhaften Kleidungsstücke und Accessoires mehr Geld ausgab, als es das Familieneinkommen erlaubte.

Natürlich brauchte Jean eine professionelle Pflegerin, und für dieses Amt wurde eine Frau namens Tobin eingestellt. Jeans Zimmer lag am anderen Ende des Hauses, fern den Gemächern ihrer Mutter; und so konnten Ärzte und Pflegerinnen kommen und gehen, ohne dass ihre Anwesenheit von Mrs. Clemens entdeckt wurde. Mitte oder Ende Januar war Jean wieder auf den Beinen, und der Arzt verordnete ihr eine Luftveränderung. Er sagte, sie müsse in den Süden fahren, nach Old Point Comfort, und so geschah es auch. Katy und Miss Tobin begleiteten sie dorthin, wo sie mehrere Wochen blieb. Der Arzt hatte sechs Wochen verordnet, doch weder Jean noch Katy konnten die ausgebildete Krankenpflegerin ausstehen, und so kehrten sie noch vor Ablauf der Zeit nach Riverdale zurück.

Während Jeans langer Abwesenheit war Mrs. Clemens glücklich bei dem Gedanken, dass Jean im Haus weilte; dass sie sich blühender Gesundheit erfreute; dass sie sich genauso gut amüsierte wie alle jungen Mädchen der Gegend. Clara hielt ihre Mutter jeden Tag über Jeans Unternehmungen auf dem Laufenden. An einem Tag berichtete sie, Jean sei mit ihren Holzschnitzereien beschäftigt; am nächsten ließ sie Jean gewissenhaft ihren Sprachstudien obliegen; am Tag darauf berichtete sie, Jean sei damit befasst, Texte für mich abzutippen. Im Laufe der Zeit wurde sie dieser abgenutzten Bühnenrequisiten ebenso überdrüssig wie zuvor Jeans Kleidungsstücken.

An dieser Stelle füge ich den Brief an Susy Crane ein.

Claras Tagesablauf

Im Bett, 21.00 Uhr

Riverdale, 29. Dez. 02

Susy, Liebe, vor zwei Stunden hat mir Clara von ihrem Tag erzählt. Natürlich kann ich ihn nicht angemessen wiedergeben, so viele Details gibt es da; aber nach den Erfahrungen mit den elenden Begleitumständen des Krankenlagers, wie Du sie in York Harbor sammeln konntest, wirst Du zumindest eine Vorstellung bekommen, was für schlimme Stunden das arme Kind jeden Tag durchsteht, wenn sie sich zwischen Fallen und Stricken hindurchtastet und zwei-, dreimal pro Stunde nur mit knapper Not der Zerstörung entgeht.

[Heute. Jeans andere Lunge angegriffen; für den Abend wird mit einer Krise gerechnet – am Morgen soll Dr. Janeway gerufen werden. Unser Arzt soll über Nacht bleiben.]

Natürlich fährt Clara heute wegen Jean nicht zu ihrem Montagsunterricht nach New York – aber sie VERGISST es und betritt, *in einen Morgenrock gekleidet*, kurz vor Abfahrt des Zuges das Zimmer ihrer Mutter (wo sie nichts zu suchen hat).

Livy. Aber Clara, willst du denn nicht zu deinem Unterricht?

Clara. (Fast ertappt.) Doch.

Livy. In diesem Aufzug?

Cl. Nein, nein.

L. Nun kriegst du deinen Zug nicht mehr, das ist unmöglich.

Cl. Ich weiß, ich nehme den nächsten.

L. Aber das *geht* doch nicht – dann kommst du *viel* zu spät zum Unterricht.

Cl. Nein, der Unterricht ist um eine Stunde verschoben worden. [*Lüge.*]

L. (Zufriedengestellt. Dann plötzlich.) Oje, Clara, der Zug und der späte Unterricht bedeuten ja, dass du zu spät zu Mrs. Hapgoods Mittagessen kommst.

Cl. Nein, der Zug fährt jetzt immer fünfzehn Minuten eher als sonst. [*Lüge.*]

L. (Zufriedengestellt.) Richte Mrs. Hapgood aus, etc. etc. etc. *(Was Clara verspricht.)* Clara, Liebling, nach dem Mittagessen – ich belästige dich nur ungern damit –, aber könntest du *vielleicht* zwei, drei kleine Einkäufe für mich erledigen? – Es wäre schade, Miss Lyon für diese Kleinigkeiten den ganzen Weg nach New York machen zu lassen.

Cl. Aber ja, das stört mich gar nicht – kann ich machen. *(Erstellt eine Einkaufsliste – ein Liste, die sie gleich darauf Miss Lyon überreichen wird, damit sie die Einkäufe in New York tätigt.)*

L. (Nachdenklich.) Wie war noch gleich der Name? Tobin – Toby – nein, Tobin – Miss Tobin.

Cl. (Ihr wird kalt bis ins Mark, aber sie lässt sich nichts anmerken – Miss Tobin ist Jeans ausgebildete Krankenpflegerin.) Was ist mit Tobin – oder Miss Tobin? Wer ist das?

L. Eine Krankenpflegerin – eine ausgebildete Krankenpflegerin. Es heißt, sie sei sehr gut und gar nicht geschwätzig. Hast du sie gesehen?

Cl. (Verzweifelt – weiß in dieser unerklärlichen Notlage nichts zu sagen.) Sie gesehen? Eine Miss Tobin? Nein. Wer ist das?

L. (Zu Claras ungeheurer Erleichterung.) Ach, ich weiß *auch* nicht. Der Arzt hat sie erwähnt – und sie gelobt. Ich nehme an, es war ein Hinweis, dass wir eine zweite brauchen. Aber ich habe nicht reagiert, und er ließ das Thema fallen. Miss Sherry reicht völlig; wir brauchen keine zweite. Wenn er dich darauf anspricht, bring ihn davon ab. Ich glaube, es ist Zeit, dass du dich anziehst, Liebling – vergiss nicht, Mrs. Hapgood auszurichten, was ich dir aufgetragen habe.

[Clara geht ab – gerade mal noch lebendig –, findet in der Eingangshalle die wartende Miss Sherry. Zu beiderseitigem Schutz proben sie gemeinsam einige Lügen. Clara begibt sich in Jeans Teil des Hauses, wo sie herumschleicht und ihr häufige, nie länger als zwei, drei Minuten währende Besuche abstattet, ihr aber nicht erlaubt zu reden. Um drei oder vier nimmt sie die Einkäufe entgegen, die Miss Lyon aus New York mitgebracht hat; studiert ihre Rolle ein bisschen, dann geht sie ins Zimmer ihrer Mutter.]

Livy. Sehr lieb von dir, Liebling. Wenn ich gewusst hätte, dass es so verschneit und regnerisch ist, hätte ich dich nicht um die Besorgungen gebeten. Bist du nass geworden?

Cl. Ach, nicht ernstlich.

L. Du hast eine Droschke genommen, hin und zurück?

Cl. Vom Bahnhof zum Unterricht nicht – das Wetter war noch ziemlich gut, bis er zu Ende war.

L. Nun, erzähl mir alles, was Mrs. Hapgood gesagt hat.

[Clara erzählt ihr eine lange Geschichte, vermeidet Neuigkeiten und Überraschungen und alles, was nur neue Fragen auslösen könnte, die schwer zu beantworten wären; und natürlich beschreibt sie das Menü, denn selbst wenn es die Speisung der Fünftausend gewesen wäre, hätte Livy darauf bestanden, zu erfahren, was für Brot aufgetragen und wie der Fisch serviert worden war. Wenig später, während sie sich über etwas anderes unterhalten –]

Livy. Venusmuscheln! – Und das Ende Dezember? Bist du sicher, dass es Venusmuscheln waren?

Cl. Hab ich gesagt, Ven-, ich meinte Blue-Point-Austern.

L. (Beruhigt.) Kam mir auch seltsam vor. Was treibt Jean?

Cl. Sie hat gesagt, sie will ein bisschen tippen. *[Natürlich eine Lüge; Jean war kaum noch am Leben.]*

L. War sie heute draußen?

Cl. Nur kurz, gleich nach dem Mittagessen. Sie wollte unbedingt noch einmal nach draußen, aber –

L. Woher weißt du, dass sie draußen war?

Cl. (Fängt sich gerade noch rechtzeitig.) Katy hat's mir erzählt. Sie wollte unbedingt noch einmal nach draußen, trotz des Regens und des Schnees, aber ich hab sie überredet, im Haus zu bleiben.

L. (Voll rührender und dankbarer Bewunderung.) Clara, du bist *wunderbar*! Wie du ein so wachsames Auge auf Jean hast und *Einfluss* auf sie nimmst; das ist lieb von dir, wo ich doch ans Bett gefesselt bin und mich nicht selbst um sie kümmern kann. *(Und mit diesem unverdienten Lob fährt sie fort, bis Clara vor Scham fast stirbt.)* Wie hat John Howells gestern auf dich gewirkt?

Cl. Oh, es ging ihm ausgezeichnet. Natürlich war es ziemlich trostlos zu zweit an dem Tisch im großen Esszimmer.

L. Wieso nur zu *zweit*?

Cl. (Betreten.) Nun – äh – Papa zählt ja nicht.

L. Aber Jean zählt doch wohl?

Cl. (Wieder fast ertappt.) Ja, doch, natürlich *zählt* sie – macht die Runde erst komplett –, aber sie sagt doch nichts – redet nie.

L. War sie mit dir spazieren?

Cl. Ein kleines Stück. Dann haben wir die Dodges getroffen, und sie ist mit ihnen rodeln gegangen.

L. (Erstaunt.) Am Sonntag?

Cl. (Einen Augenblick verwirrt.) Na ja, das machen sie nicht *jeden* Sonntag. Vergangenen Sonntag nicht.

[Livy war anscheinend zufriedengestellt. Vor einigen Wochen sagte Jean, Clara sei der einzige Mensch, der ihrer Mutter eine unwahrscheinliche *Lüge erzählen könne und sie diese glaubt, was daran liege, dass Clara ihr bis dahin noch nie eine wie auch immer geartete Lüge erzählt hat.]*

L. Wann ist Mark Hambourg gekommen?

Donnerstag, 7. Juni 1906

Cl. Als John gegangen ist.

L. Ich habe die ganze Zeit darauf gewartet, das Klavier zu hören. War es nicht langweilig für ihn ohne Musik? Warum hast du ihn nicht zum Klavier geführt?

Cl. Ich hab's ihm angeboten, aber er hatte Kopfschmerzen. *[Lüge.]*

[Das Klavier steht zu nah an Jeans Zimmer – es hätte sie gestört.]

Das ist eine ziemlich grobe Skizze, Tante Sue, und alle *delikaten* Dinge sind wegge-
lassen – ich meine die außerordentlich schwierigen Situationen, in die Clara ständig
gerät und aus denen sie sich nur um *Haaresbreite* durch ein glückliches Wunder aus
improvisierter List und Tücke retten kann. Das Ganze wäre komisch, wäre es nicht so
herzzerreißend bedrückend und tragisch.

Ich habe den starken Wunsch, Dich zu uns zu bitten, aber der Arzt würde Dir nicht
erlauben, Livy zu sehen; und wenn er es doch täte – aber er würde es nicht erlauben.
30. Dez., 6.00 Uhr – (Etwa bei Tagesanbruch.) Ich war oben in Jeans Zimmer, wo
alles ruhig war – Jean schlief. Miss Tobin flüsterte: »Sie hatte eine *vortreffliche* Nacht.«
Der Arzt (und Clara) hatten in der Nacht ein paarmal nach ihr geschaut und waren, als
sie feststellten, dass alles gut verlief, wieder zu Bett gegangen.

SLC

Wenn man bedenkt, dass Clara diesen Erfindungsreichtum zweieinhalb Monate lang praktiziert hatte und ihn noch weitere anderthalb Jahre täglich praktizieren sollte, bekommt man eine Ahnung von den Schwierigkeiten und Gefahren des Amtes, das sie versah. Ich will an dieser Stelle eine andere Kostprobe
anführen.

Brief an Reverend Joseph H. Twichell

Riverdale-on-the-Hudson
Der letzte Tag eines – in mancher Hinsicht –
harten Jahres 1902 n. Chr.

Lieber Joe –

es ist 10 Uhr morgens, und eben hat der Postbote Deine gestrigen Wünsche gebracht. Gestern Nachmittag ereignete sich ein denkwürdiger Vorfall: Zum ersten Mal

seit dreieinhalb Monaten hielt ich mich für gut zwei Minuten in Livys Nähe auf (die ausgebildete Krankenpflegerin hatte ihre Uhr in der Hand).

Livy strahlte! (Und ich hab's nicht verdorben, indem ich sagte: »Jean liegt seit sieben Tagen mit Lungenentzündung im Bett.«)

[Von der restlichen Woche, Joe, findet sich eine ganze Menge in meiner Weihnachtsgeschichte *(Harper's)* mit dem Titel »War es der Himmel? Oder die Hölle?«, eine größtenteils wahre Geschichte, die ich im August oder September in York Harbor verfasst habe.]

In dieser Geschichte sind Mutter und Tochter krank, und die beiden Bettlägerigen werden von zwei betagten Tanten gepflegt – natürlich unterstützt von einem Arzt, obwohl ich seinen Anteil herunterspiele, um die Geschichte kurz zu halten. In dem hiesigen Haus in Riverdale sind die Lügner der Arzt, Clara und Miss Sherry (Livys ausgebildete Krankenpflegerin). Das sind die regulären Lügner. Heute darf ich Livy wieder zwei, drei Minuten sehen, und es ist gut möglich, dass sie fragt: »Mit wem hast du dich beim Frühstück unterhalten? – Ich habe eine Männerstimme gehört.« (Und mich verwirrt.) (Der Mann war der Arzt; er verbringt die Nächte hier bei Jean, und seine Visite bei Livy steht nicht vor dem Mittag an – er wohnt zwei oder drei Meilen entfernt.) Sie schickte Miss Sherry mit genau dieser Frage nach unten, wo wir frühstückten. Zu dritt beratschlagten wir und ließen ihr ausrichten, es sei ein Fremder. Es sähe Livy ähnlich, mich zu fragen, wer dieser Fremde gewesen sei. Folglich muss ich, wenn ich zu ihr gehe, mit einem geeigneten Fremden aufwarten können.

Gestern Morgen verließ uns der Arzt um neun und machte seine Runde in Yonkers, dann kam er zurück und stattete Livy seine übliche Mittagsvisite ab; heute Morgen jedoch musste er ein oder zwei Patienten im Umkreis von einer halben Meile aufsuchen, und um sich die zusätzliche Fahrt zu ersparen, hielt er es für eine gute Idee, gleich nach dem Frühstück zu Livy hinaufzugehen; also ließ er ihr ausrichten, er sei zufällig in der Gegend gewesen und wolle sich erkundigen, ob er nicht hinaufkommen und Livy *jetzt* schon sehen könne. Natürlich war sie einverstanden, und er ging hinauf. Er hätte schweigen sollen; aber irgendein Teufel der Unbedachtheit ritt ihn, so dass er sagte:

»Mr. Clemens sagt, Sie sehen deutlich besser aus als neulich, als er Sie das letzte Mal in York gesehen hat.«

Livy erwiderte wie aus der Pistole geschossen:

»Was – Sie haben ihn gesehen? Wie kommt es, dass Sie ihn seit gestern Nachmittag gesehen haben?«

Glücklicherweise ließ sich der Arzt den Schlag, den sie ihm damit versetzt hatte, nicht anmerken, sondern sagte gefasst:

»Als ich vor einer Minute hereinkam, bin ich ihm zufällig in der Eingangshalle begegnet.«

Jedenfalls musste er anschließend Miss Sherry nach draußen bugsieren und sie beauftragen, mir auszurichten, auf welche Weise er meine Meinung über das Aussehen der Patientin in Erfahrung gebracht habe. Um ganz sicherzugehen, spürte er mich selbst auf und sagte es mir persönlich; dann rief er Clara und instruierte sie, die zwar vormittags keine Krankenwache hält, doch jeden Morgen vorübergehend Miss Sherrys Platz einnimmt, während diese nach unten geht und zusammen mit der Köchin Livys Mahlzeiten für den Tag bespricht.

Ich darf Livy jeden Nachmittag kurz sehen, bis sie die nächste schlimme Nacht hat; und mir graut es, denn ich merke, dass ich trotz aller Übung in einer plötzlichen Notlage nur einen armseligen, unbeholfenen Lügner abgebe, wo doch ein guter, geistesgegenwärtiger und fähiger Notlügner die einzige Sorte Lügner ist, die in einem Krankenzimmer von Wert ist.

Da siehst du mal, Joe, was ein Ruf bewirken kann. Ihr ganzes Leben hat Clara ihrer Mutter die Wahrheit gesagt, und jetzt streicht sie den Lohn ein: Clara lügt sie jeden Tag dreieinhalb Stunden lang an, und Livy nimmt alles für bare Münze, während eine Wahrheit von mir nicht viel wert ist, solange ich sie nicht erhärten kann.

Claras Begabung wird über Gebühr in Anspruch genommen, auch ohne diese neue Anforderung durch – Jean. Natürlich wollen wir nicht, dass Jean erfährt, in welcher Gefahr sie schwebt und dass der Arzt die Nächte keine zehn Meter von ihr entfernt verbringt.

Gestern bei Sonnenaufgang überbrachte Clara Jeans Pflegerin eine Anweisung von ihm; und da sie erschöpft war und nicht so geistesgegenwärtig wie sonst, händigte sie ihr diese in Jeans Hörweite aus. Sofort fragte Jean:

»Warum ist der Arzt hier – geht es Mama schlechter?«

Das brachte Clara zur Besinnung, und sie sagte:

»Nein. Er hat die Anweisung gestern spätnachts am Telefon durchgegeben und gesagt, wir sollen sie heute Morgen um sechs oder sieben ausführen.«

Heute Morgen fiel Clara wieder aus der Rolle. Sie stand in dem langen Flur vor Jeans Zimmer und rief Katy zu: »Bring das ins Zimmer des Arztes!«

Dann stürzte sie zu Jean, um ihr zur Erklärung eine Lüge aufzutischen, und war froh, als sie feststellte, dass Jean schlief und nichts gehört hatte.

Ich wünschte, Clara wäre nicht so in Beschlag genommen – dann könnte sie zur Feder greifen und sämtliche Einzelheiten eines dieser Nachmittage im Zimmer ihrer Mutter zu Papier bringen. Vorgestern (Montag) zum Beispiel. Wir alle waren höchst besorgt und verängstigt wegen Jean (beide Lungen angegriffen, Temperatur 40,2°, mit hohem Puls und höllischem Fieber), sämtliche Mitglieder des Haushalts wanderten ziellos und mit abwesenden und ausdruckslosen Gesichtern umher – während Clara oben saß, das Herz schwer und dennoch lächelnd, und ihrer glücklichen Mutter erzählte, wie gut sich Jean an diesen herrlichen Wintertagen mit den Dodges draußen im Schnee amüsierte, rodelte und herumtollte! * * * *

Joe, Livy ist der glücklichste Mensch, den du je gesehen hast. Und damit war sie eine ganze Woche lang die Einzige. Was für eine Woche! So voller Komödie und Pathos und Tragödie!

Gestern hatte Jean eine anständige Nacht, und es geht ihr so gut, wie es die Umstände zulassen.

Joe, sorg dafür, dass mich diese Leute nicht einladen – ich könnte nicht kommen. Ich habe alle Verpflichtungen abgesagt und werde ein Jahr lang keine neuen annehmen.

Es wird einen ausführlichen Bericht über das Dinner geben* – verfasst von einem der Festredner, Colonel Harvey –, und natürlich wird er ihn allen Gästen zuschicken. Falls er dich vergisst – was er nicht tun wird –, lass es mich wissen.

Bald ist mein kurzer Besuch fällig. Gerade war ich oben und habe an Livys Tür gelauscht. Zum ersten Mal seit Monaten habe ich gehört, wie sie in ihr mädchenhaftes Lachen von früher ausgebrochen ist. Mit einem Wort könnte ich das Blut in ihren Adern gefrieren lassen!

PS 1902

31. Dez., 16.00 Uhr. Eine herbe Enttäuschung. Ich saß vor Livys Tür und wartete. Clara kam vor einer Minute heraus und sagte, Livy gehe es nicht so gut, die Pflegerin

* Meinen siebenundsechzigsten Geburtstag. M.T.

könne mich nicht zu ihr lassen. Und Clara flüsterte noch andere Dinge. In dem Bemühen, neue Zerstreuungen für Jean zu erfinden, hatte sie behauptet, sie heute zu einer Nachmittagsvorstellung nach New York geschickt zu haben. Livy war erfreut, wollte aber sogleich den Namen des Stücks wissen. Clara kam ins Stocken. Sie hatte Angst, ein Stück zu nennen – ja, einen Moment fiel ihr überhaupt keins ein. Zögern aber nützt nichts; und so sagte sie, Jean habe den Titel nicht erwähnt, sei aber ganz aus dem Häuschen gewesen, noch einmal Fay Davis zu sehen.

Das war zufriedenstellend und die Sache damit beendet. Dann –

»Ist dein Vater bereit, morgen Abend mit dir und Jean auszugehen?« (In die Carnegie Hall.)

»O ja. Seit du krank bist, ist er wie ausgewechselt; murrt nicht mehr über Dinge, von denen er glaubt, dass du sie von ihm verlangst. Er ist geradezu erpicht, die unangenehmsten Dinge zu tun. Du würdest ihn nicht wiedererkennen. Er verhätschelt sich geradezu – und bildet sich so viel auf sich selbst ein, dass er –«

Und so weiter und so fort. Sie wollte Zeit gewinnen – Zeit, um sich neue Ausreden auszudenken. Die Karten hatte sie vor einer Woche zurückgeschickt mit einem Vermerk, weshalb wir nicht kommen könnten; dann hatte sie die Sache vergessen, und dass sie jetzt so plötzlich von der uralten Vergangenheit eingeholt wurde, war eine gefährliche Angelegenheit und verlangte Vorsicht. (Es ist mein kleines Theaterstück für Kinder, *The Death-Wafer*, das Livy liebt und über das sie unbedingt von einem Augenzeugen hören möchte.)

»Wer geht sonst noch?«

»Mary Foote und – und Miss Lyon und – und Elizabeth Dodge – und – ich glaube, das sind alle.«

»Was – Jean hat Elizabeth eingeladen und nicht ihre *Schwester*?«

(Clara hatte vergessen, dass es auch noch eine Schwester gab, und musste erklären, dass sie sich nicht mehr richtig erinnern könne, aber glaube, Jean hätte die Schwester *doch* erwähnt.)

»Nun, um sicherzugehen, sprich mit ihr darüber. Aber sind das alle, die sie eingeladen hat? Es ist eine große Loge, und die Veranstalter waren sehr entgegenkommend. Sie darf nicht leer wirken.«

Und Livy begann sich Sorgen zu machen.

»Ach, lass gut sein, Mäuschen. Du kannst dich darauf verlassen, dass Jean sie voll bekommen hat. Sie hat Namen erwähnt, aber ich hatte mit der Köchin alle Hände voll zu tun und habe nicht richtig zugehört.«

Und in diesem Moment fiel mir *mein* Teil zu, denn Clara sagte:

»Übermorgen wird sie *alles* darüber wissen wollen. *Ich* kann ihr keine Einzelheiten liefern, ich habe alles längst vergessen. Morgen ist es an dir, mich gründlich einzuweisen.«

Dann musste sie wieder zurück in Livys Zimmer – und ihr womöglich erklären, was sie so lange aufgehalten hatte.

Eine verwickelte Situation. Livy kennt die Geschichte, ich nicht. Ich habe sie vor mindestens drei Jahren geschrieben. Ich glaube, ich werde Clara etwa folgendes Vorgehen vorschlagen:

»*Verallgemeinere*, halte alles so *allgemein* wie möglich – das Bühnenbild und die Kostüme und wie grimmig und aufrecht der alte Lordprotektor war, wie hübsch und unschuldig kühn das Kind und wie jammervoll gebeugt und gebrochen die armen Eltern und so weiter, wie *vollkommen* natürlich und akkurat der Tower von London aussah – den Tower musst du ausschlachten, Livy kennt den Tower gut – den musst du richtig ausschlachten – den musst du immer wieder anbringen – jedes Mal, wenn du ins Stocken kommst, sagst du: ›Oh, aber der Tower! Ah, der Tower!‹ Und sperr die Ohren auf – deine *Mutter* wird die Einzelheiten liefern, ohne es zu wissen. Sie wird erwähnen, wie das Kind unaufgefordert auf Cromwells Schoß klettert – und du musst sie mitten im Satz unterbrechen und sagen: ›Oh, du hättest es *sehen* sollen!‹, und sie wird sagen: ›Wenn das Kind dem eigenen Vater das rote Plättchen in die Hand legt –‹, und du wirst ihr ins Wort fallen und sagen: ›Ach, Mäuschen, das war so mitleiderregend – man konnte den ganzen Saal schluchzen hören‹, und sie wird fragen: ›Ist das Mädchen der Rolle gerecht geworden, als sie auf Cromwell zuflog, ihn fortzog und mit dem Fuß aufstampfte und –‹, und du musst ihr ins Wort fallen und sagen: ›Es war großartig! Und als er sagte: *„Gehorcht! Sie hat mit meiner Stimme gesprochen; der Gefangene ist begnadigt – setzt ihn auf freien Fuß!"*, hättest du *dabei sein* sollen! Es war einfach wunderbar!‹«*

Mark

---

* Juni 1906. Clara folgte den Anweisungen und war erfolgreich.

170

Donnerstag, 7. Juni 1906

1903

1. Jan. 03. Gestern blieb der Arzt nicht über Nacht. Als ich mich gerade zum Abendessen umkleiden wollte, holte mich Livys Pflegerin, und ich durfte die Patientin vier Minuten sehen. Sie war in bester Stimmung – wie vor fünfundzwanzig Jahren.

Heute Morgen schickte sie mir einen Neujahrsgruß, sie hatte eine gute Nacht.

Auch Jean hatte eine gute Nacht und sieht in meinen Augen nicht mehr ganz so verwüstet und vernichtet aus wie in den vergangenen Tagen. Sie schläft die ganze Zeit. Heute Morgen war ihre Temperatur fast normal. Alles hier sieht gut aus (unberufen*!).

Mark

28. Jan.

Gestern erlitt Livy einen leichten Rückschlag, und soeben hat mir der Arzt mitgeteilt, dass er meine täglichen Besuche für ein paar Tage unterbinden werde. Das wird sie bekümmern und könnte anfangs einen nachteiligen Effekt haben, doch später werden die Resultate die Klugheit seiner Entscheidung zweifellos bestätigen.

Katys Aufenthalt mit Jean in Old Point Comfort bereitet neuerliche Schwierigkeiten: Livy versorgt Clara jeden Tag mit Anweisungen für Katy. Monatelang hat Katy spezielle Gerichte für Livy zubereitet, und jetzt will Livy ihr die Hammelbeine langziehen – in den letzten Tagen sei sie nachlässig geworden und werde den Anforderungen nicht mehr gerecht! Grundgütiger, *wir* können doch mit Katys Kochkünsten nicht mithalten!

Immer der Deine
Mark

Jean genießt ihre Zeit in Old Point Comfort sehr. Clara hat Judy zu uns eingeladen, und wir hoffen, dass sie zusagt.

Die Geschichte (»War es der Himmel? Oder die Hölle?«) erschien in der Weihnachtsausgabe von *Harper's*, als Jeans Leben am seidenen Faden hing (wie wir alle wussten), während sie freudig und aktiv an den Weihnachtsfestlichkeiten der Nachbarschaft teilnahm (wie ihre Mutter vermutete). Die Mutter erkun-

* [Deutsch im Original; Anm. des Übers.]

171

digte sich nach allen Festivitäten mit jenem lebhaften Interesse, das so bezeichnend für sie war. Sie wollte sämtliche Einzelheiten erfahren. Sie wollte sämtliche Namen erfahren. Ob die jungen Leute eine Party, ein Fest oder einen Tanz veranstalteten, wollte sie wissen. Ob im Haus von William E. Dodge, Cleveland Dodge oder George W. Perkins, sie musste den Ort wissen, die Art der Vergnügung, die Namen der Teilnehmer, ausnahmslos alles. Clara lieferte ihr diese Einzelheiten; und während ihre Mutter bei der Vorstellung, wie köstlich Jean sich amüsierte, vor Freude übers ganze Gesicht strahlte, saß Clara da und lauschte mit stillem Herzen – falls ein Herz lauschen kann. Sie wusste, dass Jean womöglich in diesem Augenblick starb.

Italien

Gegen Ende Oktober brachten wir Mrs. Clemens, begleitet von Miss Sherry, ihrer ausgezeichneten Pflegerin, an Bord eines Schiffes. Am 9. November erreichten wir Florenz. Wir beförderten unsere Patientin zu jener abscheulichen Villa di Quarto. Ich habe die Geschichte unseres achtmonatigen Aufenthalts an diesem verruchten Ort bereits hinreichend geschildert. Ich will mir nicht den überflüssigen Schmerz zufügen, auch noch die verbleibenden Monate zu beschreiben.

Mrs. Clemens war von Anfang an todgeweiht, argwöhnte aber nichts – *wir* argwöhnten nichts. Sie war in ihrem Leben oft krank gewesen, doch dank ihrer übernatürlichen Genesungskraft hatte sie diese Gefahren stets wohlbehalten hinter sich gelassen. Wir waren die ganze Zeit voll beklemmender Angst und Sorge, aber ich glaube nicht, dass wir die Hoffnung jemals wirklich aufgaben. Zumindest nicht bis zu diesen letzten zwei, drei Wochen. Es sah *ihr* nicht ähnlich, die Hoffnung zu verlieren. Wir rechneten nicht damit, dass sie sie je verlieren würde – und als sie mir schließlich flehentlich in die Augen sah und mich fragte: »Glaubst du, ich werde wieder genesen?«, war dieser Satz, den sie nie zuvor geäußert hatte, ein Verrat. Ihre Hoffnung war versiegt, und ich begriff es.

Fünf Monate lang hatte ich versucht, eine andere, zufriedenstellende Villa zu finden in dem Glauben, dass, wenn wir Mrs. Clemens von der Villa di Quarto mit ihren teuflischen Assoziationen fortbringen könnten, die glücklicheren Lebensumstände sowohl die Gesundheit ihres Geistes als auch die ihres Körpers verbessern würden. Ich fand etliche Villen, die alle gewünschten Merkmale aufwiesen bis auf ein oder zwei, doch diese fehlenden waren stets lebensnotwendig – weil für das Wohlbefinden der Kranken unerlässlich. Endlich aber, am Samstag, dem 4. Juni, hörte ich von einer Villa, die sämtlichen Erfordernissen zu genügen versprach. Am Sonntagnachmittag fuhren Jean und ich hin, nahmen die Villa in Augenschein und kehrten befriedigt zurück, mehr als befriedigt – entzückt. Der Kaufpreis betrug dreißigtausend Dollar in bar, und wir konnten die Villa sofort in Besitz nehmen.

Wir kamen um fünf Uhr nachmittags zurück, und ich wartete mit meinen Neuigkeiten bis sieben. Zwei- oder dreimal am Tag durfte ich für fünfzehn Minuten ins Krankenzimmer – die letzte dieser Gelegenheiten bot sich mir um sieben –, und außerdem durfte ich um neun noch einmal auf einen kurzen Augenblick eintreten, um gute Nacht zu sagen. An jenem Abend um sieben Uhr saß ich an ihrem Bett. Ich beschrieb die Villa, zeigte ihr den Grundriss und sagte, wenn sie einverstanden sei, würden wir die Villa am nächsten Tag kaufen und sie dorthin bringen, sobald sie die Fahrt auf sich nehmen könne. Sie war froh. Sie war zufrieden. Und ihr Gesicht – in den letzten Wochen schneeweiß, marmorweiß – leuchtete. Ich überzog meinen Aufenthalt um fünfzehn Minuten – eine strengstens verbotene Sünde. Als ich gerade zur Tür hinausging, die von ihrem Bett am weitesten entfernt war, wurde ihr klar, dass ich das Privileg, um neun Uhr für einen Gutenachtgruß vorbeizukommen, eigentlich verwirkt hatte. Jedenfalls glaube ich das, denn sie warf mir eine Kusshand zu und fragte: »Du kommst noch einmal?« Ich sagte: »Ja.«

Um neun kam ich wieder. Als ich eintrat, sah ich Katy und die ausgebildete Krankenpflegerin zu beiden Seiten von Mrs. Clemens, die aufrecht im Bett saß – sie hatte seit zwei Monaten nicht gelegen –, und anscheinend stützten sie sie. Aber sie war tot. Sie musste gestorben sein, als ich gerade durch die Tür trat. Sie hatte sich in seliger Unwissenheit über das bevorstehende Ende befunden. Noch einen Moment bevor ich das Zimmer betrat, hatte sie mit Katy und der Pflegerin fröhlich geplaudert.

Wir brachten sie nach Hause. In die Bibliothek im Haus ihres Vaters, und an derselben Stelle, wo sie, eine junge Braut, fünfunddreißig Jahre zuvor gestanden hatte, ruhte jetzt ihr Sarg. Mr. Twichell, der auch ihre Trauung vorgenommen hatte, war zugegen, um die Abschiedsworte zu sprechen.

Montag, 11. Juni 1906

Der schöne Morgen – Vornehme Lage des Hauses – Der einzige Nachteil:
Einsamkeit – Besuch von dem Reh – Mitgefühl mit Adam und Eva
im Garten Eden – Ausbruch des Vesuvs – Erdbeben in San Francisco

Nach einer Woche des Schweigens und der Entkräftung weiß ich kaum, wo ich den Faden wieder aufnehmen soll. Diese Veranda ist nicht der beste Arbeitsplatz der Welt, besonders nicht bei so herrlichem Wetter wie heute. Der Himmel ist bezaubernd blau. Die Welt ein Blendwerk aus Sonnenschein. Monadnock wirkt um mehrere hundert Meter näher als sonst. Die ungeheure Weite des ausgedehnten Tals ist von einem tiefen Grün – die Seen sind von einem ebenso tiefen Blau. Und es gibt einen neuen Horizont – einen ferneren, als wir vorher gekannt haben, denn hinter dem mächtigen Halbkreis dunstiger Berge, die gewöhnlich den Rahmen des Bildes abgeben, zeichnen sich schemenhafte große Kuppeln ab, die unseren Augen unvertraut sind. Gewiss ist dieses Haus vornehm gelegen. Abgeschieden, zurückhaltend und recht selbstzufrieden steht es inmitten von hundert und mehr Morgen Wald und Wiesen, und von seinem hohen Thron blickt es auf jenes weitläufige Paradies, von dem ich gesprochen habe.

Aber es hat einen Nachteil – nur einen, aber das ist ein solcher NACHTEIL, dass er Kapitälchen rechtfertigt. Es ist der Nachteil der Einsamkeit. Wir haben keinen einzigen Nachbarn, der uns ein Nachbar ist. Im Umkreis von zwei Meilen wohnt niemand außer Franklin MacVeagh, und der ist von allen am weitesten entfernt, weil er in Europa weilt. Mein gesellschaftliches Leben muss sich auf die Freunde beschränken, die mich besuchen kommen. Ich kann sie nicht gut selbst besuchen, weil ich nur ungern fahre und viel zu träge bin, zu Fuß zu gehen. Der Rest des Haushalts geht und fährt täglich und überlebt auf diese Weise. Ich aber überlebe nicht. Ich bin in Trance. Wenn ich am Vormittag ein paar Stunden diktiert habe, weiß ich nicht, was ich bis zum nächsten Morgen um zehn Uhr mit mir anfangen soll. Manchmal geht es bei uns so melancholisch zu, dass es aufhört, kläglich zu sein, und anfängt, lustig zu sein. Ein Mitglied des Haushaltes hat der Villa einen Freimaurernamen verpasst: Loge des Kummers.

Jetzt habe ich Mitgefühl mit Adam und Eva, denn ich weiß, wie ihnen zumute war. Ich existiere mit gebrochenem Herzen in einem Garten Eden und in einem Haushalt, der aus sechs oder acht Personen besteht – und doch fühle ich mich, wie sich Alexander Selkirk fühlte, der sich mit trauriger Poesie aufmuntern musste, da er keine andere Möglichkeit hatte, sich die Zeit zu vertreiben, und der sagte:

O Einsamkeit! wo ist der Reiz,

den Weise in deinem Antlitz gesehn?

Lieber inmitten von Lärm gelebt,

als an diesem Schreckensort vergehn.

Das hätte Adam auch gesagt. Adam hätte es aufgeschrieben und für die Nachwelt festgehalten – wenn er die Worte hätte buchstabieren können. Der Garten Eden, das weiß ich jetzt, bedeutete unerträgliche Einsamkeit. Ich weiß, dass das Auftauchen der Schlange eine willkommene Abwechslung war – man tut alles, um Gesellschaft zu haben. Ich hätte sie willkommen geheißen. Ich hätte alles getan, was mir eingefallen wäre, um es ihr bequem zu machen und sie zum Bleiben zu bewegen. Sie hätte sämtliche Äpfel haben können, auch wenn ich sie dann selbst hätte entbehren müssen.

Zu der vollen Erkenntnis der absoluten Einsamkeit dieses Ortes war ich bisher nicht vorgedrungen, als mir vor drei Tagen ein Symbol – eine bündige und sichtbare Allegorie – den fehlenden Anstoß gab. Am späten Nachmittag stand ich allein auf dieser Veranda und beklagte die Stille, die schöne, raumgreifende Trostlosigkeit und die Abwesenheit allen sichtbaren Lebens, als zwei wohlgestalte anmutige Rehe über die Wiese staksten und verhofften, mich ebenso dreist wie gemächlich beäugten, als überlegten sie, mich als Nippesfigur zu erstehen. Dann schienen sie zu dem Schluss gekommen zu sein, dass sie andernorts für weniger Geld mehr bekämen, staksten gelassen davon und verschwanden zwischen den Bäumen. Das bringt die Einsamkeit hier auf den Punkt. Sie

175

ist so vollständig, so vollkommen, dass selbst die wilden Tiere offenbar damit zufrieden sind. Diese zierlichen Geschöpfe zeigten nicht die geringste Angst vor mir.

In dieses mein Werk haben sich einige große Lücken eingeschlichen. Anfang April ereignete sich der gewaltige Ausbruch des Vesuvs und elektrisierte die Welt. Nachdem etwa eine Woche vergangen war, erhielten wir nach und nach ins Detail gehende Informationen zusammen mit Fotos, die sie begreiflich machten. Mein erster Gedanke war: »Hier ist eine Gelegenheit zu zeigen, dass eine alte Nachricht genauso interessant sein kann wie eine neue Nachricht, vorausgesetzt, dass sie in Form einer von einem Augenzeugen verfassten Erzählung daherkommt.« Ich hatte vor, mir den Bericht Plinius' des Jüngeren über die Zerstörung Herculaneums und Pompejis im Jahre 79 n. Chr. zu beschaffen und ihn in dieses Buch einzufügen, wo er interessant wäre und interessant bliebe, solange das Buch überdauert. Aber da geschah etwas, womit ich hätte rechnen müssen – die Zeitungen erschienen und mit ihnen die Erzählung Plinius' des Jüngeren. Das geschah nicht nur diesmal, sondern wird, solange es Zeitungen und Zeitschriften gibt, immer wieder bei jedem großen Ausbruch des Vesuvs geschehen, bis der Vesuv für immer erloschen ist – und sei es erst in hunderttausend Jahren.

Insofern bestand kein Anlass, Plinius den Jüngeren in dieses Buch aufzunehmen. Er wird, wenn sich ein Anlass bietet, stets Gehör finden, ohne auf meine Hilfe angewiesen zu sein. Damals diktierte ich gerade etwas zu anderen Themen und gab mir größte Mühe, bis zu dem besagten Datum aufzuholen. Daher ließ ich mir mit dem Ausbruch Zeit, bis sich mir eine passende Gelegenheit bieten würde. Unterdessen fuhr ich Tag für Tag fort, die täglichen Berichte über den Verlauf des Ausbruchs zu sammeln und aufzubewahren, zusammen mit den Fotos, die Augenzeugen beigesteuert hatten.

Doch noch ehe ich in meinen Diktaten aufholen und mit dem Vulkanausbruch beginnen konnte, traf die ungeheure Nachricht von der Zerstörung San Franciscos durch Erdbeben und Feuersbrunst ein, und ich und die Welt verloren augenblicklich jedes Interesse am Vesuv. Von Horizont zu Horizont überflutete San Francisco die ganze Welt, und den Vesuv gab es nicht mehr. Vermutlich war noch nie in der Geschichte ein Weltinteresse so plötzlich und so vollständig erloschen.

Der erste Hinweis auf die Katastrophe, die über San Francisco hereingebrochen war, erreichte mich in so übersteigerter Form, dass ich sie für eine unverschämte Erfindung hielt, die meine Aufmerksamkeit keine zehn Minuten fesseln konnte. Er erreichte mich telefonisch durch einen Freund aus der Stadt. Er sagte nur: »San Francisco ist heute Morgen um fünf Uhr von einem Erdbeben zerstört worden. Zweitausend Tote.« Doch bei Einbruch der Nacht erschien ein »Extrablatt« nach dem anderen, und die Nachricht nahm den Anschein von Realität an, konkrete Einzelheiten verlautbarten. Am nächsten Morgen brachten die Zeitungen Nachrichten von überzeugender Beschaffenheit – auch wenn es nicht viel zu erfahren gab, da Erdbeben und Feuersbrunst gemeinsam die telegraphischen und die Eisenbahnverbindungen zwischen San Francisco und der Außenwelt fast gänzlich unterbrochen hatten.

Wieder begann ich, Fotos und Schilderungen zu horten. Meine gesamte Materialsammlung über den Vesuv warf ich weg, um Platz für die San-Francisco-Sammlung zu schaffen. Doch binnen weniger Tage war diese zu einem Berg angewachsen, und die Sache war hoffnungslos. Ich vernichtete meine San-Francisco-Sammlung und hörte auf, weiter Material dieser Art anzuhäufen. Mir kam in den Sinn, dass es bestimmte gute Gründe dafür gab, mich der Aufgabe, Historiker dieser Katastrophe zu werden, klug und schicklich zu entziehen. Mir kam zufällig in den Sinn, dass sie, da sie in der Geschichte das einzige Beispiel für die Zerstörung einer so großen Stadt durch Feuersbrunst und Erdbeben war, unter allen Katastrophen einzig dastehen würde; denkwürdig, schrecklich, erhaben, den Menschen auf immer sichtbar, auf immer unauslöschlich – und so würde es bleiben, selbst wenn ihr die Unterstützung durch Buch und Zeitung versagt bliebe. An derartiger Unterstützung aber wird es ihr nicht mangeln. Nein, sie wird diese Hilfe in alle Zukunft erhalten. Noch in tausend Jahren wird es ganze Bibliotheken über die Zerstörung San Franciscos geben. Es wird massenweise Bilder – fotografische, authentische Bilder – geben, die die Katastrophe illustrieren. Ich merke, dass ich San Francisco in diesem Buch ganz gefahrlos auslassen kann, und genau das werde ich tun.

Dienstag, 12. Juni 1906

Das Erdbeben in San Francisco – Madame Sembrichs Erlebnis –
Die merkwürdige Abwesenheit von Angst bei allen, die von dem Erdbeben
betroffen waren – Mr. Clemens spricht von dem »Großen Beben« in San Francisco,
das sich ereignete, als er dort lebte – Von Mr. Richard Williams erfährt er,
dass Steve und Jim Gillis unversehrt sind

Im Laufe von sechsundfünfzig Jahren hat der gesamte Erdball unaufhörlich etwas zur Bevölkerung von San Francisco beigetragen, so dass die Zerstörung der Stadt für weit über den ganzen Erdball verstreute Familien zu einer Angelegenheit höchst persönlicher Sorge wurde. Die vierhunderttausend Einwohner zählende Bevölkerung bestand aus nahezu allen Menschenrassen. Es gibt auf der Welt keine andere Stadt dieser Größe, deren Zerstörung auch nur ansatzweise an so vielen und so weit auseinanderliegenden heimatlichen Kaminen Furcht und Schrecken verbreiten könnte. Plötzlich scheint New York von Ex-Kaliforniern und Verwandten wie engen Freunden heutiger Kalifornier nur so zu wimmeln. Jeder, dem ich begegnete, schien persönliche Gründe für sein Interesse an der Katastrophe zu haben. Einige trieb ein finanzielles Interesse um. Ein Freund von mir, der lange in New York von einem üppigen Einkommen gelebt hatte, das ihm Liegenschaften in San Francisco einbrachten, hatte die meisten seiner Besitztümer verloren und sah sich gezwungen, aus einer teuren Unterkunft in eine billige ärmliche Behausung umzuziehen. Eine Woche vor dem Unglück dinierte an meinem Tisch ein junges, finanziell unabhängiges Ehepaar, und die beiden waren voller Vorfreude auf die Weltreise, die sie zu unternehmen gedachten. Ihr Vermögen lag in San Francisco. Zehn Tage nach dem Unglück mussten sie erkennen, dass sie verarmt waren; jetzt suchten sie eine einträgliche Beschäftigung. Sie fanden sie schnell – die Frau in New York, der Mann in Montana.

Es ist achtunddreißig Jahre her, seit ich San Francisco das letzte Mal gesehen habe und als wichtigster und einziger Reporter des *Morning Call* damit beschäftigt war, für dreißig oder vierzig Dollar pro Woche den Wohlstand der Stadt zu mehren. Aufgrund meiner Zeitungskontakte kannte ich hier seinerzeit einfach jeden – einschließlich der meisten Hunde und Katzen; jetzt aber schien es, als ob ich mir keinen meiner Freunde aus jenen frühen Tagen in Erinnerung rufen könnte, die achtunddreißig Jahre lang davongekommen sein mochten, um das Erdbeben zu genießen. Nach langem Nachdenken und Besinnen kramte ich doch noch drei, vier alte Freunde aus meinem Gedächtnis hervor, von denen ich Grund hatte anzunehmen, dass sie noch am Leben waren; außerdem stellte ich eine anderweitige persönliche Verbindung fest. Etwa eine Woche vor der Katastrophe suchte mich in der 21 Fifth Avenue – dem gemieteten Haus, dass wir unser Zuhause nennen – Madame Sembrichs Gatte auf und brachte mir ihr Autogrammalbum, das zu signieren ich von ihr den Auftrag erhalten hatte. Als er eine Woche später abreiste, sagte er:

»Es wird Sie interessieren, dass meine Frau mit dem Rest der Grand Opera Company heute in San Francisco eintrifft.«

Wie sich herausstellte, traf sie nicht erst ein, sondern war bereits eingetroffen. Und nicht nur war sie eingetroffen, vielmehr hatte das Erdbeben sie zum Zeitpunkt unseres Gesprächs in ihrem Nachtgewand aus der siebten Etage ihres Hotels gerüttelt, und jetzt kampierte sie in einem öffentlichen Park. Das Erdbeben schleuderte sie aus ihrem Bett und warf sämtliche Möbel in ihrem Zimmer durcheinander. Sie flüchtete die ruckelnde Treppe fast bis zur Straße hinunter, dann stieg sie, um ihren Schmuck zu retten, wieder zu ihrem Zimmer hinauf und bewältigte den Abstieg ein zweites Mal, diesmal bis ins Erdgeschoss, wo sie den Hoteleingang von herabgefallenen Baumaterialien versperrt fand. Da sie über ihre spärliche Bekleidung unglücklich war, trat sie den Aufstieg ein weiteres Mal an, um irgendetwas zu holen, ich weiß nicht was – vermutlich eine Haarnadel. Worauf ich hinauswill, ist, dass dieses reizende und zarte und zierliche und gebildete kleine Geschöpf keine Angst an den Tag legte, während der Erdball offensichtlich in Stücke zerbrach und alles zerbarst und zersplitterte und zerbröckelte und ungewohnte Geräusche aus gedämpftem und donnerndem Lärm hervorbrachte.

Laut unzähligen persönlichen Berichten seriöser Zeugen war das Gefühl der Angst zum Zeitpunkt der Verheerung merkwürdigerweise abwesend – und doch haben wir den Eindruck, dass der Schrecken, den uns ein Erdbeben beschert, der furchtbarste aller Schrecken ist und niemanden verschont. Ich weiß nicht, wie ich diesen radikalen Wandel erklären soll. Ich habe vor langer Zeit das sogenannte »Große Beben« in San Francisco miterlebt, und ich weiß noch, dass jeder, den ich während dieses jähen halbminütigen Wankens zufällig beobachtete, Angst hatte – ausgenommen ich selbst. Ich hatte keine Angst, weil ich nicht wusste, dass es sich um ein Erdbeben handelte. Es rüttelte mich gehörig durch, und ich fiel gegen ein Haus an der Straßenecke; doch zunächst vermutete ich, im Inneren des Hauses sei ein Tumult im Gange. Das interessierte mich sofort ungemein, denn ich war Zeitungsreporter, der für so etwas dankbar war. Ein paar Momente später begriff ich, dass es ein Erdbeben war, und machte Anstalten, es mit der Angst zu tun zu bekommen, als ich merkte, dass die Zeit dafür verstrichen war und meine Angst sich nicht mehr lohnte. Das Erdbeben forderte zwei Todesopfer – eine Dame starb vor schierer Angst, und ein junger Mann war vor Angst halb wahnsinnig geworden, so dass er aus dem Fenster sprang und starb.

Auf das Thema der Abwesenheit von Angst, wie sie in diesem jüngsten Erdbeben an den Tag gelegt wurde, wird meine Aufmerksamkeit durch einen veröffentlichten Brief des Philosophen Professor William James gelenkt, der an der Stanford University zu Gast war und die weitverbreitete erstaunliche Abwesenheit panikartiger Furcht feststellte. Für ihn bedeutete dies etwas Außerordentliches und Unerklärliches. In der Geschichte aller vorangegangenen Erdbeben, in Amerika oder sonst wo, lässt sich dergleichen nicht entdecken. Professor James wurde aus seiner Unterkunft geschleudert, verspürte aber keinerlei Angst oder Schrecken. Er war lediglich an dem Ereignis selbst interessiert, war es doch so bemerkenswert und denkwürdig, dass es mitzuerleben vieler Mühen wert war. Er berichtet von einem Studenten, der im dritten Stock eines massiven steinernen Wohnheims der Universität schlief und aus seinem Bett durch die drei Stockwerke hindurch ins Untergeschoss stürzte, wo er, unter Trümmern begraben, liegen blieb, aber nicht etwa verängstigt – und, soviel er wusste, auch nicht verletzt –, sondern nur überrascht, eine Überraschung, die sich mit Bedauern mischte, denn es war erst gegen fünf Uhr morgens, und er hatte noch nicht ausgeschlafen. Er bahnte sich einen Weg durch den Schutt, gelangte zu dem, was von seinem Zimmer im dritten Stock noch übrig war, sammelte hier, da und dort die Überreste seiner Kleidung ein, bedeckte seine Blöße und ging fort, um nachzusehen, was anderen Leuten zugestoßen war. Er merkte noch immer nicht, dass er verletzt war, doch gegen Mittag fand er sich in einem Krankenhaus wieder, wo es ein oder zwei Wochen dauerte, bis er so weit zusammengeflickt war, dass er das Krankenhaus verlassen konnte, und wieder auf die Beine kam.

Wie gesagt, kramte ich etliche Freunde aus jener Zeit vor achtunddreißig Jahren aus meinem Gedächtnis hervor, um die ich mir Sorgen machen konnte. Einer davon war Joe Goodman. Er ist unversehrt – ihm ist nichts passiert. Ein anderer war der »kleine Ward«, zu meiner Zeit Schriftsetzer beim *Morning Call* – und um zwei Uhr morgens, nach der Arbeit, pflegte er mit dem kleinen Steve Gillis und mir in das Bierlokal in der Montgomery Street zu gehen, wo ich bis zum Morgengrauen herumsaß und eine angenehme, erholsame Zeit verbrachte, während der kleine Ward und der kleine Steve – keiner der beiden wog mehr als dreiundvierzig Kilo – gutmütig mit jedem Fremden, der ihnen an Größe überlegen war und auf Erheiterung angewiesen zu sein schien, Streit anfingen, und jedes Mal verdroschen sie diesen Fremden mit den Fäusten. Ich habe nie erlebt, dass sie eine Niederlage erlitten hätten. Nie kamen sie einander zu Hilfe. Es wäre einer Beleidigung gleichgekommen, hätte der eine sich erboten, dem anderen gegen eine übergroße Mannsperson behilflich zu sein, und zwischen den beiden kleinen Freunden wäre ein Kampf entbrannt – ein Kampf, der Jahre angedauert und niemals hätte entschieden werden können, da die Burschen, was systematische Faustschläge betraf, einander völlig ebenbürtig waren. Wir drei waren etwa gleichaltrig – ich neunundzwanzig, sie siebenundzwanzig.

Während ich über diese geheiligten Erinnerungen nachdachte, fiel mir plötzlich ein, dass sich der kleine Ward vor mehreren Jahren, als er fünfundsechzig wurde, eine Kugel in den Kopf gejagt hatte. Damit beschränkten sich meine Sorgen auf den kleinen Steve Gillis und seinen Bruder Jim. Wie bereits gesagt, war ich damals ein, zwei Jahre lang Kostgänger im Haus ihrer Eltern gewesen und eng befreundet mit den jungen Söhnen und Töchtern der Familie. Schon bald sollte ich erfahren, dass die Gillis-Jungs unversehrt waren. Eines Tages wurde mir eine Visitenkarte mit der Adresse »Richard Williams, San Francisco« aufs Zimmer gebracht. Ich ließ den Inhaber der Karte sofort in mein Zimmer führen, denn ich wollte Erkundigungen einholen. Er war hochgewachsen, breitschultrig, muskulös; hatte ein kräftiges Kinn und ein entschlossenes Gesicht – was Kleidung und Auftreten betraf, ein Gentleman und allem Anschein nach um die vierzig Jahre alt. Er trug keinen Bart, und sein Gesicht bot einen schrecklichen Anblick. Es zeigte ein wirres Durcheinander breiter, glatter Narben, die einander wie die Schuppen eines Fischs überlappten – die Art Narben, die von einem Brand herrühren. Ich sagte mir: »Er braucht San Francisco gar nicht erst auf seine Karte zu schreiben. Jeder wird wissen, dass er kürzlich von dort zurückgekehrt ist oder aber aus der Verdammnis; denn dieses Kunstwerk kann er sich nur an diesem oder jenem der beiden Orte geholt haben; woanders produziert man derlei vollkommene und vollendete Werke nicht – weder in dieser Welt noch anderswo.« Es war eine gemeine Grobheit, ihn anzustarren, aber ich konnte nicht anders. Sein Äußeres übte eine Faszination aus – eine grausige Faszination –, die es mir unmöglich machte, den Blick von seinem Gesicht abzuwenden; und ich glaube, dass er, wo er geht und steht, feststellen wird, dass sich die übrige Welt genauso verhält wie ich – man kann sich dessen nicht erwehren.

Er sagte: »Mr. Clemens, Sie kennen mich nicht. Sie haben mich nie zuvor gesehen. Aber ich bin der älteste Sohn der ältesten der Gillis-Schwestern.«

»Das ist unmöglich«, sagte ich, »es waren doch ganz junge Mädchen.«

»Ja«, sagte er, »das waren sie, aber das sind sie schon lange nicht mehr.«

»Nun«, sagte ich, »ich verstehe. In meiner Erinnerung sind diese jungen Mädchen all die Zeit über junge Mädchen geblieben, aber in der Zwischenzeit könnten sie herangewachsen sein; das soll vorkommen. Jedenfalls mutet es äußerst seltsam an, dass Sie, ein großer, starker Mann, der Sprössling eines dieser jungen Geschöpfe sein sollen. Wie alt sind Sie?«

Er sagte, er sei siebenunddreißig, werde aber häufig für älter gehalten.

Er erzählte mir, dass seine Onkel, der kleine Steve Gillis und Jim, zum Zeitpunkt des Erdbebens und der Feuersbrunst im Krankenhaus waren und dass beide, obwohl sich Krankenhäuser angesichts der Katastrophe als besonders verhängnisvolle Orte erwiesen, da die Insassen bei ihrer Rettung nicht mitwirken konnten, entkommen waren. Das war nur natürlich. Sie sind die Tapfersten der Tapferen. Man könnte ihnen die Beine brechen und den Rücken dazu, und doch würden sie aus einer Gefahr, die für gewöhnliche Männer tödlich wäre, mit heilen Knochen davonkommen.

Ich muss gestehen, dass ich bis zum heutigen Tag nicht weiß, wie er sich diese Narben zugezogen hat. Ich war zu taktvoll, ihn danach zu fragen. Ich wusste, dass nur diese beiden Orte in Frage kamen, die Hölle oder San Francisco, daher – Außerdem wusste ich, dass er mich, wenn er diesbezüglich empfindlich war, aus dem Fenster werfen würde. Er sah ganz so aus, als wäre er ein Mann von Entschlossenheit. Ich wünschte, ich wüsste, ob er in der Feuersbrunst von San Francisco gewesen war, sich Verbrennungen zugezogen hatte und entkommen war – aber ich werde es nie herausfinden.

Mittwoch, 13. Juni 1906

Die Tage als Reporter des Morning Call *– Smiggy McGlurals Ankunft und Mr. Clemens' Kündigung – Die Zerstörung des* Morning-Call-*Gebäudes während des jüngsten Erdbebens – Gute Zeiten mit Bret Harte im Büro des* Morning Call

Wie wunderbar sind doch die Wege der Vorsehung! Aber darauf werde ich später zurückkommen.

Zu jener Zeit – vor etwa vierzig Jahren – war ich ein Reporter des *Morning Call* in San Francisco. Ich war mehr als das – ich war *der* Reporter. Es gab keinen anderen. Es gab genug Arbeit für einen und noch etwas mehr, aber nicht genug für zwei – jedenfalls Mr. Barnes' Vorstellungen zufolge, und der war der Eigentümer und daher in der besseren Lage, Bescheid zu wissen, als andere Leute. Um neun Uhr morgens musste ich eine Stunde im Polizeigericht verbringen und einen kurzen Bericht über die Keilereien der Vornacht schreiben. Diese fanden für gewöhnlich zwischen Iren und Iren und zwischen Chinesen und Chinesen statt, nur hin und wieder gab es zur Abwechslung eine Keilerei zwischen den beiden Rassen. Die Zeugenaussagen eines jeden Tages waren im Wesentlichen eine Wiederholung der Zeugenaussagen des Vortages, die tägliche Darbietung daher mörderisch eintönig und ermüdend. Soweit ich sah, gab es unter den damit befassten Männern nur einen, der eine Art kompensatorisches Interesse an ihnen hatte, und das war der Gerichtsdolmetscher, ein wortgewandter Engländer, der mit sechsundfünfzig chinesischen Dialekten vertraut war. Er musste alle zehn Minuten von einem Dialekt in den anderen wechseln, und diese Übung setzte ihn so unter Strom, dass er stets wach blieb – was bei den Reportern nicht der Fall war. Anschließend suchten wir die höheren Gerichte auf und machten Notizen über die Entscheidungen, die am Vortag getroffen worden waren. Alle diese Gerichte fielen unter die Rubrik »Übliches«. Für Reporter waren sie nie versiegende Informationsquellen. Während des restlichen Tages durchkämmten wir die Stadt von einem Ende zum anderen, sammelten so viel Material wie möglich, um die gewünschten Spalten zu füllen – und wenn es keine Brände gab, über die wir berichten konnten, legten wir welche. Abends besuchten wir die sechs Theater, eins nach dem anderen: sieben Abende in der Woche, dreihundertfünfundsechzig Abende im Jahr. In jedem dieser Häuser blieben wir fünf Minuten und verschafften uns den allerflüchtigsten Eindruck von Bühnenstücken und Opern, und auf dieser Grundlage rezensierten wir die Bühnenstücke und Opern dann, indem wir uns allabendlich, von Jahresanfang bis Jahresende, den Kopf zerbrachen, wie es so schön heißt, um über diese Vorstellungen irgendetwas sagen zu können, was wir nicht schon mehrere hundert Mal gesagt hatten. Von jenem Tag bis zu dem heutigen (vierzig Jahre) habe ich zu keiner Zeit ein Theater auch nur von außen betrachten können, ohne ein krampfartiges Bauchgrimmen zu erleiden, wie »Onkel Remus« es nennt – und was das Innere betrifft, so weiß ich so gut wie nichts darüber, denn in der ganzen Zeit habe ich es nur selten zu Gesicht bekommen und auch keinerlei Verlangen danach verspürt, das sich nicht von einem guten Argument bezwingen ließ.

Nachdem ich von neun oder zehn Uhr morgens bis elf Uhr nachts emsig damit beschäftigt war, Material zusammenzukratzen, nahm ich den Füllhalter zur Hand, breitete diesen Dreck in Worten und Wendungen aus und bedeckte damit so viel Fläche, wie ich nur konnte. Es war eine furchtbare Schinderei – eine seelenlose Schinderei – und bar jeden Interesses. Für einen faulen Menschen war es eine schreckliche Sklaverei, und ich bin faul zur Welt gekommen. Jetzt bin ich nicht fauler als vor vierzig Jahren, aber das liegt daran, dass ich vor vierzig Jahren an meine Grenze gestoßen bin. Man kann sich nicht jenseits des Möglichen begeben.

Schließlich passierte etwas. Eines Sonntagnachmittags, als ich sah, wie ein paar Rowdys einem mit der Wochenwäsche seiner christlichen Kunden schwer beladenen Chinesen nachjagten und ihn mit Steinen bewarfen, bemerkte ich, dass ein Polizist die Darbietung beobachtete – mit amüsiertem Interesse, nicht mehr. Er griff nicht ein. Ich schilderte den Zwischenfall mit beträchtlicher Wärme und heiliger Empörung. Normalerweise wollte ich am Morgen nicht lesen, was ich am Abend zuvor geschrieben hatte; es entstammte einem teilnahmslosen Herzen. Dieser Artikel aber entstammte einem lebendigen. Er war voller Feuer, und ich glaubte, es handele sich um ein Stück Literatur – und so suchte ich am nächsten Morgen eifrig nach ihm in der Zeitung. Er war nicht abgedruckt worden. Auch nicht am übernächsten Morgen, ebenso wenig am überübernächsten. Ich ging in die Setzerei und fand ihn, versteckt unter anderem verdammten Material, im Setzschiff. Ich erkundigte mich danach. Der Meister sagte, Mr. Barnes habe ihn in einer Korrekturfahne entdeckt und seine Vernichtung angeordnet. Und Mr. Barnes führte seine Gründe an – entweder mir oder dem Meister gegenüber, ich weiß es nicht mehr; aber sie waren kommerziell vernünftig. Er sagte, der *Call* sei, was auch die *New York Sun* damals war, die Zeitung der Waschweiber – das heißt die Zeitung der Armen; die einzige erschwingliche Zeitung. Sie verdiene sich ihren Lebensunterhalt bei den Armen und müsse deren Vorurteile respektieren oder untergehen. Die Iren seien die Armen. Sie seien Stab und Stütze des *Morning Call*; ohne sie könne der *Call* nicht einen Monat überleben – und sie hassten die Chinesen. Eine Beleidigung, wie ich sie versucht hätte, könne den ganzen irischen Ameisenhaufen in Aufruhr versetzen und der Zeitung ernsthaften Schaden zufügen. Der *Morning Call* könne es sich nicht leisten, Artikel zu veröffentlichen, in denen Rowdys dafür kritisiert würden, dass sie Chinesen mit Steinen bewarfen.

Damals war ich hochmütig. Ich habe es überlebt. Damals war ich unklug. Heute weiß ich Bescheid. Vorgestern brachte die *New York Sun* ein, zwei Absätze ihres Londoner Korrespondenten, die mir erlauben, mich zu verorten. Der Korrespondent erwähnt einige amerikanische Vorfälle der vergangenen zwölf Monate, etwa die grenzenlose Verderbtheit unserer großen Versicherungsgesellschaften, in denen unsere angesehensten Geschäftsleute von Berufs wegen Diebstahl verüben; die Berichterstattung über gewissenlose Schiebereien – kolossale Schiebereien – in bedeutenden Stadtverwaltungen wie Philadelphia,

185

St. Louis und anderen größeren Städten; die jüngste Berichterstattung über millionenfache Schiebereien bei der einflussreichen Pennsylvania-Eisenbahngesellschaft – mit geringfügigeren Enthüllungen kommerzieller Betrügereien von einem Ende der Vereinigten Staaten bis zum anderen; und heute schließlich Upton Sinclairs grässlicher Bericht über die gigantischsten und tödlichsten Betrügereien von allen, den Beef Trust, ein Bericht, der den Präsidenten dazu bewog, von einem zögerlichen Kongress ein Gesetz zu verlangen, das Amerika und Europa davor bewahren soll, in Scharen dem Arzt und dem Bestattungsunternehmer in die Hände zu fallen. Dem Korrespondenten zufolge fragt sich Europa allmählich, ob es in den Vereinigten Staaten wirklich noch einen ehrlichen Menschen männlichen Geschlechts gibt. Vor einem Jahr war ich überzeugt, dass keine solche Person auf amerikanischem Boden existiert – außer mir selbst. Diese Ausnahme ist inzwischen beseitigt worden, und nun glaube ich, dass es in Amerika keinen einzigen Menschen männlichen Geschlechts gibt, der ehrlich ist. Bis letzten Januar trug ich diesen Gürtel. Dann ging ich unter, zusammen mit Rockefeller und Carnegie und einer Gruppe von Goulds und Vanderbilts und anderen professionellen Schiebern, und schwor wie die gewissenlosesten unter ihnen meinen Steuern ab. Ich war ein großer Verlust für Amerika, denn ich war unersetzlich. Meiner Meinung nach wird es fünfzig Jahre dauern, um meinen Nachfolger hervorzubringen. Was den Dollar betrifft, so halte ich die gesamte Bevölkerung der Vereinigten Staaten für korrupt – ausschließlich der Frauen. Verstehen Sie bitte, ich sage diese Dinge als jemand, der tot ist. Ich hielte es für indiskret, wenn derartige Bemerkungen in aller Öffentlichkeit von jemandem gemacht würden, der noch am Leben ist.

Aber wie gesagt, vor vierzig Jahren war ich hochmütiger als jetzt und zutiefst beschämt, mich in einer solchen Lage zu befinden – als Sklave einer Zeitung wie des *Morning Call.* Wäre ich noch hochmütiger gewesen, hätte ich meine sichere Stelle gekündigt, wäre hinausgegangen und hätte gehungert wie jeder andere Held auch. Aber ich hatte keine Erfahrung mit Heldenhaftigkeit. Zwar hatte ich wie alle anderen davon *geträumt*, aber ich hatte keine Übung damit, und ich wusste nicht, wie ich sie zuwege bringen sollte. Ich konnte es nicht ertragen, mit dem Hungern zu beginnen. Ein-, zweimal in meinem Leben wäre ich damit fast in Berührung gekommen, zog aber aus den Erinnerungen keinen wirklichen Genuss. Ich wusste, wenn ich kündigte, würde ich keine andere Stelle finden. Das wusste ich ganz genau. Daher schluckte ich meinen Stolz hinunter und blieb, wo ich war. Und wenn ich meiner Tätigkeit schon vorher ziemlich wenig Interesse beigemessen hatte, so brachte ich ihr jetzt gar keins mehr entgegen. Ich fuhr mit meiner Arbeit fort, verspürte aber nicht das geringste Interesse, und das hatte natürlich Folgen. Ich begann sie zu vernachlässigen. Wie gesagt, für einen gab es ohnehin zu viel davon. So wie ich sie jetzt ausübte, gab es allem Anschein nach genug Arbeit für zwei oder drei. Das bemerkte sogar Barnes, der sagte, ich solle mir einen Assistenten besorgen, für ein halbes Gehalt. In der Buchhaltung gab es ein großes, schwerfälliges Geschöpf – gutmütig, dienstfertig, nicht intellektuell –, und dieser Mann erhielt wenig oder nichts pro Woche und kam für Kost und Logis selbst auf. Ein schamloser Bursche aus der Truppe der Buchhaltung, der vor nichts und niemandem Achtung hatte, machte sich über diesen Strandgutsammler unaufhörlich lustig und hatte sich einen Namen für ihn ausgedacht, der wie die Faust aufs Auge passte – ich weiß auch nicht, warum. Er nannte ihn Smiggy McGlural. Diesem Smiggy bot ich die Stelle des Assistenten an, und er akzeptierte sie voller Eifer und Dankbarkeit. Er verrichtete seine Arbeit mit zehnmal mehr Energie, als ich sie noch in mir hatte. Er war kein Intellektueller, aber eine irgendwie geartete Geisteshaltung war bei einem Reporter des *Morning Call* weder erwünscht noch erforderlich, und so versah er sein Amt mit größter Vollkommenheit. Nach und nach überließ ich McGlural mehr und mehr Arbeit. Ich wurde fauler und fauler, und binnen dreißig Tagen erledigte er fast sämtliche Arbeiten. Zudem war offenkundig, dass er alles und mehr ganz allein bewältigen konnte und meiner gar nicht bedurfte.

In genau diesem entscheidenden Augenblick trug sich jener Vorfall zu, den ich vor einer Weile erwähnte. Mr. Barnes entließ mich. Es war das einzige Mal in meinem Leben, dass ich entlassen wurde, und es schmerzt noch immer – auch wenn ich in meinem Grab liege. Er entließ mich nicht etwa unhöflich. Das entsprach nicht seiner Natur. Er war ein großer ansehnlicher Mann mit freundlichem Gesicht, zuvorkommendem Wesen und untadeliger Kleidung. Zu niemandem hätte er ein unhöfliches, unsanftes Wort sprechen können. Er nahm mich zur Seite und riet mir unter vier Augen, zu kündigen. Er war wie ein Vater, der einem Sohn einen Rat zu dessen eigenem Besten gibt, und ich gehorchte.

Jetzt war ich allein in der Welt und wusste nicht, wohin mit mir. Dank meiner presbyterianischen Erziehung wusste ich, dass der *Morning Call* Unheil über sich gebracht hatte. Ich kannte die Wege der Vorsehung, und ich wusste, dass das Vergehen gesühnt werden musste. Ich konnte nicht voraussagen, wann die Strafe eintreten oder welche Form sie annehmen würde, aber dass sie früher oder später eintreten würde, davon war ich genauso überzeugt wie von meiner eigenen Existenz. Ich konnte nicht sagen, ob die Strafe auf Barnes oder auf seine Zeitung niedergehen würde. Aber Barnes war der Schuldige, und dank meiner Erziehung wusste ich, dass die Strafe stets auf den Unschuldigen niedergeht; folglich war ich mir sicher, dass es die Zeitung wäre, die eines künftigen Tages für Barnes' Verbrechen würde zahlen müssen.

Und tatsächlich! Unter den ersten Fotos, die in der vierten Aprilwoche eintrafen, da stieß ich auf das Gebäude des *Morning Call*, wie es gleich dem Washington Monument aus der verwüsteten Stadt herausragte; sein ganzer Körper war verschwunden und nichts als die eisernen Knochen übriggeblieben! Und in dem Moment sagte ich mir: »Wie wunderbar sind doch die Wege der Vorsehung!« Ich hatte gewusst, es würde geschehen. Vierzig Jahre lang hatte ich es gewusst. In der ganzen Zeit hatte ich das Vertrauen in die Vorsehung nie verloren. Die Strafe war länger aufgeschoben worden, als ich erwartet hatte, jetzt aber war sie so umfänglich und zufriedenstellend ausgefallen, dass ich entschädigt wurde. Einige Leute mögen es seltsam finden, dass die Vorsehung eine ganze Stadt von vierhunderttausend Einwohnern zerstört, um eine vierzig Jahre alte Rechnung zwischen einem einfachen entlassenen Reporter und einer Zeitung zu begleichen, aber für mich hatte das überhaupt nichts Seltsames, denn ich war gebildet, ich kannte mich aus, ich war Presbyterianer, und ich wusste, wie es um diese Dinge bestellt ist. Ich wusste, dass zu biblischen Zeiten, wenn ein Mensch eine Sünde beging, mit aller Wahrscheinlichkeit die ganze ihn umgebende Nation – mitsamt Vieh und allem – vernichtet wurde. Ich wusste, dass die Vorsehung, was die Übrigen betraf, nicht wählerisch war, wenn es darum ging, jemanden zu erwischen, der mit der Person zu tun hatte, hinter der sie her

188

war. Ich erinnerte mich, dass in den *Magnalia* ein Mann, der eines Abends fluchend vom Gebetstreffen nach Hause ging, binnen neun Monaten seine Abmahnung erhielt. Er hatte eine Frau und sieben Kinder, und sie wurden alle auf einmal von einer schrecklichen Krankheit befallen und starben qualvoll einer nach dem anderen, bis nach einer Woche nur noch der Mann allein zurückblieb. Ich wusste, dass der Plan darin bestand, den Mann zu strafen, und ich wusste, dass er, wenn er nur ein bisschen Grips hatte, begriffen haben dürfte, dass diese Absicht verfolgt worden war, wenn auch vor allem auf Kosten anderer.

In jenen längst vergangenen Zeiten befand sich die Buchhaltung des *Morning Call* im Erdgeschoss und ein Stockwerk darüber das Büro des Direktors der Münzanstalt United States Mint, dessen Privatsekretär Bret Harte war. Im zweiten Stock saßen die Redakteure und die Reporter, im dritten und letzten war die Setzerei untergebracht. Nach Smiggy McGlurals Ankunft verbrachte ich viel Zeit mit Bret Harte in dessen Büro. Harte schrieb eine ganze Menge für den *Californian* – steuerte »*Verdichtete Romane*« und Skizzen bei und fungierte, glaube ich, auch als Redakteur. Ich war Beiträger. Ebenso Charles H. Webb; ebenso Prentice Mulford; ebenso ein junger Anwalt namens Hastings, der eines Tages in der Literatur sich auszuzeichnen versprach. Charles Warren Stoddard war Beiträger. Ambrose Bierce, der auch heute noch ganz passabel für Zeitschriften schreibt, war damals bei einer Zeitung in San Francisco beschäftigt – vielleicht der *Golden Era*. Wir ließen es uns gemeinsam gutgehen, es waren angenehme und gesellige Zeiten – allerdings erst nachdem mir Smiggy McGlural zu Hilfe gekommen war; davor hatte ich keine Muße. Smiggy war für mich von großem Vorteil – dreißig Tage lang. Dann wurde er mir zum Verhängnis.

Es war Mr. Swain, der Direktor der Mint, der Bret Harte entdeckte. In den 50ern war Harte, dreiundzwanzig oder vierundzwanzig Jahre alt, in Kalifornien eingetroffen und im Goldtagebau-Camp von Yreka gelandet, einem Ort, der durch einen Zufall zu seinem sonderbaren Namen gekommen war – als er in der Anfangszeit dringend einen Namen benötigte. Es gab dort eine Bäckerei mit einem Leinwandschild, das noch nicht aufgehängt, aber gemalt und so zum Trocknen gespannt worden war, dass das durchscheinende Wort »Bakery« verkehrt herum zu sehen war. Ein Fremder las es von hinten nach vorn, Yreka,

189

und vermutete, dass es der Name des Camps sei. Die Bewohner waren damit zufrieden und machten ihn sich zu eigen.

Harte unterrichtete mehrere Monate lang in diesem Camp. Er gab auch die wöchentliche Postille heraus, die als Zeitung diente. Daneben verbrachte er einige Zeit in dem Goldnestsucher-Camp Jackass Gulch (wo ich mich einige Jahre später drei Monate aufhielt). In Yreka und Jackass Gulch lernte Harte, exakt zu beobachten und die Waldlandschaft Kaliforniens sowie die allgemeinen Aspekte des Landlebens mit fotografischer Genauigkeit zu Papier zu bringen – die Postkutsche, ihren Kutscher und ihre Passagiere, die Kleidung und die allgemeine Lebensweise der Tagebauarbeiter, der Spieler und ihrer Frauen; an diesen Orten lernte er auch, ohne eigens beobachten zu müssen, was er alles nicht über den Bergbau wusste, wie er es aber so klingen lassen konnte, als würde die Feder von einem Experten geführt. Und an diesen Orten lernte er, Europa und Amerika für den drolligen Dialekt der Goldgräber zu begeistern – einen Dialekt, den kein Mensch im Himmel oder auf Erden je verwendet hatte, bis Harte ihn erfand. Mit Harte starb er denn auch, aber es war kein Verlust. Irgendwann kam Harte nach San Francisco. Er war Setzer von Beruf, und für zehn Dollar pro Woche fand er Arbeit im Büro der *Golden Era*.

Donnerstag, 14. Juni 1906

Handelt ganz von Bret Harte – seiner Erscheinung, seiner Kleidung,
seinen Werken etc.

Harte wurde nur fürs Setzen bezahlt, machte sich die Mühsal der Arbeit aber leichter und vergnüglicher, indem er der Zeitung unaufgefordert literarische Beiträge lieferte. Der Herausgeber und Eigentümer Joe Lawrence bekam Hartes Manuskripte nie zu Gesicht, denn es gab keine. Harte spann seine Literatur aus dem Kopf heraus, während er am Setzkasten arbeitete, und setzte sie, derweil er spann. Die *Golden Era* war eine betont, ja ostentativ literarische Zeitung, doch die veröffentlichte Literatur war schwach und schlampig gearbeitet und entsprach lediglich den literarischen Formen, ohne wirklich Literatur zu sein. Mr. Swain, der Direktor der Mint, bemerkte einen neuen Ton im Orchester der

Golden Era – einen neuen, frischen und munteren Ton, der sich über das wirre Gemurmel des Orchesters erhob und sich als Musik zu erkennen gab. Er fragte Joe Lawrence, wer der Künstler sei, und Lawrence sagte es ihm. Mr. Swain fand es schade, dass Harte sein Talent an einem solchen Ort für einen solchen Hungerlohn verschwendete, und so warb er ihn ab, ernannte ihn für ein gutes Gehalt bei wenig oder gar keiner Arbeit zu seinem Privatsekretär und riet ihm, seiner Neigung zu folgen und sein Talent zu entwickeln. Harte war einverstanden, und die Entwicklung begann.

Bret Harte war einer der angenehmsten Männer, die ich je gekannt habe. Er war auch einer der unangenehmsten Männer, die ich je gekannt habe. Er war angeberisch, prätentiös, unaufrichtig; und diese Eigenschaften trug er permanent mittels seiner Kleidung zur Schau. Trotz seines stark von Pockennarben gezeichneten Gesichts war er ausgesprochen hübsch. In Zeiten, wenn er es sich leisten konnte – und in Zeiten, wenn er es nicht konnte –, war seine Kleidung der Mode stets um ein oder zwei Haarlängen voraus. Stets war er einen erkennbaren Hauch modischer als die modischsten Männer in seiner Umgebung. In Sachen Kleidung bewies er guten Geschmack. Bei aller Auffälligkeit hatte sie nie etwas wirklich Grelles oder Abstoßendes an sich. Stets gab es einen einzigen kleinen eleganten Akzent, wirkungsvoll angebracht, und dieser Akzent unterschied Harte von allen anderen ultramodisch gekleideten Männern. Meist war es seine Halsbinde. Stets war sie einfarbig, aber kräftig im Ton! Am häufigsten vielleicht Karmesinrot – ein flammender Blitz unter seinem Kinn; oder Indigoblau, so leuchtend und lebendig, als hätte sich einer jener prächtig strahlenden brasilianischen Schmetterlinge auf ihm niedergelassen. Hartes exquisite Selbstgefälligkeit erstreckte sich auch auf seine Haltung und seinen Gang. Seine Haltung war anmutig und ungezwungen, sein Gang eher geziert, für ihn aber genau der richtige, denn ein ungezierter Gang hätte mit dem Rest des Mannes und seiner Kleidung nicht harmoniert.

Er hatte nicht eine ehrliche Faser in sich. Ich glaube, er war außerstande, Gefühle zu empfinden, weil ich glaube, dass er nichts hatte, womit er empfinden konnte. Ich glaube, sein Herz war nur eine Pumpe und erfüllte keine andere Funktion. Fast möchte ich sagen, ich *weiß*, dass es keine andere Funktion erfüllte. Ich kannte ihn gut, als er Privatsekretär im ersten Stock war und ich

191

ein dahinwelkender und dahinsiechender Reporter im zweiten – mit dem lauernden Smiggy McGlural im Nacken. Ich kannte ihn gut, als er fünf Jahre später, 1870, nach Osten ging, um die Herausgeberschaft des geplanten *Lakeside Magazine* in Chicago zu übernehmen, und er den Kontinent inmitten einer so fulminanten Glut nationaler Anteilnahme und Aufregung durchquerte, dass man ihn für den indischen Vizekönig auf Staatsbesuch hätte halten können oder für den Halleyschen Kometen, der nach fünfundsiebzig Jahren vielbeklagter Abwesenheit wiederkehrt.

Seither kannte ich ihn ziemlich gut, bis er den Ozean überquerte, um Konsul zu werden, zuerst in Krefeld, Deutschland, und anschließend in Glasgow. Nach Amerika kehrte er nie mehr zurück. Als er in London starb, war er von Amerika und von seiner Frau und seinen Töchtern sechsundzwanzig Jahre lang fort gewesen.

Das ist der Bret Harte, dessen Rührseligkeit eine Imitation der Dickens'schen war und wegen des Tränenhochwassers, das sie auslöste, für die Bauern zweier Hemisphären ein Geschenk des Himmels. Einmal sagte er mir mit einem zynischen Lachen, er glaube, er beherrsche die Kunst, die Träne der Empfindsamkeit hochzupumpen. Damit meinte er, dass die Träne der Empfindsamkeit seine sprudelnde Ölquelle war.

Einmal, als Harte von Geschäfts wegen vierzehn Tage in meinem Haus in Hartford verbrachte, erzählte er mir, sein Ruhm sei reiner Zufall – ein Zufall, den er eine Weile sehr bedauert habe. Er sagte, er habe »Wan Li, der Heide« nur zum Vergnügen geschrieben; dann habe er die Geschichte in den Papierkorb geworfen; bald darauf wurden Manuskripte gesucht, mit denen das *Overland Monthly* ausgepolstert und in Druck gegeben werden könnte. Er habe sonst nichts gehabt, also habe er »Wan Li« aus dem Papierkorb gefischt und eingereicht. Was folgte, war, wie wir alle wissen, eine Explosion des Entzückens, deren Widerhall bis zu den äußersten Grenzen der Christenheit vordrang, und Hartes Name, in der einen Woche noch bis zur Unsichtbarkeit unbekannt, war in der nächsten so weithin bekannt und sichtbar, als sei er mit astronomisch großen Lettern an den Himmel geschrieben. Er hielt seinen Ruhm für eine Katastrophe, da er bereits an Dingen wie »Das Glück des Brüller-Lagers« arbeitete, an Dingen von höherem literarischem Rang, einem Rang, den er, ausgezeichnet vor den Augen der Welt, bald zu bekleiden gehofft hatte. »Wan Li, der Heide« vereitelte diesen Traum, aber nicht lange. Schon bald folgte der vornehmere Ruhm von »Das Glück des Brüller-Lagers«, »Tennessees Partner« und jenen anderen gelungenen Dickens-Imitationen. In seiner Zeit in San Francisco schämte sich Bret Harte keineswegs, wenn er als erfolgreicher Imitator Dickens' gepriesen wurde; er war stolz darauf. Ich habe ihn selbst sagen hören, dass er glaube, der beste Dickens-Imitator in Amerika zu sein, eine Bemerkung, die auf eine Tatsache verweist, und zwar dass es zu der Zeit eine Menge Leute in Amerika gab, die ehrgeizig und unverhohlen Dickens imitierten. Hartes langer Roman *Gabriel Conroy* ähnelt Dickens so sehr, als hätte Dickens ihn selbst geschrieben.

Es ist schade, dass wir nicht aus dem Leben scheiden können, wenn wir jung sind. Als Bret Harte vor sechsunddreißig Jahren im Osten mit seinem neugeborenen Ruhm begann und die Augen der Welt auf ihm ruhten, hatte er alles von seinem Leben gelebt, was lebenswert war. Er hatte alles von seinem Leben gelebt, was achtenswert war. Er hatte alles von seinem Leben gelebt, was seiner *Selbst*achtung würdig war. Er trat eine elende Laufbahn der Armut, Verschuldung, Demütigung, Scham, Schande, Bitterkeit und eines weltweiten Ruhmes an, der ihm oft verhasst gewesen sein muss, da er seine Armut und die Schäbigkeit seines Charakters in einem solchen Ausmaß hervortreten ließ, dass keine Kunst sie gnädig verhüllen konnte. Es gab einen glücklichen Bret Harte, einen zufriedenen Bret Harte, einen ehrgeizigen Bret Harte, einen hoffnungsvollen Bret Harte, einen heiteren, fröhlichen, ausgelassen lachenden Bret Harte, einen Bret Harte, dem es eine sprudelnde und schäumende Freude war, am Leben zu sein. Dieser Bret Harte starb in San Francisco. Es war nur noch der Leichnam dieses Bret Harte, der voller Gepränge über den Kontinent hinwegfegte; der sich weigerte, in Chicago an einem Bankett zu seinen Ehren teilzunehmen, weil es einen Verstoß gegen die Etikette gegeben hatte – es war keine Kutsche geschickt worden; der seine Reise nach Osten fortsetzte und das große Projekt des *Lakeside Monthly* einfach in traurigen Trümmern zurückließ; der sich verpflichtete, ein Jahr lang alle Hervorbringungen seines Hirns für zehntausend Dollar – damals eine enorme Summe – dem *Atlantic Monthly* zu überlassen, für diese hohe Entlohnung aber nichts Nennenswertes lieferte, sondern das Geld einstrich und ausgab, noch ehe das Jahr um war, und dann begann ein jämmerlicher und beunruhigender lebendiger Tod des Von-Männern-Leihens und Von-Frauen-Lebens, der erst im Grab sein Ende fand.

Montag, 18. Juni 1906

Die fünf vor siebenundzwanzig Jahren von drei Frauen geschriebenen Briefe und Mr. Clemens' Kommentare dazu – Noch einmal Bret Harte

Lassen Sie mich annehmen, dass ich inzwischen fünfhundert Jahre tot bin. Es ist mein Wunsch, ja mein Befehl, dass das, was ich jetzt sage, erst mit der Ausgabe des Jahres 2400 n. Chr. ans Licht kommen darf. Zu diesem fernen Datum werden die Dinge, die ich gleich sage, Gemeinplätze sein und bar jeglichen Anstoßes, während sie, würden sie in unserer Zeit geäußert, meinen Freunden, meinen Bekannten und Tausenden Fremden, die ich nicht kränken möchte, Schmerz zufügen würden und ich mir zudem die Ächtung und den Ausschluss aus aller menschlichen Gemeinschaft einhandeln könnte – und diese Ächtung ist die Hauptsorge. Ich bin ein Mensch, und nichts könnte mich dazu bringen, eine schlechte – oder eine gute – Tat zu begehen, die diese Strafe über mich verhängte.

Was ich sagen werde, ist nichts Neues, nur wurde es nie geäußert. Ich glaube, jeder Mensch in der Christenheit von durchschnittlicher Intelligenz hat die Gedanken, die ich aussprechen werde, schon x-mal gedacht. In seinem tiefsten Herzen ist er mit ihnen wohlvertraut und würde sie, wenn er fünfhundert Jahre tot wäre, freudig und prompt aussprechen und veröffentlichen; doch die Tausende und Abertausende Menschen von überdurchschnittlicher Intelligenz sind alle wie ich, sie haben nicht den Mut, damit herauszurücken und ihr tiefes Geheimnis dem Nachbarn anzuvertrauen (der in den Tiefen seines Herzens dasselbe Geheimnis hütet, obwohl er sich das niemals anmerken lässt). Es läuft der menschlichen Natur zuwider, den Mut aufzubringen, sich verschmähen und ausgrenzen zu lassen; und so bewahren diese Millionen das große Geheimnis genau wie ich, jeder in dem Glauben, der Einzige zu sein, der es verbirgt und hofft, dass die anderen es nicht herausfinden und ihn kreuzigen werden.

Mein Geist ist etwas aufgewühlt, aber ich werde versuchen zu verhindern, dass er sich in meinen Worten mit ganzer Hitzigkeit zeigt. Fünf Jahre hatte ich einen Sack alter Briefe in meinem Besitz, denen ich keinen Wert beimaß. Es waren vor allem Briefe von Fremden an Fremde, die Smiths und Jones und dergleichen, Menschen, die der Welt und mir völlig unbekannt waren und für niemanden auch nur von geringstem Interesse. Ich hatte nicht damit gerechnet, je genug Fleiß aufzubringen, um den Sack hervorzuholen und seinen Inhalt zu prüfen, jetzt aber, da ich diese Autobiographie diktiere, sind mir die Freuden und Leiden aller Menschen, ob hoch- oder niedrigstehend, reich oder arm, berühmt oder unbedeutend, lieb und teuer. Ich kann mir ihre Herzensangelegenheiten auf eine Weise zu Herzen nehmen, wie ich es früher nicht vermochte. Ich merke, dass ich, indem ich mein eigener Biograph geworden bin, auch der Biograph von Tom, Dick und Harry, den Stummen, geworden bin. Ich merke, dass Tom und ich Vertraute sind; dass er, ob er nun jung ist oder alt, nichts empfunden hat, was nicht auch ich empfunden habe; dass er nicht ein Gefühl gehabt hat, das mir fremd ist.

Bevor ich heute Morgen aufstand, holte ich mir diesen alten Sack ans Bett, und der erste Umschlag, den ich herauszog, war ein Treffer. Er enthielt fünf Briefe, verfasst von drei unbekannten Frauen vor siebenundzwanzig Jahren. Sie verkörpern eine mitleiderregende Liebesgeschichte. Eine der Frauen ist offensichtlich alt und verfügt über ein gutes Sprachgefühl, aber keine Bildung. Nr. 2 ist offensichtlich schon älter und verfügt anscheinend über einige Bildung. Nr. 3 ist offensichtlich jung und hat nur wenig Schuldbildung genossen, dafür aber eine angeborene Ausdrucksfähigkeit, die sehr beeindruckend ist. Ich finde es äußerst bemerkenswert und hochinteressant, zu sehen, wie gut man diese drei Frauen kennenlernt, wenn man ihre Briefe eine Weile sorgfältig studiert hat. Ich finde, dass diese drei Charaktere ebenso konturiert und deutlich hervortreten, wie sie es im Buch eines geschulten Romanciers tun würden, nachdem er siebzehn Seiten darauf verwendet hat, ihre Porträts für uns zu malen. Die drei sind Fremde für mich. Bis heute Morgen hatte ich noch nie von ihnen gehört. Die arme kleine Liebesgeschichte ist siebenundzwanzig Jahre alt, doch die kunstlose Kunst der unwissenden Autorinnen hat mich aufgewühlt, als wären die Vorfälle erst gestern passiert; und nicht etwa Fremden, sondern persönlichen Freundinnen von mir.

1879
Three Rivers, 5. Okt.
Michigan

Mrs. Williams

Sehr geehrte Dame,

erlauben Sie einer Fremden einige Zeilen an Sie zu richten, um sich nach Mrs. Hunt zu erkundigen, die vergangenen Winter bei Ihnen wohnte. Sie war in schlechter gesuntheitlicher Verfassung und an Ihr Haus gefesselt – Sie ist Wittwe und hat einen kleinen Jungen namens Earnest dabei Sie ließ sich hier mit 'nem *Verheirateten Mann* ein und wurde von ihm ins Unglück gestoßen, dann reiste sie plözlich ab und sagte sie geht nach Kansas City wo sie Verwante hat aber stattdessen ist sie nach Detroit gegangen und hat gesagt sie wohnt bei Mrs. Williams. Also was ich wissen möchte, ist, was für eine Geschichte hat sie Ihnen erzählt über sich selbst und ihre Umstände &c. hat sie ein *lebendes Kind* geboren und was hat sie mit ihm gemacht war's ein Junge oder ein Mädchen?

Ich versichere Ihnen, dass, wenn Sie meine Fragen beantworten und schreiben, was Sie wollen, es streng vertraulich behandelt wird, wenn Sie es denn wünschen. Ich entneme dem Inhalt ihrer Briefe sie muss sehr undankbar gewessen sein für Ihre Freundlichkeit, als sie ohne Freunde war. Ich will eine Stelle aus einem ihrer Briefe anführen: »Mrs. Williams gibt vor, Christin zu sein, aber ihre Liebe zum *Gewinn* ist stärker als ihre Relegion und als ich ihr nicht $ 50 mehr bezahlen konnte, vergaß sie sich als Dame oder als Christin und sagte schlimme Sachen.«

Ich bin eine Verwante von ihr, aber ich will sie nicht durchleuchten, ob sie Unrecht getan hat, sondern möchte wissen, wie viel Wahres oder wie viele Lügen sie erzält hat, als sie bei Ihnen war. Sie behauptet, nichts *Lebendes* geboren zu haben, aber ich habe Grund, das Gegenteil anzunemen. Wenn Sie diesen Brief so schnell wie möglich beantworten wollten, würden Sie einer unbekannten Freundin eine große Gunst erweisen.

Hochachtungsvoll
Mrs. Wm Griffiths
Three Rivers
Michigan

Montag, 18. Juni 1906

Von derselben an dieselbe

entschuldigen Sie den Bleistift)

13. Okt. 1879

Three Rivers

Michigan

Mrs. Williams

Detroit –

Sehr geehrte gnädige Frau,

Ihr Brief vom 9. ist ordnungsgem. eingegangen, und vielen Dank für Ihre Freundlichkeit und Ihre prompte Antwort – Den wichtigsten Teil meines Briefes, das Kind betreffend, haben Sie nicht beantwortet – Ich frage Sie noch einmal, wollen Sie ihn bitte beantworten –

Als sie Ihr Haus verliß, hat sie das Kind mitgenommen, was hat sie mit ihm vorgehbt, war es *ein Junge oder ein Mädchen* wie hieß der Mann, von dem sie Ihnen gesagt hat, dass er der Vater ist? Das sind einfache Fragen, und ich vertraue Ihnen als Dame von Ehre und Retlichkeit und werde tun, wie Sie wollen, dass getan wird – Seien Sie versichert, dass Ihnen daraus kein Ärger entsteht – Ich habe gute Gründe, diese Dinge wissen zu wollen, wie ich alles andere aus ihrer eigenen Feder weiß. Sie nennt mir den Namen eines Mannes, aber ich habe Grund ihr Wort anzuzweifeln. Sie hat verschiedene Geschichten erzält und ich halte ihr *Wort für wertlos* Ich mache Ihnen keinen Vorwurf, dass Sie sich ihr gegenüber so verhalten haben, aber ich glaube, Ihr Vertrauen war unangebracht und sie hat Sie schlecht behandelt trotz Ihrer Freundlichkeit ihr gegenüber –

Ich will Ihnen *nur ein* Beispiel geben – Sie schreiben, sie hat *nicht* bei Ihnen gewohnt – gleichzeitig schreiben Sie, dass sie, als sie weggegangen ist, in *Ihrer Schuld* stand

Ich habe in meinem Besitz eine von ihr geschriebene Rechung, als sie in Ihrem Haus war und da steht

Schulden *bezahlt* vom 24. Dez. bis zum 6. März – Angefangen (10 Wochen Kost und Logis $ 8 p. Woche $ 80) &c. und andere Dinge genauso aufgeführt, bis es sich auf fast $ 200 beläuft – zweihundert Dollar und nach *meiner* gesicherten Kenntnis hatte sie über zweihundert von hier, als sie in Ihrem Haus war, und war mehr als in der

Lage, alles zu zahlen, was Sie von ihr verlangten – Sie schreiben, *sie* hat gesagt, dass sie zuletzt von diesem *Mann* gehört hat, er war in Kanada der, von dem sie mir erzält hat, ich glaube nicht, dass er je in seinem Leben in Kanada war ich bin begierig, den Namen zu hören, den sie Ihnen genannt hat, um zu sehen, ob sie übereinstimen – wenn Sie so freundlich sein wollen, mir schnel zu antworten, hörn Sie villeicht wieder von mir –

Hochachungvoll Ihre Freundin

Mrs. Wm Griffiths

Von dem Mädchen an Mrs. Williams

Kansas City*

Meine liebe Mrs. Williams

Mein Körper und Geist sind so krank gewesen, dass ich Ihnen unmöglich früher schreiben konnte. Ich bin am nächsten Morgen um 6 h in Chicago angekommen und habe mich, sobald ich konnte ins Bett gelegt und konnte es erst am lezten Tag der darauffolgenden Woche wieder verlassen. Ich hatte Angst, dass ich stärker belastet würde, als meine Kräfte es vertragen und so ist es auch Ich bin so nervös, dass ich beim Schreiben meine Hand nicht unter Kontrolle habe. Meine lieben Freundinnen in C– haben mir großzügigerweise so viel Freundlichkeit erwiesen, wie ich sie nicht erwartet hätte, die kleine Bessie wird gut umsorgt, was mir natürlich hilft obwohl, ich mich danach sehne, sie selbst zu haben. Von Mr. H habe ich, seit ich Ihr Haus verlassen habe kein Wort gehört und kann nicht in Erfahrung bringen, wo er ist das Einzige, was ich weiß ist, dass er in Kanida war Ich neme an, dass er, ganz der *Feigling* und *Schuft,* als der er sich erwiesen hat wegbleiben wird, wenn möglich will ich nach Colorado. Mir ist so elend, dass ich nicht viel Ehrgeiz habe. Ich spüre die Notwendigkeit, den Kampf mit diesem großen Unglück aufzunemen und etwas zu tun und mit Gott'es Hilfe hoffe ich, dass es mir gelingen wird, niemand außer ihm weiß, was ich gelitten habe und immer noch leide.

Ernest ist wohlauf ist sehr zufrieden mit dem Westen, er ist zur Sonntagsschule gegangen. Das Wetter ist und war ziemlich kühl für die Jahreszeit. Villeicht bleibe ich

---

* Vermutlich März oder April. (M. T.)

Montag, 18. Juni 1906

hier biss Juli Ich kann noch nicht entscheiden was ich besser getan hätte. Ich hoffe
Ihnen geht es wieder besser

mit freundlichen Grüßen
Mrs. S M Hunt
East 17th St
Kansas City
Missouri

Von Mrs. Williams an das Mädchen

Detroit, 16. Oktober 1879

Mrs. Sylvia Hunt –

vor mehreren Monaten erhielt ich Ihren Brief aus Kansas City. Habe seitdem einige
Briefe aus Three Rivers, Michigan, erhalten – die mich ein wenig überrascht haben.

Es scheint, Sie haben dort berichtet, dass Sie für $ 8,00 pro Woche als *Kostgänge-
rin* bei uns gewohnt hätten – dass ich, als Sie uns verließen, $ 50,00 verlangt hätte
und dass ich behauptet hätte Christin zu sein, aber meine Liebe zum Geld stärker als
meine Religion wäre Etc. Etc. Es würde zu lange dauern, ausführlich zu zitieren.

Mrs. Hunt Sie kennen die Umstände, unter denen ich Sie aufgenommen habe
– Ihre Umstände –, und Sie wissen sehr wohl, dass Sie, als Sie wohlauf waren, nur
eine nominelle Summe für Ihre Unterkunft bezahlt haben – nicht annähernd, was Sie
hätten zahlen müsen, wenn man bedenkt, wie Sie mich getäuscht haben, um auch
nach Ihrer Niederkumft noch bleiben zu können.

Was die *schlimmen Sachen* angeht, die ich Ihnen gesagt haben soll – Sie wissen,
was ich gesagt habe, und *ich* weiß, was ich gesagt habe.

Ich versprach, Ihr Geheimnis zu wahren – und bis zu diesem Tag ist nichts über
meine Lippen gekommen – oder eher über unsere –, denn Mr. W. weiß alles. Wir reden nur selten über Sie – aber da Sie es vorgezogen haben, so viele Dinge zu verdrehen (und das haben Sie, denn diese Person, die mir schreibt, kann sie nur von Ihnen
haben], ich sage noch einmal, da Sie es vorgezogen haben, die Dinge so zu ver drehen, wie Sie es getan haben, und Geld in Höhe von mehr als zweihundert Dollar geschickt bekommen, während Sie in unserem Haus waren, und da Sie es vorgezogen
haben, sich so zu verhalten, wie Sie es getan haben – muss ich sagen, dass ich mich

199

nicht verpflichtet fühle weiter davor zurückzuscheuen, gewisse Fragen, die mir gestellt worden sind, zu beantworten.

Wir hielten es für richtig Ihnen Bescheid zu geben, bevor ich noch einmal schreibe (ich habe einen Brief an Three Rivers geschrieben, darin aber keine Fragen beantwortet – inzwischen liegt mir ein weiterer vor.

Hochachtungsvoll &c.

Mrs. M. E. Williams

Von dem Mädchen an Mrs. Williams

18. Okt.

Kansas City

Mrs. Williams

Ich bin Ihnen so dankbar, dass Sie mir geschrieben haben und mir Gelegenheit geben, mich gegen Dritte zu verteidigen, die entschlossen scheinen so viel Schaden anzurichten, wie sie nur können. Als ich hierherkam, war ich Tod-unglücklich, so dass meine Schwester gesagt hat, sie erkennt mich gar nicht wieder und ich habe ihr alles gesagt Ich glaube nicht, dass ich ohne ihre Güte und Unterstützung hätte weiterleben können, vor einiger Zeit erhielt ich 'n Brief, in dem stand, 'n Brief ist von denen wo ich in D untergekommen bin angek. und *hat alles aufgeklärt*, und hat auch Geld verlangt vor Schulden &c., die ich nicht bezahlt hätte und dass es keinen Sinn hat mich in Sicherheit zu glauben, weil sie alles wüssten. Ich war *sprachlos* vor Überaschung Ihre Forderung über $ 50,00 lastete schwer auf mir, aber gleichzeitig dachte ich, Sie hätten den Eindruk ich könnte alles Geld kriegen, das ich wollte, und weil ich nicht abgereist bin wie geplant hätten Sie genauso gut dafür bezahlt werden können und ich hab nicht lange drüber nachgedacht. Damals hab ich viele Stunden dagesessen und an mein Zuhause gedacht und dankbar bei dem Gedanken, dass ich nicht unter diesen Leuten war, denen ich nicht vertrauen konnte, als ich den Brief erhielt antwortete ich, indem ich meiner Schwester schrieb und ihr von Schlechter Behandlung durch Mr. H erzählte &c. als ich krank wurde Ich sagte in etwa, dass es zu traurig für mich ist irgendwas darüber zu sagen ich würde und müsste für immer einen Schlaier darüber breiten. Ich fühlte mich tief gekränkt bei dem Gedanken, dass Sie ihnen, wie ich annahm, geschrieben haben und obwohl Ihr Name in keinem Brief erwähnt wurde, den ich je geschrieben habe (Ernest hat einmal in einem Brief an seinen Cousin gesagt Mr. Williams, wo wir gewohnt haben, hat die schönste Schwarze Kuh, die er je gesehen hat) und ich hab mir nicht's dabei gedacht, weil ich keine Minute beabsichtigt habe zu versuchen irgendjemanden über meinen Namen, Auffenthaltsort oder sonst etwas zu täuschen außer Mr. H Bevor ich C– verließ, um nach D zu gehen, wurde mir gesagt ihn niemal's den Namen von irgendwem wissen zu lassen, sondern das Bestmögliche zu tun, und ihn dazu zu bringen, $ 8,00 oder $ 9,00 d. W. vor Kost und Logie's zu zahlen und so viel Rechnungen wie möglich zu schicken, um so viel Geld wie möglich von ihm zu kriegen es ist völlig falsch, dass ich $ 200 hatte, als ich in Ihrem Haus war ich hatte von meinem eigenen Geld $ 65,00, die ich hatte und Mr. H hat mir nur $ 25,00 geschickt, die ich ausgeben musste, als ich da war. Wenn ich mein eigenes nicht gehabt hätte, hätte ich Stütze beantragen müssen er weiß bis heute nicht, wie ich gelebt oder bezahlt habe, denn ich habe erfahren, dass er die letzten 3 Briefe nicht erhalten hat, die ich geschrieben habe mit Rechnungen darunter vor Kost und Logie's von $ 8,00 p. W. und andere Rechnungen so hoch wie möglich, in einem dieser Briefe, die ich mit einer Geldforderung geschrieben habe, habe ich das gesagt. Ich werde unter den zu erwartenden Umständen nicht von hier weggehen können, das sollte heißen ich war zu spät dran, und habe auf die Notwendigkeit sofortiger Abhilfe für Mrs. W gedrängt. Ich habe nie erwartet in Ihrem Haus zu bleiben und wär ich nicht so aufgewühlt gewesen hätte ich gemerkt, dass ich die Zeit falsch eingeschätzt hab es tut mir leid, dass ich Ihnen den Brief nicht gezeigt habe, den ich an Dr. F geschrieben habe, um ihn zu bitten zu meiner Bequemlichkeit für die Dauer der Krankheit alles vorzubereiten und ihm gleichzeitig von Ihrer großen Güte mir gegenüber zu erzählen und auch nicht seine Antwort, mit der er versuchte mich aufzumuntern und sagte er weiß Gott ist bei mir, wie so viele gütige Freundinnen bei mir waren, als mein Brief ihm von meinem Fehler und meiner Krankheit berichtete. Ich bin sicher Sie würden nicht an mir zweifeln, was meinen Auffenthalt angeht, diese 3 Briefe sind *Mr. H's Frau* in die Hände gefallen statt ihm und ich habe herausgefunden sie hat sie, weil kein Name draufstand zu meiner Schwester gebracht, um zu sehen, ob es meine Handschrift war. Dann dachte sie, sie würde herausfinden, was sie zu bedeuten haben, und hat meine Schwester dazu gebracht, genau wie sie es tat zu schreiben und zu behaupten, dass sie alles weiß und mich glauben zu machen Sie hätten ihr geschrieben und alles erzählt, in Antwort auf meine Schwester, ich sagte ich hatte geglaubt bei Christen zu sein, aber Sie hatten nun dafür gesorgt, dass ich daran zweifle, ob es überhaupt welche gibt Ich hatte das Gefühl Sie haben alles erzählt und versucht Geld zu kriegen, dass ich gesagt habe ich glaubte, da Sie von mir die $ 50,00 und von denen das andere, dass Ihre Liebe zum Geld die größte ist. Ich habe Ihren Namen nie erwähnt dann habe ich Dritten gesagt meine Schwester hier hat alle Briefe gesehen, die ich erhalten habe und alle, die ich schreibe und wenn Sie möchten kann ich Ihnen alles, was ich sage beweisen, als ich Ihnen die $ 10,00 bezahlt habe wusste ich nicht, was ich tun soll, wenn ich in C– ankomme ich hatte gerade so viel Geld, um das Fahrgeld zu bezahlen und 95 Cent übrig und bin zum Depot gegangen, um sie zu sparen, wo ich untergekommen bin haben sie mir vertraut und die erste Arbeit, die ich machen konnte habe ich das Geld geschickt und Dr. F wusste alles, und ohne ihre Hilfe hätte ich von dort nicht weggehen können unter den schmerzhaften Umständen unter denen ich gezwungen war, weil ich kein Geld hatte, und seitdem habe ich nie einen Cent bekommen und auch keinen Brief von Mr. H seit bevor ich krank war vor alles, was ich jetzt habe muss ich arbeiten was die Zukunft bringen könnte, wenn ich es je bekomme ist es vielleicht zu spät mir überhaupt noch zu helfen dann hat meine Schwester zu Hause die 3 Briefe abbgeschrieben und sie meiner Schwester hier geschickt da wussten wir, dass wir Sie falsch beurteilt hatten und ich bin froh, dass es so ist und gleichzeitig tut es mir leid, dass ich gesagt habe, was ich gesagt habe, obwohl ich damals das Gefühl hatte meine guten Gründe zu haben es zu sagen Mrs. H glaubt nicht es würde die Täuschung verraten sie hat mir geschrieben und meinte sie musste mich in Ruhe lassen ich habe keine Mittel, um mich zu verteidigen und es wird das Beste sein nicht's zu sagen. Was sie über meinen *Charakter* gesagt haben, ist Falsch und hat keine Grundlage – erfundene Lügen von denen ich das Gefühl habe sie würden nicht wollen, dass man von ihnen Beweise verlangt, denn, Mrs. W, niemand kann auch nur das geringste *beweisen* Wo immer ich in all den J. war ich kann jede Std. des Tages beweisen wie und mit wem ich sie verbracht habe aber Mr. H hat versucht zu beweisen, dass ich nicht in Ordnung war Ich wünschte der Brief, den ich ihm dazu geschrieben habe wäre seiner Frau in die Hände gefallen sie hätte nie versucht zu tun, worauf sie bedacht zu sein scheint zu meiner Schwester sagt sie sie hasst ihren Mannan sie weiß, dass er gemein genug ist, um alles zu tun, gleichzeitig will sie alles wissen und, um das zu erreichen hat sie an sich genommen, was ich meiner Schwester geschrieben habe als Antwort auf den Brief, von dem ich glaubte, dass Sie ihn geschrieben hatten) und dann ihre 3 Briefe über die Schulden vor Kost und Logie's die ich, wie ich Ihnen gesagt habe, ihm geschickt habe, um Geld zu kriegen und schrieb Ihnen oder brachte jemanden dazu, um Ihnen das Gefühl zu geben ich hätte Ihnen Unrecht getan und Sie dazu zu bringen ihr alles zu sagen Ihren Namen haben sie aus E's Brief keine andere Möglichkeit, hätte ich Mittel würde ich, nach Hause fahren und es mit ihnen klären Ich würde und könnte Mr. H in eine Lage bringen, wo er arbeiten müsste, denn ich habe Beweise die würden reichen meine Schwester hier weiß von Sachen, die passiert sind, als ich noch ein Kind war, dass mein Vater ihr verboten hatte mit ihm zu gehen sie ist älter als ich, aber sie hat mir nie davon erzählt, obwohl sie sagt sie hätte oft gedacht, was wenn er es ausnutzt, dass ich allein bin und mir wehtut, denn sie wusste, dass er immer behauptet hat mir ein Freund zu sein. Ich wünschte ich wüsste, wie ich ihn dazu bringen kann mir $ 200 oder 3 – oder – 5 – zu zahlen meine Schwester hält's für das Beste den Mund zu halten und nichts schriftlich darüber zu sagen ich glaube diesen Winter will sie nach Hause, und ich habe Freundinnen dort, die mich nicht für schlecht halten, weil sie mich kennen und mich erlebt haben mein Leben ist immer ein ruhiges gewesen und habe immer hart gearbeitet Wie Sie wissen gibt es überall Klatschmäuler und eine Gruppe Leute, die sich an allem gütlich tun, was schlecht ist und Lügen erzählen und ist ihnen so zur Gewohnheit geworden, dass sie wirklich glauben, was sie sagen. Ich mache mir nichts aus ihnen, obwohl es nicht angenehm ist als ich meiner Schwester geschrieben habe war ich froh nicht einen Moment unglücklich gewesen zu sein wegen irgendwas, was ich Unrechtes getan hatte mein Gewissen war rein mein Unglück wurde ausgelöst von dem Unrecht, das andere mir angetan haben. Mrs. W, ich danke Ihnen herzlich, dass Sie mir geschrieben haben und bitte Sie um Verzeihung, weil ich an Ihnen gezweifelt habe und bin bereit Ihnen zu vertrauen, was auch immer die schreiben, um uns zu täuschen

Hochachtungsvoll

Mrs. S M Hunt, Kansas City

Missouri

Das mit den schlechten Worten verstehe ich nicht Ich kann mich nicht entsinnen, dass jemals welche gefallen sind und ich kann mich an nichts Derartiges erinnern das ist nicht merkwürdig mein armer Kopf ist so bedrückt, dass mir manchmal ganz wild zumut ist und ich liefere mir eine richtige Schlacht mit mir selbst, weil in meinem Kopf der Ruf nach Rache tobt

Ich verspüre entschlossene Abscheu vor dem alten Drachen, der den ersten Brief schreibt. Ich habe vor der maschinell gefertigten Christin, die den zweiten schreibt, keinen Respekt. Ich glaube, dass sie *innerlich* den einsamen Flüchtling und das Baby bei rauem Märzwetter vor die Tür gesetzt hat; daher befinde ich sie jener nicht begangenen unmenschlichen Handlung für schuldig, und ich bin sicher, sie hätte sie *begangen*, wenn es ihr möglich gewesen wäre, ohne der künstlichen Kritik der Gemeinschaft ausgesetzt zu sein. Ich nenne diese künstlich, weil ich glaube, dass die Mehrheit der Gemeinschaft die Handlung öffentlich zwar verurteilt, insgeheim aber gebilligt hätte. Das glaube ich, weil es der menschlichen Natur entspricht – unter den Einwirkungen bestehender Konventionen –, über gewisse Formen der Niedertracht und Kleinlichkeit insgeheim zu jubeln und sie, um sich mit Mrs. Grundy gut zu stellen, öffentlich zu tadeln.

All mein Mitgefühl und Mitleid gilt der verratenen und missbrauchten, der unwissenden und gutgläubigen jungen Witwe, die noch zu jung war, um die Menschheit zu kennen, und ich hoffe, dass sie und ihre Kinder lange tot sind – ein Wunsch und ein Gebet, die ich den Guten und Verdienstvollen vorbehalte. Ich glaube ihr jedes Wort. Nr. 1 halte ich für eine böswillige alte Intrigantin. Was ich von Nr. 2 halte, habe ich bereits gesagt. In dem Brief der jungen Frau entdecke ich weder Lügen noch Ausflüchte, nur unverfälschte und offenherzige Aufrichtigkeit – bis auf ein, zwei Einzelheiten, die ich aber nicht gewillt bin, ernstlich als mögliche Abkehr von den unumstößlichen Tatsachen anzuerkennen. Wenn sie sagt, sie habe stets ein ruhiges Leben geführt und hart gearbeitet, glaube ich ihr. Wenn sie sagt, ihr Gewissen spreche sie frei, glaube ich ihr ebenfalls. Ich denke, sie ist der Meinung, nicht imstande gewesen zu sein, den Verführungskünsten eines Mannes, den sie in ihren frühen Mädchenjahren gut gekannt hatte, zu widerstehen, und durch einen angeborenen Instinkt hat sie erkannt, dass sie *ihre Natur nicht selbst geschaffen hat*, dass sie *deren Grenzen nicht selbst geschaffen hat* und dass sie, als diese Grenzen überschritten wurden, *für die Folgen streng genommen nicht verantwortlich* war. Es gibt menschliche Gesetze, die ihr Verhalten verurteilen, aber ihr Verhalten übertritt kein Gesetz der Natur, und die *Gesetze der Natur haben Vorrang vor allen menschlichen Gesetzen. Alle* menschlichen Gesetze haben nur einen Zweck – *die Gesetze der Natur* zu besiegen. Das trifft für alle Nationen zu, für die zivilisierten wie die wilden. Es ist eine Groteske, aber wenn die Menschheit einmal nicht grotesk ist, dann nur, weil sie gerade schläft und die Gelegenheit verpasst.

Der Brief der jungen Frau zeigt, dass sie kaum in den Genuss von Schulbildung gekommen ist. Es ist unwahrscheinlich, dass sie im Umgang mit der Feder geübt war, doch wie bewegend und überzeugend sind ihre einfachen Wendungen, ist ihre ungekünstelte Beredsamkeit! Ihr Brief ist *Literatur* – gute Literatur –, und die geübteste Feder des gebildetsten Kopfes könnte ihn nicht übertreffen. Sie spricht aus tiefstem Herzen; und das Herz hat keine Verwendung für die Kunstgriffe der Bildung oder Erziehung oder dramatischen Erfindung, wenn es eine Geschichte erzählen will.

Ich vergesse Bret Harte – aber heben wir ihn ruhig für ein andermal auf. Mein neues Interesse hat ihn verdrängt, und nach den Gesetzen dieser Biographie hat stets das neueste und wärmste Interesse das Wort und Vorrang vor allen anderen Angelegenheiten. Mit Bret Harte werde ich schon irgendwann fertig werden, denn ich hege Vorurteile gegen ihn und habe das Gefühl, unbefangen über ihn reden zu können. In einigen seiner Charaktermerkmale erinnert er mich an Gott. Ich meine nicht irgendeinen unter den zwei oder drei Millionen Göttern, die das Menschengeschlecht hervorgebracht hat, seit wir beinahe aufgehört haben, Affen zu sein – ich meine unseren eigenen Gott. Ich meine nicht den Mächtigen, den Unvergleichlichen, der das Universum erschuf und über den horizontlosen Ozean des Weltraums eine Unzahl gigantischer Sonnen schleuderte – Flotten aus wüstem Äther, deren Signallichter so weit entfernt sind, dass wir ihr letztes Aufblitzen erst dann sehen, wenn es eine Myriade Jahre unterwegs gewesen ist –, ich meine den kleinen Gott, den wir aus menschlichem Abfall gefertigt haben; dessen Porträt wir in einer Bibel akkurat gezeichnet haben und dem wir deren Urheberschaft zuschreiben; den Gott, der ein Universum von solchen Kindergartendimensionen geschaffen hat, dass es für die Umlaufbahn des Mars keinen Platz darin gäbe (wie inzwischen selbst die Erstklässler in unseren Schulen wissen), und der unseren kleinen Erdball unter dem Eindruck, dass er das einzig wirkliche bedeutende Ding darin sei, ins Zentrum dieses Universums gestellt hat.

Dienstag, 19. Juni 1906

Über den Charakter Gottes, wie er sich im Neuen und
im Alten Testament darstellt

Unsere Bibel enthüllt uns den Charakter unseres Gottes mit minutiöser und unerbittlicher Genauigkeit. Das Porträt ist im Wesentlichen das eines Menschen – wenn man sich einen Menschen vorstellen kann, der weit über jedes menschliche Maß hinaus von bösen Impulsen beherrscht wird; eine Person, mit der vermutlich niemand gerne Umgang pflegen würde, jetzt, da Nero und Caligula tot sind. Seine Handlungen im Alten Testament legen seine nachtragende, ungerechte, kleinliche, mitleidlose und rachsüchtige Natur unablässig bloß. Stets bestraft er – straft geringfügige Vergehen mit tausendfacher Strenge; straft unschuldige Kinder für die Missetaten ihrer Eltern; straft harmlose Völker für die Untaten ihrer Herrscher; lässt sich sogar dazu herab, blutige Rache an arglosen Kälbern und Lämmern und Schafen und Ochsen zu nehmen, zur Strafe für belanglose Übertretungen, die deren Besitzer begangen haben. Vielleicht ist es die vernichtendste Biographie, die irgendwo in gedruckter Form existiert. Im Vergleich wirkt Nero wie ein Engel des Lichts und des Geleits.

Sie beginnt mit einem unverzeihlichen Verrat, und dieser ist das Leitmotiv der gesamten Biographie. Dieser Beginn muss im Kinderzimmer eines Piraten erdacht worden sein, so niederträchtig und infantil ist er. Adam ist die Frucht eines bestimmen Baumes verboten – und er wird ernst ermahnt, dass er sterben werde, sollte er nicht gehorchen. Wie kann man erwarten, dass Adam sich davon beeindrucken lässt? Adam war nur seinem Wuchs nach ein Mann; an Wissen und Erfahrung hatte er einem zweijährigen Baby aber auch gar nichts voraus; er konnte keine Vorstellung davon haben, was das Wort Tod bedeutete. Er hatte noch nie ein totes Ding gesehen; er hatte von einem toten Ding noch nie gehört. Das Wort hatte keine Bedeutung für ihn. Wäre das Adam-Kind gewarnt worden, dass es in einen Längengrad verwandelt werde, sollte es von den Äpfeln essen, wäre diese Drohung von genau dem gleichen Wert gewesen, denn mit keiner der beiden konnte er etwas anfangen.

Man konnte darauf vertrauen, dass der wässrige Geist, der diese beeindruckende Drohung ersann, sie um andere Banalitäten und niedere Vorstellungen von Anstand und Gerechtigkeit ergänzen würde, und genau das geschah auch. Es wurde verfügt, dass alle Nachkommen Adams bis ins letzte Glied für den Verstoß des Babys gegen jenes Gesetz des Kinderzimmers, mit dem man ihn konfrontiert hatte, noch bevor er den Windeln entwachsen war, bestraft werden sollten. Tausende und Abertausende von Jahren lang ist seine Nachkommenschaft, Individuum für Individuum, ohne Unterlass gejagt und mit Leiden belegt worden zur Strafe für jene kindliche Verfehlung, die hochtrabend als Adams Sündenfall bezeichnet wird. Und während dieser unermesslichen Zeitspanne hat es nie an Rabbinern und Päpsten und Bischöfen und Priestern und Pastoren und Laiensklaven gemangelt, die bereit waren, dieser Infamie zu applaudieren, ihre unanfechtbare Gerechtigkeit und Rechtschaffenheit zu behaupten und ihren Urheber mit so widerlichen und übertriebenen Schmeicheleien zu preisen, dass niemand außer Gott sie anhören könnte, ohne vor lauter Verlegenheit und Abscheu sein Antlitz zu verhüllen. Mögen unsere orientalischen Potentaten durch lange Erfahrung gegen Schmeicheleien auch noch so abgehärtet sein, nicht einmal sie wären in der Lage, ein derartiges Ausmaß an Vulgarität zu ertragen, wie es unser Gott voller Wohlgefallen und Befriedigung jeden Sonntag von unseren Kanzeln über sich ausschütten lässt.

Schamlos nennen wir unseren Gott die Quelle der Gnade, dabei wissen wir die ganze Zeit, dass es in der Geschichte nicht ein einziges verbürgtes Beispiel dafür gibt, dass er diese Tugend jemals geübt hätte. Wir nennen ihn die Quelle der Moral, dabei wissen wir aus seiner Geschichte und aus seinem täglichen Verhalten, wie wir es mit unseren eigenen Sinnen erfassen, dass er über nichts verfügt, was einer Moral auch nur ähnelt. Wir nennen ihn ohne Hohn Vater, obwohl wir jeden irdischen Vater verabscheuen und verurteilen würden, der seinem Kind auch nur den tausendstel Teil jener Schmerzen und Qualen und Grausamkeiten zufügen würde, die unser Gott seinen Kindern jeden Tag bereitet und die er ihnen in all den Jahrhunderten, seit das Verbrechen der Erschaffung Adams begangen wurde, tagtäglich bereitet hat.

Was Gott betrifft, so haben wir es mit einer sonderbaren, lachhaften Verwirrung von Vorstellungen zu tun. Wir zerlegen ihn in zwei Teile, holen eine Hälfte von ihm in einen unbedeutenden winzigen Winkel der Welt herab, um einer kleinen Kolonie von Juden – und zwar ausschließlich Juden – Erlösung zu bringen, und lassen seine andere Hälfte im Himmel thronen und auf uns herabsehen und erwartungsvoll und besorgt nach Ergebnissen Ausschau halten. Ehrerbietig studieren wir die Geschichte der irdischen Hälfte und leiten aus ihr die Überzeugung ab, dass die irdische Hälfte sich geläutert hat, mit Moral und Tugenden ausgestattet ist und keineswegs der bösartigen Hälfte ähnelt, die verlassen auf dem Thron sitzt. Wir reden uns ein, dass die irdische Hälfte gerecht, barmherzig, mildtätig, gütig, nachsichtig und voller Mitgefühl für die Leiden der Menschheit ist und darauf bedacht, diese zu beseitigen. Offenbar leiten wir ihren Charakter nicht durch die Untersuchung der Tatsachen ab, sondern indem wir fleißig ablehnen, ebendiese zu prüfen, zu messen und zu wiegen. Die irdische Hälfte verlangt von uns, barmherzig zu sein, und geht uns mit gutem Beispiel voran, indem sie einen See aus Feuer und Schwefel erfindet, in dem alle von uns, die sie nicht als Gott anerkennen und verehren, in alle Ewigkeit brennen werden. Und nicht nur *wir*, denen diese Bedingungen offengelegt werden, sollen, falls wir sie missachten, auf diese Weise brennen, vielmehr sollen auch all die Milliarden früherer Menschen dieses schreckliche Schicksal erleiden, obwohl sie alle lebten und starben, ohne je von ihm oder seinen Bedingungen gehört zu haben. Diese Zurschaustellung von Barmherzigkeit könnte man hinreißend nennen. Dergleichen finden wir weder unter menschlichen Wilden noch unter den wilden Tieren des Dschungels. Wir sind angehalten, unserem Bruder siebzigmal siebenmal zu vergeben und glücklich und zufrieden zu sein, wenn nach einem frommen Leben unsere Seele auf dem Sterbebett aus unserem Körper flieht, bevor der Priester herbeieilen und ihr mit seinem Gemurmel und seinen Kerzen und Beschwörungen einen Pass ausstellen kann. Auch dieses Beispiel für den Geist der Vergebung könnte man hinreißend nennen.

Man macht uns weis, dass die beiden Hälften unseres Gottes aufgrund ihrer Trennung nur scheinbar unverbunden sind; dass vielmehr die beiden Hälften ungeachtet ihrer Trennung eins und gleichermaßen machtvoll bleiben. Von daher begnügt sich seine irdische Hälfte – die die Leiden der Menschheit beweint und sie gerne beseitigen würde und fähig wäre, sie zu jedem beliebigen Zeitpunkt zu beseitigen –, begnügt sich damit, hier und da einem Blinden das Augenlicht wiederzugeben, statt es allen Blinden wiederzugeben; heilt hier und da einen Krüppel, statt alle Krüppel zu heilen; setzt fünftausend hungernden Menschen eine Mahlzeit vor und lässt die übrigen Millionen, die hungrig sind, hungrig bleiben – und die ganze Zeit über ermahnt sie den untüchtigen Menschen, Missstände zu beseitigen, die Gott selbst ihm auferlegt hat und die er, wenn er nur wollte, mit einem einzigen Wort abschaffen könnte und so einer einfachen Pflicht nachkäme, die er von Anbeginn vernachlässigt hat und die er immer vernachlässigen wird, solange die Zeit dauert. Er erweckte mehrere Tote zum Leben. Offenbar hielt er das für eine Freundlichkeit. Wenn es denn eine Freundlichkeit war, dann war es nicht gerecht, sie auf ein halbes Dutzend Menschen zu beschränken. Er hätte auch die übrigen Toten wieder zum Leben erwecken sollen. Ich selbst würde es nicht tun, denn ich glaube, dass die Toten die einzigen Menschen sind, die wirklich fein raus sind – aber das erwähne ich nur beiläufig als eine jener kuriosen Ungereimtheiten, mit denen unsere biblische Geschichte überladen ist.

Wenn auch der Gott des Alten Testaments ein furchterregender und abstoßender Charakter ist, so ist er doch wenigstens konsistent. Er ist ehrlich und direkt. Er täuscht gar nicht erst vor, irgendetwas an Moral oder Tugend zu besitzen – außer mit seinem Mund. In seinem Verhalten ist nichts dergleichen zu entdecken. Ich finde, er kommt dem Zustand, Respekt zu verdienen, unendlich viel näher als sein geläutertes Selbst, das im Neuen Testament so arglos präsentiert wird. Nichts in seiner Geschichte – nicht einmal in seiner ganzen Doppelgeschichte – reicht an Grausamkeit auch nur im Entferntesten an die Erfindung der Hölle heran.

Verglichen mit seinem geläuterten irdischen Selbst ist sein himmlisches Selbst, sein alttestamentarisches Selbst die reinste Anmut und Sanftheit und Achtbarkeit. Im Himmel verbucht er keinen einzigen Vorzug für sich und hat auch keinen – außer jenen, die er im Munde führt –; auf Erden dagegen verbucht er jeden Vorzug im Gesamtkatalog der Vorzüge für sich, brachte sie jedoch nur dann und wann zur Geltung, kargte mit ihnen und endete damit, dass er uns die Hölle auferlegte, was all seine behaupteten Vorzüge auf einen Streich beseitigte.

Mittwoch, 20. Juni 1906

Die Schwächen von Bibeln – Bemerkungen über die
Unbefleckte Empfängnis

Bibeln weisen ein oder zwei eigentümliche Schwächen auf. Eine fast jämmerliche Erfindungsarmut wohnt ihnen allen inne. Das ist eine auffällige Schwäche. Eine andere besteht darin, dass jede von ihnen Anspruch auf Originalität erhebt, ohne welche zu besitzen. Eine jede borgt von den anderen, ohne es kenntlich zu machen, was ein ausgesprochen unmoralischer Akt ist. Eine nach der anderen konfisziert bei den anderen vermoderte alte Bühnenrequisiten und gibt sie mit naiver Zuversicht als frische, neue göttliche Eingebung aus. Von Konfuzius borgen wir die Goldene Regel, nachdem sie jahrhundertelang Dienst getan hat, und lassen sie, ohne zu erröten, urheberrechtlich schützen. Wenn wir eine Sintflut benötigen, gehen wir zurück ins uralte Babylon und borgen sie und sind so stolz auf sie und so zufrieden mit ihr, als wäre sie der Mühe wert. Noch heute verehren und bewundern wir sie und behaupten, sie direkt aus dem Mund der Gottheit empfangen zu haben; dabei wissen wir, dass Noahs Flut sich nie ereignet hat und sich gar nicht hätte ereignen können. Die Flut ist ein Favorit der Bibelmacher. Wenn es eine Bibel – oder auch nur einen Stamm von Wilden – gibt, denen es an einer »Immerwährenden Überschwemmung« fehlt, dann nur, weil für das religiöse Schema, dem es daran fehlt, keine Quelle zur Hand war, von der sie hätte geborgt werden können.

Ein weiterer klarer Favorit von Verfassern heiliger Schriften und Religionsstiftern ist die Unbefleckte Empfängnis*. Sie war längst abgedroschen, als wir sie als frische neue Idee übernahmen – und jetzt bewundern wir sie ebenso, wie ihr ursprünglicher Urheber es tat, als sein Geist vor einer Million Jahren von ihr entbunden wurde. Die Hindus würdigten sie schon vor Urzeiten, als sie durch den Vorgang der Unbefleckten Empfängnis Krishna schufen. Die Buddhisten waren froh, als sie vor zweitausendfünfhundert Jahren durch den gleichen Vorgang Gautama schufen. Die Griechen der nämlichen Epoche hatten ihre helle Freude daran, als ihr Höchstes Wesen und sein Kabinett auf die Erde kamen

---

* [Mark Twain verwechselt im Folgenden die Lehre von der Unbefleckten Empfängnis mit der Lehre von der Jungfrauengeburt; Anm. des Übers.]

und Griechenland mit Mischlingen halb menschlicher, halb göttlicher Natur bevölkerten. Die Römer borgten die Idee von Griechenland und fanden an Jupiters Fortpflanzung mittels der Unbefleckten Empfängnis großes Gefallen. Wir haben sie direkt vom Himmel bezogen, auf dem Umweg über Rom. Wir sind noch immer davon bezaubert. Und noch vor vierzehn Tagen, als ein episkopalischer Geistlicher aus Rochester vor das Führungsgremium seiner Kirche zitiert wurde, um sich zu dem Vorwurf zu äußern, er glaube nicht daran, dass der Erlöser durch ein Wunder empfangen worden sei, brach Rev. Dr. Briggs, vielleicht der wagemutigste toleranteste religiöse Mensch, der derzeit auf einer amerikanischen Kanzel steht, in einem Artikel in der *North American Review* eine Lanze für die Unbefleckte Empfängnis, und aus dem Ton seines Artikels zu schließen, glaubte er, diese umstrittene Frage ein für alle Mal gelöst zu haben. Seiner Auffassung nach kann es daran gar keinen Zweifel geben aus dem Grund, weil schon die Jungfrau Maria gewusst habe, dass sie echt war, da der Engel der Verkündigung es ihr gesagt hatte. Außerdem müsse es sich so verhalten haben, so ein weiterer Grund, weil Judas – ein späterer, ehelich geborener Sohn der Jungfrau Maria – noch viele Jahre nach dem Ereignis mit den Anhängern der Urkirche gelebt und verkehrt habe und voller Überzeugung sagte, dass es sich um einen Fall von Unbefleckter Empfängnis gehandelt habe; daher müsse es zutreffen, denn Judas habe inmitten der Familie gelebt und über die nötige Kenntnis verfügt.

Wenn etwas noch lustiger ist als die Lehre von der Unbefleckten Empfängnis, dann die bizarren Schlussfolgerungen, mit denen vorgeblich intelligente Menschen sich einreden, dass das Unmögliche bewiesen sei.

Würde man Dr. Briggs auffordern, an den Vorgang der Unbefleckten Empfängnis zu glauben, wie er im Falle Krishnas, Osiris', Buddhas und all der anderen behandelt wurde, würde er dankend ablehnen und wäre vermutlich gekränkt. Wenn man ihn drängte, würde er vermutlich entgegnen, dass es in diesen Fällen kindisch sei, daran zu glauben, da sie nur durch menschliche Zeugnisse gestützt seien, und dass derlei Dinge nicht aufgrund menschlicher Zeugnisse zu beweisen seien, denn selbst wenn die gesamte Menschheit bei einer Unbefleckten Empfängnis zugegen gewesen wäre, könnte sie weder sagen, wann sie sich zugetragen habe, noch ob sie sich überhaupt zugetragen habe – und doch ist dieser kluge Mann mit seinen zeitweise verworrenen Gedanken in der Lage, an ein Ding der Unmöglichkeit zu glauben, dessen Glaubwürdigkeit ganz und gar von menschlichen Zeugnissen abhängt – von dem Zeugnis eines einzigen Menschen, der Jungfrau selbst, nicht etwa einer unbefangenen, sondern einer durchaus befangenen Zeugin; einer Zeugin, die die Tatsache nicht als Tatsache wissen konnte, sondern alles, was sie darüber zu wissen glaubte, aus zweiter Hand erfuhr – aus zweiter Hand von einem Wildfremden, einem angeblichen Engel, der ein Engel gewesen sein mochte, aber ebenso gut ein Steuereintreiber hätte gewesen sein können. Es ist nicht wahrscheinlich, dass sie je zuvor einen Engel erblickt hatte oder mit dessen Erkennungsmerkmalen vertraut war. Es war ein Fremder. Er hatte keine Referenzen vorzuweisen. Kein anderer in der Gemeinde maß seiner Aussage den geringsten Wert bei. Auch heute ist diese nicht von geringstem Wert außer für Menschen wie Dr. Briggs – die ihre geistige Klarheit über Absurditäten eingebüßt haben in der frommen Absicht, ihnen etwas Vernünftiges und Rationales zu entlocken. Die Unbefleckte Empfängnis beruht auf dem Zeugnis einer einzigen Zeugin – einer Zeugin, deren Zeugnis ohne Wert ist – einer Zeugin, deren Zeugnis aus nichts weiter als der Schutzbehauptung einer jungen Bauersfrau besteht, die ihren Ehemann beschwichtigen musste. Marias Zeugnis stellte ihn zufrieden, aber das liegt daran, dass er in Nazareth lebte statt in New York. In ganz New York gibt es keinen Zimmermann, der ein solches Zeugnis für bare Münze nehmen würde. Wenn die Unbefleckte Empfängnis heute in New York wiederholt werden könnte, gäbe es unter den vier Millionen Einwohnern nicht einen Mann, nicht eine Frau und nicht ein Kind, die daran glauben würden – ausgenommen vielleicht einen verwirrten Christlichen Wissenschaftler. Jemand, der an Mother Eddy glauben kann, würde auch an einer Unbefleckten Empfängnis oder an einem halben Dutzend gleichzeitig nicht zweifeln. Im heutigen New York könnte die Unbefleckte Empfängnis nicht erfolgreich wiederholt werden. Sie würde Gelächter hervorrufen, nicht Ehrfurcht und Huldigung.

Einen Menschen, der nicht daran glaubt, mutet sie wie eine infantile Erfindung an. Nur ein Gott konnte es sich einfallen lassen, dass sie eine große, geniale Einrichtung sei und Würde besitze. Nur ein Gott konnte es sich einfallen lassen, dass ein göttlicher Sohn, den er sich durch promiske Beziehungen mit einer dörflichen Bauernfamilie verschaffte, die Reinheit des Produkts verbessern könnte, doch genau das ist die dahinterstehende Idee. Das Produkt erlangt Reinheit – absolute Reinheit, Reinheit von allem Makel oder Mangel – durch einen groben Verstoß gegen sowohl die menschlichen als auch die göttlichen Gesetze, wie sie in der Satzung und den Statuten der Bibel niedergelegt sind. So hat die christliche Religion, die jedermann vorschreibt, sittlich zu sein und den Gesetzen zu gehorchen, ihre ersten Anfänge in der Unsittlichkeit und im Ungehorsam gegen das Gesetz. Mit dem Vorgang der Unbefleckten Empfängnis könnte man nicht einmal einem Kater zur Reinheit verhelfen.

Als frommes Bühnenrequisit ist sie offenbar noch immer nützlich, noch immer brauchbar, auch wenn sie altersschwach ist und vor Überanstrengung schon ganz erschöpft. Sie ist Teil einer genealogischen Abfolge. Wie-hieß-er-gleich zeugte Krishna, Krishna zeugte Buddha, Buddha zeugte Osiris, Osiris zeugte die babylonischen Götter, diese zeugten Gott, der zeugte Jesus, Jesus zeugte Mrs. Eddy. Wenn sie den Stammbaum fortführen und ihren Beitrag zum Zeugungsprozess leisten will, muss sie sich sputen, denn sie ist selbst schon antik.

Eine Sache an unserem Christentum ist beachtenswert: So böse, blutig, gnadenlos, geldgierig und räuberisch es ist – besonders in unserem Land und in unterschiedlich abgewandeltem Maße in allen anderen christlichen Ländern –, ist es immer noch hundertmal besser als das Christentum der Bibel mit seinem ungeheuerlichen Verbrechen: der Erfindung der Hölle. Gemessen an unserem heutigen Christentum, mag es auch schlimm sein, mag es auch heuchlerisch sein, mag es auch leer und schal sein, ist weder Gott noch sein Sohn ein Christ, ja für diese recht hohe Stellung nicht einmal geeignet. Unsere Religion ist schrecklich. In dem unschuldigen Blut, das sie vergossen hat, könnten die Flotten der Welt in weitläufigem Komfort schwimmen.

Freitag, 22. Juni 1906

Die brutalen russischen Massaker an den Juden – Vergleicht alte und
moderne Massaker – Die Tendenz der heutigen Generation, sich für
den Krieg zu interessieren – Böser Einfluss der Bibel auf Kinder –
Der gegenwärtige Gott und die gegenwärtige Religion werden
nicht überdauern

In Russland geht das Christentum seit zwei Jahren jenem Gewerbe des Massakrierens und Verstümmelns nach, mit dem es die Christenheit nun schon seit neunzehnhundert Jahren in jedem Jahrhundert erfolgreich davon überzeugt hat, dass es die einzig richtige und wahre Religion sei – die alleinige Religion des Friedens und der Liebe. Seit zwei Jahren befiehlt und verübt die ultrachristliche Regierung Russlands kraft ihres Amtes Massaker an ihren jüdischen Untertanen. Diese Massaker haben sich so häufig wiederholt, dass sie uns fast gleichgültig lassen. Die einschlägigen Berichte berühren uns kaum mehr als Berichte über die den Markt beherrschenden Eisenbahnaktien, in die wir kein Geld investiert haben. Wir haben uns an die geschilderten Gräuel schon derart gewöhnt, dass wir kaum noch erschaudern, wenn wir davon lesen.

Hier sind einige Einzelheiten über eine der letzten Anstrengungen dieser demütigen Jünger des zwanzigsten Jahrhunderts, Nichtgläubige dazu zu überreden, in den Schoß des sanften und milden Erlösers zu kommen.

Uns sind grauenvolle Details von dem Korrespondenten der *Bourse Gazette* übermittelt worden, der am Samstag in Begleitung des Abgeordneten Schepkin in Białystok eintraf und dem es am Sonntagnachmittag gelang, seinen Bericht mit Hilfe eines Boten zu übermitteln. Der Korrespondent, der Schepkin, eskortiert von einem Korporal, direkt ins Krankenhaus begleitete, schreibt, wie entsetzt er über den Anblick war, der sich ihm dort bot.

»Nur zu sagen, dass die Leichen verstümmelt waren«, schreibt der Korrespondent, »wird den grausigen Tatsachen nicht gerecht. Die Gesichter der Toten haben jede menschliche Ähnlichkeit verloren. Der Leichnam des Lehrers Apstein lag mit gefesselten Händen im Gras. Ihm waren acht Zentimeter lange Nägel ins Gesicht und in die

Augen getrieben worden. Aufrührer drangen in sein Haus ein, töteten ihn auf diese Weise und ermordeten dann den Rest seiner siebenköpfigen Familie. Als sein Leichnam im Krankenhaus eintraf, war er zudem mit Bajonetteinstichen übersät.

Neben dem Leichnam Apsteins lag der eines Kindes von 10 Jahren, dem mit einer Axt ein Bein abgeschlagen worden war. Hier fanden sich auch die Toten aus dem Haus der Schlachters, wo Zeugen zufolge Soldaten eingedrungen waren, die das Haus plünderten und die Frau, den Sohn sowie die Tochter eines Nachbarn töteten und Schlachter und seine beiden Töchter schwer verletzten.

Mir wurde berichtet, dass Soldaten in die Wohnungen der Brüder Lapidus gelangten, wo sich Menschen zusammendrängten, die sich von der Straße hierhergerettet hatten, und den Christen befahlen, sich von den Juden zu separieren. Ein christlicher Student namens Dikar protestierte und wurde auf der Stelle getötet. Daraufhin wurden alle Juden erschossen.«

Von den Verletzten im Krankenhaus hörte der Korrespondent viele schreckliche Geschichten des immergleichen Inhalts. Hier ist der Bericht eines schwer verletzten Händlers namens Newjaschiki:

»Ich wohne in der Vorstadt. Als ich von dem Pogrom hörte, versuchte ich, über die Felder in die Stadt zu gelangen, wurde aber von Schlägern abgefangen. Mein Bruder wurde umgebracht, mir selbst wurden Arm und Bein gebrochen, ich erlitt eine Schädelfraktur und wurde zweimal in die Seite gestochen. Aufgrund des Blutverlusts verlor ich das Bewusstsein, und als ich wieder zu mir kam, beugte sich ein Soldat über mich und fragte: ›Was, du lebst noch! Soll ich dich mit dem Bajonett aufspießen?‹ Ich flehte ihn an, mein Leben zu verschonen. Die Schläger kamen zurück, aber sie verschonten mich und sagten: ›Der wird krepieren; lasst ihn länger leiden.‹«

Der Korrespondent, der bitterste Vorwürfe gegen die Regierung erhebt, ist der Auffassung, dass das Pogrom vorsätzlich angezettelt wurde, und schreibt die Verantwortung dafür Polizeileutnant Scheremetjew zu. Er erklärt, dass nicht nur Soldaten, sondern auch ihre Offiziere beteiligt gewesen seien; und dass er selbst noch am Samstag Zeuge geworden sei, wie Lt. Miller vom Wladimir'schen Regiment ein jüdisches Mädchen vom Fenster eines Hotels aus niedergeschossen habe. Der Gouverneur der Provinz Grodno, der in diesem Moment zufällig vorbeigekommen sei, habe eine Untersuchung angeordnet.

Die Kanzel und der Optimist sprechen immer vom steten Marsch der Menschheit in Richtung höchster Vollkommenheit. Wie gewöhnlich lassen sie die Statistiken außer Acht. Das ist die Methode der Kanzel – die Methode des Optimisten.

Gibt es irgendeinen erkennbaren Fortschritt der Mäßigung, betrachtet man das Massaker an den Albigensern und diese Massaker an den russischen Juden? Es gibt einen Unterschied. An ausgeklügelter Grausamkeit und Brutalität übertrifft das moderne Massaker das alte. Ist irgendein Fortschritt zu erkennen, betrachtet man die Bartholomäusnacht und diese Massaker an den Juden? Ja. Wieder wird derselbe Unterschied ersichtlich: Der moderne russische Christ und sein Zar sind zu einem Übermaß an blutigen und bestialischen Gräueltaten fortgeschritten, die ihre ungeschliffenen Brüder von vor dreihundertfünfunddreißig Jahren nie für möglich gehalten hätten.

Mit dem Mund macht das Evangelium des Friedens immer eine Menge Lärm; freut sich stets an den Fortschritten, die es auf dem Weg zur letzten Vollkommenheit erzielt, und vernachlässigt stets geflissentlich, die Statistiken anzuführen. Georg III. herrschte sechzig Jahre lang, bis dato die längste Regierungszeit der englischen Geschichte. Als seine verehrte Nachfolgerin Victoria um die Sechzig-Jahr-Ecke bog – und so einen neuen Regierungsrekord aufstellte –, wurde das Ereignis in England und den Kolonien mit ordentlichem Glanz und Gloria und öffentlichem Jubel begangen. Unter den Statistiken, die man zur allgemeinen Bewunderung heranzog, befanden sich diese: dass Victorias christliche Soldaten in jedem Jahr ihrer sechzigjährigen Regierung in einem anderen, gesonderten Krieg gekämpft hatten. Unterdessen waren die Besitzungen Englands durch Plünderungen, begangen an hilflosen und gottlosen Heiden, in einem solchen Ausmaß angeschwollen, dass es in ganz Großbritannien nicht genügend Zahlen gab, um die gestohlenen Flächen schriftlich festzuhalten, und man Zahlen zuhauf aus anderen Ländern importieren musste.

Heute gibt es keine friedlichen Nationen bis auf jene unglücklichen, in deren Land das Evangelium des Friedens noch nicht eingefallen ist. Die gesamte Christenheit ist ein Soldatenlager. In der vergangenen Generation sind die christlichen Armen fast bis zum Hungertod mit Steuern belegt worden, um die gigantische Aufrüstung zu finanzieren, die die christlichen Regierungen betrieben haben, jede von ihnen, um sich vor dem Rest der Bruderschaft zu schützen und nebenbei jedes Stück Land an sich zu reißen, das sein primitiver Eigentümer ungeschützt gelassen hat. König Leopold II. von Belgien – mit Ausnahme Alexanders VI. vermutlich der allerchristlichste Monarch, der der Hölle bislang noch entgangen ist – hat in Afrika ein ganzes Königreich gestohlen und in vierzehn Jahren christlicher Bestrebungen die dortige Bevölkerung durch Mord, Verstümmelung, Überarbeitung, Raub und Plünderung von dreißig auf fünfzehn Millionen reduziert; hat die Arbeitskraft der hilflosen Eingeborenen ausgebeutet und ihnen dafür nichts anderes geboten als Erlösung und einen Platz im Himmel, der ihnen in letzter Minute von christlichen Priestern verschafft wurde.

In dieser vergangenen Generation hat jede christliche Macht ihr größtes Augenmerk darauf gerichtet, immer neue und immer wirksamere Methoden zu entwickeln, um Christen zu töten – und nebenbei dann und wann einen Heiden –, und die sicherste Methode im irdischen Reich Christi, sich schnell zu bereichern, ist die Erfindung einer Kanone, die mit einem Schuss mehr Christen ins Jenseits befördern kann als jede andere existierende Kanone.

Und in derselben Generation hat jede christliche Regierung, was die Marine betrifft, mit ihren Nachbarn eine fortwährende Partie Poker gespielt. In diesem Spiel setzt Frankreich ein Schlachtschiff ein; England sieht dieses Schlachtschiff und setzt eins drauf; Russland kommt dazu und zieht mit ein oder zwei Schlachtschiffen nach – *tat es*, bevor sich der ungebildete Fremde am Spiel beteiligte und Russlands stattlichen Stapel an Spielmarken auf ein beschädigtes Fährschiff und einen Kreuzer, der nicht kreuzen kann, schrumpfen ließ. Inzwischen sind auch wir mit von der Partie. Das Spiel geht weiter und immer weiter. Nie werden die Karten neu gemischt; nie neu verteilt. Kein Spieler verlangt jemals, dass ein anderer sein Blatt offenlegt. Es ist lediglich ein endloses Spiel mit immer höheren Einsätzen; und nach dem Gesetz der Wahrscheinlichkeit wird der Tag kommen, da, bis auf die Frauen, kein Christ zu Lande mehr übrig ist. Die Männer werden alle auf See sein, die Flotten bemannen.

Dieses einzigartige Spiel, das so kostspielig und so zerstörisch und so albern ist, nennt sich Staatskunst – die sich von der Maatskunst nur durch die Schreibweise unterscheidet. Jeder außer einem Staatsmann könnte einen Weg ersin-

217

nen, dieses riesige Waffenarsenal auf rationale, vernünftige und sichere polizei-
liche Proportionen zu reduzieren, so dass fortan alle Christen angstfrei in ihren
Betten schlafen könnten, und selbst der Heiland könnte herabkommen und als
der Ausländer, der er ist, auf den Meeren wandeln, ohne fürchten zu müssen,
von christlichen Schlachtschiffen gejagt zu werden.

Hat die Bibel etwas getan, was noch schlimmer ist, als den Planeten mit un-
schuldigem Blut zu tränken? Meiner Ansicht nach ja – aber das ist nur eine
Meinung und vielleicht eine irrige. Noch nie hat es einen protestantischen Jungen oder ein protestantisches Mädchen gegeben, deren Geist nicht durch die
Bibel verunreinigt wurde. Kein protestantisches Kind bleibt rein, ist es mit der
Bibel erst einmal in Berührung gekommen. Diese Berührung lässt sich nicht
verhindern. Bisweilen versuchen die Eltern, sie zu verhindern, indem sie den
Kindern den Zugang zu den schrecklichen Obszönitäten der Bibel untersagen,
aber das macht dem Kind nur Lust, von der verbotenen Frucht zu kosten, und
so kostest es davon – macht sie heimlich ausfindig und verschlingt sie mit großem dankbarem Appetit. Die Bibel verrichtet ihre unheilvolle Arbeit bei der
Verbreitung von Lastern unter Kindern und täglich und kontinuierlich bei der
Verbreitung von bösartigen und unreinen Ideen in jeder protestantischen Familie der Christenheit. Sie verrichtet mehr von dieser tödlichen Arbeit als alle
anderen unreinen Bücher der Christenheit zusammengenommen; und nicht
nur mehr, sondern tausendmal mehr. Es ist leicht, die Jugend vor diesen anderen Büchern zu schützen, und sie werden vor ihnen geschützt. Aber gegen die
tödliche Bibel gibt es keinen Schutz.

Ist in Zweifel zu ziehen, dass die jungen Leute heimlich Jagd auf die verbotenen Stellen machen und sie mit Vergnügen studieren? Wenn meine Leser zugegen wären – sagen wir, Leser beiderlei Geschlechts oder jeder Altersgruppe zwischen zehn und neunzig –, würde ich sie dazu bringen, diese Frage selbst zu
beantworten – und sie könnten sie nur auf die eine Weise beantworten. Sie
müssten zugeben, dass sie, nach Kenntnis und Erfahrung ihrer frühen Jugend
zu urteilen, mit absoluter Sicherheit wissen, dass die Bibel ausnahmslos alle
protestantischen Kinder besudelt.

Glaube ich, dass die christliche Religion überdauern wird? Weshalb sollte ich
das glauben? Es hat tausend Religionen gegeben, bevor diese geboren wurde.

Sie sind alle tot. Es hat Millionen Götter gegeben, bevor der unsrige erfunden wurde. Ganze Schwärme von ihnen sind tot und längst vergessen. Der unsrige ist mit Abstand der schlimmste Gott, den der Einfallsreichtum des Menschen mit seiner verrückten Phantasie gezeugt hat – und sollten er und sein Christentum unsterblich sein entgegen der langen Reihe an Wahrscheinlichkeiten, die die theologische Geschichte der Vergangenheit bereithält? Nein. Ich glaube, dass das Christentum mitsamt seinem Gott der allgemeinen Regel folgen wird. Sie müssen ihrerseits das Zeitliche segnen und einem anderen Gott und einer noch dümmeren Religion weichen. Oder vielleicht einer besseren? Nein. Das ist nicht wahrscheinlich. Die Geschichte beweist, dass wir in Sachen Religion rückwärts fortschreiten, nicht vorwärts. Sei's drum, es wird einen neuen Gott und eine neue Religion geben. Beliebtheit und Akzeptanz werden sie mit den einzigen Argumenten erlangen, die je ein Volk auf dieser Erde überredet haben, das Christentum oder irgendeine andere Religion, in die es nicht hineingeboren wurde, anzunehmen: mit der Bibel, dem Schwert, der Fackel und der Axt – den einzigen Missionaren, die je einen Sieg errungen haben, seit Götter und Religionen in der Welt ihren Anfang nahmen. Nachdem der neue Gott und die neue Religion in den üblichen Proportionen etabliert sind – ein Fünftel der Weltbevölkerung vorgebliche Anhänger, vier Fünftel heidnisches Betätigungsfeld für Missionare, wobei die Missionare selbstgefällig und wirkungslos nur an der Oberfläche des jeweiligen Kontinents kratzen –, werden die Neubekehrten an sie glauben? Gewiss werden sie das. Sie haben stets an die eine Million Götter und Religionen geglaubt, die ihnen in den Rachen gestopft worden sind. Es gibt nichts, was so grotesk oder unglaublich wäre, dass es der Durchschnittsmensch nicht glauben könnte. Hier und heute gibt es Tausende und Abertausende Amerikaner von durchschnittlicher Intelligenz, die fest an *Wissenschaft und Gesundheit* glauben, obwohl sie keine Zeile davon verstehen, und dazu noch die schmutzige ignorante alte Diebin dieses Evangeliums verherrlichen – Mrs. Mary Baker G. Eddy, die sie für ein adoptiertes Mitglied der Heiligen Familie halten, das auf dem bestem Weg ist, den Erlöser auf den dritten Platz zu verweisen, seinen gegenwärtigen Platz einzunehmen und diesen Platz für alle Ewigkeit zu besetzen.

Samstag, 23. Juni 1906

Über den Charakter des wirklichen Gottes

Lassen Sie uns nun den wirklichen Gott betrachten, den ursprünglichen Gott, den großen Gott, den erhabenen und höchsten Gott, den authentischen Schöpfer des *wirklichen* Universums, dessen entlegenste Winkel nur von Kometen aufgesucht werden – von Kometen, für die der unglaublich weit entfernte Neptun lediglich ein Vorposten ist, ein Sandy Hook für Geister aus den Tiefen des Weltraums, die sich auf dem Heimweg befinden und ihn seit Generationen nicht gesehen haben – eines Universums, das nicht von Hand geschaffen und für ein astronomisches Kinderzimmer geeignet ist, das sich vielmehr durch das Fiat des eben erwähnten wirklichen Gottes bis in die unermesslichen Weiten des Raumes erstreckt; dieses Gottes von unvorstellbarer Größe und Majestät, im Vergleich zu dem alle anderen Götter, die zu Myriaden über die schwache Vorstellungskraft der Menschen herfallen, wie ein in der Unendlichkeit des leeren Himmels verstreuter und verlorener Mückenschwarm daherkommen.

Wenn wir uns einen solchen Gott denken, können wir ihn nicht mit irgendetwas Trivialem assoziieren, mit etwas, dem es an Würde mangelt, mit etwas, dem es an Größe mangelt. Wir können uns nicht vorstellen, dass er zufällig am Sirius vorbeikommt und unsere Kartoffel als Fußschemel erwählt. Wir können uns nicht vorstellen, dass er sich für die Angelegenheiten des mikroskopisch kleinen Menschengeschlechts interessiert, dass er dessen Sonntagsschmeicheleien genießt und Eifersuchtsanfälle erleidet, wenn die Schmeicheleien nachlassen oder ganz ausbleiben, und zwar genauso wenig, wie wir uns vorstellen können, dass sich der Kaiser von China für seine Flasche mit Mikroben interessiert und rührend darauf bedacht ist, sich mit ihnen gut zu stellen und ihre unverfrorenen Komplimente einzusammeln. Selbst wenn wir uns vorstellen könnten, dass der Kaiser von China an seiner Flasche mit Mikroben leidenschaftliches Interesse zeigte, sollten wir hier einen Schlussstrich ziehen; wir könnten uns selbst bei blühendster Phantasie nicht vorstellen, dass er unter diesen unzähligen Millionen einen viertel Fingerhut jüdischer Mikroben auswählt – die am wenigsten attraktiven aus der ganzen Schar –, diese zu Schoßhunden macht und sie seine auserwählten Keime nennt und seine Vernarrtheit so weit geht, dass er beschließt, nur sie zu behalten und zu verhätscheln und alle übrigen zu verdammen.

Wenn wir die unzähligen Wunder und Herrlichkeiten und Vorzüge und Vollkommenheiten dieses unendlichen Universums betrachten (dass das Universum unendlich ist, wissen wir mittlerweile) und erkennen, dass es – vom Grashalm bis zu den Baumriesen Kaliforniens, vom unbekannten Bergbächlein bis zum unermesslichen Ozean; von Ebbe und Flut der Gezeiten bis zur eindrucksvollen Bewegung der Planeten – nicht ein einziges Detail gibt, das nicht Sklave eines Systems exakter und unabänderlicher Gesetze wäre, scheinen wir zu wissen – nicht anzunehmen oder zu mutmaßen, sondern zu *wissen* –, dass der Gott, der dieses erstaunliche Gefüge mit einem Gedankenblitz ins Dasein gebracht und mit einem weiteren Gedankenblitz seine Gesetze gemacht hat, mit grenzenloser Macht ausgestattet ist. Wir scheinen zu wissen, dass er, was immer er zu tun wünscht, ohne fremde Hilfe tun kann. Wir scheinen auch zu wissen, dass er, als er das Universum ins Dasein katapultierte, alles voraussah, was sich von jenem Moment an bis zum Ende der Zeit darin ereignen würde.

Wissen wir auch, dass er, unseren sittlichen Werten zufolge, ein sittliches Wesen ist? Nein. Wenn wir darüber überhaupt etwas wissen, dann, dass er bar jeder Sittlichkeit ist – zumindest nach menschlichen Maßstäben. Wissen wir, dass er gerecht, nachsichtig, gütig, sanftmütig, barmherzig, mitfühlend ist? Nein. Es gibt keinerlei Hinweise, dass er auch nur etwas davon ist – wohingegen jeder Tag, der vergeht, uns tausend Bände mit Belegen, ja mit Beweisen liefert, dass er keine dieser Eigenschaften besitzt.

Wenn wir beten, wenn wir betteln, wenn wir flehen, hört er uns zu? Erhört er uns? In der Geschichte der Menschheit gibt es dafür nicht ein einziges verbürgtes Beispiel. Weigert er sich stumm, uns zuzuhören – uns zu erhören? Es gibt nichts, was einem Beweis nahekäme, dass er je etwas anderes getan hätte. Seit Anbeginn der Zeit haben sich Priester, die sich einbildeten, seine berufenen und besoldeten Diener zu sein, zu ihrer vollen zahlenmäßigen Stärke zusammengetan und zur gleichen Zeit um Regen gebetet, und nicht ein Mal ist Regen gefallen, wenn er nach den ewigen Gesetzen der Natur nicht ohnehin fällig gewesen wäre. Wenn sie einen funktionstüchtigen Wetterdienst gehabt hätten, wann immer welcher fiel, hätten sie sich die Mühe des Regengebets ersparen können, denn der Wetterdienst hätte ihnen sagen können, dass binnen vierundzwanzig Stunden ohnehin Regen bevorstand, ob sie nun beteten oder ihren heiligen Wind aufhoben.

Von Anbeginn der Zeit, wann immer ein König sterbenskrank darniederlag, haben Priesterschaft und ein Teil des Volkes gemeinsam gebetet, der König möge seinem trauernden und verängstigten Volk erhalten bleiben (falls es denn trauerte und verängstigt war, was durchaus nicht der Regel entsprach), und in keinem Fall ist ihr Gebet jemals erhört worden. Als Mr. Garfield dem Tode nahe war, wussten die Ärzte und Chirurgen, dass nichts ihn retten konnte, doch auf ein verabredetes Signal hin sandten sämtliche Kanzeln der Vereinigten Staaten gleichzeitig ein Bittgebet für die Wiederherstellung der Gesundheit des Präsidenten aus. Sie taten das mit demselben alten unschuldigen Vertrauen, mit dem die urzeitlichen Wilden zu ihren imaginären Teufeln gebetet hatten, sie mögen ihren sterbenden Häuptling verschonen – denn der Tag, da Tatsachen und Erfahrung eine Kanzel etwas Nützliches lehren können, wird niemals kommen. Natürlich starb der Präsident trotzdem.

Großbritannien hat einundvierzig Millionen Einwohner und achtzigtausend Kanzeln. Die burische Bevölkerung zählte hundertfünfzigtausend mit einer Batterie von zweihundertzehn Kanzeln. Zu Beginn des Burenkrieges, auf Geheiß des Primas von ganz England, ertönte wie Donnerhall von achtzigtausend englischen Kanzeln ein gigantisches simultanes Bittgebet an ihren Gott, den bedrängten Engländern in Südafrika den Sieg zu schenken. Die kleine burische Batterie von zweihundertzehn Geschützen antwortete mit einem simultanen Bittgebet an denselben Gott, den Buren den Sieg zu schenken. Hätten die achtzigtausend englischen Geistlichen ihre Gebete für sich behalten und wären stattdessen ins Feld gezogen, sie hätten ihn errungen – während der Sieg so der Gegenseite zufiel und die englischen Streitkräfte durch die Hand der Buren eine Niederlage nach der anderen erlitten. Die englische Kanzel kehrte das Ergebnis ihrer Bemühungen diskret unter den Teppich, doch die indiskrete burische Kanzel verkündete mit laut jubelnder Stimme, dass es *ihre* Gebete waren, die den Buren zum Sieg verholfen hätten.

Die britische Regierung setzte mehr Vertrauen auf Soldaten als auf Gebete –

222

statt die zahlenmäßige Stärke des Klerus zu verdoppeln und zu verdreifachen, verdoppelte und verdreifachte sie daher die Stärke ihrer Truppen auf dem Schlachtfeld. Dann geschah das, was stets geschieht – die Engländer entschieden den Kampf für sich, ein recht deutlicher Hinweis darauf, dass der Herrgott keine von beiden Seiten erhört hatte und genauso gleichgültig war in der Frage, wer gewinnen würde, wie er es schon immer gewesen ist, von dem Tag an, da er sich herausgebildet hatte, bis zur heutigen Zeit – noch ist kein einziger Fall überliefert, wo er auch nur das geringste Interesse an menschlichen Auseinandersetzungen gezeigt hätte oder daran, ob die gute Sache siegte oder unterging.

Hat diese Erfahrung die Kanzel irgendetwas gelehrt? Hat sie nicht. Als – wie die Buren glaubten – die burischen Gebete den Sieg errangen, fühlten sich die Buren einmal mehr in ihrem Vertrauen in die Macht des Gebetes bestätigt. Als sie später die niederschmetternde Endgültigkeit der Niederlage trotz ihrer zuversichtlichen Bittgebete überwältigte, blieb ihre Haltung unverändert, ihr Vertrauen in die Gerechtigkeit und Intelligenz Gottes unbeeinträchtigt.

Oft sehen wir eine Mutter, die nach und nach all dessen beraubt worden ist, was ihr im Leben lieb und teuer war, bis auf ein einziges verbliebenes sterbendes Kind; wir haben gesehen, meine ich, wie sie an seinem Bettchen kniet und aus gebrochenem Herzen Flehgebete um Gnade an Gott aussendet, die von jedem Menschen, in dessen Macht es stünde, das Kind zu retten, augenblicklich und mit Freuden erhört würden – doch kein solches Gebet hat je einen Gott zu Mitleid gerührt. Konnte diese Mutter dadurch endlich überzeugt werden? Manchmal – aber nur für kurze Zeit. Schließlich war sie auch nur ein Mensch und genau wie die anderen – bereit, beim nächsten Notfall abermals zu beten; bereit, abermals daran zu glauben, dass sie erhört werde.

Wir wissen, dass der wirkliche Gott, der höchste Gott, der eigentliche Schöpfer des Universums, alles gemacht hat, was darin enthalten ist. Wir wissen, dass er alle Geschöpfe erschaffen hat, von der Mikrobe und dem Brontosaurier bis hin zum Menschen und zum Affen, und dass er wusste, was jedem von ihnen widerfahren würde, vom Anbeginn der Zeit bis zu ihrem Ende. Im Falle eines jeden Geschöpfes, ob groß oder klein, erließ er ein unumstößliches Gesetz: dass dieses Geschöpf jeden Tag seines Lebens willkürliche und unnötige Schmerzen und Qualen erleiden sollte – dass kraft dieses Gesetzes diese Schmerzen und

Qualen durch keinerlei Diplomatie des Geschöpfes vermieden werden könnten; dass sein Lebensweg von der Geburt bis zum Tod mit geschickt erdachten und geschickt verborgenen Fallen, Stricken und Schlingen versehen sein würde; und dass kraft eines anderen Gesetzes jeder wissentliche oder unwissentliche Verstoß gegen ein Gesetz der Natur in jedem Fall mit einer Strafe bedacht würde, die die Übertretung um das Zehntausendfache übersteigt. Erstaunt stehen wir vor der allumfassenden Bosheit, die sich geduldig dazu herabließ, für die gemeinsten und jämmerlichsten unter den unzähligen Arten von Geschöpfen, die die Erde bewohnen sollten, raffinierte Martern auszuklügeln. Die Spinne wurde so entworfen, dass sie kein Gras frisst, sondern Fliegen und dergleichen fangen muss und diesen einen langsamen und grausigen Tod bereitet, ohne zu ahnen, dass sie als Nächste an der Reihe ist. Die Wespe wurde so entworfen, dass auch sie Gras verschmäht und die Spinne sticht, dieser aber nicht etwa einen raschen und barmherzigen Tod zufügt, sondern sie nur halb lähmt, dann in das Wespennest schleppt, wo sie noch tagelang lebt und leidet, während ihr die Wespenjungen gemächlich die Beine abkauen. Für die Wespe wiederum war ein weiterer Mörder vorgesehen und für den Mörder der Wespe wieder ein anderer Mörder, und so ging es das ganze System der auf Erden lebenden Geschöpfe hindurch. Es ist nicht eines darunter, das nicht dazu konzipiert und bestimmt wurde, einem Erdengeschöpf Qual und Tod zu bringen und seinerseits das gleiche Schicksal von Seiten eines anderen mörderischen Erdengeschöpfes zu erleiden. Wenn die Fliege ins Netz der Spinne fliegt, lässt sie sich lediglich eine Unachtsamkeit – keinen Gesetzesverstoß – zuschulden kommen, und doch übersteigt die Bestrafung der Fliege jene kleine Unachtsamkeit um das Zehntausendfache.

Dieses Gesetz der zehntausendfachen Bestrafung wird an jedem Lebewesen einschließlich des Menschen unnachgiebig vollstreckt. Die Schuldenlast, die man, schuldig oder unschuldig, aufgehäuft hat, wird von der Natur unverzüglich eingetrieben – und zwar in dieser Welt, ohne die zehnmilliardenfache Zusatzstrafe abzuwarten, die – im Falle des Menschen – in der nächsten Welt verhängt und eingetrieben wird.

Dieses System grausamer Strafen für alles oder nichts setzt am ersten Tag des hilflosen Säuglings in der Welt ein und endet erst an seinem letzten. Gibt es

224

einen Vater, der sein Kind mit unverdienten Koliken und den unverdienten Qualen des Zahnens schikanieren und Mumps, Masern, Scharlach und die hundert anderen Schikanen folgen lassen würde, die für das arglose Geschöpf vorgesehen sind? Und dann von der Jugend bis zum Grab eine Vielzahl zehntausendfacher Strafen für vorsätzlich oder aus Unachtsamkeit begangene Gesetzesbrüche? Mit feinem Sarkasmus adeln wir Gott mit der Anrede Vater – dabei wissen wir ganz genau, dass wir Väter seiner Art, wo immer wir ihrer habhaft werden, hängen würden.

Die Erklärungen und Entschuldigungen der Kanzel für diese Verbrechen sind erbärmlich und entbehren jeden Scharfsinns. Es heißt, sie werden zum Wohle des Leidenden begangen. Sie sollen ihn Disziplin lehren, ihn läutern, ihn erheben, ihn auf die Gesellschaft Gottes und der Engel vorbereiten – ihn durch Krebs, Tumore, Pocken und die übrigen Krankheiten der Bildungsfabrik geweiht gen Himmel senden; dabei weiß die Kanzel, wenn sie überhaupt etwas weiß, dass sie sich damit lächerlich macht. Sie weiß, dass, wenn diese Art von Disziplin klug und heilsam ist, wir verrückt sein müssten, sie nicht selbst zu übernehmen und bei unseren Kindern anzuwenden.

Glaubt die Kanzel tatsächlich, dass wir die läuternde und erhebende Art von Kultur, die der Allmächtige erdacht hat, verbessern können? Mir scheint, dass die Kanzel, wenn sie aufrichtig glaubt, was sie in dieser Hinsicht predigt, jedem Vater empfehlen würde, den Methoden des Allmächtigen nachzueifern.

Wenn die Kanzel die Gemeinde erfolgreich davon überzeugt hat, dass dieses System vom Allmächtigen wirklich weise und barmherzig erdacht worden sei, um seine Kinder, die er so liebt, zu läutern und zu erheben, hält sie vernünftigerweise den Mund. Sie wagt sich nicht weiter vor und erklärt nicht, weshalb dieselben Verbrechen und Grausamkeiten auch über die höheren Tiere – Alligatoren, Tiger und alle übrigen – verhängt worden sind. Sie behauptet sogar, dass die Tiere sterben – will sagen, dass ihr trauriges Leben hier beginnt und hier endet; dass sie nicht fortleben; dass es für sie keinen Himmel gibt; dass im Jenseits weder Gott noch Engel noch die Erlösten ihre Gesellschaft wünschen. Das versetzt die Kanzel in eine komische Lage, denn trotz all ihrer scharfsinnigen Erklärungen und Entschuldigungen überführt sie ihren Gott, im Falle der arglosen Tiere ein scham- und mitleidloser Tyrann zu sein. Zumindest verurteilt sie ihn, über alle Einwände und Argumente erhaben, mit ihrem Schweigen unbestreitbar und unwiderruflich als böswilligen Herrn, nachdem sie die Gemeinde erst davon überzeugt hat, dass er ganz und gar aus Mitleid, Gerechtigkeit und allumfassender Liebe besteht. Die Kanzel weiß nicht, wie sie diese grotesken Widersprüche unter einen Hut bringen soll, und so versucht sie es gar nicht erst.

In Ermangelung einer und all jener Eigenschaften, die einen Gott zieren und ihm Achtung, Ehrfurcht und Ehrerbietung eintragen könnten, ist der wirkliche Gott, der ursprüngliche Gott, der Schöpfer des gewaltigen Universums, genau wie all die anderen Götter auf der Liste. Jeden Tag beweist er, dass er weder an den Menschen noch an den übrigen Tieren ein anderes Interesse hat, als sie zu quälen, sie zu töten und aus diesem Zeitvertreib so viel Genuss wie möglich zu schlagen – und alles zu tun, um der ewigen und gleichförmigen Monotonie des Ganzen nicht überdrüssig zu werden.

Montag, 25. Juni 1906

Die Beweise dafür, dass es im Jenseits einen Himmel gibt, beruhen nur
auf Hörensagen – Christus beweist nicht, dass er Gott ist – Spricht über
das Menschengeschlecht – Der Mensch ist eine Maschine und
für sein Handeln nicht verantwortlich

Bei diesen himmlischen Banditen also sucht das treuherzige, zutrauliche, unlogische menschliche Kaninchen nach einem Himmel ewiger Glückseligkeit als Lohn dafür, dass es die Nöte und Leiden, die ihm auf Erden zugefügt werden, geduldig erträgt – unverdientes Leid, das in einigen Fällen zwei oder drei Jahre dauert; in anderen fünf oder zehn Jahre; in wieder anderen dreißig, vierzig oder fünfzig; in noch anderen sechzig, siebzig, achtzig. Wie gewöhnlich, wenn ein göttliches Wesen den Richter abgibt, steht der Lohn in keinem Verhältnis zum Leid – und einem System folgt das Ganze ohnehin nicht. Wenn Sie achtzig Jahre leiden, erhalten Sie auch nicht mehr Himmel, als wenn Sie mit drei Jahren an Masern sterben.

Es gibt keinen Beweis, dass uns im Jenseits ein Himmel erwartet. Sollten wir irgendwo auf ein Buch aus alten Zeiten stoßen, in dem ein Dutzend unbekannter Männer von einem blühenden und herrlichen tropischen Paradies erzählen, verborgen in einem unzugänglichen Tal im Mittelpunkt jener ewigen Eisberge, die den antarktischen Kontinent bilden, und diese Männer würden nicht etwa behaupten, es mit eigenen Augen gesehen, sondern ihre gründliche Kenntnis desselben durch göttliche Offenbarung erlangt zu haben – keine geographische Gesellschaft der Erde würde irgendetwas auf dieses Buch geben; und doch wäre dieses Buch ein genauso authentisches, glaubwürdiges, wertvolles Beweismittel wie die Bibel. Die Bibel verfährt nach dem gleichen Muster. Die Existenz ihres Himmels wird nur durch Hörensagen gestützt – durch Zeugnisse, abgelegt von Unbekannten; Unbekannten, die nicht bewiesen haben, dass sie jemals dort waren.

Wäre Christus wirklich Gott gewesen, hätte er es beweisen können, denn bei Gott ist kein Ding unmöglich. Er hätte es jedem Einzelnen beweisen können, zu seiner Zeit, zu unserer Zeit und bis in alle Zeiten. Will Gott beweisen, dass Sonne und Mond jeden Tag und jede Nacht verlässlich ihre vorbestimmte Arbeit tun – es ist ihm ein Leichtes. Will er beweisen, dass der Mensch sich darauf verlassen kann, die Sternbilder allnächtlich an ihrem Platz zu finden, obwohl sie täglich verschwinden und wir sie verloren glauben – es ist ihm ein Leichtes. Will er beweisen, dass die Jahreszeiten nach einem festen Gesetz Jahr für Jahr verlässlich kommen und gehen, es ist ihm ein Leichtes. Offenbar war es sein Wunsch, uns viele Millionen Dinge als über alle Einwände und Zweifel erhaben zu beweisen, und es war ihm ein Leichtes, das zu tun. Offenbar lässt ihn seine Erfindungskraft nur dann im Stich, wenn er uns ein Leben nach dem Tod beweisen will, da stößt er auf Schwierigkeiten, die außerhalb seiner vermeintlichen Allmacht liegen. Wenn es gilt, den Menschen eine Botschaft zu übermitteln, die von ungleich größerer Wichtigkeit ist als alle anderen Botschaften zusammengenommen, die er mühelos übermittelt hat, fällt ihm kein besseres Medium ein als die armseligste aller Erfindungen – ein Buch. Ein Buch, um tausend Nationen eine Botschaft zu übermitteln, verfasst in zwei Sprachen, die sich im Laufe der zäh dahinfließenden Jahrhunderte und Äonen immer wieder verändern und schließlich völlig unverständlich werden mussten. Und selbst wenn sie wie eine tote Sprache unverändert blieben, hätte die Botschaft zu keiner Zeit mit vollkommener Klarheit in auch nur eine der tausend Sprachen übersetzt werden können.

Dem Hörensagen nach besteht der Charakter eines jeden herausragenden Gottes aus Liebe, Gerechtigkeit, Mitgefühl, Nachsicht, Bedauern über alles Leid und dem Wunsch, es auszulöschen. Diesem schönen Charakter – der ganz auf wertlosem Hörensagen beruht – steht die absolut glaubwürdige Beweislast gegenüber, mit der wir an jedem Tag des Jahres konfrontiert werden und die wir mit den Augen und anderen Sinnesorganen überprüfen können: dass der wahre Charakter dieser Götter ohne Liebe, Gnade, Mitgefühl, Gerechtigkeit und andere sanfte und vortreffliche Eigenschaften ist, dass er vielmehr aus allen erdenklichen Grausamkeiten, Verfolgungen und Ungerechtigkeiten besteht. Der Charakter, den wir vom Hörensagen kennen, beruht allein auf Zeugnissen – äußerst fragwürdigen Zeugnissen. Der wahre Charakter beruht auf Beweisen – unangreifbaren Beweisen.

Ist es logisch, von Göttern, deren unablässiger, beständiger Zeitvertreib die böswillige Verfolgung unschuldiger Menschen und Tiere ist, anzunehmen, dass sie denselben Geschöpfen bald darauf die ewige Glückseligkeit bescheren? Sollte König Leopold II., der Schlächter, verkünden, dass er von hundert unschuldigen und arglosen Kongonegern jeweils einen vor Demütigung, Hungertod und Meuchelmord bewahren und zu sich nach Belgien holen wird, wo er mit ihm in seinem Palast wohnen und an seiner Tafel speisen darf, wie viele Menschen würden ihm glauben? Jeder würde sagen: »Der Charakter eines Menschen ist etwas Dauerhaftes. Dieses Vorgehen entspräche nicht dem Charakter des Schlächters. Leopolds Charakter ist ein für alle Mal nachgewiesen, und es würde ihm niemals einfallen, eine solche Freundlichkeit zu bezeigen.«

Leopolds Charakter *ist* nachgewiesen. Der Charakter der herausragenden Götter ist ebenfalls nachgewiesen. Anzunehmen, dass Leopold von Belgien oder die himmlischen Leopolde jemals darauf verfielen, auch nur einen Bruchteil ihrer Opfer an die königliche Tafel zu laden und ihnen die Annehmlichkeiten und Behaglichkeiten des königlichen Palastes darzubieten, ist ausgesprochen unlogisch.

Dem Hörensagen nach machen die herausragenden Götter von hundert Opfern eines zu ihrem Schoßhund – wählen es willkürlich aus, ohne Rücksicht darauf, ob es besser ist als die anderen neunundneunzig oder nicht –, verdammen aber die neunundneunzig in alle Ewigkeit, ohne ihren Fall näher zu untersuchen. Dies wäre logisch und würde den bekannten Charakter der Götter getreu widerspiegeln, wenn es da nicht einen kleinen Fehler gäbe – und dieser Fehler ist die grundlose und unglaubwürdige Idee, dass einer von hundert davonkommt. Es ist nicht wahrscheinlich, dass uns im Jenseits ein Himmel erwartet. Es ist äußerst wahrscheinlich, dass wir dort eine Hölle vorfinden – und es ist nahezu todsicher, dass ihr niemand entrinnen wird.

Zum Menschengeschlecht. Das Menschengeschlecht zeichnet sich durch viele hübsche und einnehmende Dinge aus. Es ist die vielleicht armseligste aller Erfindungen aller Götter, doch geargwöhnt hat es das nie. Es gibt nichts Hübscheres als das naive und selbstzufriedene Wohlgefallen, das es an sich selbst hat. Ohne jede Verlegenheit oder Schamröte behauptet es unumwunden, das edelste Werk Gottes zu sein. Das Menschengeschlecht hat eine Milliarde Gelegenheiten erhalten, es besser zu wissen, doch bei diesem Esel verfängt nicht ein einziger Hinweis. Ich könnte harsche Dinge über das Menschengeschlecht sagen, bringe es aber nicht über mich – es ist, als schlüge man ein Kind.

Der Mensch kann nichts für das, was er ist. Er hat sich nicht selbst erschaffen. Er hat keine Kontrolle über sich. Alle Kontrolle ist an sein Temperament gebunden – das er nicht erschaffen hat – und an die Umstände, von denen er sich von der Wiege bis zur Bahre umzingelt sieht, die er nicht ersonnen hat und die er durch keinen Willensakt verändern kann, aus dem einfachen Grund, weil er keinen Willen besitzt. Er ist genauso ein rein automatischer Mechanismus wie eine Uhr, und er kann sein Handeln ebenso wenig beherrschen oder beeinflussen wie diese. Er ist ein Gegenstand des Mitleids, nicht des Vorwurfs – und nicht der Verachtung. Er wird kopfüber in diese Welt geworfen, ohne gefragt zu werden, und sogleich entwickelt und akzeptiert er die Vorstellung, der unbekannten Macht, die ihm dieses Skandalon angetan hat, auf mysteriöse Weise verpflichtet zu sein, und fortan glaubt er, jener Macht für jede Handlung seines Lebens Rechenschaft schuldig zu sein und für diejenigen seiner Handlungen, die nicht die Billigung jener Macht finden, strafbar zu sein – doch würde derselbe Mensch ganz anders argumentieren, wenn ihn ein menschlicher

Tyrann gefangen nähme, in Ketten legte und einen Sklaven aus ihm machte. Er würde sagen, dass der Tyrann kein Recht habe, dies zu tun; dass der Tyrann kein Recht habe, ihm irgendwelche Befehle zu erteilen und Gehorsam zu fordern; dass der Tyrann kein Recht habe, ihn zu einem Mord zu zwingen und ihm anschließend die Verantwortung dafür zuzuschieben. In Fragen der Moral macht der Mensch ständig einen höchst sonderbaren Unterschied zwischen sich selbst und seinem Schöpfer. Von seinen Mitmenschen verlangt er die Einhaltung eines altehrwürdigen Moralkodex, doch den völligen Mangel an Moral, der seinen Gott auszeichnet, nimmt er ohne Scham oder Missbilligung hin.

Raffinierterweise hat Gott den Menschen so geschaffen, dass er nicht anders kann, als den Gesetzen seiner Leidenschaften, seiner Begierden und seiner verschiedenen unangenehmen und unerwünschten Eigenschaften zu gehorchen. Gott hat ihn so geschaffen, dass all sein Kommen und Gehen von Fallen gesäumt ist, die er unmöglich vermeiden kann und die ihn dazu zwingen, sogenannte Sünden zu begehen – und dann straft ihn Gott, weil er Dinge tut, die er seit Anbeginn der Zeit für ihn vorgesehen hat. Der Mensch ist eine Maschine, und Gott hat sie geschaffen – ohne von jemandem dazu aufgefordert worden zu sein. Wer immer hier auf Erden eine Maschine konstruiert, ist für ihr Funktionieren verantwortlich. Niemand würde auch nur im Traum daran denken, diese Verantwortung der Maschine selbst aufzubürden. Wir alle wissen ganz genau – auch wenn wir es alle verschweigen, so wie ich es tue, bis ich tot bin und außer Reichweite der öffentlichen Meinung –, wir alle wissen, sage ich, dass Gott, und zwar Gott allein für jede Äußerung und Handlung im Leben eines Menschen von der Wiege bis zur Bahre verantwortlich ist. Wir wissen es ganz genau. Im Grunde unseres Herzens hegen wir nicht den leisesten Zweifel daran. Im Grunde unseres Herzens zögern wir nicht, jeden für einen gedankenlosen Narren zu erklären, der glaubt, zur Sünde gegen Gott fähig zu sein – oder der glaubt, Verpflichtungen gegenüber Gott zu haben und ihm Dank, Ehrfurcht und Ehrerbietung zu schulden.

New York, 17. Juli 1906

Vor fünf oder sechs Wochen, als ich jene Kapitel meiner Autobiographie diktierte, die von meinen verhängnisvollen Abenteuern mit Charles H. Webb, meinem ersten Verleger, mit der American Publishing Company, meinem zweiten Verleger, und mit Charles L. Webster, meinem dritten Verleger, berichten, ahnte ich noch nicht, dass mir ein verhängnisvolles Abenteuer mit einem weiteren Verleger, dem riesigen Konzern Harper & Brothers, bevorstand. »Verhängnisvoll« ist vielleicht nicht ganz das richtige Wort für dieses letzte Abenteuer; möglicherweise ist »lächerlich« das treffendere. Mein Abenteuer mit Elisha Bliss junior von der American Publishing Company im Jahre 1872 hatte etwas Würdevolles, meinem gegenwärtigen Abenteuer mit Harper & Brothers dagegen fehlt es an dieser Eigenschaft. Als Bliss mich beim Abschluss des Vertrages für *Durch dick und dünn* in dem Glauben wiegte, die Änderung des vereinbarten Wortlauts von »Hälfte des Verlagserlöses nach Abzug der Herstellkosten« zu festgesetzten Tantiemen sei günstiger für mich, stellte er mir eine Falle, mit deren Hilfe er mich um rund dreißigtausend Dollar zu betrügen hoffte, ein Winkelzug, der, wie ich bereits erklärt habe, aufging. Das hatte etwas Würdevolles aus dem einfachen Grund, weil dreißigtausend Dollar eine bedeutende Summe für diesen armen kleinen Verlag waren und der frevlerischen Mühe wert, die Bliss auf sich nahm, um an das Geld zu kommen. In dem gegenwärtigen Beispiel, denke ich, hätte die Falle, die mir Mr. Duneka stellte, für Harper & Brothers lediglich einen finanziellen Vorteil von zehn- oder zwölftausend Dollar erbracht, daher entbehrt der Winkelzug, wie ich bereits angedeutet habe, jeder Würde.

Meine Erfahrungen mit Webb und Bliss und Webster sind der immerwährende Beweis, dass ich, wenn es darum geht, einen Vertrag zu prüfen und zu verstehen, ein Totalversager bin. Es hat sich gezeigt, dass ich die Verträge in jedem einzelnen Fall falsch ausgelegt und missverstanden habe. Meine gegenwärtige Erfahrung ist der perfekte Nachweis, dass ich heute einen Vertrag nicht besser verstehe als damals. Ich frage mich, wer eigentlich derjenige ist, der bei einem Betrug am Ende Schaden nimmt: der, der ihn verübt, oder der vertrauensvolle Esel, der ihn erleidet? Bliss riss sich meine dreißigtausend Dollar unter

231

den Nagel, doch dreizehn Jahre später sorgte ich dafür, dass es ihn eine Viertelmillion kostete. Aber lassen wir diese knifflige Frage beiseite, ich muss auf die Anfänge meines Gegenstands zu sprechen kommen.

Diese Anfänge liegen drei Jahre zurück. Ich war bestrebt, alle meine Bücher den Händen *eines* Verlegers anzuvertrauen. Die Harpers hatten die eine Hälfte, die American Publishing Company die andere. Collier wollte eine wohlfeile Ausgabe auf Subskriptionsbasis herausbringen und bot mir an, den Verkauf von vierzigtausend Stück pro Jahr zu garantieren. Schon bald erwies es sich als unmöglich, die Bücher den Händen *eines* Verlegers anzuvertrauen, aber Duneka sagte, er sei gewillt, Bliss die Subskriptionsrechte an den Harper-Büchern abzutreten, falls Bliss ihm dafür die Buchhandelsrechte an den Bliss-Büchern abträte. Duneka sagte, dieses Angebot habe er Bliss schon vor zwei Jahren unterbreitet. Ich erwiderte, ich sähe keinen Grund, weshalb Bliss die Bedingungen nicht akzeptieren sollte. Ich trug die Sache Bliss vor, und anfangs erklärte er sich einverstanden, doch als ich mit seiner Zusage wieder zu Duneka ging, war dieser selbst nicht mehr willens; er hatte von Colliers Angebot gehört und sich die Sache anders überlegt. Das war meine erste Bekanntschaft mit Mr. Dunekas Talent, sein Wort zu brechen.

Ende 1902 schrieb ich einige Artikel über die Christliche Wissenschaft und veröffentlichte drei davon in der *North American Review*. Die übrigen sollten nicht seriell veröffentlicht werden, sondern gemeinsam mit den ersten drei Artikeln in Buchform erscheinen; es erfolgte eine entsprechende Ankündigung. Duneka ließ die verbleibenden Artikel setzen und schickte mir die Fahnen. Ich las Korrektur und bereitete das Buch für den Druck vor. Dann übergab ich es Mr. Duneka; dieser brach jedoch in alles andere als in Begeisterung aus, vielmehr wirkte er verlegen. Ich erkundigte mich, was los sei, und er erklärte mir, er habe Angst vor den Christlichen Wissenschaftlern. Sie würden immer stärker, ob es wirklich in meinem Interesse sei, ein solches Buch zu veröffentlichen und mir diese erstarkende Macht zum Feind zu machen? Ob es wirklich im Interesse von Harper & Brothers sei, sich diese Macht zum Feind zu machen? Ich antwortete, wenn er tatsächlich Angst habe, wolle ich ihm ein derart gefährliches Buch nicht aufzwingen, sondern es anderswo veröffentlichen; er aber sagte: »Nein, nein, keinesfalls, wenn das Buch unbedingt veröffentlicht werden muss, dann möchten wir es schon selbst tun.« Ich erwiderte, ich wolle keinen Verleger, der Angst hat, und würde es lieber einem anderen Verlag überlassen. Außerdem erklärte ich ihm, mein Interesse an einem Buch gelte seiner Niederschrift; daher sei es mir nicht sonderlich wichtig, ob es letztlich veröffentlicht werde oder nicht. Man möge es getrost zurückziehen. Aber wie würde man aus der Sache wieder herauskommen? Die Ankündigung, dass die Artikel demnächst als Buch erscheinen würden, war bereits erfolgt. Wie würde man die Sache bewerkstelligen? Mr. Duneka sagte, das sei ein Leichtes, es brauche nicht eine Zeile darüber verlautet zu werden; er werde den Buchhandel vertraulich informieren, es habe sich herausgestellt, dass das Buch nicht rechtzeitig für das Frühjahrsprogramm fertig werde, weshalb die Veröffentlichung auf den Herbst verschoben sei. Bis dahin habe der Buchhandel vergessen, dass es ein solches Buch überhaupt geben sollte, und wir würden nichts mehr davon hören. Wir wurden uns einig, dass Mr. Duneka das Buch zum Verstummen bringen und aufs Grab vorbereiten sollte, ohne das Geringste darüber verlauten zu lassen. Es war eine eindeutige Vereinbarung, eine schlichte und unkomplizierte Übereinkunft, doch kaum hatte ich ihm den Rücken gekehrt, erschien im *Publishers' Weekly* vom 11. April 1903 eine Notiz folgenden Inhalts:

Weder Harper & Brothers noch die *North American Review* werden Mark Twains Buch über die Christliche Wissenschaft veröffentlichen. Sämtliche Bestellungen wurden storniert.

Dieser Wortlaut ließ nur eine Deutung zu: dass Harper & Brothers mein Buch abgelehnt hatten und darauf beleidigend stolz waren. Das war meine zweite Bekanntschaft mit Mr. Duneka und seinem Umgang mit gemachten Versprechen.

Vermutlich hatte er angenommen, ich würde diese Notiz nie zu Gesicht bekommen, und in der Tat war es wenig wahrscheinlich, dass ich sie je zu Gesicht bekommen würde; aber ein Buchhändler aus Pittsburgh schickte sie mir und erkundigte sich, warum ich mir den Schneid hätte abkaufen lassen und es mit der Angst zu tun bekäme, das Buch herauszubringen. Das war vor drei Jahren. Es folgten briefliche Nachfragen von hiesigen Personen und aus England, und ich erläuterte ihnen, dass die Veröffentlichung des Buches nicht meine Angelegenheit sei, sondern in den Händen von Harper & Brothers liege; diese könnten am besten erklären, weshalb sie es nicht herausbringen wollten. Daraufhin trafen von den Fragestellern weitere Briefe ein, die besagten, dass Harper & Brothers auf die Bitte um eine Erklärung, weshalb das Buch nicht erscheine, geantwortet hätten, es sei mein Wunsch gewesen, das Buch zurückzuziehen.

Dieses ganze Hintertreiben schrieb ich Mr. Duneka zu, der Verlagsleiter von Harper ist und, wenn er es nur wollte, den Fragestellern die Wahrheit sagen und die Verbreitung falscher Informationen verhindern könnte. Die Nachfragen rissen nicht ab, und zuletzt schlug ich vor, es sei vielleicht das Beste, das Buch doch noch herauszubringen. Da hatte Mr. Duneka einen glücklichen Einfall, sagte, er werde das Buch als Band XXIV meiner *Gesammelten Werke* herausbringen und es nur an Interessenten verkaufen, die die gesamte Ausgabe erwerben; auf diese Weise brauche das Buch nirgends erwähnt zu werden und könne keinen Schaden anrichten. Das Versprechen, sich auf diese Weise aus der Klemme zu ziehen, hat Mr. Duneka mehrere Male wiederholt. Bislang hat er nicht Wort gehalten, und ich habe nie angenommen, dass er die Absicht hatte, Wort zu halten. Erst vor drei Monaten erreichte mich eine weitere Anfrage aus England. Ich verwies den Briefschreiber an Harper & Brothers. Man antwortete ihm prompt und schob die Schuld wie gewöhnlich mir in die Schuhe.

Vor einiger Zeit verfasste ich einen unfreundlichen Artikel über den Schlächter König Leopold von Belgien und bot ihn Mr. Duneka an. Dieser akzeptierte ihn und war der Meinung, ihn so bald wie möglich veröffentlichen zu wollen, da er Mr. Nevinson beauftragt hatte, eine Reise durch Portugiesisch-Afrika anzutreten und die Grausamkeiten zu enthüllen, die die Portugiesen an den hilflosen Schwarzen dort verübten, und mein Artikel dann die Gelegenheit wäre, Mr. Nevinsons Enthüllungen vorauszugehen und ihm den Weg zu bereiten. Doch der Artikel erschien nicht. Er wollte und wollte einfach nicht erscheinen. Schließlich erschien der erste Artikel von Mr. Nevinson, und die Lage hatte sich verändert – er bahnte mir den Weg. Ich glaubte zu wissen, worin das Problem bestand. Mr. Duneka ist Katholik, und jede Kritik an der römischen Kirche oder an einem Individuum, das ihr verbunden ist, verursacht Mr. Duneka Magengrimmen. Schließlich fragte ich ihn, wann der Artikel erscheinen werde.

Er erklärte, Mr. Nevinsons Artikel seien jetzt abgeschlossen und es wäre schlechte Verlagspolitik, meinen Artikel folgen zu lassen, da ich ihn in den Schatten stellen und die Erinnerung an ihn auslöschen würde. Das war zwar sehr schmeichelhaft, doch war ich auf Schmeicheleien ganz und gar nicht erpicht und daher nicht so recht zufriedengestellt. Wenn Mr. Duneka einen Vorwand braucht, etwas nicht zu tun, ist er sehr geschickt darin, einen zu finden. Wenn Zeit und Umstände diesen Vorwand entkräften, ist er sehr geschickt darin, an seiner statt einen neuen zu finden. Ich habe seinen Einfallsreichtum mehr als einmal beobachtet und ihn dafür bewundert. Es war offensichtlich, dass Mr. Duneka Angst vor dem Artikel hatte. Mr. Duneka ist interessant. Er wird mit jedem Tag interessanter. Er hat Einfälle, die außer ihm keinem Menschen in den Sinn kommen würden. Die »Geschichte eines Pferdes«, deren Abdruck in der Augustnummer von *Harper's Magazine* beginnt, spielt hauptsächlich in einer Stierkampfarena in Spanien. Auf den Korrekturbogen schlug Mr. Duneka vor, den Schauplatz von Spanien nach Mexiko zu verlegen und die Handlung dort anzusiedeln. Dass die Handlung in Mexiko nicht mit annähernd gleicher Wirkung dargeboten werden könnte, störte ihn nicht. Was ihn an der Erzählung erschaudern ließ, war der Umstand, dass die spanischen Priester ihre heiligen Sonntagsverrichtungen so schnell wie möglich hinter sich bringen, um rechtzeitig zur Stierkampfarena zu gelangen und sich das Gemetzel anzusehen. Dass es sich hierbei um eine Tatsache und keine Erfindung handelte, konnte Mr. Duneka nicht bewegen, sich mit einer Veröffentlichung anzufreunden. Ich vermute mal, dass es so war; erklärt hat er sich mir nicht. Es gibt sonst nichts in der Geschichte, was seine Haltung erklären würde. Ich habe ein halbes Dutzend halbfertige Romane, und im Laufe der Jahre füge ich dann und wann dem einen oder anderen ein oder zwei Kapitel hinzu, wie es mir gerade in den Sinn kommt, und wenn ich noch vierzig Jahre zu leben habe, werde ich von diesen sechs sicher noch etliche fertigstellen. Vergangenen Sommer wollte Mr. Duneka einen Blick auf eine dieser Geschichten werfen, eine Geschichte, die im Mittelalter spielt, und da stieß er auf einen betrunkenen und gottlosen katholischen Priester – ein Spektakel, das vor vierhundert Jahren in Europa so verbreitet war wie heute die Dunekas in der Hölle. Natürlich erschauderte er und wollte, dass der Priester geläutert oder gestrichen werde.

Mr. Duneka scheint vier Fünftel aller Lektoratsarbeiten, die bei Harper & Brothers anfallen, zu erledigen, und er verfügt gewiss über ein gutes literarisches Gespür und Urteil, solange ihm seine Religion nicht in die Quere kommt.

Meine Erfahrung hat mich gelehrt, dass Mr. Dunekas Äußerungen wertlos sind, dass man seinen Versprechungen nicht trauen kann und dass er sehr ängstlich, ja geradezu krankhaft ängstlich ist; aber dass er mir eine Falle stellen und versuchen würde, mich um eine kleine Summe zu prellen, ist ein neuer Charakterzug an ihm. Bis jetzt hatte ich ihn noch nie der Neigung verdächtigt, mir Geld aus der Tasche zu ziehen.

Mein drei Jahre alter Vertrag mit den Harpers überträgt ihnen dauerhaft den Besitz an allen meinen Büchern; nicht nur an meinen alten Büchern, sondern auch an allen neuen, die ich noch schreiben könnte. Die alten Bücher sind in diesem Vertrag aufgeführt, und darunter befindet sich auch *Mark Twains Bibliothek des Humors*. Für alle diese alten Bücher zahlen mir die Harpers ein und dieselben Tantiemen (20 Prozent). Nun, wenn Harper & Brothers entscheiden, das Gewand eines dieser alten Bücher zu erneuern und es auf den Markt zu bringen, brauchen sie mich nicht um Erlaubnis zu fragen; sie können es tun, ohne mich davon zu unterrichten. Sie brauchen mir nur die 20 Prozent Tantiemen zu zahlen. Die alte *Bibliothek des Humors* könnten sie herausbringen, ohne mich davon zu unterrichten, auch wenn sie wüssten, dass ich ihnen sehr dankbar wäre, wenn sie nichts dergleichen täten. Dieses Buch hatte ich vor vielen Jahren zusammengestellt, zu einer Zeit, als ich ein solches Buch für nützlich und populär hielt. Bei der Vorbereitung gab ich mir die allergrößte Mühe. Außerdem gab ich Geld aus, damit gute Arbeit geleistet wurde – fünftausend Dollar. Ich zog zwei Experten hinzu, die mir helfen sollten, Mr. Howells und Charles Hopkins Clark, inzwischen Herausgeber des *Hartford Courant*. Ich kaufte sämtliche humoristische Bücher, die ich auftreiben konnte. Mr. Clark las sie sorgfältig durch und markierte jeden Beitrag mit einem großen »A«, »B« oder »C«, je nachdem, ob sie zu seiner ersten, zweiten oder dritten Wahl gehörten. Danach ging Mr. Howells die markierten Beiträge durch und kennzeichnete seine erste und zweite Wahl. Anschließend ging ich sie selbst durch und traf die endgültige Auswahl. Eine Menge ehrlicher Arbeit floss in das Buch. Seit nicht weniger als sieben Jahren ist es vergriffen, und ich habe nicht das geringste Verlangen verspürt, es auszugraben und abermals untergehen zu lassen. Mr. Duneka sagte, er habe gehört, ein »Pirat« im Westen wolle das Buch neu auflegen unter dem Vorwand, dass das Copyright nach so vielen Jahren der Nichtnutzung erloschen sei. Daher schlug er vor, den »Piraten« im Interesse meiner Reputation mit seinen eigenen Waffen zu schlagen und ihm mit einer »*Schein*ausgabe« zuvorzukommen. Er sagte mir, wir brauchten das alte Buch lediglich neu setzen zu lassen (die Druckplatten waren längst vernichtet), es in billiger Ausstattung herauszubringen, also nur eine «*Schein*ausgabe« (keine wirkliche Ausgabe) zu drucken und ein paar Exemplare davon zum Verkauf anzubieten, schon hätten wir den »Piraten« in seinem Spiel geschlagen. Ich sagte: »Nur zu, machen Sie mal«, denn ich rechnete nicht damit, dass ich es nunmehr auch in meinem näheren Umfeld mit einem »Piraten« zu tun hatte. Ich glaubte, er schlage ein kartoniertes Buch für fünfzig Cent vor. Ich kann nicht beschwören, dass er das auch sagte, aber ich kann beschwören, dass dies der Eindruck war, den er mir vermittelte, und ich weiß, dass er *beabsichtigte*, mir diesen Eindruck zu vermitteln. Dann sagte er, da das Buch »für keinen von uns Geld abwirft« (das waren seine Worte), werde er mir keine hohen Tantiemen zahlen können. Ich antwortete, das sei mir gleichgültig – er solle die Tantiemen nach Belieben festlegen. Er schlug 3 Prozent vor. Ich schrieb ihm und willigte ein. Bald schickte er mir ein Dokument zur Unterschrift, und natürlich unterschrieb ich es; und natürlich tat ich, was ich bei diesen alten Verlegern immer getan habe: Ich las, ohne eingehend zu prüfen; das war unvermeidlich, besonders bei Mr. Duneka, dessen Ehrlichkeit ich nie angezweifelt hatte. Nach dem verhängnisvollen Vertrag mit Bliss schloss ich weitere mit ihm ab, hatte ihn jedoch stets in Verdacht und prüfte die Verträge sorgfältig; aber ich prüfe die Verträge nicht sehr sorgfältig, wenn ich glaube, es mit einem Mann zu tun zu haben, der fein und ehrlich ist. Das nächste Mal werde ich für Mr. Duneka gewappnet sein. Das Dokument, das ich unterschrieb, enthielt eine Klausel, die mir entging und der ich selbst dann, wenn sie mir nicht entgangen wäre, keine Bedeutung beigemessen hätte. Diese Klausel berechtigt Mr. Duneka, dem alten Buch neues Material hinzuzufügen und »es auf den neuesten Stand zu bringen«. Hätte ich Mr. Duneka in Verdacht gehabt, ich hätte innegehalten, um nachzudenken und zu überlegen, weshalb man für ein Buch, das keine wirkliche Neuausgabe, sondern nur eine »*Schein*ausgabe« erleben sollte, neues Material haben *wollte*. Weshalb man ein Buch »auf den neuesten Stand« bringen *wollte*, wenn es »für keinen von uns Geld abwirft«. Aber wie gesagt, diese Formulierung hatte ich übersehen, und wenn ich sie nicht übersehen hätte, hätte ich sie für eine von Mr. Dunekas himmlischen Eingebungen gehalten, die nichts zu bedeuten haben.

Gegen Ende April dieses Jahres begann Mr. Duneka, die Öffentlichkeit mit *Bibliotheken des Humors* zu bespeien, und schon bald stellte ich zwei Dinge fest: dass diese *Bibliotheken* bestimmt *nicht* mein altes Buch waren und dass der Preis *nicht* billig war. Bevor mir die Dimensionen des Spiels aufgingen, das Mr. Duneka mit mir trieb, hatte er bereits drei Auflagen ausgespien und war drauf und dran, eine weitere auszuspeien. Keines dieser Bücher habe ich eingehender geprüft, als dass ich das Verzeichnis der Autoren durchging, die das Material geliefert hatten. Ich sah, dass es zeitgenössische Autoren waren. Es könnte sich herausstellen, dass Mr. Duneka ein, zwei oder drei Beiträge aus dem alten Buch übernommen hat, doch selbst wenn dem so wäre, entspräche es weder meiner ursprünglichen Vereinbarung mit ihm noch dem Dokument, das ich unterschrieben habe. Er hat das Buch großflächig, begeistert, marktschreierisch beworben. Er hat es *Mark Twains Bibliothek des Humors* genannt, was es *nicht* ist. Er hat mich als »*Herausgeber*« annonciert, obwohl ich mit der Konzeption des Buches nichts zu tun hatte und keine einzige Zeile davon ediert habe.

Ist ein Autor völlig unbekannt, betragen seine Tantiemen in der Regel 10 Prozent; ist er besser bekannt, belaufen sie sich auf 15 Prozent; und wenn er weithin bekannt ist, auf 20 Prozent. Hätte Mr. Duneka, ohne mich davon zu unterrichten, das alte Buch unverändert veröffentlicht, wäre er vertraglich verpflichtet gewesen, mir 20 Prozent zu zahlen; so aber gaukelte er mir arglistig vor, dass das Buch ja nicht eigentlich *veröffentlicht* werde, dass es »weder für sein Verlagshaus noch für mich Geld abwirft« und ich unter den gegebenen Umständen mit 3 Prozent ausreichend abgegolten wäre. Es war mir gleichgültig, ob er mir *irgendwelche* Prozente zahlte oder nicht, ich war an der Sache nicht interessiert; aber wenn er zu mir gekommen wäre und gesagt hätte, er schlage vor, eine eigene *Bibliothek des Humors* herauszubringen, eine neue, mit lauter frischem Material, und er würde gern meinen Namen als Kompilator und Herausgeber derselben daruntersetzen; und er werde sie großflächig bewerben, sechs Dollar dafür verlangen (den *doppelten* Preis *meiner* alten *Bibliothek*) und so viele wie möglich verkaufen, hätte er es dann gewagt, mich zu bitten, 3 Prozent Tantiemen zu akzeptieren als Honorar für meinen Anteil an diesem verachtungswürdigen Verbrechen, diesem schamlosen Vorschlag, die Öffentlichkeit mit einem Buch zu düpieren, das nicht im Entferntesten mein Buch wäre? Es ist unglaublich. Wenn ich mir vorzustellen versuche, Macmillan oder Scribner oder Doubleday oder irgendein anderer ehrbarer Verleger würde mir vorschlagen, meinen Namen für ein Buch herzugeben, an dessen Zustandekommen ich nicht beteiligt war, und dafür 3 Prozent oder 10 Prozent oder 20 Prozent oder 100 Prozent Tantiemen zu akzeptieren, stelle ich fest, dass ich mir eine solche Romanze gar nicht ausmalen kann. Keiner dieser Verleger würde mich je darum bitten, die Vaterschaft für ein Buch anzuerkennen, das ich weder vorbereiten noch herausgeben soll, und als Lohn achtzehn Cent von den sechs Dollar Verkaufspreis zu akzeptieren.

Über meinen Rechtsberater habe ich Mr. Duneka angewiesen, dieses betrügerische Buch unverzüglich zurückzuziehen und die Öffentlichkeit nicht länger unter meinem Namen auszurauben, was er versprochen hat. Die Situation ist unvorstellbar grotesk. Das Buch ist erst vor so kurzer Zeit erschienen, dass sich der Erlös auf nicht mehr als zehn- oder zwölftausend Dollar belaufen kann. Mr. Duneka muss gewusst haben, dass ich mich von dem Buch distanzieren würde, sobald ich seinen wahren Charakter durchschaut hätte. Er konnte nicht darauf hoffen, mehr als diese zehn- oder zwölftausend Dollar herauszuschlagen, danach würde er das Buch makulieren müssen; und so ist es, wie gesagt, unvorstellbar, dass der Leiter eines millionenschweren Konzerns wie Harper gewillt war, die angenehme Beziehung, die zwischen dem Konzern und mir bestand, für eine Summe wie zehn- oder zwölftausend Dollar zu zerstören. Mir scheint, dergleichen kann sich nur ein Narr ausdenken, aber ich könnte mich auch irren – vielleicht ist es ja klug. In diesen Tagen der großen Schiebereien, der kleinen Schiebereien und der universellen Schiebereien lässt sich nur schwer sagen, was klug ist und was nicht. Er bietet ein herrliches Schauspiel, ein unglaubliches Schauspiel, dieser millionenschwere Konzern, der seinem eigenen Kind die Pennys mopst! Mir scheint, damit sinken die Schiebereien auf das billigste und niedrigste Niveau.

Montag, 30. Juli 1906

*Mr. Clemens kehrt nach Dublin zurück nach vier oder fünf Wochen Urlaub,
teils in geschäftlichen Angelegenheiten bezüglich der* Bibliothek
des Humors *in New York, teils mit Mr. Rogers in Fairhaven verbracht –
Die Laura-Wright-Episode; erste Begegnung auf einem Mississippi-Dampfer
und ein soeben erhaltener Brief*

Nach einer Abwesenheit von vier oder fünf Wochen – etwa ab dem 25. Juni –
halte ich mich wieder in dem Landhaus in den Hügeln von New Hampshire
auf. Das Kapitel, das diesem hier vorausgeht und mit »New York, 17. Juli« datiert ist, erklärt den Grund meiner Abwesenheit. Ich habe das Kapitel damals in
New York diktiert, um die Einzelheiten in Sprache gießen zu können, solange
sie mir frisch im Gedächtnis waren.

Dass die *Bibliothek des Humors* plötzlich unter meinem Namen und angeblich mit meiner Befugnis auf eine nichtsahnende Öffentlichkeit losgelassen
wurde, war eines der überraschendsten Ereignisse, das mir je widerfahren ist.
Ich bezweifle, dass sich in der Geschichte des Verlagswesens etwas findet, was
ihm an kühler Dreistigkeit und kalter Schurkerei gleichkommt. Ich fuhr nach
New York mit dem glühenden Wunsch, Schwierigkeiten zu machen, aber natürlich bat ich H. H. Rogers um Rat, bevor ich irgendwelche eindeutigen
Handlungen beging, zumal mich viele Jahre erbaulicher Erfahrung gelehrt haben, dass ich, wann immer ich in einer geschäftlichen Angelegenheit tätig
werde, ohne vorab Mr. Rogers' Urteil einzuholen, das Verkehrte tue. Im vorliegenden Fall riet er mir, keine öffentlichen Schwierigkeiten zu machen; Mr.
Duneka nicht öffentlich bloßzustellen. Er sagte, eine Bloßstellung Dunekas
liefe auf eine Bloßstellung des Verlagshauses Harper & Brothers hinaus, während das Haus Harper & Brothers aber gar nicht anwesend sei, um sich zu
verteidigen, da Colonel Harvey, der Konzernchef, in Europa weile. Edward
Lauterbach, mein Rechtsberater, war der gleichen Ansicht, und so schlug ich
keinen Lärm.

Mr. Lauterbach rief Duneka an, er möge vorbeikommen und mit uns über
die Angelegenheit reden. Duneka wurde in einem von Mr. Lauterbachs Büros
untergebracht, und Lauterbach wollte, dass ich hineingehe und mit ihm spre-

che. Ich sagte, er habe mir doch bereits geraten, keine Schwierigkeiten zu machen – gleichwohl sei ich gewillt, den neuen Rat zu befolgen, hielte es aber für das Beste, meine für Mr. Duneka bestimmten Bemerkungen vor Lauterbach und Larkin, dem anwesenden Anwalt von Harper, einzustudieren. Ich studierte sie ein – und beide sagten: »Versuchen Sie's zunächst einmal in einer Kirche«, und waren sich einig, dass ich gut daran täte, der Besprechung fernzubleiben, statt ihnen zu assistieren.

Ich hatte mehrere Anliegen, war aber durchaus bereit, mich auf das wichtigste zu beschränken und die anderen außen vor zu lassen, bis der Konzernchef aus England zurückgekehrt wäre, was in ein oder zwei Wochen der Fall sein sollte. Das wichtigste Anliegen war die sofortige Zurückziehung des Bastardbuches sowie die Vernichtung der Druckplatten und sämtlicher Exemplare des Buches, die sich im Besitz der Harpers befanden. Mehr verlangte ich von Mr. Duneka nicht, und er war nur allzu bereit, sich zu fügen, und voll der Entschuldigungen und des Bedauerns für das, was er getan hatte.

Während ich auf Harveys Rückkehr aus England wartete, wohnte ich nachts an Bord von Mr. Rogers' Yacht, die weit unten in der Bucht vor Anker lag, wo es kühl war, kehrte morgens zum Frühstück in die Stadt zurück und wohnte tagsüber zu Hause in 21 Fifth Avenue, von wo aus ich die sonst anfallenden Geschäfte per Telefon abwickelte. Freitags um 9 Uhr fuhren wir mit der Yacht nach Fairhaven, Massachusetts, zu Mr. Rogers' Landhaus – mit diesem schnellen Boot eine Reise von etwa acht Stunden. Dort verbrachten wir den Samstag und den halben Sonntag und fuhren dann sonntags um die Mittagszeit wieder zurück nach New York. Es war der angenehmste Urlaub meines Lebens, und ich war gar nicht erfreut, als meine Geschäfte schließlich erledigt waren und ich zu den Hügeln zurückkehren und wieder an die Arbeit gehen durfte.

Eines Tages, als ich in Fairhaven mit einem Mitglied der Familie Billard spielte, rief mir eine zufällige Bemerkung ein frühes Liebchen ins Gedächtnis, und ich begann, von ihr zu erzählen. Ich hatte sie seit achtundvierzig Jahren nicht gesehen; aber das machte nichts, ich stellte fest, dass ich mich deutlich an sie erinnern konnte und dass sie mich ungeachtet des gewaltigen Zeitraums, der sich zwischen ihr und mir als Leere ausdehnte, lebhaft interessierte. Als ich sie kannte, war sie noch keine fünfzehn. Es war im Sommer, und sie war auf dem

Mississippi von St. Louis nach New Orleans unterwegs als Gast eines ihrer Verwandten, der Lotse auf der *John J. Roe* war, einem Dampfer, dessen Offiziere ich sehr gut kannte, da ich im Lotsenhaus dieses Schiffes eine Zeitlang als Rudergänger gedient hatte. Es war ein Frachtschiff. Für die Beförderung von Passagieren war es nicht zugelassen, hatte aber stets ein Dutzend an Bord, und sie durften mitreisen, weil sie nicht registriert waren; sie zahlten nichts; sie waren Gäste des Kapitäns, und wenn ihnen etwas Folgenschweres zustoßen sollte, wäre niemand für sie verantwortlich. Es war ein entzückender alter Schlepper mit einem geräumigen Kesseldeck – genau das Richtige für Tänze bei Mondschein und Tollereien bei Tageslicht, und dergleichen fand hier fortwährend statt. Es war ein reizend gemächliches Schiff, das langsamste auf dem Planeten. Flussaufwärts konnte es nicht einmal eine Insel abhängen; flussabwärts gelang es ihm nicht einmal, die Strömung zu überholen. Aber es war ein Bild von einem Dampfschiff. Mark Leavenworth, der Kapitän, war ein Riese, gastfreundlich und gutmütig, ganz nach Art der Riesen. Auch Zeb, sein Bruder, war ein Riese mit denselben Eigenschaften und mit einem Lachen, das man von Vicksburg bis Nebraska hören konnte. Er war einer der Lotsen, ein anderer war Beck Jolly. Jolly war sehr gutaussehend, sehr elegant, sehr intelligent und umgänglich – ein feiner Charakter – und trat auf wie ein Herzog. Falls das zu übertrieben klingt, werde ich sagen, wie ein Viscount. Beck Jolly war ein herrlich anzusehendes Geschöpf. Aber heute steht es anders um ihn. Vor vier Jahren sah ich ihn wieder, und er hatte weißes Haar und davon nicht einmal viel; zwei dicke Pausbacken und eine Kaskade von Kinnen; insgesamt sah er aus wie ein Gasometer. Die Schiffsschreiber, die Maate, der Obersteward und alle Besatzungsmitglieder der *John J. Roe*, ob groß oder klein, waren einfältige Leute und flossen über vor Kameradschaft und der Milch der Menschenliebe. Sie alle waren im Landesinneren von Indiana auf Farmen aufgewachsen und hatten ihre schlichte bäuerliche Art und ihr schlichtes bäuerliches Gemüt mit aufs Dampfschiff gebracht und es dort angesiedelt. Wenn der Schlepper unterwegs war, ließ nichts darauf schließen, dass es sich um einen Dampfer handelte. Man glaubte gar nicht, sich an Bord eines Dampfers zu befinden. Man trieb auf einer Farm dahin. Etwas Angenehmeres in dieser Welt kann man sich nicht vorstellen.

Zu der Zeit, von der ich spreche, war ich vom Himmel der *John J. Roe* gefallen und arbeitete für Brown als Rudergänger auf dem flinken Passagierschiff *Pennsylvania*, einem Schiff, das bald darauf explodierte und meinen Bruder Henry das Leben kostete. Auf einer denkwürdigen Fahrt traf die *Pennsylvania* in New Orleans ein, und als sie angelegt hatte, stellte ich fest, dass ihr Heck das Vorschiff der *John J. Roe* berührte. Ich ging nach achtern, kletterte über die Reling der Damenkabine, sprang von dort an Bord der *Roe* und landete auf dem geräumigen Kesseldeck. Es war, als käme ich nach langer Abwesenheit heim auf meine Farm. Es war mir eine solche Freude, den Leavenworths samt dem Rest dieser lieben Familie schifffahrender Hinterwäldler und Landeier zu begegnen und ihre Hände zu schütteln, als wären wir alle blutsverwandt. Wie gewöhnlich gab es ein Dutzend Fahrgäste, Männer und Frauen, Junge und Alte; und wie gewöhnlich waren sie von jener herzlichen und liebenswerten Art, wie die Farmer der *John J. Roe* sie mögen. Und aus ihrer Mitte schwebte jenes schlanke Mädchen, von dem ich gesprochen habe, vor meine entzückten Augen – jenes sofort erwählte Liebchen aus den entlegensten Winkeln des tiefsten Missouri –, ein freimütiges, schlichtes und einnehmendes Kind, das noch nie in ihrem Leben von zu Hause fort gewesen war und Frische und Duft ihrer Prärien in diese fernen Gegenden mitgebracht hatte.

Ich denke, den Rest kann ich mit wenigen Worten schildern. In den wachen Stunden der nächsten drei Tage wich ich keine zehn Zentimeter vom Ellbogen des Mädchens. Dann kam eine jähe Unterbrechung. Zeb Leavenworth stürzte nach achtern und rief: »Die *Pennsylvania* legt ab.« Ich floh, so schnell ich konnte, und als ich auf das große Kesseldeck gelangt war, glitt die *Pennsylvania* bereits heckwärts an mir vorüber. Ich tat einen großen Sprung und hätte sie um ein Haar verfehlt, schaffte es aber gerade noch. Meine Zehen fanden Halt am äußersten Rand des Decks; meine Fingerspitzen hakten sich um die Reling, und ein Quartermeister packte mich und zog mich an Bord.

Bei jenem anmutigen Kind, jenem reizenden Kind handelte es sich um Laura M. Wright, und als ich letzten Samstag in Fairhaven am Billardtisch von ihr erzählte, sah ich sie mit vollkommener Klarheit in der unverblichenen Blüte ihrer Jugend vor mir, mit den geflochtenen Zöpfen, die von ihrem jungen Kopf baumelten, und ihrem weißen Sommerkleid, das sich im Wind jener uralten Zeiten am Mississippi bauschte – all das sah ich mit vollkommener Klarheit vor

243

mir. Und ich schloss mit der Bemerkung: »Danach habe ich sie nie wieder-gesehen. Jener Abschied liegt jetzt achtundvierzig Jahre, einen Monat und siebenundzwanzig Tage zurück, und seitdem haben wir nie wieder ein Wort gewechselt.«

Vergangenen Mittwoch kehrte ich von Fairhaven nach Hause zurück und fand einen Brief von Laura Wright vor. Das erschütterte mich bis ins Mark. Die geflochtenen Zöpfe verblassten; das pfirsichfarbene junge Gesicht verlosch; mit ihm das flauschige kurze Kleid; und anstelle des unbeschwerten kleinen Mäd-chens von vor achtundvierzig Jahren stellte ich mir eine zweiundsechzigjährige, von der Welt und ihren Sorgen erschöpfte Witwe vor. Lauras Brief enthielt die Bitte, ihr und ihrem behinderten Sohn, der, wie sie nebenbei erwähnte, sieben-unddreißig Jahre alt ist, finanziell unter die Arme zu greifen. Sie ist Lehrerin. Sie benötigt tausend Dollar, und ich habe sie ihr geschickt.

Es ist eine schreckliche Welt – es ist eine teuflische Welt. Als ich das Mäd-chen kannte, war ihr Vater ein geschätzter Richter an einem hohen Gericht mitten in Missouri und ein reicher Mann, zumindest was zu jener Zeit und in jener Gegend als reich galt. Was hatte das Mädchen getan, was für ein Verbre-chen hatte sie begangen, dass sie im Alter mit Armut und Fron bestraft werden muss? Aber lassen wir dieses Thema lieber auf sich beruhen, bevor ich mich erhitze und indiskrete Dinge äußere – bei Jesus Maria!

Dienstag, 31. Juli 1906

Heute Abend trifft Colonel Harvey ein – Brief von Clara Clemens –
Mr. Clemens erhält ein Exemplar von Mr. Dunekas Bibliothek des Humors –
Darin enthalten achtundsiebzig andere Humoristen – Brief von Mr. Orr,
der 1601 erwähnt – Drei Briefe von John Hay, der ebenfalls davon spricht –
Mr. Clemens' Antwort – Mr. Clemens erzählt, weshalb er 1601 schrieb und
worum es darin geht und von dem Privatdruck mehrerer Exemplare

Heute Abend trifft Colonel Harvey hier ein; er will ein, zwei Tage bleiben, und wir werden keine Mühe haben, das Knäuel zu entwirren, zu dem sich unsere Angelegenheiten verwickelt haben.

Nach meiner Rückkehr erhielt ich einen Brief von meiner Tochter Clara, die den Sommer in Norfolk, Connecticut, verbringt, und eine Abschrift davon werde ich umgehend an Howells schicken, denn der Brief birgt ein Wunder, über das er und ich uns vergangenes Jahr unter vier Augen unterhalten haben – ein Kompliment des Kindes an den Vater. Wir hatten über die Tatsache gesprochen, dass gefeierte Autoren mit ihren Talenten jedermann Komplimente abnötigen können, nur den eigenen Kindern nicht. Diesen stehen wir so nah, dass unsere Größe sie nicht beeindruckt. Für sie ist sie etwas Gewöhnliches und begeistert, verblüfft, überwältigt sie nicht. Selbstverständlich wünschen wir uns vor allem jene Komplimente, die wir nicht haben können. Wenn ein solches dem Kind doch einmal spontan über die Lippen kommt – was fast nie geschieht –, sind wir nicht nur über alle Maßen erfreut, sondern vor angenehmer Überraschung geradezu sprachlos. Ich werde Claras Kompliment hier einfügen, wo es nicht verlorengehen kann.

Heute kam mich Onkel Joe* besuchen, und ich kann mir wirklich nicht erklären, was ihn dazu bewogen hat, etwas so Großzügiges zu tun, aber ich wusste es zu schätzen, obwohl ich keinen Weg fand, es ihm zu beweisen oder auch nur zu zeigen.

Mit seiner lebhaften, dramatischen, ergreifenden, meisterlichen Art, ein impressionistisches Bild zu malen, wann immer er sprach, erinnerte er mich mehr denn je an Dich – Ihr zwei ähnelt einander auch im Tonfall und in den vorwegnehmenden Gesten. Ich genoss seinen Besuch sehr und fühlte mich ganz so wie die Könige, die private Amüsements anordnen, die sie mit niemandem teilen.

Onkel Joe ließ Dich herzlich grüßen und sprach warmherzig von Deinem Artikel über Howells, den ich just in diesem Moment mit größtem Entzücken gelesen habe. Er hat mich dazu veranlasst, *Leben in Venedig* zu lesen – oder doch zu dem Vorsatz, es lesen zu wollen –, sobald ich mir das Buch besorgen kann, und er hat mir viele Minuten des Gelächters über die köstliche Kritik der Bühnenanweisungen beschert. Natürlich sind Deine Gedanken schon an und für sich komisch, aber urkomisch werden sie erst, wenn Du sie in Deinen unfehlbaren Stil eingekleidet hast. Der Auszug aus *Leben in Venedig* ist so wunderbar, dass man, wenn man ihn gelesen hat, auf einer schwebenden Schicht Schneeflocken gelegen zu haben meint und sich fürchtet, diese ver-

* Reverend Joseph H. Twichell – Wahl-»Onkel«.

lassen zu müssen, so wie wir es hassen, auf See halb hypnotisiert aus einer momentanen Träumerei herausgerissen zu werden, wenn sich unsere vagen Gedanken wunderbar mit den Wellen zu wiegen scheinen.

Der westliche Pirat, über den Duneka Gerüchte zu Ohren gekommen waren, hat sein Buch tatsächlich veröffentlicht, und mein Copyright-Anwalt hat mir ein Exemplar geschickt – einen großen, dicken, derben, abstoßenden Band, auf dem mein Name als Verursacher nicht genannt wird, dafür aber flammt ein großes Bild von mir in grellen Farben auf dem Buchrücken; natürlich prangt es dort, um zu signalisieren, dass ich der Urheber des Verbrechens sei. In einer Hinsicht ist dieses Buch eine äußerst interessante Kuriosität. Es enthüllt den überraschenden Umstand, dass ich mich im Laufe der vierzig Jahre, in denen ich vor Publikum den professionellen Humoristen gemimt habe, in der Gesellschaft von achtundsiebzig anderen amerikanischen Humoristen befand. Jeder einzelne dieser achtundsiebzig stieg zu meiner Zeit auf, wurde berühmt und beliebt und verschwand bald darauf wieder. Zu ihrer Zeit war eine Reihe dieser Namen ebenso bekannt wie heute die Namen George Ade und Dooley – und doch sind sie alle inzwischen so vollständig aus dem Blick entschwunden, dass es im ganzen Land nicht einen Fünfzehnjährigen geben dürfte, bei dem es bei der Erwähnung auch nur eines dieser achtundsiebzig Namen klingeln würde.

Dieses Buch ist ein Friedhof; und beim flüchtigen Durchblättern fühle ich mich an meinen Besuch auf dem Friedhof von Hannibal, Missouri, vor vier Jahren erinnert, wo fast jeder Grabstein einen vergessenen Namen trug, der mir vor fünfzig Jahren, als ich noch ein Junge war, vertraut und angenehm in den Ohren geklungen hatte.

In diesem Leichenschauhaus von einem Band stoße ich auf Nasby, Artemus Ward, Yawcob Strauss, Derby, Burdette, Eli Perkins, den »Danbury News Man«, Orpheus C. Kerr, Smith O'Brien, Josh Billings und zwanzig, vielleicht auch vierzig andere, deren Werke und Aussprüche früher einmal in jedermanns Munde waren, von denen man heute jedoch nichts mehr hört und die man heute nicht mehr erwähnt. Für einen Zeitraum von vierzig Jahren scheinen achtundsiebzig eine unglaubliche Ernte an renommierten Humoristen zu sein, zumal dieses Buch noch nicht einmal die ganze Ernte eingefahren hat – nicht einmal ansatzweise. Es erwähnt weder Ike Partington, früher so geschätzt und bekannt, noch Doesticks, noch die Leute aus dem Pfaff's – noch Artemus Wards zahlreiche vergängliche Imitatoren, noch drei sehr beliebte Südstaaten-Humoristen, deren Namen mir entfallen sind; noch ein Dutzend weiterer glänzender Eintagsfliegen, deren Licht eine Zeitlang leuchtete, mittlerweile aber, vor Jahren schon, erloschen ist.

Warum sind sie untergegangen? Weil sie nichts weiter als Humoristen waren. Humoristen von der »Nichts weiter«-Art können nicht überleben. Humor ist nur ein Duft, ein Dekor. Häufig ist er nichts weiter als ein ungewohnter Kunstgriff der Rede- und Schreibweise, wie im Fall von Ward und Billings und Nasby und dem *Disbanded Volunteer*, und bald schon geht die Mode vorbei und mit ihr der Ruhm. Es gibt jene, die sagen, ein Roman solle einzig und allein ein Werk der Kunst sein, er sei nicht dazu da, um zu predigen, er sei nicht dazu da, um zu belehren. Auf Romane mag das ja zutreffen, nicht aber auf den Humor. Humor darf zwar nicht *erklärtermaßen* belehren, darf zwar nicht erklärtermaßen predigen; wenn er aber für immer leben will, muss er beides tun. Mit »für immer« meine ich dreißig Jahre. Bei all dem Gepredige ist es unwahrscheinlich, dass er ein derart langes Leben fristet. In dreißig Jahren könnten die Dinge, über die er predigt und die Neuigkeitswert besitzen, wenn er über sie predigt, aufhören, Neuigkeitswert zu besitzen, und zu Gemeinplätzen werden. Dann ist die Predigt für niemanden mehr von Interesse.

Ich habe immer gepredigt. Aus diesem Grund habe ich dreißig Jahre lang Bestand gehabt. Wenn sich der Humor unaufgefordert von selbst einstellte, räumte ich ihm einen Platz in meiner Predigt ein, doch schrieb ich die Predigt nicht um des Humors willen. Ich hätte die Predigt in jedem Fall geschrieben, ob der Humor nun um Aufnahme ersuchte oder nicht. Ich äußere diese Eitelkeiten so freimütig, weil ich ein Toter bin, der aus dem Grab spricht. Selbst ich wäre zu bescheiden, um sie zu Lebzeiten zu äußern. Ich glaube, unser vollständiges, ehrliches Ich zeigen wir so richtig erst, wenn wir tot sind – und auch dann erst, wenn wir schon lange Jahre tot gewesen sind. Die Menschen sollten als Tote anfangen, dann wären sie viel früher ehrlich.

Unter den Briefen, die auf mich warteten, als ich aus New York zurückkam, war auch dieser:

247

Cleveland, 28. Juni 1906

Sehr geehrter Herr,

nachdem ich einige Briefe des verstorbenen John Hay gesehen habe, Abschriften sind beigefügt, bin ich daran interessiert, den Titel der erwähnten Skizze herauszufinden und ob sie in Ihre veröffentlichten Werke aufgenommen wurde.

Kannten Sie Alexander Gunn, an den Hays Briefe gerichtet waren?

Für eine baldmöglichste Antwort wäre ich sehr dankbar.

Ihr sehr ergebener

Chas. Orr

Die Briefe, auf die sich Mr. Orr bezieht, sind die folgenden:

21. Juni 1880

Lieber Gunn,

sind Sie die ganze Woche in Cleveland? Sollten Sie postwendend bejahen, möchte ich Ihnen ein Meisterwerk zur Begutachtung vorlegen, das sich nur wenige Tage in meinen Händen befindet.

Ihr über die Sittenlosigkeit der Christenheit sehr besorgter

Hay

Brief Nr. 2 offenbart die hohe Meinung, die Hay von der Skizze hat, und seine tiefe Sorge um deren Sicherheit.

24. Juni 1880

Mein lieber Gunn,

hier ist die Skizze. Sie wurde von Mark Twain in dem ernsthaften Versuch verfasst, unsere Literatur und Philosophie wieder auf den nüchternen und züchtigen elisabethanischen Standard zu bringen. Aber für etwas so Klassisches ist der Geschmack der heutigen Zeit zu verderbt. Bislang hat Mark noch nicht einmal einen Verleger finden können. Der *Globe* hat sich von Downeys Übergriff noch nicht erholt und rührt daher keinen Finger.

Ich schicke sie Ihnen als einem der wenigen übriggebliebenen Relikte jenes Geschlechts verständnisvoller Kritiker, die erkennen, wenn etwas gut ist.

Dienstag, 31. Juli 1906

Lesen Sie sie voller Ehrerbietung und Dankbarkeit und schicken Sie sie an mich zurück; denn Mark brennt darauf, seinen umherirrenden Sprössling wiederzusehen.

Ihr

HAY

Nr. 3 macht ziemlich klar, dass Gunn Hays Urteil bestätigt hatte.

Washington, D. C., 7. Juli 1880

Mein lieber Gunn,

hier liegt Ihr Brief, und Ihr Vorschlag, ein paar Druckfahnen des Meisterwerks anfertigen zu lassen, ist höchst attraktiv und natürlich höchst unmoralisch. Ich kann ihm schicklicherweise nicht zustimmen, und ich befürchte, der große Mann würde glauben, dass ich sein Vertrauen auf unlautere Weise ausnutze. Bitte schicken Sie mir das Dokument so bald wie möglich zurück, und falls Sie meinem Verbot zum Trotz Druckfahnen herstellen lassen, heben Sie mir eine auf.

Ihr sehr ergebener

John Hay

Ich antwortete Mr. Orr wie folgt:

Dublin, New Hampshire

30. Juli 1906

Sehr geehrter Mr. Orr:

Ich kann Ihnen nicht genug für die Übersendung der Abschriften von John Hays Briefen an Mr. Gunn danken. Was für ein unübertreffliches Händchen John Hay in Sachen Humor doch hatte! Vielleicht habe ich Alexander Gunn in jenen alten Tagen gekannt, aber der Name klingt nicht vertraut.

Der Titel der Skizze ist »1601«. Es geht um ein fiktives Gespräch, das in dem betreffenden Jahr in Königin Elisabeths Kabinett zwischen der Königin und Shakespeare, Ben Jonson, Francis Bacon, Beaumont, Sir Walter Raleigh, der Herzogin von Bilgewater und ein, zwei anderen stattfindet; es ist nicht – wie John Hay irrtümlicherweise annimmt – »ein ernsthafter Versuch, unsere Literatur und Philosophie wieder auf den nüchternen und züchtigen elisabethanischen Standard zu bringen«; nein, Ziel war nur der ernsthafte Versuch, Rev. Joe Twichell die pittoreske Eigenart von Salon-

249

gesprächen zu Elisabeths Zeit vorzuführen; falls also auch nur ein anständiges oder zartes Wort darin zu finden ist, dann nur, weil ich es übersehen habe. Ich beeile mich, Ihnen zu versichern, dass die Skizze *nicht* in meine veröffentlichten Werke aufgenommen wurde.

Vor einem Vierteljahrhundert wurde »1601« von den archäologischen Gelehrten so überbordend gepriesen, dass ich mir übermäßig viel darauf einbildete. Damals gab es in mehreren Ländern Privatdrucke, so auch in Japan. Von Lt. C. E. S. Wood in West Point wurde – in einer Auflage von 50 Exemplaren – eine Prachtausgabe mit großformatigem unbeschnittenem Papier gefertigt und unter Päpsten und Königen und dergleichen verteilt. Als ich vor sechs Jahren in England weilte, waren Exemplare dieser Ausgabe 20 Guineen wert und nicht mehr zu haben. Ich danke Ihnen nochmals und bin

Ihr sehr ergebener

S. L. Clemens

Meine Güte, John Hays Briefe versetzen mich in die tiefste Vergangenheit zurück! Damals war Joe Twichells Schopf noch schwarz; meiner war braun. Heute sind beide weiß und glitzern wie der eines Londoner Lakaien.

»1601« war ein Brief, den ich eines Sommertages um das Jahr 1876, als ich sinnvoller hätte beschäftigt sein sollen, in meinem Arbeitszimmer auf der Quarry Farm an Twichell schrieb. Ich kann mich an den Vorfall noch gut erinnern. Für eine Geschichte, die ich schreiben wollte – *Der Prinz und der Bettelknabe* –, hatte ich mir gründliche Kenntnisse angelesen. Ich las alte englische Bücher, um mich in einem Maße mit archaischem Englisch anzufüttern, das mich befähigen würde, auf leichte und unangestrengte Weise überzeugende Nachahmungen anzufertigen. In einem dieser alten Bücher stieß ich auf ein kurzes Gespräch, das mich aufgrund der unverhüllt unanständigen Redeweise, die zu jener Zeit unter Ladys und Gentlemen zulässig war, mächtig beeindruckte, wie ich nie zuvor beeindruckt worden war. Ich war deswegen so mächtig beeindruckt, weil das Gespräch *echt* wirkte, obwohl mir diese Art zu reden vorher nie echt vorgekommen war. Sie hatte lediglich nach Rabelais geklungen – übertrieben, gekünstelt, vom Autor seinen flüchtigen Bedürfnissen zuliebe erfunden. Meinem Eindruck nach waren die Stellen bei Shakespeare, die einen erröten ließen, nicht von der Art, wie Shakespeare die Leute tatsächlich hatte reden hören, sondern waren seine eigenen Erfindungen – Dinge, die er sich unter dem Schutzmantel dichterischer Freiheit herausgenommen hatte.

Im Gegensatz dazu lag hier endlich eines jener haarsträubenden Gespräche vor, das sich mir als vollkommen echt empfahl, als genau die Ausdrucksweise, der sich Ladys und Gentlemen jener vielbeklagten angenehmen alten Tage, die für immer dahin sind, tatsächlich befleißigten. Sogleich war ich von dem Verlangen erfüllt, mein archaisches Englisch zu erproben und mir eines dieser mitreißenden Gespräche selbst auszudenken. Ich hatte vor, es an Twichell auszuprobieren. Seit unseren Anfängen vor neununddreißig Jahren habe ich zweifelhafte Dinge stets an Twichell ausprobiert.

So dachte ich mir die Zusammenkunft dieser berühmten Persönlichkeiten in Königin Elisabeths privatem Salon aus und ließ eine höchst pittoreske, reißerische und skandalöse Unterhaltung zwischen ihnen vom Stapel. Der Mundschenk der Königin, ein vertrockneter alter Adliger, war anwesend, um das Gespräch aufzuzeichnen – nicht dass er es wollte, aber auf Geheiß der Königin fiel es ihm zu. Er verabscheute alle diese Leute, weil sie von anstößig niederer Geburt waren und nichts als ihre unvergleichlichen Hirne vorzuweisen hatten. Pflichtgemäß schrieb er alles auf, was sie sagten, und kommentierte ihre Äußerungen und Manieren mit bitterer Verachtung und Entrüstung. Der Königin und den anderen Leuten legte ich Derbheiten in den Mund, die vielleicht nirgends zu finden waren außer bei Rabelais. Noch ihre vornehmsten Bemerkungen verdarb ich auf diese Weise, und all das fand ich bezaubernd – köstlich, entzückend –, aber dieser Zauber war nichts im Vergleich zu dem, den mir die Kommentare jenes empörten alten Mundschenks bescherten.

Es ist Jahre her, seit ich ein Exemplar von »1601« gesehen habe. Ich frage mich, ob ich die Skizze heute noch genauso komisch finden würde wie damals, als ich sie in vergleichsweise jungen Jahren schrieb. Es wurde ein dicker Brief. Ich verschnürte ihn und schickte ihn per Post an Twichell nach Hartford. Und im Herbst, als wir in unser Haus in Hartford zurückkehrten und Twichell und ich wieder unsere zehn Meilen langen samstäglichen Spaziergänge zum Talcott Tower und zurück machten, wie sie uns seit Jahren zur Gewohnheit geworden waren, trugen wir den Brief stets bei uns. Nach sechs Meilen fand sich am Wegesrand ein Hickorywäldchen und gleich daneben die einzige Stelle der ganzen Gegend, wo Gefranster Enzian wuchs. Auf unserem Rückweg vom Turm pflückten wir Enzian, dann streckten wir uns im Gras aus, auf dem goldenen Teppich herabgefallener Hickoryblätter, holten den Brief hervor und lasen ihn in dieser animierenden poetischen Umgebung. Über die Sorgen des Mundschenks lachten wir uns krumm und schief. Ich frage mich, ob wir heute noch so darüber lachen würden. Ach, waren wir damals jung! – und vielleicht gab es in dem Brief ja gar nicht so viel zu lachen, wie wir glaubten.

Im Winter allerdings bekam Twichell Besuch von Dean Sage, und Twichell, der kein Geheimnis für sich behalten konnte, wenn er wusste, dass es gelüftet werden sollte, zeigte ihm den Brief. Sage nahm ihn mit. Er war höchst amüsiert und wollte wissen, wie der Brief auf andere Leute wirkte. Er war zur Verschwiegenheit verpflichtet und durfte den Brief niemandem zeigen – aber er wollte ihn, wie der Bühnenausdruck lautet, an einem Hund erproben, ließ ihn im Gang des Raucherwaggons versehentlich fallen und setzte sich in Sichtweite hin, um das Resultat abzuwarten. Der Brief wanderte in dem Waggon von Gruppe zu Gruppe, und als Sage schließlich hinüberging und ihn zurückverlangte, war er überzeugt, dass er literarischen Wert besaß. Daraufhin ließ er in Brooklyn ein Dutzend Exemplare privat drucken. Eins schickte er David Gray in Buffalo; ein anderes einem Freund in Japan; eins an Lord Houghton in England; und eins an einen Rabbiner in Albany, einen hochgelehrten Mann, fähigen Kritiker und Liebhaber alter Literatur.

Auch in Japan und in England wurde »1601« privat gedruckt, und nachgerade hörten wir davon. Der gelehrte Rabbiner sagte, mit seinen Wahrheiten und Nachahmungen des überholten Englisch der elisabethanischen Ära sei es ein Meisterwerk. Und das Lob, das mir der Dichter David Gray zukommen ließ, war ungemein kostbar. Er sagte: »Setzen Sie Ihren Namen darunter. Schämen Sie sich seiner nicht. Es ist ein großartiges, ein herrliches Stück Literatur und verdient zu leben, und es wird leben. Ihre *Arglosen im Ausland* werden bald vergessen sein, das hier aber wird überleben. Schämen Sie sich nicht; fürchten Sie sich nicht. Verfügen Sie in Ihrem Testament, dass Ihre Erben diese und nur diese Worte auf Ihren Grabstein setzen: ›*Er schrieb das unsterbliche* 1601.‹«

Als wir 1891 nach Europa fuhren, versteckte ich die Prachtexemplare von West Point in einer Schublade meines Arbeitszimmers, wo ich sie sicher glaube. Wir waren fast zehn Jahre fort, und wann immer jemand ein Exemplar wünschte, versprach ich es ihm – das Versprechen sollte eingelöst werden, wenn wir nach Amerika zurückgekehrt wären. In Berlin versprach ich Rudolph Lindau vom Auswärtigen Amt ein Exemplar. Er lebt noch immer, aber mein Versprechen habe ich nicht einlösen können. Auch Mommsen versprach ich ein Exemplar und eins William Walter Phelps, unserem Gesandten am Berliner Hof. Sie sind tot, und vielleicht vermissen sie, wo sie jetzt sind, *1601* nicht. Als ich rund um den Erdball Vorträge hielt, machte ich hinsichtlich *1601* ziemlich großzügige Versprechen – sie alle sollten eingelöst werden, wenn ich zurück wäre.

1890 hatte ich in *Harper's Monthly* eine Skizze namens »Mehr Glück als Verstand« veröffentlicht, deren Einzelheiten Twichell von einem Geistlichen der englischen Armee aufgeschnappt hatte, der bei ihm zu Besuch war. Im darauffolgenden Jahr stellte sich mir in Rom ein englischer Gentleman auf der Straße vor und fragte: »Wissen Sie, um wen es sich bei der Hauptfigur dieser Skizze handelt?« »Nein«, antwortete ich, »das weiß ich nicht.« »Nun«, sagte er, »es handelt sich um Lord Wolseley – reisen Sie besser nicht nach England, wenn Ihnen Ihr Skalp lieb ist.« In Venedig sagte mir ein anderer englischer Gentleman dasselbe. Diese Gentlemen sagten: »Natürlich ist Wolseley nicht verantwortlich für das erstaunliche Glück, das ihn verfolgt hat, seit er auf diese völlig unerwartete siegreiche Art voller Glanz aus der Royal Military Academy in Sandhurst hervorging, aber er wird sich in dieser Skizze wiedererkennen und alle anderen auch, und wenn Sie sich nach England wagen, wird er Sie vernichten.«

1900 nahm ich in London an einem Bankett anlässlich des amerikanischen Unabhängigkeitstages teil, traf allerdings erst nach elf Uhr nachts ein, als sich der Saal bereits leerte. Den Vorsitz führte Choate. Ein englischer Admiral hielt eine Rede, und etwa zwei- oder dreihundert Männer waren zugegen. Auch ich sollte sprechen, und hinter den Stühlen für die Gäste ging ich auf Choate zu. Diese Stühle waren jetzt leer. Als mich nur noch drei Stühle von Choate trennten, streckte ein attraktiver Mann die Hand aus und sagte: »Halt. Setzen Sie sich hierher. Ich möchte Ihre Bekanntschaft machen. Ich bin Lord Wolseley.« Ich strauchelte, aber er stützte mich, und ich erklärte, das passiere mir häufig.

Wir saßen und plauderten und unterhielten uns gut – und er bat mich um ein Exemplar von *1601*, und ich war heilfroh, so glimpflich davonzukommen. Ich sagte, er werde es erhalten, sobald ich wieder zu Hause sei.

Im Jahr darauf kehrten wir zurück, und im ganzen Haus war kein Zeichen des kostbaren Meisterwerks zu entdecken. Und so bleiben alle diese Versprechen bis auf den heutigen Tag unerfüllt. Vor zwei oder drei Tagen erfuhr ich, dass die Exemplare wieder aufgetaucht sind und sich unversehrt in unserem Haus in New York befinden. Aber ich werde keines dieser Versprechen einlösen, bis ich nicht Gelegenheit gehabt habe, das Meisterwerk zu prüfen und zu sehen, ob es tatsächlich ein Meisterwerk ist oder nicht. Ich habe meine Zweifel – auch wenn ich vor einem Vierteljahrhundert keine hatte. Damals hielt ich *1601* für genial.

Montag, 6. August 1906

Noch einmal zum Konkurs von Charles L. Webster & Company – Erste Begegnung mit H. H. Rogers – Sein Mitgefühl und Beistand – Mr. Clemens zahlt in drei Jahren hundert Cent von jedem Dollar ab

Lassen Sie uns jetzt drei Monate zurückgehen und über – nein, der kann warten. Ich könnte ihm heute Morgen keine Gerechtigkeit widerfahren lassen, da ich mich mit der ganzen Menschheit im Reinen fühle. Es ist besser, einen günstigeren Zeitpunkt abzuwarten. Wir dürfen mit diesem Mann nicht unangemessen verfahren – wir müssen ihn in Öl sieden. Ich weiß, dass ich derlei Schwächeanfälle allzu oft erleide, aber so bin ich nun einmal auf die Welt gekommen – ich kann meine Veranlagung nicht ändern. Meiner Schätzung nach bin ich von dem Zeitpunkt an, da ich vor zwei Jahren in Italien mit diesen Diktaten begann, nur bei dreizehn Personen, die es verdienen, in der richtigen Stimmung gewesen, um meinen alten Groll gekonnt und erschöpfend auszuschlachten – bei einer Frau und zwölf Männern. Die Stellen lesen sich gut. Wann immer ich zurückblättere und diese kleinen Biographien und Charakterisierungen lese, bin ich aufgeheitert und habe das Gefühl, nicht umsonst gelebt zu haben. Die Arbeit war wohlgetan. Die Kunstfertigkeit ist meisterhaft. Jedes Mal, wenn ich sie betrachte, bewundere ich sie mehr und mehr. Ich glaube, ich habe diese Leute über alle Träume der Rachsucht hinaus gehäutet, zerfleischt und verstümmelt.

Diese Kapitel werden fünfzig oder fünfundsiebzig Jahre lang nicht in Druck gehen – aber das macht nichts, mein Genuss lag in ihrer Niederschrift, nicht in dem Unglück, das sie über diese Leute oder ihre Kinder bringen könnten. Ich würde sie diesen Leuten gern unter vier Augen vorlesen und hoffe, dass sich die Gelegenheit dazu bieten wird; ihre Familien aber haben mir nichts getan, und meine Erben und Rechtsnachfolger dürfen keines dieser Kapitel veröffentlichen, solange die Ehefrauen und Kinder noch am Leben sind. Danach haben sie meine Erlaubnis, sie zu veröffentlichen. An Enkeln und Urenkeln stoße ich mich nicht, und sie werden sich auch nicht daran stoßen. Ich habe diese boshaften Kapitel nicht nur aus Bosheit geschrieben – einer meiner Beweggründe war es, diesen Leuten Gutes zu tun. Mir schien, wenn ich ihnen die Kapitel unter vier Augen vorlesen könnte, würde das erheblich dazu beitragen, sie aufs Jenseits vorzubereiten.

Nein, heute Morgen könnte ich diesem Mann keine Gerechtigkeit widerfahren lassen. Lassen wir ihn vorerst beiseite. Ich scheine über keine Schärfe mehr zu verfügen; ich muss wohl irgendwo ein Leck bekommen haben. Ich scheine voller Frieden, Zuneigung und Lebensfreude zu sein. Wenden wir uns wieder der Geschichte zu und machen dort weiter, wo wir vor sechs oder sieben Wochen aufgehört haben, beim Konkurs von Charles L. Webster & Company.

Meiner Frau und mir wurde bewusst, dass wir diesmal tatsächlich ruiniert waren, und zwar vollständig. Als ich in einem früheren Kapitel die vielen Vermögen schilderte, die ich über die Jahre mittels törichter Spekulationen verschwendet hatte, habe ich nicht erkennen lassen, dass uns die Verluste jemals ernstlich in Verlegenheit gebracht hätten, und das haben sie auch nicht. Aber in diesem Fall verhielt es sich anders. In sechs oder sieben Jahren hatten Charles L. Webster & Company und James W. Paige, der Setzmaschinenabenteurer, insgesamt eine Viertelmillion Dollar verschlungen, zur Hälfte mein Geld, zur anderen Hälfte das meiner Frau. Die große Panik von 93/94 dezimierte unsere Einnahmen wie die der meisten anderen Leute. Außerdem hatten wir unter der schweren Schuldenlast zu leiden, die die tote Firma Webster hinterlassen hatte. In diesen schwarzen Tagen begegnete ich eines Abends zufällig H. H. Rogers in der Lobby des Murray Hill Hotel, wo Dr. Clarence C. Rice und ich uns hinbegeben hatten, um irgendetwas zu erledigen, ich weiß nicht mehr was. Wie auch immer, Henry Rogers interessierte sich sofort für meine Schwierigkeiten und machte es sich zur Aufgabe, mich von ihnen zu befreien. Das war keine Ferienarbeit, nicht einmal für einen Veteranen der Standard Oil; aber er hatte einen kühlen, klaren Kopf und ließ sich von den Komplikationen und Verworrenheiten, die mich in den Wahnsinn trieben, nicht beirren. Es kostete ihn mehrere Wochen harter, sorgfältiger Arbeit und eine Reise nach Chicago, mich aus der Verstrickung mit Paige herauszuholen und die Angelegenheit dauerhaft zu klären. Es kostete ihn fünf Jahre vertrackter und lästiger Arbeit, mich aus den Komplikationen mit Webster zu befreien und sie ein für alle Mal aus meinem Leben zu schaffen.

Persönlich hatte ich nie etwas damit zu tun, die verzwickten und ärgerlichen Verwicklungen mit Webster zu entwirren. Ich saß untätig herum; manchmal hier, manchmal mit der Familie in Europa, und zuletzt schmückte ich den Bauch des Erdballs mit einer Girlande aus Vorträgen, die ich im Interesse von Websters Gläubigern hielt. Er veranlasste alles selbst. Rechtlich waren wir für einen Großteil von Websters Schulden nicht verantwortlich, moralisch aber hielten Mrs. Clemens und ich uns für alle seine Schulden verantwortlich, und wir glaubten, wenn ich vier Jahre Zeit hätte, könnte ich genug verdienen, um alles zurückzuzahlen, und zwar von jedem Dollar hundert Cent. Ich war erst achtundfünfzig; ich war in gutem Zustand; und wir entschieden uns dafür, die hundert Cent zurückzuzahlen. Jetzt möchte ich insbesondere auf folgenden Umstand hinweisen: Unter allen unseren Geschäftsfreunden gab es nur *einen*, der das Vorhaben der hundert Cent billigte, uns darin bestärkte und sagte: »Lassen Sie nicht locker, und gehen Sie so vor.« Das war Henry Rogers. Wir ließen nicht locker und gingen so vor. In weniger als drei Jahren verdienten wir das Geld – schickten es, so schnell wir es erhielten, an Mr. Rogers –, und danach waren wir schuldenfrei. Wir hatten hundert Cent von jedem Dollar bezahlt und schuldeten niemandem einen Penny.

Zu Beginn wollte Mrs. Clemens den Gläubigern ihr Haus übereignen – Grundstück, Mobiliar und alles –, ein Anwesen, das mehr als hundertfünfzigtausend Dollar gekostet und das sie aus eigener Tasche bezahlt hatte. Sie war fest entschlossen, aber Mr. Rogers erlaubte es nicht – und ich natürlich auch nicht. Die Idee aufzugeben verursachte ihr Gewissensbisse, so war sie nun mal.

In einem früheren Kapitel habe ich erzählt, dass Mr. Rogers bei der Versammlung von Websters Gläubigern darauf bestand, Mrs. Clemens zur bevorrechtigten Gläubigerin zu machen und ihr zur Abgeltung von Schulden in Höhe von fünfundsechzigtausend Dollar, die sie Webster & Company von Zeit zu Zeit gegen Schuldscheine geliehen hatte, meine Urheberrechte abzutreten. Er setzte sich durch, und die Urheberrechte gingen an Mrs. Clemens. Das war das Weitsichtigste, was Mr. Rogers je für mich getan hat. Damals waren die Preise im Keller, Immobilien jeder Art unverkäuflich; einem wirklich gescheiten und intelligenten Menschen konnte man sie nicht einmal schenken. Meine Bücher stellten keine Ausnahme von der Regel dar. Sie schienen für alle Zeiten tot zu sein. Ich konnte sie nicht als Besitztümer werten. Doch Mr. Rogers beharrte darauf, dass sie, wenn die Panik erst einmal vorüber wäre, auferstehen, schon bald ein kontinuierliches Einkommen abwerfen und so wertvoll sein würden wie zuvor. Er sollte recht behalten.

Es ist seltsam, dass er, ein Geschäftsmann, ein bloßer Kaufmann, ein Mann, dessen intellektuelle Unternehmungen sein ganzes Leben lang ausschließlich mit Finanzen und gewaltigen materiellen und kommerziellen Operationen zu tun hatten, in der Lage war, mit solcher Gewissheit und Zuversicht die Zukunft eines Häufchens altersschwacher Bücher vorherzusagen. Es ist seltsam und doch kaum überraschend, denn auf seinen Schultern trägt er einen höchst bemerkenswerten Kopf, und es überrascht mich schon seit langem nicht mehr, wenn er überraschende Dinge tut. Ich glaube, er war der einzige lebende Mensch, der diese alten Bücher als wertvolles Gut ansah, doch der Erfolg hat sein Urteil bestätigt. Binnen zwei oder drei Jahren nach seiner Vorhersage waren die Bücher auferstanden und hatten begonnen, meiner Familie eine umfassende Unterstützung zu gewähren; die Zeit hat den Wert der Bücher nicht vermindert, sondern vermehrt. Meine Frau und ich hätten uns überreden lassen, die Urheberrechte abzutreten; daraus aber wäre nichts geworden, denn Mr. Rogers hätte nicht zugelassen, dass man uns die Bücher wegnimmt, und er ist ein sehr starrsinniger Mann. *Ihm* ist es zu verdanken, dass meine Literatur meinen Kindern großzügige Unterstützung gewährt und auch nach meinem Tod noch gewähren wird, bis ihnen die Regierung ihren Lebensunterhalt streitig macht – mittels des einzigen schändlichen Urheberrechts, das außerhalb Englands auf dem Planeten existiert.

Dienstag, 7. August 1906

Mr. Clemens bekundet Mr. Rogers seine Dankbarkeit – Beschreibt den Mann als einen der drei attraktivsten Männer Amerikas

Wer meine Seele rettet, leistet mir einen Dienst; wer den Lebensunterhalt meiner Familie rettet, leistet mir einen Dienst, der das Dreißigfache wert ist. Denn mit meiner Seele bin ich wohlvertraut und kenne ihren Wert auf Heller und Pfennig. Reverend Joseph H. Twichell schulde ich Dank für den kommenden Heiligenschein, Mr. Rogers schulde ich Dankbarkeit. Die Seele eines Menschen ist kein ernsthaft zu veranschlagender Vermögenswert, jetzt, wo die Hölle so zweifelhaft geworden ist. In dieser Welt können wir ohne sie auskommen, und viele, viele von uns tun genau das. Ihr Zustand und ihre Aussichten interessieren uns, an Sonntagen, nur flüchtig und obenhin, aber sie gehen uns nicht zu Herzen, unser Herz verkrampft sich nicht. Das geschieht nur, wenn der Lebensunterhalt von Frau und Kindern bedroht ist. Ist der Lebensunterhalt derer in Gefahr, die einem auf der ganzen Welt das Liebste sind, erkennt man, dass man einer furchtbaren *Realität* gegenübersteht und dass, verglichen mit dieser schlimmen und dringlichen Notlage, die Rettung der Seele eine zu vernachlässigende Angelegenheit ist, die auf ein andermal verschoben werden kann. Ich werde diese theologischen Aspekte in einem künftigen Kapitel aufgreifen und analysieren – doch für den Augenblick will ich mich wieder den Geschäften zuwenden.

Es gibt mannigfache Opfer, die man einem Freund darbringen kann, aber ich glaube, das höchste und größte ist das Opfer von Zeit und Mühe im Dienste einer guten Sache. Mehrere Wochen gab Mr. Rogers täglich einen Teil seiner Zeit dafür her, meine Verflechtungen mit Paige zu klären; viele Wochen seiner Zeit gab er dafür her, eine Einigung zwischen der American Publishing Company und den Harpers herbeizuführen, der zufolge ich ein Anrecht darauf hatte, sämtliche meiner Harper-Bücher für eine Gesamtausgabe zu nutzen, die die erstgenannte Firma herausbringen wollte; fünf Jahre lang hatte er die Webster-Angelegenheit am Hals; vor drei Jahren bemühte er sich viele Wochen um einen weiteren Vertrag zwischen den beiden Verlagshäusern und mir und erreichte, dass er schließlich geschlossen und unterschrieben wurde – einen Vertrag, der mich aus der Sklaverei zweier Herren entließ und mich in den glücklicheren Zustand versetzte, nur noch Diener eines Herrn zu sein – der Harper Corporation. Jeder, der in dieser Welt zwei Herren gedient hat, wird den nahezu unschätzbaren Wert dieser Veränderung begreifen.

Mr. Rogers' Zeit ist mehrere tausend Dollar pro Stunde wert, und ich habe sie dreizehn Jahre lang fast täglich in Anspruch genommen; er hat mir nichts dafür berechnet, daher stehe ich moralisch mit mehreren Millionen Dollar in seiner Schuld. Für diese Summe hätte er seine Zeit an große Konzerne verkaufen können – aber ich weiß, dass er seine Zeit und Begabung und Arbeit stets freigebig an seine Freunde verschwendet, und so behaupte ich, dass er mehr Vergnügen und mehr Befriedigung daraus zieht, gratis für seine Freunde zu arbeiten als zu Standard-Oil-Gehältern für diese anderen Leute.

Mr. Rogers ist ein sehr attraktiver Mann, symmetrisch geformt, kompakt gebaut; er ist warmherzig, liebevoll und so empfindsam wie eine Frau. Er birgt eine Quelle des Humors in sich, die nie versiegt, und ein untrügliches Gespür für den Humor anderer. Dem Kalender nach ist er siebenundsechzig Jahre alt, ansonsten aber erst fünfundzwanzig und so lebhaft und gesellig wie jeder andere Jugendliche seines Alters. Wenn er mit seinen Kollegen ernste Geschäfte tätigt, weiß sein Auge, dass es wachsam sein muss; sind jedoch nur Freunde zugegen, ist es so frank und offen wie das eines Adlers; und wenn meine Zuneigung mich nicht trügt, blickt aus ihm jener Geist, der ihm innewohnt: hohe Gesinnung, Ehrbarkeit, Ehrlichkeit.

Seine Fotos werden ihm nicht gerecht – ein weitverbreiteter Defekt von Fotos. Vor dreizehn Jahren, als ich ihn kennenlernte, waren er und zwei andere die attraktivsten Männer Amerikas. Die beiden anderen waren Choate und Twichell. Ich ging damals nicht ins Rennen. Ich finde, diese drei sind noch immer die attraktivsten Männer Amerikas, auch wenn sich das aufgrund der allgemeinen Unzulänglichkeit von Fotos nicht anhand ihrer Fotos beweisen lässt. Vor einer halben Stunde traf hier ein liebes kleines Geschöpf in einem Sommerkleid ein, das Haar hing ihr in geflochtenen Zöpfen über den Rücken, und ich legte ihr den Arm um die Schultern, drückte ihren Kopf an meine Brust und erkundigte mich nach ihrem Namen. Sie nannte ihn, daraufhin sagte sie:

»Ich hab dich noch nie gesehen, aber ich kenn dich von deinen Fotos.«

Dann lehnte sie den Kopf zurück, hob das Gesicht, sah treuherzig zu mir auf und fügte hinzu:

»Aber sie sind nicht halb so schön wie du.«

Ich war mir dessen längst bewusst, aber um ihr eine Freude zu machen, tat ich so, als wäre es eine Neuentdeckung für mich und das erste Mal, dass jemand eine so feinfühlige und zutreffende Erkenntnis ausgesprochen habe.

Diese drei Männer sind über die Maßen zufriedenstellend attraktiv, aber ich bezweifle, dass Henry Rogers bei diesem Wettbewerb nur Zweiter ist. Ein altes Sprichwort besagt: Was auch immer unerfreulich am Temperament und an der Veranlagung eines Menschen ist, zeigt sich auf See, und sollte ein Mensch unangenehme Charakterschwächen haben, wird er sie an Bord eines Schiffes nicht verbergen können. Mit Mr. Rogers und seinen Freunden habe ich viele Reisen auf seiner Yacht unternommen, und immer haben sein Charakter und seine Veranlagung die Probe bestanden. Er war stets leutselig, stets höflich, stets voll besonnener Rücksicht gegen andere. An Land verhält es sich ebenso. Denken Sie an das nervenaufreibendste Spiel überhaupt – Billard. Wenn Mr. Rogers sich peinlich genau auf einen gar nicht schwierigen Stoß vorbereitet, die Kugel um zwei Meter verpasst und ich in herzloses Gelächter ausbreche, nimmt er es mir nicht etwa übel, sondern stützt sich nur auf sein Queue, schaut gekränkt drein und sagt: »Ich würde es bedauern, eine Veranlagung wie die Ihre zu haben.«

Man könnte meinen, ich malte einen Engel; aber es ist nur ein zukünftiger Engel. Wenn es einen besseren Mann unter uns gibt, einen edleren Mann, einen gütigeren Mann, einen Mann mit weniger Fehlern, bin ich ihm nicht begegnet.

Mitte Juli 1895 traten Mrs. Clemens, Clara und ich unseren geldraffenden, aus Vorträgehalten und Büchermachen bestehenden Raubzug rund um den

Erdball an, und jeden Tag schmolzen wir eine Schicht der Webster-Schulden ab. Nach zweieinhalb Jahren hatten wir das erforderliche Geld beisammen, dann stellte Mr. Rogers auf einer einzigen Sitzung sämtliche sechsundneunzig Gläubiger zufrieden. Wir besaßen noch zehntausend Dollar bei einer Londoner Bank und achtzehntausendfünfhundert Dollar, die sich in seinen Händen in New York befanden. Wir wohnten in Wien. Ich ließ ihm eine Nachricht zukommen und bat ihn, die achtzehntausendfünfhundert Dollar auf Federal Steel zu setzen. Er kaufte die Aktien, und nach zwei, drei Monaten verkaufte er sie für erheblich mehr als den doppelten Betrag, den er dafür gezahlt hatte. Seitdem hat der Wolf nicht mehr vor unserer Tür gelauert. Immer wenn ich Mr. Rogers damit betraut habe, meine Ersparnisse für mich anzulegen, habe ich prosperiert; aber fast jedes Mal, wenn ich mich klammheimlich in den Markt eingeschlichen und nach eigenem Ermessen angelegt habe, bin ich vom Blitz getroffen worden.

Jetzt wollen wir zu den Anfängen zurückgehen und sehen, ob wir jenen Mann hinlänglich porträtieren können – Nr. 14 in der Galerie der Quatschköpfe. Nein, sanfte Stenographin, lassen Sie Ihren Bleistift ruhen – das ist nicht der richtige Zeitpunkt. Offenbar bin ich nicht so recht geladen – und wenn ich ihn zu fassen bekomme, möchte ich ihm so fachmännisch einheizen, dass ihm, wenn er an seinem letzten Bestimmungsort eintrifft, Satan sagen muss: »Sie können hereinkommen, wenn Sie möchten, aber nach allem, was Sie bei meinem Neffen durchgemacht haben, können wir Ihnen hier nichts Neues bieten.«

Der Mann hat mir nichts getan, aber seine Couleur habe ich noch nie gemocht.

Mittwoch, 8. August 1906

Die Unverfrorenheit dilettantischer literarischer Bemühungen –
Heute Abend wird Scharade gespielt – Aus Susys Biographie: Die Aufführung
von Der Prinz und der Bettelknabe *in Mr. Warners Haus*

Beim Diktieren einer Autobiographie stößt man auf ein großes Problem, und das ist die Vielzahl der Redeanlässe, die sich einem aufdrängen, sobald man sich hinsetzt, den Mund aufmacht und anfangen will. Manchmal strömen die Texte aus zwanzig Richtungen gleichzeitig herbei, und eine Zeitlang ist man von diesen Niagarafällen überwältigt und wird von ihnen überschwemmt und ertränkt. Man kann jeweils nur einen Redeanlass aufgreifen und weiß nicht, welchen von den zwanzig man wählen soll – dennoch muss man wählen; es geht nicht anders, und stets wählt man in der Erkenntnis, dass die neunzehn übriggebliebenen vermutlich für immer übrigbleiben und verloren sind, weil sie sich vielleicht nie wieder anbieten. Diesmal aber drängt sich mir der Redeanlass geradezu auf, was vor allem daran liegt, dass es der letzte ist, der sich in der vergangenen Viertelstunde empfohlen hat, und darum der heißeste, hatte er doch noch keine Gelegenheit, sich abzukühlen. Es handelt sich um zwei dilettantische literarische Morgengaben. Aus alter Erfahrung weiß ich, dass dilettantische Erzeugnisse, die einem angeblich zu einer aufrichtigen, kühlen Beurteilung und zu einem anschließenden kompromisslos ehrlichen Richtspruch vorgelegt werden, einem in Wahrheit überhaupt nicht in dieser Absicht übermittelt werden. Was in Wahrheit gewünscht und erwartet wird, sind Komplimente und Ermutigungen. Auch hat mich die Erfahrung gelehrt, dass Komplimente und Ermutigungen in fast allen Fällen von Dilettantismus unmöglich sind – wenn sie denn von Aufrichtigkeit begleitet sein sollen.

Gerade habe ich die Lektüre der beiden Gaben beendet, die heute Morgen eingetroffen sind, und bin etwas beunruhigt. Würden sie von Fremden stammen, hätte ich mir nicht die Mühe gemacht, sie zu lesen, sondern sie, wie es meiner Gewohnheit entspricht, ungelesen zurückgeschickt unter dem Vorwand, dass ich keine Ausbildung zum Lektor genossen hätte und daher nicht qualifiziert sei, über jemandes Literatur zu Gericht zu sitzen außer über meine eigene. Aber die Ernte des heutigen Morgens stammt von Freunden, und das ändert alles. Ich habe sie gelesen, und das Ergebnis ist das Übliche: Es handelt sich nicht um Literatur. Zwar enthalten sie Fleisch, doch das Fleisch ist nur halb gar. Fleisch ist gewiss vorhanden, und wenn es durch die Hände eines geschickten Kochs ginge, käme am Ende ein durchaus zufriedenstellendes Gericht heraus. Eine der Kostproben des heutigen Morgens kommt dem, was Literatur ist, schon recht nahe, doch zeigt sich die Hand des Dilettanten verhängnisvoll oft, und das verdirbt sie. Gesetzt den Fall, dass ich ein günstiges Urteil fälle, hat der Autor vor, das Manuskript einer Zeitschrift anzubieten.

Etwas an dieser naiven Unerschrockenheit nötigt mir Bewunderung ab. Es ist ein stolzer, leichtsinniger Wagemut, der, wie ich vermute, nur auf einem Gebiet zur Schau gestellt wird – auf dem der Literatur. Etwas annähernd Vergleichbares erleben wir im Krieg, aber das ist nur aus der Ferne vergleichbar. Der unausgebildete gemeine Soldat hat sich oft für ein Himmelfahrtskommando angedient und vergnügt bereitgestanden, um allen Gefahren die Stirn zu bieten – aber hier ist der Trennstrich zu ziehen. Nicht einmal der selbstsicherste unausgebildete Soldat dient sich als Kandidat für den Posten eines Brigadegenerals an, doch genau das tut der dilettantische Autor. Mit seiner unerfahrenen Feder kritzelt er seine Ungereimtheiten zusammen und bietet sie sämtlichen Zeitschriften an, einer nach der anderen – will sagen, er schlägt sie für Posten vor, die literarischen Generälen vorbehalten sind, die sich ihren Rang und Platz nach Jahren, ja Jahrzehnten harter und ehrlicher Ausbildung in den niederen Dienstgraden verdient haben.

Ich bin sicher, dass ein solcher Affront in keinem anderen Handwerk als dem unsrigen möglich ist. Jemand, der kein ausgebildeter Schuhmacher ist, bietet dem Meister einer Werkstatt nicht seine Dienste als Schuhmacher an – nicht einmal der ungehobeltste literarische Anwärter wäre unklug genug, dies zu tun. Er würde den darin liegenden Humor sehen; er würde die Dreistigkeit darin sehen; er würde es als ganz gewöhnliche Tatsache anerkennen, dass eine Lehre zu absolvieren ist, um jemanden in den Stand zu setzen, Klempner, Maurer, Steinmetz, Drucker, Pferdedoktor, Fleischer, Bremser, Schaffner, Hebamme zu werden – oder jeden anderen Beruf zu ergreifen, mit dem sich ein Mensch Brot und Ruhm erwirbt. Doch wenn es ums literarische Schreiben geht, verflüchtigt sich seine Klugheit plötzlich, und er glaubt sich in einem Metier wiederzufinden, das keine Lehre, keine Erfahrung, keine Ausbildung erfordert – nichts als selbstbewusstes Talent und Löwenmut.

Wir merken gar nicht, was für eine seltsame Sonderbarkeit das ist, bis wir uns nach einem Lehrbeispiel umschauen, mit dessen Hilfe wir es uns veranschaulichen können. Wir müssen uns einen verwandten Fall vorstellen – etwa den Anwärter auf Renommee und Gage an einer Oper. Der Anwärter bewirbt sich bei der Intendanz um ein Engagement als zweiter Tenor. Die Intendanz akzeptiert ihn, vereinbart die Bedingungen und setzt ihn auf die Gehaltsliste.

263

Sie verstehen schon, das ist ein hypothetischer Fall; ich behaupte nicht, dass sich dergleichen ereignet hat. Fahren wir fort.

Nach dem ersten Akt zieht der Intendant den zweiten Tenor zur Rechenschaft und will es genau wissen. Er fragt:

»Haben Sie je Musik studiert?«

»Ein wenig – ja, für mich, hin und wieder, zu meiner Unterhaltung.«

»Dann haben Sie also keine ordentliche mühevolle Opernausbildung bei den Meistern dieser Kunst erhalten?«

»Nein.«

»Wie kommen Sie dann darauf, Sie könnten als zweiter Tenor die Gesangseinlagen in *Lohengrin* darbieten?«

»Ich dachte, ich könnte es. Ich wollte es ausprobieren. Ich fand, ich habe eine Stimme.«

»Ja, Sie haben eine Stimme, und nach fünf Jahren sorgfältiger Ausbildung bei fachkundigen Meistern könnten Sie womöglich erfolgreich sein, aber ich versichere Ihnen, Sie sind noch nicht so weit, den zweiten Tenor zu geben. Sie haben eine Stimme; Sie haben Präsenz; Sie haben edles und kindliches Selbstvertrauen; Sie haben gewaltigen, ja übermenschlichen Mut. Das sind alles wesentliche Voraussetzungen, und sie sprechen zu Ihren Gunsten, aber in diesem großartigen Metier gibt es noch andere wesentliche Voraussetzungen, die Ihnen fehlen. Wenn Sie die Zeit und Mühe, die notwendig sind, um sich diese anzueignen, nicht aufbringen können, lassen Sie die Oper sein und versuchen Sie etwas, was keine Ausbildung und Erfahrung verlangt. Gehen Sie jetzt und bemühen Sie sich um eine Stelle in der Chirurgie.«

Chirurgie. Woran erinnert mich das? Alle unsere Gedanken kommen von außen. Sie kommen stets durch Suggestion. Nicht einen bringen wir selbst hervor. Es sollte mich keine fünf Minuten kosten, dem Ursprung dieses Gedankens auf die Schliche zu kommen – Chirurgie … Jetzt weiß ich, woher er stammt, ich weiß es, ohne auch nur zwei Minuten darauf verwendet zu haben. Er stammt von den Scharaden. Bei den Scharaden heute Abend soll es einen Chirurgen geben. Ich soll diesen Chirurgen abgeben; das hatte ich ganz vergessen. Aber auch wenn ich von Chirurgie nichts verstehe, wird es ein leichter Part sein; so leicht wie die Schriftstellerei für einen Dilettanten. In letzter Zeit haben wir uns voller Schwung den Scharaden hingegeben. Ungefähr einmal in der Woche rufen wir die Jünglinge und Jungfern der Umgebung zusammen, fünfzehn oder zwanzig an der Zahl, und nach dem Abendessen spielen wir bis zur Schlafenszeit improvisierte Scharaden. Wir sind damit beschäftigt, die Wörter für heute Abend auszuwählen, und der Haushalt ist damit beschäftigt, die Kostüme zu entwerfen. Bei diesen Darstellungen ist vielseitiges Talent erforderlich. Im Laufe eines Abends muss man mehrere Parts übernehmen. Die Scharadespieler werden in zwei Mannschaften aufgeteilt; die Mannschaftsführer werden vorab gewählt; dann, wenn wir bereit sind anzufangen, wählen die Mannschaftsführer nacheinander ihre Untergebenen aus und wechseln sich dabei so lange ab, bis das Reservoir an Spielern erschöpft ist. Unterdessen haben die Mannschaftsführer die Wörter ausgesucht, die pantomimisch dargestellt werden sollen. Während die eine Mannschaft spielt, fungiert die andere als Publikum. Heute Abend soll ich eine der beiden Parteien anführen und habe mir vier Wörter ausgesucht, nämlich Cocktail, Champagner, Katastrophe – und noch eins, das mir jetzt nicht einfällt, aber es steht oben auf einem Stück Papier. Die Zeit wird für kaum mehr als je zwei Scharaden für meine und die andere Partei reichen; aber im Allgemeinen bereiten wir mehr Wörter vor, als wir benötigen, um die Wahl zu haben. Was unsere Partei betrifft, werden wir heute Abend nicht weiter als bis zu diesen beiden Getränken kommen – Cocktail und Champagner –, denn die werden sämtliche Zeit in Anspruch nehmen, die unserer Partei zur Verfügung steht, handelt es sich doch um weitschweifige Scharaden, deren pantomimische Darstellung sich ziemlich in die Länge zieht. Es wird Gelegenheit für eine ganze Bandbreite schauspielerischen Talents geben. Ich soll ein Gockel, ein Chirurg, ein Lehrer für Lesen, Schreiben, Rechnen, Erdkunde, Singen und die Kunst des Geschichtenerzählens (mit einer Illustration) sein. Ich soll auch noch verschiedenes anderes sein. Ich soll ein neun Monate altes zahnendes Kind in langen Kleidern sein; außerdem ein Indianerhäuptling; außerdem ein Kaiser in Gesellschaft von Kaisern; außerdem noch verschiedenes anderes, das aufzuzählen zu langweilig wäre. Zwangsläufig wird es eine Menge Lärm und Spaß geben – die gibt es immer.

Das weckt Erinnerungen an die verlorenen Tage seligen Angedenkens vor einem Vierteljahrhundert – Tage, die ich bereits in früheren Kapiteln dieser

265

Autobiographie geschildert habe –, als die Kinder noch kleine Geschöpfe waren und wir mit den Nachbarskindern so oft improvisierte Scharaden spielten. Natürlich erinnert mich das an Susys Biographie und daran, dass es Monate her ist, seit wir einen Auszug daraus verwendet haben, denn unter dem Druck flüchtiger und vorübergehender Interessen hat sich eine Vielzahl von Dingen in diese Gespräche gemischt und die Biographie aus unserem Blickfeld gedrängt. Aber jetzt werden wir sie anschauen und ein, zwei Bemerkungen daraus anführen.

Aus Susys Biographie

Papa reiste nach Europa, um Vorträge zu halten, und nachdem er sich in Schottland und England aufgehalten und einen Blitzbesuch in Irland gemacht hatte, ist er mit Mama nach hause gekomen.

Letzten Winter war Papa viele Monate weg, um mit Mr. G.W. Cable zu lesen, und während er weg war, schmiedeten wir den Plan, ihn, wenn er nach hause komt, mit Szenen aus *Der Prinz und der Bettelknabe** zu überraschen. Wir brauchten lange, um alles Nötige vorzubereiten, aber schlieslich waren wir fast fertig, und wir erwarteten ihn für den nächsten Tag, und für den Abend hatten wir geplant, ihn zu überraschen. Aber wir erhielten ein Telegram von ihm, in dem stand, dass er »heute um zwei Uhr« in Hartford eintreffen wird. Wir waren alle erschroken, denn wir waren noch überhaubt nicht vorbereitet, ihn zu empfangen, und die Bibliotek war mit kostümen überseht, die zum lezten Mal anprobirt werden sollten, und für diesen Nachmittag hatten wir drüben bei Mr. Warner eine kostümprobe geplant.

Aber Mama sammelte die Sachen so schnell sie konnte zusammen und brachte sie ins Mahogani-Zimmer. Balt hörten wir vor dem Haus die Kutsche übers pflaster rollen und stürzten alle zur tür. Als wir über unsere erste Überraschung und Freude, Papa zu sehen, hinweggekommen waren, gingen wir alle in die Bibliotek. Wir alle saßen eine kleine weile mit Papa zusammen, und dann verschwand Mama im Mahogani-Zimmer. Clara und ich blieben eine weile bei Papa sitzen, um zu verhindern, dass er überrascht ist, weil wir ihn scheinbar grundlos verlassen. Aber bald mussten auch wir uns ins Mahogani-Zimmer zurückziehen, um Mama zu helfen, Schnallen auf Pantofeln aufzunehen und kostüme in einen Wäschekorb zu packen. Papa war ganz alleine;

* Dramatisierung des Buches durch ihre Mutter. S.L.C.

außer dass eine von uns sich ab und an zu ihm stahl und eine kleine weile bei ihm blieb. Jeder andere als Papa hätte sich über Mamas unerwünschte Abwesenheit gewundert, aber Papa ist so geistes abwesent, dass er Dinge nur sehr selten so genau bemerkt wie andere Läute; obwohl ich nicht glaube, dass er in diesem fall ganz ohne argwon war.* Schließlich ging er ins Billardzimmer, und Jean ging mit. Als besonderen Gefallen weihte Mama Jean in das geheimniss ein unter der Bedingung, dass sie niemandem ein Sterbenswort verriet, besonders Papa nicht, und Jean hatte es versprochen, aber als sie alleine in Papas Zimmer war, fiel es ihr sehr schwer, Papa nicht alles zu sagen. So war sie unentschieden, ob sie's ihm sagen sollte oder nicht. Sie ging so weit, dass sie mit »Es ist ein geheimniss, Papa« anfing und dann verschidene andere andeutungen über das geheimniss machte, und sie ging so weit das Papa hinterher sagte, wenn er ein anderer gewesen wäre, hätte er es gleich erraten. Um ½ vier gingen wir alle zu Mr. Warners Haus, um dort zu proben. Jean und das Kindermädchen kamen mit, so dass Papa ganz alleine zurück blieb.

Am nächsten Tag war die erste information, die Papa erhielt, dass er abends eingeladen war, und er wusste nicht, dass etwas Ungewöhnliches passieren würde, bis er vor dem Vorhang saß.

Wir kriegten die Szenen zimlich gut hin und tanzten hinterher ein paar herrliche Tänze. Nachdem wir ungefehr eine ½ Stunde getanzt hatten, schien es Mama zimlich eilig zu haben, nach hause zu komen, also zogen wir unsere Sachen an und gingen nach hause. Als wir die Bibliotek betraten, saß eine Dame in einem der Sessel. Ich erkante sie nicht und fragte mich, warum Mama mich ihr nicht vorstellte, aber als ich näher an ihren Sessel herantrat, sah ich, dass es Tante Clara Spaulding war!

Mama erzählte Tante Clara, in ein paar Wochen werden wir *Der Prinz und der Bettelknabe* wieder aufführen, damit sie das Stück auch sehen kann. So wurde beschlossen, es in ein paar Wochen wieder aufzuführen.

Schließlich wurde die Zeit festgesezt, und wir waren fast so weit, als Frank Warner, der den Part des »Miles Hendon« spielte, eine schwere Erkeltung kriegte und nicht auftreten konnte, und so sagte Papa, er wird den Part übernehmen. Papa hatte nur drei Tage, um den Part einzustudiren, aber trotzdem waren wir alle sicher, dass er es schaffen würde. Die Szene, in der er auftrat, war die Szene zwischen Miles Hendon und dem Prinzen, die »Ich bitte dich, gieß des Wassers ein«-Szene. Ich war der Prinz,

---

* War ich aber. S. L. C.

und in den drei Tagen vor dem festgesezten Abend probten Papa und ich zwei- oder dreimal am Tag. Papa spielte seine Rolle wunderbar und fügte der Szene Dinge hinzu, so dass sie viel länger wurde. Er war unaussprechlich komisch mit seinem großen Schlapphut und seiner Art zu gehen! Ach, was für eine Art zu gehen! Papa verhalf der Miles-Hendon-Szene zu einem glenzenden Erfolg, und alle waren von der Szene begeistert, auch Papa. Wir hatten großen Spaß mit *Der Prinz und der Bettelknabe*, und ich glaube, keiner von uns wird vergessen, wie ungeheuer komisch Papa darin war. Er hätte jedenfalls genauso gut Schauspieler werden können wie Schriftsteller.*

Ich habe diesen großartigen Abend bereits in einem früheren Kapitel dieser Autobiographie geschildert. Die zitierten Passagen geben einen Eindruck von der Sache, über die ich vor einer Weile gesprochen habe – unausgebildeter, unerfahrener dilettantischer Schriftstellerei. Sie hat ihre Verdienste, und zwar durchaus bemerkenswerte. Diesmal ist das Ergebnis Literatur. Die Schriftstellerin ist ein Kind, und wir wollen nicht, dass ein Kind wie ein Erwachsener schreibt. Der Anstand, die Genauigkeit und die Zurückhaltung, die wir von einem Erwachsenen erwarten, ertragen wir nicht bei einem Kind. Susy geht ganz in ihrem Thema auf. Sie ist mit dem Herzen dabei, und ihre Anteilnahme ist so stark, dass wir die Vorfälle so sehen, wie sie sie sah; dass wir ihr ureigenstes Ich leibhaftig vor uns sehen, ihr freudiges Ich, ihr erwartungsvolles Ich, ihr aufgeregtes Ich mit geröteten Wangen und glänzenden Augen. Wäre es ein Erwachsener, der da schreibt, würden wir davon nichts wissen wollen; es wäre keine Literatur. Aber nach Lage der Dinge ist es Literatur, und kein Erwachsener, ob ausgebildet oder nicht, könnte sie erfolgreich nachahmen; die unschuldige Naivität, der kindliche Eifer und die Begeisterung, die ihr ihren Reiz verleihen und sie zu Literatur machen, blieben ihm versagt.

Wenn wir Susy heute Abend doch nur hier hätten!

---

* Jetzt, nach sechzehn oder siebzehn Jahren, ist Susys Meinung gerechtfertigt und glaubhaft bekräftigt worden, denn bei dem Dinner neulich, nachdem ich über – mir fällt nicht ein, worüber – gesprochen hatte, ließ Sir Henry Irving dieselbe Bemerkung fallen. *Riverdale, November 1901.* S. L. C.

Freitag, 10. August 1906

Aus der Westminster Gazette *ein Zeitungsausschnitt, der eine Aussage aus »Evas Tagebuch« kritisiert und sie pietätlos nennt – Mr. Clemens antwortet – Mr. Higbies Manuskript – Mr. Clemens' Antwort – Auszug aus Mr. Higbies Essay*

Heute bringt mir die Morgenpost diesen Zeitungsausschnitt aus der *Westminster Gazette*, die eine der intelligentesten und kompetentesten Zeitschriften Londons ist.

MARK TWAIN STOLPERT

Selbst einem professionellen Humoristen kann es mitunter passieren, dass man auf seine Kosten lacht. In seiner leicht pietätlosen Erzählung »Evas Tagebuch« (*Harper's*) lässt sich »Mark Twain« einen amüsanten Irrtum zuschulden kommen. Wenn er auf Adams Benennung der Tiere der Schöpfung anspielt, lässt er die »Mutter aller Lebendigen« andeuten, dass das Kunststück ohne ihr taktvolles Einflüstern und Zutun niemals vollbracht worden wäre. Tatsächlich aber erfolgte die Benennung eines jeglichen »Vogels unter dem Himmel« und »Tieres auf dem Felde« vor der Formung der Frau, die, wie der berühmte Humorist hätte wissen können, wenn er sich die Mühe gemacht hätte, das zweite Kapitel der Genesis sorgfältig durchzulesen, eine Folge des ersten Arbeitsschrittes war, denn darin heißt es (1. Mose, 2,20): »Und der Mensch gab einem jeglichen Vieh und Vogel unter dem Himmel und Tier auf dem Felde seinen Namen; aber für den Menschen ward keine Gehilfin gefunden, die um ihn wäre.« Es ist immer gut, sich seiner Sache sicher zu sein – auch wenn man einen Scherz landen will.

Das deprimiert mich. Es betrübt den professionellen Leuchtkäfer, wenn er vor der Nase des Maulwurfs aufflackert und feststellen muss, dass der Maulwurf nicht weiß, dass überhaupt etwas vor sich gegangen ist. Der Mann von der *Westminster Gazette* ahnt nichts von den Privilegien unseres Berufsstandes. Er ist der Meinung, dass wir uns, wenn wir Tatsachen verwenden, auch an sie halten müssen und sie nicht entweihen dürfen; dabei sind wir dank der Privilegien unseres Ordens von den Tatsachen unabhängig; wir machen uns nichts aus

269

ihnen, nicht auf streng religiöse Weise. Wenn sie sich nicht unversehrt mit der Wirkung, die wir erzielen wollen, in unseren Plan einbauen lassen, gestalten wir sie um, damit sie den Erfordernissen des Anlasses genügen. Wenn wir im Feuer der Produktion heiß laufen, würden wir sogar die Tatsachen der Multiplikationstabelle verdrehen, ganz zu schweigen von den Tatsachen der Genesis. Wir haben vor Tatsachen keinen leidenschaftlichen Respekt. Wir könnten auch dann noch die Ruhe bewahren und gelassen bleiben, wenn unter den vorhandenen Tatsachen nur eine von fünfunddreißig wahr wäre. Selbst wenn ich die unbedeutende Tatsache gekannt hätte, dass es nicht Eva war, die die Tiere benannte, hätte ich das im Interesse der Kunst kaltblütig ignoriert. Ich hätte die Fakten abgeändert, um sie meiner Fiktion anzupassen. Wenn ich es für das Beste gehalten hätte, die gesamte Schöpfungsfabel umzukrempeln, hätte ich es ohne Bedenken getan. Die *Gazette* schreibt: »Es ist immer gut, sich seiner Sache sicher zu sein – auch wenn man einen Scherz landen will.« Wir betrachten die Sache vom anderen Ende her. Eines unserer wichtigsten Durchführungsprinzipien besagt: »Versuche, dir deines Publikums nicht sicher zu sein, bevor du nicht einen Scherz gemacht hast; es wird immer wenigstens eine Person darunter sein, deren Quarz dein Diamantbohrer nicht durchdringen kann.«

Was meine Pietätlosigkeit anbelangt, bin ich sicher, dass ich noch nie in meinem Leben pietätlos war; ebenso sicher bin ich, dass noch nie ein pietätloser Mensch auf Erden gelebt hat. Es ist nicht das Privileg von Regierungen oder Gesetzen oder Kirchen oder auch nur Herausgebern, uns zu sagen, was wir verehren müssen. In dieser Hinsicht dürfen wir frei wählen, und das tun wir auch. Wir verehren nicht Mahomet; wir verehren nicht die Götter Indiens; wir haben keine Ehrfurcht vor den Moscheen, den Tempeln und all den anderen Dingen, die in den Augen dieser Leute heilig sind. Und niemand beanstandet, dass wir diese Haltung einnehmen. Alle unsere Mitbürger verzeihen es uns und räumen ein, dass wir lediglich von einem unbestreitbaren Recht Gebrauch machen. Dann machen dieselben Mitbürger eine Kehrtwende und verlangen von uns naiverweise, dass wir *ihre* heiligen Dinge und Personen verehren. Sie verabschieden sogar Gesetze, die uns diese Ehrerbietung abnötigen – Gesetze, die uns bestrafen, falls wir uns weigern, sie zu befolgen. Diese klugen Köpfe reden von Gewissensfreiheit, und dann schreiben sie unserem Gewissen unter Strafandrohung vor, wie es sich verhalten soll! Indem sie uns erlauben, den heiligen Dingen und Personen Indiens und der Türkei unsere Ehrerbietung zu versagen wie den heiligen Personen und Dingen Roms und Griechenlands, gestehen uns diese Bürger das Recht zu, auch allen anderen heiligen Dingen und Personen unsere Ehrerbietung zu versagen, hier oder anderswo.

Eigentlich ist so etwas wie Pietätlosigkeit gar nicht möglich. Niemand kann den Dingen gegenüber, die *er* in seinem Herzen heilig hält, pietätlos sein – das ist ein Ding der Unmöglichkeit; aber es steht ihm frei, unangenehme Dinge über die Götter und Bibeln aller anderen zu sagen – selbst über die der Inder, der Türken, der Römer und der Griechen. Niemand verwehrt ihm dieses Recht. Mithin ist das Wort *Pietätlosigkeit* zweifellos ein Wort, das keine Bedeutung hat und im Wörterbuch keinen rechtmäßigen Platz einnimmt, da es etwas bezeichnet, was es nie gegeben hat und niemals geben wird. Ich verehre eine ganze Reihe von Dingen, und nie spreche ich despektierlich über sie oder denke auch nur despektierlich über sie. Wenn ich dergleichen täte, könnte man mein Vorgehen als *Pietätlosigkeit* bezeichnen; da mir dies jedoch unmöglich ist, ist das Wort in meinem Fall, wie in allen anderen Fällen, ohnmächtig und bedeutungslos. Ich wiederhole, es gibt Dinge, die mir heilig sind und die ich in Ehren halte – aber Adam und Eva zähle ich nicht dazu und ihre Fabelgeschichte auch nicht.

Endlich haben wir von Higbie gehört, und es lässt sich nicht leugnen, dass ich deprimiert bin. Higbie ist der Silbersucher, der vor fünfundvierzig Jahren in Aurora, Esmeralda, zwei oder drei Monate lang mein Hüttenmitbewohner war. In einem vor langer Zeit, im Winter oder im Frühjahr, diktierten Kapitel haben wir uns über ihn unterhalten. Er schlug vor, für den *New York Herald*, der vorsichtig angefragt hatte, einen Bericht über unser Zusammenleben in tiefster Vergangenheit an der Pionierfront zu schreiben, und er bot mir an, sein Manuskript vorab durch meine Hände gehen zu lassen, damit ich sehen könnte, ob mir gefällt, was er über mich schreibt.

Da stieg eine warme altkameradschaftliche Anwandlung in mir auf und brachte meine Urteilskraft durcheinander. Ich ermutigte ihn. Es war verkehrt, dies zu tun – verkehrt und töricht. Ich hätte mir meine Antwort vorbehalten sollen, bis meine Urteilskraft eine Chance gehabt hätte, abzukühlen und wieder ins Lot zu kommen – aber das tat ich natürlich nicht. Ich zog einen voreiligen Schluss, und nach allen Gesetzen der menschlichen Erfahrung war es zwangsläufig der falsche. Ich konnte mich an Higbie noch genau erinnern – einen sehr gütigen, sympathischen, freimütigen, bescheidenen, ungebildeten und äußerst aufrichtigen, wahrhaftigen und ehrenwerten Riesen; praktisch, phantasielos, humorlos, bestens ausgestattet mit gesundem Menschenverstand und einfältig wie ein Kind. Unter dem Eindruck dieser Tatsachen zog ich einen voreiligen Schluss, den scheinbar völlig zuverlässigen Schluss, dass der wirkliche Higbie – der echte Higbie, der sympathische Higbie, der humorlose Higbie, der phantasielose Higbie – in seinem Manuskript in Erscheinung treten und das Herz eines jeden Lesers gewinnen würde. Es hätte mir in den Sinn kommen müssen, dass kein Mensch, der sich zum ersten Mal in der Literatur versucht, sein natürliches Ich sein kann – aber das war es nicht. Ich stellte mir vor, dass Higbie von diesen alten Zeiten in der schlichten und ungekünstelten Sprache eines Robinson Crusoe erzählen und seine Worte mit jener Ehrlichkeit, Wahrhaftigkeit und Aufrichtigkeit aufladen würde, die ihm angeboren waren. Eine solche Erzählung konnte nichts anderes als akzeptabel und einladend sein; das wusste ich ganz genau. Nun denn, wie sollte mir je ein gekünstelter Higbie in den Sinn kommen? Ich konnte mir dergleichen nicht vorstellen. Genauso gut hätte ich mir vorstellen können, wie sich ein Silber-Gold-Amalgam in der Retorte in Schlacke und Abfall verwandelt – doch genau das widerfuhr Higbie, als er die ungewohnte Feder zur Hand nahm. Der natürliche Higbie, der wirkliche Higbie, der entzückende Higbie, der ehrliche Higbie, der wahrhaftige Higbie, der aufrichtige Higbie, der kindliche Higbie verflüchtigte sich im Dunst des Quecksilbers und ließ nichts als Schlacke zurück – nur Schlacke, einzig Schlacke, auf dem Edelmetallmarkt nicht einmal dreißig Cent die Tonne wert.

Higbies Essay besteht aus siebzehntausendfünfhundert Wörtern; dreizehntausend dieser Wörter sind derart übertriebene Tatsachenverdrehungen, dass sich kaum ein unanfechtbares Körnchen Wahrheit darin finden lässt. Dieser Higbie von fünfundsiebzig unreifen Jahren ist nicht der glanzvolle und unerschütterliche Higbie, mit dem ich mir vor vierundvierzig Jahren eine Hütte teilte. Sein Aufsatz trägt den Titel: »Ein kleines Erlebnis in Nevada und Umgebung in den frühen sechziger Jahren, das zu meiner Bekanntschaft mit Samuel L. Clemens alias ›Mark Twain‹ führte«. Seine aus viertausend Wörtern bestehende Einleitung führt allmählich zu mir, ist eine ungeschönte Schilderung seines Kommens und Gehens und klingt wahr – ist zweifellos wahr. Dann aber begegnet er mir, und der neugeborene literarische Künstler setzt seine Phantasie in Brand, und eine Feuersbrunst bricht los. Anscheinend hat er sich mit meinem Buch *Durch dick und dünn* hingesetzt und jedes Detail aus meinen Esmeralda-Kapiteln abgekupfert und in seine eigene Sprache übersetzt. Als dieser Vorrat zur Neige ging, reicherte er seinen Text unverkennbar mit eigenen Einfällen an, und jedes Mal, wenn er mich auf die Bühne stellte, empfand er offenbar die Notwendigkeit, in rasenden Humor auszubrechen, was er auch tat. Es ist traurig, es ist erbärmlich; Higbie war stets die Gesetztheit, die Ernsthaftigkeit, die Sachlichkeit in Person. Ein humorvolles Kamel kann ich mir vielleicht gerade noch ausmalen, doch ein humorvoller Higbie geht über meine Vorstellungskraft.

Wäre Higbie doch nur ein Fremder! Dann könnte ich ihm einen lieblosen Brief schreiben und sein Manuskript zurückschicken – aber Freunde dürfen wir nicht auf diese Weise behandeln. Wir müssen ihnen behutsam schreiben; wir müssen ihnen auch geradeheraus schreiben. So tun wir es denn, aber wir genießen es nicht. Es *schmerzt*, und wir sind froh, wenn die unangenehme Aufgabe vollbracht ist. Ich habe Higbie den folgenden Brief geschrieben, der erst in Druck gehen wird, wenn wir beide schon Jahre tot sind.

Dublin, New Hampshire

Lieber Higbie:

Ich habe Ihren Essay gelesen, und Tatsache ist, dass ich sehr enttäuscht bin. Es handelt sich vor allem um überarbeitete Nachrichten aus zweiter Hand. In *Durch dick und dünn* habe ich bereits von dem blinden Gang der Wide-West erzählt; davon, wie Sie ihn ausfindig machten; und von unseren Träumen darüber, was wir tun würden, wenn wir das Geld bekämen; und von Ihrem Aufbruch, um Zement zu suchen, und von meinem Aufbruch, um Nye zu pflegen; und davon, wie der blinde Gang wieder aufgefunden wurde; und von meinem Eintritt in die Redaktion des *Enterprise*; und von Lake Mono; und von dem Raubüberfall an der Wasserscheide – und so weiter und so

273

fort. Es gibt nur eine einzige Möglichkeit, das Wiedererzählen dieser Vorfälle wertvoll zu machen: *Sie müssen besser erzählt werden, als ich sie erzählt habe.* Das haben Sie nicht getan, und jeder Herausgeber würde es augenblicklich bestätigen; und er würde hinzufügen, dass er *ohnehin kein Material gebrauchen kann, das bereits verwendet worden ist.* Ich habe diese Erzhalde erschöpft und nichts zurückgelassen als Schutt.

Sie haben ein paar Dinge neu erfunden – wie die Pfannkuchen und den Ball –, aber die würde jeder Herausgeber streichen, weil solche Dinge keinen Wert haben, außer wenn sie lustig sind, und Sie haben sie nicht lustig geschildert. Wie könnten Sie auch? Sie sind ein rechtschaffener, ehrlicher, praktischer, aufrichtiger Mann, und keine Schulung, keine Ausbildung, kein Eifer würde Sie je dazu qualifizieren, humorvoll zu schreiben – es entspricht nicht Ihrer Art; und selbst wenn es Ihrer Art entspräche, könnten Sie eine so anspruchsvolle Kunst nicht an einem Tag erlernen.

Sie haben mich ziemlich lächerlich gemacht, aber falls die Herausgeber Ihr Ms. annehmen, werde ich mich daran nicht stören. Allerdings meine ich, dass es seine Chancen deutlich schmälern würde, wenn ich ihnen das Ms. anböte, aus dem einfachen Grund, weil man mich gewiss um ein paar Zeilen zu seinem Lob bitten würde, ich sie aber nicht beisteuern könnte. Ich habe nie etwas im Druck gelobt, was ich nicht voller Herzlichkeit und Aufrichtigkeit loben konnte. Denn auf meine Weise bin ich ebenso ehrlich wie Sie, Cal.

Aber eins kann ich tun, und wenn Sie wollen, werde ich es mit Freuden tun: Ich kann dem *Herald* den Artikel über meinen Literaturagenten zuschicken, und der kann sagen, dass Sie ihn durch meine Hände haben gehen lassen, um zu sehen, ob er irgendetwas enthält, was mich kränkt, und dass ich ihn in dieser Hinsicht über jeden Vorwurf erhaben finde. Soll ich das tun? Lassen Sie von sich hören, alter Freund.

Mit besten Grüßen

S. L. Clemens

Um Higbie Gerechtigkeit widerfahren zu lassen – denn es mag sein, dass sein Humor, auch wenn er meinen Horizont übersteigt, bei anderen Anklang findet –, füge ich an dieser Stelle seine Pfannkuchenepisode ein, eine Episode, die in einer Hinsicht seinem ausschweifenden Ball ähnelt: Beide haben nie stattgefunden. Beide sind Ausschwitzungen seiner ungeschulten Phantasie.

Freitag, 10. August 1906

Damals aß ich gern Pfannkuchen – die Goldgräber nannten sie »Flap-Jacks« –, und wenn ich allein war, aß ich sie jeden Morgen, weil sie sich mit gutem Mehl, Hefepulver und Wasser fix zubereiten ließen. Zu den ersten Flap-Jacks nach Sams Ankunft wurde nichts gesagt, und ich nahm an, dass sie ihm genauso gut schmeckten wie mir, und so aßen wir mehrere Morgen hintereinander Pfannkuchen. Ich glaubte ein missbilligendes Stirnrunzeln hinsichtlich der Pfannkuchen zu entdecken, aber er sagte nichts. Wenn ich mittags zufällig zu Hause war, gab es sowohl zum Frühstück als auch zum Mittagessen Flap-Jacks, und als ich sicher war, dass sie ihm nicht schmeckten, gab es sie regelmäßig dreimal am Tag, ohne Beilagen. Ich fragte mich, was als Nächstes geschehen würde, und hatte die närrische Idee, ihn in die Falle gelockt zu haben und ihn dazu zu bringen, sich an die Arbeit zu machen und etwas zu kochen, was ihm schmeckte, statt ewig dreimal am Tag Pfannkuchen zu futtern.

Damals ahnte ich noch nichts von den Ressourcen des Mannes oder von seiner Abneigung gegen jede Art körperliche Betätigung und vermutete, dass jeder Sterbliche unter den gegebenen Umständen mit anpacken und irgendein Gericht kochen würde, das seinem Geschmack entsprach. Er nicht. Verzweiflung in jeder Faser meines Körpers, erneuerte ich den Angriff und machte es mir zur besonderen Aufgabe, bei jeder Mahlzeit zu Hause zu sein und einen Stapel Pfannkuchen vor ihm aufzuschichten, so hoch wie sein Kopf und mit dem Durchmesser einer großen Bratpfanne. Ich ging nach dem Prinzip Quantität versus Qualität vor. Ich konnte nicht umhin, seine Geduld und seine Ausdauer zu bewundern, sah jedoch, dass das Barometer niedrig stand und sich ein Sturm zusammenbraute, und so machte ich die Schotten dicht, holte die Segel ein und machte es mir gemütlich, bevor der Sturm losbrach: Und als zusätzliche Schutzmaßnahme stapelte ich noch mehr Pfannkuchen als Ballast auf dem Tisch.

Mit furchtbar finsterer Miene und einem verächtlichen und trotzigen Blick auf den Stapel lehnte er sich zurück und sezierte den unschuldigen Berg Pfannkuchen.

»Pfannkuchen«, sagte er, »das ganze Jahr über dreimal am Tag Pfannkuchen. Mann, das würde dem kräftigsten Vogel Strauß, der je die Wildnis Afrikas durchstreift hat, das Verdauungssystem ruinieren.« Dann erging er sich in einer gelehrten Abhandlung über die schädlichen Folgen von Hefepulver in Verbindung mit Mehl und Wasser und dass diese Art von Diät die Konstitution eines jeden Menschen auf Dauer ruinieren würde und in weiteren dezidierten Ansichten zu diesem Thema. Die ganze

Zeit über hatte ich mich überzeugt, er werde bald zum Ende kommen, verzweifelt mit Pfannkuchen vollgestopft. Ja, um ihm genügend Zeit zu geben, seine beredte Erörterung abzuschließen, hatte ich mehr gegessen, als ich es sonst getan hätte. Als letzte Bitte sagte er: »Um Himmels willen, Mann, wir brauchen eine Veränderung. Pfannkuchen, Pfannkuchen! Dreimal am Tag, ohne Beilagen. Davon habe ich ja noch nie gehört.«

Inzwischen platzte ich fast vor Pfannkuchen und Gelächter, aber ich sagte: »Na schön, Sam. Ich esse Pfannkuchen für mein Leben gern, so dass ich gar nicht an die Bedürfnisse anderer denke, falls es aber etwas gibt, was du besonders gern isst, können wir oben im Laden anschreiben lassen. Besorg, was du magst, und mach damit, was dir gefällt, mir wird's schon zusagen.«

»Das ist ein Wort«, sagte er, »morgen gibt's was anderes. Gütiger Gott, Mann. Ein Wunder, dass wir noch am Leben sind, wo wir uns den Bauch mit nichts als Pfannkuchen vollschlagen«, und in besänftigtem Ton: »Ich gebe ja zu, dass du schöne große Pfannkuchen machst und großes Geschick darin beweist, sie zum Umdrehen in die Luft zu werfen und mit der Pfanne wieder aufzufangen, aber wenn das die einzige Kost ist, das ganze Jahr über dreimal am Tag, muss ich zugeben, dass meine Konstitution dieser Belastung nicht standhält.«

Samstag, 11. August 1906

Der Mensch unfähig, einen originellen Gedanken hervorzubringen;
nimmt nur Anregungen von außen auf – Mitteilung an Andrew Carnegie
mit der Bitte um ein Gesangbuch – John T. Lewis' Leibrente – Mr. Rogers'
Zweifel an John T. Lewis' Existenz – Zwei Briefe von Lewis –
Kipling kommt nach Amerika – Besucht Mr. Clemens in Elmira

Von Anbeginn der Zeit haben sich Philosophen aller Rassen und Schattierungen durch die sperrigste Eigenschaft des Menschen, die Eitelkeit, täuschen und zu der Auffassung verleiten lassen, der Mensch könne in seinem Kopf einen Gedanken hervorbringen. Ich vermute, ich bin die einzige Person, die weiß, dass er das nicht vermag. Anhand meiner eigenen Person habe ich den Menschen viele Jahre – ja, ein Vierteljahrhundert lang – mit größter Sorgfalt studiert, und inzwischen bin ich felsenfest überzeugt, dass sein Verstand unfähig ist, einen eigenen Gedanken zu fassen, sondern sich darauf beschränkt, Anregungen von außen aufzunehmen und daraus Secondhand-Gedanken zu fabrizieren. Der Hypnosefachmann ist stolz, weil er meint, eine neue Entdeckung gemacht zu haben, wenn er in seinem Gegenüber durch die Kraft der Suggestion etwas bewegt, dabei ist kein Mensch jemals durch eine andere Kraft als die der *Suggestion* zu irgendeiner Handlung oder Idee bewogen worden. Deshalb kann ich mich jeden Morgen unvorbereitet und ohne Redetext an das Handwerk des Diktierens machen, weil ich genau weiß, dass eine beiläufige Bemerkung, eine Zeitungsnotiz oder ein Brief in der Post mir etwas eingeben wird, was mich an ein Erlebnis in meinem Leben erinnert und mich im Zuge dieses Prozesses mit einem oder mehreren Redetexten versieht.

Das Erste, was mir in der heutigen Morgenzeitung auffällt, ist eine an Andrew Carnegie gerichtete Mitteilung, die ich vor einigen Jahren schrieb und die mir aus einem bestimmten Grund John T. Lewis in Erinnerung ruft, obwohl Lewis in der Mitteilung gar nicht vorkommt.

Mein verehrter Mr. Carnegie – den Zeitungen entnehme ich, dass Sie sehr wohlhabend sind. Ich möchte mir ein Gesangbuch anschaffen. Es kostet sechs Shilling. Ich werde Sie segnen, Gott wird Sie segnen, und es wird eine Menge Gutes bewirken.

Hochachtungsvoll

Mark

PS Schicken Sie mir nicht das Gesangbuch; schicken Sie mir die sechs Shilling.

Auf jenen guten alten farbigen Freund John T. Lewis verweist die Mitteilung wegen ihrer verdächtigen Form. Viele Fremde würden vermuten, dass das Gesangbuch nur ein Vorwand war; dass ich im Grunde gar nicht das Gesangbuch wollte, sondern es nur auf das Geld abgesehen hatte. Ein solcher Verdacht würde mir unrecht tun. Ich wollte nur ein Gesangbuch. Ich war ganz versessen darauf, eins zu bekommen, wollte es aber selber auswählen. Wenn es mir gelungen wäre, an das Geld zu kommen, hätte ich mir davon ein Gesangbuch und nichts anderes gekauft. Obwohl ich dafür keine Beweise habe außer meiner

277

eigenen Aussage, halte ich diese doch für hinreichend vertrauenswürdig. Ich spreche aus dem Grab, und es ist nicht wahrscheinlich, dass ich die Erdschicht mit einer im Munde geführten Unwahrheit durchbreche.

Es ist schon seltsam, wenn man es genauer betrachtet – auf der anderen Seite des Ozeans hat Andrew Carnegie für zehn Millionen Dollar einen Friedenspalast erbauen lassen, in dem jene bedeutende und segensreiche moderne Einrichtung, der Haager Schiedsgerichtshof, untergebracht werden soll; er hat jene andere höchst großmütige und unschätzbar wertvolle Stiftung ins Leben gerufen, die mit zehn Millionen dotierte Carnegie Institution; er hat für die würdige und anständige Versorgung von Veteranen beider Geschlechter, die ihr langes Leben dem Unterricht an höheren Schulen gewidmet haben und im hohen Alter arm, verlassen und ohne Unterstützung sind, einen permanenten Fonds in Höhe von fünfzehn Millionen Dollar geschaffen – eine so ausgezeichnete und barmherzige Stiftung, dass einem die Augen feucht werden, wenn man nur daran denkt; er hat für die intellektuelle Erhebung von Menschen aller Gesellschaftsschichten, Glaubensbekenntnisse und Hautfarben kostenlose Bibliotheken im Wert von achtzig Millionen Dollar über den Planeten verteilt – und doch, wenn er mit einem Gesangbuch im Wert von sechs Shilling eine schwankende Seele vor der Vernichtung bewahren könnte, wendet er sich kaltherzig ab und lässt die Seele zugrunde gehen. Wahrhaftig, es gibt viele verschiedenartige Menschen auf der Welt, und Andrew Carnegie ist einer von ihnen. Wenn nicht gar mehrere.

Der unausgesprochene Zweifel an der Reinheit meiner Absichten, den sein Schweigen aufkommen ließ, wurde auf andere Weise von einem anderen Mann, Henry Rogers, kopiert. In einem früheren Kapitel habe ich erzählt, dass John T. Lewis vor dreißig Jahren der Frau und der Tochter eines reichen Mannes das Leben rettete, wie kein anderer Mann im Staat es hätte tun können, und wie er dafür mit Dank belohnt wurde – mit wiederholtem Dank, mehrfachem Dank, reichlichem Dank. Vor etwa fünf Jahren wurde er von Rheuma gepackt und konnte sich seinen Lebensunterhalt nicht länger auf seiner Farm erwirtschaften. Alles Geld, das er verdiente, benötigte er, um die Zinsen für das Geld zu tilgen, das er sich in alten Zeiten geliehen hatte – ein Darlehen, das ich früher schon, als ich davon sprach, erwähnt habe. Etwas musste zu seiner Entlastung unternommen werden, daher steuerten Susy Crane, Jean und ich eine monatliche Summe in Form einer Leibrente bei, damit er den Rest seiner Tage ohne Arbeit verbringen konnte. Ich bot Henry Rogers Gelegenheit, diese Leibrente zu erhöhen, und er war durchaus gewillt und sagte, er werde John T. Lewis seinen Scheck am ersten jedes Monats zusenden.

Ich sagte, nein, ich hätte nicht viel zu tun, er möge den Scheck auf mich ausstellen.

Er sagte: »Nie im Leben!« – oder etwas Sinngemäßes.

Bei dieser beleidigenden Bemerkung ließ er es nicht bewenden, sondern behauptete, höchstwahrscheinlich gebe es gar keinen Farbigen namens John T. Lewis. Ich erbot mich, Zeugen beizubringen, aber er sagte, er tue besser daran, mit der Auswahl der Zeugen einen anderen zu beauftragen. Ich glaube, in einer bestimmten Hinsicht ist er der starrköpfigste Mann, den ich je gekannt habe – der starrköpfigste und der argwöhnischste. Er war entschlossen, die Schecks auf John T. Lewis auszustellen, und nur indem ich ihn völlig ermüdete, konnte ich ihn endlich dazu bringen, sie auf mich auszustellen. Doch an John T. Lewis glaubte er keinen Augenblick. Ich ließ mich gut erkennbar vor dem Herrenhaus auf Susy Cranes Farm neben John T. Lewis fotografieren. Das überzeugte ihn nicht; er blickte nur traurig drein, ließ das Foto rahmen, hängte es in seinem Privatbüro, 26 Broadway, auf und nannte es »Der imaginäre John T. Lewis« – und dort hängt es noch immer; hängt dort und wirkt so ehrlich, dass es jeden überzeugen würde außer einen unversöhnlich vorurteilsbehafteten Geist.

Ich gebe mein Ehrenwort, dass ich Lewis das Geld immer übergeben habe. Mehr noch, ich habe es durch Susy Crane übergeben lassen, die es ihm Monat für Monat persönlich vorbeibrachte; und das wird sie bezeugen, da sie mich gut genug kennt, um zu wissen, dass ich ihr Scherereien mache, sollte sie sich weigern. Mit der Leibrente hatte Lewis zu seiner großen Zufriedenheit ausgesorgt; sie machte einen gelassenen, sorgenfreien und glücklichen Mann aus ihm, und fortan behauptete er, der einzige vollkommen unabhängige Mensch im County zu sein.

Sie merken schon, das ist einmal mehr der Geist Carnegies – mit einem Un-

279

terschied: John T. Lewis bekam Henry Rogers' Geld, ich dagegen bekam das Gesangbuch nie.

Als ich vor ein paar Wochen einen ausgedehnten behaglichen und unverdienten Urlaub in Fairhaven verbrachte, traf von der Quarry Farm in Dublin der folgende Brief ein. Er enthielt die Nachricht von Lewis' Tod und berichtete gewisse Einzelheiten. Mit berechtigtem Stolz mache ich auf den Titel aufmerksam, der mir hier verliehen wird. Alle, die mich kennen – ausgenommen vielleicht Henry Rogers und Andrew Carnegie –, werden zugeben, dass ich ihn verdiene. Wenn ich bedenke, dass ich ihn ohne die Hilfe eines Gesangbuches erlangt habe, erfüllt mich das mit Stolz. Ich weiß nicht, ob ich wirklich überrascht bin, anhand des Briefes herauszufinden, dass Lewis ein »Tunker« war, ein »Deutscher Baptist«. Als solcher war er in Maryland zur Welt gekommen, doch als ich ihn vor etwas mehr als einer Generation kennenlernte, hatte er der Reihe nach jede Religion auf dem Marktplatz ausprobiert, dabei festgestellt, dass keine der Aufgabe gewachsen war, eine Seele wie die seine zu retten, sich zuletzt den Freidenkern angeschlossen und Ruhe für seine Seele gefunden. Ich halte es für ziemlich wahrscheinlich, dass er in dem langen Zeitraum zwischen damals und heute dieselbe Strecke wieder zurückgegangen ist, von jeder alten freundlichen Religion unterwegs ein Stück abgebissen hat und schließlich bei demselben »Tunkertum« gelandet ist, von dem aus er in seiner Kindheit zu seinem langen abenteuerlichen Seelenrettungsausflug aufgebrochen war.

Quarry Farm
Elmira, N. Y.
23. Juli 1906

Lieber und heiliger Samuel,

vor mehreren Wochen kam Lewis auf einen Besuch zu mir, der Dir hätte abgestattet werden sollen statt mir; denn während der ganzen halben Stunde, als ich mit Lewis unter den Weinreben auf der vorderen Veranda stand, warst Du in meinen Gedanken gegenwärtig. Er lehnte sich in einem niedrigen offenen Wägelchen halb zurück, in das er hineinklettern und aus dem er sich mühelos wieder hinausrollen lassen konnte.

Lewis begann mit den Worten: »Sie sind sehr gütig zu mir gewesen, und ich fände es nicht anständig, wenn ich mich heimlich davonstehlen würde, ohne Ihnen mitzuteilen, dass es mit mir zu Ende geht. Und ich wollte mit Ihnen bereden, wie man einen meiner eigenen Leute dafür gewinnen könnte, die Grabpredigt zu halten. Der nächste Geistliche der Deutschen Baptisten wohnt in Brooklyn, ein Weißer, und ich möchte, dass er, wenn möglich, für ein paar Tage hierherkommt, um etwas über meinen Charakter zu erfahren, damit er bei der Beerdigung keinen Unsinn redet. Wären Sie bereit, eine Kleinigkeit dazuzugeben? Vielleicht wären ja auch ein paar andere Freunde bereit.«

Obwohl mir ein weltliches Streben dieser Art nicht sonderlich zusagte, war es doch der Wunsch eines sterbenden Freundes, und ich sagte, ja, ich würde helfen, die Kosten aufzubringen.

Da sagte Lewis, es wäre ihm ein großer Trost, sich mit einem Mitglied seiner eigenen Glaubensgemeinschaft zu unterhalten, was leicht begreiflich war. Daraufhin sagte er: »Wären Sie bereit, ihm eine Mahlzeit zu servieren, wenn er kommt?« »Gewiss«, versprach ich, und nach einem kurzen Gespräch, wann ich die Pacht für seine Farm bezahlen sollte, nahm er seine Post und die wertvollen Schecks an sich und suchte seinen Arzt auf.

Der Arzt verbot ihm, in die Stadt zu fahren, doch nach ein paar Tagen der Ruhe war Lewis wieder auf der Straße unterwegs und erschreckte alle, die ihn sahen, durch seine Schwäche. Vor etwa zehn Tagen, als ich alles geregelt hatte, gab er die Fahrten auf, da es mit ihm stetig bergab ging. Er war immer vergnügt und schien unter keinen großen Schmerzen zu leiden, erzählte Geschichten und konnte fast alles essen.

Vor drei Tagen traten neue Komplikationen auf, und sein Arzt sagte, er müsse ins Krankenhaus, da es unmöglich sei, ihn zu Hause zu pflegen.

Auf dem Weg dorthin starb er.

In Liebe
Susan L. Crane

Nach ein paar Tagen traf folgender interessanter Brief ein:

Freitag, 27. Juli

Lieber heiliger Samuel,

nun, da zwei Tage vergangen sind, scheint es kaum noch der Rede wert, Dir von Lewis' Beerdingung zu erzählen, außer dass ich's versprochen habe.

Im Zimmer des Bestattungsunternehmers, wo der Reihe nach alle Vorbereitungen getroffen wurden, versammelte sich zur festgesetzten Stunde eine stattliche Gemeinde farbiger und weißer Freunde.

Es folgte ein langes stummes Warten, dann sagte Mr. Harrington, der Bestattungsunternehmer, dass Mr. Hough aus Brooklyn, auf den man warte, nicht kommen werde – und dass Mrs. Harrington eine von Mr. Lewis vorbereitete Rede verlese, in der erläutert würde, weshalb man die Dienste eines anderen nicht in Anspruch nehme.

Sie enthielt die Fakten zu Lewis' Geburt, seinem Leben an verschiedenen Orten und seinem Eintritt in die Kirche der Tunker, gefolgt von der Erklärung, dass, *sofern nicht ein Bruder seines eigenen Bekenntnisses die Grabpredigt halten könne, er wünsche, dass sein Leichnam ohne jedes Zeremoniell bestattet werde, da er niemanden als Christen anerkenne, der nicht der ausdrücklichen Lehre des Herrn folge.*

Das war eine Überraschung, man schauderte, man schwieg, und einen Moment lang fühlte ich mich von jeder Möglichkeit künftiger Rettung ausgeschlossen.

Ein Psalm und das Vaterunser beschlossen den schlichten, zweckmäßigen Gottesdienst.

Stell Dir vor! Willensstark genug, um alle auszuschließen außer die Tunker! Dennoch betete Lewis für Dich und Mr. Rogers, und vielleicht werdet Ihr ja doch noch Tunker.

Er war Dir zutiefst und aufrichtig dankbar, und selbst wenn dem nicht so gewesen wäre, war es eine gute, eine schöne Geste von Dir, Jahr für Jahr getreulich in die Tat umgesetzt, obwohl Du den Trost, den Segen, den Du gebracht hast, nicht sehen konntest. Das war mir vorbehalten, und ich bin dankbar, dass die Mühen für den einsamen Mann nun zu Ende sind.

Die alten Bergler sind fast alle tot.

In Liebe Deine
Susan L. Crane

Ich freue mich, dass er für Henry Rogers gebetet hat; und es wäre auch nicht weniger gut gewesen, wenn er Carnegie Auftrieb verschafft hätte.

Lewis' letztes Vermächtnis erinnert mich an David Gray und ist eine eindrucksvolle Offenbarung der Kraft und der Hartnäckigkeit von Eindrücken, die der menschliche Verstand in frühen Jahren sammelt, wenn seine Gefühle und Empfindungen frisch, jung und stark sind und bevor er fähig ist, logisch zu denken. Im Alter von fünf Jahren war David Gray strenger Presbyterianer; mit fünfunddreißig war er längst bekennender Agnostiker – um es nicht drastischer auszudrücken. Er starb als derselbe strenge Presbyterianer, der er mit fünf Jahren gewesen war, und als fachkundiger Theologe.

Die heute Morgen eingegangenen Telegramme enthalten ein, zwei Verse von Kipling, der seinen Protest gegen die neue liberalisierende Politik der britischen Regierung bekundet, die, wie er befürchtet, das Kräftegleichgewicht in Südafrika zugunsten der besiegten Buren verschieben werde. Heute bewegen mich Kiplings Name und Kiplings Worte – bewegen mich mehr als die eines anderen lebenden Mannes. Aber ich erinnere mich an eine Zeit vor siebzehn oder achtzehn Jahren, als der Name mir nichts sagte und nur die Worte mich rührten. Zu der Zeit fing Kiplings Name gerade an, hier und da, nur stellenweise, in Indien bekannt zu werden, war aber noch nicht über die Grenzen des Kaiserreichs hinausgedrungen. Er kam herüber und reiste durch Amerika, wobei er sich mit Korrespondenzen für indische Zeitschriften über Wasser hielt. Er schrieb verwegene, großzügige, brillante Briefe, doch außerhalb Indiens wusste niemand davon.

Auf seinem Weg durch den Staat New York legte er einen Halt in Elmira ein und nahm auf der Suche nach mir in glühender Hitze den beschwerlichen Fußmarsch zur Quarry Farm auf sich. Er hätte vorher auf der Farm anrufen sollen; dann hätte er erfahren, dass ich mich im Haus der Langdons aufhielt, kaum eine Viertelmeile von seinem Hotel entfernt. Aber er war noch ein Bursche von vierundzwanzig Jahren und entsprechend impulsiv – und so zog er, ohne sich erkundigt zu haben, auf jener staubigen heißen Straße zum Hügel los. Dort traf er Susy Crane und meine kleine Susy an, und die machten es ihm so gemütlich, wie es das Wetter und die Umstände gestatteten –

Montag, 13. August 1906

Kiplings Besuch bei Mr. Clemens in Elmira wird fortgesetzt –
Einige seiner Bücher werden erwähnt

Die Gruppe saß auf der Veranda, und während Kipling ruhte und sich erfrischte, erfrischte er die anderen mit seiner Redekunst – einer Redekunst von

283

höherer Qualität als alles, was sie gewohnt waren; einer Redekunst, die mit Fußstapfen verglichen werden könnte, so fest und kräftig war der Eindruck, den sie hinterließ. Später sprachen sie noch oft von Kiplings Redekunst und erkannten, dass sie mit einem außergewöhnlichen Mann in Berührung gekommen waren; aber höchstwahrscheinlich waren sie die einzigen Menschen, die erfasst hatten, wie außergewöhnlich er war. Es ist unwahrscheinlich, dass sie seine ganze Größe erfasst hatten; höchstwahrscheinlich waren sie Erik Erikssons und hatten einen Kontinent entdeckt, dessen horizontlose Ausdehnung sie nicht ermessen konnten. Sein Name war unbekannt und sollte noch ein weiteres Jahr unbekannt bleiben; aber Susy behielt seine Visitenkarte und wusste sie als interessanten Besitz zu schätzen. Die Anschrift lautete Allahabad. Zweifellos war Indien für sie bis dahin ein imaginäres Land gewesen; ein Märchenland, ein Traumland, ein Land aus Poesie und Mondenschein, in dem die Abenteuer aus *1001 Nacht* ihre herrlichen Wunder wirken konnten; und zweifellos ließen Kiplings Fleisch und Blut und moderne Kleidung Indien zum ersten Mal wirklich und greifbar erscheinen. Das glaube ich deshalb, weil sie mehr als einmal eine Bemerkung über Indiens unglaubliche Entfernung von der Welt, in der wir lebten, fallenließ, diese Entfernung berechnete und das Ergebnis mit einer Art Ehrfurcht verkündete – vierzehntausend Meilen oder sechzehntausend, was immer es war. Auf der Visitenkarte hatte mir Kipling ein Kompliment hinterlassen. In Susys Augen verlieh das der Karte zusätzlichen Wert, denn als Auszeichnung war es fast so, als hätte mir ein Mondbewohner Anerkennung gezollt.

An jenem Nachmittag kam Kipling vorbei und verbrachte zwei, drei Stunden mit mir, und am Ende hatte ich ihn ebenso überrascht wie er mich – und die Ehre war gleich verteilt. Ich glaubte, dass er mehr wusste als jeder andere, dem ich bis dahin begegnet war, und ich wusste, dass er wusste, dass ich weniger wusste als jeder andere, dem er bis dahin begegnet war – auch wenn er es nicht sagte; ich erwartete auch nicht, dass er es sagte. Als er gegangen war, erkundigte sich Mrs. Langdon nach meinem Besucher. Ich antwortete:

»Er ist mir kein Begriff, aber er ist ein höchst bemerkenswerter Mann – und ich bin der andere. Gemeinsam verfügen wir über alles Wissen; er weiß alles, was gewusst werden kann, und ich weiß den Rest.«

Er war mir kein Begriff und der ganzen Welt kein Begriff, und so blieb es zwölf Monate lang; dann wurde er plötzlich bekannt, und zwar allseits bekannt. Von jenem Tag bis zu dem heutigen wurde ihm diese einzigartige Auszeichnung zuteil: der einzige lebende Mensch zu sein, der nicht Oberhaupt einer Nation ist und dessen Stimme dennoch, sobald er eine Bemerkung macht, auf der ganzen Welt Gehör findet; die einzige existierende Stimme, die nicht mit langsamem Schiff und langsamer Bahn fährt, sondern stets erster Klasse reist – per Telegramm.

Eines Morgens, etwa ein Jahr nach Kiplings Besuch in Elmira, betrat George Warner, ein kleines Buch in der Hand, unsere Bibliothek in Hartford und fragte mich, ob ich je von Rudyard Kipling gehört hätte. Ich antwortete:

»Nein.«

Er sagte, ich würde sehr bald von ihm hören und der Lärm, den er verursachen werde, werde laut und anhaltend sein. Das kleine Buch waren die *Schlichten Geschichten*, und er überließ es mir zur Lektüre und sagte, es sei mit einem neuen, belebenden Duft aufgeladen und werde in der ganzen Welt einen erfrischenden, die Nationen erquickenden Hauch verströmen. Ein, zwei Tage später brachte er mir ein Exemplar der Londoner *World*, in der eine Skizze von Kipling enthalten war und in der erwähnt wurde, dass er durch die Vereinigten Staaten gereist sei. Der Skizze zufolge war er auch durch Elmira gekommen. Diese Bemerkung, verbunden mit dem Umstand, dass er aus Indien stammte, zog meine Aufmerksamkeit auf sich – und die Susys. Sie ging auf ihr Zimmer, holte seine Visitenkarte, die im Rahmen ihres Spiegels steckte, und der Besucher der Quarry Farm war identifiziert.

Mit meinen eigenen Büchern bin ich nicht vertraut, aber die Bücher Kiplings kenne ich – zumindest kenne ich sie besser als die irgendeines anderen. In meinen Augen verblassen sie nicht; sie behalten ihre Farbe; sie sind stets frisch. Einige seiner Balladen üben einen sonderbaren befriedigenden Reiz auf mich aus. Meiner Meinung nach werden die unvergleichlichen Dschungelbücher für immer unübertroffen bleiben. Ich glaube, meine Reise nach Indien hat sich allein schon deshalb gelohnt, weil sie mich befähigt hat, *Kim* voller Verständnis zu lesen und zu erkennen, was für ein großartiges Buch es ist. Der tiefgründige, subtile und faszinierende Charme Indiens durchdringt *Kim* wie kein anderes

Buch; *Kim* ist davon durchdrungen wie von einem Fluidum. Ich lese das Buch jedes Jahr, und auf diese Weise kehre ich, ohne zu ermüden, nach Indien zurück – in das einzige fremde Land, von dem ich je tagträume oder das wiederzusehen ich sehnlichst wünsche.

Mittwoch, 15. August 1906

Erste Schultage – Gebete um Lebkuchen

Meine Schulzeit begann, als ich viereinhalb Jahre alt war, und zwar in Hannibal, Missouri, einer Ortschaft, die damals entweder ein großes Dorf oder eine kleine Stadt war, ich weiß kaum mehr, was von beidem. In jenen frühen Jahren gab es in Missouri keine öffentlichen Schulen, in Hannibal aber gab es zwei Privatschulen – Schulgeld, sofern erschwinglich, fünfundzwanzig Cent pro Woche und Schüler. Mrs. Horr unterrichtete die Kinder in einem kleinen Blockhaus am Südende der Main Street; Mr. Sam Cross unterrichtete die jungen Leute größeren Wuchses in einem Holzrahmenhaus auf dem Hügel. Ich wurde in Mrs. Horrs Schule geschickt, und nach fünfundsechzig Jahren und mehr erinnere ich mich noch mit vollkommener Klarheit an meinen ersten Schultag in diesem kleinen Blockhaus; zumindest erinnere ich mich an einen Vorfall jenes ersten Tages. Ich verstieß gegen eine der Regeln, wurde verwarnt, es nicht wieder zu tun, und belehrt, dass die Strafe für einen zweiten Verstoß eine Tracht Prügel sei. Sofort verstieß ich erneut gegen die Regel, und Mrs. Horr befahl mir, hinauszugehen, eine Rute zu suchen und sie ihr zu bringen. Ich war froh, dass sie mir den Auftrag erteilte, denn ich glaubte, eine dem Anlass angemessene Rute mit größerer Umsicht als jeder andere auswählen zu können. Im Schlamm fand ich die nach alter Art gefertigte Daube eines Böttchers – Eiche, zwei Zoll breit, einen Viertelzoll dick und an einem Ende leicht gebogen. In der Nähe lagen hübsche neue, feste Dauben derselben Machart, aber ich nahm diese, obwohl sie verfault war. Ich trug sie zu Mrs. Horr, überreichte sie ihr und blieb in demütiger und ergebener Haltung vor ihr stehen, einer Haltung, die darauf angelegt zu sein schien, ihre Gunst und ihr Mitgefühl zu gewinnen; doch das geschah nicht. Lange wanderte ihr Blick starker Missbilligung zwischen mir und der verfaulten Daube hin und her; dann sprach sie mich mit vollem Namen an, Samuel Langhorne Clemens – vermutlich das erste Mal, dass ich alle meine Namen in einem Atemzug aneinandergereiht hörte –, und sagte, sie schäme sich für mich. Später sollte ich lernen, dass, wenn eine Lehrerin einen Jungen mit vollem Namen anspricht, Ärger ins Haus steht. Sie sagte, sie werde einen Jungen beauftragen, der in Sachen Ruten ein besseres Urteilsvermögen besitze als ich, und es stimmt mich heute noch traurig, wenn ich daran denke, wie viele Gesichter sich aufhellten in der Hoffnung, diesen Auftrag zu erhalten. Jim Dunlap erhielt ihn, und als er mit der Rute seiner Wahl zurückkehrte, stellte ich fest, dass er ein Experte war. Fünfundsechzig Jahre lang habe ich ihn der Schande preisgeben wollen, und jetzt tue ich es mit großer und heilsamer Genugtuung.

Mrs. Horr war eine Dame mittleren Alters aus Neuengland, den Gepflogenheiten und Prinzipien Neuenglands verbunden, die jeden Schultag mit einem Gebet und einem Kapitel aus dem Neuen Testament eröffnete; außerdem erläuterte sie das Kapitel mit einer kurzen Ansprache. In einer dieser Ansprachen befasste sie sich mit dem Vers »Bittet, so wird euch gegeben«, und sie sagte, wer voll Ernsthaftigkeit und starkem Verlangen um etwas bete, brauche nicht daran zu zweifeln, dass sein Gebet auch erhört werde. Von dieser Information war ich so nachhaltig beeindruckt und mit den Chancen, die sie mir bot, so zufrieden, dass es vermutlich das erste Mal war, dass ich dergleichen vernommen hatte. Ich fand, ich sollte einen Versuch unternehmen. Ich glaubte felsenfest an Mrs. Horr und zweifelte nicht an dem Ergebnis. Ich betete um Lebkuchen. Margaret Kooneman, die Bäckerstochter, brachte jeden Morgen ein großes Stück Lebkuchen mit in die Schule; bis dahin hatte sie es noch stets versteckt gehalten, doch als ich mein Gebet beendet hatte und aufsah, lag es in meiner Reichweite, und Margaret Kooneman blickte gerade in die andere Richtung. Ich glaube, ich habe in meinem ganzen Leben keine Antwort auf ein Gebet mehr genossen als diese; und noch dazu war ich bekehrt. Ich hatte Bedürfnisse ohne Ende, und bis zu diesem Zeitpunkt waren sie alle unerfüllt geblieben, jetzt aber, da ich herausgefunden hatte, wie man es anstellte, wollte ich ihnen nachgehen und sie weiter kultivieren.

Doch dieser Traum war wie fast alle Träume, denen wir im Leben nachhängen – es war nichts dran. In den folgenden zwei, drei Tagen betete ich vermutlich mehr als sonst jemand in unserem Städtchen und meinte es auch sehr ernst und ehrlich, aber es kam nichts dabei heraus. Nicht einmal das kraftvollste Gebet taugte dazu, den Lebkuchen noch einmal hervorzuzaubern, und ich gelangte zu dem Schluss, dass sich um Gebete niemand zu sorgen braucht, der nur gut auf seinen Lebkuchen achtgibt und ihn im Auge behält.

Etwas an meinem Benehmen und Verhalten beunruhigte meine Mutter, und sie nahm mich beiseite und verhörte mich mit größter Besorgnis. Ich sträubte mich, ihr die Veränderung, die über mich gekommen war, zu enthüllen, denn es würde mich bekümmern, ihr gütiges Herz zu peinigen, schließlich aber gestand ich unter vielen Tränen, dass ich aufgehört hatte, ein Christ zu sein. Sie war untröstlich und fragte mich nach dem Grund.

Ich antwortete, ich hätte herausgefunden, dass ich nur den Erträgen zuliebe ein Christ sei und dass ich diesen Gedanken ob seiner Schändlichkeit nicht ertragen könne.

Sie drückte mich an ihre Brust und tröstete mich. Ihren Ausführungen entnahm ich, dass ich, wenn ich mit dieser Überzeugung weitermachte, nie wieder einsam sein würde.

Montag, 27. August 1906

Zwei Beispiele für ein bemerkenswertes Namens- und Personengedächtnis –
General Grant und König Eduard

Vor mehreren Wochen, in Kapitel XLI, sprach ich darüber, wie selten ein gutes Namens- und Personengedächtnis ist. Unter dieser Überschrift möchte ich mir jetzt ein oder zwei Vorfälle ins Gedächtnis rufen.

Gegen Mitte des letzten Viertels des letzten Jahrhunderts erhielt ich einen verzweifelten Brief von meinem Londoner Verleger, in dem er mir mitteilte, die Steuerbehörde habe ihm eine Rechnung über zehn Pfund geschickt, eine Steuer, die für mein englisches Urheberrecht zu entrichten sei. Mr. Chatto war darüber sehr beunruhigt und fragte mich, welchen Kurs er einschlagen solle. Er sagte, seiner Erfahrung nach habe es einen Fall wie diesen noch nie gegeben; er höre zum ersten Mal, dass ein ausländisches Urheberrecht zu versteuern sei. Ich bat ihn, von einem Widerspruch abzusehen, die Steuer zu entrichten, sie mir in Rechnung zu stellen und die Steuerbehörde danach zu bitten, uns ins Bild zu setzen. Chatto hatte gesagt, in den englischen Gesetzesbestimmungen sei eine Urheberrechtssteuer nirgends erwähnt, daher war ich voll kindlicher Neugier, herauszufinden, unter welchem Paragraphen oder welcher Überschrift meine Literatur – und nur meine – dieser hohen Auszeichnung für wert befunden worden war.

Mehrere Wochen vergingen; dann erhielt ich von der Steuerbehörde einen Bogen braunes Packpapier von der Größe eines Quilts, der mit Hunderten von kleingedruckten nummerierten Paragraphen beklebt oder bedruckt war, wobei in jedem einzelnen ein steuerpflichtiger Artikel namentlich aufgeführt und die Steuer festgelegt wurde, die über ihn zu verhängen sei. Ich brauchte lange, um sämtliche Paragraphen zu lesen, und als ich endlich fertig war, hatte ich den Eindruck, dass dem scharfen Auge des Gesetzgebers kein einziger käuflicher oder verkäuflicher Artikel, der in unserer modernen Zivilisation Verwendung findet, entgangen war. Jedes noch so große oder kleine Ding, vom Messingstift bis zum Ozeandampfer, war aufgespürt worden und sollte zum Steueraufkommen des Staates beitragen. Nein, etwas gab es, was übersehen worden war, und offenkundig nur eins – das Urheberrecht wurde nicht erwähnt.

Ich schrieb an die Steuerbehörde und erkundigte mich, unter welcher Überschrift mein Urheberrecht besteuert worden sei, und man antwortete mir, das sei nach Paragraph D, Abschnitt 14, erfolgt. Voll ungeduldiger Wissbegier prüfte ich Paragraph D, Abschnitt 14, und es betrübte mich, festzustellen, dass die britische Regierung unter der Vielzahl ausländischer Autoren ausgerechnet mich herausgegriffen und meine Literatur unter der Rubrik »*Klassifizierte Erzeugnisse von Gasfabriken*« mit einer Steuer belegt hatte. An den genauen Wortlaut erinnere ich mich nicht mehr, aber den Sinn habe ich korrekt wiedergegeben. Von diesen gefühllosen Leuten im Finanzamt wurde ich als literarische Gasfabrik angesehen.

Um mich zu amüsieren, schrieb ich Queen Victoria einen Brief über diese Angelegenheit. Es war ein weitschweifiger, gutmütiger, begriffsstutziger Brief, wie ihn ein reichlich ungebildeter Mensch, aufgewachsen in der hintersten Provinz einer Demokratie und ohne Kenntnis der Vorschriften hoher Etikette, in rein freundschaftlicher Absicht einem gekrönten Haupt schreiben würde. Darin hielt ich die Details meiner Kümmernisse fest und deutete an, dass mein beschämendes Unglück mir nicht hätte zufallen können, wenn Ihre Majestät zu Hause gewesen und auf ihre sprichwörtlich gewissenhafte Art ihren vielfältigen Pflichten nachgekommen wäre; und ich glaube, ich beschwor sie, sich meines Falles persönlich anzunehmen und die Finanzbehörde anzuweisen, die Ächtung – wenn es denn eine solche war – aufzuheben und mir wieder zu meiner aberkannten Würde zu verhelfen. Mit der Unschuld eines Menschen, der nur mit der plumpen Diplomatie des Farmlebens und des kleinen Eckladens vertraut ist, versuchte ich, mich mit ein paar Komplimenten bei Ihrer Majestät einzuschmeicheln. Ich sagte, einst hätte ich im Buckingham Palace vorgesprochen und sei sehr enttäuscht gewesen, sie nicht anzutreffen, würde aber eines Tages noch einmal vorbeischauen in der Hoffnung, dann mehr Glück zu haben. Ich sagte, bis auf den Oberbürgermeister hätte ich nie die Ehre gehabt, mit Mitgliedern des Königshauses persönlich Bekanntschaft zu schließen, einmal aber hätte ich das Vergnügen gehabt, dem Prinzen von Wales zu begegnen. Eines Tages sei ich auf dem Oberdeck eines Busses die Strand hinuntergefahren, und er sei an der Spitze einer Temperenzlerprozession die Strand heraufgekommen, er könne sich vermutlich noch an mich erinnern, denn ich hätte meinen neuen Friesmantel mit Messingknöpfen angehabt – und so weiter, eine Menge Unsinn dieses Kalibers. Um diese Zeit erbaten die Harpers etwas Unsinn, und ich schickte ihnen den Text, der unter der Überschrift »Offener Brief an die Queen« im *Drawer* veröffentlicht wurde.

Aber ich komme zu weit ab. Es gibt eine andere Episode, die ich vielleicht zuerst hätte erwähnen sollen. Zu Beginn der ersten Amtszeit von General Grant als Präsident kam ich von der Pazifikküste nach Osten, um das Manuskript der *Arglosen im Ausland* abzuliefern, und im Verlauf meiner Geschäfte fuhr ich auch nach Washington. Eines Morgens begegnete ich in der Nähe des Weißen Hauses Senator Stewart aus Nevada. Er fragte mich, ob ich nicht den Präsidenten sehen wollte. Natürlich bejahte ich. Damals war General Grant die bedeutendste Gestalt der Christenheit, und ich hatte ihn noch nie gesehen. Ich nahm an, dass Stewart lediglich meinte, mich ins Weiße Haus zu schmuggeln und mir aus der Ferne einen Blick auf den Präsidenten zu ermöglichen. Dass er mich tatsächlich vorzustellen gedachte, war etwas, was mir gar nicht in den Sinn kommen konnte, denn ich war ein völlig unbekannter und unbedeutender Wanderer vom fernen Pazifik; der Präsident hatte noch nie von mir gehört und konnte unmöglich irgendein Interesse an mir haben. Kraft eines unverschämten Privilegs, das Senatoren heilig ist, stolperte Stewart ins Privatbüro des Präsidenten. Außer dem Präsidenten war niemand zugegen. Er saß über seinen Schreibtisch gebeugt und schrieb emsig. Er trug einen langen zerknitterten und zerknautschten Leinenkittel, dessen Enden er großzügig zum Abwischen seiner Schreibfeder benutzt hatte – so großzügig, dass die Vielzahl schwarzer Streifen an den Flug angelsächsischer Pfeile in der Schlacht von Senlac erinnerte. Mit angeborener amerikanischer Unbekümmertheit im Umgang mit den Anstandsregeln schob mich Stewart zu ihm, beugte sich über den Präsidenten und sagte:

»Herr Präsident, gestatten Sie mir, Ihnen Mr. Clemens vorzustellen.«

Der Präsident hob langsam den Kopf, wandte uns sein Gesicht zu und blickte, ohne zu blinzeln, mindestens anderthalb Stunden lang streng zu mir auf. Damit meine ich nicht, dass es wirklich so lange dauerte; damit meine ich nur, dass es so lange zu dauern schien. Als ich seinem Blick, solange ich konnte, standgehalten hatte und mir so war, als müsse jemand das verheerende Schweigen brechen oder ich würde sterben, sagte ich zögernd:

»Herr Präsident, ich bin verlegen – sind Sie es auch?«

Da trat für einen kurzen Moment das flüchtigste Zwinkern in sein Auge – und ich und es verschwanden beinahe so gleichzeitig, dass niemand hätte sagen können, wer von uns beiden zuerst das Zimmer verließ.

Jahre später erhielt ich die telegraphische Aufforderung, nach Chicago zu fahren, um einem großen Festbankett zu Ehren Grants beizuwohnen und einen Toast auf »die Babys« auszubringen. Nach seiner denkwürdigen Umrundung des Erdballs sollte General Grant vom Pazifik aus anreisen und von der Armee des Tennessee, der ersten Armee, die er befehligt hatte, drei Tage lang mit angemessenem Prunk und Gepränge unterhalten werden. In einem früheren Kapitel habe ich bereits erzählt, dass Chicago während dieser drei Tage vor lauter Menschen schier aus den Nähten platzte. Ich traf am Abend ein. Am nächsten Morgen sollte eine prächtige Parade stattfinden. An besagtem Morgen bahnte ich mir um zehn Uhr einen Weg durch die überfüllten Säle und

Korridore des Hotels und gelangte alsbald zu einer Stelle im ersten Geschoss, wo vor dem Fenster eine geräumige, mit Flaggen geschmückte Tribüne errichtet worden war. Mir schien, das sei ein günstiger Aussichtspunkt, um die Parade zu besichtigen. Die Tribüne war leer; sie wirkte einladend, und ich trat hinaus. So weit ich blicken konnte, waren Gehsteige, Fenster und Dächer in jeder Himmelsrichtung schwarz und bunt vor Menschen beider Geschlechter. Die Tribüne war für General Grant errichtet worden; das wussten die Menschen, und als ich hinaustrat, verwechselten sie mich mit ihm, und in meinem ganzen Leben ist mir kein so enthusiastisches Willkommen zuteilgeworden wie damals, auch keines, das mich mit mehr Stolz erfüllt oder mir mehr Freude bereitet hätte. Aus der Ferne drangen die Klänge einer Kapelle durch die Lüfte, und als ich die Straße hinaufschaute, sah ich auch schon die Parade nahen. An ihrer Spitze ritt Generalleutnant Phil Sheridan in voller Uniform, und eine ungeheure Woge der Begeisterungsrufe und des Applauses bewegte sich mit ihm und begleitete sein Vorrücken Schritt für Schritt. Als er nur noch fünfzig oder hundert Meter von meiner Tribüne entfernt war, trat der Bürgermeister von Chicago Arm in Arm mit General Grant auf die Tribüne hinaus, gefolgt von vielen Generälen in Uniform und von den Mitgliedern des Empfangskomitees, fein und festlich anzusehen in ihren flatternden Amtsschärpen. Der Bürgermeister sah mich, und es stellte sich heraus, dass seine Auffassung von Etikette nicht besser war als die seinerzeit von Senator Stewart an den Tag gelegte, als ich den Helden unseres großen Krieges das erste Mal sah, denn statt mich zu General Grant zu führen, führte er General Grant zu mir und sagte:

»General, gestatten Sie mir, Ihnen Mr. Clemens vorzustellen.«

General Grant fixierte mein Gesicht mit demselben strengen Blick, der an jenem längst vergangenen Tag das Blut in meinen Adern gefrieren ließ; er erlaubte ihm anderthalb Stunden lang, seine zerkrümelnde und zersetzende Arbeit an mir zu verrichten – dann sagte er:

»Mr. Clemens, ich bin nicht verlegen – sind Sie es auch nicht?«

Aber ich bin zu weit von dem anderen Vorfall abgeschweift; ich muss auf ihn zurückkommen. 1891 oder 92 verbrachten wir den Sommer in Bad Nauheim, Deutschland, und eines Tages bestiegen Twichell und ich eine von einem Viergespann gezogene Tally-ho-Kutsche und fuhren hinüber nach Bad Homburg, um uns die Scharen der Kranken anzusehen, wie sie das Wasser aus den Heilquellen tranken. Dort begegnete ich dem britischen Botschafter am Hof in Berlin, den ich sehr gut kannte, und er fragte mich, ob ich den Prinzen von Wales treffen wolle. Es konnte nur eine Antwort geben. Er sagte, der Prinz halte sich irgendwo in der Nähe auf, er werde ihn suchen gehen. Er hätte mich mitnehmen sollen, doch selbst Botschafter verstehen von Etikette nicht einmal so viel wie ich. Er verschwand im Gebüsch und tauchte gleich danach in Begleitung des jetzigen Königs von England wieder auf. Er stellte mich vor, und ich sagte das Richtige, denn ich bin gut im Training und weiß stets, was das Richtige ist. Ich sagte:

»Ich bin sehr froh, Eure Königliche Hoheit kennenzulernen.«

Er sagte:

»Mr. Clemens, ich bin sehr froh, Sie – wiederzusehen.«

Bei diesem Wort zuckte ich leicht zusammen. Es stimmte mich zudem traurig, denn mir schien, dass er mich mit einem beliebigen anderen Bürgerlichen verwechselte. Ich sagte:

»Sind Sie mir denn schon einmal begegnet, Sir?«

Er lächelte ein sehr gewinnendes Lächeln und sagte:

»Aber ja doch, wissen Sie denn nicht mehr, wie Sie auf dem Oberdeck eines Busses die Strand hinunterfuhren und ich an der Spitze einer Temperenzlerprozession die Strand heraufkam und Sie Ihren neuen Friesmantel mit den Messingknöpfen anhatten?«

Wie bereits gesagt, die Fähigkeit, sich an Namen und Gesichter zu erinnern, ist höchst selten – und ich glaube, die beiden Beispiele, die ich dem Leser geboten habe, sind besonders außergewöhnlich. Zudem glaube ich, dass der Fall des Königs noch außergewöhnlicher ist als der General Grants, denn der König erinnerte sich an mein Gesicht, obwohl er es noch nie zuvor wirklich gesehen hatte.

Die von den Ärzten erlassenen Vorschriften besagen, dass die Leute, wenn sie das Wasser von Bad Homburg trinken, eine Meile promenieren müssen, um die Heilwirkung zu erhöhen. Der Prinz wollte sein Meile antreten und lud mich ein, ihn zu begleiten. Zu meiner Zeit pflegte ich häufig gesellschaftlichen

293

Umgang mit Mitgliedern von Königshäusern und habe sie stets als sehr menschlich, angenehm und unprätentiös empfunden. Ganz besonders den Prinzen von Wales. Seine Causerie war flüssig, leicht und unbeschwert und von einer zarten Ader spontanen Humors durchzogen, die ihr einen Charme verlieh, den der professionelle Humorist weder übersehen noch unterbewerten kann. Er war vollkommen natürlich und menschlich; und falls ihn meine Gegenwart zu irgendeinem Zeitpunkt in Verlegenheit brachte, merkte ich davon nichts. Eher hätte seine Gegenwart mich in Verlegenheit bringen können, doch dank seiner Höflichkeit tat sie es nicht.

Ich frage mich, ob er je W. W. Jacobs' *Dialstone Lane* gelesen hat. Ich will es hoffen. Es ist ein Buch, das alle Monarchen, die den leichten, zarten, sprühenden und unerschöpflichen Humor zu schätzen imstande sind, lesen sollten, um darüber das Gewicht der Bürden, die sie tragen, für eine Weile abzuschütteln. Ich glaube, es ist in unserer Sprache die einzig rein humoristische Geschichte, die keinen Mangel aufweist.

Dienstag, 28. August 1906

Higbies Antwort auf Mr. Clemens' Kritik seines Artikels – Urlaub in Bar Harbor, wo ein Zwischenfall Mr. Clemens seinen Plan für das Erlernen improvisierter Reden in Erinnerung ruft, den er vor langer Zeit im Fellow-Craftsmen's Club ausprobierte – Derselbe Plan wird an Bord von Mr. Rogers' Yacht in Bar Harbor ausprobiert

Higbies Antwort ist eingetroffen, und voller Genugtuung stelle ich fest, dass ich mich nicht in ihm getäuscht habe. Er war vorübergehend hinter seinen traurigen Literaturversuch geschlüpft und gab sich abstoßend gekünstelt. Aber der wirkliche Higbie, der echte Higbie, der männliche Higbie, der vernünftige Higbie war die ganze Zeit über anwesend; und in dem Brief, den ich soeben erhalten habe, ist er hinter seiner Maske wieder hervorgetreten in seinem alten Ich, liebenswert und willkommen. Ich war kompromisslos offen zu ihm – ich musste es sein, und er war dieser ehrenhaften Behandlung würdig. Er hat seine Medizin geschluckt wie ein Mann, und nichts anderes habe ich erwartet.

Sein Brief steht in starkem positivem Kontrast zu seiner tödlichen Literatur. Seine Literatur ist keine Literatur, sein Brief dagegen schon. Seine Literatur kam aus einem Vakuum; sein Brief kommt von Herzen. Rede, die von Herzen kommt, ist immer Literatur; keine Macht argloser Rechtschreibung und ungeschliffenen Ausdrucks kann ihr diese Qualität abspenstig machen. In einer Welt der Unaufrichtigkeiten und der oberflächlichen Eitelkeiten ist es erfrischend, einem Mann zu begegnen, der um Kritik bitten kann und es ernst meint, wenn er darum bittet. Ich werde seine Rechtschreibung unangetastet lassen, denn da es sich um ehrliche Rechtschreibung handelt, besitzt sie eine ganz eigene Würde. Kränken wird es ihn nicht, denn solange er noch am Leben ist, wird nichts davon in Druck gehen.

Higbie, seine Briefe und seine Literatur werden noch in weiter Zukunft für Leser von Interesse sein, wenn sich der besänftigende Dunstschleier eines weiten Blickwinkels über sie gebreitet hat. Mögen sie hier ruhen und warten. Ihr Tag wird kommen.

Greenville, Plumas Co., Kalifornien
18. Aug. 1906

S. L. Clemens
Dublin, N. H.

Habe Ihren ohne Datum erhalten. Bin nicht sehr entäuscht, dass Sie den Artickel verdammen. Hatte genug Verstand, um selbst zu sehen, dass er unausgegoren war, und habe ihn zur Biligung oder Verdammung an Sie geschickt, und bin froh, dass Sie ihn verdammen, weil Sie etwas darin gesehen haben, das Sie lecherlich machen würde, und alles Geld in Nordamerika würde mich schon allein aus diesem Grund nicht dazu verloken, ihn zu veröfentlichen. In letzter Zeit habe ich so viel Schund veröfentlicht gesehen, dass ich auf die törichte Idee gekommen bin, dass mein Artickel den anforderungen genügen könnte, das war eine schwache Endschuligung dafür, keinen höheren Maßstab an die Literatur anzulegen nich war? Von welchem Teil meinen Sie denn, dass er Sie lecherlich macht? Ich jedenfalls hatte nicht die Absicht das zu tun, aber genau zu diesem Zwek habe ich es Ihnen ja zugeschickt, und glauben Sie nicht für einen Moment, dass ich Ihnen Ihre Kritick übelnehme. Ich habe darum gebeten und sie rundheraus bekommen und danke Ihnen dafür. Vieleicht bin ich töricht genug, ihn irgendwann umzuschreiben und in eine bessere Form zu bringen, einstweilen mag er ruhen.

Hochachtungsvoll

C. H. Higbie

Ich war zehn Tage in Urlaub, zusammen mit einigen anderen jungen Leuten auf Mr. Rogers' Yacht auf See, und als wir in Bar Harbor vor Anker lagen, ereignete sich ein Zwischenfall, der aus den hintersten Kellergewölben meines Gedächtnisses eine Angelegenheit zutage förderte, die ein Vierteljahrhundert dort begraben und vergessen war.

Damals gründete jemand einen Club namens Fellow-Craftsmen's Club, und einer Einladung folgend, wohnte ich dem ersten Bankett bei. Ich glaube, es war auch das letzte Bankett, da ich nie wieder von dem Club gehört habe. Wahrscheinlich starb er gleich an jenem Abend – und vielleicht habe ich geholfen, ihn umzubringen. Anwesend waren fünfundsechzig Männer, und Gilder hatte den Vorsitz inne. Gilder war damals recht jung und recht schüchtern und entsprechend unsicher – keine unfeinen Eigenschaften, und in abgeschwächtem Maße zieren sie ihn auch heute noch. Major J. B. Pond war damals noch am Leben, und das nicht zu wenig. Er war seit einigen Jahren Vortragsagent, machte viel Aufhebens im Interesse seines Berufs und ließ ständig neue Talente auf das Publikum los. Wenn es darum ging, seine Klienten durchzusetzen, anzupreisen und über den grünen Klee zu loben, war er gewissenlos. Während des Banketts bat ich ihn, zu Gilder zu gehen und ihm ins Ohr zu flüstern, er habe einen unbekannten, aber äußerst talentierten jungen Südstaatler mitgebracht, der eine Methode zur Unterweisung im improvisierten Redenhalten erfunden habe, und es hieße, sich einem jungen Burschen gegenüber, der am Hungertuch nage, als kulant zu erweisen, wenn Gilder ihm erlauben würde, aufzutreten, seine Erfindung zu erläutern und den Fellow-Craft Club zu überreden, ihn unter seine Fittiche zu nehmen und ihm zu einigen Klassen zu verhelfen, die er unterrichten könnte.

Es war ein grotesker und entwürdigender Vorschlag, in jeder Hinsicht taktlos und kränkend, und natürlich war Gilder schockiert und versuchte sich aus der Affäre zu ziehen; doch Pond ließ sich nicht abschütteln, und ich sehe die beiden jetzt noch vor mir – wie sich der riesige Pond über den schlanken, sanften Gilder beugte und ihm unablässig etwas ins Ohr summte und wie Gilder mit kläglichen Gesten zu verstehen gab, wie sehr er leide. Gilder sagte:

»Pond, ich kann's mir einfach nicht vorstellen. Sehen Sie denn nicht, dass es unvorstellbar ist? Es wäre ein Gräuel. Die Leute hier würden es nicht einen Augenblick lang aushalten. Sie versuchen immer und überall, wo sich eine Gelegenheit ergibt, Ihre Waren anzupreisen, aber das hier ist nicht der richtige Ort. Es wäre unanständig. Sollte ich versuchen, Ihren zwielichtigen Abenteurer auf diese Männer hier loszulassen, würden sie es zu Recht als Zumutung empfinden und es mir verübeln. Gehen Sie jetzt und lassen Sie es gut sein.«

Aber Pond wollte nicht gehen. Er summte immer weiter und bettelte und flehte, und zuletzt kapitulierte Gilder. Als es Zeit wurde, die Reden zu halten, erhob er sich und setzte die Festgäste zögernd und zaudernd davon in Kenntnis, dass unter ihnen ein unbekannter junger Mann aus dem Süden weile, der um die Ehre bitte, ihnen eine Erfindung darlegen zu dürfen, die Novizen dazu qualifiziere, auf Zuruf aufzustehen und ohne vorherige Vorbereitung frei von der Leber weg Reden über jedes beliebige Thema zu halten. Dieser junge Mann –

Mr. Pond sang:

»Langhorne – Mr. Samuel Langhorne.«

Das sind meine beiden Vornamen, aber niemand schien es zu bemerken. Gilder fuhr fort:

»Mit Ihrer Erlaubnis, meine Herren, werde ich Mr. Langhorne bitten –«

Weiter kam er nicht. Er wurde von einer anschwellenden Woge der Einwände unterbrochen, die immer weiter anschwoll, bis sie zu einem regelrechten Sturm ausartete. Geschlagen stand Gilder da und wusste nicht, was er tun sollte – doch in diesem Moment erhob ich mich, und da man mich erkannte, wurde ich sehr herzlich aufgenommen, denn die Clubmitglieder glaubten Mr. Langhorne nun los zu sein, und waren entsprechend dankbar. Ich sagte etwa Folgendes:

»Langhorne, das bin ich – es ist mein Mittelname. Ich bin der Erfinder jener Technik, die eben erwähnt wurde, und halte sie für eine gute Technik, die der Welt von großem Nutzen sein dürfte; allerdings könnte diese Hoffnung enttäuscht werden, daher kann ich es mir nicht leisten, meinen wirklichen Namen zu verwenden, damit ich bei dem Versuch, mir einen neuen und potentiell wertvollen Ruf zu erwerben, nicht den wertvollen Ruf ruiniere, den ich bereits genieße, und dann noch womöglich außerstande bin, ihn durch einen neuen zu ersetzen. Ich schlage vor, unter diesem scheinbar fiktiven Namen Klassen zu übernehmen und zu unterrichten. Ich möchte Ihnen meine Technik schildern und ihren Wert mit Beispielen belegen. Die Technik basiert auf einer unumstößlichen Tatsache – einer Tatsache, von der lange Erfahrung mich überzeugt hat, dass sie eine Tatsache *ist* und keine Ausgeburt meiner Phantasie. Die Tatsache ist folgende: Jene Redner, die bei einem Bankett aufgerufen werden, wenn die üblichen Toasts erwidert worden sind, werden gemeinhin unangekündigt namentlich aufgerufen und gebeten, aufzustehen und zu sprechen – das ist alles. Ein Thema wird ihnen nicht vorgegeben, und augenscheinlich befinden sie sich in einer schwierigen Lage – aber nur augenscheinlich. In Wahrheit ist ihre Lage überhaupt nicht schwierig, denn gewöhnlich handelt es sich um Männer, die wissen, dass sie aufgerufen werden könnten, weshalb sie vorbereitet zum Bankett kommen – wenn auch mehr schlecht als recht vorbereitet. Die Reden, die diese Freiwilligen halten, folgen alle einem gewissen Muster. Sie bestehen aus drei erstklassigen Anekdoten – sozusagen aus Edelsteinen von höchster Reinheit, eingelassen in weitschweifiges, zusammenhangloses Gerede, wo sie blitzen und funkeln und den Saal begeistern. Die Rede wird ausschließlich um der Anekdoten willen gehalten, dabei behaupten die Redner ungeniert, einer plötzlichen Eingebung zu folgen und die Anekdoten nur deswegen einzubauen, um die Gedankengänge zu illustrieren, die in der Rede vorgetragen werden. Es *gibt* in der Rede keine Gedankengänge. Die Rede wandert eine Weile willkürlich und ziellos dahin; dann auf einmal platzt der Redner heraus, als habe er eine unvorhergesehene glückliche Eingebung gehabt, und sagt: ›Wie trefflich lässt sich das, was ich eben gesagt habe, mit dem Fall des Mannes illustrieren, der‹ – dann gibt er seine erste Anekdote zum Besten. Es ist eine gute Anekdote – eine so gute, dass ein Sturm entzückten Gelächters durch den Saal fegt und das geistige Gleichgewicht der Zuhörer einen Moment lang so durcheinanderbringt, dass sie gar nicht merken, dass die Anekdote gar nicht illustriert, was der Mann gesagt hat – ja, sie illustriert überhaupt nichts, vielmehr ist sie an den

Haaren herbeigezogen und weist nicht den geringsten Bezug zu dem Thema auf, über das der Redner zu sprechen vorgibt. Noch bevor sich das Gelächter gelegt hat, setzt er seine Rede eifrig fort. Er wartet nicht ab, denn das wäre gefährlich. Würde er den Zuhörern Zeit zum Nachdenken geben, würden sie erkennen, dass die Anekdote nichts illustriert hat. Auf dieselbe willkürliche Art wie zuvor wandert er sorglos weiter in seiner Rede, und kurz darauf hat er wieder eine Eingebung und platzt heraus mit seinem ›Wie trefflich lässt sich das, was ich eben gesagt habe, mit dem Fall des Mannes illustrieren, der‹ – dann lässt er seine zweite Anekdote vom Stapel und erntet erneut stürmischen Beifall. Bevor die Zuhörer zur Besinnung kommen, hat er sich schon wieder aufgemacht und galoppiert fröhlich in Richtung Zielgerade und füllt die Luft mit einem Strom leerer Worte, die keinen Zusammenhang womit auch immer haben; und schließlich hat er seine dritte Eingebung, die er mit denselben Worten einführt: ›Wie trefflich lässt sich das, was ich eben gesagt habe, mit dem Fall des Mannes illustrieren, der‹ – dann lässt er seine letzte und beste Anekdote vom Stapel, nimmt unter Sturmböen und Erdbeben von Gelächter Platz, und jeder in seiner unmittelbaren Nähe ergreift seine Hand, schüttelt sie herzlich und sagt ihm, es sei eine glänzende Rede gewesen – glänzend.

Das ist meine Technik. Ich hoffe, sie füllt mir ganze Klassen. Ich werde ein hohes Honorar verlangen, da die Schüler nur eine Unterrichtsstunde benötigen. Dem Novizen, der noch nie in seinem Leben vor einem Publikum gestanden hat, werde ich aufgrund einer einzigen Unterrichtsstunde ermöglichen, auf Zuruf aufzuspringen und eine improvisierte Rede über jedes erdenkliche Thema zu halten, frei von der Leber weg, ohne jede Vorbereitung, ja ohne die geringste Kenntnis des Themas, das man für ihn auswählt. Er wird allzeit bereit sein, denn er wird allzeit seine drei auf ein Kärtchen geschriebenen Anekdoten in der Tasche haben, und derart ausgestattet, wird er niemals scheitern. Ich bitte Sie, mir einen Redeanlass zu nennen, damit ich Ihnen beweisen kann, was ich gesagt habe – jeder Redeanlass, jedes Thema ist mir recht – mit meiner Technik sind alle Themen gleich. Geben Sie mir einen Redeanlass.«

Unter den Mitgliedern erhob sich beträchtliches Gemurmel – dann ergriff einer das Wort und sagte:

»In unseren Reihen sitzt bestimmt ein Maulwurf. Es gibt geheime Absprachen. Ein abgekartetes Spiel. Er hat einen Komplizen, der ihm einen vorab vereinbarten Redeanlass nennt. Wir müssen ihren Plan durchkreuzen.«

Ein anderer ergriff das Wort und sagte:

»Es gibt nur eine Möglichkeit, den Plan zu durchkreuzen. Alle Anwesenden wählen einen Redeanlass aus und schreiben ihn auf einen Zettel, ohne dass ein anderer etwas sieht – dann lassen wir einen Hut herumgehen und sammeln die Zettel ein. Wenn der Hut bei Gilder ankommt, muss er so hochgehalten werden, dass Gilder nicht hineinschauen kann und blind einen Zettel zieht; er muss hineingreifen und den erstbesten Zettel herausnehmen, den seine Finger berühren – und der soll Redeanlass dieses Betrügers sein und wird seinen Plan durchkreuzen.«

So wurde der Hut herumgereicht, und jeder steuerte einen Redeanlass bei. Als der Hut bei Gilder ankam, griff dieser hinein, nahm einen Zettel heraus und las vor: »Porträtmalerei.«

Die Zuhörer waren entzückt und brüllten mit einhelliger Zufriedenheit:

»Nur zu, fangen Sie an, wollen wir doch mal sehen, wie weit Sie es mit Ihrer Technik bringen.« Ich sagte:

»Damit will ich zufrieden sein. Ich brauche kein besseres Thema. Ich habe Ihnen ja bereits gesagt, dass bei meiner noblen Methode alle Themen gleich sind. Was jetzt noch zu tun bleibt, ist lediglich, einen beharrlichen und ununterbrochenen Strom von Belanglosigkeiten von mir zu geben, die sich auf gelehrte und lehrreiche Art vorgeblich mit dem Thema Porträtmalerei befassen. Der Strom darf an keiner Stelle unterbrochen werden; nie darf ich zögernd nach einem Wort suchen, denn dieser Technik zufolge ist der Redner, der zögert, bereits verloren; das würde den Zuhörern Gelegenheit geben, ihren Verstand wieder zu Kräften kommen zu lassen, was unter keinen Umständen passieren darf.«

Ich begann mit dem frühesten bekannten Beispiel für die Kunst der Porträtmalerei – dem in Umrissen gemalten Bild des längst ausgestorbenen Mammuts, das der Höhlenmensch in die Knochen eines Hirschgeweihs ritzte und das in einem französischen Museum aufbewahrt wird. Nachdem ich einiges dazu ausgeführt hatte, ging ich zu den sechstausend Jahre alten Porträts in Temperafarbe über, die in einer ägyptischen Grabstätte gefunden worden sind;

dann zu den Figuren, die zu einem späteren Zeitpunkt auf den Monolithen und Grabmälern Ägyptens eingemeißelt wurden; schließlich sagte ich voller Enthusiasmus: »Wie trefflich lässt sich das, was ich eben gesagt habe, mit dem Fall des Mannes illustrieren, der um zwei Uhr morgens nach Hause kam und zu dem seine Frau traurig sagte: ›Ach, John, wenn du genug Whisky getrunken hast, warum bittest du dann nicht um eine Sarsaparilla?‹ – und er antwortete: ›Aber Maria, wenn ich genug Whisky getrunken habe, kann ich Sarsaparilla gar nicht *sagen*.‹«

Ich wartete meinen Erfolg nicht ab, sondern stürzte mich wieder in meine Rede, führte sie Schritt für Schritt weiter und steigerte von Etappe zu Etappe meinen Erfolg, und als ich zu Daguerres gewaltiger Erfindung kam, redete ich darüber mit einer ungestümen Begeisterung, die erstaunlich anzuhören war – ungeachtet dessen, dass meine Ausführungen ohne Sinn und Verstand waren –, dann hatte ich eine dieser plötzlichen Eingebungen und rief voller Gefühl aus:

»Wie trefflich lässt sich das, was ich eben gesagt habe, mit dem Fall des Mannes illustrieren, der wie gewohnt zu jener unglücklichen Stunde im Morgengrauen nach Hause kam und stehen blieb und sah, wie sich seine Säulenveranda hob und senkte und wankte und schwankte, und als sie schon zur Nachbarschaft abdrehen wollte, machte der Mann einen Hechtsprung, kletterte die Stufen hinauf und gelangte wohlbehalten auf die Veranda, wo er nun stand und sah, wie sich sein düsteres Haus hob und senkte und wankte und schwankte, bis ihm die Haustür entgegenfiel und er einen Hechtsprung machte und eintrat und die lange Treppenflucht hinaufkletterte; statt jedoch seinen ganzen Fuß auf die oberste Stufe zu setzen, erwischte er sie nur mit einer Zehe, und schon strauchelte er, purzelte donnernd die Treppe hinunter und landete in sitzender Stellung auf der untersten Stufe, den Arm um den freundlichen Treppenpfosten geschlungen, und sagte: ›Möge Gott in einer Nacht wie dieser Mitleid haben mit den armen Matrosen auf See.‹«

Dann trällerte ich wieder etwas über Porträtmalerei, stellte gleich darauf meine dritte und feinste Anekdote vor, die ich wie zuvor mit der vorgegebenen Formel einführte, und nahm triumphierend Platz, meine grandiose Technik erprobt und erwiesen zu haben.

301

Doch was dann folgte, waren Kummer und Verhängnis. Als Erster wurde der neue Bezirksstaatsanwalt zum Reden aufgefordert, ein Mann, der vor Richtern und Geschworenen durchaus schlagfertig war, sich jetzt aber einer vorwiegend literarischen Zuhörerschaft gegenüber zaghaft verhielt. Er sprach zögerlich, unbehaglich, unglücklich; und schon bald wurde offenkundig, dass er versuchte, auf eine Anekdote hinzuarbeiten, und nicht wusste, wie er es anstellen sollte. Die Zuhörer ließen es an ermunternden Zurufen nicht fehlen, von einem Ende des Saales bis zum anderen schrien sie:

»Raus damit! Raus damit! Wie trefflich lässt sich das, was Sie eben gesagt haben, mit dem Fall des Mannes illustrieren, der – Lassen Sie's nur raus!«

Er versuchte, sich zu seiner Anekdote vorzutasten, doch die Ermunterungen prasselten immer gerade rechtzeitig auf ihn nieder, um ihn zu verängstigen und davon abzuhalten, so dass er nie zu seiner Anekdote kam. Er gab auf und setzte sich.

Dasselbe widerfuhr dem nächsten Mann, dem neuen Postmeister von Brooklyn. Er schlug sich mannhaft und näherte sich seiner Anekdote aus vier oder fünf verschiedenen Richtungen, doch immer wieder trieben ihn die Zuhörer so begeistert voran, dass er zurückschreckte und sein Ziel nie erreichte. Auch er setzte sich geschlagen wieder hin. Fünf weitere Männer wurden hintereinander aufgerufen, und einer nach dem anderen lehnte es ab, in diesem brodelnden Kessel ein Risiko einzugehen. Schließlich wurde General Horace Porter aufgerufen, der die Ehre des Abends rettete. Der Saal mochte ihn noch so anfeuern, mochte noch so toben – gelassen und furchtlos blieb er seiner Sache treu. Er erzählte sieben Anekdoten und führte jede einzelne mit der bewährten Formel ein – »Wie trefflich« etc.

In Bar Harbor luden wir ein halbes Dutzend reizende junge Damen und ebenso viele reizende junge Herren ein, an Bord zu kommen und mit uns zu Mittag zu essen. Am Vorabend erörterten unsere jungen Leute die Angelegenheit auf dem Achterdeck und ersannen Mittel und Wege, um das Mittagessen abwechslungsreich zu gestalten. Mir fiel meine alte Redetechnik ein, und wir beschlossen, sie zu erproben. Nach dem Mittagessen am nächsten Tag erhob ich mich und bat um einen Redeanlass, und die jungen Schlingel forderten mich auf, über »Verlobungen« zu sprechen. Ich durchschaute ihre Niedertracht, denn es waren zwei Brautpaare anwesend, aber ich musste mich an unsere Absprache halten und tat es auch.

Es ging spaßig zu – zumindest für die anderen –, auch wenn den beiden Paaren und mir ein anderer Redeanlass mehr zugesagt hätte. Immerhin konnte ich meinen Unmut an einer der Kriminellen auslassen – einem liebreizenden jungen Geschöpf, das zu meiner Rechten saß und mit dem ich mich so gut verstand, dass mir beträchtliche Freiheiten gestattet waren. Ich formulierte meine Hoffnung, die jungen Herren in meinem Rhethorikunterricht begrüßen zu dürfen, und sagte, ich hätte auch eine Technik zur Unterweisung in einer vernachlässigten schönen Kunst, die bei den jungen Damen Anklang finden und sie dazu veranlassen würde, eine Klasse für mich aufzumachen und ihre Fähigkeiten in dieser anmutigen Kunst zu kultivieren. Mein Vorhaben sei es, sie in »Klassifiziertem Erröten« bzw. »Abgestuftem Erröten«, wie ich es nannte, zu unterrichten. Es gebe kaum eine junge Dame im Land, die fachkundig zu erröten verstehe – die meisten erröteten sorglos, unwissend, gedankenlos; sie erröteten zu sehr, sie erröteten zu wenig; nur selten zeigten sie ein Erröten, das dem Ausmaß des Kompliments, das es hervorgerufen habe, exakt entspreche. Ich sei sicher, dass eine junge Dame, wenn sie erst einmal ein Dutzend Unterrichtsstunden bei mir genommen habe, bei jedem Anlass adäquat erröten könne; dass sie nicht länger eine milde, ja nahezu farblose Nr.-1-Röte an den Tag lege, wenn das Kompliment von so hübscher Art sei, dass es eigentlich eine Nr. 6 oder gar eine kräftige, leuchtende purpurfarbene Nr. 14 erfordere. Ich sagte:

»An meiner Seite sitzt eine junge Dame, der ich neunzehn Unterrichtsstunden erteilt habe, und ich werde Ihnen beweisen, dass sie eine Expertin ist. Wenn ich auf eine Nr. 1 abziele, wird sie nicht den Fehler begehen, eine Nr. 4 zu zeigen, denn das wäre übertrieben. Wenn ich auf eine Nr. 10, eine Nr. 14 und so weiter abziele, werden Sie adäquaterweise die geforderte Röte der untergehenden Sonne in ihre schönen Wangen steigen sehen – da, allein diese beiläufige kleine Bemerkung, sehen Sie, löst eine Nr. 2 aus. Wenn Sie in ihre schönen blauen Augen blicken, wenn Sie ihre reizenden Gesichtszüge, ihre seidige Haut, ihr dunkelblondes Haar betrachten, die sprühende Intelligenz, die auf ihrem Gesicht strahlt – da, sehen Sie sich das an! Hier, wo ich ihre Wange mit dem Finger berühre, einen Zollbreit von ihrem niedlichen Ohr entfernt, befindet sich der Meridian, der die Skala von 1 bis 5 markiert. Sehen Sie nur, wie die Farbe bereits auf die 5 zuhält. Jetzt hat sie die 5 überschritten. Lassen Sie sie nicht aus den Augen. Ich bewege meinen Finger auf ihre zierliche Nase zu – sehen Sie nur, wie das reiche Blut ihm folgt! Wenn ich Ihnen sage, dass sie wohl die lieblichste Gestalt, den lieblichsten Geist besitzt, die heute in der Welt zu finden sind, dass sie der Liebling aller Lieblinge ist – aber ich brauche gar nicht weiterzureden. Die Röte hat bereits ihre Nase und ihren Hals erreicht und ist eine Nr. 16 – die bezauberndste Röte, die reizendste Röte, die schönste Röte, die das Antlitz eines irdischen Engels zieren kann, ausgenommen einzig die Nr. 31, die letzte und abschließende Möglichkeit, und die heißt ›San Francisco oder Erdbeben und Feuersbrunst in einem‹. Jetzt werde ich diese Röte auslösen.«

Aber ich tat es nicht. Es ist nicht recht, und es ist nicht fair, die Rache auf die Spitze zu treiben. Ich hatte den Eindruck, als seien die kleine Hexe und ich so gut wie quitt, und so zog ich es vor, gerecht zu sein und mich zu beherrschen.

Mittwoch, 29. August 1906

Brief einer Dame über die »Geschichte eines Pferdes« und Mr. Clemens' Antwort –
Das Projekt einer gemeinschaftlich verfassten Erzählung – Zwei Briefe
einer Dame, die versuchte, den Opfern von San Francisco zu helfen,
indem sie das Kostüm der Frau ihres Bruders aus »rainer« Wolle beisteuerte –
Erinnerungen an Kapitän Ned Wakeman und ein Auszug aus dessen Brief
an Mr. Twichell

Mit der heutigen Morgenpost trifft der Brief einer Fremden ein, der mich daran erinnert, was ich vor ein paar Tagen sagte, als wir Higbies Brief besprachen. Higbies Brief kam von Herzen, und ich wies darauf hin, dass, wenn das Herz etwas zu sagen hat, das Resultat stets Literatur ist, ganz gleich, ob die Formulierungen sich treu an hergebrachte literarische Formen halten oder diese geflissentlich ignorieren, so wie das Hochwasser den Damm ignoriert. Der Brief dieser Dame kommt von Herzen und ist in gutem Englisch – in kultiviertem Englisch – abgefasst, doch hätte ihr Herz seine Botschaft ebenso sicher und anrührend übermittelt, wenn sie in ihrem Leben nicht einen Tag zur Schule gangen wäre. Wir haben uns das in Kapitel XXXI vergegenwärtigt, als wir einen gleichermaßen ungebildeten wie eloquenten Brief anführten, den ein betrübtes Mädchen aus dem Westen, das man ungerecht behandelt hatte, vor siebenundzwanzig Jahren schrieb.

An dieser Stelle möchte ich mehrere Briefe dieser Art einfügen und auf diese Weise zu einem Vorfall hinleiten, der sich vor ein, zwei Wochen zutrug. Wir wollen mit dem Brief von heute Morgen beginnen.

Sound Beach, Connecticut

25. August 1906

Lieber »Mark Twain« –

bitte schreiben Sie nicht mehr solche herzzerreißenden Geschichten. Soeben habe ich in *Harper's* die Geschichte von Soldier Boy gelesen. Ich glaube nicht, dass ich sie gelesen hätte, wenn mir klar gewesen wäre, was Soldier Boy zustoßen würde.

Früher haben Sie ganz anders geschrieben. Jetzt schleicht sich immer hartnäckiger ein Ton des Pathos, der Tragödie, des hilflosen Schmerzes ein. Ich stelle mir vor, dass das Leben für Sie düsterere Farben angenommen haben muss und dass sich das, was Sie fühlen, in dem spiegelt, was Sie schreiben.

Sie gehören zu uns – zu uns allen in Amerika –, und wir alle lieben Sie und sind stolz auf Sie, aber manchmal legen Sie es darauf an, dass uns das Herz schmerzt.

Als *Harper's* Ihre Geschichte von dem armen Hund veröffentlichte, las ich sie, und ich kann Ihnen nicht sagen, was ich empfand. Ich habe sie nie wieder gelesen, und ich vermeide es, mich an sie zu erinnern, aber vergebens. Und jetzt die Geschichte von Soldier Boy. Sie senkt sich in mein Herz. Am liebsten möchte ich Ihnen meine Hand entgegenstrecken und sagen: »Auch ich empfinde all diese Dinge, den stummen, hilflosen Schmerz der armen Tiere, und meine Seele legt starken, aber ohnmächtigen Protest dagegen ein, genau wie die Ihre.«

Ich hoffe, dass es irgendwo einen Himmel für Tiere gibt, wo sie nicht mit Menschen zusammen sein müssen, und Sie hoffen es auch, nicht wahr?

Glauben Sie nicht, dass ich Hysterikerin, Selbstdarstellerin oder sonst eine Spinne-

305

rin bin. Ich bin nichts von alldem, nur arm und gewöhnlich – und – nicht länger jung, aber ich *empfinde* all diese Dinge.

Ich beehre mich zu zeichnen

mit vorzüglicher Hochachtung

(Mrs.) Lillian R. Beardsley

An

Mr. Samuel L. Clemens

c/o Harper & Bros.

New York City

Ich habe der Dame meinen Fall wie folgt geschildert:

Dublin, New Hampshire

28. Aug.

Sehr geehrte Dame:

Ich weiß, es ist eine Schande, das arme Menschenherz zu malträtieren, und es bekümmert mich auch, wenn ich es tue, doch es ist die einzige Möglichkeit, einige Leute zum Nachdenken zu bringen.

»Die Geschichte eines Pferdes« verfolgt einen redlichen Zweck. Sie war nicht für die Veröffentlichung hierzulande, sondern in Spanien bestimmt. Ich wurde gebeten, sie zu schreiben, um eine Gruppe wohlmeinender spanischer Damen und Herren zu unterstützen, die es sich zur ehrenwerten Aufgabe gemacht haben, die Kinder des Landes davon zu überzeugen, sich vom grausamen Stierkampf abzuwenden und ihm abzuschwören – in der Hoffnung, dass jene Kinder, wenn sie erwachsen sind, diese Arbeit fortsetzen werden. Es ist ein bedeutendes und verdienstvolles Anliegen, und wenn die Geschichte, die in Spanien in Übersetzung verbreitet wird, das Anliegen auf irgendeine Weise befördern kann, wird es mir nicht leidtun, dem Gesuch, mit dem ich beehrt wurde, entsprochen zu haben.

Mit freundlichen Grüßen

S. L. Clemens

Fahren wir mit unserer Argumentation fort.

Vor einigen Wochen unterbreitete uns die Herausgeberin von *Harper's Bazar* einen Plan für eine von mehreren Autoren gemeinschaftlich verfasste Erzählung. Die Geschichte sollte vorgeblich von einer Familie erzählt werden. Der

Vater sollte den Anfang machen und jedes Familienmitglied nacheinander ein Kapitel beisteuern. Auch einen Jungen sollte es in der Familie geben, und ich wurde gebeten, sein Kapitel zu verfassen. Ich fürchtete den Plan, weil ich im Vorfeld nicht zu sagen wusste, ob der Junge Interesse daran haben würde oder nicht. Schon vor langer Zeit hat die Erfahrung mich gelehrt, dass die Geschichte eines Jungen, wenn *ich* – oder sonst irgendeine Person – sie erzählt, nicht wert ist, gedruckt zu werden; sie entspringt dem Hirn, nicht dem Herzen und wandert stets in den Papierkorb. Um erfolgreich und druckreif zu sein, müsste der gedachte Junge seine Geschichte *selbst* erzählen und mich lediglich als seinen Schreibgehilfen fungieren lassen. »Die Geschichte eines Pferdes« habe nicht ich erzählt, das Pferd selbst hat sie erzählt, und zwar durch mich. Hätte das Pferd sie nicht erzählt, wäre die Geschichte überhaupt nicht erzählt worden. Wenn sich eine Geschichte selbst erzählt, treten keine Probleme auf; es gibt keine Unstimmigkeiten, keine Hemmnisse, keine Grübeleien, keine Interventionen; es gibt nichts weiter zu tun, als die Feder zu halten und die Geschichte durch diese sprechen und auf ihre eigene Art sagen zu lassen, was sie zu sagen hat.

Mr. Howells begann mit der Geschichte. Er hielt die Feder in der Hand, und durch diese lieferte der Vater sein Kapitel ab – deshalb war es gelungen. Auf Howells folgte eine Dame und steuerte das Kapitel der altjüngferlichen Schwester bei. Diese Dame genießt einen hervorragenden literarischen Ruf; sie ist ungewöhnlich begabt; ihr gehört das Ohr der Nation, und ihre Romane und Erzählungen sind mit das Beste, was das Land hervorgebracht hat; aber nicht *sie* hat diese Geschichten erzählt, sie hat lediglich die Feder gehalten, und sie haben sich selbst erzählt – davon bin ich überzeugt. Auch von etwas anderem bin ich überzeugt – dass sie nicht als Schreibgehilfin der altjüngferlichen Schwester fungierte, sondern das Kapitel der altjüngferlichen Schwester aus dem eigenen Kopf heraus schrieb, ohne jede Hilfe seitens der alten Jungfer. Das Ergebnis ist niederschmetternd. Der Beitrag ist eine reine literarische Fabrikation und weist überall Herstellungsspuren auf.

Bislang hat sich der Junge noch nicht bei mir gemeldet. Falls er es wünscht, bin ich bereit, die Feder für ihn zu halten, aber seine Geschichte muss er schon selbst erzählen. Sollte ich versuchen, sie für ihn zu erzählen, würde sie ärmlich ausfallen und meinen Ruf schädigen. Ich kann es mir nicht leisten, meinen Ruf zu schädigen nur einem Jungen zuliebe, mit dem ich noch nicht einmal bekannt bin und der in meinem Kopf so undeutlich und so schemenhaft herumgeistert wie dieser.

Jetzt komme ich auf zwei Briefe zu sprechen, die mir gestern von einem Nachbarn überreicht wurden – einem Mann von gutem Charakter und unbestrittener Aufrichtigkeit –, der mir sein Ehrenwort gibt, dass sie echt sind; andernfalls würde ich behaupten, dass sie zu gut sind, um wahr zu sein. Entzückenderweise fließen sie von Anfang bis Ende ohne Pause dahin, und vom ersten bis zum letzten Wort leidet der wohltuend unbeschwerte Redefluss nicht einmal die vorübergehende Unterbrechung eines Kommas. Die Rechtschreibung ist so frei, so unabhängig, so majestätisch gesetzlos, dass Susy im Vergleich dazu wie eine Sklavin der Regeln erscheint. Der Ursprung dieser Briefe ist folgender:

Als im ganzen Land der Aufruf erging, Kleider für die Opfer der Feuersbrunst und des Erdbebens von San Francisco zu spenden, nahm die herzensgute Verfasserin dieser Briefe ein Kostüm, das der Frau ihres Bruders gehörte, trug es zum Zeughaus ihrer Stadt und stiftete es großzügig für die gute Sache, gab es bei Miss N.N., der Vorsitzenden des zuständigen Komitees, ab und erhielt im Gegenzug Miss N.N.'s Dankeschön. Hier Brief Nr. 1:

Miss N.N. libe froindin ich habe einige klaidungsstüke ins Zeuchhaus gebracht und sie ihnen gegeben um sie den opfern nach kallifornien zu schiken und es tut mir Leid sie zu belestigen aber ich Muss eins davon Wider haben es war aus rainer schwarzer Shevyott wolle Mit passender jake verbremt zimlich modich nr. 38 brust Maß und bodüre vorn und am krahgen ich würde sie nicht belestigen aber es hat der frau von meinem Bruder Gehört und sie ist ser wühtend ich dachte sie ist ainverstanden aber sie war nochnicht sagt sie war nochnicht so weit sie will sie noch Eine waile lenger Tragen sie ist nicht so frei herzlich wie Ich und sie hat mer als ich damit zu tun einen Man zu haben der für sie Arbeitet und Schuftet ich Schätze sie erinnern sich an mich ich bin klain und stämig und hell Häutig ich habe eine ganze Waile mit ihnen über die opfer Geredet und Gesagt wie schreklig dises Ert Beben war es sollte mich nicht wundarn wenns bald wieder eins giebt die allgemaine lage des Landes ist explosif ich

hasse es den opfern das Schwarze kostüm wider weg zu nemen aber ich werde rumsuchen und sehn ob ich ein andres kriegen kann wenn ich darf werde ich zum Zeuchhaus kommen um es abzuhohlen wenn sies einfach bei saite legen das wars Vorerst
von ihrer treuen freundin.
Ihre erschainung hat
mir Sehr gut gefallen.

Sie schrieb diesen göttlichen Brief am 1. Mai. Am folgenden Tag erhielt sie einen Brief von Miss N. N., die tiefbetrübt war, dass ihr das Kostüm der Frau des
Bruders aus »rainer« Wolle bedauerlicherweise schon vor Eingang des Briefes,
in dem um seine Rückgabe gebeten wurde, aus der Hand genommen worden
war. Es tue ihr aufrichtig leid, dass zu der Katastrophe von San Francisco nun
auch noch dieses Unglück hinzugekommen sei, und es tue ihr ebenso leid, dass
es offenbar keine Möglichkeit gebe, den Schaden wiedergutzumachen. Am 3.
erhielt sie das folgende Antwortschreiben. Beide Briefe dieser guten Seele sind
bestechend und beredsam – glänzend und rührend beredsam – trotz ihrer Abweichungen von den handelsüblichen abgenutzten literarischen Formen und
trotz ihrer lähmenden Originalität, und das liegt, wie ich glaube, daran, dass sie
nur in geringem Maße dem Kopf dieser guten Frau entsprungen sind, vielmehr
geradewegs ihrem Herzen.

Providence, Rhode Island

3. Mai 1906

Miss N. N. liebe froin-
din ich habe ihren Brief erhalten in Ordnung machen sie sich über das Schwarze
Kostüm kaine sorgen mer als ich Mame erzält habe was sie geschrieben Haben hat sie
sich Richtich schlecht gefült wail sie sich so beunruhigen und sie sagt mein gott, die
muss ja denken ich bin miser als drek ich gebe Ihr eine von denen Feder boas die der
lezte schrei sind und sie hat sich gefroit wie ein schne könich das machte es Fast wider wet dass sie das kostüm verloren hat von natur aus ist sie richtig liebens würdich
aber wies so get dises früjahr ist sie Schwer geprüft und sie ist nicht sie selbst Jim
sagt zu mir eines tages mach ne waile langsam mit Mame sie ist schwer geprüft da
sind die kinder und der früjahrsputz und in unserm keller ist ein feuer Ausgebrochen

und das bischen was wir haben hätten wir fast verloren alles in der selben woche wie
das Ert beben in Kallifornien jeder hat saine sorgen und nimt sie wichtich obwol unser
kreutz ist nicht schwerer als wir Tragen können es gibt eine höhre macht die Über uns
wacht und uns vor schaden bwart ich hoffe sie haben fiel glück mit ihrer guten arbeit
das wars Vorerst von ihrer treuen freundin.

Ich bin froh, dass ich gelebt habe, um dieser Briefe willen. Sie sind eine Wohltat. Sie haben mein Leben freundlicher gemacht und dafür gesorgt, dass ich es
einstweilen gern fortsetze – vielleicht sogar auf unbestimmte Zeit, sollte ich das
Privileg haben, von Zeit zu Zeit mehr von der Verfasserin zu hören. Ihre klare
und flüssige Schlichtheit, ihr überströmender herzergreifender Eifer besitzen
einen Charme, der eine wohltuende Wirkung auf mich ausübt. Meiner Meinung nach sind ihre Briefe ganz und gar entzückend, und ich glaube, in der
Literatur aller Epochen und Länder dürften sie kaum ihresgleichen haben.

Ich möchte unser Thema weiterfolgen und an dieser Stelle einen Auszug aus
einem Brief einfügen, den Kapitän Ned Wakeman vor zwanzig oder fünfundzwanzig Jahren an Reverend Joseph H. Twichell schrieb. Zum ersten Mal bin
ich Kapitän Wakeman vor neununddreißig Jahren begegnet. Ich unternahm
zwei Schiffsreisen mit ihm, und wir freundeten uns schnell an. Er war eine
große stämmige, stattliche, wettergegerbte, ebenmäßig gebaute und kräftige
Erscheinung, mit kohlrabenschwarzem Haar und Backenbart und mit einem
Blick, dem Männer ohne Widerworte zu gehorchen pflegen. Er war voll
menschlicher Natur, und zwar der besten Art. Er war eine so herzliche und
mitfühlende und treue und liebevolle Seele, wie ich sie an keinem anderen Ort
getroffen habe, und wenn er gereizt war, legte er alle Eigenschaften eines Erdbebens an den Tag – ohne den Lärm. Er war Seemann durch und durch, vom
Scheitel bis zur Sohle; und das konnte auch nicht anders sein, denn auf See war
er zur Welt gekommen, und im Laufe seiner fünfundsechzig Jahre hatte er
die Küsten sämtlicher Kontinente und Archipele bereist, war aber nie an Land
gegangen, es sei denn zufällig und, wie man sagen könnte, spasmodisch. Er
hatte nie in seinem Leben die Schulbank gedrückt, vielmehr hatte er Welten
und Welten des Wissens aus zweiter Hand aufgeschnappt, und keine davon
war korrekt. Er redete unablässig und war unerschöpflich interessant. Was weit-

reichende und vielseitige Flüche betraf, konnte es zu seinen Lebzeiten niemand auf dem Planeten mit ihm aufnehmen. Es bereitete mir größtes Vergnügen, ihn seine diesbezüglichen Kunststücke vorführen zu hören. Die Bibel kannte er in- und auswendig und war tief und aufrichtig religiös. Wenn er Freiwache hatte, studierte er unentwegt die Bibel und stieß dabei auf immer neue Dinge, auf frische Dinge, auf unerwartete Wonnen und Überraschungen – und er liebte es, über seine Entdeckungen zu sprechen und sie den Unwissenden zu erläutern. Er glaubte, der einzige Mann auf dem Erdball zu sein, der das Geheimnis der biblischen Wunder begriffen hatte. Für jedes glaubte er eine vernünftige und rationale Erklärung anführen zu können, und er liebte es, seine Gelehrsamkeit mit den weniger Glücklichen zu teilen.

In meinen Büchern habe ich viel über ihn geschrieben. In einem habe ich erzählt, wie er auf den Chincha-Inseln den Mörder seines farbigen Maats vor Gericht stellte, das aus den versammelten Kapitänen der im Hafen liegenden Schiffe bestand, und wie er, nachdem das Urteil verkündet worden war, die Grenze zog. Ursprünglich hatte er beabsichtigt, den Mörder ganz allein gefangen zu nehmen und hinzurichten, war aber von den Kapitänen dazu überredet worden, den Formalitäten Genüge zu tun und sie den Fall nach den Regeln des Gesetzes verhandeln zu lassen. So weit hatte er nachgegeben, wenn auch nur äußerst widerstrebend, als die Kapitäne dann aber auch noch vorschlugen, die Hinrichtung selbst zu vollstrecken, war das zu viel für Wakeman, und er schlug zu. Er hängte den Mann selbst. Er legte dem Mörder die Schlinge um den Hals, warf das Ende des Stricks über den Ast eines Baumes und machte die letzten Momente des Mörders zu einer Tortur, indem er ihn mit willkürlich ausgewählten und belanglosen Kapiteln aus der Bibel fast in einen vorzeitigen Tod las.

Er war ein äußerst einnehmendes und reizendes Geschöpf. Als er dreiundfünfzig Jahre alt war, stach er von einem Hafen in Neuengland aus in See, Kapitän eines großen Klippers, der um das Kap Hoorn nach San Francisco unterwegs war, und ihm war nicht gewärtig, dass er einen Passagier hatte, doch da irrte er. Er hatte noch nie eine Schiffsreise der Liebe erlebt, jetzt aber stand sie ihm bevor. Als er den Hafen bereits etliche Wochen hinter sich gelassen hatte, schlenderte er in einem entlegenen Winkel seines Schiffes umher, um nach dem Rechten zu sehen. Da erblickte er ein schönes, hübsch gekleidetes Mädchen von vierundzwanzig oder fünfundzwanzig Jahren, das, den rundlichen Arm im Nacken, schlafend dalag. Er blieb wie angewurzelt stehen und sah verzaubert auf sie hinab. Dann sagte er:

»Das ist ein Engel – es kann nicht anders sein. Ein Engel. Wenn er die Augen aufschlägt und sie blau sind, werde ich ihn heiraten.«

Die Augen waren blau, und als das Schiff San Francisco erreichte, ließ sich das Paar trauen. Das Mädchen sollte dort in einer Schule unterrichten. Den Anstellungsbescheid hatte sie in der Tasche – doch der Kapitän sorgte dafür, dass aus der Vereinbarung nichts wurde. Er baute ein kleines Haus in Oakland – dem äußeren Anschein nach ein Haus, in Wirklichkeit aber war es ein Schiff mit der Ausstattung eines Schiffes, Kompasshäuschen, Speigatten und dergleichen mehr –, und hier führten er und seine kleine Frau in den Intervallen zwischen seinen Seereisen ein Bilderbuchleben. Sie waren ein hingebungsvolles Paar und beteten einander an. Bald bekamen sie zwei kleine Mädchen, und das nautische Paradies war perfekt.

Als der Kapitän mir von jener ersten Begegnung mit seiner Passagierin erzählte, holte er Fotos seiner Familie hervor, die er mir früher schon auf jene überschwängliche Art, die seiner Natur entsprach, beschrieben hatte als von einer Schönheit, die sich mit Worten nicht beschreiben lasse; doch diesmal hatte er nicht übertrieben. Das Trio war tatsächlich von einer Schönheit, die sich mit Worten nicht beschreiben lässt, unaussprechlich süß und gewinnend.

Von den Bewohnern San Franciscos wurde Kapitän Ned Wakeman geliebt und verehrt, wie nicht viele Männer geliebt und verehrt worden sind. Er erlitt Rückschläge, und als er starb, ließ er seine Familie in beengten Verhältnissen zurück. Damals lebte ich in Hartford, und jemand schrieb mir aus San Francisco, ich möge als alter und enger Freund des Kapitäns ein paar Zeilen zur Veröffentlichung in der *Alta California* schreiben und eine Spendensammlung in Höhe von mehreren tausend Dollar zugunsten seiner Familie initiieren. Selbstverständlich kam ich der Bitte nach. Ich kann mich nicht mehr daran erinnern, wie hoch die vorgeschlagene Summe war, aber Ralston, der Bankier, nahm sich der Sache an und brachte die Summe binnen einer Stunde auf. Das war ein überzeugender Beweis für die Achtung und die Zuneigung, die man dem Veteranen entgegenbrachte.

312

Kapitän Wakeman hatte eine ausgesprochen lebhafte Phantasie, und einmal erzählte er mir von einem Besuch, den er dem Himmel abgestattet habe. Ich behielt ihn im Gedächtnis, und ein oder zwei Monate später brachte ich ihn zu Papier – ich glaube, es war im ersten Viertel des Jahres 1868. Es entstand ein kleines Buch von etwa vierzigtausend Wörtern, das ich *Kapitän Stormfields Besuch im Himmel* nannte. Fünf oder sechs Jahre später zeigte ich das Manuskript Howells, und er sagte: »Veröffentlichen Sie's.«

Doch das tat ich nicht. Ich machte daraus eine Parodie auf *Die angelehnte Himmelspforte*, ein Buch, das einen knickerigen kleinen Zehn-Cent-Himmel etwa von der Größe Rhode Islands präsentiert – einen Himmel, groß genug, um etwa ein Zehntel von 1 Prozent der christlichen Milliarden, die in den vergangenen neunzehn Jahrhunderten gestorben sind, aufzunehmen. Ich erweiterte die Grenzen; ich errichtete einen angemessen großen Himmel und vermehrte seine christliche Bevölkerung auf 10 Prozent des Fassungsvermögens moderner Friedhöfe; außerdem hatte ich in einem freiwilligen Akt der Freundlichkeit ein Zehntel von 1 Prozent der Heiden hereingelassen, die während der vorangegangenen Äonen gestorben waren – eine Freiheit, die nicht gerechtfertigt war, weil diese Leute dort nichts verloren hatten; da ich es aber nur aus Mitleid und aus Freundlichkeit getan hatte, erlaubte ich ihnen zu bleiben. Gegen Ende des Buches war dieser Himmel durch meine eigene Hand auf so unvorstellbare Dimensionen angewachsen, dass ich für seine gewaltigen Territorien nicht länger das armselig kleine Längenmaß von Millionen Meilen verwendete, sondern sie in Lichtjahren!* maß, und damit noch nicht genug, vielmehr in Millionen aneinandergereihter Lichtjahrketten.

In den achtunddreißig Jahren, die seitdem vergangen sind, hatte ich das rostige alte Manuskript etliche Male hervorgeholt und geprüft, ob man es drucken könnte, war aber stets zu dem Schluss gelangt, es ruhen zu lassen. Jetzt aber beabsichtige ich, es in diese Autobiographie aufzunehmen.** Vermutlich wird

---

* *»Lichtjahr«* – zweifellos der erstaunlichste und eindrucksvollste Begriff, den es in jedweder Sprache gibt. Er ist der Astronomie vorbehalten. Er bezeichnet die Entfernung, die das Licht, das sich mit einer Geschwindigkeit von 186 000 Meilen pro Sekunde bewegt, in unserem aus zweiundfünfzig Wochen bestehenden Jahr zurücklegt.

** *Drei Stunden später.* Gerade habe ich die letzten beiden Drittel verbrannt. M. T.

die Autobiographie nicht vor Ablauf von fünfzig Jahren das Licht der Welt erblicken, und zu diesem Zeitpunkt werde ich so lange unter der Erde gelegen haben, dass mich die Folgen nicht mehr kümmern.

Damals, vor dreißig oder mehr Jahren, habe ich mich in Hartford mit Twichell des Öfteren über Wakeman unterhalten, und irgendwann geschah etwas Merkwürdiges. Twichell fuhr in Urlaub, und wie gewöhnlich folgte er seinen Urlaubsgepflogenheiten – will sagen, er reiste unter einem Pseudonym, um mit allen möglichen anrüchigen Charakteren verkehren zu können und es sich gutgehen zu lassen, ohne dass seine Anwesenheit irgendjemanden in Verlegenheit brachte, da niemand wusste, dass er ein Geistlicher war. Er nahm ein Pazifikpostschiff und trat die Fahrt nach Süden zum Isthmus an. Der Passsagierverkehr auf dieser Linie war fast völlig zum Erliegen gekommen. An Bord stieß Twichell nur noch auf einen weiteren Passagier, der, wie ihm auffiel, kein Heiliger war, und natürlich schloss er sich ihm sofort an. Nachdem der Passagier etwa sechs hoheitsvolle und bildhafte gotteslästerliche Bemerkungen zum Besten gegeben hatte, sagte Twichell (alias Peters):

»Könnte es zufällig sein, dass Sie Kapitän Ned Wakeman aus San Francisco sind?«

Er hatte richtig geraten, und während der restlichen Fahrt waren die beiden Männer unzertrennlich. Eines Tages fragte Wakeman Peters-Twichell, ob er je die Bibel gelesen habe. Twichell gab eine Reihe von Antworten – Antworten von allgemeiner und unverbindlicher Art, die aber im Ganzen den Eindruck hinterließen, dass Twichell – nun, der Eindruck tut nichts zur Sache; es reicht wohl, zu sagen, dass Wakeman es sich zur Aufgabe machte, Twichell zur Lektüre des Buches zu bewegen. Er machte es sich zur Aufgabe, Twichell beizubringen, wie die Wunder zu deuten seien. Unter anderem erläuterte er ihm das Wunder von Isaaks Abenteuer mit den Propheten Baals. Twichell hätte ihm sagen können, dass es nicht Isaak war, aber das war nicht Twichells Art, und so berichtigte er ihn nicht. Es war eine köstliche Geschichte, und es war ergötzlich, zuzuhören, wie Twichell sie erzählte. In einem meiner Bücher habe ich sie vollständig abgedruckt – in welchem, weiß ich nicht mehr.

Vielleicht können diese einleitenden Worte als Einführung in jenen Auszug aus Wakemans Brief an Twichell dienen, den ich vor einer Weile erwähnt habe.

Ich will in Kapitän Wakemans Rechtschreibung und seinen Satzbau nicht eingreifen, sondern den Auszug genau so einfügen, wie er aus seiner Feder geflossen ist.

Erster Weihnachtsfeiertag. Kalifornien

Brooklyn, East Oakland

Rev. Joseph. H. Twichell. Sir – gestern Abend damit beschäftigt all die Freuden zu Genießen die Rund um den Christbaum Entstehen oder Entstehen können, einen Baum der anders als Jeder Andere den ich Je gesehen habe, in Jedem Klima Früchte Trägt die die Edelsten und die Mannigfaltigsten und die Schmackhaftesten sind die ich Je Gekannt habe, es sind die Goldenen Früchte Aufopfernder Mutterliebe und Zuwendung zu Fünf der Schönsten Kinder die Sie Je gesehen haben, und Übertrifft bei Weitem jeden Anderen Baum in der Welt, und als ich die Glücklichen Empfindungen der Größeren Kinder Genoss, die ihre Glücksgefühle nur mit Mühe zügeln konnten und als sie die Früchte Pflückten die Gott ihnen geschickt hat und sich mit den Zärtlichsten Worten der Liebe und der Zuneigung ihrer Mutter zuwandten und mit Blicken die vor etwas Strahlten was mein Armer Stifft nicht Schildern kann, während die Kleinen vor Freude vollkommen Aufgekratzt zwischen dem Baum und Ma-mas Schoß hin und her rannten, genoss ich im Gemütlichen Wohnzimmer unserer Kleinen Hütte etwas was mich mit Gefühlen nicht nur der Gegenwart sondern auch der Vergangenheit erfüllte, und gerade als ich auf der Seligsten Miene, die ich Je an einer 40 Jahre alten Mutter gesehen habe, das Himmlische Lächeln erblickte das sich hin und wieder zu einem Herzhaften Mädchenhaften Lachen Verbreitete, wurde mir Ihr Brief in die Hand gedrückt, dessen Lektüre wie ich Ihnen Versichern kann sehr zu meinem Grenzenlosen Vergnügen beitrug so bald schon von Ihnen zu hören und von meinem alten Freund Don Carlos Flucha was Zahllose Angenehme Erinnrungen in mir Wachrief, alle Goldumrandet, und in den Händen unseres Gemeinsamen Freundes Mark Twain würde Jede von ihnen ein Kleines in Kalbsleder Gebundenes Buch ergeben.

Donnerstag, 30. August 1906

*Mr. Clemens' Methode, Geschichten zu schreiben – Erzählt, wie einige
seiner Geschichten begonnen wurden, wie sie manchmal jahrelang
unvollendet blieben – Einige sind nie beendet worden – Ärger mit Telefonen –
Miss Lyons Ferngespräch mit Clara Clemens – Mr. Scovel tut eine Klausel
des Fernmeldegesetzes kund*

Ich war nie willens, *Kapitän Stormfields Besuch im Himmel* zu vernichten. In den
vergangenen dreißig Jahren habe ich dann und wann meine literarischen Be-
stände durchforstet und etliches dem Feuer überantwortet, doch *Kapitän
Stormfields Besuch im Himmel* ist ihm stets entronnen. Insgeheim mochte ich die
Geschichte, ich konnte nicht anders. Aber das ist nicht weiter wichtig, jetzt
möchte ich über etwas anderes sprechen.

In den vergangenen fünfunddreißig Jahren hat es nie eine Zeit gegeben, in
der nicht mindestens zwei halbfertige Schiffe in meiner literarischen Werft
lagen und vernachlässigt in der Sonne vor sich hin dümpelten; gewöhnlich
waren es drei oder vier; derzeit sind es fünf. Das mag nicht sehr geschäftstüch-
tig erscheinen, aber es geschah nicht etwa aus Versehen, es geschah vorsätzlich.
Solange sich ein Buch selbst schrieb, war ich sein getreuer und interessierter
Schreibgehilfe, und mein Fleiß erlahmte nicht; sobald das Buch jedoch versuchte, die Verantwortung für den Entwurf seiner Handlung, für die Erfindung seiner Abenteuer und für die Durchführung seiner Dialoge auf *meinen*
Kopf abzuwälzen, legte ich es beiseite und dachte nicht weiter darüber nach.
Dann prüfte ich meine unvollendeten Besitztümer, um zu sehen, ob nicht eines
dabei wäre, dessen Interesse an sich selbst nach zwei Jahren erholsamer Muße
wieder aufgekeimt und das bereit wäre, mich erneut als Schreibgehilfen zu engagieren.

Durch Zufall fand ich heraus, dass ein Buch mit ziemlicher Sicherheit ungefähr in der Mitte ermüdet und sich weigert, mit seiner Arbeit fortzufahren, bis
seine Kräfte und sein Interesse dank einer Ruhepause aufgefrischt werden und
sein aufgebrauchter Vorrat an Rohstoffen im Laufe der Zeit wieder nachgefüllt
wird. Diese unschätzbare Entdeckung machte ich, als ich bis zur Hälfte von
Tom Sawyer vorgedrungen war. Auf Seite 400 meines Manuskripts kam die Er-

zählung plötzlich entschlossen zum Stillstand und weigerte sich, auch nur einen Schritt weiterzugehen. Sie widersetzte sich Tag für Tag. Ich war enttäuscht,
verzweifelt und maßlos erstaunt, wusste ich doch, dass die Geschichte mitnichten zu Ende war, und ich konnte nicht verstehen, weshalb ich mit ihr nicht
vorankam. Der Grund war ganz einfach – mein Tank war versiegt; er war leer,
der Vorrat an Stoff erschöpft; ohne Stoff kam die Geschichte nicht voran; sie
konnte nicht aus nichts verfertigt werden. Als das Manuskript zwei Jahre lang
in einem Schubfach gelegen hatte, holte ich es eines Tages hervor und las das
letzte Kapitel, das ich geschrieben hatte. Da machte ich die große Entdeckung,
dass, wenn der Tank leer ist, man ihn nur in Ruhe zu lassen braucht und er sich
mit der Zeit wieder auffüllt, während man schläft – aber auch während man an
anderen Dingen arbeitet und gar nicht merkt, dass unbewusst eine so nutzbrin-
gende Hirntätigkeit vonstattengeht. Jetzt gab es Stoff in Hülle und Fülle, und
das Buch kam voran und vollendete sich ganz mühelos selbst.

Seitdem lasse ich, wenn ich an einem Buch schreibe, das Manuskript, sobald
sich der Tank leert, ohne Bedenken in einem Schubfach verschwinden, denn
ich weiß, in den nächsten zwei, drei Jahren wird er sich ganz ohne mein Zutun
wieder auffüllen, und die Aufgabe, das Buch abzuschließen, wird dann leicht
und einfach sein. *Der Prinz und der Bettelknabe* blieb auf halbem Wege stecken,
weil der Tank leer war, und ich rührte das Manuskript zwei Jahre lang nicht an.
Im Falle von *Ein Yankee an König Artus' Hof* trat ein trockenes Intervall von zwei
Jahren auf. Auch in der Mitte anderer Bücher von mir trat ein ähnliches Intervall auf. Zwei dieser Intervalle traten bei meiner Geschichte »Which Was It?«
auf, wobei sich das zweite Intervall als besonders langwierig erweist, denn inzwischen ist es vier Jahre her, dass es seinen Anfang nahm. Ich bin sicher, dass
der Tank jetzt wieder voll ist und ich das Buch erneut in Angriff nehmen und
die zweite Hälfte ohne Unterbrechung oder nachlassendes Interesse schreiben
könnte – aber ich werde es nicht tun. Die Feder ist mir lästig. Ich bin träge geboren, und das Diktieren hat mich verwöhnt. Ich bin mir ziemlich sicher, dass
ich nie wieder eine Feder anrühren werde; und deshalb wird das Buch unvollendet bleiben – schade eigentlich, denn die ihm zugrunde liegende Idee ist
(tatsächlich) neu und würde den Leser am Ende gehörig überraschen.

Es gibt noch so ein unvollendetes Buch, dem ich vermutlich den Titel *Das*

Refugium der Ausgestoßenen geben würde. Es ist nur halb fertig und wird es bleiben. Ein weiteres mit dem Titel *Abenteuer einer Mikrobe während dreitausend Jahren – von einer Mikrobe* ist gleichfalls halb fertig und wird es auch bleiben. Ein anderes – *Der geheimnisvolle Fremde* – ist mehr als halb fertig. Liebend gern würde ich es zu Ende bringen, und der Gedanke, dass daraus nichts wird, verursacht mir regelrechte Qualen. Die Tanks dieser Bücher sind jetzt voll, und sie würden, wenn ich die Feder hielte, fröhlich dahinplätschern und sich selbst vollenden, aber ich bin der Feder überdrüssig.

Es gab noch eine dieser halbfertigen Geschichten. Vor vier Jahren trieb ich sie voran, bis sie achtunddreißigtausend Wörter umfasste, dann vernichtete ich sie aus Angst, ich könnte sie eines Tages vollenden. Der Erzähler der Geschichte war Huck Finn, und natürlich waren ihre Helden Tom Sawyer und Jim. Aber ich fand, das Trio habe in dieser Welt genug geleistet und könne Anspruch auf ewige Ruhe geltend machen.

1893 vernichtete ich in Rouen Manuskripte im Wert von fünfzehntausend Dollar, und Anfang 94 vernichtete ich in Paris welche im Wert von zehntausend Dollar – ich meine, als Zeitschriftenmaterial gerechnet. Ich hatte Angst, diese Manuskriptstapel in Reichweite zu haben, denn ich könnte versucht sein, sie zu verkaufen, war aber ziemlich überzeugt, dass sie nicht den Anforderungen entsprachen. Normalerweise würde ich in eine solche Versuchung gar nicht kommen, ich würde nicht im Traum daran denken, zweifelhaftes Zeug zu veröffentlichen – damals aber war ich hochverschuldet, und die Versuchung, meine Lage zu verbessern, war so stark, dass ich, um ihr zu entgehen, die Manuskripte verbrannte. Nicht nur dass meine Frau keine Einwände erhob, sie ermunterte mich sogar, war ihr doch meine Reputation wichtiger als jede andere unserer Sorgen. Etwa um diese Zeit half sie mir, einer weiteren Versuchung zu widerstehen. Es ging um das Angebot, einer humoristischen Zeitschrift über einen Zeitraum von fünf Jahren meinen Namen als Herausgeber zur Verfügung zu stellen, und das für sechzehntausend Dollar im Jahr. Ich lobe meine Frau, dass sie mir half, dieser Versuchung zu widerstehen, denn sie verdient es. Eigentlich drohte die Versuchung gar nicht, aber sie hätte mir für den Fall der Fälle ihre Hilfe trotzdem angeboten. Wenn meine Phantasie in gutem Zustand ist, kann ich mir viele verwegene und verstiegene Dinge vorstellen, aber nichts so Verwegenes und Verstiegenes wie den Vorschlag, die Herausgeberschaft einer humoristischen Zeitschrift zu übernehmen. Sie wäre (für mich) die traurigste aller Tätigkeiten. Würde ich sie übernehmen, müsste ich ihr die Tätigkeit des Bestatters hinzufügen, um ihre Trübseligkeit bis zu einem gewissen Grade auszugleichen. Eine ernste Zeitschrift könnte ich mit Genuss und großem Interesse herausgeben; doch aus Humor habe ich mir nie so viel gemacht, dass ich qualifiziert wäre, ihn herauszugeben oder über ihn zu Gericht zu sitzen.

Es gibt Bücher, die sich weigern, geschrieben zu werden. Jahr für Jahr kommen sie nicht von der Stelle und lassen sich nicht dazu überreden. Das hat nichts damit zu tun, dass das Buch nicht existiert und es nicht wert wäre, geschrieben zu werden – vielmehr will sich für die betreffende Geschichte einfach nicht die richtige Form einstellen. Für eine Geschichte gibt es nur eine richtige Form, und wenn es einem nicht gelingt, diese zu finden, wird sich die Geschichte niemals selbst erzählen. Man kann ein Dutzend falscher Formen ausprobieren, doch in jedem Fall wird man nicht allzu weit gekommen sein, bis man entdeckt, dass man noch nicht die richtige gefunden hat – dann wird die Geschichte jedes Mal innehalten und es ablehnen, weiter voranzuschreiten. Bei *Persönliche Erinnerungen an Jeanne d'Arc* unternahm ich sechs verkehrte Anläufe, und jedes Mal, wenn ich Mrs. Clemens das Resultat vorlegte, reagierte sie mit derselben tödlichen Kritik – Schweigen. Sie sagte kein Wort, aber ihr Schweigen sprach mit der Stimme des Donners. Als ich endlich die richtige Form gefunden hatte, war mir sofort klar, dass es die richtige war, und ich wusste, was Mrs. Clemens sagen würde. Sie sagte es, ohne zu zweifeln oder zu zögern.

Im Laufe von zwölf Jahren unternahm ich sechs Versuche, eine einfache kleine Geschichte zu erzählen, von der ich wusste, dass sie sich binnen vier Stunden selbst erzählen würde, falls es mir gelänge, den richtigen Ansatzpunkt zu finden. Ich legte sechs Misserfolge hin; daraufhin bot ich das Handlungsgerüst der Geschichte eines Tages in London Robert McClure an und schlug ihm vor, es in der Zeitschrift zu veröffentlichen und einen Preis für denjenigen auszusetzen, der sie am besten erzählen würde. Mein Interesse wuchs, und ich redete eine halbe Stunde lang über die Handlungsskizze, und dann sagte er:

»Sie haben die Geschichte schon selbst erzählt. Sie brauchen nichts weiter zu tun, als sie genau so zu Papier zu bringen, wie Sie sie mir eben erzählt haben.«

Ich begriff, dass er recht hatte. Nach vier Stunden war sie ganz zu meiner Zufriedenheit vollendet. So brauchte es denn zwölf Jahre und vier Stunden, um diese kleine Geschichte hervorzubringen, die ich *The Death-Wafer* nannte.

Gewiss, ein richtiger Anfang ist ein wesentliches Erfordernis. Das habe ich zu oft erfahren, um daran zu zweifeln. Vor fünfundzwanzig oder dreißig Jahren begann ich eine Geschichte, die sich mit den Wundern mentaler Telegraphie befasste. Ein Mann sollte eine Technik erfinden, mit deren Hilfe er zwei Tausende von Meilen voneinander entfernte Hirne synchronisieren und in die Lage versetzen konnte, ohne Zuhilfenahme eines Kabels ungehindert durch die Lüfte miteinander zu kommunizieren. Viermal fing ich die Geschichte verkehrt an, und sie rührte sich nicht vom Fleck. Dreimal entdeckte ich meinen Irrtum erst, nachdem ich bereits rund hundert Seiten geschrieben hatte. Das vierte Mal entdeckte ich ihn erst, nachdem ich bereits vierhundert Seiten geschrieben hatte – dann gab ich es auf und warf das Ganze ins Feuer.

Ich habe ein unvollendetes Buch erwähnt, das *Das Refugium der Ausgestoßenen* betitelt werden könnte. Im Manuskript trägt die Geschichte keinen Titel, beginnt aber mit der *ziemlich brüsken Bemerkung* eines alten Admirals, der Kapitän Ned Wakeman unter einem geliehenen Namen ist. Das erinnert mich an etwas.

Vor vier oder fünf Monaten erfuhr ich durch Zufall, dass es in unserem New Yorker Haus ziemliche Probleme mit den Telefonen gab. Die Familie bezieht mehr oder weniger Trost und Frieden daraus, dass sie mir – meines reizbaren Temperaments wegen – Ärgernisse vorenthält, und nur durch Zufall fand ich heraus, dass die Telefone Schwierigkeiten machten. Als ich nachfragte, entdeckte ich, dass meine Sippe den in dieser Welt üblichen Gepflogenheiten gefolgt war – sie hatten bei den Handlangern der Telefongesellschaft um Entstörung ersucht. Das ist immer ein Fehler. Die einzig richtige Methode besteht darin, sich direkt an den Präsidenten einer Gesellschaft zu wenden; dann wird Ihrer Beschwerde sofortige und zuvorkommende Aufmerksamkeit zuteil. Ich rief in der Hauptgeschäftsstelle an und bat den Präsidenten, mir jemanden ins Haus zu schicken, der sich eine Beschwerde anhören solle. Es kam ein Oberinspektor – Mr. Scovel. Die Beschwerde selbst nahm nur eine Minute unserer Zeit in Anspruch. Dann setzte er sich an mein Bett, und eine halbe Stunde lang rauchten und plauderten wir aufs angenehmste. Ich erzählte ihm, wie oft ich selbst liebend gern das Telefon benutzen würde, mich dann aber doch nicht traute, denn bei einer schlechten Verbindung würde ich mit Sicherheit die Beherrschung verlieren und zu fluchen anfangen – und so gerne ich das auch täte und so viel Befriedigung ich daraus zöge, könnte ich es nicht wagen, da mir ja bekannt sei, dass die Gesellschaft einem, der sich auf diese Weise gehenlasse, laut Fernmeldegesetz das Telefon entziehen könne.

Zu meiner Freude informierte mich Mr. Scovel, ich dürfe mich ruhig gehenlassen, ohne schädliche Folgen befürchten zu müssen; zu dergleichen werde es nicht kommen, da mir eine der Gesetzesklauseln ein wertvolles Privileg zugestehe. Dann tat er die betreffende Klausel kund und machte mich glücklich.

Vor zwei oder drei Monaten benötigte ich das oben erwähnte namenlose Manuskript und trug meiner Sekretärin auf, ein Ferngespräch mit meinem New Yorker Haus zu führen und meine Tochter Clara zu bitten, das Manuskript zu suchen und mir zuzuschicken. Die Leitung war gestört, und Miss Lyon hatte große Mühe, Clara das Gewünschte verständlich zu machen. Nach einigem Hinundhergeschrei begriff Clara, dass es um ein Manuskript ging und dass es bei den Manuskriptleichen irgendwo in meinem Arbeitszimmer zu finden sei. Dann wollte sie wissen, woran sie es erkennen könne. Sie fragte nach dem Titel.

Miss Lyon sagte in einer Lautstärke, die ihre Stimme auch ohne telefonische Hilfe bis nach New York hätte tragen müssen:

»Es hat keinen Titel. Es beginnt mit einer Bemerkung.«

Es dauerte eine Weile, bis Clara das verstanden hatte. Dann fragte sie:

»Wie lautet die Bemerkung?«

Miss Lyon schrie:

»Sag ihm, er soll zur Hölle fahren.«

Clara. »Sag ihm, er soll wohin fahren?«

Miss Lyon. »Zur Hölle.«

Clara. »Ich versteh's nicht. Buchstabieren Sie.«

Miss Lyon. »H-Ö-L-L-E.«

Clara. »Ah, *Hölle*.«

Ich war besorgt, nicht etwa wegen des ohrenbetäubenden Geschreis, das mir nichts ausmachte, sondern aufgrund der Beschaffenheit der Worte, die durch das Kabel wanderten und von jedem Amt entlang der Strecke mitgehört wurden, und einen Augenblick war mir angst und bange, und ich sagte:

»Jetzt wird man uns wegen dieses Geredes das Telefon wegnehmen.«

Doch gleich darauf beruhigte ich mich wieder, denn mir fiel die gesegnete Klausel des Fernmeldegesetzes ein, die Mr. Scovel kundgetan hatte und die da lautete:

»Bei der Nutzung unserer Telefone darf kein Teilnehmer daran gehindert werden, seine natürliche Sprache zu verwenden.«

Freitag, 31. August 1906

Mr. Clemens ernennt zwei Schüler und erprobt seine Methode der Stegreifrede im Dubliner Clubhaus – Erzählt von seinem zweiten Vortrag und der Wiederholung der Geschichte über Horace Greeley – Erzählt dieselbe Geschichte später in der Chickering Hall – Die siebenteilige Fotoserie von Mr. Clemens – Brief seines lange verschollenen Liebchens Laura Wright – Erinnerungen an sie; an Youngblood, den Lotsen; und an Davis, den Maat – Briefliches Angebot einer Tournee durch Vaudeville-Theater

Hier in der Gegend, in den Wäldern und Hügeln von New Hampshire, wohnen verstreut zwei Dutzend Feriengäste, die ihre Häuser ihr eigen nennen und jeden Sommer hierherkommen, manche aus so weit entfernten Städten wie Chicago und St. Louis. Sie verfügen über ein bescheidenes hübsches Clubhaus für Tanzveranstaltungen und andere Zerstreuungen, und zwei- oder dreimal im Monat treffen sie sich dort und werden von lokalen Größen mit Musik, Vorträgen und so weiter unterhalten.

Die lokalen Größen sind hervorragende Künstler, Universitätsprofessoren, Historiker und so weiter – und einer davon bin ich. Da ich diesmal an der Reihe bin, möchte ich morgen Nachmittag mein System der »Stegreifrede« vorführen und sehen, wie es läuft. Gestern ernannte ich zwei Schüler – Messieurs Brush und Smith –, erklärte ihnen das Spiel und forderte sie auf, sich morgen mit je drei guten Anekdoten einzufinden. Ich werde das Publikum um ein Thema bitten, und nach Maßgabe der Prinzipien meines Systems werden wir

322

drei es debattieren. Ich glaube, die Vorstellung wird erbaulich und aufschlussreich sein. Ich bin mir sicher, dass es so sein wird, vorausgesetzt, meine Schüler
bringen gute Anekdoten mit und vergessen nicht, jede Anekdote *monoton mit
ein und derselben festen Formel einzuleiten – ohne ein Wort daran zu ändern.* Ich
werde die Formel bereitstellen; ihre Wiederholung wird ein Übriges tun.

Denn im Bereich des Humors ist Wiederholung eine mächtige Waffe. Bei
häufiger Verwendung wird fast jede *präzise formulierte gleichbleibende Formel*
letztendlich Gelächter hervorrufen, solange sie nur in gewissen Abständen
fünf- oder sechsmal ernsthaft genug wiederholt wird. Anlässlich meines zweiten
Vortragsversuchs vor vierzig Jahren in San Francisco trat ich an, die Wahrheit
dieser These zu beweisen. Mein erster Vortrag war erfolgreich und zu meiner
Zufriedenheit verlaufen. Dann bereitete ich den nächsten vor, fürchtete mich
jedoch vor ihm, weil die ersten fünfzehn Minuten alles andere als humoristisch
waren. Ich hielt es für notwendig, etwas vorauszuschicken, was das Eis brechen
und mir erlauben würde, gleich zu Beginn in ein angenehmes und freundschaftliches Verhältnis mit den Zuhörern zu treten, statt ihnen die Zeit zu geben, in eine kritische Haltung zu verfallen, denn das konnte verhängnisvoll
ausgehen. Eingedenk dieses Vorhabens arbeitete ich einen so tollkühnen Plan
aus, dass ich mich heute noch frage, wie ich je den Mut aufbrachte, ihn durchzuführen. San Francisco war seit fünf oder sechs Jahren von einer albernen,
unsinnigen und nicht umzubringenden Anekdote heimgesucht worden, der
jeder längst müde geworden war – sterbensmüde. Es war geradezu lebensge-
fährlich, einem Bürger diese verschimmelte Anekdote anzudrehen. Ich beschloss, meinen Vortrag mit ihr zu beginnen und sie so lange zu wiederholen,
bis ebendiese Wiederholung die Zuhörer erobert und zum Lachen gebracht
hatte. Die Anekdote steht in einem meiner Bücher.

Es waren fünfzehnhundert Personen anwesend, und da ich eine ganze Weile
Zeitungsreporter gewesen war, kannte ich mehrere hundert von ihnen. Sie liebten mich, sie konnten nicht anders; sie bewunderten mich; und ich wusste, es
würde sie schmerzen, sie enttäuschen und sie todtraurig machen, wenn sie hörten, wie ich diese abscheuliche Anekdote mit der Miene eines Mannes hervor-
kramte, der sie für neu und gut hielt. Ich begann mit der Schilderung meines
ersten Tages in der Überlandkutsche; dann sagte ich:

»Am nächsten Tag stieg an einer kleinen Zwischenstation draußen in den Plains ein Mann ein, und nachdem wir eine Weile angeregt geplaudert hatten, sagte er: ›Ich kann Ihnen eine ulkige Geschichte erzählen, wenn Sie sie hören wollen. Einmal fuhr Horace Greeley diese Straße entlang. Als er Carson City verließ, sagte er zu dem Kutscher Hank Monk, er habe einen Vortragstermin in Placerville und sei darauf erpicht, so schnell wie möglich dorthin zu gelangen. Hank Monk ließ seine Peitsche knallen und legte ein rasantes Tempo vor. Die Kutsche schnellte so heftig auf und ab, dass sämtliche Knöpfe von Horace' Mantel sprangen und er am Ende das Kutschdach sauber mit dem Kopf durchstieß, und da brüllte er Hank Monk an und drängte ihn, umsichtiger zu fahren – sagte, er habe es nicht mehr ganz so eilig wie noch vor einer Weile. Aber Hank Monk sagte: „Bleiben Sie nur sitzen, Horace, ich werde Sie pünktlich abliefern!", und Sie können wetten, dass er es auch tat – das, was von Horace übrig war!‹«

Ich erzählte die Anekdote mit gleichmäßiger Stimme, farblos und monoton, ohne auch nur ein Wort zu betonen, und es gelang mir, sie so langweilig und dumm wie möglich klingen zu lassen. Dann hielt ich inne und blickte möglichst selbstzufrieden drein, als hätte ich mit einer Lachsalve gerechnet. Natürlich gab es kein Gelächter und nichts, was ihm ähnelte. Es herrschte Totenstille. So weit das Auge reichte, bot das Meer von Gesichtern einen beklagenswerten Anblick; einige schauten gekränkt drein; andere ließen Unmut erkennen, meine Freunde und Bekannten wirkten beschämt, und der Saal als Ganzes sah aus, als habe er ein Brechmittel eingenommen.

Ich versuchte, verlegen auszusehen, was mir ausgezeichnet gelang. Eine Weile lang sagte ich nichts, sondern blieb nur stehen und fuchtelte mit den Händen eine Art stummen Appell an das Mitgefühl des Publikums. Viele bemitleideten mich tatsächlich – das konnte ich sehen. Aber ich konnte auch sehen, dass die Übrigen nach Blut lechzten. Gleich darauf setzte ich von neuem an und brachte unbeholfen weitere Einzelheiten der Überlandfahrt hervor. Dann begann ich wieder auf meine Anekdote hinzuarbeiten mit der Miene eines Mannes, der glaubt, sie beim ersten Mal nicht gut genug erzählt zu haben, und der das Gefühl hat, dass sie den Zuhörern, wenn er sie nur kunstvoller erzählt, das nächste Mal besser gefallen wird. Die Zuhörer merkten, dass ich erneut auf die

Anekdote hinarbeitete, und ihre Verärgerung war offensichtlich. Dann sagte
ich:

»Kurz nachdem wir Julesburg am Platte River verlassen hatten, saß ich beim
Kutscher, und er sagte: ›Ich kann Ihnen eine ulkige Geschichte erzählen, wenn
Sie sie hören wollen. Einmal fuhr Horace Greeley diese Straße entlang. Als er
Carson City verließ, sagte er zu dem Kutscher Hank Monk, er habe einen Vor-
tragstermin in Placerville und sei darauf erpicht, so schnell wie möglich dorthin
zu gelangen. Hank Monk ließ seine Peitsche knallen und legte ein rasantes
Tempo vor. Die Kutsche schnellte so heftig auf und ab, dass sämtliche Knöpfe
von Horace' Mantel sprangen und er am Ende das Kutschdach sauber mit dem
Kopf durchstieß, und da brüllte er Hank Monk an und drängte ihn, umsichtiger zu fahren – sagte, er habe es nicht mehr ganz so eilig wie noch vor einer
Weile. Aber Hank Monk sagte: „Bleiben Sie nur sitzen, Horace, ich werde Sie
pünktlich abliefern!“, und Sie können wetten, dass er es auch tat – das, was von
Horace übrig war!‹«

Wieder hielt ich inne und blickte befriedigt und erwartungsvoll drein, aber
es war kein Laut zu hören. Der Saal war still wie das Grab. Wieder blickte ich
verlegen drein. Wieder wedelte ich mit den Armen. Ich versuchte mir den Anschein zu geben, als sei ich den Tränen nahe, und nach beträchtlichem Schweigen begann ich erneut mit der Überlandfahrt und stolperte zögernd voran –
nur um bald darauf wieder auf die Anekdote hinzuarbeiten. Der Saal ließ sich
seine Ungeduld deutlich anmerken, ich aber steuerte auf mein Ziel zu und war
bemüht, mir die ganze Zeit die Miene eines Mannes zu geben, der davon überzeugt war, dass es einen geheimnisvollen Grund gäbe, weshalb die Leute nicht
verstanden, wie komisch die Anekdote war, und dass sie sie schon noch verstehen würden, wenn es mir nur gelänge, sie richtig zu erzählen, weshalb ich noch
einen Versuch unternehmen musste. Ich sagte:

»Ein, zwei Tage später gabelten wir an einer Kreuzung einen Mann aus Denver auf, und eine Weile unterhielten wir uns gut. Dann sagte er: ›Ich kann Ihnen eine ulkige Geschichte erzählen, wenn Sie sie hören wollen. Einmal fuhr
Horace Greeley diese Straße entlang. Als er Carson City verließ, sagte er zu
dem Kutscher Hank Monk, er habe einen Vortragstermin in Placerville und sei
darauf erpicht, so schnell wie möglich dorthin zu gelangen. Hank Monk ließ

seine Peitsche knallen und legte ein rasantes Tempo vor. Die Kutsche schnellte so heftig auf und ab, dass sämtliche Knöpfe von Horace' Mantel sprangen und er am Ende das Kutschdach sauber mit dem Kopf durchstieß, und da brüllte er Hank Monk an und drängte ihn, umsichtiger zu fahren – sagte, er habe es nicht mehr ganz so eilig wie noch vor einer Weile. Aber Hank Monk sagte: „Bleiben Sie nur sitzen, Horace, ich werde Sie pünktlich abliefern!", und Sie können wetten, dass er es auch tat – das, was von Horace übrig war!«

Mit einem Mal begriffen die vorderen Reihen den Scherz und brachen in Gelächter aus, das sich immer weiter nach hinten ausbreitete, bis zum äußersten Rand des Saales, dann wieder nach vorn flutete und wieder zurück, und nach einer Minute war das Gelächter allgemein und so laut wie ein ohrenbetäubender Sturm.

In meinen Ohren war es ein himmlisches Geräusch, denn Schwäche und Besorgnis hatten mich nahezu erschöpft und beinahe schon davon überzeugt, auf der Bühne stehen bleiben und die ganze Nacht hindurch immer wieder diese Anekdote erzählen zu müssen, bevor ich den Leuten begreiflich machen könnte, dass ich eine köstliche Satire zum Besten gab. Ich bin sicher, dass ich nicht von der Stelle gewichen, sondern sie weiter mit dieser Geschichte beglückt hätte, bis ihr Widerstand gebrochen worden wäre, denn ich war der felsenfesten Überzeugung, dass ihre monotone Wiederholung die Leute irgendwann unfehlbar für mich eingenommen hätte.

Etliche Jahre später sollte in der Chickering Hall, New York, eine Autorenlesung stattfinden, und ich hatte vor, die Anekdote erneut zu erproben und zu sehen, ob ihre Wiederholung auch bei einem Publikum effektvoll wäre, das mit ihr völlig unvertraut war und das, falls überhaupt, ausschließlich an ihrer Wiederholung Vergnügen finden würde, da die Geschichte selbst nicht das geringste Fitzelchen enthielt, das bei irgendeinem Menschen seinen Sinn für Humor wecken könnte außer bei einem Idioten. Ich saß neben James Russell Lowell auf der Bühne, und er fragte mich, was ich lesen würde. Ich sagte, ich würde mit einförmiger und eintöniger Stimme eine kurze, völlig unsinnige Anekdote erzählen, das sei meine ganze Darbietung. Er sagte:

»Das ist eine merkwürdige Idee. Was bezwecken Sie damit?«

Ich antwortete:

»Gelächter. Ich will einfach, dass das Publikum lacht.«

Er sagte:

»Natürlich wollen Sie das – das ist Ihr Handwerk. Die Leute erwarten von Ihnen nichts anderes. Aber glauben Sie im Ernst, sie werden über eine einförmig und eintönig vorgetragene alberne und unsinnige Anekdote lachen?«

»Ja«, antwortete ich, »das werden sie.«

Lowell sagte: »Ich glaube, Ihre Gesellschaft ist gefährlich. Ich werde mich ans andere Ende der Bühne begeben, um mich vor den Ziegelsteinen in Sicherheit zu bringen.«

Als ich an die Reihe kam, stand ich auf und wiederholte wortgetreu – und sehr ernst und einförmig – meinen so viele Jahre zurückliegenden Auftritt in San Francisco. Eine so tödliche Tortur hatte ich in meinem ganzen wechselvollen Leben noch nicht durchzustehen. Ich rief nicht die geringste Reaktion hervor, bis ich die saft- und kraftlose Anekdote *fünfmal* mit denselben gleichbleibenden Worten erzählt hatte; dann endlich begriff der Saal die Pointe und zerstörte die herzzerreißende Stille mit höchst willkommenem Getöse, das mich belebte und auf das ich dringend angewiesen war, denn hätte ich die Anekdote noch viermal erzählen müssen, wäre ich gestorben – aber getan hätte ich es, selbst wenn mich jemand hätte stützen müssen. Das Getöse wollte sich ein oder zwei Minuten lang nicht legen, und es zu hören war Balsam für die Seele.

Mr. Lowell schüttelte mir herzlich die Hand und sagte:

»Mark, das war ein Triumph der Kunst! Und es war ein Triumph der Charakterstärke. Lieber würde ich einen verlorenen Haufen kommandieren und das Risiko eines blutigen Soldatentodes auf mich nehmen, als Ihrem Auftritt nachzueifern.«

Er sagte, während der ersten vier Wiederholungen habe er befürchtet, den stummen und ernsten und staunenden Saal vor sich, aus Sorge um meine Person zu sterben. Nie zuvor habe ihm ein anderer Mensch so leidgetan, ihm sei ein kalter Schauer über den Rücken gelaufen, bis die fünfte Wiederholung den Widerstand des Saals gebrochen und die gesegnete Erlösung gebracht habe.

Heute Morgen ist unseren Sommerfrischlern die folgende Karte zugestellt worden, und ich glaube, dass wir, selbst wenn wir in anderer Hinsicht scheitern

sollten, mit unserer Debatte die Lage retten werden – mit sechs oder acht Wiederholungen der Formel »Wie trefflich lässt sich das, was ich eben gesagt habe,
mit dem Fall des Mannes illustrieren, der –«.

Am Samstag, dem 1. September, wird Mr. Mark Twain im Club das wahre Geheimnis
der Tischrede lüften und mittels seiner selbst erfundenen Methode in einer einzigen
Unterrichtsstunde Novizen vermitteln, wie man erfolgreich und angemessen über jedes beliebige Thema spricht, ohne Verlegenheit, ohne vorherige Vorbereitung, ja ohne
die geringste Kenntnis des Themas.

Nach seinen Ausführungen wird es zur Veranschaulichung seiner Methode eine
Debatte zwischen ihm und seinen Schülern, Messieurs George Brush und Joseph
Smith, geben.

Die Veranstaltung beginnt um 16 Uhr.

Die Fotografien, die Mr. Paine vor mehreren Wochen auf der Säulenveranda
gemacht hat, sind entwickelt worden, und sie sind gelungen. Um der moralischen Lektion willen, die sie erteilen, möchte ich an dieser Stelle einen Satz
dieser Fotos einfügen, damit künftige Generationen sie studieren können – mit
dem erhofften Ergebnis, dass sie sich läutern, falls sie der Läuterung bedürfen –, und ich vermute, dass sie es tun. Ein halbes Dutzend dieser Serie schicke
ich an Freunde von mir, die der Läuterung bedürfen, wobei ich den Fotos den
folgenden Gruß vorangestellt habe:

Diese Fotostrecke hält mit wissenschaftlicher Präzision das Fortschreiten eines moralischen Anliegens durch den Verstand des ältesten Freundes der Menschheit Phase
für Phase fest.

Sollte ich lernen, gut zu sein? .... Ich bleibe hier sitzen und werde darüber nachdenken.

Ihr Mark Twain, Sept. 06

Mir scheint, dabei gibt es so viele Schwierig ....

Freitag, 31. August 1906

Und dennoch, wenn ich es *wirklich* versuchen wollte .....

.... und mit ganzem *Herzen* dabei wäre ....

.... Aber dann könnte ich den Sabbat nicht mehr entweih.....

.... und da gibt es noch *so* viele andere Privilegien, dass .... vielleicht .....

Ach, vergessen wir's, ich denke, ich bin gut genug, gerade so wie ich bin.

Endlich haben wir wieder etwas von meinem kleinen vierzehnjährigen Lieb-chen gehört, das fast fünfzig Jahre verschollen war. Es hatte fast so ausgese-hen, als hätten wir sie abermals verloren. Sie trieb sich bei alten Freunden in Missouri herum, und wir konnten sie nicht aufspüren. Wir vermuteten, sie sei nach Hause zurückgekehrt, nach Kalifornien, wo sie an einer Schule unter-richtet, und schickten den Scheck dorthin. Dieser reiste zwei Monate umher, bis er sie vor drei oder vier Tagen schließlich in Columbia, Missouri, antraf. Daraufhin schrieb sie mir einen charmanten charaktervollen Brief. Aufgrund des zur Schau gestellten Charakters finde ich in ihr, der Dreiundsechzigjähri-gen, das kleine vierzehnjährige Mädchen von damals wieder.

Als sie an jenem uralten Tag, von dem ich bereits in einem früheren Kapitel gesprochen habe, an Bord der *John J. Roe* zurück flussaufwärts fuhr, stieß das Schiff nachts gegen einen im Fluss treibenden Baumstumpf und war offenbar dazu auserkoren, in wenigen Minuten auf den Grund des Mississippi zu sto-ßen. Unter großem Lärm und Trubel wurde es schnellstens ans Ufer gebracht. An alle erging die Aufforderung, das Schiff unverzüglich zu verlassen. Das ge-schah auch – zumindest schien vorerst niemand zu fehlen. Dann entdeckte Youngblood, einer der Lotsen, dass sich seine kleine Nichte nicht unter den Geretteten befand. Er und der alte Davis, der Maat, eilten an Bord des sinken-den Schiffes und hämmerten an Lauras Tür, die verriegelt war, und riefen sie heraus – es sei keine Sekunde zu verlieren.

Sie erwiderte seelenruhig, mit ihrem Reifrock sei etwas nicht in Ordnung und sie könne noch nicht herauskommen. Sie sagten:

»Vergiss den Reifrock. Komm einfach. Vergeude deine Zeit nicht mit Neben-sächlichkeiten.«

Sie aber antwortete genauso ruhig, sie werde nicht herauskommen, bevor der Rock nicht repariert sei und sie in ihm stecke. Sie hielt Wort und ging in aller Gemächlichkeit an Land – vollständig bekleidet.

Daran dachte ich, als ich heute Morgen ihren Brief las, und die Erinnerung versetzte mich so tief in die graue Vergangenheit zurück, dass ich sie einen Au-genblick lang erneut durchlebte und wieder der unbedachte, leichtfertige Bur-sche von damals wurde, die riesige Zeitspanne war wie ausgelöscht – und mit ihr mein gegenwärtiger Zustand und mein weißes Haar. Daher traf es mich wie ein Blitz aus heiterem Himmel, als ich in ihrem Brief auf die folgende Passage stieß, und sie schien sich auf jemand anders zu beziehen.

Aber ich darf Sie nicht langweilen oder mit meinem Geplapper Ihre wertvolle Zeit in Anspruch nehmen. Ich vergesse völlig, dass ich einem der berühmtesten und begehrtesten Männern der Welt schreibe, was Ihnen beweist, dass ich noch immer den Wald von Arden durchstreife.

Also bin ich für Laura Wright ein Held! Das ist ganz und gar unvorstellbar. Man kann für andere Leute ein Held sein und es vage verstehen oder wenigstens glauben, aber dass man für eine enge, vertraute Freundin ein Held sein kann, ist etwas, was noch kein Held je zu begreifen imstande war, da bin ich mir sicher.

Sie hatte die Youngbloods besucht. Das ruft alte tragische Erinnerungen in mir wach. Youngblood war ein so feiner Mann, wie ich nur wenige gekannt habe. Damals war er jung und hatte eine junge Frau und zwei kleine Kinder – eine äußerst zufriedene und glückliche Familie. Er war ein guter Lotse und nahm die Pflichten dieser bedeutenden Position sehr ernst. Einmal, als ein Passagierschiff, auf dem er Lotsenwache stand, auf dem Mississippi Feuer fing, steuerte er das Schiff ans Ufer und blieb auf seinem Posten hinter dem Ruder, bis alle an Land gelangt waren und das gesamte Achterschiff einschließlich des hinteren Teils des Lotsenhauses ein einziges Flammenmeer darstellte; dann erst kletterte er über die Reling des Vorderdecks und kam, obwohl er sich schwere Verbrennungen und Brandblasen zugezogen hatte, mit dem Leben davon. Ein oder zwei Jahre später in New Orleans ging er eines Abends aus dem Haus, um für die Familie eine Besorgung zu machen, und verschwand auf Nimmerwiedersehen. Man vermutete, er sei ermordet worden, was zweifellos der Fall war, aber die Angelegenheit ist noch immer ein Rätsel.

Der alte Maat, Davis, war ein hochinteressanter Mann. Er war über sechzig, und sein buschiges Haar und sein buschiger Backenbart wären weiß gewesen, hätte er ihnen ihren Willen gelassen, aber das tat er nicht. Er färbte sie, und da er sie nur viermal im Jahr färbte, bot sich meist ein kurioses Schauspiel. War der Prozess erfolgreich, nahmen Haupt- und Barthaar mitunter ein leuchtendes attraktives Grün an; zu anderen Zeiten ein tiefes liebenswürdiges Purpur; zu wieder anderen Zeiten wuchsen die Haare nach und gaben den weißen Haaransatz frei. Die Wirkung war eindrucksvoll, besonders was den Backenbart betraf, denn bei bestimmtem Lichteinfall konnte man den Streifen weißes Haar an seinem Gesicht kaum sehen; dann schien sein buschiger Backenbart überhaupt nicht mit seinem Gesicht verbunden, sondern ganz und gar getrennt und unabhängig davon zu sein. Wie es das Amt des Obermaats erforderte, konnte er ungemein tüchtig fluchen. Dabei verfügte er über ein zusätzliches Vokabular, das keinem anderen Maat auf dem Fluss zu Gebote stand und das ihm ermöglichte, faule Deckhelfer wirkungsvoller als jeder andere fluchende Maat zur Arbeit anzutreiben, denn mochte es auch nicht gotteslästerlich sein, so war es doch von so mysteriöser, furchterregender und respekteinflößender Beschaffenheit, dass es fünf- oder sechsmal so gotteslästerlich klang wie alle anderen Flüche, denen man auf irgendeinem Vorderdeck der Flussfahrt begegnete. Davis hatte keine Schulbildung erhalten, die über Lesen und eine weitere Fertigkeit hinausging, die so sehr dem Schreiben ähnelte, dass sie halbwegs auf Täuschung angelegt schien. Er las, und er las viel und eifrig, seine ganze Bibliothek bestand indes aus einem einzigen Buch, und zwar Lyells *Geologie*, und an die hatte er sich gehalten, bis seinem Mund die ganze unerbittlich schroffe wissenschaftliche Terminologie vertraut war, selbst wenn er nicht die leiseste Ahnung hatte, was die Wörter bedeuteten, und er auf ihre Bedeutung auch nichts gab. Das Einzige, was er von diesen großen Wörtern wollte, war die Energie, die sie in seinen Deckhelfern weckten. Trat ein außergewöhnlicher Notfall ein, kam es zu einem Vulkanausbruch typischer orthodoxer alter Gotteslästerungen, gemischt und gewürzt mit achtunggebietenden geologischen Begriffen, die in einer förmlichen Anklage gegen seine Deckhelfer mündeten, altsilurische Invertebraten aus dem inkandeszenten Anisodactylus-Postpliozän zu sein, und er überantwortete die ganze Bande ausnahmslos der Verdammnis.

Unaufhörlich verletzen die Leute meine Würde. Hin und wieder setzt mir eine unwissende Person auf diese Weise zu. Früher einmal war ich Vortragskünstler, inzwischen aber bin ich längst geläutert. Ich habe diese ganzen Erniedrigungen hinter mir gelassen und versucht, der Welt begreiflich zu machen, dass ich

heute ein vornehmer Mensch bin, der sich von all den Nichtigkeiten zurückgezogen hat und für sich allein auf einem Gipfel sitzt – ein großes und leuchtendes literarisches Licht, das sich im Wesentlichen mit nichts Geringfügigerem als
mit der Sonne und den Konstellationen der Sterne befasst. Und wenn mich ein
Brief erreicht wie der, der mit der heutigen Morgenpost kam, zerrt er mich von
meinem Gipfel und demütigt mich.

Lesen Sie diesen respektlosen Brief und denken Sie darüber nach. Stellen Sie
sich das nur mal vor – einem Mann von meinem Format trägt jemand eine
Tournee durch Vaudeville-Theater an! Er sagt, er könne eine Tournee zusammenstellen mit je drei aufeinanderfolgenden Auftrittswochen und einer Woche
Rast. Er hat kein Schamgefühl. Er sagt, er könne mir so viele Wochen füllen,
wie ich nur wünsche, er brauche lediglich einen »sechzehn- bis zwanzigminütigen Monolog oder Vortrag, wie immer Sie es zu nennen belieben, und zwar
zweimal am Tag«.

Warum schlägt er mir nicht vor zu steppen – und fertig? Er glaubt wohl, ich
würde an einem solchen Engagement Gefallen finden – glaubt, es sei für mich
ein neues Betätigungsfeld, das mich vielen neuen Gesichtern präsentieren
werde; und er glaubt, das Beste von allem sei das »Endgeld«. Das Wort hört
sich recht gut an, könnte aber auch dann nicht anstößiger sein, wenn er es richtig buchstabiert hätte. Er glaubt, mir pro Woche eine recht »hübsche Summe«
garantieren zu können.

Aber lesen Sie den Brief selbst. Ich bin bis ins Herz verwundet und kann
mich nicht weiter damit beschäftigen. Sollte dieser Mensch von unserem Experiment mit Stegreifreden Wind bekommen, wird er mich vermutlich abermals
beleidigen.

Agentur Boyle

<small>INTERNATIONALES</small>

<small>VAUDEVILLE UND DRAMA</small>

31 <small>WEST</small> 31<small>ST STREET</small>

<small>NEW YORK</small>, 24. August 1906

Herrn Samuel L. Clemmens (Mark Twain)

21 Fifth Avenue, New York

Mein lieber Mr. Clemens: –

Ich möchte Ihnen eine Tournee durch Vaudeville-Theater vorschlagen. Ich kann eine Tournee zusammenstellen, sagen wir, mit drei aufeinanderfolgenden Auftrittswochen und einer Woche Rast. Ich könnte Ihnen so viele Wochen füllen, wie Sie nur wünschen, beginnend am 24. September oder in der ersten Oktoberwoche. Ich bringe diese Erklärung an, da ich befürchtete, Sie könnten Vaudeville für zu strapaziös halten. Wir benötigen lediglich einen sechzehn- bis zwanzigminütigen Monolog oder Vortrag, wie immer Sie es zu nennen belieben, und das zweimal am Tag. Einige Wochen würden den Sonntag einschließen, andere nur sechs Tage umfassen. Ich bin fest davon überzeugt, dass Sie an einem solchen Engagement Gefallen fänden. Es wird ein neues Betätigungsfeld für Sie sein, das Sie vielen neuen Gesichtern präsentiert. Das Beste von allem wäre das Endgeld. Ich bin überzeugt, dass ich Ihnen pro Woche eine recht hübsche Summe garantieren kann. Mit dabei wären natürlich das Hammerstein und Percy G. Williams' Theater in dieser Stadt und in Brooklyn und die erstklassigen Vaudeville-Theater in anderen Städten östlich von Chicago. Bitte denken Sie ernsthaft über die Angelegenheit nach und lassen Sie mich wissen, was Sie pro Woche für diese Art Engagement haben wollen.

Ich hoffe, dass Sie sich bester Gesundheit erfreuen und dass ich womöglich sogar eine positive Antwort von Ihnen erhalten könnte, und bin mit vorzüglicher Hochachtung

Ihr

B. Butler Boyle

Montag, 3. September 1906

*Die Debatte im Dubliner Clubhaus – Stegreifreden eignen sich
zur Unterhaltung an Bord von Ozeandampfern – Susys Biographie –
Die Summe in der Arithmetik – Sour Mash und die anderen Katzen –
Eine Huldigung für General Grant*

Am Samstagnachmittag führten wir im Club unser Projekt durch und waren
mit dem Ergebnis sehr zufrieden. An einem Ende des Saales hatten wir eine
schmale Bühne errichtet und drei Stühle aufgestellt, auf denen ich und meine
Schüler Platz nahmen. Ich erläuterte den Zuhörern mein System – ein System,
mit dessen Hilfe ich einem Novizen in einer einzigen Unterrichtsstunde beibringen könne, wie man zu jedem Anlass zufriedenstellend und erfolgreich improvisierte Reden hält, frei von der Leber weg, ja ohne Zweifel oder Sorge über
das Ergebnis. Ich sagte, eigentlich hätten meine beiden Schüler – die Künstler
George Brush und Joseph Smith – ja noch überhaupt keinen nennenswerten
Unterricht erhalten, doch die Erklärung, die ich soeben gegeben hätte, werde
sie in die Lage versetzen, auf Zuruf aufzustehen und zum Publikum zu sprechen, und zwar zu dessen voller Zufriedenheit – denn beide hätten zwei, drei
Anekdoten in der Westentasche, und da Anekdoten einen wesentlichen Bestandteil meines Systems der Stegreifrede ausmachten, würden die daraus resul-
tierenden Reden zwangsläufig erfolgreich sein. Ich sagte, mein System sei zwar
noch nie zuvor dem strengen Test einer Debatte unterzogen worden, man
werde jedoch feststellen, dass es sich auch für diesen Ernstfall bestens eigne.

Ich sagte, sobald uns das Publikum ein Diskussionsthema vorschlage, seien
wir bereit zu beginnen. Nach kurzer Beratung mit anderen stellte Professor
Henderson die folgende Frage zur Debatte:

Wenn der Erlass erginge, eines der beiden Geschlechter müsse ausgetilgt werden,
welches sollte besser verschont bleiben?

Ich sagte, das sei eine bewundernswerte Wahl und werfe eine Frage auf, die nur
schwer zu beantworten sei, indes schreckten uns ihre Schwierigkeiten nicht; in
eineinviertel Stunden sei sie beantwortet, und zwar ein für alle Mal.

Ich zog es vor, die Debatte selbst zu eröffnen und zu behaupten, dass der Planet ohne Männer besser zurechtkomme als ohne Frauen. Ich beauftragte Mr. Brush, diese Position anzugreifen und seinen ganzen Scharfsinn auf die Verteidigung der höheren Schutzansprüche des männlichen Geschlechts zu richten. Ich beauftragte Mr. Smith, sich im Anschluss auf die eine oder andere Seite oder auf beide Seiten zu schlagen, ganz nach Belieben und den Regungen seines Geistes.

Wir führten die Debatte mit angemessener Ernsthaftigkeit und Lebhaftigkeit durch; zuweilen mit tiefen Gefühlen, gelegentlich mit Ausbrüchen von Rachgier und Schmähsucht. Die Reden der beiden Männer endeten jeweils mit einer ausgezeichneten Anekdote, die zu illustrieren vorgab, was der Sprecher soeben gesagt hatte, aber natürlich nichts dergleichen tat – weder illustrierte sie, was er noch was sonst irgendjemand in diesem Jahr geäußert hatte.

Brush machte sich Charakter und Habitus eines alten deutschen Professors zu eigen und ergründete die Tiefen des Themas, wobei er sich mit Eruptionen wissenschaftlicher Begriffe behalf, die in tote Sprachen eingekleidet waren; und seine gravitätische Mischung von Ernsthaftigkeit und Absurdität war eine schöne Zurschaustellung von Kunstfertigkeit mit äußerster Durchschlagskraft.

Mr. Smith machte sich zielsicher den blumigen Stil eines erfahrenen Disputanten dörflicher Debattierclubs aus alten Zeiten zu eigen und stellte kunstfertig jenes Selbstvertrauen und jene Selbstgefälligkeit zur Schau, die einer fundierten Reputation entspringen.

In kurzweiligen eineinviertel Stunden waren wir durch, und ich war überzeugt, dass wir eine wertvolle Entdeckung gemacht hatten. Ich war mir sicher, dass Country Clubs, denen nur lokale Größen zur Verfügung stehen, so dass es für sie normalerweise schwierig ist, alle vierzehn Tage wirklich unterhaltsame Unterhaltung anzubieten, lediglich Debatten nach unserem Plan durchzuführen brauchen, um in jedem einzelnen Fall ausgezeichnete Nonsensunterhaltung zu gewährleisten.

Ich fühle mich veranlasst, unsere Technik dem seefahrenden Publikum anzutragen. Sie sollte auf Ozeandampfern eingeführt werden und den Platz füllen, der am Abend vor dem Erreichen des Hafens seit Generationen von jenen trostlosen Darbietungen der an Bord versammelten Talente eingenommen wird –

der Schwurgerichtsverhandlung, die stets eine geistlose und überspannte Darbietung ist; dem »Konzert«, das aus Reden besteht, die nichts als Komplimente
für das Schiff und seine Offiziere sind, von Amateurmusikern, die nicht zu begeistern vermögen, und dem allzu pathetischen Vortrag von »Curfew Shall Not
Ring To-night« und anderen abgenutzten alten Peinlichkeiten. Ich glaube, im
Veranstaltungsprogramm eines Ozeandampfers gibt es nichts, was so inhalts-
leer, so geräuschvoll, unsinnig und armselig ist wie die Schwurgerichtsverhandlung. Neulich habe ich eine gelesen, die irgendein Fanatiker stenographisch
mitgeschrieben und veröffentlicht hat. Zweifellos war sie schon, als sie stattfand, mehr als dümmlich; mit Sicherheit aber noch dümmlicher, als man sie der
unbarmherzigen Druckerpresse anheimgab. Ich hoffe, es kommt ein besserer
Tag, wenn die Vorträge und die Schwurgerichtsverhandlung auf See endlich
abgeschafft sind und die Stegreifdebatte auserkoren wird, ihren Platz einzunehmen. Um diese anderen Dinge erträglich zu machen, sind bei den Ausführenden Talent und Erfahrung vonnöten; um eine Stegreifdebatte zu einem Genuss
zu machen, sind weder Talent noch Erfahrung vonnöten – nichts ist vonnöten
außer einem Schwall ernster, unzusammenhängender Worte, der in gewissen
Abständen von einer illustrativen guten Anekdote unterbrochen wird, einer
Anekdote, die nichts illustriert. Worte gibt es in Hülle und Fülle; gute Anekdoten nicht minder. Da in jeder größeren Menschenansammlung beides vorhanden ist, kann die Stegreifdebatte gar nicht missglücken.

Aus Susys Biographie

Neulich saßen wir alle beisammen, als Papa zu Clara und mir sagte, er wird uns eine
Rechenaufgabe stellen; er begann: »Wenn A für $ 100 ein Pferd kaufft –« »$ 200«, *1884*
unterbrach ihn Jean; der Ausdruck von Verwunderung und Unterwerfung in Papa Gesicht, als er sich Jean zuwandte und fragte: »Wer stellt hier die Aufgabe, Jean?«, war
unbeschreiblich komisch. Jean lachte, und Papa fuhr fort: »Wenn A für $ 100 ein Pferd
kaufft –« »$ 200«, unterbrach ihn Jean sofort; Papa blickte verduzt drein, und Mama
brach in schallendes Gelächter aus. Uns allen war klar, dass Papa seine Summe auf
$ 200 erhöhen musste. Folglich begann er: »Wenn A für $ 200 ein Pferd kaufft und B
für $ 140 ein Maultier kaufft und beide eine Sozietet gründen und ihre Tiere gegen ein

Stück Land im Wert von $ 480 eintauschen, wie lange braucht dann ein Lahmer, um sich einen seidenen Regenschirm auszuleihen?«

Susy stellt keine Antwort zur Verfügung – und jetzt, nachdem zwanzig Jahre verstrichen sind, merke ich, dass ich es auch nicht vermag. Es ist einer jener Verluste, die wir zwar beklagen, aber nicht mehr rückgängig machen können.

Papas große Sorge ist jezt Sour Mash (die Katze), und er will von seinem Arbeitszimmer auf dem Hügel herunterkommen, um zu sehen, wies ihr geht.

Das zu tun war ganz natürlich für mich, denn ich hegte große Bewunderung und ebenso große Zuneigung für Sour Mash. Seit vielen Jahren war sie eine Institution auf Quarry Farm. Sie besaß jene edle Eigenschaft im Überfluss, die alle Katzen auszeichnet und über die weder der Mensch noch irgendein anderes Tier in beträchtlichem Maße verfügt – Unabhängigkeit. Zudem war sie sanft, sie war treu, sie war mutig, sie war unternehmungslustig, sie war gerecht gegenüber ihren Freunden und ungerecht gegenüber ihren Feinden – und sie hatte einen berechtigten Anspruch auf folgendes hohes Kompliment, das John T. Lewis so oft über die Lippen brachte – widerstrebend, wie durch Zwang, aber deshalb umso kostbarer:
»Andere Christen befinden sich in ständiger Sorge um die Meinung anderer Leute, Sour Mash aber schert sich den Teufel darum.«
In der Tat gab sie nichts auf Kritik, und ich glaube, das war ihr größter Liebreiz. Ihre Emsigkeit war bemerkenswert. Immer hatte sie zu tun. Wenn sie nicht Grashüpfer tötete, tötete sie Schlangen – denn Schlangen erfüllten sie nicht mit Schrecken. Wenn sie nicht Mäuse fing, fing sie Vögel. Sie war unermüdlich in ihrer Kraft. Jeder wache Moment war ihr kostbar; sie würde schon etwas Nützliches zu tun finden – und wenn ihr der Zündstoff ausging und sie sonst nichts zu tun fand, bekam sie Junge. Sie sorgte stets für Nachschub, und ihre Würfe waren von ausgesuchter Qualität. Sie selbst war eine dreifarbige Schildpattkatze, doch was Rasse, Glauben oder Kaste betraf, hegte sie keine Vorurteile. Dank jener Unvoreingenommenheit, die ein so edler Bestandteil ihres Charakters war, bescherte sie uns alle Arten, alle Farben. Sie duldete keine

344

Hunde auf dem Gelände außer denen, die dorthin gehörten. Besucher, die ihre Hunde mitbrachten, hatten stets Anlass zur Reue. Sie verfolgte nicht etwa zwei Pläne, um einen Hundegast zu empfangen, sondern genau einen. Sie wartete gar nicht erst ab, bis man ihr einen Hund förmlich vorgestellt hatte, vielmehr sprang sie unverzüglich auf seinen Rücken und ritt auf ihm über das ganze Farmgelände. Am nächsten Tag verschickte sie mit meiner Hilfe Kärtchen und lud denselben Hund zu einem Gartenfest ein, doch die Einladungen wurden von keinem angenommen. Ein Hund, der ihre Gastfreundschaft einmal genossen hatte, war geneigt, fürderhin darauf zu verzichten.

Einige Monate nach der lezten Aufführung von *Prinz und Bettelknabe* brachen wir zur Farm auf. Die Farm, wo Tante Susy wont und wo wir den Sommer verbringen. Sie liegt oben auf einem hohen Hügel mit Blick auf das Tal von Elmira. Im Winter hatte Papa aus Kansas eine kleine Eselin für uns auf die Farm bringen lassen, und als wir auf der Farm eintrafen, waren wir entzükt, die Eselin in guter Verfasung anzutreffen, so das wir sie reiten konnten. Aber sie hat sich als sehr störrisch erwisen und wir können sie nur vorantreiben, indem wir mit einer Handvoll Cracker vor ihr herlaufen.

Das Tierchen war nicht größer als ein Kalb, aber wenn es erst einmal beschlossen hatte zu bocken, ließ es sich mit keiner List, deren die Kinder Herr waren, vom Fleck bewegen. Ich sagte, es liege daran, dass sie nicht konsequent genug mit ihr umgingen; dass es ihnen an Vertrauen in die eigene Führungskraft fehle und dass sich das Tier dessen bewusst sei und die Situation ausnutze. Ich sagte, es müsste nur mal jemand mit Selbstvertrauen und Charakterstärke auf seinem Rücken sitzen – dann werde es sich schon unterordnen. Um Anschauungsunterricht zu erteilen, sprang ich auf den Rücken des Tieres, rutschte aber im selben Moment über seinen Kopf und fand mich auf meinem eigenen Rücken wieder. Die Kinder waren erstaunt, aber ich sagte, das sei doch gar nichts, das könne ich gern jedes Mal tun.

Damals war ich musikalischer, als es mir jetzt im hohen Alter vergönnt ist, und ich konnte lauter brüllen als jeder Esel der Umgebung und sein Iah übertrumpfen. Die Kinder bewunderten diese Darbietung maßlos, und oft ließen sie nicht locker, bis das Echo durch Hügel und Täler schallte. Besonders begierig waren sie, dass ich mein Talent in Gesellschaft vorführte, aber ich war schüchtern und zog mich unter diesem oder jenem Vorwand aus der Affäre. Sie wollten, dass ich meinen Eselsschrei in poetische Form brachte, und das tat ich auch; tat es höchst formvollendet, zumindest ihrer Meinung nach, denn sie waren nachsichtige Kritikerinnen. Es war ein hervorragendes Gedicht, allein schon unter poetischen Gesichtspunkten, aber was es wirklich vollkommnen machte, war der Schrei. Die Eselstute hieß Cadichon. Ich kann mich nicht mehr erinnern, wer sich diesen Namen ausgedacht hatte, die Aussprache jedenfalls gaben die Kinder vor. Sie riefen sie Kiditchin, mit der Betonung auf der mittleren Silbe.

Aus Susys Biographie

Papa hat ein kleines Gedicht über sie geschrieben, das ich noch habe und das ich hier einfüge, es ist teils auf Deutsch, teils auf Englisch abgefasst.

Kiditchin

O du lieb' Kiditchin,
Du bist ganz bewitchin',
    I − − − − − ah!

Zur Sommerzeit, Kiditchin,
Bist du lieb von Nas' bis britchin.
    I − − − − − ah!

Zur Straf' droht dir 'n switchin',
Tust du nach Unfug itchin.
    I − − − − − ah!

Doch bist du brav, Kiditchin,
Sollst schlemmen du in James' kitchen.
    I − − − − − ah!

Montag, 3. September 1906

O lass erklingen deinen Song –
Den edlen Ton prolong –
Du lebender Chinesengong!

I – – ah! I – – lah!
Süßester Esel, den man je sah.*

Es gibt jetzt elf Katzen hier auf der Farm, und Papas Liebling ist eine Schiltpatkatze, die er »Sour Mash« getauft hat und eine kleine geflekte namens »Hungersnot«. Was Papa die Katzenprotzession nennt ist ein sehr hübscher Anblick sie kam so zustande. An der Spitze ging Old Minnie (die Mutter aller Katzen), danach kam Tante Susie, dann Clara auf dem Esel, begleitet von einem Pulk Katzen, dann Papa und Jean Hand in Hand und ein Pulk Katzen bildete die Nachhut, Mama und ich waren das Publikum.

Unsere verschidenen Beschäftigungen sehen so aus. Papa steht gegen ½ 8 morgens auf, frühstükt um acht, schreibt spielt mit Clara und mir Tennis und versucht den Esel morgens vom Flek zu bewegen, tut verschidene Dinge am Nachm. und spielt am Abend mit Clara und mir Tennis und unterhelt Jean und den Esel.

Mama steht gegen ¼ vor acht auf, frühstükt um acht, übt mit Jean von 9–10 Deutsch zu lesen, mit mir von 10–11 – Dann liest lernt oder besucht sie eine Weile Tante Susie und dann liest sie Clara und mir bis zum Mittagessen Dinge vor die mit englischer Geschichte zu tun haben, denn wir hoffen nächsten Sommer nach England zu fahren, während wir nähen. Dann essen wir Mittag. Sie lernt etwa eine halbe Stunde oder besucht Tante Susie, dann liest sie uns eine Stunde oder länger vor, dann lernt schreibt liest sie und ruht sich bis zum Abendessen aus. Nach dem Abendessen sizt sie auf der Veranda und arbeitet bis acht Uhr, von acht Uhr bis zur Schlafenszeit spielt sie mit Papa Whist und wenn sie sich zurückgezogen hat liest sie und lernt eine Weile Deutsch.

Clara und ich machen alles Mögliche von Lernen über Eselreiten bis Fangenspielen, während Jean ihre Zeit damit verbringt Mama zu fragen, was sie essen daf.

Heute ist Jeans Geburtstag. Sie ist 5 J. alt. Papa ist heute nicht da und er hat Jean

* [Deutsch im Original: O du lieb' Kiditchin, / Du bist ganz; Anm. des Übers.]

347

telegraphiert dass er ihr für die nächsten 65 Jahre alles Gute wünscht. Gerade hat Papa etwas über General Grant geschrieben. Ich füge es hier ein.*

General Grant

Jeder, der das Privileg genossen hat, General Grant persönlich zu kennen, wird feststellen, wie treffend General Beale kürzlich dessen außergewöhnliche, ehrliche, schöne Natur umrissen hat. Wie die Legenden um König Arthur und seine Tafelrunde berichten, lag Sir Launcelot, die Blume christlicher Ritterlichkeit, ein Edelmann ohnegleichen, vor dreizehnhundert Jahren tot in der Burg Joyous Gard. Mit liebendem und sehnsuchtsvollem Herzen hatte sein Bruder, Sir Ector von Maris, sieben lange Jahre geduldig nach ihm gesucht, und nun traf er bei Einbruch der Nacht an diesem Ort ein und hörte den Mönchsgesang für den Toten. In dem wunderlichen und bezaubernden Englisch von vor fast vierhundert Jahren heißt es in der Geschichte**:

»Und als Sir Ector solchen Lärm und Licht im Chor von Joyous Gard wahrnahm, stieg er ab und versorgte sein Pferd und kam in den Chor, und dort sah er Männer singen und weinen. Und sie alle kannten Sir Ector, aber er kannte sie nicht. Da ging Sir Bors zu Sir Ector und berichtete ihm, wie da sein Bruder Sir Launcelot tot lag; und da tat Sir Ector Schild, Schwert und Helm von sich. Und als er Sir Launcelots Gesicht sah, fiel er ohnmächtig nieder. Und als er erwachte, da kann keine Zunge die schmerzlichen Klagen berichten, die er um seinen Bruder anhub.«

Dann folgt seine Huldigung – eine Passage, deren edle und schlichte Beredtheit in der englischen Literatur nicht ihresgleichen fand, bis die Rede von Gettysburg den erhabenen Platz an ihrer Seite einnahm. Schon vor dreizehn Jahrhunderten zeichneten die Worte ein Porträt; heute zeichnen sie, ohne dass man auch nur eine Silbe verändern müsste, ein Zwillingsporträt:

»Ah, Launcelot, sagte er, du warst das Haupt aller christlichen Ritter, und getrost sage ich, sagte Sir Ector, nun du, Sir Launcelot, da liegst, dass du nie von der Hand eines irdischen Ritters besiegt worden bist. Und du warst der ritterlichste Held, der je

---

* Auf ihren Wunsch geschrieben – für Susys Biographie. S. L. C.

** [Zit. n. Sir Thomas Malory, *König Arthur und die Ritter der Tafelrunde*. Aus dem Englischen von Hedwig Lachmann. Anaconda, Köln 2009, S. 1226–27. Die deutsche Übertragung stammt aus dem Jahre 1913 und ist dementsprechend weniger »wunderlich« und »bezaubernd«; Anm. des Übers.]

einen Schild trug. Und du warst der treueste Freund deinem Freund, der je ein Pferd bestieg. Und du warst der treueste Liebende unter sündigen Männern, der je ein Weib geliebt hat. Und du warst der gütigste Mann, der je das Schwert gezückt hat. Und du warst der trefflichste Held, der je ins Getümmel von Rittern ritt. Und du warst der liebenswürdigste und artigste Mann, der je in der Halle bei Frauen saß. Und du warst der strengste Ritter gegen deinen Todfeind, der je die Lanze einlegte.«

Dienstag, 4. September 1906

Die Vormachtstellung der Stubenfliege

Es gibt etwas, was mich jedes Mal, wenn ich daran denke, mit Staunen und Ehrfurcht erfüllt – und das ist der selbstbewusste und brillante Kampf der Stubenfliege um ihre Vormachtstellung gegenüber dem Menschen. Dank seines Einfallsreichtums hat der Mensch im Laufe der Zeitalter mittels Eifer und Entschlossenheit Wege gefunden, seine Herrschaft über jedes Lebewesen unter dem Himmelsgewölbe zu errichten und zu etablieren – mit Ausnahme der Stubenfliege. An der Stubenfliege ist er noch stets gescheitert. Heute ist die Stubenfliege von ihm noch immer so unabhängig, wie sie es war, als Adam zum ersten Mal nach ihr schlug und sie nicht erwischte. Die Stubenfliege trotzt allen Erfindungen, die der Mensch zu ihrer Unterwerfung oder Vernichtung ersinnt. Noch nie ist ein Geschöpf erschaffen worden, das dem Menschen auf Augenhöhe begegnen, ihn verhöhnen und ihm trotzen konnte – mit Ausnahme der Stubenfliege. Die Herrschaft des Menschen über die belebte Natur war in alten Zeiten nicht vollständig; im Verlauf der Erdzeitalter aber hat sein erfinderischer Genius Stück für Stück erst einen, dann einen weiteren der Unbezwinglichen unter seine Herrschaft gebracht: erst den Elefanten, den Tiger und dann den Löwen, das Flusspferd, den Bären, das Krokodil, den Wal und so fort. Ein Tier nach dem anderen, das dem Menschen im Kampf überlegen ist, hat kapituliert und die Flagge gestrichen. Heute ist der Mensch der erklärte Herr über sie alle. Es gibt nicht eines – keiner Gattung –, das überleben kann, wenn der Mensch es sich zur Aufgabe macht, es auszurotten – die Stubenfliege stets ausgenommen. Die Natur kann ein Ungeheuer von noch so kolossalem Ausmaß konstruieren, der Mensch wird eine Möglichkeit finden, es auszurotten, sobald er seiner Gesellschaft überdrüssig ist. Die Natur kann ein Geschöpf von verschwindender mikroskopischer Kleinheit ausklügeln und es noch so gut verstecken – der Mensch wird es aufstöbern; aufstöbern und töten. Die Natur hat versucht, Mikroben auf das letztmögliche Format von Winzigkeit zu verkleinern in der Hoffnung, mit diesem Kunstgriff hundert tödliche Krankheiten zu schützen und zu erhalten, für die sie wärmere Zuneigung empfindet als für jede Wohltat, die sie dem Menschen je erwiesen hat, der Mensch aber hat sie überlistet und dafür gesorgt, dass sie ihre Zeit und Mühe umsonst verschwendet. Kläglich erwartungsvoll hat sie ihre Mikroben immer weiter verkleinert, bis sie schließlich hundert Millionen in einem einzigen menschlichen Blutstropfen verbergen kann – doch all das ist verlorene Liebesmüh. Wenn der Mensch seiner Mikroben überdrüssig wird, weiß er, wie er sie aufstöbern und vernichten kann. Es ist höchst sonderbar, aber die schlichte Wahrheit sieht so aus: Von all den Myriaden Geschöpfen, die die Erde bewohnen, einschließlich des christlichen Dissidenten, ist nicht eines außerhalb der Reichweite der eliminatorischen Erfindungsgabe des wissenschaftlichen Menschen – mit Ausnahme der Stubenfliege.

Es ist ein katastrophaler Zustand. Könnte man sämtliche lästigen und schädlichen Geschöpfe auf Erden hundertfach vermehren und im Tausch die Stubenfliege vernichten, der Mensch würde den Vertrag dankbar und erleichtert unterzeichnen. Wir wären unendlich viel besser dran als jetzt. Eine einzige Stubenfliege kann uns mehr Not und Elend und Verzweiflung bescheren als Dutzende andere Ärgernisse, die die Natur ersonnen hat, um unseren Frieden zu vergiften und unser Wohlbehagen zu stören. Die ganze menschliche Findigkeit hat sich im heiligen Krieg gegen die Fliege erschöpft, und doch ist die Fliege heute noch immer, was sie schon zu Adams Zeiten war – unabhängig, dreist, zudringlich und unzerstörbar. Das Fliegenpapier hat nichts bewirkt. Der Prozentsatz der Fliegen, die daran kleben bleiben, beträgt nur eins von hundert, und die anderen neunundneunzig versammeln sich wie zu einem Zirkusfest und genießen die Vorstellung. Fliegen mit einem nassen Handtuch zu klatschen hat keinen Wert außer dem der körperlichen Ertüchtigung. Unter fünfzig Präzisionsschützen gibt es nicht zwei, die eine Fliege selbst aus nächster

Nähe mit einem nassen Handtuch treffen, so dass diese Methode weit mehr Demütigung als Genugtuung bereitet, denn die verfehlte Fliege hat einen beredt-höhnischen Gesichtsausdruck, der den feinfühligen Handtuchwerfer, ist seine Selbstachtung erst einmal zerstört, daran hindert, seine Bemühungen fortzusetzen – ein Resultat, das nahezu unausweichlich auf den dritten oder vierten Fehlversuch folgt. Wut und Eifer beeinträchtigen seine Zielgenauigkeit. Unter ihrem Einfluss holt er jedes Mal zu einem Schlag aus, der einen Hund treffen würde, die Fliege hingegen rätselhafter- und unerklärlicherweise verfehlt – nicht einmal in ihrem Hoheitsgebiet landet er. Dann lächelt die Fliege jenes kalte und beleidigende Lächeln, das ihr heilig ist, und der Mensch ist besiegt und gibt das Kräftemessen auf. Zur Vernichtung schädlicher Insekten hat man giftige Pulver erfunden; andere Insekten gehen daran zugrunde, die Fliege aber mag sie noch lieber als Zucker. Eine Methode, die Fliege tatsächlich auszurotten und unsere Häuser gründlich von ihr zu befreien, ist bisher nicht entdeckt worden. Als unsere moderne Art, sämtliche Türen und Fenster mit Fliegengittern zu versehen, eingeführt wurde, hieß es, jetzt seien wir die Fliege los, endlich hätten wir sie zusammen mit der Mücke besiegt. Welch ein Irrtum. Diese andere Tierchen müssen heutzutage draußen bleiben, doch die Fliege gehört wie eh und je zur Familie.

Vor ein, zwei Wochen brachten wir in meinem Schlafzimmer jede einzelne Fliege zur Strecke; dann hielten wir die Türen Tag und Nacht geschlossen. Ich glaubte, die Pest ein für alle Mal los zu sein, und frohlockte. Das war voreilig. Als ich am nächsten Morgen aufwachte, versammelte sich um mich herum eine Schar Fliegen, die auf mein Frühstück lauerten – Fliegen, die den Schweinekoben aufgesucht hatten, das Hospital und sämtliche Orte, wo Krankheit, Verfall, Tod und Verwesung zu finden sind, ihre Rüssel und Beine wimmelten nur so von Mikroben, die sie von Wunden, entzündeten Stellen und Geschwüren aufgelesen hatten, und bereitwillig und begierig warteten sie darauf, diese Ablagerungen an der Butter abzustreichen und so der unwürdigen Pflicht nachzukommen, die die Natur – des Menschen hartnäckiger und unerbittlicher Feind – ihnen zugedacht hat.

Es war eine erstaunliche Angelegenheit. Die Fliegengitter waren intakt, die Türen nicht geöffnet worden; wie waren die Viecher ins Zimmer gelangt? Nach eingehender Beratung kam man überein, dass sie durch den Schornstein ge-kommen sein mussten, da im Zimmer keine andere Öffnung vorhanden war. Wieder frohlockte ich, denn jetzt glaubte ich, die Fliege unfehlbar schlagen zu können. Militärisch gesprochen, hatten wir sie in den letzten Schützengraben zurückgedrängt. So weit der Plan. Sofort ließen wir ein feinmaschiges Drahtgit-ter anfertigen, das genau in die Kaminfront passen würde, so dass die Öffnung wirksam blockiert wäre. Im Laufe des Tages machten wir sämtlichen Fliegen im Zimmer den Garaus. Am Abend schichteten wir die Holzscheite auf und brachten das Gitter an. Beim Frühstück am nächsten Morgen hatte ich keine Gesellschaft und konnte endlich ungestört essen. Das Kaminfeuer war ent-facht, und gastfreundlich und gesellig züngelten die Flammen. Da sah ich, dass unsere Vermutung, wie die Fliegen eingedrungen waren, zutraf, denn mittler-weile hatten sie trotz Feuer und Rauch begonnen, den Schornstein herabzusur-ren und sich an der Innenseite des Gitters zu versammeln. Kaum zu glauben, dass sie es gewagt hatten, durch Feuer und Rauch herabzusurren, aber genau das hatten sie getan. Ich vermute, es gibt nichts, wovor sich eine Fliege fürchtet. Ihre Waghalsigkeit lässt den Mut aller anderen billig und armselig erscheinen. Jetzt, da ich weiß, dass sie durch Feuer geht, um ihr Ziel zu erreichen, bin ich überzeugt, dass es auf dieser Erde keine Gefahren gibt, über die sie nicht lacht.

Ohne mein tiefsitzendes Vorurteil hätte ich diese waghalsigen Viecher be-wundert. Ich hätte mich geradezu verpflichtet gefühlt, sie zu bewundern. Und in der Tat hätte ich sie trotz allem bewundert, wenn sie von der angeborenen Dreistigkeit und Unbescheidenheit ihrer Natur etwas abgekommen wären und sich wenigstens ein Mal auf demütige und gewinnende christliche Art verhal-ten hätten. Aber es waren Fliegen, und sie vermochten es nicht. Die Hitze ver-sengte ihnen den Rücken – ich wusste es, ich konnte es sehen –, doch mit ver-fehlter und kränkender Großspurigkeit gaben sie vor, es zu mögen. Die Fliege ist ein eitles, engherziges und unangenehmes Geschöpf. Sie können eine Fliege in eine noch so beschämende, ja groteske Lage bringen – sie wird stets versu-chen zu prahlen.

Wir attackierten das Gitter mit Besen, nassen Handtüchern und dergleichen und versuchten die Fliegen zu verscheuchen und ins Feuer zu treiben, aber das belustigte sie nur. Eine Fliege zieht Belustigung aus allem, was wir anstellen. Sie fassten es als ein Spiel auf, das sie mit unverdrossener Beharrlichkeit und großem Genuss mitmachten. Wie immer gingen sie als Sieger hervor. Wie immer gab der Mensch sich geschlagen, und die Fliege obsiegte. Es war kalt, und bald mussten wir das Gitter wegnehmen, um Holz nachzulegen. Da stürzten sie alle mit Hurrarufen ins Zimmer, sagten, sie freuten sich, unsere Bekanntschaft zu machen, und erklärten, sie wären schon früher gekommen, hätten sich jedoch aufgrund unvorhergesehener Umstände verspätet.

Aber noch haben wir Hoffnung. Um die Mittagszeit war das Feuer seit ein paar Stunden erloschen, das Gitter war wieder angebracht, und auf der Innenseite saßen keine Fliegen. Das verhieß Gutes – zumindest schien es Gutes zu verheißen –, und so haben wir aufs Neue einen Plan gefasst. Fortan werden wir, wenn wir morgens ein Feuer machen, tagsüber nicht nachlegen. Lieber will ich frieren. Es mögen so viele Fliegen herabsurren, sich am Gitter versammeln und prahlen, wie sie wollen, sie werden dort bleiben müssen. Wir werden sie nicht wieder ins Zimmer lassen, und wenn das Feuer niederbrennt, werden sie sich durch den Schornstein wieder zurückziehen und die frevelhaften und heimtückischen Nachstellungen, für die sie erschaffen wurden, anderswo betreiben.

Der Floh verkehrt nie mit mir – hat nie auch nur ein vorübergehendes Verlangen nach meiner Gesellschaft bekundet, und so hege ich für ihn nur die freundschaftlichsten Gefühle. Die Mücke beunruhigt mich nur mäßig, und ich empfinde nichts als milde Abneigung gegen sie. Von allen Tieren, die die Erde, die Luft und das Wasser bevölkern, hasse ich nur eines – und das ist die Stubenfliege. Und wie ich sie hasse! Ich hasse sie mit einem Hass, der sich mit Worten nicht ermessen lässt. Die Schlange, die Spinne und all die anderen verschone ich und würde ihnen nicht mutwillig Schmerz zufügen, aber ich würde keine Mühen scheuen und meine liebste Beschäftigung beiseitelegen, um eine Fliege zu töten, selbst wenn ich wüsste, dass es die allerletzte ist. Ich kann es sogar ertragen, eine Fliege eine ganze Minute, ja sogar zwei Minuten leiden zu sehen, wenn es eine Fliege ist, die mit einem nassen Handtuch zu jagen ich eine geschlagene Stunde zugebracht habe – aber das ist die Grenze. Ich würde ihr ein Jahr beim Leiden zusehen wollen, und zwar mit Freuden, wenn ich das Leiden auf die Fliege beschränken könnte; doch nachdem das Leiden einen gewissen Punkt erreicht und der größere Teil mir zuzufallen beginnt, muss ich einschreiten und sie von ihren Qualen erlösen, denn ich bin wie die übrigen Angehörigen meiner Spezies – einem Mitgeschöpf gegenüber zeige ich mich nur aus einem Grund barmherzig: damit sein Schmerz nicht auf *mich* übergeht.

Seit nunmehr fünfundzwanzig Jahren beobachte ich das Menschengeschlecht mit großer Aufmerksamkeit, und ich weiß ohne den geringsten Zweifel, dass wir den Schmerz eines anderen Geschöpfes so lange ohne Unbehagen ertragen, bis sein Schmerz *uns selbst* Schmerzen bereitet. Dann werden wir löblicherweise unverzüglich barmherzig. Ich ahne, dass es ein Jammer ist, kein edleres Motiv zu haben, einem Mitgeschöpf Schmerzen zu ersparen, aber das ist nun mal die kalte Wahrheit – wir haben kein edleres. Wir empfinden keine Spur von Mitleid, nicht einen Deut Mitleid mit den Qualen irgendeines Geschöpfes, bis sie den Punkt erreichen, wo der Anblick uns selbst Qualen bereitet. Diese Bemerkung trifft auf jedes Menschenwesen zu, das je gelebt hat.

Nachdem ich meine Treffsicherheit durch hinreichend Übung mit dem Handtuch verbessert hatte, klatschte ich heute Morgen zwei Fliegen in die Waschschüssel. Mit tiefer Befriedigung sah ich zu, wie sie sich auf dem Wasser abmühten. Zweimal gewannen sie Land und schickten sich an, den Schüsselrand hinaufzuklettern, doch mit neuerlicher Befriedigung stieß ich sie wieder zurück und tunkte sie mit noch größerer Befriedigung mit dem Finger unter Wasser. Ich weidete mich an ihren Bemühungen, sich aus ihrer Notlage zu befreien. Noch zweimal gewannen sie Land, und beide Male überantwortete ich sie ihrem Treiben im Wasser. Schließlich aber ließ ihr Gestrampel nach, und die armen Dinger zeigten klägliche Anzeichen von Erschöpfung und Verzweiflung. Dieses jammervolle Schauspiel bereitete *mir* Schmerz, und ich merkte, dass ich meine Grenze erreicht hatte. Solange sie mir Vergnügen machten, scherte mich ihr Leiden kein bisschen, doch etwas ganz anderes war es, als sie anfingen, mir selbst Schmerz zu bereiten. Ihr Zustand war zu meiner persönlichen Angelegenheit geworden. Ich war ein Mensch, und nach dem Gesetz meiner Machart war es mir nicht möglich, zuzulassen, dass ich litt, wenn ich es verhindern konnte. Ich musste die Fliegen aus ihrer Not befreien, ich konnte nicht anders. Ich stülpte eine Seifenschale über sie, und als ich eine halbe Stunde später nachsah, wusste ich, dass ihr spiritueller Teil in die glücklichen Jagdgründe ihrer Väter eingegangen war.

Mittwoch, 5. September 1906

Einzelheiten aus der »Niederschrift« über die Kinder, die ihre unterschiedlichen Charaktereigenschaften beschreiben

Es ist Jahre her, dass ich die »Niederschrift« über die Kinder in der Hand hatte. Heute Morgen habe ich ein wenig darin geblättert. Dieses Buch besteht aus Aufzeichnungen, mit denen Mrs. Clemens und ich einige Aussprüche und Albernheiten der Kinder festgehalten haben, vor langer Zeit, als sie noch kleine Zwerge waren. Damals schrieben wir diese Dinge natürlich auf, weil sie von augenblicklichem Interesse waren – Dinge einer flüchtigen Stunde, ohne dauerhaften Wert –, doch an diesem davon weit entfernten Tag erkenne ich, dass diese Aufzeichnungen noch immer interessant und wertvoll für mich sind, denn es stellt sich heraus, dass sie den Charakter der Kinder einfangen. Die Eigenschaften, die damals vereinzelt aufblitzten, in kindlichen Taten und Äußerungen, blieben über die Jahre hinweg als dauerhafter Charakterzug der Kinder erhalten und waren auch später klar und deutlich zu erkennen.

Jean hat eine herrische Seite, die sie gelegentlich dazu bringt, meine Autorität in Frage zu stellen und einen Streit, den sie zu verlieren droht, prompt und effektiv zu beenden. Und hier, in diesem alten Buch, finde ich den Nachweis, dass sie schon damals, im Alter von nicht einmal vier Jahren, so war.

Aus der »Niederschrift« über die Kinder

Quarry Farm

7. Juli 1884

Gestern Abend zogen unsere Kühe (nachdem Jean sie eine Stunde lang vom Schuppendach aus intensiv betrachtet und angebetet hatte) auf die Weide und ließen sie untröstlich zurück. Ich dachte, jetzt könnte ich wieder nach Hause gehen, aber das stellte sich als Irrtum heraus. Jean kannte noch ein paar andere Kühe irgendwo auf einer Wiese, nahm meine Hand und wollte mich dorthin führen. Als wir an die Ecke kamen und rechter Hand die Straße nahmen, merkte ich, dass wir bald außer Ruf- und Sichtweite geraten würden; und so begann ich Gründe gegen die Fortsetzung der Expedition vorzubringen, und Jean begann Gründe dafür vorzubringen – für leichte

355

Scharmützel benutzte sie Englisch, für »ernste Angelegenheiten« Deutsch. Ich ließ mich nicht unterkriegen, und voller Elan zerpflückte ich nacheinander alle ihre Argumente, bis ich glaubte, sie in die Enge getrieben zu haben. Jean zögerte einen Moment, dann entgegnete sie scharf:

»Wir werden nichts mehr darüber sprechen!«*

Mir stockte der Atem, wobei ich annahm, mich eventuell verhört zu haben. Ich sagte:

»Was, du kleiner Schlingel? Was hast du gesagt?**«

Aber sie sagte dieselben Worte noch einmal und auf dieselbe entschiedene Art. Ich nehme an, ich hätte entrüstet sein sollen; aber das war ich nicht, ich war bezaubert. Und ich nehme an, ich hätte ihr den Hintern versohlen müssen; aber das tat ich nicht, ich fraternisierte mit dem Feind, und wir gingen weiter und verbrachten eine halbe Stunde bei den Kühen.

Auf diesen Vorfall folgt in der »Niederschrift« die unten angeführte Notiz, ein weiteres Beispiel für eine kindliche Charaktereigenschaft, die sich bis ins Erwachsenenalter behauptete. Ihr ganzes Leben war Susy auf beharrliche und gewissenhafte Art wahrheitsliebend, ausgenommen eine Unterbrechung, die sich über mehrere Monate, vielleicht ein Jahr hinzog. Damals war sie noch ein kleines Kind. Plötzlich – nicht allmählich – fing sie an zu lügen; nicht etwa heimlich, sondern offen, freiheraus und in einem Ausmaß, das in keinem Verhältnis zu ihrer Körpergröße stand. Ein, zwei Tage lang war ihre Mutter so fassungslos, ja regelrecht gelähmt, dass sie nicht wusste, wie sie mit diesem Ausnahmezustand umgehen sollte. Argumente, Überredungskünste, flehentliche Bitten – nichts fruchtete; nichts zeigte auch nur die geringste Wirkung; die Lügen nahmen ihren ruhigen Fortgang. Andere Mittel wurden erprobt, doch sie versagten. Der Überlieferung nach erzielte schließlich eine Tracht Prügel den gewünschten Erfolg. Ich glaube, so steht es in der »Niederschrift«, doch falls es sich so verhält, dann nur weil die Aufzeichnungen unvollständig sind. Eine Tracht Prügel wurde tatsächlich verabreicht und zwei, drei Wochen getreulich wiederholt, doch Resultate stellten sich nur vorübergehend ein; und die erzielte moralische Besserung war von entmutigender Kürze.

* [Deutsch im Original; Anm. des Übers.]
** [Deutsch im Original; Anm. des Übers.]

Zu Susys Glück ereignete sich bald darauf etwas, was allen Bemühungen der Mutter in Richtung moralischer Besserung einen Riegel vorschob. Dieses Etwas war die zufällige Entdeckung einer Passage bei Darwin, wo geschrieben stand, dass, wenn ein Kind plötzlich unerklärlicherweise die Neigung zeigt, die Wahrheit preiszugeben und sich aufs Lügen zu verlegen, die Erklärung dafür in der Vergangenheit zu suchen war; dass ein Vorfahr des Kindes in demselben zarten Alter dieselbe Krankheit durchgemacht hatte; dass ihr mit Überredung oder Bestrafung nicht beizukommen war und dass sie, nachdem sie ihren vorherbestimmten Verlauf genommen hatte, ebenso plötzlich und geheimnisvoll verschwand, wie sie gekommen war. Ich glaube, Mr. Darwin sagte, es sei nichts anderes erforderlich, als die Angelegenheit auf sich beruhen und der Krankheit ihren Lauf zu lassen, bis sie verjährt und verkümmert sei.

Wir hatten Vertrauen in Darwin, und seitdem war Susy unserer erzieherischen Nachstellungen enthoben. Mehrere Monate bis zu einem Jahr fuhr sie ungehemmt und ungehindert zu lügen fort; dann hatte das Lügen plötzlich ein Ende, und sie war wieder genauso gewissenhaft und zuverlässig in ihrer Wahrheitsliebe wie vor dem Anfall, und so blieb es bis ans Ende ihres Lebens.

Die Notiz in der »Niederschrift«, auf die ich hinauswollte, ist in meiner Handschrift verfasst und stammt aus einer Zeit lange nach der Lügenkrankheit, dass sie offenbar längst vergessen hatte, wie schwer es ihr mitunter gefallen war, die Wahrheit zu sagen.

Mama sprach von einer Bediensteten, die ziemlich unaufrichtig war, jetzt aber »versuchte, die Wahrheit zu sagen«. Susy war sehr überrascht und sagte, sie könne sich nicht vorstellen, dass jemand *versuchen* müsse, die Wahrheit zu sagen.

In der »Niederschrift« drücken Taten und Äußerungen der Kinder ganz eindeutig ihren Charakter aus. Susys zeugten von Geistesgegenwart – Gedankentiefe – und waren im Allgemeinen durch Ernst gekennzeichnet. In körperlicher Hinsicht war sie ängstlich, besaß jedoch ein Übermaß an moralischem Mut. Clara war robust, unabhängig, ordentlich, praktisch, ausdauernd, beherzt – ein richtig zufriedenstellendes kleines Tier. Charles Dudley Warner sagte, Susy sei aus Geist gemacht und Clara aus Materie.

Als Motley, das Kätzchen, starb, sagte jemand, nach den Gedanken der beiden Kinder müsse man sich gar nicht erst erkundigen, man könne sie erahnen: Susy frage sich, ob dies das *Ende* von Motley sei und ob sein Leben der Mühe wert gewesen sei; Clara hingegen hätte vorrangig Interesse daran, ein angemessenes Begräbnis auszurichten.

Damals war Susy eine Träumerin, eine Denkerin, eine Dichterin und Philosophin, und Clara – nun, Clara war es nicht. In späteren Jahren weckte eine Leidenschaft für die Musik Claras latente Spiritualität und Intellektualität, und ihre praktische Veranlagung trat an zweite, ja an dritte Stelle, was zur Folge hatte, dass sie heute mit der Unbeschwertheit einer Dichterin Portemonnaies und Fächer verliert, Dinge versäumt und Anweisungen vergisst. Jean war von Anfang an ordentlich, zuverlässig, fleißig, beharrlich; und ist es geblieben. Sprachen eignete sie sich mühelos an und verlernte sie nicht.

Nach zehn Jahren unermüdlicher Anstrengung unter Anleitung der besten hiesigen und ausländischen Lehrer wird Clara in siebzehn Tagen ihr öffentliches Debüt als Sängerin auf der Konzertbühne geben.

Susy elf Jahre alt, Jean drei. Neulich, als Susy sah, wie mir Jean aus eigenem Antrieb eine Katze brachte, sagte sie: »Jean hat's schon herausgefunden: Mama liebt die Moral, und Papa liebt Katzen.«

Wieder so eins von Susys unerbittlich verlässlichen Urteilen.

Als Kind vernachlässigte Jean meine Bücher. Als sie neun Jahre alt war, lud Will Gillette sie und uns Übrige zu einem Abendessen im Murray Hill Hotel in New York ein, um uns mit Mrs. Leslie und ihren Töchtern bekanntzumachen. Elsie Leslie war neun Jahre alt und bereits eine große Bühnenberühmtheit. Jean war überrascht und eingeschüchtert, als sie sah, wie dieses schmächtige kleine Ding aufrecht bei Tisch saß und sich geschickt, mühelos und gelassen am Gespräch der Großen beteiligte. Die arme Jean musste schweigen, denn die erörterten Themen überstiegen ihren Horizont; endlich aber entsprach die Konversation ihrem Begriffsvermögen, und sie bekam die Gelegenheit, ihren Beitrag zu leisten. *Tom Sawyer* wurde erwähnt. Dankbar ergriff Jean das Wort und sagte:

»Ich weiß, wer das Buch geschrieben hat – Harriet Beecher Stowe!«

Eines Abends hatte Susy schon gebetet, und Clara hatte sich zum Schlafen zusammengerollt, als sie daran erinnert wurde, dass sie jetzt an der Reihe mit Beten sei. Sie sagte: »Ach, eins reicht«, und schlummerte ein.

Clara fünf Jahre alt. Wir waren in Deutschland. Rosa, die Nanny, durfte nur deutsch mit den Kindern sprechen. Clara war dessen bald müde; irgendwann war die Geduld des kleinen Wesens erschöpft, und sie sagte: »Tante Clara, ich wünschte wirklich, Gott hätte Rosa auf Englisch gemacht.«

30. November 1878. Clara vier Jahre alt, Susy sechs. Als Clara heute Morgen herausfand, dass ich Geburtstag habe, war sie höchst beunruhigt, da sie kein Geschenk für mich hatte, und klagte mir mehrere Male ihr Leid. Schließlich verschwand sie grübelnd im Kinderzimmer, kehrte bald darauf mit ihrem neuesten und liebsten Schatz, einem großen Steckenpferd, zurück und sagte: »Zu deinem Geburtstag sollst du dieses Pferd haben, Papa.«

Ich nahm es unter vielen Dankesworten entgegen. Nach einer Stunde galoppierte sie mit dem Pferd im Zimmer auf und ab, als Susy sagte:

»Aber Clara, du hast das Pferd Papa gegeben, und jetzt hast du's wieder genimmt.«

Clara. »Ich hab's ihm nie *für immer* gegeben; ich hab's ihm nur zu seinem *Geburtstag* gegeben.«

In Genf blieb ich eines Septembermorgens lange im Bett liegen, und als Clara durchs Zimmer ging, rief ich sie für einen Moment zu mir. Daraufhin ging das Kind zu Clara Spaulding und sagte:

»Tante Clara, Papa ist mir eine große Last.«

»Eine Last? Warum?«

»Er will, dass ich zu ihm ins Bett komme, und das kann ich nicht bei Jelmuls (Gentlemen) – ich mag sowieso keine Jelmuls.«

»Was, du magst keine Gentlemen? Magst du denn Onkel Theodore Crane auch nicht?«

»O doch, aber der ist kein Jelmul, der ist ein Freund.«

Freitag, 7. September 1906

Eine beim Bankett des »Ends of the Earth Club« abgegebene Erklärung:
»Wir gehören der angelsächsischen Rasse an« etc. – Unsere öffentlichen
und unsere privaten Maximen und Moralkodexe – Mr. Clemens ehrt
den britischen Premier Campbell-Bannerman anlässlich dessen
siebzigsten Geburtstags – Begegnung mit Labouchère –
Anekdote von der verlorenen Urkunde, die dem Prinzen von Wales
überreicht werden sollte

Wir setzen unsere Erziehung Europas auf Gedeih und Verderb fort. Seit mehr als eineinviertel Jahrhunderten bekleiden wir die Position des Ausbilders. Wir wurden nicht dazu erwählt, wir haben sie einfach an uns gerissen. Wir gehören der angelsächsischen Rasse an. Vergangenen Winter, bei einem Bankett jener Organisation, die sich Ends of the Earth Club nennt, verkündete der Vorsitzende, ein pensionierter hochrangiger Offizier der regulären Armee, mit lauter Stimme voller Inbrunst:

»Wir gehören der angelsächsischen Rasse an, und wenn der Angelsachse etwas will, *dann nimmt er es sich.*«

Der Äußerung wurde heftig applaudiert. Anwesend waren rund fünfundsiebzig Zivilisten sowie fünfundzwanzig Männer von Armee und Marine. Fast zwei Minuten brauchten sie, um ihre stürmische Bewunderung für diese großartige Geistesäußerung abzureagieren; und währenddessen stand der inspirierte Prophet, der sie abgesondert hatte – aus seiner Leber oder seinen Gedärmen oder seiner Speiseröhre oder wo immer er sie sonst herangezüchtet hatte –, glühend und strahlend und lächelnd da und sandte aus jeder Pore Glücksstrahlen aus – Strahlen, die so intensiv waren, dass man sie sehen konnte, und die ihm das Aussehen jenes Mannes aus dem alten Almanach verliehen, der in alle Richtungen Tierkreiszeichen absondert und so glückerfüllt, so glückversunken dasteht, dass er fortwährend lächelt und offenbar vergessen hat, dass er mittschiffs schmerzlich und gefährlich aufgeschnitten und entblößt wurde und dringend vernäht werden muss.

Gemessen an dem Ausdruck, den der Soldat in seine pompöse Äußerung hineinlegte, bedeutete sie auf gut Deutsch:

»Die Engländer und die Amerikaner sind Diebe, Wegelagerer, Piraten, und wir sind stolz, eine Kombination all dessen zu sein.«

Unter allen anwesenden Engländern und Amerikanern gab es nicht einen, der den Anstand besaß, aufzustehen und zu sagen, er schäme sich, Angelsachse zu sein, er schäme sich, Mitglied der menschlichen Rasse zu sein, die den angelsächsischen Makel auf der Stirn trage. Ich selbst konnte die Aufgabe nicht wahrnehmen. Ich konnte es mir nicht leisten, die Beherrschung zu verlieren, mich und meine überlegene Moral durch Selbstgerechtigkeit der Lächerlichkeit preiszugeben und diesen ABC-Schützen des Anstands die Grundlagen meines Kultes beizubringen, denn sie wären nicht in der Lage gewesen, ihn zu begreifen; sie wären nicht in der Lage gewesen, ihn zu verstehen.

Es war ein erstaunlicher Anblick – jener kindliche Ausbruch freimütiger, aufrichtiger und entzückter Begeisterung über die mephitische Bemerkung des soldatischen Propheten. Es sah verdächtig nach einer Offenbarung aus – einer heimlichen Empfindung des Herzens der Nation, das durch einen bedauerlichen Zufall gedrängt worden war, sich mitzuteilen und zu entblößen; schließlich war es eine repräsentative Versammlung. Sämtliche Hauptmechanismen, welche die Maschine, die die nationale Zivilisation antreibt und kräftigt, ausmachen, waren zugegen – Anwälte, Bankiers, Kaufleute, Fabrikanten, Journalisten, Politiker, Soldaten, Seemänner –, sie alle waren da. Anscheinend waren die ganzen Vereinigten Staaten zum Bankett versammelt und qualifiziert, kraft ihrer Autorität für die Nation zu sprechen und der Öffentlichkeit ihre private Moral zu enthüllen.

Das anfängliche Willkommen für diese sonderbare Geistesäußerung war nicht etwa ein unachtsamer Verrat, den man nach eingehender Betrachtung bereute; das zeigte sich daran, dass im Verlauf des Abends ein Redner, wann immer er feststellte, dass er uninteressant und langweilig wurde, nur diese großartige angelsächsische Moral in seine Plattitüden einzustreuen brauchte, um abermals einen freudigen Sturm auszulösen. Schließlich wurde ja nur die menschliche Rasse vorgeführt. Es ist schon immer eine Eigentümlichkeit der menschlichen Rasse gewesen, dass sie gleich zwei Moralkodexe vorrätig hält – die private und echte Moral wie die öffentliche und unechte.

Unsere öffentliche Maxime lautet »*In God We Trust*«, wir vertrauen in Gott, und wenn wir diese gnadenreichen Worte auf dem Trade Dollar sehen (sechzig Cent wert), scheinen sie vor frommen Aufwallungen zu zittern und zu zagen. Das ist unsere öffentliche Maxime. Es erweist sich, dass unsere private Maxime lautet:»Wenn der Angelsachse etwas will, *dann nimmt er es sich.*« Unsere öffentliche Moral wird anrührend in jener würdevollen und doch sanften und freundlichen Maxime dargelegt, was darauf hinweist, dass wir eine vielköpfige Nation von liebenswürdigen und liebevollen Brüdern sind, die zu einem komprimiert werden – »*e pluribus unum*«. Unsere private Moral findet ihren Ausdruck in der geheiligten Phrase »Machen Sie *schneller*«.

Unseren Imperialismus haben wir aus dem monarchischen Europa importiert; so auch unsere seltsame Auffassung von Patriotismus – das heißt, falls wir überhaupt ein Prinzip des Patriotismus besitzen, das irgendjemand klar und verständlich definieren kann. Insofern ist es zweifellos nur fair, dass wir Europa belehren, als Gegenleistung für diese und andere Arten von Belehrung, die wir aus dieser Quelle empfangen haben.

Vor etwas mehr als einem Jahrhundert schenkten wir Europa den ersten Begriff von Freiheit, den es je gekannt hat, und so halfen wir freudig und in entscheidendem Maße bei der Entstehung der Französischen Revolution mit und können beanspruchen, einen Beitrag zu ihren segensreichen Ergebnissen geleistet zu haben. Seitdem haben wir Europa viele Lektionen erteilt. Ohne uns hätte Europa nie den Interviewer gekannt; ohne uns hätten gewisse europäische Staaten nie die Wohltat übermäßiger Steuern erlebt; ohne uns hätte der European Food Trust vielleicht nie die Kunst erlernt, für Bargeld die Welt zu vergiften; ohne uns hätten die Versicherungskonzerne Europas vielleicht nie die beste Art gefunden, aus Witwen und Waisen Profit herauszupressen; ohne uns wäre die lange hinausgezögerte Fortführung des Revolverjournalismus in Europa vielleicht für weitere Generationen verschoben worden. Wir amerikanisieren Europa unablässig, unaufhörlich, unentwegt und werden die Aufgabe alsbald vollendet haben. Endlich, nach langem Zaudern, hat der Londoner Journalismus unsere Art übernommen, überall Gefühlsäußerungen zu sammeln, sobald etwas passiert, dem sich eine Gefühlsäußerung abbringen lässt. Gestern traf das folgende Überseetelegramm ein:

Freitag, 7. September 1906

Britischer Premier Campbell-Bannerman feiert morgen siebzigsten Geburtstag. *London Tribune* bittet um Würdigungen.

Ich stellte eine zur Verfügung, und zwar:

Seiner Exzellenz, dem britischen Premier –

Gratulation, nicht Kondolenz. Bevor wir siebzig sind, werden wir bestenfalls respektiert und müssen uns die ganze Zeit benehmen, oder wir büßen diesen Vorzug ein; haben wir die siebzig aber erst einmal hinter uns gelassen, werden wir respektiert, gewürdigt, bewundert, verehrt und brauchen uns nicht länger zu benehmen, es sei denn, wir haben Lust dazu. Als ich Ihnen, verehrter Herr, das erste Mal begegnete, wurde einer von uns beiden nicht einmal respektiert.

Mark Twain

Ein großer und mutiger Staatsmann und ein reizender Mensch. Das erste Mal bin ich ihm vor einer halben Generation in Marienbad, Österreich, begegnet. In den Jahren, die seitdem vergangen sind, bin ich ihm in London immer wieder über den Weg gelaufen, bei privaten Dinnern in seinem Haus oder anderswo wie auf Banketten. 1898 in Wien wohnten wir eine Zeitlang in demselben Hotel und pflegten täglich vertrauten Umgang. Ich hoffe, dass diese Erklärung bis zu einem gewissen Grade die Form der Würdigung, die ich soeben angeführt habe, rechtfertigt. Jetzt, da ich es mir genauer überlege, bin ich mir nicht mehr ganz so sicher, dass irgendetwas meine respektlose Art, so mit dem amtierenden König des Empires zu sprechen, tatsächlich rechtfertigen könnte, aber als ich die Worte zusammenstellte, dachte ich daran überhaupt nicht. Ich hatte lediglich den geselligen Kameraden früherer Tage vor Augen, als er nicht mehr als ein bedeutender Parlamentsabgeordneter war und ich nicht respektiert wurde, weil ich ein Bankrotteur war.

In Marienbad stellte er mich Labouchère vor, und ein paar Tage lang half ich jener pittoresken Persönlichkeit dabei, ihr Mineralwasser auf der Promenade spazieren zu führen. Sein Vokabular und seine energische Verwendung desselben bereiteten mir uneingeschränktes und unaufhörliches Vergnügen. Zwei, drei Jahre später in Bad Homburg traf ich in der Menge der Heilwassertrinker

363

zufällig seine Frau und fragte sie erwartungsvoll, wo ich ihren Mann finden würde. Sie sagte, er sei nicht da, er sei in London. Ich drückte mein aufrichtiges Bedauern aus und sagte, lieber würde ich ihn fluchen als einen Erzbischof beten hören. Zu ihrer Zeit war sie eine bedeutende Schauspielerin gewesen, und wenn sie mit dem Herzen dabei war, wusste sie, was sie zu sagen hatte, sehr wirkungsvoll vorzubringen. Ihr Gesicht erhellte sich vor Vergnügen über die aufrichtige Bewunderung, die ich für die Ausdruckskraft ihres Mannes bekundet hatte, und sie sagte:

»Oh, Sie haben ihn nie in Bestform erlebt. Mr. Clemens, Sie sollten ihn mal während der Sitzungsperiode morgens zu Hause sehen, wenn er mit dem Rücken zum Kaminfeuer am Frühstückstisch steht und die Rockschöße lüftet, um die Wärme voll auszukosten – Sie sollten hören, wie es aus ihm herausplatzt und er die Opposition Name für Name verflucht und wie er mit dem umfassenden gleichbleibenden und eloquenten Ausruf endet: ›Diese *Huren*söhne!‹«

Zuletzt begegnete ich Sir Henry vor sechs Jahren bei einer kleinen Abendgesellschaft im Hause des damaligen Nestors des Parlaments. Unter den Gästen befand sich auch der Oppositionsführer Sir William Vernon Harcourt. Ich hatte ihn siebenundzwanzig Jahre lang nicht mehr gesehen, aber natürlich erkannte ich ihn. Dafür sorgten allein schon die Karikaturen. Ich fragte ihn, ob er sich an mich erinnere, und er sagte:

»Gewiss, es ist doch erst siebenundzwanzig Jahre her, dass ich Sie zuletzt sah.«

Damals begann ich zu ahnen, dass ich alt war, und ich sagte, ich hoffte, er sei entweder älter als ich oder wenigstens so großzügig, zu behaupten, er sei älter, es sei nämlich so lange her, dass ich jemanden getroffen hätte, der mich an Jahren überbiete, dass ich ganz schwermütig und auf Trost angewiesen sei. Er sagte:

»Nun, prüfen Sie Ihre englische Geschichte und entscheiden Sie selbst. Als Neunjähriger überquerte ich gerade die London Bridge, als ich das Glockengeläut hörte, das den Tod Wilhelms IV. verkündete.«

Ich sagte: »Ich bin Ihnen dankbar. Sie haben meine Jugend erneuert, und wenn es irgendetwas gibt, was Sie sich wünschen, und sei es die Hälfte meines Königreiches, sagen Sie's mir. Monatelang war ich der älteste Mann auf Erden; ich bin froh, für eine Weile einem anderen den Vortritt zu lassen.«

Nach dem Dinner sagte einer der anwesenden Männer, er könne der Gesellschaft eine merkwürdige Geschichte erzählen, falls man sie für sich behalte und vertraulich behandele – zumindest was Namen und Daten betreffe. Er sagte, einige Jahre zuvor habe er in offizieller Funktion einer Feierlichkeit beigewohnt, bei der der Prinz von Wales – der gegenwärtige König – die Übertragungsurkunde in Bezug auf einen umfangreichen Grundbesitz feierlich entgegennehmen sollte, der der Nation von einem wohlhabenden Bürger übereignet worden war. Der Erzähler hatte die Aufgabe, dem Prinzen die Urkunde in einen Umschlag offiziell zu überreichen.

Als alles für die Übergabe bereit war, kam bleich und erregt sein Sekretär zu ihm und unterrichtete ihn flüsternd, die Urkunde sei verschwunden! Sie sei nicht im Safe; man habe alles abgesucht, weit und breit sei nicht die geringste Spur zu finden. Es war eine grauenvolle Situation; etwas musste geschehen, und zwar sofort. Der Erzähler flüsterte dem Sekretär zu:

»Schnell! – falten Sie eine *Daily News* zusammen, stecken Sie sie in einen offiziellen Umschlag und bringen Sie sie her.«

Gesagt, getan. Das amtliche Komitee aus barhäuptigen Edelleuten und Gentlemen mit dem Erzähler an der Spitze näherte sich feierlich dem Prinzen, der, umringt von seinem imposanten Gefolge, dastand, und unter ehrfurchtgebietendem Gebaren wurde ihm die *Daily News* überreicht, woraufhin er in sorgfältig vorbereiteten und eindrucksvollen Worten die tiefe Dankbarkeit der Nation gegenüber dem wohlhabenden Bürger für dieses kostbare und denkwürdige Geschenk aussprach. Es war nicht einmal eine aktuelle Ausgabe, sie war zwei Tage alt.

Der Erzähler schloss mit der Bemerkung, dass die verlorene Urkunde bis zu diesem Tag seiner Erzählung nicht wieder aufgetaucht sei.

Montag, 10. September 1906

Plan dieser Autobiographie – Satire auf Kapitän Sellers – Bis vor vierzig Jahren veröffentlichte Mr. Clemens keine Literatur – Zwei Briefe von Mr. Alden und einer von Mr. Rees bezüglich der »Snodgrass«-Schriften – Mr. Clemens' Kommentare zu selbigen

Ich bin mit dem britischen Premier und seinem siebzigsten Geburtstag noch nicht fertig, aber vorläufig will ich es damit bewenden lassen und über eine Angelegenheit von unmittelbarem Interesse sprechen – einem Interesse, das der Samstagspost entspringt.

Wie ich im Laufe dieser Diktate bereits mehrfach angemerkt habe, besteht das Grundprinzip dieser Autobiographie darin, ein Thema, ob es abgehandelt ist oder nicht, fallenzulassen, sobald sich ein Thema von wärmerem Interesse dazwischendrängt. Ebenso glaube ich gesagt zu haben, dass der Grundplan oder das Grundprinzip dieser Autobiographie darin besteht, niemals mit einem Thema fortzufahren, wenn mir mit lautstarken Forderungen ein Thema von intensiverem und frischerem Interesse dazwischenfunkt. Tatsächlich ist diese Autobiographie im Wesentlichen ein Gespräch, auch wenn ich alles Reden allein bestreite. In einem zweistündigen Gespräch wird Thema für Thema gestreift und einige Minuten lang erörtert, nie aber abgeschlossen; immer wird es mittendrin fallengelassen, um einem Thema von aktuellerem Interesse zu weichen, das von einer Bemerkung dessen, der gerade das Wort hat, angeregt wird. Die anderen Autobiographien folgen geduldig und pflichtbewusst einem planmäßigen, schnurgeraden Kurs durch Gärten und Wüsten und interessante Städte und trostlose Einöden, und wenn sie endlich ihren Bestimmungsort erreichen, sind sie ziemlich müde – und schon während der Reise waren sie häufig müde. Doch diese Autobiographie ist von anderer Art. Diese Autobiographie ist ein vergnüglicher Ausflug, und wo immer ein Zirkus oder sonst etwas Spannendes auftaucht, lässt sie sich ablenken, wartet aber nur selten, bis die Vorführung zu Ende ist, sondern zieht mit Sack und Pack weiter, sobald etwas noch Spannenderes in Aussicht steht.

In einem Kapitel, das ich vor fünf Monaten diktiert habe, zeichnete ich eine kleine Skizze, in der ich gewisse Fakten meines Lebens aneinanderreihte und *1849* die betreffenden Daten nannte. Ich legte dar, dass ich 1849 in Hannibal, Missouri, als ich ein Kind von vierzehn Jahren war und mein Bruder verreisen musste, unaufgefordert eine Ausgabe seiner Wochenzeitung für ihn herausgab, und als er zurückkehrte, brauchte er mehrere Wochen, um die Leute, die sich über meine Artikel empört hatten, zu beruhigen und zu beschwichtigen. Das war vor siebenundfünfzig Jahren. Soweit ich mich erinnere, griff ich erst zehn

366

Jahre später wieder zur Feder – 1859. Damals war ich Junglotse auf dem Mis- *1859*
sissippi, und eines Tages schrieb ich eine derbe, grobe Satire auf Kapitän Isaiah
Sellers, den ältesten Dampferlotsen auf dem Mississippi River und den am
meisten geachteten, geschätzten und verehrten. Seit vielen Jahren hatte er gelegentlich kurze Artikel über den Fluss geschrieben und über den Wandel, dem
dieser seinen Beobachtungen nach in fünfzig Jahren unterworfen war, sie mit
»Mark Twain« gezeichnet und in den Zeitschriften von St. Louis und New Orleans veröffentlicht. In meiner Satire machte ich mich über seine Erinnerungen
lustig. Es war eine schäbige, armselige Leistung, aber das wusste ich nicht, und
die Lotsen wussen es auch nicht. Die Lotsen fanden sie brillant. Sie waren eifersüchtig auf Sellers, denn wann immer die Grauköpfe unter ihnen der eigenen
Eitelkeit frönten, indem sie in Hörweite der jüngeren Matrosen die Wunder
beschrieben, die sie vor langer Zeit auf dem Fluss gesehen hatten, trat Sellers im
psychologisch entscheidenden Augenblick höchstwahrscheinlich dazwischen
und löschte sie mit seinen Wundern aus, die ihre kleinen Wunder blass und
krank aussehen ließen. Aber darüber habe ich ausführlich in *Alte Zeiten auf dem
Mississippi* berichtet.

Die Lotsen übergaben meine geschmacklose Satire einem Flussreporter, und
sie wurde im New Orleanser *True Delta* veröffentlicht. Der arme alte Kapitän
Sellers war zutiefst verletzt. Bis dahin war er noch nie der Lächerlichkeit preisgegeben worden; er war empfindlich, und über die mutwillige dümmliche
Kränkung, die ich seiner Würde zugefügt hatte, kam er nie hinweg. Eine Weile
war ich stolz auf meine Leistung und fand sie ganz wunderbar, doch schon vor
langer Zeit änderte ich meine Meinung. Sellers veröffentlichte nie wieder einen
Artikel und verwendete auch sein Pseudonym nicht mehr.

Zwischen 1859 und Sommer 1862 rührte ich keine Feder an. Dann wurde *1859 bis*
ich Zeitungsreporter in Nevada, verfasste aber keine Literatur. Ich beschränkte *1862*
mich darauf, die belanglosen Geschehnisse in Virginia City für den *Territorial
Enterprise* festzuhalten. Ich verfasste keine Literatur, bis 1866 meine kleine *1866*
Skizze über den »Springfrosch« in einer sterbenskranken Literaturzeitschrift in
New York erschien und sie auf der Stelle tötete.

Also hatte ich, wenn ich meine eigene Geschichte richtig kenne, bis vor vierzig Jahren nicht eine Zeile Literatur hervorgebracht und veröffentlicht. Wenn

ich meine eigene Geschichte richtig kenne, hatte ich bis vor vierzig Jahren weder je einen Hang zur Literatur verspürt noch ein Verlangen, mich mit ihr zu befassen, noch hatte ich die literarische Feder geschwungen außer durch Zufall – und auch das nur zweimal.

Nun bin ich also bei jenem Thema angelangt, dessen frische neue Wichtigkeit mich von meinen Erinnerungen an den britischen Premier abgelenkt und deren Abschluss – einstweilen – hinausgezögert hat, solange ich mit der neuen Köstlichkeit befasst bin, die mit der Samstagspost eingetroffen ist. Zuerst kommen die folgenden Briefe an die Reihe, zwei von Mr. Alden, dem Herausgeber von *Harper's Monthly*, und einer von einem gewissen Mr. Thomas Rees:

REDAKTION HARPER'S MAGAZINE
HARPER & BROTHERS
FRANKLIN SQUARE, NEW YORK

6. September 1906

Lieber Mark:

Vor einigen Wochen erhielt ich von Mr. Thomas Rees einige Manuskripte, die er uns zum Verkauf anbietet, angeblich Duplikate der »Snodgrass«-Schriften, die Sie vor rund fünfzig Jahren zu einer von seinem Vater publizierten Zeitung beigesteuert haben sollen. Ich habe sie zusammen mit einem Brief zurückgehen lassen, von dem ich Ihnen eine Abschrift schicke – zusammen mit einer Abschrift des Briefes, den ich soeben von ihm erhalten habe. Ich finde, Sie sollten von dieser Korrespondenz Kenntnis haben.

Dem Angebot der Manuskripte lag eine beeidigte Erklärung bei, in der Mr. Rees senior Ihre Autorschaft bezeugt.

Hochachtungsvoll
H. M. Alden

ABSCHRIFT von Mr. Aldens Brief an Mr. Thomas Rees

27. August 1906

Sehr geehrter Mr. Rees:

Wir können die »Snodgrass«-Briefe, die Sie uns geschickt haben, nicht veröffentlichen, da sie als Hervorbringungen von »Snodgrass« für unsere Leser nicht von Interesse sind, und wir können sie nicht als Hervorbringungen von »Mark Twain« veröffentlichen, da es nicht wahr wäre. Selbst der Hinweis, dass »Snodgrass« starb, begraben wurde und als »Mark Twain« wiederauferstand, wäre eine klare Ehrverletzung für Mr. Clemens, nachdem er seinen früheren Künstlernamen bewusst ein für alle Mal abgelegt hat. Es wäre zweifellos eine offensichtliche Ungehörigkeit. In jedem Fall schlage ich vor, dass Sie Mr. Clemens konsultieren, bevor Sie weitere Versuche unternehmen, diese Sachen zu veröffentlichen.

Hochachtungsvoll

(gez.) H. M. Alden

Mr. Thomas Rees
Illinois State Register
Springfield, Illinois

ABSCHRIFT des Briefes von Mr. Thomas Rees, Leiter des *Illinois State Register*

Springfield, Illinois, 4. Sept. 1906

H. M. Alden
c/o Harper Bros., Publishers
New York City

Sehr geehrter Herr:

Hiermit bestätige ich den Erhalt der Manuskripte mit den Artikeln von Clemens »Snodgrass«. Bitte nehmen Sie meinen Dank für ihre rasche Rückgabe entgegen. Ich nehme Ihren Rat am Ende des Briefes zur Kenntnis, wo Sie schreiben: »In jedem Fall schlage ich vor, dass Sie Mr. Clemens konsultieren, bevor Sie weitere Versuche unternehmen, diese Sachen zu veröffentlichen.« Es mag sein, dass ich, sollte ich mich

369

entschließen, dieselben zu veröffentlichen, aus reiner Höflichkeit mit Mr. Clemens Kontakt aufnehmen würde, doch glaube ich nicht, dass er irgendwelche Rechte an den Texten besitzt oder dass es die Ethik dieser Situation erforderlich macht, Ihren Rat zu beherzigen.

Mr. Clemens schrieb diese Artikel vor mehr als einem halben Jahrhundert unter Vertrag bei meinem Vater und meinem älteren Bruder. Er wurde für sie bezahlt und hat damit jegliche Rechte abgetreten, die er zu dem damaligen Zeitpunkt besessen haben mochte. Sie wurden ohne Copyright-Vermerk in einer Tageszeitung veröffentlicht und sind damit gemeinfrei. Der einzige Grund, warum ich hier ein Wörtchen mehr mitzureden habe als die Öffentlichkeit, bezieht sich auf die Tatsache, dass ich weiß, wo die Texte zu finden sind, und eine beeidigte Erklärung über ihre Echtheit besitze. Sollte ich Mr. Clemens die Frage einer Veröffentlichung dieser Artikel vorlegen und sollte er mich bitten oder zwingen, dieselben nicht zu veröffentlichen, würde es ihn mitnichten vor den anderen achtzig Millionen Menschen in den Vereinigten Staaten schützen, die geneigt sein könnten, das Werk lesen zu wollen. Und ohne wenigstens einen Hinweis auf diese Artikel und auf Mr. Clemens' früheren Künstlernamen wird keine Geschichte seines Lebens vollständig sein.

Dennoch bin ich Ihnen für Ihren freundlichen Rat sehr verpflichtet.

Mit vorzüglicher Hochachtung

(gez.) Thomas Rees

Ich finde diese Sache höchst interessant, da es sich um eine so naive Offenlegung bestimmter Züge der menschlichen Natur handelt – Züge, die zweifellos in jedem angelegt sind, die in aller Öffentlichkeit aufzudecken aber nur einer unter fünfzig Millionen gewillt ist. Den Rest der fünfzig Millionen hindert Stolz daran, sie bloßzulegen. Habe ich den Unfug wirklich geschrieben, den Mr. Rees mir anlastet? Ich glaube nicht. Ich habe keinen Grund zu der Annahme, dass ich ihn geschrieben habe, aber ich kann nicht sagen, und ich werde nicht sagen, dass ich es nicht getan habe. Ich kann nur sagen, dass es, da ich nach Mr. Rees' Zählung zu der Zeit erst achtzehn oder neunzehn Jahre alt war, in meinem Leben ein kolossales Ereignis hätte darstellen müssen und eines, an das ich mich bestimmt ein Jahrhundert lang erinnern würde. Ich bin erstaunt, dass es in meinem Gedächtnis keinen Eindruck, nicht die Spur von einem Eindruck hinterlassen hat. Wäre ein Bursche von achtzehn oder neunzehn Jahren aus dem Weiten Westen ganz allein in seinem eigenen Namen *einen feierlichen Vertrag eingegangen* – einen Vertrag, etwas zu tun oder zu leiden, Großes oder Kleines –, hätte er alle anderen irdischen oder nicht irdischen Belange beiseitegeschoben, wäre im ganzen Dorf von Haus zu Haus gegangen und hätte jedem, selbst den Katzen und Hunden, davon erzählt und wäre so berühmt geworden. Nach nichts sehnt sich ein Junge oder ein Jugendlicher mehr als nach Ruhm. Er würde Clown in einem Zirkus werden; er würde Pirat werden, selbst an Satan würde er sich verkaufen, nur um Aufmerksamkeit zu erregen und beredet und beneidet zu werden. Sicher verhält es sich auch mit jedem Erwachsenen so; ich will diesen Wesenszug durchaus nicht auf den Jungen beschränken. Aber zwischen dem Jungen und dem Erwachsenen besteht ein Unterschied – die Jungen sind alle wie Rees. Will sagen, es fehlt ihnen an Umsicht; es fehlt ihnen an Klugheit; sie sind unschuldig; sie sind freimütig; und wenn sie Gelegenheit haben, Wesenszüge offenzulegen, die sie besser verbergen sollten, wissen sie nicht genug, um die Gelegenheit verstreichen zu lassen.

Bis zu der Zeit, als ich achtzehn oder neunzehn Jahre alt war, hatte kein Junge dieses Alters aus dem Weiten Westen je den Ruhm erlangt, über irgendetwas *einen Vertrag abzuschließen*, einen Vertrag zu unterschreiben. Wenn ich es getan habe, war ich der Einzige. Ich hoffe, dass ich es getan habe, denn selbst mit einundsiebzig würde es mir gefallen, zu erfahren, dass ich nicht einmal als Kind gewöhnlich war – dass ich nicht nur nicht gewöhnlich war, sondern der einzige Bursche im Weiten Westen, der es nicht war. Ich kann einfach nicht verstehen, warum es, wenn ich es denn getan habe, in meinem Gedächtnis keinen Eindruck hinterlassen hat. Jeder Junge und jedes Mädchen in der Stadt hätten täglich auf mich gezeigt und voller Neid und Bewunderung und Bosheit gesagt:

»Da geht er! Das ist der Junge, der *einen Vertrag abgeschlossen* hat.«

Jeden Tag hätte ich Einzelne und Paare und Gruppen und Banden von Jungen und Mädchen aufgespürt, um mit gespielter Bescheidenheit und Ahnungslosigkeit an ihnen vorüberzugehen und sie sagen zu hören:

»Das ist er! Der hat *den Vertrag abgeschlossen*!«

Ich nehme an, diese glücklichen Erfahrungen hätten in meinem Gedächtnis

371

einen bleibenden Eindruck hinterlassen. Ja, ich bin so gut wie überzeugt, dass sie es getan hätten.

In einem sehr viel früheren Alter erhielt ich eine deutlich kleinere Auszeichnung seitens Mrs. Horr, meiner Lehrerin, und habe es seitdem weder einen Augenblick lang vergessen noch je aufgehört, mir etwas darauf einzubilden. Ich war fünf Jahre alt und erst sechs Monate in ihrer Obhut gewesen, als sie, beflügelt von etwas, was sie aufrichtig für Prophetie hielt, in Hörweite mehrerer Personen ausrief, dass ich eines Tages »*Präsident der Vereinigten Staaten sein und unerschrocken vor Königen stehen*« würde. Das trug ich persönlich von Haus zu Haus und war überrascht und gekränkt, als ich herausfand, wie wenige Leute es damals gab, die angemessene Ehrfurcht vor Prophetie an den Tag legten und Vertrauen in sie setzten. Aber sei's drum – dieses Vorkommnis grub sich für immer und ewig in mein Gedächtnis ein. Daher verstehe ich nicht, wie im reiferen Alter von achtzehn oder neunzehn Jahren etwas viel Größeres, etwas Tatsächliches, etwas Sicht- und Greifbares – ein *Vertrag*, ein imponierender majestätischer *Vertrag* – in mein Leben gekommen sein soll, nur um dann für immer in Vergessenheit zu geraten, ohne ein Zeichen zurückzulassen, dass es jemals vorhanden gewesen war.

Wenn ich das nächste Detail betrachte, bin ich abermals überrascht. Der Erklärung des älteren Mr. Rees oder dessen, was von ihm an diesem heutigen Tag noch übrig ist, lässt sich entnehmen, dass der Vertrag ihn verpflichtete, mich für meine Kinderliteratur zu *bezahlen*; ferner, dass ich *die Bezahlung erhalten* hatte. Das ist unvorstellbar. Damals gab es in den Vereinigten Staaten nicht einen Menschen, mit oder ohne Verstand, der auch nur im Traum daran gedacht hätte, einen unbekannten Burschen, der noch nie zuvor in seinem Leben auch nur eine Zeile Literatur hervorgebracht hatte, darum zu bitten, ihm etwas Literarisches einzureichen, und zwar nicht nur etwas Literarisches einzureichen, sondern sich auch noch dafür *bezahlen* zu lassen! Es stimmt, in jenen alten Tagen schrieb jeder sogenannte Literatur. Ausnahmen gab es damals nicht, Ausnahmen gibt es heute nicht. Jeder schrieb für das Lokalblatt und war froh hineinzukommen, auch ohne Honorar – die Veröffentlichung selbst war hinreichende Entlohnung. In Amerika gab es einige wenige – vielleicht fünfzehn, mag sein, fünfundzwanzig –, die als Schriftsteller so bekannt waren, dass sie für ihre Ergüsse von den Zeitschriften Honorar verlangen und erhalten konnten, aber diesem Clan gehörten keine Clemens an; keine Halbwüchsigen; keine unbekannten Burschen aus der Abgeschiedenheit des wilden und verworrenen Westens, die für ihr ungeübtes Gekritzel Bezahlung verlangen und erhalten konnten.

1853, »vor mehr als fünfzig Jahren«, traf meinen Bruder wie ein heftiger Schlag eine neue Idee – eine Idee, auf die vor ihm niemand im Westen gekommen war –, die Idee nämlich, eine literarische Berühmtheit zu beauftragen, eine Originalgeschichte für seine Zeitung in Hannibal zu verfassen, und zwar *gegen Bezahlung*! Er schrieb an die Ostküste und streckte seine Fühler auf dem literarischen Markt aus, erhielt aber nur entmutigende Absagen. Er musste sich in den Grenzen seines Portemonnaies bewegen, und diese Grenzen waren eng gezogen. Was er wollte, war ein Originalbeitrag, der über drei Ausgaben seiner Wochenzeitungen fortgesetzt werden und jedes Mal ein paar Kolumnen in Borgis-Type füllen sollte. Der Reihe nach bot er allen amerikanischen literarischen Berühmtheiten jener Tage eine Summe an, doch Emerson, Lowell, Holmes und all die anderen lehnten der Reihe nach ab. Endlich akzeptierte eine Berühmtheit etwa dritten Grades sein Angebot – unter einer Bedingung. Es handelte sich um einen Mann aus Philadelphia, Homer C. Wilbur, regelmäßiger und annehmbarer Beiträger für *Sartain's Magazine* und andere erstklassige Zeitschriften. Er sagte, für die angebotene Summe – *fünf Dollar* – könne er zwar nicht eigens eine Geschichte schreiben, würde aber eine aus dem Französischen übersetzen. Mein Bruder nahm ihn beim Wort und schickte das Geld – ich weiß nicht mehr, woher er es hatte. Die Geschichte traf ein. Wir veranstalteten gehörigen Lärm. In Versalien in 36 Punkt, die jeder ohne Brille aus dreißig Metern Entfernung lesen konnte, prahlten wir damit, sie gekauft und *bezahlt* zu haben – nannten sogar stolz die Summe –, und wir brachten sie über vier Ausgaben der Zeitung und vergrößerten die Abonnementsliste um achtunddreißig Exemplare, die mit Steckrüben und Klafterholz bezahlt wurden; und es dauerte volle drei Monate, bis sich die Aufregung gelegt hatte.

So denkwürdig diese Unternehmung auch war, zwischen den Parteien wurde *kein Vertrag* abgeschlossen. Das Ganze wurde mittels Briefen – ganz gewöhnlichen Briefen – abgewickelt, ich nehme an, vierzehn oder fünfzehn an der Zahl;

und jeder übernahm das Porto des anderen. Das war damals so üblich. Das Porto betrug zehn Cent, und wir zahlten nicht im Voraus, weil der Brief vielleicht nie zugestellt würde und das Geld dann vergeudet wäre. Es gingen nichts als Briefe hin und her – ganz gewöhnliche Briefe. Mein Bruder vertraute dem großen Autor, der große Autor vertraute meinem Bruder. Unterschriebene und besiegelte *Verträge* für Zeitschriftenliteratur waren hierzulande völlig unbekannt, auch in anderen Ländern hatte man nie davon gehört außer in dem einen einzigen Fall, der heute Morgen zur Diskussion steht. Der ältere Rees, professioneller Eidschwörer, besaß das Monopol auf diese Neuerung. Ohne einen auf fünfzig Jahre angelegten Vertrag traute er nicht einmal einem unbekannten Kind von neunzehn Jahren in einer so gewichtigen Angelegenheit wie einem Eimervoll literarischen Abfalls.

Dem professionellen Eidschwörer zufolge wurde ich für die Artikel *bezahlt*. Falls die Bezahlung in Geld erfolgte, frage ich mich, wie hoch die Summe war. Aufgrund der Causa Wilbur und aufgrund des Unterschieds zwischen Wilburs Ruhm und meiner Unbekanntheit weiß ich mit Bestimmtheit, dass es für den vollen Eimer nicht mehr als dreißig Cent gewesen sein konnten, und ich weiß auch, dass der Eimer inbegriffen gewesen sein musste. War die Bezahlung jedoch mit dem universellen Zahlungsmittel des Weiten Westens getätigt worden, konnte sie nicht aus Klafterholz bestanden haben, denn Klafterholz wurde nie in kleineren Mengen als einem halben Klafter gehandelt, und ein halber Klafter wäre eineinviertel Dollar wert gewesen und hätte mehr Literatur abgedeckt, als selbst ein unbekümmerter und unbedachter Rees bereit gewesen wäre, in einen feierlichen Vertrag zu überführen. Sollte in Eiern bezahlt worden sein, hätte ich sechs Dutzend bekommen; sollte in Wassermelonen bezahlt worden sein, hätte ich drei bekommen; sollte in Seifenstücken bezahlt worden sein, hätte ich fünf bekommen; sollte in Talgkerzen bezahlt worden sein, hätte ich dreißig bekommen; sollte in Sodawasser bezahlt worden sein, hätte ich sechs Gläser davon bekommen; sollte in Eiscreme bezahlt worden sein, hätte ich drei volle Teller bekommen – und einen verdorbenen Magen. Ich habe keine Erinnerung daran, diese Reichtümer jemals erhalten zu haben. Sollte ich irgendetwas davon erhalten haben, muss es in Raten und in großen Abständen geschehen sein; denn damals wäre ein so vornehmer Ausbruch von Wohlstand wie drei Teller

Eiscreme, alle auf einen Ritt bezahlt, ein so elektrisierendes und erhebendes Ereignis gewesen, dass es sich meinem Gedächtnis für drei Jahrhunderte einge-brannt hätte.

Der gewöhnliche menschliche Wesenszug, den die Rees zur Ansicht freigelegt haben – und den die übrigen Nationen auf Erden aus Scham sorgfältig verheh-len und zu besitzen leugnen –, ist jener, der einen Menschen nötigt, all seinen Stolz, all sein Taktgefühl, all seinen Anstand zu opfern, sobald sein Blick auf ei-nen ungeschützten Dollarschein fällt – ein Anblick, der ihn mitunter um sein ganzes Menschsein bringt und nichts als das Tier zurücklässt. Beeidigte Erklä-rungen bedeuten einem solchen Menschen nichts; sie kommen ihn billig; für dreißig Cent das Stück würde er hundert am Tag abgeben. Dieser Menschen-schlag ist nur allzu gern bereit, ein Verbrechen oder eine Dummheit ans Licht zu zerren, die die Barmherzigen seit fünfzig Jahren verziehen und vergessen haben, wenn sich dadurch anderthalb Dollar herausschlagen lassen. Für seinesgleichen ist es verhängnisvoll, mit einigem Glück eine längst vergessene Schande, mit der eine geschätzte und verehrte weißhaarige Frau in Mädchentagen ihren guten Ruf beschädigte, zurückverfolgen zu können, denn er wird sie unerbittlich aufde-cken, wenn dabei eine halbe Handvoll verschmutzter Dollarscheine für ihn her-ausspringt. Es ist das Gezücht der Rees, von dem die Welt ihre Burkes und Hares bezieht. Aber die Burkes und Hares sind zu bemitleiden, nicht zu verabscheuen. Sie gehorchen nur dem Gesetz ihrer Natur. Sie haben ihre Natur nicht gemacht; sie sind nicht verantwortlich; und kein humaner Mensch wird sich erlauben, harsch über sie zu urteilen. Es wäre mir unmöglich, beleidigende Dinge über die modernen Burkes und Hares des Mittleren Westens zu sagen. Schließlich müs-sen sie sich ihr Brot verdienen, und ihre Möglichkeiten, es zu erwerben, sind begrenzt. Es ist nur natürlich, dass sie es auf eine Weise erwerben, die ihnen das größte Vergnügen, die größte Genugtuung, die größte Befriedigung bereitet. Sie graben tote Reputation aus, verkaufen das verweste Produkt gegen Nahrung und verzehren diese. Ihre Vorfahren, Burke und Hare, gruben die Toten auf Fried-höfen aus, verkauften die Leichen gegen Brot und verzehrten selbiges, was nur ein anderer Ausdruck dafür ist, dass sie sich von Toten ernährten. Die Rees sind lediglich die Burkes und Hares, die von den hinderlichen modernen Rechtsver-hältnissen, in denen sie leben, ihres natürlichen Handels beraubt werden.

Vielleicht habe ich diese Schriften tatsächlich verfasst, was eher unwahrscheinlich ist. Jedenfalls habe ich keine Erinnerung daran und muss es dabei bewenden lassen. Aber eins will ich all den beeidigten Erklärungen all der Burkes und Hares zum Trotz voller Überzeugung behaupten, und das ist Folgendes: Wenn der Eidschwörer sagt, es habe einen *Vertrag* gegeben und ich sei für die Arbeit *bezahlt* worden, sind beide Aussagen klare, schlichte Lügen; mehr noch und schlimmer noch, es sind schlechte Lügen, weder plausibel noch kunstvoll. Ich denke, als Kunstwerke sollte sich selbst ein Rees ihrer schämen.

Dienstag, 2. Oktober 1906

Noch so ein ergaunerter Urlaub einschließlich einer Bankettrede in New York und eines Besuches in Norfolk, Connecticut – In einem heute Morgen erhaltenen Brief nennt eine Freundin Mr. Clemens »den gesegnetsten ›Zufall‹, dem ich in meinem Leben begegnet bin« – Mr. Clemens überdenkt die Serie von »Zufällen« im Laufe seines Lebens, die zur Begegnung mit dieser Freundin führten

Ich war wieder in New York und Fairhaven – noch so ein ergaunerter Urlaub, diesmal sechzehn oder siebzehn Tage. Meinen Sommer scheine ich hauptsächlich mit ergaunertem Urlaub, Urlaub unter einem Vorwand, verbracht zu haben. Ich glaube, mit Ausnahme einer Bankettrede am 19. September in New York und einem Besuch in Norfolk, Connecticut, um dem Debüt meiner Tochter Clara als Sängerin beizuwohnen, habe ich mir diese vielen Wochen Urlaub nur unter Vorwänden sichern können. Die Vorwände waren in der Regel ziemlich fadenscheinig – aber ich bereue nichts. In meinen ganzen siebzig Jahren habe ich nicht oft Urlaub gemacht, wenn ich ihn wirklich brauchte.

Die Morgenpost bringt mir den Brief einer jungen Frau aus New York, in dem ich auf die Bemerkung stoße: »Sie sind der gesegnetste ›Zufall‹, dem ich in meinem Leben begegnet bin.« Das ruft mir ein Gespräch in Erinnerung, das ich vor einer Woche mit ihr führte, und ich möchte einige Einzelheiten daraus berichten, da sie eine Philosophie von mir illustrieren – oder, wenn Sie den Ausdruck vorziehen, einen Aberglauben. Ich hatte ihr, wie sie es nannte, einen

376

1 Das Haus der Clemens in der Farmington Avenue, Hartford, Winter 1880

2 Clara als Lady Jane Grey und Margaret (Daisy) Warner als der Bettler in dem Kostüm des Prinzens für die Aufführung von *Der Prinz und der Bettelknabe*, Hartford, März 1886

3 Onteora, New York, 1890: Carroll Beckwith, W.F. Clarke, Dora Wheeler, R. Heber Newton, Laurence Hutton, Mary Mapes Dodge, Candace Wheeler, Brander Matthews, Lillie Hamilton French, Eleanor V. Hutton, S.L. Clemens und Mary Knight Wood

4 Susy und Samuel Clemens in ihren Kostümen nach der Aufführung von *Hero und Leander* auf der Veranda in Onteora, 1890

5 Clemens und Laurence Hutton auf der Veranda der Huttons, New York, 1890

6 Carroll Beckwith und sein Porträt von Clemens, Onteora, New York, 1890

7 Olivia, Samuel und Clara Clemens, James B. Pond und Mrs. Pond auf der Vortragsreise in Nordamerika, Juli/August 1895

8 Susan Crane, Mrs. James B. Pond, James B. Pond jr., Susy Clemens und die Hunde Osman und Bruce auf der Quarry Farm, Elmira, New York, 15. September 1895

9 Clemens auf der Wiese hinter Dollis Hill House, 1900

10 Samuel und Olivia Clemens, Dollis Hill House, 1900; »Mama und Papa unter den Eichen und Buchen, wo wir immer saßen und unseren Tee tranken«, Foto und Bildunterschrift von Jean Clemens

11 »Der Unterschlupf« am Lower Saranac Lake, New York, 1901, »mit einem flüchtigen Blick auf den See und das Badezelt«; Foto und Bildunterschrift von Jean Clemens

12 Ein unbekanntes Dienstmädchen, Olivia, Clara und Jean Clemens auf der Veranda des »Unterschlupfs«, Lower Saranac Lake, 1901

13 Henry Huttleston Rogers

14 H.H. Rogers' Herrenhaus in Fairhaven, Massachusetts

15 Samuel und Olivia Clemens auf der Veranda der Quarry Farm, 1903

16 Clemens mit John T. Lewis in Elmira, 1. Juli 1903

17 Clemens im Billardzimmer, 21 Fifth Avenue, New York, 1905 oder 1906

18 Katy Leary in Jeans Arbeitszimmer, 21 Fifth Avenue, New York, Januar 1905

19 Josephine Hobby, Clemens' Stenografin und Schreibkraft für die autobiographischen Diktate, in ihrer »Ausrüstung« für Autofahrten, Greenwich, Connecticut, ca. 1906

20 Aldens Geburtstagsdinner, 10. November 1906: Richard Watson Gilder, Herausgeber des *Century Magazine*; Woodrow Wilson, Präsident der Princeton University; William Dean Howells, Autor und ehemaliger Herausgeber des *Atlantic Monthly*; Henry Mills Alden, Herausgeber des *Harper's Monthly*; George Harvey, Besitzer und Herausgeber von *North American Review* und *Harper's Weekly*; Thomas Bailey Aldrich, Autor und ehemaliger Herausgeber des *Atlantic Monthly*; Ethelbert Talbot, Bischof der Diözese von Zentral-Pennsylvania; und Edmund Clarence Stedman, Poet und Kritiker

21 Elisha Bliss jr. von der American Publishing Company, ca. 1879

22 Frank Bliss von der American Publishing Company, 1890er Jahre

23 Charles L. Webster, 1884

24 Frederick A. Duneka, Geschäftsführer von Harper & Brothers, beim Alden-Dinner, 10. November 1906

25 Clemens und Joseph H. Twichell auf der *RMS Bermudian*, Januar 1907

26 Clemens und Twichell in Bermuda, Januar 1907

27 Laura Wright im Alter von 16 Jahren, Mai 1861

28 James Redpath im Kansas-Territorium in den 1850er Jahren als Korrespondent für die *New York Tribune*

29 Kapitän Edgar (Ned) Wakeman und seine Frau Mary Lincoln Wakeman

30 Bret Harte in den späten 1870er oder frühen 80er Jahren

31 Joel Chandler Harris,
New York, 1906

33 Vier Generationen, 18. Juni 1882: Jane Lampton Clemens, Annie Moffett Webster, Jean
Webster und Pamela A. (Clemens) Moffett

34 Clara Clemens, New York, ca. 1894

35 Jean Clemens und »Der Professor«, Kaltenleutgeben, Österreich, 1898

36 Susy Clemens, Florenz, 1892

großen Dienst erwiesen, und, ehrlich gesagt, begriff ich, dass es ihr ein großer Dienst war, obwohl er mich so wenig Mühe gekostet hatte, dass die aufgewandte Zeit und Arbeit das Kompliment nicht rechtfertigten. Sie sagte:

»Sie haben es für mich bewerkstelligt, und ich bin mit keinem anderen Menschen bekannt, dem das gelungen wäre. Es war ein glücklicher Zufall, dass ich Ihnen vergangenen April zufällig begegnet bin – nein, kein Zufall, Zufälle gibt es nicht – es war vorherbestimmt.«

»Vorherbestimmt durch wen? Oder was?«

»Durch die Macht, die über uns wacht und alles Geschehen lenkt.«

»Und die Tag für Tag neue Bestimmungen erlässt?«

»Vielleicht. Ja, ich vermute, dass es sich so verhält.«

Ich sagte:

»Ich glaube, dass nur ein Befehl jemals erlassen worden ist und dass dieser Befehl zu Beginn der Zeit erlassen wurde – in der ersten Sekunde der Zeit; dieser Befehl hatte eine Handlung zur Folge; Adams erste Handlung – falls es einen Adam gab –, und dieser Handlung entsprang als natürliche und unvermeidliche Folge eine zweite Handlung – nennen wir sie Evas Handlung –, und aus *dieser* Handlung ging als unvermeidliche Folge eine *dritte* Handlung einer dieser beiden Personen hervor; und da die Kette natürlicher und unvermeidlicher Ereignisse nun einmal begonnen hatte, ist sie von jenem Tag bis zu diesem nie abgerissen; und so ist meiner Überzeugung nach Adams erste Handlung Ursprung und Ursache des Dienstes, den ich Ihnen habe erweisen können, und ich bin ziemlich sicher, dass, wenn Adams erste Handlung, so unbedeutend sie auch gewesen sein mag, eine ganz gleich wie unbedeutende andere Form angenommen hätte, die gesamte Kette menschlicher Ereignisse all die Tausende von Jahren hindurch eine andere gewesen wäre; in welchem Falle es höchst unwahrscheinlich ist, dass Sie und ich einander je begegnet wären. Ja, es ist sogar höchst unwahrscheinlich, dass wir *beide* im selben Land zur Welt gekommen wären. Die kleinste Abweichung in Adams erster Handlung hätte zur Folge haben können, dass Sie Eskimo wären und ich Hottentotte; dass Sie vor fünf Jahrhunderten zur Welt gekommen wären und meine Geburt aufs übernächste Jahrhundert verschoben worden wäre.

Ich scherze nicht. Ich studiere diese Dinge seit langem und bin der festen

Anno Mundi 1

377

Überzeugung, dass das erste Ereignis, das je in dieser Welt geschah, der Ursprung jedes anderen Ereignisses war, das seither in dieser Welt geschehen ist; dass Gott zwar dieses erste Ereignis vorherbestimmt hat, seitdem jedoch kein weiteres. Insofern bin ich schlichtweg außerstande, mir etwas von der Art vorzustellen, was wir *Zufall* nennen – will sagen, ein Ereignis ohne Ursache. Jedes Ereignis hat seinen eigenen Platz in der ewigen Kette der Ereignisse und wird, ob es nun groß ist oder klein, unfehlbar das *nächste* Ereignis verursachen, sei es das Zerbrechen eines Kinderspielzeugs oder die Zerstörung eines Thrones. Diesem meinem Aberglauben zufolge ist das Zerbrechen des Spielzeugs ein ebenso wichtiges Ereignis wie die Zerstörung des Thrones, da sich die Zerstörung des Thrones ohne das Zerbrechen des Spielzeugs nicht zugetragen hätte.

Aber das Wort ›Zufall‹ gefällt mir, auch wenn es meiner Ansicht nach völlig sinnentleert ist. Es gefällt mir, weil es kurz und griffig ist und weil es so gut und bequem dazu taugt, Geschehnisse einzuordnen, die wir andernfalls seltsam, sonderbar, interessant und so weiter nennen müssten, und dann müssten wir weitere Einzelheiten hinzufügen, um deutlicher zu machen, was wir meinen. Also sagen wir der Einfachheit halber ruhig, dass es ein Zufall war, der uns vergangenen April zusammengeführt hat, und dass aus diesem Zufall auf ganz natürliche Weise jene Reihe miteinander verbundener Zufälle hervorging, welche zu dem Dienst führten, den Ihnen zu erweisen ich das Glück hatte, und ihn überhaupt erst ermöglichten. Zufall ist ein Wort, das ich ständig verwende, wenn ich Selbstgespräche über die Kette von Begebenheiten führe, die mein Leben ausmachen.

1841   Ich mache mich anheischig, in die Vergangenheit zurückzugehen und einige dieser Zufälle mit Namen und Datum zu versehen. Als ich sechs Jahre alt war und mein Bruder Henry vier, hatte er Wundrose, und als er genas, stattete ihn die Natur mit einer neuen Haut aus. Mir gefiel die alte, und ich wünschte, ich könnte sie haben. Ich war wahnsinnig daran interessiert, wie seine Haut sich pellte. An einer Ferse war sie schon fast ab, sie war hart und steif und ähnelte einer Tasse und hing nur noch an einem Faden. Ich wollte sie zum Spielen haben, aber so jung ich auch war, besaß ich doch genügend Urteilskraft und wusste, dass ich sie mir nicht auf bloßes Bitten hin verschaffen konnte – daher musste ich mir ein umsichtigeres Vorgehen ausdenken. Als ich endlich einen

Augenblick mit ihm allein war, bekam ich meine Chance. Die Zeit war knapp; da keine Schere zur Hand war, zog ich die Fersen-Tasse mit Gewalt ab. Henry tat die Operation weh, und er weinte – weinte viel lauter als nötig, wie mir schien, wenn man bedenkt, wie gering sein Verlust war und wie groß mein Gewinn; vor allem aber war ich beunruhigt, weil sein Weinen Aufmerksamkeit erregte und mir Verweis und Bestrafung eintrug.

Hätte ich ein so gutes Gedächtnis, wie ich es mir wünschte, könnte ich mich daran erinnern, was die Bestrafung in Bezug auf das *nächste* Glied in meiner Kette auslöste, und dann Glied für Glied fortfahren, meine sämtlichen siebzig Jahre entlang, und zu meiner vollkommenen Genugtuung beweisen, dass mir in all der Zeit nie etwas widerfahren ist, was mir auch widerfahren wäre, wenn ich die Fersen-Tasse nicht angerührt hätte. Ich habe keine Ahnung, welche Kettenglieder zu dem Vorfall mit der Fersen-Tasse geführt und ihn ausgelöst hatten, noch kann ich aus dem Gedächtnis die lange Reihe von Ereignissen aufführen, die sich über die nächsten sechs Jahre erstreckten und die von ihm *1847* verursacht wurden – doch in meinem zwölften Jahr trug sich ein weiterer Vorfall zu. Mein Vater starb, und ich wurde von der Schule genommen und in eine Druckerei gesteckt. Es wäre ein Leichtes gewesen, für immer dort zu versauern. Um der Druckerei zu entrinnen, war ich auf einen Zufall angewiesen. Mein älterer Bruder kam aus St. Louis und sorgte für diesen Zufall, indem er mir eine *1850* genauso wenig verheißungsvolle Stelle in seiner Druckerei verschaffte.

Nur ein weiterer Zufall konnte mich daraus befreien und mir zu einem Neustart verhelfen. Die Umstände erlaubten mir, selbst für diesen Zufall zu sorgen. Ich lief von zu Hause fort und tauchte ein Jahr unter. Eine Reihe von Zufällen *1853* – will sagen, Umständen – verpflanzte mich nach St. Louis, dann nach New York, dann nach Philadelphia, dann nach Muscatine, Iowa, dann nach Keokuk; mittlerweile war ich einundzwanzig Jahre alt. Wahrscheinlich wäre ich für immer in Keokuk geblieben, doch ein weiterer Zufall, den Adams erste Hand- *1856* lung vorherbestimmt und somit unvermeidlich gemacht hatte, kam mir zu Hilfe. Ich verspürte das Verlangen, den Amazonas zu erforschen und seine Quellgebiete für den Kokahandel zu erschließen, besaß aber kein Geld, um überhaupt dorthin zu gelangen. Wäre da nicht der Zufall gewesen, den mir Adams erste Handlung diesmal in den Schoß warf, hätte ich niemals auch nur zum Amazonas aufbrechen können. Dieser Zufall war ein Fünfzig-Dollar-Schein. Ich fand ihn eines Wintermorgens auf der Straße. Ich annoncierte meinen Fund, um den Eigentümer ausfindig zu machen, dann reiste ich unverzüglich nach Cincinnati ab aus Angst, ich könnte, wenn ich noch länger wartete, womöglich Erfolg haben. In Cincinnati schiffte ich mich auf der *Paul Jones* nach New Orleans ein, auf dem Weg zum Amazonas. Doch nach ein paar Tagen in New Orleans war mein Geld aufgebraucht, und ich hatte herausgefunden, dass in diesem Jahr kein Schiff den Amazonas ansteuerte und es so gut wie ausgeschlossen war, dass im nächsten Jahrhundert ein Schiff den Amazonas ansteuern würde.

Es war zwingend notwendig, dass mir ein weiterer Zufall zu Hilfe kam. Genau in dem Moment, den Adams erste Handlung vorherbestimmt hatte, trat er ein. Auf dem Weg flussabwärts hatte ich Bekanntschaft mit einem Lotsen der *Paul Jones* geschlossen, und jetzt ging ich zu ihm und flehte ihn an, einen Lotsen aus mir zu machen. Dass ich seine Bekanntschaft gemacht hatte, verdankte sich einem Zufall. Normalerweise wäre ihm meine Gesellschaft im Lotsenhaus unerwünscht gewesen, und er hätte mich das wissen lassen; doch an dem Tag, als ich es betrat, war die Zeit für einen *seiner* Zufälle reif. Er laborierte an einer Krankheit oder an irgendwelchen Schmerzen und konnte kaum am Ruder stehen, und so war er dankbar, als ich zu ihm kam. Er überließ mir das Steuer, setzte sich auf seine hohe Bank und beaufsichtigte meine Bemühungen, während ich zu steuern lernte. Von da an bis nach New Orleans steuerte ich, wenn er Dienst hatte, jeden Tag für ihn. Hätte er nicht unter diesen Schmerzen gelitten, hätte ich nicht seine Bekanntschaft gemacht, und meine gesamte Karriere bis zum heutigen Tag wäre anders verlaufen, und kraft einer neuerlichen Folge von Zufällen wäre ich in einem geistlichen Amt oder im Zuchthaus gelandet oder im Grab oder sonst wo, und man hätte nie wieder von mir gehört.

Als drei oder vier Jahre später der Krieg ausbrach, war ich bereits zwei Jahre oder länger Lotse gewesen und hatte ein so üppiges Gehalt bekommen, dass ich mich für einen reichen Mann hielt. Jetzt hatte ich keine Anstellung mehr; der Fluss war für die Schifffahrt geschlossen; es wurde Zeit, dass sich ein weiterer Zufall ereignete, oder ich wäre wieder in Richtung geistliches Amt oder Zucht-

haus unterwegs. Selbstverständlich trat der Zufall ein. Mein älterer Bruder
wurde zum Sekretär des neuen Territoriums Nevada ernannt, und da ich seine
Fahrt quer über den Kontinent ohnehin bezahlen musste, begleitete ich ihn,
um herauszufinden, ob es dort draußen im Grenzland etwas für mich zu tun
gäbe. Bald darauf reiste ich zu den Goldminen in Humboldt County. Die
Expedition war ein Misserfolg. In der Jahresmitte 61 reiste ich zu den Goldminen in Esmeralda County und hatte einen weiteren Misserfolg zu verbuchen.
Irgendwann schaufelte ich für Logis und zehn Dollar die Woche Sand in einer
Quarzmühle. Ich hielt es zwei Wochen aus, dann musste ich kündigen, so unerträglich schwer war die Arbeit und so unzureichend meine Muskelkraft.

1861

Wieder einmal hatte ich keine Zukunftsperspektive und stand mit einem
Bein im geistlichen Amt oder im Zuchthaus – außer einem neuerlichen Zufall
konnte mich nichts mehr retten. Und selbstredend trat er ein. Damals verfasste
jeder, der einen Claim abgesteckt hatte, eine Beschreibung seines Schürfgebiets
sowie Prophezeiungen über die künftigen Vorkommen und veröffentlichte sie
im *Virginia City Enterprise*, und genau das hatte auch ich mit meinen wertlosen
Claims getan. Nun denn, als eben ein neuerlicher Zufall zwingend erforderlich
war, um mich vor dem geistlichen Amt und dem Zuchthaus zu retten, trat er
tatsächlich ein. Oberster Staatsrichter Turner kam angereist und hielt eine
Rede. Ich war nicht zugegen, aber ich kannte sein Thema und wusste, was er
sagen würde und wie er es sagen würde und dass er alle seine Lieblingszitate
einfließen lassen würde. Ich wusste, er würde die Bemerkung einstreuen über
jemandes Lippen, die gesüßt seien ›vom Honig der Bienen des Hymettos‹, und
die Bemerkung ›Wen der Himmel verderben will, den schlägt er mit Blindheit‹
und jene, die da lautet: ›Mit der Dummheit kämpfen Götter selbst vergebens.‹
Er hatte ein Dutzend weiterer solcher Lieblingssprüche auf Lager, die ich alle
kannte, denn ich hatte ihn viele Male reden hören. Er pflegte einen überaus
blumigen Stil, und ich wusste ihn nachzuahmen. Ein Publikum konnte er eine
geschlagene Stunde ohne Unterbrechung bezaubern, ohne auch nur eine einzige Idee anzubringen. Von Zeit zu Zeit führte er einen inhaltsleeren Satz mit
einer schwungvollen Bewegung zu Ende, sagte: ›*Noch einmal*‹, und fuhr mit
einer anderen Gehaltlosigkeit fort, die angeblich eine Bekräftigung der vorausgegangenen war. Am Ende sagte er: ›*Um zusammenzufassen*‹ – und dann fasste

er alles, was er nicht gesagt hatte, ruhig und beredt zusammen, und seine Zuhörer gingen entzückt auseinander.

Wie bereits gesagt, hatte ich seine Rede nicht gehört, verfasste aber trotzdem einen Bericht darüber, in den ich alle seine Lieblingswendungen einarbeitete; und obwohl die Parodie recht übertrieben ausfiel, wurde sie vom gesamten *1862* Territorium mühelos als raffinierte Imitation gewürdigt. Sie erschien im *Enterprise* und keine Minute zu früh, um mich zu retten. Der Lokalredakteur dieser Zeitung wollte für drei Monate an die Ostküste gehen, und postwendend erhielt ich das Angebot, ihn so lange zu vertreten.

Dieser Zufall hatte für mich ungeheure Folgen, auch wenn ich das damals natürlich nicht ahnte. Wie all unsere Zufälle ereignete er sich exakt auf die Minute, die Sekunde, ja den Bruchteil einer Sekunde. Ein Zufall verspätet sich nie; stets tritt er gerade rechtzeitig ein. Als dieser eintrat, war ich dem geistlichen Amt noch nie in meinem Leben so nahe gewesen.

Ich nahm die Stelle an, und während ich sie ausübte, musste ich in die Hauptstadt Carson City fahren und über die Sitzungen der Legislative berich- *1864* ten. Jeden Sonntag schrieb ich einen Brief an die Zeitung, in dem ich die gesetzgeberische Arbeit der betreffenden Woche zusammenfasste, und damit das Resümee lesbar war, versah ich es mit unendlich viel Würze. Diese Briefe zeichnete ich mit ›Mark Twain‹.

Dass ich sie so und nicht anders zeichnete, war ein weiterer, durch Adams erste Handlung vorherbestimmter Zufall und der Grund dafür, dass es mich bald darauf vom Journalismus zur Literatur verschlug. Ich könnte jetzt fortfahren und alles, was mir seitdem in den vergangenen vierzig Jahren widerfahren ist, schnurstracks auf jenen Zufall zurückführen. Aus ihm ging zwei Jahre später jener Zufall hervor, der mir, als ich beim *San Francisco Morning Call* entlas- *1866* sen wurde, eine einträgliche Korrespondentenstelle verschaffte; aus dieser Korrespondentenstelle ging der Zufall hervor, dass ich von der *Sacramento Union* zu den Sandwichinseln geschickt wurde; dieser Zufall trug mir, als ich wieder einmal mittellos und für das geistliche Amt bestimmt war, eine Bekanntheit ein, die es mir ermöglichte, das Vortragspodium zu besteigen; aus dem Zufall des *1867* Vortragspodiums ergab sich die Gelegenheit, mich der Expedition der *Quaker City* anzuschließen; aus jener Expedition ging der Zufall jenes Angebots hervor,

Die Arglosen im Ausland zu schreiben und auf rentable Weise in ganz Amerika
berühmt-berüchtigt zu werden; aus dem nämlichen Zufall ging der Zufall hervor, dass ich eines Tages, als das Schiff in der Bucht von Smyrna vor Anker lag,
in Charley Langdons Kabine trat und auf seinem Tisch ein Konterfei seiner
Schwester erblickte, die ich binnen eines Jahres ausfindig machen und zwei
Jahre später heiraten sollte; dieser glückliche Zufall hatte, Glied für Glied, Jahr
für Jahr, tausend andere glückliche Zufälle zur Folge, bis die Kette vor einer
Woche Sie und Ihre Angelegenheiten erreichte und mich in die Lage versetzte, *1906*
Ihnen einen Dienst zu erweisen, von dem Sie glauben, dass ihn kein anderer
Mensch, mit dem Sie bekannt sind, hätte erweisen können. Meiner Ansicht
nach ist es vollkommen gewiss, dass, wenn in der Kette, die von mir bis zu
Adam zurückreicht, auch nur ein Glied, ein einziges Glied, ein Glied der
scheinbar nichtigsten Art gebrochen wäre, Sie und ich uns aller Wahrschein-
lichkeit nach, ja mit an Sicherheit grenzender Wahrscheinlichkeit in diesem
Leben niemals in die Augen geblickt hätten.«

Mittwoch, 3. Oktober 1906

Clara Clemens' Debüt in Norfolk, Connecticut – Die Episode, wie ihr
Kinderbett Feuer fing, als sie sieben Jahre alt war – Zwei weitere Brände
an den beiden folgenden Tagen – Rosas Entschlossenheit bei der Rettung
der Kinder – Rosas Heirat und ihr Erlebnis mit der Vogelscheuche
und den Krähen

Gestern erwähnte ich, dass ich am 22. September von New York nach Norfolk,
Connecticut, fuhr und dem Debüt meiner Tochter Claras als Sängerin beiwohnte. Sie hatte schon früher einmal öffentlich gesungen, aber das war in
Italien gewesen, in einer Klasse mit einem Dutzend anderer Mädchen – die
Vorführung einer Musiklehrerin –, und natürlich war der Saal voll mit beifälli-
gen, unkritischen Papas und Mamas und Brüdern und Schwestern und Tanten
und Cousinen und Onkeln, und so war es kein richtiges Debüt und hatte kaum
einen seiner Schrecken. Das war vor zweieinhalb Jahren. In Norfolk bestritt
Clara zwei Drittel der gesamten Darbietung. Das andere Drittel bestand wie

üblich aus eingestreuter Instrumentalmusik. Sie bewies gute Nerven. Sie bibberte vor Lampenfieber, ließ sich aber nichts anmerken.

Starke Nerven hatte sie schon immer gehabt. Ich glaube, in früheren Kapiteln schon mehrfach darauf eingegangen zu sein. Einmal, als sie sieben Jahre alt war, wäre sie eines Morgens um ein Haar verbrannt, sie aber war zu sehr an dem Tumult und der Aufregung interessiert, um zu bemerken, dass sie in Gefahr schwebte. Was die Bedrohung betraf, so war diese ihr so gleichgültig, als habe sie eine Feuerversicherung auf ihr Leben abgeschlossen. Sie hatte Diphtherie, und damit ihre Mutter rund um die Uhr ein Auge auf sie haben konnte, war ihr Lager in unserem Zimmer aufgeschlagen worden. Sie lag in ihrem Kinderbett, und über dem Kinderbett hatte man ein Zelt aus Decken errichtet; auf dem Fußboden stand eine Alkohollampe und erhitzte ein mit Milchsäure und Limetten gefülltes Gefäß, aus dessen Tülle der medizinische Dampf in das Zelt aufstieg. Es war ein früher, eisig kalter Wintermorgen. Mrs. Clemens ging kurz aus dem Zimmer, und dann ereignete sich einer jener Zufälle, der von Adams erster Handlung vorherbestimmt war – oder zumindest war er die unvermeidliche Folge jener Handlung. Die Lampe setzte das Deckenzelt und das Bettzeug in Brand. In diesem Augenblick trat Rosa, das deutsche Kindermädchen, in das Zimmer. Die Flammen züngelten um das Kind herum, doch Rosa verlor nicht den Kopf – das tat sie nie in den zwölf Jahren, als sie in unseren Diensten stand. Sie machte sich an die Rettungsarbeiten mit jener feinen Intelligenz, die am richtigen Ende anfängt statt am falschen. Zuerst hob sie Clara aus ihrem Kinderbett und legte sie auf das große Bett; dann stieß sie ein Fenster auf; als Nächstes klaubte sie das brennende Zelt zusammen, trug es zum Fenster und warf es hinaus; als Nächstes trug sie die brennende Matratze und das Bettzeug zum Fenster und warf sie hinaus; schließlich hüllte sie das Kind in Tücher. All das tat sie in der richtigen Reihenfolge, wies jeder einzelnen Verrichtung ihren angemessenen Platz in der Reihenfolge zu. Rosa war eine geistesgegenwärtige Person, und sie bewerkstelligte diese verschiedenen Verrichtungen in etwa derselben Zeitspanne, die ich benötigt hätte, um mir nur eine davon auszudenken und jemanden ausfindig zu machen, der sie übernehmen würde. Clara trug keine ernsten Verbrennungen davon und genoss alle Einzelheiten des aufwühlenden Zwischenfalls. (So Rosas Bezeugungen.) Auch den Tumult genoss sie und die erregten Ausrufe, die folgten, als ihre Mutter und ich nebst dem ganzen übrigen Haushalt, Groß und Klein, wenige Augenblicke später in das Zimmer schwärmten. Wir hatten den Eindruck, am liebsten hätte sie alles noch einmal von vorn durchlebt.

Da ich schon einmal in jener fernen Zeit weile, will ich fortfahren und erzählen, was am nächsten Morgen geschah und am Morgen darauf. Am ersten dieser beiden Morgen schlief Jean, ein Baby mit einem Jahr Lebenserfahrung, in ihrem Bettchen im Kinderzimmer unter einem hohen Baldachin aus hauchdünnem weißem Musselin oder einem ähnlichen Material. Das Bettchen stand vor einem lodernden Holzfeuer, und die gesamte Kaminfront war mit einem Funkenfänger in Gestalt eines Schirms aus feinen Kupferdrähten versehen – aus Drähten, die so dicht geflochten waren, dass man kaum eine Messerklinge hindurchstecken konnte –, und dennoch überwand ein Funke dieses Hindernis, sprang auf die Seitenbahn des Baldachins über und setzte ihn in Brand. Es war um die Frühstückszeit, und niemand hielt sich im Zimmer auf. Die polnische Amme hätte anwesend sein sollen, war es aber nicht, weil Adams erste Handlung eine Kette von Ereignissen ausgelöst hatte, die es ihr unmöglich machten, zu diesem Zeitpunkt anwesend zu sein. Doch gleich darauf trat sie ein und sah, wie der Baldachin in Flammen aufging. Sie war keine Rosa, verlor sofort das bisschen Kopf, das sie hatte, und rannte kreischend aus dem Zimmer. Ihr Kreischen alarmierte Rosa, die ihrerseits ins Zimmer stürzte, Jean heraushob und aufs Bett legte; als Nächstes rannte sie zu einem Fenster und stieß es auf; dann trug sie die brennende Matratze und die Bettwäsche zum Fenster und warf sie zusammen mit den Überresten des Baldachins hinaus; als Nächstes schüttete sie Wasser auf das Kinderbett und die Holzverkleidung am Fuß der Wand – die beide in Flammen standen –, und schließlich hüllte sie Jean in Tücher und war dann so weit, darauf zu warten, dass der Haushalt hereinschwärmte und wie eh und je einen Tumult veranstaltete.

Dank der Routine, die sich Rosa inzwischen erworben hatte, hätte sie für den Rest ihres Lebens jeden Morgen ein Kind aus seinem brennenden Bettchen retten können und dabei keinen Schritt in der verkehrten Reihenfolge ausgeführt. Jean hatte zwei, drei Verbrennungen erlitten, die nicht weiter von Bedeutung waren.

Am nächsten Morgen kurz vor dem Frühstück übte Susy, neun Jahre alt, im Lernzimmer gleich neben dem Kinderzimmer Klavier. An einem Ende des Zimmers brannte ein Feuer aus großen Holzscheiten. Susy saß mit dem Rücken zum Feuer am anderen Ende des Zimmers. Ein Scheit brannte in der Mitte durch, und die beiden glühenden Enden fielen auf die schwere Holzverkleidung, die den Sims stützte, und steckten sie in Brand. Genau in diesem Moment betrat der Barbier das Zimmer. Aufgrund Adams erster Handlung war sein Erscheinen notwendig und unvermeidlich und wäre niemals geschehen, wenn Adam anders gehandelt hätte, als er tat. Es war ganz und gar unwahrscheinlich, dass irgendjemand um diese Stunde das Zimmer betrat. Der Barbier hatte es nie zuvor betreten; er hatte mich stets in einem Schlafzimmer im Erdgeschoss rasiert, diesmal aber war das Zimmer entsprechend Adams Verfügung von einem Gast bewohnt, und George, der farbige Butler, hatte den Barbier ins Lernzimmer hinaufgeschickt mit der Anweisung, in aller Ruhe dort zu warten, bis ich käme. Als er sah, wie die Flammen zum Sims hinaufkletterten, stieß er keinen Schrei aus, sondern holte Wasser aus dem Kinderbadezimmer und löschte die Flammen. Hätte Adam ihn auch nur drei oder vier Minuten später geschickt, das Haus hätte nicht gerettet werden können.

Unsere Familie hat nicht viele Abenteuer zu bestehen gehabt, von daher maßen wir den dreien, die ich geschildert habe, stets einen hohen Wert bei; und der Wert, den sie für uns besaßen, erhöhte sich noch durch den Umstand, dass sie sich nicht über einen Zeitraum von Monaten oder Jahren zutrugen, sondern alle auf einmal, an drei aufeinanderfolgenden Tagen.

Rosa war ein eindrucksvolles Mädchen. Sie war sehr lebhaft und zupackend und temperamentvoll, hatte einen ausgeprägten Sinn für Humor, dazu ein ausgelassenes, ungezwungenes Lachen, das so ansteckend war wie die Pocken. Man sollte nicht erwarten, dass eine solche Persönlichkeit in einem Notfall besonnen und entschlossen und effektiv wäre, aber genau das war sie. Was Besonnenheit, Gelassenheit und Klugheit in Zeiten der Aufregung und der Gefahr angeht, bin ich ihresgleichen nicht begegnet. Einmal, als Clara vier Jahre alt war, wohnten wir eine Zeitlang in der zweiten Etage eines Hotels in Baden-Baden, und eines Morgens erschien kreidebleich und zitternd ein deutsches Stubenmädchen mittleren Alters in unserem Zimmer und versuchte, uns etwas mitzuteilen, doch war sie so verängstigt, dass es ihr die Sprache verschlug. Also warteten wir – für gewöhnliche Leute die natürlichste Reaktion der Welt, nicht so aber für Rosa, die ohne ein Wort aus dem Zimmer schlüpfte und feststellte, dass Clara sich auf höchst fragwürdige Art vergnügte. Sie hatte ihren schmächtigen Körper durch die Säulen der Marmorbalustrade gezwängt, sich dann umgedreht und mit den Händen eine Säule umklammert, so dass sie mit ihrem Rücken über dem Marmorboden der zwei Stockwerke tiefer befindlichen Lobby hing. Rosa näherte sich ihr unbekümmert und sagte:

»Warte hier, Clärchen, ich bring dir was Schönes – nein, vielleicht nehm ich dich lieber mit. Es ist am anderen Ende der Empfangshalle.«

Dann hob sie das Kind über die Geländersäulen, trug es zu seiner Mutter und legte es in ihre Arme, und dann setzte sie sich hin und weinte.

Im folgenden Sommer in Amerika rettete sie Clara ein weiteres Mal. Es war an der Küste, und mehrere Kinder spielten im Beisein ihrer Kindermädchen im Wasser. Ich überblickte die Szenerie von einem kleinen, etwa acht Meter hohen Felsvorsprung. Rosa und Susy saßen in einiger Entfernung von Clara im Sand. Ein sieben oder acht Jahre altes Mädchen begann Clara Wasser ins Gesicht zu spritzen, was das Kind verwirrte und ihm fast den Atem nahm, und als Clara strampelte, um sich ihrer Peinigerin zu entziehen, fiel sie aufs Gesicht und blieb hilflos strampelnd liegen. Es hätte den sicheren Tod bedeutet, wenn nicht sofort etwas zu ihrer Rettung unternommen worden wäre. Die Kindermädchen standen entgeistert dabei und vermochten vor Entsetzen kein Glied zu rühren. Ich konnte unmöglich den Felsvorsprung hinunterhechten, ohne mir das Genick zu brechen. Rosa aber erfasste im Nu, was geschehen war, eilte herbei, stürzte sich ins Wasser und zog das Kind ans Ufer. Clara hat noch andere beängstigende Wasserabenteuer erlebt, und wenn ich die richtige Sorte Vater gewesen wäre, hätte ich schon vor langer Zeit sowohl eine Feuer- als auch eine Meeresversicherung auf sie abgeschlossen.

Als Rosa zwölf Jahre bei uns gewesen war, heiratete sie einen jungen Farmer, der in der Nähe von Susy Cranes Quarry Farm wohnte. Das Paar baute Mais an, und als die Pflanzen aufsprossen, kamen die Krähen und begannen sie auszupicken. Es gab keine Vogelscheuche, aber Rosa hatte einen ausgedienten alten Gingham-Regenschirm, den sie aufspannte und als Vogelscheuche zwischen die Maistriebe steckte. Dann setzte sie sich, äußerst zufrieden über ihren schlauen Einfall, auf die Veranda. Doch eine Überraschung wartete auf sie. Es fing an zu regnen, und die Krähen pickten die Maistriebe aus der Erde und nahmen sie mit unter den Schirm, um sie dort zu fressen! Rosas Sinn für Humor sorgte dafür, dass sie diese Episode in vollen Zügen genoss.

Donnerstag, 4. Oktober 1906

Miss Clara Clemens' Debüt als Konzertsängerin in Norfolk, Connecticut, 22. September – Mr. Clemens' Ansprache – Unterschied zwischen Reden und Ansprachen

Gestern Morgen war es meine Absicht, über Claras Debüt und nur darüber zu sprechen, aber natürlich kam ich bald vom Wege ab – das macht aber nichts; wie ich bereits gesagt habe, steht hinter dieser Autobiographie kein Gesetz, das von mir verlangt, jemals von dem zu sprechen, wovon ich sprechen wollte, falls mich inzwischen etwas ganz anderes interessiert. Ich wende mich jetzt wieder dem Debüt zu.

Als bekannt wurde, dass Clara am 22. in Norfolk singen würde, griffen die Associated Press und die Zeitungen die Nachricht auf, und obwohl einige von ihnen Claras Porträt abdruckten und sie auf diese Weise prominenter machten als mich, erwähnten sie ihren *Namen* in den Schlagzeilen nur recht flüchtig und schrieben stattdessen in überdimensionalen Lettern »Mark Twains Tochter«. Das war Essig für Clara, aber Saccharin für mich, denn zwei Jahre lang hatte ich so getan, als könne es für sie keinen Ruhm geben, der dem Ruhm gleichkomme, meine Tochter zu sein, insofern solle sie ihren Namen unterdrücken und lieber unter meinem segeln. Natürlich wollte sie von diesem höchst vernünftigen Vorschlag nichts wissen, sondern abstruserweise durch eigene Leistungen reüssieren oder gar nicht. Vor zwei Jahren in Florenz glaubte sie, mich auf den Plakaten unterdrückt zu haben, doch im letzten Moment schmuggelte mich das Management heimtückisch hinein, und sie sang (hauptsächlich) als Mark Twains Tochter. Seitdem dauern unsere Scharmützel an, die mir wahre Freude und ihr Verdruss bereiteten, einen Verdruss, der nicht gänzlich vorgetäuscht war.

Als sie am 21. nach Norfolk abreiste, bat ich sie inständig, mich am nächsten Tag nachkommen und sie auf die Bühne geleiten zu lassen, was sie nicht erlaubte. Offenbar glaubte sie, mein Vorschlag sei ernst gemeint. Sie sagte, in diesem Falle würde die Begrüßung allein mir und nicht ihr gelten. Als dann unsere alte Katy vom Bahnhof zurückkam, wo sie sie in den Zug gesetzt hatte, sagte sie, Claras Mut habe nachgelassen und sie sei zu dem Schluss gelangt, dass sie es vorziehen würde, ihrem ersten Publikum unter dem Schutz ihres Vaters gegenüberzutreten. Das wäre keine gute Idee gewesen und durfte natürlich nicht geschehen, trotzdem glaubte ich, das Spiel weitertreiben zu können. Als sie in Norfolk eintraf, entschied Mrs. R. W. Gilder, die sie bemutterte, dass es nicht angehe, dass ich sie auf die Bühne geleite. Auch ihr Manager sagte, daran sei gar nicht zu denken. Andere Freunde meinten dasselbe. Schön und gut, aber wer sollte mir diese Entscheidung überbringen? Weder Clara noch die anderen waren gewillt, der Katze die Schelle umzuhängen.

Als ich am 22. gegen Mittag in Norfolk eintraf, deutete Clara schüchtern an, wenn ich sie auf die Bühne geleitete, müsste ich den Rufen nach einer Ansprache zwar folgen, mich dabei aber sehr kurzfassen. Ich heuchelte große Zufriedenheit selbst über diese kleine Chance, mich hervorzutun, und sagte bereitwillig, ich würde mich darauf beschränken, nur diese paar Worte zu sagen:

»Es wäre mir eine große Freude, auf Ihre Rufe einzugehen, aber Mr. Luckstone, der mich auf der Posaune begleiten sollte, hat Schnupfen bekommen und kann seine Verpflichtung leider nicht wahrnehmen.«

Clara war sehr erleichtert und sagte, wenn ich mich darauf beschränken würde, wäre sie zufrieden. Doch als sie den Manager informierte, ergaben sich weitere Probleme. Er sagte:

»Das geht nicht. Es wird damit nicht sein Bewenden haben, denn wenn er erst einmal anfängt zu reden, wird er so von sich bezaubert sein, dass er kein Ende mehr findet; und inzwischen werden Sie dastehen und allmählich zu einem Nichts verwelken. Das ist unsere Show, nicht seine, und wenn es uns nicht gelingt, ihn auf die eine oder andere Weise von der Bühne fernzuhalten, wird er uns die Show stehlen.«

Clara bat ihn, mir diese Entscheidung zu überbringen, er aber entgegnete, er sei zu jung, sich mir Weißschopf mit einem solchen Auftrag zu nähern. Mr.

389

Luckstone weigerte sich aus demselben Grund, die anderen ebenfalls. Doch dann meldete sich Rodman Gilder, dreiundzwanzig Jahre alt, zu Wort und sagte, er werde es mir sagen. Sie alle bewunderten seinen Schneid und waren entsprechend dankbar. In ausgeglichener Gemütsverfassung begaben sie sich um sieben Uhr abends in den Saal, und als Rodman und ich ihnen anderthalb Stunden später folgten, sagte er:

»Mr. Clemens, es wird nicht gewünscht, dass Sie Miss Clara auf die Bühne geleiten.«

Ich erwiderte: »Aber das habe ich doch nie beabsichtigt« – und wir ließen das Thema fallen und wandten uns einem anderen zu.

Als wir ankamen, erstattete Rodman Bericht, doch die Leute waren so fest davon überzeugt, ich würde ihnen die Show stehlen, dass sie Rodmans Aussage keinen Glauben schenkten, sondern im Aufenthaltsraum und vor den Bühneneingängen Wachposten aufstellten, um mir den Weg zu versperren.

Man wies uns Sitzplätze in der dritten Reihe an, und ich blickte Claras Auftritt ohne Bangigkeit entgegen, denn sollte ihre Gesangskunst den Anforderungen nicht gerecht werden, so würden ihre Jugend und ihre Schönheit sie zum Erfolg führen, denn sie *ist* schön, das gestehe ich ein, wer würde das nicht? Sie wurde wärmstens empfangen, und als sie die Hälfte der ersten Nummer gesungen hatte, blickte Mr. Luckstone am Klavier über seine Schulter und strahlte sie an, und Miss Gordon, die atemlos und vor Sorge zitternd zu meiner Rechten saß, flüsterte:

»Das bedeutet Zustimmung! Jetzt kann nichts mehr schiefgehen.«

Das stimmte. Von da an gewann sie an Kraft und Selbstvertrauen und riss das Publikum bis zum Schluss mit. Von Anfang bis Ende des Abends bibberte sie vor Lampenfieber, konnte es aber so gut verbergen, dass ich trotz all meiner Bühnenerfahrung nichts dergleichen argwöhnte, und ich bin sicher, dass es auch sonst niemand im Saal bemerkte. Das bewies Charakterstärke und war bezeichnend für ihren angeborenen Mut.

Am Ende der Darbietung wurde sie zweimal auf die Bühne zurückgerufen; dann stürzten Miss Gordon und ich nach vorn – wir beide, um sie zu beglückwünschen, und ich, um mich hervorzutun und meinen Anteil am Ruhm einzustreichen. Als wir die Bühne erreichten, trat sie gerade vor, um sich zum dritten

Mal zu verbeugen, und ich küsste sie mit berechnender Überschwänglichkeit und Prahlerei, doch die Zuhörer glaubten, es sei nur ein Bühnenkuss, ein gespielter Kuss, und riefen:

»Tun Sie's – *tun* Sie's!«

Ich führte sie von der Bühne in den Aufenthaltsraum, und den Rufen nach mir Rechnung tragend, geleitete sie anschließend *mich* auf die Bühne, und so war mein ursprüngliches Programm auf den Kopf gestellt.

Ich hielt keine förmliche Rede, sondern redete einfach drauflos. Ich redete fünfzehn oder zwanzig Minuten lang; und das war genau die Katastrophe, die hätte eintreten können, wenn mein boshaftes ursprüngliches Programm durchgeführt worden wäre – ein Verlauf, der mir natürlich zu keinem Zeitpunkt vorschwebte.

Auf unserer Weltreise hatte Clara mich reichlich viele Reden halten hören, und als sie von dieser sagte: »Das ist die glücklichste Ansprache, die du je gehalten hast«, erwiderte ich, sie sei eine fachkundige Richterin und ich könne ihrem Urteil nur beipflichten. Die Zeitungen berichteten über meine Ansprache, und folglich habe ich jetzt die Gelegenheit, etwas zu sagen, was ich schon lange habe sagen wollen. Und zwar das hier:

Es ist durchaus tunlich, *Reden* zu veröffentlichen – richtige, künstlerisch gestaltete Reden –, denn aufgrund ihrer klug berechneten Form und ihrer anmutigen Formulierungen lesen sie sich gut im Druck und transportieren die ganze Bedeutung des Redners; eine kurze *Ansprache* aber ist etwas ganz anderes und sollte niemals gedruckt werden. Sie liest sich nicht gut; der Druck macht ihr den Garaus. Eine unbeschwerte kurze Ansprache ist ebenso publikumswirksam wie die beste ausgefeilte Rede, doch ihre Wirksamkeit verdankt sich einer ganz eigenen Kunst, die sich von der Kunst des Redenhaltens stark unterscheidet. Eine gute Rede mag schlecht vorgetragen werden, im Druck dagegen liest sie sich hervorragend, weil die Vortragsweise, die sie beeinträchtigen könnte, nicht mehr vorhanden ist; was jedoch eine kurze Ansprache wirksam macht, ist gerade der Vortrag, sind nicht die Formulierungen. Ein Redner äußert *alle* Wörter seiner Rede, und sie alle sind unerlässlich; nichts bleibt ungesagt, um von der Intelligenz der Zuhörer ergänzt zu werden; bei einer kurzen Ansprache hingegen werden viele Wörter ausgelassen, und viele Sätze bleiben unvollendet; denn wenn das Publikum mitten in einem Satz des Sprechers in Applaus oder Gelächter ausbricht, erkennt er, dass seine Botschaft angekommen ist, folglich beendet er den Satz nicht; auch der Stenograph beendet ihn nicht für ihn, und in dieser defekten, ja unverständlichen Form wird der Satz nun gedruckt. Der Sprecher lässt viele Wörter aus und ersetzt sie durch etwas viel Besseres – einen Blick, eine Akzentuierung, einen Tonfall, eine Pause, das künstliche Tasten nach einem Wort, eine angedeutete Geste –, anders ausgedrückt, die besten und wirksamsten Bestandteile einer kurzen Ansprache werden *gespielt*, nicht gesprochen. Dieses Spiel lässt sich nicht in die gedruckte Form überführen, insofern ist der süße Saft der Ansprache dahin, und nur die dürre Hülse bleibt zurück.

Clara fand meine Ansprache gelungen, und ich war bereit, es zuzugeben. Doch im Druck war sie in etwa das geistloseste Stück Unsinn, das ich seit einem Jahr gesehen habe. Sie war ein erloschener Leuchtkäfer.

Freitag, 5. Oktober 1906

Urheberschaft der zwei Briefe über die Opfer von San Francisco auf Miss Grace Donworth zurückgeführt – Brief von Miss Anne Stockbridge

Vor mehreren Wochen fügte ich in eines dieser Kapitel zwei seltsame, skurrile Briefe über die Kleiderspenden für die Opfer der Katastrophe von San Francisco ein. Die Rechtschreibung war unterirdisch, insofern verdächtig; aber der Nachbar, der mir die Abschriften gab, stand für ihre Echtheit ein. Er ist ein Mann, dessen Wort über jeden Tadel erhaben ist, und so musste ich glauben, dass die Briefe echt waren, und glaubte es auch. *Ich* war überzeugt, doch mein von mir unabhängiger Verstand, dem die Sache keine Ruhe ließ, obschon ich mich derweil mit ganz anderen Dingen befasste, war es nicht. Er störte mich mit einem Einwand nach dem anderen, bis ich meinen Nachbarn bat, Maßnahmen zu ergreifen, um die Echtheit der Briefe zu bekräftigen. Das tat er denn auch. Er befragte den Gentleman, der ihm die Abschriften zur Verfügung gestellt hatte, und der sagte, er wisse, dass sie echt seien, seine Schwester habe sie ihm mit der entschiedenen Versicherung ihrer Echtheit übergeben. Neulich Abend verwendete ich einen der Briefe in einer Rede vor der Associated Press in

New York, und in dieser Rede stand ich meinerseits für die Echtheit des Dokuments ein. Die Rede wurde veröffentlicht, und eine Folge der Veröffentlichung ist der Brief, der vor ein oder zwei Tagen eintraf.

Stockbridge Hall

Yarmouth, Maine

27. Sept. 1906

Mein lieber Mr. Clemens,

ich bin die »liebe Freundin« in dem Brief, der Ihnen kürzlich von Mr. S. B. Pearmain überreicht wurde, der mir mitteilt, dass die Namen der Absenderin und der Empfängerin von ihm gestrichen wurden. Wären sie nicht gestrichen worden, wäre der Brief von »Jennie Allen« an »Miss Anny Stokbridge« geschrieben worden.

Als ich meinen Bruder, Mr. Stockbridge vom University Club Boston, meine Briefe Mr. Pearmain übergeben ließ, damit er sie Ihnen zeigt, rechneten weder mein Bruder noch ich damit, dass sie in einer Zeitung veröffentlicht würden. Mein Bruder berichtet mir, er habe Mr. Pearmain gesagt, falls sie einer beträchtlichen Anzahl von Menschen gezeigt würden, wäre es besser, die Namen wegzulassen. Nun finde ich den ersten Brief bis auf die Namen vollständig abgedruckt in der Ausgabe der New York Times vom zwanzigsten September. Ich sehe, dass er ein sehr passendes und geeignetes Thema für Ihre Diskussion beim Dinner der Associated Press Co. war, aber was meinen Sie, wie es »Jennie« gefallen würde, wenn ihr das Blatt zufällig in die Hände fiele?

Nach Erhalt des Briefes Nummer zwei lud eine Freundin »Jennie« ein, für den Sommer nach Maine zu fahren. Ich werde eine Ablichtung dieses Briefes erhalten, die ich Ihnen gern zuschicke. In gewisser Hinsicht ist er noch komischer als die anderen, und nur eine Ablichtung kann der Kakographie und der Verzierung gerecht werden.

Dann spielte ich mit dem Gedanken, »Jennie« einen Besuch abzustatten. Mein Interesse an ihr war geweckt, doch als ich mein Straßenverzeichnis zu Rate zog, stellte ich zu meiner Bestürzung fest, dass es in Providence keine Straße dieses Namens gibt.

Den nächsten Schock erlitt ich, als das Amt für unzustellbare Briefe einen an »Jennie« adressierten Brief mit dem Vermerk »Empfänger unbekannt« an mich zurückschickte. Dies geschah, Sie verstehen, nachdem ich meinem Bruder erlaubt hatte, Mr.

Pearmain die Briefe leihweise zur Verfügung zu stellen. Inzwischen war meine Neugier ganz und gar geweckt, und ich ging meine Liste von Freundinnen durch, um herauszufinden, ob eine von ihnen gewitzt genug gewesen sein könnte, diese Briefe, die von Dutzenden Menschen, denen ich sie vorgelesen hatte, als echt eingestuft worden waren, selbst zu verfassen.

Zuletzt stieß ich auf eine Dame aus Machias, Maine, Miss Grace Donworth, die, als wir die Kleidungsstücke für die Kalifornier sammelten, mit mir im »Zeuchhaus« gewesen war. Sie hatte mich den ersten Brief vorlesen hören und mich außerdem sagen hören, dass ich »Jennie« geschrieben hätte.

Wie ein glücklicher Zufall es wollte, sprach im Zeughaus jemand vor, der allen unbekannt war. Zu dem Zeitpunkt hielt ich mich nicht dort auf, Sie sehen also, dass auch ich getäuscht wurde.

Anfangs wich mir Miss Donworth aus, doch schließlich bekannte sie sich zu ihrer Urheberschaft und hat mir seitdem einige Notizen geschickt, die Jennies Geschichte weiterspinnen, unwiderstehlich komisch sind und weitere Figuren einführen, wie sie einem in Maine wohl über den Weg laufen …

Mit vorzüglicher Hochachtung
Anne W. Stockbridge
257 Benefit St.
Providence, Rhode Island

Das beweist, dass die Menschheit sich nicht ändert, sondern sich wie eh und je mühelos täuschen lässt, ja geradezu erpicht darauf ist, sich täuschen zu lassen. Wenn ich mich recht erinnere, hatte Chatterton mit seinen erfundenen Poesien Rowleys den Schriftsteller Horace Walpole erfolgreich getäuscht, und bestimmt hätte er auch Sie und mich getäuscht. In einer vergangenen Generation wurden William-Henry Irelands Shakespeare-Fälschungen von scharfsinnigen Shakespeare-Forschern akzeptiert, und ähnliche Machwerke würden die Zustimmung auch heutiger Shakespeare-Forscher finden. Eigentlich hätten »Jennies« überkonstruierte, unkünstlerische und unwissenschaftliche Fälschungen niemanden täuschen dürfen, denn jetzt, wo wir wissen, dass es sich um einen Schwindel handelt, merken wir sofort, dass sie keine oder nur wenig Plausibilität aufweisen; und doch täuschten sie Dutzende Menschen, denen sie gezeigt wurden. Das auf Metallplatten eingravierte Buch Mormon wurde von Joseph Smith, einem Mann ohne Ansehen und Autorität, in einem abgelegenen Winkel Kanadas aus dem Boden geborgen, und auf diesem höchst zweifelhaften Dokument wurde die Kirche der Mormonen errichtet, auf ihm ruht sie heute noch und gedeiht. *Wissenschaft und Gesundheit* wurde Mother Eddy vom Himmel herabgeschickt, nachdem Bruder Quimby das Buch dort hinaufgeschickt hatte, und auf *Wissenschaft und Gesundheit* ruht heute noch die große wachsende und blühende Kirche der Christlichen Wissenschaft. Offenkundig ist es heutzutage das Leichteste von der Welt, der Menschheit etwas vorzumachen.

»Jennies« Briefe sind ein harmloser Schwindel und ein entschuldbarer, da sie angenehmen Lesestoff abgeben und niemandem schaden. Sie sollten vermehrt und in einem Buch versammelt werden. Es könnte sein, dass das Buch als echtes Werk größeren Erfolg hat denn als Fälschung, daher will ich sein Geheimnis wahren, indem ich dieses Kapitel vorerst nicht veröffentliche.

Montag, 8. Oktober 1906

Auszug aus Susys Biographie über Sour Mash – Mr. Clemens beschreibt die drei Kätzchen, die er für den Sommer gemietet hat und die er, wenn er wieder in die Stadt zieht, ihren Besitzern zurückgeben wird – Ihre Eigenschaften, verglichen mit den Eigenschaften von Menschen – Die Hässlichkeit von Herrenbekleidung

Aus Susys Biographie

Papa sagt wenn die Chollera hierherkommt, wird er Sour Mash in die Berge bringen.   *1885*

Auf diese Bemerkung über die Katze folgen verschiedene Einträge, die einen ganzen Monat abdecken und in denen Jean, General Grant, der Bildhauer Gerhardt, Mrs. Candace Wheeler, Miss Dora Wheeler, Mr. Frank Stockton, Mrs. Mary Mapes Dodge und General Custers Witwe in einer Prozession quer über die Seite auftauchen und abtreten und danach für immer aus der Biographie verschwinden; anschließend lässt Susy im Gefolge der verschwundenen Prozession diese Bemerkung fallen:

Für Papa ist Sour Mash eine beständige Quelle der Angst, der Sorge und der Freude.

Tatsächlich dachte ich häufig an diese alte Schildpattmetze; ich bezweifle aber nicht, dass ich, um Susy zu beeindrucken, Qualen des Kummers vortäuschte, die ich nicht ganz so empfand. Sour Mash bereitete mir nie ernstlich Sorgen; sie konnte stets auf sich selbst aufpassen und bildete sich gehörig etwas darauf ein; bildete sich in einem solchen Maße etwas darauf ein, dass ich mich, sosehr ich sie schätzte, oft für sie schämte.

Während des Sommerurlaubs auf dem Land hätten viele Leute gern die Gesellschaft von Katzen, aber sie versagen sich dieses Vergnügen, weil sie glauben, entweder gezwungen zu sein, die Katzen mitzunehmen, wenn sie in die Stadt zurückkehren, wo sie eine Unannehmlichkeit und eine Last wären, oder sie ohne Haus und Heim auf dem Land zurücklassen zu müssen. Diese Leute besitzen weder Einfallsreichtum noch Erfindungsgeist noch Klugheit, ansonsten würde es ihnen in den Sinn kommen, das zu tun, was ich tue: Katzen für den Sommer monatsweise zu *mieten* und sie am Ende wieder ihren Besitzern zurückzugeben. Anfang letzten Mai mietete ich von einer Farmersfrau monatsweise ein Kätzchen; dann gewährte sie mir einen Preisnachlass, wenn ich drei nähme. Seit mittlerweile etwa fünf Monaten haben sie uns gute Gesellschaft geleistet und sind noch immer junge Kätzchen – zumindest sind sie nicht deutlich gewachsen und sind auch hinsichtlich ihrer herumtollenden Kraft und Begeisterung noch immer die jungen Kätzchen wie zu Beginn. Das ist bemerkenswert. Obwohl ich ein Katzenexperte bin, habe ich noch nie gesehen, dass ein Kätzchen seine Kätzchenhaftigkeit so lange beibehalten hätte.

Es sind wunderhübsche Geschöpfe, diese Drillinge. Zwei von ihnen tragen – mit Ausnahme der unteren Gesichtshälfte und der Pfotenspitzen – am ganzen Körper das schwärzeste, glänzendste und dichteste Robbenfellgewand. Die schwarze Maske reicht ihnen bis über die Augen, so dass man diese, wenn sie geschlossen sind, nicht sehen kann; der Rest des Gesichts sowie die Handschuhe und die Strümpfe sind schneeweiß. Diese Zeichnung ist bei beiden Katzen identisch – so was von identisch, dass, wenn man die eine ruft, höchstwahrscheinlich die andere kommt, weil sie sich selber nicht auseinanderhalten können. Da die Katzen einander so stark ähneln und keiner von uns sie auseinanderhalten kann, brauchen sie auch nicht zwei Namen, sondern teilen sich einen. Beide nennen wir Sack, und die graue nennen wir Asche. Ich glaube, ich habe noch nie so intelligente Katzen wie diese gesehen. Sie verfügen über das schärfste Urteilsvermögen. Wenn ich ihnen etwas auf Deutsch vorlese, fangen sie an zu weinen; man kann ihre Tränen herablaufen sehen. Das beweist, was für ein Pathos der deutschen Sprache innewohnt. Vorher war mir nie aufgefallen, dass jede deutsche Äußerung voller Pathos ist, ganz gleich, welches Thema wie behandelt wird. Es waren diese bescheidenen Beobachter, die mir zu jener Erkenntnis verhalfen. Ich habe alle möglichen Arten Deutsch an den Katzen erprobt: Liebesgeschichten, Poesie, Philosophie, Theologie, Marktberichte; und das Resultat war immer das gleiche – die Katzen schluchzen und lassen ihren Tränen freien Lauf, womit bewiesen wäre, dass alle deutschen Äußerungen voller Pathos sind. Die französische Sprache ist mir nicht vertraut, ihre Aussprache ist schwierig, und sie kommt mir nur, behindert von einem Missouri-Akzent, über die Lippen; den Katzen aber gefällt sie, und wenn ich in dieser Sprache leidenschaftliche Reden schwinge, sitzen sie in einer Reihe da, heben die Pfoten, Innenseite an Innenseite, und äußern stürmischen Dank. Kaum eine Katze ist empfänglich für Musik, diese schon; wenn ich singe, ziehen sie sich ehrerbietig zurück und zeigen damit, wie tief ihre Empfindung ist. Sour Mash hat sich aus derlei Dingen nie etwas gemacht. Sie besaß viele edle und gewinnende Eigenschaften, aber im Grunde genommen war sie unkultiviert und scherte sich wenig oder gar nicht um Theologie und die schönen Künste.

Es ist ein Jammer, das sagen zu müssen, aber diese Katzen stehen nicht über der Stufe des Menschen, denn aus gewissen Anzeichen schließe ich, dass sie beim Zeigen von Gefühlen nicht aufrichtig sind, dass sie diese nur deshalb zeigen, um sich zur Geltung zu bringen und Aufmerksamkeit zu erheischen – ein Verhalten, das eindeutig menschlich ist, wenn auch mit einem Unterschied: Sie wissen nicht genug, um ihr Verlangen nach Geltung zu verbergen, genau das aber tut der erwachsene Mensch. Was ist Ehrgeiz? Nichts weiter als das Verlangen aufzufallen. Das Verlangen nach Ruhm nichts weiter als das Verlangen, ständig aufzufallen, Aufmerksamkeit zu erregen und in aller Munde zu sein.

Diese Katzen sind noch in anderer Hinsicht wie Menschen: Als Asche anfing, seine vorgetäuschten Gefühle einzusetzen und sich zur Geltung zu bringen, folgten die anderen Mitglieder der Firma seinem Beispiel, um der Mode zu gehorchen. So ist es auch mit den Menschen; sie fürchten sich davor, Außenseiter zu sein; was auch immer die Mode gerade vorgibt, sie richten sich nach ihr, ob es eine angenehme Mode ist oder das Gegenteil, es mangelt ihnen an Mut, sie zu ignorieren und ihren eigenen Weg zu gehen. Alle Menschen würden gern weite, bequeme, bunte und prächtige Kleidungsstücke tragen, und bis vor einem Jahrhundert war es gang und gäbe, dann aber führte ein König oder irgendein anderer einflussreicher Esel dunkle Farbtöne und unbequeme und hässliche Designs für Herrenbekleidung ein. Die duldsame Öffentlichkeit fügte sich dem Frevel, und folglich befinden wir uns heute in dieser abscheulichen Gefangenschaft und werden es vermutlich noch lange bleiben.

Glücklicherweise wurden die Frauen von dieser Katastrophe nicht erfasst, und so genießen ihre Anmut und ihre Schönheit noch immer die unterstützende Hilfe zarter Gewebe und wunderbar vielfältiger Farben. Ihre Kleidung macht ein großes Opernpublikum zu einem bezaubernden Schauspiel, zu einer Wonne für Augen und Geist, zu einem Garten Eden an Liebreiz und Leuchtkraft. Die Männer, in tristes Schwarz gekleidet, tauchen hier und da und überall über den Garten verteilt auf wie verkohlte Baumstümpfe, sie beeinträchtigen die Wirkung, können sie aber nicht zuschanden machen.

Im Sommer gönnt man uns armen Kerlen eine Verschnaufpause, und wir dürfen uns in weiße Anzüge kleiden; weit, weich und einigermaßen formschön; doch im Winter – dem tristen Winter, dem bedrückenden Winter, dem trostlosen Winter, wenn weiße Kleider und helle Farben besonders vonnöten sind, um unsere Stimmung zu heben und aufzuheitern – unterwerfen wir uns alle dem herrschenden Wahnsinn und laufen in eintönigem Schwarz umher, jeder Mann tut es, weil die anderen es tun, und nicht etwa, weil er es will. Sie sind wahrlich um keinen Deut aufrichtiger als Sack und Asche. Im Grunde möchten die beiden Säcke, wenn ich ihnen etwas vorführe, ihre Gefühle gar nicht zur Schau tragen, sie tun es nur, weil Asche damit angefangen hat.

Ich würde mich gern in ein weites, wallendes Kostüm aus Samt und Seide kleiden, das in den überwältigenden Farben des Regenbogens schillert, und das würde jeder vernünftige Mann, den ich je gekannt habe, gern tun; doch keiner von uns traut sich. Man kann Auffälligkeit bis zur Unbequemlichkeit treiben; und wenn ich an einem Sonntagmorgen zur Stunde des Gottesdienstes auf der Fifth Avenue erscheinen würde und so gekleidet wäre, wie es mir gefiele, würden sich die Kirchen leeren, und sämtliche Gemeindemitglieder würden sich an meine Fersen heften, um mich eingehend zu mustern; mich insgeheim beneiden, öffentlich aber verspotten. So sind die Menschen nun einmal gestrickt; ihre wahren Empfindungen halten sie stets in ihrem Inneren verschlossen, und nach außen hin schlagen sie Kapital aus denen, die sie vortäuschen.

Neben hübschen Farben mag ich schlichtes Weiß. Wenn der Sommer zu Ende geht, besteht eine meiner Sorgen darin, dass ich meine fröhlichen und bequemen weißen Kleider ablegen und mich für den Winter in die bedrückende Gefangenschaft der unförmigen und entwürdigenden schwarzen begeben muss. Jetzt ist es Mitte Oktober, und hier oben in den Hügeln von New Hampshire kühlt sich die Temperatur ab, doch soll es ihr nicht gelingen, mich aus diesen weißen Anzügen herauszufrieren, denn Nachbarn gibt's hier nicht viele, und fürchten tue ich mich nur vor Zuschauermengen. Neulich Abend habe ich ein mutiges Experiment durchgeführt, um herauszufinden, wie es sich anfühlt, eine Zuschauermenge mit jahreszeitlich unpassender Kleidung zu schockieren, und um herauszufinden, wie lange es dauert, bis sich selbige Menge mit ihr abfindet und aufhört, erstaunt und entrüstet dreinzublicken. An einem stürmischen Abend hielt ich im Dorf vor einem vollen Saal eine Rede, gekleidet war ich wie ein Gespenst und war auch, einsam und allein auf dem Podium, so auffällig, wie jedes Gespenst es gewesen wäre; und zu meiner Genugtuung stellte ich fest, dass der Saal weniger als zehn Minuten brauchte, um das Gespenst zu vergessen und seine Aufmerksamkeit auf die Neuigkeiten zu richten, die ich mitgebracht hatte.

Ich bin fast einundsiebzig, und ich gebe zu, dass mir mein Alter eine ganze Menge Privilegien verschafft hat; kostbare Privilegien; Privilegien, die Jüngeren nicht gewährt werden. Ich hoffe, nach und nach genügend Mut aufzubringen, um in New York den ganzen Winter hindurch weiße Kleidung zu tragen. Es wird mir große Befriedigung bereiten, mich auf diese Weise in Szene zu setzen; und die größte Befriedigung wird mir vielleicht das Wissen bereiten, dass mich jeder Spötter unter meinen Geschlechtsgenossen insgeheim beneidet und sich wünscht, er würde sich trauen, meinem Beispiel zu folgen.

Die Bemerkung, dass ich dank meines Alters neue, bedeutende Privilegien erlangt habe, ist nicht nebenbei gefallen. Als ich vor zehn Monaten den siebzigsten Meilenstein passierte, wusste ich sofort, dass ich ein neues Land und eine neue Sphäre betreten hatte. In den Augen der Öffentlichkeit war ich erkennbar alt, unbestreitbar alt geworden; und von diesem Augenblick an nahmen alle eine neue Haltung mir gegenüber ein – jene ehrfüchtige Haltung, die die Gewohnheit dem Alter zuerkennt –, und sofort begann die Flut großzügiger neuer Privilegien auf mich einzuströmen und mein Leben zu erfrischen. Seitdem führe ich eine ideale Existenz; und inzwischen glaube ich, was Choate vergangenen März sagte und was ich ihm damals nicht abnahm: dass man mit siebzig das Beste noch vor sich hat; denn dann ist die Arbeit getan; man weiß, dass man sein Bestes gegeben hat, wie auch immer die Arbeit ausgefallen ist; dass man sich seinen Urlaub verdient hat – einen Urlaub der Ruhe und Zufriedenheit – und dass einen von nun an bis zum Untergang der eigenen Sonne nichts mehr unterbrechen, nichts mehr stören wird.

Dienstag, 9. Oktober 1906

*Auszug aus Susys Biographie über den Besuch in Onteora –
Beschreibung der Hinterwäldler*

Aus Susys Biographie

Mama und Papa sind aus Onteora zurück und ihr Besuch ist sehr angenehm verlaufen. Mr. Frank Stockton war unten in Virginia und konnte nicht rechtzeitig nach Onteora kommen, so dass sie ihn nicht sahen, und Mrs. Mary Mapes Dodge war krank und konnte nicht nach Onteora fahren, aber Mrs. General Custer war da und Mama sagte, sie sei eine sehr attraktive Frau von lieblicher Erscheinung.

Onteora lag hoch oben in den Catskill Mountains inmitten einer eindrucksvollen Einsamkeit. Damit meine ich nicht, dass die Gegend völlig unbewohnt war; hier und da gab es Farmhäuser in beträchtlicher Entfernung voneinander. Ihre Bewohner waren Abkömmlinge von Siedlern, die die Häuser zur Zeit von Rip Van Winkle oder noch früher erbaut hatten; und diese Vorfahren waren auch nicht primitiver als ihre Nachkommenschaft. Die Städter waren ihnen ebenso fremd und unvertraut und sonderbar, wie Affen es gewesen wären, und sie hätten die Affen nicht weniger respektiert als diese eleganten Sommergäste. Die Sommergäste waren ihnen ein Rätsel, ihre Gepflogenheiten höchst seltsam und ihre Interessen trivial. Sie kutschierten sie die Bergstraßen entlang und lauschten beschämt und überrascht ihren Begeisterungsausbrüchen über die Landschaft. Von ihren Berghütten aus hatten die Farmer die Landschaft ihr ganzes Leben tagtäglich vor der Nase gehabt und nie etwas Bemerkenswertes daran gefunden. Und übrigens: Eines Tages wurden zwei dieser Hinterwäldler belauscht, wie sie über die Sommergäste schwatzten, und im Laufe ihres Gesprächs fiel die folgende Bemerkung:

»Gestern Obend hob i e parr von dene rumfahn, stille Leut, weest, ruhig un ernst, un auf eima sind's rausplatzt, dass dir die Haar in de Höh standen sind, und i hob gedenkt, das dicke Ende kommt no. No, was glaubs 'n du, was 's war? 's war gar nix, nur eine von dene übliche verdammte gelbe Sonneuntergänge.«

Damals –

Mittwoch, 10. Oktober 1906

Der Besuch in Onteora – Dinner bei Mrs. Dodge – Mr. Clemens' Methode,
den Lärm bei Tisch abzustellen – Einige der Streiche, die Dean Sage
Mr. Twichell spielte

Gestern konnte ich das Kapitel nicht beenden. Es war einer jener leidigen Tage, an denen das Gehirn verstopft und matschig ist und die Wörter sich nicht einstellen wollen: Der Körper weiß sehr wohl, was er sagen möchte; ja, die Idee in seinem Kopf mag Form und Gestalt annehmen, doch bei allem Einfallsreichtum lassen sich für ihre Formulierung keine angemessenen Worte finden. Manchmal verbessern beharrliche Ausdauer und entschlossene Anstrengung schließlich den Zustand; kitzeln die Worte hervor, bis sie zu sprudeln beginnen,

401

aber das passiert nicht oft. Was stattdessen passiert, ist, man verliert die Beherrschung, zertrümmert einige Möbelstücke und gibt fürs Erste auf. Genau das passierte gestern. Wenn sich die Worte nicht einstellen wollen, hat das immer einen guten Grund und immer denselben – gestörter Schlaf in der Nacht zuvor.

Susy hat eine Reihe von Freunden genannt, die zum Zeitpunkt unseres Besuches in Onteora versammelt waren, aber es gab noch andere – unter ihnen Laurence Hutton, Charles Dudley Warner und Carroll Beckwith mit ihren

1890

Frauen. Es war eine muntere und fröhliche Gesellschaft. Einige dieser auserlesenen Geister weilen noch unter uns; die anderen sind aus diesem Leben gegangen: Mrs. Clemens, Susy, Mr. Warner, Mary Mapes Dodge, Laurence Hutton, Dean Sage – Friede ihrer Asche! Susy irrt, wenn sie meint, dass Mrs. Dodge damals nicht zugegen war; wir waren ihre Gäste.

Bei Einbruch der Nacht trafen wir ein, uninspiriert nach einer ermüdenden Reise; doch die Lustlosigkeit hielt nicht lange an. Mrs. Dodge hatte ein selbst zubereitetes Festmahl angerichtet, und die mehr als zwanzigköpfige glückliche Gesellschaft setzte sich zu Tisch. Dann geschah, was bei großen Dinnern immer geschieht und einen immer zur Verzweiflung treibt: Jeder redete mit seinen unmittelbaren Nachbarn, und alle redeten gleichzeitig und hoben in dem aussichtslosen Bemühen, sich Gehör zu verschaffen, nach und nach die Stimmen, lauter und immer lauter. Es war wie ein Aufruhr, ein Aufstand; es ergab einen unerträglichen Lärmpegel. Daraufhin sagte ich zu der Dame neben mir:

»Ich werde diesen Aufruhr niederschlagen, ich werde diesem Krawall ein Ende bereiten. Dafür gibt es nur eine Möglichkeit, aber auf diese Kunst verstehe ich mich. Sie müssen den Kopf zu mir neigen und großes Interesse heucheln an dem, was ich sage; ich werde mit leiser Stimme sprechen; dann werden mich unsere Nachbarn, nur weil sie mich nicht hören können, hören *wollen*. Wenn ich lange genug – sagen wir, zwei Minuten – vor mich hin gemurmelt habe, werden Sie merken, dass ein Dialog nach dem anderen ins Stocken gerät und Schweigen eintritt, nirgendwo mehr ein Laut außer meinem Gemurmel.«

Dann begann ich mit sehr leiser Stimme:

»Als ich vor elf Jahren nach Chicago fuhr, um den Festlichkeiten für Grant beizuwohnen, gab es an dem ersten Abend ein großes Bankett, an dem sechshundert ehemalige Soldaten teilnahmen. Der Gentleman, der neben mir saß, war Mr. Medill, Eigentümer der *Chicago Tribune*. Er war ziemlich schwerhörig und hatte die unter tauben Menschen weitverbreitete Angewohnheit, seine Bemerkungen zu brüllen, statt sie in gewöhnlicher Lautstärke zu äußern. In nachdenklichem Schweigen hantierte er fünf oder sechs Minuten mit Messer und Gabel, um dann plötzlich einen so lauten Schrei auszustoßen, dass man am liebsten aus den Vereinigten Staaten hinausgesprungen wäre.«

Inzwischen hatte sich der Aufruhr an Mrs. Dodges Tisch gelegt – zumindest in meiner unmittelbaren Nachbarschaft –, und an der langen Tafel breitete sich das Schweigen Paar um Paar aus. Mit leiserem und immer leiserem Gemurmel fuhr ich aufs eindrucksvollste fort:

»Während einer von Mr. Medills stummen Pausen näherte sich ein Mann, der uns gegenübersaß, dem Ende einer Geschichte, die er seinem unmittelbaren Nachbarn erzählte. Er sprach mit leiser Stimme – es gab viel Lärm –, ich war hoch interessiert und ganz Ohr, um seine Worte zu erhaschen – reckte den Hals, hielt den Atem an, um zu lauschen, achtete auf nichts anderes als die faszinierende Erzählung. Ich hörte ihn sagen: ›In diesem Moment packte er sie an ihren langen Haaren – sie kreischte und flehte –, drückte ihren Hals auf sein Knie, und mit einem schrecklichen Streich des Rasiermessers –‹

›WIE GEFÄLLT IHNEN CHICA-A-AGO???‹«

Das war Medills noch aus dreißig Meilen Entfernung zu hörende Unterbrechung. Als ich an dieser Stelle meines Gemurmels angekommen war, war es in Mrs. Dodges Esszimmer so ruhig, so atemlos still, dass man, wenn man einen Gedanken hätte fallen lassen, gehört hätte, wie er zu Boden krachte.* Als ich jenen Schrei ausstieß, sprang die gesamte Abendgesellschaft bis auf den letzten Mann auf, stieß mit dem Kopf durch die Zimmerdecke und beschädigte sie, denn sie bestand nur aus Latten und Putz, der auf uns herabrieselte, und ein Großteil landete in den Speisen, so dass es zwischen den Zähnen nur so knirschte, aber verletzt wurde niemand. Dann erklärte ich, warum ich dieses Spiel mit ihnen getrieben hatte, und flehte sie an, sich die Moral der Geschichte zu Herzen zu nehmen, fortan vernünftig und barmherzig zu sein, sich mit dem Brüllen zurückzuhalten und sich darauf einzulassen, dass jeweils eine Person redet und die anderen in dankbarer und unverdrießlicher Ruhe zuhören. Man erhörte

* Es wurde versucht. Ich kann mich noch gut daran erinnern. M. T., *Okt. 06*

meine Bitte, und für den Rest des Abends verbrachten wir eine schöne Zeit; ich glaube nicht, dass ich in meinem Leben je eine schönere verbracht habe. Das lag vor allem daran, dass die neuen Bedingungen mir ermöglichten, das Wort – da ich es nun einmal ergriffen hatte – auch zu behalten und das Reden allein zu besorgen. Ich höre mich gern reden. In ihrer Biographie hat Susy das enthüllt.

Dean Sage war ein entzückender Mann, in einer Hinsicht jedoch ein Schrecken für seine Freunde, denn er liebte sie so sehr, dass er es nicht unterlassen konnte, seine Scherze mit ihnen zu treiben. Wir müssen einen Menschen schon sehr lieben, bevor wir ihm die Ehre erweisen können, ihm privatim einen Streich zu spielen. Dean Sage war der beste Staatsbürger, den ich in Amerika je gekannt habe. Es braucht Mut, um ein guter Staatsbürger zu sein, und davon besaß er viel. Er gestattete keinem Individuum und keiner Körperschaft, auch nur das geringste seiner Rechte zu verletzen und ungestraft davonzukommen. Er war sehr reich, sehr freigebig und sehr wohltätig, und er verschenkte sein Geld mit vollen Händen; wenn aber ein Individuum oder eine Körperschaft eines seiner Rechte verletzte, und sei es im Wert von zehn Cent, verwandte er Zeit, Mühe, Geld, Hartnäckigkcit im Wert von Tausenden Dollar auf die Angelegenheit und strich nicht eher die Flagge, als bis er die Schlacht gewonnen oder verloren hatte.

Er und Reverend Joe Twichell waren auf dem College Kommilitonen gewesen, und bis zu Sages Todestag waren sie ineinander vernarrt wie ein Liebespaar. Folglich versteht es sich von selbst, dass, wann immer Sage Gelegenheit fand, *1873* Twichell einen Streich zu spielen, Twichell garantiert leiden musste. 1873, als Reverend Henry Ward Beecher in Brooklyn vor Gericht stand, lockten der Glanz seines Namens und das landesweite Interesse an dem Skandal, der sich um den Prozess rankte, kongregationalistische Geistliche aus ganz Amerika nach Brooklyn; und solange der Prozess dauerte, füllte er die Straßen Brooklyns mit geistlichen Talaren und weißen Halsbinden. Twichell reiste an, um bei der Prozessbeobachtung mitzuwirken, und natürlich war er Gast in Sages Villa. Täglich gingen Twichell und Sage eingehakt die Straße entlang – selbstredend trug Twichell die Tracht, die allen Zuschauern sein heiliges Amt anzeigte –, und immer wenn sie in Hörweite einer Gruppe Geistlicher waren, erging sich Sage in einem leidenschaftlichen Ausbruch von Obszönitäten, klopfte Twichell auf die Schulter und sagte beifällig:

»So ist es, Dominie, und in Ihrem Leben haben Sie kein wahreres Wort gesprochen!«

Um 1873 wurde Sage Opfer eines Ruhrausbruchs, der ihn zu einem Gerippe
machte, wobei er sich allen Bemühungen der Ärzte, ihn zu heilen, widersetzte.
Er fuhr in die Adirondacks und nahm Twichell mit. Sage war immer ein aktiver
Mann gewesen und konnte keinen Tag mit Nichtstun vertrödeln, sondern unternahm bis an die Grenze seiner Kräfte tägliche Wanderungen. Eines Tages
gegen Einbruch der Dunkelheit kam das Paar zu einer bescheidenen Holzhütte,
auf dessen Schindeln die Worte gepinselt waren: »Bewirtung von Mensch und
Tier«. Da Sages Kraft erschöpft war, mussten sie über Nacht bleiben. Sie betraten die Hütte und trafen auf deren Eigentümer und alleinigen Bewohner, einen
robusten, stämmigen und einfältigen Mann mittleren Alters. Er bereitete ein
Abendessen und setzte es den Wanderern vor – Pökelfleisch, gekochte Bohnen,
Maisbrot und schwarzen Kaffee. Da Sages Magen nur die delikatesten Speisen
vertrug, fühlte er sich von dem Festessen angewidert und setzte sich beschäfti-
gungslos zu Tisch, während Twichell gierig, ungehemmt und dankbar aß, hatte
er doch den ganzen Krieg hindurch als Feldgeistlicher in einem Regiment gedient und sich vollständig jenen gewaltigen unkritischen Appetit und jene
wunderbare physische Vitalität bewahrt, die vier Jahre derber Kost und Aktivität ihn gelehrt hatten. Sage ging ohne Abendessen zu Bett und wälzte sich die
ganze Nacht auf seiner kernigen Matratze hin und her, die mit aufmerksamen
und interessierten Maiskolben gefüllt war. Am Morgen verschlang Joe heiß-
hungrig das widerliche Frühstück, ebenso zufrieden und entzückt, wie er dessen Zwilling am Abend zuvor verschlungen hatte. Sage saß mit leerem Magen
auf der Veranda, betrachtete die Darbietung und sann auf Rache. Bald darauf
winkte er den Wirt herbei, nahm ihn beiseite und führte ein vertrauliches Gespräch mit ihm. Er sagte:

»Ich bin der Zahlmeister. Wie viel sind wir schuldig?«

»Zwei Abendessen, fünfzig Cent; zwei Betten, dreißig Cent; zwei Frühstü-
cke, fünfzig Cent – macht einen Dollar und dreißig Cent.«

Sage sagte: »Gehen Sie nur, schreiben Sie die Rechnung und bringen Sie sie
mir auf die Veranda. Schreiben Sie dreizehn Dollar.«

»Dreizehn Dollar! Das ist unmöglich! Ich bin kein Räuber. Ich berechne

Ihnen, was ich jedem berechne. Einen Dollar und dreißig Cent, und damit basta.«

»Mein guter Mann, ich habe da genauso ein Wörtchen mitzureden wie Sie. Es sind dreizehn Dollar. So soll's auf der Rechnung stehen, und Sie werden das Geld auch *nehmen*, oder Sie bekommen keinen Cent.«

Der Mann war beunruhigt und sagte: »Ich versteh's nicht. Ich kann die Rechnung nicht ausstellen.«

»Aber ich verstehe es. Ich weiß, worauf ich hinauswill. Es sind dreizehn Dollar, und so soll's auf der Rechnung stehen. Andere Bedingungen gibt es nicht. Machen Sie sie fertig und bringen Sie sie her. Ich werde sie prüfen und empört sein. Verstehen Sie? Ich werde die Rechnung beanstanden; Sie müssen auf ihr bestehen, Sie müssen sich weigern, weniger zu nehmen. Ich werde die Geduld verlieren; Sie müssen die Geduld verlieren. Ich werde Sie beschimpfen; Sie müssen mich noch heftiger beschimpfen. Ich werde die Stimme heben; Sie müssen die Stimme heben. Sie müssen in Zorn geraten – mit Schaum vor dem Mund, wenn Sie können; helfen Sie mit etwas Seife nach. Gehen Sie jetzt und folgen Sie meinen Anweisungen.«

Der Mann spielte den ihm zugedachten Part und spielte ihn gut. Er brachte die Rechnung und blieb erwartungsvoll stehen. Sages Gesicht umwölkte sich, seine Augen traten hervor, und seine Nasenlöcher blähten sich wie die Nüstern eines Pferdes; dann brach es aus ihm heraus:

»*Dreizehn Dollar!* Wollen Sie damit sagen, dass Sie für diese verdammt unmenschliche Bewirtung dreizehn Dollar berechnen? Sind Sie professioneller Bukanier? Ist es Ihre Angewohnheit –«

Der Mann fuhr mit Verve dazwischen: »Ich will davon nichts weiter hören – es reicht. Die Rechnung beläuft sich auf dreizehn Dollar, und Sie werden sie *begleichen* – das ist alles. Zwei charakterlose Abenteurer, die sich durchs ganze Land schwindeln und versuchen, einem Gentleman Bedingungen zu diktieren! Einem Gentleman, der Sie aufgenommen hat in der Annahme, Sie selbst seien Gentlemen, während meiner Meinung nach die Hölle voll von –«

Sage fiel ihm in die Rede:

»Hören Sie doch auf! – Das höre ich mir nicht länger an. Ich halte Sie für den abgefeimtesten Dieb, der je –«

»Nennen Sie mich nicht noch einmal Dieb! Bei – ich nehme Sie beim Schla-fittchen und –«

Twichell stürzte herbei, und als die beiden sich eben anschickten zu raufen, warf er sich zwischen sie und flehte sie an:

»Oh, Dean, nicht doch, *nicht doch!* Aber Mr. Smith, beherrschen Sie sich doch! Oh, denk an deine Familie, Dean! – Denk an den Skandal –«

Aber sie ergingen sich weiter in Flüchen, Verwünschungen und sämtlichen Schimpfwörtern, die sie aus den reichen Schätzen ihres gebildeten Gedächtnis-ses hervorkramen konnten, und mittendrin brüllte der Mann:

»Wenn *Gentlemen* in dieses Haus kommen, behandele ich sie *wie* Gentlemen. Wenn Leute mit dem gewöhnlichen Appetit christlicher Gentlemen in dieses Haus kommen, berechne ich ihnen einen Dollar und dreißig Cent für das, womit ich sie versorgt habe; doch wenn ein Mann eine höllische Hungersnot anschleppt, die in zwei Sitzungen ein Fass Schweinefleisch und vier Fässer Boh-nen verschlingt –«

Sage unterbrach ihn mit einer Stimme, die gekonnt nach Reue und Selbst-vorwürfen klang:

»Das war mir nicht klar, und ich bitte Sie um Verzeihung; ich schäme mich für mich und meinen Freund. Hier sind Ihre dreizehn Dollar, bitte entschuldi-gen Sie.«

Donnerstag, 11. Oktober 1906

Aus Susys Biographie

Mama hat mir einen sehr erfreulichen kleinen Zeitungsausschnitt über Papa zum Ab-schreiben gegeben. Ich füge ihn hier ein.

Auch ich will ihn hier einfügen, weil er ein Teil von Susys kleinem Buch ist und weil er James Redpaths Komplimente an mich enthält. Auf Komplimente von Redpath konnte man etwas geben.

Neulich las ich eine ziemlich despektierliche Bemerkung, die mir einen Vorfall während der Beisetzungsfeierlichkeiten für Grant in Erinnerung rief. Ich hielt mich abends im Fifth Avenue Hotel auf, als eine Horde amerikanischer Berühmtheiten in die große Empfangshalle drängte. Als wir zur Haupttreppe blickten, sah ich, wie James Redpath einem Mann, der gerade hinaufging, eine Kusshand zuwarf und sich dieser mit einem freundlichen Lächeln umdrehte und einen ähnlichen Gruß zurücksandte. »Wer ist das?«, fragte ich. »Das«, sagte Mr. Redpath, »ist der Mann, der General Grant das Sterben erleichtert hat.« »Welcher von beiden – Shrady oder Douglas?«* »Weder noch«, antwortete unser Freund, »das ist Mr. Clemens – Mark Twain. Ohne ihn wäre Grants Sterbebett von der Angst vor der Armut seiner Frau und seiner Kinder heimgesucht worden. Ich wünschte«, fügte er hinzu, »ich könnte alles verraten, was ich über Marks edle und ritterliche Großzügigkeit weiß. Aber ich habe es nur unter dem Siegel der Verschwiegenheit erfahren. Mark lässt es bewusst zu, dass Männer, die Grant schwer zugesetzt haben, diesen verleumden, obwohl er sie mit einer einfachen Stellungnahme vernichten könnte. Aber ich sage Ihnen, die Zeit wird kommen, da sich die Leute, wenn sie die heutigen Zeitungsberichte lesen, fragen werden, weshalb nicht Mark Twain an der Spitze der Leichenprozession schritt. Er hat mehr als jeder andere lebende Mensch dazu beigetragen, dass Grant ohne Furcht und Bedauern sterben konnte. Mark ist noch besser als Mensch denn als Autor, und ich denke, daran, dass er die Feder zu führen weiß, besteht kein Zweifel.« Als ich kürzlich eine auf Mark gemünzte höhnische Bemerkung sah, kam mir dieser Satz wieder in den Sinn.

Die Hauptbestandteile von Redpaths Wesen waren Ehrlichkeit, Aufrichtigkeit, Güte und Mut. Er kannte keine Angst. Er war in den Tagen des »Blutenden Kansas« einer von Ossawatomie Browns Helfern; er erlebte alle Schlachten. Er setzte Leib und Seele ein, und von einem Tag auf den anderen waren sie nicht länger den Preis einer Übernachtung wert. Er hatte einen kleinen Trupp wagemutiger Männer unter sich, die unaufhörlich von den »Jayhawkers« gejagt wurden, Sklavereibefürwortern aus Missouri, Guerilleros, modernen Freischärlern –

* Ärzte. S. L. C.

Freitag, 12. Oktober 1906

Redpath und der Anführer der Jayhawkers beim
Pressedinner in Boston

Gestern brach ich an dieser Stelle mitten im Satz ab, weil ich merkte, dass mein Wortfluss wieder einmal in eine Sackgasse geraten war und ich ihm nicht zum Durchbruch verhelfen konnte.

Mir fällt der Name des verwegenen Guerilleros nicht ein, der die Jayhawkers anführte, landauf, landab Jagd auf Redpath machte und seinerseits von Redpath gejagt wurde. Dank der Zufälle des Krieges begegneten die beiden Männer einander nie auf dem Schlachtfeld, obwohl sie etliche Male nahe daran waren.

Zehn oder zwölf Jahre später verdiente sich Redpath seinen Lebensunterhalt in Boston als Hauptorganisator des Vortragsgeschäfts in den Vereinigten Staaten. Fünfzehn oder sechzehn Jahre nach seinen Abenteuern in Kansas begann ich, öffentliche Vorträge zu halten, und er wurde mein Agent. Eines Novemberabends gab es ein Pressedinner im Tremont Hotel in Boston, an dem ich teilnahm. Ich saß am oberen Ende der Tafel und Redpath zwischen mir und dem Vorsitzenden; an meiner anderen Seite saß ein Fremder. Ich machte mehrmals Anstalten, den Fremden in ein Gespräch zu verwickeln, aber er schien wortkarg, also hörte ich bald auf, ihn zu behelligen. Offenbar war er ein sehr schüchterner Mann, vielleicht hatte er in der Nacht zuvor auch nicht gut geschlafen.

Der erste Mann, dem das Wort erteilt wurde, war Redpath. Als sein Name genannt wurde, zuckte der Fremde zusammen und zeigte Interesse. Wie gebannt heftete er den Blick auf Redpath und ließ sich kein Wort seiner Ansprache entgehen. Redpath erzählte von einigen bewegenden Vorfällen seiner Laufbahn in Kansas und sagte unter anderem:

»Dreimal hätte ich den furchtlosen Anführer der Jayhawkers um ein Haar festgesetzt, und einmal setzte er *mich* tatsächlich fest, aber er erkannte mich nicht und ließ mich laufen, weil er sagte, er sei Redpath auf der Spur und könne es sich nicht leisten, Zeit und Stricke an unbedeutende kleine Fische zu verschwenden.«

409

Als Nächster wurde mein Fremder aufgerufen, und als Redpath seinen Namen hörte, zeigte er seinerseits erstauntes Interesse. Der Fremde warf Redpath einen zärtlichen Blick zu und sprach sanft – um nicht zu sagen liebevoll –: »Wissen Sie, der Anführer der Jayhawkers, das war ich. Ich freue mich, Sie heute kennenzulernen, Sie in mein Herz zu schließen und Sie meinen Freund zu nennen« – und in einem Tonfall, der voll des Pathos der Reue war, fügte er hinzu: »Hätte ich Sie doch nur damals schon gekannt, welch ungestümes Glück hätte mir Ihre Gesellschaft beschert – solange sie währte!«

Letzte Nacht habe ich wieder schlecht geschlafen; offensichtlich wird die Mühle heute nicht mehr mahlen; ich gebe auf und werde erst kommenden Montag wieder zu diktieren versuchen.

Montag, 15. Oktober 1906

Auszug aus Susys Biographie über Sour Mash und die Fliegen – Mrs. Clemens'
Experiment zur Vernichtung der Fliegen im Haus in Hartford – Auszug aus
Susys Biographie über Seifenblasen; Mr. Clemens' Kommentare – Mr. Clemens'
Erlebnisse beim Erlernen des Hochradfahrens – Briefe zu seinem fünfzigsten
Geburtstag

Aus Susys Biographie

9. September 1885 Mama bringt Jean ein bisschen Naturgeschichte bei und stellt eine kleine Insektenkollektion für sie zusammen. Aber Mama erlaubt Jean nicht Insekten zu töten sie sammelt nur die Insekten die tot aufgefunden werden. Mama hat uns alle, besonders Jean, gebeten ihr alle toten kleinen Insekten zu bringen, die sie finden kan. Als wir neulich alle beim Abendessen saßen, kam Jean ins Zimmer gestürzt, rannte triumfierend zu Mama und überreichte ihr einen Teller voll toter Fliegen. Mama dankte Jean ganz begeistert obwohl sie mühe hatte ihre Belustigung zu verbergen. In dem Moment kam Sour Mash ins Zimmer und Jean, die glaubte, dass sie Hunger hatte, bat Mama um Erlaubnis ihr die Fliegen zu geben. Mama stimmte lachend zu und die Fliegen waren so gut wie sofort verschwunden.

Sour Mashs Anwesenheit deutet darauf hin, dass sich dieses Abenteuer auf der Quarry Farm zutrug. Susys Biographie ist fast ausschließlich an historischen Fakten interessiert; wo diese anzusiedeln sind, kümmert sie nicht weiter. Wenn andere Historiker vom Bunker Hill Monument sprechen, wissen sie, dass es nicht notwendig ist, zu erwähnen, dass das Denkmal in Boston steht. Susy begreift, dass, wenn sie Sour Mash erwähnt, es nicht notwendig ist, sie zu lokalisieren. Für Susy ist Sour Mash das Bunker Hill Monument der Quarry Farm.

Gewöhnliche Katzen haben eine gewisse Vorliebe für lebende Fliegen, aber nicht für tote; und Susy macht sich gar nicht erst die Mühe, sich für Sour Mashs ausgefallenen Geschmack zu entschuldigen. Die Biographie war für *uns* bestimmt, und Susy wusste, dass nichts, was Sour Mash tat, uns erschrecken konnte oder einer Erklärung bedurfte, wussten wir doch, dass sie keine gewöhnliche Katze war, sondern sich auf einer Ebene weit über den Vorurteilen und dem Aberglauben bewegte, die im gemeinen Katzentum Gesetz sind.

Einmal in Hartford waren die Fliegen eine Zeitlang so zahlreich und so lästig, dass Mrs. Clemens den Einfall hatte, George* ein Kopfgeld auf alle getöteten Fliegen zu zahlen. Die Kinder witterten eine Gelegenheit für den Erwerb plötzlichen Reichtums. Sie nahmen an, dass ihre Mutter einfach mal tote Fliegen sammeln wollte, aus irgendeinem ästhetischen, wissenschaftlichen oder anderen Grund, und kamen zu dem Schluss, dass sie umso glücklicher wäre, je mehr Fliegen sie bekommen würde; und so vereinbarten sie mit George ein Provisionsgeschäft. Sogleich trafen die toten Fliegen in solchen Mengen ein, dass Mrs. Clemens mit dem Erfolg ihrer Idee unsäglich zufrieden war. Zugleich war sie erstaunt, dass ein einziges Haus so viele hergab. Sie zahlte ein verschwenderisch hohes Kopfgeld, und schon bald hatte es den Anschein, als lebten wir dank dieser zusätzlichen Ausgaben über unsere Verhältnisse. Nach ein paar Tagen herrschten Friede und Behagen; im Haus war nicht eine Fliege zu entdecken; nicht einen Nachzügler gab es. Und doch trafen zu Mrs. Clemens' Überraschung nach wie vor ganze Teller voll toter Fliegen ein, und die Prämienausschüttungen waren so ruinös wie eh und je. Da zog sie Erkundigungen ein und fand heraus, dass unsere unschuldigen kleinen Schlingel ein Fliegensyndikat gegründet und sämtliche Kinder in der Nachbarschaft dazu angestellt hat-

---

* Der farbige Butler.

411

ten, gegen eine niedrige, sie nicht weiter belastende Provision Fliegen zu sammeln.

Das war eine neue Erfahrung für Mrs. Clemens, dabei hatten die Regierungen der Welt diese Vorgehensweise seit Erschaffung des Menschen alle Halbjahrhunderte ausprobiert und sie beweint und wieder aufgegeben. Jede Regierung hätte ihr sagen können, dass die beste Methode, in Amerika die Wölfe, in Australien die Kaninchen und in Indien die Schlangen zu vermehren, darin besteht, eine Prämie für deren Skalp auszusetzen. Schon fängt jeder Patriot an, sie zu züchten.

Aus Susys Biographie

10. September 1885
Neulich Abend brachten Clara und ich unser neues Seifenblasenwasser nach unten, und wir alle machten Seifenblasen. Papa machte auch welche und füllte sie mit Tabakrauch, und als das Licht auf sie schien, nahmen sie sehr schöne opale Farben an. Papa stopte sie erst, und dann durften wir sie auffangen und sie fühlten sich wunderbar an die Mischung aus Rauch und Wasser hatte einen einzigartig angenehmen Effekt.

So ist das menschliche Leben. Wir werden in die Welt gepustet, eine kleine Weile schweben wir vergnügt in der Sommerluft, führen selbstgefällig unsere anmutige Gestalt und unsere zart schillernden Farben vor; dann zerplatzen wir mit einem leisen Blubb und hinterlassen nichts als eine Erinnerung – manchmal nicht einmal die. Ich vermute, dass es in jenen düsteren Stunden, da wir mitten in der Nacht erwachen und der Grübelei verfallen, keinen unter uns gibt, der nicht zu dem Eingeständnis bereit wäre, dass auch er nur eine Seifenblase ist und nicht der Mühe wert.

Ich erinnere mich noch an jene Tage vor einundzwanzig Jahren. Es haftet ihnen ein gewisses Pathos an. Susy, mit ihren mannigfachen jungen Reizen und ihrem schillernden Geist, war auch eine so hübsche Seifenblase wie alle, die wir an jenem Tag machten – und ebenso flüchtig. Sie verging, genau wie sie, in ihrer Jugend und Schönheit, und von ihr ist nichts geblieben als ein gebrochenes Herz und die Erinnerung. Vor ein paar Wochen, als ich zum ersten Mal seit einundzwanzig Jahren ein Kind mit rauchgefüllten Seifenblasen unterhielt, tauchte jener längst entschwundene Tag wieder lebhaft in meinem Gedächtnis auf.

Susys nächstes Datum ist der 29. November 1885, der Vorabend meines fünfzigsten Geburtstags. Das scheint eine ganze Weile her zu sein. Für mein Alter muss ich damals recht jung gewesen sein, denn ich versuchte, ein altmodisches Hochrad von fast drei Metern Höhe zu bezwingen. In meinem gegenwärtigen Lebensabschnitt kommt es mir fast unglaublich vor, dass es wirklich Leute gegeben hat, die gewillt waren, sich einer so schwindelerregenden und schwankenden Höhe anzuvertrauen, und dass ich einer von ihnen war. Twichell und ich nahmen jeden Tag Unterricht. Er war erfolgreich und wurde Meister in der Kunst, dieses wilde Vehikel zu beherrschen, ich hingegen besaß kein Talent in dieser Richtung und konnte mich auf meinem nie lange genug halten, um eine befriedigende Aussicht auf den Planeten zu genießen. Jedes Mal, wenn ich versuchte, einen heimlichen Blick auf ein hübsches Mädchen oder auf einen anderen Teil der Szenerie zu werfen, gab der kurze Moment der Unaufmerksamkeit dem Hochrad die Chance, auf die es gelauert hatte, und ich stürzte über den Lenker und landete auf dem Kopf oder dem Rücken, noch ehe ich Zeit hatte, zu begreifen, was vor sich ging. Nicht immer stürzte ich über den Lenker; ich kannte noch andere Arten und erprobte sie alle; aber ganz gleich, welche Art mir bestimmt war, stets ergab es dasselbe Resultat – das Rad schürfte mein Bein auf, machte einen Satz und fiel auf mich herab. Von dieser brutalen Vorstellung waren die Speichen mitunter so verbogen, dass sie das zerschundene Aussehen eines Regenschirms nach einem Missverständnis mit einem Wirbelsturm annahmen. Jeden Tag, wenn ich nach dem Unterricht zu Hause ankam, hing meine Haut von den Knien abwärts in Streifen herab. Ich klebte die Streifen fest, wo sie hingehörten, verband sie mit in Pond's Extrakt getränkten Taschentüchern und war für die Abenteuer des nächsten Tages gerüstet. Immer wieder war ich überrascht, dass ich so viel Haut besaß und dass sie so viel aushielt. Immer war eine Menge davon da, und bald begriff ich, dass der Vorrat für alle meine Bedürfnisse ausreichen würde. Es stellte sich heraus, dass ich neun Häute hatte, eine auf die andere geschichtet wie die Seiten eines Buches, und einige Ärzte hielten das für wahrhaft bemerkenswert.

Ich war voller Begeisterung für diesen verrückten Zeitvertreib. Mein Lehrer

1885

war ein junger Deutscher aus der Fahrradfabrik, ein sanftes, gütiges, geduldiges Kerlchen mit einem erbarmungswürdig ernsten Gesicht. Er lächelte nie; machte nie eine Bemerkung; wenn ich gestürzt war, hob er mich zärtlich auf und half mir ohne ein Wort wieder aufs Rad. Als er mich drei Wochen lang zweimal pro Tag unterrichtet hatte, führte ich eine neue Gymnastik ein – eine, die er nie zuvor gesehen hatte –, und so konnte ich ihm endlich ein Kompliment entlocken, für das ich seit Tagen mein Leben riskiert hatte. Er hob mich auf und sagte traurig:

»Mr. Clemens, Sie können auf unterschiedlichere Arten vom Fahrrad fallen als jeder andere, den ich bislang gesehen habe.«

Aus Susys Biographie

29. November 1885

Morgen wird Papa fünfzig Jahre alt, und unter seinen zahlreichen Geschenken hat der *Critick* ihm eine entzückende Notiz über seine Halbjahrhundertfeier geschikt, die ein Gedicht an ihn von Dr. Holmes einen Beitrag von Mr. F. R. Stockton, einen von Mr. C. D. Warner und einen von Mr. J. C. Harris (Onkel Remus) enthält.

Papa hat sich sehr gefreut, und wir anderen uns auch. Ich werde das Gedicht und die Beiträge hier einfügen.

The Critic

Mark Twains Halbjahrhundertfeier

MARK TWAIN wird am Montag ein halbes Jahrhundert alt. In dem vergangenen halben Jahrhundert hat er mehr als jeder andere Mensch dazu getan, das Leben seiner Zeitgenossen zu verlängern, indem er sie fröhlicher machte, und es sieht ganz danach aus, dass er in den kommenden fünfzig Jahren in dieser Hinsicht noch mehr Gutes bewirken wird als in den just zu Ende gegangenen. Nachfolgend drucken wir einige Beileidsschreiben von Schriftstellern ab, deren Federn, wie die seine, »den öffentlichen Vorrat an harmlosen Vergnügungen« vermehrt haben und die wir daran erinnern durften, dass Mr. Clemens' erste Halbjahrhundertfeier näher rückt.

Montag, 15. Oktober 1906

Mein lieber Mr. Clemens:

In Ihrem ersten Halbjahrhundert haben Sie die Welt öfter zum Lachen gebracht als jeder andere. Mögen Sie die Darbietung wiederholen – auf »Mark Two«. Ihr sehr ergebener

Frank R. Stockton

Charlottesville, Virginia

Mein lieber Nachbar,

Sie mögen glauben, dass es ein Leichtes sei, fünfzig Jahre alt zu sein, aber Sie werden herausfinden, dass es nicht ganz so leicht ist, dort stehen zu bleiben, und Ihre nächsten fünfzig Jahre werden sehr viel schneller vergehen als jene, die Sie soeben hinter sich gelassen haben. Ein halbes Jahrhundert ist schließlich nicht viel, und ich erwähne es nur deshalb, um Ihnen sagen zu können, dass nur wenige lebende Menschen so viel in diesem Zeitraum untergebracht haben wie Sie, und nur wenige haben so viel zur Unterhaltung und guten Gemeinschaft in der Welt beigetragen. Jedenfalls freut es mich, dass man Ihnen Ihre Jahre ebenso wenig anmerkt wie Ihre noch reichlicheren Ehren. Nachdem Sie diese Etappe erfolgreich zurückgelegt haben, hoffe ich, dass wir auch weiterhin enge Nachbarn bleiben und gemeinsam jung werden. Stets Ihr Freund

Chas. Dudley Warner

Dienstag, 16. Oktober 1906

Erinnerungen an Charles Dudley Warner und Onkel Remus –
Anekdote über Jim Wolf und die Wespen

Warner ist tot. Stockton ist tot. Ich habe an beiden Beerdigungen teilgenommen. Vom Herbst 71 bis zu seinem Tod neunzehn Jahre später war Warner einer meiner engen Nachbarn. Die meisten von uns kennen das Privileg nicht, viele intime Freunde zu haben – im Durchschnitt ein Dutzend –, aber seine, glaube ich, konnte er nach Dutzenden zählen. Es ist selten, dass ein Mann von beiden Geschlechtern und allen Altersgruppen so geliebt wird, wie Warner geliebt wurde. Der Charme seiner Wesensart, seiner Gepflogenheiten und seiner Worte nahm alle für ihn ein, die in seine Einflusssphäre traten. Unsere Kinder adoptierten ihn, als sie noch kleine Geschöpfe waren, und von da an bis zum Ende war er für sie nur »Cousin Charley«. »Onkel Charley« war er für die Kinder von mehr als einem weiteren Freund. Mrs. Clemens mochte ihn sehr, und er nannte sie stets bei ihrem Vornamen – der Koseform. Warner starb, wie sie starb und wie ich gern sterben würde – ohne Vorahnung, ohne Vorwarnung.

Onkel Remus lebt noch und muss wohl über tausend Jahre alt sein. Ja, ich weiß, dass es so sein muss, denn vergangenen Monat etwa habe ich in den Zeitungen ein neues Foto von ihm gesehen, und auf diesem Bild ist seine Erscheinung auffallend, ja verblüffend geologisch, und man sieht ihm an, dass er an die Mastodonten und die Plesiosaurier denkt, mit denen er zu spielen pflegte, als er jung war.

Es ist ein knappes Vierteljahrhundert her, dass ich Onkel Remus zuletzt sah. Er besuchte uns in unserem Haus in Hartford und wurde von Susys und Claras großen Augen ehrfürchtig verschlungen, denn bei den kleinen Geschöpfen, die sein Buch auswendig konnten, da ich ihnen die Erzählungen allabendlich vorlas, hatte ich einen tiefen und ehrfürchtigen Eindruck hinterlassen, als ich ihnen vertraulich mitteilte, er sei der echte Onkel Remus – weiß übertüncht, damit er die Häuser der Menschen durch den Vordereingang betreten könne.

Er war der schüchternste Erwachsene, dem ich je begegnet bin. Wenn andere zugegen waren, blieb er stumm und schien zu leiden, bis sie gegangen waren. Gleichwohl war er liebenswürdig; aus seinen Augen blickte die Lieblichkeit und Gutartigkeit des unsterblichen Remus, und in seinem Gesicht leuchtete die Anständigkeit und Aufrichtigkeit seines Charakters.

Mag sein, dass Jim Wolf genauso schüchtern war wie Harris. Es klingt unwahrscheinlich, doch jetzt, da ich sechsundfünfzig Jahre zurückblicke und über Jim Wolf nachdenke, bin ich fast davon überzeugt. Er war der aufgeschossene, schmächtige Lehrling in der Druckerei meines Bruders in Hannibal. Aber ich habe ihn ja bereits in einem früheren Kapitel vorgestellt. Er war der Bursche, dem ich in der Nacht, als er das denkwürdige Abenteuer mit den Katern hatte, mit ungebetenem Rat und Mitgefühl zur Seite stand. Er war siebzehn und viermal so schüchtern wie ich, obwohl ich erst vierzehn war. Er aß und schlief bei uns, doch im Beisein meiner Schwester brachte er keinen Ton heraus; und selbst wenn meine sanftmütige Mutter mit ihm sprach, gab er nur verängstigte einsilbige Antworten. Ein Zimmer, in dem sich ein Mädchen aufhielt, betrat er nicht; durch nichts in der Welt ließ er sich dazu bewegen. Einmal, als er allein in unserem kleinen Wohnzimmer saß, kamen zwei majestätische alte Jungfern herein und ließen sich so nieder, dass Jim nicht entfliehen konnte, ohne an ihnen vorbeizumüssen. Lieber wäre er an einem von Harris' dreißig Meter langen Plesiosauriern vorbeigegangen. Bald darauf kam ich herein, war bezaubert von der Situation und setzte mich in eine Ecke, um Jim leiden zu sehen und sein Leiden zu genießen. Eine Minute später folgte meine Mutter, setzte sich zu den Besucherinnen und begann ein Gespräch. Jim richtete sich auf seinem Stuhl auf, und eine Viertelstunde lang veränderte er seine Position nicht im mindesten – weder General Grant noch eine Bronzestatue hätten diese unbewegliche Pose erfolgreicher meistern können. Ich meine, was Körper und Gliedmaßen betrifft; mit seinem Gesicht verhielt es sich anders. An den flüchtigen Enthüllungen seines Gesichts merkte ich, dass etwas in ihm vorging – etwas Außergewöhnliches. Da gab es ein plötzliches Zucken der Gesichtsmuskeln, eine schlagartige Verzerrung, die im nächsten Augenblick wieder verschwand und keine Spur hinterließ. Diese Zuckungen traten nach und nach immer häufiger auf, doch außerhalb des Gesichts verlor kein Muskel seine Starre oder verriet Interesse an dem, was in Jim vorging. Ich meine, *falls* überhaupt etwas in ihm vorging, doch ich wusste genau, dass es so war. Schließlich liefen ihm inmitten der Zuckungen zwei Tränen langsam die Wangen hinunter, Jim aber saß völlig reglos da und ließ sie laufen; dann sah ich, wie sich seine rechte Hand zu seinem Schenkel hinabtastete und auf halbem Weg zu seinem Knie kräftig in den Hosenstoff griff.

Es war eine *Wespe*, die er da packte! Eine ganze Kolonie von ihnen krabbelte an seinen Beinen hinauf und erkundete die Umgebung, und jedes Mal, wenn er zusammenzuckte, bohrten sie ihren Stachel bis zum Anschlag in ihn hinein – so krabbelte eine Viertelstunde lang eine Gruppe von Ausflüglern nach der anderen Jims Beine hinauf und verübelte ihm noch das leiseste Zucken oder Zappeln, das er sich in seiner Misere gönnte. Als ihm dieser Zeitvertreib fast unerträglich geworden war, hatte er den Einfall, sie zwischen seinen Fingern zu zerdrücken und so außer Gefecht zu setzen. Bei vielen hatte er Erfolg, allerdings um einen hohen Preis; denn da er die Wespe nicht sehen konnte, war es ebenso wahrscheinlich, dass er sie am falschen Ende erwischte, und dann versetzte ihm die sterbende Wespe einen Stich, damit er sich an den Vorfall erinnern würde.

Wären die Damen den ganzen Tag geblieben und wären sämtliche Wespen Missouris angerückt und an Jims Beinen hinaufgekrabbelt, niemand dort hätte etwas bemerkt außer Jim, die Wespen und ich. Er wäre sitzen geblieben, bis die Damen das Zimmer verlassen hätten.

Als sie sich schließlich verabschiedet hatten, gingen wir nach oben, er zog seine Sachen aus, und seine Beine boten einen verheerenden Anblick. Sie sahen aus, als seien überall Hemdknöpfe angenäht, jeder mit einem roten Loch in der Mitte. Die Schmerzen waren unerträglich – nein, sie wären unerträglich gewesen, doch sein Schmerz über die Gegenwart der Damen war noch viel schwerer zu erdulden gewesen, so dass sich, verglichen damit, der Schmerz der Wespenstiche geradezu wohltuend und erfreulich ausnahm.

Jim hatte nie Freude an Wespen. Ich kann mich noch erinnern –

Dienstag, 30. Oktober 1906

Mr. Clemens spielt Jim Wolf einen Streich – Wespen in seinem Bett –
Aus Susys Biographie – Oliver Wendell Holmes und Onkel Remus ehren
Mr. Clemens anlässlich seines fünfzigsten Geburtstags – Depressionen, die das
fünfzigste Jahr James Russell Lowell und Major General Franklin bescherte –
Mr. Clemens nicht davon betroffen

Ich kann mich noch an einen Vorfall erinnern, der diese meine Überzeugung stützt; er ging der Episode voraus, von der ich letztens berichtet habe. In jenen Tagen der frühesten Jugend war mir nicht bewusst, dass das Streichespielen in der Regel nicht nur geistlos, sondern auch ein niedriger und unehrenhafter Zeitvertreib ist. In jenen Jahren machte ich mir darüber keine Gedanken, sondern heckte unbekümmert Streiche aus, ohne jemals innezuhalten, um über ihre moralischen Aspekte nachzudenken. Drei Viertel meines Lebens habe ich Spaßvögel grenzenlos verachtet und verabscheut; ich habe auf sie herabgesehen wie auf keinen anderen Kriminellen, und wenn ich meine Meinung über sie wiedergebe, scheint der Gedanke, selbst ein Spaßvogel gewesen zu sein, meine Bitterkeit eher noch zu vermehren, als zu verringern.

Vor Ewigkeiten, als ich vierzehn oder fünfzehn Jahre alt war, stellte ich eines Nachmittags fest, dass die obere Fensterhälfte in Jim Wolfs Schlafzimmer über und über mit Wespen bedeckt war. Jim schlief immer auf der Seite des Bettes, die dem Fenster am nächsten war. Da hatte ich eine, wie mir schien, glückliche Eingebung: Ich schlug die Bettdecke zurück, streifte die Wespen ab und versammelte einige hundert von ihnen auf dieser Seite des Lakens, dann deckte ich sie zu und machte sie so zu Gefangenen. In der Mitte des Bettes bereitete ich eine Kuhle, um die dem Zimmer zugekehrte Seite vor einer Wespeninvasion zu schützen, und am Abend schlug ich Jim vor, bei ihm zu schlafen. Er war einverstanden.

Ich achtete darauf, dass ich als Erster ins Bett ging, um zu sehen, ob meine Seite noch einen sicheren Ruheort bot. Das tat sie. Keine der Wespen hatte die Grenzlinie überschritten. Sobald auch Jim bettfertig war, blies ich die Kerze aus und ließ ihn im Dunkeln hereinklettern. Er redete wie gewöhnlich, aber ich konnte nicht antworten, weil ich an meinem vorfreudigen Lachen bald erstickt wäre, und obwohl ich mir einen Zipfel des Lakens in den Mund stopfte, stand ich die ganze Zeit über kurz davor, zu explodieren. Jim streckte sich bequem aus und setzte seine freundliche Plauderei fort; dann aber begann sein Redefluss zu stocken und zu zerfasern; die Pausen zwischen den Wörtern wurden immer länger, und jede Pause wurde von einem mehr oder weniger jähen und heftigen Zucken seines Körpers begleitet, und ich wusste, dass die Immigranten ans Werk gegangen waren. Ich wusste, ich hätte ein wenig Mitgefühl aufbringen und ihn fragen sollen, was los sei, aber das konnte ich nicht gefahrlos tun, denn wenn ich es versucht hätte, hätte ich losprusten müssen. Bald hörte er ganz auf zu reden – das heißt über das Thema, das er verfolgt hatte, und sagte:

»Im Bett is' was.«

Ich wusste Bescheid, aber ich schwieg. Er sagte:

»Da sind ja Tausende.«

Dann sagte er, er werde herausfinden, was es sei. Er langte nach unten und begann Nachforschungen anzustellen. Die Wespen verübelten ihm den Übergriff und fingen an, ihn überall zu stechen. Daraufhin sagte er, er habe eine gefangen, und bat mich, ein Licht anzuzünden. Ich tat es, und als er aus dem Bett stieg, war sein Hemd schwarz von halb zerdrückten Wespen, die nur noch an einem Hinterbeinchen baumelten, und in den Händen hielt er ein Dutzend Gefangene, die ihn mit ganzer Kraft stachen, sein Mut jedoch war ungebrochen, und er hielt sie fest. Im Schein der Kerze identifizierte er sie und sagte:

»Wespen!«

Das war seine letzte Bemerkung für die Nacht. Er fügte ihr nichts weiter hinzu. Schweigend hob er auf seiner Seite das Betttuch hoch und schnippte die Wespen, Dutzend um Dutzend, auf den Fußboden, und mit ernster, rachsüchtiger Genugtuung schlug er sie mittels seines Stiefelknechts zu Brei, während mein stummes Gelächter das Bett erschütterte – ein Gelächter, das keine ungetrübte Freude war, da ich das Gefühl hatte, dass sein Schweigen nichts Gutes verhieß. Als sein Vernichtungswerk endlich vollbracht war, blies er das Licht aus, legte sich wieder ins Bett und schien sich zum Schlafen anzuschicken – tatsächlich lag er regungsloser da, als es jeder andere unter diesen Umständen vermocht hätte.

Ich blieb wach, solange ich konnte, und tat mein Möglichstes, um zu vermeiden, dass mein Lachen das Bett erschütterte und Argwohn erregte, doch selbst meine Ängste konnten mich nicht für immer wach halten, und zuletzt schlief ich ein – und wachte unter dem Druck der Umstände gleich wieder auf. Jim kniete auf meiner Brust und trommelte mit beiden Fäusten auf mein Gesicht ein. Es tat weh – aber er klopfte alle Zurückhaltung meines Gelächters frei; ich konnte es nicht länger unterdrücken und lachte, bis mein ganzer Körper erschöpft und, wie ich glaubte, mein Gesicht zu Brei geschlagen war.

Hinterher erwähnte Jim diesen Vorfall nie, und ich besaß ein zu gutes Urteilsvermögen, um es selbst zu tun, schließlich war er um ein Drittel größer als ich, wenn auch nicht breiter. Ich trieb viele Späße mit ihm, und alle waren grausam und alle geistlos. Jeder hirnlose Schwindler hätte sie sich ausdenken können. Wenn ein Mensch reifen Alters jemandem einen Streich spielt, beweist das meines Erachtens, dass er hohl im Kopf ist und das Herz nicht am rechten Fleck hat. Ich bin weit von meiner Halbjahrhundertfeier abgekommen. Susy fügt ein Gedicht von Oliver Wendell Holmes und einen Gruß von Onkel Remus (Joel Chandler Harris) ein.

Dienstag, 30. Oktober 1906

Aus Susys Biographie

Für Mark Twain
(ZU SEINEM FÜNFZIGSTEN GEBURTSTAG)

ACH, Clemens, als ich dich zuletzt gesehen,
    Was war'n wir beide damals jung!
Wie zärtlich nagt an allem, was geschehen,
    Der Hunger der Erinnerung!

Schon fünfzig Jahre, heißt es, sind vergangen,
    Seit du zuerst etwas getrunken,
Was sag ich: an der Mutterbrust gehangen –
    Ich will ja hier nichts Böses unken.

Du hast dir auf des Lebens Stolperpfad
    Ganz eigne Wege zugetraut –
Fontänen hält dein reicher Witz parat,
    Gar manchen Trunk hast du gebraut!

Ich weiß, woher dein ganzer Zauber stammt,
    Das Rätsel kann ich jetzt enthüllen –
Die Quelle, die dein Innerstes entflammt,
    Die Träume, die sich dir erfüllen:

Bevor du beißen konntest oder kauen,
    War'n gleich die Musen schon zur Stelle,
Dem Wiegenkinde einen Punsch zu brauen,
    Und Göttin Hebe schwang die Kelle.

Mein liebes Kind, dein Fünfzigster ist heute,
    Ein Halbjahrhundert ist vollbracht,
Die Bücher dein des edlen Trankes Beute,
    Den dir die neun ans Bett gebracht.

421

Darin vermischt sind Süße, Schärfe, Stärke,

    Der Mangel jeder ist verneint,

Der Vorzug aller dieser Teile, merke,

    Zu einem schön'ren Bund vereint.

Und welch Aroma hätt' ein höh'res Maß

    Als das von Zucker, Schnaps, Zitronen?

Ein jeder hebe nun sein volles Glas –

    Mark Twain wird Clemens bald entthronen!

23. Nov. 1885   OLIVER WENDELL HOLMES

AN DIE HERAUSGEBER DES CRITIC:

Das Ganze muss ein Scherz sein, oder fünfzig Jahre sind nicht mehr ganz so be-schwerlich wie zu der Zeit, als Männer borniert waren und keinen Humor besaßen – will sagen, als es keinen Mark Twain gab, um die Jugend zu salzen und das Alter zu pfeffern. Damals hielt man einen Mann von fünfzig für alt. Wenn er so viele Feinde wie Enkel hatte, glaubte man, er habe ein erfolgreiches Leben geführt. Mark Twain hat keine Enkel, und seine Feinde finden sich nur unter denen, die sich nicht an Humor erfreuen können, an etwas also, was von der wahren menschlichen Natur nicht zu trennen ist.

Vor nicht allzu langer Zeit sah ich Mr. Twain kurz vor New Orleans mit sicherer Hand und scharfem Blick einen Dampfer den Mississippi hinauf- und hinuntersteuern. Etwas später hörte ich ihn mit der kleinen Jean einen schwierigen deutschen Satz erörtern – eine Erörterung, bei der das krabbelnde Kind wohl die Oberhand gewann –, doch sein Geist war klar, und er sprudelte über vor guter Laune. Ich habe ihn anderswo und in anderen Situationen erlebt, aber dass er auf die fünfzig zuging, wäre mir nie eingefallen.

Und doch bin ich froh, dass er fünfzig Jahre alt ist. Das Recht, alt und milde zu wer-den, hat er sich verdient. Seine Jugend hat er in seine Bücher gesteckt, und dort währt sie ewig. Sein letztes Buch ist besser als sein erstes, in ihm ist seine Jugend erneuert und wiederbelebt. Ich weiß, einige professionelle Kritiker werden mir nicht zustimmen, doch in unserer Romanliteratur gibt es kein mustergültigeres Buch als *Huckleberry Finn*. Es ist Geschichte, es ist Romanze, es ist Leben. Hier sehen wir eine menschliche Figur, frei von allen ermüdenden Einzelheiten; wir sehen Menschen heranwachsen und leben; wir lachen über ihren Humor, teilen ihre Kümmernisse; und mittendrin merken wir, dass uns eine Lektion in Aufrichtigkeit, Gerechtigkeit und Barmherzigkeit erteilt wird.

Aber das bringt mich von meinem eigentlichen Vorhaben ab; ich hatte lediglich den Wunsch, mich dem *Critic* anzuschließen und den fünfzigsten Geburtstag eines Autors zu ehren, der die Genialität gehabt hat, originell zu sein, und den Mut, allem, was er je geschrieben hat, ein unverwechselbares amerikanisches Flair zu verleihen.

JOEL CHANDLER HARRIS

Seitdem sind einundzwanzig Jahre vergangen, die auf meine geistige Verfassung keinerlei Wirkung ausgeübt, in ihr keine einzige Spur hinterlassen haben; im Gegenteil, ich meine mich um mehrere Jahre jünger zu fühlen als damals. Wenn ein Mann fünfzig wird, scheint sich das Alter jählings auf ihn herabzusenken wie eine schwarze Wolke. Er fühlt sich unermesslich alt – sehr viel älter, als er sich jemals wieder fühlen wird, da bin ich sicher. Ich bezweifle, ob irgendjemand seinen fünfzigsten Breitengrad überschreitet, ohne zu erleben, was ich gerade beschrieben habe. Als ich einmal, vor langer Zeit, Howells in Cambridge besuchte, sah er aus dem Fenster und sagte:

»Seien Sie vorsichtig; sprechen Sie bloß nicht über das Alter; vermeiden Sie Themen, die darauf verweisen. Gleich kommt James Russell Lowell. Gerade hat er sein Halbjahrhundert erreicht und glaubt, tausend Jahre alt zu sein. Er leidet unter Depressionen, die er nicht abzuschütteln vermag. Er ist unglücklich, weil er weiß, dass er alt geworden ist – dass er dem Alter nicht entkommen, es nicht heilen kann; doch behält er sein düsteres Geheimnis für sich, weiß vielleicht nicht, dass es sich durch Haltung und Gesichtsausdruck ebenso wirkungsvoll mitteilt, als würde er es durch Rede tun. Im Augenblick ist sein Alter das Einzige, woran er denkt, und das Einzige, worüber er nicht reden will.«

Er hatte recht. Im Laufe der nächsten Stunde redete Mr. Lowell mit uns über viele Dinge, sein Alter aber gehörte nicht dazu.

Mehrere Jahre später wurde ich auf ein anderes Beispiel aufmerksam. Major General Franklin, der im Bürgerkrieg einer von McClellans Lieblingsgenerälen gewesen war, erreichte sein fünfzigstes Lebensjahr, und plötzlich verließ ihn seine lebenslange Heiterkeit so vollständig, als wäre sie ein Kleidungsstück gewesen, das er abgelegt hatte. Er stand einen Abend im Monday Evening Club durch, und als er mit seiner Rede an der Reihe war, entschuldigte er sich, und den ganzen Abend über kam ihm, ausgenommen den einen oder anderen tiefen Seufzer, keine Äußerung über die Lippen. Binnen zweier Monate hatte er seine Jugendlichkeit jedoch wiedererlangt und vergessen, dass er alt war. Den Beweis dafür lieferte er im Club. Wie es seine Gewohnheit gewesen war, bevor der Blitzschlag seiner fünfzig Jahre ihn niedergestreckt hatte, illustrierte er seinen Diskussionsbeitrag mit Kriegserinnerungen der heiteren Art. Eine seiner Illustrationen war folgender Vorfall. Ich habe vergessen, was er damit illustrieren wollte, doch an den Vorfall selbst kann ich mich noch sehr gut erinnern. Er erzählte von der Niederlage in der Ersten Schlacht am Bull Run und schilderte die ungeordnete Flucht der Soldaten, die ihre Tornister, Musketen und alles andere rennend von sich schleuderten und vor dem Kugelhagel Deckung suchten, wo immer sie sich bot. Er stieß auf einen seiner Soldaten, der der Länge nach in einer Erdspalte lag, und sagte zu ihm:

»Komm raus, du Karnickel! Komm raus und steh deinen Mann!«

Der Soldat aber entgegnete ruhig: »Jaja, du willst doch das Versteck nur für dich selbst, du Hurensohn!«

Lowell gewann seine Heiterkeit wieder und ging mit zweiundsiebzig als heitere Seele in den Tod. Ich glaube, Franklin erreichte ein höheres Alter, und die Depressionen, die ihm sein fünfzigstes Lebensjahr beschert hatte, waren rasch überwunden und kehrten auch nicht mehr zurück.

Ich habe nicht den Eindruck, dass mir meine siebenundfünfzig zusätzlichen Jahre ernstliche Depressionen oder überhaupt welche bescherten, falls aber doch, so haben sie nicht angedauert. Ich weiß, dass ich inzwischen sehr alt bin, weiß aber auch, dass ich, seit ich vierzehn war und Jim Wolf mit den Wespen bespaßte, noch nie so jung im Geiste gewesen bin wie jetzt. Dass ich alt bin, vermag ich mir nur mittels eines Denkprozesses klarzumachen; mich alt im Geiste zu fühlen, dazu bin ich völlig außerstande. Das mag schade sein, denn meine Anfälle von Unernsthaftigkeit werden mir oft vorgeworfen. Wenn ich in Gesellschaft blutjunger Menschen bin, habe ich stets das Gefühl, einer von ihnen zu sein, und vermutlich stören sie sich insgeheim daran.

Mittwoch, 7. November 1906

Vereinfachte Schreibweise

Als ich mich das erste Mal in Ägypten aufhielt, war die geistige Epidemie der Vereinfachten Schreibweise ausgebrochen, und die Atmosphäre war mit den Empfindungen, die das Thema auslöste, elektrisch aufgeladen. Das war vor vier- oder fünftausend Jahren – ich weiß nicht mehr, vor wie viel tausend Jahren, denn im Laufe der Jahre hat mein Gedächtnis für unbedeutende Details unter zunehmendem Verfall gelitten. Ich spreche von einer früheren Phase meiner Existenz, von meiner vielleicht frühesten Reinkarnation; ja, ich glaube, es war die früheste. Davor war ich ein Engel gewesen, und ich erwarte, wieder einer zu werden – doch zu der Zeit, von der ich spreche, war ich etwas anderes.

Die Vereinfacher hatten sich gegen die Hieroglyphen gewendet. Ein Onkel von Kadmos, der keine Arbeit hatte, war nach Ägypten gekommen und bemühte sich, das phönizische Alphabet einzuführen und es an die Stelle der Hieroglyphen treten zu lassen. Er wurde aufgefordert, seine Gründe darzulegen, was er nach besten Kräften tat. Darlegung und Debatte fanden im Tempel der Astarte statt, und ich war dabei. Ebenso das Komitee für Vereinfachte Schreibweise mit Krösus als Anführer der Empörung – physisch gesehen kein großer Mann, aber ein vereinfachter Buchstabierer von anerkannten Fähigkeiten. Der Vereinfacher waren nur wenige; die Opposition dagegen zahlreich. Hauptbefürworter der Empörung war der Khedive, was deren Stoßkraft stärkte und sie davor bewahrte, in Bedeutungslosigkeit zu versinken. Unter den Vereinfachern befanden sich viele Männer von Bildung und Ansehen, vornehmlich Literaten und Angehörige aller Fakultäten; in der Opposition dagegen waren sämtliche Ränge und Stände und sämtliche Stufen des Intellekts, der Gelehrsamkeit und der Ignoranz vertreten.

In der Regel wurden die Plädoyers auf beiden Seiten maßvoll und höflich gehalten, hin und wieder aber schwächte ein Redner seine Argumente durch persönliche Angriffe, die Empörer nannten die Opponierenden Fossilien, und die Opponierenden nannten die Empörer nur »diesen Lumpen-Kader«, ein pfiffiges Schimpfwort, da es sich von Onkel Kadmos' Namen ableitete.

Onkel Kadmos begann auf zwei Tafeln mit dem Anschauungsunterricht. Auf der einen zeichnete er mit Kreide die Umrisse eines feingliedrigen Ägypters mit Schurz, schlanken Beinen und einem Adlerkopf anstelle eines richtigen Kopfes; in jeder Hand trägt er eine Schüssel mit Essen. Links von dieser Figur zeichnete Onkel Kadmos eine gezackte Linie wie bei einem Sägeblatt; links davon zeichnete er drei Skelettvögel zweifelhafter ornithologischer Herkunft; links davon zeichnete er ein halbfertiges Haus, zu dem schlankwüchsige Ägypter in Schubkarren das fehlende Baumaterial bringen; als Nächstes fügte er weitere nicht klassifizierbare Vögel hinzu; dann einen beleibten König mit Holzspänen als Bart- und Haupthaar; als Nächstes fügte er einen weiteren König hinzu, der einen Bastardlöwen mit einem Speer durchbohrt; darauf folgte das Bild eines Turmes, aus dessen Spitze, beengt wie ein Korken im Flaschenhals, bewaffnete Ägypter ragen; darunter zeichnete er die gegnerische Armee, von grimmigem Aussehen, aber was die Perspektive angeht, sehr verzerrt: Sie schießen auf die Männer im Turm Pfeile ab, was mangelndes militärisches Urteilsvermögen verrät, denn sie hätten hinaufgreifen und die Ägypter am Genick packen können. Diesen Bildern ließ er, Zeile für Zeile, Vögel und Tiere und Sägezähne und Haufen von Männern in herkömmlichen Schurzen folgen, von denen einige sich betätigen, andere darauf warten, dass der Schiedsrichter das Spiel beendet; und schließlich war seine große Tafel von oben bis unten bemalt. Alle erkannten die Anrufung, die die Symbole ergaben: Es war das Gebet des Herrn.

Es hatte ihn fünfundvierzig Minuten gekostet, es aufzuschreiben. Dann trat er zu der anderen Tafel und schrieb in anmutiger lateinischer Schrift zügig »Vater unser, der du bist im Himmel« und so weiter herunter, wobei er die Wörter buchstabierte, so gut er es damals vermochte. Nach viereinhalb Minuten war er fertig.

Es war ziemlich eindrucksvoll.

Indes gab er keinen Kommentar ab, sondern trat zu einer dritten Tafel und schrieb in Hieroglyphen:

»Zu der Zeit besaß der König eine Kavallerie von 214 580 Mann und 222 631 Pferden zu ihrer Verwendung; an Infanterie 16 341 Phalangen zusammen mit einer Notreserve aller Waffen, die aus 84 946 Mann, 321 Elefanten, 37 264 Transportkarren und 28 954 Kamelen und Dromedaren bestand.«

Der Satz füllte die Tafel und kostete ihn sechsundzwanzig Minuten an Zeit und Mühe. Dann wiederholte er ihn auf einer anderen Tafel in lateinischer Schrift und arabischen Ziffern und schaffte es in zweieinviertel Minuten. Daraufhin sagte er:

»Mein Argument liegt vor Ihnen. Einer der Einwände gegen die Hieroglyphen lautet, dass der begabteste Schüler neun Jahre braucht, um die Formen und ihre Bedeutung auswendig zu lernen; ein durchschnittlicher Schüler braucht sechzehn Jahre; die übrige Nation, um es zu vollbringen, bis ans Ende ihrer Tage – es ist eine lebenslange Strafe. Dieser Aufwand an Zeit ist viel zu kostspielig. Sie könnte nutzbringender in anderen Gewerbezweigen und mit besseren Ergebnissen verwendet werden.

Wenn Sie auf die Hieroglyphen verzichten und stattdessen geschriebene Wörter akzeptieren, wird ein Vorteil errungen. Durch uns? Nein, nicht durch uns. Sie haben Ihr ganzes Leben damit verbracht, die Hieroglyphen zu meistern, und für Sie sind sie einfach, ihre Wirkung gefällig fürs Auge, sogar schön. Sie sind an Jahren fortgeschritten; für Sie wäre es nicht der Mühe wert, die neue Schreibweise zu erlernen; ihr Erscheinungsbild wäre Ihnen unangenehm; natürlich werden Sie sich voller Zuneigung an die piktographischen Aufzeichnungen klammern, die Ihnen durch Gewohnheit und Gebrauch schön erscheinen und die sich in Ihrem Verstand mit den rührenden Legenden und Geschichten unserer ehrwürdigen Vergangenheit und den großen Taten unserer Vorväter verbinden, die sie Ihnen hinterlassen haben, unzerstörbar in Stein graviert. Aber ich appelliere an Sie im Namen der Generationen, die Jahrhundert für Jahrhundert, Zeitalter für Zeitalter, Zyklus für Zyklus auf Sie folgen werden. Ich bitte Sie, an sie zu denken und großzügig zu sein. Nehmen Sie ihnen diese schwere Last von den Schultern. Schicken Sie sie nicht, von ihr niedergedrückt, ins 20. Jahrhundert, wo sie sich noch immer mit ihr abplagen müssen. Erlauben Sie Ihren Söhnen und Töchtern, die Wörter und das Alphabet anzunehmen und frei zu sein. Bei den Jüngsten unter ihnen erzeugen die Hieroglyphen keine heiligen Assoziationen; die Wörter und das Alphabet werden ihr Auge nicht beleidigen; die Gewohnheit wird sie rasch mit ihnen versöhnen, und dann werden sie sie bevorzugen – wenn aus keinem anderen, dann aus dem einfachen Grund, weil sie keinerlei Erfahrung mit einer Kommunikationsmethode haben, die andere für hübscher oder besser halten. Ich bitte Sie, lassen Sie die Hieroglyphen fahren und ersparen Sie auf diese Weise den hundertfünfzig Generationen Ihrer Nachkommen, die Ihnen folgen werden, Millionen Jahre unnützer Zeit und Mühe.

Behaupte ich, dass der Ersatz, den ich vorschlage, ohne Mangel ist? Nein. Er weist einen ernsthaften Mangel auf. Meine Mitempörer kämpfen für eine Sache und nur für diese eine – für die Abkürzung und Vereinfachung der Schreibweise. Aber das heißt, dass sie noch nicht bis zu der *Wurzel* des Problems vorgedrungen sind – und die Reform, die sie verlangen, ist meines Erachtens kaum der Mühe wert. Das Problem ist nicht die Rechtschreibung; es reicht viel tiefer; es ist das *Alphabet*. Es gibt nur eine Möglichkeit, die Orthographie wissenschaftlich angemessen zu reformieren, und das ist eine Reform des Alphabets; dann wird sich die Orthographie von selbst reformieren. Erforderlich ist, dass jeder Buchstabe des Alphabets einen eindeutigen Laut bezeichnet und dass dieser Laut niemals abgeändert oder modifiziert werden darf ohne Hinzufügung eines Akzents oder eines anderen sichtbaren Zeichens, die die Natur der Modifizierung präzise und exakt anzeigen. Die Deutschen besitzen diese Art Alphabet. Jeder Buchstabe bezeichnet einen vollkommen eindeutigen Laut, und wenn dieser Laut modifiziert werden soll, wird ein *Umlaut** oder ein anderes Zeichen hinzugefügt, das die genaue Nuance der Modifizierung anzeigt. Ein normales Kind kann die verschiedenen Wertigkeiten der deutschen Buchstaben in wenigen Tagen erlernen, und danach kann dieses Kind neunzig Jahre lang jedes deutsche Wort, das es hört, stets korrekt buchstabieren, ohne dass eine andere Person es ihm beibringen oder dass es eine Fibel zu Rate ziehen muss.

Demgegenüber ist das englische Alphabet der helle Wahnsinn. Kaum ein Wort der Sprache lässt sich mit einem ausreichenden Maß an Gewissheit buchstabieren. Wenn man in einem englischen Buch das Wort *chaldron* sieht, kann kein Ausländer erraten, wie es auszusprechen ist; ebenso wenig ein Einheimischer. Der Leser weiß, dass es *chaldron* – oder *kaldron* oder *kawldron* – ausgesprochen wird, doch weder er noch seine Großmutter kann die richtige Aussprache angeben, ohne sie im Wörterbuch nachzuschlagen; und wenn er sie im

---

* [Deutsch im Original; Anm. des Übers.]

Wörterbuch nachschlägt, stehen die Chancen hundert zu eins, dass das Wörterbuch selbst nicht weiß, wie es richtig ausgesprochen wird, sondern alle drei Möglichkeiten anbietet und ihn die Wahl treffen lässt. Wenn Sie in einem englischen Buch auf das Wort *bow* stoßen, das ohne erhellenden Kontext allein dasteht, gibt es keinen lebenden Amerikaner oder Engländer und auch kein Wörterbuch, die Ihnen verraten könnten, wie das Wort auszuprechen sei. Es könnte eine Grußgeste bezeichnen, dann reimt es sich auf *cow*; es könnte aber auch eine veraltete Kriegswaffe bezeichnen, dann reimt es sich auf *blow*. Aber wir wollen die Sache nicht vertiefen. Die Albernheiten des englischen Alphabets lassen sich gar nicht alle aufzählen. Dieses Alphabet besteht aus nichts als Albernheiten. Ich erlaube mir zu wiederholen, dass, wenn die englische Orthographie der Reform und der Vereinfachung bedarf, das englische Alphabet ihrer zwei oder drei Millionen Mal mehr bedarf.«

Onkel Kadmos setzte sich, und die Opposition erhob sich und stellte seine Beweisführung auf die übliche Art in Abrede. Diese Leute sagten, sie seien die Hieroglyphen gewohnt; bei ihnen würden die Hieroglyphen lieb gewordene und heilige Assoziationen wecken; sie liebten es, in der hellen Sonne Ägyptens unter einem Schirm auf einem Fass zu sitzen, Eulen und Adler und Alligatoren und Sägezähne zu zeichnen, für das Gebet des Herrn anderthalb Stunden zu brauchen und voller romantischer Empfindungen zu weinen bei dem Gedanken, dass zwischen ihnen und dem Grab höchstens noch acht oder zehn Jahre liegen, um weiter dieser Leidenschaft zu frönen; und dass die Empörer die alten Zeichen und Symbole dann möglicherweise vom Hauptgleis schieben und die Menschen mit dem Blitzexpress eines reformierten Alphabets ausstatten könnten, der die hieroglyphische Schubkarre hunderttausend Meilen hinter sich lassen und nicht eine verdammte Assoziation wecken würde, die eine Träne auslösen könnte, selbst wenn Tränen und Diamanten auf dem Marktplatz ein und denselben Preis erzielten.

Donnerstag, 8. November 1906

Aus Susys Biographie: Mr. Clemens meint, dass er keine Bücher mehr schreibt –
Mr. Clemens' Unfähigkeit, sich an die Gesichter von Freunden zu erinnern – Die
bezaubernden Gesichter und Landschaften, die sein Geist im Halbschlaf zeichnet
und malt – Hat sich noch nicht leer geschrieben; bevorzugt das Diktat –
Mrs. Riggs erinnert sich an die Episode, als F. Hopkinson Smith bei einer Auktion
Originalmanuskripte verkaufte – Das Künstleressen für Hopkinson Smith

Aus Susys Biographie

12. Febr. 86

Mama und ich sind in lezter Zeit sehr besorgt, weil Papa, seit er General Grants Buch veröffentlicht hat, seine eigenen Bücher und seine eigene Arbeit völlig zu vergessen scheint, und als Papa und ich neulich abends in der Bibliotek auf und ab promenirten, sagte er mir, er rechne nicht mehr damit, noch mehr als ein Buch zu schreiben, und dann sei er bereit die Arbeit ganz und gar aufzugeben, zu sterben oder sonst etwas zu tun, er sagte, er habe mehr geschrieben, als er je erwartet hätte, und das einzige Buch das er unbedingt habe schreiben wollen, sei unten im Safe eingeschlossen und noch nicht veröffentlicht.*

Aber diese Zukunftsabsicht kommt natürlich gar nicht in Frage und obwohl Papa vor Außenstehenden an seinen Meinungen und Absichten normalerweise festhält, wenn Mama etwas wirklich wünscht und sagt, dass es so sein muss, gibt Papa seine Pläne immer auf (wenigstens bisher) und tut, was sie für richtig hält (und falls sie überhaubt anderer meinung ist als er, hat sie meistens recht). Weil er seine große Neigung kennt, sich von ihr überzeugen zu lassen, hat er den Artikel über die Erziehung von Kindern in der *Christian Union* ohne ihr Wissen veröffentlicht. Wenn ich also nach den Beweisen der letzten Jahre gehe, glaube ich dass wir Papa werden überreden können, sich wie früher wieder an die Arbeit zu machen und nach Beendigung seiner nächsten geschichte nicht mit dem Schreiben aufzuhören. Mama sagt, manchmal hat sie das Gefühl, und ich auch, es ist ihr lieber, wenn Papa für seinen Lebensunterhalt aufs Schreiben angewiesen ist als dass er daran denkt es aufzugeben.

---

* Das ist es immer noch nicht. Sein Titel: *Kapitän Stormfields Besuch im Himmel.* S. L. C.

Ich habe eine Schwäche, von der ich glaube, dass sie ungewöhnlich ist; jedenfalls hoffe ich, dass sie es ist: Nur selten kann ich mir Gestalt und Gesicht von
Freunden oder Feinden vor mein geistiges Auge rufen. Wenn ich jetzt eine Liste
der Personen aufstellen würde, die ich in Amerika und im Ausland kenne – sagen wir, bis zu einem vollen Tausend –, wäre es völlig unwahrscheinlich, dass
ich auch nur fünf vor meinem geistigen Auge abrufen könnte. Von meinen
liebsten und intimsten Freunden könnte ich acht nennen, die ich vor vier Tagen gesehen und gesprochen habe, aber wenn ich versuche, sie mir vorzustellen, sind sie gestaltlose Schatten. Jean hält sich seit acht oder zehn Tagen in einem Landsanatorium auf, und ich wünschte, ich könnte sie im Spiegel meines
Geistes sehen, ich vermag es jedoch nicht. Gestern gaben wir eine Abendgesellschaft, alles alte Freunde von uns. Ich weiß noch, wie Mrs. Kate Douglas Wiggin Riggs aussah; auch wie Dorothea Gilder aussah; doch von Norman Hapgood und Mrs. Hapgood, von Mr. Riggs und Clara Clemens habe ich nur
einen flüchtigen und sehr verschwommenen Eindruck.

Mag sein, dass diese Schwäche nicht angeboren, sondern Resultat lebenslan-
ger Zerstreutheit und träger und unzulänglicher Beobachtung ist. Ein- oder
zweimal in meinem Leben hat sie mich in Verlegenheit gebracht. Vor zwanzig
Jahren, in den Tagen von Susys Biographie, entbrannte eines Morgens am
Frühstückstisch ein Streit über die Augenfarbe eines Nachbarn. Ich wurde um
mein Urteil gebeten, musste jedoch bekennen, dass, falls dieser geschätzte
Nachbar und alte Freund Augen hatte, ich mir nicht sicher sei, sie jemals gesehen zu haben. Daraufhin wurde spöttisch vermutet, dass ich vielleicht nicht-
einmal die Augenfarbe meiner Familienangehörigen kenne, und ich musste
meine Augen schließen und eine Aussage machen. Mrs. Clemens' Augenfarbe
konnte ich benennen, Jeans, Claras oder Susys hingegen wusste ich nicht einmal ansatzweise zu bestimmen.

Diese Schwäche scheint gar nicht zu mir zu passen. Sie scheint darauf hinzu-
deuten, dass ich kein Gespür für Formen und Proportionen habe, andernfalls
würde ich mich an sie erinnern, da jede geistige Fähigkeit ihr eigenes Gedächtnis besitzt. Ich finde, eigentlich müsste ich in der Lage sein, mir Gestalten und
Gesichter in Erinnerung zu rufen, da ich, obwohl ich weder zeichnen noch
malen kann, im Geiste oft die exquisitesten und makellosesten Gesichter – stets

die Gesichter von Fremden – zeichne und male, wenn ich fast eingeschlafen, mir meiner Umgebung jedoch noch deutlich bewusst bin. Diese Gesichter sind sehr klein. In Größe und Qualität gleichen sie altmodischen Elfenbeinminiaturen; nein, sie gleichen ihnen nicht, da sie viel anmutiger und reizender und schöner sind als alle Elfenbeinminiaturen, die ich je gesehen habe; im Vergleich zu ihnen ist eine Elfenbeinminiatur grobschlächtig und ungeistig.

Mag sein, dass ich kein Monopol auf diese Gabe habe, aber ich ahne dunkel, dass es mehr Menschen gibt, die sich nicht auf sie verstehen, als solche, die sich auf sie verstehen. Im Halbschlaf hat mein Geist Tausende und Abertausende dieser lieblichen Gesichter gezeichnet und gemalt, ich glaube aber mit Gewissheit sagen zu können, dass sich kein einziges Mal das Gesicht eines Freundes oder Bekannten darunter befand. Das ist schade, denn wenn meine Toten in dieser anmutigen Gestalt wiederkehren könnten, wäre mir diese merkwürdige Gabe von unschätzbarem Wert.

Es gibt eine weitere Form der Bilderproduktion, die mein Geist, wenn ich nur halb bei Bewusstsein bin, vermutlich mit dem Rest der Welt gemein hat; das ist die Produktion von Gesichtern von etwa halber Normalgröße und in Schwarz-Weiß, niemals in Farbe; Gesichter, die lachen; Gesichter, die grinsen; Gesichter, die in rascher Abfolge alle möglichen angenehmen und unangenehmen Verzerrungen erleiden; Gesichter, die sich unaufhörlich auflösen und verflüchtigen, um gleich darauf mit neuen Zügen und, der Slangausdruck sei gestattet, mit neuen »Stunts« wiederaufzutauchen. Für mich sind diese Gesichter, so wie die Miniaturgesichter, stets neu; nie beglücken sie mich mit Zügen, denen ich schon einmal begegnet bin.

Die Landschaften, die vor meinem schlummernden Geist aufsteigen, gehören eigentlich zu den Miniaturen, denn auch sie werden in einem Kleinformat projiziert. Sie scheinen zum Greifen nahe, sehen aber so aus, wie sie für Gulliver in Liliput ausgesehen hätten. Es gibt einen See; es gibt einen Kranz filigraner Berge, die in weiches Sonnenlicht getaucht sind; es gibt kleine Buchten mit winzigen weißen Sandstränden; es gibt Vorgebirge und Landzungen, die ins gekräuselte blaue Wasser ragen; und die ganze Landschaft – See, Berge und all das – ist so klein, dass sie aussieht, als könnte man sie rahmen und an die Wand hängen.

Alles, was ich hier sage, wurde ausgelöst von Susys Bemerkung: »Und als Papa und ich neulich abends in der Bibliotek auf und ab promenirten« – Gott sei Dank sehe ich *dieses* Bild noch vor mir!, und nicht etwa undeutlich, vielmehr steht es in dem ungetrübten Licht von vor einundzwanzig Jahren klar konturiert da. Damals »promenirten« Susy und ich, die Arme um die Hüfte des anderen gelegt, täglich in der Bibliothek auf und ab und verhandelten in intimem Zwiegespräch Staatsgeschäfte, die großen Fragen des menschlichen Lebens oder unsere kleinen persönlichen Angelegenheiten.

Es war ganz natürlich, dass ich, erst fünfzig, das Gefühl hatte, mich leer geschrieben zu haben, denn von selbigem Aberglauben werden alle, die jemals etwas geschrieben haben, in diesem Alter heimgesucht. Dabei habe ich mich nicht einmal jetzt wirklich leer geschrieben. Ich habe lediglich aufgehört zu *schreiben*, weil das Diktieren eine angenehmere Tätigkeit ist und weil das Diktieren in mir einen starken Widerwillen gegen die Feder hervorgerufen hat und weil zwei Stunden reden pro Tag genug ist und weil – aber ich schade nur meinem Verstand, wenn ich Vorwände hervorkrame, wo Vorwände gar nicht nötig sind und die schlichte Wahrheit in diesem kleinen Notfall ausnahmsweise einmal besser ist als jede Erfindung. Ich werde meine fünf oder sechs unvollendeten Bücher niemals vollenden aus dem einfachen Grund, weil ich mir nach vierzig Jahren sklavischer Abhängigkeit von der Feder meine Freiheit verdient habe. Ich verabscheue die Feder, und nicht einmal um das Todesurteil meines liebsten Feindes zu unterschreiben, würde ich sie wieder hervorholen.

Vor fünfzehn Jahren … Aber das erinnert mich an einen Vorfall, der sich gestern Abend beim Dinner zutrug; es erinnert mich an Verschiedenes, was sich gestern Abend beim Dinner zutrug. Mrs. Riggs wirkte auf mich fast so jung und schön wie vor einem Vierteljahrhundert, und gewiss war sie so klug und charmant wie nur je in ihrem Leben. Ich konnte sie nicht ansehen, ohne an F. Hopkinson Smith zu denken, den erfolgreichen Romancier, passablen Vorleser, passablen Tischredner, passablen Aquarellisten, passablen Architekten und renommierten Erbauer von Leuchttürmen und großen Eisenbrücken. Ich konnte Mrs. Riggs einfach niemals ansehen, ohne sofort an F. Hopkinson Smith zu denken. Eines Abends vor etwa einem Dutzend Jahren fand im Sherry's eine jener großen Versammlungen zugunsten einer Wohlfahrtseinrichtung statt, bei denen eine große Menschenmenge in einem teuren Lokal wie diesem zusammenströmt, viertausend Dollar für Essen ausgibt und siebenunddreißigeinhalb Dollar für die Wohlfahrtseinrichtung sammelt – meist mittels einer Versteigerung von Gegenständen, die niemandem gefallen und die keiner will. Diesmal sollten Originalmanuskripte versteigert werden, möglichst in Form von Autographen. F. Hopkinson Smith fungierte als Auktionator. Damals bahnte sich sein Ruf als Schriftsteller gerade erst an; er war kaum bekannt, aber das wusste er vermutlich nicht. Zweifellos ist er ein Mann von vielen und von guten Talenten, von denen einige nicht ganz so gut sind, wie er glaubt. Er eröffnete die Auktion mit einem eigenen literarischen Erzeugnis, einer Kurzgeschichte. Es handelte sich um ein maschinegeschriebenes Manuskript, das nur am Ende handsigniert war. Er rief das Manuskript zur Versteigerung auf, und um den Saal zu ermuntern, gab er selbst ein Gebot ab – fünfzig Dollar für das gute Stück. Er führte die Versteigerung sehr energisch und mit großer Ausdauer durch, und schließlich gelang es ihm, den Posten für ein höheres als sein eigenes Gebot an den Mann zu bringen. Dann rief er ein von Mrs. Riggs ganz in ihrer Handschrift verfasstes Originalmanuskript zur Versteigerung auf; da er diesmal die Gebote nicht selbst einleitete, entstand eine verlegene Pause, in der er zwar tüchtig bellte, aber niemandem ein Gebot entlocken konnte, denn von dem Tempo, das er vorgelegt hatte, waren die Anwesenden demoralisiert. Irgendwann brachte jemand den Mut auf, ein Gebot abzugeben – zweieinhalb Dollar –, und Smith ackerte und rackerte sich mannhaft ab, den von ihm inzwischen bemerkten anfänglichen Fehler wettzumachen, einen für alle Betroffenen besonders unangenehmen Fehler – und jeder im Saal war betroffen.

Nun gut, wie immer das Resultat ausfiel – ich habe es vergessen, es war ohnehin nicht von Bedeutung. Am Ende des Abends begegneten Mrs. Riggs und Mrs. Mary Mapes Dodge einander in der Garderobe, und Mrs. Dodge sagte mit ungeheurer Begeisterung:

»Kate Douglas Wiggin, es gibt keine Worte, die die Bewunderung ausdrücken können, die ich für Sie empfinde. Es war bewundernswert, dass Sie unter den gegebenen Umständen die Ruhe bewahrt haben; es war erstaunlich, dass Sie nicht explodiert sind und diesem Mann gesagt haben, was Sie von ihm halten.«

Mrs. Riggs sagte:

»O ja, das wollte ich ja auch, aber Sie wissen, ich bin eine Dame und muss mich verdammt gewählt geben!«

Und ich kann nicht an Smith denken, ohne an eine Mittagsgesellschaft von Künstlern zu denken, die sich vor vielen Jahren in Chases geräumigem Luxusstudio versammelten, als Hopkinson Smiths großer Ruhm als Künstler eben zu flackern, zu knistern und sich im Zwielicht der öffentlichen Aufmerksamkeit schwach abzuzeichnen begann. Bei selbigem Mittagessen war er zugegen, und da er ein Neuling war, verhielten sich die Künstler ihm gegenüber sehr freundlich, sehr höflich und taten alles, damit er sich wie zu Hause fühlte. Vielleicht gaben sie sich so große Mühe, hinreichend freundlich zu sein, dass sie es übertrieben. Jedenfalls erhob sich, als die Reden schon eine gute Weile angedauert hatten, ein Künstler, der sich unbewusst und unabsichtlich dafür qualifiziert hatte, in die Debatte einzusteigen. Ein wenig wackelig auf den Beinen, ließ er seinen Blick leutselig in der Runde schweifen und versuchte sich aufrecht zu halten, indem er sich mit dem Zeigefinger am Tisch abstützte; mehrere Male leckte er sich über die Lippen, dann sagte er:

»Ich habe (hick) eine ermüdende Menge Komplimente über diesen Mr. Hop-allez-hopp-kinson Smith gehört; und wenn er nicht zu müde ist, möchte ich (hick), dass er aufsteht und seine Künste endlich mal *vorführt!*«

Montag, 19. November 1906

Susys Rechtschreibung – Weitere Bemerkungen über
die Vereinfachte Schreibweise

Aus Susys Biographie

Seit Papa und Mama verheiratet sind hat Papa seine Bücher geschrieben und die Manuskripte dann zu Mama gebracht und sie hat sie zänsihrt. Kurz bevor *Huckleberry Finn* herauskam, las Papa uns das Manuskript vor, und Teile davon überließ er Mama zum Zänsihren, während er nach oben ins Arbeitszimmer ging, um zu arbeiten, und manchmal saßen Clara und ich bei Mama während sie das Manuskript durchguckte, und ich kann mich noch gut daran erinnern, mit welchem Anfall von Bedauern wir sahen, wie sie Eselsohren in die Seiten machte, was bedeutete dass ein entzükend schreklicher Teil gestrichen werden musste. Und ich erinnere mich besonders an einen Teil der ganz fassinierend war es war schreklich, so dass Clara und ich große Freude hatten, und oh wie verzweifelt waren wir, als wir sahen, wie Mama die Seite, auf der er geschrieben war, umknickte, wir glaubten ohne ihn wäre das Buch fast ruiniert. Aber nach und nach dachten wir so wie Mama.

Es wäre ein Jammer, die Lebhaftigkeit und Wunderlichkeit und Seligkeit von Susys unschuldiger freier Rechtschreibung durch die stumpfsinnige, ja versteinerte Gleichförmigkeit des Rechtschreibwörterbuches zu ersetzen. Fast die ganze Grimmigkeit der »Zänsuhr« meiner Bücher wird von der subtilen Sanftheit wettgemacht, die Susys abweichende Schreibweise dem Wort versehentlich verleiht.

Ich kann mich an den besonderen Fall, den Susy erwähnt, erinnern und sehe die Gruppe noch vor mir – zwei Drittel plädierten für das Leben des beschuldigten Satzes, der so faszinierend schrecklich war, und das andere Drittel erklärte geduldig, weshalb das Gericht das Flehen der Bittstellerinnen nicht erhören könne; wie die verurteilte Wendung lautete, habe ich vergessen. Sie hatte viele Gefährten, und sie alle endeten am Galgen; gut möglich, dass der besonders schreckliche Satz, der die Kleinen so ergötzte, aus ebendiesem Grund ersonnen und listenreich in das Buch hineingeschmuggelt worden war, ohne jede Hoffnung oder Erwartung, lebend an dem Zänsohr vorbeizukommen. Jedenfalls gut möglich, denn diese Angewohnheit hatte ich durchaus.

Susys wunderliche und effektvolle Schreibweise passt genau in die heutige Atmosphäre, auf die das Gemurre und Geknurre und Gezurre der Rechtschreibreformer drückt. Andrew Carnegie entfachte diesen Sturm vor ein paar Jahren, indem er eine Vereinfachung der englischen Orthographie vorschlug und einen Fonds zur Durchführung und Aufrechterhaltung dieses Kreuzzugs gründete. Er begann auf sanfte Art. An mehrere hundert seiner Freunde verschickte er ein Rundschreiben und bat sie, die Schreibweise eines Dutzends unserer unsinnig buchstabierten Wörter zu vereinfachen – ich glaube, es waren nur Wörter, die auf das überflüssige -ugh endeten. Er bat seine Freunde, die vorgeschlagene Schreibweise in ihrer Privatkorrespondenz zu verwenden.

Daran merkt man, dass die Anfänge ausgesprochen ruhig und unaggressiv waren; aber natürlich bekamen die Zeitungen Wind davon; und sie belustigten sich darüber genauso, wie sie sich über eine Beerdigung oder irgendetwas anderes, was dem durchschnittlichen Zeitungsmenschen besonders lächerlich vorkommt, belustigt hätten.

Nächste Phase: Es wurde ein kleiner Ausschuss einberufen, mit Brander Matthews als Vorsitzendem und Sprecher. Er gab eine Liste mit dreihundert Wörtern heraus, deren Schreibweisen allesamt albern waren, und schlug für diese Wörter neue vernünftige Schreibweisen vor. Ohne dass man ihn dazu aufgefordert hätte, übernahm der Präsident der Vereinigten Staaten von Amts wegen diese vereinfachten dreihundert und ordnete an, sie in offiziellen Regierungsdokumenten zu verwenden. Nun äußerten alle Gebildeten und Nachdenklichen mit Ausnahme der Geistlichkeit, dass Scheol bezahlen müsse. Das war eine durchaus gerechtfertigte und treffende Beschreibung. Mit einem Gebrüll, das weit über den Atlantik zu hören war, reckte sich der britische Löwe empört in die Höhe, stand da auf seiner kleinen Insel, starrte mit roten Augen über die düsteren, von der wehenden Gischt schaumgesprenkelten Meere und peitschte mit dem Schwanz – ein total furchterregender Anblick.

Der Löwe war außer sich, weil wir – eine Nation von Kindern ohne irgendwelche Erwachsenen in der Nähe und ohne jeden Eigentumsanspruch auf die Sprache, da wir sie lediglich mit freundlicher Genehmigung ihrer Eigentümerin, der englischen Nation, verwenden – versuchten, ihre Heiligkeit zu entweihen, indem wir Eigentümlichkeiten aus ihr entfernten, die ihr seit Ewigkeiten zur Zier gereicht und sie heilig und schön gemacht hatten.

Es mag höhnisch klingen, aber in Wahrheit wäre es angemessen, unsere Orthographie beizubehalten, da unsere Sprache ein Bastard ist, der mit einem kindlichen Wortschatz von dreihundert Wörtern begann und jetzt aus zweihundertfünfundzwanzigtausend besteht; mit Ausnahme der ursprünglich legitimen dreihundert ist das Ganze bei allen unbewachten Sprachen unter der Sonne zusammengeborgt, -gestohlen, -geplündert worden, und die Schreibweise jedes einzelnen Wortes hält den Ursprungsort des Diebstahls fest und bewahrt die Erinnerung an das verehrte Verbrechen.

Warum dann habe ich mich ins Getümmel gestürzt und den Wunsch bekundet, unsere Orthographie von ihren Eselhaftigkeiten säubern zu lassen? Ich weiß nicht einmal, warum ich überhaupt Interesse an der Angelegenheit bekunde, denn genau genommen missachte ich unsere Orthographie von Herzen und missachte von Herzen alles, was je zu ihrer Verteidigung angeführt wurde. Soweit ich sehe, hat nichts von dem, was vorgibt, eine Verteidigung unserer lächerlichen Schreibweisen zu sein, eine andere Grundlage als Sentimentalität. Bei derlei »Argumenten« wird das Wort »ehrwürdig« statt »modrig« verwendet und »geheiligt« statt »teuflisch«; dabei ist an einer Sprache, die noch nicht einmal vierhundert Jahre alt ist, und an einem Sammelsurium unsinniger Schreibweisen, die schon zu Beginn grotesk waren und im Laufe der Jahre immer grotesker wurden, in Wirklichkeit nichts ehrwürdig oder antik.

Allerdings habe ich gern bei allem, was vorgeht, die Hände im Spiel, und so beteiligte ich mich an der Rechtschreibreform, indem ich im vergangenen September vor den Delegierten der Associated Press die folgende Rede hielt:

Ich bin hier, um im Namen der Vereinfachten Schreibweise einen Appell an die Nationen zu richten. Ich bin gekommen, weil ich mein Ziel nur durch Sie erreichen kann. Es gibt nur zwei Kräfte, die Licht in jeden Winkel des Erdballs tragen können – nur zwei –, die Sonne am Himmel und die Associated Press auf Erden. Es mag den Anschein haben, als wollte ich damit der Sonne schmeicheln, aber so meine ich es nicht; ich will nur rundherum gerecht und fair sein. Sie sprechen mit einer Million Stimmen; niemand erreicht so viele Rassen, so viele Herzen und Hirne wie Sie – bis auf Rudyard Kipling, und auch der vermag es nur mit Ihrer Hilfe. Wenn die Associated Press unsere vereinfachten Formen übernimmt, verwendet und bis in die hintersten Winkel der Welt verbreitet, den ganzen weitläufigen Planeten mit ihnen wie mit einem Blumengarten bedeckt, werden unsere Schwierigkeiten ein Ende haben.

An jedem der 365 Tage sind die einzigen Seiten der unzähligen Zeitungen der Welt, die von allen Menschen, Engeln und Teufeln, die des Lesens mächtig sind, gelesen werden, jene Seiten, die aus den Depeschen der Associated Press zusammengestellt werden. Daher bitte, ja beschwöre ich Sie – oh, ich flehe Sie an, sie in unseren vereinfachten Formen zu schreiben, tun Sie es tagtäglich, beharrlich, unaufhörlich für drei Monate – nur drei Monate –, mehr verlange ich nicht. Das unfehlbare Resultat? – Sieg, Sieg auf der ganzen Linie. Denn bis dahin werden sich aller Leute Augen hier, in der Höhe und in der Tiefe an die Veränderung gewöhnt und sich in sie verliebt haben, und die jetzigen schwerfälligen und stümperhaften Formen werden dem Auge grotesk vorkommen und der Seele empörend. Und wir werden *phthisis* und *phthisic* und *pneumonia* und *pneumatics* und *diphtheria* und *pterodactyl* los sein und all die anderen unsinnigen Wörter, die kein Mensch, der sich einem schlichten christlichen Leben ergeben hat, buchstabieren kann, ohne bei solchem demoralisierenden Versuch die Blüte seiner Frömmigkeit einzubüßen. Zweifeln Sie nicht daran.

Erwecke ich den Anschein, nach dem Wohl der Welt zu streben? Das ist meine Absicht. Das ist meine Haltung in der Öffentlichkeit; privat strebe ich lediglich nach meinem eigenen Nutzen. Wir alle tun es, aber es ist gesund, und es ist tugendhaft, denn das öffentliche Interesse ist nichts anderes und nichts Edleres als die geballte Ansammlung privater Interessen. 1883, als die Bewegung für die Vereinfachte Schreibweise erstmals ihre Stimme erhob, stand ich ihr gleichgültig gegenüber; mehr noch – ich verhöhnte sie auf despektierliche Weise. Was ich benötigte, war Anschauungsunterricht, verstehen Sie? Für einige Leute ist das die einzige lehrreiche Methode. Nun gut, ich erhielt ihn. Damals strampelte ich mich ab und verdiente das Brot für meine Familie mit Zeitschriftenarbeiten zu sieben Cent das Wort, zusammengesetzte Wörter zum selben Preis wie einfache Wörter, genau wie in der finsteren Gegenwart. Ich war Eigentum einer Zeitschrift, ein Sieben-Cent-Sklave nach einem Standardknebelvertrag. Eines Tages schickte mir der Redakteur eine Mitteilung, in der er von mir verlangte, zehn Seiten über den folgenden abstoßenden Text zu schreiben: »Betrachtungen über die mutmaßlich subterrane holophotale Extemporiertheit der konchyliologischen Superimbrikation des Ornithorhynchus, präfiguriert durch die Unintelligibilität seiner plesiosaurischen anisodaktylischen Aspekte«.

Darüber zehn Seiten! Jedes einzelne Wort ein Eisenbahnzug aus siebzehn Waggons mit Verbindungsgängen. Zu sieben Cent das Wort. Ich begriff, dass meine Familie dem Hungertod ins Auge blickte. Ich ging zu dem Redakteur und nahm einen Stenographen mit, um die Unterredung schwarz auf weiß zu haben, denn kein Zeitschriftenredakteur kann sich je an irgendeinen Abschnitt eines Geschäftsgesprächs erinnern außer an den, der eine Schurkerei zu seinen und der Zeitschrift Gunsten enthält. Ich sagte: »Lesen Sie diesen Text, Jackson, und geben Sie ihn zu Protokoll; lesen Sie ihn vor.« Er las: »Betrachtungen über die mutmaßlich subterrane holophotale Extemporiertheit der konchyliologischen Superimbrikation des Ornithorhynchus, präfiguriert durch die Unintelligibilität seiner plesiosaurischen anisodaktylischen Aspekte.«

Ich sagte: »Sie wollen zehn Seiten voll polternder Donnerschläge eines großen, langen sommerlichen Unwetters, und Sie erwarten, sie für sieben Cent pro Donnerschlag zu bekommen?«

Er sagte: »Ein Wort ist ein Wort, und im Vertrag stehen sieben Cent; was wollen Sie dagegen unternehmen?«

Ich sagte: »Jackson, das ist kaltblütige Unterdrückung. Wie viele Buchstaben hat ein englisches Wort im Durchschnitt?«

Er sagte: »Sechs.«

Ich sagte: »Nicht einmal annähernd; das ist im Französischen so inklusive Leerzeichen; ein englisches Wort hat im Durchschnitt viereinhalb Buchstaben. In harter, ehrlicher Arbeit habe ich sämtliche langen Wörter aus meinem Wortschatz entfernt und ihn so stark beschnitten, dass ein Wort im Durchschnitt nur noch aus dreieinhalb Buchstaben besteht. Auf jeder Ihrer Seiten kann ich 1200 Wörter unterbringen, und kein Sterblicher kommt auch nur auf zweihundert Wörter an mich heran. Meine Seite ist $ 84 wert. Es dauert genauso lange, Ihre Zeitschriftenseiten mit langen Wörtern zu füllen, wie mit kurzen – vier Stunden. Nun denn, betrachten Sie das kriminelle Unrecht Ihrer Forderung. Ich bin achtsam, mit meiner Zeit und meiner Arbeit gehe ich sparsam um. Schon meiner Familie zuliebe. Daher schreibe ich für sieben Cent niemals ›Metropole‹, weil ich für ›Stadt‹ dasselbe Geld bekomme. Ich schreibe niemals ›Polizist‹, weil ich dasselbe Honorar für ›Cop‹ bekomme, und so weiter und so fort. ›Hypochondrisch‹ schreibe ich schon gar nicht, denn nicht einmal Hunger und Elend können mich so demütigen, dass ich für sieben Cent ein solches Wort schreiben würde; nicht einmal für fünfzehn würde ich es tun. Bitte prüfen Sie Ihren schändlichen Text; zählen Sie die Wörter.«

Er zählte sie und sagte, es seien vierundzwanzig. Ich bat ihn, die Buchstaben zu zählen. Er kam auf 203.

Ich sagte: »Nun, ich hoffe, Sie erkennen das ganze Ausmaß Ihres geplanten Verbrechens. Bei meinem Wortschatz würde ich aus diesen 203 Buchstaben sechzig Wörter machen und $ 4,20 bekommen, während ich für Ihre unmenschlichen vierundzwanzig nur $ 1,68 bekommen würde. Zehn Seiten Ihrer Wolkenkratzer brächten mir nur etwa $ 300 ein; bei meinem vereinfachten Wortschatz würden mir derselbe Platz

und dieselbe Arbeit $ 840 einbringen. Ich möchte diese skandalöse Arbeit nicht wort-
weise verrichten, ich möchte jahrweise eingestellt werden.« Er weigerte sich kühl. Ich
sagte:

»Wenn Sie schon kein Verständnis für mich haben, dann sollten Sie mir wenigstens
meiner Familie zuliebe für ›Extemporiertheit‹ Überstunden bezahlen.« Wieder weigerte er sich kühl. Nur selten ergehe ich mich in schroffen Worten, aber ich war nicht
länger Herr meiner selbst, sagte ihm meine Meinung und nannte ihn einen anisodaktylischen plesiosaurischen konchyliologischen Ornithorhynchus, dessen Herz vor lauter holophotaler subterraner Extemporiertheit verfaule. Gott möge mir mein mutwilli-
ges Verbrechen verzeihen; er überlebte es nur zwei Stunden!

Seit jenem Tag bin ich ein hingebungsvolles, beflissenes Mitglied jener himmlischen
Institution, der »Internationalen Vereinigung für die Verhütung von Grausamkeit an
Autoren«, und jetzt arbeite ich mit dem Vereinfachungsausschuss zusammen und bin
mit dem Herzen dabei.

Nun denn, lassen Sie uns diese gewaltige Frage besonnen, vernünftig und zweck-
mäßig betrachten – ja und ruhig, nicht aufgeregt. Worin besteht die wirkliche, die wesentliche, die höchste Funktion der Sprache? Besteht sie nicht einfach darin, Gedanken und Gefühle zu übermitteln? Zweifellos. Wenn wir dies mit Wörtern phonetischer
Kürze und Kompaktheit bewerkstelligen können, warum dann die derzeitigen sperri-
gen Formen beibehalten? Aber können wir es wirklich? Ja. Den Beweis dafür halte ich
in Händen. Hier ist ein Brief, von einer Frau aus tiefstem Herzen geschrieben. Ich
glaube, sie hat noch nie in ihrem Leben ein Wörterbuch gesehen. Die Rechtschreibung ist ihre eigene Erfindung. Es gibt darin nicht einen einzigen vergeudeten Buchstaben: Sie reduziert die Phonetik auf den letzten Atemzug – sie presst aus jedem
Wort das Überflüssige heraus – außerhalb des Weißen Hauses gibt es auf diesem
Planeten keine Rechtschreibung, die es damit aufnehmen kann. Und Zeichensetzung
ist einfach nicht vorhanden. Das Ganze ist ein einziger, ungeduldig und atemlos her-
vorgestoßener Satz ohne jede Unterbrechung oder Pause. Der Brief ist vollkommen
echt – die Beweise dafür befinden sich in meinem Besitz. Ich kann Ihnen nicht jedes
einzelne Wort buchstabieren, aber Sie können den Brief hinterher nehmen und Ihre
Augen an ihm weiden:

»Miss – libe froindin ich habe einige klaidungsstüke ins Zeuchhaus gebracht und
sie ihnen gegeben um sie den opfern nach kallifornien zu schiken und es tut mir Leid

sie zu belestigen aber ich Muss eins davon Wider haben es war aus rainer schwarzer Shevyott wolle Mit passender jake verbremt zimlich modich nr. 38 brust Maß und bodüre vorn und am krahgen ich würde sie nicht belestigen aber es hat der frau von meinem Bruder Gehört und sie ist ser wühtend ich dachte sie ist ainverstanden aber sie war nochnicht sagt sie war nochnicht so weit sie will sie noch Eine waile lenger Tragen sie ist nicht so frei herzlich wie Ich und sie hat mer als ich damit zu tun einen Man zu haben der für sie Arbeitet und Schuftet ich Schätze sie erinnern sich an mich ich bin klain und stämig und hell Häutig ich habe eine ganze Waile mit ihnen über die opfer Geredet und Gesagt wie schreklig dises Ert Beben war es sollte mich nicht wundarn wenns bald wieder eins giebt die allgemaine lage des Landes ist explosif ich hasse es den opfern das Schwarze kostüm wider weg zu nemen aber ich werde rumsuchen und sehn ob ich ein andres kriegen kann wenn ich darf werde ich zum Zeuchhaus kommen um es abzuhohlen wenn sies einfach bei saite legen das wars Vorerst von ihrer treuen freundin. Ihre erschainung hat mir Sehr gut gefallen.«

Jetzt sehen Sie, was Vereinfachte Schreibweise bewerkstelligen kann. Sie kann jede Tatsache vermitteln, die Sie vermitteln müssen; und sie kann Gefühle verströmen wie ein fesselnder Roman. Ich bitte Sie, ich beschwöre Sie, unsere Schreibweise zu adoptieren und alle Ihre Depeschen auf diese Weise abzufassen.

Jetzt möchte ich noch ein letztes, vollkommen ernst gemeintes Wort sagen:

Mit siebzigeinhalb Jahren habe ich einen Lebensabschnitt erreicht, da keine Angelegenheit dieser Welt für mich persönlich noch von großem Interesse ist. Ich glaube, ich kann leidenschaftslos über die Sache sprechen, weil ich mich in der kurzen Zeit, die mir hier noch bleibt, mit diesen altmodischen Formen sehr gut zurechtfinde, und ich beabsichtige nicht, viel Aufhebens davon zu machen.

Es gibt zweiundachtzig Millionen, die diese Orthographie verwenden, und in unser aller Namen sollte sie vereinfacht werden, doch stattdessen wird ihr gegenwärtiger Zustand konserviert, um eine Million Menschen zu befriedigen, die ihre Literatur gern in der alten Form lesen möchten. Das kommt mir ziemlich selbstsüchtig vor, und wir behalten die Formen bei, wie sie sind, obwohl jeden Monat hunderttausend Menschen aus fremden Ländern hierherkommen und sich mit unserer Orthographie herumplagen müssen, die sie behindert und auf Jahre ihrer Staatsbürgerschaft abträglich ist, bis sie die Wörter der Sprache buchstabieren lernen, falls sie es jemals lernen. Außer rein sentimentalen Argumenten gibt es wirklich kein Argument gegen eine Reform.

Die Leute sagen, es sei die Schreibweise Chaucers und Spensers und Shake-speares und einer Menge anderer Leute, die ohnehin nicht buchstabieren konnten, und sie sei uns überliefert worden, und wir hätten sie bewahrt und wünschten sie auch weiterhin zu bewahren wegen ihrer urtümlichen und geheiligten Assoziationen. Wenn dieses Argument etwas taugt, dann taugt auch das Argument etwas, Fliegen und Ka-kerlaken deshalb nicht aus den Krankenhäusern zu vertreiben, weil sie schon so lange dort zu Hause sind, dass die Patienten sich an sie gewöhnt haben und der As-soziationen wegen eine gewisse Zärtlichkeit für sie empfinden.

Dienstag, 20. November 1906

Georgia Cayvan tot – Einige Angaben zu ihrer Laufbahn – Rentenplan zur
Geldbeschaffung für Wohlfahrtseinrichtungen – Ein Beispiel, wo er funktionierte:
Helen Keller – Mr. Ellsworths Versuch, Geld für Major Ponds kleinen Jungen
mittels schriftlicher Gesuche zu beschaffen, was nicht funktionierte

Georgia Cayvan ist tot. Ich finde diese Notiz in der Morgenzeitung. Sie wurde knapp fünfzig Jahre alt. Es ist eine weitere Tragödie. Anscheinend ist das Leben, grob gesagt, genau das und nichts anderes – eine Tragödie, der hier und da ein komödiantischer Anstrich verliehen wird, um durch den Kontrast den Schmerz zu vermehren und zu vergrößern. Ich lernte Georgia Cayvan vor dreißig Jahren kennen. Damals war sie so jung und so unschuldig und unwissend, dass ihr das Leben eine Freude war. Das brauchte sie nicht in Worten mitzuteilen; es strahlte aus ihren Augen und drückte sich – geradezu schreiend – in ihrer Mi-mik, ihrer Körperhaltung, ihrem Tonfall und in jeder ihrer Bewegungen aus. Für einen abgestumpften Geist war es eine Erfrischung, sie anzuschauen. Sie war ein ansehnliches Geschöpf; ich kann mich noch sehr gut an sie erinnern. Sie hatte ihr Leben gerade erst begonnen; unternahm erste tastende Versuche, sich ihr Brot zu verdienen. Sie hatte Unterricht in Sprecherziehung nach der Methode Delsartes genommen und suchte Schüler in der Absicht, sie diese Kunst zu lehren. Ein oder zwei Monate lang kam sie jeden Tag in unser Haus in Hartford, um dort ihre Klasse zu unterrichten. Bald darauf versuchte sie sich als Vorleserin. Einmal, als sie vor den jungen Damen in Miss Porters berühmter

Schule in Farmington lesen sollte, acht Meilen draußen auf dem Land, fuhr ich hin und hörte sie mir an. Mit den willkürlichen Gebärden Delsartes war sie noch nicht vertraut genug, um sie mühelos und natürlich erscheinen zu lassen, und so wirkten sie eher mechanisch und beeinträchtigten ihre Darbietung; doch ihre Stimme und ihre Persönlichkeit retteten die Lage und ernteten das Lob der Zuhörer.

Die Bühne war ihr Traum und ihr ganzes Streben. Schon bald erhielt sie Engagements in New York und stieg in der Gunst der Öffentlichkeit. Ihr Aufstieg erfolgte schnell; rasch verschaffte sie sich einen ihr vorauseilenden Ruf und war auf jeder Bühne zwischen New York und San Francisco willkommen. Sie konnte hohe Gagen verlangen; sie war ein Schoßkind des Wohlstands; ihre hohe Stellung schien für immer gewährleistet; folglich wurde sie beneidet, was nur natürlich war. Die Jahre vergingen; ihr Gesundheitszustand verschlechterte sich; sie musste sich von der Bühne zurückziehen; ihr Name erschien nicht länger in den Zeitungen, und bald darauf war sie vergessen. Irgendwann konnte sie für kurze Zeit noch einmal auftreten, doch ihre Glückstage waren vorüber; Alter und Sorgen waren ihr anzusehen; ihr Körper hatte seine Grazie eingebüßt, und für die Zuhörer war sie eine Fremde; sie begegneten ihr kalt, und diese Kälte löschte ihr Feuer. Sie kam gegen diesen Frost nicht an, der mehr war als nur Frost und tödlicher, da das Gefühl, das ihr entgegenschlug, Mitleid war – die verhängnisvollste aller Haltungen, die ein Publikum einnehmen kann.

Wieder zog sie sich, entmutigt und mit angegriffener Gesundheit, von der Bühne zurück, und wieder verschwand ihr Name aus den Zeitungen. Kurz darauf stellte sich heraus, dass auch ihr Verstand angegriffen war und sie völlig mittellos dastand. In ihren erfolgreichen Tagen aber hatte sie sich Schauspielern gegenüber, die vom Unglück verfolgt wurden, großzügig gezeigt, und jetzt trug ihre Großzügigkeit Früchte. Ihre Kollegen eilten ihr in Scharen zu Hilfe und gründeten rasch einen Fonds, der ausreichte, ihr das Leben für den Rest ihrer Tage angenehm zu machen. Seitdem lebte sie in einer privaten Nervenheilanstalt, und jetzt, nach elf langen Jahren schwermütigen Dunkels, ist das Glück ihr wieder hold, denn sie ist tot. Es ist eine erbarmungswürdige Geschichte.

Schauspieler können stets Gelder für die Bedauernswerten unter ihren Kollegen beschaffen, da sie dank ihrer Begabung und Bekanntheit für jeden Dollar, den ein Freund oder ein Fremder beisteuert, eine Gegenleistung anzubieten haben, doch welcher andere Berufsstand ist dazu in der Lage? Einen Fonds für ein Wohltätigkeitsprojekt einzurichten ist eines der schwierigsten Unterfangen, vor die uns dieses Leben stellt. Schon vor dreißig Jahren hatte ich genügend Erfahrungen mit den zweifelhaften Freuden von Wohltätigkeitsfonds gesammelt, um mich aus diesem Geschäft für immer zurückzuziehen. Mrs. Clemens und ich verpflichteten uns zu verschiedenen Zeiten, mehrere Fonds dieser Art ins Leben zu rufen, jeder im Umfang von mehreren tausend Dollar, aber wir hatten keinen Erfolg, und um »das Gesicht zu wahren«, mussten wir sämtliche Gelder selbst aufbringen. Es kam uns teuer zu stehen. Das war die eine Schwierigkeit; eine andere war, dass diese Art von Geldbeschaffung ihrem Wesen nach eine törichte Idee ist. So zogen wir uns aus dem Geschäft zurück und dachten uns ein besseres System aus – ein vernünftigeres System –, reduzierten es auf einen Verhaltenskodex und fixierten es schriftlich, als künftige Orientierungshilfe. Es war ein Rentensystem.

Der Grundgedanke war folgender: Ein reicher Mann, der sich mühelos einen Beitrag in Höhe von tausend Dollar leisten könnte, würde ihn doch nicht beisteuern; er würde ihn weder von seinen Geschäftserträgen abzweigen, noch wäre er gewillt, das Erbe seiner Kinder um diesen Betrag zu kürzen. Doch wir argumentierten, dass er vielleicht eine Zeitlang die jährlichen *Zinsen* auf die tausend Dollar beisteuern könnte, und wenn er die fünfzig Dollar in vierteljährlichen Raten zahlte, würde er die kleinen periodischen Ausgaben von zwölfeinhalb Dollar weder beachten noch vermissen. Weiter argumentierten wir, dass ein Mann, für den hundert Dollar ein ordentlicher Batzen wären, keinem Fonds diese für ihn beträchtliche Summe überlassen würde, dass er aber überredet werden könnte, einmal im Jahr den Zinsertrag einer solchen Summe einem Rentenkonto zugutekommen zu lassen.

Zu unserer großen Genugtuung war der Rentenplan erfolgreich. Wenn wir jemanden baten, die Zinsen auf eine gewisse Summe beizusteuern, baten wir ihn, sie jährlich beizusteuern, und zwar für so viele Jahre, wie er wolle, unter der ausdrücklichen Übereinkunft, dass er seinen Namen, wann immer er es wünsche, ohne Nachteile, Entschuldigungen oder Erklärungen zurückziehen könne; nur müsse er uns rechtzeitig Bescheid geben, damit wir ihn gegebenenfalls durch einen anderen Wohltäter ersetzen könnten und die gesamte Rentensumme ungeschmälert bliebe.

Im Laufe der Jahre empfahlen wir das Rentensystem hin und wieder Leuten, die um Spenden für einen Fonds warben, und zu unserer Genugtuung sahen wir, dass unser System jedes Mal, wenn sie es erprobten, Erfolg hatte. Ich erinnere mich an zwei Beispiele, die noch nicht lange zurückliegen.

Eines war Helen Keller. Ich komme gleich darauf zu sprechen. Begegnet bin ich Helen Keller, diesem wunderbaren Geschöpf, zum ersten Mal, als sie vierzehn Jahre alt war. Das geschah an einem regnerischen Sonntagnachmittag in Laurence Huttons Haus. Damals genoss sie schon seit sieben Jahren Miss Sullivans liebevolle Obhut und ihren kompetenten Unterricht. Als sich Miss Sullivan ihres Falls annahm, war Helen sieben Jahre alt und seit fünfeinhalb Jahren vollständig blind, taub und stumm. Ein solches Kind zu erziehen war zweifellos eine gewaltige Herausforderung und fast das Pendant zu dem Versuch, ein geschnitztes Bild zu erziehen; doch Miss Sullivan war Expertin in der Methode von Dr. Howe, und durch Heldenmut und Beharrlichkeit ließ sie diesem verdunkelten Geist nach und nach gesegnetes Licht zukommen. In sieben Jahren machte sie aus dem Kind eine kleine Gelehrte. Heute ist Helen Keller eine der gebildetsten Frauen der Welt. Sie ist Hochschulabsolventin und beherrscht souverän Griechisch, Lateinisch, Deutsch, Französisch und Mathematik; sie ist mit der Literatur dieser Sprachen vertraut, und nur wenige können so gewandt, so anmutig und so beredt schreiben wie sie – man vergleiche den Brief, den sie mir im vergangenen März schrieb und den ich damals in diese Autobiographie eingefügt habe.

Drei oder vier Jahre nach dem Besuch bei Laurence Hutton – einem Besuch, den ich in einem früheren Kapitel dieser Autobiographie ausführlich geschildert habe – hielt ich mich mit meiner Familie in London auf. Ich bekam von Hutton einen Brief, in dem er die Katastrophe erwähnte, die über Helen hereingebrochen war; der wohlhabende Gentleman, der sie und ihre Lehrerin über Jahre unterstützt und die Absicht gehabt hatte, sie in seinem Letzten Willen zu berücksichtigen, war plötzlich gestorben, ohne ein Testament zu hinterlassen, so dass Helen und Miss Sullivan mittellos zurückblieben. Hutton schlug vor, einen Fonds in Höhe von fünfzigtausend Dollar einzurichten, dessen Ertrag den beiden Frauen zugutekommen sollte, und er fragte mich, ob ich einen Teil der Gelder in London auftreiben könne. Ich schrieb ihm, er werde lange brauchen, um fünfzigtausend Dollar beisammenzuhaben, bis dahin aber seien die Nutznießerinnen auf Geld angewiesen. Dann beschrieb ich ihm im Detail meinen Rentenplan, empfahl ihm, beide Pläne gleichzeitig zu verfolgen, und sagte, meiner Meinung nach werde der Rentenplan sofortigen Erfolg zeitigen, während sich der Fondsplan schleppend entwickeln werde.

Nach ein, zwei Wochen schrieb er, der Fondsplan entwickle sich schleppend, er habe aber an einem einzigen Nachmittag eine Rentenliste in Höhe von zweitausendfünfhundert Dollar im Jahr, die Zinsen auf fünfzigtausend Dollar, eingeworben, und ein Fonds sei nicht länger vonnöten. Ein Mann auf der Liste sicherte zwölfhundert Dollar im Jahr zu, Zinsen auf ein Kapital von fünfundzwanzigtausend Dollar, und in den zehn Jahren, die seitdem verstrichen sind, ist sein Beitrag auf zwölftausend Dollar angewachsen. Er zahlt ihn immer noch. Er nimmt diese stufenweisen Auslagen gar nicht wahr oder stört sich nicht daran; hätte man ihn stattdessen gebeten, für einen Fonds fünftausend Dollar auf einmal beizusteuern, hätte er abgelehnt.

Als vor drei oder vier Jahren der Vortragsagent J. B. Pond starb, hinterließ er kein Vermächtnis. Ellsworth von der Century Company verpflichtete sich, einen Fonds in Höhe von zwölf- oder fünfzehntausend Dollar einzutreiben, dessen Zinsen für die Schul- und Collegegebühren von Ponds kleinem Jungen bestimmt sein sollten. Ellsworth schrieb mir, bat mich, Geld zu spenden, und sagte, er werde sich an hundert oder hundertfünfzig oder zweihundert Professionelle der einen oder anderen Art wenden, für deren Auftritte Pond zwanzig Jahre lang als Agent verantwortlich gewesen sei. Er werde sich brieflich an diese Leute wenden. Ich schrieb ihm, er werde diesen Fonds nicht zusammenbringen – jedenfalls nicht brieflich. Ich schlug ihm meinen Rentenplan vor, sicherte ihm auf fünf Jahre fünfzig Dollar im Jahr zu und bat ihn, das System zu erproben, aber nicht brieflich. Es müsse leibhaftig geschehen, Auge in Auge mit dem Opfer. Er aber zog seinen eigenen Plan vor und begann seine zwölf- oder fünfzehntausend Dollar brieflich einzutreiben. Von Sir Henry M. Stanley erhielt er ein Geschenk in Höhe von hundert Dollar, einen ähnlichen Beitrag von zwei oder drei von Ponds glänzendsten Stars; doch außer von mir erhielt er von keinem Klienten mehr als hundert Dollar, und auch ich hätte meine zweihundertfünfzig Dollar nicht auf einen Schlag beigesteuert.

Stanleys Vortragstournee durch die Vereinigten Staaten, nach dessen Rückkehr von seiner Expedition zur Rettung Emin Paschas, war Ponds einziger, wirklich brillanter Triumph in seinen zwanzig Dienstjahren als Vortragsagent. Wenigstens ein Mal war Pond mutig. Er bot Stanley hundertzehntausend Dollar für hundertzehn Abende sowie die Übernahme sämtlicher Unkosten und erzielte mit dem Feldzug einen klaren Gewinn von hundertzehntausend für sich selbst.

Siebenunddreißig Jahre lang kannte ich Stanley gut – von dem Tag an, als er einen meiner Vorträge in St. Louis mitstenographiert und in einem Lokablatt darüber berichtet hatte, bis zu seinem Tod 1904 –, und ich weiß, wenn Ellsworth einen überzeugungskräftigen Repräsentanten geschickt hätte, um ihn von meinem Rentenplan zu überzeugen, hätte er ihm, ohne zu zögern, auf unbestimmte Zeit hundert Dollar im Jahr zugesagt.

Als Ellsworth seine Bemühungen aufgab, einen Fonds in Höhe von zwölf- oder fünfzehntausend Dollar einzurichten, hatte er gerade einmal sechzehnhundert aufgetrieben und war ein trauriger, trauriger Mann. Möglicherweise denkt er heute zuweilen bewundernd, was für ein kluger Mensch ich doch bin. Was mich betrifft, so wünschte ich, es gäbe mehr von uns auf der Welt, denn ich finde es einsam hier.

Mittwoch, 21. November 1906

Father Hawley und das Treffen vor dreißig Jahren in Hartford, bei dem
er den Vorsitz führte – Zeigt die schädlichen Auswirkungen,
wenn man bei dem Versuch, Geld mit Hilfe öffentlicher Reden zu beschaffen,
zu viele Redner hat

Bevor ich meine Ausführungen über die Methoden der Geldbeschaffung für wohltätige Zwecke abschließe, möchte ich über eine weitverbreitete Methode sprechen, die ich noch nicht erwähnt habe. Gemeinden der christlichen Welt bedienen sich ihrer recht häufig. Man beruft eine öffentliche Versammlung ein und bestellt Redner, die das Publikum zu Tränen und zur Nächstenliebe rühren sollen. Der Plan ist gut, und wenn er gut durchgeführt wird, lassen die Resultate nichts zu wünschen übrig. Aber ich glaube, in der Regel gleicht die Durchführung eher einem Desaster. Statt einen starken Redner zu verpflichten, der mit dem Herzen dabei ist, und seine Rede in dem Moment abzuwürgen, da er das Publikum zu höchstmöglicher Begeisterung für die Sache getrieben hat, werden der Liste gewöhnlich drei oder vier – oder ein halbes Dutzend – unbedeutende Redner hinzugefügt, die das Publikum ermüden; ja es verärgern; und die Resultate für die Wohlfahrtseinrichtung sind erbarmungswürdig.

Wieder einmal argumentiere ich aus Erfahrung und nicht nur vom Hörensagen – aus einer Erfahrung, die mich heute noch unglücklich macht und mich noch jedes Mal unglücklich gemacht hat, wenn sie in dem langen Zeitraum von dreißig Jahren, seit sie sich in mein Gedächtnis eingebrannt hat, emporstieg. Es geht um einen Vorfall aus der Zeit in Hartford. Stadtmissionar war ein gewisser Mr. Hawley – ein Mann mit einem großen, edelmütigen Herzen, einem mildtätigen Herzen, dessen Mitleid sich spontan auf alle erstreckte, die leiden, und der zugunsten der Armen, der Verlassenen, der Einsamen und Hilflosen einen so rastlosen und unermüdlichen Eifer an den Tag legte, wie er meines Erachtens unter den Menschen seinesgleichen sucht, es sei denn, das Ziel besteht in der Beschaffung von Geld eines anderen zu erfreulich harten und schäbigen Bedingungen. Hawley war kein Geistlicher und auch sonst kein Amtsträger irgendeiner Kirche; er war nur ein einfacher, gewöhnlicher Christ; doch von allen Rängen und Ständen seiner Mitbürger wurde er so geliebt   um nicht zu sagen angebetet –, dass man ihn einmütig »Father« nannte. Es war ein Titel der Zuneigung, aber auch der Wertschätzung und Bewunderung; und sein Charakter und seine Lebensführung verliehen dieser Bezeichnung neue Anmut und Würde.

Father Hawley sammelte Geld, Kleidung, Heizmaterial, Nahrungsmittel und andere Lebensnotwendigkeiten und kümmerte sich persönlich um die Verteilung unter den Armen von Hartford – nicht unter den professionellen Paupern; die überließ er der Stadtverwaltung und den regulären Wohltätigkeitsorganisationen; er hingegen konzentrierte seine Bemühungen darauf, in

Dachkammern und Kellern würdige und ehrliche Familien und Individuen aufzuspüren, die durch den Druck der Umstände verarmt waren, ihr Elend jedoch still und heimlich erduldeten und nicht etwa betteln gingen. Das ganze Jahr über machte Father Hawley Tag und Nacht Pirsch auf die Kranken und Hungrigen dieser Schicht, und einmal im Jahr rief er die ganze Stadt zusammen und legte Rechenschaft über sein Verwalteramt ab.

In Hartford war das immer ein großartiger und denkwürdiger Abend. Es gab kein Haus, das geräumig genug war, all die Menschen zu fassen, aber es fanden alle Einlass, die einen Sitz- oder Stehplatz ergattern konnten, denn wenn Hawley antrat, von den erbarmungswürdigen Dingen zu erzählen, die er in den Kellern und Dachkammern gesehen hatte, gab es nichts, was seiner Beredsamkeit das Wasser reichen konnte; selbst das kälteste Herz im Haus vermochte nicht ungerührt zu lauschen.

Bei einer dieser jährlichen Zusammenkünfte war ich dabei, und obwohl es dreißig Jahre her ist, habe ich keine Mühe, mich daran zu erinnern. Der Saal war brechend voll. Als Hawley das Podium betrat, erhoben sich die Zuhörer, einem gemeinsamen Impuls gehorchend, und hießen ihn mit einer stürmischen Begrüßung willkommen, die eine oder mehrere Minuten anhielt. Dann begann er seinen Bericht – nicht mit überschwänglichen Gebärden, nicht mit wortreichen Ausschmückungen und Verzierungen, sondern ruhig, ohne Gesten und mit den schlichtesten Worten. Er stand da wie ein zweiter Wendell Phillips – in der Tat erinnerte er mich an Wendell Phillips; und zu sagen, dass er auf seine Weise und in seiner besonderen Art diesem Meister ebenbürtig war, ist kein zu hohes Lob. Wendell Phillips pflegte reglos und scheinbar teilnahmslos dazustehen und in schlichten, sanften Sätzen zu sprechen, die aber von vernichtendem Charakter waren und seine Zuhörer zu schier unkontrollierbarer Raserei trieben. Und auf dieselbe Weise stand Father Hawley da, allein, still und ohne zu gestikulieren, erzählte in einfachster Sprache Geschichten von Schmerz, von Leid und Kummer und von unverdientem Elend, dass es den Zuhörern das Herz zerriss und ihre Tränen wie Regenbäche flossen.

Nach zwanzig Minuten war das dicht gedrängte Publikum außer sich; es war außer sich in dem Sinne, dass es über sich selbst hinauswuchs und in bis dahin ungekannte Höhen hehrer, großmütiger Gefühle gehoben wurde; und jeder

Einzelne dort war bemüht, bestrebt, begierig, die Hand in die Hosentasche zu stecken und jeden Penny, den er besaß, für die Sache beizusteuern, die Father Hawley verfocht. Mir erging es so wie den anderen. Ich hatte vierhundert Dollar in der Tasche. Ich wollte, dass jemand kam und mir die Scheine abnahm; und ich wünschte, ich hätte einen Zettel dabeigehabt, um ihn als Scheck auszustellen. Dieser Mann hatte mein Mitgefühl für seine Armen in einem solchen Maße geweckt, dass mich meine Gefühle überwältigten und ich in gewissem Sinne unzurechnungsfähig wurde. Hätte man auf diesem Höhepunkt den Sammelteller herumgereicht, wären die zahlreichen Zuhörer als Bettler, Pauper und geeignete Zielpersonen für Father Hawleys wohltätige Missionen von dannen gezogen.

Aber nein – immer wenn ein Esel Gelegenheit hat, sein Talent zu erproben, ist er zur Stelle. Er war auch an jenem Abend zur Stelle, um an der desaströsen Durchführung des Vorhabens mitzuwirken und es zu Fall zu bringen. Father Hawley hatte vielleicht eine halbe Stunde geredet, doch glaube ich nicht, dass sein Bericht selbst so lange dauerte. Als er sich setzte, war der Saal wild darauf, sich für die Sache zu Bettlern machen zu lassen. Doch vier weitere Redner folgten, und dann setzte Ermüdung ein und mit ihr ein Abkühlungsprozess – das heißt, die Geldbeutel begannen abzukühlen, nicht jedoch die Häute ihrer Besitzer – weit gefehlt! Mittlerweile kam jedermann vor Hitze um; und es wird sich nie in Erfahrung bringen lassen, wie heiß es im Saal wirklich war, denn es gab nur ein Thermometer, und das spie sein Quecksilber am oberen Ende aus und hinterließ keine Aufzeichnung, wie viel Grad es erreicht hatte.

Der erste Redner beseitigte meinen Wunsch, mir ein Stück Papier zu besorgen und einen Scheck auszustellen; der zweite reduzierte meinen geplanten Vierhundert-Dollar-Beitrag auf zweihundert; der dritte und der vierte reduzierten ihn auf null; und als der Teller schließlich bei mir ankam, legte ich einen Knopf hinein und nahm zehn Cent heraus.

Dieses Erlebnis zusammen mit anderen ähnlicher Art hat mich davon überzeugt, dass man, wenn man sich für einen öffentlichen Aufruf zu einer Wohltätigkeitsveranstaltung entscheidet, zuallererst deren Durchführung bedenken und berücksichtigen muss. Man sollte einen *professionellen* Veranstaltungsmanager engagieren und ihn für seine Dienste bezahlen. Ich glaube, bei amateurhaftem Management ist das Desaster vorprogrammiert; ich meine mit dem Ergebnis, dass der richtige Augenblick für das Herumreichen des Tellers verpasst wird und folglich Zehn-Cent-Stücke gesammelt werden, wo man sich Dollarscheine hätte sichern können, sofern die Redner zum rechten Zeitpunkt, da sie dieser Behandlung bedurften, geknebelt worden wären. Das Management sollte stets Knebel bereithalten, die zur richtigen Zeit zum Einsatz gelangen.

Donnerstag, 22. November 1906

Gesetzentwürfe zum internationalen Urheberrecht 86 vor dem Kongress –
Mr. Clemens unterstützte Chace' Gesetzesvorlage – Der junge Arzt
(inzwischen sehr alt), der seine kleinen Patienten dazu überredete,
seine abscheulichen Mixturen einzunehmen, indem er drollige Bilder zeichnete
und originelle Gedichte schrieb, die er später als Buch veröffentlichte und
von dessen Einkünften er noch immer zehrt, da er Bürger eines ehrlichen Landes,
Deutschlands, ist. Mr. Clemens wird nächste Woche einundsiebzig.
Sein Urheberrecht wird bald erlöschen, daher muss er weiterschreiben

Aus Susys Biographie

12. Febr. 86

Papa hat sich schon lange gewünscht, dass wir in diesem Land ein internationales Uhrheberrecht haben, also fuhr er vor zwei oder drei Wochen nach Washington, um zu sehen, was er tun kann, um die Regierung in dieser Hinsicht zu beeinflussen. Hier ist der Bericht einer Zeitung über die Anhörung im Senat, der er beiwohnte. 30. Jan. 86.

Die Aussichten für ein internationales Urheberrecht

WASHINGTON, 30. Januar – Wer die Anhörung zum internationalen Urheberrecht verfolgt hat, gewinnt den Eindruck, dass der Patentausschuss des Senats die Gesetzesvorlage positiv beurteilen wird mitsamt dem »Zusatzartikel der Drucker«, der von General Hawley, Senator Chace, Mr. Clemens und anderen Verlegern, die zugleich Autoren sind, befürwortet wird und bei dem Vertreter der Setzergewerkschaft, der dem Ausschuss etwas großspurig verkündete, durch die Anbindung der Gewerkschaft an die »Ritter der Arbeit« für 4 000 000 bis 5 000 000 Menschen zu sprechen, auf Akzeptanz stößt. Obwohl Mr. Lowell und andere dem Ausschuss deutlich vor Augen führten, dass ein amerikanischer Autor der einzige Lohnarbeiter ist, der mit Leuten konkurrieren muss, die überhaupt nicht bezahlt werden, ist der Einfluss der Buchproduzenten, der Gewerkschaften sowie verschiedener anderer Interessengruppen im Kongress so stark, dass diejenigen, die damit prahlen, »praktische Gesetzgeber« zu sein, einen Gesetzentwurf nicht allein mit der Begründung unterstützen wollen, er sei, wie Mr. Lowell es ausdrückte, »eine Maßnahme des Anstands und der Gerechtigkeit«. Aber es ist durchaus nicht so, dass Maßnahmen des Anstands und der Gerechtigkeit die meisten Stimmen erhalten. Bei der Anhörung sagte Mr. Clemens auf seine humorvolle Art etwas sehr Praktisches, und vermutlich wird der Ausschuss dementsprechend handeln. Er sagte, während ein amerikanischer Autor großes Interesse an amerikanischen Büchern habe, gebe es viele andere, die am Büchermachen in seiner ganzen Breite interessiert seien, und diese »anderen Burschen« stellten die Mehrheit.

Damals lagen dem Kongress zwei Gesetzentwürfe zum internationalen Urheberrecht vor: (1) Chace' Gesetzentwurf, der die Ansprüche amerikanischer Drucker, Buchbinder und anderer Gewerbevertreter anerkannte, die ureigene Rechte am Geschäft der Buchproduktion erworben hatten, und (2) Hawleys Gesetzentwurf, der diese Ansprüche außer Acht ließ. Mir schien, dass der Kongress diese Rechte nicht einfach aushebeln durfte; daher unterstützte ich, als ich vor dem Senatsausschuss sprach, Chace' Gesetzentwurf. Dieser wurde schließlich verabschiedet und im Sommer 1891 rechtskräftig. Was die Rechte und *1891* Interessen ausländischer Autoren betraf, war es ein lahmer, ein armseliger Gesetzentwurf, aber das lässt sich wirklich und wahrhaftig von jedem in- oder ausländischen Urheberrechtsgesetz sagen, das seit Erfindung des Buchdrucks erlassen wurde – mit Ausnahme der Urheberrechtsgesetze Deutschlands, Frankreichs, Italiens, Schwedens, Norwegens, Russlands und einiger anderer Länder, ob zivilisiert, halb zivilisiert oder unzivilisiert. Von den nicht genannten Regierungen bleiben zwei, Großbritannien und die Vereinigten Staaten, die nie ein Urheberrechtsgesetz verabschiedet haben, das sich nicht durch Unverstand, Räuberei und Albernheit ausgezeichnet hätte. Wie ich bereits sagte, war

Chace' Gesetzentwurf eine lahme, armselige Angelegenheit, stellte aber eine große Verbesserung gegenüber allen anderen Gesetzentwürfen dar, die je zuvor die kriminelle Mühle des Kongresses durchlaufen hatten. Er enthielt seinen Anteil an Albernheit und Schurkerei, doch ohne diese Eigenschaften hätte er nicht britisch oder amerikanisch sein können.

1888
oder 89

Wenn ich mich recht erinnere, machte ich 1888 oder 89 eines Tages dem verehrungswürdigen Autor des *Struwwelpeter* meine Aufwartung. Er war sehr alt, fast schon an die achtzig, vermute ich. Als er ein junger Arzt war, der eben zu praktizieren begonnen hatte, entsprachen seine Heilverfahren denen der alten Zeit – will sagen, wenn ein Patient überhaupt noch Blut im Körper hatte, ließ er ihn zur Ader und füllte ihn dann schöpflöffelweise mit bitteren, ekelerregenden und abscheulichen Mixturen ab, hergestellt aus Kot und Leichenfett und getrockneter Krötenleber und Brechwurzel und Kalomel und Rosinen und Gewürzen und Zitronensaft und Zucker und Spinnen und Jauche und Teufelsdreck und Melasse und etwas von dem Blut, das dem Kranken am Vortag entnommen worden war. In manchen Fällen überlebte der Patient; war der Patient aber ein kleines Kind, stießen der Arzt und die Mutter auf Schwierigkeiten und Hindernisse und Widerstand und Schluchzer und Tränen und flehentliche Bitten, kaum dass der Schöpflöffel Drecksbrühe dargereicht wurde und die beiden gerührten und mitfühlenden Scharfrichter das Kind beschworen, sie zu schlucken.

Irgendwann entdeckte der junge Arzt durch Zufall ein neues wirksames Mittel der Überredung. Er konnte nicht zeichnen, und das war der wertvolle Teil seiner Entdeckung, denn er zeichnete ein Kind, das so anders war als alle Kinder, die Gott bislang entworfen hatte, dass der kleine Patient, an dessen Bett er wachte, vor Begeisterung und Entzückung schon nahezu genesen war, als er nur einen Blick darauf warf. Der junge Arzt konnte auch keine Gedichte schreiben, und das war eine weitere, unschätzbar wertvolle Zutat seiner Entdeckung, denn als er dem Bild einige Verszeilen hinzufügte, waren sie in ihrer gänzlich unliterarischen Art so jenseits von Gut und Böse, dass sie, als sie dem Patienten vorgelesen wurden, die Heilung vervollkommneten. Um sie ganz und gar vollkommen zu machen, erbot sich der junge Arzt, ein weiteres Bild zu zeichnen und ein weiteres Gedicht auszuspucken, falls sich das Kind bereit erklärte, ohne Murren den angebotenen Schöpflöffel Plörre zu schlucken. Das Kind unterschrieb den Vertrag mit Freuden.

Von jenem Tag an näherte sich der junge Arzt sämtlichen Kinderkranken-zimmern nur mehr mit Bleistift, Papier und Wasserfarben ausgerüstet und hatte keine Scherereien mehr. Binnen fünf Minuten konnte er ein Bild zeich-nen und ein Gedicht schreiben, und stets konnte er sich dank dieser faszinie-rend furchtbaren Erzeugnisse mit seinen kleinen Patienten zu den ebengenann-ten Bedingungen handelseinig werden. Seine Zeichnungen und Gedichte bewahrte er auf, um sie von Zeit zu Zeit Kindern zu verabreichen, die sie noch nicht gesehen hatten, aber auf ihre Überredungskraft angewiesen waren, und bald schon war seine Sammlung von einem Umfang, dass sie eine kleine Tisch-schublade füllte. So plump die Bilder, so unkonventionell und furchterregend originell die Gedichte auch sein mochten, sie waren pfiffig und geistreich und humorvoll und zogen Kinder vollständig in ihren Bann. Jemand schlug dem jungen Arzt vor, diese Arbeiten als kleines Buch zu veröffentlichen, was er auch tat. Das kleine Buch diente als Fibel und wurde zu einem Preis verkauft, der es selbst für die magerste Geldbörse erschwinglich machte – ich würde sagen, vier oder fünf Cent, genau kann ich mich nicht mehr erinnern. Es verkaufte sich außerordentlich gut, und zwar Jahr für Jahr, von damals bis heute ist es so ge-blieben.

Es begab sich aber im Laufe der Zeit, dass der Arzt auf die Einkünfte aus dieser zufällig in die Welt gesetzten Fibel angewiesen war, und als ich ihn im hohen Alter sah, waren diese Einkünfte sein einziger Lebensunterhalt. Doch sie reichten aus. Zu der Zeit war sein Buch mehr als fünfzig Jahre alt – ich würde sagen, fünfundfünfzig –, aber er war Bürger eines ehrlichen Landes, und seine Regierung saß ruhig dabei und sah zu, wie er sich sein tägliches Brot von sei-nem eigenen Gelde kaufte, und unternahm keinen Versuch, ihn zu bestehlen, denn nach deutschem Recht betrug die Regelschutzfrist fünfzig Jahre und noch einmal so viele Jahre, wie der Autor lebte; hätte er hingegen der englischen oder amerikanischen Spezies Christen angehört und wäre er das Produkt der engli-schen oder amerikanischen Spezies Zivilisation gewesen, hätte ich ihn nicht angetroffen, denn dann hätte er bereits ein Dutzend Jahre im Armenhaus zu-gebracht, und in der Zwischenzeit hätten seine und andere Verleger den Anteil seiner Kinder an den Erlösen des Buches gestohlen, und seine Regierung hätte, beifällig nickend, dabeigestanden.

Ich bin fast einundsiebzig. Heute in einer Woche werde ich einundsiebzig. Neunundfünfzig Jahre lang habe ich meinen Lebensunterhalt mit eigener Arbeit bestritten. Wenn ich unter einer ehrenhaften Regierung leben würde, könnte ich mich jetzt von der Arbeit zurückziehen und die restlichen zwei, drei Jahre, die mir möglicherweise noch bleiben, Urlaub machen; doch in diesen Genuss komme ich nicht, denn in fünf Jahren, nach Ablauf der zweiundvierzigjährigen Schutzfrist, werden meine Urheberrechte zu erlöschen beginnen, und die Verleger und ihr Handlanger, die Regierung, werden meinen Kindern das Brot vom Tisch stehlen, das ich für sie verdient habe; daher muss ich, statt Urlaub zu machen, diese Memoiren diktieren, sie als Schutzfestung um meine fünfundzwanzig Bücher errichten und ihnen auf diesem Wege weitere achtundzwanzig Jahre Urheberrechtsschutz sichern.

Jetzt würde ich gerne aufhören zu diktieren und eine Weile Gott lästern, aber das darf ich nicht – ich habe mich gebessert, bis zum übermorgigen Tag.

Freitag, 23. November 1906

Mr. Clemens spricht von der Idee eines internationalen Urheberrechts,
die er vor fünfunddreißig Jahren Dr. Oliver Wendell Holmes präsentierte

Gestern glaubte ich, alles gesagt zu haben, was ich zum Urheberrecht sagen wollte, aber vermutlich habe ich mich geirrt. Mit der Morgenpost traf ein gedrucktes Rundschreiben von Thorvald Solberg, Direktor der Copyright-Registratur in Washington, ein, in dem mir mitgeteilt wurde, dass die Patentausschüsse des Senats und des Repräsentantenhauses am 7. und 8. Dezember ihre Anhörungen zur anhängigen Urheberrechtsnovelle fortsetzen und die beiden Ausschüsse gemeinschaftlich im Lesesaal des Senats in der Library of Congress tagen werden. Mr. Solberg bittet darum, dass Personen, die angehört werden möchten, sich so bald wie möglich in seiner Behörde melden und angeben, wie lange und zu welchen Bestimmungen des Gesetzentwurfes sie zu reden wünschen.

456

Das trägt mich sachte, sanft und süß wie auf duftendem Zephir in die trübe, träumerische und teuflische Vergangenheit zurück. Rings um mich her tauchen Erinnerungen auf, die mit Urheberrechtssorgen zu tun haben, und ich bin überrascht, dass ich mit diesem trunkenen, schändlichen Handel törichterweise so viele Stunden vergeudet habe, die ich nützlicher hätte verwenden können. Vor fünfunddreißig Jahren wurde mir in Hartford eine Idee zum internationalen Urheberrecht geboren, und ich nahm den ersten Zug, um sie stolz und frohlockend nach Boston zu tragen und sie Dr. Oliver Wendell Holmes zu zeigen, auf dass er ihr huldige und sie bewundere. Es war eine simpel gestrickte Idee – selbst ein Kongressabgeordneter hätte sie verstehen können. Sie beruhte auf einem Prinzip und ignorierte die Politik, die es nicht wert war, in ihrer hochmögenden Gesellschaft zu reisen. Der Vorschlag bestand darin, unser Urheberrecht dahin gehend abzuändern, dass jede seiner Schutzbestimmungen und Wohltaten auf alle ausländischen Autoren ausgeweitet würde, und zwar zu den gleichen Bedingungen, wie sie ein amerikanischer Autor genoss; dass diese scheinbare Gunst nicht als Gunst gewährt, sondern zu einem *Recht* des ausländischen Autors ausgeweitet würde, damit das Buch des ausländischen Autors auf derselben Grundlage fußen könne wie seine Kleidung – als ein Eigentum, das ihm von keiner Regierung, ob christlich oder heidnisch, auf rechtmäßige Weise gestohlen werden könne. Und dass schließlich diese Anerkennung des Eigentumsrechts des ausländischen Autors ein *Gratis*akt sein sollte, für den von keiner ausländischen Regierung etwas im Gegenzug verlangt werden dürfe; der Akt sollte ein einfacher Akt der Gerechtigkeit sein, nicht befleckt und nicht entwürdigt durch irgendwelche Kungeleien wie den Verkauf besagter Gerechtigkeit.

Dr. Holmes verlachte dieses Projekt auf höchst grausame und herzliche Art. Er sagte, es sei utopisch; Regierungen befassten sich nicht mit Gratiszuwendungen finanziell wertvoller Gunstbezeigungen; Regierungen handelten nicht mit Träumen und romantischen Gefühlen; sie tauschten nicht etwas gegen nichts; seit den Anfängen der Zivilisation – eigentlich noch davor – sei es ihre festgelegte Politik gewesen, bei einem Handel mit einer ausländischen Regierung stets etwas für etwas zu verlangen und stets zu versuchen, zwei etwas für ein etwas zu fordern, wenn es im Rahmen des Menschenmöglichen lag. Er sagte, wenn unsere Regierung etwas derart Kindisches täte, würden alle anderen christlichen Regierungen darüber lachen und unsere sentimentale Wohltätigkeit bereitwillig akzeptieren, sie würden sich freuen und nicht im Traum daran denken, eine Gegenleistung zu erbringen.

Ich fand es bedauerlich, zu erfahren, dass offenbar nur die christlichen *Völker* für die christliche Moral eintreten und sie von der Kanzel und in den Schulen lehren, dass hingegen christliche *Regierungen*, von denselben moralischen Menschen an die Macht gebracht, keine öffentliche Moral besitzen, sie vielmehr verspotten, und zwar freimütig, offen und unverhohlen, ja sogar prahlerisch. Damals war ich erst halb so alt, wie ich es heute bin, und damals wusste ich nicht, was ich heute weiß, nämlich dass unsere amerikanischen Regierungen, auf Gemeinde-, Staats- und Bundesebene, bettelarm an *öffentlicher* Moral sind, obwohl die Männer, die diese Regierungen bilden, in den meisten Fällen mit *privater* Moral angemessen ausgestattet sind und ihr im Privatleben gerecht werden.

Ich beteuerte, mein Plan sei gut, sogar als politische Maßnahme; zwar könne es durchaus sein, dass sich die englische *Regierung* angesichts unserer romantischen Zurschaustellung von Gerechtigkeit und Sauberkeit ins Fäustchen lache, die Haltung des englischen *Volkes* dagegen werde ganz anders ausfallen; das englische Volk werde sich schämen, wie selbstverständlich Gerechtigkeit von uns zu erfahren, ohne eine Gegenleistung zu erbringen, und um der Scham und des Anstands willen werde es fordern, dass man uns auf halbem Wege entgegenkomme, und so werde es die britische Ehre und Fairness vor Vorwürfen schützen. Ich benutzte dieses Argument, aber eigentlich kümmerte mich eine ausländische Gegenleistung für unser lauteres Handeln einen Pfifferling. In meiner Eigenschaft als Mensch lag es mir fern, mit einem anderen Menschen eine Vereinbarung zu treffen, dass ich sein Eigentum unangetastet lasse, vorausgesetzt, er respektiert das meinige auf die nämliche Art; und da Regierungen nichts weiter sind als Versammlungen von Menschen, die das Volk repräsentieren und allem Anschein nach aufgrund ihres Charakters und ihrer Intelligenz ausgewählt werden, konnte ich nicht verstehen, wie sie Diebstahl propagieren, begünstigen und beklatschen und sich trotz ihrer hartnäckigen Weigerung, Eigentumsrechte zu respektieren, ihre Selbstachtung bewahren konnten.

Ich brachte ein weiteres Argument vor. Ich sagte, seit der Entdeckung Amerikas durch Kolumbus hätten wir von gestohlener englischer Literatur gelebt; wir lebten immer noch davon, und auf diese Weise brächten wir unserem Volk bei, Könige, Kaiser, Herzöge, Menschen von hoher Geburt und mit ererbten Vorrechten zu beneiden sowie viele andere anstößig undemokratische Dinge zu verehren; noch immer würden wir diese ungesunde Literatur stehlen und auf diese Weise in den Herzen unserer Nation monarchische, aristokratische Ideale verankern; und doch seien Eltern, Schulen, Colleges, Universitäten und Redenschwinger am Unabhängigkeitstag seltsamerweise allesamt damit befasst, ebendiese Ideale zu schmähen und zu verspotten und zu versuchen, der Nation gesunde Respektlosigkeit ihnen gegenüber einzubläuen. Ich sagte, zum jetzigen Zeitpunkt sollten die Engländer heilfroh, ja versessen darauf sein, meinen Vorschlag zu akzeptieren, da wir ihnen fünfzig Bücher stehlen, wo sie uns nur eins stehlen; doch es könne eine Zeit kommen, und vermutlich werde sie auch kommen, da dieser Zustand sich ins Gegenteil verkehre; wenn nämlich die Bevölkerung Englands nicht mehr nur um ein Drittel kleiner als die unsrige, sondern, verglichen mit unserem wimmelnden Zuwachs des Menschentiers, verschwindend gering werde, dann würden wir sie mit fünfzig Büchern versorgen und sie uns nur mit *einem*, und besorgt und andächtig würden sie wünschen, ein internationales Urheberrecht auf moralischer Grundlage unter Vernachlässigung der Politik vereinbart zu haben.

Aber es gelang mir nicht, Dr. Holmes zu überzeugen. Er machte sich über alle meine Ansichten lustig, und ich kehrte ganz verwelkt nach Hause zurück und schlug mir meinen internationalen Urheberrechtsplan aus dem Kopf. Außer Dr. Holmes hatte ich niemandem davon berichtet, worüber ich froh war, und so fasste ich den Entschluss, keinem anderen die Gelegenheit zu geben, mich auszulachen. Aber wie sich herausstellte, war ich gar nicht so unstaatsmännisch gewesen. Vierzehn Jahre später wurde dem Kongress Hawleys bereits erwähnter Gesetzentwurf zum internationalen Urheberrecht vorgelegt, der genau meinem alten Plan entsprach. Aber er hatte keine Chance; wir waren eine christliche Nation mit einer wirksamen christlichen Privatmoral; unsere Regierung war eine christliche Regierung mit einer öffentlichen christlichen Moral, und Hawleys moralischer Gesetzentwurf hatte dort keine größere Aussicht auf

Erfolg, als er an jenem Ort gehabt hätte, wohin so viele Kongresse gegangen sind und noch gehen werden.

Samstag, 24. November 1906

Mehr zum internationalen Urheberrecht – Kongresse und Parlamente setzen sich aus Männern zusammen, die von der Materie nichts verstehen – Mr. Clemens disputiert mit Lord Thwing über dessen Behauptung, es gebe kein Eigentum an Ideen

Ich glaube, den Menschen hat unser himmlischer Vater erfunden, weil er enttäuscht war vom Affen. Ich glaube, wenn ein Mensch, und sei es ein Mensch von höchster Intelligenz und Kultiviertheit, eine Meinung über eine Angelegenheit außerhalb seines besonderen persönlichen Interessen-, Ausbildungs- und Erfahrungsbereiches abgibt, wird sie stets so töricht und wertlos sein, dass man sich auf eines getrost verlassen kann: Sie wird unserem himmlischen Vater nahelegen, dass der Mensch eine weitere Enttäuschung und keine nennenswerte Verbesserung gegenüber dem Affen ist. Kongresse und Parlamente setzen sich nicht aus Autoren und Verlegern zusammen, sondern aus Anwälten, Landwirten, Kaufleuten, Fabrikanten, Bankiers und so weiter. Wenn Gesetzentwürfe eingebracht werden, die diese bedeutenden Wirtschaftszweige betreffen, wird ihnen prompt intelligente Aufmerksamkeit zuteil, da es in den gesetzgebenden Organen so viele Abgeordnete gibt, die ein zutiefst persönliches Interesse an diesen Dingen haben und bereit sind, sich zu empören und mit größter Kraft und Energie für oder gegen sie zu kämpfen. Diese Gesetzentwürfe werden von Männern debattiert und erläutert, die über die damit einhergehenden Interessen genauestens Bescheid wissen; von Männern, die als sachkundig genug gelten, um sie zu erläutern, zu debattieren und den Unwissenden die maßgeblichen Informationen zukommen zu lassen. Folglich ist vielleicht kein wichtiges englisches oder amerikanisches Gesetz so kompromiss- und hoffnungslos idiotisch wie die Urheberrechtsgesetze dieser beiden Länder. Kongresse und Parlamente befinden sich stets und in aller Zukunft in derselben Situation wie jene britischen Parlamente vor fünfundsiebzig oder achtzig Jahren, die aufgerufen

460

waren, Gesetze über eine Angelegenheit zu verabschieden, die für die gesamte Körperschaft absolut neu war und mit der sie sich annähernd so genau und umfassend auskannte wie ein ungeborenes Kind mit Theologie. Es gab in diesen Parlamenten keine Eisenbahner; die Abgeordneten mussten sich anhand der Einlassungen Stephensons informieren, und so hielten sie ihn für einen Visionär, für einen Halbirren, möglicherweise sogar für einen Esel und Dichter. Aus Mangel an Kenntnissen und früheren Erfahrungen mit Eisenbahnangelegenheiten konnten sie Stephenson nicht verstehen. Seine Erläuterungen, die ihm selbst so einfach schienen, waren für diese wohlmeinenden Gesetzgeber nichts als Nebel; aus ihrer Sicht sprach er in Rätseln, und zwar in Rätseln, die ihnen sinnlos vorkamen; in Rätseln, die ihnen wie Träume und Wahn vorkamen. Da sie jedoch Gentlemen waren und gütig und barmherzig, hörten sie Stephenson geduldig, wohlwollend und freundlich an, bis er schließlich in einem Ausbruch von Zorn alle Vorsicht fahrenließ und verkündete, er werde der Welt schon noch beweisen, dass er eine Dampflokomotive auf Eisenschienen mit der unvorstellbaren Geschwindigkeit von zwölf Meilen pro Stunde fahren könne! Damit war er erledigt. Jetzt hielten die Gesetzgeber nicht länger höflich an sich, sondern nannten ihn ohne Umschweife einen Träumer, einen Spinner, einen Irren.

Das Urheberrecht sah sich stets mit denselben Körperschaften konfrontiert wie Stephenson – Gesetzgebern, die von der Materie, die gesetzlich zu regeln sie aufgefordert waren, absolut nichts verstanden; die zudem unter den gegebenen Umständen absolut unbelehrbar waren und es bleiben müssen – sie selbst und ihre Nachfolger – bis zu dem Tag, da sie Anteilseigner an einem Verlagshaus werden und ein persönliches Interesse entwickeln, sich über die Schriftstellerei und den Buchhandel kundig zu machen – einem Tag, der aller Wahrscheinlichkeit nach in der gegenwärtigen Erdperiode nicht kommen wird.

Autoren verstehen mitunter ihre Seite des Problems, aber das kommt nur selten vor; keiner von ihnen versteht die Seite des Verlegers. Es muss jemand sowohl Autor als auch Verleger sein und Erfahrungen mit den brennenden Schmerzen und Widrigkeiten beider Erwerbszweige haben, bevor er sachkundig genug ist, um vor den Urheberrechtsausschuss eines Parlamentes oder Kongresses zu treten und ihm nennenswerte Informationen zu liefern. In Kongressen und Parlamenten sind tausend, möglicherweise zehntausend wertvolle Reden über die Interessen großer Unternehmen gehalten worden, denn die Männer, die sie hielten, waren zur Genüge mit persönlichen Leidenserfahrungen ausgestattet, um sich auf intelligente Weise mit diesen wichtigen Angelegenheiten zu befassen; doch soweit ich weiß, hat noch nie ein einflussreicher Verleger in einer gesetzgebenden Körperschaft gesessen und eine Rede im Interesse seines Gewerbes gehalten, die erinnernswert gewesen wäre oder im Gedächtnis haften blieb. Soweit ich weiß, hat nur ein Autor eine solche Rede vor einer gesetzgebenden Körperschaft gehalten – das war Macaulay. Ich glaube, bis zum heutigen Tage wird seine Rede von Autoren wie von Verlegern als bedeutend erachtet; dabei zeugt sie von so großer Unkenntnis des Gegenstandes und ist so trivial und trocken in ihrer Argumentation, dass sie einem Menschen, der sowohl Autor wie Verleger ist, als ein weiterer eindrucksvoller Beleg, möglicherweise sogar als Beweis dafür erscheinen muss, dass unser Vater im Himmel, als er den Affen verwarf und den Menschen an seine Stelle setzte, dem Affen unverdientes Unrecht zugefügt hat.

Nehmen Sie ein einfaches Beispiel: Wenn Sie beweisen könnten, dass in einem Jahrhundert nur zwanzig Idioten geboren werden, von denen jeder kraft seines besonderen Genius einen Handelsartikel herstellen kann, den niemand sonst herstellen kann und der dem Idioten und seinen Nachkommen ein ausreichendes Einkommen für den bescheidenen und sparsamen Unterhalt eines Halbdutzends Personen sichert, gibt es in der ganzen Christenheit nicht einen Kongress und nicht ein Parlament, die auch nur im Traum auf den schäbigen Gedanken verfallen würden, dieses geringfügige Einkommen auf wenige Jahre zu beschränken, damit anschließend andere Personen, die gar keinen Anspruch darauf haben, in seinen Genuss kommen. Ich weiß, dass dem so ist, weil sämtliche Kongresse und Parlamente aufgrund persönlicher Erfahrung und Vererbung freundliche Gefühle für Idioten hegen und Mitleid mit ihnen haben. Weder England noch Amerika haben in einem Jahrhundert mehr als zwanzig Autoren hervorgebracht, deren Bücher die zweiundvierzigjährige Schutzfrist überdauerten, und doch halten Kongresse und Parlamente erbärmlich gierig und erbittert an der zweiundvierzigjährigen Schutzfrist fest und scheinen aufgrund aberwitziger Schlussfolgerungen zu glauben, dass irgendjemand aus der

462

schlichten Räuberei, die man den Familien von zwanzig Autoren im Laufe von hundert Jahren zufügt, irgendeinen Nutzen zieht. Die entschiedenste und grenzenloseste Dummheit kann sich nichts Dümmeres ausdenken; nicht einmal ein Affe lässt sich auf ein solches Niveau herab.

In einem Jahrhundert haben wir zweihundertzwanzigtausend Bücher produziert; von diesen haben nicht einmal so viele überlebt und sind noch verkäuflich wie in eine Badewanne passen. Selbst wenn die Schutzfrist tausend Jahre betragen hätte, würde es sich ebenso verhalten. Es wäre vollkommen ungefährlich, die Frist auf tausend Jahre zu verlängern, außerdem wäre es ein Gebot der Ehre und der Höflichkeit.

Als ich vor sieben Jahren in London war, wurde ich vor den Urheberrechtsausschuss des Oberhauses zitiert, der einen Gesetzentwurf zur Verlängerung der Schutzfrist um ganze acht auf fünfzig Jahre beriet. Die meisten Fragen stellte einer der fähigsten Männer im Oberhaus – Lord Thwing –, doch schien er mir ein höchst treffendes Beispiel dafür zu sein, wie unintelligent ein Mensch sein kann, wenn er sich daranmacht, eine Angelegenheit zu erörtern, in der er keinerlei persönliche Ausbildung genossen und mit der er keinerlei persönliche Erfahrungen gemacht hat. Es gab eine lange Unterredung – doch möchte ich mich auf ein einziges Detail beschränken. Lord Thwing fragte mich, was meiner Ansicht nach eine angemessene und gerechte Schutzfrist wäre. Ich sagte, eine Million Jahre – mit anderen Worten, zeitlich unbegrenzt. Die Antwort schien ihn zu empören; ganz offensichtlich ärgerte sie ihn. Er fragte mich, ob ich denn nicht wisse, dass vor langer Zeit entschieden worden sei, es könne kein Eigentum an Ideen geben, und da ein Buch lediglich aus Ideen bestehe, habe es keinen Anspruch, als Eigentum zu gelten oder den Schutz zu genießen, der dem Eigentum zufällt. Ich sagte, ich sei mir bewusst, dass jemand diesen erstaunlichen Aberglauben irgendwann einmal in die Welt gesetzt und ein angeblich intelligentes Menschengeschlecht ihn voller Begeisterung akzeptiert habe, ohne sich die Mühe zu machen, ihn zu prüfen und festzustellen, dass er eine sinnlose Eingebung ist und keinen Respekt verdient. Ich fügte hinzu, dass er, obwohl als Tatsache akzeptiert und darüber hinaus als Weisheit gewürdigt, seit den Zeiten Queen Annes von keinem Parlament oder Kongress jemals respektiert worden sei; dadurch, dass man in ihren Tagen ein zeitlich unbegrenztes Urheberrecht in ein auf vierzehn Jahre begrenztes Urheberrecht abgewandelt habe, sei der Anspruch der Idee, Eigentum zu sein, *anerkannt* worden; die Beibehaltung jeder Art von Schutzfrist – und seien es nur vierzehn Jahre – sei eine Anerkennung der Tatsache, dass die Ideen, aus denen ein Buch besteht, Eigentum konstituieren.

Lord Thwing ließ sich von diesen Argumenten nicht beeindrucken – jedenfalls war er nicht überzeugt. Er sagte, Tatsache sei nun mal, dass ein Buch als eine bloße Zusammenstellung von Ideen in keiner Weise ein Eigentum darstelle und dass kein Buch Anspruch auf eine zeitlich unbegrenzte Existenz als Eigentum habe oder von einer Legislative, der die Interessen und das Wohlergehen der Nation anvertraut seien, jemals diese Gunst empfangen werde.

Ich sagte, dieser Aussage müsse ich entschieden widersprechen, und zwar aus dem einfachen Grund, weil in England ein zeitlich unbegrenzter Urheberrechtsschutz bereits bestehe und von einem Parlament oder von Parlamenten gewährt worden sei, die mit der Aufgabe betraut waren, die Interessen und das Wohlergehen der Nation zu schützen. Er fragte nach Beweisen, und ich sagte, für das Neue und das Alte Testament sei in England zeitlich unbegrenzter Urheberrechtsschutz gewährt worden, auch für mehrere andere religiöse Bücher sei in England zeitlich unbegrenzter Urheberrechtsschutz gewährt worden, und in den Genuss dieses zeitlich unbegrenzten Urheberrechtsschutzes kämen nicht etwa die hungrigen Witwen und Waisen armer Autoren, vielmehr sei er Eigentum der Oxford University Press, einer Institution, die sehr gut ohne diese großzügige Begünstigung auskommen könne. Auf dieses unschlagbare Argument bildete ich mir viel ein, wusste meine Gefühle aber zu verbergen.

Mit der mir angeborenen Liebenswürdigkeit und Bescheidenheit fuhr ich fort, mich gegen die Annahme auszusprechen, ein Buch sei kein richtiges Eigentum, da es auf Ideen beruhe und vom Keller bis zum Dach aus Ideen errichtet sei. Ich sagte, niemand könne mir irgendein Eigentum nennen, das nicht auf derselben Grundlage beruhe und nicht vom Keller bis zum Dach aus genau demselben Material errichtet sei – aus Ideen.

Lord Thwing nannte Grundbesitz. Ich sagte, es gebe auf dem Erdball nicht einen Quadratzentimeter Grundbesitz, dessen Wert, falls er überhaupt welchen besitze, nicht das Result von Ideen, allein von Ideen sei. Ich hätte ihm eine

Million Beispiele nennen können. Ich hätte sagen können, ein unwissender und unnützer Hund, dessen Herrchen ihn zu einem guten Vorstehhund oder zu einem guten Hirtenhund abrichtet, stelle danach mehr oder weniger wertvolles Eigentum dar und könne für eine mehr oder weniger einträgliche Summe verkauft werden, und dieser erworbene Wert sei ausschließlich das Resultat einer intelligent angewandten praktischen Idee – der Idee, einen Hund, der vorher keinen Wert besessen hat, zu einem wertvollen Hund zu machen. Ich hätte sagen können, dass das Bügeleisen, der Waschzuber, die Schindel- oder Schieferplatte für ein Dach, die Erfindung der Bekleidung und sämtliche Verbesserungen, die die Zeitalter alldem hinzugefügt haben, das Resultat menschlichen Denkens und der Anwendung von Ideen seien; ohne diese Ideen hätte es dieses Eigentum nicht gegeben; in allen Fällen verdankte es seine Existenz Ideen, und auf diese Weise wurden diese zu Eigentum und als solches wertvoll. Ich hätte sagen können, dass es ohne diese Eingebungen, die man Ideen nennt, keine Eisenbahn gäbe, keinen Telegraphen, keine Druckerpresse, keinen Phonographen, kein Telefon – nichts auf der ganzen Erde, was Eigentum genannt wird und einen Wert besitzt. Was ich sagte, war, dass jenes heilige Ding – Grundbesitz –, jenes hochheilige Ding, das überall zeitlich unbegrenzten Schutz genießt, genauso wie jedes andere Eigentum auch sei – sein Wert entstehe aus einer Idee, und wenn dieser Wert wachse, dann stets aus keinem anderen Grund als der Anwendung weiterer Ideen. Ich sagte, falls mitten in Afrika zufällig eine Gruppe von zwanzig weißen Männern lagere, könne es leicht geschehen, dass alle zwanzig der Meinung seien, in der riesigen Landschaft, die sich vor ihren Augen ausbreite, gebe es nicht einen Morgen Grund und Boden, der auch nur den Wert einer weggeworfenen Austerndose besitze, es könne aber auch geschehen, dass einer in der Gruppe mit Ideen ausgestattet sei – ein weitsichtiger Mann, der sich vorstellen könne, dass die Gegend eines fernen Tages von einer Eisenbahn durchfahren und sich der Lagerplatz unfehlbar zum Standort einer wohlhabenden Stadt und blühender Industrien entwickeln werde. Es könne leicht geschehen, dass dieser Mann klug genug sei, die schwarzen Stammeshäuptlinge der Gegend zusammenzutrommeln und den ganzen Landstrich für ein Dutzend Gewehre und ein Fass Whisky aufzukaufen, nach Hause zurückzukehren und die Kaufverträge beiseitezulegen, so dass seine Kinder später einmal hohe Profite aus ihnen schlagen könnten. Im Laufe der Zeit könne es sich bewahrheiten, dass jene Stadt erbaut und das Land über alle Maßen wertvoll und die Kinder des Mannes über ihre kühnsten Träume hinaus reich würden; dieses glänzende Resultat ergebe sich aus der *Idee* jenes Mannes und habe keinen anderen Ursprung; und wenn es einen Funken Gerechtigkeit in der Welt gäbe, würden die Ideen in einem Buch denselben Rang einnehmen wie die Ideen, die den Wert von Grundbesitz und allen anderen Besitztümern auf Erden vergrößerten, und dann würde man anerkennen, dass die Kinder eines Autors billigerweise den gleichen Anspruch auf die Resultate seiner Ideen haben wie die Kinder eines Bierbrauers in England oder die eines Besitzers von Häusern, Ländereien und zeitlich unbegrenzt geschützten Bibeln.

Montag, 30. November 1906

Auszug aus Susys Biographie über die Enten – Mr. Clemens erzählt von
seinen jungen Entlein, deren Füße von Schnappschildkröten abgekaut wurden –
Billy Rice' Version von »Es gibt ein frohes Land« und Mr. Clemens'
Erinnerungen an die ersten Neger-Minstrel-Shows

Aus Susys Biographie

Neulich gingen Jean und Papa am Stall vorbei, als Jean einige neugeborene kleine Entenjunge sah und ausrief: »Ich verstehe nicht, warum Gott uns so viele Enten schenkt, wenn Patrick sie alle tötet.«

Was die Herkunft der Enten angeht, irrt Susy. Sie waren kein Geschenk, ich hatte sie gekauft. Ich will mich darüber nicht beschweren, denn das wäre höchst unfair. In ihren Aussagen als Historikerin ist sie in der Regel bemerkenswert akkurat, und es wäre nicht gerecht, großes Aufhebens von diesem kleinen Versehen zu machen; außerdem glaube ich, dass es ein ganz natürliches Versehen war, denn von Geburt und aus Gewohnheit war unser Haushalt religiös, und immer wenn jemand etwas Nettes tat, war es bei uns gang und gäbe, das Verdienst daran der Vorsehung zuzuschreiben, ohne den Sachverhalt eingehender zu prüfen. Man könnte von automatischer Religion sprechen – und genau das war sie auch; sie ist so an ihr Wirken gewöhnt, dass sie ohne Hilfe oder Zutun funktioniert; aus allen Fakten und Statistiken, die ihr vorgelegt werden, greift sie immer nur das eine Resultat heraus, da sie es nie gelernt hat, nach einem anderen zu suchen. So ist sie der gedankenlose Grund für mancherlei Ungerechtigkeit. Wie wir gesehen haben, verleitete sie Susy zu einer Ungerechtigkeit mir gegenüber. Die Religion konnte nur automatisch sein, denn bei klarem Verstand wäre Susy weit davon entfernt gewesen, mir ein Unrecht anzutun. Sie war eine liebe kleine Biographin, und sie dachte sich nichts Böses dabei, und ich tadle sie jetzt auch nicht, sondern möchte nur von vornherein den irrigen Eindruck korrigieren, den ihre Worte mit Sicherheit im Leser hervorrufen werden. Ich brauche die Sache nicht weiter auszuführen; es genügt, zu sagen, dass *ich* die Enten beschafft hatte.

Es war in Hartford. Vom Haus fiel der Rasen zu dem trägen Flüsschen ab, das durch das Grundstück floss, und Patrick, der vor guten Ideen strotzte, hatte schon früh den Einfall gehabt, selbst gezüchtete Enten auf den Tisch zu bringen. Jeden Morgen trieb er sie vom Stall zum Flüsschen, und stets waren die Kinder zur Stelle, um die watschelnde weiße Prozession zu betrachten und zu bewundern; bei Sonnenuntergang waren sie erneut zur Stelle, um zuzusehen, wie Patrick die Prozession in ihre Unterkunft im Stall zurückgeleitete. Aber nicht immer war es eine heitere und fröhliche Ferienvorstellung, an der die Zuschauerinnen sich ergötzen konnten; nein, allzu häufig war eine Tragödie damit verbunden, und die Kinder vergossen Tränen des Schmerzes. Im Flüsschen lagen ein oder zwei gestrandete Baumstämme, und auf diesen versammelten sich die immergleichen Familien von Schnappschildkröten, schlummerten in der Sonne und sagten der Vorsehung auf ihre stumme Art Dank für die Wohltätigkeiten, die ihnen zuteilwurden. Wieder so ein Beispiel dafür, dass man ein Verdienst dem Falschen zuschreibt; es waren die jungen Entlein, für die die frommen Reptilien so dankbar waren – und es waren *meine* Enten. Ich hatte die Enten gekauft.

Als sich eine Brut junger Entlein, noch nicht alt genug für den Esstisch, aber doch auf dieses Alter zusteuernd, der Prozession anschloss, im trägen Wasser umherschwamm und für dieses Privileg Dank sagte – nicht etwa mir –,

467

unterbrachen die Schnappschildkröten ihren Lobgesang, glitten von den Baumstämmen, paddelten unter Wasser auf sie zu und kauten ihnen die Füße ab. Patrick merkte gleich, dass zwei oder drei der kleinen Geschöpfe nicht mehr umherpaddelten, sondern allem Anschein nach vor Anker lagen und nicht mehr ganz so dankbar wirkten wie noch kurz zuvor. Früh genug sollte er herausfinden, was es damit auf sich hatte – eine Schnappschildkröte war hinabgetaucht, hatte ihr Frühstück eingenommen und sang schweigend ihr Dankeslied. Alle ein, zwei Tage rettete Patrick ein kleines Entlein und hob es mit unvollständigen Beinchen aus dem Wasser – von seinen Gliedmaßen waren nur noch abgenagte blutende Stümpfe übrig. Da sagten die Kinder mitleidsvolle Dinge und weinten – und beim Abendessen beendeten wir die Tragödie, die die Schildkröten begonnen hatten. So waren es, wie wir sehen werden, eigentlich die Schildkröten, die uns »so viele Enten« schenkten. Auf meine Kosten.

Aus Susys Biographie

Papa hat eine neue Version von »Es gibt ein frohes Land« geschrieben, die so geht:

> 's gibt ein hübsches Fremdenheim
> In weiter, weiter Ferne,
> Wo man Ei mit Schinken isst,
> Dreimal am Tag und gerne.
> Ah, wie laut die Gäste brüllen,
> Wenn die Essensglocken schrillen.
> Der Hausherr, der kriegt Ratten,
> Dreimal am Tag und gerne.

Wieder ist Susy einem kleinen Irrtum erlegen. Nicht ich war es, der das Lied schrieb. Ich hatte es Billy Rice in der Neger-Minstrel-Show singen hören, und ich brachte es mit nach Hause und trug es – mit großem Elan – zur Erbauung des Haushalts vor. Die Kinder bewunderten es grenzenlos und nötigten mich, es mit lästiger Häufigkeit zu singen. Ihrer Meinung nach war es besser als die »Schlachthymne der Republik«.

Wie viele Jahre das doch her ist. Wo ist Billy Rice jetzt? Er war mir eine
Freude, ebenso die anderen Stars der Nigger-Show – Billy Birch, David Wambold, Backus und ein Dutzend ihrer entzückenden Brüder, die mir vor vierzig
Jahren und später das Leben zu einem Vergnügen machten. Birch, Wambold
und Backus sind schon seit Jahren tot; und mit ihnen ging die wahre Nigger-
Show dahin, um, wie ich vermute, niemals wiederzukehren – die echte Nigger-
Show, die extravagante Nigger-Show, die Show, die für mich nicht ihresgleichen hatte und die meinem Eindruck nach ihresgleichen noch nicht gefunden
hat. Wir haben die große Oper; und von allem, was Wagner komponiert hat,
habe ich den ersten Akt gesehen und sehr genossen, doch war die Wirkung auf
mich stets derart überwältigend, dass ein Akt ausreichte; immer wenn ich zwei
Akte sah, ging ich physisch erschöpft aus dem Theater; und immer wenn ich
mir eine ganze Oper zumutete, grenzte das Ergebnis an Selbstmord. Aber wenn
ich die Nigger-Show wiederhaben könnte, in ihrer makellosen Reinheit und
Vollkommenheit, hätte ich für die Oper kaum noch Verwendung. Mir scheint,
der Leierkasten und die Nigger-Show sind für den erhabenen Geist und das
empfindliche Gemüt der Maßstab und ein Gipfel, dessen exklusive Höhe zu
erreichen die anderen Formen der Musikkunst niemals hoffen können.

Ich erinnere mich noch an die erste Neger-Minstrel-Show, die ich sah. Es
muss Anfang der vierziger Jahre gewesen sein. Es war eine neue Errungenschaft.
In unserem Dorf Hannibal, am Ufer des Mississippi, hatten wir noch nicht von
ihr gehört, und sie brach wie eine frohe und gewaltige Überraschung über uns
herein.

Die Show lief eine Woche, und jeden Abend gab es eine Vorstellung. Kirchenmitglieder besuchten diese Vorstellungen nicht, doch alle Weltkinder
strömten herbei und waren verzaubert. Kirchenmitglieder besuchten damals
gar keine Shows.

Die Minstrels traten mit kohlschwarzen Händen und Gesichtern auf, und
ihre Kleider waren eine grelle, übertriebene Parodie derer, die die Sklaven auf
den Plantagen jener Zeit trugen; nicht dass die Lumpen der armen Sklaven
parodiert wurden, das wäre gar nicht möglich gewesen; eine Parodie hätte ihrem kümmerlichen Kostüm von Lumpen und Flicken an Übertriebenheit
nichts hinzufügen können; parodiert wurden nur Form und Farbe. Damals

469

waren Stehkragen Mode, und der Minstrel trat mit einem Kragen auf, der seinen halben Kopf verschluckte und verdeckte und so weit nach vorn ragte, dass der Minstrel kaum seitlich über die Kragenspitzen blicken konnte. Manchmal war sein Sakko aus Vorhangstoff, mit einem ihm fast bis zu den Schuhabsätzen reichenden Schwalbenschwanz und Knöpfen so groß wie Schuhcremedosen. Seine Schuhe waren rustikal, klobig, unförmig und fünf oder sechs Nummern zu groß. Diese Kostümierung kannte viele Varianten, sie alle waren übertrieben, und viele fanden sie komisch.

Der Minstrel sprach einen sehr breiten Negerdialekt; sprach ihn mühelos und mit großem Geschick, und *das* war tatsächlich komisch – entzückend und befriedigend komisch. In den Anfängen gab es allerdings ein Mitglied der Minstrel-Truppe, das weder übertrieben gekleidet war noch den Negerdialekt sprach. Dieser Mann trug den tadellosen Abendanzug des weißen Gentlemans der guten Gesellschaft und bediente sich einer gestelzten, vornehmen, künstlichen und grammatisch peinlich korrekten Ausdrucksweise, die die unschuldigen Dorfbewohner für die Diktion der städtischen High Society hielten, und sie bewunderten sie sehr und beneideten den Mann, der sich ihrer, ohne nachzudenken, so spontan bediente und sie auf so mühelose, flüssige und künstlerische Art beherrschte. »Bones« saß an einem Ende der Reihe der Minstrels, das Banjo am anderen und der eben beschriebene gezierte Gentleman in der Mitte. Dieser Mann in der Mitte war der Frontmann der Show. Mit der Tadellosigkeit und Eleganz seines Anzugs, der einstudierten Galanterie seines Auftretens und seiner Rede und der Wohlgeformtheit seiner ungeschminkten Gesichtszüge bildete er einen Kontrast zum Rest der Truppe, besonders zu »Bones« und »Banjo«. »Bones« und »Banjo« waren die größten Spaßvögel, und was immer man mittels Schminke und übertriebener Kleidung an Komik herausholen konnte, reizten sie bis zum Äußersten aus. Mit Hilfe hellroter Farbe erschienen ihre Lippen dicker und länger, so dass ihr Mund dem Schnitz einer reifen Wassermelone glich.

Das ursprüngliche Programm der Minstrel-Show blieb jahrelang unverändert. Anfangs gab es keinen Bühnenvorhang; während die Zuschauer warteten, hatten sie nichts anderes zu bestaunen als eine Reihe leerer Stühle hinter den Rampenlichtern; dann betraten die Minstrels nacheinander die Bühne und wurden mit herzlichem Applaus empfangen; mit ihrem Musikinstrument in der Hand nahmen sie ihre Plätze ein; daraufhin begann der Aristokrat in der Mitte mit einer Bemerkung dieser Art:

»Ich hoffe, Gentlemen, dass ich das Vergnügen habe, Sie wie gewohnt bei ausgezeichneter Gesundheit anzutreffen, und dass es Ihnen wohlergangen ist, seit wir das letzte Mal das Glück hatten, einander zu begegnen.«

Daraufhin antwortete »Bones« und erzählte etwas über einen besonderen Glücksfall, der ihm kürzlich zuteilgeworden sei; doch mittendrin wurde er von »Banjo« unterbrochen, der seine Darstellung in Zweifel zog; daraufhin brach zwischen den beiden ein entzückender Knatsch aus Behauptungen und Gegenbehauptungen los; der Streit gewann an Nachdruck, die Stimmen wurden immer lauter, immer kräftiger und rachsüchtiger, und die beiden erhoben sich, pflanzten sich voreinander auf, schwangen ihre Fäuste und Instrumente und drohten mit Blutvergießen, während der vornehme Mann in der Mitte sie beschwor, den Frieden zu erhalten und den Anstand zu wahren – natürlich vergebens. Manchmal dauerte der Streit ganze fünf Minuten, die beiden Kampfhähne, ihre Nasen keine Handbreit voneinander entfernt, schleuderten sich tödliche Drohungen ins Gesicht – und die ganze Zeit über kreischten die Zuschauer vor Lachen über diese fröhliche und präzise Nachahmung des gewohnten und vertrauten Negerstreits – bis die beiden Bösewichte schließlich Schritt für Schritt voneinander abließen, und jeder stieß eindrucksvolle Drohungen aus, was dem anderen das »nächste Mal« zustoßen werde, sollte er das Pech haben, ihm wieder über den Weg zu laufen; dann ließen sie sich auf ihre Stühle fallen und knurrten sich von Bühnenende zu Bühnenende gegenseitig an, bis die Zuschauer Zeit genug gehabt hatten, sich von ihren hysterischen Zuckungen zu erholen und sich zu beruhigen. Jetzt machte der Aristokrat in der Mitte eine Bemerkung, die insgeheim darauf zielte, einen der Männer am Ende der Reihe an ein Erlebnis humorvoller Art zu erinnern und es ihm zu entlocken – was ihm stets gelang. Gewöhnlich war es ein Erlebnis der abgestandenen, verschimmelten Art und so alt wie Amerika selbst. Eines, das das Publikum jener Zeit begeisterte, bis die Minstrels es völlig abgenutzt hatten, war »Bones'« Schilderung der Gefahren, die er einmal während eines Sturms auf hoher See bestanden hatte. Der Sturm hatte so lange angedauert, bis sämtliche Vorräte irgendwann aufgezehrt waren. Da erkundigte sich der Mann in der Mitte besorgt, wie die Leute denn überlebt hätten. Und »Bones« antwortete:

»Wir haben Eier gegessen.«

»Sie haben Eier gegessen! Wo hatten Sie die Eier denn her?«

»Während des schlimmen Sturms hat der Kapitän jeden Tag zu*gelegt*.«

In den ersten fünf Jahren löste dieser Witz Lachkrämpfe aus; dann aber hatte ihn die Bevölkerung der Vereinigten Staaten schon so oft gehört, dass sie ihn nicht länger respektierte und ihn stets mit tiefem und vorwurfsvollem und entrüstetem Schweigen aufnahm – wie andere Witze gleichen Kalibers, die durch allzu lange Dienste in Misskredit geraten waren.

Die Minstrel-Truppen verfügten über gute Stimmen, und solange es Neger-Shows gab, bereiteten mir sowohl ihre Solo- als auch ihre Chornummern größtes Vergnügen. Zu Beginn waren die Songs – wie »Buffalo Gals«, »Camptown Races«, »Old Dan Tucker« und so weiter – von derber Komik; etwas später aber ging man zu sentimentalen Liedern über – wie »The Blue Juniata«, »Sweet Ellen Bayne«, »Nelly Bly«, »A Life on the Ocean Wave«, »The Larboard Watch« etc.

Die Minstrel-Show entstand Anfang der vierziger Jahre, und ihr war eine erfolgreiche Karriere von rund fünfunddreißig Jahren beschieden; danach degenerierte sie zu einer Varieté-Vorführung und war ganz Varieté-Vorführung mit ein, zwei beiläufig eingebauten Negernummern. Die wahre Neger-Show ist seit dreißig Jahren mausetot. Für meine Begriffe war sie eine durch und durch entzückende Sache, die die Zuschauer unweigerlich zum Lachen brachte, und ich bedaure, dass es sie nicht mehr gibt.

Wie gesagt, es waren die Weltkinder, die jene erste Minstrel-Show in Hannibal besuchten. Zehn oder zwölf Jahre später war die Minstrel-Show in Amerika so bekannt wie der Unabhängigkeitstag, nur meine Mutter hatte noch nie eine gesehen. Damals war sie etwa sechzig Jahre alt, als sie mit einer lieben und reizenden Dame ihres Alters nach St. Louis kam, einer alten Bürgerin aus Hannibal – Tante Betsey Smith. Diese war keine Tante im Sinne der Verwandtschaft; sie war die Tante des gesamten Städtchens Hannibal, was sie ihrer lieblichen, großzügigen und wohltätigen Natur und der gewinnenden Schlichtheit ihres Charakters verdankte. Wie meine Mutter hatte Tante Betsey Smith noch nie eine Neger-Show gesehen. Beide waren sehr lebendig; ihr Alter tat nichts zur Sache; sie liebten Aufregung, liebten Neuheiten, liebten alles, was Mitglieder der Kirche guten Gewissens genießen durften. Immer waren sie früh auf den Beinen, um dem Einzug eines Zirkus in die Stadt beizuwohnen und um zu trauern, weil ihre Grundsätze es ihnen versagten, ihm bis ins Zelt zu folgen; immer waren sie bereit für die Festumzüge am Unabhängigkeitstag, die Umzüge der Sonntagsschulen, für Vorträge, Zusammenkünfte, Erweckungsveranstaltungen im Freien, Totenwachen, Erweckungsveranstaltungen in Kirchen – also für einfach jede Art von Zerstreuung, der sich nichts Unreligiöses nachsagen ließ – und verpassten keine Beerdigung. In St. Louis waren sie gierig auf Neuheiten und wandten sich hilfesuchend an mich. Sie wollten etwas Aufregendes und zugleich Schickliches erleben. Ich sagte, was ihnen vorschwebe, sei mir nicht bekannt bis auf eine Versammlung, die im großen Saal der Mercantile Library der Darbietung und Erläuterung afrikanischer Eingeborenenmusik durch vierzehn soeben vom Schwarzen Kontinent zurückgekehrte Missionare lauschen sollte. Ich sagte, wenn sie tatsächlich etwas ernsthaft Lehrreiches und Erbauliches wünschten, würde ich ihnen die Versammlung empfehlen, wenn sie im Grunde aber etwas Frivoles wollten, würde ich mich weiter umhören. Doch nein, sie waren fasziniert von der Idee der Versammlung und wollten unbedingt hin. Ich hatte ihnen keinen reinen Wein eingeschenkt, das wusste ich, aber das ging schon in Ordnung; es lohnt sich nicht, sich anzustrengen und Leuten die Wahrheit zu sagen, die ohnehin allem, was man ihnen sagt, ob es nun wahr ist oder nicht, gewohnheitsmäßig widersprechen.

Die angeblichen Missionare waren die Christy Minstrel Troupe – damals eine der berühmtesten dieser Truppen und auch eine der besten. Wir gingen früh hin und sicherten uns Plätze in der vordersten Bank. Bald darauf war der geräumige Saal vollbesetzt, mit sechzehnhundert Personen. Als die grotesken Neger in ihren extravaganten Kostümen nacheinander auf die Bühne kamen, waren die alten Damen nahezu sprachlos vor Erstaunen. Ich erklärte ihnen, Missionare in Afrika seien stets so gekleidet.

Tante Betsey sagte jedoch vorwurfsvoll: »Aber es sind Nigger!«

Ich sagte: »Das macht nichts; in gewissem Sinne sind es Amerikaner, denn sie sind bei der American Missionary Society angestellt.«

473

Da begannen die beiden Damen zu zweifeln, ob es schicklich war, die Darbietungen einer Gruppe von Negern gutzuheißen, was immer deren Handwerk war – ich aber sagte, wenn sie sich umschauten, würden sie sehen, dass die besten Kreise von St. Louis anwesend seien, was bestimmt nicht der Fall wäre, wenn die Show unschicklich wäre.

Sie waren getröstet und zudem recht ungeniert froh, dabei zu sein. Jetzt waren sie glücklich und von der Neuheit der Situation bezaubert; sie hatten nur irgendeines Vorwands bedurft, um ihr Gewissen zum Schweigen zu bringen, und jetzt schwieg ihr Gewissen – schwieg, als wäre es tot. Sie verschlangen die lange wabernde Reihe künstlerischer Scharlatane mit den Augen. Der Mann in der Mitte fing an. Bald darauf leitete er zu dem alten Witz über, von dem ich vor einer Weile erzählt habe. Bis auf meine Novizinnen hatte ihn jeder im Saal schon hundertmal gehört; auf die sechzehnhundert senkte sich ein eisiges, ernstes und entrüstetes Schweigen herab, und in dieser bedrückenden Atmosphäre saß der arme »Bones« da und fuhr mit seinem Witz fort. Für meine verehrungswürdigen Novizinnen war er funkelnagelneu, und als »Bones« zum Ende kam und sagte: »Wir haben Eier gegessen«, und erklärte, dass der Kapitän während des Sturms jeden Tag »zu*gelegt*« habe, warfen sie die Köpfe zurück und brachen aus vollem Herzen in ein unbändiges, gackerndes Gelächter aus, das die zahlreichen Zuschauer so erstaunte und entzückte, dass sie sich wie ein Mann erhoben, um sich umzuschauen und zu sehen, wer es wohl war, der den Witz noch nie gehört hatte. Das Gelächter meiner Novizinnen hielt so lange an, bis ihre Heiterkeit ansteckend wirkte, und alle sechzehnhundert fielen ein und brachten mit dem Donner ihrer Freude das Haus zum Erzittern. An jenem Abend bescherten Tante Betsey und meine Mutter den Christy Minstrels einen glänzenden Erfolg, waren ihnen doch sämtliche Witze ebenso neu, wie sie dem Rest des Publikums altbekannt waren. Sie nahmen sie mit schallendem Gelächter auf und steckten die anderen mit ihrer Heiterkeit an, und die Zuschauer verließen den Saal erschöpft vom Lachen, mit wundem Hals und voller Dankbarkeit für das unschuldige Paar, das ihren abgestumpften Seelen zu diesem seltenen kostbaren Vergnügen verholfen hatte.

1. Dezember 1906

Mr. Clemens' frühe Experimente mit dem Mesmerismus

Ein aufregendes Ereignis in unserem Dorf (Hannibal) war die Ankunft des Magnetiseurs. Ich glaube, es war 1850. Mit dem Jahr bin ich unsicher, aber ich weiß noch den Monat – es war im Mai; dieses Detail hat den Verschleiß von fünfundfünfzig Jahren überlebt. Zwei kleine, miteinander verbundene Vorfälle in jenem Monat haben geholfen, die Erinnerung daran all die Zeit frisch zu halten; belanglose Vorfälle, die es nicht wert waren, einbalsamiert zu werden, doch mein Gedächtnis hat sie sorgsam verwahrt und Dinge von wirklichem Wert fortgeschleudert, um Platz für sie zu schaffen und es ihnen bequem zu machen. In Wahrheit hat das Gedächtnis eines Menschen nicht mehr Verstand als sein Gewissen und überhaupt keinen Begriff von Werten und Proportionen. Aber wen kümmern diese unbedeutenden Vorfälle? Mein Gegenstand ist der Magnetiseur.

Er kündigte seine Show an und versprach Wunderdinge. Eintrittspreis wie gewohnt fünfundzwanzig Cent, Kinder und Neger die Hälfte. Das Dorf hatte vom Mesmerismus vage gehört, ihn aber noch nie selbst erlebt. Am ersten Abend gingen nicht viele Leute hin, am nächsten Tag jedoch konnten diese wenigen von so vielen Wunderdingen berichten, dass jedermanns Neugier geweckt war, und danach brachen für den Magier zwei Wochen des Wohlstands an. Ich war vierzehn oder fünfzehn Jahre alt, ein Alter, in dem ein Junge bereit ist, alles zu erdulden, alles zu erleiden mit Ausnahme des Feuertodes, wenn er nur auffällt und öffentlich prahlen kann; und als ich sah, wie die »Probanden« auf der Bühne ihre Narreteien trieben und die Leute dazu brachten, zu lachen, zu brüllen und zu staunen, verspürte ich den brennenden Wunsch, selbst Proband zu sein. An drei aufeinanderfolgenden Abenden saß ich in der Reihe der Kandidaten auf der Bühne, hielt die magische Metallscheibe in der Hand, betrachtete sie und versuchte schläfrig zu werden, was jedoch misslang; ich blieb hellwach und musste mich wie die meisten anderen geschlagen zurückziehen. Außerdem musste ich dasitzen und mich vor Neid auf Hicks, unseren Gesellen, verzehren; ich musste dasitzen und zusehen, wie er hüpfte und sprang, wenn Simmons, der Zauberer, ausrief: »Sieh die Schlange! Sieh die Schlange!«, und ihn auf die Suggestion, dass er einen herrlichen Sonnenuntergang betrachte, antworten hören: »Mein Gott, wie schön!«, und so weiter – das volle verrückte Programm. Ich konnte nicht lachen, ich konnte nicht applaudieren; es erfüllte mich mit Bitterkeit, dass die anderen es taten und einen Helden aus Hicks machten, sich nach der Vorstellung um ihn drängten, ihn immer wieder nach Einzelheiten der Wunder befragten, die er in seinen Visionen geschaut hatte, und auf vielerlei Weise bekundeten, dass sie stolz waren, mit ihm bekannt zu sein. Hicks – die bloße Vorstellung! Ich konnte es nicht ertragen; ich wurde in meiner eigenen Galle zu Tode geköchelt.

Am vierten Abend regte sich die Versuchung, und ich war nicht stark genug, ihr zu widerstehen. Als ich eine Weile auf die Scheibe gestarrt hatte, tat ich so, als würde ich in Schlaf versetzt, und begann einzunicken. Sogleich kam der Professor, strich über meinen Kopf und meinen Körper, meine Beine und Arme und beendete, um die überschüssige Elektrizität zu entladen, jede seiner Handbewegungen mit einem Fingerschnipsen in der Luft; dann begann er, mich mit der Scheibe zu »ziehen«, indem er sie zwischen den Fingern hielt und mir sagte, ich dürfe die Augen nicht von ihr abwenden, selbst wenn ich es versuchen wolle; also erhob ich mich langsam, gebückt und auf den Gegenstand fixiert, und folgte der Scheibe über die ganze Bühne, so wie ich es bei den anderen gesehen hatte. Dann wurde ich auf Herz und Nieren geprüft. Auf seine Suggestionen hin floh ich vor Schlangen; reichte Eimer bei einem Brand zu; ereiferte mich bei heißen Dampfschiffrennen; machte imaginären Mädchen den Hof und küsste sie; ging auf der Bühne angeln und zog Katzenwelse an Land, die schwerer wogen als ich – und so weiter, all die üblichen Wunderdinge. Aber nicht auf die übliche Art. Zuerst war ich wachsam und vorsichtig, weil ich Angst hatte, der Professor könnte entdecken, dass ich ein Hochstapler war, und mich mit Schimpf und Schande von der Bühne jagen; doch als ich merkte, dass keinerlei Gefahr drohte, stellte ich mir die Aufgabe, Hicks' Nützlichkeit als Proband ein Ende zu bereiten und seinen Platz einzunehmen.

Es war eine einigermaßen leichte Aufgabe. Hicks war ehrlich zur Welt gekommen, ich ohne diese Behinderung – zumindest behaupteten das einige Leute. Hicks sah, was er sah, und berichtete davon; ich sah mehr, als zu sehen war, und fügte hilfreiche Details hinzu. Hicks hatte keine Phantasie, ich verfügte gleich über einen doppelten Vorrat. Er war ruhig zur Welt gekommen, ich entflammbar. Bei ihm löste eine Vision keine Verzückung aus, ohnehin war er in Bezug auf Sprache hartleibig; ich hingegen leerte, wenn ich eine Vision sah, das Wörterbuch über ihr aus und verlor obendrein den letzten Rest meines Verstandes.

Nach meiner ersten halben Stunde gehörte Hicks der Vergangenheit an, ein gefallener Held, ein zerbrochenes Götzenbild, und ich wusste es, freute mich und sprach in meinem Herzen: Es lebe das Verbrechen! Hicks hätte niemals bis zu dem Grad mesmerisiert werden können, dass er in aller Öffentlichkeit ein imaginäres Mädchen geküsst hätte oder gar ein wirkliches, ich aber war darin kompetent. Wo Hicks erfolglos war, legte ich Wert darauf, Erfolg zu haben, mochte der physische oder moralische Einsatz noch so hoch sein. Er hatte ernste Schwächen gezeigt, und ich hatte sie mir gemerkt. Wenn der Magier ihn zum Beispiel fragte: »Was siehst du?«, und es ihm überließ, sich eine Vision auszudenken, war Hicks blind und stumm, konnte nichts sehen und nichts sagen; dagegen fand der Magier bald heraus, dass ich, wenn es darum ging, Visionen von verblüffender markttauglicher Art zu sehen, ohne seine Hilfe besser zurechtkam als mit. Und da war noch etwas: Bei stummer mentaler Suggestion war Hicks keinen roten Heller wert. Immer wenn Simmons hinter ihm stand, seinen Hinterkopf anstarrte und versuchte, ihm eine mentale Suggestion einzugeben, saß Hicks mit ausdruckslosem Gesicht da und hatte keinen Schimmer. Hätte er doch etwas gemerkt, hätte er an den verzückten Gesichtern der Zuschauer ablesen können, dass hinter seinem Rücken etwas vor sich ging, was eine Reaktion erforderte. Da ich ein Hochstapler war, graute mir davor, mich diesem Test zu unterziehen, denn ich wusste, dass der Professor mir »eingeben« würde, etwas zu tun, und weil ich nicht wissen konnte, was, würde ich entlarvt und bloßgestellt werden. Doch als es so weit war, nutzte ich meine Chance. An den gespannten, erwartungsvollen Gesichtern der Leute merkte ich, dass Simmons hinter mir stand, um mir mit aller Macht etwas einzugeben. Ich versuchte mein Bestes, mir vorzustellen, was er wollte, aber ich hatte keine Inspiration. Da fühlte ich mich beschämt und elend. Ich glaubte, die Stunde meiner Blamage sei gekommen und ich müsse die Bühne jeden Moment entehrt verlassen. Ich sollte mich wohl schämen, es einzugestehen, aber mein nächster

Gedanke galt nicht etwa der Frage, wie ich das Mitleid gütiger Herzen erlangen könnte, indem ich demütig und bekümmert über meine Missetaten von der Bühne abtrat, sondern wie ich meinen Abgang so sensationell und spektakulär wie möglich gestalten könnte.

Auf dem Tisch, bei den »Requisiten«, die während der Vorstellungen verwendet wurden, lag ein rostiger leerer alter Revolver. Am Maifeiertag, zwei oder drei Wochen zuvor, hatte es ein Schulfest gegeben, wo ich mit einem großen Jungen, dem Schultyrannen, aneinandergeraten und aus dem Streit nicht gerade ehrenvoll hervorgegangen war. Dieser Junge saß jetzt in der Mitte des Saals, auf halber Höhe des Hauptgangs. Mit einem düsteren und mörderischen Gesichtsausdruck, der einem Piratenroman entlehnt war, stahl ich mich heimlich, doch effektvoll zum Tisch, griff unversehens nach dem Revolver, fuchtelte mit ihm herum, brüllte den Namen des Tyrannen, sprang von der Bühne, stürzte auf ihn los und jagte ihn aus dem Saal, bevor die Zuschauer, die wie gelähmt dasaßen, eingreifen konnten, um ihn zu retten. Es erhob sich ein Beifallssturm, der Magier richtete das Wort an die Zuschauer und sagte eindrücklich:

»Damit Sie wissen, wie außergewöhnlich das ist und was für einen wunderbar entwickelten Probanden wir in dem Jungen haben, versichere ich Ihnen, dass er ohne ein einziges anleitendes Wort bis ins kleinste Detail ausgeführt hat, was ich ihm mental befohlen habe. Durch bloße Willensanstrengung hätte ich ihn in seinem rachedurstigen Galopp jederzeit aufhalten können, weshalb der arme Bursche, der geflüchtet ist, zu keinem Zeitpunkt in Gefahr schwebte.«

So war ich also doch nicht entehrt. Als Held kehrte ich auf die Bühne zurück und glücklicher, als ich seither in dieser Welt jemals gewesen bin. In Bezug auf mentale Suggestion hatten sich meine Befürchtungen verflüchtigt. Für den Fall, dass ich nicht erriet, was der Professor mir eingeben wollte, konnte ich mich darauf verlassen, dass mir schon etwas Passendes einfallen würde. Ich behielt recht, und die Darbietung nonverbaler Suggestion wurde ein Favorit des Pubikums. Immer wenn ich merkte, dass mir eingegeben wurde, etwas zu tun, stand ich auf und tat, was mir gerade in den Sinn kam, und der Magier, der kein Dummkopf war, bestätigte es. Wenn die Leute mich fragten: »Woher weißt du, was er von dir *will*?«, antwortete ich: »Ach, das ist kinderleicht«, und stets sagten sie bewundernd: »*Mir* ist unbegreiflich, wie du das kannst.«

Hicks war auch in einer anderen Hinsicht schwach. Wenn der Professor seine streichenden Handbewegungen ausführte und sagte: »Sein ganzer Körper ist jetzt ohne Empfindung – treten Sie nach vorn, Ladys und Gentlemen, und testen Sie ihn«, gehorchten die Ladys und Gentlemen immer bereitwillig und piksten Hicks mit Nadeln, und wenn diese zu tief eindrangen, zuckte Hicks unweigerlich zusammen, und dann musste der arme Professor erklären, dass Hicks »für Beeinflussung nicht hinreichend empfänglich« sei. Ich aber zuckte nicht; ich litt nur und vergoss meine Tränen innerlich. Welche Qualen ein selbstgefälliger Junge erduldet, nur um sein »Ansehen« zu wahren! Ein selbstgefälliger Mann wird das Gleiche tun; ich weiß es von mir selbst und habe es bei hunderttausend anderen erlebt. Der Professor hätte mich schützen sollen, und oft, wenn die Tests ungewöhnlich hart ausfielen, hoffte ich, er würde es tun, aber er tat nichts. Mag sein, dass er sich genauso täuschen ließ wie die anderen, obwohl ich es nicht glaube und auch nicht für möglich halte. Es waren liebe, anständige Leute, aber Einfalt und Leichtgläubigkeit trieben sie bis zum Äußersten. Sie stachen mir eine Nadel in den Arm, drückten so lange darauf, bis ein Drittel ihrer Länge drinsteckte, und waren bass erstaunt, dass der Professor meinen Arm durch die bloße Ausübung seiner Willenskraft in Eisen verwandeln und ihn schmerzunempfindlich machen konnte. Dabei war der Arm alles andere als das; ich litt quälende Schmerzen.

Nach jenem vierten Abend, jenem stolzen, triumphalen Abend, war ich der einzige Proband. Simmons holte keine weiteren Kandidaten mehr auf die Bühne. Für den Rest der vierzehn Tage trat ich jeden Abend solo auf. Anfang der zweiten Woche eroberte ich den letzten Zweifler. Bis dahin hatte ein Dutzend kluger alter Köpfe, die intellektuelle Aristokratie der Stadt, als unerbittliche Ungläubige standgehalten. Das kränkte mich nicht weniger, als wenn ich einem ehrlichen Beruf nachgegangen wäre. Daran war nichts Überraschendes. Manchmal gewahren Menschen eine Schmach besonders stark, wenn sie sie am meisten verdienen. Die ganze erste Woche hindurch schüttelten die Handvoll neunmalkluger alter Gentlemen den Kopf und sagten, sie hätten noch keine Wunderdinge gesehen, die nicht durch geheime Absprache hätten bewerkstelligt werden können; auf ihre Ungläubigkeit bildeten sie sich ziemlich viel ein, zeigten und äußerten sie gern und fühlten sich den Unwissenden und Leichtgläubigen überlegen. Namentlich der alte Dr. Peake, der Rädelsführer der Unversöhnlichen, ein beeindruckender Mann; er entstammte einer der »Ersten Familien Virginias«, war gebildet, weißhaarig und ehrwürdig, edel und prächtig gekleidet nach der Mode eines früheren, vornehmeren Zeitalters, er war großgewachsen und stattlich und *schien* nicht nur klug, sondern war in dieser Hinsicht auch, was er zu sein schien. Er hatte großen Einfluss, und seine Meinung zählte stets mehr als die irgendeines anderen in der Gemeinde. Als ich schließlich auch ihn erobert hatte, wusste ich, dass ich unangefochtener Meister auf meinem Gebiet war; und jetzt, nach mehr als fünfzig Jahren, muss ich mit ein paar trockenen alten Tränen gestehen, dass ich ohne Scham frohlockte.

2. Dezember 1906

Mr. Clemens' Experimente mit dem Mesmerismus
werden fortgesetzt

1847 wohnten wir in einem großen weißen Haus Hill Street, Ecke Main Street – einem Haus, das noch steht, aber nicht länger groß ist, auch wenn kein einziges Dielenbrett fehlt; ich sah es vor einem Jahr und stellte fest, dass es geschrumpft war. Mein Vater starb hier im März des erwähnten Jahres, aber unsere Familie zog erst einige Monate später aus. Wir waren nicht die einzige Familie in dem Haus, es gab noch eine andere – die von Dr. Grant. Eines Tages trugen Dr. Grant und Dr. Reyburn auf der Straße einen Streit mit Stockdegen aus, und Grant wurde, mehrfach durchlöchert, nach Hause gebracht. Der alte Dr. Peake dichtete die Lecks ab, und eine Weile schaute er täglich vorbei, um nach dem Patienten zu sehen. Die Grants stammten wie Peake aus Virginia, und eines Tages, als Grant so weit genesen war, dass er wieder aufstehen, im Wohnzimmer sitzen und plaudern konnte, kam das Gespräch auf Virginia und die alten Zeiten. Ich war zugegen, aber vermutlich nahm die Gruppe nicht recht Notiz von mir, da ich noch ein junger Bursche war, mithin eine zu vernachlässigende Größe. Zwei in der Gruppe – Dr. Peake und Mrs. Crawford, Mrs. Grants Mutter – hatten vor sechsunddreißig Jahren im Publikum gesessen, als das Richmond Theatre abbrannte, und sie unterhielten sich über die schrecklichen Ein-

1847

480

zelheiten jener denkwürdigen Tragödie. Sie waren Augenzeugen, und durch ihre Augen sah ich alles mit unerträglicher Anschaulichkeit: Ich sah, wie der schwarze Rauch in den Himmel quoll, ich sah, wie die Flammen ihn durchzüngelten und rot färbten, ich hörte die Schreie der Verzweifelten, ich erblickte flüchtig ihre Gesichter durch den Rauchschleier in den Fenstern, ich sah, wie sie in den Tod sprangen oder in eine Verstümmelung, die schlimmer war als der Tod. Das Bild steht mir heute noch vor Augen und wird niemals verblassen.

Irgendwann kamen sie auf die im Kolonialstil erbaute Villa der Peakes mit ihren imposanten Säulen und weitläufigen Anlagen zu sprechen, und aus allerlei Kleinigkeiten gewann ich eine klare Vorstellung von dem Haus. All das interessierte mich außerordentlich, denn noch nie hatte ich über die Lippen von Menschen derartig prunkvolle Dinge kommen hören, die sie mit eigenen Augen gesehen hatten. Ein beiläufig erwähntes Detail erregte meine Einbildungskraft besonders. In der Mauer neben dem großen Eingangsportal befand sich ein rundes Loch so groß wie eine Untertasse – das im Unabhängigkeitskrieg eine britische Kanonenkugel hineingeschlagen hatte. Es war atemberaubend; es machte aus Geschichte etwas Wirkliches; bis dahin war Geschichte für mich noch nie wirklich gewesen.

Nun gut, drei oder vier Jahre später war ich, wie bereits erwähnt, in der Show des Magnetiseurs das Maß aller Dinge und alleiniger »Proband«; es war Anfang der zweiten Woche und die Vorführung zur Hälfte vorüber, da trat der majestätische Dr. Peake mit seiner berüchten Hemdbrust, seinen Manschetten und seinem Gehstock mit Goldknauf ein, und ein beflissener Bürger räumte seinen Sitzplatz hinter den Grants und überließ ihn dem großen Häuptling. Ich war gerade dabei, mir eine neue Vision auszudenken – als Antwort auf die Aufforderung des Professors:

»Konzentriere deine Geisteskräfte. Sieh hin – sieh genau hin. Da – erkennst du nichts? Konzentrier dich – konzentrier dich! So, jetzt – beschreibe es.«

Ohne es zu ahnen, hatte mich Dr. Peake, indem er den Saal betrat, an das drei Jahre zurückliegende Gespräch erinnert. Er hatte mich mit Kapital ausgestattet und war mein Verbündeter geworden, ein Komplize bei meinen Betrügereien. Ich begann mit meiner Vision, zunächst vage und undeutlich (das war Teil des Spiels, nicht gleich zu Beginn einer Vision allzu deutlich zu sehen, was den Anschein erwecken könnte, man hätte sie schon im Gepäck gehabt). Die Vision entwickelte sich schrittweise und gewann an Schwung, Dynamik, Energie! Es war der Brand im Richmond Theatre. Zunächst blieb Dr. Peake kühl, und sein feines Gesicht verriet eine Spur höflicher Geringschätzung; als er den Brand jedoch wiedererkannte, veränderte sich sein Gesichtsausdruck, und seine Augen leuchteten. An diesem Punkt drehte ich die Ventile weit auf, ließ allen Dampf entweichen und setzte den Leuten ein Abendessen aus Feuer und Schrecken vor, das darauf berechnet war, eine Weile vorzuhalten! Als ich fertig war, konnten sie nicht einmal nach Luft japsen – sie waren wie versteinert. Dr. Peake hatte sich erhoben, stand da – und atmete schwer. Mit durchdringender Stimme sagte er:

»Meine Zweifel sind ausgeräumt. Keine geheime Absprache könnte dieses Wunder hervorbringen. Er hat diese Einzelheiten unmöglich wissen können, und doch hat er sie mit der Klarheit eines Augenzeugen geschildert – und mit einer unangreifbaren Wahrhaftigkeit, wie ich weiß Gott nur bestätigen kann!«

Die Villa im Kolonialstil bewahrte ich mir für den letzten Abend auf und festigte und sicherte Dr. Peakes Bekehrung mit Hilfe des Kanonenkugellochs. Er erklärte den Zuschauern, dass ich von diesem Detail, das die Villa von allen anderen Villen Virginias unterscheide und sie eindeutig identifiziere, niemals gehört haben könne, folglich sei bewiesen, dass ich sie in meiner Vision *geschaut* habe. Sackerlot!

Es ist sonderbar. Als die Auftritte des Magiers beendet waren, gab es nur einen Menschen im Dorf, der nicht an den Mesmerismus glaubte, und das war ich. Alle anderen waren bekehrt, ich aber sollte fast fünfzig Jahre lang ein unerbittlicher und nicht zu überzeugender Ungläubiger bleiben. Das lag daran, dass ich den Mesmerismus wie den Hypnotismus später niemals untersuchte. Ich konnte es nicht. Das Thema stieß mich ab. Vielleicht weil es mich an eine Episode in meinem Leben erinnerte, die ich meinem Stolz zuliebe gern vergessen wollte; auch glaubte ich – oder redete es mir zumindest ein –, niemals auf einen »Beweis« zu stoßen, der nicht fadenscheinig und wertlos wäre und hinter dem nicht ein Betrüger wie ich steckte.

In Wahrheit brauchte ich nicht lange zu warten, um meiner Triumphe überdrüssig zu werden. Keine dreißig Tage, glaube ich. Ruhm, der auf einer Lüge beruht, wächst sich bald zu einer höchst unangenehmen Belastung aus. Zweifellos genoss ich es eine Zeitlang, dass meine Heldentaten in meiner Gegenwart erzählt, nacherzählt und weitererzählt wurden, dass sie bestaunt und bewundert wurden, aber ich kann mich noch deutlich daran erinnern, dass schnell eine Zeit kam, da mir das Thema lästig und zuwider wurde und ich das damit verbundene ekelhafte Unbehagen nicht länger ertragen konnte. Ich bin mir wohl bewusst, dass der von der Welt gepriesene Vollbringer einer wirklich großen und herrlichen Tat dieselbe Erfahrung macht wie ich; ich weiß, dass er es drei oder vier Wochen lang vollen Herzens genießt, von ihr zu hören, dass er bald darauf beginnt, jede Erwähnung derselben zu fürchten, und sich irgendwann wünscht, er hätte sich unter den Verdammten eingefunden, bevor er darauf verfallen wäre, seine Tat zu vollbringen; ich weiß noch, wie General Sherman immer tobte und fluchte, wenn ihm landauf, landab »*When we were marching through Georgia*« vorgespielt und vorgesungen wurde; dennoch glaube ich, dass ich etwas mehr litt als der legitime Held, der immerhin das Privileg hat, sein Elend mit der Überlegung zu lindern, dass sein Ruhm immerhin golden und dem Ursprung nach untadelig ist, während ich ein derartiges Privileg nicht hatte, denn es gab keine Möglichkeit, meinen respektabel zu machen.

Wie leicht es ist, Menschen dazu zu bringen, einer Lüge zu glauben, und wie schwer, diese Überzeugungsarbeit rückgängig zu machen! Fünfunddreißig Jahre nach meinen bösen Heldentaten besuchte ich meine alte Mutter, die ich zehn Jahre lang nicht gesehen hatte; und einem, wie mir schien, recht noblen, vielleicht sogar heroischen Impuls gehorchend, beschloss ich, mich zu demütigen und meine alte Schuld zu bekennen. Es kostete mich große Überwindung, diesen Entschluss zu fassen; ich fürchtete mich vor dem Kummer, der sich in ihrem Gesicht spiegeln, und vor der Scham, die ihr aus den Augen schauen würde; doch nach langem, bewegtem Nachdenken schien mir das Opfer geboten und angebracht, und ich nahm allen Mut zusammen und legte das Bekenntnis ab.

Zu meiner Verblüffung gab es keine Sentimentalitäten, keine Theatralik, keine Effekte à la George Washington; sie war nicht im mindesten bewegt; sie glaubte mir einfach nicht und sagte das auch! Ich war nicht nur enttäuscht, ich war pikiert, dass meine kostspielige Wahrhaftigkeit auf so gelassene und selbstbewusste Art vom Markt gedrängt wurde, wo ich doch erwartet hatte, einen Profit herauszuschlagen. Wieder und wieder beteuerte ich, zunehmend hitzig, meine Aussage, dass alles, was ich an jenen längst entschwundenen Abenden getan hatte, Lug und Trug gewesen war; und als sie ruhig den Kopf schüttelte und sagte, sie wisse es besser, hob ich die Hand, legte einen Schwur ab – und fügte triumphierend hinzu: »Was sagst du *jetzt*?«

Es tangierte sie überhaupt nicht; keinen Millimeter rückte sie von ihrer Position ab. Wenn das schwer zu ertragen war, dann vor allem weil sie Salz in die Wunde streute, indem sie meinen Eidschwur mit *Argumenten* verlachte, die beweisen sollten, dass ich in einem Wahn befangen sei und nicht wisse, wovon ich rede. Mit Argumenten! Mit Argumenten, die zeigen sollten, dass einer besser weiß, was im Inneren eines Menschen vorgeht, als dieser selbst! Schon vorher hatte ich einige Verachtung für Argumente gehegt, seitdem hat sich mein Respekt vor ihnen nicht vergrößert. Sie weigerte sich zu glauben, dass ich mir meine Visionen selbst ausgedacht hatte; sie sagte, das sei Narretei: ich sei noch ein Kind gewesen und hätte es gar nicht zuwege bringen können. Sie führte den Brand im Richmond Theatre und die Villa im Kolonialstil ins Feld und sagte, dergleichen gehe weit über meine Fähigkeiten hinaus. Da sah ich meine Chance! Ich sagte, sie habe recht – ich hätte sie mir nicht ausgedacht, ich hätte sie von Dr. Peake erfahren. Selbst dieser schwere Schuss richtete keinen Schaden an. Sie sagte, Dr. Peakes Aussage sei vertrauenswürdiger als meine, schließlich habe er mit klaren Worten gesprochen, dass ich diese Dinge unmöglich gehört haben könne. Du liebe Zeit, was für eine groteske, unvorstellbare Situation: ein geständiger Betrüger, der Ehrlichkeit überführt und zum Freispruch verurteilt aufgrund von Indizienbeweisen, die der Betrogene erbracht hat!

Voller Scham und ohnmächtigem Ärger erkannte ich, dass ich auf der ganzen Linie besiegt war. Ich hatte nur noch eine Karte im Ärmel, allerdings eine überragende Karte. Ich spielte sie aus – und rappelte mich wieder auf. Es schien unehrenhaft, ihre Festung niederzureißen, nachdem sie sie so tapfer verteidigt hatte; aber die Besiegten kennen keine Gnade. Ich spielte meinen Trumpf aus. Es ging um das Nadelstechen. Feierlich sagte ich:

»Ich gebe dir mein Ehrenwort, ich bin mit keiner Nadel gestochen worden, die mir nicht grausame Schmerzen verursacht hätte.«

Sie sagte nur:

»Es ist fünfunddreißig Jahre her. Ich glaubte, so denkst du *jetzt*, aber ich war dabei, und ich weiß es besser. Du hast nicht einmal gezuckt.«

Sie war so ruhig!, und ich davon weit entfernt, so ganz außer mir.

»Ach, du meine Güte«, sagte ich, »ich will dir *beweisen*, dass ich die Wahrheit sage. Hier ist mein Arm, stich mir eine Nadel hinein – stich mir eine Nadel in den Kopf –, ich werde nicht zucken.«

Sie schüttelte nur ihr graues Haupt und sagte mit schlichter Überzeugung:

»Jetzt bist du ein Mann und könntest die Schmerzen verbergen; aber damals warst du ein Kind und hättest es nicht gekonnt.«

Und so hielt sie an der Lüge, die ich ihr in meiner Kindheit aufgebunden hatte, bis zum Tag ihres Todes als unwiderlegbarer Wahrheit fest. Carlyle hat gesagt: »Eine Lüge kann nicht leben.« Es zeigt, dass er nicht lügen konnte. Hätte ich auf diese Lüge eine Lebensversicherung abgeschlossen, die Beiträge hätten mich längst in den Bankrott getrieben.

3. Dezember 1906

Mesmerismus wird fortgesetzt –
Der Vorfall mit Baron F.

Eines Abends dinierten wir bei den C.'s (1897 in Wien), und nach dem Dinner kamen einige Freunde der Familie vorbei, um zu rauchen und zu plaudern; *1897* unter ihnen G., der bei den X.'s diniert hatte. Von dort brachte er folgenden Vorfall mit: Als zum Essen gerufen wurde, fehlte noch ein Gast – Baron F., ein Cousin von Herrn* X. Zehn Minuten später war er immer noch nicht eingetroffen; schließlich wartete man nicht länger, und die Gesellschaft ging zu Tisch. Zwischen der Suppe und dem Fisch traf der Baron ein und wurde hereingeführt – ein großer und kräftig gebauter Mann von etwa fünfzig Jahren mit eisengrauem Haar und einem harschen, harten Gesicht. Mit einer flüchtigen Entschuldigung für sein Zuspätkommen nahm er Platz und begann seine Serviette auseinanderzufalten; mitten in dieser Tätigkeit hielt er inne und

---

* [Deutsch im Original; Anm. des Übers.]

485

starrte über den Tisch Mr. B. an, einen Engländer von ernster Miene und mittlerem Alter, der zu Besuch weilte. Dabei verdüsterte sich sein Gesicht und nahm den Ausdruck von Hass an, einem Hass der bittersten und unerbittlichsten Art; die Serviette glitt ihm aus den Händen, er erhob sich abrupt und stolzierte aus dem Zimmer. Erstaunt ließ X. seine bestürzten Gäste zurück und folgte ihm, um nach dem Rechten zu sehen. Er fand den Baron, der sich gerade die Handschuhe überstreifte, zum Aufbruch bereit an. Zwar schäumte er nicht gerade vor Wut, stand aber kurz davor. Als Antwort auf X.'s besorgte Nachfrage sagte er:

»Nein, seien Sie unbesorgt, es ist nichts, was hier passiert wäre – es reicht zurück, weit zurück. Ich kann mich nicht irren, er ist Engländer, und sein Name ist B. Stimmt's?«

»Ja.«

»Nun, ich bin ihm erst ein Mal begegnet, und das ist siebenundzwanzig Jahre her, aber ich kenne ihn, ich würde ihn in Sibirien, in der Sahara, in der Hölle wiedererkennen! Wie gut, dass ich ihn nicht zu fassen bekam – ich möchte kein Mörder sein!«

»Was ist nur los? Was hat er getan?«

»Getan? Oh, oh, oh, es ist zu schrecklich, auch nur daran zu denken! Aus dem Weg – halten Sie mich nicht zurück; wollen Sie, dass ich ihn umbringe?«

Das war der Vorfall, mehr wusste G. nicht – genug, um unsere Neugier zum Siedepunkt anzuheizen und eine Atmosphäre erregten Staunens und Ratens zu erzeugen; als solches eine feine Sache für einen Plausch unter Rauchern, doch mussten wir mehrere Tage warten, bis wir die Fortsetzung der Geschichte erfuhren. Sie ging so:

1870 lebte B. in London. Er war ein junger Bursche mit wachem und wissbegierigem Verstand und einem Heißhunger auf Neuheiten. Er hatte sich auf den Mesmerismus verlegt – wie er damals genannt wurde – und betrieb viele jener sonderbaren Dinge, die Charcot später unter der Bezeichnung Hypnotismus betreiben sollte. Eines Abends führte B. einige dieser Wunderdinge im Hause eines bedeutenden Mannes der Wissenschaft vor, und zu diesem Zweck hatte er einige Probanden mitgebracht, mit denen er bereits experimentiert

hatte. Einer der anwesenden Gentlemen bat ihn, ihn in seinem Haus in Syden-
ham zu besuchen und vor seinen Freunden eine ähnliche Vorstellung zu geben.
B. sagte:

»Gern, aber unter einer Bedingung: dass Sie zum Experimentieren ein Dutzend Personen auftreiben, die Sie kennen, die mir jedoch unbekannt sind, damit ich nicht geheimer Absprachen bezichtigt werden kann. Vielleicht werde
ich nicht alle beeinflussen, aber bei einem Dutzend kann ich erwarten, wenigstens ein oder zwei zu beeinflussen.«

Die Bedingung wurde akzeptiert und der Tag festgelegt. Doch am Tag vor
dem gewählten Datum schickte ihm der Gentleman einen Brief, in dem er
schrieb, es sei ihm nicht gelungen, jemanden für das Vorhaben zu gewinnen,
und B. bat, selbst Probanden mitzubringen.

B. brachte einen jungen Mann mit, der ein leicht zu beeinflussender Proband war und den er schon oft mesmerisiert hatte. Die beiden betraten ein
Podest, das an einem Ende des Salons errichtet worden war, und sahen sich
einer Gesellschaft von vierzig Männern gegenüber – einige jung, andere mittleren Alters; einige fesch und frivol, andere von einem ernsteren Kaliber; einige
von sarkastischem Gebaren, die anderen vage unfreundlich. B. wurde der unangenehmen Atmosphäre gewahr und bereute es, nicht auf den ursprünglichen
Bedingungen bestanden zu haben. Er versuchte den verlorenen Boden zurück-
zugewinnen, indem er die anwesenden Gentlemen um Probanden aus ihrer
Mitte bat, und sagte, er würde es als einen großen Gefallen betrachten, wenn
man seinem Ersuchen nachkäme. Er wartete, erntete aber nur Schweigen – andere Reaktionen gab es nicht.

Dann mesmerisierte er seinen jungen Mann und brachte ihn dazu, Salz mit
Zucker, Zucker mit Salz, Kreide mit Alaun, Alaun mit Kreide, Wasser mit
Brandy, Brandy mit Milch und so weiter zu verwechseln; ließ ihn Schiffe auf
dem Meer, in Brand geratene Häuser, Schlachten, Pferderennen und dergleichen mehr sehen – und während all dieser Darbietungen lächelten die Zuschauer verächtlich, und eine Gruppe junger Elegants, von denen einer lässig
an der Wand lehnte, stieß leise Rufe wie »Schwindler!«, »Scharlatan!« etc. aus.
B. sollte sie hören, und er hörte sie. Da er erwartete, dass sein Gastgeber eingriff
und ihn vor diesen Schmähungen schützte, warf er ihm ein oder zwei hilfe-

suchende Blicke zu; doch der Gastgeber hatte offensichtlich Angst. B. begriff, dass er für seinen Schutz selber sorgen müsse. Er versuchte die Herkunft der Beleidigungen zu ermitteln und einen Mund ausfindig zu machen, dem sie entstammten, war aber nie schnell genug. Der Dandy, der an der Wand lehnte, schien der Anführer zu sein, aber B. war sich nicht sicher. Er setzte seine Vorführung fort, und als die kränkenden Bemerkungen nicht abrissen, wurde er immer wütender. Da sagte er:

»Ich werde den Körper des Probanden jetzt starr wie Eisen machen und jeden Zweifler bitten, aufs Podest zu kommen, ihn zu untersuchen und zu testen.«

Er ließ den jungen Mann in der Luft schweben, sein Kopf auf einem und seine Schuhabsätze auf einem anderen Tisch, ohne eine Stütze dazwischen, und lud die Zweifler ein, aufs Podest zu kommen und ihre Tests durchzuführen. Niemand rührte sich. Dann der Ausruf: »Nichts als ein billiger Gaukler und sein gedungener Kumpan!«

Diesmal erspähte B. den Rufenden; es war der junge Elegant, der an der Wand lehnte. Mit einigen Handbewegungen löste er die Gliederstarre seines Probanden, dann wandte er sich an die Zuschauer:

»Man hat mich eingeladen hierherzukommen, ich habe mich nicht selbst eingeladen. Ich bin als Gentleman eingeladen worden, um Gentlemen zu treffen; Sie wissen am besten, weshalb der Gastgeber seinen Teil des Vertrages nicht einhalten konnte. Es fehlt Ihnen an Mut, aufs Podest zu kommen und sich den Tests selbst zu unterziehen, und doch haben Sie – da Sie viele sind – den Mut, mich, der ich allein bin und mich – wie Sie meinen – nicht wehren kann, zu beleidigen. Sie glauben nicht an Mesmerismus; Sie glauben nicht an die Echtheit meiner Demonstrationen; Sie werden einen Test sehen, der Sie überzeugt. Den Herrn, der an der Wand lehnt, fordere ich auf, nach vorn zu kommen.«

Er starrte auf den Kerl hinab, der zurückstarrte – der zurückstarrte und immer weiter zurückstarrte, während B. ihn heranwinkte – heranwinkte, zu sich heranzog, und das Publikum sah zu.

»Also dann – kommen Sie!«

Die Augen auf B. geheftet, bewegte sich der neue Proband langsam nach vorn und betrat das Podest.

»Halt!« Der Mann blieb stehen. »Steigen Sie auf diesen Stuhl.« Der Mann gehorchte. »Was sehen Sie? Den Ozean?« Verträumt nickte der Mann. »Liegt er zu Ihren Füßen? Sehen Sie die Wellen heranbranden?« Wieder Kopfnicken. »Merken Sie gar nicht, wie heiß es ist? Warum sind Sie bei solch einem Wetter so dick angezogen? Ziehen Sie sich aus und wagen Sie den Sprung – es wird Ihnen guttun.« Der Mann zog sein Sakko aus. »Jetzt Ihre Weste – werfen Sie sie ab. Jetzt Ihre Hose – werfen Sie sie ab. Jetzt Ihr Hemd. Jetzt die Unterwäsche. So – springen Sie! Halt!« B. wandte sich den Zuschauern zu und fuhr fort:

»Hier steht ein Ungläubiger – ein Mann aus Mayfair – ein Mann der Gesellschaft – ein Stenz – ein feixender Frauenheld – ein parfümierter Salondandy, voller Geringschätzung für die Gefühle anderer Menschen, aber empfindlich, was seine eigenen betrifft, stolz auf sein gutes Aussehen, eingebildet auf seine Reize – hier liegen sie alle offen vor Ihnen, splitterfasernackt! Ihnen wird es genauso ergehen; ich werde, so wahr mir Gott helfe, jeden Feigling unter Ihnen bis auf die Haut ausziehen!«

Aber das tat er nicht. Es herrschte ein wildes Gerangel und Gedrängel, und binnen einer Minute hatte sich der Salon geleert. Der nackte Mann war Baron F.

Mittwoch, 5. Dezember 1906

Ein Yankee an König Artus' Hof geschrieben, um das englische Leben im Mittelalter mit der modernen Zivilisation zu kontrastieren – Anklageerhebung gegen König Leopold II. – Sein Charakter im Gegensatz zu dem Charakter des Anwalts, der den Fonds für die Errichtung eines John-Marshall-Denkmals verwaltete

Aus Susys Biographie

22. Febr. 86

Gestern Abend las uns Papa den Anfang seines neuen Buches aus dem Manuskript vor, und er gefiel uns sehr gut, er beruht auf dem Besuch eines Neuengländers in England zur Zeit von König Artus und seiner Tafelrunde.

Das Buch war ein Versuch, sich die harschen Lebensbedingungen der werktätigen und schutzlosen Armen vergangener Zeiten in England vorzustellen, sie einigermaßen korrekt darzulegen und nebenher mit den Bedingungen zu kontrastieren, unter denen die weltlichen und geistlichen Schoßkinder des Privilegs und Vermögens damals lebten. Ich glaube, meine Absicht war, das englische Leben – nicht nur das zur Zeit Artus', sondern das englische Leben im gesamten Mittelalter – mit dem Leben der modernen Christenheit und der modernen Zivilisation zu kontrastieren, natürlich zum Vorteil Letzterer. Dieser Vorteil kann nach wie vor geltend gemacht werden und besteht in löblichem und großzügigem Maße überall in der Christenheit – wenn wir Russland und den Königspalast von Belgien auslassen. Der Königspalast von Belgien ist noch immer, was er seit vierzehn Jahren ist, die Höhle eines wilden Tieres – König Leopolds II., der jedes Jahr um des lieben Geldes willen im Staate Kongo eine halbe Million hilfloser armer Eingeborener ohne Fürsprecher verstümmeln, ermorden und aushungern lässt, und das mit stillschweigender Zustimmung aller christlichen Mächte, ausgenommen England; keine christliche Macht erhebt die Hand oder die Stimme, um diese Gräueltaten zu verhindern, obwohl dreizehn durch feierlichen Vertrag verpflichtet sind, die geschändeten Eingeborenen zu schützen und zu fördern. In vierzehn Jahren hat Leopold vorsätzlich mehr Menschen vernichtet, als in den vergangenen tausend Jahren auf sämtlichen Schlachtfeldern dieses Planeten getötet wurden. Mit dieser ungeheuerlichen Feststellung greife ich bei weitem nicht zu hoch – greife nicht um mehrere Millionen Menschenleben zu hoch. Es ist seltsam, dass sich das fortschrittlichste und aufgeklärteste aller Jahrhunderte, auf die die Sonne geschienen hat, durch den grausigen Umstand auszeichnet, diesen verschimmelten und frömmlerischen Heuchler hervorgebracht zu haben; dieses blutrünstige Ungeheuer, das in der Geschichte der Menschheit nicht seinesgleichen findet und dessen Persönlichkeit zweifellos die Hölle selbst beschämen wird, wenn es dort anlangt – wollen wir hoffen und darauf vertrauen, dass dies bald geschieht.

Die Bedingungen, unter denen die Armen im Mittelalter lebten, waren schlimm genug, aber diese Bedingungen waren geradezu himmlisch, verglichen mit denen, die in den vergangenen vierzehn Jahren im Staate Kongo herrschten. Ich habe Russland erwähnt. So grausam und erbärmlich das Leben im

Mittelalter für die gesamte Christenheit auch war, es war nicht so grausam, nicht so erbärmlich wie das Leben im heutigen Russland. Seit drei Jahrhunderten wird die riesige Bevölkerung Russlands unter Stiefelabsätzen zertreten, und zwar zum alleinigen Vorteil einer schäbigen Abfolge gekrönter Mörder und Räuber, die allesamt den Galgen verdient hätten. Russlands hundertdreißig Millionen unglückliche Untertanen sind heute schlimmer dran als die Armen im Mittelalter, die wir so bemitleiden. Inzwischen sind wir es gewohnt, Russland als mittelalterlich, als im Mittelalter verharrend, zu bezeichnen, aber das ist reine Schmeichelei. Russland fällt weit hinter das Mittelalter zurück; das Mittelalter ist ihm weit voraus, und solange die Zarenherrschaft weiterbesteht, ist es unwahrscheinlich, dass Russland aufholen wird.

Die heutigen Nachrichten über dieses schreckliche Land lassen mich erröten, weil ich in dem Buch *Ein Yankee an König Artus' Hof* harte und harsche Dinge über das Leben der Armen im Mittelalter gesagt habe.

EHEFRAUEN FÜR BROT VERKAUFT

Die Schrecken der Hungersnot in den russischen Provinzen
entlang der Wolga

Sonderdepesche für die Sun

St. Petersburg, 4. Dez. – Die Zeitungen veröffentlichen schreckliche Berichte über die Hungersnot in den Gouvernements an der Wolga. In sieben sollen Millionen Menschen an Hunger gestorben sein. Es heißt, die Tartaren leiden ebenso wie die Russen.

Im Dorf Tetjuschi sind acht Tartarenmaiden an Schieber, die mit weißen Sklavinnen aus dem Kaukasus handeln, verkauft worden, zu Preisen zwischen $ 34 und $ 92. Russische Bauern aus der Gegend um Astrachan bringen ihre Ehefrauen in die Stadt und zwingen sie, sich in Bordellen zu verdingen, wofür die Ehemänner rund $ 14 erhalten.

Um diesen unangenehmen Geschmack aus dem Mund zu bekommen, muss ich jetzt unterbrechen, ein oder zwei Notizbücher befragen und etwas dem

Menschengeschlecht Schmeichelhaftes finden. Vor vier oder fünf Jahren gab John Cadwalader, ein angesehener Anwalt in Philadelphia, Anlass zu einer solchen Notiz. Ich weiß nicht, wo ich nach ihr suchen soll, aber die wichtigsten Einzelheiten kann ich aus dem Gedächtnis anführen.

Vor einundsiebzig Jahren, 1835, im Jahr meiner Geburt, starb in Philadelphia der berühmte John Marshall, Vorsitzender Richter am Obersten Gerichtshof der USA. Ein Treffen der Anwaltschaft wurde einberufen und ein Ausschuss eingesetzt, der anlässlich dieses Ereignisses Spenden für ein Denkmal erbitten sollte. Die Ehre des Spendens sollte auf den Berufsstand der Juristen beschränkt sein; sämtliche Rechtsanwälte in Amerika sollten dazu eingeladen und sämtliche Spenden auf einen Dollar begrenzt werden. Ein junger Anwalt – dessen Namen mir nicht mehr gewärtig ist – wurde damit betraut, die Spenden entgegenzunehmen und zu quittieren. Bald begannen aus der gesamten Nation die Dollars zu fließen. Dann geschah, was immer geschieht: Plötzlich zog ein neues außerordentliches Ereignis dieser oder jener Art das Interesse und die Aufmerksamkeit der Nation auf sich und verdrängte die Sache mit dem Denkmal aus aller Köpfe. Als das geschah, stockte der Dollarfluss, und diese Stockung trat so früh ein, dass bis dato nur eine geringfügige Summe zusammengekommen war – etwa dreitausend Dollar.

Fünfzig Jahre danach starb der bereits erwähnte junge Spendeneintreiber an einem gewöhnlichen Tag als arbeitsamer, ehrlicher, betagter und mittelmäßiger Anwalt. In seinem Letzten Willen hatte er John Cadwalader als einen seiner Testamentsvollstrecker bestimmt. Cadwalader fand die Papiere des Verstorbenen in makelloser Ordnung vor, so eindeutig und sorgfältig klassifiziert, indexiert und etikettiert, dass sie einen genauen und vollständigen Einblick in die Angelegenheiten des alten Mannes boten. Unter diesen Papieren befand sich auch eines, das die Kapitalanlage des Denkmalfonds verzeichnete und aus der Zeit der Fondsgründung vor fünfzig Jahren stammte. Die Geldanlage war in Form zinsbringender mündelsicherer Staatsanleihen getätigt worden; bald darauf waren sie verkauft und die Erträge in ähnlich sichere Staatsanleihen reinvestiert worden. Diese Verkäufe und Reinvestitionen waren fünfzig Jahre lang Jahr für Jahr vonstattengegangen; in jedem einzelnen Fall waren die Wertpapiere und die Zinsen genau benannt, ebenso die alte Bank, bei der die angesammel-

ten Gelder eingezahlt worden waren. Eine Berechnung ergab, dass dem Fonds
für ein Denkmal zu Ehren des Vorsitzenden Richters Marshall bei dieser Bank
jetzt Gelder und Wertpapiere in Höhe von mehr als fünfzigtausend Dollar zur
Verfügung standen. Cadwalader war so erstaunt, dass er die ihm vorliegenden
Beweise anzweifelte und fürchtete, dass er sich von einem Märchen hatte um-
garnen lassen. Er ging zu selbiger Bank, erkundigte sich, ob das Konto des
Denkmalfonds tatsächlich ein Guthaben von mehr als fünfzigtausend Dollar
aufweise, und ihm wurde mitgeteilt, die Summe sei korrekt und könne vom
Denkmalfonds jederzeit abgehoben werden.

Cadwalader eilte zum Jahrestreffen der Anwälte von Philadelphia, wo seine
Anwesenheit erforderlich war. Aufgeregt und voll der großen Neuigkeit kam er
dort an. Sogleich erhob er sich, um sie zu verkünden, doch im selben Moment
ergriff Philadelphias verehrtester, beliebtester und berühmtester alter Anwalt
Daniel O'Dogherty das Wort. Eigentlich war Cadwalader an der Reihe, aber er
fügte sich, ließ O'Dogherty den Vortritt und setzte sich. Dann geschah etwas
Merkwürdiges und Erstaunliches.

O'Dogherty erinnerte die Anwaltschaft an ein bedeutsames Ereignis, das
sich vor einem halben Jahrhundert in Philadelphia zugetragen habe – an den
Tod John Marshalls, Vorsitzender Richter am Obersten Gerichtshof der USA.
Er sagte, es werfe ein schlechtes Licht auf die Anwälte Philadelphias, dass dieses Ereignis nicht schon längst auf irgendeine Weise gewürdigt worden sei.
Dann stellte er den Antrag, dieses schlechte Licht auf schnellstem Wege aus
der Welt zu schaffen und, bevor die sonstigen Belange verhandelt oder auch
nur erwähnt würden, Maßnahmen zu ergreifen, um fünfzigtausend Dollar für
ein Denkmal zu Ehren John Marshalls aufzubringen. Er stützte seinen Antrag
mit einer bewegenden eloquenten Rede, die große Begeisterung auslöste, und
als er sich setzte, erhoben sich im ganzen Saal Rufe nach »Antrag! Antrag!«.
Der Vorsitzende stellte einen förmlichen Antrag; dieser wurde befürwortet;
dann stand Cadwalader auf, um etwas dazu zu sagen, und begann mit den
Worten:

»Sir, glücklicherweise ist es nicht notwendig, Maßnahmen zu ergreifen, um
die fünfzigtausend Dollar aufzubringen – sie sind bereits aufgebracht!«

Und dann erzählte er den entzückten und erstaunten Zuhörern die Geschichte, die ich soeben erzählt habe. Mir diesen schönen Vorfall ins Gedächtnis zu rufen entfernt den bitteren Geschmack aus meinem Mund.

Das Denkmal zur Erinnerung an Marshall, das daraufhin entstand, befindet sich auf dem Gelände des Kapitols in Washington.

Donnerstag, 6. Dezember 1906

Claras fromme Bemerkung, als ihre verletzte Hand behandelt wurde –
Jeans Bemerkung, als Mr. Clemens eine Einladung Kaiser Wilhelms II.
zum Dinner erhielt – Das Dinner beim Kaiser – Der Beamte
des Auswärtigen Amtes und wie er einen erwünschten Urlaub
bekam und ihn verlängerte

Aus Susys Biographie

27. Febr., Sonntag

Claras Ruf als Baby war immer vorzüglich, meiner das genaue Gegenteil. Eine oft erzählte Geschichte ihre tapferkeit als Baby und ihre eigene Meinung von dieser eigenschaft ist diese. Clara und ich bekamen oft Splitter in die Hand und wenn Mama sie mit einer gefürchteten Nadel entfernte, war Clara immer sehr tapfer und ich sehr feige. Eines Tages hatte Clara einen dieser Splitter in der Hand, einen ganz schlimmen, und als Mama ihn herauszog, hielt Clara vollkommen still, ohne auch nur mit der Wimper zu zucken; ich sah, wie tapfer sie war, wandte mich zu Mama und sagte: »Mama, ist sie nicht ein tapferes kleines Ding!« Gleich darauf musste Mama mit der Nadel tief in die kleine Hand hineinstechen und als sie merkte, wie vollkommen ruhig Clara es hinnahm, rief sie: »Clara! Du bist *wirklich* ein tapferes kleines Ding!« Clara antwortete: »Niemand ist tapferer als Gott!«

Claras fromme Bemerkung ist das wichtigste Detail, und Susy hat sich an die Formulierung genau erinnert. Die Wunde der Dreijährigen war furchterregend, und die chirurgischen Künste der Mutter waren ihr nicht gewachsen. Nach einem grausamen Unfall war das Fleisch am Finger aufgeplatzt. Die Wunde musste vom Arzt genäht werden, und allem Anschein nach war er es, der am meisten litt und mit ihm die anderen unabhängigen Zeugen; jedes Mal, wenn er den Faden durchzog, zuckte Clara leicht, die anderen aber schrumpften regelrecht zusammen.

Ich bin stolz auf Claras Bemerkung, beweist sie doch, dass, obwohl sie erst drei Jahre alt war, die lehrreichen Kamingespräche schon eine Denkerin aus ihr machten – eine Denkerin und auch eine Beobachterin der Proportionen. Dieses Verdienst rechne ich durchaus nicht mir an. Ich brachte den Kindern Weltwissen und Weltweisheit bei, war aber nicht kompetent genug, höher zu zielen, und so überließ ich die spirituelle Erziehung ihrer Mutter. Ein Ergebnis meiner Genügsamkeit wurde mir auf verblüffende Weise einige Jahre später deutlich vor Augen geführt, als Jean neun Jahre alt war. Damals waren wir gerade in Berlin eingetroffen und hatten eine möblierte Wohnung bezogen. Eines Morgens beim Frühstück traf eine große Karte ein – eine Einladung. Um genau zu sein, war es eine Anordnung des Kaisers von Deutschland, zum Dinner zu erscheinen. Im Laufe mehrerer Monate, die ich auf dem Kontinent verbracht hatte, war ich im gesellschaftlichen Leben Männern mit hochtrabenden Titeln begegnet; und über die Zeit ließ sich Jean mehr und mehr von diesen imponierenden Ereignissen beeindrucken, einschüchtern und überwältigen, denn bis dahin war sie noch nie im Ausland gewesen, und all das war neu für sie – Wunder aus dem Traumland, die Wirklichkeit wurden. Die kaiserliche Karte wanderte von Hand zu Hand um den Tisch und wurde voller Interesse geprüft; als sie bei Jean ankam, ließ sie zwar Gemütserregung und Gefühlsbewegung erkennen, war aber eine Weile völlig sprachlos; dann sagte sie:

»Aber Papa, wenn das so weitergeht, wird es bald niemanden mehr geben, mit dem du Bekanntschaft schließen kannst, außer Gott.«

Der Gedanke, dass ich in jener Region keine Bekanntschaften hatte, war wenig schmeichelhaft, aber Jean war noch jung, und die Jugend zieht voreilige Schlüsse, ohne lange nachzudenken.

Natürlich erwies ich mir die Ehre, der Anordnung Kaiser Wilhelms II. Folge zu leisten. Anwesend waren Prinz Heinrich und sechs bis acht weitere Gäste. Der Kaiser sprach am meisten, parlierte gekonnt und in fehlerfreiem Englisch. Ich war erfreut, in diesen beiden Auffälligkeiten eine Ähnlichkeit mit mir selbst zu erkennen – eine sehr genaue Ähnlichkeit; nein, eine fast, aber nicht ganz genaue Ähnlichkeit – eine abgewandelte Genauigkeit, bei der mir der Kaiser etwas voraushatte. Mein Englisch ist, wie seins, fast fehlerfrei; wie er vermag ich gekonnt zu parlieren; und wenn ich Gäste zum Dinner habe, ziehe ich es vor, das Gespräch allein zu bestreiten. Das ist die beste Methode und die angenehmste. Für die anderen auch die ertragreichste.

Ich war sehr erfreut, als ich merkte, dass Seine Majestät mit meinen Büchern vertraut und seine Haltung ihnen gegenüber nicht unschmeichelhaft war. In seiner Rede sagte er, mein bestes und wertvollstes Buch sei *Alte Zeiten auf dem Mississippi*. Auf diese Bemerkung komme ich gleich noch zurück.

Ein Beamter, der damals eine hohe Stelle im Auswärtigen Amt bekleidete und vierzehn Jahre lang unter Bismarck gedient hatte, hatte seine alte Position auch noch unter Reichskanzler Caprivi inne. Ich werde den, von dem ich erzähle, Smith nennen, auch wenn das nicht sein Name ist. Er war ein besonderer Freund von mir, und ich genoss seine Gesellschaft sehr, auch wenn ich ihn, um sie genießen zu können, erst um Mitternacht aufsuchen durfte und nicht früher. Das lag daran, dass Regierungsbeamte in seiner Position ab neun Uhr morgens den ganzen Tag über arbeiten und abends an offiziellen Banketten teilnehmen mussten, weshalb sie sich gesundheitsfördernde frische Luft und Bewegung für ihren matten Geist und Körper gewöhnlich nicht vor Mitternacht verschaffen konnten; dann erschienen sie in Grüppchen von zweien oder dreien und stapften bis zwei Uhr morgens dankbar schweren Schrittes durch die menschenleeren Straßen. Smith hatte, zu Hause und im Ausland, über dreißig Jahre in Regierungsdiensten gestanden, inzwischen war er sechzig Jahre alt oder doch fast. Er konnte sich an kein Jahr erinnern, in dem er mehr als zwei Wochen Urlaub gehabt hätte; inzwischen war er müde bis auf die Knochen und sehnte sich nach vollen drei Monaten Ferien – sehnte sich danach so heftig und so schmerzlich, dass er sich endlich entschlossen hatte, einen verzweifelten Vorschlag zu wagen und die Folgen auf sich zu nehmen, wie auch immer sie ausfallen mochten. Es verstieß gegen alle Gepflogenheiten, um Urlaub zu *bitten* – gegen alle Etikette; der Schock würde das Kanzleramt paralysieren; strenge Etikette und Gewohnheit erforderten ein anderes Vorgehen: Der Antragsteller durfte nicht um Urlaub bitten, er musste seinen *Rücktritt* einreichen. Der Reichskanzler würde wissen, dass der Antragsteller eigentlich gar nicht versuchte zurückzutreten und auch nicht zurückzutreten wünschte, sondern lediglich versuchte, auf diese linkische Weise Urlaub zu erhalten.

In der Nacht vor dem Dinner des Kaisers, nach Mitternacht, begleitete ich Smith, als er sich Bewegung verschaffte, und er hatte nur sein Projekt im Kopf. An dem Tag hatte er seinen Rücktritt eingereicht und harrte zitternd der Entscheidung; natürlich weil es durchaus denkbar war, dass sich der Reichskanzler freute, seine Stelle mit einem anderen besetzen zu können; in diesem Falle könnte er den Rücktritt ohne Kommentar und ohne Kränkung annehmen. Smith war in einer schrecklich ängstlichen Verfassung; nicht dass er befürchtete, Caprivi könnte mit ihm unzufrieden sein, diese Furcht hatte er nicht; es war der Kaiser, vor dem er sich fürchtete; er wusste nicht, wie der Kaiser zu ihm stand. Er sagte, zwar sei es dem Anschein nach Caprivi, der über seinen Fall befinde, in Wahrheit aber treffe der Kaiser die Entscheidung; über alles wache der Kaiser höchstpersönlich, und kein amtlicher Sperling falle auf die Erde ohne sein Wissen und seine Einwilligung; das Rücktrittsgesuch werde Seiner Majestät vorgelegt, der es nach Belieben annehmen oder ablehnen werde, und dieses sein Belieben werde er durch Caprivi übermitteln lassen. Smith sagte, sein Schicksal werde am kommenden Abend, nach dem kaiserlichen Dinner, entschieden sein; wenn ich Seiner Majestät in den großen Salon neben dem Speisesaal folgte, würde ich etwa dreißig Männer antreffen – Kabinettsminister, Admiräle, Generäle und andere bedeutende Amtsträger des Reiches –, und diese Männer würden in kleinen separaten Gruppen von zwei, drei Personen zusammenstehen und sich unterhalten; der Kaiser werde von Gruppe zu Gruppe gehen und an jede ein Wort richten, mitunter zwei Wörter, mitunter gar zehn Worter; und die Länge seiner Rede, ob kurz oder nicht ganz so kurz, drücke das Ansehen aus, das der angesprochene Mann beim Kaiser genieße; in jedem einzelnen Fall könne ein Experte, der dieses Thermometer im Auge behält, den Stand des kaiserlichen Thermometers bis auf einen halben Grad genau bestimmen; in Berlin wie in den kaiserlichen Tagen Roms sei der Kaiser die Sonne, und sein Lächeln oder sein Stirnrunzeln bedeute für den Mann, dem es gelte, Glück oder Verhängnis. Smith empfahl mir, das Thermometer im Auge zu behalten, während der Kaiser seine Runde von Gruppe zu Gruppe mache; wenn Seine Majestät vier Minuten lang zu einem der Anwesenden spreche, bedeute das hohe Gunst, und für diesen Mann stehe die Sonne wolkenlos im Zenit.

Ich merkte mir den Höchststand von vier Minuten und beschloss zu prüfen, ob irgendwer an diesem Abend hinreichend Gunst auf sich zog, um ihn zu erreichen.

Nun gut. Nach dem Dinner beobachtete ich den Kaiser, wie er von Gruppe zu Gruppe schritt, und insgeheim maß ich ihn mit der Uhr. Zwei- oder dreimal hätte er den Höchststand von vier Minuten fast erreicht, aber immer fehlte eine kleine Strecke. Der Letzte, zu dem er kam, war Smith. Er legte Smith die Hand auf die Schulter und begann mit ihm zu reden; und als er aufhörte, zeigte das Thermometer sieben Minuten an! Dann begab sich die Gesellschaft ins Rauchkabinett, wo bis Mitternacht in geschäftigem Treiben Zigarren, Bier und Anekdoten gereicht wurden, und als Smith an mir vorbeikam, flüsterte er:

»Damit ist die Sache entschieden. Der Reichskanzler wird anfragen, wie viel Urlaub ich haben möchte, und ich werde mich nicht scheuen, den Einsatz zu erhöhen. Ich beantrage sechs Monate.«

Smiths Traum war es gewesen, seinen dreimonatigen Urlaub – falls er denn Urlaub bekäme, statt vor die Tür gesetzt zu werden – in einer der großen Hauptstädte des Kontinents zu verbringen, einer Stadt, deren Namen ich vorerst noch verschweige. Anderntags fragte ihn der Reichskanzler, wie viel Urlaub er haben wolle und wo er ihn zu verbringen gedenke. Smith sagte es ihm. Seinem Gesuch wurde entsprochen, ja mehr als entsprochen. Der Reichskanzler erhöhte sein Gehalt, attachierte ihn der deutschen Botschaft in der gewählten Hauptstadt und verlieh ihm eine höchst würdevolle Stellung mit einem imposanten Titel. Er würde nichts weiter zu tun haben, als in der Botschaft ein- oder zweimal im Jahr an Banketten außergewöhnlichen Charakters teilzunehmen. Die Dauer des Urlaubs wurde nicht festgelegt; er sollte ihn so lange fortsetzen, bis er zurückbeordert würde, um seine Tätigkeit im Auswärtigen Amt wiederaufzunehmen. Das war 1891. Acht Jahre später kam Smith durch Wien und stattete mir einen Besuch ab. Bislang hatte er seinen Urlaub nicht abbrechen müssen, und es war unwahrscheinlich, dass er es jemals tun müsste, solange er noch unter den Lebenden weilte. Wir alle haben süße Träume, aber nicht allen erfüllen sie sich auf so angenehme Weise.

1891

1899

498

13. Dezember 1906

Was die herannahende amerikanische Monarchie betrifft. Bevor man Mr. Root hatte sprechen hören, sagte der Vorsitzende des Banketts:

»In diesen unruhigen Zeiten ist es höchst befriedigend, dass ein Mann wie Sie, Mr. Root, Hauptberater des Präsidenten ist.«

Daraufhin erhob sich Mr. Root und löste ganz ruhig und gesittet den Nachfolger des San-Francisco-Bebens aus. Davon wurden mehrere Staatsregierungen stark erschüttert und erheblich geschwächt. Mr. Root machte Prophezeiungen. Er machte Prophezeiungen, und mir scheint, eine scharfsinnigere und zutreffendere Vorhersage ist hierzulande seit vielen Jahren nicht getroffen worden.

Er sagte nicht ausdrücklich, dass wir uns stetig auf eine letztlich unvermeidliche Ablösung der Republik durch die Monarchie zubewegen; aber ich vermute, dass er sich dessen bewusst war. Er nimmt die einzelnen Schritte in Augenschein, die üblichen Schritte, die in allen Zeitaltern zur Konsolidierung loser und verstreuter Regierungskräfte zugunsten einer respekteinflößenden Zentralisierung der Autorität geführt haben; aber hier hält er inne und zählt eins und eins nicht zusammen. Er weiß sehr wohl, dass die Summe bislang stets die Monarchie ergeben hat und man sich getrost darauf verlassen kann, dass dieselben Zahlen, wann und wo immer sie vorkommen, dieselbe Summe ergeben, solange die menschliche Natur bleibt, was sie ist; es war auch gar nicht nötig, dass er die Berechnung anstellte, das kann jeder selbst besorgen; es wäre auch nicht freundlich von ihm gewesen.

Indem er die veränderten Bedingungen betrachtet, die im Laufe der Zeit dazu geführt haben, dass die Washingtoner Regierung eine Reihe von Rechten und Pflichten der Einzelstaaten, die von mehreren dieser Einzelstaaten verraten und vernachlässigt worden sind, schließlich an sich gerissen hat, schreibt er diese Veränderungen mit ihren gewaltigen Folgen nicht etwa der wohlüberlegten Politik einer Partei oder einer Gruppe von Träumern oder Ränkeschmieden zu, sondern sehr richtig und überzeugend der Macht der *Umstände*, die ohne Ansehen von Parteien und Politik nach eigenen Gesetzen verfährt und deren Entscheidungen endgültig sind und von allen befolgt werden müssen – und befolgt werden. Die Eisenbahn ist ein Umstand, das Dampfschiff ist ein Um-

499

stand, der Telegraph ist ein Umstand. Es waren bloße Ereignisse; und für alle Welt, für Weise wie für Narren, schienen sie vollkommen trivial, vollkommen belanglos zu sein; ja albern, komisch, grotesk. Kein Mensch, keine Partei und keine wohlüberlegte Politik sagte: »Seht her, wir werden Eisenbahnen und Dampfschiffe und Telegraphen bauen, und bald werdet ihr merken, dass sich die Lebensbedingungen und die Lebensweise aller Männer, Frauen und Kinder unserer Nation von Grund auf verändern; unvorstellbare Veränderungen der Gesetze und Gebräuche werden folgen, und niemand wird sie verhindern können.«

Die veränderten Bedingungen sind eingetreten, und die Umstände wissen, was folgt und folgen wird. Wie Mr. Root hier. Seine Sprache ist nicht vage, sie ist kristallklar:

»Unser ganzes Leben hat sich von den alten einzelstaatlichen Zentren wegbewegt und ballt sich um nationale Zentren.«

»… die alten Barrieren, die die Einzelstaaten zu separaten Gemeinschaften machten, sind vollständig aus dem Blick geraten.«

»… die [einzelstaatliche] Macht der Regulierung und Kontrolle geht nach und nach in die Hände der nationalen Regierung über.«

»Die nationale Regierung übernimmt – manchmal durch Geltendmachung der Handelshoheit zwischen den Einzelstaaten, manchmal durch Geltendmachung der Steuerhoheit – die Ausübung von Pflichten, die die separaten Einzelstaaten unter den veränderten Bedingungen nicht länger angemessen erfüllen können.«

»Wir drängen vorwärts zu einer Entwicklung eines Geschäfts- und Gesellschaftslebens, das mehr und mehr zu einer Auslöschung der Staatsgrenzen und einer Abnahme der Macht der Einzelstaaten zugunsten der nationalen Macht tendiert.«

»Es nützt nichts, dass die Befürworter der Rechte der Einzelstaaten gegen … die Ausdehnung der nationalen Autorität auf Gebiete eifern, auf denen die Einzelstaaten selbst bei der Ausübung notwendiger Kontrollpflichten versagen.«

Er gibt keine Politik bekannt; er sagt nicht voraus, was eine Gruppe von Planern zuwege bringen wird; er sagt lediglich, was das Volk fordern und erzwingen wird. Und er hätte – was vollkommen zutreffend wäre – hinzufügen können, dass sich das Volk nicht durch Spekulation, Nachdenken und Planung dazu bringen lassen wird, sondern durch die *Umstände* – jene Macht, die rücksichtslos alle Handlungen des Volkes erzwingt und über die das Volk nicht die geringste Kontrolle hat.

»Aber es ist noch nicht das Ende da.«

Ein wahres Wort. Wir sind auf dem Vormarsch, aber wir fangen eben erst an.

Wenn die Einzelstaaten ihren Pflichten, wie sie vom Volk gefordert werden, weiterhin nicht nachkommen –

»… werden *verfassungsrechtliche Konstruktionen gefunden*, um denjenigen Macht zu verleihen, die sie ausüben können – in der nationalen Regierung.«

Ich weiß nicht, ob das eine unheilvolle Bedeutung hat oder nicht, daher will ich mich nicht weiter darüber verbreiten, um nicht Gefahr zu laufen, im Unrecht zu sein. Es hört sich ganz nach einer Wiederkehr des »Schiffsgeldes« an, aber vielleicht ist das unbeabsichtigt.

Da die menschliche Natur ist, wie sie ist, vermute ich, dass wir damit rechnen müssen, irgendwann wieder in die Monarchie zu schlittern. Es ist ein betrüblicher Gedanke, aber wir können unsere Natur nun einmal nicht ändern: Wir sind alle gleich, wir Menschen; und in unserem Blut und unseren Knochen tragen wir unausrottbar die Saat, aus der Monarchien und Aristokratien hervorgehen: die Anbetung von Talmi, Titeln, Auszeichnungen, Macht. Wir müssen diese Dinge und ihre Besitzer anbeten, so sind wir geboren, wir können nicht anders. Wir wollen von jemandem verachtet werden, den wir höher einstufen als uns selbst, oder wir sind nicht glücklich; wir müssen jemanden haben, den wir anbeten und beneiden können, oder wir sind nicht zufrieden. In Amerika tun wir das auf alte herkömmliche Weise. In der Öffentlichkeit spotten wir über Titel und ererbte Privilegien, privat aber sehnen wir uns nach ihnen, und wenn wir eine Chance wittern, erwerben wir Erstere für Bares und eine Tochter. Manchmal bekommen wir sogar einen guten Mann, der seinen Preis wert ist, aber wir sind ohnehin bereit, ihn zu akzeptieren, ob er nun reif ist oder verrottet, ob sauber und anständig oder nur ein Korb voll edler, heiliger Abfälle hoher Provenienz. Und wenn wir ihn ergattern, höhnt und hänselt uns die ganze Nation öffentlich – und beneidet uns privat; und ist noch stolz auf

501

die Ehre, die uns zuteilgeworden ist. Hin und wieder gehen wir in der Zeitung die Liste unserer blaublütigen Erwerbungen durch und diskutieren sie und hätscheln sie und sind dankbar und glücklich.

Wie alle anderen Nationen beten wir Geld und seine Besitzer an – sie bilden unsere Aristokratie, und eine müssen wir haben. In den Zeitungen lesen wir gerne von reichen Leuten; die Zeitungen wissen das und tun ihr Bestes, unseren Appetit großzügig zu stillen. Ab und zu lassen sie sogar einen Fußballstierkampf aus, nur um Platz für die Einzelheiten eines Vorfalls zu schaffen – siehe die Überschrift: »Reiche Frau in Keller gestürzt – unverletzt«. Ist die Frau nicht reich, so ist der Sturz in den Keller für uns nicht von Interesse, doch keine reiche Frau kann in einen Keller stürzen, ohne dass es uns danach verlangt, alles darüber zu erfahren, und wir uns wünschen, es selbst gewesen zu sein.

In einer Monarchie huldigt das Volk bereitwillig und freudig den Adelsständen, ist stolz auf sie und lässt sich durch die Überlegung, dass seine demütige, von Herzen kommende Huldigung nur mit Verachtung erwidert wird, nicht beschämen. Verachtung beschämt das Volk nicht, es ist daran gewöhnt und begreift, dass ihm nichts anderes zusteht. Wir sind alle so beschaffen. In Europa lernen wir rasch und mühelos, Souveränen und Aristokraten gegenüber dieselbe Haltung einzunehmen; zumal beobachtet werden kann, dass wir diese Haltung, kaum dass wir sie eingenommen haben, übertreiben und bald schon unterwürfiger werden als die Einheimischen und uns mehr darauf einbilden. Der nächste Schritt besteht darin, über Republiken und Demokratien zu wettern und zu spotten. Das alles ist ganz natürlich, denn dadurch, dass wir Amerikaner geworden sind, haben wir nicht aufgehört, Menschen zu sein, und die Menschheit war stets dazu auserkoren, von Königen regiert zu werden, nicht mittels Volksabstimmungen.

Ich vermute, wir müssen damit rechnen, dass unvermeidliche und unüberwindbare Umstände den Einzelstaaten nach und nach die Macht nehmen und sie sämtlich in die Hände der Zentralregierung legen werden und dass die Republik dann die Geschichte aller Zeiten wiederholt und sich in eine Monarchie verwandelt; aber ich glaube, wenn wir uns diesen Übergriffen in den Weg stellen und uns unaufhaltsam zur Wehr setzen, dann können wir die Monarchie noch eine gute Weile hinauszögern.

Montag, 17. Dezember 1906

Der Zufall, dass ein Kaiser und ein Pförtner fast im selben Moment ihre Wertschätzung von Alte Zeiten auf dem Mississippi *ausdrücken – Der Zufall, dass Mr. Clemens über die Definition des Wortes Zivilisation nachsinnt, daraufhin das Morgenblatt zur Hand nimmt und feststellt, dass seine Ideen von einem Schriftsteller vertreten werden, der den Kern seiner Bemerkungen Mr. Clemens zuschreibt*

Wie bereits angemerkt, erhielt *Alte Zeiten auf dem Mississippi* das höchste Lob des Kaisers. Ich kam erst nach Mitternacht heim; gewöhnlich blieb ich etwa bis Mitternacht aus, aber das Vergnügen, lange auszugehen, wurde allnächtlich von der Furcht vergiftet, was mich an meiner Haustür erwarten würde – ein empörtes Gesicht, ein verärgertes Gesicht, das Gesicht des Pförtners. Der Pförtner war ein flachsblonder junger Deutscher, zwei- oder dreiundzwanzig Jahre alt, und schon seit geraumer Zeit war mir aufgefallen, dass es ihm gar nicht zusagte, nachts aus dem Schlaf geklopft zu werden, um mir Einlass zu gewähren. Nie hatte er ein freundliches Wort oder einen angenehmen Blick für mich übrig. Ich konnte es nicht verstehen, da es doch seine Aufgabe war, Wache zu halten und die Mieter der verschiedenen Wohnungen zu jeder Nachtstunde einzulassen. Ich verstand einfach nicht, weshalb es ihm so offenkundig schwerfiel, sich damit zu arrangieren.

Tatsache ist, dass ich, ohne es zu wissen, allnächtlich gegen einen Brauch verstieß, an dem er ein kommerzielles Interesse hatte. Ich ahnte nichts davon. Niemand hatte mir von diesem Brauch erzählt, und wenn ich es hätte raten sollen, hätte ich sehr lange gebraucht, um einen Volltreffer zu landen. Es war ein so althergebrachter und allgemein anerkannter Brauch, dass er die Kraft und Würde eines Gesetzes besaß. Diesem Brauch zufolge musste jeder, der nach zehn Uhr abends ein Berliner Haus betrat, dem Pförtner ein geringfügiges Wegegeld entrichten, da man, um eingelassen zu werden, seinen Schlaf störte. Diese Gebühr betrug entweder zweieinhalb Cent oder fünf Cent, ich weiß nicht mehr, wie viel; aber ich hatte sie nie entrichtet und wusste nicht, dass ich sie schuldete, und da ich bereits seit mehreren Wochen in Berlin wohnte, war ich so sehr in Rückstand geraten, dass mein Aufenthalt in der deutschen Hauptstadt für den jungen Burschen zu einer bedenklichen Katastrophe wurde.

503

So traf ich also, bekümmert und besorgt, vom kaiserlichen Dinner ein, machte mich bemerkbar und bereitete mich darauf vor, geduldig jene ein oder zwei nervtötenden Minuten auszuharren, die mich der Pförtner normalerweise warten ließ – zur Strafe. Diesmal aber entstand keine Pause; die Tür wurde umgehend entsperrt, entriegelt, entkettet und weit aufgestoßen; und in ihr zeigte sich die wunderliche und willkommene Erscheinung des runden Pförtnergesichts, ganz Sonnenschein und Lächeln und Willkommen statt der düsteren und feindseligen Blicke, mit denen ich gerechnet hatte. Offenbar war er nicht aus dem Bett gesprungen: Er hatte auf mich gewartet, hatte mir aufgelauert. Er begann mich lebhaft und begeistert mit einem großzügigen Schwall deutscher Begrüßungen und Huldigungen zu überschütten, dabei zog er mich aufgeregt in seine kleine Schlafkammer neben der Haustür; dort musste ich mich über eine Reihe deutscher Übersetzungen meiner Bücher beugen, und er sagte:

»Da – die haben Sie geschrieben! Ich hab's herausgefunden! Bei Gott, ich habe es vorher nicht gewusst und bitte hundertmal um Vergebung! Das da, *Alte Zeiten auf dem Mississippi*, ist das beste Buch, das Sie je geschrieben haben.«

Mir ist in diesem Leben die übliche Anzahl sonderbarer Vorfälle zuteilgeworden, die wir Zufälle nennen, doch was Liebreiz angeht, stellt dieser alle anderen in den Schatten: Dass ein gekröntes Haupt und ein Pförtner, die oberste und die unterste Stufe eines Reiches, zu einem meiner Bücher dieselbe Kritik vorbrachten und dasselbe Urteil fällten – und zwar fast zur gleichen Stunde und im gleichen Atemzug –, ist ein Zufall, der an Zufälligkeit alle Zufälle übertrifft, die ich mir mit Hilfe der mir eigenen Vorstellungskraft hätte vorstellen können; und ich bin es nicht gewohnt, diese als gering oder von minderer Qualität zu veranschlagen. Es erfüllt mich stets mit Genugtuung, wenn ich mir bewusst mache, dass ich zwar nicht mit Bestimmtheit weiß, was alle anderen Nationen von meinen dreiundzwanzig Büchern denken, mit Sicherheit aber doch wenigstens weiß, was eine Nation von fünfzig Millionen von einem von ihnen hält; denn wenn das gemeinsame Urteil der obersten und der untersten Stufe eines Reiches nicht ein für alle Mal das Urteil der gesamten Nation zu dem betreffenden Buch beweist, dann wäre das Axiom, dem zufolge wir eine Sache sicher einschätzen können, indem wir den Durchschnittswert aller beteiligten Meinungen ermitteln, grundfalsch.

Da wir gerade von Zufällen sprechen, heute Morgen ist mir einer widerfahren. Während neben dem Bett mein Frühstück abkühlte, rätselte ich wieder einmal, wie man, frei von verwirrenden Ausführungen, das Wort Zivilisation mit einem einzigen Satz definieren könnte. Natürlich darf man nicht hoffen, das Bauwerk selbst mit einem Satz oder auch nur mit hundert Sätzen zu beschreiben; aber man darf doch wohl hoffen, wenigstens das Fundament, die Grundlage, auf der alle weiteren Einzelheiten in den Himmel gebaut werden, in einem Satz unterzubringen. Kurz darauf beschloss ich, den Satz so zu formulieren: »Zivilisation ist ein Zustand, bei dem jeder Mensch notwendigerweise sowohl Herr wie Sklave ist.«

Das bedeutet Frondienst, Zwangsarbeit – jeder Mensch arbeitet für jemand anders, auch wenn er sich einbildet, für sich selbst zu arbeiten, und lebt gleichzeitig von der Arbeit anderer Menschen, die meinen, dass sie für sich selbst arbeiten und nicht für ihn. Vom Kaiser bis zum Lumpensammler kenne ich niemanden, der unter den harschen Bedingungen der Zivilisation nicht sowohl Herr als auch Sklave wäre und der nicht Arbeit verrichten müsste, die er nicht verrichten will, die er aber verrichtet, weil er Sklave ist und weil sein Herr es von ihm verlangt und ihn dazu zwingen kann. Vierzig Jahre lange scheine ich eine Ausnahme gewesen zu sein. Ich scheine nur dann zu arbeiten, wenn es mir beliebt, und keine Arbeit zu verrichten, die ich nicht verrichten möchte. Aber ein Moment des Nachdenkens zeigt mir, dass dies nur in meinem Gewerbe zutrifft. Doch selbst dieses Detail hält einer näheren Prüfung nicht stand. Mehrere Male pro Jahr verrichte ich literarische Arbeit, die ich nicht verrichten will, von der ich aber das Gefühl habe, dass ich ihr nicht entrinnen kann; so nehme ich viele Male im Jahr an Banketten teil und halte Reden, dabei würde ich niemals an einem Bankett teilnehmen oder eine Rede halten, wenn ich es in meinem Zustand der Sklaverei vermeiden und meinen Willen durchsetzen könnte. Vieles trägt zu dem Bau jenes lästigen und unbefriedigenden Zustands bei, den wir Zivilisation nennen, wobei ich davon überzeugt bin, dass das ganze Gebäude auf dem Fundament erzwungener Sklaverei ruht. Ich finde nur einen Menschen, der ausschließlich die Arbeit verrichtet, die er gerne verrichtet – und der daher gar nicht arbeitet, denn Arbeit, die man genießt, ist nicht Arbeit, sondern Spiel: Ich spreche von dem unzivilisierten Menschen, dem Wilden. Er ist in

505

hohem, weitem Maße niemandes Sklave; er ist nur Herr, Sklavenbesitzer, und seine Frau ist sein Sklave. Sie verrichtet alle Arbeit; sie sammelt das Holz und macht das Feuer und kocht das Essen; sie trocknet das Rindfleisch; sie gerbt die Häute und näht die Kleider; sie baut die Zelte auf und wieder ab; sie bepackt die Pferde und verlegt das Lager, und beim Umzug des Lagers geht sie zu Fuß, und ihr Mann sitzt zu Pferde. Arbeit verrichtet er nur selten, sondern geht jagen und fischen und zieht in die Krieg, und alles ist für ihn Spiel und Spaß. Ich habe den Eindruck, einen Eindruck, der sich fast zu einer Überzeugung verdichtet, dass seine Lebensbedingungen mehr wert sind als sechs unserer Zivilisationen.

Als ich mit dem Herumphilosophieren so weit fertig war und gerade mit meinem kalten Frühstück beginnen wollte, nahm ich die *Sun* zur Hand und stieß auf einen Leitartikel, der meine jüngsten Grübeleien zur Vorlage hätte haben können. Es war ein ziemlich verblüffender Zufall, und mir schien, dass der Verfasser ein ungewöhnlich weiser Mensch und ein tiefer, geistreicher Denker war. Dann las ich den Rest seines Artikels und stellte fest, dass er Kern und Mark seiner Schlussfolgerungen mir zuschrieb. Zuerst konnte ich die Verbindung nicht herstellen; dann ging mir auf, dass er das Zaunstreichen in *Tom Sawyer* im Sinn hatte. Ich hatte Angst, er könnte etwas übersehen; ich hatte Angst, er könnte denken, ich hätte die Idee hervorgebracht; das wäre ein Irrtum gewesen, denn ich habe noch nie eine Idee hervorgebracht, und ich habe noch nie von jemandem gehört, der eine hervorgebracht hätte. Aber den Irrtum beging er nicht. Er wies darauf hin, dass dieselben Ideen zweifellos schon vor Tausenden von Jahren von anderen weisen Menschen entwickelt und erörtert worden seien.

Dienstag, 18. Dezember 1906

Mr. Clemens und Mr. Paine fahren in Begleitung der Ausschussmitglieder der Copyright League nach Washington, um für eine Verlängerung des Urheberrechts zu plädieren

Vor vierzehn Tagen fuhr ich auf Vorschlag des Ausschusses der Copyright League nach Washington, um dabei zu helfen, die nachgebesserte Gesetzesnovelle durch die erste Anhörung vor den Patentausschüssen des Repräsentantenhauses und des Senats zu bugsieren. Mr. Paine begleitete mich. Im Zug hatten wir den Ausschuss der Copyright League zur Gesellschaft – einen Ausschuss, der aus zwei Verlegern, einem Dichter und Robert Underwood Johnson bestand. Die Verleger waren William Appleton und George Haven Putnam, beides feine Männer und hevorragende Vertreter ihres Berufsstandes. Der Dichter war Mr. Bowker. Nein, ich irre mich; es waren zwei Verleger und zwei Dichter, denn auch Underwood Johnson ist Dichter, selbst wenn es nicht sein Haupterwerbszweig ist; aber Bowkers ja auch nicht; beide Sänger verdienen sich ihr Brot mit einem sichereren Handwerk. Sie leben von Gehältern – Johnson als einer der Herausgeber des *Century Magazine*, Bowker als etwas, was mit der Eisenbahn zu tun hat. Beide haben bescheidene Gedichtbände veröffentlicht und besitzen Exemplare; beide sind entschiedene Befürworter eines erweiterten literarischen Urheberrechts und stellen der Copyright League seit Jahren unentgeltlich ihre ernsthaften Bemühungen für die Sache zur Verfügung, ohne selbst ein finanzielles Interesse an der vorgeschlagenen Fristverlängerung des literarischen Urheberrechtsschutzes zu haben.

Ich glaube, wenn wir zwei Jahrhunderte zurückgehen könnten, in die Zeit Queen Annes, als England den Autor überfiel und ihn seiner armseligen kleinen Rechte beraubte, würden wir feststellen, dass der langwierige Kampf zur Wiederherstellung der Autorenrechte von jenem Tag bis zu dem heutigen nicht von Autoren, die davon profitiert hätten, geführt worden ist, sondern fast ausschließlich von unbedeutenden Dichtern, deren Gedichte vergänglich und nicht von Dauer waren; von Dichtern, die für ein Urheberrecht jedweder Art wenig oder gar keine Verwendung hatten, geschweige denn für ein erweitertes. Nach meinem Wissen und meiner Erfahrung werden diese Wohltäter von der kleinen Handvoll Autoren, die von einer großzügigen Lebensdauer für Bücher finanziell profitieren könnten, nie wirklich unterstützt. Als ich vor sechzehn Jahren nach Washington fuhr, um einem Ausschuss genau wie diesem dabei zu helfen, ein internationales Urheberrechtsgesetz durch das Repräsentantenhaus zu bringen, war James Russell Lowell, glaube ich, der einzige anwesende Autor außer mir, dessen Bücher die zweiundvierzigjährige Schutzfrist zu überdauern versprachen. Bei der Anhörung vor dem Patentausschuss des Senats erschien Mr. Lowell nur einmal für fünfzehn Minuten. Er hielt eine gewichtige und bemerkenswerte Rede, dann verschwand er und ward nie mehr gesehen. Howells kam nicht; Edward Everett Hale kam nicht; Thomas Bailey Aldrich kam nicht; wie bereits gesagt, keiner der zehn oder zwanzig Autoren, die ein wirklich persönliches Interesse daran gehabt hätten, dass amerikanischen und ausländischen Autoren Gerechtigkeit widerfuhr, trat vor, um zu assistieren, außer Lowell und mir. Damals gehörte Underwood Johnson dem Ausschuss der Copyright League an. Das internationale Gesetz wurde verabschiedet und trat in Kraft. Dieser Sieg wurde Johnson zugeschrieben, die dankbare französische Regierung zeichnete ihn dafür mit der Ehrenlegion aus, und noch immer trägt er das rote Band im Knopfloch, das ein Mitglied der Ehrenlegion vom Rest der Menschheit unterscheidet, die es nicht zustande gebracht hat, ausgezeichnet zu werden. Das macht mich eifersüchtig; es macht mich gehässig gegen Underwood Johnson; es macht mich bitter gegen die Franzosen; denn nicht Underwood Johnson errang den Sieg, sondern ich war es. Wenn eine gesetzgebende Körperschaft mit den Interessen und dem Für und Wider der Schriftstellerei nicht vertraut ist, müssen diese Dinge den Abgeordneten erklärt werden, bevor man erwarten kann, dass sie die Situation verstehen; Erklärungen mittels Dokumenten lohnen sich nicht; kein Abgeordneter findet die Zeit, sie zu lesen; Erklärungen mittels Vorträgen vor einem überlasteten Ausschuss lohnen sich nicht, denn der Ausschuss seinerseits kann die erhaltenen Informationen dem Rest des Repräsentantenhauses nicht anders als mittels Vorträgen weitergeben, und Vorträge sind nicht effektiv, wenn sie eine Angelegenheit betreffen, an der das Haus kein Interesse hat.

Das Urheberrecht ist etwas, von dem alle gesetzgebenden Körperschaften keine Kenntnis und mit dem sie keinerlei Erfahrung haben, daher gibt es nur eine Möglichkeit, eine Urheberrechtsmaßnahme durch den Kongress zu bringen – indem man den Kongress Individuum für Individuum umwirbt und eines nach dem anderen aufklärt. Das habe ich vor sechzehn Jahren getan. Ich begab mich nicht in die Häuser, Hotels und Pensionen der Abgeordneten, denn das hätte drei Monate in Anspruch genommen. Sunset Cox schmuggelte mich in den Sitzungssaal, in dem ich natürlich gar nichts zu suchen hatte und aus dem ich entfernt worden wäre, wenn der Ordnungshüter sich dafür entschieden hätte, mich zu bemerken; doch weder der Ordnungshüter noch der

Sprecher beachteten mich, und so geriet ich nicht in Schwierigkeiten. Sunset Cox versorgte mich immer mit jeweils zwei, drei oder vier Demokraten auf einmal; Mr. John D. Long versorgte mich mit Republikanern, und nach drei, vier Stunden war ich mit fast jedem Mitglied des Hauses in persönlichen Kontakt und ins Gespräch gekommen. Als Argumente führte ich nur zwei oder drei wesentliche Punkte an. Es war nicht schwierig, sie klar und verständlich zu machen, und genau das tat ich. Die häufigste Bemerkung, die mir in all den Stunden zu Ohren kam, lautete:

»Ich habe keine Zeit gehabt, die Angelegenheit zu prüfen, Mr. Clemens, und ich hatte sie vorher nicht verstanden, aber jetzt werde ich für den Gesetzentwurf stimmen.«

Der Entwurf wurde verabschiedet, und ein dankbares Frankreich zeichnete Underwood Johnson, den Dichter, mit einem Orden aus. Aber ich denke, ich sollte gerecht sein, und dieses eine Mal will ich es sein. Es war durchaus der Existenz und der Emsigkeit Underwood Johnsons zu verdanken, dass überhaupt ein Gesetzentwurf zum internationalen Urheberrecht formuliert und im Kongress eingebracht wurde. Wenn Underwood Johnson nicht gewesen wäre, hätte es keinen Gesetzentwurf gegeben; hätte es keinen Gesetzentwurf gegeben, wäre ich nicht auf den Plan getreten – daher erfordert eine faire und gerechte Zuweisung der Honneurs, dass Underwood Johnson die eine Hälfte der Anerkennung erhält und ich die andere. Wenn er mir die eine Hälfte seines roten Bandes abgibt, will ich alle Bitterkeit, alle Feindseligkeit, alle Gehässigkeit, allen Neid fahrenlassen.

Die neue Gesetzesnovelle sieht vor, die derzeitige Schutzfrist für ein Buch (zweiundvierzig Jahre) auf die Lebensdauer des Autors plus fünfzig Jahre auszudehnen. Underwood setzte sich engagiert wie eh und je dafür ein. Er und Bowker erschienen am ersten Tag der Anhörung vor dem Doppelausschuss und hielten Reden; Howells war ebenfalls da, aber nicht um zu sprechen, sondern damit die zehn oder zwanzig amerikanischen Autoren, die tatsächlich an einer Verlängerung des Urheberrechtsschutzes interessiert sind, einen leibhaftigen Vertreter hätten. Ich nahm an dieser ersten Sitzung nicht teil, sondern erst an der des folgenden Tages, um fünf Uhr nachmittags, und ich ergriff das Wort. Der Saal war überfüllt, und die beiden Ausschüsse hatten sich den ganzen Tag über geduldig Argumente und Spitzfindigkeiten angehört, wie schon den ganzen Tag zuvor. Wenn Kongressabgeordnete so hingebungsvoll ihrer Pflicht nachkommen, erhält der Außenstehende neue Einblicke in das Leben eines Abgeordneten und empfindet aufrichtige Bewunderung für die Männer, die sich mit Angelegenheiten, die sie nicht interessieren können und sie zwangsläufig langweilen müssen, so viel Mühe geben.

Ich war nicht nach Washington gefahren, um eine Rede zu halten. Die Rede war nur ein Zufall, ein Glücksfall und keineswegs Bestandteil der vorab erstellten Tagesordnung des Ausschusses. Meine Anliegen in Washington und mein Wunsch waren es, ein privates Projekt zu verfolgen – die Wiederholung meiner Bemühungen von vor sechzehn Jahren: Ich wollte mit den Mitgliedern des Hauses von Mann zu Mann sprechen. Der Sprecher, Mr. Cannon, wollte seine Befugnisse nicht überschreiten, indem er mich in den Sitzungssaal schmuggelte, sagte aber, im Interesse meiner Mission werde er einen fairen Kompromiss eingehen; er werde mir sein Privatzimmer im Kapitol zur Verfügung stellen mitsamt seinem farbigen Boten, der für mich Gänge erledigen könne. Das kam mir sehr gelegen. Eigentlich war es besser, als meine Stimmenwerbung im Sitzungssaal durchzuführen. Der farbige Dienstbote hieß Neal. Ich hatte ihn vor sechzehn Jahren kennengelernt, als ich für das internationale Gesetz lobbyierte. Neal hat einer Reihe von Sprechern des Hauses gedient, die ohne Unterbrechung vierzig Jahre zurückreicht. Er kennt jedes Mitglied so gut, wie er die Mitglieder seiner eigenen Familie kennt. Als ich mit zwanzig Abgeordneten gesprochen hatte, merkte ich, dass sie einer Verlängerung des literarischen Urheberrechts – das heißt des Urheberrechtsschutzes für Bücher – nicht ablehnend gegenüberstanden, allerdings waren sie gar nicht erbaut von dem Versuch des Gesetzentwurfs, auch mechanische Musikgeräte und andere Dinge abzudecken, die Sache des Patentamts waren und keine richtige Verbindung mit dem Urheberrecht hatten. Sobald ich mich überzeugt hatte, dass dies tatsächlich der Haltung des Hauses zu dem Gesetzentwurf entsprach, drang ich nicht länger auf den gesamten Gesetzentwurf, sondern nur noch auf seine literarischen Aspekte. An jenem Tag sprach ich mit hundertachtzig Kongressabgeordneten und war überzeugt, dass der Gesetzentwurf angenommen würde, sofern die musikalischen Aspekte eliminiert werden könnten. Anschließend sprach ich mit den Vorsitzenden der Ausschüsse des Senats und des Repräsentantenhauses, die für den Gesetzentwurf verantwortlich waren, und fand heraus, dass sie der Musik überdrüssig waren und sich bereits überlegten, den Gesetzentwurf ohne jene musikalischen Torheiten einzubringen. Da ließ ich von meinen Bemühungen ab und nahm Abstand davon, auch noch die übrigen zweihundertsechs Abgeordneten zu umwerben, denn die Stimmung unter den hundertachtzig bereits umworbenen hatte mich überzeugt, dass das Haus dem literarischen Urheberrecht freundlich genug gegenüberstand und man sich darauf verlassen konnte, dass es das auch ohne weitere Überredungsversuche meinerseits bleiben würde.

19. Dezember 1906

Mr. Clemens nennt die Gründe, weshalb er auf einer Verlängerung des Urheberrechts besteht – dargelegt in Form eines Gesprächs mit einem Kongressabgeordneten

… Meine Mission in Washington war schon eigenartig. Zu diesem Schluss komme ich aufgrund einer kritischen Prüfung der mit ihr verbundenen Aspekte. Statt sie alle in einen Topf zu werfen und zu einem Einheitsbrei zu verrühren, werde ich versuchen, sie zu verdeutlichen, indem ich sie in einem bequemen Frage-und-Antwort-Prozess voneinander trenne. Ich werde mir vorstellen, dass ich mich der Befragung durch einen Kongressabgeordneten unterziehe, der sich in die Lage versetzen will, über die Urheberrechtsnovelle abzustimmen, indem er sich nach den unterschiedlichen Interessen der Beteiligten erkundigt.

FRAGE. Mr. Clemens, Sie sind hier und repräsentieren – wen?

ANTWORT. Die Autoren.

F. Alle Autoren?

A. Nein. Es gibt an die zehntausend amerikanische Autoren, aber ich habe mich darauf festgelegt, nur fünfundzwanzig von ihnen zu repräsentieren.

F. Warum nur fünfundzwanzig von zehntausend?

A. Weil bis auf die fünfundzwanzig alle von dem jetzt bestehenden Urheberrecht umfänglich geschützt werden.

F. Wie meinen Sie das?

A. Die Gesetzesnovelle sieht vor, das Urheberrecht an einem Buch *über die bestehende Schutzfrist hinaus* zu verlängern, die zweiundvierzig Jahre beträgt. Es ist möglich, dass sich die Bücher von fünfundzwanzig lebenden Autoren auch dann noch gewinnbringend verkaufen, wenn sie das Alter von zweiundvierzig Jahren erreicht haben; die Bücher der anderen zehntausend, ein jährlicher Ausstoß von fünf- oder sechstausend Bänden, werden allesamt tot und vergessen sein, lange bevor die zweiundvierzigjährige Schutzfrist abgelaufen ist; daher haben nur fünfundzwanzig von unseren zehntausend Autoren ein finanzielles Interesse an der Verlängerung der bestehenden Schutzfrist.

F. Mr. Clemens, gibt es andere Personen, die ein Interesse an der Buchproduktion haben und vom Urheberrecht finanziell betroffen sind?

A. Ja. Zunächst einmal die Verleger.

F. Wie viele Verleger gibt es?

A. Etwa dreihundert. Sie veröffentlichen jährlich fünf- bis sechstausend neue Bücher mit einem geschätzten Durchschnittserlös von tausend Dollar pro Buch – sagen wir also, einer Gesamtsumme von fünf oder sechs Millionen Dollar; vermutlich erzielen sie noch einmal so viel *aus Büchern, deren Copyright abgelaufen ist und für die sie den Autoren oder deren Familien keine Tantiemen zahlen*, sondern auch den Anteil des Autors einstreichen und ihn ihrem eigenen hinzufügen.

F. Dann sind es also nicht die Autoren, die den Großteil des Geldes erhalten, das aus ihrer Autorschaft resultiert?

A. Nein. Bei weitem nicht! Man kann nicht erwarten, dass irgendeiner der zehntausend mehr als ein halbes Buch im Jahr produziert. Für sie ist die Schriftstellerei kein Gewerbe. Wenn einer von ihnen tausend Dollar an seinem Buch verdient – und mitunter tut er das –, benötigt er dafür zwei Jahre; während er im Jahr fünfhundert Dollar an seinem Buch verdient, kann sein Verleger vierzig andere Bücher publizieren und vierzigtausend Dollar verdienen.

F. Das klingt, als sei die Schriftstellerei vor allem für den Verleger lukrativ, nicht für den Autor?

A. Das stimmt. Finanziell gesehen, hat vielleicht keiner der Beteiligten so wenig Interesse an der Schriftstellerei wie unsere zehntausend Autoren. Glücklicherweise müssen sie ihren Lebensunterhalt nicht mit der Schriftstellerei bestreiten; den verdienen sie sich sicherer anderswo; für sie ist die Schriftstellerei eine Randerscheinung, ein Zeitvertreib.

F. Nun denn, so wie ich es verstehe, ist die Schriftstellerei für die Verleger also mehrere Millionen im Jahr wert und für das Gros der Autoren so gut wie nichts. Stimmt das?

A. Ja, genau das meine ich.

F. Dann scheint offenkundig, dass die Schriftstellerei eines der unbedeutendsten aller denkbaren Gewerbe ist. Mir fällt kein anderes Gewerbe ein, das ihm an finanzieller Bescheidenheit gleichkommt. Kennen Sie eins?

A. Nein – keins außer Zäunestreichen; und selbst das wäre ein einträglicheres Gewerbe, wenn man es im Winter wie im Sommer ausüben könnte.

F. Gibt es noch andere, die ein finanzielles Interesse an der Buchproduktion haben? Nennen Sie sie.

A. Schätzungsweise zweitausend Schriftsetzer, die Löhne in Höhe von zweieinhalb Millionen Dollar im Jahr verdienen –

F. Fahren Sie fort.

A. Einige hundert Drucker und Druckerlehrlinge –

F. Reden Sie weiter.

A. Einige hundert oder tausend Buchbinder, Papierfabrikanten und Druckerschwärzehersteller.

F. Fahren Sie fort.

A. An die hundert Illustratoren, Fotografen und Kupferstecher.

F. Fahren Sie fort.

A. Einige hundert Schachtelmacher, Packer, Transporteure und Beschäftigte der Eisenbahn- und Speditionsunternehmen.

F. Sie haben eine beeindruckende Armee aufgestellt. Mr. Clemens, gibt es irgendjemanden im Land, der *kein* finanzielles Interesse an der Herstellung von Büchern hat?

A. Jawohl, Sir – die Autoren. Die zehntausend.

F. Kehren wir zurück zum Anfang und fassen die Ergebnisse zusammen. Einige Tausende Personen und ihre Familien haben großes und lebhaftes Interesse an der Buchproduktion; Sie haben eingeräumt, dass diese Tausende von dem bestehenden Urheberrecht gut geschützt werden – so gut geschützt, dass sie keinen Schaden leiden; Sie haben zugegeben, dass bis auf die gesonderten fünfundzwanzig alle zehntausend Autoren nach dem derzeitigen Stand vom Gesetz umfänglich geschützt werden, da ihre Bücher die zweiundvierzigjährige Schutzfrist nicht überdauern und sie daher keinen Vorteil erzielen würden, wenn man die Frist verlängerte. Nun denn, ich möchte Ihnen eine ernstzunehmende Frage stellen. Sie haben bewiesen, dass Sie, indem Sie die fünfundzwanzig repräsentieren, *das geringste Interesse, das armselig kleinste Interesse, das mikroskopisch winzigste Interesse* repräsentieren, *das sich in diesem oder irgendeinem anderen Zeitalter jemals der Aufmerksamkeit einer gesetzgebenden Körperschaft aufgedrängt hat.* Dieses Interesse hat sich in England und Amerika zwei Jahrhunderte lang beharrlich klagend aufgedrängt und in diesem Zeitraum die wertvolle Zeit von Parlamenten und Kongressen vergeudet – Zeit, so wertvoll, so kostbar, dass, wenn man sie nach Dollar und Cent berechnen wollte, sich die Gesamtsumme auf Millionen und Abermillionen Dollar beliefe, mit denen man fünfzig Schlachtschiffe bauen und hunderttausend Soldaten für den Krieg ausrüsten könnte. Mr. Clemens, wie entschuldigen Sie die fortgesetzte und beharrliche Verfolgung dieser Angelegenheit?

A. Ich entschuldige sie mit Gründen, die sie in meinen Augen rechtfertigen. Zunächst einmal aufgrund unseres Sittengesetzes. Unser Sittengesetz stattet uns mit gewissen Rechten aus; zum Beispiel dem Recht, durch ehrlichen Fleiß erworbenes Eigentum unangefochten und unbehelligt zu besitzen und zu genießen; und diese Zusicherung gilt nicht nur für manche, sondern kommt uns allen gleichermaßen zu. Sie verleiht nicht dem Verleger, dem Fleischer, dem Grundbesitzer, dem Unternehmen, dem Schuhmacher, dem Schneider das Recht auf Eigentum und verweigert es dem Autor; *sie schließt den Autor ein.* Es ist das Recht eines jeden Menschen – sein *Recht* und nicht etwa eine Gunst, die ihm durch die Legislative zuteilwird. Das Sittengesetz existierte schon vor dem Urheberrecht, und seine Autorität *verdrängt jedes anmaßende Gesetz, das eine Legislative verhängt.* Kraft ihrer willkürlichen Macht können Legislativen einen Autor von Gesetzes wegen berauben, aber keine Kasuistik kann darüber hinwegtäuschen, dass dieser Raub ein Verbrechen ist. Zwar ist er ein gesetzeskonformes Verbrechen, ein legalisiertes Verbrechen, aber trotz allem *bleibt es ein*

Verbrechen. Jene Klausel in der Verfassung der Vereinigten Staaten, die das zeitlich unbegrenzte Eigentum am Buch eines Autors leugnet, ist ein *Verbrechen* und *entschuldigt, verteidigt und propagiert ein Verbrechen* – dass sie Teil der Verfassung ist, befreit sie keineswegs von diesem Makel und von verdienter Verachtung. Der Verleger, der – mit der Begründung, Verfassung und Kongress hätten ihm die Genehmigung erteilt, dieses niederträchtige Verbrechen zu begehen – Tantiemen für ein Buch einbehält, das die zweiundvierzigjährige Schutzfrist überschritten hat, ist ein ebensolcher Dieb, wie er es wäre, wenn das Eigentum, das er stiehlt, geschütztes Eigentum wäre. In einer unserer Städte gibt es einen Verlag, der nur gemeinfrei gewordene Bücher veröffentlicht und verkauft. Die Firma gehört mehreren Partnern, und einer von ihnen erzählte einem Freund von mir, dass sich sein Anteil an den Erlösen aus diesem ruchlosen Geschäft auf vierzigtausend Dollar im Jahr beläuft. Diese Person gilt als höchst ehrenwerter Mann, aber meiner Meinung nach gehört er zusammen mit den anderen Dieben ins Gefängnis. Der kürzlich verstorbene Baron Tauchnitz war der einzige Verleger, den ich je gekannt habe, der darüber erhaben war, Eigentum, das ihm nicht gehörte, zu beschlagnahmen und zu verwerten, der einzige Verleger, den ich gekannt habe, dessen Wirken die Witwe und die Waisen des Autors ihre armselige kleine literarische Habe gefahrlos und unbewacht überlassen konnten. Und doch lautete der Name, unter dem er einer unwissenden Welt gemeinhin bekannt war, »dieser *Pirat*!«. Ich persönlich weiß, dass er in seinen Verlagskatalog kein Buch aufgenommen hätte, das er nicht gekauft und bezahlt hat, ob der Urheberrechtsschutz abgelaufen war oder nicht. Er wusste, dass Verfassung und Gesetz keinem Autor das zeitlich unbegrenzte Eigentumsrecht an seinem Buch wegnehmen können, dass sie vielmehr nur als *Komplizen eines Diebes* handeln und den Dieb, während er es stiehlt, mit roher Gewalt schützen. Ich weiß von keinem amerikanischen Verleger, der nicht Pirat wäre; und ich wage die Wette, wenn es irgendwo einen Verleger gibt, der kein Pirat ist, dann ist es Tauchnitz' Sohn.

Mit Ihrer Erlaubnis will ich einen weiteren Grund dafür anführen, weshalb ich mich nicht schäme, im Interesse einer grotesk kleinen Gruppe hierherzukommen – jener fünfundzwanzig Autoren, die von der beantragten Verlängerung der Schutzfrist auf die Lebensdauer des Autors plus fünfzig Jahre profitieren könnten. Der Grund ist folgender: Der wunderbarste Aktivposten eines Landes und *vielleicht sein kostbarster Besitz* sind seine heimischen literarischen Erzeugnisse – sofern sie schön, vornehm und dauerhaft sind. Woher stammt diese dauerhafte Literatur? Sie stammt von den *fünfundzwanzig*, aus keiner anderen Quelle! Im Laufe eines Jahrhunderts – und in keiner kürzeren Spanne – bringen diese fünfundzwanzig Zeitgenossen aus ihrer Mitte ein oder zwei oder drei Autoren hervor, deren Bücher hundert Jahre überdauern. Die Nachfolger und Wiedergänger der fünfundzwanzig werden mehrere Jahrhunderte benötigen, um hundert unvergängliche Bücher hervorzubringen; diese Bücher werden zu den anerkannten Klassikern des Landes, auf die die Nation mit jubelndem und beredtem Stolz zeigt. *Behaupte ich zu viel, wenn ich sage, dass eine solche Literatur der wertvollste und kostbarste Besitz eines Landes ist?* Ich denke, nein. Nationen sind stolz auf ihre glänzenden Waffengänge, Staatskünste, Eroberungen; und wenn sie Jahrhundert für Jahrhundert, Zeitalter für Zeitalter auf die weitgespannte Perspektive einer großen Geschichte verweisen, lässt sich ihr Stolz nicht in Worten ausdrücken; *doch all das existiert aufgrund einer Sache und nur einer Sache – der Literatur des Landes.* Es ist die Literatur eines Landes, die die Errungenschaften des Landes bewahrt, die andernfalls aus dem Gedächtnis der Menschen schwinden würden. Wenn wir uns die würdevollen Verse ins Gedächtnis rufen:

»Zur Macht, die Rom einst war, / Zur Pracht von Griechenland«,
so sollten wir uns voller Respekt und Ehrfurcht daran erinnern, dass, wenn die große Literatur Griechenlands und Roms durch eine Katastrophe ausgelöscht worden wäre, *die inspirierende Geschichte dieser Länder für die Welt von heute ein unbeschriebenes Blatt sein würde*; die Lektionen, die sie hinterließen und die die Welt jahrhundertelang gelehrt und geleitet haben, wären für uns ebenso gründlich verloren, als hätte es sie nie gegeben. Wir verdanken es der großen Literatur der Antike und verdanken es ihr allein, dass der Dichter von der Pracht, die Griechenland einst war, und von der Macht, die Rom einst war, singen und uns mit der Erhabenheit seiner Worte begeistern kann. Nicht die *fremden* Literaturen singen vom Ruhm eines Landes und verleihen ihm Unsterblichkeit – *nur die Literatur des eigenen Landes wird diesen unschätzbaren Dienst leisten.* Es wäre der Mühe wert, wenn ein Kongress Zeit im Wert von hundert Schlachtschiffen

auf ein Urheberrechtsgesetz verwendete, wenn das Ergebnis eines Tages wäre, einen Shakespeare hevorzubringen und gedeihen zu lassen. Italien hat viele Schlachtschiffe; es hat viele Besitztümer, auf die es stolz ist, aber hoch über allem steht ein unvergleichlicher Besitz, ein Name – DANTE!

Es stimmt, ich repräsentiere nur fünfundzwanzig Personen; fünfundzwanzig von fünfundachtzig Millionen; kommerziell gesehen, repräsentiere ich das dürftigste Interesse, das in dieser oder irgendeiner künftigen Epoche Zeit und Aufmerksamkeit von Kongressen und Parlamenten in Anspruch nehmen dürfte, aber ich schäme mich meiner Mission nicht.

Donnerstag, 20. Dezember 1906

Kapitän Osborn erzählt Bret Harte in einem kalifornischen Restaurant
vom Abenteuer seines Über-Bord-Fallens und seiner Rettung – Ein Vagabund
belauscht ihn, behauptet, sein Retter zu sein, wird großzügig belohnt
und hinterher als Betrüger entlarvt

Vor sechs Monaten, als ich mich an meine frühe Zeit in San Francisco erinnerte, brach ich an einer Stelle ab, als ich von Kapitän Osborns seltsamem Abenteuer im What Cheer erzählen wollte, vielleicht war's auch ein anderes billiges Lokal – das Miners' Restaurant. Es war ein Ort, wo man zu denkbar günstigen Bedingungen gutes Essen bekam, und unter den Scharen mit kleinem Geldbeutel erfreute er sich großer Beliebtheit. Es war ein guter Ort, um eine gemischte Menschheit zu beobachten. Eines Tages kamen Kapitän Osborn und Bret Harte hierher, um eine Mahlzeit einzunehmen, und während sie aßen, kramte Osborn die interessante Erinnerung an einen zwölf Jahre zurückliegenden Zwischenfall hervor und erzählte davon. Die Geschichte ging so:

Er war Seekadett in der Navy, als der kalifornische Goldrausch über die Welt hereinbrach und sie in wilde Aufregung versetzte. Sein Schiff machte die lange Reise ums Hoorn und näherte sich seinem Ziel, dem Golden Gate, als sich ein Unfall ereignete.

»Es passierte«, sagte Osborn. »Ich fiel über Bord. Es herrschte schwerer Seegang, aber niemand machte sich groß Sorgen um mich, hatten wir doch ein neu patentiertes Lebensrettungsgerät an Bord, das angeblich alles retten konnte, was über Bord fiel, vom Seekadetten bis zum Anker. Unser Schiff war das einzige, das mit diesem Gerät ausgerüstet war; wir waren sehr stolz darauf und hatten seine Tauglichkeit unbedingt einem praktischen Test unterziehen wollen. Das Ding war mittschiffs am Kielgang der Bram und des Besan* festgebunden, und man brauchte nichts weiter zu tun, als die Leinen zu kappen und es über die Reling zu hieven; den Rest würde es selbst besorgen. Der Alarmruf ›Mann über Bord!‹ brachte die gesamte Schiffsmannschaft an Deck. Die Leinen wurden augenblicklich gekappt und das Gerät freudig über die Reling geschleudert. Verdammt, es sank wie ein Amboss! Als das Schiff endlich beidrehte und ein Boot bemannt wurde, war ich nur noch ein tanzender Fleck auf den Wellen eine halbe Meile achteraus, und meine Kräfte schwanden zusehends; doch glücklicherweise war ein gewöhnlicher Matrose an Bord, der praktische Ideen im Kopf hatte und nicht abwarten wollte, was das patentierte Gerät vollbrachte, vielmehr war er, als die Alarmrufe über das Schiff schallten, nach hinten gerannt und mir nachgehechtet. Ich hatte einen großen Vorsprung, und wegen des Seegangs kam er nur langsam und schwer voran, aber er ließ nicht locker und kämpfte sich zu mir vor, und im letzten Augenblick, als ich gerade untergehen wollte, schlang er seine rettenden Arme um mich. Er hielt meinen Kopf über Wasser, bis uns das Boot erreichte und uns rettete. Da war ich bereits bewusstlos und war es auch noch, als wir auf dem Schiff ankamen. Ich fiel in ein gefährliches Fieber und lag drei Tage im Delirium; dann kam ich zu mir und erkundigte mich natürlich sofort nach meinem Wohltäter. Er war verschwunden. Wir lagen in der Bucht vor Anker, und bis auf die Offiziere waren alle Mann zu den Goldminen desertiert. Über meinen Wohltäter erfuhr ich nichts als den Namen – Burton Sanders –, einen Namen, dem ich seither ein dankbares Gedächtnis bewahre. Jedes Mal, wenn ich in diesen zwölf oder dreizehn Jahren an Land kam, habe ich versucht, ihn aufzuspüren, aber immer ohne Erfolg. Ich wünschte, ich könnte ihn finden und ihm sagen, dass ich sein beherztes Eingreifen nie vergessen habe. Harte, keinem anderen Mann auf dem Planeten würde ich lieber begegnen und die Hand schütteln als ihm.«

* Kann das stimmen? Ich glaube, hier liegt ein Fehler vor. M. T.

An dieser Stelle oder wenig später trat eine Störung ein. Ein Kellner in der Nähe machte mit dem Finger eine Bewegung und sagte zu einem anderen Kellner: »Schau dir den Vagabunden an, der da hereinkommt. Ist das nicht der, der das Lokal letzte Woche um zehn Cent geprellt hat?«

»Ich glaube, ja. Lass ihn in Ruhe – beachte ihn nicht weiter; warte, bis wir ihn uns genauer ansehen können.«

Der Vagabund näherte sich schüchtern und zögerlich, mit der Miene eines Menschen, der unsicher und ängstlich ist. Die Kellner musterten ihn verstohlen. Als er hinter Hartes Stuhl vorbeiging, sagte einer der beiden:

»Das ist er!« – und sie stürzten sich auf ihn und wollten ihn als Zechpreller der Polizei übergeben. Er bettelte kläglich. Er gestand seine Schuld, sagte aber, die Not habe ihn zu dem Verbrechen getrieben – wenn er seinen Teller Bohnen gegessen habe und, ohne zu bezahlen, hinausgeschlüpft sei, dann weil er Hunger gehabt und keine zehn Cent besessen habe, um zu bezahlen. Aber die Kellner gaben nichts auf seine Erklärungen und Beschönigungen; er müsse in Gewahrsam genommen werden. Er fuhr sich mit der Hand über die Augen und sagte kleinlaut, er werde sich fügen, da er keine Freunde habe. Die beiden Kellner packten ihn jeder an einem Arm, drehten ihn um und wollten ihn abführen. Da fiel sein schwermütiger Blick auf Kapitän Osborn, und ein Licht frohen und erwartungsvollen Wiedererkennens blitzte aus seinen Augen. Er sagte:

»Waren Sie nicht mal Seekadett auf der alten *Lancaster*, Sir?«

»Ja«, antwortete Osborn. »Warum?«

»Sind Sie nicht über Bord gefallen?«

»Ja, das bin ich. Wie kommt es, dass Sie davon wissen?«

»Gab's nicht ein neu patentiertes Gerät an Bord, und hat man's nicht über die Reling geworfen, um Sie zu retten?«

»Ja«, antwortete Osborn und lachte leise, »aber das hat es nicht getan.«

»Nein, Sir, es war ein Matrose, der Sie gerettet hat.«

»Ganz genau. Hören Sie, guter Mann, Sie werden ausgesprochen interessant. Gehörten Sie zu unserer Besatzung?«

»Jawohl, Sir.«

»Ich schätze, das könnte stimmen. Jedenfalls wissen Sie eine Menge über den Vorfall. Wie ist Ihr Name?«

»Burton Sanders.«

Der Kapitän sprang erregt auf und sagte:

»Reichen Sie mir Ihre Hand! Reichen Sie mir beide Hände! Lieber möchte ich sie schütteln als ein Vermögen erben!« – und dann rief er den Kellnern zu: »Lassen Sie ihn los! Hände weg! Er ist mein Gast und soll haben, was immer das Lokal ihm vorsetzen kann. Ich komme dafür auf.«

Nun fand ein regelrechtes Liebesmahl statt. Kapitän Osborn bestellte, ohne die Kosten zu scheuen, und er und Harte saßen da und hörten zu, wie der Mann mitreißende Abenteuer aus seinem Leben erzählte und sich bis zu den Augenbrauen vollstopfte. Dann wollte Osborn seinerseits den Wohltäter spielen und einen Teil seiner Schuld begleichen. Der Mann sagte, alles könne mit zehn Dollar beglichen werden – es sei so lange her, dass er einen solchen Betrag besessen habe, dass er ihm wie ein Vermögen vorkomme, und er wäre unaussprechlich glücklich, wenn der Kapitän ihm diesen Betrag überlassen würde. Der Kapitän überließ ihm zehn dicke Zwanzig-Dollar-Goldstücke und nötigte ihn, sie, seinen bescheidenen Beteuerungen zum Trotz, anzunehmen; und er gab ihm seine Adresse und sagte, er dürfe keinesfalls versäumen, ihn zu benachrichtigen, wenn er auf dankbare Unterstützung angewiesen sei.

Mehrere Monate später begegnete Harte dem Mann auf der Straße. Er war angesäuselt, umgänglich und mitteilsam. Harte machte eine Bemerkung über den glanzvoll und ergreifend dramatischen Zwischenfall im Restaurant und sagte: »Was für ein seltsamer und günstiger und glücklicher und interessanter Umstand, dass Sie beide nach so langer Trennung aufeinandergetroffen sind, und zwar genau im richtigen Moment, um Sie vor dem Verhängnis zu retten und Ihre Niederlage in einen Sieg über die Kellner zu verwandeln. Ein Prediger könnte darüber eine großartige Predigt halten, denn es sieht ganz so aus, als habe die Vorsehung die Hand im Spiel gehabt.«

Das Gesicht des Helden nahm einen lieblich-leutseligen Ausdruck an, und er sagte:

»Nun ja, die Vorsehung war's diesmal nicht. Ich habe die Sache selbst eingefädelt.«

»Wie meinen Sie das?«

»Ach, ich hatte den Gentleman nie zuvor gesehen. Ich saß die ganze Zeit mit

520

dem Rücken zu Ihnen am Nebentisch, als er von dem Zwischenfall erzählte. Ich sah meine Chance, stahl mich hinaus, nahm die beiden Kellner beiseite und bot ihnen einen Anteil von dem, was ich aus dem Kapitän herausschlagen könnte, wenn sie einen Streit mit mir vortäuschen und mir zu meiner Gelegenheit verhelfen würden. So kam ich denn nach ein paar Minuten wieder hereingetippelt, und den Rest kennen Sie genauso gut wie ich.«

Freitag, 21. Dezember 1906

Vor allem aus Susys Biographie – Über den Artikel in der Christian Union; *die Strafmethoden der Mutter etc., mit einigen Kommentaren von Mr. Clemens*

An dieser Stelle möchte ich einige Seiten aus Susys Biographie einfügen, auf denen die Biographin nicht wie sonst hin und her springt, sondern sich recht zuverlässig an ein einziges Thema hält, bis sie es durchgezogen hat.

Aus Susys Biographie

27. Febr. 86

Als wir letzten Sommer in Elmira waren, erschien in der *Christian Union* ein Artikel unter der Überschrift »Was er hätte tun sollen«, der die Erziehung von Kindern behandelte beziehungsweise einen Bericht vom Kampf eines Vaters mit seinem kleinen Jungen aus der Sicht der Mutter lieferte und in Frageform untersuchte, ob der Vater das Kind koreckt disziplinirt hat oder nicht; verschiedene Leute legten ihre Meinung zum Vorgehen des Vaters dar und schrieben, was er ihrer Ansicht nach hätte tun sollen. Mama wusste schon seit langem, wie man Kinder disziplinirt, denn die Erziehung von Kindern war seit vielen Jahren eine ihrer Spezialitäten. Sie hatte zimlich viele Theorien, aber eine von ihnen lautete, dass ein Kind, das groß genug ist, um ungezogen zu sein, auch groß genug ist, um verhauen zu werden, und darin stimmten wir alle mit ihr überein. Ich kann mich noch an einen Vormittag erinnern, als Dr. -- zur Farm kam er hatte mit Mama eine lange Unterredung über folgendes Thema. Mama benuzte *dieses* Beispiel, um eine wichtige Regel für die Bestrafung eines Kindes zu veranschaulichen. Sie sagte:»Nehmen wir mal an, der Junge hat ein Taschentuch auf den Boden geworfen, ich bitte ihn, es aufzuheben, er weigert sich. Ich sage es ihm noch einmal, er weigert sich. Da sage ich, entweder du hebst das Taschentuch auf, oder du bekommst den Hintern versohlt. Meine Theorie lautet, dass ein Kind niemals eine Tracht Prügel erhalten darf und das Taschentuch aufheben muss. Ich sage: Wenn du es nicht aufhebst, muss ich dich bestrafen. Wenn er es nicht aufhebt, bekommt er den Hintern versohlt, aber ich hebe das Taschentuch selbst auf; wenn er es aufhebt, entfällt die Strafe. Ich trage ihm auf, etwas zu tun; wenn er mir nicht gehorcht, wird er dafür bestraft, aber nicht gezwungen, mir nachträglich zu gehorchen.«

Wenn Clara und ich sehr ungezogen waren oder gewesen waren, rief das Kindermädchen nach Mama, dann tauchte sie plötzlich auf und blickte uns an (wenn sie verergert war, hatte sie eine Art, uns anzublicken, als ob sie durch uns hindurchsah), bis wir vor Scham am liebsten im Boden versunken wären und überhaupt nicht mehr wussten, wass wir sagen sollten. Auf diesen Blick folgte gewöhnlich ein »Clara« oder ein »Susy, was soll das heißen? Willst du mit mir ins Badezimmer gehen?«. Dann folgte der Höhepunkt, denn Clara und ich wussten beide nur zu gut, was es bedeutete, ins Badezimmer zu gehen.

Aber Mamas erstes und vorrangigstes Ziel war es, dem Kind begreiflich zu machen, dass es um seiner *selbst* willen bestraft wird, weil die Mutter es so sehr liebt, dass sie ihm nicht erlauben kann, unrecht zu tun; auch dass es für sie ebenso schwer ist, es zu bestrafen, wie für das Kind selbst, bestraft zu werden, ja noch schwerer. Mama hat sich nie erlaubt, uns zu strafen, wenn sie böse auf uns war sie hat uns nie geschlagen weil sie über uns verergert war und Lust darauf hatte, uns zu schlagen, wenn wir ungezogen waren und sie so verergert hatten, dass sie glaubte, sie würde uns gegenüber auch nur das geringste bisschen Wut empfinden oder zeigen, während sie uns strafte, sie verschob die Strafe immer, bis unser Benehmen *sie* nicht mehr ergerte. Nie ließ sie ihre schlechte Laune an uns aus, indem sie uns schlug oder strafte, weil oder während sie über uns auch nur ein bisschen verergert war.

Unsere schlimmsten Ungezogenheiten wurden bestraft, indem wir ins Badezimmer gebracht und mit dem Brieföffner gehauen wurden. Aber wenn der Hintern versohlt war, ließ uns Mama nicht eher gehen, bis wir wieder vollkommen glücklich waren und genau begriffen, weshalb wir gehauen worden waren. Ich kann mich nicht erinnern, wegen der Bestrafung jemals die geringste Bitterkeit gegen Mama verspürt zu haben.

Ich hatte immer das Gefühl, dass ich meine Strafe verdient hatte, und war viel glücklicher, weil ich sie erhalten hatte. Denn wenn Mama uns gestraft und ihr Missfallen gezeigt hatte, zeigte sie keine Anzeichen weiteren Missfallens, sondern verhielt sich so, als hätten wir nie ihr Missfallen erregt.

Bei Susy verfingen gewöhnliche Strafen ausgezeichnet. Sie war eine Denkerin, grübelte über den Sinn der Strafe, beherzigte die Lektion und erreichte die erforderliche Läuterung. Nicht ganz so leicht war es, Strafen zu finden, die Clara läutern würden. Das lag daran, dass sie eine Philosophin war, die ihre Aufmerksamkeit stets darauf verwandte, an allem, was des Weges kam, etwas Gutes, Befriedigendes und Unterhaltsames zu finden; mithin war es für die besorgte Mutter manchmal ziemlich entmutigend, feststellen zu müssen, dass nach all den Mühen und Gedanken, die sie darauf verwandt hatte, sich harte, Läuterung erzwingende Strafen auszudenken, diese Härte dem Kind jedoch aufgrund seiner angeborenen Veranlagung, sie als Neuheiten interessant und vergnüglich zu finden, völlig entgangen war. In dem Bestreben, eine Strafe zu finden, die sich tief einprägen und ihren Zweck erfüllen würde, griff die Mutter schließlich mit wundem Herzen und betrübtem Gewissen zu der letzten Strafe, die ein unverbesserlicher Verbrecher im Zuchthaus mehr fürchtet als alle anderen Maßnahmen, die der Wärter ihm zu seinem Besten auferlegt – Einzelhaft in der Dunkelzelle. Die bekümmerte und beunruhigte Mutter schloss Clara in einen sehr engen begehbaren Kleiderschrank ein, ging fort und ließ sie dort ausharren – fünfzehn Minuten lang, mehr ertrug ihr Mutterherz nicht. Dann kam sie geräuschlos zurück und lauschte – lauschte auf Schluchzer, aber hörte keine; sie hörte undeutliche, gedämpfte Laute, aber die konnten nicht als Schluchzer ausgelegt werden. Die Mutter wartete noch eine halbe Stunde; inzwischen litt sie so heftig unter ihrem schmerzlichen Mitgefühl für die kleine Gefangene, dass sie nicht länger auf jene verzweifelten Laute warten konnte, mit denen sie gerechnet hatte und die ihr angezeigt hätten, dass das Strafmaß voll und eine Läuterung erreicht war. Sie öffnete den Kleiderschrank, um die Gefangene auf freien Fuß zu setzen und ihr wieder ihre liebevolle Gunst und Vergebung zuteilwerden zu lassen, aber das Ergebnis war unerwartet. Die Gefangene hatte aus dem Kleiderschrank eine Feenhöhle gemacht und aus den

Kleidern, die von den Haken hingen, gütige Feen, vergnügte sich höchst sündhaft und unbußfertig und bat um Erlaubnis, auch den restlichen Tag dort verbringen zu dürfen!

Aus Susys Biographie

Aber in unserer Familie waren Mamas Mainungen und Ideen zur Frage der Kinder-
erziehung schon immer mehr oder weniger ein Anlass für Scherze gewesen, besonders seit Papas Artikel in der *Christian Union*, und ich bin sicher, dass Clara und ich
die Geschichte des alten Familienbrieföffners, die Geschichte unserer Bestrafungen
und Entbehrungen wegen Mamas Art, uns zu erziehen, eher voller Stolz und Triumph
erzählt haben als mit irgendwelchen anderen Empfindungen.

Als der Artikel »Was er hätte tun sollen« erschien, las Mama ihn durch und fand ihn
sehr interessiert. Und als Papa hörte, dass sie ihn gelesen hatte, machte er sich an
die Arbeit und schrieb heimlich seine Mainung darüber auf, was der Vater hätte tun
sollen. Er erzählte es Tante Susy, Clara und mir, aber Mama durfte nichts davon sehen oder hören, bis sein Artikel erschienen wäre. Er gab ihn Tante Susy zu lesen, und
als Clara und ich nach oben gegangen waren, um zu schlafen, brachte er ihn auch
uns zum Lesen. Er sagte, was der Vater seiner Mainung nach hätte tun sollen, indem
er beschrieb, was Mama getan hätte. Der Artikel war eine wunderbare Huldigung an
Mama und jedes Wort wahr. Aber ich glaube, indem er über Mama schrieb, vergaß er
fast, dass der Artikel veröffentlicht werden sollte, und drückte sich vollmundiger aus,
als er es bei einem zweiten Versuch getan hätte; ich glaube, der Artikel hat eine
Menge Gutes bewirkt und wird eine Menge Gutes bewirken, und ich glaube, für Fami-
lienmitglieder und Freunde wäre er ein vollkommener Genuss gewesen, aber dafür,
ihn in dieser Form zu veröffentlichen, war er ein bisschen zu privat. Und Papa empfand genauso, denn am nächsten Tag oder ein paar Tage danach fuhr er nach New
York, um zu sehen, ob er ihn nicht, bevor er veröffentlicht würde, wiederbekommen
könnte, aber es war schon zu spät, und er musste ohne ihn zurückkehren. Als die
Christian Union auf der Farm eintraf und mit ihr Papas Artikel, der nur darauf wartete,
Mama vorgelesen zu werden, hatte Papa nicht den Mut, ihn ihr zu zeigen (denn er
wusste, zuerst würde er ihr ganz und gar nicht gefallen), und so zeigte er ihn nicht, er
hätte es dabei bewenden lassen und ihr ihn vorenthalten können, aber schließlich

524

erklärte er sich damit einverstanden, dass sie ihn sah, und sagte Clara und mir, wir können ihn ihr bringen, was wir taten, allerdings nur zögernd, und wir alle standen um Mama herum, als sie ihn las, und überlegten, was sie wohl dazu sagen und davon halten würde.

Zuerst war sie zu überrascht (und insgeheim erfreut), um viel zu sagen, aber wie wir alle erwartet hatten, war sie nach außen hin (beziehungsweise als ihr einfiel, dass der Artikel von jedem gelesen würde, der die *Christian Union* abonniert hatte) ziemlich bestürzt und ein bisschen verergert.

An dem Abend, als Papa ihn uns zu lesen gab, bevor wir ihn verstecken sollten, damit Mama ihn nicht sah, hatten Clara und ich großen Spaß, denn als wir gerade mitten beim Lesen waren, erschien Mama Papa folgte ihr ängstlich und fragte warum wir nicht im Bett sind. Dann folgte ein Handgemenge, denn wir sagten ihr, es ist ein Geheimnis, und versuchten, ihn zu verstecken; aber sie verfolgte uns überallhin, bis sie fand, dass es Zeit für uns war, ins Bett zu gehen, da erst gab sie auf und wir konnten ihn unter Claras Matratze stecken.

Kurz nachdem der Artikel veröffentlicht worden war, erhielt Papa Briefe, die ihn krittisirten, es waren einige sehr erfreuliche, aber auch ein paar sehr unerfreuliche dabei. Einen, den schlimmsten von allen, bekam Mama in die Finger und zu Papas großem Bedauern las sie ihn, er war voll der unerfreulichsten Dinge, und so ergerlich für Papa dass er eine Zeitlang das Gefühl hatte, etwas tun zu müssen, um dem Verfasser sein großes Missfallen darüber zu bekunden, dass man ihn so kränkte. Aber zuletzt entschied er sich dagegen, weil er das Gefühl hatte, der Mann hatte allen Grund dazu, verergert zu sein, denn in seinem Artikel für die *Christian Union* hatte Papa ziemlich geringschätzig von ihm gesprochen (er war der Vater des Kindes).

Ich glaube, nach alldem wünschten beide, Papa wie auch Mama, man würde sie nie wieder auf das Thema des Artikels in der *Christian Union* ansprechen oder etwas davon hören lassen, und jedes Mal, wenn jemand mit mir sprach und mir sagte, »wie sehr ihm der Artikel meines Vaters in der *Christian Union* gefallen hat«, hätte ich ihm fast ins Gesicht gelacht, wenn ich daran dachte, was für eine große Mainungsvielfalt Papas Artikel in der *Christian Union* ausgelöst hatte.

Der Artikel war im Juli oder August geschrieben worden, und erst kürzlich bekam Papa einen ziemlich klugen Brief von einem Gentleman, der den *C.-U.*-Artikel gelesen hatte und seine Mainung darüber mit diesen Worten ausdrückte.

Der Brief fehlt. Wahrscheinlich hatte sie den Brief zwischen die Blätter ihrer Biographie gelegt, und er war herausgefallen. Die feindseligen Briefe warf sie weg, versuchte aber, den erfreulichsten für ihr Buch aufzubewahren; gewiss hat es nie eine gütigere Biographin als sie gegeben. Und doch wird sie der Verantwortung ihrer Position als Historikerin – nicht als Lobrednerin – in einem anerkennenswerten Maße gerecht und versetzt mir hin und wieder ehrenvoll einen kleinen Stoß. Aber wie viele, viele, viele, die ich verdient hätte, hat sie verweigert! Jetzt würde ich sie zu schätzen wissen; ihre Worte hätten keine Schärfe, und für mich ist es ein Verlust, dass sie sie nicht alle niedergeschrieben hat. Ach, Susy, du süße kleine Biographin, mit deiner sanften Nachsicht brichst du mir auf meine alten Tage noch das Herz!

Ich halte große Stücke auf ihre Arbeit. Ihre Leinwand steht auf der Staffelei, ihr Pinsel fliegt unbekümmert wahllos umher, hinterlässt einen Tupfer hier, einen Tupfer da und einen weiteren dort drüben, und man könnte meinen, dass er kein endgültiges Resultat hervorbringt; ganz im Gegenteil glaube ich, dass ein intelligenter Leser ihres kleinen Buches feststellen wird, dass er, wenn er es durchgelesen hat, eine ziemlich klare und nuancierte Vorstellung von den verschiedenen Familienmitgliedern – einschließlich Susys selbst – gewonnen hat und die wahllosen Tupfer auf der Leinwand sich zu Porträts zusammengesetzt haben. Ich habe den Eindruck, dass auch mein eigenes Porträt entworfen ist, einige Charaktermängel sind veredelt worden, andere ausgelassen; und ich bin mir sicher, jeder, der die Mutter kannte, wird sie mühelos wiedererkennen und bestätigen, dass die Linien mit gerechtem Urteil und sicherer Hand gezeichnet sind. Obwohl Susy nur ein kleines Geschöpf war, findet jene Durchdringungskraft, mit der sie geboren wurde, auf diesen Seiten mehr als einmal ihren Weg an die Oberfläche.

Bevor Susy mit der Biographie begann, ließ sie hin und wieder Bemerkungen über meinen Charakter fallen, die mir zeigten, dass er unter Beobachtung stand. In unserer »Niederschrift«, in der wir die Äußerungen der Kinder festhielten, gibt es dafür ein Beispiel. Damals war sie zwölf Jahre alt. Wir hatten eine Regel aufgestellt, der zufolge jedes Familienmitglied irgendeine Episode an den Frühstückstisch mitbringen musste – eine Episode aus einem Buch oder irgendeiner anderen Quelle; alles kam in Frage. Susys erster Beitrag war im Kern der folgende: Zwei bedeutende Exilanten und ehemalige Widersacher im Krieg begegneten einander in Ephesos – Scipio und Hannibal. Scipio forderte Hannibal auf, den größten General zu nennen, den die Welt hervorgebracht habe.

»Alexander« – und er erklärte, warum.

»Und der zweitgrößte?«

»Pyrrhus« – und er erklärte, warum.

»Aber wo würdet Ihr Euch selbst einordnen?«

»Wenn ich Euch besiegt hätte, würde ich mich über die anderen stellen.«

Susys ernster Kommentar lautete:

»Das hat mir *gefallen*, das ist genau wie Papa – was seine Bücher betrifft, ist er so aufrichtig.«

So aufrichtig in meiner Bewunderung für sie, meinte Susy.

14. März 86

Vor kurzem waren Mr. Laurence Barrette und Mr. und Mrs. Hutton hier, und es war ein sehr interessanter Besuch. Papa sagte, er hätte Mr. Barette noch nie so gut schauspielern sehen wie an dem ersten Abend, als er bei uns wohnte. Und Mrs. – sagte, sie hätte noch nie einen Schauspieler auf der Bühne gesehen, mit dem sie sich lieber unterhalten hätte.

Papa interessiert sich seit neuestem sehr für die Theorie der »geistigen Heilung«. Tatsächlich tun wir das alle. In der Stadt hat eine junge Dame mit der Anwendung der »geistigen Heilung« Wunder bewirkt; jezt ist sie ständig damit befasst, die Krankheiten der Leute auf diese Weise zu heilen – und sogar ihre eigenen, was mir am bemerkenswertesten erscheint.

Vor einige Zeit war Papa begeistert von dem Wissen, wie man seiner ansicht nach eine Erkältung am besten auskurirt, nämlich indem man sie aushungert. Dieses Aushungern funktionirte wunderbar und befreite ihn von vielen starken Erkältungen. Jezt sagt er, was seine Erkältungen verscheucht hat, war nicht das Aushungern, sondern das Vertrauen ins Aushungern, die mit dem Aushungern verbundene geistige Heilung.

Es sollte mich nicht wundern, wenn wir am Ende von geistiger Heilung fest überzeugt wären. Ich zweifle nicht daran, dass Papa, wenn er das nächste Mal eine Erkältung hat, Miss Holden, die junge Dame, die nach der Theorie der »geistigen Heilung« behandelt, kommen lässt, um von ihr geheilt zu werden.

Neulich war Mama zum Mittagessen bei Mrs. George Warner, Miss Holden war auch da. Mama fragte, ob auch etwas so Natürliches wie Kurzsichtigkeit geheilt werden kann sie sagte o ja genau wie andere Krankheiten.

Als Mama nach Hause kam, nahm sie mich mit auf ihr Zimmer und sagte mir, vielleicht könne meine Kurzsichtigkeit mit Hilfe »geistiger Heilung« behoben werden, jedenfalls werde sie mich die Behandlung ausprobieren lassen, schaden kann es nicht, nützen aber vielleicht sehr. Sollte ihr Plan aufgehen, wird meiner meinung nach eine Menge dran sein an »geistiger Heilung«, denn ich bin *sehr* kurzsichtig und Mama ist es auch, und ich hätte nie erwartet, dass es dafür eine Heilung gibt, ebenso wenig wie für Blindheit, aber jezt weiß ich dass es *dafür* eine Heilung gibt.

Es war eine Enttäuschung; ihre Kurzsichtigkeit blieb ihr ein ganzes Leben erhalten. Zweifellos war sie damit zur Welt gekommen; aber merkwürdigerweise kamen wir erst dahinter, als sie vier, möglicherweise fünf Jahre alt war. Es ist nicht leicht zu verstehen, wie das passieren konnte. Ich entdeckte den Defekt durch Zufall. Eines Tages stand ich zu Hause auf halber Treppe in der Eingangshalle und hielt sie an der Hand, als ich mich umblickte und durch die offene Esszimmertür etwas sah, von dem ich glaubte, dass es ein hübsches Bild für sie hermachte. Es war »Stray Kit«, die Schlanke, Anmutige, Gesellige, Schöne, Unvergleichliche, die Katze aller Katzen, die Schildpattkatze, die rund wie ein Rad auf dem feuerroten Deckchen des Esstischs, zusammengerollt und in tiefem Schlaf versunken, dalag, von einem hellen Sonnenstrahl beleuchtet. Ich verkündete es, aber Susy sagte, sie könne da nichts sehen, weder Katze noch Tischtuch. Die Entfernung war nicht der Rede wert – kaum mehr als sechs Meter –, so dass ich ihrer Aussage, wäre sie ein anderes Kind gewesen, keinen Glauben geschenkt hätte.

14. März 86

Vor einer kleinen Weile rodelte Clara gegen einen Baum und verstauchte sich den Knöchel, und solange sie nicht laufen konnte, legte sie oft Passiencen. Als Clara krank war und Papa sie so oft Passiencen legen sah, weckte das sein interesse für das Spiel und er begann schließlich selbst zu spielen, dann fing auch Jean damit an, und zuletzt spielte selbst *Mama* hin und wieder; Jeans und Papas Liebe zum Spiel nahm rasch zu, und jezt bringt Jean jeden Abend die Karten zum Tisch und Papa und Mama helfen ihr beim Spielen, und noch bevor das Abendessen vorbei ist, besorgt Papa sich einen eigenen Satz Spielkarten und spielt mit großem Interesse ganz für sich. Als Nächstes verfallen Mama und Clara dem ansteckenden Passiencenlegen, da sitzen vier Passiencespieler am Tisch, und man hört nur noch »Leg hier an« etc. Es ist furchtbar! Nach dem Essen geht Clara in die Bibliotek, holt einen kleinen roten Mahoganitisch, stellt ihn unter die Gaslampe setzt sich und fängt wieder an zu spielen, dann folgt Papa mit einem anderen Tisch derselben Art und sie legen bis zur Schlafenszeit Passiencen.

Eben sind Fotos von unserem *Prinzen und Bettelknaben* gemacht worden; zwei Gruppenfotos und einige kleine Einzelfotos. Die Gruppenfotos (Toms Befragung und die Szene mit Lady Jane Grey) waren ziemlich gut, die Szene mit Lady Jane sogar perfekt, so hübsch, wie sie nur sein konnte, die Befragung nicht ganz so gut; und zwei von den kleinen Einzelfotos waren sehr gut, aber eins war sehr schlecht. Aber im Großen und Ganzen, denken wir, waren sie ein Erfolg.

Ich glaube, Papa hat in seinem Leben viel Gutes und sehr Bemerkenswertes bewirkt, aber ich glaube, wenn er die Chance bekommen hätte, die Talente zu entfalten, die er beim Abfassen seiner Bücher oder auf sonst eine Weise zum Vergnügen und zum Wohl anderer Menschen außerhalb seiner Familie und seines engen Freundeskreises nicht verwendet hat, dann hätte er *mehr* bewirken können, sogar sehr viel mehr. Der Öffentlichkeit ist er als Humorist bekannt, dabei steckt in ihm viel mehr Ernst als Humor. Er hat ein feines Gespür für das Lächerliche, bemerkt lustige Geschichten und Vorfälle weiß sie wiederzugeben und zu verbessern und vergisst sie nicht. Viele der lustigen Abenteuer, die er in *Tom Sayer* und *Huckleberry Finn* erzählt, hat er selbst erlebt und alle Tage seiner frühen Jahre unter genau solchen Jungen und in genau solchen Dörfern verbracht. Sein *Prinz und Bettelknabe* ist seine orriginellste und beste Hervorbringung; das Buch zeigt mehr als jedes andere, was für Bilder er gewöhnlich im Kopf hat. Nicht dass er hauptsächlich über Dinge wie die Bilder Englands im 16. Jahrhundert und die Abenteuer eines kleinen Prinzen und Bettelknaben nachdenkt; aber *dieses* Buch und diese Bilder representiren die Gedankengänge und Vorstellungswelten, die ihm höchstwahrscheinlich heute, morgen oder übermorgen durch den Kopf gehen, fast mehr als die, die in *Tom Sawyer* oder *Huckleberry Finn* vorkommen.*

* So ist es noch immer. M. T.

529

Papa kann überaus gescheite Witze machen, er hat Freude an allem, was lustig ist, und wenn er mit Leuten zusammensitzt, scherzt und lacht er viel, aber eigentlich ist er mehr daran interessiert, über ernste Bücher und ernste Gegenstände zu sprechen als über komische.*

Wenn wir ganz allein zu Hause sind, spricht er neun von zehn Mal über vollkommen ernste Themen (mit einem gelegentlich eingeworfenen Scherz), über solche Themen spricht er viel öfter als über andere.

Ich glaube, er ist ebenso Pholosoph wie alles andere. Ich glaube, in dieser Richtung hätte er viel erreichen können, wenn er als junger Mann studiert hätte, denn es scheint ihm Spaß zu machen, die Dinge zu durchdenken, ganz gleich, welche; in vielen dieser Richtungen hat er größere Fähigkeiten als in den Talenten, die ihn berühmt gemacht haben.

So war sie sich also schon mit vierzehn über mich schlüssig geworden und hatte die Gründe für ihre Ansicht furchtlos und unmissverständlich dargelegt. Fünfzehn Jahre sollten vergehen, bevor ein anderer Kritiker – mit Ausnahme Mr. Howells', glaube ich – diese gewagte Ansicht erneut vertrat und abdrucken ließ. Ob zutreffend oder nicht, für diese kleine Analytikerin war es eine mutige Position. Sie hat sie später nie widerrufen oder abgeändert. Von sich selbst hat sie behauptet, keinen physischen Mut zu haben, und ihre Bewunderung für Clara erkennen lassen; aber sie hatte moralischen Mut, die seltenste aller menschlichen Eigenschaften, und sie hielt ihn funktionstüchtig, indem sie ihn trainierte. Ich glaube, in Fragen der Moral und der Politik stand sie gewöhnlich auf meiner Seite; wenn aber nicht, so hatte sie ihre Gründe und konnte sich behaupten. Zwei Jahre nachdem sie aus meinem Leben geschieden war, schrieb ich eine Philosophie. Von den drei Menschen, die das Manuskript sahen, hat nur einer es verstanden, und alle drei haben es verurteilt. Hätte sie es lesen können, hätte vielleicht – ja wahrscheinlich – auch sie es verurteilt, aber sie hätte es verstanden. Was das betrifft, wäre es ihr nicht schwergefallen; außerdem hätte sie

---

* Das hat sie gut und richtig gesagt. Humor hat mich nie sonderlich interessiert. Deshalb habe ich ihn auch nie näher untersucht, weder darüber geschrieben noch Reden darüber gehalten. Das Thema ist mir in den vergangenen vierzig Jahren hundertmal angetragen worden, aber gelockt hat es mich nie. M.T.

ein nimmermüdes Vergnügen daran gefunden, die darin enthaltenen Probleme
zu analysieren und zu erörtern.

23. März 86

Neulich war mein Geburtstag, abends gab es eine kleine Geburtstagsfeier und
Papa spielte mit Mr. Gherhardt, Mr. Jesse Grant (der aus New York gekommen war
und den Abend mit uns verbrachte) und Mr. Frank Warner einige sehr komische Scharaden. Einer von ihnen war »auf den Knien« Honikniesen. Es gab noch viele andere
lustige Scharaden, aber ich kann mich nicht mehr an sie erinnern. Mr. Grant war sehr
angenehm und spielte ganz entzükend.

Diesmal ist mir Susys Rechtschreibung ganz und gar unverständlich. Ich begreife nicht, wofür »Honikniesen« steht. Improvisierte Scharaden waren bei
uns ein fast allabendlicher Zeitvertreib seit den jüngsten Tagen der Kinder –
und sie spielten schon mit, da waren sie erst fünf oder sechs Jahre alt. Als sie an
Jahren und Übung zunahmen, entwickelte sich ihre Liebe zu dem Spiel fast zu
einer Leidenschaft, und sie spielten ihre Rollen mit immer größerem Geschick.
Anfangs war eine gestrenge Anleitung vonnöten; später aber waren sie, sobald
die Rollen festgelegt waren, zu allem bereit, und sie füllten sie nach eigenem
Gutdünken aus. Ihre Darstellungskunst und ihr Mangel an Zurückhaltung
und Befangenheit in *Der Prinz und der Bettelknabe* waren ein Ergebnis ihrer
Übung im Scharadespiel.

Mit zehn und zwölf Jahren schrieb Susy Theaterstücke, und sie, Daisy Warner und Clara führten sie in der Bibliothek oder oben im Lernzimmer auf,
einzige Zuschauer waren sie selbst und die Bediensteten. Die Stücke waren von
tragischer und großmächtiger Natur und wurden mit reichlich Energie und
Ernsthaftigkeit dargeboten. Es waren (freie) Bühnenbearbeitungen der englischen Geschichte, in denen Maria Stuart und Elisabeth kaum Urlaub hatten.
Die Kostüme wurden aus dem Kleiderschrank der Mutter geliehen, und die
Gewänder waren länger als nötig, aber das wurde nicht als Mangel angesehen.
In einem dieser Stücke war Jean (vielleicht drei Jahre alt) Sir Francis Bacon. Sie
trug für die Rolle kein Kostüm und brauchte nichts zu sagen, sondern saß
stumm und sittsam an einem winzigen Tisch und hatte alle Hände voll zu tun,

Todesurteile auszufertigen. Es war ein gewichtiges Amt, denn nur wenige betraten jene Stücke und kamen lebend wieder heraus.

26. März. Mama und Papa sind für zwei oder drei Tage in New York gewesen, und Miss Corey ist bei uns geblieben. Heute um zwei Uhr kommen sie wieder nach Hause.

Papa hat angefangen, Schach zu spielen, und ist sehr angetan davon, darum hat er mit Mrs. Charles Warner verabredet, jeden Vormittag von 10 bis 12 zu spielen, gestern Abend kam er ganz erfüllt von dieser angenehmen Aussicht zum Essen, aber offenbar ging ihm etwas durch den Kopf. Schließlich sagte er in zakhaftem Ton zu Mama: »Susy Warner und ich haben einen Plan.«

»Nun«, sagte Mama, »was das wohl wieder sein mag?«

Papa sagte, Susy Warner und er würden die Schachfiguren nach einigen der alten biblischen Heldengestalten benennen und auch sonntags Schach spielen.

18. April 86

Mama und Papa Clara und Daisy sind nach New York gefahren, um sich *Mikado* anzusehen. Heute Abend um halb acht kommen sie wieder nach Hause.

Lezten Winter, als Mr. Cable mit Papa auf Vortragsreise war, schrieb er ihm, kurz bevor er zu Besuch kam, diesen Brief.

Everett House

New York, 21. Jan. 84

Lieber Onkel,

das ist das Nette an mir, ich dränge niemanden, mir eine gute Sache zweimal anzubieten. Du hast mich nicht gebeten, am Sonntag dazubleiben, aber Du hast mich auch nicht gebeten, Samstagabend abzureisen, und da ich die hohe Gesinnung Deiner Natur so gut kenne – danke, ich bleibe bis Montagmorgen.*

Der Deinige und der Deiner lieben Familie

George W. Cable

Das scheint erstaunlich lange her zu sein! Vor zwei oder drei Abenden dinierte ich mit zwei Dutzend anderen Männern bei Andrew Carnegie, und neben mir

---

* Cable reiste sonntags nie. – M. T., 22. Dez. 1906

saß Cable – tatsächlich ein alter Mann, wirklich ein alter Mann, dieser einst so junge Bursche! Zweiundsechzig Jahre alt, Frost auf dem Haupt, sieben Enkelkinder auf Lager und eine funkelnagelneue Frau, um das Leben noch einmal von vorn zu beginnen!

Mittwoch, 26. Dezember 1906

*Mr. Clemens' Experimente in Phrenologie bei Fowler; ebenso in
der Handlesekunst – Einhelliges Urteil: Er hat keinen Sinn für Humor –
Seine Rede vor den Urheberrechtsausschüssen des Kongresses*

Vor kurzem erhielt ich aus England einen Brief von einem Gentleman, der fest an die Phrenologie glaubt und sich fragt, weshalb mich die Phrenologie offenbar nie genug interessiert hat, um darüber zu schreiben. Ich habe es ihm wie folgt erklärt:

21 Fifth Avenue

18. Dez 1906

Sehr geehrter Herr:

Ich habe die Phrenologie nie gründlich studiert; daher bin ich weder qualifiziert noch berechtigt, eine Meinung darüber abzugeben. In London, vor 33 oder 34 Jahren, unterzog ich die Phrenologie einem kleinen Test, um mich eingehender zu informieren. Unter falschem Namen sprach ich bei Fowler vor, und er untersuchte meinen Schädel auf Erhebungen und Vertiefungen und gab mir eine graphische Darstellung mit, die ich ins Langham Hotel trug und mit großem Interesse und Amüsement studierte – mit demselben Interesse und Amüsement, das ich an der graphischen Darstellung eines Hochstaplers gehabt hätte, der sich als Mark Twain ausgibt und mir in keinem einzigen scharf umrissenen Detail ähnelt. Ich wartete 3 Monate, dann suchte ich Mr. Fowler abermals auf, wobei ich mein Kommen mit einer Visitenkarte angekündigt hatte, auf der sowohl mein Name als auch mein Pseudonym standen. Wieder durfte ich eine ausgeklügelte graphische Darstellung davontragen. Sie enthielt mehrere scharf umrissene Einzelheiten meines Charakters, wies aber keine erkennbare Ähnlichkeit mit der früheren Darstellung auf. Diese Erfahrungen pflanzten mir ein Vorurteil gegen die

Phrenologie ein, das bis heute besteht. Ich bin mir bewusst, dass sich mein Vorurteil gegen Fowler hätte richten sollen statt gegen die gesamte Kunst; aber ich bin ein Mensch, und so funktionieren Vorurteile nun einmal nicht.

In Amerika vor vierzig oder fünfzig Jahren standen Fowler und Wells an der Spitze des phrenologischen Gewerbes, und der Name der Firma war allen Ohren bekannt. Ihre Veröffentlichungen fanden weite Verbreitung und wurden von Wahrheitssuchern und Konvertiten im ganzen Land gelesen, studiert und diskutiert. Einer der häufigsten Besucher in unserem Dorf Hannibal war der umherreisende Phrenologe, und er war beliebt und stets willkommen. Er scharte die Leute um sich und hielt einen kostenlosen Vortrag über die Wunder der Phrenologie, dann tastete er die Erhebungen an ihren Schädeln ab und nahm für fünfundzwanzig Cent pro Kopf eine Einschätzung der Ergebnisse vor. Ich glaube, die Leute waren mit der Übersetzung ihres Charakters fast immer zufrieden – falls man das Wort in diesem Zusammenhang verwenden darf; aber das Wort ist durchaus angemessen, denn die Einschätzungen waren tatsächlich Übersetzungen, da sie aus offenbar einfachen Sachverhalten abgeleitete vorgebliche Tatsachen in komplizierte Fachausdrücke übersetzten, auch wenn deren Bedeutung im Laufe dieser Reise regelmäßig auf der Strecke blieb. Die Phrenologie fand zahlreiche Unebenheiten am Schädel eines Menschen und versah jede mit einem imposanten ausgefallenen Namen. Der Phrenologe fand Vergnügen daran, diese hochtrabenden Namen auszusprechen; sie sprudelten in einem ebenso mühe- wie schamlosen Strom von seinen Lippen, und diese Zurschaustellung kultivierter Geschicklichkeit nötigte jedermann Neid und Bewunderung ab. Allmählich gewöhnten sich die Leute an diese sonderbaren Namen und waren geradezu süchtig nach ihrer Verwendung, und im Gespräch warfen sie voller Genugtuung damit um sich – einer Genugtuung, die kaum zufriedenstellender hätte ausfallen können, wenn sie genau gewusst hätten, was die Wörter bedeuteten.

Ich glaube, es ist alles andere als wahrscheinlich, dass der reisende Experte den Charakter irgendeines Dorfbewohners jemals richtig getroffen hat, man kann aber darauf wetten, dass er stets klug genug war, seinen Klienten graphische Darstellungen ihres Charakters mitzugeben, die günstiger ausfielen als

die George Washingtons. All das geschah vor langer Zeit, und doch meine ich
mich daran zu erinnern, dass kein Phrenologe in unserem Städtchen jemals
einem Schädel begegnet wäre, der weit hinter dem Standard Washingtons zurückblieb. Vielleicht hätte diese allgemeine deutliche Annäherung an Vollkommenheit Argwohn erregen müssen, aber daran kann ich mich nicht erinnern. Mein Eindruck ist, dass die Leute die Phrenologie bewunderten und
daran glaubten und dass die Stimme des Zweiflers sich nicht hören lässt in
unserm Lande.

In dieser Atmosphäre des Glaubens und des Vertrauens war ich aufgewachsen, und ich bin überzeugt, dass sie, als ich so viele Jahre später Fowlers Inse-
rate in London sah, noch immer Einfluss auf mich ausübte. Ich war froh,
seinen Namen zu sehen, und froh über die Gelegenheit, seine Künste persönlich zu prüfen. Dass ich ihn unter einem fiktiven Namen aufsuchte, deutet
darauf hin, dass nicht mehr der ganze Glaube meiner Kindheit in mir steckte;
es sieht ganz nach einem Indiz aus, dass mein Glaube im Laufe der Jahre auf
gewisse Weise eine Beeinträchtigung erfahren hatte. Ich traf Fowler im Dienst
an, inmitten der eindrucksvollen Symbole seines Handwerks. Auf Böcken,
Tischen, Regalen standen, im ganzen Raum verteilt, marmorweiße Büsten,
wobei jeder Zoll der haarlosen Schädel von einem flachen Höcker bedeckt
und jeder Höcker mit einem imposanten Namen in schwarzen Lettern be-
schriftet war.

Fowler empfing mich gleichgültig, fingerte lustlos an meinem Kopf herum
und benannte und bewertete meine Eigenschaften mit gelangweilter eintöniger
Stimme. Er sagte, ich besäße erstaunlichen Mut, einen abnorm kühnen Geist,
starken Willen, Verwegenheit und genzenlose Unerschrockenheit. Darüber war
ich verwundert und auch erfreut, denn damit hatte ich nicht gerechnet; dann
aber tastete er die andere Seite meines Schädels ab und fand eine Erhebung, die
er »Vorsichtigkeit« nannte. Dieser Auswuchs war so groß, so gebirgsartig, dass
er meinen Mut-Höcker auf ein bloßes Hügelchen reduzierte, obwohl der Mut-
Höcker – seiner Beschreibung zufolge – bis dahin so markant gewesen war, dass
er einen geeigneten Gegenstand abgegeben hätte, meinen Hut daran aufzuhän-
gen; jetzt aber, in Gegenwart jenes Matterhorns, das er meine Vorsichtigkeit
nannte, hatte er so gut wie nichts zu bedeuten. Wäre jenes Matterhorn aus

meiner Charakteranlage ausgelassen worden, erklärte er, wäre ich einer der mutigsten Männer gewesen, die je gelebt haben – vielleicht der mutigste –, aber meine Vorsichtigkeit sei meinem Mut so ungeheuer überlegen, dass sie diesen aufhebe und mich geradezu sensationell schüchtern mache. Er setzte seine Entdeckungsreise fort mit dem Ergebnis, dass ich am Ende wohlbehalten daraus hervorging; mit hundert großen und glänzenden Eigenschaften, die allerdings ihren Wert einbüßten und so gut wie nichts zu bedeuten hatten, weil jede der hundert Eigenschaften an einen entgegengesetzten Mangel gekoppelt war, der ihr alle Wirksamkeit nahm. An einer Stelle jedoch fand er eine *Vertiefung*; eine Vertiefung, wo sich am Schädel eines jeden anderen eine Erhebung befunden hätte. Diese Vertiefung, sagte er, stehe ganz allein, ganz für sich, besetze eine Leerstelle und habe keine entgegenwirkende Erhebung, und sei es von noch so geringer Höhe, um ihre gänzliche Vollständigkeit und Einsamkeit zu modifizieren und zu mildern. Er erschreckte mich, indem er sagte, jene Vertiefung repräsentiere die völlige Abwesenheit eines Sinns für Humor! Jetzt fing er geradezu Feuer. Etwas von seiner Gleichgültigkeit schwand. Fast wurde er redselig wegen dieses Amerikas, das er da entdeckt hatte. Er sagte, oft stoße er auf Höcker des Humors, die so klein seien, dass man sie kaum spüre, dies aber sei in seiner langen Laufbahn das erste Mal, dass er eine *Vertiefung* vorfinde, wo sich jener Höcker befinden sollte.

Ich war gekränkt, gedemütigt, aufgebracht, behielt diese Regungen aber für mich; im Grunde hielt ich seine Diagnose für falsch, war mir aber nicht ganz sicher. Um mich zu vergewissern, wollte ich warten, bis er mein Gesicht und die Besonderheiten meines Schädels vergessen hatte, und dann wiederkommen, es erneut versuchen und herausfinden, ob er tatsächlich wusste, wovon er sprach, oder einfach geraten hatte. Nach drei Monaten suchte ich ihn abermals auf, diesmal aber unter meinem eigenen Namen. Wieder machte er eine bemerkenswerte Entdeckung – die Vertiefung war verschwunden, und an ihrer Stelle erhob sich – bildlich gesprochen – ein Mount Everest, neuntausendfünfhundert* Meter hoch, der höchste Höcker des Humors, dem er in seinem langen Berufsleben je begegnet sei! Ich schied mit Vorurteilen gegen die Phrenologie von ihm, aber wie ich dem englischen Gentleman schrieb, hätten sich meine

---

* [Der Mount Everest misst 8848 Meter; Anm. des Übers.]

Vorurteile vielleicht eher gegen Fowler richten sollen als gegen die Kunst, die er sich zunutze machte.*

Vor elf Jahren, an Bord eines Schiffes auf dem Weg nach Europa, machte William T. Stead ein Foto von meiner rechten Hand, und hinterher, in London, schickte er Abzüge davon an zwölf Handleser, denen er meinen Namen verschwieg, und bat sie, Rückschlüsse auf den Charakter des Besitzers der Hand zu ziehen und ihm diese zuzusenden. Die Einschätzungen wurden ihm zur Verfügung gestellt, und sechs oder sieben davon veröffentlichte er in seiner Zeitschrift. Anhand dieser Einschätzungen fand ich heraus, dass meine Machart in etwa der jedes anderen Menschen entsprach; von anderen Leuten schien ich mich nicht sonderlich zu unterscheiden; jedenfalls nicht auf markante und auffällige Weise – einzig in einem Detail. Wenn mich meine Erinnerung nicht trügt, wurde in keiner der Einschätzungen das Wort Humor erwähnt – außer in einer; in dieser einen sagte der Handleser, der Besitzer der Hand sei völlig ohne Sinn für Humor.

Vor zwei Jahren nahm Colonel Harvey Abdrücke von meinen beiden Händen und schickte sie an sechs renommierte Handleser hier in New York; auch er verschwieg meinen Namen und bat um Einschätzungen. Die Geschichte wiederholte sich. Das Wort Humor kam in den sechs Einschätzungen nur einmal vor, begleitet von der definitiven Feststellung, der Besitzer der Hände sei ohne jeden Sinn für Humor. Nun denn, ich habe Fowlers Einschätzung; ich habe die Einschätzungen von Steads sechs oder sieben Handlesern; ich habe die Einschätzungen von Harveys halbem Dutzend: Die Beweislast, dass ich über keinerlei Sinn für Humor verfüge, ist erdrückend, schlüssig, überzeugend, unwiderleglich – und endlich glaube ich es selbst.

Aus Washington ist in Form eines offiziellen Dokuments ein Bericht über die Rede eingetroffen, die ich vor ein oder zwei Wochen vor den Urheberrechtsausschüssen des Kongresses hielt, und ich will ihn hier einfügen. Er ist ziemlich wirr; sei's drum, er enthält die Argumente, und das ist das Entscheidende.

---

* *10. Febr. 1907.* Der englische Gentleman war kein echter Gentleman: Er verkaufte meinen persönlichen Brief an eine Zeitung.

Stellungnahme von Mr. Samuel L. Clemens

Mr. Clemens. Ich habe den Gesetzentwurf gelesen. Zumindest habe ich die Abschnitte gelesen, die ich verstehen konnte; tatsächlich glaube ich, dass nur ein erfahrener Abgeordneter diesen Gesetzentwurf lesen und gründlich verstehen kann, und ich bin kein erfahrener Abgeordneter.

Zwangsläufig bin ich vor allem an dem Teil des Gesetzentwurfes interessiert, der mein Gewerbe betrifft. Der Gesetzentwurf gefällt mir, und mir gefällt die vorgeschlagene Verlängerung der gegenwärtigen Schutzfrist von zweiundvierzig Jahren auf die Lebensdauer des Autors plus fünfzig Jahre. Ich glaube, diese Lösung wird jeden vernünftigen Autor zufriedenstellen, weil sie für seine Kinder sorgen wird. Sollen die Enkel für sich selbst sorgen. »Es ist genug, dass ein jeglicher Tag.« Mich würde sie sehr zufriedenstellen. Sie würde für meine Töchter sorgen, und danach nehme ich es nicht mehr so genau. Bis dahin wird dieser Kampf längst hinter mir liegen, und ich werde davon frei sein. Wie *alle* Gewerbe und Berufe in den Vereinigten Staaten wird auch der unsrige von diesem Gesetzentwurf repräsentiert und geschützt. Das gefällt mir. Ich möchte, dass sie alle repräsentiert, geschützt und gefördert werden. Sie alle sind würdig, sie alle sind wichtig, und wenn wir sie mit Hilfe des Urheberrechts unter unsere Fittiche nehmen können, würde ich das begrüßen. Ich würde es begrüßen, wenn Sie die Austernzucht und alles andere, was Ihnen in den Sinn kommt, damit fördern würden. Ich habe dem Gesetzentwurf gegenüber keine engstirnigen Gefühle. Ich finde ihn recht, ich finde ihn billig, und ich hoffe, dass er ohne Streichungen oder Veränderungen jedweder Art verabschiedet wird.

Mir ist bewusst, dass das Urheberrecht einer Frist, einer zeitlichen Begrenzung unterliegen muss, denn so verlangt es die Verfassung der Vereinigten Staaten, die jene frühere Verfassung ersetzt hat, die wir den Dekalog nennen. Der Dekalog besagt, dass man keinem Menschen sein Eigentum wegnehmen darf. Nur ungern verwende ich den strengeren biblischen Satz: »Du sollst nicht stehlen.« Aber die Gesetze Englands und Amerikas nehmen dem Besitzer sein Eigentum weg. Sie greifen sich die Menschen heraus, die die Literatur des Landes schaffen. Sie reden immer hochtönend von der Literatur des Landes; immer sagen sie, was für eine gewaltige Angelegenheit große Literatur sei. Mitten in ihrer Begeisterung machen sie eine Kehrtwende und tun, was sie können, um die Literatur zu zerdrücken, zu entmutigen und zu vernichten. Ich weiß, wir brauchen diese Begrenzung. Aber zweiundvierzig Jahre sind eine zu enge Begrenzung. Ich weiß nicht, warum es überhaupt eine Begrenzung geben muss. Ich begreife einfach nicht, warum es für den Besitz am Ergebnis der Arbeit eines Menschen eine Begrenzung geben muss. Bei Grundbesitz gibt es ja auch keine Begrenzung. Wie Dr. Hale soeben ausgeführt hat, könnte die Regierung ebenso gut einschreiten und einem die Kohlengrube wegnehmen, die man entdeckt und zweiundvierzig Jahre lang ausgebeutet hat – aber unter welchem Vorwand?

Die Ausrede für einen begrenzten Urheberrechtsschutz in den Vereinigten Staaten lautet, dass ein Autor, der ein Buch produziert und während dieser Frist davon profitiert hat, lange genug davon profitiert hat, daher nimmt die Regierung Eigentum, das ihr nicht gehört, an sich und gibt es großzügig an die achtundachtzig Millionen weiter. So lautet der Plan. Wenn sie es wirklich täte, wäre das die eine Sache. Aber sie tut nichts dergleichen. Sie nimmt dem Autor lediglich sein Eigentum, nimmt seinen Kindern lediglich das tägliche Brot und den Erlös aus dem Buch und verhilft dem Verleger zu *doppeltem* Erlös. Der Verleger und einige seiner Komplizen, die an der Verschwörung teilnehmen, ziehen ihre Kinder im Wohlstand auf und fahren mit dem Genuss dieser unrechtmäßig erworbenen Gewinne Generation um Generation fort. Sie leben ewig, diese Verleger.

Wie gesagt, diese Frist ist für mich ganz zufriedenstellend – die Lebensdauer des Autors plus fünfzig Jahre. In wenigen Wochen oder Monaten oder Jahren werde ich nicht mehr hier weilen. Ich hoffe, man wird mir ein Denkmal errichten. Ich hoffe, man wird mich nicht ganz vergessen. Ich werde für das Denkmal selbst spenden. Aber das alles soll mich nicht interessieren, wenn mein Urheberrecht eine zusätzliche Lebensdauer von fünfzig Jahren erhält. Meine Urheberrechte werfen mir jährlich sehr viel mehr Geld ab, als ich verwenden kann. Aber meine Kinder haben Verwendung dafür. Solange ich lebe, kann ich für mich selbst sorgen. Ich beherrsche ein halbes Dutzend Handwerke, und ich kann ein weiteres halbes Dutzend erfinden. Ich kann mich durchschlagen. Aber mir gefällt die fünfzigjährige Verlängerung, weil sie meinen beiden Töchtern zugutekommt, denen es nicht so leichtfällt, sich ihren Lebensunterhalt zu verdienen, denn ich habe sie sorgsam zu jungen Damen erzogen, die nichts wissen und nichts können. Insofern hoffe ich, dass der Kongress ihnen jene Wohltätigkeit erweisen wird, die sie von mir nicht erhalten haben.

Wenn ein Mann, der verrückt nach Rassenselbstmord ist – nicht verrückt danach, aber eifrig auf Rassenselbstmord bedacht ist –, zu mir käme und versuchen würde, mich dazu zu bewegen, im Kongress meinen ganzen politischen und kirchlichen Einfluss zugunsten der Verabschiedung einer Gesetzesnovelle zur Begrenzung von Familien auf zweiundzwanzig Kinder von einer Mutter geltend zu machen, würde ich versuchen, ihn zu beruhigen. Ich würde ihm gut zureden. Ich würde zu ihm sagen: »Das entspricht ziemlich exakt der Verjährung des Urheberrechts. Lassen Sie die Hände davon. Lassen Sie die Hände davon, und die Sache wird sich von selbst regeln.« Es gibt immer nur ein, zwei Ehepaare in den Vereinigten Staaten, die diese Grenze überschreiten. Nun, wenn sie diese Grenze erreichen, sollen sie ruhig weitermachen. Legen Sie die Grenze auf tausend Kinder fest. Geben Sie ihnen alle Freiheit, die sie wollen. Schaden werden Sie damit niemandem.

Genauso steht es mit dem Urheberrecht. Nur ein Autor pro Lustrum produziert ein Buch, das die Frist von zweiundvierzig Jahren überdauern kann, mehr nicht. Diese Nation kann nicht drei Autoren pro Lustrum hervorbringen, die ein Buch schreiben, das zweiundvierzig Jahre überdauert. Es ist nachweislich unmöglich. Es lässt sich nicht machen. Das Urheberrecht begrenzen heißt den Kindern dieses einen Autors pro Lustrum das Brot aus dem Munde zu nehmen, ein Jahrhundert ums andere. Mehr erreichen Sie mit der Begrenzung des Urheberrechts nicht.

Als ich einmal vor den Urheberrechtsausschuss des britischen Oberhauses gerufen werden sollte, nahm ich eine Schätzung des Ausstoßes an Büchern vor. Meiner Schätzung nach hatten wir hierzulande seit der Unabhängigkeitserklärung zweihundertzwanzigtausend Bücher herausgebracht. Was nützte es, diese Bücher urheberrechtlich zu schützen? Sie alle sind tot. Sie alle starben, bevor sie zehn Jahre alt waren. Von tausend Büchern gibt es nur etwa eins, das zweiundvierzig Jahre Urheberrecht überdauert. Weshalb dann überhaupt eine zeitliche Begrenzung? Genauso gut könnten Sie eine Familie auf zweiundzwanzig Kinder begrenzen. Es wird sich von allein regeln. Wenn Sie versuchen, sich die Zahl der

Männer ins Gedächtnis zu rufen, die im 19. Jahrhundert in Amerika Bücher schrieben, die zweiundvierzig Jahre überdauerten, werden Sie mit Fenimore Cooper beginnen und ihm Washington Irving, Harriet Beecher Stowe und Edgar A. Poe folgen lassen, und Sie werden nicht weit kommen, bis Sie feststellen, dass die Liste äußerst begrenzt ist. Sie kommen zu Whittier und Holmes und Emerson, und Sie finden Howells und Thomas Bailey Aldrich, und dann beginnt die Liste auch schon auszudünnen, und Sie fragen sich, ob Sie in den Vereinigten Staaten überhaupt zwanzig Personen finden, die in einem ganzen Jahrhundert Bücher produziert haben, die die zweiundvierzigjährige Schutzfrist überdauern könnten oder überdauert haben. Sie können sämtliche Autoren der Vereinigten Staaten nehmen, deren Bücher die zweiundvierzigjährige Schutzfrist überdauert haben, und sie auf einer dieser Bänke hier Platz nehmen lassen. Erlauben Sie jedem von ihnen drei Kinder, und Sie können das Ergebnis sicher mit hundert Personen veranschlagen und diese auf drei weiteren Bänken Platz nehmen lassen. Das ist eine unbedeutende Anzahl, denen Brot und Butter weggenommen werden sollen. Zu welchem Zweck? Zu wessen Nutzen?

Niemand kann sagen, worin dieser Nutzen besteht. Nur Bücher, die die zweiundvierzigjährige Schutzfrist überdauern, haben nach zehn oder fünfzehn Jahren einen Wert. Die übrigen sind alle tot. Dann überlassen Sie diese wenigen Bücher den Händen des Piraten – den Händen des legitimen Verlegers –, und sie leben weiter und erzielen einen Erlös, der eigentlich Frau und Kindern zusteht. Ich glaube nicht, dass das rechtens ist. Ich habe Ihnen die Idee für ein begrenztes Urheberrecht in diesem Land geschildert.

Die englische Idee des Urheberrechts war eine andere, wie ich herausfand, als ich vor dem Ausschuss des Oberhauses redete. Der Sprecher war ein sehr fähiger Mann, Lord Thwing, ein Mann von hohem Ansehen, doch von Urheberrecht und Verlagsgeschäften verstand er nichts. Natürlich nicht, da er für dieses Gewerbe nicht ausgebildet war. Nur Leute, die über intime persönliche Erfahrungen mit den Triumphen und Niederlagen eines bestimmten Berufsstandes verfügen, wissen, wie man damit umgehen muss und wie man bekommt, was einem gerechterweise zusteht.

Nun hatte dieser Gentleman nicht die leiseste Absicht oder den geringsten Wunsch, irgendjemanden zu berauben, aber genau darauf lief sein Vorschlag hinaus – eine Verlängerung auf fünfzig Jahre. Er fragte mich, welche Schutzfrist ich denn für richtig hielte.

»Nun«, sagte ich, »in alle Ewigkeit.« Ich war der Meinung, Urheberschutz sollte für immer währen.

Diese Idee sagte ihm gar nicht zu. Ich konnte in seinem Benehmen einen gewissen Unmut entdecken, und er sagte, die Idee eines zeitlich unbegrenzten Urheberrechts sei unlogisch und so weiter und so fort. Und das war seine Begründung: *Vor langer Zeit sei entschieden worden, dass Ideen kein Eigentum sind, dass es Eigentum an Ideen nicht geben könne.*

Ich sagte, vor Queen Annes Zeit habe es Eigentum an Ideen gegeben; bis dahin sei anerkannt worden, dass Büchern ein zeitlich unbegrenztes Urheberrecht zukomme. Soeben hat Dr. Hale erklärt, weshalb man die Schutzfrist in Queen Annes Tagen auf vierzehn Jahre begrenzt habe. Das ist eine sehr wohlwollende Erklärung des Vorgangs. Ich hatte sie vorher noch nie gehört. Ich hatte geglaubt, eine Gruppe von Verlegern hätte sich zusammengefunden und die Schutzfrist verkürzt. Aber ich akzeptiere Dr. Hales wohlwollendere Auffassung, da er älter ist als ich, wenn auch nicht viel älter, und mehr weiß als ich, wenn auch nicht viel mehr.

Seine Position also lautete, Eigentum an einer immateriellen Idee könne es nicht geben. Er sagte: »Was ist ein Buch? Ein Buch ist vom Fundament bis zum Dach aus Ideen errichtet, und an ihnen kann es kein Eigentum geben.«

Ich sagte, ich wünschte, er könnte mir irgendeine Art Eigentum auf diesem Planeten nennen, das finanziellen Wert habe und dessen Wert sich nicht von einer oder mehreren Ideen herleite – und zwar *ausschließlich.*

»Nun«, sagte er, »Grundbesitz – Eigentum an Grund und Boden.«

»Nun ja«, sagte ich, »nehmen wir einmal an, ein Dutzend Engländer reisen durch Südafrika – sie lagern im Freien; elf von ihnen sehen überhaupt nichts; sie sind geistig blind. Aber in der Gruppe ist einer, der weiß, was der nahe gelegene Hafen bedeutet, was die Lage des Geländes bedeutet; für ihn bedeutet sie, dass eines Tages – man kann nicht sagen, wann – eine Eisenbahn hier durchfahren und an jenem Hafen dort eine große Stadt aus dem Boden schießen wird. *Das ist seine Idee.* Und er hat *noch eine* Idee, und so tauscht er beim einflussreichsten Häuptling der Gegend vielleicht seine letzte Flasche Scotch und eine

Pferdedecke gegen ein Stück Land von der Größe Pennsylvanias. Hier haben wir den Wert einer *auf Grundbesitz angewendeten* Idee. Jener Tag wird kommen, so wie er kommen soll, wenn die Kap-Kairo-Eisenbahn ganz Afrika durchzieht und Städte gebaut werden; es gab einen klugen Mann, der dem Häuptling Land abkaufte und dessen ewige Dankbarkeit erwarb, genau wie es bei William Penn der Fall war, der das riesige Areal von Pennsylvania für einen Haufen Zeugs im Wert von vierzig Dollar kaufte. Er tat genau das Richtige. Wir müssen davon begeistert sein, weil sich dergleichen vermutlich nie zuvor ereignet hatte. Da war sie wieder, die *Anwendung einer Idee auf Grundbesitz.* Jede *Verbesserung*, die ein Grundbesitz erfährt, ist das Resultat einer *Idee* in jemandes Kopf. Ein Wolkenkratzer ist eine weitere Idee. Die Eisenbahn war eine weitere Idee. Das Telefon und all diese Dinge sind lediglich *Symbole*, die Ideen *repräsentieren*. Der Waschzuber war das Resultat einer Idee. Dieses Ding hatte es vorher nicht gegeben. Es gibt auf dieser Erde kein nennenswertes Eigentum, dessen finanzieller Wert sich nicht aus *Ideen* und aus der Verbindung von Ideen ableitet, die angewendet und angewendet und angewendet werden, wieder und wieder und wieder, wie etwa im Fall der Dampfmaschine. Mehrere hundert Menschen tragen ihre Ideen zur Verbesserung und letztendlichen Vervollkommnung einer großen Erfindung bei, was immer diese sein mag – Telefon, Telegraph und all das.«

Ein Buch besteht tatsächlich *wie jedes andere Eigentum auch* vom Fundament bis zum First ausschließlich aus Ideen und sollte nicht mit irgendeiner Einschränkung belegt werden, sondern für immer Eigentum des Autors und seiner Erben bleiben, genau wie ein Fleischerladen oder – *was immer*, mir ist gleich, was es ist. Alles hat dieselbe Grundlage. Das Gesetz sollte das Recht auf immerwährenden Schutz für diese und jede andere Art von Eigentum anerkennen. Aber für dieses Eigentum verlange ich das nicht einmal. In fünfzig Jahren werde ich nicht mehr hier sein. Es tut mir leid, aber ich werde nicht mehr hier sein. Dennoch möchte ich, dass die Schutzfrist verlängert wird.

Natürlich müssen wir uns in langsamen Schritten voranbewegen. Wenn sich in dieser Welt etwas ereignet wie 1714 unter Queen Anne, ist es eine Katastrophe, und doch glaubt alle Welt, es hafte ihm ein Element der Gerechtigkeit an. Sie wissen nicht, warum sie das glauben, aber es liegt daran, dass irgendein anderer es gesagt hat. Der langsame Prozess des Zurückgewinnens hält bis heute an und wird kontinuierlich voranschreiten. Erst wurden vierzehn Jahre hinzugefügt, dann eine Verlängerung um weitere vierzehn Jahre; dann sind Sie Lord Macaulay begegnet, der eine Rede zum Urheberrecht hielt, als es eine Lebensdauer von sechzig Jahren erreichen sollte, und es auf zweiundvierzig eindampfte – eine Rede, die in der ganzen Welt von jedem, der nicht wusste, dass Lord Macaulay nicht wusste, wovon er sprach, gelesen und gelobt wurde. So verhängte er über seine Nachfolger in puncto Urheberschaft von Büchern diese Katastrophe. Das Zurückgewinnen verlorenen Bodens muss eine gleichmäßige und langsame Entwicklung durchmachen – eine Evolution.

Hier nun der Gesetzentwurf, ein Beispiel dafür. Dehnen Sie die Schutzfrist auf die Lebensdauer des Autors plus fünfzig Jahre aus, dann wird der Kongress in fünfzig Jahren feststellen, dass diese Maßnahme die Welt nicht erschüttert hat; dass sie kein San Francisco zerstört hat. Dass keine Erdbeben darin verborgen sind. Sie hat niemandem geschadet. Sie hat lediglich die hungernden Kinder eines Autors ernährt. Mrs. Stowes zwei Töchter waren enge Nachbarn von mir und – nun, ihr Lebensunterhalt war sehr bescheiden.

Ich glaube, das ist so in etwa alles, was ich sagen wollte. Ich habe einige Notizen – ich weiß nicht mehr, in welche Tasche ich sie gesteckt habe –, und wahrscheinlich kann ich sie, wenn ich sie finde, nicht lesen.

In der Ausschusssitzung kam noch eine andere Sache zur Sprache. Lord Thwing fragte mich, mit welcher Begründung ich eine solche Ungeheuerlichkeit vortragen könne – die Idee eines zeitlich unbegrenzten Urheberrechts an Literatur.

Er sagte: »England tut es auch nicht.« Das war ein gutes Argument. Wenn England etwas nicht tut, ist das in Ordnung. Warum sollte es dann jemand anderes tun? England tut es nicht. England steht für begrenztes Urheberrecht, und es wird weiter für begrenztes Urheberrecht stehen und niemandem ein unbegrenztes Urheberrecht an seinen Büchern zubilligen.

Ich sagte: »Ein Buch nehmen Sie aus.«

Er sagte: »Nein, es gibt in England kein Buch, das zeitlich unbegrenztes Urheberrecht genießt.«

Ich sagte: »Doch, es gibt in England ein Buch, das zeitlich unbegrenztes Urheberrecht genießt, und das ist die Bibel.«

Er sagte: »Es gibt in England kein solches Urheberrecht an der Bibel.«

Aber ich hatte die Dokumente dabei und konnte ihn davon überzeugen, dass in England nicht nur dem Alten und Neuen Testament, sondern auch der revidierten Fassung sowie vier oder fünf anderen theologischen Büchern ein zeitlich unbegrenzter Urheberschutz verliehen worden war, und dieses zeitlich unbegrenzte Urheberrecht und die entsprechenden Erlöse nicht etwa einem armen Autor und seinen Kindern zugutekommen, sondern der wohlhabenden Oxford University Press, die auch ohne zeitlich unbegrenztes Urheberrecht für sich sorgen kann. Es gab also dieses eine Beispiel für Ungerechtigkeit: den Unterschied zwischen dem heutigen Autor und jenem vor Tausenden von Jahren, dessen Urheberschutz aufgrund der Verjährungsfrist eigentlich erloschen war.

Ich sage noch einmal, wie ich schon zu Beginn gesagt habe: Ich hege keine Feindseligkeiten, keine Animositäten gegen diesen Gesetzentwurf. Er erscheint mir ausreichend gerechtfertigt. Es wäre mir lieb, wenn alle diese Industrien und Künste durch ihn verbreitet und gefördert würden. Das wird der Gesetzentwurf bewirken, und ich hoffe, dass er verabschiedet und keine schädliche Wirkung haben wird. Ich scheine ein außergewöhnlich starkes Interesse an einer ganzen Reihe von Künsten und anderen Dingen zu haben. Der Gesetzentwurf ist voll von Dingen, mit denen ich nichts zu schaffen habe. Aber das entspricht meiner großzügigen, vorurteilsfreien Natur. Ich kann's nicht ändern. Ich empfinde diesen Leuten gegenüber dasselbe große Mitgefühl, das auch der Mann empfand, der um zwei Uhr morgens aus dem Club nach Hause kam. Er empfand vollkommene Zufriedenheit mit seinem Leben – war glücklich, fühlte sich wohl. Da stand sein Haus und wankte und schwankte. So passte er seine Gelegenheit ab, und als bald darauf die Außentreppe in seine Nähe kamen, machte er einen Hechtsprung und kletterte auf die Säulenveranda. Das Haus schwankte weiter. Er fasste seine Tür ins Auge, und als sie ihm entgegenfiel, stürzte er durch sie hindurch. Er kam zur Innentreppe und kroch auf allen vieren nach oben. Das Haus wackelte so stark, dass er kaum die oberste Stufe erreichte; sein Zeh verhakte sich, und natürlich purzelte er polternd die ganze Treppe hinab und landete auf der untersten Stufe; mit einem Arm um den Treppenpfosten sagte er: ›Möge Gott in einer Nacht wie dieser Mitleid haben mit den armen Matrosen auf See.‹«

Donnerstag, 27. Dezember 1906

Kommentare zu geistiger Heilung – Die Skizze »Mehr Glück als Verstand«
und die Begegnung mit Lord Wolseley, dem Helden der Skizze

Aus Susys Biographie

19. April

Ja, die geistige Heilung scheint *tatsächlich* wunderbar zu funktioniren, Papa der seit mehr als einem Jahr eine Brille tragen musste, hat sie ganz abgelegt. Und meine Kurzsichtigkeit hat sich würklich verbessert. Es grenzt an ein Wunder! Als Jean Bauchschmerzen hatte, haben Clara und ich versucht, sie abzulenken, indem wir ihr sagten, sie soll sich auf die Seite legen und es mit geistiger Heilung probiren. Das Neue daran hat sie dazu verlokt es auszuprobiren, und dann riefen Clara und ich aus, wie wunderbar es doch ist, dass es schon besser wird! Und sie glaubte dass es endlich würklich besser wird, und hört zu unserer Freude auf zu weinen.

Neulich ging Mama in die Bibliotek und fand sie mit dem Rücken zur Tür auf dem Sofa liegend vor. Sie fragte: »Jean, was ist los? Ist dir nicht gut?« Jean sagte, sie hat leichte Bauchschmerzen und gedacht, es wäre besser, sich hinzulegen. Mama fragte: »Warum versuchst du's nicht mit geistiger Heilung?« »Aber das tu ich doch gerade«, antwortete Jean.

Es stimmt, die geistige Heilung bewirkte Wunder. Seit einer Million Jahre ist der Geist in hohem Maße Herr über den Körper gewesen und hat viele körperliche Gebrechen zu heilen vermocht. Wenn der Arzt es unternimmt, einen zu heilen, verlangt er, dass man die Medizin so lange einnimmt, bis die Heilung eingetreten ist; er würde keine Heilung versprechen, wenn sie durch die Auffassung beeinträchtigt wäre, dass man die Medizin nur dann einzunehmen brauche, wenn einem danach ist, und sie nach Belieben absetzen könne. Auf gleiche Weise, vermute ich, kann der Geist sein heilendes Werk nur dann verrichten, wenn man seine Arbeit nicht unterbricht und seine professionellen Anforderungen getreulich erfüllt. Betrachten wir etwa Schlaflosigkeit. Mit Sicherheit kann der Geist sie unter bestimmten Bedingungen kurieren – sagen wir, unter einer einzigen Bedingung: dass der Patient wie ein Schießhund aufpasst und seinen Ge-

danken nicht gestattet, sich auch nur einen Augenblick lang für ein besorgniser-
regendes oder beunruhigendes Thema zu interessieren. Mehr ist nicht nötig, um
Schlaflosigkeit zu besiegen, die Methode ist einfach und bequem – ich meine im
Prinzip. Es gibt Kümmernisse und Sorgen, die der Geist des Anfängers nicht
erfolgreich bekämpfen kann, wenn jene mächtigen Hilfsmittel – Ausbildung
und Erfahrung – fehlen; aber für den ausgebildeten Geist, für den erfahrenen
Geist sieht die Sache anders aus; nur selten hat er es mit einer Sorge zu tun, die
er nicht aus den Gedanken seines Klienten vertreiben kann, um ihm stattdessen
heilenden Schlaf und Frieden zu bescheren. Das weiß ich nicht nur vom Hörensagen, sondern aus persönlicher Erfahrung; und auch nicht aus jüngster Erfahrung, sondern aus fortwährender Übung und langjähriger Erfahrung.

Den Geist von körperlichem oder geistigem Schmerz abzulenken, indem
man ihm ein neues Interesse zuführt, *muss* Erleichterung verschaffen, da der
Geist seine ungeteilte Aufmerksamkeit effektiv nicht zwei Gegenständen
gleichzeitig zukommen lassen kann. Aus dem unterhaltsamsten Schmerz kann
der Geist keine volle Befriedigung ziehen, wenn man sein boshaftes Vergnügen
mit einer plötzlichen und überraschenden Unterbrechung stört. Wenn man
sich verbrennt, konzentriert der Geist seine Aufmerksamkeit unter Ausschluss
aller anderen Interessen auf den Schmerz, und mit Hilfe dieser raffinierten Methode verstärkt und übertreibt er ihn; wenn aber das Ofenrohr herunterkracht,
wird der Geist einen Augenblick lang von dem Getöse abgelenkt, und der
Schmerz lässt nach. Wenn es sich aber nicht um ein fallendes Ofenrohr handelt, sondern um einen schwankenden, berstenden und einstürzenden Wolkenkratzer bei einem Erdbeben in San Francisco, und wenn sich der Leidtra-
gende im zwanzigsten Stockwerk befindet und eine halbe Stunde braucht, um
sich durch den Regen aus herabfallendem Putz und Ziegelbrocken einen Weg
nach unten zu bahnen, werden ihm seine Brandwunden während des ganzen
Abstiegs nicht den geringsten Schmerz bescheren.

Der Geist kann keine Knochenbrüche heilen; und zweifellos gibt es auch
viele andere physische Erkrankungen, die er nicht heilen kann, aber er kann die
Schwere ausnahmslos all dieser Erkrankungen mildern helfen, und es gibt geistige und nervöse Leiden, die er vollständig heilen kann ohne die Hilfe eines
Arztes oder Chirurgen. Den dafür gebräuchlichen Namen nach zu urteilen,

gibt es offenbar viele Arten geistiger Heilung – wie etwa Gesundbeten, Gebetsheilung, mentale Heilung, Christliche Wissenschaft und so weiter –, aber ich vermute, ja, ich bin davon überzeugt, dass sie alle ein und dasselbe sind und nur einen Namen benötigen – geistige Heilung. Ich glaube, dass es sich nicht um eine moderne Entdeckung handelt. Ich glaube, dass sie seit einer Million Jahre in allen Epochen ihre segensreiche Arbeit tut, sowohl unter den Wilden wie unter den Zivilisierten. Ich glaube, dass in einer Million Jahre alle Menschen sie jeden Tag unbewusst angewendet haben; dass wir alle sie noch heute unbewusst anwenden; und dass der Arzt stets von ihr Gebrauch macht, wenn er ein hoffnungsvolles und aufmunterndes Wort zu seinem Patienten spricht.

Schon bald interessierte sich meine Familie für andere Dinge, und wir hörten auf, uns mit dem Geist und seiner segensreichen Arbeit an unseren Leiden zu beschäftigen; daher fanden wir nie heraus, wie sehr oder wie wenig wir uns darauf verlassen konnten, dass unser Geist uns nützte. Jedenfalls redeten wir uns ein, dass unsere Augen eine Besserung erfahren hatten, und eine Zeitlang kam ich recht gut ohne meine Brille zurecht, aber irgendwann setzte ich sie wieder auf und habe sie seither nicht mehr abgelegt. Falls Susy und ihre Mutter ihre Kurzsichtigkeit loswurden oder wenigstens teilweise loswurden, dann nur für eine Weile; sie interessierten sich für andere Dinge, und der Sehdefekt stellte sich wieder ein und blieb bis zuletzt. Ich bin ziemlich sicher, dass die Christliche Wissenschaft viele körperliche und geistige Krankheiten heilt; aber ich bin mir ebenso sicher, dass sie, wie sie auch heißen möge, dieselbe Arbeit verrichten könnte, ohne an Wirksamkeit einzubüßen.

Aus Susys Biographie

Neulich Abend las Papa uns einen kleinen Artikel mit dem Titel »Mehr Glück als Verstand« vor, den er gerade geschrieben hatte wir fanden ihn sehr gut.

Diese Skizze steht in einem meiner Bücher, und ich wünschte, ich hätte es zur Hand, um mein Gedächtnis mit den Einzelheiten aufzufrischen; aber das Buch liegt oben, und so lassen wir die Sache auf sich beruhen. Die Einzelheiten sind höchst sonderbar und interessant. Es versteht sich, dass ich jetzt aus dem Grab spreche, und es ist mein Wunsch und auch mein Befehl, dass meine Erben und Rechtsnachfolger das, was ich gleich sagen werde, nicht eher in Druck geben, bis ich fünfundzwanzig oder dreißig Jahre lang die Erde gedüngt habe. Die Skizze war wie folgt entstanden:

Eines Abends vor etwa einundzwanzig Jahren kam Rev. Mr. Twichell mit einer Geschichte, die er uns unbedingt erzählen wollte, in unser Haus. Es war die Geschichte, die in dieser Skizze festgehalten ist, und ich schrieb sie schnell auf, um sicherzugehen, dass ich die Einzelheiten möglichst richtig wiedergeben würde. Ein englischer Geistlicher auf Reisen hatte einen Tag mit Twichell verbrachte; beide waren Feldgeistliche in Kampfregimentern gewesen, und sie hatten sich mit dem Austausch von Kriegserinnerungen vergnügt. Im Laufe des Gesprächs erzählte der Engländer die Geschichte, die in der Skizze festgehalten ist. Er wollte den Helden der Skizze nicht namentlich nennen, und er vereitelte Joes theologisch geschickte und scharfsinnige Bemühungen, den verbotenen Namen herauszufinden. Der Engländer selbst war der Geistliche in der Skizze, und er beteuerte, so unglaublich, unfassbar und unvorstellbar die darin enthaltenen Einzelheiten auch seien, seien sie doch wahr.

Ich schrieb die Skizze und las sie der Familie vor. Natürlich waren alle lebhaft daran interessiert, denn insgeheim wussten sie, dass es sich um eine wahre Geschichte handelte, während ein außenstehender Leser sie nur für eine mehr oder weniger einfallsreiche Zusammenstellung nicht sehr plausibler Erfindungen gehalten hätte. Auf Susy machte sie einen solchen Eindruck, dass sie sie in ihrer Biographie erwähnte.

Ich hatte meine Zweifel an der Geschichte – ich konnte mir nicht helfen; aber Twichell hegte keinerlei Zweifel. Er sagte, der englische Feldgeistliche sei offenkundig ein ehrlicher und wahrhaftiger Mann, außerdem sei er ebenso offenkundig beunruhigt über den Anteil, den er als Komplize zu den erstaunlichen Abenteuern des glücklichen Helden beigetragen habe. Ich steckte das Manuskript in die Schublade, und dort lag es sechs Jahre lang zusammen mit einem halben Dutzend anderer Skizzen und Kurzgeschichten; dann, im Sommer 1891, kurz bevor wir zu einem langen Aufenthalt in Europa aufbrechen wollten, holte ich die alten Skizzen hervor und verkaufte sie an verschiedene Zeitschriften. Die Skizze »Mehr Glück als Verstand« erschien gegen Ende jenes

Jahres in *Harper's*. Anderthalb oder zwei Jahre später ging ich eines Tages in Rom die Straße entlang, als mich ein englischer Gentleman anhielt, meinen Namen nannte und mich fragte, ob er richtig geraten habe, und als ich bejahte, kamen wir ins Gespräch und unternahmen gemeinsam einen langen Spaziergang. Wenig später, als wir uns recht gut miteinander bekannt gemacht hatten und das Eis gebrochen war, sagte er:

»Mr. Clemens, reisen Sie nach England?«

Ich sagte: »Wahrscheinlich ja, aber ich weiß es nicht genau. Meine Frau plant die Route, sie erspart mir derlei Mühen. Ich halte es aber für ziemlich wahrscheinlich.«

Er sagte: »Nehmen Sie Ihren Tomahawk mit?«

»Aber ja, wenn es geraten erscheint.«

»Das ist es. Sie täten gut daran. Nehmen Sie ihn mit.«

»Warum?«

»Wegen Ihrer Skizze ›Mehr Glück als Verstand‹. Die Skizze hat in England Verbreitung gefunden, und Sie werden Ihren Tomahawk sicher brauchen.«

»Wie kommen Sie darauf?«

»Ich komme darauf, weil der Held der Skizze natürlich auf Ihren Skalp erpicht ist und vermutlich um ihn ersuchen wird. Hören Sie auf mich. Nehmen Sie Ihren Tomahawk mit.«

»Aber selbst mit Tomahawk habe ich keine Chance, denn ich werde ihn nicht erkennen, wenn er darum ersucht, und er wird meinen Skalp haben, noch bevor ich überhaupt weiß, worauf er es abgesehen hat.«

»Wollen Sie damit etwa sagen, dass Sie nicht wissen, wer der Held der Skizze ist?«

In seinem Ton schwangen Überraschung und Ungläubigkeit mit. Ich sagte:

»Ich habe absolut keine Ahnung, wer der Held der Skizze ist.«

»Schön und gut; aber *er* weiß, wer der Held ist, und jedermann in England vom Thron abwärts weiß es. Die Geschichte ist wahr. Sie haben die Tatsachen wahrheitsgetreu wiedergegeben; sie alle waren bekannt, bevor Sie sie drucken ließen; hinter vorgehaltener Hand wurde darüber schon lange gemunkelt, Sie aber sind der Erste, der sie zu einer öffentlichen Angelegenheit gemacht hat; außerdem haben Sie der Geschichte ein Detail hinzugefügt – Sie haben den

Geistlichen hinzugefügt. Vorher konnte sich niemand erklären, was dem Helden zu dem Beginn seiner außergewöhnlichen Karriere verholfen hatte. Offenbar wohnte dem Beginn ein Wunder inne, aber niemand konnte das Wunder erraten. Außer dem Helden war der Geistliche der einzige Mensch in der Welt, der das tiefe und alles lösende Geheimnis kannte. Sie haben es preisgegeben, und jetzt ist die Karriere, die folgte, erklärt, gerechtfertigt und plausibel gemacht – sagen wir, möglich gemacht. Sie war auch vorher schon möglich gewesen, denn sie hatte sich ja ereignet, aber bis Sie das entscheidende Geheimnis enthüllten, war sie nicht vorstellbar gewesen. Sie meinen es also ernst, wenn Sie sagen, Sie wissen nicht, wer der Held der Skizze ist?«

»Ja, ich meine es ernst. Ich habe keine Ahnung, wer es ist. Wer ist es?«

»Der Oberhäuptling und höchste Gipfel der Armeen Englands – Feldmarschall Lord Wolseley!«

Es verschlug mir fast den Atem. Während der nächsten zwei, drei Jahre auf dem Kontinent hatte ich noch öfter Gelegenheit zu ähnlichen Unterhaltungen mit Engländern. Und jedes Mal sagten sie: »Es ist Wolseley. Jeder kannte die merkwürdigen Tatsachen, bevor Sie sie drucken ließen.«

Neun Jahre nachdem ich diese Skizze hatte drucken lassen, hielten wir uns in London auf, und am 4. Juli fuhr ich spätabends in die Stadt, um an einem Abendessen anlässlich des amerikanischen Unabhängigkeitstages teilzunehmen und vor Amerikanern und Engländern eine Rede zu halten. Als ich ankam, war es so spät, dass die Hälfte der Gäste bereits gegangen war, nur noch etwa zweihundert waren zugegen. Choate führte den Vorsitz und hielt die Einführungsrede für einen britischen Admiral. Die Stuhlreihe zu seiner Linken, die distinguierte Gäste eingenommen hatten, war bis auf einen Sitzplatz leer. In der Absicht, einen Platz zu finden, ging ich hinter der Stuhlreihe entlang, als jene isolierte Berühmtheit mich ansprach, ihre Hand ausstreckte und freundlich, ja herzlich lächelnd sagte:

»Setzen Sie sich doch neben mich, Mr. Clemens. Ich habe schon lange Ihre Bekanntschaft machen wollen. Ich bin Lord Wolseley.«

Das traf mich unvorbereitet und jagte mir einen solchen Schrecken ein, dass ich ganz weiß wurde – so weiß, dass die Strahlen von meinem Gesicht die elektrischen Lichter gelb erscheinen ließen; aber ich setzte mich, fasste mich sogleich wieder, und wir unterhielten uns aufs angenehmste; falls er je von meiner Skizze gehört hatte, ließ er sich jedenfalls nichts anmerken, und um zwölf Uhr Mitternacht trug ich meinen Skalp unversehrt nach Hause.

Freitag, 28. Dezember 1906

Aus Susys Biographie: einige der Geschichten, die Mr. Clemens zu erzählen pflegte; Andrew Langs Huldigung an Mr. Clemens; Mr. Clemens' Rede zum Dinner für Booth; ein Spiel mit Pflöcken, um sich Daten einzuprägen; Mr. Clemens wird dabei überrascht, wie er über sein eigenes Buch lacht – Er kommentiert dies; ebenso das Geheimnis des Stils – Einem Autor ist es unmöglich, den ihm eigenen Stil zu verbergen – Ein Zufall: Dr. Holmes liest vom Tod eines Verwandten, merkt an, dass der Name nicht richtig sei, weil Dr. Holmes' Vater, der den Verwandten getauft hatte, den Zettel mit dem Namen verloren hatte, und findet gleich darauf den Zettel – Der Zufall von Bessie Stones Brief und der kurz darauf folgenden Begegnung mit »Mary« in Huck Finn

Aus Susys Biographie

Die Geschichten von anhaltendem Interesse, die Papa uns erzählt, sind »Jim und das Seihtuch« und »Hurra, sag ich«. »Jim und das Seihtuch« ist nur eine einfache, kleine Szene weit draußen im Westen; aber er erzählt sie auf so lustige Weise, dass sie einen fesselt.

»Jim und das Seihtuch«

»Tante Sal! – Tante Sal! Jim hats neu Seihtuch um sein aua Hauht g'wickelt. T.S.: He, Jim, tus Seihtuch von dein aua Hauht und mach weck den Dreck, sone Schlamperei konnt ich no nie ausstehn.«

»Hurra, sagt sie«

Guten Morgen, Mrs. O'Callahan. Was ham Se denn da in Ihrem Korb? Fische, sagt sie. Die stinken, sag ich. Sie lügen, sagt sie. Zur Hölle, sag ich. *Hurra*, sagt sie – (und dann begann der Waffengang).

Susy meinte es gut, aber in diesem Monolog (der, glaube ich, aus einem der Bücher von Charles Reade stammt) hat sie einige wichtige Dinge ausgelassen – darunter die Pointe. Aber das macht nichts. Der kürzlich verstorbene Mr. Bunce trug die Geschichte im Billardzimmer vor, um seine Gefühle zum Ausdruck zu bringen, wenn das Spiel für ihn nicht gut lief. Das geschah oft, und er ließ die Szene in einem Gerichtssaal spielen, wo der Sprecher dem Richter erklärte, wie es zu dem Streit gekommen war und dass niemand anders als die übel zugerichtete Bridget O'Callahan daran schuld sei, die ein streitsüchtiges Temperament habe und an der kleinsten Kleinigkeit Anstoß nehme. Mr. Bunce verlieh seinem Vortrag erstaunlich viel Schwung und Feuer, und auf Susy mit ihrem Faible fürs Theater machte seine Darstellungskunst großen Eindruck. Mr. Bunces »Hurra!« war das Glanzstück der Vorführung, und niemand konnte es darin mit ihm aufnehmen.

»Das Seihtuch« war eine Kindheitserinnerung an das Leben unter den Sklaven, und möglicherweise lag ihre Anziehungskraft für die Kinder darin, dass es nicht erlaubt war, sie im Haus vorzutragen. Das Verbotene hat schon immer seinen Reiz auf Jung und Alt ausgeübt. Die Art, wie Susy »Hauht« buchstabiert, scheint mir das kleine Wörtchen über das Alltägliche zu erheben.

Gestern Abend haben wir alle Croquet gespielt und zu unserer großen Genugtuung haben Tante Clara und ich Papa und Clara geschlagen.

Von Andrew Lang

Mark Twain feiert seinen fünfzigsten Geburtstag, und die meisten geistreichen Männer seines Heimatlandes haben ihm zu seinem »Jubiläum« aufs wärmste gratuliert. Was Ettrick Shepherd zu Wordsworth sagte, als sie einander kennenlernten: »Ich bin froh, dass Sie ein so junger Mann sind«, das könnte man auch zu Mark sagen und sich wünschen, er wäre noch jünger. Sein Genius indessen ist immer noch jung und hat sich vielleicht noch nie so deutlich und mit solcher Kraft und Vielfalt, solcher Wahrhaftigkeit und solchem Humor gezeigt wie in seinem letzten Buch *Huckleberry Finn*. Hochkultivierte Menschen mögen an Mark keinen Geschmack finden, wenn er sich an Bilder und heilige Orte heranwagt. Mark ist ganz er selbst und, wie ich glaube, der beeindruckendste und kurzweiligste unter den zeitgenössischen amerikanischen Schriftstellern. Hier nun, ziemlich spät, aber von Herzen kommend und wohlgemeint, zu Ehren von Mark und seinem Jubiläum:

Für Mark Twain

———————————————

Dem mutigen Mark Twain dort drüben
Ist heut' ein rundes Fest beschiden.
   Man hört, fast schmärzlich schon berührt,
Dass fünfzig Jahr' vergangen sind,
Seit ein Komet über dem Kind
   Die Weisen zu Mark Twain geführt.

In wie viel tristen, trüben Stunden,
Da aller Fromut uns geschwunden,
   Hat Mark, nicht Laureatus' Maß,
Zum Lachen uns gebracht, mit Tränen,
Und alle sind erschöpft und stönen
   Wie Gargery: »Was für ein Spaß!«

Wir blättern um gedruckte Seiten
Und sehn des Mississippis Weiten;
   Wir lesen mit vergnügtem Sinn
Die Streiche, die Tom Sayer plant,
Und mit dabei die »blut'ge Hand«,
   Der treue Huckelberry Finn!

O heit'rer Geist, des Glockenklang
Früh über den Atlantik drang
   – Die Kappe ziren kleine Schellen –:
Dass Marks Gelächter niemals sterbe,
Die Menschheit seine Bücher erbe,
   Gemüter sich wie jezt erhellen!

Susy war rechtschaffen stolz auf Andrew Langs herzlichen Händedruck von der anderen Seite des Ozeans, und ihr Manuskript zeigt, dass sie seine Worte dankbar und mit akribischer Mühe abschrieb, seine Rechtschreibung jedoch erhob sie trotz ihrer loyalen Absichten in ganz eigene sonnige Höhen, in jene Höhen, wo freie Winde wehen. Aber es ist ja kein Schaden entstanden; hätte sie ihn um Zustimmung gebeten, sie hätte sie erhalten. Bis hin zu dem seltsam aussehenden »Fromut«.

Zum Dinner für Booth

(Diese Rede habe ich Susy gegeben und nie gehalten oder drucken lassen, weil mich die Sandklaffmuschel ans Bett gefesselt hatte. M. T.)

Obwohl ich durch Umstände, die ich gleich erklären werde, daran gehindert bin, eine Rede zu halten, beanspruche ich doch das Privileg, meine Stimme den Ihrigen zu einem tief und aufrichtig empfundenen Willkommensgruß für Edwin Booth hinzuzufügen; meine Bewunderung für seine lange und illustre Karriere und seinen makellosen Charakter auszudrücken und damit meine Freude, dass seine strahlende Sonne noch nicht nach Westen zieht, sondern in voller Pracht im Zenit steht.

Ich möchte um Aufmerksamkeit für eine schriftliche Stellungnahme bitten. Es ist weder ungefährlich noch klug, eine ernste Angelegenheit einer improvisierten Rede anzuvertrauen – besonders wenn man versucht, etwas zu erklären. Nun, um ein Bekenntnis abzulegen und die ganzen Schwierigkeiten gleich zu Beginn aufzudecken – ich habe einen Fremden zu Gast; das geht nun schon zwei Tage und zwei Nächte so, und ich bin erschöpft und überdrüssig und in der Tat bezwungen. Einigen von Ihnen wird er bekannt sein. In der Naturgeschichte wird er als Sandklaffmuschel klassifiziert, nach meinem Dafürhalten das verheerendste Tier, das in den Meeren schwimmt. Wenn Sie sie nicht persönlich kennen, gehen Sie ihr aus dem Weg; glauben Sie dem Hörensagen und geben Sie sich nicht weiter mit ihr ab. Sie ist ein zweischaliges Weichtier. Wenn sie sich in ihren Mantel hüllt, ähnelt sie einem Weberschiffchen, doch da hört die Ähnlichkeit auch schon auf: Ein Weberschiffchen saust hin und her, doch die Sandklaffmuschel harrt aus; und ein Weberschiffchen können Sie verdauen, wenn Sie nur beten und lange genug warten. Natürlich haben Sie die Absicht, sich an der Sandklaffmuschel gütlich zu tun, und so legen Sie sie auf ein Bett aus Kohlen; sie öffnet den Mund wie eine Reisetasche und lächelt; das sieht nach gegenseitiger Wertschätzung aus, und schon glauben Sie, ihr Freund zu sein, aber dem ist nicht so; das Lächeln bedeutet: »Jetzt bist du an der Reihe – wir sehen uns später.« Sie schlucken die Sandklaffmuschel hinunter – und die Geschichte beginnt. Sie beginnt, doch sie beginnt so unmerklich, so verstohlen, dass Sie nichts davon mitbekommen. Sie verbringen mehrere Stunden, die Sie von Ruhe nicht unterscheiden können. Dann gehen Sie zu Bett. Sie schließen die Augen und glauben in den Schlaf hinüberzugleiten. An diesem Punkt bäumt sich die Sandklaffmuschel auf und geht zum Angriff über. Das Schiebefenster klappert; die Sandklaffmuschel macht Sie darauf aufmerksam. Sie springen aus dem Bett und verkeilen das Fenster – es ist das falsche. Fast sind Sie eingeschlafen; da klappert das Fenster schon wieder. Die Sandklaffmuschel erinnert Sie daran. Sie springen aus dem Bett und hämmern noch ein paar Keile fest. Mit Nachdruck lassen Sie sich ins Bett fallen; schon beginnt eine Art unechte Bewusstlosigkeit Ihr Hirn zu umnebeln; da tropft irgendwo Wasser. Jeder Tropfen, der fällt, schmerzt. Sie spielen mit dem Gedanken, es mit geistiger Heilung zu probieren und die Auswirkungen des Tröpfelns zu neutralisieren. Da kann die Sandklaffmuschel nur lächeln. Fünfzehn Minuten ärgern und quälen Sie sich, dann stürzen Sie aus dem Bett, um mit gebrochenem Herzen und dazu passenden Ausdrücken nach der Ursache des Tröpfelns zu suchen. Aber Sie können sie nicht identifizieren. Wenn Sie diesmal zu Bett gehen, wissen Sie: Ihre Geisteskräfte werden die ganze Nacht hindurch hellwach sein, es gibt etwas zu tun, und Sie müssen die Aufsicht führen. Die Prozession setzt sich in Bewegung. Sämtliche Verbrechen, die Sie jemals begangen haben und von denen Sie geglaubt hatten, Sie hätten sie vergessen, ziehen an Ihnen vorüber – und jedes von ihnen trägt ein Spruchband. Die Sandklaffmuschel ist zur Stelle, sie zu kommentieren. All die toten und beerdigten Demütigungen, die Sie jemals erlitten haben, folgen; sie reißen wie Fänge, sie brennen wie Feuer. Jetzt beginnt die Sandklaffmuschel ihre Arbeit. Sie hat Ihr Gewissen ausgegraben und dessen alten Sitz eingenommen; und Sie werden feststellen, dass, wenn es ans Eingemachte geht, eine Sandklaffmuschel dreißig Gewissen wert ist. Der

Rest der Nacht besteht aus langsamen Qualen am Marterpfahl. Hin und wieder gibt es grässliche, von Träumen ausgefüllte Momente; von Träumen, die nur eine halbe Sekunde dauern, doch scheinen sie das ganze Universum bloßzulegen und es vor Ihren Augen auseinanderzunehmen; von anderen Träumen, die das Sonnensystem hinwegfegen, bis die küstenlose Leere von einem Ende zum anderen nur noch von Ihnen und der Sandklaffmuschel eingenommen wird. Jetzt wissen Sie, was es heißt, mit einer Sandklaffmuschel aufzubleiben. Jetzt wissen Sie, was es heißt, eine Sandklaffmuschel zu bewirten. Jetzt wissen Sie, was es heißt, eine Sandklaffmuschel zu unterhalten; einer Sandklaffmuschel das Gefühl der Einsamkeit zu nehmen; einer Sandklaffmuschel Zufriedenheit und Glück zu schenken. Was mich betrifft, so würde ich mit jedem anderen auf der Welt lieber eine Orgie feiern als mit einer Sandklaffmuschel; lieber würde ich gar keinen Spaß mehr haben als mit einer Sandklaffmuschel. Eine Sandklaffmuschel weiß nicht, wann es Zeit ist, aufzuhören. Wenn Sie allen Spaß gehabt haben, den Sie wollten, fängt die Sandklaffmuschel erst richtig an. Meiner Meinung nach ist die Sandklaffmuschel viel zu gesellig. Eine Sandklaffmuschel ist viel geselliger als notwendig wäre. Diese hier habe ich noch immer zu Gast. Das geht nun schon seit zwei Tagen so, und jetzt ist es, wenn ich richtig zähle, die dritte Nacht. In der ganzen Zeit habe ich kein Auge zugemacht ohne ein Erdbeben, einen Wirbelsturm oder einen Schnappschuss vom Totenreich. Und so sind von mir nur noch ein oder zwei sich auflösende Lumpen früheren Menschseins übrig und eine verblassende Erinnerung an glücklichere Tage; der Rest besteht aus Sandklaffmuschel. Das ist die Erklärung. Das ist der Grund, weshalb ich keine Rede halte. Ich bin durchaus bereit, Reden auf mich selbst zu halten, aber auf keine Sandklaffmuschel, in der jemals Leben gezuckt hat, werde ich eine Rede halten. Nicht, nachdem sie so mit mir umgesprungen ist! Nicht dass ich die Sandklaffmuschel nicht respektiere, das tue ich durchaus. Ich halte die Sandklaffmuschel für die mit Abstand fähigste Kreatur, die im Salzmeer schwimmt; ich halte die Sandklaffmuschel für den Depew der Wasserwelt, so wie ich Depew für die Sandklaffmuschel der großen Welt der Denk- und Redekunst halte. Sollte jemand unter Ihnen das Leben ereignislos, abwechslungsarm, nicht malerisch genug finden, möge er eine Partnerschaft mit einer Sandklaffmuschel eingehen.

Biographie wird fortgesetzt

Mr. W. D. Howells und seine Tochter Pilla waren hier, um uns zu besuchen und wir haben uns sehr darüber gefreut. Sie kamen am Samstag um halb drei Uhr an und blieben bis Sonntagabend. Am Sonntagabend unterhielten sich Papa und Mr. Howells beim Abendessen über die Juden. Mr. Howells sagte, in *Silas Lapham* hat er einen Satz über einen Juden geschrieben, der vollkommen wahr ist; er will den Juden nichts Böses, aber was er gesagt hat, ist nun einmal wahr, und er sieht keinen Grund, warum man es nicht als Tatsache akzeptieren kann. Nachdem jedoch die Geschichte im *Century* veröffentlicht worden war, schrieben ihm zwei oder drei Juden und klagten sehr traurig und sanft, sie wünschten, er würde sie nicht verunglinfen, er sagte, nachdem er diese Briefe erhalten hat, hat ihn das Gewissen arg gezwikt, weil er gesagt hat, was er gesagt hat.

Wenigstens einer dieser Juden schrieb ihm mit der Bitte, den Satz zu entfernen, wenn die Geschichte in Buchform herauskommt; Mr. Howells sagte, die Juden sind eine verfolgte Rasse, eine Rasse, die bereits am Boden liegt. Deshalb hat er beschlossen, den Satz zu entfernen, wenn die Geschichte in Buchform erscheint.

Papa sagte, ein gewisser Mr. Wood, ein Bekanter von ihm, kennt einen reichen Juden, der viele von Papas Büchern liest. Eines Tages sagte dieser Jude, Papa ist der einzige große Humorist, der Bücher geschrieben hat, ohne sich je über einen Juden lustig zu machen, und da die Juden eine so gute Zielscheibe für Spott und Hohn abgeben würden, hat er sich oft gewundert, warum in keiner seiner Geschichten jemand etwas gegen Juden sagt oder etwas gegen Juden hat. Und er bat Mr. Wood, wenn er Papa das nächste Mal sieht, ihn nach dem Grund zu fragen.

Tatsächlich sah Mr. Wood schon bald danach Papa und sprach mit ihm über das Thema. Zuerst wusste Papa selbst nicht, warum er sich in keinem seiner Bücher unfreundlich über die Juden geäußert hat, aber nachdem er eine Weile nachgedacht hatte, befand er, die Juden seien ihm stets wie eine Rasse vorgekommen, die man respektieren muss; außerdem haben sie viel gelitten und sind stark verfolgt worden; sie zu verhöhnen oder sich über sie lustig zu machen ist für ihn dasselbe, wie einen Menschen anzugreifen, der bereits am Boden liegt, und natürlich beeinträchtigt das alles, was an der Verhöhnung eines Juden komisch sein kann.

Er sagte, er hat den Eindruck, dass die Juden vor allem aus zwei Gründen großen

Respekt verdienen: zum einen, weil sie niemals betteln, nie sieht man einen Juden betteln; zum anderen, weil sie sich stets um ihre Armen kümmern; obwohl man nie von jüdischen Waisenhäusern hört, muss es derartige Einrichtungen geben, denn arme Juden scheinen stets gut versorgt zu sein.

Er sagte, einmal hätten ihm die Damen eines Waisenhauses geschrieben und ihn gebeten, nach Chicago* zu kommen und einen Vortrag zugunsten der Waisen zu halten. Papa fuhr hin und las zugunsten der Waisen. Es waren die armseligsten kleinen Elendsgestalten, die er je gesehen hat. Die Damen sagten, sie hätten ihr Menschenmögliches getan, könnten aber nicht genug Geld zusammenbringen; was sie wirklich am dringendsten benötigten, war eine Badewanne. Als letzten Ausweg hätten sie beschlossen, ihm zu schreiben und ihn zu bitten, einen Vortrag zu halten, um zu sehen, ob sie nicht auf diese Weise ein wenig Geld zusammenkriegen könnten.

Und sie sagten, das Demütigendste an ihrem Geldmangel ist die Tatsache, dass sich gleich nebenan ein jüdisches Waisenhaus befindet, in dem alles vorhanden ist, um es komfortabel zu machen. Auch dieses Waisenhaus ist eine wohltätige Einrichtung, aber sie hätten nie davon gehört, dass es jemals irgendwen außerhalb der jüdischen Gemeinde um etwas angebettelt hätte. Außer denen, die gleich nebenan wohnten, wusste kaum jemand, dass es sich um ein jüdischen Heim handelt, und nur sehr wenige wussten, dass es in der Stadt überhaupt ein solches Gebäude gibt.

Stonington
3. Mai 1886

Mr. Samuel L. Clemens

Sehr geehrter Herr,

wenn ich mich daran erinnere, wie mein lieber Vater, Dr. Todd aus Pittsfield, Massachusetts, beinahe zur Verzweiflung getrieben wurde durch die dumme

Den Rest des Briefes hatte Susy vermutlich verloren. Der Rest der Seite ist unbeschrieben.

Der folgende Brief – offenbar aus Virginia – trägt kein Datum und keine Unterschrift.

---

* Cleveland, nicht Chicago. S. C. L.

Kurz nach dem Krieg schickte mir ein lieber Freund aus Baltimore ein Exemplar von Mark Twains *Die Arglosen im Ausland*, es war das erste Exemplar, das das Tal erreichte, möglicherweise das erste in Virginia.

Alle in unserem Haushalt lasen es, ich lieh es meinen Freunden, und schließlich hatte fast jeder im Dorf es gelesen.

Leuten, die krank oder traurig waren, machte das Buch so viel Freude, dass es bald als Heilmittel für alle Patienten galt, die es »einnehmen« konnten, und wir schickten es Leuten, die, wie das Gebetbuch sagt, Not litten an Geist, Körper oder Gütern, eine Beschreibung, die in jenen traurigen und beschwerlichen Tagen auf die meisten Leute Virginias zutraf. Als ich nach Lynchburgh kam, wurde das Buch erneut auf die Reise geschickt und war von seinen Diensten buchstäblich mürbe geworden. Als es seine letzte Reise antrat, konnte es längst nicht mehr geheftet oder geklebt werden; aber viele Einzelteile waren noch lesbar, und ich band sie zusammen und schickte sie einer netten jungen Farbigen, die sie ihrer kranken Mutter zu lesen geben sollte.

Ich habe lange gehofft, irgendein guter Yankee möge sich angespornt fühlen, mir ein neues Exemplar zu schicken. Es gibt mehrere Bücher von Mark Twain, die ich gerne für meine Bibliothek hätte. Und ich glaube, sie würden viel Gutes bewirken. Früher wohnte eine Dame in meiner Nachbarschaft, deren tägliches Leben so beschwerlich und bedrückend war, dass nur eine Frau von bemerkenswerter geistiger und körperlicher Kraft eine solche Belastung tragen konnte. Einmal borgte ich ihr ein Exemplar von *Durch dick und dünn*, das ich mir selbst ausgeliehen hatte, und erlaubte ihr, solange es sich in meiner Bibliothek befinde, Gebrauch davon zu machen. Lange Zeit konnte ich meine hart geprüfte Freundin nicht dazu bewegen, das Buch zurückzugeben, obwohl ich dringend darum bat. Sie sagte, wenn ihre anstrengenden Pflichten sie ermüdeten, sei der Band ihr größter Trost und Lichtblick, ohne ihn könne sie nicht auskommen. Ein Geistlicher, dem gegenüber ich diese Bemerkung zu erwähnen wagte, um auf den Wert des Buches hinzuweisen, sagte grimmig: »Sie sollte lieber ihre Bibel lesen!« Ich konnte ihm nicht zustimmen, weil ich wusste, dass meine Freundin ihre religiösen Pflichten nicht vernachlässigte, die Bibel vielmehr zur Richtschnur ihres Verhaltens machte, und weil ich der Meinung war, dass sie gut daran tat, sich zur Zerstreuung an Mark Twain zu halten.

6. Mai 86

Papa hat sich eine neue Methode ausgedacht, wir wir uns Daten einprägen können. Jeden Tag, Ausnahmen zählen nicht, müssen wir zum Frühstück ein Datum mitbringen, im Moment sind es Daten aus der englischen Geschichte. Vor zwei Sommern
schlug er überall auf der Farm Pflöcke in den Boden, die die Regierungszeiten aller
Könige in der richtigen Reihenfolge repräsentirten. Dann spielten wir Spiele, indem wir
zwischen den verschiedenen Pflöcken herumrannten, bis wir zu guter Letzt wussten,
wann jeder König und jede Königin regirte, und zwar immer in Bezug auf die Könige,
die ihnen vorausgegangen waren.

Zu den hauptsächlichen Vorzügen der Spiele, die wir mit Hilfe der Pflöcke
spielten, gehörten diese – dass sie an der frischen Luft gespielt werden mussten
und dass sie flinke Bewegung erforderten. Die Pflöcke wurden neben der kur-
venreichen Straße, die sich durch die Anlagen und den Hügel hinauf bis zu
meinem Arbeitszimmer schlängelte, in den Erdboden getrieben. Sie waren
weiß und einen knappen Meter hoch. Jeder Pflock repräsentierte einen englischen Monarchen und das Datum seiner Thronbesteigung. Der Abstand zwischen den Pflöcken wurde mit einem Maßband in Fuß gemessen, ein Fuß
deckte ein Jahr Regierungszeit ab. Der Pflock von Wilhelm dem Eroberer
steckte vor dem Haus in der Erde; einundzwanzig Fuß weiter der Pflock von
Wilhelm Rufus; dreizehn Fuß weiter der Pflock vom ersten Heinrich; fünfunddreißig Fuß weiter der Pflock von Stephan von Blois – und so fort. Man konnte
sich neben den Eroberer stellen und hatte das Skelett der gesamten englischen
Geschichte anhand von Wegmarken und Meilensteinen vor Augen. Zur Linken, um eine Kurve herum, waren die Regierungszeiten bis Runnymede zu sehen; dann, am Anfang eines geraden Straßenabschnitts, befand sich der Pflock
für Heinrich III., gefolgt von einer eindrucksvollen Leere, an deren Ende der
Pflock für den ersten Eduard in die Erde gerammt war. Dahinter machte die
Straße eine Biegung nach rechts und führte zum Ende der Regierungszeit des
fünften Heinrich; dann machte sie eine Biegung nach links, führte geradewegs
den Hügel hinauf und endete – ohne Pflock – vor der ersten Ecke meines Arbeitszimmers. Victorias Regierungszeit war noch nicht vorbei; viele Jahre sollten verstreichen, bevor der Pflock ihres Nachfolgers benötigt würde.

Die Abstände zwischen den Pflöcken ergaben einen Teil des Anschauungsunterrichts; ihre Position innerhalb der Prozession den anderen. Zu lesen, dass Jakob I. von 1603 bis 1625, Wilhelm II. von 1087 bis 1100 und Georg III. von 1760 bis 1820 regierte, verschafft dem Geist keinen klaren Eindruck von der Länge der erwähnten Perioden, die langen und die kurzen Abstände zwischen den Pflöcken dieser Könige dagegen vermittelten ein ziemlich klares Bild: durch das Medium des Auges. Das Auge hat ein gutes Gedächtnis. Viele Jahre sind vergangen, und die Pflöcke sind verschwunden, aber ich sehe sie noch vor mir, jeden an seinem Platz; und mein Ohr hört den Namen keines Königs, ohne dass ich sogleich seinen Pflock sehe und bemerke, wie viele Fuß neben der Straße er in Anspruch nimmt.

Vor ein paar Tagen ging Mama in die Bibliothek und traf auf Papa, der dasaß, ein Buch las und schallend darüber lachte. Sie fragte ihn, was er da liest; er antwortete, er hat sich nicht die Zeit genommen, um einen Blick auf den Titel des Buches zu werfen, und las weiter; sie schaute ihm über die Schulter und sah, dass es eins von seinen eigenen Büchern war.

Wieder eine von Susys Enthüllungen über mich. Aber wie immer entstellt sie die Geschichte nicht, sondern spricht eine Tatsache aus.

Ich kann mich nicht mehr erinnern, welches meiner Bücher ich an jenem Tag gelesen hatte, aber an die Umstände kann ich mich noch sehr gut erinnern, auch wenn es so viele Jahre her ist. Es war ein ruhiger und friedlicher Sonntagnachmittag, und Mrs. Clemens saß, in ein Buch vertieft, am Holzfeuer in der Bibliothek. Ich saß vor dem Erkerfenster am anderen Ende des Zimmers, griff mir wahllos ein Buch aus dem Regal und begann darin zu schmökern, das skandalöse Resultat hat Susy aufgezeichnet. Vermutlich hätte ich beschämt sein sollen, als ich herausfand, dass das Buch, das mich so entzückt hatte, von mir war, und es ist durchaus möglich, dass ich versuchte, den Vorfall zu entschärfen, indem ich *vorgab*, beschämt zu sein; aber im Grunde war ich es nicht, ich war hochzufrieden. Meiner Ansicht nach hatte ich dem Buch mit der hohen und herzlichen Zustimmung und Bewunderung, die ich empfunden und bekundet hatte, ein größeres Kompliment gemacht, als irgendein anderer Kritiker es vermocht hätte. Es war ein altes Buch; ich weiß nicht mehr, welches, aber ich weiß noch, dass es eines der beiden ersten war, die ich geschrieben hatte; insofern muss es zwölf oder fünfzehn Jahre alt gewesen sein. Innerhalb dieses Zeitraums hatte ich mich zwangsläufig stark verändert, und meine Art zu formulieren hatte sich zwangsläufig stark verändert, und so war es eine ziemlich wunderbare Sache, dass mir das Buch oder auch nur ein beträchtlicher Teil davon noch immer gefiel. Natürlich dürfte es so manche Passage enthalten, die mich gekränkt oder beleidigt hätte, aber durch einen glücklichen Zufall stieß ich auf keine solche, und ich bin überzeugt, mir damit, dass ich keine einzige fand, die meine Feindseligkeit weckte, ein großes Kompliment gemacht zu haben.

Ich vergesse meine Bücher, kaum dass ich sie zu Ende geschrieben habe. In der Regel vergehen Jahre, bis ich wieder einen Blick hineinwerfe; und dann sind sie für mich ganz neu. Ich kann sie so lesen, wie ein Fremder sie lesen würde, und wenn ich auf eine gute Stelle stoße, würdige ich sie ebenso schnell und kompetent wie jeder andere Fremde.

Stil ist eine rätselhafte Sache. Er scheint Teil des Menschen zu sein und etwas, wovon dieser sich, durch welchen Kunstgriff auch immer, nicht völlig befreien kann. Er scheint seiner Feder unwillkürlich zu entfließen. Zweifellos kann er, wenn er wachsam ist, seinen Stil erfolgreich und wirkungsvoll ein ganzes Buch hindurch verschleiern – aber doch nur scheinbar; der Erfolg ist weder vollständig noch vollkommen; irgendwann wird seine Wachsamkeit nachlassen und seiner Feder eine Wendung entfließen, die ihn jedem, der mit seinem Stil vertraut ist, verrät. Das weiß ich aus Erfahrung. Vor zehn oder zwölf Jahren, als ich den Harpers die Vorabdruckrechte an dem Buch *Persönliche Erinnerungen an Jeanne d'Arc* verkaufte, wollte ich nicht, dass meine Autorschaft bekannt würde, denn ich wollte die Öffentlichkeit nicht anschwindeln. Wenn auf einem Buchdeckel mein Pseudonym stand, hatte das damals für jedermann die Bedeutung, dass das Buch humoristischer Natur war; mein Pseudonym für ein ernstes Buch wie *Jeanne d'Arc* zu verwenden würde viele Leute zum Kauf animieren, die nicht bereit gewesen wären, ihr Geld für ernste Bücher aus meiner Feder auszugeben. Als die Geschichte im dritten Monat in der Zeitschrift erschien, war die Anonymität noch immer gewahrt, doch die nächste Fortsetzung enthielt indiskrete Wendungen, denen man sofort anmerkte, dass sie meiner Werkstatt entstammten. Zahlreiche Briefe erreichten die Harpers, die mir die Autorschaft an dem Buch zuschrieben, daraufhin setzte man, mit meiner Einwilligung, meinen Namen darauf. Zum Schutz der Öffentlichkeit hatte ich vor, auch *Der Prinz und der Bettelknabe* anonym zu publizieren, doch die Kinder und ihre Mutter brachten mich davon ab. Vielleicht war es ganz gut so, denn es gibt darin Dinge, denen viele Leute angemerkt hätten, dass sie mein Markenzeichen tragen. Offensichtlich ist Stil etwas genauso Natürliches und Unbewusstes wie Gang und Haltung eines Menschen und lässt sich kaum für längere Zeit erfolgreich abschütteln. Vor zwei Jahren schrieb ich einen Artikel, in dem ich meinen Stil sorgfältig verschleierte und von dem ich wollte, dass die Autorschaft unerkannt bleibe. Ich legte ihn Clara vor, und in der Mitte stieß sie auf eine Wendung, von der sie sagte, an ihr werde mich jeder erkennen. Sie hatte recht, und der Satz musste gestrichen werden – was schade war, denn normalerweise verdienen es derlei unbekümmerte und unbedachte, vom Markenzeichen des Charakters geprägte Formulierungen noch am ehesten, erhalten zu werden.

Vor einem Vierteljahrhundert, als Thomas Bailey Aldrich Nachfolger von Mr. Howells als Herausgeber des *Atlantic Monthly* wurde, fand er im Safe einen ungezeichneten Beitrag von mir, der einige Jahre dort gelegen hatte; an der Handschrift aber erkannte er, dass er von mir stammte. Er veröffentlichte ihn, ohne meinen Namen zu nennen, und schickte mir einen Scheck. Ich las zwei Drittel des Artikels und traf voller Bedauern Anstalten, den Scheck mit der Mitteilung zurückzuschicken, ich sei nicht der Autor; dann machte ich mich daran, den Artikel zu Ende zu lesen, denn ich fand ihn interessant. Da fiel mein Blick auf einen Satz, der mich zu der Bemerkung veranlasste: »Es gibt keinen lebenden Menschen, der sich genau so ausgedrückt hätte, außer mir. Den Artikel habe *ich* geschrieben, und ich werde den Scheck einlösen.«

Diese Erinnerungen rufen mir andere ins Gedächtnis, die in gewisser Weise mit ihnen verwandt sind. Vor vielen Jahren, als Jean vielleicht acht Jahre alt war, statteten Mrs. Clemens und ich der etwa drei- oder vierhundert Meilen entfernten Quarry Farm einen kurzen Besuch ab und ließen den Rest der Familie und die Bediensteten zu Hause. Katy unterrichtete uns täglich per Telegramm über die Lage zu Hause, wobei sie eine Formulierung verwendete, die sie nie abänderte und die sie, wenn ihr die Kinder anvertraut worden waren, unzählige Male zuvor per Telegramm verwendet hatte.

»Kinder alle gesund und glücklich. KATY.«

Damals, in dieser lange zurückliegenden Zeit, hatten wir immerhin schon ein Telefon im Haus. Katy rief täglich beim Telegraphenamt an und gab ihre Nachricht durch, doch nach einer Weile ersparten ihr die Telefonistinnen ihre Worte. Inzwischen kannten sie ihre Stimme, und wenn sie im Amt anrief, kam ihr die Telefonistin zuvor und fragte mit einem Tonfall, der einem Verhör angemessen gewesen wäre:

»Kinder alle gesund und glücklich, Katy?«

»Ja.«

Damit war das Gespräch beendet, und der Hörer wanderte wieder auf die Gabel.

Die Intuition einer Frau ist etwas Merkwürdiges und Wundervolles. Eine Woche lang traf das Telegramm täglich mit demselben Wortlaut ein; dann wurde Mrs. Clemens unruhig, und sie sagte:

»Du musst den nächsten Zug nach Hartford nehmen; irgendetwas stimmt da nicht.«

Ich bin nur ein Mann, und natürlich wollte ich den Grund für ihre Vermutung wissen. Sie sagte, es gebe keinen, außer dass die Telegramme seit einiger Zeit nicht mehr dieselbe Wirkung auf sie hätten wie bisher. Ich erwiderte, der Wortlaut sei unverändert, sie aber sagte – Sei's drum, Tatsache blieb, dass die Worte sie jetzt mit der vagen Angst erfüllten, dass etwas nicht in Ordnung sei, und ich musste fahren, und zwar sofort.

Das tat ich denn auch. Als ich vierundzwanzig Stunden später zu Hause ankam, war Nachmittag. In der Eingangshalle fand ich die Abendzeitung vor, und ich blieb einen Augenblick stehen, um einen kurzen Artikel zu lesen, der meine Aufmerksamkeit erregt hatte. Darin wurde der Tod eines Verwandten von Dr. Oliver Wendell Holmes in Boston bekanntgegeben, eines Mannes, dessen Name mir gerade entfallen ist – dann aber hieß es, Dr. Holmes habe durch das *Evening Transcript* von dem Todesfall erfahren und daraufhin zu einem Freund gesagt:

»Dieser Verwandte war eben erst fünfzig geworden; hier steht sein Name; ein

Teil davon ist nicht sein richtiger Name, aber er hat ihn fünfzig Jahre lang tragen müssen, weil er auf diesen Namen getauft worden war. Mein Vater taufte ihn, und gerade als er seinen Namen verkünden wollte, stellte er fest, dass er den Zettel verlegt hatte, auf dem der Name stand, und so musste er seiner Erinnerung vertrauen, was zur Folge hatte, dass er sich beim Zweitnamen irrte; er hätte Wendell lauten sollen.«

Dann begab sich Dr. Holmes zum Haus seines Bruders, um sich wegen der Trauerfeier mit der Familie zu beraten. Es war das Haus, in dem fünfzig Jahre zuvor ihr Vater gewohnt hatte. Seither war Dr. Holmes wohl tausendmal in der Bibliothek gewesen, doch als er sie diesmal betrat, ging er zu einem der Regale, griff sich wahllos ein Buch heraus, pustete den Staub ab und schüttelte es ein wenig, und da fiel der Zettel heraus, den sein Vater verlegt hatte, als er dem Kind fünfzig Jahre zuvor den falschen Namen gab. Es hieß, Dr. Holmes sei nicht einmal überrascht gewesen, dass er genau dieses Buch und kein anderes zur Hand genommen hatte, denn auch früher schon hatte er sich oft veranlasst gefühlt, Befehlen zu folgen, die ihm unbelebte Gegenstände erteilten.

Das interessierte mich, denn auch mich hatten leblose Gegenstände schon viele Male um einen Dienst gebeten und ihn erhalten – zumindest hatte es eindeutig den Anschein gehabt, als seien die Aufforderungen von leblosen Gegenständen ergangen und aus keiner anderen erklärlichen Quelle.

Während ich in der Eingangshalle stand und die Zeitung in den Händen hielt, kam der Postbote, und als ich nach oben ging, um Jean zu suchen, nahm ich die Briefe mit. Jean saß in ihrem Bettchen mitten im Kinderzimmer, neben ihr Katy, die ihr vorlas. Mrs. Clemens' Instinkt hatte sie nicht getrogen; Jean war schwer krank gewesen, und der Arzt hatte Katy überredet, die üblichen Telegramme abzuschicken, da er glaubte, das Kind werde bald genesen und es sei klug und Mrs. Clemens' Gesundheit zuträglich, ihr die schlechte Nachricht vorzuenthalten. Inzwischen schwebte Jean nicht mehr in Gefahr und befand sich auf dem Weg der Besserung. Nach meiner Unterredung mit Katy ging diese aus dem Zimmer und überließ Jean meiner Obhut. Das Buch, aus dem sie vorgelesen hatte, lag aufgeschlagen zu Jeans Füßen. Ich hob es auf und begann dort weiterzulesen, wo Katy meines Erachtens aufgehört hatte; dann musste ich lachen. Ich las weiter und brach immer wieder in bewundernde und dankbare Lachsalven aus, bis ich durch einen Ausruf von Jean unterbrochen wurde. Sie trug eine empörte Miene zur Schau und sagte in scharf tadelndem Ton:

»Papa!«

»Was ist, Jean«, sagte ich, »hast du was dagegen? Ich finde, es ist das heiterste Buch, das ich je gesehen habe. Es ist einfach bezaubernd.«

Jean gab nicht nach. Streng, entrüstet, unversöhnlich sagte sie:

»Papa, du solltest dich schämen, so von deinem eigenen Buch zu sprechen.«

Doch ich war unschuldig. Das Buch war *Huckleberry Finn*, ich aber hatte es nicht erkannt. Wieder hatte ich mir ein schönes, großes und authentisches Kompliment gemacht. Fünfzehn oder zwanzig Minuten lang las ich weiter, dann gönnte ich Jean eine Pause und nahm die Briefe zur Hand. Wie gewöhnlich stammten sie von Fremden, doch die Schriftzüge auf einem kamen mir irgendwie bekannt vor. Ich öffnete den Umschlag und las als Erstes die Unterschrift. Sie lautete »Bessie Stone«.

Das versetzte mich sogleich achtzehn Jahre in die Vergangenheit zurück. Damals, in den ersten Monaten unserer Ehe, hatten mir ein paar kleine Schulmädchen aus Massachusetts gemeinsam einen Brief voll unschuldiger, süßer Frömmeleien und freundlicher Sorge um mich geschrieben; ihr wichtigstes Anliegen war ein Appell, ich möge mich bessern und ein anständigeres Leben führen. Ich war belustigt, dass mir diese lieben kleinen Schulmädchen von vierzehn und fünfzehn Jahren so freimütig meine Lebensweise vorhielten, aber ich war auch gerührt, geschah es doch mit freundlicher Absicht; die Sorge war aufrichtig und ehrlich, und ich versäumte es nicht, ihnen die beste Antwort zu geben, die ich geben konnte, und echte Dankbarkeit in sie hineinzulegen. Aber ich war vorsichtig; ich war achtsam; ich verpflichtete mich zu nichts; ich versprach nicht, ein anständigeres Leben zu führen, denn ich hätte es nicht aufrichtig versprechen können. Ich wollte kein anständigeres Leben führen, und ich wusste, dass ich es nicht einmal probieren würde; aber ich konnte diese süßen kleinen Geschöpfe nicht verletzen und betrüben und enttäuschen, daher deutete ich vage an, ich sei momentan sehr beschäftigt, hätte viel um die Ohren und sei gezwungen, meine Besserung einstweilen aufzuschieben, doch ich würde es nicht vergessen; nein, ich würde es im Hinterkopf behalten und – so weiter und so weiter. Ich schrieb den besten Brief, den ich schreiben konnte, ohne mich auf ein rechtschaffenes Leben festzulegen, von dem ich ganz genau wusste, dass ich ihm nicht gewachsen wäre.

Die kleinen Schulmädchen schrieben erneut; ich antwortete; sie schrieben abermals; ich antwortete; sie schrieben ein drittes Mal; ich antwortete. Mit der Zeit wurden die Abstände zwischen den Briefen ein wenig länger und dann noch ein wenig länger. Jedes Mal flehten sie mich an zu beten – das war eines ihrer Hauptanliegen; hartnäckig und ausdauernd hielten sie daran fest, und unter den Umständen tat ich mein Bestes, ohne mich unwiderruflich zu kompromittieren. Schließlich kam der Briefwechsel zum Erliegen. Ich zögerte meine Besserung weiterhin hinaus, und schließlich, vermute ich, waren die Kinder entmutigt.

Und jetzt, achtzehn Jahre seit den Tagen jener Korrespondenz, öffnete ich den Umschlag – noch immer in der gerundeten Handschrift eines Schulmädchens von damals, ohne jede wahrnehmbare Veränderung – und fand darin ein Briefchen voll jubilierender Freude. Bessie Stone schrieb etwa Folgendes – ich erinnere mich nicht mehr an ihre genauen Worte:

»Unsere flehentlichen Bitten damals vor so langer Zeit, Sie mögen beten, haben endlich Früchte getragen. Ich weiß, nur dieser Bitten wegen ist Mary zu einem Kind des Gebets geworden, und das stimmt mich, ach, so glücklich, ach, so dankbar!«

Ich konnte mir keinen Reim darauf machen. Ich kannte eine ganze Menge Marys, aber mir fiel keine ein, die sich auf die besagte Weise besonders ausgezeichnet hätte, und so kam ich nicht darauf, wer diese Mary war, von der Bessie Stone sprach, oder wie die spirituellen Kämpfe, die sie und ihre Freundinnen mit mir ausgetragen hatten, die unbekannte Mary zu diesem Schritt bewogen hatten.

Jean wollte, dass ich weiterlas, und so verbannte ich Bessie aus meinen Gedanken und nahm wieder *Huckleberry Finn* zur Hand. Noch bevor ich zehn Sätze gelesen hatte, stieß ich auf die nämliche Mary und ihr Gebet.

Der Vorfall hätte mich zu jedem Zeitpunkt verblüfft, doch die Kraft der Überraschung war verdoppelt und vervierfacht, weil er so schnell auf den ganz ähnlichen Vorfall von Dr. Holmes folgte. Soweit ich mich erinnere, habe ich

Huckleberry Finn seither nicht wieder gelesen, daher weiß ich nicht, wo genau im Buch Marys Gebet erwähnt wird, und tatsächlich habe ich an Mary gar keine Erinnerung mehr.

Samstag, 29. Dezember 1906

Das Ende von Susys Biographie: die Fahrt nach Keokuk – Mr. Clemens spricht von der Reise – Erwähnt die Rufe der Lotgäste auf dem Mississippi-Schaufelraddampfer – Dann sieht er zum letzten Mal in seinem Leben seine Mutter – Erzählt Details über die Romanze ihres Lebens

Aus Susys Biographie

26. Juni 86

Wir alle sind auf dem Weg nach Keokuk, um Grandma Clemens zu besuchen, die sehr schwach ist und uns sehen möchte, ganz besonders Jean, die ihre Namensvetterin ist. Wir nemen den Weg über die Seen, weil Papa meinte, das sei am bequemsten.

Wir nahmen den Weg über die Seen, und es war ein sehr angenehmer und zufriedenstellender Ausflug. Wir verbrachten ein, zwei Tage in Duluth und ein, zwei Tage in St. Paul und Minneapolis; dann gingen wir an Bord eines Mississippi-Schaufelraddampfers und fuhren flussabwärts nach Keokuk. In meinem Buch *Alte Zeiten auf dem Mississippi* habe ich erklärt, dass »Mark Twain« der Ruf des Lotgasts für zwei Faden – zwölf Fuß – ist, und habe zudem erklärt, wie es dazu kam, dass ich diesen Ausdruck als Pseudonym verwendete. Falls die Kinder mit diesen nicht eben wichtigen Fakten je vertraut gemacht worden waren, so hatten sie sie jedenfalls, als sie an Bord dieses Mississippi-Dampfers ankamen, vergessen. Kurz nach Einbruch der Nacht gerieten wir in eine Untiefe. Ich stand achteraus allein auf dem Sturmdeck und hörte das Dröhnen der großen vorderen Glocke, die die Lotgäste herbeirief. Einen Augenblick später wehte mir der Nachtwind schwach und melodisch den langgezogenen Gesang der Lotgäste aus der Ferne zu – Töne, die mir früher einmal so vertraut gewesen waren und jetzt den Liebreiz, den Zauber und das Pathos in sich trugen, die

569

Erinnerungen an ein Leben ausmachen, das gelebt worden ist und nie mehr zurückkehren wird:

»By the d-e-e-p four!«

»Quarter less four!«

»H-a-l-f three!«

»M-a-r-k three!«

»H-a-l-f twain!«

»Quarter-r-r twain!«

»Mark under water twain!«

»M-a-r-k twain!«

»M-a-r-k t-w-a-i-n!«

»M-a-r-k t-w-a-i-n!«*

Und immer so weiter, eine wunderliche und willkommene alte Musik, die da sanft an mein Ohr drang und ihren Zauber auf mein Gemüt ausübte. Da stürzte aus der Dunkelheit plötzlich Claras kleine Gestalt auf mich zu und bestürmte mich mit einer Stimme, die voller Vorwurf und Tadel war:

»Papa!«

»Ja, mein Liebes?«

»Ich habe dich auf dem ganzen Schiff gesucht. Weißt du nicht, dass alle nach dir rufen?«

Wir blieben eine Woche in Keokuk, und dies war das letzte Mal, dass ich meine betagte Mutter lebend sah. Ihr Gedächtnis ließ nach; was die Gegenwart betraf, war es in der Tat schon fast nicht mehr vorhanden; doch ihre Erinnerungen an die ferne Vergangenheit waren ihr geblieben, vornehmlich in jenen weit zurückliegenden Tagen lebte sie; und so gaben ihre Lippen unbewusst und unwissentlich das Geheimnis ihres Lebens – das große Geheimnis, die Romanze ihres Lebens – preis. Orions Frau war Empfängerin dieser Vertraulichkeiten gewesen und hatte sie streng für sich behalten, jetzt aber fand sie es nur recht und billig,

* [Die Wassertiefe des Flusses wurde mit dem Handlot, einer mit einem Senkblei versehenen Leine, gemessen. Eine Wassertiefe von einem Faden (= 6 Fuß = 1,828 m) entsprach der Länge einer Armspanne. »Mark Twain« (= »mark two«), die zweite Markierung der Lotleine, bezeichnete die für die Schifffahrt erforderliche Mindestwassertiefe von zwei Faden; Anm. des Übers.]

dass ich sie mit ihr teilte, und so erzählte sie mir davon; nein, ich vertue mich mit den Daten; nicht damals hat sie mir davon erzählt, sondern später, als ich nach Westen fuhr, um an der Beerdigung meiner Mutter teilzunehmen.

Es kann keinen Schaden anrichten, wenn ich das Geheimnis hier niederschreibe, denn zum Druck gelangen wird es erst Jahre nachdem wir alle, die ein persönliches Interesse daran haben, aus diesem Leben geschieden sind. Meine ganze Kindheit hindurch war mir aufgefallen, dass das Miteinander, das meinen Vater und meine Mutter verband, dem höflicher, umsichtiger, stets respektvoller, ja ehrerbietiger Gefährten entsprach; dass sie stets freundlich und zuvorkommend miteinander umgingen; dass es jedoch keine wärmeren Gefühle gab, keine äußerlichen und sichtbaren Zuneigungsbekundungen. Das überraschte mich nicht, denn Körperhaltung und Redeweise meines Vaters waren außerordentlich würdevoll, in gewisser Weise geradezu asketisch. Seinen Freunden gegenüber zeigte er sich zugewandt, doch niemals vertraulich; und deshalb überraschte mich, wie gesagt, das Fehlen äußerlicher Zuneigungsbekundungen für meine Mutter nicht. Von Natur aus war sie warmherzig, aber es erschien mir ganz natürlich, dass sie ihre Warmherzigkeit in einer Atmosphäre wie der, die meinen Vater umgab, zurückhielt.

Wie bereits gesagt, in den letzten Jahren ihres Lebens versagte das Gedächtnis meiner Mutter bei gegenwärtigen Ereignissen. Als sie fünfundachtzig oder sechsundachtzig Jahre alt war, fand in einer etwas weiter nördlich von Keokuk gelegenen Stadt am Fluss – Burlington, Iowa – ein medizinischer Kongress statt. An dem Kongress nahmen Ärzte aus allen Teilen der Vereinigten Staaten teil, unter ihnen ein Doktor, der bereits auf die neunzig zuging – Dr. Gwynn. Seinen Vornamen habe ich vergessen. Es war Mittsommer. Damals stand meine Mutter zu ihrer eigenen Sicherheit unter ständiger Aufsicht, eines Tages jedoch war man für einen Augenblick nachlässig, und sie verschwand. Sie blieb zwei Tage fort, und in dieser Zeit fand sich keine Spur von ihr; dann tauchte sie wieder auf, wirkte müde, erschöpft und traurig. Geschehen war Folgendes: Auf der Liste der Kongressdelegierten in Burlington hatte sie Dr. Gwynns Namen entdeckt; sie war aus dem Haus geschlüpft, zum Fluss gewandert und mit dem Dampfschiff nach Burlington gefahren. Das Tagungsprogramm des Kongresses war fast beendet. Sie ging zum größten Hotel am Platz und erkundigte sich eifrig nach Dr. Gwynn. Man teilte ihr mit, er sei am Vortag nach Kentucky abgereist. Sie äußerte sich nicht dazu außer mit einem Mienenspiel, das verriet, dass sie eine schwere Enttäuschung erlitten hatte. Sie kehrte nach Keokuk zurück, wo ihr gekränktes Gemüt sie verriet, denn in der Ungestörtheit des Heimes offenbarte sie Orions Frau ein Geheimnis, das sie über sechzig Jahre lang in ihrem Herzen bewahrt hatte. Es war dieses:

Als junges Mädchen von zwanzig Jahren hatte sie sich in Lexington, Kentucky, mit einem netten jungen Mann verlobt, der auf dem sicheren und stetigen Weg war, Anerkennung und Wohlstand als Arzt zu erlangen. Sie waren einander leidenschaftlich zugetan. Der junge John M. Clemens hatte um ihre Hand angehalten, war aber abgewiesen worden. In einer fünf oder zehn Meilen entfernten Stadt sollte ein Ball stattfinden. Damals hatte das junge Mädchen eine Leidenschaft fürs Tanzen und überhaupt für alles, was Charme, Vergnügen und Lebensfreude verhieß. Sie wollte, dass Gwynn sie zu dem Ball ausführte; er war verhindert; er sagte, seine Pflichten verlangten, dass er auf seinem Posten bleibe, er dürfe ihn nicht verlassen. Das junge Mädchen war zutiefst enttäuscht und warf ihm mangelnde Zugewandtheit vor. Er rechtfertigte sich, und die Angelegenheit endete mit einem Streit unter Liebenden. Kaum hatte er ihr den Rücken gekehrt, als mein späterer Vater auf der Bildfläche erschien. Wieder flehte er sie an, ihn zu heiraten, und in ihrer Verärgerung willigte sie ein; es müsse jedoch sofort geschehen, damit sie ihren Entschluss nicht bereue, denn sie heirate ihn nicht aus Liebe, sondern nur um Gwynn zu kränken.

Insgeheim hatte sie sich über sechzig Jahre lang wegen eines Verbrechens gegrämt, das sie in einem Augenblick kopfloser Leidenschaft gegen sich und einen anderen begangen hatte. Es ist eine so ergreifende Liebesgeschichte, wie sie mir trotz der persönlichen Erfahrungen eines langen Lebens sonst nicht untergekommen ist.

Aus Susys Biographie

4. Juli

Wir sind in Keokuk angekommen nach einer sehr angenehmen

So endet die liebevolle Tat dieses unschuldigen süßen Geistes – genau wie ihr eigenes Leben: unvollendet, mittendrin abgebrochen. Sie wurde abgelenkt, ihre Tage zunehmend angefüllt mit Studien und Arbeit, und sie nahm die Biographie nicht wieder auf, auch wenn sie von Zeit zu Zeit Material dafür sammelte. Wenn ich den abgebrochenen Satz betrachte, mit dem das kleine Buch endet, will es mir scheinen, als könne die Hand, die ihn geschrieben hat, nicht weit sein – als sei Susy nur kurz fortgegangen, als werde sie wiederkommen und ihn vollenden. Aber das ist ein Traum; ein Produkt des Herzens, nicht des Verstandes – ein Gefühl, eine Sehnsucht, kein geistiges Erzeugnis: es ist derselbe Traum, der Aaron Burr, alt, grau, einsam und verlassen, Tag für Tag, Woche für Woche zum Pier lockte, wo er in der Düsternis und Kälte der Morgendämmerung am Meer stand und durch Nebelschleier, Graupeln und Schnee nach einem Schiff Ausschau hielt, von dem er wusste, dass es gesunken war – nach dem Schiff, das seinen ganzen Schatz getragen hatte, seine Tochter.

Hamilton, Bermuda, 6. Januar 1907

Die Kraft der Assoziation, um sich auf ein vergessenes Wort oder einen vergessenen Namen zu besinnen, wie sie sich auf der Reise nach Bermuda erweist, als Mr. Clemens und Mr. Twichell Miss Kirkhams Namen ausgraben – Mr. Clemens' Traum, ausgelöst durch Assoziationen nach Mr. Twichells Bemerkungen über Luftfahrt und der Lektüre einer von der Regierung der Vereinigten Staaten erstellten Statistik der Eisenbahnunglücke

»Dabei fällt mir ein ...« In Gesprächen benutzen wir diese Wendung immer wieder und bemerken nur selten oder nie, von welch weitreichender Bedeutung sie ist. Sie steht für eine sonderbare und interessante Tatsache, nämlich diese: Ob wir schlafen oder wachen, träumen oder reden, die Gedanken, die uns durch den Kopf schwärmen, werden fast durchweg, fast ununterbrochen von einem ebensolchen Schwarm von Vorfällen und Vorkommnissen aus unserer Vergangenheit begleitet. Ein Mensch wird niemals wissen, in welchem Ausmaß dieser Austausch von Assoziationen in seinem Verstand vonstattengeht, bis er sich vornimmt, seine Autobiographie zu schreiben; dann erst stellt er fest, dass ihm nur selten ein Gedanke kommt, der ihn nicht sogleich an ein Ereignis, ob groß oder klein, aus seinen bisherigen Erfahrungen erinnert. Natürlich erinnern mich auch diese Bemerkungen gleich wieder an verschiedene Dinge, unter anderem daran: dass ein Gedanke unserem Gedächtnis manchmal kraft der Assoziation ein vergessenes Wort oder einen vergessenen Namen wiederschenkt, die wir durch keinen anderen Prozess unseres geistigen Apparats hätten ausgraben können. Gestern hatten wir so ein Beispiel.

Reverend Joseph H. Twichell begleitete mich auf dieser kurzen Reise nach Bermuda. Er hatte mich auch schon bei meinem letzten Besuch auf Bermuda begleitet, und heute versuchten wir uns daran zu erinnern, wann das gewesen war; wir glaubten, es müsse an die dreißig Jahre zurückliegen, aber das genaue Datum wollte uns nicht einfallen. Twichell sagte, zweifellos könne uns die Wirtin, in deren Pension wir in jener grauen Vorzeit gewohnt hatten, das Datum nennen und wir sollten sie besuchen. Wir wollten sie ohnehin aufsuchen, da sie und ihre blühende achtzehnjährige Tochter damals die einzigen Menschen waren, deren Bekanntschaft wir gemacht hatten, denn wir waren unter falschen Namen gereist, und Leute, die ein Pseudonym verwenden, neigen nicht dazu, die Gesellschaft anderer zu suchen und Verdacht auf sich zu lenken. Doch an diesem Punkt der Unterhaltung stießen wir auf ein Hindernis: Wir konnten uns nicht auf den Namen der Wirtin besinnen. Wir durchstöberten jeden Winkel unseres Gedächtnisses und wandten die üblichen Forschungsmethoden an, doch ohne Erfolg; der Name war uns entfallen, anscheinend für immer. Schließlich gaben wir auf und befassten uns mit einem anderen Thema. Das Gespräch schweifte von einem Gegenstand zum nächsten und fiel schließlich auf Twichells Schultage in Hartford – dem Hartford vor mehr als einem halben Jahrhundert –, und Twichell erwähnte mehrere seiner Lehrer, wobei er mit besonderem Interesse bei den Eigenheiten eines älteren Exemplars namens Olney verweilte. Er merkte an, dass Olney, obgleich nur ein bescheidener Dorfschulmeister, ein Mann von hohen Qualitäten war und Lehrbücher veröffentlicht hatte, die sich seinerzeit in Amerika weiter Verbreitung erfreuten. Ich erwiderte, ich könne mich an die Bücher noch erinnern und hätte als Junge *Olney's Geographie* in der Schule verwendet. Da sagte Twichell:

»Dabei fällt mir ein – der Name unserer Wirtin hatte mit Schulbüchern von vor fünfzig oder sechzig Jahren zu tun. Ich frage mich nur, mit welchem. Ich glaube, er fing mit K an.«

Die Assoziation tat ein Übriges, und zwar auf der Stelle. Ich rief:

»*Kirkhams Grammatik!*«

Da hatten wir ihn. Der Name war Kirkham; und wir zogen los, um nach seiner Besitzerin zu suchen. Das war nicht schwer, denn Bermuda ist nicht groß, die Insel gleicht dem frühen Garten Eden, weil jeder jeden kennt, gerade so wie im Hauptquartier der Schlange zu Adams Zeiten. Es war ein Leichtes, Miss Kirkham – die, die vor einer Generation das blühende Mädchen gewesen war – zu finden, sie nahm noch immer Pensionsgäste auf; ihre Mutter jedoch war aus diesem Leben geschieden. Sie bestimmte das Datum für uns und tat es mit sicherer Hand, indem sie sich zwei ungewöhnliche Umstände, Ereignisse aus jener grauen Vorzeit, zunutze machte. Sie sagte, wir seien am 24. Mai 1877 von Bermuda abgereist, dem Tag, an dem ihr einziger Neffe geboren wurde – und der sei jetzt dreißig Jahre alt. Der andere ungewöhnliche Umstand – sie nannte es einen ungewöhnlichen Umstand, und ich sagte nichts dazu – war, dass Reverend Twichell (der unter dem Namen Peters reiste) ihr an jenem Tag eine Erklärung abgegeben hätte, die sie für eine Erfindung gehalten habe. Ich konnte mich an diesen Umstand noch sehr gut erinnern. Wir hatten uns von dem jungen Mädchen verabschiedet und waren etwa fünfzig Meter weit gegangen, als Twichell sagte, er habe etwas vergessen (was ich bezweifelte) und müsse noch einmal zurück. Als er sich wieder zu mir gesellte, war er schweigsam, und das beunruhigte mich, denn so hatte ich ihn noch nie erlebt. Es war ihm offen kundig unbehaglich zumute, und ich fragte ihn, was es damit auf sich habe. Er sagte, ihm sei in den Sinn gekommen, dem jungen Mädchen eine nette Überraschung zu bereiten, und so sei er zurückgegangen und habe zu ihr gesagt:

»Der Name des jungen Burschen ist nicht Wilkinson, sondern – Mark Twain.«

Sie hatte nicht den Kopf verloren; hatte keinerlei Erregung gezeigt, sondern ganz schlicht und ruhig gesagt:

»Machen Sie das den Matrosen weis, Mr. Peters – falls das *Ihr* Name sein sollte.«

Es war äußerst angenehm, sie wiederzusehen. Wir waren ergraut, sie nicht; in der heiteren und unbeschwerten Atmosphäre Bermudas hat man mit achtundvierzig noch keine grauen Haare.

Gestern Nacht hatte ich einen Traum, und natürlich hatte er seinen Ursprung in einer Assozation, wie fast alles, was einem Menschen in den Sinn kommt, ob im Wachen oder Schlafen. An Bord des Schiffes, auf der Reise hierher, sprach Twichell über die sich rasch entwickelnden Möglichkeiten der Luftfahrt und zitierte die bemerkenswerten Verse Tennysons, die eine Zeit vorhersagen, da fliegende Kriegsschiffe aufeinandertreffen, über den Wolken miteinander kämpfen und die Erde unter sich mit einem Blutregen rot färben. Dieses Bild von Gemetzel und Blut und Tod erinnerte mich an etwas, was ich vor vierzehn Tagen gelesen hatte – eine von der Regierung der Vereinigten Staaten erstellte Statistik der Eisenbahnunglücke, in der die grauenvolle Tatsache dargelegt wurde, dass auf unserem 200 000 Meilen langen Streckennetz jährlich 10 000 Menschen getötet und 80 000 verletzt werden. Die Kriegsschiffe am Himmel riefen die Schrecken der Eisenbahn auf den Plan, und drei Nächte später lösten die Schrecken der Eisenbahn meinen Traum aus. Das Werk der Assoziation war die ganze Zeit über unbemerkt in meinem Kopf vor sich gegangen. Es war ein bewundernswerter Traum, was davon noch übrig ist.

Ich sah eine Trauerprozession; ich sah sie von einem Berggipfel aus; ich sah, wie sie durch eine weite, flache Ebene kroch und sich schlangengleich hierhin und dorthin wand. Ich schien die Prozession auf hundert Meilen zu überblicken, doch weder ihr Anfang noch ihr Ende lagen in meinem Gesichtsfeld. Die Prozession teilte sich in zehn Divisionen, jede Division war von einer düsteren Fahne gekennzeichnet, und das Ganze repräsentierte zehn Jahre unserer Eisenbahnaktivitäten mit ihren Unglücksfällen; jede Division bestand aus 80 000 Krüppeln und trug die 10 000 verstümmelten Leichen des betreffenden Jahres zu Grabe: alles in allem 800 000 Krüppel und 100 000 Tote, alle in Blut getränkt!

An Bord des Schiffes, 9. Januar 1907

Mr. Clemens' vier Maximen hinsichtlich eines Vorfalls, der sich soeben
ereignet hat – Beschreibung von Bermuda

Es hat sich ein Vorfall ereignet – ein Vorfall der gewöhnlichen Art – ein Vorfall der außergewöhnlich gewöhnlichen Art –, ein Vorfall von der Art, die mich stets so beunruhigt und bekümmert, dass ich des Lebens müde werde und mich danach sehne, in einem friedlichen Grab zu liegen und endlich zur Ruhe zu kommen. Derlei Vorfälle veranlassen mich meist zu dem Versuch, Erleichterung in der Formulierung einer Maxime zu finden. Das ist eine gute Methode, denn wenn man Glück hat, kann man das Gift aus sich herauslassen und in die Maxime hineinlegen; es folgen Trost und ein geheiltes Gemüt. Maximen aufzustellen ist nicht leicht; in passender Gestalt stellen sie sich nicht gleich nach der ersten Aufforderung ein; es sind Geschöpfe der Entwicklung, der Entfaltung; man muss verschiedene Entwürfe erproben, bis man auf einen stößt, der gefällt oder auch nur annähernd gefällt. Zu der folgenden Maxime habe ich vier Anläufe genommen, nämlich:

1. Wenn etwas *so* komisch ist, dass Sie's nicht erzählen können, ohne zu lachen, sollten Sie's nicht erzählen: Verschonen Sie Ihre Zuhörer.

2. Wenn Sie darüber lachen, während Sie's erzählen, können Sie daran ablesen, dass es nicht komisch ist – jedenfalls nicht für andere.

3. Wenn Sie über Ihre eigenen witzigen Anekdoten lachen, betteln Sie um Almosen für deren Armseligkeit.

4. Wenn die Henne einen Witz gelegt hat, besorgt sie das Lachen selbst. Es gibt Menschen, die genauso vulgär sind.

Die Erleichterung ist nicht vollkommen, aber das muss genügen. Heute fühle ich mich nicht so axiomatisch wie sonst.

Es ist ein angenehmes Land – Bermuda –, liegt ganz in der Nähe und ist mühelos zu erreichen. Es gibt einen feinen modernen Dampfer, der hervorragend geführt wird; es gibt eine Tafel, an der selbst Überkritische nichts auszusetzen hätten – auch am Service hätten selbst Überkritische nichts auszusetzen. Vermittels eines drahtlosen Telegraphen an Bord besteht – wenn man es denn

577

möchte – die Möglichkeit ständiger Kommunikation mit den verschiedenen Völkerschaften des Planeten, und die Reise nach Bermuda lässt sich in zwei Tagen bewältigen. Im Winter und Frühling zieht es viele Menschen in diesen Garten, und in seiner friedlichen Heiterkeit und seinem unvergleichlichen Klima kurieren sie ihre erschöpften Gemüter und Körper, und es ist merkwürdig, dass die Bewohner unserer nördlichen Küsten dort nur in Bataillonen statt in ganzen Armeen einfallen. Der Ort ist eine Augenweide; er ist in Blumen gekleidet; die Straßen und Bootsfahrten lassen nichts zu wünschen übrig; die Hotels sind gut; Wasser und Land funkeln in einem Sonnenschein, der den Geist belebt; die Menschen, ob weiß, ob schwarz, ob braun, sind höflicher und freundlicher als alles, was sich ein New Yorker vorstellen kann. Falls Armut und Elend existieren, so gibt es jedenfalls keine sichtbaren Anzeichen. Es gibt keine Eile, keine Hast, kein Gerenne nach Geld, keine Befürchtungen, keine Beschwerden, kein Gewese und keinen Streit; keine Telegramme, keine Tageszeitungen, keine Eisenbahnen, keine Straßenbahnen, keine Untergrundbahnen, keine Oberleitungsbusse, keine Hochbahnen, keine Tammany, keine Republikanische Partei, keine Demokratische Partei, keine Korruption, kein Gerangel um Ämter, keine Wahlen, keine käuflichen Parlamentsposten; kaum einen Hund, nur selten eine Katze, nur eine Dampfpfeife; keinen Saloon, keine Betrunkenen; keine Christliche Temperenzler-Vereinigung der Frau; und an jeder Straßenecke stehen eine Kirche und eine Schule. Der Geist dieses Ortes besteht aus Heiterkeit, Ruhe, Zufriedenheit, Stille – ein starker Kontrast zum Geist Amerikas, der sich in der aufdringlichen und unmanierlichen Aufforderung »Machen Sie schneller« verkörpert, einer Äußerung, die unseren Münzen anstelle des »In God We Trust« aufgeprägt werden sollte. Erstere Äußerung ist voll des Charakters, während letztere sich nur durch ihre nichtssagende und selbstgefällige Scheinheiligkeit empfiehlt.

Ich glaube, für unsere grauenhaften Manieren dürfte das Fahrige und Fiebrige der amerikanischen Lebensart verantwortlich sein. Keine andere zivilisierte Nation ist so unhöflich, so hart, so unsanft, so schlecht erzogen wie unsere. Wir tragen etliche imposante Titel – die wir uns natürlich selbst zugelegt haben –, mit denen wir der ganzen Welt annoncieren, wir seien die einzige freie und unabhängige Nation; unser ganz besonderes Land sei das Land der Freien und die Heimat der Tapferen und so weiter und so fort; aber offenbar gelingt es uns nicht, irgendjemanden außerhalb unserer Grenzen dazu zu bringen, diese Titel anzuerkennen, höchstens halbherzig und voll der Zweifel; dabei wollen und brauchen wir doch dringend einen Titel, den die übrige christliche Welt mit Begeisterung akzeptiert und ratifiziert – einen Titel, auf den keine andere Nation Anspruch erhebt, einen Titel, der sich bei jeder Witterung unangefochten zu behaupten weiß. Ich glaube, wenn ich Zeit hätte, könnte ich mit dem richtigen Titel aufwarten. Natürlich wäre es ein Titel, der für uns die Distinktion beansprucht, *die* unhöfliche Nation zu sein, aber gerechterweise sollte ich einen Vorbehalt, eine Ausnahme geltend machen – die Bostoner Droschkenfahrer. Boston ist die vielleicht höflichste aller amerikanischen Städte, und ich halte es für sehr wahrscheinlich, zumindest für möglich, dass die Gilde der Droschkenfahrer von allen Gilden Bostons in dieser Hinsicht an der Spitze steht. Jedenfalls bin ich in den siebenunddreißig Jahren Lebenserfahrung, auf die ich zurückgreifen kann, noch nie einem unhöflichen Bostoner Droschkenfahrer begegnet. Solcher ist das Himmelreich, wie ich es mir vorstelle. Ich behaupte nicht, selbst höflich zu sein, denn fürwahr, das bin ich nicht. Ich bin Amerikaner. Ich bin so landestypisch wie der Adler selbst.

Was Bermuda binnen dreier kurzer Tage für einen Menschen bewirken kann, sein Gemüt besänftigen, ihn physisch aufrichten und seinem Leben neuen Wert verleihen, indem es vorübergehend alle Erschöpfung und alles Elend daraus verbannt, ist wundervoll – falls das Wort nicht übertrieben ist, aber das glaube ich nicht. Eine Bronchitis verschwindet dort in vierundzwanzig Stunden; genauso steht es mit Rachenentzündungen und verwandten Beschwerden; und sie kehren nicht zurück, bis der Patient wieder zu Hause ist; und doch wird Bermuda vernachlässigt; nicht viele Amerikaner besuchen die Insel. Ich vermute, sie liegt zu nahe. Es kostet zu wenig Mühe und Anstrengung, hinzugelangen. Die Insel sollte so weit entfernt sein wie Italien; dann würden wir sie zweifellos aufsuchen und angemessen dankbar sein für ihre Existenz. Eins allerdings muss man den Amerikanern zugutehalten: Wenn sie einmal nach Bermuda fahren, werden sie's mit Sicherheit wieder tun. Ich kenne einen Amerikaner, der neun Saisons dort verbrachte. Denken Sie mal darüber nach – wenn Sie müde sind und bedrückt und halb krank, können Sie dieses Refugium innerhalb von zwei Tagen erreichen, und ein, zwei Wochen dort schenken Ihnen Ihre Jugend zurück und den verlorenen Sonnenschein Ihres Lebens und halten Ihnen ein Jahr lang Rechnungen Ihres Arztes vom Hals.

Dublin, New Hampshire, Sommerende 1905

Über die Auslegung der Gottheit. Vierzehn Jahre lang brachte die folgende Hieroglyphenzeile sämtliche Gelehrten zur Verzweiflung, die sich mit den Rätseln des Rosettasteins abmühten:

Nach fünfjährigem Studium übersetzte sie Champollion wie folgt:

Daher soll in allen Tempeln die Anbetung des Epiphanes aufrechterhalten werden; dies bei Strafe des Todes.

Das war die vierundzwanzigste Übersetzung, die ein Gelehrter erstellt hatte. Eine Zeitlang wurde sie akzeptiert. Aber nur eine Zeitlang. Dann begannen Zweifel daran zu nagen und sie zu untergraben, und die Gelehrten nahmen ihre Bemühungen wieder auf. Drei Jahre geduldiger Arbeit brachten elf neue Übersetzungen hervor; darunter die folgende von Grünfeldt, die mit beträchtlichem Wohlwollen aufgenommen wurde:

Das Pferd des Epiphanes soll auf Staatskosten unterhalten werden; dies auf Strafe des Todes.

Doch die folgende Übertragung von Gospodin wurde von der gelehrten Welt mit noch größerem Wohlwollen aufgenommen:

Der Priester soll dem ganzen Volk die Weisheit des Epiphanes erklären, und dieses soll mit Ehrfurcht lauschen, auf Strafe des Todes.

Es folgten sieben Jahre, in denen einundzwanzig neue, stark voneinander abweichende Übertragungen erstellt wurden – keine von ihnen völlig überzeugend. Endlich aber kam Rawlinson, unter allen Gelehrten der jüngste, mit einer Übersetzung, die sogleich als die richtige Version universell anerkannt wurde, und sein Name wurde über Nacht berühmt. In der Tat so berühmt, dass selbst die Kinder mit ihm vertraut sind; und seine Leistung erregte solches Aufsehen, dass nicht einmal das Aufsehen, das das gewaltige politische Ereignis desselben Jahres – die Flucht von Elba – erregte, es dämpfen konnte. Rawlinsons Version lautet wie folgt:

Darum wende dich nicht ab von der Weisheit des Epiphanes, sondern kehre um und befolge sie; so soll sie dich in des Tempels Frieden führen und dir die Leiden des Lebens und die Schmerzen des Todes lindern.

Hier ein anderer schwieriger Text:

Das ist Demotisch – eine Form der ägyptischen Schrift und eine Stufe der Sprache, die sich schon zweitausendfünfhundert Jahre vor der christlichen Zeitrechnung der Kenntnis aller Menschen entzogen hatte. Doch die Gelehrten unserer Tage haben ihr Geheimnis durchdrungen. Der obige Text allerdings verwirrte sie zweiundzwanzig Jahre lang, und in dieser Zeit produzierten sie sechsundvierzig Fassungen, bis sie auf die richtige stießen – nämlich die folgende:

Ungeweihten ist es verboten, törichte und unehrerbietige Reden über heilige Dinge zu halten. Auf Erlass der Heiligen Synode ist dieses Privileg der Priesterschaft vorbehalten.

Unsere Indianer haben auf Felswänden und Findlingen viele Zeugnisse in Form von Bildern hinterlassen. Unsere begabtesten und gewissenhaftesten Gelehrten

581

haben zwei Jahrhunderte gebraucht, um die in diesen Bildern verborgene Bedeutung zu enträtseln; und doch gibt es unter den Piktogrammen, die den Dighton Rock zieren, zwei kurze Hieroglyphenzeilen, die zufriedenstellend zu entschlüsseln ihnen noch immer nicht gelungen ist. Es sind diese:

Die vorgeschlagenen Lösungen für dieses Rätsel sind gar nicht mehr zu zählen; sie würden ein ganzes Buch füllen.

So bereitet es uns also unendliche Mühe, von Menschen hervorgebrachte Geheimnisse zu lösen; erst wenn wir uns vornehmen, die Geheimnisse Gottes zu ergründen, verflüchtigen sich unsere Schwierigkeiten. Das war schon immer so. Im antiken Rom hatte die Gottheit die Angewohnheit, ihre Absichten in Vogeleingeweiden zu verbergen, und fuhr Jahrhundert um Jahrhundert unermüdlich und hoffnungsvoll damit fort, obwohl ihr, den Aufzeichnungen nach zu urteilen, der Versuch kein einziges Mal gelang. Die Auguren nämlich konnten die Eingeweide ebenso mühelos lesen wie ein modernes Kind Großgedrucktes. Die römische Geschichte wimmelt von den Wundern der Wahrsagung, die diese außergewöhnlichen Männer vollbrachten. Ihre sonderbaren und erstaunlichen Leistungen nötigen uns Ehrfurcht und Bewunderung ab. Diese Männer konnten geradewegs ins Mark eines Geheimnisses vordringen. Wäre ihnen die Idee des Rosettasteins vorgestellt worden, hätten sie sich geschlagen geben müssen, Eingeweide hingegen brachten sie nicht in Verlegenheit. Allerdings sind Eingeweide aus der Mode gekommen – Eingeweide und Träume. Zu guter Letzt hat man herausgefunden, dass sie als Versteck für göttliche Absichten nichts taugen.

In seiner Vaterstadt Velletri war schon vor alters, als der Blitz einen Teil der Mauer traf, daran die Weissagung geknüpft worden, ein Bürger dieser Stadt werde einst sich der höchsten Gewalt bemächtigen. *Sueton's Kaiserbiographien*, vierundneunzigstes Kapitel.*

»Einst.« Das klingt sehr unbestimmt, dennoch geschah es; man brauchte nur zu warten, Geduld zu haben und Ausschau zu halten, dann würde man feststellen, dass der Blitz Caesar Augustus im Sinn gehabt hatte und gekommen war, ihn anzukündigen.

Es gab noch andere Vorankündigungen. Eine von ihnen ereignete sich kurz vor der Geburt des Caesar Augustus und war in Gefühl und Erscheinung die poetischste, anrührendste und romantischste. Es war ein Traum. Er wurde von der Mutter des Caesar Augustus geträumt und auf die übliche Art und Weise gedeutet:

Zugleich träumte Atia kurz vor ihrer Niederkunft, dass ihre Eingeweide gen Himmel flögen und sich dort über den ganzen Umfang von Himmel und Erde ausbreiteten. *Sueton's Kaiserbiographien*, vierundneunzigstes Kapitel.

Das fiel in die Zuständigkeit der Auguren und bereitete ihnen keine Schwierigkeiten, Rawlinson und Champollion dagegen hätten vierzehn Jahre gebraucht, um sich zu vergewissern, was es zu bedeuten hatte, denn sie wären überrascht und verwirrt gewesen. Dann wäre es zu spät gewesen, um noch von Wert zu sein, und dank der Verjährungsfrist wäre die Rechnung für ihre Dienste für ungültig erklärt worden.

In den Tagen des alten Roms war die Ausbildung eines Mannes von Welt nicht vollständig, bevor er nicht im Priesterseminar einen Theologiekurs belegt und gelernt hatte, wie man Eingeweide deutet. Caesar Augustus erhielt diesen letzten Schliff. Sein ganzes Leben lang bewahrte er, wann immer bei ihm Geflügel auf der Speisekarte stand, die Eingeweide auf und unterrichtete sich über die Vorhaben der Gottheit, indem er anhand der Innereien die Kunst der Weissagung praktizierte.

* [*Sueton's Kaiserbiographien*, verdeutscht von Adolf Stahr. Hoffmann'sche Verlags-Buchhandlung, Stuttgart 1857; Anm. des Übers.]

In seinem ersten Konsulat zeigten sich ihm, als er den Vogelflug beobachtete, zwölf Geier, wie dem Romulus; und beim Opfer schienen die Lebern aller Opfertiere von unten her auf die innere Seite gedoppelt, was kein Kundiger anders deuten konnte, denn als ein Vorzeichen großer und glücklicher Erfolge. *Sueton's Kaiserbiographien*, fünfundneunzigstes Kapitel.

»Was kein Kundiger anders deuten konnte« ist starker Tobak, falls aber die Lebern tatsächlich so gedoppelt waren, zweifellos gerechtfertigt. Damals waren Hühnerlebern sonderbar empfindlich gegen nahende Ereignisse, ganz gleich, wie weit entfernt diese liegen mochten; sie konnten nicht still halten, sondern drehten und wanden sich, besonders wenn Geier kamen und Interesse an dem bevorstehenden großen Ereignis und an einem Frühstück zeigten.

II.

Wir können jetzt elfhundertdreißig oder -vierzig Jahre überspringen, was uns in aufgeklärte christliche Zeiten bringt und zu den sorgenvollen Tagen König Stephans von England. Die Auguren haben ihre guten Tage hinter sich und sind längst vergessen; der christliche Priester hat das Erbe ihres Handwerks angetreten.

König Heinrich ist tot; Stephan, dieser dreiste und maßlose Mann, eilt aus der Normandie herbei, um Heinrichs Tochter des Thrones zu berauben. Er führt sein Verbrechen erfolgreich aus, und Heinrich von Huntingdon, ein Geistlicher von hohem Rang, betrauert dies in seiner Chronik. Der Erzbischof von Canterbury weiht Stephan, »woraufhin der Herr über den Erzbischof dasselbe Urteil fällte, das er über jenen gefällt hatte, der Jeremiah, den großen Priester, schlug: Er starb binnen eines Jahres.«

Stephan war der größere Missetäter, aber Stephan konnte warten; nicht jedoch der Erzbischof, wie es scheint.

Das Königreich fiel internen Kriegen zum Opfer; Gemetzel, Brandschatzungen und Plünderungen brachten dem Land Verderben; allenthalben erhoben sich Schreie der Verzweiflung, des Schreckens und der Not.

Das war das Resultat von *Stephans* Verbrechen. Diese unsäglichen Zustände dauerten neunzehn Jahre fort. Dann starb Stephan so friedlich wie nur irgendein Mensch und wurde mit allen Ehren bestattet. Da bedauert man glatt den armen Erzbischof und wünscht sich, auch er wäre so glimpflich davongekommen. Woher wusste Heinrich von Huntingdon, dass der Erzbischof durch ein Gottesurteil ins Grab geschickt worden war, weil er Stephan geweiht hatte? Er erklärt es nicht. Ebenso wenig erklärt er, weshalb Stephan ein angenehmerer Tod zuteilgeworden war, als er es verdient hatte, während sein Vorgänger, der betagte König Heinrich, der England fünfunddreißig Jahre lang zu H. v. H.'s und des Volkes ausgesprochener Zufriedenheit regiert hatte, dazu verdammt wurde, sein Leben in höchst unerfreulichen, unerquicklichen und unersprießlichen Umständen zu beschließen:

Unterdessen lagen die sterblichen Überreste König Heinrichs noch immer unbestattet in der Normandie. Sein Leichnam wurde nach Rouen gebracht, wo seine Gedärme zusammen mit seinem Hirn und seinen Augen beigesetzt wurden. Der Leib, von Messern zerschlitzt und mit reichlich Salz bestreut, wurde in Ochsenhäute eingenäht, um die üblen Ausdünstungen zu verhindern, die die Luft so stark verpesteten, dass sie allen Umstehenden schädlich wurde. Selbst der Mann, der gegen eine hohe Belohnung angeworben worden war, den Kopf mit einer Axt abzutrennen und das Hirn zu entfernen, was sehr abstoßend war, starb an den Folgen, obwohl er einen dicken Leinenschleier getragen hatte, so dass *er von jener großen Vielzahl, die König Heinrich getötet hatte, der Letzte war.* Daraufhin wurde der Leichnam nach Caën gebracht und in der Kirche aufgebahrt, in der sein Vater beigesetzt worden war, doch ungeachtet der Menge Salz, die man verwendet, doch trotz der Ochsenhäute, in die man ihn gehüllt hatte, verströmte er unaufhörlich übelriechende Flüssigkeit in solchen Mengen, dass man sie in Gefäßen, die man unter die Bahre gestellt hatte, auffangen musste und die Wächter, die diese leerten, in Schrecken und Ohnmacht versetzt wurden. Henry of Huntingdon, *History of the English*, S. 262.

Vermutlich handelt es sich um das am wenigsten inspirierende Begräbnis, das in den Geschichtsbüchern steht. Es gibt nicht ein Detail, das reizvoll wirkte. Es

---

* Der Leser möge überspringen, was jetzt folgt. M.T.

ist schwer, zu glauben, dass wir von einem König lesen, das ganze Schauspiel hat etwas so Bescheidenes, so Anspruchsloses, so Unkönigliches, etwas schlichtweg Menschliches und Zwangloses. Wir vernehmen nichts von Tränen, Bedauern, einem Gefühl des Verlustes, einem Widerstreben, Abschied zu nehmen, wir haben nur das Bild kalter und oberflächlicher Menschen vor Augen, die auf Einladung, nicht aus eigenem Antrieb zugegen sind und die den Wunsch haben, nicht länger zu verweilen, als die Höflichkeit es gebietet. Es ist eines der traurigsten Begräbnisse, die uns überliefert sind. Offenbar gab es keine Musik; dabei hätte Musik das Begräbnis gemildert, hätte Musik es verschönert, wenn man denn etwas Angemessenes zu spielen gefunden hätte. Aber ich vermute, es gab keine alte Musik, die dazu gepasst hätte, keine, die wohlklingend gewesen wäre, und keine Zeit, sich eine neue Musik auszudenken und zu komponieren. Natürlich wäre es schwierig gewesen und hätte zweifellos eine ganze Weile in Anspruch genommen, wenn man die herrschenden Umstände bedenkt. Es scheint ganz so, als wäre es eigentlich das rechte Begräbnis für *Stephan* gewesen, und selbst an diesem fernen Tag ist es eine Sache ehrlichen Bedauerns, dass es dank einer Unüberlegtheit den Falschen erwischt hat.

Jedes Mal, wenn Gott einen Menschen straft, weiß Heinrich von Huntingdon, warum es dazu kam, und erzählt es uns; und seine Feder trieft von Bewunderung; wenn aber ein Mensch eine Bestrafung verdient und ihr entgeht, erklärt er es nicht. Er ist offensichtlich verwirrt, aber er äußert sich darüber nicht. Ich glaube, oft merkt man ihm an, dass diese Unstimmigkeiten ihn schmerzen, aber er versucht getreulich sein Bestes, es nicht zu zeigen. Wo er nicht loben kann, ergeht er sich in so lautem Schweigen, dass ein argwöhnischer Mensch es als unterdrückte Kritik missverstehen könnte. Allerdings hat er oft Gelegenheit, zufrieden zu sein, wie es um die Dinge steht – sein Buch ist voll davon.

König David von Schottland … brachte seine Anhänger unter dem Deckmantel der Religion dazu, mit den Engländern aufs barbarischste umzuspringen. Sie schlitzten schwangere Frauen auf, schleuderten Kinder auf Speerspitzen umher, metzelten an den Altären Priester nieder, schlugen den Christusfiguren an den Kruzifixen die Köpfe ab und legten sie auf die Leiber der Erschlagenen, während sie die Köpfe ihrer Opfer

an die Kruzifixe nagelten. Wohin auch immer die Schotten kamen, stets bot sich dasselbe Schauspiel von Schrecken und Grausamkeit: kreischende Frauen, klagende alte
Männer inmitten des Gestöhns der Sterbenden und der Verzweiflung der Lebenden.

Aber die Engländer errangen den Sieg.

Dann fiel der Anführer der Männer von Lothian, von einem Pfeil durchbohrt, und alle
seine Gefolgsleute wandten sich zur Flucht. Denn der Allmächtige zürnte ihnen, und
ihre Stärke wurde zerrissen wie ein Spinnengewebe.

Zürnte ihnen weswegen? Weil sie diese entsetzlichen Metzeleien verübt hatten?
Nein, denn das war auf beiden Seiten Sitte und Brauch und kein Anlass zur
Kritik. War es, weil die Metzeleien »unter dem Deckmantel der Religion« verübt worden waren? Nein, das war es auch nicht; all die vergangenen Jahrhunderte hindurch wurden religiöse Gefühle mit solcher Inbrunst ausgedrückt. Die
Wahrheit ist, er zürnte »ihnen« ganz und gar nicht; er zürnte nur ihrem König,
der einem Schwur nicht treu geblieben war. Warum verhängte er die Strafe
dann nicht über den König statt über »sie«? Das ist eine schwierige Frage. Der
Chronik lässt sich entnehmen, dass die »Urteile« üblicherweise den Falschen
trafen, aber Heinrich von Huntingdon erklärt nicht, warum. Hier ist eins, das
den Richtigen trifft; zur unverhohlenen Zufriedenheit des Chronisten:

Im Monat August stellte die Vorsehung ihre Gerechtigkeit auf bemerkenswerte Art
unter Beweis; denn zwei der Adligen, die Klöster in Festungen umgebaut und die
Mönche vertrieben hatten, erhielten eine ähnliche Strafe, da ihre Sünde dieselbe war.
Robert Marmion war der eine, Godfrey de Mandeville der andere. Robert Marmion,
der gegen den Feind vordrang, wurde vor den Mauern des Klosters getötet. Er war
der Einzige, der fiel, obwohl er von seinen Truppen umgeben war. Da er exkommuniziert starb, wurde er dem ewigen Tod anheimgegeben. Auf dieselbe Weise wurde
auch Godfrey unter seinen Gefolgsleuten herausgegriffen und vom Pfeil eines gemeinen Fußsoldaten durchbohrt. Er achtete der Wunde nicht, starb daran aber schon
wenige Tage später, ebenfalls exkommuniziert. Hier kann man das gerechte Urteil
Gottes erkennen, denkwürdig durch alle Zeitalter!

Dieser Jubel erschüttert mich; nicht wegen des Todes dieser Männer, denn den verdienten sie, sondern weil es ein ewiger Tod ist, in heißem Feuer und glühenden Flammen. Er jagt mir einen Schauer über den Rücken. Ich habe in meinem ganzen Leben nicht mehr als drei oder vielleicht vier Menschen gekannt, bei denen ich mit Freuden zugeschaut hätte, wie sie sich auch nur ein Jahr lang in diesen Feuern winden, geschweige denn für immer. Ich glaube, ich würde einlenken, noch bevor das Jahr zu Ende wäre, und sie herausholen, wenn ich könnte. Ich könnte dasitzen und einem Hund, den ich nicht leiden kann, mehrere Jahre lang zuschauen, aber nicht für immer. Einen Hund schubse ich oft ins Kaminfeuer, halte ihn mit der Zange nieder und genieße sein Jaulen und Stöhnen und Zucken und Winseln, aber ich glaube, bei einem Menschen wäre es anders. Ich glaube, auf Dauer könnte ich es nicht ertragen, wenn seine Frau und seine Kinder, die mir nichts getan haben, weinend und flehend zu mir kämen; ich weiß, ich würde ihm vergeben und ihn laufen lassen, selbst wenn er ein Kloster geschändet hätte. Heinrich von Huntingdon hat Godfrey und Marmion nun schon seit fast siebenhundertfünfzig Jahren braten sehen, ich aber könnte es nicht, ich weiß, ich könnte es nicht. Ich bin meiner Natur nach sanft und freundlich und hätte ihnen schon vor langer Zeit siebzigmal siebenmal vergeben. Und ich glaube, Gott hat das auch; aber das ist nur eine Vermutung und ist nicht maßgeblich wie die Auslegung Heinrichs von Huntingdon. Ich könnte lernen, wie man auslegt, aber ich habe es nie versucht, so viel Zeit habe ich nicht.

Das ganze Buch hindurch trägt Heinrich seine Vertrautheit mit den Absichten und Beweggründen Gottes zur Schau. Manchmal – in der Tat sehr oft – folgt die Handlung der Absicht in so großem zeitlichem Abstand, dass man sich fragt, wie Heinrich es schafft, eine von hundert Handlungen einer von hundert Absichten zuzuordnen und jedes Mal ins Schwarze zu treffen, wo es doch eine so reichliche Auswahl an Handlungen und Absichten gibt. Manchmal beleidigt ein Mensch die Gottheit mit einem Verbrechen und wird dreißig Jahre später dafür bestraft; in der Zwischenzeit hat er eine Million andere Verbrechen begangen: Macht nichts, Heinrich vermag immer genau dasjenige Verbrechen herauszupicken, das die Würmer ins Spiel brachte. Würmer wurden damals allgemein verwendet, um ganz besonders böse Menschen zu töten. Inzwischen sind sie aus der Mode gekommen, doch in alten Zeiten war das eine beliebte Vorgehensweise. Stets deuteten sie auf einen Fall von »Zorn« hin. Zum Beispiel:

> Der gerechte Gott nahm Rache für Robert Fitzhildebrands Treulosigkeit, ein Wurm wuchs in seinen lebenswichtigen Organen, der sich allmählich durch seine Gedärme fraß und sich an dem todgeweihten Mann mästete, bis dieser, von entsetzlichen Schmerzen gemartert und in bittere Klagen ausbrechend, durch eine gebührende Strafe dem Tod zugeführt wurde. (S. 400)

Wahrscheinlich war es ein Alligator, aber wir können's nicht sicher sagen; wir wissen nur, dass es eine besondere Rasse war, die nur dazu verwendet wurde, um Zorn auszudrücken. Einige Quellen glauben, dass es sich um einen Ichthyosaurier handelte, doch daran besteht berechtigter Zweifel. Jedenfalls ist er inzwischen aus der Mode gekommen, Gott sei Dank.

Eines aber wissen wir: dass der Wurm schon seit Jahren überfällig gewesen war. Robert F. hatte früher einmal ein Kloster geschändet; danach hatte er Verbrechen begangen, die man nicht drucken kann, die man ihm durchgehen ließ – unter Missbilligung –, die Schändung des Klosters hingegen war nicht vergessen und vergeben worden, und endlich trat der Wurm auf den Plan.

Warum wurden diese Strafaktionen so lange aufgeschoben? Was sollte damit gewonnen werden? Kannte Heinrich von Huntingdon wirklich die Fakten, oder war er nur am Herumraten? Manchmal bin ich halbwegs überzeugt, dass er nur herumriet und nicht einmal gut. Die göttliche Weisheit muss doch wohl von höherer Qualität sein, als er sie darzustellen vermag.

Fünfhundert Jahre vor der Zeit Heinrichs traf ein Papst einige Voraussagen über die Absichten des Herrn. Anhand gewisser völlig glaubwürdiger Zeichen, die Gott seinen Vertrauten zur Information gesandt hatte, erkannte er, dass das Ende der Welt

> … kurz bevorsteht. Da aber das Ende der Welt näher rückt, so werden geschehen vielerlei Dinge, die nie zuvor geschehen sind, wie Veränderungen in der Luft, schreckliche Zeichen an den Himmeln, Stürme außerhalb der gewöhnlichen Jahreszeiten,

Kriege, Hungersnöte, Pestilenz, Erdbeben an verschiedenen Orten; all das wird sich nicht zutragen zu unserer Zeit, sondern nach unserer Zeit wird all das geschehen.

Dennoch war das Ende so nahe, dass die Zeichen »vorher gesandt werden, damit wir Sorge tragen für unsere Seelen und gerüstet sind für das kommende Gericht«.

Das war vor dreizehnhundert Jahren und ist nun wirklich keine Verbesserung gegenüber der Arbeit der römischen Auguren. Ist das Handwerk, die Angelegenheiten des Herrn zu deuten, aus der Mode gekommen, entmutigt durch die Tatsache, dass in der ganzen Zeit niemand Erfolg damit hatte? Nein, es gedeiht noch immer; nie hat es ein Jahrhundert oder ein Land gegeben, dem es an Kundigen mangelte, die Gottes Absichten kannten und gewillt waren, sie zu enthüllen. Immer wenn sich eine Gelegenheit bot, ihm ein Denken und Verhalten zuzuschreiben, das einen schwachsinnigen Menschen lächerlich erscheinen ließe, hat es einen Kundigen gegeben, der froh und bereit war, einen Vorteil daraus zu ziehen. Zitat aus einer Zeitung, die mehrere Monate alt ist:

GOTT STEHT HINTER DIESEM KRIEG

Dies ist seine Art, Tyrannei zu beenden, sagt Dr. Hillis

Als Reverend Dr. Newell Dwight Hillis gestern Morgen in der Plymouth Church in Brooklyn über »Christus, den idealen Radikalen und zugleich idealen Konservativen« predigte, nannte er Russland als Beispiel für einen falschen Konservativen in der Politik und erklärte, dass Gott, der als Radikaler nur der Sicherheit zuliebe vernichte, durch den Krieg die Idee der Tyrannei zunichtemachte.

»Sehen Sie sich den Fernen Osten an«, sagte Dr. Hillis. »Gottes Pflugschar des Krieges zieht Furchen durch die Nationen, und die alte falsche Idee der Tyrannei wird umgepflügt. Aber zweifelt auch nur ein Mensch daran, dass die Luft süßer und reiner sein wird, wenn das Gewitter abgezogen ist? Man sagt, der ganze Osten sei von Zerstörung betroffen. Das liegt daran, dass Gottes Armee auf dem Vormarsch ist. Man hört nicht den Trompetenstoß, doch Gott ist der Führer. Friede wird die Zukunft des

Volkes sein, Unterdrückung wird zerstört werden, und die Herrschaft wird für und durch das ganze Volk sein.«

So hat sich also Gottes Pflugschar endlich in Gang gesetzt. Doch gibt es auch nur den geringsten Anlass, deswegen in Bewunderungsstürme auszubrechen? Die Schurkereien, die Metzeleien und die Tyranneien, die Gott mit einem Mal bewusst geworden sind und seinen Deuter in Brooklyn in so ungebührlichem Maße erregt haben, sind seit dreihundert Jahren sogar den Katzen bekannt. Wenn diese Schurkereien unrecht sind, dann waren sie auch schon vor drei Jahrhunderten unrecht; wenn sie heute der Aufmerksamkeit Gottes würdig sind, dann waren sie es auch schon vor drei Jahrhunderten; wenn sie ein legitimer Grund sind, heute den göttlichen Zorn zu erregen, dann stand es vor drei Jahrhunderten nicht anders; wenn es schön und großartig ist, heute diese Tyrannei auszulöschen, dann wäre es unermesslich schöner und großartiger gewesen, es vor drei Jahrhunderten zu besorgen; wenn es höchstes Brooklyner Lob verdient, dass die tiefsten Nöte von Millionen hungernder und unterdrückter Russen endlich Mitleid geweckt haben, dann sollte es höchstes Brooklyner Bedauern verdienen, dass dieses Mitleid nicht von Anfang an geweckt wurde statt erst zu dieser späten Stunde, nachdem mehr als vierhundert Milliarden dieser armen Kreaturen bis ins Grab hinein unterdrückt wurden.

Das Brooklyner Lob ist eine halbe Verleumdung. Nein, es ist mehr als das, es ist ganz und gar Verleumdung. Wollte jemand einen Menschen – und nicht einmal einen besonders klugen Menschen – einer derartigen verheerenden Bilanz unsterblicher Dummheiten beschuldigen, hätte der Beschuldigende eine Verleumdungsklage am Hals, und zwar zu Recht, aber Gott kann jeder verleumden, der dafür von Amts wegen geweiht ist. Nur Sie nicht und ich nicht. Wir würden der Respektlosigkeit bezichtigt werden.

Gottes Armee ist auf dem Vormarsch. Man hört nicht den Trompetenstoß, doch Gott ist der Führer. … Unterdrückung wird zerstört werden.

Dieses ganze Gerede von Armee und Pflug – beides verspätet –, der ganze glühende Jubel über eine halb militärische, halb landwirtschaftliche Expedition, die erst jetzt in Gang kommt, obwohl sie seit drei Jahrhunderten überfällig ist. Niemand dürfte mich loben, wenn ich und meine Feuerwehrgruppe mit Hakenleiter drei Jahrhunderte zu spät zu einem Brand kämen; das würde mir nicht gefallen.

In Anbetracht der Tatsache, dass die Rawlinsons, die Champollions und die Experten für die Kultur der Indianer viele Jahre brauchten, um die Bedeutung des bescheidensten kleinen Häufchens Hieroglyphen zu entschlüsseln; dass die römischen Auguren bei der Deutung der göttlichen Absichten keinen einzigen vorzeigbaren Erfolg hingelegt haben; dass von ihren Tagen bis zu den unseren alle Versuche der Menschen, uns die Gedanken der Gottheit zu enthüllen, genauso eindeutig gescheitert sind, scheint mir der rechte Zeitpunkt für die Zunft der Deuter gekommen, eine Pause einzulegen. Wenn sie weiter versuchen, die Weisheit Gottes (auf ihre Art) zu verherrlichen, wird schon bald eine Zeit kommen, da nichts mehr übrig ist, was sie verherrlichen könnten.

Mark Twain

Dienstag, 15. Januar 1907

Der Prozess, der unsere Republik in eine Monarchie verwandeln könnte –
Wir erleben zwei römische Zustände: gewaltigen Wohlstand und Korn-
und-Öl-Pensionen, das heißt Stimmenbestechung – Die erstaunlichen
Ergänzungen der Pensionärsliste werden kommentiert; außerdem ein Brief
von einem »Veteranen der Unionsarmee«

Das Menschengeschlecht war schon immer interessant, und aufgrund seiner Vergangenheit wissen wir, dass es immer so bleiben wird. Unablässig. Es ist immer dasselbe; es verändert sich nicht. Von Zeit zu Zeit verändern sich seine Umstände, sei es zum Besseren, sei es zum Schlechteren, doch der *Charakter* des Menschengeschlechts ist beständig und verändert sich nie. Im Laufe der Zeitalter hat es mehrere große und verehrungswürdige Zivilisationen hervorgebracht und mit ansehen müssen, wie unvorhergesehen Umstände auftauchten, die tödliche Geschenke brachten, die wie Wohltaten aussahen und willkommen geheißen wurden – woraufhin Verfall und Untergang jeder dieser prächtigen Zivilisationen folgten. Der Versuch, zu verhindern, dass die Geschichte sich

592

wiederholt, lohnt sich nicht, denn der Charakter des Menschen lässt eine Ver-
hinderung derartiger Wiederholungen nicht zu. Immer wenn der Mensch im
Bereich des materiellen Wohlstands große Fortschritte macht, ist er überzeugt,
er *selbst* habe Fortschritte gemacht, dabei ist er keinen Zollbreit vorangekommen;
lediglich seine Umstände sind fortgeschritten. Er *selbst* steht da, wo er vorher
gestanden hat. Er weiß mehr, als seine Vorfahren wussten, aber sein Intellekt ist
nicht besser als der ihrige und wird es nie sein. Er ist reicher als seine Vorfahren,
aber sein Charakter stellt keine Verbesserung gegenüber dem ihrigen dar.
Reichtum und Bildung sind keine immerwährenden Besitztümer; sie werden
vergehen wie im Falle Roms und Griechenlands und Ägyptens und Babylons;
und eine moralische und mentale Mitternacht wird folgen – mit einem dumpfen, langen Schlaf und einem mählichen Erwachen. Von Zeit zu Zeit scheint er
eine Veränderung seines Charakters durchzumachen, aber eine echte Veränderung ist es nicht; und sie ist ohnehin nur vorübergehend. Nicht einmal eine
Religion kann er erfinden und intakt halten; die Umstände sind stärker als er
und alle seine Werke; die Umstände und die Verhältnisse verändern sich ständig, und stets zwingen sie ihn, seine Religionen zu modifizieren, um sie mit der
neuen Situation in Einklang zu bringen.

Fünfundzwanzig oder dreißig Jahre lang habe ich viel Zeit – vielleicht zu viel
Zeit – damit vergeudet, herauszufinden, wie der Prozess, der unsere Republik
in eine Monarchie verwandelt, aussehen wird und wie weit dieses Ereignis wohl
noch entfernt sein mag. Jeder Mensch ist sowohl Herr als auch Knecht, Vasall.
Stets gibt es jemanden, der zu ihm aufschaut, ihn bewundert und beneidet;
stets gibt es jemanden, zu dem er aufschaut, den er bewundert und beneidet.
Das ist seine Natur; das ist sein Charakter; und der ist unveränderlich, unzerstörbar; daher taugen Republiken und Demokratien für seinesgleichen nicht;
sie können die Forderungen seiner Natur nicht befriedigen. Die Eingebungen
seines Charakters werden stets Umstände und Verhältnisse hervorbringen, die
ihm irgendwann einen König und eine Aristokratie bescheren, zu denen er
aufschauen und die er verehren kann. In einer Demokratie wird er versuchen,
und zwar aufrichtig versuchen, die Krone fernzuhalten; doch die Verhältnisse
sind ein machtvoller Herrscher und werden schließlich die Oberhand gewinnen.

Republiken haben lange gewährt, die Monarchie aber währt ewig. Durch unsere Lehren haben wir erfahren, dass großer materieller Wohlstand immer Verhältnisse im Gefolge hat, die die Moral entwerten und die Mannhaftigkeit einer Nation schwächen – dann werden die Freiheiten zu Markte getragen und werden verkauft, verhökert, verschleudert, weggeworfen, und auf den Schilden oder Schultern des ihn anbetenden Volkes wird ein volkstümlicher Abgott zum Thron getragen und auf ewige Zeiten dort installiert. Man hat uns stets gelehrt – nein, früher hat man uns stets gelehrt –, auf Rom zu schauen und uns in Acht zu nehmen. Der Lehrer verwies auf Roms strenge Tugendhaftigkeit, Unbestechlichkeit, Freiheitsliebe und aufopferungsbereiten Patriotismus – zu Zeiten, als Rom jung und arm war; dann verwies er auf Roms spätere Tage, als der Sonnenschein materiellen Wohlstands und eines sich ständig erweiternden Herrschaftsbereichs durch die Wolken brach, jubelnd begrüßt vom Volk, welches keinen Argwohn schöpfte, dass dies keine glückverheißenden Herrlichkeiten, keine segensreichen Wohltaten waren, sondern eine Krankheit, der der Tod innewohnte. Der Lehrer erinnerte uns daran, dass Roms Freiheiten nicht etwa an einem Tag verhökert, sondern langsam, allmählich, verstohlen, nach und nach gekauft wurden; anfangs mit etwas Korn und Öl für die Ärmsten und Elendesten der Armen; später mit Korn und Öl für Wähler, die nicht ganz so arm waren; und noch später mit Korn und Öl für so ziemlich alle, die eine Stimme zu verkaufen hatten – genau wie in unserer eigenen Geschichte. Zuerst gestanden wir den Invaliden des Bürgerkriegs Pensionen zu, wohlverdiente Pensionen und aus redlichen, einwandfreien und ehrenwerten Beweggründen. Die *einwandfreien* Beweggründe begannen und endeten hier. Wir haben viele erstaunliche Ergänzungen an der Pensionärsliste vorgenommen, allerdings aus einem Beweggrund, der sowohl die Uniform entwürdigt als auch die Kongresse, die für diese Ergänzungen votierten – denn der alleinige Zweck hinter diesen Ergänzungen war der Stimmenkauf. Wieder geht es um Korn und Öl und um das Versprechen, vollen Anteil an dem letztendlichen Umsturz der Republik und der Einsetzung der Monarchie an ihrer statt zu nehmen. Die Monarchie würde ohnehin kommen, auch ohne diesen Vorgang, der für uns aber von eigentümlichem Interesse ist, da er den Tag ihrer Herbeikunft ungeheuer beschleunigt. Wir erleben zwei römische Zustände: gewaltigen Reichtum

594

mitsamt seiner unvermeidlichen Korruption und seinem moralischen Verfall –
und die Korn-und-Öl-Pensionen, das heißt Stimmenbestechung, die Tausenden von verführten Männern ihren Stolz genommen und sie zu willigen,
schamlosen Almosenempfängern gemacht hat.

Es ist seltsam – seltsam, dass physischer Mut in der Welt so weit verbreitet
und moralischer Mut so selten ist. Vor ein oder zwei Jahren fragte mich ein
Veteran des Bürgerkriegs, ob ich nicht manchmal das Verlangen hätte, an der
großen Jahresversammlung der Grand Army of the Republic teilzunehmen und
eine Rede zu halten. Ich musste eingestehen, dass ich für dieses Wagnis nicht
den nötigen moralischen Mut aufbringe, denn ich würde die alten Soldaten
tadeln wollen, weil sie sich nicht in entrüstetem Protest gegen die Ergänzungen
der Pensionärsliste erheben, die unsere Regierung zum Zwecke des Stimmenkaufs vornimmt und die sie für den Rest ihres tapferen Lebens zutiefst erröten
lassen wird. Ich würde zwar versuchen, die Worte über die Lippen zu bringen,
hätte aber nicht ausreichend Mut und würde scheitern. Ich wäre ein schwan-
kender moralischer Feigling, der versuchte, ein ganzes Haus voll ebensolcher
Feiglinge zurechtzuweisen – Männer, die so furchtsam sind wie ich selbst, nicht
jedoch furchtsamer.

So, jetzt ist es heraus – ich bin ein moralischer Feigling, genau wie alle anderen; und doch setzt es mich in Erstaunen, dass unter den Hunderten und Tausenden physisch unerschrockener Männer, die auf hundert blutigen Schlachtfeldern dem Tod ohne jedes Nervenzucken ins Auge gesehen hatten, nicht ein
einziges Individuum genügend Mut aufgebracht hat, um sich zu empören und
beherzt jene Kongresse zu verfluchen, die ihn auf das Niveau eines Handgeld-
jägers und seiner Bastarde herabgewürdigt haben. Jeder lacht über die absurden
Ergänzungen zur Pensionskasse; jeder lacht über die absurdeste, schamloseste
und durchsichtigste, die einzige offen rechtswidrige unter ihnen – die unsterbliche Durchführungsverordnung Nr. 78. Jeder lacht – in den eigenen vier Wänden; jeder höhnt – in den eigenen vier Wänden; jeder ist entrüstet – in den eigenen vier Wänden; jeder schämt sich, einem wahren Soldaten ins Gesicht zu
blicken; doch keiner zeigt seine Gefühle in der Öffentlichkeit, was vollkommen
natürlich und ganz unvermeidlich ist, denn es liegt in der Natur des Menschen,
dass er es verabscheut, unliebsame Dinge zu sagen. Es liegt in seinem Charak-

ter; und das war schon immer so; sein Charakter ist unveränderlich; solange er lebt, wird er sich keinen Deut ändern.

Zu diesen unangenehmen Überlegungen hat mich eine Mitteilung in der *Sun* von heute Morgen veranlasst, unterzeichnet mit »Ein Veteran der Unionsarmee«. Sie beginnt mit folgender Bemerkung:

Ich sehe, dass der Senat den Gesetzentwurf zur Armeepension ohne Gegenstimmen verabschiedet hat. Und denke, das ist in Ordnung.

Einstimmig verabschiedet – und zweifellos mit Begeisterung. Offenbar hat sich jemand einen neuen Vorwand einfallen lassen, um die Staatskasse zu prellen und gleichzeitig den ehrbaren Beruf des wahren Soldaten weiter herabzuwürdigen. Der Veteran findet das in Ordnung. Es ist schade, dass er dieser Meinung ist, denn der Rest seines Briefes beweist, dass er früher einmal achtbarere Auffassungen hatte, die von der Pest der Pensionen ausgehöhlt und herabgezogen wurden. Er schreibt:

Ich persönlich glaube nicht an Armeepensionen. Ich finde, wenn sich ein Mann während seines Dienstes eine Behinderung zugezogen hat, sollte er an Pension erhalten, was immer ihm zusteht, bis auf den letzten Cent. Dazu ist er aufgrund des Vertrags berechtigt; eine Armeepension hingegen scheint mir etwas anderes zu sein.

Niemand wird die Stichhaltigkeit, Vernünftigkeit und Anständigkeit seiner Ansicht bezweifeln. Er fährt fort:

Als mich Uncle Sam am Ende meiner Dienstzeit ausbezahlte, hatte ich das Gefühl, dass unsere Rechnung damit ein für alle Mal beglichen war. Ich hatte mich bei der Ausmusterung verpflichtet, für so und so viel im Monat sowie für eine Prämie in Höhe von $ 100 zu dienen; das alles habe ich bekommen, und damit war die Sache für mich erledigt.

Und damit war, was Redlichkeit betrifft, die Sache in der Tat erledigt. Danach setzte der Stimmenkauf ein. Er dauert bis heute an; und er wird so lange andauern, bis die sterblichen Überreste aller Katzen samt Nachkommen, die je im Besitz eines Marketenders oder eines Soldaten waren, von Bunker Hill bis zum Einbruch der Monarchie, der Liste der Pensionsberechtigten hinzugefügt worden sind. Dann wird es mehr Pensionäre als Einwohner geben, und wir werden reif sein für die Monarchie als eine Befreiung, eine Zuflucht, eine Retterin vor unseren Politikern, die Stimmen kaufen und Bettler schaffen. Er fährt fort:

Einige Jahre nach dem Krieg bewilligte der Kongress allen Veteranen eine zusätzliche Prämie in Höhe von $ 100. Warum er das tat, weiß ich nicht; Politik vielleicht; jedenfalls verteilte er $ 100 pro Kopf –

Dann fügt er hinzu: »Und ich habe meine Prämie angenommen, obwohl ich nicht das Gefühl hatte, sie zu verdienen.« An diesem Punkt begann die Untergrabung seiner Mannhaftigkeit; die Sache war dazu gedacht, die Mannhaftigkeit eines jeden zu untergraben, dem hundert Dollar zusätzlich zu seinem nicht eben üppigen täglichen Butterbrot wichtig waren. Sie, lieber Leser, hätten sie angenommen. Ich hätte sie angenommen. Wir hätten uns geschämt; doch beim nächsten Mal hätten wir sie wieder angenommen und danach abermals mit nachlassendem Schamgefühl, und irgendwann würden wir um sie bitten; dann um sie betteln; dann sie verlangen und schließlich auf ihr bestehen. Zu diesem Zeitpunkt hätten wir unwiederbringlich ein unschätzbar wertvolles Juwel unseres Charakters verloren, und daran wäre die Regierung schuld, nicht wir.

Hören Sie ihn noch einmal – beachten Sie, wie seine moralische Zersetzung fortschreitet; beachten Sie, wie sein Charakter unter den Verführungen, die eine heimtückische Regierung ersonnen hat, zerfällt und zerbröckelt:

Jetzt aber kommt die Armeepension. So wie ich heute darüber denke, werde ich sie nicht annehmen. Aber man kann nie wissen. Ich habe die zusätzliche Prämie in Höhe von $ 100 angenommen, und vielleicht werde ich auch die Armeepension annehmen, aber ich glaube es nicht.

Er glaubt es nicht, und nach den Angriffen, die eine gewissenlose Regierung in den letzten zwanzig, dreißig Jahren gegen seine Selbstachtung gerichtet hat, ist ihm das hoch anzurechnen – doch wenn die neue Bestechung in Form von greifbarem Bargeld kommt, wird er wieder nachgeben, so wie Sie und ich es tun würden; und wieder wird die Regierung daran schuld sein. Hören Sie ihn noch einmal:

Mein Dienst in der Armee hat mir nicht geschadet. Im Gegenteil, in vieler Hinsicht hat er mir genützt, und ich bin darauf stolzer als auf alles andere, was ich je getan habe oder tun könnte … In Zeiten des Krieges habe ich zur Verteidigung meines Landes in der Armee gedient, und ich glaube, aufgrund dieses Dienstes in den höchsten Rang der Staatsbürgerschaft erhoben worden zu sein; und mit dieser Ehre bin ich zufrieden.

Was für eine Schande, einen Mann von solchem Charakter zu degradieren und zu demoralisieren! Welche Strafe kann ein solches von der Regierung begangenes und von der Nation – stillschweigend – gebilligtes Verbrechen sühnen? Vielleicht gibt es keine angemessene Strafe außer der Monarchie, zu der damit eingeladen und der damit nach Art des alten Roms zuverlässig und wirkungsvoll der Weg bereitet wird.

Ich würde niemals wagen, so zu sprechen, wenn ich noch am Leben wäre. Nur indem ich mir ständig vor Augen führe, dass meine Autobiographie erst veröffentlicht werden darf, wenn ich tot bin, kann ich mich dazu zwingen, Dinge auszusprechen, die ich tatsächlich denke, und nicht nur solche, von denen ich möchte, dass der Leser *denkt*, dass ich sie denke – was die Verhaltensweise eines jeden lebenden Menschen und Teil seines Charakter ist und sich nicht ändert, solange er lebt.

Der Veteran, den ich zitiert habe, macht den Vorschlag, die Pensionen fortan auch auf Soldaten der Konföderierten Armee auszudehnen. Die Regierung wird ihm für diese Idee dankbar sein: Jetzt wird sie sich daranmachen, auch um die Stimmen des Südens zu feilschen – und um dessen Mannhaftigkeit.

17. Januar 1907

Über Helen Keller, die gestern mit Mr. Clemens zu Abend aß –
Ihr wunderbarer Intellekt etc. – Einige Verszeilen, die Susan Coolidge
über sie schrieb

Gestern aß Helen Keller mit uns zu Abend. Sie kam in Begleitung von Mr. und
Mrs. Macy. Mrs. Macy wurde vor etwa zwanzig Jahren ihre erste Lehrerin und
ist seither nicht von ihrer Seite gewichen. Helen Keller ist das achte Weltwun-
der; Mrs. Macy das neunte. Mrs. Macys Leistung scheint mir sämtliche früheren Wunder mühelos in den Schatten zu stellen und ihnen jede Bedeutung zu
nehmen. Helen war ein Erdenkloß, ein zweiter Adam – taub, stumm, blind,
träge, stumpf, tastend, beinahe fühllos: Miss Sullivan blies ihr den Odem der
Intelligenz ein und erweckte den Lehm zum Leben. Doch hier endet die Parallele auch schon. Von diesem Punkt an gibt es keine Verwandtschaft mehr zwischen Adam und Helen; ja, die Verwandtschaft reicht nicht einmal so weit,
denn in Adams Lehm waren weder Licht noch Intelligenz eingeblasen worden,
sondern nur der Odem des physischen Lebens. Adam begann seine Laufbahn
ohne Intellekt, und es gibt keinen Hinweis darauf, dass er einen solchen je erworben hätte. Helen ist von ganz anderer Art als Adam. Sie kam mit einem
feinen Verstand und einem klugen Geist zur Welt, und dank Miss Sullivans
erstaunlichen Gaben als Lehrerin wurde diese geistige Ausstattung entwickelt
bis zu dem Ergebnis, das wir heute vor uns haben: ein stocktaubes, stummes
und blindes Mädchen, das über eine breite, vielfältige und vollständige Universitätsausbildung verfügt – ein wunderbares Geschöpf, das ohne Augen sicht,
ohne Ohren hört und mit stummen Lippen spricht. In der Geschichte steht sie
einzigartig dar. Es hat alle Zeitalter dieser Welt gebraucht, um eine Helen Keller hervorzubringen – und eine Miss Sullivan. Die Namen gehören zusammen;
ohne Miss Sullivan gäbe es keine Helen Keller.

Beim Abendessen floss der Strom der Unterhaltung vergnügt und ungehindert
dahin, und das taube, stumme, blinde Mädchen nahm daran vollen Anteil und
leistete seinen vollen Beitrag zu Scherz, Schlagfertigkeit und Gelächter. Mrs.
Macy übertrug Helen jede Bemerkung mit den Fingern einer Hand, und zwar so
schnell, dass, wenn der Redner bei seinem letzten Wort angekommen war, Mrs.

Macy dieses Wort bereits an Helens Hand weitergegeben hatte, so dass es kein Warten, keine Verzögerung gab. Das ist eine wunderbare Sache, zumal Mrs. Macy keine Kurzschrift benutzt, sondern jedes Wort ausschreibt. Ihre Finger müssen sich so flink wie die Finger eines Pianisten bewegen. Das Auge des Zeugen ist nicht schnell genug, um der Bewegung ihrer Finger zu folgen.

Helens Rede sprüht vor Geist. Sie ist ungewöhnlich gescheit und aufgeweckt. Jemand, der gelungene Geistreicheleien abfeuert, hat selten das Glück, sie an einer dumpfen Stelle zu treffen; aller Voraussicht nach bietet sie ihm Paroli, und aller Voraussicht nach vermag sie ihn sogar noch zu überbieten.

Ich hatte sie lange nicht gesehen. In der Zwischenzeit ist sie eine Frau geworden. Damit meine ich, dass sie früher in einer Welt lebte, die unwirklich war – einer Art Halbwelt, in der ihr der Mond nur seine helle und schöne Seite zuwandte und seine dunkle und abstoßende Seite vor ihr verbarg –, während sie jetzt, wie ich meine, in der Welt lebt, wie wir anderen sie kennen. Ich glaube, das ist keine bloße Vermutung. Die ganze Zeit über habe ich sichere Anzeichen wahrgenommen, dass es sich tatsächlich so verhält. Ich glaube, heute ist sie nicht mehr jene Helen Keller, die Susan Coolidge kannte und über die sie mit so feinem Pathos und Charme schrieb:

> Hier, hinter drei verschiednen Gitterstäben
> Sitzt sie, diese reinste Seel' auf Erden.
> Kein dunkler Makel, keine Sünden werden
> Eingehn in dies Heiligtum, dies Leben.

All dies traf auf jene frühen Tage zu. Als ich Helen kennenlernte, war sie vierzehn Jahre alt, und bis dahin war alles Schmutzige, Traurige und Unangenehme sorgsam von ihr ferngehalten worden. Das Wort »Tod« gab es in ihrem Wortschatz nicht, ebenso wenig das Wort »Grab«. Sie war in der Tat die »reinste Seel' auf Erden« – die Dichterin hatte die Wahrheit gesprochen. Für Helen galt:

> Die Welt ist nicht die schnöde, die wir kennen;
> Ist ein wohnlicher, ein froher Ort,
> Güte und nicht Eifersucht herrscht dort.

Ich bin überzeugt, dass ihr diese anmutige Welt abhandengekommen ist und sie jetzt jene bewohnt, die wir alle kennen – und bedauern. Die Beschreibung von Helens Gesicht ist sehr anschaulich und genauso wahr, wie sie anschaulich ist:

> Wie eine Alabastermaske ihr Gesicht,
>> Lichtlos ist es, blind, geduldig, stumm,
>> Bis jäh, wie ein elektrisch Fluidum,
> Ein Lebenszeichen ihre Einsamkeit durchbricht;
> Dann blitzt, wie einer Lampe heller Strahl,
>> Hinter ihrer Maske etwas auf,
>> Ihre Züge leuchten wie astral,
> Und Freude, Zärtlichkeit, Esprit zuhauf
>> Erhell'n das vorher stumpfe Antlitz ihr,
> Die schlanken weißen Finger greifen, tasten
> Mit raschen Bittgebärden, als erfassten
>> Sie das Rätsel und den Sinn.

Wer einmal ihr Gesicht gesehen hat, dem ist das bewegende und beredte Mienenspiel der Gefühle auf immer unvergesslich. Dergleichen habe ich nie in einem anderen Gesicht gesehen, und ich weiß, dass ich es nie sehen werde. Man sollte meinen, zarte Tonschwingungen könnten nicht zu ihr vordringen, es sei denn durch ein sehr günstiges Medium – etwa Holz –, doch dem ist nicht so. Als sie gestern Abend gerade gedankenverloren in einem gepolsterten Sessel saß, begann meine Sekretärin auf dem Harmonium zu spielen. Sogleich rötete sich Helens Gesicht und hellte sich auf, und Wellen freudiger Erregung erfassten sie. Ihre Hände ruhten auf der dicken, kissenweichen Polsterung ihres Sessels, doch gerieten sie augenblicklich in Bewegung und begannen wie die eines Dirigenten dem Rhythmus zu folgen und den Takt zu schlagen.

Dienstag, 22. Januar 1907

Die Autorschaft der Verse, die mit »Die Liebe kam am Morgen« beginnen –
Ebenso die Autorschaft der Verse auf Susys Grabstein – Mr. Clemens möchte
seine Billardstrategie erproben, um Wetten gegen Mr. Dooley zu gewinnen,
wenn dieser am Freitag zum Billardspielen kommt – Erzählt, wie er sie
vor langer Zeit an Mr. George Robinson erprobte

In einem früheren Kapitel habe ich einige Verse eingefügt, die mit »Die Liebe kam am Morgen« beginnen und die wir nach Susys Tod unter ihren Papieren gefunden hatten. Ich konnte nicht mit Sicherheit behaupten, dass diese Verse von ihr stammten, kam aber zu der Ansicht, dass es durchaus möglich war, denn sie hatte sie nicht in Anführungszeichen gesetzt, wie es ihre Gewohnheit war, wenn sie Schätze sammelte, die sie bei anderen Menschen aufgelesen hatte. Auch Stedman konnte sich hinsichtlich der Autorschaft nicht festlegen, da die Verse für ihn neu waren, inzwischen aber ist die Autorschaft ermittelt worden. Die Verse stammen von William Wilfred Campbell, einem kanadischen Dichter, und finden sich in seinem Buch *Beyond the Hills of Dream*.

Die Autorschaft jener schönen Zeilen, die meine Frau und ich auf Susys Grabstein haben meißeln lassen, war eine Zeitlang nicht zu entschlüsseln gewesen. In Indien waren wir in einem Buch auf sie gestoßen, hatten das Buch jedoch verloren und mit ihm den Namen des Autors. Schließlich ergab eine Anfrage beim Herausgeber von *Notes and Queries* den Namen des Autors*, der den Versen auf dem Grabstein hinzugefügt wurde.

Gestern Abend war ich bei einem Abendessen, bei dem Mr. Peter Dunne Dooley dem Gastgeber einige Dollar übergab, um eine verlorene Wette zu begleichen. Ich sah eine Gelegenheit, meine finanzielle Situation zu verbessern, und lud Dooley betont desinteressiert ein, am Freitag auf eine Partie Billard zu mir nach Hause zu kommen. Er nahm an, und ich stelle mir vor, dass danach in Dooleys Schatzkammer ein Defizit klaffen wird. Was die großen Eigenschaften von Herz und Hirn anbelangt, ist Dooley über jedes anständige Maß hinaus begabt. Er ist brillant; er ist ein Fachmann der Feder, und ohne Frage steht er

* Der verstorbene Robert Richardson aus Australien.

an der Spitze aller Satiriker seiner Generation – am Freitagnachmittag aber wird er im Dunkeln tappen. Es wird ein Akt brüderlicher Freundlichkeit sein, ihm beizubringen, dass er bei all seiner Brillanz und Kultiviertheit nicht alles kennt, was nützlich ist; und es wird ein Akt brüderlicher Freundlichkeit ihm gegenüber sein, seine Erziehung zu vervollständigen – genau das werde ich am Freitag tun und ihn in diesem vervollkommneten Zustand nach Hause entlassen.

Ich besitze ein Billardgeheimnis, das sich der Clan der Dooleys zunutze machen könnte, wenn ich es Dooley enthüllte – gegen ein kleines Entgelt. Es ist eine Entdeckung, die ich vor achtunddreißig Jahren zufällig im Hause meines Schwiegervaters in Elmira machte. In der Dachkammer gab es einen verschrammten, abgewetzten alten Billardtisch, eine Anzahl angeschlagener und abgesplitterter Kugeln und einen Ständer mit verbogenen Queues ohne Pomeranze. Mit dieser mangelhaften Ausrüstung spielte ich dort oben jeden Tag gegen mich selbst. Der Tisch stand nicht gerade, sondern neigte sich scharf nach Südosten; es gab nicht eine Kugel, die rund war und die Reise, auf die man sie schickte, zu Ende führte, sondern stets ermüdete die Kugel auf halber Strecke und setzte sich mit einem zitternden Ruck an einer angeschlagenen Stelle zur Ruhe. Erst versuchte ich, mit vier Kugeln Punkte zu erzielen, was ich aber schwierig und entmutigend fand, so dass ich eine fünfte Kugel hinzufügte, dann eine sechste, dann eine siebte und dann immer mehr, bis am Ende zwölf Kugeln auf dem Tisch lagen und eine dreizehnte als Spielkugel. Ich spielte Carambolage – nur Carambolage – einfache Carambolage oder Carambolage mit Bande – alles, was mir zu einem Punkt verhelfen konnte. Im Laufe der Zeit stellte ich zu meiner Verblüffung fest, dass ich unter keinen Umständen fünfzehn Punkte erzielen konnte. Wenn ich die Kugeln zu Beginn günstig gruppierte, gelang es mir mitunter, vierzehn Punkte zu erreichen, niemals aber fünfzehn, weder mit Glück noch mit Geschick. Bisweilen wurden die Kugeln in schwierige Positionen auseinandergesprengt und vereitelten auf diese Weise meine Pläne; manchmal, wenn ich sie zusammenhalten konnte, trieb ich sie ins Eckfeld; und immer wenn ich sie ins Eckfeld trieb und vom Kontakt wegspielen musste, gab es nichts, was ich anspielen konnte, nur eine weite, unbewohnte Leere.

Eines Tages suchte Mr. Dillon meinen Schwager in einer geschäftlichen Angelegenheit auf, und ich wurde gefragt, ob ich ihn eine Weile unterhalten könne, bis mein Schwager eine Verabredung mit einem anderen Gentleman beendet habe. Ich bejahte und führte ihn zum Billardtisch. Ich hatte viele Male mit ihm im Club gespielt und wusste, dass er leidlich gut spielen konnte – nur leidlich gut –, aber nicht besser als ich. Wir waren einander ebenbürtig. Er kannte unseren Tisch nicht; er kannte die Kugeln nicht; er kannte die verzogenen Queues ohne Pomeranze nicht; er kannte die südöstliche Neigung des Tisches nicht und wie man sie einkalkulieren musste. Ich hielt es für eine ausgemachte gewinnbringende Sache, ihm eine Wette anzubieten. Ich leerte die Lawine von dreizehn Kugeln auf den Tisch und sagte:

»Nehmen Sie eine Kugel und fangen Sie an, Mr. Dillon. Wie viele Punkte können Sie bei einer Anordnung wie dieser erzielen?«

Mit der halb beleidigten Miene eines Mathematikers, der gebeten wird, das Einmaleins ohne Stocken aufzusagen, antwortete er:

»Ich schätze, eine Million – mindestens achthunderttausend.«

Ich sagte: »Sie werden das Vorrecht haben, die Kugeln so zu platzieren, wie Sie möchten, und ich wette mit Ihnen um einen Dollar, dass Sie keine fünfzehn Punkte erzielen.«

Ich will mich mit dem weiteren Verlauf nicht aufhalten. Nach einer Stunde war sein Gesicht gerötet und schweißnass; seine Überkleider waren in der ganzen Kammer verstreut; er war der zornigste Mann im Bundesstaat und hatte nicht den Funken oder Fetzen eines kränkenden Adjektivs mehr in sich – und ich besaß sein ganzes Kleingeld.

Als der Sommer zu Ende war, fuhren wir zurück nach Hartford, und eines Tages traf Mr. George Robinson aus Boston ein, der bis zu seiner Rückreise mit dem Zug zwei, drei Stunden erübrigen konnte, und da er ein junger Mann war, dem wir uns für viele gesellschaftliche Vergnügungen zu Dank verpflichtet fühlten, war es meine Aufgabe, eine willkommene Aufgabe obendrein, diese zwei, drei Stunden interessant für ihn zu gestalten. So nahm ich ihn denn mit nach oben und bereitete zu seiner Unterhaltung meine Billardstrategie vor. Mein Tisch war ein guter Tisch in perfektem Zustand; die Queues waren in perfektem Zustand; die Kugeln aus Elfenbein und ohne Makel – aber ich wusste, Mr. Robinson würde trotz alledem meine Beute werden, denn durch umfangreiche Versuche mit dieser Ausrüstung hatte ich herausgefunden, dass meine Obergrenze bei einunddreißig Punkten lag. Ich hatte mich davon überzeugt, dass ich billigerweise nicht damit rechnen konnte, mit einer Aufnahme mehr als sechs, acht oder ein Dutzend Carambolagen zu erzielen, dass ich jedoch hin und wieder zwanzig oder fünfundzwanzig erzielte und schließlich, nach einer langen Reihe von Fehlschlägen, sogar einunddreißig; nie aber war ich über einunddreißig hinausgekommen. Robinson spielte, wie ich wusste, etwas besser als ich, daher beschloss ich, ihn auf zweiunddreißig herauszufordern. Ich glaubte, das würde ihn unterhalten. Er war einer dieser lebhaften, munteren, vergnügten und selbstgefälligen jungen Burschen voller Zuversicht, die sich mit dankbarem Eifer auf jedes Unternehmen stürzen, das ihnen die Möglichkeit bietet, ihre Fähigkeiten unter Beweis zu stellen. Ich leerte die Kugeln auf den Tisch und sagte:

»Nehmen Sie ein Queue und eine Kugel, George, und fangen Sie an. Was meinen Sie, wie viele Carambolagen können Sie bei dieser Anordnung erzielen?«

Wie es seiner Jugend und Unerfahrenheit anstand, lachte er das Lachen der Fröhlichen und Sorglosen und sagte:

»Mit dem Haufen da kann ich ohne Unterbrechung eine Woche lang Carambolagen erzielen.«

Ich sagte: »Legen Sie die Kugeln nach Belieben zurecht und fangen Sie an.«

Beim Billardspielen ist Zuversicht unerlässlich, übermäßige Zuversicht dagegen schlecht. George machte sich mit allzu großer Wohlgemutheit und einem allzu großen Mangel an Respekt für die Situation an die Aufgabe. Bei seinem ersten Stoß erzielte er drei Carambolagen; bei seinem zweiten Stoß erzielte er vier Carambolagen; bei seinem dritten Stoß verpasste er eine so einfache Carambolage wie nur möglich. Er war bass erstaunt und sagte, er hätte nicht geglaubt, dass man, wenn ein ganzer Acker angehäufter Kugeln vor einem liege, sorgfältig spielen müsse.

Er begann von neuem und spielte mit größerer Sorgfalt, nach wie vor aber mit allzu großer Wohlgemutheit; offenbar schaffte er es nicht, die Situation ernst zu nehmen. Er erzielte etwa ein Dutzend Carambolagen, dann brach er ein. Jetzt ärgerte er sich über sich selbst und bildete sich ein, mich beim Lachen ertappt zu haben, was nicht der Fall war. Solange das Spiel andauert, lache ich nicht augenfällig über meine Klienten; das tue ich nur innerlich – oder ich spare es mir für die Zeit auf, wenn das Spektakel zu Ende ist. Er aber bildete sich ein, mich beim Lachen ertappt zu haben, was seine Gereiztheit noch verstärkte. Natürlich wusste ich, dass er glaubte, ich würde insgeheim über ihn lachen – denn damit hatte ich Erfahrung; das denken sie alle, und es tut seine Wirkung; es vemehrt ihren Verdruss und schwächt ihr Spiel.

Er unternahm einen weiteren Versuch, der fehlschlug. Wieder war er verblüfft; wieder war er gedemütigt – und was seinen Ärger betraf, so wuchs er sich zu einer regelrechten Sommerhitze aus. Er platzierte die Kugeln neu, gruppierte sie sorgfältig und sagte, diesmal werde er gewinnen oder sterben. Wenn ein Klient diesen Zustand erreicht hat, ist der Zeitpunkt gekommen, seine Nerven weiterzuruinieren, was sich bewerkstelligen lässt, indem man die eine oder andere spöttische Bemerkung macht, die sich wie eine freundliche Äußerung ausnimmt – diesen Kunstgriff wandte ich also an. Ich ließ fallen, dass eine Wette seine Nerven stählen könne, und bot ihm eine an; da ich ihn jedoch nicht in Unkosten stürzen, sondern ihm helfen wolle, würde ich ihm nur eine kleine Wette anbieten – wenn er einverstanden sei, eine Zigarre –, eine Zigarre, dass er abermals scheitern werde; keine teure, sondern eine billige, eine einheimische, eine Zigarre der Marke Crown Jewel, wie sie in Hartford für die Geistlichkeit hergestellt werde. Das setzte ihn ganz und gar in Brand! Ich sah, wie blaue Flammen aus seinen Augen schossen. Er sagte:

»Sagen wir, hundert! – und nicht das Kohlkraut aus Connecticut, sondern Havannas zu fünfundzwanzig Dollar die Kiste!«

Ich nahm die Wette an, erwiderte jedoch, es tue mir leid, dass er den Einsatz erhöht habe, denn es scheine mir unrecht und unfair, ihn unter meinem eigenen Dach auszurauben, wo er doch so freundlich zu uns gewesen sei. Energisch und verbittert sagte er:

»Kümmern Sie sich mal um Ihre eigene Tasche, wenn ich bitten darf, und lassen Sie den Rest meine Sorge sein.«

Und er attackierte die Ansammlung von Kugeln mit einer Rachsucht, die unendlich befriedigend für mich war. Er stieß daneben – und fing an, seine

Kleider abzulegen. Ich hatte gewusst, dass es dazu kommen würde, denn mittlerweile war er in derselben Verfassung, in der am Freitagnachmittag in dieser Phase des Wettkampfes Mr. Dooley sein wird. Für Mr. Dooley wird ein Kleiderständer zur Verfügung gestellt werden, an den er nach und nach seine Sachen hängen kann, so schnell er sich ihrer zu entledigen wünscht. George hob die Stimme um vier Lagen an und warf mir den Fehdehandschuh hin:

»Doppelt oder nichts!«

»Abgemacht«, sagte ich in dem milden, mitleidigen Ton eines Menschen, der anscheinend immer betrübter wird.

Danach tobte anderthalb Stunden die reinste Katastrophe, und wenn es sündhaft war, sie zu genießen, war es mir einerlei – ich genoss sie. Es ist ein halbes Leben her, aber ich genieße sie noch immer, sobald ich daran denke. George legte einen Misserfolg nach dem anderen hin. Mit jedem Misserfolg wuchs seine Wut. Mit jeder Niederlage warf er einen anderen Kleiderfetzen ab, und jedes Mal, wenn er eine neue Aufnahme begann, sagte er wieder: »Doppelt oder nichts!« Zweimal schaffte er dreißig und brach ein; einmal schaffte er einunddreißig und brach ein. Dieses »Fast zweiunddreißig« machte ihn rasend, und ich glaube, mein Lebtag bin ich nicht so glücklich gewesen, ausgenommen ein paar Jahre später, als Reverend J. H. Twichell und ich nach Boston wanderten und er den berühmten Wortwechsel mit dem Stallknecht der Gastwirtschaft in Ashford, Connecticut, hatte.

Als man uns schließlich meldete, dass Patrick vor der Tür warte, um George zu seinem Zug zu fahren, schuldete mir dieser fünftausend Zigarren zu fünfundzwanzig Cent das Stück, und er tat mir so leid, dass ich ihn hätte umarmen können. Er aber rief: »Geben Sie mir noch zehn Minuten!«, und fügte stürmisch hinzu: »Es gilt wieder ›Doppelt oder nichts‹, und entweder gewinne ich meine Schulden zurück, oder ich schulde Ihnen zehntausend Zigarren, und Sie übernehmen meine Beerdigungskosten.«

Er begann seinen letzten Versuch, und ich glaube, weder bei Amateuren noch bei professionellen Spielern gesehen zu haben, dass ein Queue mit solcher Achtsamkeit gehandhabt wurde, wie es George bei dieser hochinteressanten Gelegenheit tat. Er schaffte es wohlbehalten bis fünfundzwanzig, dann hörte er auf zu atmen. Ich ebenfalls. Er arbeitete sich vor, erzielte einen Punkt, dann

607

noch einen Punkt, daraufhin noch einen Punkt und erreichte schließlich ein-unddreißig. Hier hielt er inne, und wir holten tief Luft. Zu diesem Zeitpunkt waren die Kugeln alle an den Banden verstreut, etwa dreißig oder sechzig Zentimeter voneinander entfernt, und es war weit und breit kein Stoß zu sehen, den irgendjemand auszuführen hoffen konnte. In einem Ausbruch von Wut und eingestandener Niederlage ließ er die Spielkugel willkürlich über den Tisch schießen, sie berührte eine Kugel, die an der Bande lag, sprang hinüber zu einer Kugel an der gegenüberliegenden Bande – und zählte!

Sein Glück hatte ihn erlöst, und er schuldete mir nichts. Er hatte seine ganze freie Zeit vertan, so brachten wir seine Kleidungsstücke zur Kutsche, und er zog sich auf dem Weg zum Bahnhof an, was von den Damen, an denen er vorüberfuhr, mit großer Überraschung und Bewunderung aufgenommen wurde – doch er erreichte seinen Zug.

Ich habe Mr. Dooley gern und sehe seinem Kommen mit freundschaftlicher und finanzieller Erwartungsfreude entgegen.

PS. Samstag. Er ist hier gewesen. Wir wollen nicht darüber reden.

Mittwoch, 23. Januar 1907

Mr. Clemens' eigentümliches Glück bei seinen ersten Bowling-,
Poolbillard- und »Quaker«-Spielen

Das Sprichwort besagt, dass die Vorsehung Kinder und Idioten beschützt. Das ist tatsächlich wahr. Ich weiß es, denn ich habe es höchstpersönlich überprüft. Die Vorsehung beschützte George lange Zeit nicht, doch bei der letzten Aufnahme des Wettkampfs rettete sie ihn, und damit ist die Richtigkeit des Sprichworts erwiesen.

Mehrere Male, als ich offenkundig in höchster Gefahr schwebte, hat mich das geheimnisvolle Dazwischentreten dieser Macht gerettet. Mein ganzes Leben lang war ich daran gewöhnt, dass mich gerissene Menschen bei ihren eigennützigen Plänen für leichte Beute hielten, und tappte, ohne Argwohn zu schöpfen, in die Fallen, die man mir stellte, und doch bin ich ihnen gegen alle *1865* Wahrscheinlichkeit oft unversehrt entkommen. Vor mehr als vierzig Jahren in

Mittwoch, 23. Januar 1907

San Francisco begab sich die Belegschaft unseres Büros in San Francisco nach Redaktionsschluss um zwei Uhr morgens in eine große Bowlinghalle, die über zwölf Bahnen verfügte. Ich war ebenfalls hinzugebeten worden, routinemäßig und aus Gründen der Etikette – will sagen, dass ich zwar höflich, aber nicht eben inständig hinzugebeten worden war. Als ich jedoch dankend ablehnte und schüchtern erklärte, von dem Spiel nichts zu verstehen, waren die lebhaften jungen Burschen mit einem Mal eifrig bemüht, mich unbedingt in ihre Gesellschaft aufzunehmen. Das schmeichelte mir, da ich keine Falle erblickte, und arglos und dankbar nahm ich ihre Einladung an. Ich bekam eine Bahn ganz für mich. Die Jungs erläuterten mir die Spielregeln und erklärten, das Spiel dauere eine Stunde und der Spieler, der in dieser Stunde die wenigsten Strikes werfe, müsse der ganzen Truppe Austern und Bier spendieren. Das bereitete mir ernsthafte Sorgen, da es mir den Bankrott verhieß, und ich bedauerte, dieses Detail zu Beginn übersehen zu haben. Doch mein Stolz erlaubte mir nicht, jetzt noch einen Rückzieher zu machen, und so blieb ich und tat, was ich konnte, um glücklich und zufrieden darüber zu wirken, dass ich mitgekommen war. Vermutlich wirkte ich nicht ganz so zufrieden, wie ich es mir gewünscht hätte; die anderen allerdings wirkten behaglich genug, um den Mangel wettzumachen, konnten sie doch ihre Schadenfreude nicht verhehlen. Sie zeigten mir, wie ich stehen, wie ich mich vorbeugen, wie ich mit dem Ball zielen und ihn werfen musste; dann begann das Spiel. Das Resultat war erstaunlich. In meiner Unverständigkeit ließ ich die Bälle offenbar auf jede erdenkliche Art rollen, nur nicht auf die richtige; sei's drum – eine halbe Stunde lang ließ ich keinen Ball die Bahn entlangrollen, der nicht am anderen Ende jedes Mal einen Strike erzielte. Schon bald verloren die anderen die Fassung und mit ihr die Freude. Dann und wann traf einer von ihnen alle zehn, aber das geschah so selten, dass sie gegenüber meiner gigantischen Punktezahl keinen Eindruck schinden konnten. Nach einer halben Stunde gaben die Jungs auf, zogen ihre Mäntel an, scharten sich um mich und sagten mir höflich, aber deutlich ihre Meinung über einen erfahrenen und routinierten Profi, der zu List und Tücke greife, um liebenswürdige und wohlmeinende Freunde auszurauben, die in dem Irrtum, er sei ein ehrlicher und ehrenwerter Mensch, Vertrauen in ihn gesetzt hatten. Ich konnte sie nicht davon überzeugen, dass ich nicht gelogen hatte, mein guter

Ruf war dahin, und sie weigerten sich, meinen Worten auch nur den geringsten Wert beizumessen. Der Besitzer der Bowlinghalle stand eine Weile dabei und sagte nichts, dann nahm er mich in Schutz. Er sagte:

»Es sieht aus wie ein Geheimnis, meine Herren, aber sobald man es erklären kann, ist es kein Geheimnis mehr. Das hier ist eine *gerillte* Bahn; man braucht den Ball nur auf den Weg zu schicken, wie man lustig ist, und die Rille besorgt den Rest; in ihr rollt der Ball jedes Mal gegen die nordöstliche Bauchung des Kopfkegels, und nichts kann die zehn vor dem Umfallen retten.«

Das traf zu. Die Jungs führten das Experiment durch und stellten fest, dass es keinen Kunstgriff gab, den Ball die Bahn hinunterzuschicken, ohne einen Strike zu erzielen. Als ich den Jungs gesagt hatte, ich verstünde nichts von dem Spiel, hatte ich nichts als die Wahrheit gesagt, aber so erging es mir stets, mein ganzes Leben lang: Immer wenn ich von Gepflogenheit und Grundsatz abwich und eine Wahrheit äußerte, verfügten die Zuhörer in der Regel nicht über genügend Geisteskraft, um mir Glauben zu schenken.

Vor einem Vierteljahrhundert traf ich in London ein, um unter der Leitung von George Dolby, der fünf oder sechs Jahre zuvor die Dickens-Lesungen in Amerika organisiert hatte, einige Wochen lang Vorträge zu halten. Er lud mich *1873* ins Albemarle ein, und während des Abendessens sprach er ausführlich und mit großer Zufriedenheit von seiner Reputation als Spieler von Poolbillard, und als ich bekundete, diesem Spiel noch nie beigewohnt zu haben und von der Kunst des Versenkens nichts wisse, verbreitete er sich mehr und mehr darüber, und dann noch mehr, und verbreitete sich immer mehr darüber, bis ich begriff, dass ich mich in Gesellschaft des Vaters des Poolbillards befand oder doch zumindest in Gesellschaft von dessen unmittelbarem Nachkommen. Am Ende des Abendessens war Dolby begierig, mich in das Spiel einzuführen und mir zu zeigen, wozu er in der Lage sei. Wir begaben uns ins Billardzimmer, er baute die Kugeln in Form einer flachen Pyramide auf dem Tisch auf und sagte zu mir, ich solle auf die Kugel an der Spitze zielen und tun, was ich nur könne, um die fünfzehn zu versenken, danach werde er das Queue zur Hand nehmen und mir demonstrieren, was ein Altmeister des Spiels mit den Kugeln anstellen könne. Ich tat, wie geheißen. Ich begann mit jener Schüchternheit, die meiner Unwissenheit angemessen war, und als ich meine Aufnahme beendet hatte, waren sämtliche Kugeln versenkt, und Dolby begrub mich unter einem Vulkanausbruch bitterer Sarkasmen.

In Dolbys Augen war ich also ein Lügner. Er glaubte auf den Arm genommen worden zu sein, noch dazu auf billige Weise; seine Sarkasmen aber verteilte er ganz gerecht und gleichmäßig zwischen uns beiden. Er war voll ironischer Bewunderung für seine eigene Kindlichkeit und Unschuld, die es einem unsteten, charakterlosen und schändlichen Amerikaner erlaubt hatte, ihm mit Täuschungsmanövern so durchsichtiger Art zu kommen, dass sie nicht einmal die Hauskatze hätten täuschen können. Andererseits war er mitleidlos streng gegen mich, weil ich ihn durch wohldurchdachte und entehrende List dazu verleitet hatte, mit seinem armseligen Spiel zu prahlen und zu protzen, und das in Gegenwart eines mit Lug und Trug getarnten Profis, der in einer Stunde mehr Kugeln in Taschen versenken konnte als er an einem ganzen Tag in einen Korb.

Was Poolbillard betrifft, so habe ich Dolbys Vertrauen nie ganz zurückgewonnen, obwohl ich es in anderer Hinsicht durchaus erlangte und mir bis zu seinem Tod erhielt. Seitdem habe ich dieses Spiel noch öfter gespielt, doch damals war es das erste und einzige Mal in meinem Leben, dass ich mit nur einer einzigen Aufnahme alle fünfzehn versenkte.

Meine arglose Natur hat es unumgänglich gemacht, dass mich die Vorsehung mehrfach vor Fallstricken bewahren musste. Vor dreißig Jahren hatten mich zwei Bankiers in Elmira eingeladen, mit ihnen »Quaker« zu spielen. Ich hatte *1876* von dem Spiel noch nie gehört und sagte, wenn das Spiel Intelligenz erfordere, könne ich ihnen nicht gefällig sein. Doch sie antworteten, es sei nur ein Glücksspiel und erfordere kein Denken – so erklärte ich mich also zu einem Versuch bereit. Als Zeitpunkt des Opfergangs setzten sie vier Uhr nachmittags fest. Als Ort des Geschehens wählten sie einen Raum mit großem Fenster im Parterre. Dann liefen sie heimtückisch umher und machten Reklame für den »Reinfall«, den sie mir bereiten würden.

Ich traf pünktlich ein, und wir begannen das Spiel – mit einem großen schaulustigen Trupp von Ehrengästen, die das Ganze beaufsichtigen sollten. Diese Aufseher standen draußen und drückten sich die Nasen an der Fensterscheibe platt. Die Bankiers erläuterten mir das Spiel. Soweit ich mich erinnere, verlief es nach folgendem Muster: Sie hatten einen Stapel mexikanischer Dollarmünzen auf dem Tisch liegen; zwölf davon trugen eine gerade Jahreszahl, fünfzig eine ungerade. Die Bankiers würden eine Münze vom Stapel nehmen und unter ihrer Hand verbergen, und ich musste »ungerade« oder »gerade« tippen. Tippte ich richtig, gehörte die Münze mir; tippte ich falsch, verlor ich einen Dollar. Das erste Mal tippte ich »gerade«, und das war richtig. Ich tippte wieder »gerade« und nahm das Geld an mich. Sie hoben eine weitere Münze ab, wieder tippte ich »gerade« und nahm das Geld an mich. Ich tippte ein viertes Mal »gerade« und nahm das Geld an mich. Ich hatte den Eindruck, mit »gerade« ganz gut beraten zu sein und dabei bleiben zu können, was ich auch tat. Ich tippte zwölfmal »gerade« und nahm die zwölf Dollar an mich. Damit machte ich genau das, was sie sich insgeheim wünschten. Ihre Erfahrung mit der menschlichen Natur hatte sie davon überzeugt, dass jedes menschliche Wesen, das so naiv war, wie mein Gesicht mich auswies, den ersten Tipp wiederholen würde, wenn es damit gewinnt, und ihn immer weiter wiederholen würde, wenn es auch weiterhin damit gewinnt. Sie waren der festen Überzeugung, dass ein naiver Mensch sein Tippspiel fast unweigerlich mit »gerade« und nicht mit »ungerade« beginnt und dass ein naiver Mensch, der zwölfmal hintereinander »gerade« getippt und jedes Mal gewonnen hat, auch weiterhin und bis zum Ende »gerade« tippen wird – demnach bestand ihr Plan darin, mich jene zwölf geraden Jahreszahlen gewinnen zu lassen und dann ein ums andere Mal die ungeraden Jahreszahlen abzuheben, bis ich fünfzig Dollar verloren und den Aufsehern für eine ganze Woche etwas zum Lachen gegeben hätte.

Aber die Geschichte ging anders aus; als ich den zwölften und letzten Dollar mit einer geraden Jahreszahl gewonnen hatte, zog ich mich aus dem Spiel zurück, weil es so einseitig war, dass es monoton wurde und mich nicht länger unterhielt. Als ich aus dem Gebäude trat, feuerten die Aufseher am Fenster eine Lachsalve ab, und ich wusste nicht, über wen oder was sie lachten, aber das war für mich ohnehin nicht von Interesse. Aufgrund dieses Vorfalls erwarb ich mir einen beneidenswerten Ruf als Mann von Gerissenheit und Spürsinn, doch der stand mir nicht zu, denn ich hatte nichts durchschaut, was nicht auch eine Kuh hätte durchschauen können.

[ohne Datum]

Mr. Clemens beweist, dass schlechte Billardtische und Bowlingbahnen
mehr Vergnügen bereiten und mehr Geschick erfordern als gute –
Beispiele: Billardtisch in Jackass Gulch und Bowlingbahn in Bateman's Point

Das letzte Vierteljahrhundert meines Lebens war ziemlich beständig und getreu dem Studium der menschlichen Rasse gewidmet – will sagen, dem Studium meiner selbst, denn in meiner individuellen Person stelle ich eine Verdichtung der ganzen menschlichen Rasse dar. Ich habe herausgefunden, dass es kein Merkmal dieser Rasse gibt, das ich nicht in niedrigem oder hohem Maße selbst besitze. Ist es, verglichen mit ebendiesem Merkmal bei einem anderen, in niedrigem Maße vorhanden, so doch immer noch ausreichend für die Zwecke der Untersuchung. Bei all meinen Kontakten mit der Spezies begegne ich niemandem, der eine Eigenschaft besitzt, die nicht auch ich besitze. Die subtilen Unterschiede zwischen anderen Menschen und mir dienen dazu, Abwechslung zu schaffen und Monotonie zu vermeiden, aber das ist auch schon alles; ganz allgemein gesprochen, sind wir alle gleich; und so habe ich, indem ich mich sorgfältig selbst studiere, mit anderen Menschen vergleiche und die Divergenzen festhalte, Kenntnisse der menschlichen Rasse erwerben können, die ich für genauer und für umfassender halte als alles, was andere Angehörige der Spezies erworben und offengelegt haben. Folglich ist meine private und heimliche Meinung von mir selbst nicht eben von schmeichelhafter Art. Hieraus folgt, dass meine Einschätzung der menschlichen Rasse ein Duplikat der Einschätzung meiner eigenen Person ist.

Ich habe diesmal nicht die Absicht, sämtliche Eigenheiten der menschlichen Rasse zu erörtern; nur ein, zwei möchte ich kurz streifen. Zunächst einmal frage ich mich, weshalb ein Mensch einen guten Billardtisch einem schlechten vorziehen sollte; und weshalb er gerade Queues krummen vorziehen sollte; und weshalb er runde Kugeln abgesplitterten vorziehen sollte; und weshalb er einen ebenen Tisch einem geneigten vorziehen sollte; und weshalb er elastische Banden harten, unelastischen vorziehen sollte. Ich frage mich das, denn wenn wir die Angelegenheit genauer prüfen, stellen wir fest, dass die grundlegenden Dinge, um die es beim Billardspiel geht, von einer schlechten Billardausrüstung ebenso fachgerecht und vollständig ermöglicht werden wie von der besten.

613

Eines dieser grundlegenden Dinge ist das Vergnügen. Nun denn, wenn man aus einer Ausrüstung mehr Vergnügen herausschlagen kann als aus einer anderen, dann sprechen die Tatsachen für die schlechte Ausrüstung. Spielern und Zuschauern wird eine schlechte Ausrüstung dreißig Prozent mehr Vergnügen bereiten als eine gute. Ein weiterer Wesenszug des Spiels besteht darin, dass die Ausrüstung den Spielern jede Gelegenheit bieten sollte, ihre besten Fähigkeiten so anzuwenden und vorzuführen, dass sie die Bewunderung der Zuschauer erregen. Nun denn, eine schlechte Ausrüstung steht einer guten in dieser Hinsicht nicht nach. Es ist ein schwieriges Unterfangen, das exzentrische Verhalten abgesplitterter Kugeln und eines geneigten Tisches akkurat einzuschätzen, beim Stoß zu berücksichtigen und einen Punkt zu erzielen; um ein zufriedenstellendes Resultat zu erreichen, ist allergrößtes Geschick erforderlich. Ein weiterer Wesenszug des Spiels besteht darin, dass sich die Spannung erhöht, wenn man eine Gelegenheit zum Wetten erhält. Nun denn, in dieser Hinsicht kann eine gute Ausrüstung nicht den Vorzug vor einer schlechten beanspruchen. Aus Erfahrung weiß ich, dass eine schlechte Ausrüstung gerade so wertvoll ist wie die beste; dass eine Ausrüstung, die bei einer Versteigerung nicht einmal für sieben Dollar unter den Hammer käme, für alle grundlegenden Dinge des Spiels gerade so wertvoll ist wie eine Ausrüstung im Wert von tausend Dollar.

Einiges von diesem Wissen habe ich vor mehr als vierzig Jahren in Jackass Gulch, Kalifornien, erworben. Jackass Gulch war früher einmal ein reiches, blühendes Camp für Goldsucher gewesen. Irgendwann waren die Goldvorkommen erschöpft; die Leute zogen fort, und die Stadt begann zu verfallen, und zwar rasend schnell; zu meiner Zeit war sie verschwunden. Wo sich einst die Bank, das Rathaus, die Kirchen, die Spielhöllen, die Zeitungsredaktion und die Straßen mit Ziegelsteinhäusern befunden hatten, war nur noch eine weite schöne Grünfläche zu sehen, eine friedliche und bezaubernde Einsamkeit. Ein Halbdutzend verstreute Häuser war noch bewohnt, und es gab einen heruntergekommenen baufälligen Saloon, der ums Überleben kämpfte, aber längst dem Untergang geweiht war. Die Billardausrüstung in der Bar war das Pendant zu der in der Dachkammer meines Schwiegervaters. Die Kugeln waren abgesplittert, das Billardtuch gestopft und geflickt, die Oberfläche des Tisches gewellt

und die Queues ohne Pomeranzen und gebogen wie runde Klammern – doch
das verlorene Häuflein von der Außenwelt abgeschnittener Goldsucher spielte
dort Billard, und diese Partien waren unterhaltsamer anzusehen als Zirkus und
große Oper zusammengenommen. Auf diesem Tisch ließ sich eine Carambolage nur mit ganz außergewöhnlicher Geschicklichkeit erzielen – einer Geschicklichkeit, die die präziseste Einschätzung von Stoßkraft und Distanz und
die Berücksichtung der verschiedenen Neigungen des Tisches sowie der anderen prägnanten Besonderheiten und Eigenarten erforderte, die den Ungereimtheiten der Ausrüstung geschuldet waren. Vergangenen Winter sah ich Hoppe,
Schaefer, Sutton und drei oder vier weitere Meister des Billardspiels von Welt-
ruf hier in New York wetteifern, und die Kunstfertigkeit und Könnerschaft, die
sie demonstrierten, waren ein wahres Wunder; und doch sah ich nichts, was an
Kunstfertigkeit und Könnerschaft wunderbarer gewesen wäre als die Stöße, die
ich Texas Tom vierzig Jahre zuvor auf der gewellten Oberfläche jenes armen alten Wracks im todgeweihten Saloon von Jackass Gulch hatte ausführen sehen.
Einmal war ich dabei, als Texas Tom mit nur einer einzigen Aufnahme sieben
Punkte erzielte! – allesamt wohlkalkulierte Stöße, darunter kein einziger Zu-
falls- oder Glückstreffer. Oft hatte ich gesehen, wie er mit einer einzigen Aufnahme vier Punkte erzielte, doch als ihm seine große Serie von sieben Punkten
gelang, tobten die Jungs vor Begeisterung und Bewunderung. Die Freude und
der Lärm übertrafen alles, was die große Zuschauermenge am Madison Square
zustande brachte, als Sutton an jenem weltberühmen Abend im vergangenen
Winter beim Achtzehn-Zoll-Cadre fünfhundert Punkte erzielte. Mit einiger
Übung könnte dieser Meister auf dem Tisch in Jackass Gulch neunzehn oder
zwanzig Punkte erzielen; zu Beginn aber könnte ihm Texas Tom Wunder vorführen, die ihn mit Staunen erfüllen würden, was auch noch ein anderes hübsches Resultat zur Folge hätte: Es könnte die großen Profis vielleicht dazu bringen, auf ihr eigenes banales Spiel zu verzichten, die Ausrüstung von Jackass
Gulch hierherzuschaffen und ihre Geschicklichkeit bei einem Spiel zu demonstrieren, das, was große atemlose Spannung und die Zurschaustellung geradezu
übermenschlicher Fähigkeiten betrifft, gleich das Hundertfache des aufgegebe-
nen Spiels wert ist.
Meiner Erfahrung nach lösen Spiele, die mit einer geradezu teuflischen Aus-

rüstung gespielt werden, einen wahren Rausch des Entzückens aus, an den Spiele mit anderer Ausrüstung nicht heranreichen. Vor siebenundzwanzig Jahren verbrachte meine kleine junge Familie den Sommer in Bateman's Point bei Newport, Rhode Island. Es war ein schlichtes, aber komfortables Gästehaus, gut ausgestattet mit lieblichen Müttern und kleinen Kindern, das männliche Geschlecht aber war spärlich gesät; allerdings gab es außer mir noch einen weiteren jungen Mann, und wir hatten viel Spaß miteinander – sein Name war Higgins, aber das war nicht seine Schuld. Er war ein sehr angenehmer und geselliger Mensch. In dem Gebäude gab es etwas, was früher einmal eine Bowlingbahn gewesen war. Es war eine einzige Bahn, und man schätzte, dass sie sechzig Jahre lang nicht instand gehalten worden war – anders die Bälle, die waren in gutem Zustand; es gab ihrer einundvierzig, und ihre Größe variierte von einer Grapefruit bis zu einer Kugel aus Guajakholz, die man kaum heben konnte. Auf dieser Bahn spielten Higgins und ich Tag für Tag. Zuerst begab sich einer von uns ans hintere Ende, um die Pins aufzustellen, falls ihnen etwas widerfahren sollte, aber es widerfuhr ihnen nichts. Die Bahn bestand aus einer gewellten Fläche mit Erhöhungen und Vertiefungen, und durch keine uns bekannte Kunst konnten wir einen Ball dazu veranlassen, so lange auf der Bahn zu bleiben, bis er etwas zustande gebracht hätte. Ob kleine Bälle oder große, es geschah immer dasselbe – noch bevor der Ball die Hälfte der Strecke zurückgelegt hatte, verließ er die Bahn, donnerte den Rest des Weges neben ihr her und sorgte dafür, dass der Aufseher herausklettern und sich in Sicherheit bringen musste. Sei's drum, wir harrten aus und wurden belohnt. Wir nahmen die Bahn in Augenschein, ermittelten viele ihrer Eigenheiten und lernten nach und nach, einen Ball so zu werfen, dass er bis ans Ende rollte und ein, zwei Pins umstieß. Mit der Zeit gelang es uns, das Spiel so zu verbessern, dass wir mit fünfunddreißig Bällen alle zehn Pins umwerfen konnten – so wurde es ein Spiel mit fünfunddreißig Bällen. Konnte ein Spieler auch mit fünfunddreißig keinen Erfolg erzielen, hatte er das Spiel verloren. Ich vermute, dass die Bälle zusammengenommen fünfhundert Pfund wogen, vielleicht auch eine Tonne – oder irgendetwas dazwischen –, jedenfalls war es heiß, und wenn ein Spieler alle fünfunddreißig geworfen hatte, war er in Schweiß gebadet und körperlich erschöpft.

Als Nächstes versuchten wir es mit »Dreispitz« – das heißt mit einem Dreieck aus drei Pins, die anderen sieben wurden ausgesondert. Für dieses Spiel benutzten wir die drei kleinsten Bälle und ließen sie so lange rollen, bis sie die drei Pins umgeworfen hatten. Nach ein, zwei Tagen des Übens waren wir imstande, unter Einsatz von vier Bällen den Kopfkegel zu treffen, allerdings brauchte es viele Würfe mehr, um auch die beiden anderen zu treffen; schließlich aber gelang es uns, unsere Kunstfertigkeit zu vervollkommnen – zumindest innerhalb unserer Grenzen. Wir erlangten ein wissenschaftlich fundiertes Können, das es uns ermöglichte, alle drei Pins mit je zwölf Würfen der drei kleinen Bälle umzustoßen, was sechsunddreißig Würfe zur Eroberung des »Dreispitzes« ergab.

Nachdem wir die Grenzen dessen, was wir bei Tageslicht leisten konnten, erreicht hatten, steckten wir einige Kerzen auf und spielten bei Nacht. Da die Bahn zwischen fünfzehn und achtzehn Metern lang war, konnten wir die Pins nicht erkennen, doch die Kerzen gaben uns einen Hinweis auf ihren Standort. Wir setzten das Spiel so lange fort, bis wir die unsichtbaren Pins mit sechsunddreißig Würfen umstoßen konnten. Nachdem wir auch die Grenzen des Spiels bei Kerzenlicht erreicht hatten, änderten wir die Regeln und spielten linkshändig. Das setzten wir so lange fort, bis wir auch hier unsere Grenzen erreicht hatten: vierundfünfzig Würfe. Manchmal warfen wir fünfzehn Bälle in Folge, ohne einen Punkt zu erzielen. Wir gewannen dieser alten Bowlingbahn mühelos fünfmal mehr Spaß ab, als irgendjemand der besten Bahn New Yorks hätte abgewinnen können.

An einem glühend heißen Tag tauchte in unserer Höhle ein bescheidener und höflicher Offizier der regulären Armee auf und stellte sich vor. Er war etwa fünfunddreißig Jahre alt und stattlich, hielt sich militärisch straff und stramm und war hermetisch in die Uniform jener unwissenden alten Zeit eingeschweißt – eine Uniform aus schwerem Tuch und viel passender für den Monat Januar als für den Monat Juli. Als er die altehrwürdige Bahn sah und sein Blick auf die lange Reihe glänzender Bälle im Sammler fiel, leuchteten seine Augen vor Begierde auf, und wir kamen zu der Überzeugung, dass er ein wahres Fressen für uns sei. Wir luden ihn höflich ein, einen Wurf zu wagen, und er konnte seine Dankbarkeit nicht verbergen, auch wenn er es aufgrund seiner Erziehung und der Etikette seines Berufsstandes versuchte. Wir erklärten ihm das Spiel und sagten, es gebe einundvierzig Bälle und jeder Spieler habe das Recht, seinen Durchgang zu verlängern und so lange zu spielen, bis er alle – auch mehrfach – verwendet habe; für jeden Strike erhalte er einen Preis. Den Preis nannten wir nicht – es kam nicht darauf an, da ein Preis weder benötigt noch eingefordert würde. Er setzte zu einem sarkastischen Lächeln an, verkniff es sich aber nach Maßgabe der Etikette seines Berufsstandes. Er äußerte lediglich, er würde gern zwei mittelgroße Bälle und einen kleinen auswählen, und fügte hinzu, er glaube nicht, dass er auf die übrigen angewiesen sei.

Dann fing er an – und war ein verblüffter Mann. Nicht einen einzigen Ball vermochte er auf der Bahn zu halten. Als er etwa fünfzehn Bälle abgefeuert hatte und nicht einmal in die Nähe der Pins gelangt war, zeigte sich sein Missmut an seiner Kleidung. Er versagte es sich, ihn in seinem Gesicht zu zeigen; doch nach weiteren fünfzehn Bällen hatte er auch sein Gesicht nicht mehr unter Kontrolle; er sagte kein einziges Wort, aber jede Pore schwitzte stumme Verwünschungen aus. Er bat um Erlaubnis, seinen Rock ablegen zu dürfen, was ihm gestattet wurde; dann ließ er sich mit bitterer Entschlossenheit von der Leine, und obgleich er nur Infanterieoffizier war, hätte man ihn mit einer Geschützbatterie verwechseln können, solch donnernde Salven gab er mit den Bällen ab. Gleich darauf löste er seine Krawatte; nach einer Weile zog er seine Weste aus; und noch immer fuhr er tapfer fort. Higgins war am Ersticken. Mein Zustand war derselbe, aber zu lachen wäre unhöflich gewesen; es wäre besser gewesen, zu platzen, und dem kamen wir nahe. Der Offizier hatte Schneid. Ohne ein Wort zu sagen, blieb er bei der Arbeit und ließ die Bälle rollen, bis er viermal das gesamte Arsenal verwendet hatte, was auf viermal einundvierzig Würfe hinauslief; dann musste er aufgeben, was er auch tat; zumal er sich nicht länger auf den Beinen halten konnte, ohne zu schwanken. Er zog seine Kleider an, entbot uns einen höflichen Abschiedsgruß, lud uns ein, ihn im Fort zu besuchen, und schickte sich zum Gehen an. Dann kam er zurück und fragte:

»Welchen Preis gibt es für einen Strike?«

Wir mussten bekennen, dass wir noch keinen ausgewählt hatten.

Er sagte mit tiefem Ernst, er glaube nicht, dass es Grund zur Eile gebe.

Ich finde, was die wesentlichen Dinge des Spiels angeht, war die Bowlingbahn in Bateman's Point besser als jede andere in Amerika. Sie erforderte Geschicklichkeit; sie bot Gelegenheit zum Wetten; und wenn man einen Fremden dazu bewegen konnte, das Bowlen selbst zu übernehmen, ließ sich seinen Bemühungen ein größerer, gesünderer und vergnüglicherer Spaß abgewinnen als dem hervorragendsten Spiel, das die besten Profis auf der besten Bowlingbahn austragen, die es gibt.

Montag, 28. Januar 1907

Senator Clark aus Montana und das Dinner, das zu seinen Ehren im
Union League Club gegeben wurde, da er dem Club europäische Gemälde
im Wert von einer Million Dollar geliehen hatte

Vorgestern rief mich mitten am Nachmittag ein besonderer Freund von mir an, den ich nur für heute und für das Folgende Jones nennen will, und sagte, er würde gern um halb acht bei mir vorbeikommen und mich zu einem Dinner im Union League Club abholen. Er sagte, er werde mich, so früh ich wolle, wieder nach Hause entlassen, da ihm bewusst sei, dass ich dieses Jahr und für den Rest meines Lebens sämtliche Einladungen ausschlüge, die es erforderlich machten, abends auszugehen – zumindest an Orte, wo Reden geschwungen würden und die Sitzungen bis nach zehn Uhr dauerten. Doch Jones ist ein ganz besonderer Freund, daher bereitete es mir keine Umstände, mit meiner Regel zu brechen und seine Einladung anzunehmen; nein, ich täusche mich – es bereitete mir einen Schock, einen eindeutigen Schock, denn obwohl er sagte, es handele sich um ein privates Dinner mit nur zehn geladenen Gästen, erwähnte er, einer von diesen sei Senator Clark aus Montana. Ich bin ein Mensch von gehobener Geisteshaltung und Sittlichkeit, die genauer Prüfung standhalten, und darüber erhaben, Umgang mit Bestien von der Art Mr. Clarks zu pflegen. Es tut mir leid, dass ich eitel bin – zumindest tut es mir leid, offenbaren zu müssen, dass ich eitel bin –, doch ich gestehe es ein und offenbare es; ich kann nicht umhin, eitel zu sein, weil ich von meiner Feundschaft mit Jones einen so großen Beweis gebe, wie eine Einladung anzunehmen, das Brot mit jemandem wie Clark aus Montana zu teilen. Es hat nichts damit zu tun, dass er US-

Senator ist – zumindest nicht ganz, denn immerhin bekleidet er diese zweifelhafte Position; aber es gibt viele Senatoren, vor denen ich einen gewissen Respekt habe und bei denen ich nicht überlegen würde, es abzulehnen, sie in einer Gesellschaft zu treffen, wenn ich der Meinung wäre, dass es Gottes Ratschluss sei. Kürzlich haben wir einen US-Senator ins Zuchthaus gesteckt, aber ich bin mir durchaus bewusst, dass es unter denen, die einer derartigen Beförderung entronnen sind, mehrere gibt, die gewisser Verbrechen unschuldig sind – nicht aller, denn das lässt sich meiner Meinung nach von keinem US-Senator behaupten, aber doch einiger. Sie alle plündern die Staatskasse, indem sie für schändliche Pensionsgesetze stimmen, um gute Beziehungen zur Grand Army of the Republic und zur Junior Grand Army of the Republic und zur Junior Junior Grand Army of the Republic und zu anderen Urenkeln des Krieges zu pflegen – und diese Gesetzentwürfe stellen eindeutig ein Verbrechen dar und verletzen den Senatoreneid. Obwohl ich gewillt bin, auf meine moralische Position zu verzichten und mit moderat kriminellen Senatoren zu verkehren – was sogar Platt und Chauncey Depew einschließt –, bei Clark aus Montana muss ich die Grenze ziehen. Er hat Legislativen und Richter gekauft, wie andere Menschen Lebensmittel und Kleidungsstücke kaufen. Durch sein Beispiel hat er Korruption so entschuldbar gemacht und versüßlicht, dass sie in Montana nicht länger einen unangenehmen Geruch besitzt. Seine Geschichte ist jedermann bekannt; er ist ein so verdorbenes menschliches Wesen, wie man es unter der Flagge nur finden kann; er ist eine Schande für die amerikanische Nation, und alle, die geholfen haben, ihn in den Senat zu entsenden, haben gewusst, dass sein wahrer Bestimmungsort das Zuchthaus ist, und zwar mit Fußfesseln. Meiner Ansicht nach ist er das abscheulichste Reptil, dass die Republik seit Tweeds Zeiten hervorgebracht hat.

Ich ging zu dem Dinner, das in einem kleinen Privatzimmer des Clubs serviert wurde, wo die üblichen Klavier- und Geigenspieler anwesend waren, um Gespräche schwierig und Wohlbehagen unmöglich zu machen. Ich fand heraus, dass der Kriminelle aus Montana nicht nur Gast war, sondern dass das Dinner zu seinen Ehren veranstaltet wurde. Während wir abgefüttert wurden, versorgten mich meine Nachbarn zur Linken und zur Rechten mit Informationen über die Gründe der Ehrbezeugung für Mr. Clark. Mr. Clark hatte kürzlich dem Union League Club, dem mächtigsten und vielleicht reichsten politischen Club Amerikas, europäische Gemälde im Wert von einer Million Dollar zu Ausstellungszwecken überlassen. Für meine Informanten offensichtlich ein Akt geradezu übermenschlicher Großzügigkeit. Einer meiner Informanten sagte flüsternd und voller Ehrfurcht und Bewunderung, wenn man alle Akte der Großzügigkeit, die Mr. Clark dem Club erwiesen habe, einschließlich dieses pompösen, zusammenrechne, so beliefen sich die Kosten für Mr. Clark vom ersten bis zum letzten zweifellos auf hunderttausend Dollar. Ich merkte, dass ich jubeln, applaudieren und ins Schwärmen geraten sollte, war aber nicht versucht, das zu tun, denn fünf Minuten zuvor war ich darüber aufgeklärt worden, dass Clarks Einkommen, wie mir mein in Anbetung versunkener Informant zugeflüstert hatte, dreißig Millionen Dollar im Jahr betrage. Menschliche Wesen haben keinen Sinn für Proportionen. Eine Spende in Höhe von hunderttausend Dollar, die von einem Einkommen in Höhe von dreißig Millionen Dollar abgezogen wird, ist kein Grund, in hysterische Bewunderung und Lobhudelei auszubrechen. Würde ich für eine gute Sache eine Summe von zehntausend Dollar beisteuern, so wäre das ein Neuntel meines letztjährigen Einkommens, und ich würde es spüren; als Gegenstand der Bewunderung, der Überraschung, des Erstaunens und der Dankbarkeit würde sie mit Leichtigkeit einen Beitrag des Knastbruders aus Montana in Höhe von fünfundzwanzig Millionen übertreffen, der hinterher von seinem Jahreseinkommen noch immer hunderttausend Dollar pro Woche zum Leben übrig hätte. Das erinnerte mich an das einzige mir bekannte Beispiel für Wohltätigkeit, die der verstorbene Jay Gould je über die Welt ausgegossen hatte. Als in Memphis, Tennessee, eine Gelbfieberepidemie wütete, steuerte dieser erste und berüchtigste aller Verderber der amerikanischen Geschäftsmoral, der in unzähligen gestohlenen Millionen schwamm, zur Unterstützung der leidenden Bevölkerung gerade mal fünftausend Dollar bei. Mr. Goulds Beitrag bedeutete für ihn kein Opfer; er war sein Einkommen während der einen Stunde, die er täglich mit Beten zubrachte – denn er war ein sehr gottesfürchtiger Mann –, und doch hätte der Sturm anbetungsvoller Dankbarkeit, mit dem seine Spende von Zeitungen, Kanzeln und privaten Kreisen der Vereinigten Staaten begrüßt wurde, einen Fremden überzeugen können, dass es die edelste und heiligste Tat der amerikanischen Geschichte sei, wenn ein amerikanischer Millionär toten und sterbenden Armen fünftausend Dollar spendet – wo er doch damit einen Kreisrichter hätte kaufen können.

Nach einiger Zeit erhob sich der Präsident des Kunstausschusses und begann mit der alten, längst diskreditierten Bemerkung, es werde bei dieser Gelegenheit keine Reden geben, sondern nur freundschaftliche zwanglose Gespräche; dann fuhr er auf die alte, längst diskreditierte Weise fort und hielt selbst eine Rede – eine Rede, die so angelegt war, dass sich jeder nüchterne Zuhörer der menschlichen Rasse schämte. Wäre in diesem Moment ein Fremder eingetreten, er hätte vermutet, dass es sich um einen Gottesdienst handelte und die Gottheit selbst zugegen war. Er wäre zu der Schlussfolgerung gelangt, Mr. Clark sei so ungefähr das edelste menschliche Geschöpf, das die große Republik bislang hervorgebracht habe, der großherzigste, aufopferungsbereiteste, grenzenlos und verschwenderisch freigebigste Wohltäter für gute Zwecke, der heute in irgendeinem Land lebt. Und es kam diesem Verehrer des Geldes und des Geldbesitzers nicht in den Sinn, dass Mr. Clark eigentlich nur ein Zehn-Cent-Stück in den Hut der League geworfen hatte. Mr. Clark konnte seine Spende ebenso leicht verschmerzen, wie er zehn Cent verschmerzt hätte.

Als der Redner seine ermüdende Andacht beendet hatte, erhob sich der Präsident der Union League, führte den Gottedienst im selben Stil fort und erging sich in Lobhudeleien über den Knastbruder, die, an welchem Wertmaßstab auch immer gemessen, gröbste Sarkasmen waren, selbst wenn sich der Sprecher dessen nicht bewusst war. Beiden Rednern war die ganze Zeit über applaudiert worden, doch Letzterer rückte schließlich mit einer Bemerkung heraus, von der ich meinte, sie würde auf kühles Schweigen, auf eisige Kälte stoßen; er enthüllte, dass die Ausgaben des Clubs für die Ausstellung der geliehenen Gemälde des Senators die Einnahmen aus dem Verkauf der Eintrittskarten überstiegen; dann machte er eine Pause – wie Redner dies oft tun, wenn sie große Wirkung erzielen wollen – und sagte, zu diesem kritischen Zeitpunkt sei Senator Clark aus eigenem Antrieb vorgetreten, habe in die eigene Tasche gegriffen und fünfzehnhundert Dollar überreicht, um die Hälfte der Versicherungskosten für die Gemälde zu bezahlen, und so sei die Geldbörse des Clubs unangetastet geblieben. Ich wünsche mir, niemals eines Todes zu sterben, wenn die

Gemeinde bei diesem Gottesdienst ob dieses erstaunlichen Berichts nicht in dankbaren Beifall ausbrach; und ich wünsche mir, niemals des ewigen Todes zu sterben, wenn der Knastbruder nicht über das ganze Gesicht lächelte und vor Glück genauso strahlte, wie er eines Tages strahlen wird, wenn Satan ihm einen Sonntagsfreigang ins Kühlhaus gewährt.

Zu guter Letzt, ich war noch am Leben, beendete der Präsident des Clubs seine langweilige und ermüdende Vermarktung pubertärer Plattitüden, stellte Clark vor und setzte sich. Clark erhob sich zur Melodie des »Star Spangled Banner« – nein, es war die Hymne »God Save the King«, die von den Geigern und dem Klavierspieler aufs heftigste gesägt und gehämmert wurde; und darauf folgte »For he's a jolly good fellow«, einstimmig von der gesamten Gemeinde glücklicher Anbeter gesungen. Da trug sich ein Wunder zu. Ich habe immer behauptet, dass kein Mensch eine Rede halten kann, wenn er nur ein Kompliment als Redetext hat, jetzt aber weiß ich, dass ein Reptil es vermag. Senator Clark quasselte und quasselte eine volle halbe Stunde in einem fort, ohne irgendeinen Redetext zu haben, mit Ausnahme jener Lobpreisungen, mit denen seine armselige Großzügigkeit überhäuft worden war; nicht nur akzeptierte er diese dümmlichen Lobpreisungen eins zu eins, sondern fügte ihnen noch einen weiteren Stapel hinzu – indem er seine sogenannte Großzügigkeit und Großherzigkeit mit solcher Eindringlichkeit und Farbigkeit lobte, dass er den Komplimenten all der anderen Männer die Pigmente entzog und sie blass und schemenhaft aussehen ließ. Trotz vierzigjähriger Erfahrung mit menschlicher Eselhaftigkeit und Eitelkeit bei Banketten habe ich nichts gesehen, was auch nur annähernd an die Eselhaftigkeit und Selbstgefälligkeit dieses grobschlächtigen, vulgären und unvergleichlich ignoranten Bauerntrottels mit seiner Selbstbeweihräucherung heranreicht.

Ich werde Jones stets dankbar sein, dass er mir die Gelegenheit gab, bei diesen heiligen Orgien zugegen zu sein. Ich hatte geglaubt, in meiner Zeit bei Banketten sämtliche existierenden Arten redenschwingender Tiere erlebt zu haben, ebenso alle verschiedenen Arten von Leuten, die unsere Bevölkerung ausmachen, aber das war ein Irrtum. Zum ersten Mal sah ich Menschen in die Gosse steigen und unverhohlen Dollars und deren Besitzer verherrlichen. Natürlich war ich mit derlei Dingen durch unsere Zeitungen vertraut, doch nie zuvor hatte ich gehört, wie Menschen den Dollar mit dem Mund verherrlichen, oder gesehen, wie sie dabei niederknien.

Handlesekunst

Der Herausgeber von *Harper's Monthly* hat mehreren New Yorker Chiromanten von bestem Ruf Abdrücke meiner Hände vorgelegt (natürlich ohne meinen Namen zu nennen) in der Absicht, ihre Kunst auf die Probe zu stellen. Angeblich ist das die dahinterstehende Idee. Es ist das zweite Mal, dass ein Herausgeber diesen Plan verfolgt, um vermeintlich verborgene Stellen meines Charakters aufzudecken. Mr. Stead hatte es vor neun Jahren ausprobiert. Er schickte – ohne meinen Namen preiszugeben – Abdrücke meiner Hände an sieben englische Chiromanten und veröffentlichte deren Befunde. Die Handdeutungen waren elegant, aber vorsichtig, sehr vorsichtig und behutsam formuliert. Behutsam und klugerweise unverbindlich. Man konnte nicht bestreiten, dass sie auf mich passten; doch ebenso gut hätten sie auf die übrige Menschheit gepasst. Die Sätze gaben sich den täuschenden Anschein, als würden sie etwas Geistreiches sagen, doch bei genauerer Untersuchung verblasste dieses scheinbare Etwas und verflüchtigte sich wie ein Rasiermesserstrich. In der ganzen Sammlung gab es nur eine todsichere und absolut eindeutige Behauptung – nämlich die: »Der Besitzer dieser Hände ist ohne jeden Sinn für Humor.«

Das hielt ich für einen Irrtum. Mit diesem Chiropodisten stimmte meines Erachtens etwas nicht. Jedenfalls war es seltsam, höchst seltsam. Meinem – schlechten – Ruf zufolge besaß ich diese fehlende Eigenschaft; besaß sie nicht nur, sondern besaß sie in extravagantem, übertriebenem, ja monströsem Übermaß; doch meiner Hand, die arglos alle meine kleineren und kaum merklichen Charakteristika preisgegeben hatte, war es gelungen, vor dem wachsamen Experten meinen einzigen herausragenden Höcker zu verbergen. Es war, als betaste und benenne ein blinder Naturforscher all die kleinen Tiere in der Menagerie und übersähe dabei den Elefanten. Keiner der sieben Chiromanten fand den Elefanten – den voll ausgewachsenen. Einige fanden ihn, aber nur in Hundegröße.

Eine Überprüfung der folgenden Einschätzungen meiner Person wird zeigen, dass auch die New Yorker Chiromanten den Elefanten übersahen. Das über-

zeugt mich, dass der menschlichen Hand nicht zu trauen ist außer in unbedeutenden Angelegenheiten. Ich glaube, Shakespeares Hand hätte alle seine
unauffälligen und unwichtigen Eigenschaften ungezwungen und freimütig offengelegt, sein Hauptgeheimnis jedoch treu verwahrt. Ich frage mich, weshalb
eine Hand sich so verhält. Mir scheint überhaupt kein Sinn darin zu liegen und
auch keine Gerechtigkeit. Aber um auf die Erfahrungen zurückzukommen, die
ich vor neun Jahren gemacht habe.

»Ohne jeden Sinn für Humor.« Offenbar konnte ich den Schmerz über dieses unfreundliche Urteil nicht verwinden. Außerdem wurde es durch das vielsa-
gende und kränkende Schweigen der anderen sechs Einschätzungen nur noch
wiederholt und mir unter die Nase gerieben: Diese sprachen mir einen gerechten und vernünftigen Anteil an all den anderen Eigenschaften zu, aber keine
von ihnen erwähnte Humor. Ein Freund kam vorbei – ein harter, strenger
Mensch und kalt wie ein Frosch –, fragte mich, worüber ich weinte, und ich
erzählte ihm von den Lügen und Verleumdungen, und er sagte, ich solle mich
schämen, mit sechzig noch ein solches Baby zu sein; dann fuhr er fort und wies
mich auf etwas hin, was ich bisher noch nicht bedacht hatte – nämlich auf die
ungeheure Kraft, die gesteigerte Kraft, die überzeugende Kraft eines *einhelligen*
Urteils, zu dem sieben leidenschaftslose und unbestochene Experten gelangt
seien, von denen jeder unabhängig von den anderen arbeite, voller Gottes-
furcht, ohne meinen Namen zu kennen, und allesamt darauf bedacht, ihren
Ruf zu schützen und für ihre Familien zu sorgen. Er sagte, für jeden intelligenten Menschen müsse ein solches Urteil endgültig und überzeugend sein; dieses
Urteil könne gar keine Lüge sein, freilich *könne* es eine »Entlarvung« sein – und
eine solche *stelle* es in der Tat *dar*. Er habe schon immer geglaubt, dass ich kein
Humorist sei und dass man mich eines Tages durchschauen werde, und nun sei
es so weit. Seit einem halben Jahrhundert hätte ich die Leute mit Hilfe gemei-
ner Tricks betrogen und beraubt; dann, nach einer peinlichen Pause, fragte er
mich, ob ich die Hand heben, ihm in die Augen blicken und versichern könne,
dass dem nicht so sei. Ich bemühte mich; da ich es aber aufgrund meines Rheu-
matismus und meines Schielens nicht vermochte, sagte er, ich hätte mich selbst
überführt. Was er mein »Geständnis« zu bezeichnen beliebte, erweckte sein
Mitleid, und er forderte mich auf, mich zu bessern und ein anständigeres Le-

ben zu führen, aber ich suchte ihn mit Argumenten zu beschwichtigen. Ich sagte, vielleicht hätten die Chiromanten sich von meiner Hand täuschen lassen; wenn sie gewusst hätten, wessen Hand es war, hätten sie unter Umständen Dinge bemerkt, die sie diesmal übersehen hatten; und ich erbot mich, höchstpersönlich vor eine andere Jury von Chiromanten zu treten, einen neuen und gerechteren Prozess anzustrengen und zu sehen, was dabei herauskäme. Er aber entgegnete, das sei eine närrische Idee, und wies sie von der Hand. Trotzdem glaube ich, etwas Vernünftiges war doch daran. Mit dem Phrenologen verhält es sich ebenso: Er kann bessere Aussagen treffen, wenn er einen kennt. Dessen bin ich mir sicher; denn einmal ging ich in London als »John B. Smith« zu Fowler, und er konnte keinen Humor in mir entdecken – sagte, wo der Humor-Höcker hätte sein sollen, sei eine Vertiefung –, als ich jedoch drei Monate später als »Mark Twain« zu ihm ging, sagte er freiheraus und voller Begeisterung, an selbiger Stelle befinde sich eine wahre Pyramide. Nun, wenn es einem Phrenologen geholfen hat, mich zu kennen, weshalb sollte es dann nicht auch einem Chiromanten helfen?

Handdeutung durch Niblo

1. Der Wissenschaft der Chiromantie zufolge ist dies ein philosophischer Handtypus.

2. Das Subjekt ist zweifellos ein großer Forscher, Denker und Reformer, tolerant, mit liberalem religiösem Sinn ohne Bezug auf einen Glauben oder ein Bekenntnis.

3. Er ist fortschrittlich und weitsichtig, in Notlagen mutig, wenn jedoch nicht rasch gedacht oder gehandelt werden muss, häufig furchtsam. Eine Notlage dient ihm als Inspiration.

4. Sein Gerechtigkeitssinn ist stark ausgeprägt; Härte gegenüber anderen bedeutet für ihn dasselbe wie Kränkung der eigenen Person. Er ist zartfühlend, empfänglich und wortkarg und wird daher von seinen Mitmenschen nicht leicht verstanden.

5. Seine Stimmung ist normalerweise ausgezeichnet. Er ist eher unterwürfig als aggressiv, im Grunde seines Herzens aber radikal und entschlossen. Sein Benehmen ist freundlich und wird nur dann brüsk oder nonchalant, wenn er zur Selbstverteidigung getrieben wird.

6. Unabhängigkeit ist das besondere Vorrecht dieser Hand. Zwar verweist die unterbrochene Schicksalslinie auf viele Stunden der Dunkelheit und der Entmutigung, doch sein Stolz und seine Entschlossenheit führen ihn unweigerlich voran ins Licht, und gerade aufgrund des widerspenstigen Schicksals erhebt sich der gequälte Geist höher und stärker. Dieses Geschenk der Schwungkraft ist nicht nur eine Ausstattung seines Geistes, sondern auch ein Erbteil seines Fleisches.

7. Er ist stolz, ehrlich und aufrichtig, von großzügiger Natur, mit mehr Respekt vor dem Handeln an sich als vor dessen Ergebnissen, hat den Ehrgeiz, etwas zu leisten und etwas zu erreichen, und verfügt, was seine Bemühungen angeht, über große Entschlossenheit. Sein eigener Erfolg reicht ihm nicht, vielmehr müssen alle, an denen ihm liegt, mit ihm vorankommen.

8. Selbstvertrauen, innerer Mut sowie eine intuitive Gabe, die öffentliche Meinung zu erfassen, befähigen ihn, eine erfolgreiche Führungspersönlichkeit in der Welt der Finanzen oder der Politik zu werden, ein Förderer aller Neuerungen, die auf Fortschritt zielen.

9. Uneingeschränkte Ehrfurcht vor dem in ihn gesetzten Vertrauen ist eine der stärksten Eigenschaften dieses Mannes.

10. Der Verlust des Glaubens würde bei ihm jedoch nicht zu Pessimismus führen, denn er ist nicht jemand, der einen festgefügten Glauben braucht, um Auftrieb zu bekommen. Seine überschwängliche Schwungkraft beschert ihm oft Erfolg, wo ein weniger selbstbewusster Geist scheitern würde. »Die Welt tritt zur Seite, um jenen vorbeizulassen, der weiß, wohin er geht« – und dieser Mann weiß es. Seine jungen Jahre waren nicht mit Glück gesegnet; vielmehr wurde er fast bis zum sechzehnten Lebensjahr von Schicksalsschlägen verfolgt. Danach standen ihm ausgezeichnete Dinge bevor.

11. Seine Intuitionslinie ist stark ausgeprägt, zeigt scharfes Urteilsvermögen und spricht für einen hervorragenden Charakterkenner, besonders in Angelegenheiten der Ehre und der Schande.

12. Die ausgeprägte Linie der Wohltätigkeit weist auf eine edelmütige Natur hin, auf jemanden, der nur um des Gebens willen gibt. Seine Hand zeugt von Reichtum, den er in hohem Maße den eigenen Anstrengungen im Leben verdankt.

13. Glücklicherweise hat er eine robuste Konstitution. In hohem Grade mit physischer Kraft ausgestattet, wird er ohne ernsthafte Unterbrechung über die sprichwört-

liche Grenze des Lebens hinauskommen. Diesen starken Lebenswillen hat er geerbt. Der Tod wird ihn nicht im Land seiner Geburt ereilen.

14. Nach der Beschaffenheit der Herzlinie zu urteilen, zusammen mit dem glänzend entwickelten Venusgürtel, sind seine Lieben stark und seine Gefühle tief. Zwei große Zuneigungen werden in seinem Leben Erfüllung finden.

15. Sein geistiger Geschmack ist äußerst entwickelt, er liebt es, seinen Sinnen in dieser Hinsicht Befriedigung zu verschaffen – schätzt Schönheit, Harmonie, Farbe, Form usw.

16. In der Mitte seines Lebens wird er seinen größten Erfolg haben, die frühen Jahre dienen nur dazu, »die Saat zu säen«, den Geist zu bereichern und die Ressourcen dieses auf natürliche Weise schwankenden Individuums auszuloten.

Hochachtungsvoll

Niblo

Ich muss Mr. Niblos Bericht redigieren.

1. Philosophischer Kopf. Stimmt.

2.*a.* Erforscher der Moral und der menschlichen Natur – in diesem Sinne bin ich tatsächlich Forscher, denn derartige Forschungen sind interessant und verlockend und erfordern keine peinlich genauen Recherchen, keine systematischen Bemühungen, kein nächtelanges Aufbleiben. Aber nie habe ich etwas erforscht, was mir ermüdende und unangenehme Anstrengung abverlangt hätte. Aus diesem Grund sind die Beziehungen zwischen mir und dem Einmaleins gespannt.

b. Der Rest des Absatzes stimmt, im Kleinen wie im Großen. Im Bereich hoher Philosophie war ich stets *ein* Denker, bin aber von der Welt niemals als *der* Denker angesehen worden, bis der Lauf der Natur Mr. Spencer aus dem Verkehr zog.

3.*a.* »Fortschrittlich und weitsichtig.« Das gebe ich gern zu.

b. »In Notlagen mutig.« Das ist zu allgemein gefasst. Es gibt viele Arten von Notlagen: In ein oder zwei Arten sind wir alle gut; manche sind in mehreren gut; doch den Menschen, der in sämtlichen Notlagen rasch und mutig handelt – nun, den gibt es nicht. Er hat nie gelebt. Wenn ein Mensch zu ertrinken drohte, würde ich ihm sofort hinterherspringen; sollte er aber aus einem Fenster im

zehnten Stock fallen, würde ich mich wegducken. Sie verstehen? Ich bin ein guter und sicherer Schwimmer und habe mehrere Notlagen im Wasser erlebt, die
von erzieherischem Wert waren, aber ich habe noch nie erlebt, dass ein Mensch
versucht hätte, aus einem Wolkenkratzer auf mich herabzufallen. Sie begreifen?
Die Philosophie lautet: Mut in Notlagen ist eher ein Resultat der Erfahrung als
ein Geburtsrecht. Kein Mensch, der neu und frisch ist, besitzt in Notlagen genügend Mut, um seine Geldbörse festzuhalten, wenn ihm erstmals die Chance geboten wird, für wenig Geld ein Patent zu erwerben, das den Dampf revolutionieren wird – nein, erst bei den nächsten Malen wird er das Gewehr im Anschlag
haben. Ich wiederhole – der Chiromant hat sich zu allgemein ausgedrückt. Er
hätte die *Art* der Notlagen benennen sollen, die meinen Mut einsatzbereit und
unerschrocken antreffen. Ich behaupte nicht, dass er dies nicht vermocht hätte;
und fairerweise *muss* ich zugeben: Wo vom Chiromanten Kürze verlangt wird,
muss er verallgemeinern und kann nicht in die Einzelheiten gehen.

4. Noch einmal. Verallgemeinert trifft dies auf niemanden zu; im Einzelnen
auf jedermann. Härte gegenüber Mr. Henry A. Butters aus Long Valley würde
meinen Geist nicht betrüben, der Anblick des Königs der Belgier, wie er am
Galgen baumelt, dort, wo er hingehört, mich dankbar stimmen. Ich bin (wie
die gesamte Menschheit) zartfühlend (bis zur Lächerlichkeit und Schimpflich-
keit); empfänglich (was das andere Geschlecht angeht); wortkarg (wenn man
von mir unbequeme Wahrheiten erwartet).

5. Noch einmal. So verallgemeinert passt dies auf die große Mehrheit der
menschlichen Rasse – mich eingeschlossen. Es passt auch auf den Wurm – bis
aufs i-Tüpfelchen. Lesen Sie sich's aufmerksam durch, und Sie werden sehen.

6. Ich hoffe, der erste Satz trifft zu. Unabhängigkeit des Geistes ist in dieser
Welt etwas so Seltenes, dass man fast sagen könnte, es gebe sie nicht. Ich habe
noch keinen Mann gekannt, der sie in beträchtlichem Maße besessen hätte.
Viele gedankenlose und oberflächliche Menschen verachten die Katze – aber
die Katze verfügt über Unabhängigkeit des Geistes; die Katze ist das einzige
Lebewesen, das sie in hohem und eindrucksvollem Maße besitzt. Der letzte
Satz des Absatzes – wie der erste – ist klar und deutlich und ebenso wahr, wie er
deutlich ist. Ich bin sicher, dass meine geistige Schwungkraft über dem Durchschnitt liegt, aber kann man bei nüchternem Verstande wirklich glauben, dass

diese Tatsache in den Linien meiner Hand hinterlegt ist, so als wäre sie gedruckt? Meine Schwester, die in hohem Alter starb, besaß ihr ganzes Leben lang
denselben Elan: Hätte Mr. Niblo ihn in ihrer Hand entdecken können? Meine
Mutter, die in hohem Alter starb (achtundachtzig), besaß ihn; von der Wiege
bis zur Bahre ließ er sie nie im Stich. War er ihrer Hand eingeschrieben? Mein
Bruder, der in hohem Alter starb, besaß nicht die Spur davon. Sein Lebtag bewegte er sich durch eine Wolke von Schwermut und Trübsinn. Hätte Mr. Niblo
dieses beklagenswerte Geheimnis in seiner Hand lesen können? Ich wünschte,
ich hätte Handabdrücke meiner Familie; ich würde sie ihm voll warmer Neugier zur Beurteilung vorlegen.

7. Wir *alle* sind auf die eine oder andere Weise stolz; wir alle sind in einigen
Dingen ehrlich und unehrlich in anderen; wir alle sind zu Zeiten aufrichtig
und unaufrichtig zu anderen; wir alle sind auf ein oder zwei schmalen Pfaden
ehrgeizig, aber gleichgültig auf allen anderen. Wir müssen die Nr. 7 in den Papierkorb der Verallgemeinerungen werfen.

8. Ich glaube, meine Vorliebe für Experimente und Neuerungen liegt wirklich über dem Durchschnitt. Meine Mutter war genauso; meine Schwester, die
fünfundsechzig Jahre lang eine fanatisch interessierte Kranke war, probierte alle
neuen Krankheiten aus, sobald sie in Erscheinung traten, und genoss die neueste stets mehr als alle vorausgegangenen; mein Bruder hatte zweiundvierzig
verschiedene Richtungen des Christentums gesammelt, bevor er abberufen
wurde. Ja, ich glaube, der letzte Satz der Nr. 8 ist richtig. Doch der Rest des
Absatzes enthält Irrtümer, namentlich den Teil über politische und finanzielle
Führungsqualitäten. Führungsqualitäten jeder Art liegen mir nicht. Sie würden
meine Freiheit beschneiden; außerdem würden sie mich zur Arbeit zwingen,
wenn ich nicht arbeiten will. Meine Natur würde sich ärgern, sich beklagen
und aufbegehren, und ich würde scheitern.

10. Letzter Satz. Nie hat jemand etwas Wahreres gesagt. Bis zum Alter von
sieben Jahren war ich fast immer dem Tod nahe, aber geschafft hab ich's nie. Es
ermüdete die Familie. Besonders meinen Vater, einen feinen, zartfühlenden
Mann, dem es schwerfiel, Enttäuschungen zu ertragen. In den folgenden acht
Jahren – ich gebe Ihnen mein Ehrenwort, dass ich die Wahrheit sage – stand
ich *ganze neun Mal* kurz vor dem Ertrinken und wurde darüber hinaus dreimal

von Ärzten und Krankheiten an den Rand des Todes gebracht; aber das alles half nichts, nichts hat genutzt, es gab einen Rückschlag nach dem anderen, und heute bin ich immer noch hier. Jede Hoffnung ist längst dahin. Stehen diese Rückschläge in meiner Hand geschrieben? Von anderen in jenen frühen Tagen weiß ich nichts.

13. Erster Satz. So scheint es nach allem, was ich eben enthüllt habe. Aber wie entnimmt er das dem Abdruck meiner flachen Hand? Es ist schon sehr merkwürdig. Seit ich fünfzehn war, bin ich selten krank gewesen; jetzt bin ich neunundsechzig. Dritter Satz: Dieses Erbteil verdanke ich der Familie meiner Mutter. Sie war eine Lampton. Kein Lampton ist jemals vorzeitig gestorben, es sei denn, durch die Hand des Sheriffs.

Handdeutung durch Mr. Fletcher

1. Dies ist die Hand einer starken und markanten Persönlichkeit; eine Hand, in der viele Facetten eindeutiger Fähigkeit abgebildet sind, in der Tat wäre es möglich, sie von drei verschiedenen Gesichtspunkten aus zu lesen und jedes Mal eine vollständige Geschichte zu finden.

2. Die linke Hand zeigt viele Anlagen eines stark schwankenden Charakters, und diese stehen keineswegs miteinander in Einklang. Die rechte Hand dagegen zeigt, dass diese Anlagen kraft geistiger Entschlossenheit dazu genutzt worden sind, eine Persönlichkeit voller Elan und Fähigkeit zu formen, die sich ganz auf sich selbst verlässt. Keineswegs eine abhängige Hand. Keineswegs eine negative Hand. Fraglos leicht zu beeindrucken, doch diese Eindrücke werden aufgenommen, dann ausgewählt und *dann in eine Richtung gelenkt*. Nur selten, wenn überhaupt jemals, sind sie der bestimmende Faktor. Das *Ego* herrscht und lenkt die Fähigkeiten in eine Richtung, statt sich von Gefühlen *beeinflussen* zu lassen, so stark diese bei Gelegenheit auch sein mögen. Die Hand zeichnet sich durch hohe Originalität des Denkens aus; verrät ausgesprochenes Konzentrationsvermögen und gibt niemals auf, was sie sich vorgenommen hat, wie groß der Widerstand auch sei. Allerdings macht sich große Reizbarkeit bemerkbar, wenn es zu Verzögerungen kommt oder andere Menschen unfähig sind, eine Situation rasch zu erfassen, da dieser Geist Anfang und Ende mit einem Blick überschaut. Einzelheiten werden eher im Zusammenhang abgehandelt, als ge-

631

duldig in Betracht gezogen. Es gibt keinen Zweifel, dass die Schlussfolgerungen gewöhnlich zutreffen. Die bemerkenswerten Leistungen der vergangenen 15 Jahre demonstrieren zweifellos, dass die Handflächen viele Pläne haben, die sich von Zeit zu Zeit anbieten, die Finger aber nicht die Zeit oder die Gelegenheit finden, auch nur die Hälfte davon auszuführen. Nie hat jemand dieser Hand die Tür geöffnet und gesagt: »Tritt ein, hier wartet bereits ein Garten auf dich.«

2. Sie hat ihre eigene Tür gefunden, ihren eigenen Weg eingeschlagen und jeden Baum und Strauch im Garten selbst gepflanzt, und davon gibt es eine ganze Menge. Gewiss hat die Sonne mitunter milde darauf geschienen und dementsprechend rasches Wachstum befördert, was sich bis zum Ende fortsetzen wird.

3. Es ist eine nervöse, energische, entschlossene Hand von zuweilen charaktervollem Charme oder von einer Anziehungskraft, die fast jedes Resultat erzielen könnte, was sich bis zum Ende fortsetzen wird. Vielleicht leidet sie selbst in hohem Maße, wenn auch stumm; niemals aber würde sie *absichtlich* anderen Menschen Leid zufügen. Dafür ist sie zu rücksichtsvoll und humanitär. Niemals wird sie mit sich selbst zufrieden sein, ganz gleich, wie groß der Lohn der Belobigung durch andere ausfallen mag. Von größter Bedeutung wird ihr stets das Unerreichte scheinen, selbst wenn andere höchstes Lob aussprechen.

4. Ihre Interessen werden stets von großer und umfassender Art sein. Stets hat sie die Neigung, zu viel zu versuchen, als dass ein Gedanke zum nächsten führen kann, wodurch sich noch größere Möglichkeiten offenbaren. Es ist eine Hand, die anderen gegenüber allzu freundlich und großzügig ist, doch niemals überfreundlich oder rücksichtsvoll gegen sich selbst. Die Lebenslinie ist lang und ausgeprägt und verrät Langlebigkeit als Erbteil einer Seite der Familie. Krankheiten sind nur wenige vorhanden, diese jedoch von außergewöhnlicher Reaktionskraft. Bisweilen ist die nervöse Energie ungeheuerlich und steigt zu Höhen auf, die alles vereinnahmen.

5. Die Kopflinie zeigt großen Stolz und Ehrgeiz und eine ausgeprägte Fähigkeit, Kräfte auf ein bestimmtes Ziel hin zu bündeln. Es gibt nur wenig Vergnügen an den Siegen von gestern. Immer ist es die Arbeit von morgen, die den Geist beschäftigt. Die intellektuellen Fähigkeiten sind von hoher Qualität, das Ergebnis langer Jahre sorgfältiger und strenger Übung, und doch ist es diesem Kopf möglich, sich frei zu bewegen und sich nicht immer *vom Geist strenger Gerechtigkeit bestimmen zu lassen.*

6. Ferner verweist dieselbe Linie auf starke künstlerische und feinsinnige Neigungen sowie einen Hang zu zeitweiliger Depression, die die Hand jedoch nicht im Geringsten von einer einmal in Angriff genommenen Arbeit *abhält.*

7. Widerspruchsgeist und mitunter auch starke persönliche Feindschaft sind ebenso ersichtlich, doch statt den Vorsatz zu schwächen, haben sie ihn meist gestärkt und intensiviert. Diese Hand duldet kaum die Einmischung anderer, respektiert jedoch Autorität im wahren Sinne des Wortes.

8. Die Herzlinie verrät starke Zuneigung und warme Sympathie für die Auserwählten und große Treue zu allen Verpflichtungen. Sie ist stets gewillt, mehr zu tun, als von ihr gefordert wird. Freundschaft hält sie für eine der heiligsten Einrichtungen der Welt, obwohl sie von Freunden mehr als einmal betrogen wurde. Das häusliche Leben wird bei dieser Handdeutung nicht erörtert. Vermutlich steht diese Hand mit vielen Menschen des öffentlichen Lebens in Verbindung oder doch mit Menschen, die in dieses stark involviert sind. Zweifellos hat sie die Macht, Meinungen zu beeinflussen. Sie ist außergewöhnlich erfolgreich, und doch liegt das volle Maß gerechtfertigter Anerkennung eher vor als hinter ihr. Ihr Werk wird ihr Wirken lange überdauern.

9. Mit diesem Handtypus geht ein starker Wille einher, der in vielen Fällen an Widerborstigkeit grenzt und sich von einem Vorsatz schlichtweg *nicht* abbringen lässt, vor allem dann nicht, wenn ein Prinzip auf dem Spiel steht. Auch wenn sie sich nicht selten Gefahren ausgesetzt sieht, ist sie vollkommen sicher.

10. Eine Hand, die starken Eindruck auf die öffentliche Meinung gemacht hat und dazu bestimmt ist, auch weiterhin starken Eindruck auf sie zu machen und doch ihr gegenüber gleichgültig zu bleiben.

Absatz 2. »Die sich ganz auf sich selbst verlässt. Keineswegs eine abhängige Hand. Keineswegs eine negative Hand.« Das ist zweifellos eindeutig. Wollen wir hoffen, dass es ins Schwarze trifft; ich bin nicht hier, um mir Komplimente vom Leibe zu halten. »Zeichnet sich durch hohe Originalität des Denkens aus.« Ich könnte die Richtigkeit dieser Aussage nicht bestreiten und dabei ehrlich bleiben. »Gibt niemals auf, was sie sich vorgenommen hat, wie groß der Widerstand auch sei.« Das ist eindeutig; es klingt wahr. Aber es ist nicht wahr. Es ist sogar weit davon entfernt, wahr zu sein. Ich kann mich an keine Episode in meinem Leben erinnern, die darauf hingedeutet hätte, dass mir – wenigstens bei einer

Gelegenheit – unbesiegliche Beharrlichkeit zu eigen wäre. »*Die bemerkenswerten Leistungen der vergangenen fünfzehn Jahre*« – so weit, so gut; erstaunlich gut; für mich waren diese Jahre überaus bemerkenswert: Was Sorgen, Ängste, Schmerzen, Unglück um Unglück, Verhängnis um Verhängnis betrifft, haben diese fünfzehn Jahre alle vierundfünfzig vorherigen übertroffen. Hätte der Chiromant doch nur an diesem Punkt aufgehört! Er hätte einen hübschen Erfolg erzielt – wenn auch vage; da er aber fortfährt und erklärt, *weshalb* die fünfzehn so bemerkenswert waren, erleidet er einen traurigen Absturz vom Beeindruckenden zum Abgedroschenen, und infolge dieses unüberlegten Absturzes verschwindet das Bemerkenswerte an den fünfzehn Jahren vollständig. »Viele Pläne – nicht die Zeit oder die Gelegenheit, auch nur die Hälfte davon auszuführen«; meine Güte, das passiert doch *jedem*, daran ist nichts Bemerkenswertes.

4. »Die Lebenslinie ist lang – Langlebigkeit als Erbteil einer Seite der Familie. Krankheiten wenige.« Alles eindeutig und korrekt. Mr. Niblo und er stimmen in diesen Punkten überein.

8. Erster Satz; ich hoffe, er stimmt; und ich glaube, er stimmt.

9. »Lässt sich von einem Vorsatz *nicht* abbringen, wenn ein Prinzip auf dem Spiel steht.« Vielleicht kommt das der Wahrheit nahe; dennoch glaube ich, dass es ein bisschen zu allgemein gefasst ist und ein wenig zu stark.

10. »Gleichgültig«? Nein, das wäre gegen die menschliche Natur. Ein Mensch, der entweder einen guten oder einen schlechten Eindruck auf die öffentliche Meinung gemacht hat, mag nach außen hin ruhig wirken, doch innerlich gleichgültig ist er nie.

Handdeutung durch Mr. Perin

1. Dies ist die Hand eines guten Mannes.

2. Mit diesen wenigen Worten könnte ich die Neigungen und Ambitionen dieser Hand zusammenfassen.

3. Aufgrund sorgfältiger Untersuchung der Linien und Merkmale sehe ich, dass dieser Mann zwischen fünfundfünfzig und sechzig Jahre alt ist.

4. Die Gesundheitslinie zeigt eine mittelmäßige Entwicklung der physischen Kraft, und sein Körper sollte niemals übermäßig beansprucht werden.

5. Die Kopflinie der linken Hand zeigt ein kräftiges Gehirn, er ist von Natur aus ein Genie und ein intellektueller Gigant.

6. Dieser Mann hätte Richter werden sollen.

7. Er ist von feinstem Lehm und hochsinnig und hat einen eisernen Willen; Ratschläge sucht oder befolgt er kaum.

8. Auf sein Urteil kann man sich ganz und gar verlassen.

9. Die Herzlinie sowie die Merkurlinie der rechten Hand zeigen, dass er außerordentlich weichherzig ist, zugleich aber feste Überzeugungen hat.

10. Das zweite Glied des dritten Fingers zusammen mit dem Jupiterberg verrät beträchtliche Energie, er ist selbstbeherrscht, und seine Geistesgegenwart ist bemerkenswert.

11. Die Atmungslinie an der Basis des Jupiterbergs zeigt, dass seine Lungen großzügige Versorgung mit Sauerstoff benötigen.

12. Die Linie des Blutkreislaufs zeigt, dass er einen regelmäßigen Herzschlag hat und sein Blut stark und stetig pulsiert.

13. Der Mondberg zeigt, dass er edel gebaut, ehrbar und treu ist.

14. Der Venusgürtel zeigt seine Liebe zur Menschheit.

15. Die Intuitionslinie zwischen dem dritten und dem kleinen Finger der linken Hand zeigt, dass er ein guter Kenner der menschlichen Natur ist.

16. In der Nähe des Venusbergs gibt es ein sehr ausgeprägtes Merkmal, welches beweist, dass er sehr akkurat ist, sich genau an Daten erinnert und recht gut die Zeit einschätzen kann, während der Venusberg selbst seine Liebe zu seinem Heim beweist.

17. Seine Kreativitätslinie zeigt, dass er gerne neue Wege erfindet, die Dinge zu tun.

18. Er ist reich an Ideen und sehr geschickt darin, Sätze zu konstruieren, ob mündlich oder schriftlich.

19. Seine literarische Linie verrät große Fähigkeiten.

20. Die Form des dritten Fingers zeigt, dass er ein eindrucksvoller und fesselnder Redner ist.

21. Die Linie der Erhabenheit beweist seine Vorliebe für das Erhabene in der Natur, das bloß Prächtige dagegen nötigt ihm keine Begeisterung ab.

22. Die Linie des Muskeltemperaments zeigt, dass sein moralisches Urteil ausge-

wogen ist und er niemals Hilfe benötigt, um auf dem Pfad der Rechtschaffenheit zu wandeln.

23. Das erste Glied des kleinen Fingers und der Merkurberg beweisen, dass dieser Mann ein Philosoph ist.

24. Der Daumen der linken Hand zeugt von Liebe zu Kindern und Haustieren, und die Linie der Billigung verrät Ehrgeiz und den Wunsch, seinen Namen auf der Schriftrolle des Ruhms einzutragen; vom Glanz der Beliebtheit lässt er sich jedoch nicht blenden.

25. Er ist entschieden und entschlossen, beharrlich und vor allem zielbewusst.

26. Er ist fleißig und fortschrittlich, und Hindernisse regen ihn nur zu noch größerer Aktivität an.

27. Die Linie der Verschwiegenheit verrät, dass er sehr zurückhaltend ist, die ausgesprochen stark ausgeprägte Linie des Gewissens in der Mitte der linken Hand, dass er von seiner Auffassung von Recht und Unrecht niemals abweichen würde und die Gewohnheit hat, über seine eigenen Taten und das Handeln anderer zu Gericht zu sitzen und wenig Mitleid mit Missetätern zu zeigen.

28. Er setzt sich über jegliche Konventionen hinweg.

29. Die Linie der Wohltätigkeit beweist, dass dieser Mann allzu freigebig und sein Herz zu groß für seine Geldbörse ist.

30. Nichts bereitet ihm größere Freude, als zu geben.

31. Er hat großes Mitgefühl.

32. Die Linie des Frohsinns zeigt, dass er gerne scherzt, Freude an Witzen hat und über gute lacht.

33. Die Linie der Kausalität beweist Denk- und Urteilskraft und dass er einen umfassenden Verstand hat.

34. Die Linie des Vergleichs zeigt, dass er die Beziehung zwischen dem Bekannten und dem Unbekannten mit unfehlbarer Genauigkeit aufzuspüren weiß.

35. Zum Abschluss möchte ich über die Schicksalslinie sprechen, die besagt, dass er mindestens fünfundneunzig Jahre alt wird.

36. Der untere Teil der Schicksalslinie mit dem Dreieck unter dem Merkurberg zeigt, dass sein Leben in der Vergangenheit sehr ehrenhaft war, dass er ein Selfmademan ist und dass er ein Staatsbeamter war, der seinen Mitbürgern mit den schönsten Neigungen und Überzeugungen gedient hat.

37. Doch der beste Teil seines Lebens steht ihm noch bevor.

38. Man wird von ihm fordern und erwarten, dass er Taten vollbringt, die ihm zur Ehre gereichen und seinen Landsleuten Befriedigung und Genugtuung verschaffen.

39. Ich habe nicht die geringste Ahnung, wem diese Hand gehört; falls ihm der Abdruck fehlerfrei abgenommen wurde, bin ich fest davon überzeugt, dass es die Hand eines idealen Mannes ist.

(Unterzeichnet) DR. CARL L. PERIN, PH. D.

1. »Guter Mann«, großer Mann, kleiner Mann. Derlei Wendungen haben nichts zu bedeuten. Sie geben kein genaues Maß für das, was behauptet wird. Es hat nie einen durchschnittlichen Menschen gegeben, auf den diese Sätze nicht passen würden. Der durchschnittliche Mensch ist gut – im Vergleich zu dem einen oder anderen seiner Nachbarn und groß oder klein im Vergleich zu Klein- oder Großgewachsenen.

2. Das hebt Nr. 1 auf. Es enthüllt die Tatsache, dass ich nicht gut, sondern nur mit gewissen »Neigungen und Ambitionen« in dieser Richtung ausgestattet bin – die Größe der Neigungen und Ambitionen wird nicht genauer bestimmt.

3. Es ist das Alter meines Geistes, nicht meines Körpers.

4. Etwas vage. Bedeutet es, dass, wenn ein Mensch durchschnittliche physische Kraft besitzt, sein Körper niemals übermäßig beansprucht werden sollte? Wenn es sich so verhält, dann hätte die Handdeutung die Umstände angeben müssen, unter denen er übermäßig und rücksichtslos beansprucht werden *soll*. Für den Fall, dass eine Notlage eintritt.

5. Eindeutig – außerdem zutreffend.

6. Eindeutig. Aber ich glaube, im Ganzen gesehen zweifelhaft.

7. Das mit dem Lehm stimmt.

8. Verhängnisvoll zweideutig. Urteil worüber – wird nicht gesagt. Äpfel? Literatur? Das Wetter? Whisky? Theologie? Hotels? Kaiser? Austern? Pferde? Was den Kaiser und das Wetter angeht, ist mein Urteil sicherer als das jedes anderen Menschen, doch was all die anderen Dinge angeht, weiß ich, dass es schlecht ist.

9. Der erste Teil des Satzes ist wahr, aber was hat der Rest des Satzes damit zu tun? Ich bin weichherzig *ungeachtet* meiner festen Überzeugungen – Überzeu-

gungen wovon? Und wieso kann ich nicht weichherzig sein, ohne irgendwelche Überzeugungen oder Zähne oder Grundbesitz zu haben? »Überzeugungen« ist offensichtlich das falsche Wort. Gut möglich, dass ich ungeachtet meiner Kahlköpfigkeit weichherzig bin, denn das hätte natürlich etwas zu bedeuten, aber ich glaube nicht, dass »Überzeugungen« an dieser Stelle irgendetwas zu bedeuten hat.

10. Zu hohlen Phrasen wie »Geistesgegenwart«, wenn sie im Allgemeinen und nicht im Besonderen verwendet werden, habe ich mich bereits geäußert.

11. Genau und bemerkenswert richtig – gilt für alle Lungen.

12. Bedeutet dies, dass ich einen starken Puls habe? Das wäre ein Irrtum. Zwar habe ich einen Puls, aber nicht jeder Arzt kann ihn finden und es beschwören. Der Spezialist in Marienbad hat meine Brust, meinen Rücken und mein Abdomen befühlt und mit gänzlich überflüssigem Freimut bekannt, er könne nicht *beweisen*, dass ich kein Herz habe, doch wenn ich eines hätte, wäre es von Vorteil, es gegen eine Kartoffel einzutauschen.

13. »Edel gebaut.« Das liegt in der Familie. Edel und anziehend, heißt es oft. Einige haben sogar gemeint, ich sei das Anziehendste im Universum, ausgenommen jene mysteriöse und wunderbare Kraft, die alle Materie zu ihrem Thron in der Sonne zieht, die Anziehungskraft der Gravitation; andere gehen noch weiter und glauben, ich selbst sei diese erhabene Kraft. Gewöhnlich nennen sie mich Gravitationszentrum. Über große Teile der Erdoberfläche bin ich unter keinem anderen Namen als diesem bekannt – Gravitationszentrum. Das gefällt mir und macht mich glücklich, allerdings habe ich oft das Gefühl, dass es vielleicht nicht zutrifft. Gott allein weiß es. Mir steht kein Urteil zu.

15. Wenn dies keine unbedachte Verwendung des Wortes ist – wenn wirklich die menschliche *Natur* gemeint ist und nicht der *Charakter* –, dann ist es die bislang beste Vermutung. Die *Natur* des Menschen ist das Einzige, worin ich mich auskenne, und zwar bis auf den Grund. Ich kenne die geheimsten Geheimnisse des Menschenherzens, ich kenne alle seine Impulse, seine verborgenen Funktionsweisen, seine oberflächlichen Funktionsweisen, seine Ehrlichkeit, seine Aufrichtigkeit, seine bewussten Betrügereien, seine unbewussten Betrügereien, seine unschuldigen Selbsttäuschungen, seine grenzen- und bodenlose Eitelkeit. Will sagen, ich kenne mein eigenes Herz durch und durch.

Ich habe es Jahr um Jahr mit eifrigem und verzehrendem Bemühen studiert und weiß, dass es das durchschnittliche Herz ist. Mit anderen Worten, ich kenne die *Maschine*, die im Innern eines Menschen eingeschlossen ist, und weiß, was sie tun *kann*; wenn ich jedoch einen Menschen von außen betrachte, weiß ich nicht, was sie tun *wird*. Einige Leute wissen mit einem einzigen Blick von außen, welche Teile der verborgenen Maschine – die guten oder die bösen – die meiste Arbeit verrichten werden; das sind Beobachter, die den *Charakter* deuten, Leute, die *Menschen* beurteilen können. Zu denen gehöre ich nicht. Wenn ich nach dem Äußeren gehe, bin ich ein recht armseliger Menschenkenner, wenn ich einen Menschen von außen betrachte, kann ich nur selten einen Mr. Butters von einem ehrlichen Mann unterscheiden. Eine Gräfin Massiglia vermag mich zwar nicht zu täuschen, aber das besagt nichts; dieser Menschenschlag kann nicht einmal einen Detektiv täuschen.

16. »Erinnert sich genau an Daten.« Nun, das ist ganz entschieden merkwürdig. Ich kann mich ziemlich gut – vielleicht sogar ungewöhlich gut – an Daten erinnern, ansonsten aber gibt es nichts, was ich im Gedächtnis behalte. Soll ich glauben, dass meine Hand um diese sonderbare Tatsache weiß und sie einem Chiromanten mitteilen kann?

18. Bevor ich mich festlege, will ich es erst noch überdenken und herausfinden, ob es zutrifft.

19. und 20. Es wäre sinnlos, diese beiden Punkte abzustreiten; nur wenige würden mir glauben.

21. Falls die erste Hälfte der Bemerkung zutrifft, dann die zweite Hälfte selbstverständlich nicht.

23. Wieder der Philosoph. Dies ist ein zusätzlicher Beweis von großem Wert. Man sieht mühelos, dass an der Chiromantie etwas dran ist. Vor sechs Jahren schrieb ich eine Philosophie, nachdem ich mein Thema fünfzehn Jahre lang studiert hatte. In dieser Zeit hielt ich das Manuskript an einem geheimen Ort versteckt, damit sein Inhalt nicht bekannt und ich nicht ausgelöscht würde. Und nun hat meine Hand mein Geheimnis verraten. Das ist eine seltsame Art von Verrat und keine angenehme.

25. und 26. Auf diese vage Verallgemeinerung bin ich bereits in meinen Anmerkungen zu Mr. Niblos Handdeutung eingegangen.

27. Ich bin nicht auffällig wortkarg und ganz und gar nicht geheimniskrämerisch, außer wenn ich Dinge getan habe, die besser unveröffentlicht bleiben. Wir alle sind so.

28. Über diese Verleumdung wollen wir hinwegsehen.

29. und 30. Ziemlich danebengetroffen. Selbst wenn es wahr wäre, wie soll meine rechte Hand wissen, was die linke tut? Es ist meine rechte Hand, die hier untersucht wird, und die ist viel zu »sauber«. Sie weiß nichts von diesen Angelegenheiten.

32. »Hat Freude an Witzen. Lacht über gute.« Ist *das* alles? Das beschreibt die ganze Menschheit. So ist der Elefant also wieder fast zu einem Häufchen Elend zusammengeschrumpft. Die früheren Experten haben ihn ganz übersehen. Das finde ich nicht nett.

33. Das nimmt mir einige Schmerzen, aber beileibe nicht alle.

34. Aber das hier nimmt mir den letzten Schmerz. Wenn ich das vermag, bin ich zufrieden. Philosoph genannt zu werden hat mir gefallen; als Theologe erkannt zu werden macht das Maß voll.

35. Sie alle stimmen darin überein, dass mir ein langes Leben beschieden ist. Gegen die fünfundneunzig Jahre habe ich nichts einzuwenden, aber das »mindestens« mag ich nicht. Fünfundneunzig ist reichlich; wenn ich darf, würde ich es gern dabei bewenden lassen.

ANMERKUNG. Keinem der Experten hat meine Hand offenbart, dass ich eine Leidenschaft für Musik habe – eine Leidenschaft, die sich auf eine *einzige Art* von Musik beschränkt: düstere, feierliche, schwermütige. Tatsächlich wird Musik nicht einmal erwähnt. Es kommt mir sehr seltsam, sehr sonderbar vor, dass meine Hand sich bei meinen beiden hochgeschätzten und stattlichen Besitztümern so zurückhält: Musik und Humor.

Liegt da ein Irrtum vor? Wäre es nicht möglich, dass die Experten meine Handabdrücke mit den Handabdrücken anderer Menschen verwechselt haben, dass sie einige davon als meine untersucht haben, meine eigenen dagegen überhaupt nicht? Ich glaube, dass es möglich ist; ja, ich weiß, dass es möglich ist, denn meines Wissens ist es in mindestens einem Fall passiert. Es geschah in Italien und ist ein berühmter Fall. Amerikaner, die sich damals in Italien aufhielten, werden sich an das Aufsehen erinnern, das er erregte, an die Freude, das

Gelächter, den entzückten Tränenregen! Der Experte verwechselte die Handabdrücke und ordnete seine Deutung der Hand Königin Margarethes irrtümlich
der von Gräfin Raybaudi-Massiglia zu – mit faszinierenden Ergebnissen! Er
zeichnete den Charakter der Königin, wie er war und ist: erhaben, gerecht,
gnädig, aufrichtig, ehrbar, huldvoll, großzügig, sanft, makellos – und versah
dieses Charakterbild dann ganz arglos mit dem Namen der berüchtigten Amerikanerin!

Dienstag, 29. Januar 1907

Kommentar zu den Handdeutungen, die diesem Kapitel vorausgehen –
Mr. Clemens' Besuch bei einem deutschen Hellseher, der ihm einige zutreffende
Einzelheiten aus seinem Leben voraussagt – Alle Experten stimmen darin überein,
dass er ein hohes Alter erreichen wird – Ein Termin bei Wilkerson, der ihm
gleichfalls ein langes Leben bescheinigt – Bemerkungen über die Wahrsagerin in
New Orleans und ein Brief, den Mr. Clemens damals über seinen Besuch bei
ihr an Orion schrieb

Jene Handdeutungen entstanden vor zwei Jahren auf Vorschlag Colonel Harveys, der sie für *Harper's Weekly* haben wollte. Ich sollte die Handdeutungen
kommentieren, anschließend sollte Harvey mit aller Strenge, die ihm zu Gebote stand, meine Kommentare kommentieren. Der Plan sagte mir zu. In der
Druckerei presste ich meine Handflächen gegen eine mit Tinte geschwärzte
Walze; dann presste ich sie auf weißes Papier; die Abdrücke waren scharf und
deutlich. Sie wurden (ohne Namensnennung) an die Experten verschickt, und
als deren Deutungen bei Harvey eingetroffen waren, schrieb ich meine Kommentare dazu; Harvey indes vernachlässigte seinen Teil der Abmachung, bis das
Manuskript verlegt wurde und die Sache vergessen war. Vergangene Woche jedoch erinnerte mich ein gewisser Umstand daran, wir machten uns an die Suche und fanden meine Abschrift unter einem Haufen ungedruckter Manuskripte. Der gewisse Umstand war folgender: Ich war in das Haus eines
Bekannten in der Stadt eingeladen worden, um der Darbietung eines Hellsehers beizuwohnen, von dem es hieß, dass er außergewöhnliche Kräfte besitze.
Voller Vorfreude ging ich hin. Ich traf zwanzig Damen an, bis auf den Gastge-

ber und den Hellseher aber keinen Angehörigen meines eigenen Geschlechts. Der Hellseher war ein wohlbeleibter Herr mittleren Alters mit glattem, rundem Gesicht und ehrlichen Augen, gütigen Augen, freimütigen Augen. Sein Auftreten war nach deutscher Art schlicht, ungekünstelt und einnehmend. Er stand da und redete. Sein Englisch war gut, wies aber genügend Spuren seiner eigenen Nationalität auf, um eine angenehme fremde Note zu haben. Es gab einen freien Sitzplatz; in der Mitte eines kurzen Sofas zwischen zwei Damen, die ich nicht kannte, die mir jedoch ihre Namen zuflüsterten und mir das behagliche Gefühl gaben, willkommen zu sein. So halten es Damen meist mit mir, denn ich habe eine gewinnende Art, die ich einem Handbuch für guten Benimm entlehnt habe. Der Hellseher hatte Zettel an die Damen verteilt und sie gebeten, Fragen aufzuschreiben, die Zettel in der Hand zusammenzuknüllen und zu warten, bis er darum bitte. Gleich darauf begann er mit seinen Aufrufen. Er sagte zu einer Dame:

»Bitte heben Sie die Faust, halten Sie den Zettel darin umschlossen, und ich werde Ihnen sagen, was Sie geschrieben haben.«

Die Dame hob die Faust, und der Hellseher sagte:

»Ich kann die Schrift nicht gut entziffern; es gibt da ein Wort, das ich nicht kenne. Wenn ich richtig sehe, ist es c-r-o-i-s-e-t.« (Alle Damen lachten.) Der Hellseher fuhr fort: »Sie lachen darüber, wie ich das Wort buchstabiere, aber genau so sehe ich es, obwohl ich mich täuschen mag. Die Frage lautet: ›Werde ich es rechtzeitig von Croiset bekommen?‹«

Es folgte ein stilles, glückliches und einmütiges Lachen, und der Hellseher sagte:

»Jetzt verstehe ich; Croiset ist der Name einer Person, diese Person fertigt ein Kleid für die Dame an, und sie möchte wissen, ob sie es rechtzeitig bekommen wird – zum vereinbarten Termin. Ich freue mich, dass ich ihr mitteilen kann: Sie wird es rechtzeitig bekommen.«

Die Dame wurde gefragt, ob er richtig gelesen habe, und sie bejahte. Danach wurden weitere Fäuste gehoben; der Hellseher las den Inhalt; die Richtigkeit seiner Angaben wurde durch Nachprüfung bestätigt. Drei Zettel wurden an mich weitergereicht, und ich sah, dass der Hellseher sie richtig gelesen hatte. Zweifellos waren alle anderen Anwesenden mit dieser Art Wunder vertraut; da ich einem solchen jedoch noch nie begegnet war, erfüllte es mich mit Staunen und Bewunderung. Bald darauf sagte der Hellseher:

»Aber das ist mir zu eintönig. Ich möchte etwas Besseres tun – etwas, was Ihre Aufmerksamkeit stärker verdient. Ich möchte Ihnen einen Ausschnitt aus einer Biographie mitteilen. Würde mir der Herr erlauben, es in seinem Fall zu tun?« – und er deutete auf mich. »Ich kenne seinen Namen nicht; ich habe ihn noch nie gesehen; ich habe noch nie von ihm gehört; für mich ist er wildfremd, aber wenn er sich mit mir in ein Privatzimmer zurückziehen mag, werde ich ihm etwas aus seiner Lebensgeschichte erzählen.«

Das klang nicht unbedingt wahr. Vermutlich klang es für keinen der Anwesenden wahr. Dennoch wusste ich, dass es durchaus wahr sein konnte und dass es nicht fair war, meinem Argwohn Gastfreundschaft zu gewähren; aber wie mich dünkte, gelobte er zu viel. Ich sagte, es sei mir ein Vergnügen, mich mit ihm in ein Privatzimmer zurückzuziehen, und so gingen wir denn. Er riss mehrere Zettel von einem kleinen Notizblock und sagte:

»Auf einen der Zettel schreiben Sie den Mädchennamen Ihrer Mutter. Auf alle anderen schreiben Sie eine Frage – eine beliebige Frage.« Er schob die Tischdecke beiseite, zeigte auf die blanke Oberfläche des Tisches aus poliertem Mahagoni und sagte: »Sie dürfen nur eine harte Oberfläche wie diese unter dem Zettel haben. Wenn Sie auf einer weichen Oberfläche schreiben, würde der Bleistift einen Abdruck hinterlassen, den ein Mensch mit ungewöhnlich feinem Tastsinn mit den Fingern lesen könnte.«

Dann ging er ans andere Ende des Zimmers und sagte zu einem Hausmädchen, das mit einer Verrichtung beschäftigt war: »Sprechen Sie Deutsch?«* Das Mädchen sagte, sie spreche zwar nicht gut Deutsch, könne es aber verstehen. Daraufhin wurde das Gespräch auf Deutsch fortgesetzt, und schon bald sagte ich:

»Ich bin so weit.«

Er sagte: »Knüllen Sie die Zettel zusammen, stecken Sie einen in Ihre Westentasche, verbergen Sie einen in Ihrem Brillenetui, schieben Sie einen in Ihren Handschuh, und halten Sie die beiden anderen in Ihren Fäusten.«

---

* [Deutsch im Original; Anm. des Übers.]

Ich tat, wie geheißen. Er kam herbei, setzte sich an den Tisch und kritzelte rasch einige Sätze auf seinen Block, drehte ihn um und sagte:

»Der Mädchenname Ihrer Mutter war Jane Lampton. Stimmt das?«

»Ja.«

»Sie hatte neun Kinder?«

»Ich glaube, ja. Ich weiß, dass sie acht hatte, und ich glaube, es waren neun.«

»Welches war Ihr Platz in dieser Prozession?«

»Ich war Nr. 5, falls es acht Kinder waren; Nr. 6, falls es neun waren.«

»Waren Sie zwölf Jahre alt, als Sie anfingen, sich Ihren Lebensunterhalt selbst zu verdienen?«

»Ja.«

»Waren Sie vierunddreißig, als Sie geheiratet haben?«

»Ja.«

»Danach sind Sie Vater von vier Kindern geworden?«

»Ja.«

Daraufhin sagte er: »Auf dem Zettel in Ihrer Westentasche steht der Mädchenname Ihrer Mutter, Jane Lampton; der in Ihrem Brillenetui fragt, wie viele Kinder sie hatte; der in Ihrem Handschuh –«

Und so weiter. Ich holte die zerknüllten Zettel aus ihren Verstecken und stellte fest, dass er ihren Aufenthaltsort richtig bestimmt und ihren Inhalt akkurat wiedergegeben hatte. Dann drehte er seinen Block mit der beschriebenen Seite nach oben und reichte ihn mir. Er hatte Folgendes geschrieben:

Ihre Mutter, Jane Lampton, hatte neun Kinder, und Sie waren ihr sechstes. Im Alter von zwölf Jahren fingen Sie an, sich Ihren Lebensunterhalt selbst zu verdienen; als Sie vierunddreißig Jahre alt waren, heirateten Sie und wurden Vater von vier Kindern, und mit Ihrem Erfolg haben Sie viele Menschen, die Sie von Kindesbeinen an kannten, überrascht.

Ich war voller Verwunderung – einer Verwunderung, die für den Rest des Nachmittags andauerte; als ich jedoch beim Abendessen von diesem Abenteuer berichtete, kam mir ein neuer Verdacht, denn ich erinnerte mich daran, dass ich erst ein oder zwei Wochen zuvor ein Kapitel dieser Autobiographie veröffentlicht hatte, in dem ich den Mädchennamen meiner Mutter und die Namen ihrer Kinder bis hin zum achten erwähnte, und dass ich entweder in diesem oder im vorangehenden Kapitel berichtet hatte, wie alt ich war, als ich anfing, mir meinen Lebensunterhalt selbst zu verdienen, sowie alles über meine Ehe und meine Kinder. Und so verdichteten sich meine Zweifel und verdarben das Vergnügen, das mir die erstaunliche Darbietung des Hellsehers bereitet hatte.

Aber es gab da noch eine Bemerkung von ihm, die mich nach wie vor faszinierte. Er hatte sie ein- oder zweimal gemacht und mir versichert, genau so werde es kommen. Sie lautete:

»Sie werden achtundneunzig Jahre, zehn Monate und zwei Tage alt werden und in der ganzen Zeit keine ernstliche Krankheit haben, und Sie werden im Ausland sterben.«

Das war für mich von Interesse – von ausgesprochen bedrückendem Interesse –, denn ich möchte nicht für immer leben, weder hier noch anderswo. Es war auch noch in anderer Hinsicht von Interesse, denn mir fiel ein, dass die Experten, deren Handdeutungen vor zwei Jahren ich bereits erwähnt habe, in genau dieser Frage – meinen Hang betreffend, länger als erwünscht auf Erden zu weilen – auf ärgerliche und kränkende Art übereinstimmten, sosehr sie sich in anderer Hinsicht uneins waren. Einer von ihnen hatte vorausgesagt, ich würde das biblische Alter überschreiten, und das hat sich bereits bewahrheitet. Ein anderer, den ich Wilkerson nennen will, auch wenn er nicht so heißt, hatte mir bescheinigt, eine lange Lebenslinie zu haben; und der dritte Experte – den ich für einen Mann ohne Gewissen halte – hatte mir prophezeit, ich würde fünfundneunzig Jahre alt werden.

Diese boshafte Einmütigkeit bewog mich, die Angelegenheit genauer zu prüfen, und so vereinbarte ich einen Termin bei Wilkerson, ging unter meinem richtigen Namen zu ihm, und er untersuchte meine Hände. Er sagte, vor Jahren habe er mich mehr als einmal am Bahnsteig gesehen und schon oft meine Hände lesen wollen. Im Laufe der nächsten Stunde erzählte er mir alles über meinen Charakter, und ich stellte fest, dass seine Beschreibung in etwa dem entsprach, was er vor zwei Jahren herausgefunden hatte. Natürlich konnte er es sich nicht verkneifen, etwas Gehässiges über die Möglichkeit eines hohen Alters von sich zu geben; gegen Ende wollte ich ihn danach fragen, aber er kam mir zuvor und sagte:

»Sie werden fast ein Jahrhundert alt werden, und Sie werden nicht in Ihrem Heimatland sterben.«

Im Verlauf unseres Gesprächs wurden Zufälle erwähnt. Er sagte:

»Als mich Ihre Sekretärin gestern Abend wegen dieses Termins anrief, hatte ich der Abendzeitung gerade entnommen, dass Mrs. Hooker gestorben ist; das hat mich an Sie erinnert, denn Mrs. Hooker müssten Sie ja wohl kennen, da Sie beide schon so lange in Hartford wohnen.« Ich erwiderte:

»Da haben wir es mit einem weiteren Zufall zu tun. Fünfzehn Minuten bevor meine Sekretärin Sie anrief, hatte sie ein Ferngespräch von Dr. Hooker in Hartford entgegengenommen, der mich bat, einer der Sargträger bei der Beerdigung seiner Mutter zu sein. Und noch einen Zufall gibt es. Mr. Paine hält sich seit einer Woche in seinem Landhaus auf, und am Dienstag wollte ihm meine Sekretärin einen Brief schreiben und fragte mich, ob sie etwas ausrichten solle. Am Vortag war ich um fünf Uhr nachmittags auf der Vordertreppe zu diesem meinem Haus gestolpert und hatte mir am rechten Schienbein einen acht Zentimeter langen Hautstreifen abgeschürft. Dieses Unglück war mir noch ganz gegenwärtig, wie es das hartnäckig und aufdringlich vierundzwanzig Stunden lang gewesen war, und so sagte ich:

›Richten Sie ihm aus, wie leid es mir tut, dass er gestern Nachmittag um fünf Uhr gestürzt ist und sich das Schienbein abgeschürft hat.‹

Als sein Antwortbrief eintraf, stand darin:

›Ich *bin* gestern Nachmittag um fünf Uhr gestürzt und *habe* mir das Schienbein abgeschürft, aber wie hat Mr. Clemens das herausgefunden?‹«

Tatsächlich hatten sich die Hautabschürfungen zur selben Stunde am selben Tag ereignet, und wenn es nicht eine so schmerzliche Angelegenheit wäre, wäre es lustig.

Vor zwei Jahren, als meine Sekretärin die Autobiographie meines Bruders Orion in Augenschein nahm, stieß sie auf einen Brief, den ich ihm im Februar 1861 von einem Mississippi-Dampfer geschrieben hatte, als ich fünfundzwanzig Jahre alt war – soweit ich es berechnen kann. Ich bin fast am äußersten Ende des Jahres 1835 geboren, und ich hoffe, niemals wiedergeboren zu werden, so viel Mühe bereitet es mir, mein Alter aus meinem Geburtsdatum zu berechnen; meist vertue ich mich bei der Kalkulation um ein Jahr nach oben oder nach unten. Offensichtlich hatte mein Brief Orion sehr beeindruckt, er hatte ihn wortwörtlich abgeschrieben und in seine Autobiographie aufgenommen. Es war die Schilderung eines Besuchs, den ich einer Wahrsagerin in New Orleans abgestattet hatte auf Bitten einer alten Freundin aus Hannibal, Mrs. Holliday, die ständig Wahrsagerinnen zurate zog und alles glaubte, was sie sagten. Am Tag nach meinem Besuch bei Mr. Wilkerson stöberten wir jenen alten Brief auf, um herauszufinden, wie es vor sechsundvierzig Jahren um meinen Charakter bestellt gewesen war und wie lange mich jene Experimentatorin in New Orleans dazu verdammt hatte, in meiner Position auf diesem Planeten auszuharren. Ich werde den Brief hier einfügen, man wird daraus ersehen, dass die Frau in jenen frühen Tagen meine Beerdigung auf die Zeit nach Vollendung meines sechsundachtzigsten Lebensjahres vertagt hatte – so gibt es immerhin etwas, worin alle Experten in meinem Fall übereinkommen: Es ist mir nicht bestimmt, jung zu sterben. Nun gut, lassen wir das. All das interessiert mich nicht mehr.

Den Charakter meines Bruders jedenfalls zeichnete die Dame in New Orleans mit erstaunlicher Genauigkeit. Sie hätte ihre Arbeit nicht besser verrichten können, hätte sie Zugang zu dem Kapitel über Orions Charakter gehabt, das ich vor ein paar Monaten diktiert habe und das kürzlich in der *North American Review* veröffentlicht wurde. Meinem Brief zufolge begann die Dame sofort, mich zu lesen, und zwar sehr wortreich – als habe sie eine Menge zu sagen und als stünde ihr dafür nicht genügend Zeit zur Verfügung; meinem Brief zufolge war sie über Einwürfe meinerseits sehr ungehalten. Das würde darauf hindeuten, dass sie mir keine Fragen stellte, sondern mich aus dem eigenen Kopf las. Diese meine Aussage muss ich akzeptieren, da ich sie nach so langer Zeit nicht widerlegen kann. Ich weiß, dass die Wahrsager, die in späteren Jahren auf sie folgten, mich nicht aus dem eigenen Kopf lasen, sondern mich arglistig zum Reden brachten und dass ich mich hinterher, wenn ich ihre Darbietung überdachte, ärgerte, weil ich feststellte, dass sie mir gar keine Informationen aus erster Hand geliefert, sondern mich in meiner Naivität und Leichtgläubigkeit gerissen nach ihnen ausgehorcht, sie dann als eigenständige originelle Entde-

647

ckungen präsentiert und mich mit den wunderbaren Resultaten ihrer Scharfsinnigkeit überrascht hatten. Falls meine Aussage im Falle der Dame in New
Orleans wahr und vertrauenswürdig ist, dann muss sie ein erstaunliches Geschöpf gewesen sein. Sie hielt sich nicht lange mit Prophezeiungen auf, und was
sie in dieser Hinsicht sagte, war armselig – so armselig, dass selbst ich sie darin
hätte übertreffen können; als sie sich indes mit der Geschichte meines Lebens
und mit dem Charakter meines Bruders auseinandersetzte, war sie unleugbar
verblüffend präzise. Ihre Bemerkungen über meine Liebste, ihre Beschreibung
meiner Liebsten, ihre Darstellung, wie wir uns einander entfremdet hatten,
stimmten so genau mit den Tatsachen überein, dass ich mir sicher bin, dass ich
mich, ohne dass ich es merkte, hatte aushorchen lassen; jeder kann dazu verführt werden, von seiner Liebsten zu sprechen, schwierig ist nur, ihn irgendwann auch wieder zum Schweigen zu bringen. Meine Liebste war Laura
Wright – dieselbe, die mir vergangenen Sommer einen Brief aus Kalifornien
schrieb und von der ich siebenundvierzig Jahre lang nichts gehört hatte. Seinerzeit fügte ich sie und jenen Vorfall in diese Autobiographie ein.

Den Brief, den ich vor sechsundvierzig Jahren an meinen Bruder Orion
schrieb, möchte ich an dieser Stelle zur Ansicht vorlegen.

Eben habe ich von Sam den folgenden Brief erhalten:

Dampfschiff *Alonzo Child*
Cairo, Illinois, 6. Febr. 1861

Mein lieber Bruder:

Nachdem ich Mrs. Holliday ein Dutzend Mal versprochen hatte, die Wahrsagerin
Madame Caprell aufzusuchen (ohne mehr als die *äußerst* unbestimmte Absicht, mein
Versprechen zu halten) – habe ich es nunmehr getan. Wir lagen eine Woche lang in
New Orleans vor Anker, und zuletzt wurden Neuigkeiten erschreckend selten; ich
wusste nicht, was ich als Nächstes anstellen sollte. Will Bowen hatte bereits aufgegeben und sich für den Rest der Fahrt ins Bett verfügt; der Kapitän war auf dem Schutz-
damm Sugar Levee, und die Schiffsschreiber waren in Geschäften unterwegs. Ich
überlegte hin und her, ob ich die Schiffe noch einmal nach schönen Galionsfiguren
oder Paradebeispielen für nautische Architektur durchstreifen sollte, als mir Mrs. Holli-

day in den Sinn kam; und da der Teufel nie ohne Begleitung erscheint, dachte ich natürlich sogleich an Madame Caprell und machte mich eigens zu dem Zweck, mir dort einen Reklamezettel der Zauberin zu beschaffen und ihren Aufenthaltsort in Erfahrung zu bringen, auf den Weg zum St. Charles Hotel. Auf dem Reklamezettel stand 37 Conti, nach Tchoupitoulas – Kosten $ 2 für Gentlemen in meiner Lage, d.h. ohne Damenbegleitung.

Als ich zu dem Haus kam, wurde mir die Tür von einer Dame mittleren Alters geöffnet (die mich sicherlich bemitleidete – ich las es in ihren Augen), die mich freundlich unterrichtete, ich sei an der falschen Tür – gehen Sie nach links. Was ich tat. Und stand vor der furchtgebietenden Erscheinung. Sie ist eine sehr angenehme kleine Dame – recht hübsch – etwa 28 – sagen wir, 1,58 groß – wiegt vielleicht 52 Kilo – hat schwarze Augen und Haare – ist höflich und intelligent – drückt sich gut aus und spricht *noch* schneller als ich.

Sie lud mich in das kleine Hinterzimmer ein, schloss die Tür; und wir waren – allein. Wir setzten uns einander gegenüber. Daraufhin erkundigte sie sich nach meinem Alter. Und dann legte sie kurz die Hand über die Augen und begann zu sprechen, als habe sie viel zu sagen und nicht viel Zeit, es zu tun. Etwa dieser Art:

Ihr Planet ist ein wässriger; Sie verdienen sich Ihren Lebensunterhalt auf dem Wasser; aber Sie hätten Anwalt werden sollen – darin liegen Ihre Begabungen; Sie hätten sich einen Namen als Redner machen können oder als Herausgeber; Sie haben viel geschrieben; Sie schreiben gut – aber Sie sind ein wenig aus der Übung; sei's drum – eines Tages werden Sie *in* Übung sein; Sie haben eine hervorragende Konstitution und sind bei so ausgezeichneter Gesundheit wie nur irgendeiner auf der Welt; Sie haben große Ausdauer; in Ihrem Beruf hält Ihre Kraft, ohne nachzulassen, der größten Zermürbung stand; dennoch ist der obere Teil Ihrer Lunge – die Lungenspitzen – ein wenig angegriffen, und Sie müssen besser auf sich achten; Sie trinken nicht, aber Sie rauchen *viel* zu viel Tabak; und Sie müssen damit aufhören; verstehen Sie, nicht den Konsum einschränken, sondern völlig damit *aufhören*; dann kann ich Ihnen fast versprechen, dass Sie 86 werden, dann werden Sie mit Sicherheit sterben; seien Sie ansonsten vor Ihrem 28., 31., 34., 47. und 65. Lebensjahr auf der Hut; seien Sie vorsichtig – denn Sie gehören keinem langlebigen Geschlecht an, das heißt *väterlicherseits*; Sie sind das einzige gesunde Mitglied Ihrer Familie und das einzige, das beinahe die Gewissheit hat, ein hohes Alter zu erreichen – also hören Sie auf, Tabak zu rauchen, und passen Sie auf sich auf; in fast jeder Hinsicht sind Sie das beste Schaf in Ihrer Herde; Ihr Bruder hat einen herausragenden Verstand, der aber nicht so ausgeglichen ist wie der Ihre; Ihren würde ich als den bei weitem besten bezeichnen; in Ihnen sind mehr unbeirrbare Willenskraft und Entschlossenheit und Entschiedenheit und Energie als in Ihrer übrigen Familie zusammengenommen; in mancher Hinsicht sind Sie nach Ihrem Vater geraten, aber eigentlich sind Sie Ihrer Mutter ähnlicher, die zur langlebigen, energischen Seite des Haushalts gehört.

S. L. C. Aber gnädige Frau, Sie sind zu schnell – Sie haben mir zu viele Eigenschaften genannt.

Madame. Nein, habe ich nicht. Unterbrechen Sie mich nicht. Ich sage die Wahrheit. Und ich werde es beweisen. Und zwar so: Noch nie haben Sie Ihre ganze Energie auf einen Gegenstand gerichtet, ohne Ihr Ziel zu erreichen – zum Beispiel sind Sie durch eigene Kraft hochgekommen, sind Autodidakt.

S. L. C. Was nichts beweist.

Madame. Unterbrechen Sie mich nicht. Als Sie Ihre derzeitige Stelle suchten, standen Ihnen tausend Hindernisse im Weg – die neunzehn von zwanzig Männern abgeschreckt hätten –, unbekannte Hindernisse, von denen außer Ihnen und mir niemand etwas ahnt, denn derlei Angelegenheiten behalten Sie für sich – aber Sie haben sich lange, ermüdend lange durchgeboxt, haben nie mit der Wimper gezuckt oder resigniert, und nicht ein einziges Mal hatten Sie den Wunsch, den Kopf in den Sand zu stecken – und haben den langen Kampf hinter einer fröhlichen Maske verborgen, was Ihren Freunden erspart hat, sich Sorgen um Sie zu machen. Wer all das erreichen will, benötigt jene Eigenschaften, die ich Ihnen genannt habe.

S. L. C. Sie schmeicheln mir, gnädige Frau.

Madame. Unterbrechen Sie mich *nicht*! Bis vor kurzem haben Sie stets von der Hand in den Mund gelebt – jetzt haben Sie's bequem, wofür Sie niemandem als sich selbst zu danken haben. Der Wendepunkt in Ihrem Leben ereignete sich 1847/48.

S. L. C. Und das wäre –?

Madame. – Vielleicht ein Todesfall; und der hat Sie in die Welt geschubst und Sie zu dem gemacht, was Sie sind; es war stets angelegt, dass Sie aus eigener Kraft hochkommen; insofern war es gut, dass der Unglücksfall schon so früh eingetreten ist. Sie werden nicht durch Wasser sterben, obwohl Ihre Laufbahn zu Wasser von Missgeschicken heimgesucht zu werden scheint; aber ich *flehe* Sie *an*, Folgendes in Erinnerung zu behalten; *was immer* Ihre Lebensumstände sein mögen, begeben Sie sich im September des Jahres, in dem Sie achtundzwanzig werden, *nicht in die Nähe* von Wasser – ich werde Ihnen *nicht* sagen, warum, aber bei allem, was wahr und gut ist, verlange ich von Ihnen, sich von Wasser fernzuhalten, solange der Monat währt –

(Was sie mehrere Male mit großem Ernst wiederholte – »merk's Dir«, dann werden wir ja sehen, wie viel die Frau weiß.)

[Die Kursivierungen stammen von Sam, wie er sie vor zwanzig Jahren vornahm. O.C.]

Madame. In den Jahren, die ich vorhin genannt habe, wird Ihr Leben bedroht sein – es wird in *unmittelbarer* Gefahr sein, wenn Sie 31 sind: falls Sie entkommen, dann wieder, wenn Sie 34 sind – weder 47 noch 65 sehen so schlimm aus; Sie werden noch einige Zeit auf dem Wasser bleiben; endgültig werden Sie sich erst in zehn Jahren zurückziehen; in *zwei* Jahren, oder etwas mehr, *wird Ihnen ein Kind geboren!*

S. L. C. Erlauben Sie mir die Hoffnung, gnädige Frau, in Anbetracht dieses zukünftigen Glücks, dass ich auch das Glück haben werde, vorher zu *heiraten.*

Madame. Nun, sie sind ein freimütiger junger Mann. Binnen zwei Jahren werden Sie heiraten. *Natürlich* werden Sie das.

(Merk Dir auch das, Orion – ich glaube, diesmal habe ich sie ertappt, wie sie auf einem ausgetretenen Pfad vom Weg abkommt – aber wer weiß?)

Madame. Und *beachten* Sie – Ihr künftiges Wohlergehen hängt ganz davon ab, dass Sie so schnell wie möglich heiraten; lächeln Sie nicht – *lachen* Sie nicht –, denn es ist so wahr wie die Wahrheit selbst; wenn Sie versäumen, binnen zwei Jahren zu heiraten, werden Sie bereuen, dem Gesagten so wenig Aufmerksamkeit geschenkt zu haben; seien Sie nicht töricht, gehen Sie und heiraten Sie – Ihre Zukunft hängt davon ab; Sie können das Mädchen, das Sie im Auge haben, bekommen, wenn Sie ein besserer Mensch sind als ihre Mutter – auf *sie* (das Mädchen) trifft es zu; der alte Herr steht Ihnen nicht im Weg, aber die Mutter ist ganz eindeutig *verschroben* und Ihnen sehr im Weg; *sie* hat die Schwierigkeiten verursacht und die Kälte heraufbeschworen, die seit so vielen Monaten zwischen Ihnen und der jungen Dame bestehen – und Sie sollten das Eis brechen; *Sie* wollen nicht der Erste sein und das Mädchen auch nicht – Sie sind beide viel zu stolz – in der Tat ein Paar, das gut zusammenpasst; die junge Dame ist –

S. L. C. Aber ich habe nach der jungen Dame nicht gefragt, gnädige Frau, und möchte nichts über sie hören.

Madame. Da haben wir's – sie hätte genauso mit mir gesprochen wie Sie. Schänd-
lich! Aber ich muss fortfahren. Sie ist 17 – nicht bemerkenswert hübsch, aber sehr intelligent – ist gebildet und kultiviert – und besitzt Vermögen – 1,60 groß – schlank –
dunkelbraune Haare und Augen – Sie wollen sie nicht sehen? O nein – aber Sie
werden es trotzdem tun, noch bevor das Jahr um ist – und zwar hier in New Orleans
(merk's Dir) – und dann heißt es aufgepasst! Dass sie jetzt so weit weg weilt – das ist
doch der Fall, nicht wahr? –, hat nichts zu sagen. Sie werden *zweimal* heiraten – Ihre
erste Frau wird das Alter von – (ich habe die Anzahl der Jahre vergessen. S. L. C.) –
Ihre zweite Wahl wird eine Witwe sein – zu guter Letzt wird Ihre Familie *zehn* Kinder
umfassen –

S. L. C. Gemach! – gnädige Frau, gemach! – machen Sie mal halblang und kommen Sie auf den Boden zurück! – denn ich weiß, Sie haben die Fahrrinne verlassen.

Madame. Einige von ihnen werden am Leben bleiben, andere nicht –

S. L. C. Letzteres ist tröstlich, wenigstens das.

Madame. Ja, zehn an der Zahl.

S. L. C. Sie glauben wohl, ich mag Kinder?

Madame. Das tun Sie, auch wenn Sie das Gegenteil vorschützen – was eine hässliche Angewohnheit ist; geben Sie sie auf; aber ich räume ein, dass Sie sich nicht gern
um sie *kümmern.* Wie alt ist Ihr Bruder? 33 – Anwalt? – und sucht eine Stelle? – Nun,
er hat bessere Chancen als die anderen beiden und *könnte* sie bekommen – er muss
sein Bestes tun – und darf anderen nicht so blind vertrauen – was genau der Grund
ist, weshalb er so hinterherhinkt; nie *tut* er etwas, wenn er jemand anders dazu bringen kann, es für ihn zu tun, was schlecht ist; er macht nie beharrlich weiter, bis er sein
Ziel erreicht hat, sondern lässt das Vorhaben fast immer fallen, wenn die Schlacht erst
halb gewonnen ist; er ist zu schwärmerisch – reitet immer ein neues Steckenpferd;
das reicht nicht – richten Sie ihm aus, ich hätte das gesagt. Er ist ein guter Anwalt
– ein *sehr* guter Anwalt – und ein guter Redner – ist sehr beliebt und hochgeachtet
und findet viele Freunde; aber selbst wenn er sich ihre Freundschaft erhält, verliert er
ihr Vertrauen, indem er die Wankelmütigkeit seines Charakters zeigt; er möchte mit
Grundbesitz spekulieren, und eines Tages wird er es mit großem Erfolg tun; das Land,
das er jetzt besitzt, wird nach einer Weile sehr wertvoll sein –

S. L. C. Sagen wir, in 250 Jahren oder so, gnädige Frau –

Madame. Nein, nicht so lange – aber das Land spielt keine Rolle, es ist eine zweitrangige Überlegung – für den Augenblick soll er es dabei bewenden lassen und sich mit aller Kraft seinem Geschäft und der Politik widmen, denn er muss Regierungsämter bekleiden, und in 6 oder 8 Jahren wird er für den Kongress kandidieren. Sie werden heiraten und schließlich im Süden leben – leben Sie bloß nicht im Nordwesten; dort werden Sie kaum Erfolg haben; Sie leben im Süden, und nach einer Weile besitzen Sie viel Eigentum – setzen Sie sich in zehn Jahren zur Ruhe – danach wird Ihre Betätigung literarischer Art sein – versuchen Sie's mit Jura – damit werden Sie bestimmt Erfolg haben. Jetzt bin ich fertig. Falls Sie Fragen haben, immer heraus damit, und wenn es in meiner Macht steht, werde ich sie rückhaltlos beantworten – rückhaltlos.

Ich stellte ihr einige unwichtige Fragen – zahlte $ 2, ging – und konnte mich des entschiedenen Eindrucks nicht erwehren, dass der Besuch bei einer Wahrsagerin ebenso unterhaltsam ist wie ein Besuch in der Oper und kaum mehr kostet – *ergo* werde ich mich, wenn sich keine anderen Belustigungen ergeben, verkleiden und ein zweites Mal hingehen.

Ist sie nicht ein Teufelchen? Oder besser, ist sie nicht ein richtig raffiniertes Fräulein? Ich habe Dir ihre Ausdrucksweise fast im Wortlaut wiedergegeben und nichts abgeschwächt oder aus Bosheit erfunden. Wenn sie etwas Pointiertes über Dich sagte, bat sie mich, Dir davon zu erzählen, damit Du Nutzen daraus ziehen kannst – und ich will verdammt sein, wenn sie Dich nicht viel besser gelesen hat als mich. Die Sache mit dem Kongress hat mich amüsiert, denn was den Zeitpunkt angeht, den Du Dir selbst vorgenommen hast, hat sie nicht weit danebengetroffen. Und Vaters Tod im Jahr 47/48, der Wendepunkt in meinem Leben, das war sehr gut. Ich frage mich, ob zum besonderen Nutzen dieser Hellseherinnen jedem Menschen eine Zeittafel mit den vergangenen und zukünftigen Ereignissen seines Lebens auf der Stirn geschrieben steht? Sie sagte, Vaters Seite der Familie sei nicht langlebig, er habe sich aber *selbst* zu Tode gedoktert. Davon weiß ich allerdings nichts. Sie sagte, bis zum Alter von sieben Jahren sei ich selten gesund gewesen, und erwähnte verschiedene spätere Daten, als meine Gesundheit sehr schlecht gewesen sei. Aber dass die Mutter des Mädchens »verschroben« sei und mir die Hölle heiß mache, war das *Treffendste* von allem, was sie von sich gegeben hat – denn obwohl ich nie darüber gesprochen habe, weiß ich nur zu gut, dass sie die Wahrheit gesagt hat. Die junge Dame ist von der alten bezwungen worden – durch das romantische Mittel abgefangener Briefe, und das Mädchen glaubt heute noch, es sei *meine* Schuld – und wird es wohl für immer glauben, denn ich sehe nicht, wie sie jemals das Gegenteil herausfinden soll. Und die Frau besaß die Unverfrorenheit, zu behaupten, ich würde, wenn ich abends zu Bett gehe, selbst wenn ich mich ewig neu verliebte, immer zuerst an Miss Laura denken, bevor ich an meine neueste Flamme denke – das werde auf immer der Fall sein [was sehr angenehm sein wird, nicht wahr, wenn sie und ich (wie eine von Dickens' Figuren) anderen angehören?]. Aber zum Henker mit der Frau, sie *hat* die Wahrheit gesagt, und ich will es nicht leugnen. Allerdings hat sie auch gesagt, *ich* würde zuerst mit Miss Laura reden – aber ich wette meinen letzten Knopf, dass sie hier danebengetroffen hat.

So viel zu Madame Caprell. Obwohl ich natürlich an ihre vorgespiegelten Fähigkeiten nicht glaube, habe ich ihr eine halbe Stunde lang mit größtem Interesse zugehört und gestehe gern, dass sie bestürzende Dinge gesagt und wunderbare Vermutungen angestellt hat. Als ich ging, sagte sie, ich müsse auf mich achten; es habe mich mehrere Jahre gekostet, meine Konstitution bis zu ihrem gegenwärtigen Zustand der Vollkommenheit zu festigen, jetzt müsse ich sie auch bewahren. Und sie gab mir dieses Motto mit auf den Weg: »*L'ouvrage de l'année est détruit dans un jour.*« Das bedeutet, falls du es nicht weißt: »Das Werk eines Jahres wird an einem Tag zerstört.«

Wir werden nicht nach St. Louis fahren. Wir kehren morgen oder übermorgen von hier aus um. Wenn Du Geld brauchst, lass es Mutter wissen, und sie wird es Dir schicken. Sie und Pamela machen immer so ein Getue um Kleingeld, deshalb habe ich ihnen gestern hundertzwanzig Vierteldollar-Münzen geschickt – genug Bettelpfennige, dass es bis zu meiner Rückkehr reichen müsste.

Sam

Kommentare – von Orion

1. Die Kursivierungen sind, wie Sam sie vor zwanzig Jahren vornahm.

2. Sam hat lange Jahre zu viel geraucht und raucht noch immer.

3. Die Mutter meiner Mutter starb, als meine Mutter 13 Jahre alt war. Ihr Vater starb mit 63. Ihr Großvater väterlicherseits wurde über 60, seine Witwe über 80. Der Vater meines Vaters starb bei einem Unfall, als mein Vater 7 Jahre alt war. Die Mutter mei-

nes Vaters wurde über 60. Mein Vater starb mit 48. Meine Mutter ist jetzt (1880) 78. Möglicherweise hat mein Vater sein Lebensende durch zu viele Medikamente beschleunigt. Schon in meinen frühesten Erinnerungen hat er immer an sich herumgedoktert. In seinem späteren Leben kaufte er schachtelweise Cook's Pillen und nahm täglich eine oder mehrere ein. Wenn er eine Pille nahm, hielt er sie zwischen Daumen und Zeigefinger der rechten Hand, legte den Kopf nach hinten, warf die Pille auf die Zungenwurzel, nahm aus einem Glas in der Linken einen Schluck Wasser und spülte die bittere Dosis hinunter.

4. Sam war als Kind sehr anfällig.

5. Mein Vater starb am 24. März 1847, Sam war damals 11 Jahre alt. Meine Mutter nahm ihn bald von der Schule und veranlasste ihn, das Druckereigewerbe zu lernen.

6. Ich habe diese Abschrift sorgfältig mit dem Original verglichen, um sicherzugehen, dass sie Wort für Wort damit übereinstimmt.

Mittwoch, 30. Januar 1907

Verwahrlosung der politischen und kommerziellen Moral der Vereinigten Staaten – Die Presse nicht länger das Palladium der Freiheit – Mr. Guggenheim von einer gekauften Legislative zum Senator für Colorado gewählt – Die kleine unvollendete Geschichte über Reverend Mr. X, der eine Erstausgabe Shakespeares entdeckte – Mr. Clemens schließt die Geschichte ab – Und zeigt den Unterschied zwischen diesem Mann und dem verstorbenen Hammond Trumbull

Die politische und kommerzielle Moral der Vereinigten Staaten ist nicht nur Nahrung für Gelächter, sie ist ein ganzes Festbankett. Der Mensch ist eine sonderbare und interessante Erfindung. Ein Cromwell und etliche tausend predigende und betende Soldaten und Geistliche brauchen zehn Jahre, um den Standard der offiziellen und kommerziellen Moral Englands zu heben, aber ein Karl II. braucht nur ein paar wenige, um sie wieder in den Schmutz zu ziehen. Vor einer Generation waren unsere Standards ziemlich hoch, und auf diese Höhe waren sie durch die förderliche Arbeit von Generationen von Lehrern der Nation gebracht worden; Jay Gould dagegen vermochte es ganz allein, das Gebäude in sechs Jahren zu untergraben; und in dreißig Jahren hat es der kleine Trupp seiner Nachfolger – vom Schlage Senator Clarks und seinesgleichen – vermocht, das ganze Gebäude vom Dach bis zum Keller verfallen und verschimmeln zu lassen und es offenbar unwiderruflich ins Wanken zu bringen.

Vor Jay Goulds Zeit gab es einen schönen Satz, einen recht eleganten Satz, der in aller Munde war. Jeder wiederholte ihn mit Vergnügen Tag und Nacht und allerorten und genoss das prickelnde Gefühl, das er auslöste: »Die Presse ist das Palladium unserer Freiheiten.« Es war ein ernster Spruch, und es war ein wahrer Spruch, aber er ist seit langem tot und längst in Vergessenheit geraten. Heute würde sich niemand mehr trauen, ihn zu äußern, es sei denn sarkastisch.

Kürzlich wurde Mr. Guggenheim von einer gekauften Legislative in Colorado zum US-Senator gewählt – heutzutage fast die gängige Methode, US-Senatoren zu wählen. Mr. Guggenheim hat seine Legislative gekauft und dafür bezahlt. Seinen öffentlichen Äußerungen nach zu urteilen, ist klar ersichtlich, dass ihn die allgemeine politische Korruptheit bis zum Sättigungsgrad durchdrungen hat und dass er sich nicht bewusst ist, auch nur einer Taktlosigkeit schuldig zu sein, geschweige denn eines schweren Verbrechens. In vielen Fällen hat das Palladium unserer Freiheiten nichts als Komplimente und Rechtfertigungen für ihn. Die *Denver Post*, anerkannt als wichtigster und vertrauenswürdigster Spiegel der öffentlichen Meinung in diesem Staat, schreibt:

Es ist wahr, dass Mr. Guggenheim eine enorme Summe ausgegeben hat, aber dabei folgte er nur den Präzedenzfällen, die viele andere Staaten geliefert haben. Was er getan hat, ist nicht grundsätzlich verkehrt. Mr. Guggenheim wird den besten Senator abgeben, den Colorado je gehabt hat. Seine Wahl wird bewirken, dass der Staat Colorado bekommt, was er benötigt: Kapitalisten und eine Bevölkerung der erwünschten Qualität. Mr. Guggenheim wird für Colorado viele Verbesserungen erreichen, die Tom Patterson in Washington nicht durchgesetzt hat. Er ist der richtige Mann am richtigen Ort. Es hat keinen Sinn, zu versuchen, die Welt zu reformieren. Man hat es zweitausend Jahre lang versucht und keinen Erfolg damit gehabt. Mr. Guggenheim ist der Kandidat des Volkes, und das Volk soll ihn haben, selbst wenn er eine Million Dollar bezahlt hat. Zur Wahl standen Tom Patterson und Simon Guggenheim, und das Volk hat Guggenheim gewählt. Die *Denver Post* beugt sich dem Willen des Volkes.

Als Mr. Guggenheim, nach einem veralteten Ausdruck, das »Ehrenamt« eines Senators kaufte, kaufte er nicht die gesamte Legislative, sondern ließ die herkömmliche Sparsamkeit walten und kaufte gerade so viel von ihr, um gewählt zu werden. Einige, die er nicht gekauft hatte, verübelten es ihm; sie stellten einen Antrag, die Methoden zu prüfen, mit denen die Wahl zustande gekommen war, doch die gekaufte Mehrheit stimmte nicht nur gegen den Antrag, sondern tilgte ihn doch tatsächlich *aus dem Protokoll.* Das sieht wie Sensibilität aus, ist es aber vermutlich nicht; es enspricht der menschlichen Natur, dass sich selbst die gewissenlosesten Diebe nur ungern in der Galerie der Schurken anprangern lassen.

Eine kleine Geschichte

Sie wurde mir neulich Abend von einem der Gäste erzählt, die bei dem Dankgottesdienst des Union League Club zur Lobhudelei auf Senator Clark, den Duftenden, zugegen waren. Er sagte:

Reverend Elliot B. X. aus der Stadt XX ist ein eifriger und leidenschaftlicher Sammler seltener Bücher; dank des Reichtums seiner Frau ist er in der Lage, seiner Leidenschaft ungehindert zu frönen. Vor einigen Jahren reiste er durch dünnbesiedeltes Farmland und hielt an einem Farmhaus an, um auszuruhen, etwas zu essen oder dergleichen. Es war ein ärmliches, kleines, bescheidenes Haus, doch der Farmer, seine Frau und ihre beiden kleinen Kinder wirkten zufrieden und glücklich. Da wurde die Aufmerksamkeit des Geistlichen von einem großen Buch erregt, das die kleinen Kinder bei ihrem Spiel als Schemel benutzten. Es schien eine Familienbibel zu sein. Mr. X. war verstört, dass die Heilige Schrift auf diese Weise benutzt wurde; außerdem hatte das altertümliche Aussehen des Buches seine Sammellust entzündet, und er hob den Band auf und untersuchte ihn. Ein Erdbeben plötzlicher Freude durchfuhr ihn von der Kuppel bis zum Keller – der Foliant war ein Shakespeare, eine Erstausgabe und dazu noch in gutem Zustand!

Als er sich wieder gefasst hatte, fragte er den Farmer, wo er das Buch herhabe. Der Farmer sagte, es sei schon seit Gott weiß wie vielen Jahren oder Generationen im Besitz seiner Familie in Neuengland, und als er nach Westen gezogen sei, um ein neues Zuhause zu finden, habe er das Buch mitgenommen, einfach weil es ein Buch sei; man werfe Bücher nicht einfach weg.

Mr. X. fragte, ob er es verkaufen würde. Der Farmer bejahte; gegen ein, zwei Bücher anderer Art würde er es gern eintauschen – Bücher, die von aktuellerem Interesse seien als dieses.

Da sagte Mr. X., er werde es mit nach Hause nehmen, und –

An dieser Stelle unterbrach jemand das Gespräch, und die Geschichte wurde nicht fortgesetzt. Ich ging nach Hause und dachte über die unvollendete Geschichte nach, und im Bett dachte ich noch immer darüber nach. Es war eine interessante Situation, und ich bedauerte, dass der Erzähler unterbrochen worden war; da ich mich nicht schläfrig fühlte, wollte ich die Geschichte selbst beenden. Ich wusste, es würde mir leichtfallen, denn derlei Geschichten bewegen sich immer auf einer bestimmten wohldefinierten Bahn, und am Ende laufen sie alle auf ein und dasselbe Ziel zu.

Ich muss einen Augenblick zurückgehen, denn ich habe ein Detail vergessen. Das Buch hatte dem Geistlichen nicht nur ein, sondern gleich zwei freudige Erdbeben verschafft, denn er fand darin etwas, was eindeutig Shakespeares eigenhändige Unterschrift war – ein erstaunlicher Fund, da man bisher nur von zwei Autographen auf dem Planeten wusste! Neben Shakespeare war noch ein Name verzeichnet – Ward. Zweifellos würde ihm dieser Name dabei helfen, der Herkunft des Buches nachzuspüren und seine Echtheit zu beweisen.

Wie gesagt, es würde mir leichtfallen, die Geschichte zu erzählen, also fing ich an, sie mir auszudenken. Ich dachte sie mir zu meiner Zufriedenheit aus – und zwar wie folgt:

Meine Version

Als der Geistliche nach Hause kam, prüfte er die neuesten Marktnotierungen für seltene Bücher und stellte fest, dass tadellose Erstausgaben Shakespeares seit den Notierungen im Herbst des vorhergehenden Jahres um 5 Prozent gestiegen waren, das Exemplar des Farmers demnach $ 7300 wert war; weiter fand er heraus, dass das gängige Gebot für eine authentische Unterschrift Shakespeares von $ 55 000 auf $ 60 000 gestiegen war. Er sagte demütigen und inbrünstigen Dank für den glücklichen Zufall, der ihm diese Schätze in den Schoß geworfen hatte, und beschloss, sie seiner Sammlung hinzuzufügen, die Sammlung auf diese Weise berühmt zu machen und ihren Ruhm auf immer zu befestigen; so schickte er dem Farmer, der seine Verwunderung und Dankbarkeit nicht in Worte fassen konnte, einen Scheck über $ 67 300.

Ich war mit meiner Version hochzufrieden und nicht wenig stolz, weshalb ich mich bemühte, den Schluss der anderen Version zu erfahren und herauszufinden, ob ich grundlegend davon abgewichen war. Ich stöberte den Erzähler auf, und er gab mir, was ich wollte, und zwar wie folgt:

Schluss der ersten Version

Der gigantische Fund erwies sich als echt und auf dem Markt als viele tausend Dollar wert; tatsächlich ließ sich der Wert der eigenhändigen Unterschrift gar nicht in Dollar schätzen, da es amerikanische Multimillionäre gab, die mit Freuden drei Viertel ihres Jahreseinkommens für sie zahlen würden. Der großzügige Geistliche vergaß den armen Farmer nicht, sondern schickte ihm eine Enzyklopädie und achthundert Dollar.

Caesars Geist! Ich war enttäuscht und sagte es auch. Es folgte eine Diskussion, an der mehrere von uns teilnahmen, wobei ich den Standpunkt vertrat, der Geistliche habe sich dem Farmer gegenüber nicht großzügig gezeigt, sondern dessen Unwissenheit ausgenutzt, um ihn zu berauben; die anderen beharrten darauf, das Wissen des Geistlichen sei ein wertvolles Gut, welches er sich durch Studium und Fleiß verdient habe, daher sei er zu jeglichem Nutzen berechtigt, den er daraus ziehen könne – er habe keine Veranlassung, sein kostbares Wissen an jemanden weiterzugeben, der sich für Kartoffeln, Mais und Schweine interessiere, statt seine Mußestunden dem Erwerb desselben Wissens zu widmen, das sich für den Geistlichen als so wertvoll erwiesen habe. Ich war davon nicht überzeugt, sondern bestand darauf, dass der Handel dem Farmer gegenüber nicht gerecht gewesen sei und dieser wenigstens den halben Wert seines Buches und der eigenhändigen Unterschrift hätte erhalten sollen. Ich glaubte, dass ich selbst ihm die Hälfte zugestanden hätte, und sagte es auch.

Zwar konnte ich mir nicht sicher sein, doch zumindest glaubte ich es. In meinem Inneren *wusste* ich, dass ich, wäre ich an des Geistlichen Stelle gewesen, dem Farmer in meiner ersten Gefühlsaufwallung den vollen Wert abgetreten hätte; dass ich, wenn die Gefühlsaufwallung Zeit gehabt hätte, sich abzuschwächen, den Anteil des Farmers um 10 Prozent reduziert hätte; dass, wenn die zweite Gefühlsaufwallung Zeit gehabt hätte, ein wenig abzukühlen, der Anteil des Farmers ein weiteres Mal geschrumpft wäre; und sollte es eine weitere Zeitverlängerung zum Abkühlen geben, würde ich dem Farmer am Ende vermutlich die Enzyklopädie schicken und es dabei bewenden lassen; denn dies wäre das übliche Verhalten der menschlichen Rasse, und die menschliche Rasse – das bin ich, zusammengedrängt und -gezwängt in einen einzigen Herrenanzug, dabei aber durchaus imstande, die gesamte angehäufte Masse mit all ihren Launen und Einflüsterungen zu repräsentieren.

Es gibt Ausnahmen; dessen bin ich mir bewusst; doch nicht diese Ausnahmen repräsentiere ich, sondern nur die zusammengeballte Masse der Menschheit. Eine solche Ausnahme war der verstorbene Hammond Trumbull aus Hartford. Er war ein großer Gelehrter und ein sehr feiner Mensch. Hätte er sein umfassendes Wissen kommerziell genutzt, hätte er es zu Reichtum bringen können, aber das tat er nicht; aus der Unwissenheit eines anderen Menschen schlug er nicht einen Cent Gewinn; er war stets bereit, dem armen Eigentümer eines seltenen und kostbaren Gegenstandes mit dem Schatz seines Wissens zu helfen, und tat dies freudig und unentgeltlich. Ich kann mich noch an ein Beispiel erinnern: Zwanzig Jahre nach dem Krieg schrieb ihm eine Dame aus dem Süden, unter dem Krempel, den die Soldaten der Unionsarmee nicht geplündert hätten, als sie während des Krieges das Haus ihres Vaters zerstörten, befinde sich ein Exemplar der indianischen Bibel Eliots; man habe ihr gesagt, es sei hundert Dollar wert; außerdem habe man ihr gesagt, Mr. Trumbull werde den Wert des Buches einschätzen und ihr in der Angelegenheit raten können; sie sei arm, und hundert Dollar seien für sie eine bedeutende Summe.

Trumbull antwortete, falls der Band in tadellosem Zustand sei, werde das Britische Museum ihn zum Marktwert abnehmen – tausend Dollar. Er bat die Dame, ihm das Buch zu schicken, was sie tat. Das Exemplar erwies sich als tadellos, und er schickte ihr das Geld ohne Abzüge.

Ich erinnere mich an ein Gegenbeispiel: Eine in Armut lebende Schwester oder andere Verwandte Audubons, die wirklich sehr arm war, besaß ein tadelloses Exemplar seines großen Buchs und wollte es verkaufen. Unter Sammlern hatte es einen festgesetzten Preis, der tausend Dollar betrug, aber das wusste sie nicht. Sie bot es einem Universitätsprofessor an; der *wusste* es und gab ihr hundert Dollar dafür; und nicht nur dass er diesen Betrug an ihr beging, er hatte so wenig Herz und Verstand, hinterher auch noch damit zu prahlen.

Freitag, 1. Februar 1907

*Cowboys schöner Brief an Helen Keller – Mr. Clemens
kommentiert Literatur dieser Art*

Vergangenen Sommer habe ich einige Bemerkungen zu einem Thema diktiert, das mit einem einzigen Satz zu beschreiben ich mich außerstande sehe. Ich sprach von einem siebenundzwanzig Jahre alten Brief, der mir durch Zufall in die Hände gefallen war – einem Brief, den ein in große Not geratenes Mädchen aus dem Westen geschrieben hatte – einem rührenden Brief, einem ergreifenden Brief, abgefasst in trümmer- und ruinenhafter Grammatik und Orthographie, aber eloquent – von jener Eloquenz, die von Herzen kommt und stets kaiserlich ist, sei sie in Lumpen oder in goldenes Tuch gehüllt; desgleichen habe ich einen ein Vierteljahrhundert alten Brief zitiert und erörtert, der von Kapitän Ned Wakeman geschrieben, buchstabiert, interpunktiert und konstruiert wurde, wie nur dieser außergewöhnliche Seemann buchstabieren, interpunktieren und konstruieren konnte – einen Brief, der ebenfalls von Herzen kam und so reich an Eloquenz der Aufrichtigkeit und des Gefühls war wie der des Mädchens aus dem Westen. Außerdem habe ich eine Passage aus Susys Biographie über mich kommentiert – eine Passage, die von Herzen kam und von süßer Eloquenz war – und buchstabiert auf eine Weise, wie nur Susy buchstabieren konnte.

Mit meinen Bemerkungen habe ich zu zeigen versucht, dass, wenn das Herz spricht, es keiner Konventionen bedarf; es kann sich über sie erheben, und das

Resultat ist *Literatur* und darf mit keinem weniger würdigen Namen bedacht werden. Ich glaube, zeigen wollte ich auch, dass die Hervorbringungen des ungeschulten Geistes sogar zusätzliche Anmut und Kraft aus frischer, freier und gesetzloser Grammatik und Orthographie beziehen. Wenn dies mein Standpunkt war, so finde ich mich darin bestärkt durch einen Brief, der heute Morgen in meine Hände geriet; er wurde vor etwas mehr als drei Jahren an Helen Keller geschrieben zu der Zeit, als sie die Geschichte ihres Lebens veröffentlichte, und stammte von einem Cowboy aus dem Wilden Westen, dessen Rechtschreibung, Grammatik und Satzbau sich auf höchst einnehmende Weise allen Gesetzen, die derlei künstliche Gebilde regieren, mühe- und schamlos widersetzten; trotzdem ist das Ergebnis uneingeschränkt befriedigend und über jede Kritik erhaben; der Brief entstammt einem gesunden guten Herzen und einem sehr klugen und ausgeglichenen Kopf und ist *Literatur* – und nicht etwa gewöhnliche Literatur, sondern Literatur von hohem Rang; sein Architekt ist ein Denker, ein Beobachter, ein Philosoph und hat darüber hinaus Gespür für Poesie: Er begreift, dass Helen glücklich ist und warum; es ist ihm nicht entgangen, dass Miss Sullivan (Mrs. Macy) eine wundervolle Frau ist, auf ihre Art ebenso wundervoll wie Helen selbst. Es liegt ein unwiderstehlicher Charme in seiner schlichten und natürlichen Art, bei seinen Überlegungen zu Helen und ihrer Lehrerin das Vokabular seines Gewerbes zu verwenden – Überlegungen, in denen er scharfsinnig eine geistige Verwandtschaft zwischen Helen und dem blinden Ochsen feststellt und Miss Sullivans Lerntheorien als der Erziehung eines Füllens angemessen bewertet – Helen ist das Füllen oder auch ein »halbwildes Pferd«. Seine Anteilnahme und sein Mitgefühl kommen von Herzen – jenem guten Herzen, das ihn dazu bewog, einem Jungen und einem Mädchen, den kleinen »Doitschen«, den Begriff »United States« beizubringen. Man wird bemerken, dass einige seiner Wörter und Namen durch seine frische und unkonventionelle Art, sie zu schreiben, etwas bekommen, was sie nie zuvor besessen haben, etwas Köstliches – siehe etwa seine neuartige Wiedergabe des Vaternamens von Booker Washington. Es ist schön, von seiner großen und berechtigten Bewunderung für Miss Sullivan und ihre eindrucksvolle Arbeit zu lesen; nachdem er seinen Brief schon unterschrieben hat, muss er noch einmal in einem Postskriptum darauf zurückkommen. Und es ist angenehm, zu sehen, dass er seinem natürlichen und unvergleichlichen Ich bis zuletzt treu bleibt und nicht von zu Hause fortmuss, um eine passende Redefigur zu finden, mit der er seine Gedanken ausdrücken kann. Es ist lange her, dass ich einen so entzückenden Brief wie diesen gelesen habe; er ist Literatur, hohe Literatur und lässt sich durch keinerlei Kunstfertigkeit, wie sie in den Schulen gelehrt wird oder ausgebildeten Vertretern des Schreibhandwerks bekannt ist, erfolgreich nachahmen; er nimmt den gleichen Rang ein wie Susys Biographie und Kapitän Ned Wakemans Brief. Lesen Sie ihn selbst.

16 Miles By. Elko, Nevada   29. Nov. 1903

Miss Helen Keller

Liebe Freundin,

von Dubleday & Page, New York, hab ich mir ihr Buch kommen lassen und es gerade zu Ende Gelesen. Weil ich am Flicken war und die Abende sich Hinziehen, dachte ich, ich schraibe ihnen und sage ihnen, wie intressant ihr Buch ist. Es hat mir Spas gemacht, es zu lesen. Und Miss Sulivan Briefe sind einfach gut. Sie scheinen so Glücklich zu sein wie der Rest der Mädchen, und das sollten Sie auch, denn Sie können die Finstren Tage nicht sehen. Als ich ihr Buch gelesen hab, fülte ich mich an einen großen Viehtrieb erinnert, den ich mal im sommer gehütet hab, in der Herde war ein 2-jähriger Blinder Ochse dem schien's so gut wie dem Rest zu gehen. er lief durch die Gatter und das Holz und über den Rauen Boden und wurde von den andern Getrent. Wenn der Wind von Süden kam, waidete er auf der Nordseite und Umgekert. er war immer auf einer Seite und in der Nähe der Mitte der Herde. Wenn er auf die andre Seite Wollte, blieb er zurück, ging nie nach vorn. Ich hab ihn immer beobachtet und mich gewundert, woher er wusste, wann ich in der Nehe war. Aber was uns felt, das macht ein andrer Wett, zum Beispil, ein Mann aus dem Osten kommt in den Westen und sie nennen ihn Weichfuß. und wenn ein Mann aus dem Westen in den Osten geht, nennen sie ihn Yap. Ich lese im *Kansas City Star*, dass der Präsident von Harvard Colladge sagt, wenn ein Mann aus dem Westen nach Osten geht, sollte er sich gut Waschen. Er ver gisst, dass das Wasser hier für die Bewässrung benutzt wird.

Ich denke mir, eines Tages in der Zukunft werden Sie noch ein Buch über ihr Leben schreiben, Außer Sie kriegen einen Mann. Wenn Sie das tun, brauchen Sie ihr ganzes

Leben, um ihn zu Erzihen. Glauben Sie nicht, es wäre sehr interessant für ihre Leser eine Skizze von Miss Sullivan Leben zu haben, oder eher von ihren Mädchentagen, in Ihrem Buch sprechen Sie davon dass sie fast Blind ist. Ich möchte gern was über ihre Ältern lesen, ich denke, sie hat mehr für Bildung und das Folk getan als Miss Francis Wilard. Sie ist eine großartige Frau und Sie sollten ihr Loblid singen, solange Sie leben.

Ich denke, wenn Ihre kleine Schwarze Spilgefärtin Marthy Washington eine Frau wie Miss Sullivan als Lererin und Vormunt gehabt hätte, hätte sie eine gute Chance gehabt, ein zweiter Bucker Washington zu werden. Ich sehe in der zeitung, dass, als der Herzog zu König Eduard sagte, er ist mit Miss May Golet verlobt, der König sagte, er wär froh darüber. Er sagte, Englant braucht ihr Geld.

Unser Lant braucht mehr Frauen wie ihre Lererin. Ihre Aussichten auf ein Heim und eine Familje gibt sie anscheinent auf um Lererin zu werden und als Lererin für die Blinden ist sie bestimmt ganz oben auf der Leiter. Und sie lässt Sie immer höher klettern. Ihre Theorie, Kinder zu Unterrichten, ist schon ganz richtig, denke ich, einem kleinen Doitschen Jungen und Mädchen in South Dakota hab ich »United States« beigebracht und jetzt wo ich Miss Sullivan Brief gelesen hab, seh ich, dass sie Englisch schneller wie in der Schule gelärnt haben, weil sie überall mit mir Rumgelaufen sint ich hab mein ganzes Leben lang Pferde eingeritten und ich denke Miss Sullivan Theorie ist ganz richtig für ein Füllen, die sollen durch Erfahrung lärnen.

Ich denke, als sie nach Alabama gegangen ist und sich um das kleine halbwilde Pferd gekümmert hat, hat sie's bewiesen.

B. B. Page

PS Als Lue Dilen in Memphis, Tenn, den Weltrekord gebrochen hat, haben sie nicht vergessen, sie *Driver* zu nennen.

Montag, 4. Februar 1907

Erinnerungen an Bret Harte, ausgelöst durch jüngste Ereignisse:
sein erfolgloser Versuch, einen Nachruf Korrektur zu lesen;
auf einem Dampfschiff Begegnung mit einem ungeschliffenen Minenarbeiter,
der ihn zu »Das Glück des Brüller-Lagers« beglückwünscht – Bret Harte,
ein schlechter Mensch und unverbesserlicher Schnorrer

In diesen Tagen geschehen Dinge, die mir Bret Harte ins Gedächtnis zurückrufen; sie wecken Erinnerungen, die mich dreißig oder vierzig Jahre in die Vergangenheit zurückversetzen. Einmal, als junger Bursche, der neu an der Pazifikküste war und sich auf der Suche nach Brot und Butter herumtrieb, hatte er ein merkwürdiges Abenteuer. Von einigen Erlebnissen aus jener frühen Zeit erzählte er mir. Eine Weile unterrichtete er an einer Schule in der belebten Goldgräbersiedlung Yreka, gleichzeitig besserte er sein Einkommen ein wenig auf, indem er für die beiden wandernden Schriftsetzer, deren Eigentum sie war, eine kleine Wochenzeitung herausgab. Zu seinen Pflichten als Redakteur gehörte auch das Korrekturlesen. Einmal wurde ihm eine Druckfahne vorgelegt, die aus einem jener altmodischen Nachrufe bestand, die sich, als wir noch ein weichherziges und sentimentales Volk waren, in den Vereinigten Staaten so schrecklicher Beliebtheit erfreuten. Der Nachruf bestand aus einer halben Spalte und war vorschriftsmäßig aufgebaut; das heißt, er bestand aus Superlativen – aus Superlativen, mit deren Hilfe der Verfasser versuchte, die Verdienste der Verstorbenen, einer gewissen Mrs. Thompson, in höchste Höhen zu loben, das Resultat war eine blumige, überhitzte und höchst extravagante Eloge, die mit der Formulierung schloss, die bei einem vorschriftsmäßigen Nachruf niemals fehlen durfte: »Unser Verlust ist ihr ewiger Gewinn.« In der Druckfahne fand Harte folgende Bemerkung: »Selbst für Yreka war ihre Züchtigkeit bemerkenswert.« Natürlich war das Wort ein Druckfehler für *Tüchtigkeit*, aber Harte kam nicht darauf; er wusste nur, dass ein Fehler des Setzers vorlag, und er wusste, dass ein Vergleich mit dem Manuskript ergeben würde, worin er bestand; daher folgte er Korrektorenbrauch und wies wie üblich darauf hin, dass das Manuskript eingesehen werden müsse. Es war eine einfache Angelegenheit und nahm nur einen Moment in Anspruch; er unterstrich das Wort *Züchtigkeit* schwarz und vermerkte am Rand ein in Klammern gesetztes Fragezeichen. Das war eine Abkürzung als Aufforderung: »Irgendetwas stimmt mit diesem Wort nicht; seht das Manuskript ein und nehmt die notwendige Korrektur vor.« Es gibt jedoch noch ein weiteres Korrektorengesetz, das er übersah. Dieses Gesetz besagt, dass man ein Wort unterstreicht, wenn es hervorgehoben werden soll, dann ist der Setzer aufgefordert, es kursiv zu setzen. Als Harte am Morgen die Zeitung zur Hand nahm und den Nachruf aufschlug, warf er nur einen kurzen Blick darauf; dann schwang er sich auf ein unbewachtes Maultier und galoppierte zur Stadt hinaus, musste er doch befürchten, in Bälde den Besuch des Witwers mitsamt seinem Gewehr zu bekommen. Jetzt stand die verdorbene Bemerkung in dieser Form im Nachruf: »Selbst für Yreka war ihre *Züchtigkeit* bemerkenswert (?)« – was wie abgeschmackter und unangebrachter Spott wirkte!

An ein anderes Abenteuer von Harte erinnert mich auf verschlungenen Pfaden eine Bemerkung aus einem Brief, den ich kürzlich von Tom Fitch erhielt, den Joe Goodman bei einem Duell zum Krüppel gemacht hatte – aber Tom Fitch ist noch am Leben, auch wenn er in Arizona wohnt. Nachdem er lange Jahre den ganzen Planeten durchwandert hatte, fand Fitch zu seinen ersten Lieben zurück: Sand, Beifuß und Eselhasen; und diese Dinge sowie die althergebrachte Lebensweise der Eingeborenen haben seinen Geist erfrischt und ihm seine verlorene Jugend wiedergeschenkt. Diese freundlichen Menschen klopfen ihm auf die Schulter und nennen ihn – nun ja, ganz gleich, welchen Namen sie ihm beilegen; er könnte Ihre Ohren beleidigen, Fitchs Herzen aber tut er gut. Er kennt seine tiefere Bedeutung; er begreift, dass Zuneigung dahintersteckt, und deshalb ist er Musik für seinen Geist, und er ist dankbar. Als »Das Glück des Brüller-Lagers« in die Welt hineinplatzte, wurde Harte sogleich berühmt; sein Name und sein Lob waren in aller Munde. Eines Tages hatte er Anlass, nach Sacramento zu fahren. Als er an Land ging, vergaß er, eine Koje für die Rückfahrt zu reservieren. Und als er am späten Nachmittag zum Landesteg kam, dämmerte ihm, dass ihm ein grober Schnitzer unterlaufen war: Offensichtlich wollte ganz Sacramento nach San Francisco reisen; eine lange Menschenschlange erstreckte sich vom Büro des Zahlmeisters die Gangway hinunter, über die Uferbefestigung und die Straße hinauf, bis sie sich in der Ferne verlor. Für Harte gab es nur noch eine Hoffnung: Da in Theatern und Opernhäusern, auf Fluss- und Ozeandampfern ein halbes Dutzend ausgewählte Plätze stets für verspätete Gäste von Rang reserviert sind, mochte sein Name ihm vielleicht zu einem dieser reservierten Plätze verhelfen, wenn es ihm denn gelänge, seine Visitenkarte zum Zahlmeister durchzuschmuggeln; so drängelte er sich an den wartenden Menschen vorbei und stand schließlich neben einem gewaltigen, rauen Minenarbeiter aus den Bergen, der seine Revolver im Gürtel stecken hatte, dessen großer Schlapphut das schnauzbärtige Gesicht eines Bukaniers beschattete und dessen Kleidung vom Kinn bis zu den Stiefelspitzen mit Lehm bespritzt war. Die Schlange schob sich langsam am Schalterfenster des Zahlmeisters vorbei, und jeder, der an der Reihe war, vernahm die verhängnisvollen Worte: »Keine Kojen mehr frei; nicht einmal Plätze auf Deck.« Gerade sagte es der Zahlmeister zu dem trotzigen gewaltigen Minenarbeiter, als Harte ihm seine Visitenkarte reichte. Der Zahlmeister händigte ihm einen Schlüssel aus und sagte:

»Ah, Mr. Bret Harte, ich freue mich, Sie zu sehen, Sir! Nehmen Sie die ganze Kabine, Sir.«

Der Minenarbeiter ohne Schlafplatz warf Harte einen finsteren Blick zu, der die ganze Umgegend in düsteres Zwielicht tauchte und den Autor in einen solchen Schrecken versetzte, dass der Schlüssel und der hölzerne Anhänger in seiner zitternden Hand klapperten; dann verschwand er aus der Sichtlinie des Minenarbeiters und suchte Schutz und Sicherheit hinter den Rettungsbooten und anderen Gegenständen auf dem Sturmdeck. Aber natürlich geschah genau das, womit er gerechnet hatte – schon bald tauchte der Minenarbeiter dort oben auf und schaute sich um; immer wenn er gefährlich nahe kam, gab Harte sein Versteck auf und verbarg sich in einem neuen. Das ging so eine halbe Stunde, ohne dass sich irgendein unglücklicher Zwischenfall ereignete, doch am Ende erlitt Harte eine Niederlage: Er hatte sich verrechnet; als er vorsichtig hinter einem Rettungsboot hervorkroch, sah er sich dem Minenarbeiter genau gegenüber! Er spürte, es war eine schreckliche Situation, eine fatale Situation, aber es lohnte sich nicht, die Flucht anzutreten, und so blieb er stehen und harrte seines Schicksals. Der Minenarbeiter fragte streng:

»Sind Sie Bret Harte?«

Harte gestand es mit schwacher Stimme.

»Haben Sie ›Das Glück des Brüller-Lagers‹ geschrieben?«

Wieder gestand Harte.

»Sind Sie sicher?«

»Ja« – ein bloßes Flüstern.

Aus dem Minenarbeiter brach es feurig und voller Zuneigung heraus:

»Sie *Sohn* einer –! Her damit!«, und mit seinen mächtigen Pranken ergriff er Hartes Hand und zerquetschte sie fast.

Tom Fitch kennt diesen Willkommensgruß und die Liebe und Bewunderung, die ihn von aller Derbheit reinigen und göttlich machen.

In jenen frühen Tagen mochte ich Bret Harte, und vielen ging es ebenso, doch irgendwann war ich darüber hinaus; und den anderen ging es ebenso. Auf Dauer konnte er keinen Freund halten. Er war ein schlechter, ein eindeutig schlechter Mensch; er hatte kein Gefühl, und er hatte kein Gewissen. Seine Gattin war alles, was eine gute Frau, eine gute Gattin, eine gute Mutter und eine gute Freundin nur sein kann; doch als er als Konsul nach Europa ging, ließ er sie und seine kleinen Kinder im Stich und kehrte von da an bis zu seinem Tod sechsundzwanzig Jahre später nicht mehr zurück.

Er war ein unverbesserlicher Schnorrer; er lieh von allen seinen Freunden; sollte er ein Darlehen jemals zurückgezahlt haben, so ist dieses Ereignis jedenfalls nicht in die Annalen der Geschichte eingegangen. Er stellte stets einen Wechsel aus, aber damit hatte es sich auch schon. Am 10. April 1878 wollten

1878 wir nach Europa aufbrechen, und am Vorabend gab es ein Bankett zu Ehren von Bayard Taylor, der dasselbe Schiff wie unser Gesandter in Deutschland nehmen würde. Bei diesem Dinner lernte ich einen Gentleman kennen, dessen Gesellschaft ich entzückend fand, wir kamen schnell in ein freundschaftliches Gespräch. Irgendwann kam er auf Bret Harte zu sprechen, und es zeigte sich rasch, dass er einen Groll gegen ihn hegte. Er hatte Hartes Schriften so bewundert, dass er den dringlichen Wunsch verspürte, ihn kennenzulernen. Die Bekanntschaft kam zustande, und das Geldborgen begann. Der Mann war reich und lieh ihm das Geld mit Freuden. Harte stellte stets seinen Wechsel aus, und immer aus freien Stücken, denn er wurde ihm nicht abverlangt. Harte hatte mittlerweile etwa acht Jahre im Osten verbracht und sich mehrere Jahre Geld geliehen; zusammengenommen beliefen sich seine Schulden auf rund dreitausend Dollar. Der Mann sagte mir, Hartes Wechsel bereiteten ihm Kummer, da er vermute, dass sie Harte Kummer bereiteten.

Bret Harte wird fortgesetzt: sein Besuch in Newport; seine verschiedenen Besuche bei Mr. Clemens in Hartford; einmal um sich Geld zu leihen, einmal um eine Geschichte zu beenden, einmal um mit Mr. Clemens ein Schauspiel zu schreiben; am Ende des letzten Besuches sagt ihm Mr. Clemens seine Meinung hinsichtlich seines Charakters

Dann hatte er, wie er meinte, einen glücklichen Einfall: Er packte alle Wechsel zu einem Bündel zusammen und schickte sie Harte am 24. Dezember 77 als Weihnachtsgeschenk; er legte einen Brief bei, in dem er Harte bat, ihm wegen des warmen, freundschaftlichen und brüderlichen Gefühls, das ihn zu diesem Schritt veranlasse, dieses Vorrecht zuzugestehen. Harte schickte ihm das Päckchen postwendend zurück, begleitet von einem Brief, der vor beleidigter Würde nur so glühte und ihm im Ton eines unwiderruflichen Edikts die bestehende Freundschaft für immer formell kündigte. Freilich stand in dem Brief nichts über die Bezahlung der Wechsel zu welchem Zeitpunkt auch immer.

Als Harte 1870 seine spektakuläre Tournee quer durch den Kontinent beendet hatte, ließ er sich in Newport, Rhode Island, nieder, dem Brutplatz – gewissermaßen dem Gestüt – der Aristokratie; einer Aristokratie der amerikanischen Art; dem Viehmarkt, zu dem englische Adlige reisen, um ererbte Titel gegen amerikanische Mädchen und Bares einzutauschen. Binnen zwölf Monaten hatte er seine zehntausend Dollar ausgegeben, und kurz darauf verließ er Newport mit Schulden beim Metzger, beim Bäcker und allen übrigen und nahm sich mit seiner Frau und seinen kleinen Kindern eine Wohnung in New York. Ich möchte anmerken, dass Harte während seiner Aufenthalte in Newport und Cohasset bei der eleganten Gesellschaft ein und aus ging; bei den Dinnern war er der einzige männliche Gast, dessen Frau nicht mit eingeladen war. In unserer Sprache gibt es etliche harsche Ausdrücke, aber mir ist keiner bekannt, der harsch genug wäre, einen Ehemann, der sich so verhält, angemessen zu charakterisieren.

Als Harte zwei oder drei Monate in New York gelebt hatte, kam er nach Hartford und blieb über Nacht bei uns. Er sagte, er habe weder Geld noch

Aussichten; er schulde dem Metzger und dem Bäcker in New York zweihundertfünfzig Dollar und könne bei ihnen nicht länger anschreiben lassen; auch sei er mit der Miete in Rückstand, und der Vermieter drohe damit, seine kleine Familie auf die Straße zu setzen. Er sei zu mir gekommen, um mich um ein Darlehen von zweihundertfünfzig Dollar zu bitten. Ich sagte, damit sei er nur dem Metzger und dem Bäcker gegenüber entlastet, wohingegen die Drohung des Vermieters weiterhin über ihm schwebe; er möge lieber fünfhundert annehmen, was er auch tat. Den Rest seines Besuches verbrachte er damit, geistsprühende Sarkasmen über unser Haus, das Mobiliar und die übrige Einrichtung unseres Haushalts von sich zu geben.

Howells sagte gestern, Harte sei einer der entzückendsten Menschen, die er je kennengelernt habe, und einer der geistreichsten. Er besitze einen Charme, der einen seine Gemeinheit, seine Schäbigkeit und seine Unehrlichkeit vorübergehend vergessen und beinahe verzeihen lasse. Was Hartes glänzenden Witz betrifft, hat Howells recht, doch vermutlich hat er sich nie Einblick in den Charakter dieses Witzes verschafft. Der Charakter verdarb ihn; er besaß keine Breite, keine Weite; er bestand einzig und allein aus Spötteleien und Sarkasmen; wenn es nichts zu verspotten gab, funkelte und sprühte Harte auch nicht und war nicht unterhaltsamer als wir anderen.

Einmal schrieb er ein Schauspiel mit einem ganz und gar entzückenden Chinesen darin – ein Schauspiel, das erfolgreich gewesen wäre, wenn es ein anderer geschrieben hätte; Harte aber hatte die Feindschaft der New Yorker Theaterkritiker auf sich gezogen, da er sie häufig unverblümt beschuldigte, über ein neues Stück nur dann etwas Positives zu sagen, wenn sie zuvor gekauft und bezahlt worden seien. Die Kritiker warteten auf ihn, und als sein Stück inszeniert wurde, attackierten sie es voller Wonne, schmähten und verhöhnten es mitleidlos. Es wurde ein Misserfolg, und Harte glaubte, für diesen Misserfolg seien die Kritiker verantwortlich. Kurz darauf schlug er mir vor, gemeinsam mit ihm an einem Stück zu arbeiten, bei dem jeder von uns mehrere Figuren einführen und entwickeln sollte. Er kam nach Hartford und blieb zwei Wochen bei uns. Er war ein Mensch, der sich nie dazu durchringen konnte, auch nur einen Handschlag zu tun, bevor aller Kredit und alles Geld aufgebraucht waren und er sich nicht länger über Wasser halten konnte; dann setzte er sich hin und arbeitete

670

– bis eine vorübergehende Linderung gewährleistet war – härter als irgendein Mensch, den ich je gesehen habe.

Um einen Augenblick abzuschweifen. Einmal kam er zu uns, es war kurz vor Weihnachten, um einen Tag bei uns zu bleiben und eine Kurzgeschichte für die *New York Sun* zu beenden, die, wenn ich mich recht erinnere, »Faithful Blossom« hieß. Für die Geschichte sollte er in jedem Fall hundertfünfzig Dollar bekommen, Mr. Dana aber hatte gesagt, wenn er sie rechtzeitig fürs Weihnachtsgeschäft beende, werde er zweihundertfünfzig erhalten. Harte war bis zur Mitte der Geschichte gelangt, sein Zeitrahmen aber inzwischen so eng, dass er sich keine Unterbrechungen mehr leisten konnte, weshalb er zu uns gekommen war, um sich den ständigen Besuchen seiner Gläubiger zu entziehen. Er traf zur Abendmahlzeit ein und behauptete, so wenig Zeit zu haben, dass er sich gleich nach dem Essen ans Werk machen müsse; dann plauderte er in aller Heiterkeit und Behaglichkeit die ganze Mahlzeit hindurch und anschließend bis zehn Uhr am Kamin in der Bibliothek; daraufhin ging Mrs. Clemens zu Bett, und man brachte mir meinen heißen Whiskypunsch und ein zweites Glas für Harte. Die Plauderei wurde fortgesetzt. Gewöhnlich trinke ich nur einen heißen Whisky und lasse mir damit bis elf Uhr Zeit; Harte aber schenkte nach und trank und schenkte nach und trank bis ein Uhr; da entschuldigte ich mich und sagte gute Nacht. Er fragte, ob er eine Flasche Whisky auf sein Zimmer haben könne. Wir läuteten nach George, der sie ihm brachte. Mir schien, er müsse von dem vielen Whisky, den er geschluckt hatte, arbeitsuntauglich sein, doch dem war nicht so; im Gegenteil, es gab keinerlei Anzeichen, dass der Whisky eine einschläfernde Wirkung auf sein Gehirn ausgeübt hätte. Er ging auf sein Zimmer, und mit seiner Flasche Whisky und einem komfortablen Kaminfeuer arbeitete er den Rest der Nacht hindurch. Um fünf oder sechs Uhr morgens läutete er nach George; seine Flasche war leer, und er bestellte eine zweite Literflasche, die er bis neun Uhr austrank, dann kam er zum Frühstück herunter, nicht etwa betrunken, nicht einmal angeheitert, sondern ganz und gar er selbst, hellwach und lebhaft. Seine Geschichte war fertig; fertig innerhalb der festgesetzten Frist, und die hundert Dollar extra waren ihm sicher. Ich fragte mich, was das wohl für eine Geschichte sein mochte, die unter solchen Umständen vollendet worden war; eine Stunde später sollte ich es erfahren.

Um zehn Uhr traf der Club der jungen Mädchen – der sogenannte Saturday Morning Club – in unserer Bibliothek ein. Ich war engagiert worden, zu den Mädchen zu sprechen, bat jedoch Harte, meinen Platz einzunehmen und seine Geschichte vorzulesen. Er begann, aber es zeigte sich rasch, dass er wie die meisten anderen Leute war – er konnte nicht vorlesen; daher nahm ich ihm die Geschichte ab und las sie selbst vor. Die zweite Hälfte war unter den wenig verheißungsvollen Umständen verfasst worden, die ich beschrieben habe; es ist eine Geschichte, die ich nie im Druck gesehen habe, und ich glaube, sie ist recht unbekannt, aber meiner Überzeugung nach gehört sie zum Besten, was Harte geschaffen hat.

Um auf seinen anderen Besuch zurückzukommen. Am Morgen nach seiner Ankunft gingen wir ins Billardzimmer und begannen mit der Arbeit an dem Theaterstück. Ich stellte ihm meine Figuren vor und beschrieb sie. Harte tat dasselbe mit den seinen. Dann skizzierte er Akt für Akt und Szene für Szene die Handlung. Er arbeitete schnell und, wie mir schien, ohne sich von Bedenken oder Unentschlossenheit stören zu lassen; was er in ein, zwei Stunden zuwege brachte, hätte mich mehrere Wochen quälender und mühevoller Arbeit gekostet und wäre am Ende wertlos gewesen. Hartes Arbeit dagegen war brauchbar und gut; in meinen Augen eine bewundernswerte Leistung.

Dann begannen wir, die Lücken zu füllen. Harte schrieb hurtig die Dialoge nieder, und ich hatte nichts zu tun, außer wenn eine meiner Figuren etwas sagen sollte; dann ließ Harte mich wissen, welcher Art die Äußerung sein musste, ich formulierte sie, und er brachte sie zu Papier. Auf diese Weise arbeiteten wir ein paar Wochen lang jeden Tag zwei, drei, vier Stunden und verfassten eine gute bühnentaugliche Komödie. Sein Part war der bessere, aber das störte die Kritiker nicht; als das Stück aufgeführt wurde, lobten sie meinen Anteil an dem Werk mit so verschwenderischem Beifall, dass es geradezu verdächtig war, und bedachten Hartes Anteil mit all der Gehässigkeit, die ihnen zu Gebote stand. Das Stück ging unter.

Die ganzen vierzehn Tage über, die er in unserem Haus verbrachte, vergnügte sich Harte beim Frühstück, beim Mittagessen, beim Abendessen und im Billardzimmer – unserem Arbeitszimmer – damit, clevere und geistreiche Sarkasmen gegen alles und jedes in unserem Haushalt zu versprühen, was ich Mrs.

Clemens zuliebe bis zum letzten Tag ertrug; dann aber, im Billardzimmer, brachte er das Faß zum Überlaufen: Es schien eine geringfügige und vage und verschleierte satirische Bemerkung zu sein, deren Ziel Mrs. Clemens war; er bestritt, sie so gemeint zu haben, und wenn ich in freundlicher Stimmung gewesen wäre, hätte ich die Leugnung akzeptieren können, aber das war ich nicht, sondern ich war viel zu betroffen, als dass ich seinen Argumenten gegenüber Gerechtigkeit hätte aufbringen können. Der Sache nach sagte ich Folgendes:

»Harte, Ihre Frau ist alles, was gut und liebenswert und schön ist, und ich erschöpfe alles Lob, wenn ich sage, dass sie Mrs. Clemens ebenbürtig ist – Sie aber sind ein in jeder Hinsicht schäbiger Ehemann, und oft sprechen Sie sarkastisch, um nicht zu sagen höhnisch von ihr, so wie Sie es über andere Frauen unentwegt tun; hier aber endet Ihr Vorrecht; Mrs. Clemens müssen Sie aus dem Spiel lassen. Es steht Ihnen nicht zu, überhaupt irgendjemanden zu verhöhnen; das Bett, in dem Sie schlafen, wird Ihnen nicht berechnet, und doch haben Sie sich, zwar geistreich und witzig, aber doch äußerst sarkastisch darüber ausgelassen; dabei sollten Sie sich in dieser Angelegenheit zurückhalten und sich daran erinnern, dass Sie seit zehn Jahren kein eigenes Bett besitzen; Sie haben sarkastische Bemerkungen über das Mobiliar im Schlafzimmer gemacht und über das Tafelgeschirr und über die Diener und über die Kutsche und über den Schlitten und über die Livree des Kutschers – in der Tat, über jedes Detail im Haus und über die Hälfte seiner Bewohner; in Ihrer ungesunden Begier, geistreich zu sein, haben Sie von all diesen Dingen verächtlich gesprochen, aber es steht Ihnen nicht zu; Ihre Lage und Ihre Lebensumstände untersagen Ihnen derartige Kritik; Sie haben Talent und einen Ruf, die es Ihnen gestatten würden, Ihre Familie ehrbar und eigenständig zu unterstützen, wenn Sie nicht ein geborener Nichtsnutz und Vagabund wären; Sie sind ein Bummelant und Faulenzer, und Sie hüllen sich in Lumpen und tragen kein einziges heiles Kleidungsstück am Leib außer Ihrer flammend roten Krawatte, und nicht einmal *die* ist bezahlt; neun Zehntel Ihres Einkommens sind geliehenes Geld – Geld, das in Wahrheit gestohlen ist, da Sie nie die Absicht hatten, auch nur etwas davon zurückzuzahlen; Sie schmarotzen von Ihrer hart arbeitenden verwitweten Schwester Kost und Logis in der Pension für Mechaniker, die sie betreibt; wegen der Gläubiger, die nach Ihnen Ausschau halten, haben Sie es in letzter

673

Zeit nicht gewagt, sich in der Gegend hier zu zeigen. Wo haben Sie gelebt? Niemand weiß es. Ihre eigene Familie weiß es nicht. Aber ich weiß es. Sie haben in den Wäldern und Sümpfen von Jersey gelebt und sich wie andere Vagabunden durchgeschlagen; Sie haben es zugegeben, ohne zu erröten; Sie verhöhnen alles in diesem Haus, aber Sie sollten zartfühlender sein und daran denken, dass alles darin ehrlich erworben und bezahlt worden ist.«

Damals schuldete mir Harte fünfzehnhundert Dollar; später schuldete er mir dreitausend. Er bot mir seinen Wechsel an, aber ich führte schließlich kein Museum, und so nahm ich ihn nicht entgegen.

Bret Harte wird fortgesetzt: Sein Vertrag mit Bliss über die Abfassung von Gabriel Conroy – Zwei Zwischenfälle: Der Goldsucher von Jackass Gulch, der sich von Mr. Clemens einen Dollar lieh, um ihn musizierenden Landstreichern zu geben; Bret Harte, der sich von Mr. Clemens einen Dollar lieh, um ihn einem Boten zu geben, der ein Manuskript in Parsloes Theater bringen sollte

Hartes Gleichgültigkeit gegenüber Verträgen und Verpflichtungen war phänomenal. Selbst wenn das Damoklesschwert einer nicht eingehaltenen Vereinbarung über ihm schwebte, konnte er unbeschwert und lustig sein, ja sogar darüber scherzen; falls ihn eine solche Situation beunruhigte, sah man es ihm jedenfalls nicht an. Mit Bliss, meinem Verleger in Hartford, traf er eine Vereinbarung, den Roman *Gabriel Conroy* zu schreiben, der auf Subskriptionsbasis veröffentlicht werden sollte. Gleich nach Vertragsabschluss begann für Bliss das Leiden. Kostbare Zeit verstrich; Bliss konnte Harte jede Menge Versprechungen entlocken, jedoch kein Manuskript – zumindest nicht, solange Harte Geld hatte oder sich welches borgen konnte. Zur Feder griff er nur, wenn ihm das Wasser bis zum Halse stand; dann arbeitete er zwei oder drei Tage lang hektisch und überließ Bliss das Geschriebene gegen einen Vorschuss auf die Tantiemen. Etwa einmal im Monat geriet Harte in arge Bedrängnis; dann schrieb er genügend Seiten voll, um sich vorübergehend aus seiner Notlage zu befreien, überreichte sie Bliss und erhielt einen Tantiemenvorschuss. Diese Anschläge auf den voraussichtlichen Erlös waren nie sehr umfangreich außer in den Augen des Verlegers; aus Bliss' teleskopischer Sicht stellten ein paar hundert Dollar, die

674

nicht fällig oder noch nicht verdient worden waren, eine ungeheure Summe dar. Allmählich wurde Bliss unruhig. Zu Beginn hatte er geglaubt, ein Vertrag über einen ausgewachsenen Roman von Bret Harte sei eine wertvolle Akquisition, und war so indiskret, sein Glück im ganzen Land auszuposaunen. Dieses Ausposaunen hätte für Bliss wertvoll sein können, hätte er es mit einem Mann zu tun gehabt, der süchtig danach gewesen wäre, seine Verpflichtungen einzuhalten; doch mit einem solchen Mann hatte er es nicht zu tun, und deshalb hatte die Wirkung des Ausposaunens sich gelegt und schließlich ganz verflüchtigt, noch ehe Harte bis zur Mitte seines Buches vorgedrungen war; ist ein Interesse dieser Art erst einmal tot, dann ist es ohne Aussicht auf Wiederauferstehung tot. Endlich merkte Bliss, dass ihm *Gabriel Conroy* mehr Ärger als Nutzen brachte. Das Buch näherte sich der Vollendung, doch sein Wert für eine Subskription war fast gänzlich erloschen. Bislang hatte er Harte – ich glaube, meine Zahlen sind korrekt – dreitausendsechshundert Dollar Vorschuss gezahlt, und er wusste, er würde kaum mehr Schlaf finden, solange er nicht die Möglichkeit erhielt, den Verlust wettzumachen; daher verkaufte er die Vorabdrucksrechte an *Gabriel Conroy* für diese lächerliche Summe an eine Zeitschrift – und das war ein gutes Geschäft, denn eigentlich waren die Vorabdrucksrechte das Geld nicht wert und die Buchrechte kaum das Doppelte.

Ich glaube, Schamgefühl wurde in Hartes Konstitution ausgelassen. Einmal erzählte er mir – offensichtlich ein Vorfall von geringer Bedeutung, nichts als eine flüchtige Erinnerung –, in seiner Anfangszeit in Kalifornien, als blühender junger Bursche, dem die Welt noch zu Füßen lag und der sich seinen Broterwerb erst suchen musste, habe er eine doppelt so alte Frau ausgehalten – nein, die Frau hatte ihn ausgehalten. Als er fünfundzwanzig oder dreißig Jahre später Konsul in Großbritannien war, wurde er zu verschiedenen Zeiten von einer Reihe von Frauen ausgehalten – eine Verbindung, die zusammen mit den Namen dieser Frauen in die Annalen der Geschichte eingegangen ist. Er lebte in ihren Häusern, und in einem dieser Häuser starb er.

Da fällt mir ein Vorfall aus meinem Umgang mit Harte ein, der mich an ein ähnliches Vorkommnis erinnert, das sich während meines Aufenthalts an der Pazifikküste ereignete. Als Orions umsichtige Gewissenhaftigkeit dafür sorgte, dass mich meine Spekulationen mit Aktien von Hale & Norcross ruinierten, hatte ich noch dreihundert Dollar übrig und keinen Ort, um mein Haupt zu betten. Ich fuhr nach Jackass Gulch und kampierte dort eine Zeitlang bei einigen Freunden von mir, Goldschürfern. Es waren wunderbare Kerle; in jeder Hinsicht reizende Kameraden, ehrliche und ehrbare Männer; ihre Kreditwürdigkeit reichte für Speck und Bohnen, und das war ein Glück, denn ihre Art zu schürfen war besonders prekär; sie nannte sich Goldnestsuche, und soweit ich herausfinden konnte, ist die Suche nach Goldnestern auf diesem Planeten auf eine winzige Region um Jackass Gulch begrenzt. Ein »Goldnest« ist eine Konzentration von Goldstaub an einer winzigen Stelle am Berghang; sie liegt dicht unter der Oberfläche; der Regen spült die Goldpartikel den Hang hinunter, und im Fallen verteilen sie sich fächerförmig immer weiter. Der Goldnestsucher wäscht eine Pfanne Sedimente, findet darin ein oder zwei Körnchen Gold, tut einen Schritt nach rechts oder nach links, wäscht eine weitere Pfanne, findet wieder ein oder zwei Körnchen und wäscht so lange nach rechts und nach links hin, bis er weiß, wann er die beiden Grenzen des Fächers erreicht hat, und das aufgrund überzeugender Indizien, nämlich wenn die gewaschenen Pfannen kein Körnchen Gold mehr abwerfen. Die restliche Arbeit ist einfach – er wäscht sich den Berghang hinauf, wobei er mit seiner Goldwäsche dem sich verjüngenden Fächer folgt, und zuletzt erreicht er die Lagerstätte selbst. Vielleicht ist das Gold, das sie enthält, nur wenige hundert Dollar wert und kann mit ein paar Schippen gehoben werden; doch ebenso gut könnte sie einen ganzen Schatz enthalten, der ein Vermögen wert ist. Es ist das Vermögen, auf das er es abgesehen hat und nach dem er mit nie verzagender Hoffnung trachtet, solange er lebt. Meine Freunde hatten achtzehn Jahre lang täglich nach diesem Vermögen getrachtet; sie haben es nicht gefunden, doch waren sie nicht etwa entmutigt; sie waren fest davon überzeugt, es eines Tages doch noch zu finden. In den drei Monaten, die ich bei ihnen lebte, fanden sie nichts, doch wir hatten eine spannende und herrliche Zeit beim Suchen. Nicht lange nach meinem Aufbruch kam ein *»greaser«* (ein Mexikaner) herbeigeschlendert und fand an einem Berghang, den unsere Jungs zufälligerweise nie erkundet hatten, ein Goldnest im Wert von 125 000 Dollar. So spielt das Glück! Und so spielt die ungerechte tückische Natur, die ehrlicher und aufrechter Beharrlichkeit so oft eine solche Behandlung angedeihen lässt!

Unsere Kleidung war ziemlich schäbig, aber das machte nichts; wir gingen mit der Mode; der Rest der spärlichen Bevölkerung war genauso gekleidet wie wir. Unsere Jungs hatten mehrere Monate lang keinen Cent gehabt und auch keinen benötigt, denn für Speck, Kaffee, Mehl, Bohnen und Sirup reichte ihre Kreditwürdigkeit völlig aus. Wenn es überhaupt einen Unterschied gab, dann war Jim von uns dreien am schlechtesten gekleidet; wenn es einen wahrnehmbaren Unterschied im Alter der Kleidung gab, dann waren Jims Lumpen die ältesten; doch er war ein stattlicher Bursche, und Stil und Körperhaltung ließen jedwede Kluft königlich erscheinen. Einmal hielten wir uns in dem verfallenen, kahlen und heruntergekommenen Gasthaus auf, als ein paar umherziehende Musiker auftauchten; einer von ihnen spielte Banjo, und der andere präsentierte kunstlose Holzschuhtänze und sang komische Lieder, die im Zuhörer Bedauern erweckten, am Leben zu sein. Sie ließen einen Hut herumgehen und sammelten von dem Dutzend bankrotter Goldnestsucher, die anwesend waren, drei oder vier Zehncentstücke ein. Als der Hut zu Jim gelangte, sagte er zu mir mit der feinen Miene eines Millionärs:

»Geben Sie mir einen Dollar.«

Ich gab ihm zwei Halbdollarmünzen. Anstatt sie bescheiden in den Hut fallen zu lassen, warf er sie aus einem Meter Entfernung hinein, so wie in altertümlichen Romanen Milord, der Herzog, seine milde Gabe dem Bettler nicht etwa *überreicht*, sondern »zuwirft« oder vor die Füße schleudert – und immer ist es ein »Säckchen Gold«. Im Roman sind die Zeugen stets beeindruckt; Jims Edelmut war der Edelmut des Romans; für ihn waren die beiden Halbdollarmünzen ein Säckchen Gold; wie der Herzog haschte er nach Effekt, aber damit endete die Parallele auch schon. Im Fall des Herzogs wussten die Zeugen, dass er sich das Säckchen Gold leisten konnte, und der größte Teil ihrer Bewunderung speiste sich aus dem Neid auf einen Mann, der auf feine und sorglose Art mit derlei Säckchen um sich werfen konnte. Die Goldgräber bewunderten Jims Freigebigkeit, doch sie wussten, dass er sie sich nicht leisten konnte, und das schmälerte ihre Bewunderung. Jim war hundert Bret Hartes wert, er war ein Mann, ein ganzer Mann. Durch seine kleine Zurschaustellung von Eitelkeit und Großspurigkeit gab er eine Eigenschaft preis, die ihn Harte ähnlich machte, aber hier begann und hier endete die Ähnlichkeit.

Jetzt komme ich auf den Vorfall mit Harte zu sprechen. Als unser Schauspiel in einem Zustand war, dass es Parsloe, der es aufführen wollte, übergeben werden konnte, hatte ich Anlass, nach New York zu fahren, und logierte wie gewöhnlich im St. James Hotel. Harte hatte die Sache auf die lange Bank geschoben; das Stück hätte ein oder zwei Tage eher in Parsloes Händen sein sollen, aber Harte hatte sich nicht darum gekümmert. Um sieben Uhr abends kam er in die Lobby des Hotels. Er trug einen uralten grauen Anzug, der so abgewetzt war, dass der Saum der Hosenbeine völlig ausgefranst war; seine Schuhe waren gänzlich ausgetreten und von Schneewasser und Schlamm durchweicht, und auf seinem Kopf saß, leicht steuerbords geneigt, ein zerknautschtes keckes Hütchen, das ihm ein, zwei Nummern zu klein war; wie immer war seine hellrote kleine Krawatte präsent und sah noch munterer und zufriedener und auffälliger aus als sonst. Er hatte das Bühnenstück in der Hand. Parsloes Theater war keine drei Minuten Fußweg entfernt; ich dachte, er würde sagen:

»Kommen Sie – bringen wir das Stück zu Parsloe.«

Doch das tat er nicht; er ging zur Rezeption, hielt dem Angestellten das Päckchen hin und sagte in der Manier eines Earls:

»Es ist für Mr. Parsloe – schicken Sie es zum Theater.«

Der Hoteldiener musterte ihn streng und sagte mit der Miene eines Mannes, der ein schachmatt setzendes Hindernis vorbringt:

»Der Botenlohn beträgt zehn Cent.«

Harte sagte:

»Lassen Sie den Boten kommen.«

Was geschah. Der Junge kam, nahm das Päckchen entgegen und wartete auf Anweisungen. Dem Gesicht des Angestellten war eine gewisse boshafte Neugier abzulesen. Harte drehte sich zu mir um und sagte:

»Geben Sie mir einen Dollar.«

Ich reichte ihm den Dollar. Er gab ihn dem Jungen und sagte:

»Lauf schon.«

Der Hoteldiener sagte: »Warten Sie, ich gebe Ihnen das Wechselgeld.«

Harte winkte mit einer herzoglichen Geste ab und sagte:

»Schon gut. Der Junge kann's behalten.«

Bret Harte wird fortgesetzt: Er vermeidet es, Tilden oder Hayes zu wählen,
denn beide haben ihm ein Konsulat versprochen; schickt seinen Sohn mit
Empfehlungsschreiben zu John McCullough; Mr. Clemens prangert ihn im
Players Club an

Edward Everett Hale hat ein Buch geschrieben, das sensationelles und jämmer-
liches Aufsehen erregte, als es frisch aus der Druckerei kam, in jenen düsteren
Tagen, als der Bürgerkrieg kurz vor dem Ausbruch stand und der Norden und
der Süden sprungbereit darauf lauerten, dem Gegner an die Gurgel zu gehen.
Es trug den Titel *Der Mann ohne Vaterland.* Auf seine seichte und farblose Weise
war Harte diese Sorte Mann – will sagen, er war ein Mann ohne Vaterland;
nein, kein Mann – »Mann« ist ein zu starker Ausdruck: er war eine rückgratlose
Kreatur ohne Vaterland. Für sein Vaterland empfand er nicht mehr Leidenschaft als eine Auster für ihre Bank; im Grunde nicht einmal so viel, und ich
entschuldige mich bei der Auster. Die höheren Leidenschaften waren bei Harte
ausgelassen worden; was er darüber wusste, bezog er aus Büchern. Wenn er sie
in seine eigenen Bücher aufnahm, waren es Imitationen; oft gute, für Menschen, die Harte nicht kannten, oft ebenso täuschend wie die gemimten Leidenschaften eines Bühnenschauspielers, der sie nicht empfindet, sondern nur
bestimmte, getreulich einstudierte Regeln zu ihrer künstlichen Nachahmung
befolgt. Am 7. November 1876 – ich glaube, es war der 7. – tauchte er plötzlich
in meinem Haus in Hartford auf und blieb den ganzen folgenden Tag – Wahl-
tag. Wie gewöhnlich war er ruhig; war gelassen; zweifellos der einzige gelassene
und ruhige Wähler in den Vereinigten Staaten, die übrigen litten – wie es in
unserem Land Brauch ist – an Wahlfieber, denn diese riesige politische Feuersbrunst loderte mit einer Weißglut, die schon bald mit einer der kaltblütigsten
Betrügereien der Republikanischen Partei am amerikanischen Volk enden
sollte – dem Diebstahl der Präsidentschaft von Mr. Tilden, der gewählt, und
ihrer Übertragung an Mr. Hayes, der besiegt worden war. Ich war ein glühender Anhänger von Hayes, was nur natürlich war, denn damals war ich ziemlich
jung. Seitdem habe ich mich davon überzeugt, dass die politischen Anschauungen einer Nation ohnehin fast gar keinen Wert haben und dass das bisschen
Wert, das sie haben, eher bei den Alten als bei den Jungen zu finden ist. Ich war

so erregt und entflammt wie die übrige wählende Welt, und ich war, als Harte sagte, er werde bis zum Tag nach der Wahl bei uns bleiben, überrascht; wenn auch nicht allzu sehr, war er doch ein so sorgloses Geschöpf, dass ich annahm, er habe die Daten durcheinandergebracht. Er hatte genug Zeit, um seinen Irrtum gutzumachen, und ich schlug ihm vor, nach New York zurückzufahren und seine Stimme nicht verfallen zu lassen. Er aber sagte, seine Stimme sei ihm gleichgültig; er sei absichtlich weggefahren, um der Stimmabgabe zu entgehen und eine gute Ausrede parat zu haben, mit der er seinen Kritikern entgegentreten könne. Dann teilte er mir mit, weshalb er nicht wählen wolle. Er sagte, mit Hilfe einflussreicher Freunde habe er erreicht, dass ihm Mr. Tilden ein Konsulat versprochen habe, desgleichen Mr. Hayes; er sei versorgt, ganz unabhängig davon, wie der Wahlkampf ausgehen werde, sein Interesse an der Wahl beginne und ende hier. Er sagte, er könne es sich nicht leisten, für einen der Kandidaten zu stimmen, da der andere es herausfinden und sich für berechtigt halten könnte, sein Versprechen zurückzunehmen. Es war eine merkwürdige Satire auf unser politisches System! Was sollte es einen Präsidenten kümmern, wie ein künftiger Konsul gewählt hatte? Der Posten eines Konsuls ist kein politisches Amt; natürlicher- und richtigerweise sollten die Qualifikationen eines Konsuls mit seiner Eignung für den Posten beginnen und enden; und in einem völlig gesunden politischen System hätte die Frage der politischen Gesinnung des Mannes mit der Angelegenheit gar nichts zu tun. Aber der Mann, dem die Nation eine Abfuhr erteilt hatte, wurde auf den Präsidentenstuhl gehievt, und der Mann ohne Vaterland bekam sein Konsulat.

Harte hatte keine Gefühle aus dem einfachen Grund, weil er keinen Mechanismus besaß, mit dem er fühlen konnte. John McCullough, der Tragöde, war ein Mann von hohem Charakter; ein großzügiger Mann, ein liebenswürdiger Mann und ein Mann, dessen Aufrichtigkeit nicht in Abrede gestellt werden konnte. Er war ein großer Bewunderer von Hartes Literatur, und in jenen frühen Tagen in San Francisco hatte er eine warme Zuneigung zu Harte gefasst; im Laufe der Jahre kühlte seine Zuneigung bis zu einem gewissen Grade ab, ein Umstand, für den Harte verantwortlich war. Doch in den Tagen von Hartes Konsulat war McCulloughs Zuneigung lediglich geschrumpft; sie war keineswegs verschwunden; dann aber geschah etwas, was auch noch den letzten Rest beseitigte. John McCullough hat mir alles darüber erzählt. Eines Tages erschien ein junger Mann in seiner New Yorker Wohnung und sagte, er sei Bret Hartes Sohn und soeben mit einem Empfehlungsschreiben seines Vaters aus England eingetroffen – und er händigte McCullough den Brief aus. McCullough begrüßte ihn herzlich und sagte:

»Ich habe dich erwartet, mein Junge. Ich weiß von deinem Anliegen aus einem Brief deines Vaters, den ich bereits erhalten habe; und glücklicherweise bin ich in der Lage, dir deinen Wunsch zu erfüllen. Ich habe genau den richtigen Posten für dich, und von jetzt und heute an kannst du dich als eingestellt betrachten.«

Der junge Harte bedankte sich wortreich und sagte:

»Ich wusste, dass Sie mich erwarten, denn mein Vater hat mir versprochen, Ihnen im Voraus zu schreiben.«

McCullough hatte Hartes Brief in der Tasche, las ihn dem Jungen aber nicht vor. Der Inhalt war ungefähr dieser:

»Die Bühne hat es meinem Jungen angetan, und er möchte Sie um Hilfe ersuchen, denn er weiß, dass Sie und ich alte Freunde sind. Um seine Aufdringlichkeiten zu unterbinden, war ich genötigt, ihn, ausgestattet mit einem Brief, übers Wasser zu schicken, in dem ich ihn aufs wärmste Ihrer Freundlichkeit und Protektion anempfehle und Sie bitte, mir zuliebe Ihr Bestes zu tun, um seine ehrgeizigen Pläne zu unterstützen. Ich musste diesen Brief schreiben, es ließ sich nicht vermeiden, doch der gegenwärtige Brief soll Sie im Voraus warnen, den anderen nicht zu beachten. Die Bühne hat es meinem Jungen angetan, aber er hat keine Begabung und wird es nie zu etwas bringen; machen Sie sich also keine Umstände; Sie würden für Ihre verlorene Zeit und Sympathie nicht entschädigt werden.«

John McCullough nahm sich des Jungen an, beförderte seine Zukunft auf der Bühne und war der beste Vater, den der Junge je gehabt hatte.

Auf diesen Seiten habe ich mehr als einmal gesagt, dass Harte kein Herz und kein Gewissen hatte, und ich habe auch gesagt, dass er gemein und niederträchtig war. Vielleicht habe ich nicht gesagt, dass er heimtückisch war; sollte ich diese Bemerkung unterschlagen haben, möchte ich sie jetzt anfügen.

Es unterläuft uns allen mal, dass wir uns törichterweise dazu verleiten lassen, etwas Taktloses zu tun oder zu sagen; ich bin keine Ausnahme; ich habe es selbst schon getan. Vor etwa einem Dutzend Jahren kam ich eines Abends in den Players Club und traf dort auf ein halbes Dutzend Jungs, die in einem Separee gemütlich beisammensaßen, Punsch schlürften und sich unterhielten. Ich gesellte mich zu ihnen und half ihnen dabei. Da wurde Bret Hartes Name erwähnt, und diese Erwähnung befeuerte einen jungen Burschen, der neben mir saß, und die nächsten zehn Minuten redete er, wie nur jemand reden kann, dem sein Thema am Herzen liegt. Niemand unterbrach ihn; alle waren interessiert. Was der junge Bursche sagte, wurde mit großer und aufrichtiger Begeisterung vorgebracht; sein Thema war Lob – Lob für Mrs. Harte und ihre Töchter. Er erzählte, dass sie in einer kleinen Stadt in New Jersey lebten und wie hart und wie ehrlich und wie fröhlich und wie zufrieden sie arbeiteten, um sich ihren Lebensunterhalt zu verdienen – Mrs. Harte, indem sie Musikunterricht gab, die Töchter, indem sie die Kunst des Zeichnens, des Stickens und dergleichen ausübten – währenddessen hörte ich so aufmerksam zu wie die anderen, denn ich wusste, dass er die Wahrheit sprach und nicht übertrieb.

Doch schon bald schweifte er ab und setzte zu Lobreden auf das angebliche Oberhaupt jener im Stich gelassenen Familie, Bret Harte, an. Er sagte, das Glück der Familie weise nur einen Mangel auf: Hartes Abwesenheit. Er sagte, ihre Liebe und ihre Verehrung für ihn seien schön anzusehen und anzuhören; ebenso ihr Mitleid mit ihm aufgrund seines erzwungenen Exils. Des Weiteren sagte er, auch Hartes eigener Kummer über dieses bittere Exil sei schön anzusehen; auch Hartes Verlässlichkeit, mit jedem Dampfer einen Brief zu schicken, sei schön; er sehne sich unablässig danach, in seinem Urlaub nach Hause zu kommen, doch sein Gehalt sei so gering, dass er es sich nicht leisten könne; dennoch gab er in seinen Briefen nie die Hoffnung auf, dass ihm dieses Glück mit dem nächsten Dampfer oder doch dem übernächsten zuteilwerde; und es sei mitleiderregend, die Enttäuschung der Familie zu erleben, wenn die erwähnten Dampfer immer wieder ohne ihn einliefen; seine Selbstaufopferung sei ein erhebendes Spektakel; er sei Manns genug und hochherzig genug, selbst zu verzichten, um seiner Familie jeden Monat den Teil seines Gehalts schicken zu können, den ein selbstsüchtigerer Mensch für die Reise über den Atlantik aufwenden würde.

Bis dahin hatte ich »mitgehalten«, wie die Pokerspieler sagen, jetzt aber stieg ich aus und wollte, dass der junge Bursche Farbe bekannte – wie die Pokerspieler ebenfalls sagen. Ich konnte nicht anders. Ich sah, dass er falsch informiert worden war. Es schien mir meine Pflicht zu sein, ihn zu korrigieren. Ich sagte: »Wer's glaubt, wird selig! Nichts davon stimmt. Bret Harte hat seine Familie im Stich gelassen, und das ist die nackte Wahrheit. Möglicherweise schreibt er ihnen, doch ich bin nicht gewillt, daran zu glauben, solange ich die Briefe nicht gesehen habe; möglicherweise sehnt er sich danach, zu seiner verwaisten Familie zurückzukehren, doch das glaubt keiner, der ihn kennt. Und ein Umstand lässt meiner Ansicht nach nicht einmal die Möglichkeit eines Zweifels zu – nämlich dass er ihnen nie einen Dollar geschickt hat und nie auch nur vorgehabt hat, ihnen einen Dollar zu schicken. Bret Harte ist der verachtungswürdigste, armseligste, seelenloseste kleine Schaumschläger, den es heute auf dem Planeten gibt –«

An den unruhigen Blicken der Gesichter um mich herum merkte ich undeutlich, sehr undeutlich, dass irgendetwas vor sich ging. Ich war es, was da vor sich ging, aber das wusste ich nicht. Als ich schließlich in der Mitte jenes letzten Satzes angelangt war, nahm mich jemand beiseite und flüsterte mir energisch ins Ohr:

»So halten Sie doch um Himmels willen den Mund! Der junge Mann ist Steele. Er ist mit einer der Töchter verlobt.«

Bret Harte wird abgeschlossen – Zeitungsartikel über seine Tochter –
Mr. Clemens zeigt, dass sie für ihre unglückliche Lage nicht verantwortlich ist,
da sie ihr Temperament von ihrem Vater geerbt hat; zeigt außerdem,
dass dem Gesetz des Temperaments zufolge niemand für seine Handlungen
verantwortlich ist: Die niedrigeren Tiere sind für ihre seltsamen Eigenschaften
nicht verantwortlich, warum sollten dann menschliche Wesen für die ihrigen
verantwortlich sein, wo sie sie doch von den niedrigeren Tieren geerbt haben?

Vor zehn oder zwölf Tagen erschien in den zweitausenddreihundert Tageszeitungen der Vereinigten Staaten dieses Telegramm der Associated Press und wurde natürlich nach Europa gekabelt:

JESSAMY BRET HARTE VERARMT

Tochter des Sierra-Dichters im Armenhaus von Portland, Maine

PORTLAND, Maine, 28. Jan. – Mrs. W. H. Steele, vormals Jessamy Bret Harte, Tochter des Dichters Bret Harte, ist in das Armenhaus von Portland gebracht worden, krank, mittellos und, wie es scheint, ohne Freunde.

Ihr Ehemann, der sich inzwischen irgendwo im Westen aufhält, lässt verlauten, dass der Geschmack seiner Frau so kostspielig war, dass er nicht mehr für sie aufkommen konnte. Er sagt, er schicke ihr § 15 die Woche, doch das sei nicht genug.

Vor etwa einem Jahr kam Mrs. Steele unter der Schirmherrschaft von Damen der hiesigen Gesellschaft hierher, um aus den Werken ihres Vaters zu lesen. Seitdem hat sie sich Geld geliehen und es freizügig ausgegeben, bis sie hoffnungslos verschuldet war.

Zunächst lebte sie im Sherwood, einem eleganten Apartmenthaus. Dann mietete sie sich ein Sommerhäuschen in Cape Elizabeth, das sie aus Geldmangel aufgeben musste. Diesen Winter bezog sie Zimmer im Lafayette, dem größten Hotel der Stadt, gab sie schließlich auch wieder auf. Bei einer eleganten Familie war sie eine Woche lang zu Gast, bis sie gestern zum Gegenstand der Wohlfahrt wurde.

Sie möchte nach London gehen, die Stadt will ihr aber nur die Reise bis New York bezahlen.

Wer ist an dieser Tragödie schuld? Die arme Frau? Ich glaube nicht. Sie hat ihre törichten und unglückseligen Gewohnheiten auf legitime Weise erworben; sie sind ihr Erbteil; sie hat sie, zusammen mit ihrem Temperament, von ihrem Vater. Temperament ist ein Gesetz, und was es befiehlt, muss sein Besitzer befolgen; Selbstbeherrschung, Erziehung und Umgebung können sein Wirken dämpfen oder eine Zeitlang unterdrücken – je nach den Begebenheiten für längere oder kürzere Zeit –, doch mehr lässt sich nicht ausrichten; von der Wiege bis zur Bahre kann es durch nichts dauerhaft verändert werden, nicht einmal annähernd. Ist dieses Mädchen für die Folgen ihres Temperaments verantwortlich? Sie hat ihr Temperament nicht selbst erfunden; man hat sie in dieser Angelegenheit nicht zu Rate gezogen; in der Wahl ihres Charakters hatte sie nicht mehr Freiheit als in der Wahl ihrer Haarfarbe. Bret Harte hat ihr sein unglückliches Temperament weitervererbt. War er schuld daran? Ich glaube nicht. Er hatte keine Freiheit in der Wahl des Temperaments, das er ihr vererben würde. Und weiter: War er schuld an den unglücklichen Folgen seines eigenen Temperaments? Falls er es war, vermag ich's nicht zu erkennen. Er hat sein Temperament nicht selbst erfunden; er hatte bei der Wahl kein Mitspracherecht. Hatte er es von seinen Eltern geerbt? – von seinen Großeltern? – von seinen Urgroßeltern? Falls ja, waren sie für die Folgen ihres Temperaments verantwortlich? Ich glaube nicht. Wenn wir Hartes unglückliches Erbteil bis zu Adam zurückverfolgen könnten, würden wir, meine ich, noch immer zugeben müssen, dass alle Übermittler schuldlos waren, da keiner von ihnen bei der Wahl des Temperaments, das sie weitergeben sollten, ein Mitspracherecht hatte. Wie gesagt, es ist meine Überzeugung, dass das Temperament eines Menschen ein Gesetz ist, ein ehernes Gesetz, das befolgt werden muss, ganz gleich, wer damit einverstanden ist oder nicht; wie mir scheint, ist Temperament offenkundig ein Gesetz Gottes, und zwar das oberste, und hat Vorrang vor allen menschlichen Gesetzen. Es ist meine Überzeugung, dass jedes menschliche Gesetz einen eindeutigen Zweck und Behuf hat und nur diesen einen: sich einem Gesetz Gottes entgegenzustellen und es zu vereiteln, herabzuwürdigen, zu verhöhnen und zu zertreten. Wir machen der Spinne, die der Fliege herzlos auflauert und ihr das Leben nimmt, keinen Vorwurf; wir nennen es nicht Mord; wir räumen ein, dass sie ihr Temperament, ihre Natur nicht selbst erfunden hat und daher für die Handlungen, die das Gesetz ihrer Natur verlangt und befiehlt, nicht verantwortlich ist. Wir räumen sogar noch etwas Schwerwiegenderes ein: dass keine Kunst und kein Einfallsreichtum die Spinne jemals bessern und dazu bewegen können, von ihrem Morden abzulassen. Wir werfen dem Tiger nicht vor, dass er dem bösen Gesetz des Temperaments folgt, das Gott ihm eingepflanzt hat und dem der Tiger gehorchen muss. Wir werfen der Wespe nicht ihre schreckliche Grausamkeit vor, wenn sie die Spinne mit ihrem Stich halb lähmt und sie dann in ein Erdloch stopft, wo diese tagelang leidet, während die Kinder der Wespe das hilflose Geschöpf quälen, indem sie ihrem Leib täglich Rationen abnagen, ein langer, kläglicher Tod; wir räumen ein, dass die Wespe streng und schuldlos dem Gesetz Gottes gehorcht, so wie das Temperament, das er ihr eingepflanzt hat, es erfordert. Dem Fuchs, dem Blauhäher und den vielen anderen Geschöpfen, die vom Diebstahl leben, machen wir keine Vorwürfe; wir räumen ein, dass sie dem Gesetz Gottes gehorchen, von dem das Temperament kündet, mit welchem er sie ausgestattet hat. Wir sagen zum Bock und zur Ziege nicht: »Du sollst nicht ehebrechen«, denn wir wissen, unabänderlich in ihrem Temperament – das heißt in ihrer angeborenen Natur – verwurzelt ist Gottes Spruch: »Du *sollst* ehebrechen.«

Wenn wir auf diese Weise fortfahren würden, bis wir die unterschiedlichsten Temperamente, die unter den Myriaden Geschöpfen des Tierreichs verteilt worden sind, erwähnt und hervorgehoben hätten, würden wir feststellen, dass der Ruf jeder Spezies durch eine besonders hervorstechende Eigenschaft begründet ist; und dann würden wir feststellen, dass all diese Eigenschaften samt all ihren Nuancen auch unter den Menschen verteilt worden sind; dass es in jedem Menschen ein Dutzend oder mehr dieser Eigenschaften gibt und in vielen Menschen Spuren und Nuancen von ihnen allen. In den sogenannten niedrigeren Tieren besteht ein Temperament oft nur aus ein, zwei oder drei dieser Eigenschaften; der Mensch jedoch ist ein komplexes Tier, und es bedarf aller dieser Eigenschaften, um ihn auszustatten. Im Kaninchen finden wir stets Sanftheit und Furchtsamkeit und niemals Mut, Anmaßung, Aggressivität; wenn also das Kaninchen erwähnt wird, so erinnern wir uns stets daran, dass es sanft und furchtsam ist; falls es noch andere Eigenschaften oder Charakterzüge hat – außer vielleicht einer verschwenderischen, ja übertriebenen Fruchtbarkeit –, so fallen sie uns nicht ein. Wenn wir die Stubenfliege und den Floh betrachten, so erinnern wir uns, dass der gegürtete Ritter und der Tiger, was trefflichen Mut angeht, nicht an sie heranreichen und dass sie in Bezug auf Dreistigkeit und Unverfrorenheit das gesamte Tierreich einschließlich des Menschen anführen; falls diese Geschöpfe noch weitere Eigenschaften haben, so werden diese von den genannten dermaßen überschattet, dass sie uns überhaupt nicht in den Sinn kommen. Kommt die Sprache auf den Pfau, fällt uns Eitelkeit ein und keine andere Eigenschaft; denken wir an die Ziege, fällt uns Unkeuschheit ein und keine andere Eigenschaft; werden gewisse Hunderassen erwähnt, fällt uns Treuherzigkeit ein und keine andere Eigenschaft; wird die Katze erwähnt, fällt uns ihre Unabhängigkeit ein – eine Eigenschaft, die unter allen erschaffenen

Kreaturen einschließlich des Menschen nur sie besitzt – und keine andere Eigenschaft, außer wir gehören zu den Dummen und Unwissenden – dann denken wir an Treulosigkeit, eine Eigenschaft, die vielen Hunderassen gemein ist, nicht aber der Katze. In jeder Familie der von uns dreisterweise so genannten niedrigeren Tiere stoßen wir auf ein oder zwei hervorstechende Eigenschaften; in jedem Fall unterscheiden diese ein oder zwei hervorstechenden Eigenschaften die betreffende Tierfamilie von den anderen; in jedem Fall sind diese ein oder zwei Eigenschaften in jedem einzelnen Angehörigen der Familie zu finden und so markant, dass sie den Charakter dieses Zweigs des Tierreichs in alle Ewigkeit unveränderlich festlegen. In allen diesen Fällen räumen wir ein, dass die verschiedenen Temperamente ein Gesetz Gottes darstellen, ein Gebot Gottes, und dass, was immer aus Gehorsam diesem Gesetz gegenüber geschieht, ohne Schuld ist.

Der Mensch stammt von diesen Tieren ab; von ihnen hat er jede Eigenschaft geerbt, die in ihm ist; von ihnen hat er all die zahllosen Eigenschaften in einem Körper geerbt und mit jeder Eigenschaft deren Anteil am Gesetz Gottes. In einer Hinsicht weicht er erheblich von ihnen ab: darin, dass er keine einzige Eigenschaft besitzt, die bei jedem Angehörigen seiner Rasse ähnlich und gleichermaßen hervorsticht. Man kann sagen, dass die Stubenfliege grenzenlos mutig ist, und indem man es sagt, beschreibt man das gesamte Volk der Stubenfliegen; man kann sagen, dass das Kaninchen grenzenlos furchtsam ist, und mit diesem Satz beschreibt man das gesamte Volk der Kaninchen; man kann sagen, dass die Spinne grenzenlos mörderisch ist, und mit diesem Satz beschreibt man das gesamte Volk der Spinnen; man kann sagen, dass das Lamm grenzenlos unschuldig und lieb und sanft ist, und mit diesem Satz beschreibt man sämtliche Lämmer; man kann sagen, dass die Ziege grenzenlos unkeusch ist, und mit diesem Satz beschreibt man das gesamte Volk der Ziegen. Es gibt kaum ein Geschöpf, das man nicht mit einer einzigen Eigenschaft genau und zufriedenstellend beschreiben kann – den Menschen aber kann man nicht mit einer einzigen Eigenschaft beschreiben. Menschen sind nicht alle Feiglinge wie das Kaninchen; nicht alle mutig wie die Stubenfliege; nicht alle lieb und unschuldig und sanft wie das Lamm; nicht alle mörderisch wie die Spinne und die Wespe; nicht alle diebisch wie der Fuchs und der Blauhäher; nicht alle eitel wie der

Pfau; nicht alle schön wie der Segelflosser; nicht alle verspielt wie der Affe; nicht alle unkeusch wie die Ziege. Die menschliche Familie lässt sich nicht mit einem einzigen Satz beschreiben; jedes Individuum muss für sich beschrieben werden. Eines ist mutig, ein anderes ein Feigling; eines ist sanft und freundlich, ein anderes grausam; eines ist stolz und eitel, ein anderes bescheiden und demütig. Die mannigfaltigen Eigenschaften, die, jeweils ein oder zwei für sich, auf das gesamte große Tierreich verteilt sind, konzentrieren sich in verschiedenen, hübsch abgestuften Graden der Stärke und Schwäche, in Form von Instinkten, in jedem einzelnen Angehörigen der Menschenfamilie. In einigen Menschen fallen die bösen Charakterzüge so gering aus, dass sie gar nicht wahrzunehmen sind, während die edleren Charakterzüge deutlich hervortreten. Wir beschreiben einen solchen Menschen mit diesen schönen Charakterzügen und loben ihn und rechnen es ihm als hohes Verdienst an, sie zu besitzen. Es ist fast schon komisch. Er hat seine Charakterzüge nicht selbst erfunden; er hat sich nicht selbst mit ihnen ausgestattet; er hat sie bei seiner Geburt geerbt; Gott hat sie ihm gewährt; sie sind das Gesetz, das Gott ihm auferlegt hat, und er kann nicht umhin, Gehorsam zu leisten, selbst wenn er das Gegenteil versuchen wollte. Manchmal ist ein Mensch ein geborener Mörder oder ein geborener Schurke – wie Stanford White –, und die Welt überschüttet ihn mit Tadel und Kritik; dabei gehorcht er nur dem Gesetz seiner Natur, dem Gesetz seines Temperaments; es ist unwahrscheinlich, dass er versucht, ihm nicht zu gehorchen, und selbst wenn er es versuchte, würde er scheitern. Es ist eine kuriose und sonderbare Tatsache, dass wir all die unangenehmen Dinge, welche jene Geschöpfe tun, die kriechen und fliegen und schwimmen und sich auf vier Beinen fortbewegen, aus dem erkennbar zureichenden Grund entschuldigen, dass sie nur dem Gesetz ihrer Natur gehorchen, welches das Gesetz Gottes ist, und dass sie daher unschuldig sind; dann machen wir eine Kehrtwende, und die klare Tatsache vor Augen, dass wir alle unsere unangenehmen Eigenschaften von jenen Geschöpfen geerbt haben, behaupten wir höflich, die Immunität nicht mitgeerbt zu haben, vielmehr sei es unsere Pflicht, die Gesetze Gottes zu ignorieren, aufzuheben und zu brechen. Mir scheint das kein ernst zu nehmendes Argument zu sein – nicht nur ist es ziemlich sonderbar, es ist ausgesprochen grotesk.

Durch lange Übung und ererbte Gewohnheit habe ich auf Bret Harte Vorwurf um Vorwurf, Tadel um Tadel gehäuft und die Dinge, die ich gesagt habe, tatsächlich so empfunden, doch wenn mein Zorn abgekühlt ist, werde ich ihn nicht tadeln können. Das Gesetz seiner Natur war stärker als die menschlichen Satzungen, und er musste ihm gehorchen. Es ist meine Überzeugung, dass die menschliche Rasse für schroffe Worte und bittere Kritik kein rechtes Ziel abgibt und die einzig vertretbare Empfindung ihr gegenüber Mitleid ist; sie hat sich nicht selbst erfunden und mit der Planung ihres schwachen und törichten Charakters nichts zu tun.

Montag, 11. Februar 1907

Das Dinner des Kaisers in Berlin, bei dem Mr. Clemens der Hauptgast ist und das Gefühl hat, den Kaiser möglicherweise mit einem leichten Verstoß gegen die Hofetikette gekränkt zu haben – obwohl die Kaiserinmutter und die regierende Kaiserin ihn hinterher zum Frühstück einladen etc. Elf oder zwölf Jahre später, bei einem Dinner des Eigentümers der Staats-Zeitung für Prinz Heinrich bei dessen USA-Besuch, darf Mr. Clemens nicht an der Ehrentafel sitzen

Vor zwei Monaten (am 6. Dezember) diktierte ich einen kurzen Bericht über ein privates Dinner in Berlin, bei dem der Kaiser von Deutschland der Gastgeber und ich der Hauptgast war. Vorgestern geschah etwas, was mich veranlasst, die Angelegenheit noch einmal aufzugreifen. Die Ergänzungen, die ich jetzt mache, können nach meinem Tod gedruckt werden, aber nicht vorher. Von 1891 bis vorgestern habe ich sie weder jemals drucken lassen noch mit der Feder festgehalten noch auf irgendeine Weise mündlich davon berichtet – nicht einmal meiner Frau gegenüber, der ich alles zu erzählen gewohnt war, was mir widerfuhr.

Beim Dinner plauderte Seine Majestät lebhaft und unterhaltsam in mühelosem flüssigem Englisch, und hin und wieder unterbrach er sich, um eine Bemerkung an mich oder einen anderen Gast zu richten. Wenn ihm die Antwort erteilt worden war, nahm er seinen Faden wieder auf. Ich bemerkte, dass die Tafeletikette mit der übereinstimmte, die auch in meinem Haushalt Gesetz war, wenn wir daheim Gäste hatten: will sagen, die Gäste antworteten, wenn der Gastgeber sie mit einer Bemerkung beglückte, verstummten dann wieder und hielten still, bis sie neuerlich Gelegenheit zum Reden bekamen. Hätte ich auf dem Stuhl des Kaisers gesessen und er auf meinem, hätte ich mich pudelwohl und heimisch gefühlt, ich hätte pausenlos geredet und gut; jetzt aber war ich der Gast, und folglich fühlte ich mich weniger heimisch. Aus alter Erfahrung war ich vertraut mit den Spielregeln und mit ihrer Beachtung vom erhöhten Platz des Gastgebers aus; doch ich war nicht vertraut mit der eingeschränkten und weniger befriedigenden Position des Gastes, daher fühlte ich mich etwas seltsam und fehl am Platze. Doch empfand ich keine Feindseligkeit – nein, der Kaiser war der Gastgeber, daher fiel es, meiner eigenen Regel zufolge, ihm zu, das Gespräch allein zu bestreiten, und mir die ehrenvolle Aufgabe, ihn weder zu unterbrechen noch mit sonstigen Verbesserungen dazwischenzugehen, außer wenn ich dazu aufgefordert wurde; und natürlich könnte eines Tages *ich* an der Reihe sein: eines Tages, bei einer freundschaftlichen Inspektionsreise in Amerika, möchte es mir ein Vergnügen und eine Ehre sein, ihn an meiner Tafel zu Gast zu haben; dann würde ich ihm Ruhe und eine bemerkenswert stille Zeit verschaffen.

In einer Hinsicht gab es einen Unterschied zwischen seiner Tafel und meiner – zum Beispiel die Atmosphäre; die Gäste hatten Ehrfurcht vor ihm, und natürlich übertrugen sie dieses Gefühl auf mich, denn schließlich bin auch ich nur ein Mensch, sosehr ich das bedauere. Wenn ein Gast auf eine Frage antwortete, so tat er es mit ehrerbietiger Stimme und in ehrerbietiger Manier; er legte kein Gefühl in seine Antwort und zog sie nicht in die Länge, sondern brachte sie so schnell wie möglich heraus und wirkte danach wie erlöst. Der Kaiser war diese Atmosphäre gewohnt, und sie ließ sein Blut nicht gefrieren; vielleicht war sie für ihn eine Inspiration, denn er war aufmerksam, geistreich und voller Lebhaftigkeit; außerdem machte er mit sehr huldvollen und wohlgesetzten Worten schmeichelhafte Bemerkungen über meine Bücher – und an dieser Stelle möchte ich anmerken, dass die geglückte Formulierung eines Kompliments eine der seltensten menschlichen Gaben ist und die geglückte Übermittlung desselben eine weitere. In einem anderen Kapitel habe ich das hohe Kompliment erwähnt, das er dem Buch *Alte Zeiten auf dem Mississippi* machte, aber es gab auch andere, darunter ein erfreuliches Lob für meine Schilderung gewisser auffälliger Phasen deutschen Studentenlebens in *Bummel durch Europa*. Ich erwähne diese Dinge hier, weil ich gleich Gelegenheit haben werde, sie weiter auszuführen.

Fünfzehn oder zwanzig Minuten bevor das Dinner zu Ende war, machte der Kaiser mir gegenüber eine lobende Bemerkung über unsere großzügigen Soldatenpensionen; dann setzte er seine Bemerkung ohne Unterbrechung fort, wobei er jedoch nicht zu mir sprach, sondern über die Tafel hinweg zu seinem Bruder Prinz Heinrich. Der Prinz antwortete, wobei er sich der Auffassung des Kaisers anschloss. Dann trug ich meine eigene Ansicht vor. Ich sagte, anfangs sei die Großzügigkeit unserer Regierung gegenüber den Soldaten von einer lauteren Absicht getragen und löblich gewesen, da die Pensionen den Soldaten zuerkannt wurden, die sie sich verdient hatten, Soldaten, die im Krieg versehrt worden waren und sich und ihren Familien nicht länger einen Lebensunterhalt sichern konnten; den Pensionen jedoch, die später angeordnet und zuerkannt worden seien, gehe der Vorzug eines lauteren Beweggrundes ab, nach und nach seien sie zu einem immer ausgedehnteren und immer abstoßenderen System des Stimmenkaufs degeneriert und längst zu einer Quelle der Korruption geworden, was einen unangenehmen Anblick biete und außerdem eine Gefahr darstelle. Ich glaube, in etwa war das der Kern meiner Bemerkung; jedenfalls zeigte sie unverkennbare Wirkung, und das ist das Denkwürdige daran – offenbar bereitete sie den Anwesenden Unbehagen. Mir schien es deutlich, dass ich eine Taktlosigkeit begangen hatte. Möglicherweise bestand sie darin, dass ich gegen die Etikette verstoßen hatte, indem ich mich mit einer Bemerkung einmischte, ohne dazu aufgefordert worden zu sein. Möglicherweise bestand sie auch darin, dass ich einer Meinung widersprochen hatte, die von Seiner Majestät verkündet worden war. Ich weiß nicht, was es war, aber ich erinnere mich noch recht deutlich an die Wirkung, die mein Verhalten hervorrief, nämlich: Der Kaiser verzichtete darauf, noch irgendeine Bemerkung an mich zu richten, und zwar nicht nur während der kurzen Zeit des restlichen Dinners, sondern auch hinterher im Herrenzimmer, wo bis Mitternacht Bier und Zigarren und amüsante Anekdoten gereicht wurden. Ich bin mir sicher, dass des Kaisers Gutenachtgruß das einzige Wort war, das er in der ganzen Zeit an mich richtete.

War diese lang andauernde Rüge bedacht und beabsichtigt? Ich weiß es nicht, aber mir kam es so vor. Wobei ich nicht absolut sicher sein kann aufgrund der einschränkenden Zweifel, die sich durch ein, zwei spätere Umstände ergaben. Zum Beispiel lud mich die Kaiserinmutter in ihren Palast ein, und die regierende Kaiserin empfing mich zum Frühstück und schickte außerdem General von Versen, der mich aufforderte, in ihren Palast zu kommen und ihr und ihren Damen aus meinen Büchern vorzulesen. Ich konnte nichts davon tun, denn ich kränkelte und lag schon bald mit einer Entzündung meiner linken Lunge im Bett, die mich vierunddreißig Tage lang dort festhielt und mich ganz nahe daran brachte, meinen Aufenthalt in dieser Welt zu beschließen; so nahe, dass ich, als die Ärzte mir verordneten, Berlin zu verlassen und an die Riviera zu fahren, abgeneigt war, mein Bahnbillett im Voraus zu bezahlen, da ich nicht glaubte, lange genug zu leben, um die Reise anzutreten. Ich weiß, es ist höchst unwahrscheinlich, dass die Gemahlin des Kaisers jemanden zum Frühstück einlädt, der sich die Missbilligung des Kaisers zugezogen hat – höchst unwahrscheinlich – vielleicht sogar unmöglich.

1891 All das geschah 1891. Elf oder zwölf Jahre später kam Prinz Heinrich herüber und unternahm eine prachtvolle Reise durch Amerika. Bei zwei Dinnern, die ihm zu Ehren gegeben wurden und bei denen ich unter den Gästen war, wurden keine Reden gehalten, bei einem weiteren dagegen sah die Sache anders

1902 aus. Es war ein gewaltiges Bankett, das der wohlhabende Eigentümer der *Staats-Zeitung* für Pressevertreter von Rang und Namen gab, die aus allen großen amerikanischen Städten zusammenkamen. Bei diesem Bankett fand ich mich nicht, wie üblich, mit anderen bekannten Persönlichkeiten an der Ehrentafel wieder, sondern mitten im Saal unter dem gemeinen Volk. Ich war in meiner Eitelkeit zutiefst gekränkt. Dergleichen war mir seit fünfunddreißig Jahren nicht passiert. Nach einiger Zeit kam George W. Smalley herüber und sagte zu mir:

»Was machen Sie hier? Warum sitzen Sie nicht vorn?«

Bekümmert sagte ich: »Weil ich nicht aufgefordert worden bin.«

»Das ist nicht Ihr Ernst! Welcher Esel hat das Ganze organisiert?«

»Ich weiß nicht, wer, aber ich glaube, es war Ridder.«

»O nein, Ridder weiß es besser. Es muss der Fauxpas eines Untergebenen sein. Welchen Toast werden Sie erwidern?«

»Keinen. Ich bin nicht aufgefordert worden.«

»Nicht doch!«

»Nein – es ist, wie ich sage. Ich bin nicht aufgefordert worden.«

»Wissen Sie, das ist unglaublich. An der Ehrentafel sitzt nicht ein Mann von Rang und Namen; alles nur B- und C-Prominenz; bloße Halbberühmtheiten, Eintagsfliegen ohne bleibende Bedeutung. Ridders Stellvertreter scheint die Stadt durchkämmt zu haben, um künstliche Ornamente für seine Ehrentafel aufzustöbern. Wieso sind Sie übergangen worden? Haben Sie eine Erklärung?«

»Vielleicht weil ich nicht zu dieser Kategorie gehöre. Aber es ist, wie es sein soll, Smalley; in dieser minderwertigen Gesellschaft würde ich mich nicht zu Hause fühlen.«

Es war nur ein Geplänkel. Aber im Grunde genommen war meine Eitelkeit schwer verletzt. Ich schämte mich, dort unten unter all den gemeinen Leuten gesehen zu werden. Sie würden nach Hause fahren und in ganz Amerika davon erzählen und vielleicht denken, sie hätten festgestellt, dass ich in New York gar nicht so eine wichtige Persönlichkeit sei, wie man es dem Land vorgespiegelt habe. Als das Bankett schon halb vorbei war, konnte ich die Situation nicht länger ertragen, ich musste hinaus und weinen. Also erhob ich mich und hielt den Mittelgang hinunter auf eine entfernte Fluchttür zu, und dann geschah etwas, was mich mit Freude erfüllte und mir Gelegenheit bot, mich wichtigzutun – und ich würde mich jederzeit lieber wichtigtun als ein Menschenleben retten: Eine große Zahl von Journalisten stand auf und strömte hinter mir her und umdrängte die Zufluchtsstätte, die ich inzwischen erreicht hatte, und schüttelte mir die Hand und lobte mich und bewirkte, dass ich mich unbeschreiblich wohl und zufrieden fühlte, denn ich wusste, dass es im ganzen Saal keinen anderen Menschen gab, der einen solchen Achtungsbeweis auslösen konnte außer dem Hauptgast, dem kaiserlichen Prinzen, dem Bruder eines Kaisers! Geheilt, getröstet, gesättigt ging ich an meinen bescheidenen Platz zurück, alles an bitterer Galle hatte sich in Zucker und Melasse verwandelt. Auf meinem Weg durch den Mittelgang entdeckte mich der Prinz und schickte einen Adjutanten, mich zu bitten, zu ihm heraufzukommen und ihn zu sehen, was ich auch tat. Er war sehr herzlich, sehr freundlich und lud mich ein, nach dem Bankett ins Gesellschaftszimmer zu kommen und mich mit ihm zu unter-

693

halten. Das tat ich. Doch er erwähnte den Kaiser nicht und überbrachte keine Botschaft. Ich war der Meinung, dass Ridders gotteslästerliche Behandlung meiner Person nunmehr eine Erklärung gefunden hatte. Ich war der Meinung, dass er ursprünglich meinen Namen auf die Rednerliste gesetzt haben musste – natürlich hatte er das getan; in Einklang mit der Hofetikette war die Liste dem Prinzen vorgelegt worden; der Prinz hatte sich an das oder die Verbrechen erinnert, die ich vor so langer Zeit in Berlin begangen hatte, und meinen Namen mit Rotstift durchgestrichen.

Dienstag, 12. Februar 1907

Mitglied der Kommission für Zollreform überbringt Mr. Clemens eine Botschaft von Kaiser Wilhelm hinsichtlich des im vorigen Kapitel beschriebenen Dinners

*   *   *   *   *   *   *   *   *   *   *

Diese Sternchen weisen auf das lange Kapitel hin, das ich gestern diktiert habe, ein Kapitel, das für die Veröffentlichung in einer Zeitschrift viel zu lang ist und deshalb warten muss, bis diese Autobiographie in Buchform erscheint, das heißt in fünf Jahren, wenn ich tot bin: in fünf Jahren laut meiner eigenen Berechnung, in siebenundzwanzig Jahren laut der Vorhersage, die vor einer Woche der letzte und zuversichtlichste aller Handleser machte, die je aus meiner Hand meine Zukunft lasen. Das Dinner des Kaisers und der Bier-und-Anekdoten-Zusatz haben mich sechs Stunden emsiger Fleißarbeit gekostet, und das ist der Grund für die außergewöhnliche Länge des Kapitels.

Vor ein paar Tagen sprach bei mir ein Herr vor und überbrachte eine Botschaft. Er war gerade aus Berlin eingetroffen, wo er für unsere Regierung in Sachen Zollreform tätig gewesen ist, da er Mitglied der Kommission ist, die unsere Regierung eingesetzt hat, um unseren Anteil an der Angelegenheit zu regeln. Als die Kommission ihre Arbeit abgeschlossen hatte, lud der Kaiser ihre Mitglieder zu einer Audienz ein, und im Laufe der Unterredung nahm er auf mich Bezug; ferner sprach er von meinem Kapitel über die deutsche Sprache in

Bummel durch Europa und charakterisierte es mit einem Adjektiv, das zu schmeichelhaft ist, als dass ich es hier wiederholen könnte, ohne meine Bescheidenheit in Verdacht zu bringen. Dann machte er mir einige Komplimente über *Die Arglosen im Ausland* und schloss mit der Bemerkung, dass meine Schilderung gewisser auffälliger Facetten deutschen Studentenlebens in einem meiner Bücher das Beste und Wahrste sei, was je darüber geschrieben worden sei. Hieran merkte ich, dass er sich an das Dinner von vor sechzehn Jahren erinnert, denn damals hatte er mir über das Studentenkapitel genau dasselbe gesagt. Dann sagte er, er wünsche, dass der Herr zwei Botschaften von ihm nach Amerika übermittele – eine an den Präsidenten, die andere an mich. Die Botschaft an mich lautete:

Überbringen Sie Mr. Clemens meine freundlichsten Grüße. Fragen Sie ihn, ob er sich an das Dinner erinnert, und fragen Sie ihn, weshalb er nichts gesagt hat.

Nun, wie hätte ich reden sollen, wenn er redete? Er »war am Zug«, wie sich die Pokergeistlichkeit ausdrückt, und zwei können nicht gleichzeitig wirkungsvoll reden. Das erinnert mich an den Mann, der von einem Freund getadelt wurde. Dieser sagte:

»Ich finde, es ist eine Schande, dass du fünfzehn Jahre lang nicht mit deiner Frau gesprochen hast. Wie erklärst du das? Wie rechtfertigst du das?«

Der arme Mann sagte:

»Ich wollte sie nicht unterbrechen.«

Hätte der Kaiser an meiner Tafel gesessen, er hätte nicht unter meinem Schweigen gelitten, er hätte nur unter dem Schmerz seiner Einsamkeit gelitten. Wenn ich zum Reisen nicht zu alt wäre, würde ich nach Berlin fahren und dort die Etikette meiner eigenen Tafel einführen, die mit jener Etikette übereinstimmt, die man an anderen königlichen Tafeln beobachten kann. Ich würde sagen: »Laden Sie mich doch noch einmal ein, Majestät, und geben Sie mir eine Chance«; dann würde ich auf die Rangordnung höflich verzichten und das Gespräch allein bestreiten. Ich danke Seiner Majestät für die freundliche Botschaft, bin stolz darauf, sie erhalten zu haben, und freue mich, meiner aufrichtigen Erwiderung Ihrer Gefühle Ausdruck zu verleihen.

19. Februar 1907

Vor etwa fünfunddreißig Jahren (1872) hatte ich plötzlich Lust, nach England zu reisen und Material für ein Buch über dieses nicht hinreichend bekannte Land zu sammeln. Meine Absicht war es, das Land auf sehr private Weise auszukundschaften und meinen Besuch zu beenden, ohne Bekanntschaften zu schließen. Ich war noch nie in England gewesen, ich war begierig, das Land zu sehen, und versprach mir eine interessante Zeit. Die interessante Zeit begann gleich im Zug von Liverpool nach London. Sie hielt eine Stunde an – eine Stunde voller Wonne, Entzücken, Ekstase – das sind die treffendsten Worte, die ich finden kann, aber sie sind nicht angemessen, sie sind nicht stark genug, um die Empfindung wiederzugeben, die dieser erste Anblick des ländlichen England in mir auslöste. Dann veränderte sich mein Interesse und nahm eine andere Form an: Ich fragte mich, weshalb der Engländer am anderen Ende des Abteils nicht von seinem Buch aufblickte. Mir schien, ich hätte noch nie einen Mann gesehen, der in einem Zugabteil eine ganze Stunde lang lesen konnte, ohne ein einziges Mal die Augen von seinem Buch zu heben. Ich fragte mich, was für ein Buch es wohl sein mochte, das einen Menschen so fesseln konnte. Nach und nach wuchs meine Neugier, bis sie schließlich so groß war wie mein Interesse für die Landschaft; dann fuhr sie fort zu wachsen, bis sie es ganz verdrängt hatte. Ich hatte das Gefühl, meine Neugier befriedigen zu müssen, bevor ich mich wieder der Landschaft zuwenden konnte, und so schlich ich zum anderen Ende des Abteils und warf einen flüchtigen Blick auf das Buch des Mannes; es war die englische Ausgabe meiner *Arglosen im Ausland*! Dann schlich ich wieder zu meinem Ende des Abteils zurück, nervös, peinlich berührt und voller Bedauern, dass ich es herausgefunden hatte; denn mir fiel ein, dass ich den selbstvergessenen Leser bislang nicht ein Mal hatte lächeln sehen. Ich konnte nicht länger auf die Landschaft hinausblicken, ich konnte meine Augen nicht von dem Leser und seinem Buch abwenden. Ich versuchte einen gewissen Trost in der Tatsache zu finden, dass er an dem Buch offenbar sehr interessiert war und augenscheinlich keine Zeile ausließ, doch dieser Trost war nur mäßig und nicht wirklich zufriedenstellend. Ich hoffte, er würde ein Mal – wenigstens ein Mal – lächeln, und ich hoffte und hoffte immer weiter, doch nichts dergleichen geschah. Nach einiger Zeit bemerkte ich, dass er sich dem Schluss des Buches näherte; da war ich froh, denn mein Elend würde bald ein Ende haben. Der Zug legte auf seiner Fahrt von fünf Stunden und zwanzig Minuten nur einen Zwischenhalt ein; dieser Zwischenhalt war in Crewe. Der Herr las das Buch eben aus, als wir gerade abbremsten. Als der Zug zum Stillstand kam, legte er das Buch ins Gepäcknetz und sprang aus dem Zug. Ich werde mich immer daran erinnern, welche Woge der Dankbarkeit und des Glücksgefühls mich durchströmte, als er die letzte Seite des Buches umblätterte. Ich fühlte mich, wie ein zum Tode verurteilter Mann sich fühlen muss, der, während die Schlinge schon vor ihm baumelt, unter dem Galgen begnadigt wird. Ich sagte mir, dass ich mich jetzt wieder der Landschaft zuwenden würde, doppelt so glücklich wie zuvor. Doch das war voreilig, denn als der Herr zurückgekehrt war, griff er in seine Reisetasche und kramte den zweiten Band heraus! Er und dieser Band waren die einzige Landschaft, die mir während der restlichen Fahrt vor Augen stand. Von Crewe bis nach London las er ebenso versunken weiter wie zuvor, lächelte aber nie. Ich auch nicht.

Das war ein schlechter Anfang und stimmte mich trübsinnig. Ich sehnte mich nach freundlicher Gesellschaft und nach Anteilnahme. Am nächsten Morgen hatte ich dieses Gefühl noch immer. Es war ein düsterer Morgen, trübe, konturlos, verhangen, ohne dass auch nur ein einziger froher Sonnenstrahl zu sehen gewesen wäre. Halb zehn hatte mein Verlangen, jemandem zu begegnen, jemanden kennenzulernen, jemandem die Hand zu schütteln und jemanden lächeln zu sehen, über meine Absicht, in London ein Fremder zu bleiben, die Oberhand gewonnen, und ich fuhr zum Haus meines Verlegers und stellte mich vor. Die Routledges wollten sich gerade in einem Privatzimmer im oberen Geschoss des Verlagshauses zu einer Mahlzeit hinsetzen, hatten sie doch seit dem Frühstück noch keinen Bissen zu sich genommen. Ich half ihnen beim Vertilgen ihrer Mahlzeit; um elf half ich ihnen, eine weitere zu vertilgen; um ein Uhr, als sie ihr Mittagessen einnahmen, hatte ich die Aufsicht inne; im Laufe des Nachmittags wohnte ich untätig einigen weiteren Mahlzeiten bei. Diese Übungen waren für mich von großem und höchst angenehmem Interesse, aber es war keine neue Erfahrung, denn nur fünf Jahre zuvor hatte ich mich auf den Sandwichinseln aufgehalten, als fünfzehn Besatzungsmitglieder der schiffbrüchigen *Hornet* eintrafen, eine mitleiderregende kleine Gruppe, die fünfundvierzig Tage lang nichts gegessen hatte.

Am Abend nahm mich Edmund Routledge mit in den Savage Club, und dort aßen wir wieder eine Kleinigkeit; außerdem tranken wir etwas; außerdem gab es lebhafte Reden und lebhafte Anekdoten, es wurde spät, und auf gastfreie, freundschaftliche, zufriedenstellende und vergnügliche Art ließen wir es uns gutgehen. Das Ganze ist mir noch immer in lebhafter und angenehmer Erinnerung. Um Mitternacht hob die Gesellschaft die Tafel auf, teilte sich sogleich in kleine Grüppchen von drei, vier Personen und fuhr mit dem Anekdotenerzählen fort. Die letzte Gruppe, mit der ich an jenem Abend beisammensaß, bestand aus Tom Hood, Harry Lee und einem anderen redlichen Mann – Frank Buckland, glaube ich. Um zwei Uhr morgens wollten wir aufbrechen; da vermisste ich mein Geld – fünf Fünf-Pfund-Noten, neu und weiß und frisch, ganz nach der reinlichen Mode, die dort vorherrscht. Alle suchten nach dem Geld, konnten es aber nicht finden. Wie es aus meiner Hosentasche verschwunden war, blieb ein Mysterium. Ich nannte es ein Mysterium; sie nannten es ein Mysterium; nach einhelliger Meinung war es ein Mysterium, doch weiter kamen wir nicht. Wir ließen die Sache auf sich beruhen und fanden interessantere Themen, über die wir uns unterhalten konnten. Als ich im Langham Hotel zu Bett ging, stellte ich fest, dass ein einziges Paar Kerzen nicht genug Licht spendete, damit ich bequem lesen konnte, und so läutete ich, um weitere fünfunddreißig zu bestellen, denn wegen des gelungenen Abends war ich verschwenderisch aufgelegt. Der Diener führte meinen Auftrag aus, dann erbot er sich, meine Kleidungsstücke mitzunehmen und sie auszubürsten. Er leerte alle Taschen, und zusammen mit allerlei anderen Dingen zog er die fünf Fünf-Pfund-Noten hervor! Das war ein weiteres Mysterium!, und ich erkundigte mich bei dem Zauberer, wie er das Kunststück vollbracht habe – ein Kunststück, das hundert andere, ausgestattet mit schärfster Intelligenz, eine halbe Stunde lang zu vollbringen ohne Erfolg versucht hatten. Er sagte, das sei ganz einfach; er habe sie der Fracktasche meines Gesellschaftsanzugs entnommen! Ich selbst müsse sie dorthin gesteckt und vergessen haben. Aber ich verstehe nicht, wie das geschehen konnte, denn soweit ich mich erinnerte, hatten wir im Savage Club außer Wasser nicht Flüssiges zu uns genommen. Soweit ich mich erinnerte.

Damals – vielleicht auch heute noch – war an die Mitgliedschaft im New Yorker Lotos Club das Vorrecht einer Mitgliedschaft im Savage geknüpft, und wenn die Savages in New York weilten, genossen sie die Vorrechte des Lotos. Ich war Mitglied des Lotos. Vor zehn oder elf Jahren wurde ich zum Ehrenmitglied des Lotos ernannt und von meinen Mitgliedsbeiträgen entbunden; und vor sieben oder acht Jahren wurde ich zum Ehrenmitglied des Savage ernannt. Damals schloss die Liste der Ehrenmitglieder den Prinzen von Wales ein – inzwischen Seine Majestät der König – und Nansen, den Polarforscher, sowie einen anderen – ich glaube, Stanley.

Montag, 25. Februar 1907

Jüngste Katastrophen: das Wrack des Dampfers Larchmont *im Sund, das der* Berlin *vor Hoek van Holland und das des Schnellzugs der Pennsylvania-Eisenbahngesellschaft – Zeitungsausschnitte, die sich damit befassen, und Mr. Clemens' Kommentare dazu*

Wie ich bereits ein-, zweimal gesagt habe, können interessante Neuigkeiten nicht veralten; die Zeit kann das Interessante daran nicht zerstören; ja, sie bringt es nicht einmal zum Verblassen; die Erzählung des Augenzeugen, die uns heute zu Herzen geht, wird uns in tausend Jahren ebenso sicher und ebenso tief zu Herzen gehen. Ich möchte einige Artikel aus den heutigen Morgenzeitungen ausschneiden, damit zukünftige Generationen sie lesen können. Wenn sie ihnen in einem Jahrhundert in diesem Buch begegnen, werden sie sie nicht ungelesen beiseitelegen; sie werden nicht finden, dass sie veraltet sind.

In den vergangenen vier oder fünf Tagen haben sich mehrere bemerkenswerte Vorfälle ereignet, und ich möchte über sie sprechen, über jeden für sich und über einen nach dem anderen. Zuerst trug sich die Katastrophe der *Larchmont* zu. In der kältesten und stürmischsten Nacht dieses Winters wurde die *Larchmont*, ein mit Passagieren überfülltes Dampfschiff, im Sund von einem schwer beladenen Schoner gerammt. Es herrschte hoher Seegang, der Wind hatte Sturmstärke erreicht, es war keine Lebensrettungsstation in der Nähe; in den wenigen Augenblicken, bevor der Dampfer in unergründlichen Wassertiefen versank, konnten sich einige wenige Passagiere in die Boote retten, nur um, vom Sturm hin und her geworfen, eine Weile hilflos umherzutreiben und dann zu erfrieren. Der Kapitän und mehrere Besatzungsmitglieder hatten frühzeitig Maßnahmen getroffen, um sich selbst in Sicherheit zu bringen, waren erfolgreich und sind jetzt entehrt; der Rest der großen Gesellschaft von Männern, Frauen und Kindern ertrank schnell. Unter den Passagieren des Dampfers waren auch ein Seemann und seine Frau. Da er erfahren und mutig war, bewahrte er die Ruhe. Er sicherte sich zwei Plätze in einem Boot; er setzte seine Frau auf den einen Platz und wollte eben den anderen einnehmen, als ihn eine fremde Frau um seinen Platz bat; sofort trat er ihn ab und zog es vor, zusammen mit dem Dampfer unterzugehen. Da sagte seine Frau, sie wolle lieber mit ihm zusammen untergehen, und ließ sich von ihm aus dem Boot heraushelfen. Da sagte die andere Frau, sie wolle lieber mit ihren beiden neuen Freunden zusammen sterben, und ließ sich von dem Seemann aus dem Boot heraushelfen. Nach ein, zwei Minuten wurde das Sturmdeck vom Dampfer weggerissen, und die drei, zusammen mit dreißig, vierzig anderen Passagieren, trieben auf ihm davon. Nach und nach erlagen die zig Passagiere der Kälte und den Wogen und dem Sturm und starben – einer nach dem anderen. Doch der Seemann gestattete seinen beiden Frauen keine Pause; er hielt sie in Trab; er ließ sie taumelnd auf und ab marschieren; er massierte sie; er ließ ihr Blut zirkulieren – all das zwei Stunden lang –, und er rettete ihnen das Leben. Von nachdenklichen gelehrten Menschen ist bemerkt worden, dass diese Demonstration der Macht und des Mitleids einer stets wachsamen Vorsehung etwas Wunderbares sei, das tiefste Ehrfurcht, Dankbarkeit und Verehrung verdiene.

Nun kommen wir zu einer noch herrlicheren und heroischeren Rettung durch die Vorsehung – wie zuvor die mittels eines Seemanns. Vor drei oder vier Tagen ereignete sich bei Hoek van Holland eine schreckliche Havarie. Im Morgengrauen kämpfte sich der Dampfer *Berlin* mit hundertzweiundvierzig Passagieren an Bord inmitten eines gewaltigen Sturms in die Einfahrt dieses Hafens, wobei seine Anstrengungen zudem durch starken Wellengang und dichtes Schneetreiben behindert wurden. Plötzlich versagten die Maschinen, und der Dampfer, ein gebrochenes hilfloses Wrack, wurde auf die Felsen am Ende einer langen Pier geschleudert und verkeilte sich in einer Lage, dass es dem Seenotrettungsdienst so gut wie unmöglich war, in seine Nähe zu gelangen und Hilfe zu leisten. Sei's drum; die mutigen Rettungsmannschaften fuhren in ihren Booten hinaus und hielten den ganzen Tag und die ganze Nacht hindurch Stunde um Stunde an ihren tapferen und dabei fast unnützen Anstrengungen fest, kämpften gegen den eisigen Sturm an und weigerten sich aufzugeben. An jenem Tag und in jener Nacht retteten sie einige der Unglücklichen und brachten sie, wenngleich in einem Zustand der Erschöpfung und mit erfrorenen Händen und Füßen, an Land; in der Zwischenzeit waren mehr als hundert Passagiere über Bord gespült worden oder erfroren. Nun glaubte man, auf dem Schiff seien keine Passagiere mehr am Leben; dennoch setzten die Retter ihre Bemühungen fort, doch vergebens. Sie kamen nicht nahe genug an das Schiff heran. Jedoch nahe genug, um berichten zu können, dass es noch drei Überlebende gab – die Frauen. Diese waren, zusammen mit den dreizehn Personen, die der Seenotrettungsdienst bereits geborgen hatte, von den hundertzweiundvierzig Passagieren die einzigen Überlebenden. Als zwei Tage und Nächte vergangen waren, seit das arme Schiff auf die Felsen geschleudert worden war, beschloss der Kapitän eines im Hafen liegenden Schiffes, unaufgefordert hinauszufahren und bei dem Versuch, die Frauen zu retten, sein Leben aufs Spiel zu setzen. Das war gestern. Die großartige Geschichte dessen, was folgte, werde ich jetzt so erzählen, wie sie uns die Depesche in den heutigen Morgenzeitungen berichtet. Sie hat heute jeden Leser berührt und wird ihre Wirkungskraft nicht einbüßen, wie lange der Zahn der Zeit auch an ihr nagen mag.

LETZTE ÜBERLEBENDE GERETTET

MUTIGER MANN SCHWIMMT ZUM WRACK DER BERLIN UND RETTET 3 FRAUEN

Furchtbares Leid in Tagen der Kälte und des Hungers – Mutter umklammerte Leichnam ihres ertrunkenen Kindes – Sangen Choräle, um sich Mut zu machen

Sonderdepesche an die SUN

Ein Korrespondent, der sich an Bord der *Wodan* befand, schildert Kapitän Sperlings heroische Tat. Nachdem er am Ort des Geschehens angekommen war, traf Kapitän

Sperling, ein erfahrener Taucher, ruhig seine Vorbereitungen. Er entledigte sich seiner Öljacke und seiner schweren Seestiefel, stieg in ein Dingi und ruderte zusammen mit drei anderen Männern auf den Wellenbrecher zu. Sie pullten wie die Teufel.

Als sie in der Nähe des Wracks angekommen waren, sprang Kapitän Sperling über Bord in die Brandung und begann mit kräftigen Stößen zu schwimmen. Die Wogen warfen ihn zweimal zurück, schließlich aber erklomm er die Spitze des Wellenbrechers. Er ruhte sich einen Moment aus, dann kroch er auf dem tückischen Mauerwerk entlang – eine schreckliche Strecke von fünfzig Metern. Oft entzog ihn die Gischt den Blicken.

Wie eine Spinne krallte er sich an allem fest, was ihm zur Verfügung stand, bis er die Gesteinsbrocken unter dem Wrack erreichte, stand auf und entrollte ein Tau, das er bei sich hatte, und warf das Ende über das Wrack. Dann begann er seine langsame, gefährliche Kletterpartie die Seite des Wracks hinauf. Er wurde von den Wogen hin und her geschleudert, doch schließlich umklammerte er mit letzter Anstrengung die Reling und sprang an Deck.

Unterdessen hatte einer der Ruderer die Dalbe in der Nähe des Wracks erklommen. Durch die Dunkelheit beobachteten die Matrosen an Bord der *Wodan*, wie Kapitän Sperling zu dem Mann ein Tau mit einem Bündel hinabließ. Mühsam wurde es die Pier entlang zu einem anderen Mann gezogen, der inmitten der Gischt stand. Auf diese Weise wurde das Bündel langsam ins Ruderboot geschafft. Dies geschah dreimal. Die in den drei Bündeln geretteten Frauen wurden dort niedergelegt.

Dann begann Kapitän Sperling seinen gefahrvollen Abstieg. An einem Tau hängend, erreichte er die Dalbe und kämpfte sich zum Wellenbrecher durch. Die Flut stieg rasch, und er hatte keinen Augenblick zu verlieren. Er gesellte sich zu seinen Kameraden, die sich an der Rettungsarbeit beteiligt hatten, und sie sprangen ins Wasser und wurden von anderen Kameraden ins Boot gezogen.

Als sie längsseits des Schleppers anlegten, hoben die Seeleute die Frauen vorsichtig an Bord. Die armen Geschöpfe waren völlig hilflos, triefend vor Nässe und blau vor Kälte. Gerade noch, dass sie Dankgebete für ihre Rettung murmeln konnten.

Unten stand alles für ihre Aufnahme bereit. Ärzte und Krankenschwestern warteten schon, und die armen Frauen wurden mit Stärkungsmitteln versorgt und in Decken gewickelt. Daraufhin trat die *Wodan* ihre triumphale Rückfahrt an.

Als Kapitän Sperling an Bord der *Berlin* gelangt war, hatte er die drei Frauen auf dem Sturmdeck vorgefunden, wo sie aneinanderkauerten und hysterisch schrien und weinten. Sie warfen sich ihrem Retter in die Arme und mussten erst beruhigt werden, bevor er irgendetwas für sie tun konnte. Sie konnten nicht laufen und umklammerten die Hälse der Seeleute des Schleppers, so dass diese in ihrer Bewegungsfreiheit behindert waren. Ihre Kleidung war nahezu steif gefroren und von dem eisigen Wasser ganz durchnässt.

Der Kapitän fand Mrs. Wenneberg, wie sie ihr totes Kind an die Brust drückte. Sie weigerte sich, das Schiff ohne den Leichnam zu verlassen, und die Retter mussten Gewalt anwenden.

Minna Ripler bat die Männer, zuerst Miss Thiele zu retten, und Kapitän Sperling trug diese zum Schiffsrand, legte ihr eine Rettungsschlaufe aus Tau um, die er mit einem Schiebeknoten an der Haupttrosse befestigte. Auf diese Weise wurde sie sicher hinabgelassen. Bei den anderen Frauen verfuhr man auf ähnliche Weise. Mrs. Wenneberg befand sich in einem erbarmungswürdigen Zustand. Miss Ripler war in besserer Verfassung als ihre Gefährtinnen und konnte laufen.

Kapitän Sperling ist nicht der Kapitän der *Wodan*, sondern eines derzeit im Hafen liegenden Schiffes. Mit dem Kapitän der *Wodan*, einem Freund von ihm, hatte er, noch bevor heute Morgen das Rettungsboot auslief, vertraulich den Rettungsversuch vereinbart. Auf dem Schlepper wurde er von zwei Neffen und einem Freund begleitet.

Bei ihrer Rückkehr von ihrem achtundvierzigstündigen Kampf mit dem Seegang wurden die Männer des Rettungsbootes mit stürmischen Ovationen empfangen. Ihre Bärte waren mit Eis bedeckt, und sie litten an den Folgen des langen Ausgesetztseins.

Gespräche mit den Männern und Frauen, die gestern Abend gerettet worden waren, ergaben, dass sie während der Zeit auf dem Wrack in eiskaltem Wasser saßen. Um sich zu wärmen, hatten sie sich aneinandergekauert. Unentwegt schlugen hohe Wellen über ihnen zusammen. Sie sangen Choräle und andere Lieder und erzählten einander Geschichten, bis sie, von Kälte und Hunger erschöpft, nicht mehr konnten.

Während ihrer langen Strapazen verfügten sie nur über Schiffszwieback und ein paar Essensreste, die sich die Mannschaft mit den Passagieren geteilt hatte, sowie einige Pfefferminzpastillen. Während der letzten vierundzwanzig Stunden hatten sie keinen Krümel zu sich genommen. Sie waren entsetzt, als sie am Freitagmorgen feststellten, dass einige von ihnen auf der Leiche eines Mannes gesessen hatten. Die

Männer gaben den Frauen alle Kleidungsstücke, die sie entbehren konnten. Eine Frau wurde kurz vor der Rettung von den Wellen über Bord gespült.

Nach der Rettung sagte Kapitän Sperling, der sich, zerschrammt und vor Kälte zitternd, eben von seiner Erschöpfung erholte, in einem Interview mit *Lloyd's News*:

»Ich dachte, ich würde das Wrack nie erreichen. Es war ein schrecklicher Kampf, und ich wurde immer schwächer, aber ich war entschlossen, zu den Frauen zu gelangen oder unterzugehen. Wie kann ich sagen, was in mir vorging? Ich kämpfte mit den Wogen und kletterte auf das Wrack. Mein einziger Gedanke galt der Frage, ob noch jemand am Leben war.

Es gab mir neue Hoffnung, als ich die Reling erreichte und sah, dass sie sich bewegten. Kaum war ich an Deck, schienen sie wie aus einer Trance zu erwachen. Alle drei stürzten wie wilde Tiere auf mich zu. Sie sahen furchtbar aus, so ausgemergelt und verschmutzt. Die Augen traten ihnen aus den Höhlen. Die Frauen packten mich an den Kleidern. Eine von ihnen umschlang meine Knie. Ich sagte: ›Bewahren Sie kühles Blut, meine Damen.‹

Sie umklammerten mich nur noch heftiger. ›Ich bitte Sie inständig, ruhig zu bleiben‹, sagte ich, ›oder wir werden alle vier ertrinken.‹ Da fingen sie an zu weinen, und das beruhigte sie.

Meine erste Aufgabe bestand darin, das Tau an den Überresten des Schornsteins festzumachen. Dabei bemerkte ich, wie eine der Damen voller Entsetzen auf etwas zeigte. Ich sah hin und erblickte etwa zehn Leichen, die in schrecklichen Körperstellungen zusammengedrängt dalagen und gen Himmel starrten. Als ich das Tau festgemacht hatte, warf ich das andere Ende meinem Kameraden zu. Dann nahm ich mir ein anderes Tau, knotete es um die Taille einer der Frauen und ließ sie mit Hilfe eines Laufknotens an dem ersten straff gespannten Tau hinab.

Auf diese Weise konnte ich alle drei von Bord bringen. Es war eine schwierige Aufgabe, denn jede klammerte sich an mir fest. Sie wollten nicht hinabgelassen werden. Dann blickte ich mich ein letztes Mal um und sah, dass sonst niemand mehr am Leben war. Ich kämpfte mich auf die Dalbe zurück. Als wir im Hafen eintrafen, war der Strand menschenleer.«

Heute erreichte eine Bergungsmannschaft das Wrack der *Berlin* und brachte zweiundzwanzig Leichen aus dem Inneren des Schiffes an Land. Es wird angenommen, dass sich keine weiteren Leichen mehr im Wrack des Schiffes befinden.

Montag, 25. Februar 1907

Nun komme ich auf eine andere herzergreifende Begebenheit zu sprechen. Sie trug sich vergangene Nacht eine Viertelstunde vor Mitternacht in unserem Land zu, und die heutigen Morgenzeitungen berichten uns Einzelheiten.

SCHRAUBE ZERSTÖRT 18-STUNDEN-ZUG

SCHIENE AUF STAHLSCHWELLEN VERBIEGT SICH

UNTER PENNA. R. R. FLYER

Zug rollt Böschung hinunter und bricht durch das Eis des
Conemaugh River – Keiner der 100 Passagiere getötet, nur einer
in Lebensgefahr

PITTSBURGH, 23. Febr. – Gestern Nacht um 23.45 Uhr entgleiste bei Mineral Point in der Nähe von Johnstown der Pennsylvania-Sonderzug, der berühmte Achtzehn-Stunden-Zug der Pennsylvania-Eisenbahngesellschaft von New York nach Chicago, rollte zwanzig Meter die Böschung hinunter und durchbrach den gefrorenen Conemaugh, jenen Fluss, der bei den Überschwemmungen vor fast zwei Jahrzehnten eine so tragische Rolle spielte.

Das Bemerkenswerte ist, dass keiner der mehr als hundert Passagiere im Zug auf der Stelle getötet wurde. Fünfzig Verletzte wurden in Krankenhäuser dieser Stadt, in Altoona und in Johnstown eingeliefert.

Es war ein völlig unerwartetes Ereignis.

Vor kurzem war an dieser Stelle ein neuer Schienenstrang verlegt worden. Statt auf gewöhnlichen Holzschwellen ruhen die Gleise auf Stahlschwellen, auf denen sie mit Schrauben befestigt sind. Der Eisenbahngesellschaft zufolge gab eine dieser Schrauben nach, die Schiene verbog sich, und der Zug, der gerade, um verlorene Zeit aufzuholen, mit einer Geschwindigkeit von bald hundert Stundenkilometern in eine Kurve fuhr, wurde in den Fluss geschleudert.

Als der schwere Zug über die Böschung schoss, riss er alles mit, was ihm im Wege stand, einschließlich der Telegraphenmasten. Aus diesem Grund dauerte es Stunden, bis man sich mit der Außenwelt in Verbindung setzen und Hilfe für die Verletzten anfordern konnte.

705

Diese hatten sich unterdessen aneinandergekauert, viele von ihnen nur in Nachtgewändern, andere zwar angekleidet, doch ebenfalls vom eisigen Wasser des Conemaugh durchnässt, und wieder anderen rann das Blut aus ihren Wunden am Körper.

Als endlich Hilfe eintraf und heute früh ein Sonderzug mit den Unverletzten und den Leichtverletzten, die ihre Reise fortsetzen konnten, nach Pittsburgh abfuhr, schien es nicht fehl am Platze, dass Rev. Edgar Cope, Pfarrer der St. Simeon's Episcopal Church in Philadelphia, alle in einem Waggon versammelte und dort einen der feierlichsten Dankgottesdienste leitete, die jemals abgehalten worden sind. Die meisten Passagiere waren noch immer ohne Kleidung und stattdessen in Decken und Bettzeug gehüllt.

»Lasset uns danken dem Herrn, unserem Gott, dass unser Leben verschont wurde«, sagte der Pastor, als er den kurzen Gottesdienst eröffnete. »Unsere leibhaftige Anwesenheit in diesem Moment ist nicht weniger als ein Akt der Vorsehung. So lasset uns ihm, der uns erlaubt hat, zu leben, Dank sagen.«

Daraufhin fielen die Überlebenden auf die Knie, und als der Zug eben in die Union Station dieser Stadt einfuhr, stimmte in das inbrünstige »Amen« des Geistlichen jeder im Waggon aus vollem Herzen ein.

Diese wechselvollen Ereignisse wecken unser Interesse und stimmen uns überdies nachdenklich. Den offiziellen Statistiken, die die Regierung der Vereinigten Staaten zusammenstellt, entnehmen wir, dass in dem kurzen Zeitraum des Jahres 1906 unsere Eisenbahnen 10000 Menschen auf der Stelle getötet und 60000 weitere verletzt haben.

Es ist gesagt worden, die Wege der Vorsehung seien wunderbar und unergründlich, und das ist wahr; doch in vielen Fällen wirken sie nicht ganz so wunderbar wie die Wege der Kanzel, auch nicht so seltsam und undurchsichtig und interessant wie die Resultate dieser geistigen Meisterstücke. Die Sprache des Geistlichen im Zug verweist darauf, dass er tatsächlich glaubt, die Vorsehung sei so allmächtig, dass sie jedes ihrer Kinder, das sich in Gefahr befindet, durch bloße Willensausübung vor Tod und Verstümmelung erretten könne, ohne dass ihr daraus Unannehmlichkeiten entstehen; die Vorsehung habe diese Gnade auch ihm und seinen neunundneunzig Mitpassagieren zuteilwerden lassen, ein höchst lobenswerter Akt, der bewundernden Applaus wie tiefste und demütigste Dankbarkeit verdiene. Es ist so, als würde ein Millionär zweien seiner hungernden Kinder ein Stück Brot im Wert von zehn Cent reichen, sich dann zurücklehnen und seine eigene Mildtätigkeit bewundern, während die übrige Familie um ihn herum flehend dahinsiecht und hungers stirbt. Es ist so, als würde dieser Geistliche, einer von zwei geretteten Geistlichen, an diesen traurigen Umständen nichts Bemerkenswertes finden als einzig und allein die Wohltat, die ihm und seinem Bruder widerfahren ist, als wäre er durch diese glückliche Wendung mit so segensreicher Blindheit geschlagen, dass er die Grausamkeit des außergewöhnlichen Vorfalls nicht einmal wahrnehmen kann, als wäre er aus Dankbarkeit für sein eigenes Entkommen mit solcher Dummheit geschlagen, dass er kein Wort der Kritik, des Vorwurfs oder des Tadels für die Behandlung vorbringen kann, die der übrigen Familie zuteilgeworden ist. Zehntausend Menschen durch die Eisenbahnen getötet und sechzigtausend verletzt; die Menschen auf der *Larchmont* durften in einen kläglichen Tod gehen, ohne dass ihnen jemand beistand außer einem armen Seemann; die hundertsechsundzwanzig Menschen auf der *Berlin* durften in ein elendes Verderben gehen, ohne dass ihnen jemand half außer einem anderen gutherzigen Seemann und einigen mutigen und aufopferungsvollen Rettungsmannschaften – bloßen Menschenwesen, die nicht etwa allmächtig, sondern schwach waren und ein Leben zu verlieren hatten –, und dieser Geistliche im Zug ist dumm genug, albern genug, taktlos genug, die Vorsehung mit grotesken Komplimenten zu verleumden, weil sie einer kleinen Handvoll ihrer irdischen Kinder eine wohlfeile Freundlichkeit erwiesen habe, während sie doch zuließ, dass eine Vielzahl anderer ins Elend und ins Verderben gestürzt wurde, wenn ein Kopfnicken sie alle hätte retten können. Ich weiß nicht, aus welchem Stoff der Geist der Kanzel ist. Er hat ein kindliches Vergnügen an theatralischen Vorführungen der physischen Kräfte des Schöpfers; nichts sonst reizt so sehr seine Beredsamkeit; er findet Gelegenheiten für übermäßige Bewunderung, wo er tausend zu eins eine bessere Gelegenheit zum Sarkasmus hätte.

In diesem Zusammenhang möchte ich anmerken, dass mir eine ältere Schwester von Harriet Beecher Stowe vor einer Generation die folgende Anekdote erzählte. Als Harriet noch ein kleines Wesen war, spielte sie eines Sommernachmittags in dem Zimmer, in dem ihre Mutter bei der Arbeit saß, als ein

Sturm aufzog. Gleich darauf schlug der Blitz in einen nahen Apfelbaum ein. Der Vorgang war von explosionsartigem Lärm begleitet, und die Splitter des gefällten Baumes flogen über das ganze Grundstück. Das erstaunte Kind fragte:

»Mama, wer hat das getan?«

»Gott«, antwortete die Mama ehrfürchtig.

»Warum hat er das getan?«

»Um seine Macht zu beweisen, mein Kind.«

Später erzählte das Kind der älteren Schwester davon, die sich nur über ein Detail wunderte und glaubte, sich verhört zu haben, deshalb fragte sie:

»Was hat Mama gesagt, warum er das getan hat?«

»Um anzugeben«, antwortete Harriet.

Die Mutter hatte nicht vorgehabt, eine spöttische Bemerkung zu machen; ebenso wenig das Kind, doch beide hatten es getan.

Dienstag, 26. Februar 1907

Mr. Clemens beschreibt den neuen Club, den er gegründet hat, genannt
Die menschliche Rasse – Ein weiterer Zeitungsausschnitt über
das Wrack der Berlin

Vergangene Woche habe ich einen Club gegründet, dessen Mitgliedschaft auf vier Personen beschränkt ist; er heißt Die menschliche Rasse. Die Mitglieder werden zweimal im Monat bei mir zu Hause zu Mittag essen, und es wird ihre Aufgabe sein, die übrigen Angehörigen der Rasse zu erörtern. Sie haben das Recht, freizügig jede die Rasse betreffende Angelegenheit zu examinieren, zu kritisieren und zu diskutieren. In Bezug auf die Themen und die Art ihrer Behandlung gibt es keine Beschränkung. Dass in allen anderen Clubs gewisse heikle Themen vermieden werden und tabu sind, hat seinen Grund darin, dass diese Clubs aus mehr als vier Mitgliedern bestehen. Wann immer sich die menschliche Rasse zu einer Gruppe versammelt, deren Zahl vier überschreitet, duldet sie keine Redefreiheit mehr. England und Amerika prahlen voller Selbstbewunderung damit, dass in diesen Ländern ein Mensch die Freiheit habe, seine Meinung zu sagen, welcher Couleur sie auch sei, aber das ist eine der

Heucheleien der menschlichen Rasse; in keinem Land hat es jemals so etwas wie Redefreiheit gegeben, und auch in England und Amerika gibt es so etwas wie Redefreiheit nicht, sobald mehr als vier Personen anwesend sind; nicht einmal wenn nur vier anwesend sind, es sei denn, alle vier gehören derselben politischen und religiösen Glaubensrichtung an. Jedes Mal, wenn unser Club sich trifft, wird seine erste Pflicht darin bestehen, die Leistungen der Menschheit zusammenzufassen, so wie in den Zeitungen der vorhergehenden vierzehn Tage darüber berichtet wurde, und dann über jene Leistungen zu diskutieren, die am dringendsten unserer Aufmerksamkeit bedürfen. Sobald diese strenge Pflicht erfüllt ist, kann sich das Gespräch wenden, wohin es will. Notwendigerweise wird der Mensch mehr Kritik als Komplimente ernten, mehr Tadel als Lob; aber in den vierzehn Tagen wird er auch einiges geleistet haben, was ihm unseren Beifall einträgt, den wir ihm in vollem und herzlichem Maße zuteilwerden lassen. Wenn wir dazu kommen, die Katastrophen der *Larchmont* und der *Berlin* zu erörtern, werden wir den Seemann und seine Frau und ihre neue Bekannte nicht vergessen – große und feine Charaktere alle drei! Ebenso wenig werden wir den holländischen Seemann und seine drei beherzten Trabanten vergessen; ebenso wenig die holländische Seenotrettungsmannschaft; ebenso wenig die drei heroischen Frauen auf dem Wrack; ebenso wenig das soldatische kleine Dienstmädchen. Aber bis heute Morgen hat das kleine Dienstmädchen in den fünfzigtausend Zeitungen der Welt keine bedeutende Rolle gespielt, daher wollen wir sie hier an erster Stelle einfügen, damit auch künftige Generationen von ihr lesen, ihren Namen in Ehren halten und herzliche Dinge über sie sagen, lange nachdem sie ihre Pilgerreise beendet und die ewige Ruhe gefunden hat. Am Ufer waren, wie man gleich bemerken wird, noch andere Repräsentanten der menschlichen Rasse anwesend und enthüllten eifrig, wes Geistes Kind sie waren; Minna Ripler aber wiegt sie auf und lässt sie in dem hellen Licht, das ihrer edlen kleinen Seele entströmt, blass und fahl erscheinen. Mit der folgenden telegraphischen Nachricht des heutigen Morgens wollen wir den schrecklichen Vorfall des schiffbrüchigen Dampfers beschließen.

Autobiographische Diktate

SCHRECKEN IM WRACK DER *BERLIN*

WELLEN ERSCHLAGEN MÄNNER UND FRAUEN AUF DECK

Die letzten Überlebenden vor Kälte und Schreck fast wie von
Sinnen – Tapferes Dienstmädchen, das seiner Herrin
beigestanden hat, auf dem besten Wege der Genesung – Scharen
herzloser, fröhlicher Ausflügler

Sonderdepesche an die Sun

London, 24. Febr. – Mit der Rettung der drei Frauen, die, wie in den Depeschen an die *Sun* bereits geschildert, nach genau siebenundvierzig Stunden unbeschreiblichen Leidens die Letzten waren, die aus dem schiffbrüchigen Dampfer *Berlin* lebend geborgen wurden, geht die Geschichte dieses schrecklichen Schiffsunglücks zu Ende. Selten war eine Seetragödie, selbst bei größeren Verlusten an Menschenleben, so voller Geschichten bitterer Qual.

Rettung oder Tod kommen in der Regel mit gnädigerer Schnelligkeit. Mit jeder anschaulichen Zeile, die aus Hoek van Holland zu uns findet, zeigt sich der Heroismus der Geretteten wie der Retter deutlicher. Von den drei Frauen, die bis zuletzt an Bord waren, wollten zwei lieber auf dem Schiff bleiben, als die dritte zu verlassen, Mrs. Wenneberg, die zutiefst verstört war, weil sie hatte mit ansehen müssen, wie ihr Mann in den Tod gerissen wurde, weil ihr Kind in ihren Armen gestorben war und sie dazu noch wegen eines ausgekugelten Armes körperlich behindert war.

Sie flehte Miss Thiele und ihr sechzehn Jahre altes Dienstmädchen Minna Ripler an, sie nicht zu verlassen, daher blieben Miss Thiele und das Mädchen bei ihr und taten ihr Möglichstes, um ihre Freundin und Herrin zu trösten. Das Dienstmädchen bewies schönen Mut.

»Bringen Sie zuerst die beiden anderen an Land; mir geht es besser als ihnen, und es ist mir gleichgültig, wenn ich nicht gerettet werde, solange sie nur in Sicherheit sind«, sagte das Mädchen, das als Einzige in der Lage war, vernünftig mit dem tapferen Holländer Sperling zu sprechen, als dieser bei ihnen eintraf.

Es wurden jedoch alle drei gerettet. Ihre aufgerissenen Lippen bluteten, sie hatten Frostbeulen und Prellungen im Gesicht, und ihre Kleider hingen ihnen in Fetzen vom

Leib. Es schien kaum noch Leben in ihnen zu sein. Selbst jetzt noch scheint es Mrs. Wenneberg, der bewusst ist, dass sie ihren Mann und ihr Kind verloren hat, gleichgültig zu sein, ob sie lebt oder stirbt. Miss Thiele ist wieder in ihren Fieberwahn zurückgefallen und wiederholt in einem fort: »Die See schlägt über uns zusammen.«

Das kleine Dienstmädchen jedoch ist auf dem Weg der Genesung. Sie hat ein paar Minuten lang einige ihrer Verwandten gesehen und ihnen kurz über ihre letzten Stunden in dem Wrack berichtet. Sie sagte: »Am Ende wollten wir nicht mehr leben; nur noch sterben. Wir hatten alle Hoffnung aufgegeben.«

Aus den Worten anderer Überlebender, die mittlerweile in der Lage sind, zu berichten, was sie sahen und empfanden, lässt sich ein Bild von den Schrecknissen jener furchtbaren Stunden zeichnen. Sie schildern, dass die Männer und Frauen an Deck wie Korken auf und ab geschleudert wurden. Einige verfingen sich in der Takelage und wurden zermalmt. Die Frauen, von denen etliche später gerettet wurden, waren von den hohen Wellen übers ganze Deck geschwemmt, manchmal weitergetragen und dann mit einem Knall gegen das Gebälk geschleudert worden. Binnen weniger Minuten waren mehrere ihrer Kleider verlustig gegangen, und die Wogen peitschten ihre nackten Leiber.

Ein Passagier, ein Mann aus Liverpool namens Young, hatte im Angesicht des Todes einen Streit mit einem Franzosen. Er hatte einen Platz an Deck gefunden, der den größten Schutz bot, und der Franzose rief ihm zu, er solle einer jungen Dame Platz machen. Young rückte zur Seite, und der Franzose nahm seinen Platz ein. Es folgte ein heftiger Wortwechsel, der damit endete, dass Young dem Franzosen ins Gesicht schlug und ihm drohte, ihn über Bord zu werfen.

Eine Frau sagt aus, ihr Hunger sei so groß gewesen, dass sie gezwungen war, sich irgendetwas in den Mund zu stopfen. So aß sie ein Stück Papier und versuchte, Graupeln, Schneeflocken und Regentropfen aufzufangen.

Ein Steward berichtet, dass sich die deutschen Damen zu einem kleinen Knäuel zusammendrängten und sich alle Viertelstunde abwechselten, jeweils auf dem Schoß der anderen zu sitzen, um sich zu wärmen. Er habe gesehen, wie ein alter Mann über Bord gespült wurde. Dann schleuderte ihn eine große Welle kopfüber wieder aufs Deck, wo ihm buchstäblich die Schädeldecke zerschmettert wurde. Einige Personen wurden durch Wrackteile getötet, die von den Wellen zurückgetragen wurden und sie wie große Speere durchbohrten.

Wenn man die Geschichte des Leidens und des Heldentums, die noch nicht angemessen erzählt worden ist und auch nie angemessen erzählt werden wird, einstweilen auf sich beruhen lässt, ist es doch ein Schock, wie sich die Szenerie im Laufe des Tages gewandelt hat und mittlerweile aussieht, als würde in Hoek van Holland ein Nationalfeiertag begangen. Alle fünf Minuten liefen Ausflugszüge im Bahnhof ein und spien Hunderte Schaulustige aus.

Die glückliche, lachende Menge war zum größten Teil auf Amüsement bedacht. In dem Bahnhof, der eigentlich nur als Durchgangsstation dient, trafen alle möglichen Leute ein, sogar die seit vielen Jahren ersten Bettler, die sich ein einträgliches Abenteuer versprachen. Die Nachfrage nach Erfrischungen war gewaltig, und die Preise verdoppelten sich.

Die Schalter der Great Eastern Railway Company waren umlagert, als würden Lotterielose verkauft. Hier wurden die Berechtigungsscheine zum Besuch des provisorischen Leichenschauhauses ausgegeben. Fast alle Ankömmlinge waren mit Fernrohren oder Feldstechern bewaffnet. Die Damenwelt brachte Operngläser mit.

Sie alle stürzten zu dem Wellenbrecher, der den ganzen Tag über ein einziges schwarzes Band von Menschen war. Sie wagten sich, so weit es irgend ging, auf seine glitschige Oberfläche hinaus. Dahinter waren die sturmgepeitschten Gewässer zu sehen, aus denen das zerstörte Schiffswrack in beredter Nutzlosigkeit aufragte. Andere, die sich einen Berechtigungsschein verschafft hatten, stürzten Hals über Kopf zum Leichenschauhaus, vor dem sich schon eine lange Schlange gebildet hatte wie vor einem Theater.

Heute war das Leichenschauhaus mit Blumen geschmückt, darunter ein großer Kranz von Königin Wilhelmina und ihrem Gemahl Prinz Heinrich. Die Wände waren schwarz verhängt. Strengste Vorsichtsmaßnahmen waren getroffen worden, um zu verhindern, dass Neugierige zu dem Hotel vordrangen, in dem die Überlebenden versorgt wurden, und die enttäuschte Menschenmenge, deren Neugier dort unbefriedigt blieb, wälzte sich zur Landungsbrücke, von wo aus alle halbe Stunde ein Dampfer zur Unglücksstelle hinausfuhr.

Dann, als alles »erledigt« war, ging es Hals über Kopf zurück zu den Zügen.

712

Mittwoch, 27. Februar 1907

Vor drei Jahren in Florenz diktiertes Kapitel über die erste Schreibmaschine,
die Mr. Clemens sah und kaufte; Mr. Clemens der Erste, der
die Schreibmaschine für literarische Zwecke verwendet hat –
Am Silvesterabend Einführung des Telharmoniums in Mr. Clemens' Haus,
sein erstes Auftauchen in einem Privathaus – Zeitungsausschnitte über
die Erschießung William Whiteleys in London;
Mr. Clemens hatte Umgang mit Whiteley und fügt hier ein Kapitel
seiner Autobiographie ein, das vor sieben Jahren in London verfasst wurde
und Whiteley erwähnt

Ich bin keiner, der Geschichte schreibt, aber zwei-, dreimal war ich dabei, als Geschichte geschrieben wurde, und bei diesen Gelegenheiten leistete ich, so gut ich konnte, Hilfestellung. Ich war nie bei einer Schlacht zu Lande oder zur See dabei, bei der Geschichte geschrieben wurde, aber ich war bei Siegen der Zivilisation und der Humanität dabei, die vom menschlichen Geist errungen wurden und von größerem Wert und größerer Wichtigkeit waren als neunundneunzig von hundert unsterblichen Errungenschaften des Schwertes. Ich möchte zurückgehen und an dieser Stelle meiner Autobiographie ein Kapitel einfügen, das ich vor etwas mehr als drei Jahren in Italien diktiert habe.

1904. *Villa Quarto, Florenz, Januar*

Eine Autobiographie in eine Schreibmaschine zu diktieren ist eine neue Erfahrung für mich, aber es läuft sehr gut und wird Zeit und »Ausdrücke« sparen – die Art von Ausdrücken, mit denen man seinem Ärger Luft macht.

Ich habe früher schon in eine Schreibmaschine diktiert – aber keine Autobiographie. Zwischen jener Erfahrung und der gegenwärtigen liegt eine große Kluft – mehr als dreißig Jahre! Fast ein ganzes Menschenleben. In diesem langen Zeitraum ist viel passiert – mit der Schreibmaschine und mit uns allen. Zu Beginn dieses Zeitraums war eine Schreibmaschine eine Kuriosität. Wer eine besaß, war ebenfalls eine Kuriosität. Inzwischen verhält es sich umgekehrt: Wer *keine* besitzt, ist eine Kuriosität. Zum ersten Mal sah ich eine Schreibmaschine im Jahre – in welchem Jahr? –, ich glaube, es war 1871, denn damals war Nasby bei mir, und es war in Boston. Ich nehme an, wir waren auf Vortragsreise, sonst wären wir nicht in Boston gewesen. In dieser oder der folgenden Saison zog ich mich vom Podium zurück.

Aber lassen wir das, es spielt keine Rolle. Nasby und ich sahen die Maschine in einem Schaufenster stehen und betraten das Geschäft, um sie näher zu betrachten. Der Verkäufer erklärte sie uns, zeigte uns Proben ihrer Arbeit und behauptete, sie könne siebenundfünfzig Wörter pro Minute schreiben – eine Behauptung, die wir ihm, wie wir freimütig bekannten, nicht abnahmen. So schickte er seine Tippmamsell an die Arbeit, und wir stoppten sie. Tatsächlich schaffte sie die siebenundfünfzig in sechzig Sekunden. Wir waren fast schon überzeugt, sagten jedoch, vermutlich werde sie das nicht noch einmal wiederholen können. Aber genau das tat sie. Wieder und wieder stoppten wir die Zeit des Mädchens – stets mit demselben Ergebnis: Sie siegte. Sie erledigte ihre Arbeit auf schmalen Streifen Papier, die wir, sowie sie sie aus der Walze zog, in unsere Hosentaschen stopften, um sie als Kuriositäten vorzuführen. Der Preis der Maschine betrug hundertfünfundzwanzig Dollar. Ich kaufte mir eine, und äußerst aufgeregt verließen wir den Laden.

Im Hotel holten wir die Streifen hervor und waren ein wenig enttäuscht, als wir sahen, dass alle dieselben Wörter enthielten. Das Mädchen hatte Zeit und Arbeit gespart, indem sie eine auswendig gelernte Formel benutzte. Wir argumentierten jedoch – verständig genug –, dass die *erste* Schreibmamsell naturgemäß dem ersten Billardspieler vergleichbar sei: Von keinem der beiden könne man erwarten, dass er mehr als ein Drittel oder die Hälfte dessen aus dem Spiel heraushole, was in ihm stecke. Wenn die Maschine überlebte – *falls* sie überlebte –, würden nach und nach Experten auf den Plan treten, die den Ausstoß dieses Mädchens zweifellos verdoppeln könnten. Sie würden hundert Wörter pro Minute schaffen – meine Sprechgeschwindigkeit auf dem Podium. Inzwischen ist dieser Rekord längst gebrochen.

Zu Hause vergnügte ich mich mit dem Spielzeug und wiederholte immer wieder »Der Junge stand auf dem brennenden Deck«, bis ich das Abenteuer des Jungen mit einer Geschwindigkeit von zwölf Wörtern pro Minute tippen konnte; daraufhin griff ich für die ernsten Angelegenheiten wieder zur Feder und benutzte die Maschine nur, um Besucher, die sich danach erkundigten, in Erstaunen zu versetzen.

Nach einiger Zeit stellte ich eine junge Frau ein und diktierte meine ersten und bislang letzten Texte (hauptsächlich Briefe). Die Maschine schrieb nicht (wie heute) Groß- und Kleinbuchstaben, sondern nur Großbuchstaben. Hässliche gotische Großbuchstaben. Ich kann mich noch an den ersten Brief erinnern, den ich diktierte. Er war an Edward Bok gerichtet, damals noch ein Knabe. Seinerzeit kannte ich ihn nicht. Sein gegenwärtiger Geschäftssinn ist nichts Neues – er besaß ihn schon in jungen Jahren. Er sammelte Autographen und gab sich nicht mit bloßen Unterschriften zufrieden, sondern wollte einen ganzen selbstgeschriebenen *Brief*. Den schickte ich ihm – in maschinegeschriebenen Großbuchstaben mitsamt *Unterschrift*. Er war lang; er war eine Predigt; er enthielt Ratschläge; ebenso Tadel. Ich sagte, schreiben sei mein *Handwerk*, mein Broterwerb; ich sagte, es sei nicht fair, einen Mann zu bitten, Proben seines Handwerks zu liefern; würde er den Hufschmied um ein Hufeisen bitten? Würde er den Arzt um eine Leiche bitten?

Nun komme ich auf etwas Wichtiges zu sprechen – wichtig jedenfalls in meinen Augen. Im Jahre 73 schrieb die junge Frau einen beträchtlichen Teil eines meiner Bücher *auf der Maschine* ab. In einem früheren Kapitel dieser Autobiographie habe ich behauptet, der erste Mensch in der Welt zu sein, der, für praktische Zwecke, ein Telefon im Hause hatte; nunmehr möchte ich – bis zum Beweis des Gegenteils – behaupten, dass ich der erste Mensch in der Welt war, der *die Schreibmaschine für literarische Zwecke verwendet* hat. Das Buch muss *Tom Sawyers Abenteuer* gewesen sein. Die erste Hälfte verfasste ich 1872, den Rest 73. Meine Schreibkraft tippte 73 ein Buch für mich ab, daraus schließe ich, dass es dieses war.

Diese frühe Bostoner Schreibmaschine steckte voller Capricen und Defekte – teuflischer Defekte. Sie hatte so viele Laster, wie die heutigen Schreibmaschinen Tugenden haben. Nach ein, zwei Monaten stellte ich fest, dass sie meinen Charakter herabsetzte, weshalb ich daran dachte, sie Howells zu schenken. Er zögerte, da er Neuheiten gegenüber misstrauisch und unfreundlich war und es bis zum heutigen Tage geblieben ist. Doch konnte ich ihn überreden. Er setzte großes Vertrauen in mich, und was die Schreibmaschine betraf, so machte ich ihn Dinge glauben, die ich selbst nicht glaubte. Er nahm sie mit zu sich nach Boston, und meine moralische Verfassung begann sich zu verbessern, die seinige jedoch hat sich nie mehr ganz erholt.

Er behielt sie drei Monate und gab sie mir dann zurück. Danach habe ich sie noch zweimal verschenkt, aber sie wollte partout nirgends bleiben; sie kehrte zurück. Dann schenkte ich sie unserem Kutscher, Patrick McAleer, der sehr dankbar dafür war, schließlich kannte er das Biest nicht und glaubte, ich wolle ihn zu einem weiseren und besseren Menschen machen. Kaum war er ein weiserer und besserer Mensch geworden, tauschte er sie bei einem Häretiker gegen einen Damensattel ein, für den er keine Verwendung hatte, und hier endet meine Kenntnis ihrer Geschichte.

Mittels sorgfältiger und präziser mathematischer Berechnung habe ich herausgefunden, dass Schreibmaschine und Telefon zusammengenommen für die menschliche Rasse wertvoller sind als tausendzweihunderteinundsechzig Schlachten und eine Million siebenhundertzweiundvierzigtausend Fässer Blut. Von den mathematischen Autoritäten der Universitäten Harvard und Yale sind diese Zahlen überprüft und für korrekt befunden worden.

Vor zwei Monaten hatte ich das Glück, bei einer weiteren unblutigen historischen Geburt behilflich zu sein: Am Silvesterabend um Mitternacht machte eine außergewöhnliche Erfindung, das Telharmonium, ihre ersten Erfahrungen mit musikalischen Äußerungen in einem Privathaus, und dieses Haus war das meinige. Die Äußerungen waren klar und süß und kräftig und drangen wie eine sonderbare zauberhafte Überraschung an die Ohren der versammelten Gesellschaft; da keine Musikinstrumente zu sehen waren, konnte man nicht erraten, wo die Töne herkamen. Sie wurden aus drei Meilen Entfernung über die Telefonleitung übertragen und läuteten sehr bewegend und beredt das neue Jahr ein.

Die gegenwärtige Anlage kostet nur zweihunderttausend Dollar, doch man beabsichtigt, zu einem phänomenal billigen Preis von fünf Dollar pro Monat bis zu zwanzigtausend Abonnenten Tag und Nacht mit Musik zu versorgen. Man behauptet, in wenigen Jahren werde fast jeder Mensch der Christenheit derartige Musik im Hause haben. Sollte sich das bewahrheiten, dürfte das Telharmonium als Erzieher und Wohltäter allen anderen großen Erfindungen des Menschengeistes den Rang ablaufen, ausgenommen die beweglichen Lettern und die Druckerpresse. Ich halte es für eine große Auszeichnung, dass es seinen ersten Auftritt in meinem Hause hatte.

Neulich brachten die Zeitungen folgendes Überseetelegramm:

WILLIAM WHITELEY ERSCHOSSEN

LONDONS »UNIVERSALLIEFERANT« IN SEINEM WARENHAUS GETÖTET

Von einem Mann, der sich als seinen Sohn bezeichnete und sich anschließend selbst erschoss – Familie kennt den Angreifer nicht – Panik unter den Käufern – Whiteleys Aufstieg als Kaufmann

Sonderdepesche an die SUN

LONDON, 24. Jan. – William Whiteley, bekannt als »Der Universallieferant«, der das große Warenhaus in Westbourne Grove gründete, das Erste seiner Art in London, wurde heute Nachmittag von einem bisher nicht identifizierten Mann erschossen, der anschließend versuchte, Selbstmord zu begehen.

Mr. Whiteley befand sich in seinem Warenhaus, als der gutgekleidete Mann eintrat und darauf bestand, ihn zu sprechen. Die beiden Männer hatten einen hitzigen Wortwechsel, der damit endete, dass Mr. Whiteley drohte, die Polizei zu rufen. Als er sich umwandte, um in sein Büro zurückzugehen, feuerte der Angreifer aus einem Revolver zwei Schüsse in Mr. Whiteleys Hinterkopf ab, schoss sich danach in die Stirn und brach über dem Leichnam seines Opfers zusammen.

Das interessierte mich, denn vor vielen Jahren hatte ich Mr. Whiteley näher kennengelernt. Er war ein höchst eindrucksvoller Mann. Sein Tod hat sowohl hier als auch im Ausland mehrere interessante Zeitungsartikel ausgelöst. Einen will ich hier einfügen:

WHITELEY, UNIVERSALLIEFERANT

Wie er für einen anglo-indischen Beamten auf Heimaturlaub in London eine Ehefrau fand

An den Herausgeber der Sun – In Zusammenhang mit dem Tod Mr. William Whiteleys, des großen Warenhausfürsten in London, möchte ich einen Vorfall erwähnen, der mir, als ich vor vielen Jahren in Indien war, persönlich bekannt wurde. Mr. Whiteley prahlte damit, dass man in seinem Warenhaus von der Stecknadel bis zum Pflug alles bekommen könne, und bemühte sich, seinem Ruf als »Universallieferant« gerecht zu werden. In den 70er Jahren lebte in der indischen Zentralprovinz ein Ziviloffizier, der den Posten eines Kommissars, des höchsten Ziviloffiziers einer Division, bekleidete und folglich eine bedeutende Rolle in der Gesellschaft spielte.

Während eines Heimaturlaubs in England hatte er geduldig nach einer Ehefrau Ausschau gehalten, jedoch keinen Erfolg gehabt. Kurz bevor er nach Indien zurückkehrte, ging er in Whiteleys Warenhaus und tätigte einige größere Einkäufe; als er es eben verlassen wollte, trat Mr. Whiteley auf ihn zu und fragte ihn, ob er alles gefunden habe, was er benötige. Der Kommissar antwortete: »Ja, Mr. Whiteley, Sie haben mich mit allem versorgt, was ich benötige, bis auf einen Artikel, den aufzutreiben selbst Ihnen nicht möglich sein wird.« »Seien Sie sich da nicht so sicher, Sir!«, entgegnete der Kaufmann. »Sagen Sie, was Sie wünschen, Sir, und ich werde es Ihnen beschaffen.« »Nun, Mr. Whiteley, ich suche eine Ehefrau, und ich glaube kaum, dass Sie mir diesen Artikel beschaffen können.« »O doch, Sir. Wir haben in einer unserer Abteilungen eine neue Verkäuferin, und für eine derartige Anstellung ist die junge Dame viel zu kultiviert und gebildet. Sie ist die Tochter eines Geistlichen und eine Waise. Wenn Sie mir gestatten, werde ich Sie vorstellen und dafür sorgen, dass sie von unserem Handel nichts erfährt!«

Der Kommissar ging in die betreffende Abteilung und wurde der jungen Dame vorgestellt, bei der er wiederum größere Einkäufe tätigte. Das Ergebnis war, dass er schließlich um ihre Hand anhielt. Sie heirateten alsbald und fuhren nach Indien. Während meines Aufenthalts dort war die Dame in der Gesellschaft einer der Divisionen der Zentralprovinz tonangebend. Es heißt, nach der Heirat und vor der Abreise aus England habe der Kommissar Mr. Whiteley aufgesucht, ihm von seinem Erfolg berichtet und gefragt, wie viel er zu zahlen habe. »Oh«, antwortete dieser, »das ist *con amore*. Ein reiner Liebesdienst!«

EIN ANGLO-INDER

Mr. Whiteley wird auch in einem Kapitel dieser Autobiographie erwähnt, das ich vor sieben Jahren in London verfasste. Ich füge es an dieser Stelle ein.

Dollis Hill House, London, 1900. Habe elf Monate in England verbracht; reiste Juni 97 ab; verbrachte Juli, August und September in Weggis in der Schweiz; verbrachte zwei Monate in Wien; dann anderthalb Monate in London (1899); danach zweieinhalb Monate im Dorf Sanna, Schweden; kehrte Ende September 1899 nach London zurück und bin seit nunmehr zwölf Monaten ein winziges Teilchen der Weltmetropole. Dank solcher gelegentlichen Blicke auf London erkenne ich, dass die Stadt sich in mancherlei Hinsicht verändert und in vielerlei Hinsicht nicht.

In letzterer Hinsicht ist London, was man nicht langsam, nicht schwerfällig – denn das sind keine höflichen Bezeichnungen –, sondern konservativ nennen muss. Konservativ ist eine der höflichsten und taktvollsten Bezeichnungen aus dem Benimmbuch. In England bleibt das Telefon, soweit ich es beurteilen kann, ungefähr auf der Stufe stehen, die es vor vier Jahren erreicht hat. In anderen aufgeklärten Ländern sieht man sich stündlich veranlasst, diesen nützlichen Diener zu benutzen, nicht jedoch in England. In London sind Telefone seltener als Kirchen. Vielleicht liegt es daran, dass das Fernmeldewesen der Sache nach ein Monopol in der Hand des Postministeriums ist – eines Ministeriums, das auf übernatürliche und geradezu abergläubische Weise konservativ ist.

Selbst wenn alles dafür spricht, dass das Telefon in neunundfünfzig von sechzig Minuten ein großes Ärgernis darstellt, lässt sich doch nicht übersehen, dass es seinen schlechten Ruf in der verbleibenden Minute normalerweise mit glänzenden Diensten wettmacht, die sein Existenzberechtigung hinreichend begründen. Meiner Erfahrung nach ist ein Leben ohne Telefon gehemmt, behindert und erschwert. Dollis Hill House kommt dem Paradies näher als jedes andere Haus, das ich je bewohnt habe. Aber es gibt kein Telefon, und das hat das Leben hier mitunter zu einer großen Zumutung gemacht. Ein Telefon hat es nie gegeben. Wie ist der Bewohner je ohne eins ausgekommen? Ich weiß es nicht; es ist mir ein Rätsel. Mr. Gladstone war bei dem Besitzer häufiger ein, zwei Monate zu Gast, und wir wissen, dass er auch ohne Telefon in der Lage war, über das Empire zu wachen. Das klingt unglaublich. Er saß im Schatten der Bäume, las, sprach, übersetzte Homer, schritt den Rasen auf und ab und spannte in aller Ruhe und Gemütlichkeit aus – all das ohne Telefon. Und doch gab es Zeiten – Zeiten des Aufruhrs in Indien oder Südafrika oder irgendeiner anderen Ecke des Empires –, da es eine große Belastung für ihn gewesen sein muss, auf den Boten mit Nachrichten aus Downing Street zu warten, und insgeheim wird er sich gewünscht haben, über ein Telefon zu verfügen. Wir wissen, dass er von Dollis Hill House aus das Empire ohne Telefon regierte – das heißt, er tat es, so gut er es unter diesen Umständen vermochte, und er tat es seelenruhig – ein anderer Mann hätte Blut und Wasser geschwitzt. Aber er war stets seelenruhig, oder war er es nur nach außen hin – des Eindrucks wegen? Das können wir nicht wissen. Wir wissen nur, dass die derbe Sitzbank unter seiner Lieblingseiche *keine Rinde auf den Armlehnen hat.* Tatsachen wie diese sprechen lauter als Worte.

In England ist nichts so wie anderswo. Dollis Hill House hat eine Lage wie kein anderes Haus auf dem Planeten. Von der City Londons ist es nur einen Steinwurf entfernt; und doch steht es ganz allein auf einem luftigen Hügel inmitten einer sechs Morgen großen Anlage aus Rasen und Garten, Gebüsch und uralten, dichtbelaubten Bäumen; und hinter dem Drahtzaun erstreckt sich das gewellte Meer aus grünem Gras nach allen Seiten hin, gesprenkelt von den Schatten ausladender Eichen, in deren schwarzer Kühle Schafherden liegen und friedlich träumen. Wovon träumen sie? Dass sie in London sind, der Weltmetropole, Postbezirk N.W.? Durchaus nicht. Sie wissen es nicht. Ich *weiß* es, aber das ist auch schon alles; ich *merke* es nicht. Denn hier gibt es nichts, was auf eine Stadt hindeutet; hier sind wir schlicht und einfach auf dem Land, und es ist so ruhig und so still wie auf des Meeres Grund.

Und so wird es bleiben. Zusammen mit den umliegenden Ländereien ist die Anlage als Park erworben worden, der für alle Zeiten als Gedenkstätte zu Ehren von Mr. Gladstone dienen soll, und in zwei Jahren wird der Park eröffnet werden und frei zugänglich sein.

Kein Telefon. Zwölf Minuten Fußweg bis zur Stein-und-Mörtel-City London, eine fünfunddreißigminütige Fahrt mit dem Einspänner nach Piccadilly – und kein Telefon. Aber in der Regel hat es keinen Sinn, mit Wundern zu hadern – einige von ihnen lassen sich nicht erklären; Tote auferstehen zu lassen ist eins davon, und dies hier ist ein anderes. Mitunter bereitet es uns große Unannehmlichkeiten. Whiteley etwa ist uns stets zu Diensten. Whiteley ist einer jener meines Erachtens nur in London zu findenden Menschen, die sowohl Städten als auch Weltreichen stets zu Diensten sind. Sein nächstgelegenes Warenhaus auf unserer Seite Londons ist meilenweit entfernt. Wir können mit ihm nicht telefonieren, wir können ihm nicht telegraphieren, wir müssen alles per Brief erledigen – und ihm anderthalb Tage Zeit lassen, bevor er die Bestellung ausführt. Das nächstgelegene Telegraphenamt ist zwei Meilen entfernt, das Postamt, das sich um unsere Briefe kümmert, ist noch weiter entfernt, der Postbote kommt nur zweimal am Tag zu uns – um 9 Uhr morgens und 5 Uhr nachmittags. Ein Brief, den wir, gleich zu welcher Stunde, bis 11 Uhr abends in unseren Postkasten einwerfen lassen, wird Whiteley am nächsten Morgen zugestellt, aber nicht eher. Whiteley schickt die Dinge am nächsten Tag um 1 Uhr zu uns hinaus, mit dem Fuhrwerk. Er schickt einem alles, was das Herz begehrt: einen Bischof, eine Köchin, eine Kuh, ein Känguru; Möbel; Rindfleisch, Schinken, Butter, Eis, alles Ess- oder Trinkbare, was der Erdball hergibt; ein Orchester, eine Nigger-Show, ein Bankett mit Tafelgeschirr, Blumen, Kellnern, Tischrednern; eine Braut, einen Bräutigam, Brautjungfern, Trauzeugen, Hochzeitskleider, Brautgeschenke; Wiege, Katze, Hund, Arzt, Rattengift, Ratten, Wetzstein, Schleifstein, Grabstein, Leichenwagen, Leiche – alles, was das Herz begehrt; aber um sicherzugehen, muss man ihm die Bestellung anderthalb Tage vorher durchgeben. Und dann fängt der Ärger an! Ein oder zwei Artikel fehlen, und gerade sie können die wesentlichsten aller Wesentlichkeiten sein. Es mag ein Bischof sein, ein Schinken; was auch immer, mit an Sicherheit grenzender Wahrscheinlichkeit ist es genau das, was man am dringendsten braucht. Der Kutscher hat eine Liste mitgebracht, auf der der fehlende Artikel *verzeichnet* ist. Wo aber steckt selbiger? Er sagt, er habe alles geliefert, was man ihm ausgehändigt habe, und wäscht seine Hände in Unschuld. Kurz darauf kommt die wöchentliche Rechnung, und der fehlende Artikel ist mitberechnet. Jetzt setzt der Briefwechsel ein. Man schreibt Whiteley und teilt ihm mit, dass der betreffende Artikel nie angekommen ist. Whiteley antwortet höflich, er werde der Angelegenheit auf den Grund gehen. Nach einiger Zeit kommt ein weiterer Brief: Whiteley hat beim Kutscher nachgefragt, der fest davon überzeugt ist, alles zugestellt zu haben, was ihm ausgehändigt wurde. Als Nächstes hat er beim Leiter der Schinkenabteilung nachgefragt – oder beim Leiter der Kirchenabteilung, je nach Beschaffenheit des fehlenden Kettengliedes –, der sagt, er wisse, dass er dem Kutscher den Artikel ausgehändigt habe, da er *auf der Liste* stehe. Damit ist die Sache entschieden. Man selbst hat Zeugen, Whiteley hat Zeugen – auf jeder Seite zwei; doch Gerichtsstand ist Whiteleys Haus, nicht das eigene. Also bezahlt man. Das heißt, Whiteley kümmert sich selbst darum; bei Lieferanten seiner Größenordnung muss man Bargeld hinterlegen.

Beim nächsten Mal wiederholt sich der Vorgang; mit demselben Resultat. Man bezahlt. Beim dritten Mal geschieht alles in gleicher Weise. Man bezahlt. Dann gibt man auf. Danach legt man keine Beschwerde mehr ein, sondern bezahlt die ganze Liste einschließlich der fehlenden Artikel und sagt keinen Ton. Das ist unsere Erfahrung. Weshalb gehen wir nicht woandershin? Weil es kein Woanders gibt. Was man, wenn man Erfolg hat, von Whiteley bezieht, ist von guter Qualität; das mag zwar auch bei anderen Weltlieferanten wie Harrod's und den Army & Navy Stores der Fall sein, doch deren Fuhrwerke verlassen die Droschkengrenze nicht, und ich würde sagen, dass wir gut und gerne hundert Meter außerhalb liegen. Whiteley scheint der einzige Weltlieferant zu sein, der alles auf der Erde beschaffen kann außer Schutz für seine Reputation und für die Taschen seiner Kunden. Die anderen liefern einem nicht den kleinsten Teil einer Bestellung ohne unterschriebenen Beleg. Das sieht ganz nach gesundem Menschenverstand aus. Wie Whiteley seinem gigantischen Warenhaus in all den Jahren ohne diese vernünftige kleine Kontrolle zu geschäftlichem Erfolg verhelfen konnte, ist für mich etwas Wunderbares, ein weiteres englisches Wunder. Einmal schickten wir den Army & Navy Stores ein Gesangbuch, einen Korkenzieher oder einen ähnlichen Ausrüstungsgegenstand, um ihn reparieren und wieder funktionstüchtig machen zu lassen, und als wir einen Monat später Gäste hatten, bemerkten wir, dass er fehlte. Die Hausangestellten behaupteten, ihn nicht mehr gesehen zu haben, seit er den Army & Navy Stores zugestellt worden sei. Ich fuhr hinüber und unterrichtete den leitenden Admiral von der Katastrophe, und dieser telefonierte mit dem zuständigen Angestellten, und zwar in aller Seelenruhe. Er war nicht im Geringsten beunruhigt; er wusste, dass er das Ding auftreiben würde. Der zuständige Angestellte brachte sein Buch und zeigte uns die Einträge für den Monat Mai; aus ihnen war ersichtlich, dass der fehlende Artikel am 24. eingegangen, repariert und drei Tage später per Post zurückgeschickt worden war. Der Admiral telefonierte mit einem Verlaufskontrolleur und setzte ihn auf den Artikel an. Der Verlaufskontrolleur verfolgte dessen Spur über das Postamt bis zu unserer Hausangestellten, die ihn in Empfang genommen hatte. »Ach *das*«, sagte sie, »ja, jetzt erinnere ich mich; ich weiß, wo das Ding steckt.« Und sie holte es herbei. Whiteley hätte es hier in Dollis Hill House nicht aufgetrieben, da er unsere Köchin nicht überprüft hätte. Ich bin der Überzeugung, dass die Köchin sämtliche fehlenden Artikel, für die wir Whiteley bezahlt haben, veruntreut hat – zumindest ihren gerechten Anteil daran. Whiteleys System ist darauf berechnet, Köchinnen und Kutscher zu Dieben zu machen – es ergibt sich zwangsläufig.

Seit der Abfassung des obigen Absatzes ist die Notwendigkeit eines Telefons ein weiteres Mal deutlich geworden. In siebzehn Tagen wollen wir eine Seereise antreten, und in acht Tagen müssen wir ausziehen und vorher alles packen. Die Erfahrung hat uns gelehrt, dass es eine Sache ist, in anderen Ländern etwas erledigen zu lassen, und eine andere, in England etwas erledigen zu lassen. In London darf man nicht versuchen, den Ausführenden zur Eile anzutreiben, man muss ihm Zeit geben, kehrtzumachen – Zeit, viele Male kehrtzumachen; Zeit, so lange kehrtzumachen, bis ihm schwindelig wird; solange er noch nicht in dieser Verfassung ist, kann er nichts erledigen. Darum schrieben wir vor drei Tagen an die Army & Navy Stores und fragten, ob man uns für heute 10 Uhr einen Packer schicken könne. Um 3 Uhr nachmittags haben wir den Brief nicht einmal eine Meile von dem Geschäft entfernt aufgegeben, und vermutlich hat man ihn vor 5 Uhr erhalten, denn in diesem Teil Londons gibt es mindestens achtzehn Postzustellungen pro Tag. Am nächsten Vormittag keine Antwort. Am nächsten Tag – gestern – keine Antwort. Am Nachmittag telegraphierten wir und baten um eine Antwort auf unsere Kosten. Am Abend keine Antwort. Alle Vorbereitungen kamen zum Stillstand, und es wurden viele Ausdrücke laut von der Art, die man sich nur denkt, aber nicht äußert, der Pietät zuliebe. Da es kein Telefon gab, konnte man nichts tun. Heute Morgen endlich traf eine schriftliche Antwort ein, datiert auf den gestrigen Tag. Man hätte sich die Mühe machen können, uns ein Ein-Wort-Telegramm zu schicken, und uns damit einige unserer Ausdrücke für ein andermal erspart, aber man tat es nicht. Wie dem Briefkopf zu entnehmen war, kam der Brief von der »Umzugs- und Einlagerungsabteilung«, und man berichtete uns, dass die Abteilung unter dem »Druck der Umzüge zum Quartalstag« ersticke; daher sei es »nicht durchführbar, noch vor dem Ersten einen Packer« zu schicken. Eine Verzögerung von dreizehn Tagen! Das war eine ernste Angelegenheit. Da es kein Telefon gab, ließen wir aufsatteln und trafen, so rasch wir konnten, Notmaßnahmen, indem wir einen Boten zu Harrod's hetzten. Was soll aus dieser Familie werden, wenn sich herausstellt, dass auch Harrod's unter dem Druck des Quartalstages erstickt?

Fünfzehn Minuten später – 13 Uhr 20. Telegramm der Army & Navy Stores: »Heute Nachmittag spricht Beauftragter wegen Packen vor.«

Offenbar ist etwas geschehen; die Erstickungsgefahr der Umzugsabteilung ist gebannt, und dreizehn Tage des Erstickens sind mit einem Atemhauch verschwunden. Ein »Beauftragter« kommt; wahrscheinlich der Admiral selbst. So wichtig war es nun wirklich nicht; für meine Zwecke hätte es ein einfacher Packer der Ankerwache auch getan, was weniger peinlich wäre, denn ich habe nichts, womit ich eine Ehrensalve abfeuern könnte, und keine Möglichkeit, ihn mit der Schiffspfeife an Bord zu begrü-ßen. Außerdem wird es jetzt zwei Packer und zwei Rechnungen geben, denn natürlich wird auch der Mann von Harrod's kommen, den wir zwar nicht wirklich erwarten, den wir aber doch eingeladen haben.

7 Uhr abends. Telegramm der Army & Navy Stores: Es sei nun doch nicht möglich, vor dem 1. Oktober einen Packer zu entbehren.

Vermutlich werde ich die Bündel selbst schnüren müssen.

Später. Vermutlich doch nicht. Morgen will Harrod's, falls möglich, einen Zustän-digen vorbeischicken; wenn wir nicht warten können, will man jemanden vorbeischi-cken, ob möglich oder nicht. Wir antworteten, wir könnten nicht warten, und führten Gründe an, von denen einige zutrafen; die anderen dachte ich mir aus. Der Packer kommt also morgen früh.

Am nächsten Tag. Er ist gekommen.

Dass wir solche Probleme und Sorgen hatten, ist unsere eigene Schuld und eine Folge unserer Unachtsamkeit. Wir wussten, dass in London die Umzugstage diesel-ben wie in jeder anderen Stadt waren – dass sie die gesamte Transportindustrie lähm-ten; und dass man hier genau das Gleiche tun muss, was man in jeder anderen Stadt tun würde: von langer Hand Vorkehrungen treffen oder eben leiden, wenn Hochbe-trieb herrscht. Wenn London umzieht, zieht eine ganze Welt um. Seit einem Monat bestellt eine Million kluger Leute Möbelpacker und Umzugsspediteure und vereinbart Termine, während wir, die Unklugen, dasitzen und ihnen gestatten, den Markt aufzu-kaufen. Bei einem Maiumzug in New York hätten wir das Gleiche getan und festge-stellt, dass der Markt aufgekauft ist, noch ehe wir startbereit sind.

Mag sein, dass wir, seit ich von zu Hause fort bin, den Weltlieferanten importiert haben. Ich hoffe es, denn er ist ein öffentlicher Wohltäter und ein vertrauenswürdiger dazu.

Selten ist bei ihm etwas vergriffen; seine Waren sind nur wenig mehr wert, als er dafür verlangt; verderbliche Waren, wie Obst, Gemüse, Blumen, Fleisch, Eier, Brot, Kuchen, Torten etc., sind nicht alt, sondern frisch; er liefert alles vor die Haustür, und auch wenn man ihm, falls man weiter entfernt wohnt, für die Ausführung der Bestel-lung viel Zeit lassen muss, treffen die Waren doch mit Sicherheit zum vereinbarten Zeitpunkt ein – man kann seine Uhr nach dem Fuhrwerk stellen. Er hat dem Leben in

724

London vier oder fünf Sechstel seiner Schwierigkeiten genommen. Wenn man schon ganz zermürbt ist, weil man vierzehn Tage lang durch London gerast ist, um mit Hilfe eines Maklers das richtige Landhaus aufzuspüren, und am Ende verzweifelt, fährt man zu den Army & Navy Stores, die schauen dort auf einer Liste nach und finden binnen fünfzehn Minuten ein Dollis Hill House. Ebenso beschafft einem der Weltlieferant Hausangestellte; ebenso Kutsche, Kutscher, Pferd und Geschirr; ebenso verschiedene Sorten Pferdefutter; und ohne dass man es mitbekommt, werden die Vorräte Woche für Woche wieder aufgestockt. Wir haben große Erfahrung mit den Army & Navy Stores, mit Harrod's und Whiteleys und halten sie für die besten Freunde, die hilflose und unbesonnene Menschen nur haben können. Jedes Land hat Ideen, die es wert sind, von anderen übernommen zu werden, und ich finde, die Idee des Weltlieferanten sollte von allen großen Städten übernommen und eingebürgert werden.

Die Army & Navy Stores sind eine Institution, die vor dreißig oder vierzig Jahren von einer kleinen Gruppe Armee- und Marineangehörigen mit einem bescheidenen Startkapital ins Leben gerufen wurde – nicht um zu spekulieren, sondern in der Absicht, ihre laufenden Ausgaben zu reduzieren. Aus diesem kleinen Samenkorn sind sie durch eigenes Verdienst zu ihrer gegenwärtigen gigantischen Größe und zu ungeheurem Reichtum angewachsen. Falls die Gründer ihre Anteile behalten haben, dürften sie jetzt sehr wohlhabend sein, selbst diejenigen, die nur einen Monatssold beigesteuert hatten. Die kleine Aktionärsgruppe von damals hat sich mittlerweile auf zwanzigtausend erweitert, und ihre paar Dutzend Guineen haben sich zu Millionen vermehrt.

Ich vermute, es war ein Verrückter, der das Londoner System der Angabe von Adressen erfunden hat. Um genauer zu sein, der Nichtangabe von Adressen. Ich vermute, dass es jedes Jahr viele Droschkenkutscher und Postboten um den Verstand bringt. Die Stadt ist ein riesiges planloses Spinnennetz aus Straßen, die kreuz und quer wild durcheinanderlaufen, nirgendwo beginnen, nirgendwo enden und in keine bestimmte Richtung führen, sondern ziel- und wahllos umherwandern. Sie erstrecken sich über Dutzende und Aberdutzende Kilometer, und in der Regel ist jede nur dreihundert Meter lang und ändert ihren Namen jedes Mal, wenn sie um die Ecke biegt – was sie ständig tut. Dieses verwirrende Chaos und Durcheinander übersteigt jede Vorstellungskraft; ein Fremder meines Zuschnitts kann keine Viertelmeile laufen, ohne den Rückweg zu verfehlen. Es gibt elf Queen Streets, zwei oder drei Dutzend King

Streets, eine ganze Bibliothek von Duke Streets und so weiter, und sie sind über die ganze Stadt verteilt; wenn man also in dem Wust von Straßen, die denselben Namen tragen, eine ganz bestimmte sucht, kann man gleich nach Hause gehen und aufgeben, denn man wird nie herausfinden, wo man danach suchen soll.

In einigen Straßen sind die Häuser nummeriert, aber es gibt weite Gebiete, wo die Häuser lediglich einen Namen haben – wie etwa Dollis Hill House – und keine Nummer. Manchmal heißt eine Straße Terrace, manchmal Lane, manchmal Alley, manchmal Place, manchmal Court, manchmal Garden, manchmal Crescent, manchmal Square, manchmal Circus, manchmal Avenue und so weiter – was immer sie davor schützt, identifiziert zu werden. Man kann in einer Straße mit Wohnhäusern an einem Block nach dem anderen vorübergehen, die nur Namen tragen, aber – keine Hausnummern: Idlewild, Horsechestnut Hall, Leslie Villa, Hollyhock Retreat, The Elms, The Oaks, The Pines, Windermere, Strawberry Cottage, Inglenook, Seafield House, Sanctified Rest und so weiter. Der Postbote muss alle diese Namen auswendig lernen. Jedes Jahr kommen Tausende hinzu. Der Droschkenkutscher hat es noch schwerer als der Postbote, denn er muss die ganze Stadt kennen. Und er kennt sie tatsächlich, auch wenn es einem unglaublich vorkommt, wirft man einen Blick auf den Londoner Stadtplan. Sie so zu kennen, wie er sie kennt, erfordert ein umfassendes Gedächtnis und ein ungewöhnlich aufnahmefähiges dazu, denn es muss Gegenden geben, die er kaum zweimal im Jahr sieht. Es heißt, dass er, solange er die Prüfung nicht bestanden hat, keine Konzession erhält. Natürlich ist es so – man weiß es, auch ohne dass es einem gesagt wird. Ich vermute, dass nur wenige bestehen und viele durchfallen. Der Droschkenkutscher kennt London, aber er kann nicht jede Einzelheit wissen – was jenseits aller menschlichen Möglichkeiten liegt. So gibt es etwa mehrere Droschkenkutscher, die in Schwierigkeiten geraten, wenn sie versuchen, Nr. 7 Cromwell Gardens zu finden. Auf der Suche nach dem Haus Nr. 7 fahren sie geduldig die große Allee auf und ab, aber sie finden es nicht. Das liegt daran, dass sich Nr. 7 Cromwell Gardens gar nicht in Cromwell Gardens befindet – sondern um die Ecke in einer anderen Straße. Und wenn sie versuchen, Albert Gate Mansions zu finden, scheitern sie wahrscheinlich ebenso, weil sich dieses Gebäude nicht in Albert Gate befindet, sondern in Knightsbridge. Wenn sie versuchen, Wellington Court zu finden, suchen sie natürlich nach einem Gerichtshof; aber sie sind auf der falschen Fährte, denn es ist kein Gerichtshof, es ist ein Wohnhaus. Man muss lernen, Namen so auszusprechen, wie

Droschkenkutscher und Polizisten sie aussprechen – andernfalls sorgt man für Verwirrung. Cromwell ist dafür ein gutes Beispiel. Man sagt: »2 Cromwell Houses.« Der Droschkenkutscher blickt verstört drein, lässt aber anfahren. Nach einiger Zeit fällt einem auf, dass er auf seiner Fahrt andere Kutscher anhält, ihnen offensichtlich Fragen stellt – und anscheinend keine befriedigenden Antworten bekommt. Gleich darauf hält er abermals an und fragt einen Polizisten, und man steckt den Kopf aus dem Fenster und lauscht – jetzt erst bemerkt man, dass man sich in einem Teil Londons befindet, den man nie zuvor gesehen hat. Der Kutscher spricht einen Namen aus, der vage an Cromwell erinnert, einem aber nicht vertraut ist. Der Polizist sagt, einen solchen Ort gebe es in London nicht; dann tritt er an die Kutsche heran und bittet einen, die Adresse zu wiederholen. Man sagt: »2 Cromwell Houses.« Er denkt eine Minute angestrengt nach, dann erhellt sich seine Miene, und er sagt zum Kutscher: »Er meint *Krumml* – Krummlowzez.« Mit der Zeit habe ich gelernt, die Adresse richtig auszusprechen, und werde seitdem mit Respekt bedacht. Wenn man zur Nr. 9 Harley Gardens möchte, mag die Reise unter Umständen vielversprechend beginnen, aber ankommen wird man dort nicht. Man kommt in Airley Gardens an. Das weiß ich aus Erfahrung. Man muss lernen, die *h* richtig zu verteilen, dann wird man Erfolg haben und den Respekt des Kutschers obendrein. Es ist ganz einfach: Man sagt Airley, wenn man Harley meint, und Harley, wenn man Airley meint.

Donnerstag, 28. Februar 1907

Der Strafprozess gegen Thaw und Stanford Whites Charakter –
Colonel Harveys Parabel über den Fall, aus Harper's Weekly *kopiert*

Die schrecklichste *cause célèbre* der neueren Zeit wird noch vor Gericht verhandelt, doch ihr spektakulärster Aspekt fand vorgestern ein Ende. Dieser Aspekt war die Zeugenaussage Mrs. Thaws, der schlanken und für ihre Schönheit gefeierten Kindfrau des jungen Thaw, jenes flotten jungen Mannes, der des Mordes an dem begabten und berühmten Architekten Stanford White angeklagt ist. Viele Tage lang stand das Mädchen täglich im Zeugenstand unter Beschuss, und Stunde für Stunde beantwortete sie die Fragen der Anwälte mit dem Ergebnis, dass die gesamte christliche Welt mit den vergangenen sechseinhalb

727

Jahren ihres Lebens inzwischen ebenso intim vertraut ist wie sie selbst. Alle Einzelheiten ihres Kommens und Gehens, seit sie fünfzehneinhalb Jahre alt war und sämtlichen Schurken New Yorks mit ihrer unvergleichlichen Schönheit den Kopf verdrehte, bis jetzt, da sie zweiundzwanzig ist, sind in Druck gegangen; in allen christlichen Gemeinden des Erdenrunds sind diese Einzelheiten täglich in nicht enden wollenden Überseetelegrammen und Depeschen der Associated Press erschienen, von jedermann verschlungen und von allen Zeitungen kommentiert; nie zuvor ist ein solches Festgelage feiger Verbrechen und zum Himmel stinkenden Drecks vor den Augen der Welt ausgerichtet worden; bislang waren derlei Gelage stets lokale Angelegenheiten gewesen, von denen man außerhalb der Ortsgrenzen kaum je hörte – doch alle Könige und alle Kaiser, alle Höher- und alle Niedrigergestellten, alle Sauberen und alle Unsauberen haben an Thaws grässlicher Tafel gespeist und um Nachschlag gebeten.

Die Zeugenaussage des Mädchens stellt zudem sechs Jahre in Stanford Whites Karriere an den Pranger. Die Zeugin beschuldigt den Architekten mittleren Alters – der reich war, in seinem Beruf höchstes Renommee genoss und eine Frau mittleren Alters sowie einen erwachsenen Sohn hatte –, junge Mädchen eifrig, fleißig, gierig und reuelos ins Verderben getrieben zu haben. Diese Tatsachen waren in New York seit vielen Jahren bekannt, bis jetzt aber nie offen ausgesprochen worden. Im Zeugenstand, in Hörweite der mit Männern überfüllten Zuschauerbänke, berichtete das Mädchen bis ins kleinste Detail, wie White ihr nachgestellt habe, bis hin zu Einzelheiten seines grauenhaften Sieges – eines Sieges, dessen Einzelheiten man ohne Übertreibung als unpublizierbar bezeichnen kann; dennoch wurden sie mit Ausnahme von vier besonders abscheulichen Sätzen von den Tageszeitungen gedruckt und der Welt preisgegeben.

New York weiß seit Jahren, dass der hochgebildete und überaus fähige Stanford White eine scham- und mitleidlose wilde Bestie war, die sich als menschliches Wesen ausgab; und nur wenige, wenn überhaupt jemand, sind sich darin unschlüssig, ob er nicht schon längst von einem wohlmeinenden Freund der Menschheit hätte abgeschlachtet werden sollen.

Nach unseren infamen Gesetzen wird der Verführer nicht bestraft und fällt nicht einmal in Ungnade, sein Opfer dagegen und ihre ganze Familie und Verwandtschaft sind mit einem bleibenden Makel behaftet – einem Makel, den die Jahre nicht tilgen, ja nicht einmal verringern können. Unsere Gesetze brechen dem Opfer und dessen Angehörigen das Herz, sie ruinieren ihr Leben und lassen den Verführer ungestraft ausgehen. Ich bin von Natur aus nicht hart – ich bin das genaue Gegenteil –, doch wenn ich das Sagen hätte, würde der Verführer mitten auf einem öffentlichen Platz und vor den Augen der ganzen Welt bei lebendigem Leibe gehäutet werden.

Während der letzten fünfzehn, zwanzig Jahre bin ich mit Stanford White hin und wieder flüchtig in Berührung gekommen. Er hatte eine sehr herzliche, fröhliche Art und stand in dem Ruf, grenzenlos großzügig zu sein – Männern gegenüber – und gütig, entgegenkommend und freigebig mit seinem Geld – Männern gegenüber; nie aber konnte man ihm nachsagen, in seiner geistigen Verfassung auch nur einen Fetzen Mitleid mit einer Frau ohne Freunde zu haben. Trotz seines hochgemuten und leutseligen Charakters und seines herzlichen Auftretens hatte er etwas Abstoßendes. Ich war nicht der Einzige, der so empfand; in der Vergangenheit erwähnten auch andere mir gegenüber dieses Gefühl. Tom Reed, dieser wunderbare Mensch, war einer von ihnen. Als wir vor mehreren Jahren mit Henry Rogers in der Karibik segelten und eines Tages in der großen Lobby des Hotels in Nassau saßen, tauchte in der Menge die majestätische Gestalt Stanford Whites auf, der, seine grauhaarige Frau am Arm, an uns vorbeimarschierte. Tom Reed sagte:

»Er gilt als guter Kerl, aber wenn er vorübergeht, rieche ich die Moderluft des Beinhauses.«

Nunmehr liegt unserem Land die Frage vor, ob es Zeitungen erlaubt sein soll, die entsetzlichen Einzelheiten dieses Prozesses zu drucken. Auf beiden Seiten sind triftige Argumente vorgebracht worden, und ich habe sie aufmerksam gelesen, aber noch sehe ich mich nicht in der Lage, mir eine Meinung zu bilden. Mangels eines eigenen Standpunktes werde ich jetzt Harveys Parabel aus *Harper's Weekly* wiedergeben, die mir gefällt, da sie Stanford White richtig und angemessen charakterisiert.

Autobiographische Diktate

Der Mann, der Babys verspeiste

DER Präsident der Vereinigten Staaten ist der Auffassung, dass Zeitungen, die »die abstoßenden Einzelheiten des Strafprozesses gegen THAW vollständig« wiedergeben, nicht als Postsendungen zugelassen werden sollten. Vielleicht nicht. Vielleicht braucht nicht das ganze Land sämtliche Einzelheiten zu wissen, doch unserer Meinung nach braucht New York die meisten davon, und es wäre kein Gewinn, sondern ein Schaden für die Moral, wenn die Zeitungen daran gehindert würden, sie zu drucken.

Wir wollen versuchen, das zu erklären.

Es war einmal ein Mann, der hatte das unvergleichliche Unglück, mit der Manie behaftet zu sein, Babys zu verspeisen. Es war ein außergewöhnlicher Mann von erstaunlicher Energie, von bemerkenswertem Talent, von vielen gewinnenden Charaktereigenschaften und von ungeheurem Fleiß. Er verfügte über eine gute Ausbildung und eine gute gesellschaftliche Position; er verdiente eine Menge Geld; und der stete Einsatz seiner intellektuellen Gaben machte ihn für die Gesellschaft wertvoll. Für einen Mann seines Berufsstandes gab es in realistischer Reichweite nichts, was er nicht erlangen konnte, doch über dem, was eine wunderbare Karriere hätte sein sollen, lag stets der Schatten einer auffälligen Neigung, deren genaue Ausmaße und Besonderheiten vielen nicht vollauf bekannt waren. Ein paar Männer, die die gleiche Manie hatten, waren zweifellos im Bilde; andere wussten recht gut Bescheid; und das Wissen, dass er kannibalische Neigungen von größerer Intensität und merkwürdigerem Umfang besaß und befriedigte als jene, die unter unbesonnenen Männern normalerweise vorherrschen, war so gut wie öffentliches Allgemeingut. Es gab ein aufrichtiges Vorurteil gegen ihn. Menschen von beträchtlicher Duldsamkeit gegenüber exzentrischem Verhalten schätzten es nicht, sich mit ihm im selben Zimmer aufzuhalten. Empfindliche Mägen drehten sich instinktiv um. Und doch wurde er toleriert, denn schließlich hatte ihn niemand jemals ein Baby verspeisen sehen.

Eines Tages schlug ihm ein anderer Mann – ein ganz und gar wertloser Mensch – auf den Kopf und sorgte dafür, dass seine erbärmliche Seele aus seinem Körper entwich. Das erregte großes Aufsehen, denn der Mann, der getötet worden war, war weithin bekannt und sein Angreifer berüchtigt. Es folgten ausführliche Diskussionen über Charakter, Qualitäten und Leistungen des Toten. Sein Leumund wurde in Frage gestellt, aber auch wärmstens verteidigt. Wenn versichert wurde, er sei ein Ungeheuer gewesen, so lautete die Entgegnung, im Wesentlichen sei er kein schlimmeres Ungeheuer gewesen als viele andere Männer auch, man müsse die Männer so nehmen, wie sie sind, und solchen von Talent besondere Zugeständnisse machen. Wenn geraunt wurde, er habe Babys verspeist, so lautete die Antwort, das sei absurd; worin seine Mängel auch bestanden haben mochten, er sei der hilfsbereiteste und gutmütigste Mensch der Welt gewesen, besonders kinderlieb und nett zu den Kleinen; sollte er jemals Babys verspeist haben, habe er bei deren Auswahl stets Vorsicht walten lassen, die Kinderzimmer seiner Bekannten scheine er verschont und gewöhnliche Babys niedriger Herkunft ausgewählt zu haben, die ohnehin dazu geboren waren, verspeist zu werden, nicht vermisst würden und überdies in vielen Fällen gar nicht so klein gewesen seien, wie behauptet werde.

So ging die Diskussion weiter und nahm im Laufe der Monate zu und wieder ab. Eines Tages jedoch wurde eine große weiße Leinwand gespannt, groß genug, dass alle Welt sie sehen konnte, es wurde eine Laterne aufgestellt, die ein Licht von wunderbarer Leuchtkraft spendete, und daraufhin erschien eine Gestalt namens Nemesis, die etwas unter dem Arm trug und die Bedienung der Laterne übernahm. Und dann flimmerten den ganzen Tag über bewegte Bilder von dem armen Monomanen und einem Baby über die große Leinwand – wie er es gefunden, angelockt, umschmeichelt und schließlich zu seinem Bau gebracht, für seine Tafel zubereitet und verspeist hatte.

Nun, es wurde behauptet, die Bilder seien schockierend und man hätte der Öffentlichkeit nicht erlauben dürfen, sie anzuschauen. O ja, sie waren schockierend; so schockierend wie keine Bilder zuvor. Doch eigneten sie sich ausgesprochen gut dazu, das Verspeisen von Babys unpopulär zu machen.

Anhang

Verzeichnis
der behandelten Gegenstände

Mark Twains Autobiographie

[Autobiographische Diktate/April 1906 – Februar 1907]

[1906]

2. April	Regierung des neuen Territoriums Nevada – Gouverneur Nye und die Witzbolde – Mr. Clemens beginnt Leben als Journalist beim *Virginia City Enterprise* – Berichtet über Sitzungsperiode der Legislative – Er und Orion leben im Wohlstand – Orion baut Zwölftausend-Dollar-Haus – Gouverneur Nye verwandelt das Territorium Nevada in einen Staat
3. April	Noch einmal der Barnes-Zwischenfall – Barnes zum Postmeister von Washington ernannt – Mr. Clemens bereitet Rede über König Leopold von Belgien vor, zieht sie jedoch zurück, nachdem er erfährt, dass unsere Regierung in dieser Angelegenheit nichts zu unternehmen gedenkt – Beabsichtigt, im Majestic Theatre über den »amerikanischen Gentleman« zu sprechen, gibt sich angesichts der Länge des ersten Programmteils aber geschlagen – Theodore Roosevelt, *der* amerikanische Gentleman – Mark-Twain-Brief bei Nast-Auktion für dreiundvierzig Dollar verkauft – Telegraphischer Bericht, dass Mr. Clemens in London im Sterben liege – Reporter interviewen ihn für amerikanische Zeitungen
4. April	Noch einmal der Morris-Fall – Was diese Autobiographie leisten möchte: ein Spiegel sein – Mehr über die Nast-Auktion; Lorbeeren für Mr. Clemens – Zeitungsausschnitte über den Empfang des Women's

University Club; Mr. Clemens kommentiert sie – Vassar-Benefizveranstaltung im Hudson Theatre; Mr. Clemens trifft viele alte Freundinnen

5. April Miss Mary Lawton die aufgehende Sonne, Ellen Terry die untergehende Sonne – Ellen Terrys Abschiedsbankett zu ihrem fünfzigsten Bühnenjubiläum – Mr. Clemens' Überseetelegramm – Mr. Clemens hat eine ausgezeichnete neue Idee für ein Theaterstück; Mr. Hammond Trumbull erstickt sie im Keim – Orion Clemens wird nicht zum Sekretär des Staates gewählt – Nach einer Empfehlung von Mr. Camps verspekuliert sich Mr. Clemens – Mr. Camp bietet an, die Ländereien in Tennessee für zweihunderttausend Dollar zu kaufen. Orion lehnt ab – Soeben entdeckt Mr. Clemens, dass ihm von den Ländereien in Tennessee noch tausend Morgen gehören – Orion kommt an die Ostküste, erhält eine Stelle bei der *Hartford Evening Post* – Nach verschiedenen Geschäftsvorhaben kehrt er nach Keokuk zurück und versucht es mit der Hühnerhaltung

6. April Mr. Clemens' derzeitiges Haus wegen Abwesenheit von Sonnenschein unzulänglich – Mr. Clemens begegnet Etta am Washington Square – Erinnert sich an den Ballsaal in Virginia City vor vierundvierzig Jahren – Orion wird fortgesetzt; erfindet Holzsägemaschine; erfindet Dampfkanalboot; sein lustiges Erlebnis in der Badewanne – Bill Nyes Geschichte – Orions Autobiographie – Sein Tod

9. April Brief eines französischen Mädchens einschließlich einer Depesche über *Huckleberry Finn* – Der Juggernaut Club – Brief eines Bibliothekars der Brooklyn Public Library zu *Huckleberry Finn* und *Tom Sawyer* – Mr. Clemens' Antwort – Eine Unmenge von Reportern versucht den Inhalt des Briefes zu erfahren

10. April Brief eines Kindes über den Hinauswurf von *Huckleberry Finn* aus der Concord Library – Botschafter Whites Autobiographie – Mr. Clemens' Version der Fiske-Cornell-Episode – Ein weiteres Beispiel seiner erfolgreichen Arbeitsbeschaffungsmaßnahme für Erwerbslose – Jener Klient gewinnt den Fiske-Prozess

11. April Mr. Frank Fuller und die Begeisterung, mit der er Mr. Clemens' ersten New Yorker Vortrag lancierte – Beschert ihm keinen Reichtum, aber Ruhm – Führt zu einer Vortragsreise unter der Leitung Redpaths – Zeitungsausschnitt bezüglich Frank Fuller sowie Mr. Clemens' Kommentare – Zeitungsausschnitt über Olive Logan sowie Mr. Clemens' Kommentare – Mr. Clemens' Ansichten über Selbstmörder

21. Mai Frühe Erfahrungen als Autor – Veröffentlichung des »Springfroschs« in einem Band mit Skizzen – Begegnung mit Carleton in Luzern – Seine

Entschuldigung für die Weigerung, Mr. Clemens' Buch mit Skizzen zu veröffentlichen – Schwierigkeiten, die das Erscheinen der *Arglosen im Ausland* begleiten

23. Mai Webb behauptet, dass der *Springfrosch* zwar positiv aufgenommen worden sei, er selbst aber aufgrund der Unredlichkeit der American News Company keinen Cent daran verdient habe – Mr. Clemens schließt Vertrag mit der American Publishing Company für *Die Arglosen im Ausland* und untersagt Veröffentlichung des *Springfroschs* durch Webb – Findet hinterher von der American News Company heraus, dass Webb ihn betrogen hat – Bedingungen des Vertrages mit Bliss für *Durch dick und dünn* und *Bummel durch Europa*

24. Mai Mr. Clemens versucht, der American Publishing Company seine Verträge abzukaufen, und bietet sein nächstes Buch *Alte Zeiten auf dem Mississippi* schließlich James R. Osgood an, der es per Subskription veröffentlicht und Schiffbruch erleidet – Als Nächstes veröffentlicht Osgood *Der Prinz und der Bettelknabe* – Mr. Clemens kauft zahllose Patente, verliert an allen Geld; außerdem Aktien der Accident Insurance Company in Hartford – Beschreibung des Senators Jones – Mr. Clemens weigert sich, Telefonaktien zu kaufen

26. Mai Mr. Clemens wird sein eigener Verleger und macht Webster zum Generalagenten in der Firma Webster & Company, Publishers – Webster veröffentlicht erfolgreich *Huckleberry Finn* – Whitford von der Firma Alexander & Green setzt den Vertrag auf – Vortragsreise mit George Cable – Abschiedsrede am 19. April

28. Mai Mr. Clemens sucht General Grant auf, als dieser gerade im Begriff ist, einen Vertrag mit der Century Company über die Veröffentlichung seiner Memoiren gegen 10 Prozent Tantiemen zu unterzeichnen – Mr. Clemens bringt ihn davon ab und entscheidet schließlich, sie selbst zu veröffentlichen – Bedingungen, zu denen sie veröffentlicht wurden

29. Mai Websters feines neues Quartier – Mr. Clemens stattet General Grant einen Besuch ab, als er hört, dass dessen Halsschmerzen als Krebs diagnostiziert worden sind – General Grant erzählt ihm, auf welche Weise Ward ihn betrogen hat

31. Mai Der herrliche Morgen und der majestätische Mount Monadnock – Mr. Clemens spricht in dieser Autobiographie freimütig, weil er aus dem Grab spricht – Glaubt nicht an die Unsterblichkeit – Webster ein Jude – Am letzten Tag von Arthurs Amtszeit wird im Kongress ein Gesetzentwurf eingebracht, mit dem Grant wieder zum General ernannt wird – Grants Gleichgültigkeit gegenüber Elogen

1. Juni	General Grant wünscht Mr. Clemens' Einschätzung der literarischen Qualität seiner Memoiren – Mr. Clemens stellt sie in eine Reihe mit Caesars *Commentarii* – Depews beste Rede – Buckners Besuch bei General Grant – General Grants Tod – Erfolg der Memoiren und Websters angeschwollener Kopf – Webster verdächtigt seinen Buchhalter Scott
2. Juni	Prüfung der Bücher und Bestrafung Scotts, der sechsundzwanzigtausend Dollar gestohlen hatte – Webster lehnt Bücher ab, die Mr. Clemens veröffentlichen möchte, und akzeptiert wertlose – Schließlich nimmt er Medikamente, und Mr. Clemens findet ihn ab – Auf ihn folgt Hall – Webster akzeptierte Stedmans *Bibliothek der amerikanischen Literatur*, die den Bankrott der Firma zur Folge hatte – Mr. Clemens tritt seine Vortragsreise um die Welt an und zahlt binnen dreizehn Monaten alle seine Schulden ab – J. W. Paige und die Setzmaschine
4. Juni	Morgen vor zwei Jahren starb Mrs. Clemens – Mrs. Clemens' Krankheit und die Reise um die Welt – Das Haus in der West 10th Street und Mrs. Clemens' Überforderung – Drei Monate in den Adirondacks – Haus in York Harbor – Fahrt dorthin auf Mr. Rogers' Yacht – Mrs. Clemens' Angst vor Herzbeschwerden – Howells' Besuch und die seltsame Geschichte, die er erzählte
6. Juni	Die Feierlichkeiten in York Harbor – Mrs. Clemens' angeschlagene Gesundheit – Zum letzten Mal Gastgeberin der schönen »amerikanischen Fremden«, eingeführt von Carmen Sylva – Rückkehr nach Riverdale im Krankenwaggon – Die Saison der Unaufrichtigkeit
7. Juni	Die Schwierigkeiten von Claras Situation während der Krankheiten ihrer Mutter und ihrer Schwester – Der Brief an Susy Crane – Mr. Clemens' Version der Geschichte von Mr. Howells – Fahrt mit Mrs. Clemens nach Florenz und ihr Tod daselbst
11. Juni	Der schöne Morgen – Vornehme Lage des Hauses – Der einzige Nachteil: Einsamkeit – Besuch von dem Reh – Mitgefühl mit Adam und Eva im Garten Eden – Ausbruch des Vesuvs – Erdbeben in San Francisco
12. Juni	Das Erdbeben in San Francisco – Madame Sembrichs Erlebnis – Die merkwürdige Abwesenheit von Angst bei allen, die von dem Erdbeben betroffen waren – Mr. Clemens spricht von dem »Großen Beben« in San Francisco, das sich ereignete, als er dort lebte – Von Mr. Richard Williams erfährt er, dass Steve und Jim Gillis unversehrt sind
13. Juni	Die Tage als Reporter des *Morning Call* – Smiggy McGlurals Ankunft und Mr. Clemens' *Kündigung* – Die Zerstörung des *Morning-Call*-Gebäudes während des jüngsten Erdbebens – Gute Zeiten mit Bret Harte im Büro des *Morning Call*

8. August	Die Unverfrorenheit dilettantischer literarischer Bemühungen – Heute Abend wird Scharade gespielt – Aus Susys Biographie: Die Aufführung von *Der Prinz und der Bettelknabe* in Mr. Warners Haus
10. August	Aus der *Westminster Gazette* ein Zeitungsausschnitt, der eine Aussage aus »Evas Tagebuch« kritisiert und sie pietätlos nennt – Mr. Clemens antwortet – Mr. Higbies Manuskript – Mr. Clemens' Antwort – Auszug aus Mr. Higbies Essay
11. August	Der Mensch unfähig, einen originellen Gedanken hervorzubringen; nimmt nur Anregungen von außen auf – Mitteilung an Andrew Carnegie mit der Bitte um ein Gesangbuch – John T. Lewis' Leibrente – Mr. Rogers' Zweifel an John T. Lewis' Existenz – Zwei Briefe von Lewis – Kipling kommt nach Amerika – Besucht Mr. Clemens in Elmira
13. August	Kiplings Besuch bei Mr. Clemens in Elmira wird fortgesetzt – Einige seiner Bücher werden erwähnt
15. August	Erste Schultage – Gebete um Lebkuchen
27. August	Zwei Beispiele für ein bemerkenswertes Namens- und Personengedächtnis – General Grant und König Eduard
28. August	Higbies Antwort auf Mr. Clemens' Kritik seines Artikels – Urlaub in Bar Harbor, wo ein Zwischenfall Mr. Clemens seinen Plan für das Erlernen improvisierter Reden in Erinnerung ruft, den er vor langer Zeit im Fellow-Craftsmen's Club ausprobierte – Derselbe Plan wird an Bord von Mr. Rogers' Yacht in Bar Harbor ausprobiert
29. August	Brief einer Dame über die »Geschichte eines Pferdes« und Mr. Clemens' Antwort – Das Projekt einer gemeinschaftlich verfassten Erzählung – Zwei Briefe einer Dame, die versuchte, den Opfern von San Francisco zu helfen, indem sie das Kostüm der Frau ihres Bruders aus »rainer« Wolle beisteuerte – Erinnerungen an Kapitän Ned Wakeman und ein Auszug aus dessen Brief an Mr. Twichell
30. August	Mr. Clemens' Methode, Geschichten zu schreiben – Erzählt, wie einige seiner Geschichten begonnen wurden, wie sie manchmal jahrelang unvollendet blieben – Einige sind nie beendet worden – Ärger mit Telefonen – Miss Lyons Ferngespräch mit Clara Clemens – Mr. Scovel tut eine Klausel des Fernmeldegesetzes kund
31. August	Mr. Clemens ernennt zwei Schüler und erprobt seine Methode der Stegreifrede im Dubliner Clubhaus – Erzählt von seinem zweiten Vortrag und der Wiederholung der Geschichte über Horace Greeley – Erzählt dieselbe Geschichte später in der Chickering Hall – Die siebenteilige Fotoserie von Mr. Clemens – Brief seines lange verschollenen Liebchens Laura Wright – Erinnerungen an sie; an Youngblood, den Lotsen; und

Eigenschaften, verglichen mit den Eigenschaften von Menschen – Die Hässlichkeit von Herrenbekleidung

9. Oktober Auszug aus Susys Biographie über den Besuch in Onteora – Beschreibung der Hinterwäldler

10. Oktober Der Besuch in Onteora – Dinner bei Mrs. Dodge – Mr. Clemens' Methode, den Lärm bei Tisch abzustellen – Einige der Streiche, die Dean Sage Mr. Twichell spielte

11. Oktobere [Ein Kompliment von James Redpath – Redpaths Wesen – Als Ossawatomie Browns Helfer in den Tagen des »Blutenden Kansas«]

12. Oktober Redpath und der Anführer der Jayhawkers beim Pressedinner in Boston

15. Oktober Auszug aus Susys Biographie über Sour Mash und die Fliegen – Mrs. Clemens' Experiment zur Vernichtung der Fliegen im Haus in Hartford – Auszug aus Susys Biographie über Seifenblasen; Mr. Clemens' Kommentare – Mr. Clemens' Erlebnisse beim Erlernen des Hochradfahrens – Briefe zu seinem fünfzigsten Geburtstag

16. Oktober Erinnerungen an Charles Dudley Warner und Onkel Remus – Anekdote über Jim Wolf und die Wespen

30. Oktober Mr. Clemens spielt Jim Wolf einen Streich – Wespen in seinem Bett – Aus Susys Biographie – Oliver Wendell Holmes und Onkel Remus ehren Mr. Clemens anlässlich seines fünfzigsten Geburtstags – Depressionen, die das fünfzigste Jahr James Russell Lowell und Major General Franklin bescherte – Mr. Clemens nicht davon betroffen

7. November Vereinfachte Schreibweise

8. November Aus Susys Biographie: Mr. Clemens meint, dass er keine Bücher mehr schreibt – Mr. Clemens' Unfähigkeit, sich an die Gesichter von Freunden zu erinnern – Die bezaubernden Gesichter und Landschaften, die sein Geist im Halbschlaf zeichnet und malt – Hat sich noch nicht leer geschrieben; bevorzugt das Diktat – Mrs. Riggs erinnert sich an die Episode, als F. Hopkinson Smith bei einer Auktion Originalmanuskripte verkaufte – Das Künstleressen für Hopkinson Smith

19. November Susys Rechtschreibung – Weitere Bemerkungen über die Vereinfachte Schreibweise

20. November Georgia Cayvan tot – Einige Angaben zu ihrer Laufbahn – Rentenplan zur Geldbeschaffung für Wohlfahrtseinrichtungen – Ein Beispiel, wo er funktionierte: Helen Keller – Mr. Ellsworths Versuch, Geld für Major Ponds kleinen Jungen mittels schriftlicher Gesuche zu beschaffen, was nicht funktionierte

21. November Father Hawley und das Treffen vor dreißig Jahren in Hartford, bei dem er den Vorsitz führte – Zeigt die schädlichen Auswirkungen, wenn man

bei dem Versuch, Geld mit Hilfe öffentlicher Reden zu beschaffen, zu viele Redner hat

22. November   Gesetzentwürfe zum internationalen Urheberrecht 86 vor dem Kongress – Mr. Clemens unterstützte Chace' Gesetzesvorlage – Der junge Arzt (inzwischen sehr alt), der seine kleinen Patienten dazu überredete, seine abscheulichen Mixturen einzunehmen, indem er drollige Bilder zeichnete und originelle Gedichte schrieb, die er später als Buch veröffentlichte und von dessen Einkünften er noch immer zehrt, da er Bürger eines ehrlichen Landes, Deutschlands, ist. Mr. Clemens wird nächste Woche einundsiebzig. Sein Urheberrecht wird bald erlöschen, daher muss er weiterschreiben

23. November   Mr. Clemens spricht von der Idee eines internationalen Urheberrechts, die er vor fünfunddreißig Jahren Dr. Oliver Wendell Holmes präsentierte

24. November   Mehr zum internationalen Urheberrecht – Kongresse und Parlamente setzen sich aus Männern zusammen, die von der Materie nichts verstehen – Mr. Clemens disputiert mit Lord Thwing über dessen Behauptung, es gebe kein Eigentum an Ideen

30. November   Auszug aus Susys Biographie über die Enten – Mr. Clemens erzählt von seinen jungen Entlein, deren Füße von Schnappschildkröten abgekaut wurden – Billy Rice' Version von »Es gibt ein frohes Land« und Mr. Clemens' Erinnerungen an die ersten Neger-Minstrel-Shows

1. Dezember   Mr. Clemens' frühe Experimente mit dem Mesmerismus

2. Dezember   Mr. Clemens' Experimente mit dem Mesmerismus werden fortgesetzt

3. Dezember   Mesmerismus wird fortgesetzt – Der Vorfall mit Baron F.

5. Dezember   *Ein Yankee an König Artus' Hof* geschrieben, um das englische Leben im Mittelalter mit der modernen Zivilisation zu kontrastieren – Anklageerhebung gegen König Leopold II. – Sein Charakter im Gegensatz zu dem Charakter des Anwalts, der den Fonds für die Errichtung eines John-Marshall-Denkmals verwaltete

6. Dezember   Claras fromme Bemerkung, als ihre verletzte Hand behandelt wurde – Jeans Bemerkung, als Mr. Clemens eine Einladung Kaiser Wilhelms II. zum Dinner erhielt – Das Dinner beim Kaiser – Der Beamte des Auswärtigen Amtes und wie er einen erwünschten Urlaub bekam und ihn verlängerte

13. Dezember   [Was die herannahende amerikanische Monarchie betrifft – Mr. Root, Hauptberater des Präsidenten, hält eine Rede und löst ein Beben aus – Menschheit dazu auserkoren, von Königen regiert zu werden, nicht mittels Volksabstimmungen]

17. Dezember	Der Zufall, dass ein Kaiser und ein Pförtner fast im selben Moment ihre Wertschätzung von *Alte Zeiten auf dem Mississippi* ausdrücken – Der Zufall, dass Mr. Clemens über die Definition des Wortes Zivilisation nachsinnt, daraufhin das Morgenblatt zur Hand nimmt und feststellt, dass seine Ideen von einem Schriftsteller vertreten werden, der den Kern seiner Bemerkungen Mr. Clemens zuschreibt
18. Dezember	Mr. Clemens und Mr. Paine fahren in Begleitung der Ausschussmitglieder der Copyright League nach Washington, um für eine Verlängerung des Urheberrechts zu plädieren
19. Dezember	Mr. Clemens nennt die Gründe, weshalb er auf einer Verlängerung des Urheberrechts besteht – dargelegt in Form eines Gesprächs mit einem Kongressabgeordneten
20. Dezember	Kapitän Osborn erzählt Bret Harte in einem kalifornischen Restaurant vom Abenteuer seines Über-Bord-Fallens und seiner Rettung – Ein Vagabund belauscht ihn, behauptet, sein Retter zu sein, wird großzügig belohnt und hinterher als Betrüger entlarvt
21. Dezember	Vor allem aus Susys Biographie – Über den Artikel in der *Christian Union*; die Strafmethoden der Mutter etc., mit einigen Kommentaren von Mr. Clemens
26. Dezember	Mr. Clemens' Experimente in Phrenologie bei Fowler; ebenso in der Handlesekunst – Einhelliges Urteil: Er hat keinen Sinn für Humor – Seine Rede vor den Urheberrechtsausschüssen des Kongresses
27. Dezember	Kommentare zu geistiger Heilung – Die Skizze »Mehr Glück als Verstand« und die Begegnung mit Lord Wolseley, dem Helden der Skizze
28. Dezember	Aus Susys Biographie: einige der Geschichten, die Mr. Clemens zu erzählen pflegte; Andrew Langs Huldigung an Mr. Clemens; Mr. Clemens' Rede zum Dinner für Booth; ein Spiel mit Pflöcken, um sich Daten einzuprägen; Mr. Clemens wird dabei überrascht, wie er über sein eigenes Buch lacht – Er kommentiert dies; ebenso das Geheimnis des Stils – Einem Autor ist es unmöglich, den ihm eigenen Stil zu verbergen – Ein Zufall: Dr. Holmes liest vom Tod eines Verwandten, merkt an, dass der Name nicht richtig sei, weil Dr. Holmes' Vater, der den Verwandten getauft hatte, den Zettel mit dem Namen verloren hatte, und findet gleich darauf den Zettel – Der Zufall von Bessie Stones Brief und der kurz darauf folgenden Begegnung mit »Mary« in *Huck Finn*
29. Dezember	Das Ende von Susys Biographie: die Fahrt nach Keokuk – Mr. Clemens spricht von der Reise – Erwähnt die Rufe der Lotgäste auf dem Mississippi-Schaufelraddampfer – Dann sieht er zum letzten Mal in seinem Leben seine Mutter – Erzählt Details über die Romanze ihres Lebens

[1907]

Brief, den Mr. Clemens damals über seinen Besuch bei ihr an Orion schrieb

30. Januar — Verwahrlosung der politischen und kommerziellen Moral der Vereinigten Staaten – Die Presse nicht länger das Palladium der Freiheit – Mr. Guggenheim von einer gekauften Legislative zum Senator für Colorado gewählt – Die kleine unvollendete Geschichte über Reverend Mr. X, der eine Erstausgabe Shakespeares entdeckte – Mr. Clemens schließt die Geschichte ab – Und zeigt den Unterschied zwischen diesem Mann und dem verstorbenen Hammond Trumbull

1. Februar — Cowboys schöner Brief an Helen Keller – Mr. Clemens kommentiert Literatur dieser Art

4. Februar — Erinnerungen an Bret Harte, ausgelöst durch jüngste Ereignisse: sein erfolgloser Versuch, einen Nachruf Korrektur zu lesen; auf einem Dampfschiff Begegnung mit einem ungeschliffenen Minenarbeiter, der ihn zu »Das Glück des Brüller-Lagers« beglückwünscht – Bret Harte, ein schlechter Mensch und unverbesserlicher Schnorrer

[ohne Datum] — Bret Harte wird fortgesetzt: sein Besuch in Newport; seine verschiedenen Besuche bei Mr. Clemens in Hartford; einmal um sich Geld zu leihen, einmal um eine Geschichte zu beenden, einmal um mit Mr. Clemens ein Schauspiel zu schreiben; am Ende des letzten Besuches sagt ihm Mr. Clemens seine Meinung hinsichtlich seines Charakters

[ohne Datum] — Bret Harte wird fortgesetzt: Sein Vertrag mit Bliss über die Abfassung von *Gabriel Conroy* – Zwei Zwischenfälle: Der Goldsucher von Jackass Gulch, der sich von Mr. Clemens einen Dollar lieh, um ihn musizierenden Landstreichern zu geben; Bret Harte, der sich von Mr. Clemens einen Dollar lieh, um ihn einem Boten zu geben, der ein Manuskript in Parsloes Theater bringen sollte

[ohne Datum] — Bret Harte wird fortgesetzt: Er vermeidet es, Tilden oder Hayes zu wählen, denn beide haben ihm ein Konsulat versprochen; schickt seinen Sohn mit Empfehlungsschreiben zu John McCullough; Mr. Clemens prangert ihn im Players Club an

[ohne Datum] — Bret Harte wird abgeschlossen – Zeitungsartikel über seine Tochter – Mr. Clemens zeigt, dass sie für ihre unglückliche Lage nicht verantwortlich ist, da sie ihr Temperament von ihrem Vater geerbt hat; zeigt außerdem, dass dem Gesetz des Temperaments zufolge niemand für seine Handlungen verantwortlich ist: Die niedrigeren Tiere sind für ihre seltsamen Eigenschaften nicht verantwortlich, warum sollten dann menschliche Wesen für die ihrigen verantwortlich sein, wo sie sie doch von den niedrigeren Tieren geerbt haben?

Personenregister

Register der Länder und Orte

755

Werkregister

Aufgenommen sind zunächst alle Werke Mark Twains, die im Text mit ihrem Titel genannt werden. Wenn keine deutsche Übersetzung vorliegt, wird der Originaltitel mit angegeben.

Bildnachweis

MARK TWAIN
ICH BIN DER ESELHAFTESTE MENSCH, DEN ICH JE GEKANNT HABE
NEUE GEHEIMNISSE MEINER AUTOBIOGRAPHIE
Hintergründe und Zusätze

aufbau

Mark Twain, seine Tochter Clara und ihre Freundin Marie Nichols, 1908

MARK TWAIN

ICH BIN DER ESELHAFTESTE MENSCH, DEN ICH JE GEKANNT HABE

NEUE GEHEIMNISSE MEINER AUTOBIOGRAPHIE

Hintergründe und Zusätze

Herausgegeben von Benjamin Griffin und Harriet Elinor Smith

unter Mitarbeit von
Victor Fischer, Michael B. Frank,
Sharon K. Goetz und Leslie Diane Myrick

Aus dem amerikanischen Englisch von
Anemone Bauer, Barbara Grabski, Petra Hucke, Eliot Jones,
Stephanie von der Mark, Christa Ostermaier-Stütz,
Birgit Pfaffinger, Stefanie Schlatt, Annegret Scholz, Viola Siegemund
und Christiane Wiegand

Betreuung der deutschen Ausgabe durch Andreas Mahler und Gloria Buschor
unter Mitarbeit von Franziska Blum, Susanne Doerry, Jens Elze,
Katharina Fabian, Ilka Hallmann, Yulian Ide, Julia Krautstengel, Eleonora Pauli,
Antonia Rupnow, Judith Säger und Romina Wörz

 aufbau

Die Originalausgabe unter dem Titel
Autobiography of Mark Twain. The Complete and Authoritative Edition, Volume 2
erschien 2013 bei University of California Press, USA.
Die amerikanische Ausgabe entstand als Veröffentlichung
des Mark Twain Project der Bancroft Library.
Mark Twain Project® ist eine eingetragene Marke.

Mit einer Abbildung und einem Frontispiz

Die Übersetzung des vorliegenden Textes erfolgte in Zusammenarbeit mit den
Masterstudiengängen Angewandte Literaturwissenschaft der Freien Universität
Berlin sowie Literarisches Übersetzen der Ludwig-Maximilians-Universität München.

ISBN 978-3-351-03333-0
2 Bände

Aufbau ist eine Marke der Aufbau Verlag GmbH & Co. KG

1. Auflage 2014
© Aufbau Verlag GmbH & Co. KG, Berlin 2014
© 2012 The Regents of the University of California
Published by arrangement with University of California Press
Lektorat Nele Holdack
Einband- und Schubergestaltung hißmann, heilmann, Hamburg
unter Verwendung eines Motivs von unbekannt (Vorderseite)
und Underwood & Underwood (Rückseite)
Frontispiz Underwood & Underwood. Der Abdruck aller Bilder mit freundlicher Genehmigung
von Mark Twain Project, The Bancroft Library
Satz LVD GmbH, Berlin
Druck und Binden Kösel, Krugzell
Printed in Germany

www.aufbau-verlag.de

Inhalt

Anmerkungen

Die folgenden Erklärungen und Anmerkungen sollen die Autobiographischen Diktate (AD) im vorliegenden Band dahin gehend ergänzen, dass sie Einzelpersonen, Orte und Ereignisse identifizieren sowie thematische Bezüge und literarische Anspielungen erläutern. Zudem verweisen sie auf Widersprüche in Twains historischen Aussagen und versuchen so zu verdeutlichen, wie seine Erinnerungen an weit zurückliegende Ereignisse und Erfahrungen von seiner Vorstellungskraft und von zeitlicher Distanz geprägt waren. Manche Anmerkungen enthalten Querverweise auf Texte oder Kommentare dieses Bandes oder von *Meine geheime Autobiographie* (MT 2012), vor allem aber bieten sie weiterführende Informationen über genannte Personen oder Begebenheiten.

Die Anmerkungen beziehen sich mit Seitenangabe auf den Textband *Ich bin der eselhafteste Mensch, den ich je gekannt habe. Neue Geheimnisse meiner Autobiographie.* Die meisten Anmerkungen sind mit Quellen versehen; alle darin verwendeten Abkürzungen, Autoren und Kurztitel finden sich aufgelöst im »Abkürzungsverzeichnis« bzw. der »Bibliographie«. Die Werke von Mitgliedern der Familie Clemens werden mit den Initialen angegeben: SLC, OSC (Susy), CC (Clara) und JC (Jean), deutsche Übersetzungen der Twain'schen Werke mit MT. Die meisten Verweise beinhalten eine Seitenangabe (»*L1*, 74« oder »Derby 1884, 182–84«); solche, die sich auf ein in mehreren Ausgaben erhältliches Werk beziehen, enthalten zum Teil eine Kapitelnummer oder deren Äquivalent, z. B. eine Band- oder Aktangabe. Der Standort jedes Dokuments oder Manuskripts wird mit der in der Library of Congress verwendeten Standardabkürzung oder dem Nachnamen des Besitzers gekennzeichnet; alle Angaben sind in den oben genannten Verzeichnissen festgelegt.

Mark Twains Autobiographie

Autobiographische Diktate

2. April 1906

3 *BEFÖRDERUNG FÜR BARNES* – Der hier beginnende Artikel wurde am 1. April in der *New York Times* veröffentlicht. Twain stellte seiner Stenographin einen (unvollständigen) Ausschnitt zur Verfügung und diktierte folgende Anweisungen: »Miss Hobby, bitte fügen Sie dies hier in die Aufzeichnungen vom 1. April ein, auch wenn ich vermutlich erst später darauf zurückkommen werde.« In dem Ausschnitt fehlten die letzten beiden Absätze des Originalartikels, die Hintergrundinformationen über Benjamin Barnes und einen Kommentar zu Senator Platt enthielten (vgl. Anm. 3: »*MERRITT ERHÄLT NEUE POSITION ... James Low*«). Bereits in AD 10., 15. und 18. Jan. 1906 hatte sich Twain mit dem Rauswurf von Mrs. Minor Morris aus dem Weißen Haus, Barnes' Rolle bei diesem Vorfall und der Reaktion, die Senator Benjamin Tillman daraufhin zeigte, auseinandergesetzt (MT 2012, Bd. 1, 98–105, 140–44, 161–63). In AD 3. April 1906 greift Twain den Zwischenfall erneut auf.

MERRITT ERHÄLT NEUE POSITION ... James Low – Präsident William McKinley ernannte John A. Merritt (1851–1919) 1899 zum Postmeister von Washington, D. C., im selben Jahr machte er James Low zum Leiter der Zollbehörde für die Region Niagara. Thomas Collier Platt (1833–1910), der Merritt für das Amt des Postmeisters vorgeschlagen hatte, war Senator für den Staat New York und ehemaliger Vorsitzender der Republikanischen Partei (»New City Postmaster«, *Washington Post*, 28. Mai 1899, 3; *New York Times*: »Presidential Nominations«, 21. Jan. 1899, 4; »John A. Merritt«, 17. Okt. 1919, 17).

4 *Gouverneur Nye ... ein Politiker, kein Staatsmann* – James W. Nye (1815–1876) war Bezirksstaatsanwalt und Richter in Madison County (New York), Anwalt in Syracuse und Polizeipräsident von New York City, bevor Abraham Lincoln ihn 1861 zum Gouverneur des Nevada-Territoriums ernannte (»Obituary. Gen. James W. Nye«, *New York Times*, 28. Dez. 1876, 4; vgl. auch Anm. 7: »*Gouverneur Nye ... kommissarischer Gouverneur*«).

6 *Die offizielle Menagerie des Gouverneurs* – In den ersten vier Kapiteln von *Durch dick und dünn* erinnert sich Twain an Orions Ernennung zum Sekretär des Nevada-Territoriums und die »sechs Pfund« *Großes Sprachlexikon*, die Orion auf ihrer Reise mit der Postkutsche von Missouri nach Westen dabeihatte. In Kapitel 21 beschreibt er die Pension in Carson City, in der Orion und er zusammen mit Nyes »Menagerie«, seiner »irischen Brigade« an Bediensteten, wohnten. Die Pension wurde von »einer biederen Französin namens Bridget O'Flannigan, einer Schlachtenbummlerin aus dem Gefolge Seiner Exzellenz des Gouverneurs«, geführt. Ihr richtiger Name war Margret Murphy (vgl. MT 1960, 23, 139–41).

6 *das Silber, das ich von zu Hause mitgebracht hatte* – Von seinen Einkünften als Lotse auf einem Mississippi-Dampfer hatte Twain seine und Orions Fahrtkosten in Höhe von $ 200 für die Postkutsche von St. Joseph, Missouri, nach Carson City und weitere Unkosten in Höhe von ungefähr $ 800 übernommen (*RI 1993*, Anm. 574–76).

als Journalist beim Virginia City Enterprise ... Carson City – Nach etwa sechs Wochen beim *Virginia City Territorial Enterprise* wurde Twain beauftragt, über die zweite Sitzungsperiode der Legislative im Nevada-Territorium zu berichten, die vom 11. November bis zum 20. Dezember 1862 in Carson City abgehalten wurde. Alle seine Parlamentsdepeschen sind unauffindbar, dafür sind zwei seiner allgemeinen Briefe, die er damals wöchentlich an die Zeitung schickte, erhalten (vgl. MT 2012, Bd. 1, 89–91; Bd. 2, Anm. 90–91: »*1862 nach Virginia ... Gehalt von vierzig Dollar die Woche*« und *MTEnt*, 9–10, 33–41).

7 *ein kluges und absolut notwendiges Gesetz* – Möglicherweise vermischt Twain hier zwei Parlamentssitzungen in Nevada. Während der ersten Sitzungsperiode fungierte er als Orions Sekretär und beeinflusste wahrscheinlich währenddessen die Verabschiedung eines Gesetzes vom 29. November 1861, welches Orion erlaubte, eine Reihe von Gebühren zu erheben: 30 Cent pro 100 Wörter für die Abschrift eines Dokuments, 1 Dollar für das Siegeln und Archivieren und 5 Dollar für die Ernennung eines Bevollmächtigten. Im Verlauf der zweiten Sitzungsperiode wurde am 19. Dezember 1862 ein weiteres Gesetz verabschiedet, das Unternehmen vorschrieb, offizielle Zertifikate (ohne Gebühr) zu hinterlegen, und die Gebühr für Abschriften auf 40 Cent erhöhte – an diese Summe erinnert sich Twain hier. Es lässt sich jedoch nicht nachweisen, dass Twain an der Verabschiedung dieses zweiten Gesetzes beteiligt war (William C. Miller 1973, 3–5; *Laws* 1862, 310–11; *Laws* 1863, 94).

lebten im Wohlstand. Die Registerverwaltung warf ... tausend Dollar im Monat ab – Orions Gehalt belief sich auf $ 1800 pro Jahr und wurde vierteljährlich ausgezahlt, wie es die Kongressverordnung vom 2. März 1861 für das Nevada-Territorium vorsah. Twain verdiente während der ersten Parlamentssitzung als Orions Sekretär $ 480 und ging offenbar davon aus, in der zweiten Sitzungsperiode (1862) ebenso viel zu erhalten. Es ist höchst unwahrscheinlich, dass die Registerverwaltung die hier genannte Summe einbrachte. Tatsächlich waren die Brüder oft in Geldnöten, was wohl auch daran lag, dass sie einen Großteil ihres Einkommens für die Bewirtschaftung verschiedener Claims und für Spekulationen mit Minenaktien verwendeten (vgl. 25. Okt. 1861 an PAM und JLC bis einschließlich 26. Mai 1864 an OC, *L1*, 129–301 passim; *Laws* 1862, ix, xiv).

Gouverneur Nye ... kommissarischer Gouverneur – Vier Jahre hatte Nye als Kutscher für die Postkutschenlinie seines Bruders gearbeitet, die Passagiere und Eilfracht von Syracuse nach Albany beförderte, bevor er in Troy, New York, Jura studierte und 1839 in die Rechtsanwaltskammer des Staates New York aufgenommen wurde. Orions längster Einsatz als kommissarischer Gouverneur dauerte von Dezember 1862 bis Juli 1863; zu dieser Zeit ging Nye wieder einmal politischen Geschäften außerhalb Nevadas nach (Samon 1979, 16; OC und SLC an MEC, 29., 30. und 31. Jan. 1862, *L1*, 145–46, Anm. 2).

8 *ein Haus im Wert von zwölftausend Dollar* – Im November 1863 kaufte Orion von George

B. Cowing das Grundstück North Division Street, Ecke West Spear Street in Carson City für $ 1100. Dort ließ er das zweistöckige schindelgedeckte Haus errichten, das – weitgehend renoviert – heute noch steht. Kurz nach der Fertigstellung Anfang 1864 wurde der Steuerwert des Hauses samt Mobiliar auf $ 3250 beziffert. Orion und seine Frau Mollie verkauften das Anwesen am 14. August 1866, nachdem sie Nevada bereits verlassen hatten (Rocha 2000; Jeffrey M. Kintop [Staatsarchiv Nevada], persönliches Gespräch, 3. Jan. 2012, CU-MARK).

8 *der Plan des Gouverneurs* – Infolge einer Abstimmung am 2. September 1863 trat Nevada Ende 1864 als 36. Bundesstaat den Vereinigten Staaten bei. Nye als Republikaner wurde zum Senator gewählt. Er bekleidete dieses Amt von 1864 bis 1873 (19. Aug. 1863 an JLC und PAM, *L1*, 265, Anm. 5).

Orions Pläne … Unheil folgte auf dem Fuße – Die Einzelheiten finden sich in AD 5. April 1906. Twain beschreibt Orions Persönlichkeit außerdem in AD 28. und 29. März 1906 (MT 2012, Bd. 1, 439–58).

3. April 1906

9 *BARNES' BERUFUNG* – Auf dem Zeitungsartikel aus der *New York Times* vom 3. April notierte Twain drei Dinge, die er thematisieren wollte: Über der Überschrift notierte er »*der* repräsentative Amerikaner – der Präsident«, über der ersten Zwischenüberschrift »Unverschämtheit« und über der dritten Zwischenüberschrift »Begeht der Pr. Selbstmord?«.

Berufung eines »Carpetbagger« – Carpetbagger war ursprünglich eine abschätzige Bezeichnung für einen Nordstaatler, der sich nach dem Sezessionskrieg in den unterlegenen Südstaaten eine vorteilhafte Stellung verschaffte. Die *Times*, die Barnes' Verstrickung in den Morris-Zwischenfall nicht unkommentiert ließ, vertrat gleichwohl die folgende Meinung:

Mr. Barnes wird vorgeworfen, ein »Carpetbagger« zu sein, denn obwohl er bereits seit achtzehn Jahren in Washington wohnt, ist er weiterhin in New Jersey gemeldet – höchstwahrscheinlich um sein dortiges Wahlrecht nicht zu verlieren. Wenn er jedoch bis zum heutigen Zeitpunkt die Bedürfnisse der Hauptstadt noch nicht verstanden hat, wäre er ein unverbesserlicher Ignorant. Es ist mehr als unwahrscheinlich, dass er für Washington nur deshalb einen weniger guten Postmeister abgeben wird, weil er all die Jahre in New Jersey zur Wahl gegangen ist (»The Washington Post Office«, 4. April 1906, 4).

Sowohl im Senat als auch im Repräsentantenhaus gab es Bestrebungen, Barnes' Ernennung zu verhindern – begleitet von einer hitzigen und parteiisch geführten Debatte des Morris-Zwischenfalls –, doch die Ernennung wurde am 23. Juni vom Senat mit 35 zu 16 Stimmen bestätigt. Mit zwei Ausnahmen hatten sämtliche Republikaner um Präsident Roosevelt dafür gestimmt, während die Demokraten einstimmig dagegen waren (*New*

York Times: »Penrose Calls Tillman an Ass in the Senate«, 6. Mai 1906, 3; »Barnes Is Confirmed«, 24. Juni 1906, 6).

11 *Brief des Präsidenten. Vielleicht habe ich ihn eingefügt* – Am 16. Februar 1906 hatte Minor Morris an Roosevelt geschrieben und sich über die »verabscheuungswürdige Behandlung« seiner Frau im Weißen Haus beklagt. Roosevelts Antwort wurde mittels Brief vom 19. Februar durch dessen Sekretär William Loeb jr. mitgeteilt. Er sei zu dem Schluss gekommen, Mrs. Morris' Inhaftierung sei »gerechtfertigt« gewesen und dabei »nicht mehr Gewalt als notwendig eingesetzt« worden, zudem sei »der größte Gefallen, den man Mrs. Morris und ihrer Verwandtschaft tun kann, weiteres öffentliches Interesse an den Einzelheiten des Vorfalls zu vermeiden« (»President Indorses Ejection of Mrs. Morris«, *New York Times*, 22. Febr. 1906, 5). Twain fügte den Brief zu jener Zeit weder ein, noch kommentierte er ihn.

Choate … Booker Washington … Tuskegee Institute – Zum Anwalt und Rechtswissenschaftler Joseph H. Choate, zu Booker T. Washington und der Tuskegee-Benefizveranstaltung vgl. AD 23. Jan. 1906 (MT 2012, Bd. 1, 180–94; Bd. 2, 147–49).

jenen Dieb und Mörder, Leopold II. – Twain sagte wahrscheinlich am 13. Dezember 1905 bei einem Besuch Washingtons einen Vortrag für die Benefizveranstaltung des Tuskegee Institute zu. Zwei Tage zuvor hatte er angekündigt, am Abend des 21. Dezember in der New Yorker Church of the Ascension über die Gräueltaten Leopolds II. im Kongo-Freistaat zu sprechen – was er allerdings nie tat. Washington und Twain waren beide Vizepräsidenten der Congo Reform Association, die sich für die Aufdeckung der Verbrechen an der kongolesischen Bevölkerung einsetzte, und zunächst plante Twain, auf der Benefizveranstaltung am 22. Januar 1906 eine entsprechende Rede zu halten (Lyon 1905a, Eintrag vom 13. Dez.; Briefkopf von Barbour an SLC, 23. Nov. 1905, CU-MARK; Lyon *für* SLC an Twe, 11. Dez. 1905, MS-Entwurf, CU-MARK). Doch zu dem Zeitpunkt, als er Washingtons Einladung in einem Brief vom 8. Januar offiziell annahm, hatte er bereits beschlossen, sich nicht länger öffentlich für die Congo-Reform-Bewegung zu engagieren (vgl. Anm. 12: »*zog ich mich persönlich von der Aufgabe, … die Kongo-Frage zu erörtern, zurück*«). Twain hielt nie eine Rede zu diesem Thema, und sollte er jemals einen Vortrag über den Kongo »vollständig« ausgearbeitet haben, ist der Text nicht überliefert. In seinem Brief an Washington schrieb er: »Ich werde das Thema so wählen, dass es *mir behagt*, & wahrscheinlich werde ich mich *erst an jenem Abend* (dem 22.) *auf dem Podium* entscheiden« (DLC). Privat jedoch brachte Twain seine Empörung über die Lage im Kongo weiterhin zum Ausdruck: Vier Tage später verurteilte er »das Gemetzel und Geraube« von Leopold II. in AD 12. Jan. 1906, und auch später kam er in mehreren Diktaten auf dieses Thema zurück (vgl. MT 2012, Bd. 1, 120; Bd. 2, Anm. 120: »*König Leopolds von Belgien im Kongo*«, vgl. auch AD 22. und 25. Juni 1906, AD 17. Juli 1906 und AD 5. Dez. 1906).

11–12 *Zweimal fuhr ich nach Washington … einem letzten Besuch* – Es ist lediglich einer der drei hier erwähnten Aufenthalte in Washington dokumentiert: Twain war vom 24. bis 27. November 1905 dort, um Urheberrechtsfragen zu klären, und suchte wahrscheinlich auch das Außenministerium auf. Am 27. November aß er im Weißen Haus mit Roosevelt zu

Mittag und besprach mit ihm »unter vier Augen eine öffentliche Angelegenheit«, die sein »Bürgergewissen« beschäftigte – mit großer Wahrscheinlichkeit ging es dabei um die Haltung der Vereinigten Staaten zu Leopold II. und dem Kongo (28. Nov. 1905 an Edith K. Roosevelt, SLCs Exemplar in CU-MARK; Lyon 1905a, Einträge vom 24., 27. und 28. Nov.; 27. Okt. 1905 an Barbour, ViU).

12 *unsere Regierung nicht zu den vierzehn christlichen Regierungen gehörte* – Twain spielt an dieser Stelle auf die Kongoakte vom 26. Februar 1885 an, das Ergebnis einer Konferenz, an der zwischen November 1884 und Februar 1885 Vertreter aus Belgien, Dänemark, Deutschland, Frankreich, Großbritannien, Italien, den Niederlanden, Österreich-Ungarn, Portugal, Russland, Schweden, Spanien, der Türkei und den Vereinigten Staaten teilgenommen hatten. Die Kongoakte teilte Zentralafrika in wirtschaftliche Einflussgebiete, ermöglichte freien Handel und freie Schifffahrt, formulierte Regeln für die künftige Bildung von Kolonien und verpflichtete zugleich die Signatarstaaten dazu, die Sklaverei abzuschaffen und das Wohlergehen der Eingeborenenstämme stets zu wahren. Ferner wurde in der Akte das Kongobecken als Kongo-Freistaat unter der persönlichen Herrschaft König Leopolds II. von Belgien bestätigt, was die Absichtserklärung zugunsten der Eingeborenenstämme praktisch zunichtemachte. Die Vereinigten Staaten unterzeichneten die Akte, ratifizierten sie jedoch nicht.

zog ich mich persönlich von der Aufgabe, … die Kongo-Frage zu erörtern, zurück – Am 8. Januar 1906 schrieb Twain an Thomas S. Barbour, ein Mitglied des »Lokalkomitees« der Congo Reform Association in Boston: »Ich habe mich vom Kongo zurückgezogen.« Dabei bekannte er seinen Widerwillen, sich »jeglicher Art von Initiative so zu verschreiben oder offiziell in jeglicher Art von Bewegung so zu wirken, dass sich daraus für mich Verpflichtungen & Aufgaben ergeben. […] Meine Instinkte & Interessen gelten bloß der Literatur, nach Höherem streben sie nicht; & ich springe von einer Begeisterung zur nächsten, verweile nirgends. Ich bin keine Biene, ich bin ein Leuchtkäfer« (NN-BGC; Briefkopf von Barbour an SLC, 10. Jan. 1906, CU-MARK). Und in einem zweiten Brief an Barbour, der in Teilen ungefähr zur selben Zeit aufgesetzt, aber offenbar nicht abgesendet wurde, erklärt er:

Seit meinem letzten Besuch im Außenministerium vor einigen Wochen bin ich überzeugt, dass die amerikanische Abteilung der Congo Reform Association die Arbeit in der Sache niederlegen sollte, denn die Enthüllung der Metzeleien lässt den Leuten das Herz umsonst schwer werden – umsonst, weil das amerikanische Volk ohne Rückhalt in seiner Regierung keine Änderung der Verhältnisse im Kongo erreichen kann. (CU-MARK)

unterdrückte ich die Rede … ein anderes Thema – Auf der Tuskegee-Benefizveranstaltung am 22. Januar 1906 hielt Twain einen Vortrag über private und öffentliche Moral (MT 2012, Bd. 1, 185–91).

Ich warf die Rede nicht weg – Ein 13 Seiten umfassendes Manuskript dieser Rede über Umgangsformen ist in den Mark Twain Papers erhalten. Twain gab der Rede keinen Titel, doch Albert Bigelow Paine, der sie 1923 in *Mark Twain's Speeches* veröffentlichte, betitelte sie mit »Introducing Doctor Van Dyke« (SLC 1923b, 296–301; auch abgedruckt in Fatout 1976, 487–91). Henry van Dyke (1852–1933) war presbyterianischer Geistlicher, Autor und Professor für englische Literaturwissenschaft an der Princeton University.

13 *meine Ausführungen darüber, was der amerikanische Gentleman sein sollte, abermals unterdrücken* – Twain sprach am 4. März 1906 nachmittags im New Yorker Majestic Theatre zu 1500 Mitgliedern und Freunden der Christlichen Vereinigung Junger Männer der West Side. Er hielt seine Ansichten zum »amerikanischen Gentleman« nicht gänzlich zurück, sondern schloss seinen Vortrag mit einigen Bemerkungen zu diesem Thema. Der Text der Rede findet sich in AD 15. März 1906, wo auch die Teilnehmer der Veranstaltung genannt werden (MT 2012, Bd. 1, 366–71; Bd. 2, 200–02).

14 *Leonard Wood ... Präsident Roosevelt ... »großartigen Heldentat«* – Detaillierte Ausführungen zu diesem Vorfall finden sich in AD 12. und 14. März 1906 (MT 2012, Bd. 1, 355–66; Bd. 2, 195–200).

MARK-TWAIN-BRIEF VERKAUFT ... Thomas Nast ... eine gemeinsame Tournee – Twains Brief vom 12. November 1877 wird in diesem Artikel aus der *New York Times* nur teilweise zitiert (das Originalmanuskript findet sich in *Letters 1876–1880*). Nast (1840–1902), ein bekannter Illustrator und Karikaturist, arbeitete von 1862 bis 1886 für *Harper's Weekly*. Seine Arbeit trug maßgeblich dazu bei, die von ihm unterstützten politischen Angelegenheiten voranzubringen, etwa die Positionen der Unionsstaaten in der Bürgerkriegszeit, den Kampf gegen die politische Seilschaft um William Tweed (vgl. AD 4. April 1906, Anm. 20: »*William M. Tweed ... Hunt im Arrest*«) sowie die Förderung zahlreicher Kandidaten der Republikanischen Partei. Von Nast stammen auch das Bild des dicken großen Santa Claus mit Rauschebart sowie der Elefant und der Esel als Symbole für die Republikanische bzw. die Demokratische Partei. Nasts Antwort auf Twains Vorschlag ist nicht erhalten, die beiden gingen auch niemals gemeinsam auf Tournee.

15 *vier meiner alten Briefe versteigert* – Twains Quelle war vermutlich die *New York Tribune* vom 3. April 1906, die einen umfangreicheren Ausschnitt aus seinem Brief an Nast abdruckte als die *Times*. Die *Tribune* berichtete:

Ein Freund der Familie Nast, dessen Name nicht bekannt wurde, hat $ 43 für einen Brief bezahlt, in dem Twain Nast eine gemeinsame Vortragsreise vorschlägt. [...] Bis dato haben Mark Twains handschriftliche Briefe nicht mehr als $ 5 oder $ 6 eingebracht. Derselbe Mann hat $ 28 bzw. $ 27 für zwei weitere Briefe von Twain bezahlt. Ein vierter ging für $ 29 an einen weiteren Käufer. (»For Twain Letter, $ 43«, 7)

16 *ein Brief von General Grant ... achtzehn Dollar* – »Der höchste Preis für einen der handschriftlichen Briefe von General Grant betrug $ 18« (»For Twain Letter, $ 43«, *New York Tribune*, 3. April 1906, 7).

Dr. J. Ross Clemens – James Ross Clemens (1866–1948), ein Cousin zweiten Grades von Twain, kam ursprünglich aus St. Louis. Er studierte Medizin an der Cambridge University und am Royal College of Surgeons in London. 1902 begann er in St. Louis zu praktizieren und wurde Professor für Kinderheilkunde an der St. Louis University. Von

1916 bis 1918 war er Dekan der Creighton University Medical School in Omaha. Außerdem war er Dichter und Dramatiker (»Dr. Clemens, Cousin of Mark Twain, Dies«, *St. Louis Post Dispatch*, 19. Juli 1948, 3B).

16 *»Schreiben Sie, die Nachricht sei stark übertrieben.«* – In einem Notizbucheintrag vom 2. Juni 1897 schreibt Twain, seine Antwort auf Nachfragen bezüglich seines angeblich nahenden Todes sei »sinngemäß folgende: ›James Ross Clemens, mein Cousin, war vor zwei oder drei Wochen schwer krank, doch jetzt geht es ihm wieder besser. Die Gerüchte über meine Krankheit erwuchsen aus seiner Krankheit; die Nachricht von meinem Tod war übertrieben. Ich war und bin nicht krank.‹« (Notizbuch 41, TS S. 28, CU-MARK) Die Äußerung wurde bald in Zeitungen auf der ganzen Welt veröffentlicht. Twain fügte das Wort »stark« ein, als er das Diktat für die Veröffentlichung in der *North American Review* (NAR 2) überarbeitete. Die vorliegende Version des Zitats ist die bekannteste.

4. April 1906

17 *DER FALL MRS. MORRIS* – Die folgende Anweisung diktierte Twain seiner Stenographin, die sie dann in die Maschinenabschrift des Diktats mit aufnahm: »Miss Hobby, bitte fügen Sie diesen Ausschnitt aus der Morgenzeitung unter dem heutigen Datum ein.« Hobby legte den entsprechenden Ausschnitt über den Morris-Fall aus einem Artikel der *New York Times* vom 4. April bei.

18 *stellvertretender Sekretär … Diese vier Männer sind Berufsboxer* – M. C. Latta wurde Roosevelts neuer stellvertretender Sekretär. James J. Corbett (1866–1933) und James J. Jeffries (1875–1953) waren ehemalige Boxchampions der Schwergewichtsklasse; Robert P. Fitzsimmons (1862–1917) war ein früherer Champion im Mittel-, Halbschwer- und Schwergewicht; Augustus Ruhlin (1872–1912) war Schwergewichtler, aber niemals Champion (*New York Times*: »Latta Gets Barnes' Job«, 26. Juni 1906, 7; »Ruhlin Dies Suddenly«, 14. Febr. 1912, 9; »Robt. Fitzsimmons Dies of Pneumonia«, 22. Okt. 1917, 15). *Autobiographien … Benvenuto* – Benvenuto Cellinis Lebensgeschichte zählte zu den autobiographischen Werken, die Twain am meisten bewunderte (vgl. MT 2012, Bd. 2, 14–15; Anm. 313: *»Benvenuto erzählt eine Reihe von Begebenheiten … Rousseau und seine Bekenntnisse«*).

19 *mehr über die Nast-Auktion* – Der Artikel »30 Cents for McCurdy Poem« aus der *New York Times* vom 4. April greift die Diskussion auf, die Twain in AD 3. April 1906 begonnen hatte.
Theodore Roosevelt als Polizeichef, Oberst der Rough Riders, Gouverneur und Präsident – Roosevelt war von 1895 bis 1897 Polizeipräsident von New York. 1898 wurde er Oberst der Rough Riders (Freiwilligenregiment der Kavallerie), deren Einsatz im Spanisch-Amerikanischen Krieg er mitorganisierte. 1899/1900 war er Gouverneur von New York, danach Vizepräsident, und am 14. September 1901 wurde er schließlich der 26. Präsident der Vereinigten Staaten, da William McKinley acht Tage, nachdem der Anarchist Leon Czolgosz auf ihn geschossen hatte, starb.

19 *Richard A. McCurdy* – McCurdy (1835–1916) war von 1885 bis 1905 Vorsitzender der Mutual Reserve Life Insurance Company und einer jener Versicherungsbosse, deren illegale Machenschaften vom parlamentarischen Untersuchungsausschuss des Staates New York 1905/06 aufgedeckt wurden. Vgl. AD 10. Jan. 1906 (MT 2012, Bd. 1, 100–01; Bd. 2, Anm. 100: »*gestern ... Bankaufsichtsratsposten*«).

J. H. Manning ... Daniel Manning – Daniel Manning (1831–1887) war Journalist und Zeitungseigentümer, einflussreicher demokratischer Politiker und der erste Finanzminister unter Präsident Cleveland (1885–1887). Sein Sohn James H. Manning (1854–1925) war zunächst Reporter und später Verlagsleiter von *Albany (N. Y.) Argus*, der Zeitung seines Vaters. Zudem war er als Bankier und Geschäftsmann in Albany tätig und stand der Stadt zwei Amtszeiten als Bürgermeister vor (1890–1894) (Reynolds 1911, 1:213–14; »Died«, *New York Times*, 7. Juli 1925, 19).

werde ich ein verheirateter Mann sein – General Philip H. Sheridan (vgl. MT 2012, Bd. 2, Anm. 478: »*General Sheridan*«) heiratete Irene Rucker am 3. Juni 1875, die 22-jährige Tochter von General D. H. Rucker, einem stellvertretenden Generalquartiermeister und Mitglied in Sheridans Stab (»Gen. Sheridan's Wedding«, *New York Times*, 4. Juni 1875, 1).

20 *PS und M. I.* – Postscriptum und, vermutlich scherzhaft gemeint, *military intelligence* (dt. Heeresnachrichtendienst).

Laura Keene an dem Abend der Ermordung Lincolns – Laura Keene (1826?–1873) war eine bekannte Schauspielerin und eine der ersten Frauen unter den Theaterdirektoren und -produzenten. Sie trat am 14. April 1865 in der damals sehr beliebten Komödie *Our American Cousin* im Ford's Theatre in Washington auf, als das Attentat auf Abraham Lincoln in ebendieser Stadt verübt wurde.

General W. T. Shermans ... Sumner, Greeley, Walt Whitman – General William Tecumseh Sherman (vgl. MT 2012, Bd. 2, Anm. 480: »*General Sherman*«); Charles Sumner (1811 bis 1874), Senator für Massachusetts (1851–1874), Parteistratege der Republikaner, erbitterter Gegner der Sklaverei und Verfechter der Gleichberechtigung; Horace Greeley (vgl. MT 2012, Bd. 2, Anm. 609: »*Mr. Greeley*«) und der Dichter Walt Whitman (1819–1892).

William M. Tweed ... Hunt im Arrest – Ab Mitte der 1850er Jahre bis zu seiner Inhaftierung im Dezember 1871 brachte William M. (»Boss«) Tweed (1823–1878) zusammen mit der demokratischen Seilschaft namens Tammany Hall die Stadt New York durch systematische Bestechung und Wahlfälschung um 200 Millionen Dollar. Thomas Nasts bissige Karikaturen in *Harper's Weekly* trugen entscheidend dazu bei, dem Tweed-Kartell das Handwerk zu legen. Tweed brach im Dezember 1875 aus dem Gefängnis aus und setzte sich zusammen mit einem gewissen William Hunt über Kuba nach Spanien ab. Spanische Polizeibeamte identifizierten ihn unter Zuhilfenahme einer von Nasts Karikaturen in *Harper's Weekly*, und so konnte Tweed im September 1876 zusammen mit Hunt verhaftet werden. Er starb im Gefängnis (Hershkowitz 1977, 280–99; vgl. auch AD 9. Jan. 1907, Anm. 578: »*Tammany*«).

21 *Nachrichten ... aus Russland ... Zeitungsausschnitt handelt von mir* – Twain bezieht sich auf einen Bericht in der *New York Times* vom 4. April, in dem es um die Gefahr einer militärischen Auseinandersetzung zwischen Russland und China aufgrund der russischen

Präsenz in der Mandschurei geht (»Chinese-Russian Friction«, *New York Times*, 4. April 1906, 4). Der Artikel über Twain, der stattdessen eingefügt wurde, ist derselben Ausgabe entnommen.

21 *MARK TWAIN SPICHT MIT COLLEGE-FRAUEN* – Der Artikel über Twains Vortrag im Women's University Club erschien am 4. April in der *New York Times*. Die Mitglieder dieses Clubs waren College-Absolventinnen, darunter viele Lehrerinnen (»The City's Women's Clubs«, *New York Times*, 25. Nov. 1894, 18).

22 *am 19. dieses Monats in der Carnegie Hall* – Am 19. April 1906 hielt Twain eine Rede in der Carnegie Hall zugunsten der Robert Fulton Memorial Association; vgl. AD 20. März 1906 (MT 2012, Bd. 1, 394–99; Bd. 2, Anm. 395: »*General Fred Grant ... Robert Fulton Memorial Association ... dessen Vizepräsident ich bin*« und Anm. 396: »*schrieb die Korrespondenz sofort nieder ... füge sie hier ein*«).
Reverend Joseph Twichell – Reverend Joseph H. Twichell war Pfarrer der Asylum Hill Congregational Church in Hartford. Er blieb bis an sein Lebensende mit Twain befreundet (MT 2012, Bd. 2, Anm. 488: »*Rev. Mr. Twichell*«). Zu der genannten Geschichte vgl. Anm. 25: »*die Geschichte von Twichell*«.

23 *MARK TWAIN IM WOMEN'S UNIVERSITY CLUB* – Dieser zweite Artikel über Twains Auftritt im Club stammt aus der *New York World* vom 4. April 1906.

24 *Miss Maida Castelhun, die Präsidentin* – Maida Castelhun (1872–1940) machte 1894 ihren Abschluss an der University of California. Sie übersetzte aus dem Französischen und Norwegischen und war Romanautorin, Dichterin und Biographin (»Miss Castelhun Becomes a Bride«, *San Francisco Chronicle*, 25. Mai 1906, 1).

25 *die Geschichte vom Blauhäher* – Eine der Geschichten, die Twain am häufigsten erzählte. Sie ist aus Kapitel 2 und 3 von *Bummel durch Europa* (1880).
die Geschichte von Twichell – Diese Geschichte ist Kapitel 13 von *Bummel durch Europa* entnommen, in dem Twichell als »Harris« auftritt.
Susys Biographie ... Smith College ... Präsident – Die Auszüge aus Susy Clemens' Biographie ihres Vaters, in denen sie den gemeinsamen Besuch am 1. Mai 1885 im Vassar College und die schlechte Behandlung durch Samuel L. Caldwell, den Präsidenten des College, beschreibt, finden sich in AD 7. März 1906 (MT 2012, Bd. 1, 315, 341–43; Bd. 2, Anm. 341: »*die Rektorin*«, Anm. 342: »*Er las ›Schwierige Lage‹ und ›Der goldene Arm‹, eine Gespenstergeschichte*« und Anm. 342–43: »*Präsident des College ... die Erinnerung an ihn ist mir verhasst*«). Twain las einige Jahre später am Smith College, einmal am 26. November 1888 und ein weiteres Mal am 21. Januar 1889 (N&J3, 435–36).

26 *Benefizveranstaltung, zugunsten armer Studentinnen* – Die Vassar Students' Aid Society nahm am 2. April 1906 nahezu 1000 Dollar mit einer Nachmittagsveranstaltung im Hudson Theatre ein, bei der Theater- und Musikaufführungen sowie ein Süßwarenverkauf geboten wurden. Die *New York Times* berichtete: »Mark Twain wurde in einer der unteren Logen von Bewunderern umringt« (»Three New Plays at Vassar Aid Benefit«, 3. April 1906, 9).

27 *hielt ich den Barnard-Mädchen ... eine Moralpredigt* – Zur Lesung im Barnard College am 7. März 1906 vgl. AD 8. März 1906 (MT 2012, Bd. 1, 344–45; Bd. 2, Anm. 344: »*Miss*

Taylor ... Mrs. (Professorin) Lord ... Miss Russell ... Miss Hill« und Anm. 344: »einen Vortrag über Moralgesetze«).

28 Quaker City gab es keine Mrs. Faulkner – Twains Erinnerung ist richtig. Die vollständige Passagierliste findet sich unter »Passengers and Crew of the Quaker City«, L2, 385–87.

5. April 1906

28 Miss Mary Lawton – Es ist nicht bekannt, wann Twain die Schauspielerin Mary Lawton (1870?–1945) kennenlernte, Ende 1905 jedenfalls hatte er begonnen, ihren beruflichen Werdegang zu verfolgen: Am 16. November schrieb er an Charles Frohman: »Vielen Dank für den Termin – ich werde Miss Lawton bitten, pünktlich zu sein« (Entwurf Lyon in CU-MARK; vgl. Anm. 29: »Fay Davis ... Charles Frohman ... Miss Lawton«). Wenige Monate später ging Mary Lawton im Haus der Clemens ein und aus und wurde eine enge Freundin von Clara Clemens. Ab 1906 stand sie regelmäßig auf der Bühne und spielte mindestens bis in die frühen 20er Jahre erfolgreich Haupt- wie Nebenrollen. Später erfuhr sie mindestens ebenso große Beachtung als Autorin einer Reihe von ihr erzählter Memoiren aus dem Umfeld bekannter Personen, darunter »A Lifetime with Mark Twain: The Memories of Katy Leary, for Thirty Years His Faithful and Devoted Servant« (Lawton 1925, xii-xiii; Lyon 1906, Einträge vom 3., 11. und 24. März).

29 Fay Davis ... Charles Frohman ... Miss Lawton – Fay Davis (1872–1945), die als Komödien- und Tragödiendarstellerin sowohl in den Vereinigten Staaten als auch in London Erfolge feierte, war ab dem 12. Februar 1906 in Henri Lavedans Stück Das Duell zu sehen. Es wurde im Hudson Theatre aufgeführt, einem der New Yorker Theater unter der Leitung seiner Produzenten, der Brüder Daniel Frohman (1851–1940) und Charles Frohman (1860–1915). Twains Engagement für Mary Lawton hatte nur bedingt Erfolg (der Text des Telegramms an Charles ist nicht erhalten). Das Duell wurde am 14. April zum letzten Mal in New York aufgeführt, doch Ende April oder Anfang Mai übernahm Mary Lawton auf der anschließenden Tournee den Part von Fay Davis. Trotz hervorragender Kritiken wurde sie bald auf Anordnung von Otis Skinner, dem Hauptdarsteller und Leiter des Ensembles, entlassen. Twain protestierte gegen die Entlassung in einem bissigen Brief vom 7. Mai, der möglicherweise nicht an Skinner abgeschickt wurde, nennt ihn »Lieber kleiner Otis« und »Homunkulus« statt einen echten Kerl. Twain legte nah, Skinner sei nur neidisch auf den »stürmischen Applaus«, den Mary Lawton geerntet habe. Außerdem verurteilte er den Knebelvertrag der Schauspielerin:

Miss Lawton sollte eine Woche probeweise für Sie auftreten & ihre Kostüme auf eigene Kosten selbst besorgen. Sie haben dadurch fünfzig Dollar pro Tag gespart; Lawtons Leistung stellte das Publikum mehr als zufrieden; die Truppe zollte ihr Anerkennung; der Theaterdirektor zollte ihr Anerkennung; Sie selbst zollten ihr frank & frei Anerkennung. Als die Probezeit von einer Woche absolviert war, hatten Sie nicht den Mut, Miss Lawton persönlich zu entlassen, sondern schoben diese demütigende Aufgabe Ihrem Direktor zu. [...] Sie boten nicht einmal an, für die Kostüme aufzukommen, die sie auf Ihre Anordnung hin hatte kaufen müssen. Von Anfang an war es Ihre Absicht – geben Sie's zu! –, sie zu benutzen, um Kosten zu sparen, & sie dann fallenzulassen. Mit anderen Worten, Sie hatten vor, sie auszunehmen. Wären Sie so freundlich, mir zu verraten, wie es sich anfühlt, ein Otis Skinner zu sein? (Fotokopie in CU-MARK)

Eine Antwort von Skinner ist nicht erhalten (*New York Times*: »Amusements«, 4. Febr. 1906, X5, und 14. April 1906, 18; »Fay Davis Is Dead; Noted Actress, 72«, 27. Febr. 1945, 19; Hayman an SLC, 23. April 1906, CU-MARK).

29 *Ellen Terry … Festbankett in London* – Ellen Terry (1847–1928), die am 28. April 1856 ihr Bühnendebüt gegeben hatte, erlangte durch ihre Auftritte in Shakespeare-Inszenierungen und in bedeutenden zeitgenössischen Dramen internationales Ansehen. Am 11. April 1906 berichtete die *New York Times*: »Vor kurzem haben in London die Vorbereitungen für die Feier von Miss Ellen Terrys fünfzigstem Bühnenjubiläum begonnen, denn man beabsichtigt, am 28. April ihr zu Ehren ein Jubiläumsbankett zu veranstalten und außerdem einen Fonds einzurichten, der ihr einen angenehmen Lebensabend ermöglichen soll.« Mark Twain, so die Zeitung, gehöre zu denjenigen, die »der Sache ihre volle Unterstützung zugesagt haben« (»Ellen Terry's Jubilee«, 11). Die Feierlichkeiten begannen am Abend des 27. April 1906 im His Majesty's Theatre in London im Anschluss an Terrys Auftritt in *Die lustigen Weiber von Windsor* und wurden am darauffolgenden Tag, dem eigentlichen Jubiläum, fortgeführt (*New York Times*: »Ellen Terry's Jubilee«, 28. April 1906, 7; »Ellen Terry's Anniversary«, 29. April 1906, X8; »Ellen Terry Dies in Her 81st Year; Puts Ban on Grief«, 22. Juli 1928, 1).

30 *Das Alter konnte sie nicht welk und die Gewohnheit sie nicht stumpf machen* – Vgl. *Antonius und Cleopatra*: »Nicht kann sie Alter / Hinwelken, täglich Sehn an ihr nicht stumpfen / Die immerneue Reizung« (in William Shakespeare: Tragödien. Sämtliche Werke in vier Bänden, Bd. 4. Hrsg. von Günther Klotz. Aus dem Engl. übers. von August Wilhelm Schlegel, Dorothea Tieck und Wolf Graf Baudissin. Aufbau Verlag, Berlin 2000/2009, S. 714).

Sir Henry Irving … vor vierunddreißig Jahren in London – Henry Irving (1838–1905), weltberühmter Shakespeare-Darsteller, war von 1878 bis 1902 Terrys Bühnenpartner. Twain lernte Irving und offensichtlich auch Terry im Herbst 1872 in London kennen, nachdem er Irving am Lyceum Theatre in einer Vorstellung gesehen hatte (6. Juli 1873 an Fairbanks, *L5*, 405, Anm. 6).

Hammond Trumbull … der gelehrteste Mann in Amerika – Vgl. MT 2012, Bd. 1, 128; Bd. 2, Anm. 128: »J. Hammond Trumbull, der gelehrteste Mann in den Vereinigten Staaten«. In AD 30. Jan. 1907 macht Twain weitere Ausführungen zu Trumbull.

traf seine Antwort ein – Der Austausch, an den sich Twain hier erinnert, fand im Juli 1874 statt, als er an *Colonel Sellers* arbeitete, seiner erfolgreichen Bühnenfassung von *Das vergoldete Zeitalter*. In der ersten Juliwoche hatte Twain, der sich damals eigentlich auf der Quarry Farm, dem Sommersitz seiner Familie nahe Elmira, aufhielt, geschäftlich in Hartford zu tun und suchte bei der Gelegenheit Trumbull auf, um ihn wegen seines »glän-

zenden Einfalls« hinsichtlich eines originellen Endes für *Colonel Sellers* zu Rate zu ziehen. Hinterher schickte er ein (vermutlich nicht erhaltenes) Telegramm, in dem er die Idee
wieder verwarf. Gleichwohl beantwortete Trumbull die Anfrage Twains in einem Schreiben vom 22. Juli. Der Brief füllte kaum zwei Seiten, verwies aber gleich auf vier Beispiele mit einem ähnlichen Schluss wie dem von Twain vorgeschlagenen, darunter eine
chinesische Version und eine »aus dem Sanskrit«. Twain notierte auf Trumbulls Kuvert:
»J. Hammond Trumbull, der Philologe. Zu dem von mir vorgeschlagenen ›Wunsch‹-Ende
meines Dramas *Colonel Sellers*«. Über dieses »Wunsch«-Ende ist nichts weiter bekannt
(CU-MARK; Anmerkung nach 28. Juni 1874 an Dickinson, *L6*, 170–71).

31 *neue Staat Nevada ... Nye ... Senatorenposten* – Vgl. AD 2. April 1906, Anm. 8: »*der Plan
des Gouverneurs*«.
    Orion war der Sekretärsposten so sicher ... hatte nicht eine Stimme erhalten – Weder war
    Orion der einzige Kandidat, noch weigerte er sich, am Parteitag der Republikaner teil-
    zunehmen, noch ging er ohne Stimmen aus der Wahl hervor. Als einer von vier Kandida-
    ten erreichte er am 11. Oktober 1864 mit großem Abstand den zweiten Platz. Allerdings
    hatte er sich wohl geweigert, die damals üblichen Wahlkampfauftritte in Saloons zu absol-
    vieren. Am 7. November 1865 wurde er ins Unterhaus von Nevada gewählt, wo er jedoch
    nur wenige Monate tätig war (vgl. Fanning 2003, 98–101, 104, 110–11). Zu Einzelheiten
    über Orions religiöse Eskapaden, seine Exkommunikation durch die presbyterianische
    Kirche 1879 und seinen Versuch, 1880 eine Widerlegung der Bibel zu veröffentlichen, vgl.
    9. Febr. 1879 an Howells, *Letters* 1876–1880; *N&J2*, 209, Anm. 95; sowie Fanning 2003,
    168, 174–78, 196–97.

32 *Er stellte sein Rechtsanwaltsschild auf* – Orion wurde am 14. März 1865 in Nevada als
    Anwalt zugelassen (Fanning 2003, 100; vgl. auch AD 2. April 1906, Anm. 7: »*lebten im
    Wohlstand. Die Registerverwaltung warf ... tausend Dollar im Monat ab*«).
    hatte ich meinen Wohnsitz nach San Francisco verlegt – Twain »verlegte« seinen Wohn-
    sitz nach San Francisco, nachdem er Virginia City, Nevada, Ende Mai 1864 verlassen
    hatte (Anm. nach 28. Mai 1864 an Cutler, *L1*, 302).
    Camp riet mir, Aktien der Hale & Norcross zu erwerben – Herman Camp, mit dem Twain
    Anfang der 1860er Jahre in Virginia City und San Francisco den ersten Kontakt pflegte,
    war einer der Entdecker der Comstock Lode, einer großen Erzader mit Silber- und Gold-
    vorkommen. Außerdem spekulierte er eifrig mit Minenaktien in Nevada. Der Hale & Nor-
    cross Silver Mining Company gehörte ein Claim im südlichen Teil der Ader (13. Dez. 1865
    an OC und MEC, *L1*, 327, Anm. 1).
    kaufte fünfzig Aktien ... war ich finanziell ruiniert – Twain besaß tatsächlich Aktien der
    Hale & Norcross Mine (wobei es höchstwahrscheinlich zu keinem Zeitpunkt 50 Stück
    waren), doch An- und Verkaufspreis sind nicht dokumentiert. Auch wenn die Aktien in
    einigen der erhaltenen Briefe erwähnt werden, die Twain 1864/65 an Orion schrieb, wer-
    den keine konkreten Summen genannt. Wahrscheinlich erwarb Twain die Aktien wäh-
    rend eines Aufenthalts in San Francisco im Mai/Juni 1863, als deren Wert sprunghaft
    von $ 915 auf über $ 2000 anstieg. Gewiss ist, dass sich einige Wertpapiere in seinem
    Besitz befanden, als er im Mai 1864 von Virginia City nach San Francisco zog. Im Laufe

der folgenden neun Monate kam es zu dramatischen Kursschwankungen, wobei der Aktienwert von gerade einmal $ 200 im August auf $ 1000 im November stieg und im Februar 1865 schließlich wieder auf unter $ 300 fiel. Twain verkaufte offenbar einige seiner Anteile, bevor er im Winter 1864/65 nach Jackass Hill ging, besaß aber im Frühjahr 1865, als sein Name anlässlich überfälliger Zahlungen in diesem Zusammenhang Erwähnung findet, noch immer zwei Aktien. 1868 erinnerte er sich: »Hale & Norcross, von denen ich sechs Fuß für dreihundert Dollar pro Fuß verkauft habe, ist nun zweitausend wert« (SLC 1868a; *L1*: 26. Mai 1864 an OC, 299, 300–01, Anm. 4; 13. und 14. Aug. 1864 an OC und MEC, 309, Anm. 5; 11. Nov. 1864 an OC, 319, Anm. 5; »San Francisco Stock and Exchange Board«, *San Francisco Evening Bulletin*, Ausgaben von Jan.–Febr. 1865).

33 *unsere Ländereien in Tennessee* – Vgl. »Das Land in Tennessee« und »Meine Autobiographie [Willkürliche Auszüge daraus]« (MT 2012, Bd. 1, 471–74, 8–9, 12–15; Bd. 2, Anm. 471: »*75 000 Morgen in einer einzigen Transaktion*«, Anm. 474: »*der Verkauf … kam nicht zustande*«, Anm. 9: »*Nicholas Longworth … Catawba-Rebe*« und Anm. 13: »*das Ende unserer Ländereien in Tennessee*«).

33–34 *ein Gentleman aus Tennessee … der Gentleman aus New York … Erben* – Diese Besucher konnten nicht identifiziert werden. Einem Hinweis seines Anwalts John Larkin folgend, beteiligte sich Twain ungefähr ein Jahr später an einer Klage, um seinen früheren Anspruch auf die Ländereien in Tennessee durchzusetzen. Laut einem »Schriftsatz«, der am 15. Mai 1907 eingereicht wurde, hatten vermeintlich acht Angeklagte etwa 1600 Hektar der Ländereien in Tennessee unrechtmäßig in Besitz genommen, die den Erben von John M. Clemens gehörten. Twain, seine Nichte Annie Moffett Webster und sein Neffe Samuel E. Moffett (die Kinder von Pamela Moffett) beteiligten sich zusammen mit der Fentress Land Company an der Klage, um das Land, das mehr als $ 2000 wert war, wiederzuerlangen und zusätzlich $ 5000 Schadenersatz zu fordern. Bei seiner eidlichen Vernehmung am 7. und 8. Juni 1909 wurde Twain aufgefordert, seine in zwei Ausgaben der *North American Review* (NAR 12, NAR 13) veröffentlichte Behauptung zu erklären, die Familie besitze keinerlei Ländereien in Tennessee mehr (die Texte dieser Ausgaben sind dem Kapitel »Meine Autobiographie [Willkürliche Auszüge daraus]« (MT 2012, Bd. 1, 3–35) und dem vorliegenden Diktat entnommen). Als Twain zum »Gentleman aus Tennessee« und dem »vermögenden Bürger New Yorks« befragt wurde, konnte er sich nicht an die Namen erinnern und verwies in allen Fragen auf Larkin. Der Rechtsstreit dauerte über drei Jahre. Die meisten Zeugen wurden zur umstrittenen Grenze zwischen Fentress und Overton County befragt und sollten Grenzmarkierungen wie Bäume, Stümpfe, Wasserläufe oder Gebäude benennen. Auch der Landvermesser, der 1896 die letztgültige Grenzlinie zwischen den Countys festgelegt hatte, wurde in aller Ausführlichkeit befragt. Moffett und Twain waren inzwischen gestorben, und so verblieb Annie Webster als einzige Klägerin der Familie. Im Dezember 1910 wurde das Verfahren eingestellt, da die Angeklagten beweisen konnten, dass das betreffende Land in Overton County und damit außerhalb des Zuständigkeitsbereichs des Gerichts lag. Den Klägern wurden die Prozesskosten in Höhe von mehr als $ 400 auferlegt. Twain hatte diesen Ausgang bereits vorausgesehen und im September 1906 zu seiner Sekretärin Isabel Lyon gesagt: »Das Land in Tennessee wird uns am Ende doch noch in Unkosten stürzen. Der Allmächtige hat 70 Jahre dafür gesorgt & wird einen hohen Preis fordern« (Lyon Stenographisches Notizbuch #1, CU-MARK; U.S. National Archives and Records Administration 1907–09, Dokumente in Fentress Land Company et al. v. Bruno Gernt et al., Fall 967: »Declaration«, vom 15. Mai 1907; »Interrogatories for Saml. L. Clemens«, vom 3. April 1909; »Deposition S. L. Clemens«, vom 11. Juni 1909; »Deposition of Chas. R. Schenck«, vom 17. Nov. 1909; verschiedene Zeugenbefragungen, vom 28. Nov. 1910; »Non-suit«, vom 14. Dez. 1910; »Fieri Facias«, vom 8. Jan. 1912; Kopien dieser Dokumente mit freundlicher Genehmigung von Barbara Schmidt).

34 *kam ich an die Ostküste. Orion blieb ... in Carson City* – Tatsächlich kehrten Orion und Mollie Clemens vor Twain an die Ostküste zurück. Sie verließen Carson City am 13. März 1866, hielten sich aber bis zum 30. August in Kalifornien auf und fuhren dann von San Francisco nach New York. Twain verließ San Francisco am 15. Dezember 1866 und erreichte New York am 12. Januar 1867 (22. Mai 1866 an MEC, *L1*, 342, Anm. 1; Anm. vor 15. Jan. 1867 an Hingston, *L2*, 1). Dieser Bericht dient als Hauptquelle für Informationen über Orions Aktivitäten zwischen 1866 und 1875. Weitere Einzelheiten, dem Briefwechsel zwischen Familienmitgliedern zu jener Zeit entnommen, finden sich in *L1– L6* und bei Fanning 2003, 111–26, 131–51, 155–66.

Ich hatte meiner Mutter ein Haus in Keokuk gekauft – Hier macht Twain einen Zeitsprung. Jane Clemens zog erst im August 1882 zu Orion und Mollie nach Keokuk. Sie bewohnten gemeinsam verschiedene Häuser zur Miete, bis Orion im Januar 1889 ein Haus für $ 3100 kaufte, wobei er $ 1100, zum Großteil aus einer ausgezahlten Versicherung, in bar bezahlte und $ 2000 mit einem Darlehen abdeckte. Twain beteiligte sich an dem Kauf, indem er für umfangreiche Reparaturen und Modernisierungen aufkam, u. a. für den Einbau eines »Wasserklosetts« im Haus, damit Jane es komfortabler hatte. In jener Zeit und auch darüber hinaus unterstützte Twain die Hausgemeinschaft in Keokuk mit einem monatlichen Scheck (und schenkte außerdem zu Weihnachten und anderen Gelegenheiten Bargeld): Zunächst schickte er $ 125 ($ 75 für Orion und Mollie, $ 50 für Jane), dann $ 150 (die zusätzlichen $ 25 waren für Orion und Mollie gedacht), dann $ 155 (die zusätzlichen 5 $ sollten an die bedürftige Cousine Tabitha Quarles Greening weitergegeben werden) und schließlich $ 200 ($ 45 zusätzlich für eine Pflegekraft für Jane, die gegen Ende der 1880er Jahre an einer schweren Altersdemenz und an Rheuma litt). Twain setzte die monatlichen Zahlungen von $ 200 auch nach Janes Tod am 27. Oktober 1890 fort, senkte den Betrag 1891 aber wieder auf $ 110 ($ 10 davon für Tabitha Greening) und ab 1893 auf $ 50, die er Mollie nach Orions Tod am 11. Dezember 1897 weiterhin jeden Monat schickte (OC an SLC, zahlreiche Briefe von 1882–1890 sowie 11. Dez. 1897 an Whitmore, alle in CU-MARK).

Setzerei der Gate City ... Orion – Orion versuchte wiederholt, sich als Redakteur oder Schriftsetzer bei der *Keokuk Gate City* oder einer anderen Zeitung anzubieten, erhielt aber nur Gelegenheitsaufträge und wurde für die wenigen redaktionellen Beiträge, die er platzieren konnte, in der Regel nicht bezahlt.

34 *seine Frau war Gattin eines Gouverneurs* – Das war immer dann der Fall, wenn Orion als Sekretär des Nevada-Territoriums den abwesenden Gouverneur vertrat (vgl. AD 2. April 1906, Anm. 7: »*Gouverneur Nye ... kommissarischer Gouverneur*«).

34–35 *Orion ... New York Evening Post ... Hartford ... Rutland* – Twain gibt die zeitliche Abfolge ungenau wieder. Orion arbeitete im Herbst 1873 für die *New York Evening Post*, während Mollie mit Jane Clemens und Pamela Moffett in Fredonia, New York, blieb (6. Nov. 1873 an JLC, *L5*, 471, Anm. 1). Bei der *Hartford Evening Post* war er etwa von September 1872 bis Mai 1873 gewesen. Twains »Arbeitsbeschaffungsmaßnahme« ist Thema in AD 27. März 1906 (vgl. MT 2012, Bd. 1, 431–39). In einem Brief an Olivia vom 3. Oktober 1872 deutet Twain an, Orion habe die Stelle in Hartford bekommen, weil er seinem Ratschlag gefolgt sei:

Livy, Liebling, wie schön es ist, zu hören, dass Orion glücklich ist & vorankommt. Wenn er diese Stelle nun auch noch *halten* & weiterhin alle zufriedenstellen könnte, wäre es nur umso besser. Die Schwierigkeit ist nicht, eine Stelle, die man gerne hätte, zu bekommen – indem man zunächst umsonst arbeitet –, doch sie eisern gegen all die Konkurrenten zu verteidigen – wenn dann die Bezahlung einsetzt – ist das Kunststück. (*L5*, 188)

Anfang Mai 1873 wurde Orion Herausgeber des *Rutland Globe* und blieb dort bis Juli (*L5*; 25. Sept. 1872 an OLC, 182, Anm. 11; 5. Mai 1873 an OC und MEC, 363, Anm. 1).

35 *Hühnerfarm zu gründen ... ich schickte ihm das Geld* – Im Mai 1874 gab Twain Orion und Mollie $ 900 als Anzahlung für die bei Keokuk gelegene Hühnerfarm von Mollies Vater. Allerdings zogen sich die Preisverhandlungen hin, und am Ende kam der Kauf nicht zustande, so dass Orion und Mollie den Hof lediglich pachteten, bis sie ihre Bemühungen, den Hof profitabel zu machen, 1876 aufgaben und nach Keokuk zogen. Dort versuchte sich Orion erfolglos als Anwalt, während Twain ihn unterstützte (*L6*: 23. April 1864 an OC, 110–14; 10. Mai 1874 an JLC, 141–42; 10. Juni 1874 an OC und MEC, 156, Anm. 3; 27. März 1875 an OC, 427–28; 25. April 1875 an JLC und PAM, 461, 462–63, Anm. 8; Fanning 2003, 164–67).

36 *Miete für eine Kirchenbank* – Am 26. Juli 1875 schrieb Twain an Orion:

Ein Posten in Deiner Auflistung macht mich stutzig – »Miete für eine Kirchenbank«. Genauso gut könntest Du Dir Geld leihen, um mit Diamanten zu protzen. Ich bin gewillt, Dir Geld für alle Notwendigkeiten des Lebens zu geben, nicht aber für solch unnützen Luxus wie einen Bankplatz in der Kirche. Man täte besser daran, der Kirche fernzubleiben, als sich Geld für die Miete einer Kirchenbank zu leihen. Das *Prinzip* dieser Sache geht mir gegen den Strich – nicht der Geldbetrag an sich. (*L6*, 519)

6. April 1906

37 *Renwick, dem Architekten der römisch-katholischen Kathedrale* – James Renwick (1818 bis 1895), nach einem Abschluss am Columbia College im Selbststudium zum Architekten geworden, entwarf viele bekannte Gebäude in New York, darunter mehrere Banken und Hotels, luxuriöse Privatanwesen sowie verschiedene Kirchen. Sein bedeutendstes Bauwerk ist die Saint Patrick's Cathedral. Sie wurde 1879 fertiggestellt bis auf die Kirchturmspitzen, die erst 1888 nachträglich hinzugefügt wurden.
Katy (die Haushälterin) – Katy Leary stand 26 Jahre im Dienst der Familie Clemens (vgl. MT 2012, Bd. 2, Anm. 73: *»unsere alte Katy«*).

38 *Etta Booth … Virginia City, Nevada* – Wahrscheinlich war Etta Booth die Tochter von Lucius A. Booth, dem aus Virginia City stammenden Besitzer der Winfield Mill & Mining Company. 1877 erinnerte sich Twain, sie auf einem Ball in Virginia City gesehen zu haben, als sie »acht Jahre alt« war (10. Sept. 1877 an Booth, *Letters* 1876–1880; 12. Juli 1867 an JLC und Familie, *L2*, 73, Anm. 2).

39 *Geflügelexperiment … sechstausend Dollar* – Nachdem die Hühnerfarm nie gekauft worden ist, ist es unwahrscheinlich, dass das zwei Jahre andauernde »Geflügelexperiment« Twain in derartige Unkosten stürzte – selbst wenn man die regelmäßigen »Kredite« zu Orions Unterstützung berücksichtigt (vgl. AD 5. April 1906, vor allem Anm. 35: *»Hühnerfarm zu gründen … ich schickte ihm das Geld«*).

40 *erfand er eine Holzsägemaschine* – Diese Erfindung war eine von vielen, an denen Orion arbeitete, die er aber niemals erfolgreich zu Ende brachte, wie einen »Anti-Sonnenstich-Hut« oder eine »Flugmaschine« (7. Juni 1871 an OC und MEC, *L4*, 396; 4. Febr. 1874 an OC, *L6*, 26–27, 28, Anm. 2).
mit fünfzigtausend Dollar dotierten Preis … Orion – 1871 richtete das New Yorker Parlament eine Kommission ein, die Erfindungen zur effizienteren Fortbewegung auf den staatlichen Wasserwegen mit Dampfantrieb anstelle des Treidelns mit Hilfe von Zugtieren testen sollte. Die Preise wurden in zwei Kategorien vergeben: »Grad der Vollkommenheit bezüglich der verwendeten Methoden und der erzielten Ergebnisse« sowie »Erfolgreicher Betrieb und voraussichtliche allgemeine Akzeptanz«. Beide Preise waren mit $ 50000 dotiert, die entweder an einen einzelnen Gewinner gingen oder zu gleichen Teilen an drei Gewinner (Whitford 1906, 1:281–82). Zu jener Zeit arbeitete Orion tatsächlich an der Erfindung eines Schiffs mit Schaufelradantrieb (*L4*: 7. Juni 1871 an OC und MEC, 396, Anm. 3; 16. Sept. 1871 an OC, 457–58).

41 *er selbst war es, der mir davon schrieb* – Es ist kein Brief erhalten, in dem Orion von einer derartigen Veranstaltung berichtet. Allerdings arbeitete Orion während des Präsidentschaftswahlkampfs 1888 für die Republikaner von Keokuk, obwohl er ein Anhänger des demokratischen Kandidaten Grover Cleveland war. In einem Brief vom 31. August beschreibt Orion einen von afroamerikanischen Bürgern organisierten Fackelzug, bei dem »zwei Aussagen zur Zollpolitik präsentiert wurden, die ich für den Marsch der weißen Republikaner vorbereitet hatte […], obwohl ich voraussichtlich in dieser Sache für Cleveland stimmen werde«. Und in einem Brief vom 8. September berichtet Orion, die »Trans-

parente« mit seinen Mottos zur Zollpolitik seien bei beiden Republikaner-Märschen zum Einsatz gekommen, »bei dem der Weißen wie dem der Farbigen«. Einer seiner Wahlsprüche lautete: »Protektionismus ist die Schwinge des Adlers, die ihn vor dem Rachen des Löwen bewahrt« (CU-MARK).

42 *Bill Nye … ist tot* – Edgar Wilson (Bill) Nye (1850–1896), bekannter Humorist und Vortragskünstler, litt viele Jahre an chronischer Meningitis, bis er im Alter von 45 an den Folgen der Krankheit starb.

43 *Orion … seine Autobiographie … machte er einen Helden aus sich* – Twain äußert sich in AD 23. Febr. 1906 ähnlich über Orions Autobiographie (vgl. MT 2012, Bd. 1, 312–14; Bd. 2, 15–17 und Anm. 313: *»die Autobiographie meines Bruders Orion«*). Paine sichtete Orions Manuskript, während er die Details aus Twains Kindheit recherchierte, um seine offizielle (autorisierte) Biographie zu verfassen, und zitiert in seinem 1912 veröffentlichten Werk auch aus dem Manuskript. Für »völlig unbegründet« hielt er Twains Behauptung, Orion mache »unablässig … einen Helden aus sich«. Paine kam zu dem Schluss, Orions Werk werde Twains »ursprünglichem Plan« gerecht, und beschrieb es als »eine einzige lange Erzählung von flüchtiger Hoffnung, vergeblichen Mühen und ständigen Demütigungen. Es ist die Geschichte eines Lebens voller Enttäuschungen; die Geschichte eines Mannes, der von der Welt besiegt, niedergeschlagen und zerschmettert worden ist, bis er nichts mehr zu bieten hatte außer Geständnissen« (MTB, 1:24, 28, 44, 85, 89–93, 103–04, 107–08, 2:676–77).

vernichtete ich einen beträchtlichen Teil der Autobiographie – Heute sind nur noch wenige Seiten von Orions Autobiographie in den Mark Twain Papers erhalten. Über den Verbleib des von Lyon und Paine durchgesehenen Hauptteils des Manuskripts ist nichts bekannt. In späteren Jahren machte Paine selbst widersprüchliche Angaben: Das Manuskript sei »tief vergraben im staubigen Dunkel eines Tresors«, aber auch, es sei gemäß »M. T.s Wunsch« verbrannt worden. Lyon hingegen gab an, Paine habe das Manuskript im Juli 1907 an der Grand Central Station verloren (Fanning 2003, 218–19; *MTHL*, 1:313).

Miss Lyon – Isabel Van Kleek Lyon (1863–1958) war die Tochter von Giorgiana und Charles Lyon. Ihr Vater, Autor mehrerer Lehrbücher für Griechisch und Latein, starb 1883 und ließ die Familie mittellos zurück. Nach etlichen anderen Tätigkeiten trat Isabel als Gouvernante in den Dienst der Familie von Franklin Whitmore in Hartford, wo Twain sie in den späten 1880er Jahren kennenlernte, als er dort zum Whist-Spielen eingeladen war. Im Herbst 1902 begann Isabel Lyon, als Sekretärin für die Familie Clemens zu arbeiten, obwohl sie weder Maschinenschreiben noch Stenographie beherrschte. Bald schon ging sie Olivia im Haushalt zur Hand und befreundete sich mit Clara und Jean, die sie mitunter als Anstandsdame begleitete. Als die Familie im Herbst 1903 nach Florenz ging, wurde Isabel Lyon Twains Sekretärin (Trombley 2010, 10–12, 19–28, 261).

werde ich … daraus zitieren – In den verbleibenden Diktaten aus der Zeit bis einschließlich 1909 zitiert Twain lediglich einen Auszug aus Orions Autobiographie: In AD 29. Jan. 1907 fügte er den Text eines Briefes ein, den er am 6. Februar 1861 an Orion und Mollie geschickt und den Orion in sein Manuskript übernommen hatte.

43 *Orions Tod* – Orion starb am 11. Dezember 1897. Noch am selben Tag schrieb Twain aus Wien an Mollie:

Wir alle trauern mit Dir; wir möchten Dir aus leidgeprüften Herzen & voller Liebe unser Mitgefühl ausdrücken; & für Orion & mit Orion freue ich mich. Er hat das größte Geschenk des Lebens empfangen.

Er war ein guter Mensch – durch und durch gut und anständig; er hatte nichts Schlechtes in sich, keinerlei Niedertracht, keinerlei Lieblosigkeit. Es ist nicht gerecht, einen solchen Mann, der sich nichts hat zuschulden kommen lassen, mit einer Lebensdauer von 72 Jahren zu strafen. Bewundernswert die Duldsamkeit, mit der er sein Los ertragen hat. (IaCrM)

9. April 1906

43 *New Yorker Depesche* – Dieser Ausschnitt aus einer nicht identifizierten französischen Zeitung wurde Twain von Hélène Elisabeth Picard (geb. 1872 oder 1873) in einem Brief vom 28. oder 29. März 1906 zugesandt. Darin heißt es:

MARK TWAIN AUF DEM INDEX

New York, 27. März. *(Depesche unseres Sonderkorrespondenten.)* – Die Direktoren der Brooklyn Library haben die beiden jüngsten Werke Mark Twains für Kinder unter 15 Jahren auf den Index gesetzt, da sie sie als schädlich erachten.

Der gefeierte Humorist schrieb den Beamten einen Brief, der vor Witz und Sarkasmus geradezu strotzte. Die Herren weigerten sich, ihn zu veröffentlichen, unter dem Vorwand, der Autor habe ihnen keine Erlaubnis dazu erteilt.

44 *drei-, viermal im Jahr freundliche Briefe* – Von der Korrespondenz zwischen Twain und Picard sind 31 Briefe erhalten, die allesamt (möglicherweise mit Ausnahme einer undatierten Postkarte) zwischen Februar 1902 und August 1909 verfasst wurden. 19 Briefe stammen von Picard (alle in CU-MARK); Twain schrieb zwölf, von denen neun nur als Abschriften im *Ladies' Home Journal* vom Februar 1912 erhalten sind (»Mark Twain's Private Girls' Club«, 23, 54). In ihrem Brief an Twain vom 14. März 1902 beschreibt sich Picard als »Helene E. Picard – einer französischen Familie aus dem Elsass entstammend – Alter 29 – geboren in Le Havre – hochgewachsen, blond und von unscheinbarem, insgesamt aber nicht allzu schlechtem Aussehen – lebt allein mit ihrer Mutter [...] in einem kleinen Städtchen in den Vogesen ganz in der Nähe der elsässischen Grenze. – Mag Bücher sehr, liebt die Ihrigen« (CU-MARK). Eine Übersicht der Korrespondenz mitsamt den Texten aller Twain-Briefe findet sich bei Schmidt 2011 mit der Ausnahme eines Briefes, den er Isabel Lyon am 9. April 1906 diktierte.
Irgendwo habe ich die Satzung – Anfang 1902 verfasste Twain »Satzung und Regeln des Juggernaut Club«. Einzige Aufnahmebedingung war eine »noble Gesinnung, gepaart mit

Aufrichtigkeit und Güte«; im »imaginären Tempel des Jagannatha, wo der Club im Geiste zusammenkommt [...], lösen sich gesellschaftliche Stellungen und Nationalitäten auf, keine Sippschaft ist dort vertreten, sondern das Menschengeschlecht«. Das nicht näher definierte Ziel des Clubs sollte »von den Mitgliedern festgelegt« werden (Entwurf in CU-MARK, 4–5, 7).

45 *Pilger aus allen Schichten ... suchen seinen Tempel auf* – Der Tempel des Jagannatha, einer Gestalt des Krishna-Avatar von Vishnu (einer der meistverehrten Hindugottheiten), befindet sich in Puri, Zentralindien, am Golf von Bengalen. Der Jagannatha-Kult erlaubt keine Einteilung in Kasten.

46 *Sie beschließt ihren Brief mit diesem Absatz* – Neben dem beigelegten Zeitungsausschnitt ist dieser Absatz der einzige erhaltene Teil von Hélène Picards Brief.
Huck ... warf ihn die öffentliche Bücherei in Concord, Massachusetts, empört hinaus – Eine ausführliche Beschreibung der Verbannung der Bücher aus der Concord Library im März 1885 findet sich bei HF 2003, 763–72.
Dann warf ihn die öffentliche Bibliothek von Denver hinaus – Im August 1902 nahm die Denver Public Library auf Drängen einiger Geistlicher der Stadt, die *Huckleberry Finn* als unsittlich und gotteslästerlich verurteilten, das Buch aus dem Regal (*Denver Post* an SLC, 12. Aug. 1902, CU-MARK). In einem Brief, den Twain am 14. August an die *Denver Post* schrieb, nachdem sie seine Reaktion erbeten hatte, heißt es auszugsweise:

Es gibt in dieser Angelegenheit niemanden, dem ich auch nur mit dem leisesten und harmlosesten Spott entgegentreten kann – und bei solchen Kindereien die Waffen der Großen einzusetzen, daran darf ich schon gar nicht denken. Vor allem die von Ihnen erwähnten Geistlichen zu attackieren, wage ich nicht, da ich ihre Angewohnheiten teile und in demselben Glashaus sitze, das sie besetzt halten. Ich lese immerzu heimlich unsittliche Bücher und versuche dann aus purer Selbstsucht, andere Leute um ebendieses Vergnügen zu bringen. (»Mark Twain on ›Huck Finn‹«, *New York Tribune*, 22. Aug. 1902, 9)

Durch diese Kontroverse in Verlegenheit gebracht, machte die Bibliothek ihren Entschluss rückgängig und hob das Verbot auf.

47 *Brander Matthews' Ansichten über das Buch* – Matthews, ein renommierter Kritiker und Freund von Twain (vgl. MT 2012, Bd. 2, Anm. 97: »*Brander Matthews*«), lobte *Huckleberry Finn* kurz nach der Veröffentlichung ausführlich in der *Saturday Review* vom 31. Januar 1885. Er sah in dem Buch wesentlich mehr als nur die Fortsetzung von *Tom Sawyer* und meinte: »Die Kunstfertigkeit, mit der die Figur des Huck Finn charakterisiert wird, ist großartig. Wir sehen alles mit seinen Augen – und wirklich mit seinen Augen, nicht durch die Brille von Mark Twain.« Matthews nannte Twain »einen Literaten allererster Güte« und wusste vor allem die »nüchterne Selbstbeschränkung« zu schätzen, mit der er »Huck Finn ohne jeglichen Kommentar Szenen schildern lässt, die dem gewöhnlichen Schriftsteller Anlass zu endlosen moralischen, politischen und soziologischen Abhandlungen gewesen wären« (Matthews 1885, 153). Und in einem späteren Aufsatz, »Der Preis des Humors« (»*The Penalty of Humour*«), veröffentlicht in der Mai-Ausgabe 1896 von *Harper's*

New Monthly Magazine, schreibt Matthews, dass »kein anderer unserer amerikanischen Romanciers die Triebfedern menschlichen Handelns jemals besser verstanden oder mit größerer dramatischer Wucht zum Ausdruck gebracht hat als in Huck Finns Schilderung der Shepherdson-Grangerford-Fehde und des versuchten Lynchmords an Colonel Sherburn« (Matthews 1896, 900).

47 *Als ich Sie neulich bei der Aufführung von Peter Pan sah – Peter Pan*, basierend auf dem gleichnamigen Buch von J. M. Barrie, lief am 6. November 1905 erfolgreich im New Yorker Empire Theatre an. Die beliebte Schauspielerin Maude Adams (1872–1953) spielte Peter Pan, ihre Paraderolle. Twain, der das Stück am 15. November sah, bezeichnete es als »durchweg großartig, bezaubernd, erfrischend, faszinierend, überzeugend, hinreißend und bis zur letzten Minute unglaublich« (»A Joyous Night with ›Peter Pan‹«, *New York Times*, 7. Nov. 1905, 9; »Samuel L. Clemens Interviews the Famous Humorist, Mark Twain«, *Seattle Star*, 30. Nov. 1905, 8, in Scharnhorst 2006, 528; Schmidt 2009; 16. Nov. 1905 an Frohman, Entwurf Lyon in CU-MARK).

trotzdem er selbst nicht von vornehmerem Stand war als 'n Straßenköter« – »Er war von guter Herkunft, wie man so sagt, und das zählt bei 'nem Menschen ebenso viel wie bei 'nem Pferd, wie die Witwe Douglas sagte, und keiner hat je geleugnet, dass sie zu unsrer Stadt ihrer ersten Aristokratie gehörte, und Papa sagte's auch immer, trotzdem er selbst nicht von vornehmerem Stand war als 'n Straßenköter« (MT 1963/2010, 145).

48 *Asa Don Dickinson* – Nachdem er die Brooklyn Public Library 1906 verlassen hatte, arbeitete Asa Don Dickinson (1876–1960) als Bibliothekar in New York, Kansas, Washington und Pennsylvania, bevor er seine bemerkenswerte Karriere am Brooklyn College beendete. Er war zudem ein höchst produktiver Autor und Herausgeber von Anthologien. 1935 veröffentlichte er einen Aufsatz mit dem Titel: »Huckleberry Finn ist fünfzig Jahre alt – ja, aber ist er auch salonfähig?« (»Huckleberry Finn is Fifty Years Old – Yes; But Is He Respectable?«). Darin schildert er in aller Knappheit, wann und wie *Huck Finn* geschrieben wurde, und berichtet von seiner Korrespondenz mit Twain (Asa Don Dickinson 1935).

Am 21. schrieb ich ihm – Die Quelle dieses Brieftextes ist Lyons handschriftliches Archivexemplar von Twains Originalmanuskript. In seinem Artikel von 1935 veröffentlichte Asa Don Dickinson ein Faksimile des an ihn geschickten handschriftlichen Briefs (Asa Don Dickinson 1935, 184; vgl. auch Anm. 48: »*Hucks Charakter ... keinen Deut besser als Salomon, David, Satan*«).

Hucks Charakter ... keinen Deut besser als Salomon, David, Satan – In dem handschriftlichen Brief, den Twain an Dickinson schickte, lautet diese Passage wie folgt: »Hucks Charakter ... keinen Deut besser als Gott (in den Kapiteln über Ahab von Israel & 97 anderen) & als Salomon, David, Satan« (Asa Don Dickinson 1935, 184). In Lyons Abschrift des Briefs, die er in das Diktat einfügte, strich Twain »Gott (in den Kapiteln über Ahab von Israel & 97 anderen)«. Es war die einzige Überarbeitung, die er daran vornahm.

49 *Gerücht ... ich hätte ... einen Brief geschrieben* – Das Gerücht ist wahrscheinlich »aufgekommen«, weil Dickinson, wie er später erklärte, den Brief bei einem Bibliothekarstreffen laut vorgelesen hatte: »Unnötig zu erwähnen, dass das in der Bibliothek für gehörigen

Wirbel sorgte und sich daraufhin alle einig waren, dass Schweigen Gold wert sei. Der Name Mark Twain war damals so bekannt wie höchstens noch [Franklin] Roosevelt. Das öffentliche Interesse an jeder noch so unbedeutenden Aussage von ihm war grenzenlos und genauso schwer unter Kontrolle zu bringen wie ein Buschfeuer.« (Asa Don Dickinson 1935, 183)

50 *Miss Lyon … Reporter* – In ihrem Tagebucheintrag vom 27. März notierte Lyon:

Den ganzen Tag über haben sich Reporter die Klinke in die Hand gegeben und versucht, Mr. Clemens eine Äußerung zu entlocken, weil berichtet wird, *Huck Finn* & *Tom Sawyer* stünden in einer Bücherei in Brooklyn auf dem Index. Mr. Clemens hat nichts mitzuteilen – das hat er nie –, außer es kommt aus den Tiefen seines prachtvollen Bettes, & dann ist es nicht für jedermanns Ohren bestimmt. Diese Reporter wollten den Brief sehen, den er an Mr. Asa Don Dickinson geschrieben hat – »einen äußerst typischen & verrückten Brief«, jedenfalls einen äußerst schädlichen Brief. (Lyon 1906, Eintrag vom 27. März)

schrieb ich an Mr. Dickinson … weise wie wachsam zu sein – In einem knappen Schreiben vom 26. März wies Twain Dickinson an: »Seien Sie weise wie eine Schlange & wachsam wie eine Taube! Die Zeitungsfritzen wollen diesen Brief – verhindern Sie, dass sie ihn in die Finger kriegen. Die Kerle behaupten, Sie weigerten sich, ihnen das Lesen des Briefes ohne meine Zustimmung zu gewähren. Verweigern Sie's ihnen weiterhin, & ich kümmere mich hier um den Rest« (Archivexemplar von Lyon, CU-MARK). In seinem Artikel zitierte Dickinson aus diesem Brief, der seiner Aussage zufolge »als Eilbrief gekennzeichnet« war (Asa Don Dickinson 1935, 185). Am 27. März kümmerte sich Twain um den »Rest«, indem er folgende Stellungnahme zum Umgang der Brooklyn Library mit *Huckleberry Finn* und *Tom Sawyer* veröffentlichte:

Mir ist die ganze Angelegenheit gleichgültig. Meines Wissens hat der Bibliothekar die Bücher nicht auf eine Liste verbotener Bücher gesetzt, sondern sie als Bücher für Erwachsene klassifiziert, so dass Heranwachsende die Möglichkeit haben, sie zu lesen. Bislang waren sie ausschließlich an Kinder verliehen worden. Nun können sie von jedermann gelesen werden.

Der Brief, den ich schrieb, war persönlicher Natur, und ich möchte ihn nicht öffentlich machen. Ich glaube nicht, dass meine Bücher Kindern schaden können, doch im Augenblick würde ich ungern darüber diskutieren. (»Topics in New York«, *New York Sun*, 28. März 1906, 5, Nachdruck der *Baltimore Sun*)

52 *Choate und ich … öffentlichen Aufruf zugunsten der Blinden* – Am 29. März 1906 hielten Twain und Joseph Choate im Waldorf Astoria Hotel eine Rede anlässlich der ersten Tagung der New York State Association for Promoting the Interests of the Blind (vgl. MT 2012, Bd. 2, Anm. 462: »*Vorsitzender bei der ersten Tagung eines Verbandes … Interessen erwachsener Blinder … Joseph H. Choate*«).

10. April 1906

52 *diese alten Briefe ... einen von einem kleinen Mädchen* – Twain zitiert aus einem Brief von Elizabeth Owen Knight (1894–1981) vom 31. März 1906 (nicht aus einem von »vor einundzwanzig Jahren«) (CU-MARK; Rasmussen 2013, Brief 164). Wahrscheinlich las er seiner Stenographin den Teil des Briefs vor, den er zitieren wollte, ersetzte dabei jedoch die beiden im Original genannten Buchtitel: Stehen im vorliegenden Text *Huck Finn* und *Tom Sawyer*, liest man im Originalbrief *Tom Sawyer* und *Tom Sawyers abenteuerliche Ballonfahrt*.

53 *Botschafter Whites Autobiographie ... bezaubernd, besonders die Stellen, die von mir handeln* – Andrew Dickson White (1832–1918) war ein herausragender Pädagoge und Diplomat. Neben anderen Verdiensten gründete er zusammen mit Ezra Cornell die Cornell University und stand dieser als erster Präsident vor (1868–1885). Später war er Gesandter der Vereinigten Staaten in Russland (1892–1894) sowie Botschafter in Deutschland (1897–1902). In seiner 1905 veröffentlichten zweibändigen Autobiographie erinnert er sich:

Mein erster Ausflug an den Oberlauf des Mississippi hinterließ in mir einen denkwürdigen Eindruck. Keine Beschreibung der vor meinen Augen träge dahinströmenden gewaltigen Wassermassen erschien mir auch nur annähernd angemessen, bis ich Jahre später Mark Twains *Tom Sawyer* las. Seine Schilderung der Szene, wo der Held auf einem Floß erwacht, das den breiten Fluss hinuntertreibt, brachte in mir eine Saite zum Klingen. Es war die erste Beschreibung überhaupt, die dem Bild in meinem Kopf entsprach. (Andrew Dickson White 1905, 2:379)

Offensichtlich dachte White an Kapitel 19 von *Huckleberry Finns Abenteuer*, nicht von *Tom Sawyer*. Trotz Whites Verwechslung muss es dieser Abschnitt gewesen sein, der Twain so gefiel, denn ansonsten bezieht sich White nur oberflächlich auf ihn (Andrew Dickson White 1905, 2:82, 203, 231).

53–54 *Willard Fiske ... Bayard Taylor ... Cornell University* – Daniel Willard Fiske (1831–1904), Journalist, Redakteur und Sammler von Büchern, war Professor für nordeuropäische Sprachen und von seinem Amtsantritt 1868 bis zu seiner Pensionierung 1883 Leitender Bibliothekar der Cornell University. Twain wurde ihm von ihrem gemeinsamen Freund Charles Dudley Warner vorgestellt (vgl. Anm. 54: »*lud sie Fiske, Charles Dudley Warner und dessen Frau ein ... Nilfahrt*«; MT 2012, Bd. 2, Anm. 68: »*Professor Willard Fiske ... Walter Savage Landors Villa*«). Zwischen 1845 und 1848 hatte Fiske das Cazenovia Seminar in Cazenovia, New York, sowie das Hamilton College in Clinton, New York, besucht. Seinem Biographen zufolge lernte Fiske Bayard Taylor (1825–1878) 1850 in New York kennen. Im Sommer jenes Jahres ging er ins Ausland, um sich dem Studium der skandinavischen Sprachen und Literaturen zu widmen, und offenbar wurde ihre Freundschaft in den darauffolgenden Jahren in Europa immer enger (Horatio S. White 1925, 5, 10–16). Taylor, der bereits als Dichter und Reiseschriftsteller publiziert hatte, war später als Legationsrat der Vereinigten Staaten in St. Petersburg (1862/63) und als Gesandter der Vereinigten Staaten in Deutschland (1878) tätig.

54 *Mr. McGraw ... Vermögen ... reizende junge Tochter* – John McGraw (1815–1877), Mitglied des Gründungskuratoriums und großzügiger Gönner der Cornell University, wurde mit dem Holzhandel reich. Twain verwechselt ihn möglicherweise mit Ezra Cornell, dem Mitbegründer der Universität, der durch seine Partnerschaft mit Samuel Morse, dem Erfinder des Telegraphen, zu Wohlstand gelangte. Jennie McGraw (1840–1881) war McGraws einziges Kind.

lud sie Fiske, Charles Dudley Warner und dessen Frau ein ... Nilfahrt – Warner, Twains Hartforder Nachbar und Co-Autor von *Das vergoldete Zeitalter*, hatte Fiske am Hamilton College kennengelernt, wo beide Mitglieder in derselben renommierten Studentenverbindung gewesen waren; sie blieben zeitlebens Freunde. Warner und seine Frau Susan hatten während einer 2-jährigen Reise von 1874 bis 1876 Ägypten bereits besucht. Sie begleiteten Jennie McGraw und Fiske trotz Einladung nicht, als diese im Winter 1880/81 nach ihrer Hochzeit dorthin reisten (3. Okt. 1874 an Howells, *L6*, 248, Anm. 3; Horatio S. White 1925, 63, und Fiske an Andrew D. White, 27. Nov. 1880, 426–27).

einer altmodischen Dahabieh – Ein Segelschiff traditioneller Bauart, vergleichbar mit einem Hausboot.

55 *sie wolle Fiske heiraten ... nicht gewillt, das Vermögen zu akzeptieren* – Vor seiner Hochzeit in Berlin am 14. Juli 1880 unterzeichnete Fiske ein Dokument, in dem er auf alle Rechte am Eigentum seiner Frau verzichtete (Morris Bishop 1962, 226). Später rekapitulierte er:

> Ihr Angebot, von den Inhalten ihres Testaments unterrichtet zu werden, lehnte ich ab; ich unterzeichnete den Ehevertrag, ohne auch nur einen Moment zu zögern, und verzichtete auf sämtliche Rechte, die mir gemäß dem preußischen Gesetz über die Eheschließung vielleicht zugestanden hätten [...], und als ich ihren schmerzlichen Tod mit jeder Woche näher kommen sah, blieb ich bei meinem Entschluss, keinen Vorschlag zu meinem finanziellen Vorteil zu unterbreiten. Nicht für ihr ganzes Geld hätte ich auf nur eine zusätzliche Woche mit ihr verzichtet. (Horatio S. White 1925, 104)

Mrs. Fiske setzte ein Testament auf ... Cornell University – Das Vermögen von Jennie McGraw Fiske wurde auf 3 Millionen Dollar geschätzt. Sie vermachte ihrem Ehemann $ 300 000, anderen Familienmitgliedern $ 550 000 und der Cornell University $ 290 000 für die Errichtung von drei Gebäuden; die Universität war zudem alleiniger Vermächtnisnehmer des Restnachlasses (*New York Times*: »Trying to Annul a Will«, 7. Sept. 1883, 5; »Cornell Loses a Legacy«, 20. Mai 1890, 9; Morris Bishop 1962, 227). Fiske nahm an, dass das im Bau befindliche Anwesen in Ithaca oberhalb des Cayuga Lake, das die Frischverheirateten an »so manchem fröhlichen Abend am Nil« geplant hatten, ebenfalls ihm vermacht würde. Tatsächlich enthielt das Testament »weder eine Regelung über die Fertigstellung des Hauses noch über dessen Instandhaltung« (Fiske an Boardman, 29. Mai 1890, Horatio S. White 1925, 105; »Two Millions Lost«, *San Francisco Chronicle*, 4. Juni 1890, 3; Morris Bishop 1962, 227).

55 *konnte er das Haus in Ithaca nicht unterhalten … versuchte gar nicht erst, darin zu leben*
 – Dem Chronisten der Cornell University zufolge erkannte Fiske, »dass die Summe von
 $ 300 000 nicht ausreichen würde, das Haus angemessen zu unterhalten«. In Whites
 Augen »war es ein perfekter Ort für eine Kunstgalerie. Jeder nahm an, Fiske würde es als
 Kustos für die Universität bewohnen«, doch dieser Plan wurde nie in die Tat umgesetzt
 (Morris Bishop 1962, 227).

55–56 *Charley Warner, der das Testament aufgesetzt hatte* – Warner schloss 1858 sein Jura-
 studium ab, arbeitete dann jedoch im Journalismus und im Literaturbetrieb. Nicht er
 setzte Jennie Fiskes Testament auf, sondern Douglass Boardman, Chefjustiziar der Universität und Richter am Obersten Gerichtshof des Bundesstaates (Andrew Dickson White
 1905, 1:419–20; »Two Millions Lost«, *San Francisco Chronicle*, 4. Juni 1890, 3).

56 *Anspruch auf den kleinen Palast … Fiske widersetzte sich … Universität reichte Klage
 ein* – Die Testamentsvollstrecker erklärten, Fiske würde außer den ihm vermachten
 $ 300 000 nichts zustehen, erhoben Anspruch nicht nur auf das Haus, sondern auch auf
 alles, was sich darin befand; laut einiger Berichte betraf das auch Jennie Fiskes persönliches Hab und Gut. Tatsächlich war es Fiske, der 1883 Klage einreichte, um das Testament anzufechten. Nach zahlreichen Auseinandersetzungen mit Boardman und den
 Cornell-Kuratoren (insbesondere Henry W. Sage) war er schließlich »maßlos entrüstet«,
 als er von dem Betrug der Universität erfuhr (vgl. Anm. 58: *»hatte der junge Bacon einen
 glücklichen Einfall … Universität, die nichts mehr zu melden hat«*; Fiske an Boardman,
 29. Mai 1890, Horatio S. White 1925, 104–05). Die Angelegenheit entwickelte sich in der
 Presse zu einer Cause célèbre. Einige Zeitungen stellten Fiske als Mitgiftjäger dar, der
 »einen langgehegten teuflischen Plan verfolgte, um sich die Millionen unter den Nagel zu
 reißen« (Morris Bishop 1962, 229–30). Andere berichteten ohne Kenntnis der Hinter-
 gründe (und zweifelsohne mit Übertreibung) von der Unmenschlichkeit der Universität,
 wie dieses Beispiel aus dem *San Francisco Chronicle* zeigt:

 Wenn er den Ehering und das Hochzeitskleid seiner Frau haben wollte, müsste er dafür den
 höchsten Preis zahlen, den sie damit erzielen könnten; und genauso müsste er für jedes Er-
 innerungsstück und jedes Geschenk bezahlen, das einst ihr gehört hatte. Professor Fiske
 schlug vor, der Cornell University bei seinem Tod sein gesamtes Vermögen bis auf den letzten Dollar zu vermachen, wenn er dafür im Haus seiner Frau wohnen dürfte, und erntete
 nur höhnische Ablehnung. (»Two Millions Lost«, *San Francisco Chronicle*, 4. Juni 1890, 3)

 machte ich ihn mit meinen Bedingungen bekannt – Twains »Arbeitsbeschaffungsmaßnahme« ist Thema in AD 27. März 1906 (vgl. MT 2012, Bd. 1, 431–39).

57 *der junge Mann, von dem ich eben erzählt habe* – Charles P. Bacon (1859?–1916) war
 einer der Studenten an der Cornell University, die Fiske besonders am Herzen lagen. Er
 wohnte einige Jahre lang mit Fiske und dessen Mutter auf dem Campusgelände und
 machte seinen Abschluss 1879. Vielleicht hat Twain ihn auf die *Elmira Gazette* aufmerksam gemacht statt auf den *Hartford Courant* (für den Fiske kurzzeitig gearbeitet hatte).
 Jedenfalls war es die *Gazette*, die Bacon während seiner Zeit als Journalist herausgab

(*New York Times*: »Cornell Loses a Legacy«, 20. Mai 1890, 9; »Charles P. Bacon«, 20. Juni 1916, 11; »Two Millions Lost«, *San Francisco Chronicle*, 4. Juni 1890, 3).

57 *David B. Hill in Elmira … Anwalt und ein bedeutender Politiker* – Hill (1843–1910) war Vorsitzender der Demokraten im Staat New York. Er war kurze Zeit Bürgermeister von Elmira (1882), dann Vizegouverneur des Staates (1882–1885), Gouverneur (1885–1891) und US-Senator (1892–1897).

58 *hatte der junge Bacon einen glücklichen Einfall … Universität, die nichts mehr zu melden hat* – Als der Erbfall eintrat, waren sich White wie Boardman der Auflagen bewusst, die die Gründungsurkunde der Universität vorschrieb. Doch Boardman argumentierte, dass diese »einfach dafür vorgesehen sind, Schenkungen von Firmen vorzubeugen, die das Ausmaß dessen übersteigen, was der Gesetzgeber für das Gemeinwohl als zuträglich erachtet«. Er versicherte White, »wenn nicht der Justizminister ein Verfahren gegen uns einleitet, um uns von der Übernahme des Anwesens abzuhalten, kann das niemand sonst tun; und er wird uns sicherlich nicht behelligen« (Andrew Dickson White 1905, 1:419–21). Dennoch änderte die Universität 1882 ihre Satzung in der Absicht, die Erbschaft zu sichern. Fiske »ging an die Decke«, als er erfuhr, dass

mit der Satzungsänderung (obwohl ex post facto) die Einschränkung aufgehoben werden sollte, dass gemäß gültigem Landesrecht keine Verstorbene, die einen Ehemann hinterlässt, mehr als die Hälfte ihres Vermögens karitativen Einrichtungen vermachen darf. Darüber hinaus hatte Richter Boardman [...] mit großem Eifer – unangemessenerweise – unterlassen, Fiske über seine Rechte aufzuklären, und veranlasst, dass die eingeweihten Kuratoren sich Fiske gegenüber in Schweigen hüllten. (Morris Bishop 1962, 228)

Daraufhin unterzeichnete Fiske noch am Vorabend seiner Abreise nach Europa 1883 die Dokumente zur Klageerhebung.

Bacon gewann den Fall … sein erster Prozess auch sein letzter – 1890, nach 7-jährigem Rechtsstreit, entschied der Oberste Gerichtshof der Vereinigten Staaten den Fall und sprach Fiske das gesamte Vermögen zu. Sein Anwalt erhielt ein Honorar von $ 180 000. Bacon blieb eng mit David B. Hill befreundet, fungierte während dessen Amtszeit als Gouverneur von New York als sein vertrauensvoller Berater und arbeitete entgegen Twains Behauptung, es sei sein erster und einziger Fall gewesen, noch viele weitere Jahre als Jurist (Morris Bishop 1962, 231–32; »Charles P. Bacon«, *New York Times*, 20. Juni 1916, 11). Letztendlich trug die Cornell University durch die Prozessniederlage keinen größeren Schaden davon. Henry W. Sage, einst John McGraws Partner im Holzgeschäft, spendete mehr als $ 200 000 für ein neues Bibliotheksgebäude und tätigte überdies eine Schenkung von $ 300 000. Fiske vermachte der Universität seine wertvolle Büchersammlung und beinahe $ 600 000 (Horatio S. White 1925, 96–97, 237–38; »Mr. Sage's Gift to Cornell«, *New York Times*, 24. Mai 1889, 1; zu Sage vgl. MT 2012, Bd. 2, Anm. 310: »Mr. Henry W. Sage«).

11. April 1906

59 *Frank Fuller ... Durch dick und dünn –* In *Durch dick und dünn* wird Fuller nicht erwähnt. Vgl. Anm. 60: *»Sekretär des Territoriums, Frank Fuller ... Gouverneur genannt«.*

60 *Sekretär des Territoriums, Frank Fuller ... Gouverneur genannt –* Frank Fuller (1827 bis 1915) war noch nicht im Territorium Utah angekommen, als die Clemens-Brüder es im Sommer 1861 auf der Reise nach Carson City durchquerten. Der damalige Gouverneur Alfred Cumming war Sezessionist und im Mai des Vorjahres in seinen Heimatstaat Georgia zurückgekehrt, wohl wissend, dass Präsident Lincoln ihn nicht wiederernennen würde. Ersetzt wurde er durch Francis H. Wootton, den Sekretär des Territoriums, der seinerseits bald zurücktrat. Fuller, den Lincoln an Woottons Stelle berief, war seit dem 10. September 1861 drei Monate kommissarischer Gouverneur von Salt Lake City, bis im Dezember der neuernannte Gouverneur eintraf (*New York Times*: »Affairs in Utah«, 17. Juni 1861, 5; 8. Juli 1861, 2). Twain und Fuller begegneten sich 1862 in Virginia City; sie vertieften ihre Bekanntschaft 1863 oder 1864 in San Francisco und schließlich 1867 in New York, wo Fuller für Twain Vorträge organisierte. Die beiden verband eine lebenslange Freundschaft. Nach seiner Zeit in Utah schlug Fuller, der Human- und Zahnmedizin studiert hatte, eine facettenreiche berufliche Laufbahn ein. Er arbeitete als Journalist und Zahnarzt, handelte mit Minenaktien, war Eisenbahnbeamter, Versicherungsvertreter und Unternehmer sowie unermüdlicher Börsenspekulant. 1906 war er nach wie vor Eigner der 1874 von ihm in New York gegründeten Health Food Company und angeblich Millionär (*L2*: Anm. vor 15. Jan. 1867 an Hingston, 5; 23. April 1867 an Stoddard, 33–34, Anm. 7; *RI 1993*, Anmerkungen auf 591–92; Schmidt 2002; »Frank Fuller Dead«, *New York Times*, 20. Febr. 1915, 5).
im Auftrag der Sacramento Union mehrere Monate auf den Sandwichinseln verbracht – Vgl. MT 2012, Bd. 1, 44–47, 577–79; Bd. 2, Anm. 43–44: *»Brief von Rev. Dr. Rising ... Sandwichinseln«,* Anm. 46: *»Thomas Maguire«* und Anm. 578: *»auf den Inseln ... Briefe für die Wochenausgabe der Sacramento Union ... liebenswerte und wohlgelittene Männer«.*

61 *Fuller ... seine Frau ... seine Töchter –* Im Januar 1867 fungierte Fuller als Vizepräsident der Northern Pacific Railroad Company mit Firmensitz 57 Broadway. Er war in erster Ehe mit Mary F. Fuller (1829?–1870) verheiratet; seine Töchter Ida F. und Anna Cora waren etwa 17 und 13 Jahre alt (Fuller 1911; *Portsmouth Census* 1860, 679:740).

62 *Er werde den Saal im Untergeschoss des Cooper Institute mieten –* Fuller mietete den Saal in der Cooper Union for the Advancement of Science and Art für den 6. Mai 1867. Diese Einrichtung für kostenfreie Bildungsangebote war 1859 von dem Erfinder, Industriellen und Philanthropen Peter Cooper (1791–1883) gegründet worden. Sie nahm den ganzen Block zwischen der Third und Fourth Avenue sowie der 7. und 8. Straße ein. Neben dem großen Vortragssaal im Untergeschoss umfasste sie Läden und Büros, Kunstgalerien und Ateliers, Labors sowie eine umfangreiche Bibliothek. Außerdem wurden für Arbeiterinnen und Arbeiter jeglicher Herkunft und Hautfarbe Kurse angeboten,

mittels deren ein Diplom oder ein anderer akademischer Abschluss zu erlangen war. Bis heute ist die Cooper Union der Tradition der Gebührenfreiheit treu geblieben und zählt zu den besten Colleges für Kunst, Architektur und das Ingenieurwesen (James Miller 1866, 49–50; Lossing 1884, 670–72; Cooper Union 2011).

62 *er war Feuer und Flamme für sein Projekt* – 1911 äußerte Fuller, dass es Twain gewesen sei, der unbedingt einen Vortrag in New York halten wollte und auf der Cooper Union als Veranstaltungsort bestand. 1895 schrieb Twain diese Begebenheit ausführlich für einen Vortrag nieder, den er allerdings nie hielt. Der Vortrag wurde später als »Frank Fuller and My First New York Lecture« veröffentlicht (Fuller 1911; SLC 2009a, 5–17; zeitgenössische Dokumente mit Bezug zu diesem Ereignis einschließlich seiner Briefe aus dieser Zeit und Kritiken des Vortrags finden sich bei *L2*: 23. April 1867 an Stoddard, 33–35, Anm. 7; 1. Mai 1867 an JLC und seine Familie bis einschließlich der Anm. vor 14. Mai 1867 an Stanton, 38–44; sowie 28. Nov. 1868 an OLL, 292–93, und »Enclosures with the Letters«, 417–19).

64 *Die Angelegenheit musste ihn vier- oder fünfhundert Dollar gekostet haben* – Fuller erinnerte sich, dass »die Kosten des Vortrags etwas mehr als $ 600 betrugen; die Einnahmen lagen knapp unter $ 300« (Fuller 1911).
Ich begab mich in Redpaths Hände … Vortragssaison – In der Saison 1867/68, die auf seinen Erfolg in der Cooper Union am 6. Mai und auf die Expedition der *Quaker City* von Juni bis November folgte, unternahm Twain keine Vortragsreisen. 1868/69 besuchte er Dutzende größere und kleinere Städte im Mittleren Westen und an der Ostküste, doch erst in der darauffolgenden Saison unterschrieb er bei James Redpaths Boston Lyceum Bureau den Vertrag für eine Tournee an der Ostküste, die vom 1. November 1869 bis einschließlich 21. Januar 1870 dauerte. Twains Berichte über die Jahre 1898/99 und seine Tournee-Erlebnisse finden sich in »Vortragsreisen« und »Ralph Keeler« (MT 2012, Bd. 1, 609–15, 615–23; Bd. 2, 282–91).

65 *der Bruder seiner Frau … mit einem Knüppel erschlagen* – Fullers erste Ehefrau starb 1870, und am 14. Dezember desselben Jahres heiratete er Annie Weeks Thompson (1840?–1906) (*Chatham Census* 1880, 792:65C; »Married«, *New York Times*, 15. Dez. 1870, 5). Annies Bruder Jacob Thompson (geb. 1837?), der fast 40 Jahre lang Börsenredakteur der *New York Times* gewesen war, starb am 8. September 1905. Er war an jenem Morgen bewusstlos und schwerverletzt in seinem Zimmer im St. James Hotel aufgefunden worden. Das Zimmermädchen, das Thompson entdeckt hatte, gab an, er sei »fast gänzlich von Blut überströmt gewesen, das weithin Flecken auf dem Teppich hinterlassen hatte und über einen Meter hoch an die Wand gespritzt war« (»J. H. Thompson Found Dying in His Room«, *New York Times*, 9. Sept. 1905, 6). Wie die Autopsie ergab, war Thompson an drei massiven Schädelfrakturen gestorben. Bald darauf wurde ermittelt, dass ihm eine goldene Armbanduhr und mehrere hundert Dollar geraubt worden waren. Der Tatverdächtige, ein Page des St. James Hotel, starb noch vor seiner Festnahme am 31. Oktober an den Folgen von Stichverletzungen, die ihm bei einem heftigen Familienstreit zugefügt worden waren (*New York Times*: »Mr. Thompson Slain and Probably Robbed«, 10. Sept. 1905, 5; »Mr. Thompson's Lights Burning All the Night«,

12. Sept. 1905, 2; »Seek Former Servant in Thompson Case«, 15. Sept. 1905, 5; »Death Beats Police in Thompson Case«, 1. Nov. 1905, 1).

65 *drei Tage später fand sie die ewige Ruhe* – Annie Fuller starb am 10. Februar 1906. Am 2. Februar schrieb Isabel Lyon in ihr Tagebuch: »Heute Nachmittag überbrachte ein Bote eine Nachricht von Mr. Frank Fuller, in der er Mr. Clemens bittet, seine sterbenskranke Frau zu besuchen. Ich rief ihn an und sagte, dass Mr. Clemens das gerne tun werde, & es wurde ein Besuch für morgen Nachmittag um 5 ausgemacht.« Es ist anzunehmen, dass es sich um denselben Besuch handelt, den Twain hier beschreibt. Lyon fuhr mit einer Beschreibung von Fuller fort, die der in diesem Diktat ähnelt (»Died«, *New York Times*, 11. Febr. 1906, 7; Lyon 1906, Eintrag vom 2. Febr.).

66 *Homer Hawkins* – Der 22-jährige Hawkins war als Angestellter der New York, New Haven & Hartford Railroad für die Synchronisierung aller Uhren verantwortlich (»Learns His Life Secret in Plot to Blackmail«, *New York World*, 12. April 1906, 2).

der Adoptivsohn von Dr. Frank Fuller – Louis R. Fuller (geb. 1878) wurde im Alter von drei Monaten von Frank und Annie Fuller adoptiert, nachdem ihr Sohn im Kleinkindalter gestorben war. Louis' leibliche Mutter war ein 16-jähriges Mädchen aus einer Familie, die den Fullers »gesellschaftlich ebenbürtig« war. Louis wurde sie später als eine Freundin der Familie vorgestellt (»Learns His Life Secret in Plot to Blackmail«, *New York World*, 12. April 1906, 2).

Mr. Rowbotham, dessen Tochter mit Fuller verlobt ist – George B. Rowbotham war Präsident der Bay State Belting Company in Boston, einer Firma, die Treibriemen herstellte (»Father of Fuller's Fiancee Says Wedding Will Take Place«, *New York World*, 13. April 1906, 18).

Mrs. Ellen Faxon – Neben Ida und Anna konnten keine weiteren Töchter Fullers identifiziert werden (vgl. Anm. 61: »Fuller … seine Frau … seine Töchter«).

67 *Adoptivonkel in Yale* – Louis Fuller war nicht Yale-, sondern Harvard-Absolvent der Abschlussklasse 1905 (Harvard Directory 1910, 250).

68 *Olive Logan* – Twain hatte Olive Logan bereits in einem autobiographischen Essay von 1898/99 erwähnt und sie genauso beschrieben wie hier (vgl. »Ralph Keeler«, MT 2012, Bd. 1, 616–20; Bd. 2, Anm. 618: »*Olive Logans Berühmtheit … ihr Mann, ein kleiner Journalist mit kleinem Gehalt*«).

die Anna Dickinsons … mit ihrer Beredsamkeit stark berührten – Anna Dickinson (1842 bis 1932), die überzeugend wie wortgewandt über Frauenrechte und die Abschaffung der Sklaverei referierte, gehörte mit einem Honorar von $ 200 pro Auftritt zu den bestbezahlten Rednern ihrer Zeit. Sie war eng mit Twains Schwiegerfamilie, den Langdons aus Elmira, befreundet und gehörte bald auch zu Twains Bekanntenkreis, obwohl die beiden nicht allzu viel voneinander hielten. Sie zählte zu den »Frauen, die etwas zu sagen hatten« und die um 1870 von James Redpath vertreten wurden, der auch Twains Vorträge organisierte (vgl. *L3*: 12. Jan. 1869 an Langdon, 30, Anm. 3; 22. Jan. 1869 an Langdon, 63, 66, Anm. 2; »Enclosures with the Letters«, *L4*, 550, Anm. 8).

69 *Pariser Putzmacher Worth … Rivalen Savarin* – Charles Frederick Worth (1825–1895), Modeschöpfer für Damenbekleidung mit englischen und französischen Wurzeln, gab

viele Jahre lang in der Pariser Modewelt den Ton an. Mit »Savarin« meint Twain vermutlich das konkurrierende Modehaus von L. Savarre (Thieme 1993, 2–3).

72 *Olive Logan ... Brandung oder Leben in Long Branch ... Wilkie Collins' Der rote Schal ... François Coppées Le Passant (Der Wanderer)* – Olive Logans Drama *Surf*, eine melodramatische Farce, hatte im Januar 1870 in New York Premiere. Ihre Bühnenfassung von *Der rote Schal*, einem Roman des englischen Autors Wilkie Collins, wurde erstmals im Dezember 1866 in New York aufgeführt. Zudem verfasste sie eine Nachdichtung von François Coppées *Le Passant (Der Wanderer)*, die 1887 in London aufgeführt wurde.

   Die Witwe Bedott ... von einem achtzehnjährigen Mädchen – Frances Miriam Berry Whitcher (1812?–1852) ließ sich 1847 mit ihrem Ehemann, einem Pfarrer, in Elmira nieder. Sie begann schon in sehr jungen Jahren mit dem Schreiben, veröffentlichte ihre erste Geschichte aber erst 1839, als sie schon fast 30 war. Zwischen 1846 und 1850 schrieb sie für Zeitschriften eine äußerst beliebte Reihe satirischer Skizzen rund um ihre komische Heldin, die Witwe Bedott. 1855 erschien mit *The Widow Bedott Papers* erstmals eine Sammlung in Buchform, von der 100000 Exemplare verkauft wurden und die zahlreiche Neuauflagen erlebte (Gowdy 2003, 392–95).

73 *schon wieder so eine Tragödie* – Obwohl ein Freund sie in einem New Yorker Apartment untergebracht hatte, kehrte Olive Logan nach England zurück, wo sie 1909 in einer »Irrenanstalt für Arme« starb (»Olive Logan in an Asylum«, *New York Times*, 27. Febr. 1909, 5).

73–74 *Heute Morgen in der Zeitung ... auf dem Weg zum Friedhof* – Mehrere Zeitungen schrieben über diese Ereignisse; welchen dieser Berichte Twain las, ist nicht festzustellen. Katherine B. Raymond aus Los Angeles, die schon seit Jahren Anzeichen einer psychischen Störung gezeigt hatte, überlebte den drohenden Erstickungstod und wurde in eine Irrenanstalt eingewiesen. Aufgrund ihrer Erkrankung wurden keine strafrechtlichen Ermittlungen gegen sie angestrebt (*San Francisco Chronicle*: »May Not Be Prosecuted for Her Son's Murder«, 18. April 1906, 2; »Committed to Highlands«, 28. April 1906, 1).

21. Mai 1906

74 *Charles H. Webb ... Herausgeber des Californian* – Charles Henry Webb (1834–1905) wurde im Norden des Staates New York geboren. Animiert durch die Lektüre des gerade erschienenen Romans *Moby Dick* (1851), heuerte er auf einem Walfangschiff an, auf dem er mehr als drei Jahre arbeitete. 1860 begann er seine langjährige Berufslaufbahn als Autor und Journalist bei der *New York Times*, wo er als Redakteur für Literatur und während des Bürgerkriegs vorübergehend auch als Korrespondent tätig war. 1863 zog Webb nach Kalifornien, wo er Lokalredakteur für das *San Francisco Evening Bulletin* war. Im Mai 1864 gründete er den *Californian*, der abwechselnd von ihm und Bret Harte herausgegeben wurde, bis Webb Mitte 1866 nach New York ging (zu Twains Verbindungen mit dem *Californian* vgl. MT 2012, Bd. 2, Anm. 615: »*Bret Harte ... The Golden Era*«).

Webb veröffentlichte Parodien und komische Gedichte in verschiedenen Zeitschriften und verfasste unter dem Pseudonym »John Paul« Beiträge für die *New York Tribune*. Außerdem war er ein erfolgreicher Erfinder und erhielt ein Patent für eine Vorrichtung zur Befüllung von Patronen (die er an die Remington Arms Company verkaufte) sowie ein weiteres für eine Addiermaschine.

74 *Artemus Ward ... Vortragstournee durch Kalifornien ... die »Springfrosch«-Geschichte* – Twain lernte den bekannten Humoristen Artemus Ward (mit bürgerlichem Namen Charles Farrar Browne, 1834–1867) im Dezember 1863 kennen und verbrachte mit ihm heitere Stunden, als dieser Vorträge in Virginia City hielt. Ward empfahl Twain bald darauf dem *New York Sunday Mercury*, der schließlich neun Skizzen Twains publizierte. Im November 1864 schrieb Ward an Twain mit der Bitte, eine Geschichte für sein geplantes Buch *Artemus Ward: His Travels* beizusteuern (Charles Farrar Browne 1865). Twain aber erhielt den Brief erst im Februar 1865 nach seiner Rückkehr aus dem Angels Camp, wo er die Geschichte vom »Springfrosch« gehört hatte, und dachte, es sei bereits zu spät, der Bitte des Freundes zu entsprechen. Als dieser erneut anfragte, schrieb Twain mindestens zwei Entwürfe der Geschichte, bevor er die Endfassung von »Der berühmte Springfrosch von Calaveras« Mitte Oktober 1865 nach New York abschickte. Folglich hat Twain Ward die Geschichte nie »erzählt«, dafür aber Bret Harte und anderen, bevor er sie zu seiner Zufriedenheit ausformulieren konnte (*L1*: 2.? Jan. 1864 an JLC, 267, 269–70, Anm. 5–6; Anm. nach 11. Nov. 1864 an OC, 320–22; 20. Jan. 1866 an JLC und PAM, 327–28, 330, Anm. 3; *ET&S2*, 262–65; MT 2012, Bd. 2, Anm. 633: »*mir eine große Summe angeboten ... Geschichte ›Jim Wolf und die Katzen‹*«).

74–75 *Verleger Carleton ... hielt nicht viel davon* – George W. Carleton (1832–1901) begann seine Verlagskarriere als Schöpfer humoristischer Zeichnungen. 1857 war er Mitbegründer einer Verlagsbuchhandlung in New York und wurde 1861 deren Alleininhaber. 1869 gehörte das Unternehmen, das sich auf Werke der humoristischen und populären Literatur, Enzyklopädien und Ratgeber spezialisiert hatte, zu den erfolgreichsten seiner Zeit. Neben Ward publizierte Carleton die Humoristen Josh Billings (Henry Wheeler Shaw) und Thomas Bailey Aldrich. Letzterer war für einige Zeit auch Carletons literarischer Berater (Murray 1986, 84–85; »Obituary. George W. Carleton«, *Publishers' Weekly*, 19. Okt. 1901, 857). In einem Interview von 1895 machte Twain andere (und offenbar zutreffendere) Angaben: Er berichtete, Wards Band sei »erschienen, noch bevor ›Der Springfrosch‹ eintraf« (»A Chat with Mark Twain«, *New Zealand Mail* [Wellington], 12. Dez. 1895, 51, zitiert in Scharnhorst 2006, 259–60).

75 *Henry Clapp ... The Saturday Press ... »Springfrosch« ... war der fröhlichste Bestandteil der Trauerfeierlichkeiten* – Henry Clapp jr. (1814–1875), Journalist, Satiriker und brillanter Kopf, hatte eine Gruppe New Yorker Bohemiens um sich geschart, Schriftsteller und andere Künstler, die in »Pfaff's« Bierkeller zusammenkamen, um dort zu trinken und zu diskutieren. 1858 gründete er die *Saturday Press*, ein wöchentlich erscheinendes Literaturmagazin für belletristische Texte, Lyrik und Literaturkritik. Die Zeitschrift wurde im Dezember 1860 eingestellt, ab August 1865 wieder fortgesetzt; »Der berühmte Springfrosch von Calaveras« erschien in der Ausgabe vom 18. November 1865 (SLC 1865e).

Trotz finanzieller Schwierigkeiten konnte sich die Zeitschrift weitere sieben Monate halten. An anderer Stelle erinnert sich Twain, Carleton habe Clapp die Geschichte »umsonst gegeben, was auch gut so war, da Henry Clapp nie für etwas bezahlen konnte« (»A Chat with Mark Twain«, *New Zealand Mail* [Wellington], 12. Dez. 1895, 51, zitiert in Scharnhorst 2006, 259–60). Clapp lebte viele Jahre in Armut, schrieb gelegentlich für Zeitschriften und Zeitungen und starb schließlich an den Folgen seiner Alkoholsucht (»Obituary. Henry Clapp«, *New York Times*, 11. April 1875, 7; »The Late Henry Clapp«, *New York Daily Graphic*, 16. April 1875, Seite unbekannt; Mott 1938a, 38–40).

75 *Webb übernahm es, die Skizzen zusammenzustellen* – Bret Harte schlug Twain im Januar 1866 vor, eine gemeinsame Sammlung von Skizzen herauszubringen, doch die beiden verfolgten diese Idee nicht weiter. Twain versammelte indessen seine Skizzen aus dem *Enterprise* und dem *Californian* und nahm sie mit, als er im Dezember 1866 von San Francisco nach New York ging. Dort überredete ihn Webb Anfang 1867, einige seiner Skizzen nachdrucken zu lassen. Der vorliegende Bericht deutet darauf hin, Webb habe das Buch *The Celebrated Jumping Frog of Calaveras County, and Other Sketches* für den Druck vorbereitet, doch natürlich kam Twain selbst eine wichtige Rolle bei der Auswahl und Überarbeitung der 27 Skizzen für den Sammelband zu (20. Jan. 1866 an JLC und PAM, *L1*, 328; ausführliche Schilderungen des Auswahlprozesses finden sich in *ET&S1*, 503–42).

76 *ich habe eines Ihrer Bücher abgelehnt* – An anderer Stelle erklärt Carleton, er habe das Manuskript abgelehnt, »weil der Autor so verrucht aussah« (Ellsworth 1919, 222, zitiert in *ET&S1*, 505, Anm. 8).
sehr hübsches ... Büchlein ... in der American News Company – Das im April 1867 veröffentlichte Buch wurde von John A. Gray & Green gedruckt und gebunden und von der American News Company vertrieben; es wurde für $ 1,50 verkauft (*ET&S1*, 543–45).

76–77 *Brief von Elisha Bliss ... zehntausend Dollar in bar* – Bliss' Brief vom 21. November 1867 ist nicht erhalten, doch Twain schlug in seiner Antwort vom 2. Dezember ein Buch auf Grundlage der Briefe vor, die er während der Expedition der *Quaker City* an die Zeitung geschrieben hatte, gereinigt »von ihren gröbsten Fehlern hinsichtlich Kon[s]truktion & Ungeschliffenheit im Ausdruck. [...] Wenn Sie der Meinung sind, ein solches Buch könne Ihnen dienlich sein, lassen Sie es mich wissen.« Bliss nahm das Angebot an und vereinbarte Ende Januar 1868 mit Twain eine Autorenbeteiligung in Höhe von 5 Prozent des Ladenpreises (zu Bliss, zur Expedition der *Quaker City* und zur Abfassung von *Die Arglosen im Ausland* vgl. MT 2012, Bd. 1, 46–49; Bd. 2, Anm. 46: »*Captain Duncans Broschüre über die Expedition der Quaker City*« und Anm. 299: »*E. Bliss jr. ... einem späteren Kapitel*«; *L2*: 2. Dez. 1867 an Bliss, 119; 24. Jan. 1868 an JLC und PAM, 160, 162–63, Anm. 3; 27. Jan. 1868 an Bliss, 169).

77 *Ich zog A. D. Richardson zu Rate* – Albert Deane Richardson (1833–1869), Journalist und Reisender, war für verschiedene Zeitungen an der Ostküste und im Mittleren Westen tätig, bevor er zur *New York Tribune* ging, für die er aus dem Bürgerkrieg berichtete. Er wurde von den Konföderierten in Vicksburg in Kriegsgefangenschaft genom-

men, konnte aber nach 18 Monaten fliehen. Von seinen bei der American Publishing Company erschienenen Büchern über die Kriegserlebnisse (*Der Geheime Dienst: Das-Feldlager, Das Gefangnisz Und Die Flucht* [sic], 1865) und über den Wilden Westen (*Jenseit des Mississippi*, 1867) wurden 100000 bzw. 75000 Exemplare verkauft (2. Dez. 1867 an Bliss, *L2*, 120–21, Anm. 4).

77 *Bliss ... Erscheinungsdatum verstrich – Die Arglosen im Ausland* wurde nach dem Sub-skriptionsprinzip vertrieben: Handelsvertreter akquirierten bereits vor Veröffentlichung Bestellungen und lieferten die Bücher dann druckfrisch aus. Der am 16. Oktober 1868 von Twain unterzeichnete Vertrag sah vor, dass die Druckexemplare »gleich zu Beginn des nächsten Frühjahrs« zur Auslieferung bereit sein sollten, was sich nachträglich als zu optimistisch herausstellte (»Contract for *The Innocents Abroad*«, *L2*, 421–22).

Ich hielt landauf, landab Vorträge – Twain war von Mitte November 1868 bis Mitte März 1869 auf Vortragsreise an der Ostküste und im Mittleren Westen und las mehr als 40-mal aus »The American Vandal Abroad« über die Expedition der *Quaker City* (»Lecture Schedule, 1868–1870«, *L3*, 481–83).

77–78 *Mr. Drake ... Die Arglosen im Ausland* – In jungen Jahren wurde Sidney Drake (1811 bis 1898) in Hartford zum Buchbinder ausgebildet. 1841 eröffnete er seine eigene Buch-binderei, die – mit wechselnden Partnern – über 50 Jahre fortbestand. Er war seit den Anfängen der American Publishing Company 1865 einer der Direktoren und wurde 1869 ihr Präsident. Twain berichtete 1903 ähnlich über diesen Vorfall und meinte, Drake habe ihn angefleht, »eine gute Tat zu vollbringen und das Buch zurückzuziehen, weil es nicht ernsthaft genug sei und das Unternehmen endgültig in den Ruin stürzen könne« (SLC 1903a; »Death of Sidney Drake«, *Hartford Courant*, 14. Febr. 1898, 7).

78 *verlor ich ... die Geduld und telegraphierte Bliss* – Ein derartiges Telegramm ist nicht er-halten, doch in einem Brief vom 22. Juli 1869 beschuldigt Twain Bliss, absichtlich »ärger-liche & schädliche Verzögerungen« verursacht zu haben, indem er Büchern anderer Autoren den Vorzug gab. Sarkastisch äußerte er den Wunsch, lediglich »von Zeit zu Zeit darüber in Kenntnis gesetzt zu werden, auf welche ferne Jahreszeit die Veröffentlichung verschoben wird & warum«. Bliss erklärte, die Veröffentlichung des Buches habe sich ursprünglich wegen der großen Zahl an Illustrationen verzögert; er habe daraufhin ent-schieden, den Termin auf den Herbst zu verschieben, um bessere Verkaufszahlen zu er-zielen. Am 28. Juli wurde das Urheberrecht angemeldet, die Werbemaßnahmen setzten Anfang August ein (*L3*: 22. Juli 1869 an Bliss, 284–85, 286, Anm. 1; 1. Aug. 1869 an Bliss, 287, Anm. 1; 12. Aug. 1869 an Bliss, 291–92, 292–94, Anm. 1; Hirst 1975, 255–57).

befreite das Buch den Verlag von seinen Schulden ... Überschuss von siebzigtausend Dollar – 1903 überschlug Twain, dass die American Publishing Company bis »Februar oder März« 1870 ungefähr $ 91000 Nettogewinn mit *Die Arglosen im Ausland* gemacht habe und davon $ 20000 zur Tilgung von Schulden verwendet worden seien. Berechnun-gen nach den Unterlagen der Buchbinderei lassen mit etwa $ 85000 auf einen gering-fügig niedrigeren Reingewinn für die ersten neun Monate der Verkaufsperiode schließen (SLC 1903a; Hirst 1975, 314–17).

23. Mai 1906

79 *Vertrag für Die Arglosen im Ausland ... Klausel, die mir untersagte ... bei einem anderen Verlag zu veröffentlichen* – Der von Elisha Bliss aufgesetzte und am 16. Oktober 1868 unterschriebene Vertrag für *Die Arglosen im Ausland* enthält keine derartige Ausschließlichkeitsklausel (»Contract for *The Innocents Abroad*«, *L2*, 421–22). Der fast zwei Jahre später geschlossene Vertrag für *Durch dick und dünn* hingegen setzt fest, es sei Twain »untersagt, während der Vorbereitung & des Verkaufs des genannten Manuskripts & Buchs ein weiteres Buch für einen anderen Verlag als den besagten zu schreiben« (»Contract for *Roughing It*«, *L4*, 565–66).

zustehenden Tantiemen abtrete ... achthundert Dollar in bar – Ende 1869 erwog Twain aufgrund eines nicht näher erwähnten Ärgernisses in Zusammenhang mit dem Buch, »Webb in New York vor Gericht zu bringen«; er hoffte, Webb werde ihm »das Copyright & die Druckplatten für den *Springfrosch* abtreten, wenn ich kein Honorar verlange. Dann werde ich die Druckplatten zerstören« (22. Jan. 1870 an Bliss, *L4*, 34, 35, Anm. 5). Twain entschied sich allerdings, keine rechtlichen Schritte einzuleiten, und konnte ein Jahr später einen Vergleich mit Webb erzielen. In einem Brief an Bliss vom 22. Dezember 1870 schreibt er: »Ich habe Webb meinen *Springfrosch* abgekauft – ihm gegeben, was er mir schuldete ($ 600), außerdem $ 800 in bar & 300 verbliebene Exemplare des Buchs & habe ihm außerdem unbedrucktes Papier im Wert von $ 128 abgenommen.« Die Zahlung von $ 600 stellte offenbar den Erlös einer 10-prozentigen Beteiligung an 4000 verkauften Büchern dar: vier Tage später gab er zu, er habe »fest damit gerechnet, vom *Springfrosch* 50 000 Exemplare zu verkaufen, doch dann waren es nur 4000«. Eine Abrechnung der Druckerei John A. Gray & Green aus demselben Monat wies eine Gesamtzahl von 4076 gedruckten Exemplaren aus (*L4*: 22. Dez. 1870 an Bliss, 281, 282, Anm. 4; 26. Dez. 1870 an Drake, 287; *ET&S1*, 545, Anm. 43).

80 *Springfrösche ... sechshundert an Tantiemen* – Es gibt keine Belege, die Twains Behauptung stützen, Webb hätte ihm $ 600 an Lizenzgebühren für 4000 »geerbte« Bücher geschuldet (vgl. Anm. 79: »*zustehenden Tantiemen abtrete ... achthundert Dollar in bar*«). Der 1870 ausgehandelte Vergleich stellte Twain jedoch nicht zufrieden; im April 1875 gab er an, Webb »hat mich mit einem mündlichen Verlagsvertrag über mein erstes Buch (Skizzen) betrogen (vor 8 Jahren), & nun hat es ihn selbst erwischt, & er bittet mich um Hilfe. Ich habe ihm geraten, es mir gleichzutun – das Beste aus einem schlechten Geschäft zu machen und beim nächsten Mal klüger zu sein« (8. April 1875 an Webb, *L6*, 442–43, Anm. 1).

dank der Veröffentlichung der Arglosen im Ausland berühmt-berüchtigt – *Die Arglosen im Ausland* war ein enormer Erfolg: 1877, acht Jahre nach der Veröffentlichung, waren 119 870 Exemplare verkauft worden, und Twain hatte an dem Buch etwa $ 21 876 verdient (*RI 1993*, 891, Anm. 278). Twains Ruf reichte bis nach England, wo zwei Verleger – John Camden Hotten und George Routledge & Sons – etwa 200 000 Exemplare ihrer Ausgaben verkauften.

81 *1872 ein weiteres Buch, Durch dick und dünn* – Der folgende Bericht seiner Verhandlungen

und Vereinbarungen mit Bliss und der American Publishing Company bezüglich der Veröffentlichung von *Durch dick und dünn* und *Bummel durch Europa* deckt sich, abgesehen von geringen Abweichungen, im Wesentlichen mit der Version in AD 21. Febr. 1906 (vgl. MT 2012, Bd. 1, 298–303; Bd. 2, 174–76).

83 *Newton Case* – Vgl. AD 24. Mai 1906, Anm. 85: »*unfreundliche Dinge über sein theologisches Seminar zu sagen*«.

Vierundsechzigtausend Exemplare ... zweiunddreißigtausend Dollar – Diese Zahlen beziehen sich auf den Absatz von *Bummel durch Europa* und die Tantiemen für das gesamte erste Jahr (7. März 1881 an Osgood, MH-H, in *MTLP*, 133–34).

24. Mai 1906

84 *die Firma solle die Verträge lösen* – Ende 1881, Anfang 1882 erwog Twain einen Prozess gegen die American Publishing Company, da sie ihm übermäßige Kosten für die Herstellung von *Bummel durch Europa* berechnet hatte, wobei sein »Hauptziel« war, »sie so zu erschrecken, dass sie mir alle Urheberrechte zurückgeben«. Er glaubte, er könne mit den Urheberrechten »auf jeden Fall $ 25 000 pro Jahr einnehmen. Jetzt zahlen sie mir weniger als $ 3000« (26. Okt. 1881 und 12. April 1882 an Webster, NPV, in *MTBus*, 173–74, 184–85).

85 *unfreundliche Dinge über sein theologisches Seminar zu sagen* – Newton Case (1807 bis 1890) gründete 1830 eine Druckerei in Hartford, die er über die Jahre mit einer Reihe von Partnern zu einer der größten in New England ausbaute. Obgleich sich Case zugunsten anderer Handelsinteressen bereits 1858 aus den aktiven Geschäften zurückgezogen hatte, florierte das Unternehmen jahrzehntelang unter dem Namen Case, Lockwood & Brainard. Als frommer Christ und als Gründungsmitglied der Asylum Hill Congregational Church war Case auch Treuhänder des Hartford Seminars und bedachte dessen Bibliothek mit großzügigen Spenden (*Hartford Courant*: »Obituary. Newton Case«, 16. Sept. 1890, 1; »Hartford Theological Seminary«, 29. April 1890, 2).

Richter Soundso, einer der Direktoren – George Shepard Gilman (1825–1886), ehemals Staatsanwalt und Richter am Polizeigericht von Hartford, war in den 1870er und 80er Jahren Leiter der American Publishing Company (Connecticut Historical Society 2012; 7. Mai 1870 an Bliss, *L4*, 127, Anm. 1; Geer 1882, 453; 1886, 556).

mein nächstes Buch ... Alte Zeiten auf dem Mississippi – Wie im vorherigen Diktat wiederholt Twain im Wesentlichen seine Erzählung aus dem AD 21. Febr. 1906 (MT 2012, Bd. 1, 298–303). Durchweg bezeichnet er *Leben auf dem Mississippi* (1883) mit dem Titel *Alte Zeiten auf dem Mississippi*, unter dem 1875 eine Reihe von Artikeln im *Atlantic Monthly* erschienen war, die dann als Kapitel 4–17 in das Buch aufgenommen wurden. Es war nicht Twains »nächstes Buch«; vgl. Anm. 86: »*Osgoods erster Versuch ... Der Prinz und der Bettelknabe*«.

86 *Osgoods erster Versuch ... Der Prinz und der Bettelknabe* – Die erste Veröffentlichung von Twain bei Osgood war ein Heft, das nur zwei Erzählungen enthielt: *A True Story, and*

the Recent Carnival of Crime (1877). Es folgten *Der Prinz und der Bettelknabe* (1881), eine Sammlung von Erzählungen unter dem Titel *The Stolen White Elephant, Etc.* (1882) und *Leben auf dem Mississippi* (vgl. MT 2012, Bd. 2, Anm. 302: »*J. R. Osgood … Alte Zeiten auf dem Mississippi*«).

86 *Ein alter, besonders guter Freund* – In einem Brief an Frank Bliss (Elishas Sohn) vom Juni 1879 rühmte Twain ein Verfahren zum Druck von Illustrationen, das Daniel Slote (1828?–1882) patentiert hatte, mit dem Twain seit der Reise auf der *Quaker City* befreundet war. Im sogenannten Kaolatype-Verfahren »werden Bilder nicht übertragen, sondern auf eine harte Lehmschicht graviert. Es sieht aus wie ein exzellenter Holzstich, während *alle* anderen Verfahren elendiglich minderwertig & unscharf sind« (10. Juni 1879 an Bliss [1.], *Letters 1876–1880*). Die »Lehmschicht« war eine mit Kaolin (einer Art Tonerde) beschichtete Stahlplatte, aus der die Gussform für die Druckplatten hergestellt wurde. 1880 zahlte Twain Slote $ 20 000 für einen Anteil von vier Fünftel der Kaolatype Engraving Company und wurde deren Präsident. Er stellte einen »jungen Deutschen« namens Charles Sneider als Metallurgen an, um das Verfahren für das Bedrucken von Buchumschlägen, Tapeten und Leder zu adaptieren (*Letters 1876–1880*: 26. Febr. 1880 an OC; 20. März 1880 an Bliss; 27. Nov. 1880 an OC; Krass 2007, 108–10).

87 *Dieser Rabe … Taube meldete sich nicht zum Dienst* – Genesis 8,7–12.
Nach einer Zeit, nach einer halben Zeit und noch mehr Zeit – Offenbarung des Johannes 12,14: »eine Zeit und zwei Zeiten und eine halbe Zeit«; vgl. Daniel 12,7.
Charles L. Webster, der eine Nichte von mir geheiratet hatte – Nachdem er ein Jahr lang Geld in das Unternehmen gesteckt hatte, engagierte Twain im Frühling 1881 Charles L. Webster, Schwiegersohn seiner Schwester Pamela und Ehemann seiner Nichte Annie Moffett Webster. Dieser sollte sich um die Geschäfte kümmern und Nachforschungen über Slote und Sneider anstellen (*N&J2*, 352–53, 390–91; zu Webster vgl. MT 2012, Bd. 2, Anm. 499: »*Geschäftsnamen Charles L. Webster & Co.*«).
zweiundvierzigtausend Dollar an diesem Patent verloren – Webster konnte beweisen, dass Sneider ein Hochstapler war und dass er und Slote sich zusammengetan hatten, um Twain zu betrügen: Die Probedrucke, die Sneider zur Verfügung gestellt hatte, waren nicht mit dem Kaolatype-Verfahren hergestellt worden. Trotzdem war Twains Vertrauen in das Verfahren ungebrochen. 1882 machte er den Vorschlag, es für die Illustrationen in *Leben auf dem Mississippi* einzusetzen, der Künstler fand es jedoch unbefriedigend und lehnte ab. Die Erfindung war ein Misserfolg (*N&J2*, 392–93; 6. Mai 1881 und 24. Nov. 1881 an Webster, NPV, in *MTBus*, 153–54, 178–79, Osgood an SLC, 5. Juni 1882, CU-MARK).
Der nämliche Freund hatte ein weiteres Patent – Es konnte keine weitere Patentanmeldung durch Slote festgestellt werden.
mit einer wunderbaren Erfindung … Mr. Richards – 1877 wurde Twain von seinem alten Freund Frank Fuller überredet, in dessen Firma, die New York Vaporizing Company, zu investieren, die H. C. Bowers bei der Entwicklung einer neuartigen Dampfmaschine finanziell unterstützte. Bowers' Maschine wurde gebaut, funktionierte aber nicht. Auf diese Weise hatte Twain Anfang 1878 $ 5000 verloren. Charles B. Richards (1833–1919) war ein Maschinenbauingenieur, der eine Druckanzeige für Dampfmaschinen entwickelt hatte

(*N&J2*, 12, Anm. 4, 459, Anm. 90, 491; Fuller an SLC, 15. Mai 1877, CU-MARK, Asher 2011).

88 *Aktien an einer Gesellschaft in Hartford ... dampfbetriebenem Flaschenzug* – Anfang 1881 kaufte Twain für $ 14 500 Aktien der Hartford Engineering Company, die eine Fabrik zur Herstellung von dampfbetriebenen Flaschenzügen bauen wollte. Bei der Abwicklung der gescheiterten Firma im Dezember 1887 erhielt Twain als Gläubiger $ 1897 zurück (6. März 1881 an PAM, Transkript in CU-MARK; *N&J2*, 491; Bunce an SLC, 2. Dez. 1887, CU-MARK).

Ich erfand ein Sammelalbum ... ziemlich viel Geld damit verdiente – Twain erwähnte seine Idee eines vorgummierten Sammelalbums zum ersten Mal im August 1872 und ließ sein sogenanntes »Mark Twain's Patent Self-Pasting Scrap Book« im Juni 1873 patentieren. Slote, Woodman & Company bot das Buch ab Ende 1876 in verschiedenen Größen an. Der Verkauf lief gut – so wurden 1877 allein im zweiten Halbjahr 26 310 Sammelalben verkauft, was Twain etwa $ 1100 an Lizenzeinnahmen einbrachte. Am 5. Juni 1881 teilte er Webster mit: »Das Sammelalbum wurmt mich, denn sie zahlen mir zwar $ 1800 bis $ 2000 pro Jahr, aber ich schätze, es hätte dreimal so viel sein sollen« (ViU). Im Februar 1882, nach Slotes Tod, schrieb er Mary Mason Fairbanks, dass »Dan mich bestohlen hat [...], er hat mich um viele tausend Dollar betrogen«. Obwohl die Verkaufszahlen in den folgenden Jahren zurückgingen, blieb das Sammelalbum sein einziges profitables Patent (21. Febr. 1882 an Fairbanks, CSmH; Slote, Woodman & Company an SLC, 12. Jan. 1878, Scrapbook 10:33, CU-MARK; *N&J2*, 12, Anm. 2).

Sie gingen binnen drei Tagen bankrott – Slote, Woodman & Company gingen im Juli 1878 bankrott. Nachdem die Gläubiger im Insolvenzverfahren mit 30 Cent pro Dollar entschädigt worden waren, wurde das Unternehmen in die Daniel Slote & Company umfirmiert. Das Sammelalbum wurde weiterhin verkauft (20. Aug. 1878 an Fuller, *Letters 1876–1880*; *N&J2*, 392, Anm. 119).

88–89 *Senator John P. Jones ... Konkurrenzfirma ... Lester* – John P. Jones, ein reicher Silberminenbesitzer, war von 1873 bis 1903 US-Senator für Nevada. Er richtete Mitte 1874 die »Konkurrenzfirma« Hartford Accident Insurance Company mit $ 200 000 Grundkapital ein. Er zeichnete Aktien für $ 75 000, Twain für $ 25 000, wovon er 25 Prozent sofort zahlen musste. George B. Lester (1827?–1894), Jones' Schwiegersohn, fungierte in der neuen Firma als Aktuar und Sekretär. Sowohl Lester als auch Twain waren im Aufsichtsgremium. Die Firma stellte ihr Geschäft im September 1876 ein (»Death Record«, *Los Angeles Times*, 17. Jan. 1894, 8; Anm. zu 28. Juni 1874 an Dickinson, L6, 170–72; »The Hartford Accident Insurance Co.« *Hartford Courant*, 21. Sept. 1876, 2; zu Jones vgl. MT 2012, Bd. 2, Anm. 541: »*Senator Jones ... das Interesse an der Sache verlor*«; zu Joseph T. Goodman, Inhaber des *Territorial Enterprise* in Virginia City und lebenslanger Freund von Twain, vgl. MT 2012, Bd. 2, Anm. 42–43: »*Mr. Goodman aus Virginia City ... wir spazierten gerade den Broadway entlang*« und Anm. 92–93: »*Joseph T. Goodman ... Williams ... Denis McCarthy und Goodman*«).

89 *Hotel ... das er gekauft hatte (das St. James)* – Gekauft wurde das 1859 an der Ecke Broadway/26. Straße erbaute St. James Hotel 1869 von »zwei Gentlemen, die finanziell

von Senator Jones aus Nevada unterstützt wurden«; 1876 wurde Lester als Eigentümer angegeben (»Sale of St. James Hotel«, *New York Times*, 15. Aug. 1869, 9; Disturnell 1876, 287).

90 *Jones ein Stück des Staates Kalifornien gekauft ... verschuldet* – Im Januar 1875 zahlte Jones $ 150 000 für eine Zweidrittelbeteiligung an einem großen Rancho in Südkalifornien. Er half bei der Planung der Stadt Santa Monica, da er hoffte, dass dort ein bedeutender Seehafen entstünde. Er baute eine Eisenbahnstrecke von Santa Monica nach Los Angeles mit der Absicht, diese weiter bis zu seinen Minen in Inyo County im Osten der Sierra Nevada zu verlängern. Mitte 1877, als die Minen erschöpft waren und er nahezu eine Million Dollar ausgegeben hatte, zwangen ihn seine Schulden, die Bahnstrecke an die Southern Pacific Railroad zu verkaufen (Ingersoll 1908, 144–45, 152–53).

schlug mir Mr. Slee von unserer Kohlenfirma in Elmira vor, mit Jones zu sprechen – John D. F. Slee war Generaldirektor der Kohlenfirma der Familie Langdon. Slee, möglicherweise in Begleitung von Twain, traf Jones Ende März 1878 in New York und brachte ihn dazu, eine Rückerstattung zu leisten. Kurz zuvor hatte Twain eine weniger freundliche Meinung über Jones in seinem Notizbuch festgehalten und ihn als »Dieb und Lügner« bezeichnet (*N&J2*, 54–55; MT 2012, Bd. 2, Anm. 213: *»im Hause ihres Vaters in Elmira ... mit der ganzen Familie Langdon«*).

General Hawley – Joseph Roswell Hawley war Herausgeber und Miteigentümer des *Hartford Courant* (MT 2012, Bd. 2, Anm. 206: *»General Hawley, Chefredakteur ... auf seinem Posten im Kongress«*).

91 *Graham Bell ... Telefonkabel ... das erste ... in einem Privathaus* – Alexander Graham Bell (1847–1922) erwarb sein erstes Telefonpatent im März 1876. Anfang 1877 waren erst sechs Telefone in Gebrauch, bis November desselben Jahres allerdings bereits »dreitausend Telefone zusammen mit der dazugehörigen Apparatur vermietet«. Als Twain seine Leitung zum Büro des *Courant* im Dezember 1877 oder Januar 1878 einrichten ließ, war es zwar nicht die erste in Hartford, aber ziemlich wahrscheinlich die erste in einem Privathaushalt. Am 24. Januar schrieb er einem Freund: »da der *Courant* im Zentrum des Geschäftsviertels liegt, ist das Telefon für mich eine große Hilfe, wenn ich etwas eilig kommen lassen möchte; aber der Vorteil ist ganz und gar einseitig. Ich ziehe den ganzen Nutzen daraus, & sie haben die ganzen Umstände« (24. Jan. 1878 an Daggett, *Letters 1876–1880*; Thomas A. Watson 1926, 76, 134; »The Telephone«, *Hartford Courant*, 5. Juni 1877, 2; Hubbard an SLC, 17. Dez. 1877, CU-MARK).

Wir waren vierzehn Monate fort ... Telefonaktien ... Dollarscheine in seine Geschäftsräume spülten – Die Familie kehrte Anfang September 1879 zurück, fast 17 Monate nach ihrer Abreise. Die National Bell Telephone Company, ein Zusammenschluss verschiedener früherer Firmen, wurde im März dieses Jahres mit einer Kapitalausstattung von $ 850 000 gegründet. Im Juni betrug der Aktienpreis noch $ 110, bis Dezember war der Wert schon auf $ 995 gestiegen (*N&J2*, 46–49; Thomas A. Watson 1926, 171; Fagen 1975, 30).

26. Mai 1906

92 *aus dem Dorf Dunkirk ... Webster* – Charles L. Webster kam eigentlich aus Fredonia, New York, wohin Twain Anfang 1870 seine Mutter, Schwester, Nichte und seinen Neffen (Jane Clemens, Pamela Moffett und ihre Kinder Annie und Samuel) aus St. Louis gebracht hatte. Dunkirk, ein betriebsamer Hafen und Station am Eriesee, lag drei Meilen nördlich von Fredonia (21. April 1870 an OC, *L4*, 115, Anm. 2; *MTBus*, 239).
Ich hatte Bixby hundert Dollar gezahlt, und zwar geborgtes Geld – Horace E. Bixby erklärte sich 1857 bereit, Twain für $ 500 zum Lotsen auszubilden. Für eine Anzahlung lieh sich Twain $ 100 von seinem Schwager William A. Moffet; wie viel er von der Gesamtsumme letztlich beglich, ist nicht bekannt (Anm. zu 5. Aug. 1856 an HC, *L1*, 70–71).

93 *Ich baute Webster zu einer Firma auf ... sein eigener Subagent* – Twain übersprang in seiner Chronologie ein Jahr und ließ die Geschehnisse Ende 1882 und im Jahr 1883 komplett aus. Im Herbst 1882 hatte Twain Websters Geschäftsbefugnisse erweitert, damit dieser verantwortlicher Agent für den Vertrieb des Buches *Leben auf dem Mississippi* in New York werden konnte, das Osgood im folgenden Frühling veröffentlichen wollte. Am 9. September sagte Twain zu Webster, er solle »sogleich mit dem Pauken der Methoden & Geheimnisse einer solchen Agentur anfangen«; Webster plante daraufhin, verschiedene Agenturen zu besuchen, um das Handwerk zu erlernen. Am 19. September machte Twain den Vorschlag, ob Osgood für Webster »möglicherweise einen Burschen oder ein Mädel mit Erfahrung in einer Literaturagentur in Boston finden könnte – jemanden, der gegen Lohn in New York aushilft & die Methoden lehren kann«, doch es gibt keine Belege über ein solches Büropersonal (9. Sept. 1882 und 19. Sept. 1882 an Webster [1.], NPV, in *MTBus*, 195–96, 199). Der Mann, der »alles« über das Subskriptionsgeschäft wusste, war vermutlich Howard N. Hinckley, ein ehemaliger Agent für die American Publishing Company, der zu dieser Zeit in Chicago tätig war. Hinckley war zu Beratungen bereit und bot zusätzlich an – weil er aus dem Buchgeschäft aussteigen wollte –, »die Liste der Agenturen zu verkaufen, die in den letzten sieben bis zehn Jahren mit Twains Büchern in diesem Gebiet betraut gewesen waren«. Twain war einverstanden, ihm die Liste für $ 500 abzukaufen (Hinckley an Webster, 2. Okt. 1882, auf der Rückseite von Webster an SLC, 5. Okt. 1882, CU-MARK; Webster an SLC, 11. Okt. 1882 und 24. Okt. 1882, CU-MARK; 18. Okt. 1882 an Osgood, ViU, in *MTLP*, 159, Anm. 1–2). Im Oktober 1882 hatte Webster sein Büro von der Fulton Street nach 658 Broadway, Ecke Bond Street verlegt. Obwohl er in den folgenden Monaten gelegentlich Geschäftspapier mit dem Briefkopf »Charles L. Webster, Verleger« benutzte, war er in Wirklichkeit nur Agent. Anfang März des folgenden Jahres expandierte sein Geschäft, und er traf eine Vereinbarung zur Übernahme des Verkaufs sämtlicher Publikationen von Osgood in New York. 1883 wurde Twain unzufrieden mit der Art und Weise, wie Osgood den Verkauf von *Leben auf dem Mississippi* handhabe, und er wollte sein nächstes Buch *Huckleberry Finns Abenteuer* bei einem anderen Verlag veröffentlichen. Kurzzeitig zog er in Betracht, es an die American Publishing Company zu geben, aber bis Ende Februar 1884 hatte er sich zur Gründung einer eigenen Firma mit Webster als nominellem Geschäftsführer ent-

schlossen. Webster, jetzt nicht mehr nur Agent, trug Verantwortung für die gesamte Produktion des Buchs (Webster an die American Publishing Co., 26. Okt. 1882, ViU; Webster an PAM, 2. März 1883, CU-MARK; *HF* 2003, 697–98).

94 *seinen Freund Whitford* – Wie Webster kam auch Daniel Whitford (1840–1923) aus Fredonia, wo sich die beiden angefreundet hatten. Whitford war als Rechtsanwalt in Buffalo, Chicago und Fredonia tätig gewesen, bevor er 1873 in die New Yorker Kanzlei von Alexander & Green einstieg. Webster engagierte ihn im Mai 1881, um Hilfe bei den Nachforschungen zur Kaolatype-Unternehmung zu erhalten; für mehr als ein Jahrzehnt blieb Whitford Twains Anwalt. 1894 aber, als Charles L. Webster & Company Bankrott anmeldete, kam Twain zu dem Schluss, dass Whitford »illoyal und nicht vertrauenswürdig« sei (»Died«, *New York Times*, 19. Mai 1923, 13; *Chautauqua County* 1904, 2:1130–32; Webster an SLC, 5. Mai 1881, CU-MARK; Harrison an SLC, 1. Juni 1894, CU-MARK, in *HHR*, 63, Anm. 3; MTLP, 365; vgl. auch AD 29. Mai 1906).

versuchte ich, Webster … zehn Prozent an dem Geschäft zu übertragen – Das Unternehmen von Charles L. Webster & Company war durch einen am 10. April 1884 geschlossenen Vertrag formalisiert worden, der Webster ein Jahresgehalt von $ 2500, aber keine Gewinnbeteiligung zusprach (NPV).

Alexander & Green … den drei großen Lebensversicherungsgesellschaften die Eingeweide aus dem Leib gerissen wurden – Charles B. Alexander war Chef der Rechtsanwaltskanzlei Alexander & Green sowie Rechtsbeistand und Leiter der Equitable Life Assurance Society. Bei der Untersuchung unethischer Praktiken in der Versicherungsindustrie 1905 wurde er beschuldigt, Vermögen der Gesellschaft veruntreut zu haben. Weitere Vorstandsmitglieder verschiedener Versicherungshäuser, darunter auch Mitglieder der Familie Alexander, waren in diesen Vorfall verwickelt (MT 2012, Bd. 2, Anm. 100: »gestern … Bankaufsichtsratsposten«; *Chicago Tribune*: »Loot Equitable Policy Holders«, 14. April 1905, 5; »49 Defendants in Equitable Suit«, 31. Juli 1905, 1).

95 *mit George W. Cable auf einen viermonatigen Lesefeldzug* – Twain ging von November 1884 bis Februar 1885 mit George W. Cable, bekannt für seine Geschichten aus dem Leben der Kreolen, auf Lesereise.

stellte sich die finanzielle Notlage ein … Vorträge auf dem ganzen Erdball – Vgl. AD 4. Juni 1906 und MT 2012, Bd. 2, Anm. 679: »*Dreiundzwanzig Tage lang hielt ich jeden Abend einen Vortrag … in Vancouver konnte ich das Schiff ohne fremde Hilfe besteigen*«. *Vortrag … zugunsten des Robert Fulton Memorial Fund* – Vgl. MT 2012, Bd. 1, 396–99; Bd. 2, Anm. 395: »*General Fred Grant … Robert Fulton Memorial Association … dessen Vizepräsident ich bin*« und Anm. 396: »*schrieb die Korrespondenz sofort nieder … füge sie hier ein*«.

28. Mai 1906

96 *General Grants denkwürdiges Buch* – Dieser Bericht über die Veröffentlichung von Grants *Persönlichen Erinnerungen* bei Webster & Company wiederholt größtenteils das, was Twain 1885 James Redpath diktiert hatte, Diktate, die nicht in seine Autobiographie auf-

genommen wurden. Die Daten und Personen in den beiden Berichten unterscheiden sich nur leicht; die einzige größere Abweichung wird in der folgenden Anm. 96: *»zwei düstere Gestalten … gingen vor mir her«* kommentiert (vgl. »Über General Grants Memoiren« in MT 2012, Bd. 1, 492–532; Bd. 2, 252–64).

96 *zwei düstere Gestalten … gingen vor mir her* – In seinem Diktat von 1885, als die beschriebenen Ereignisse noch frisch im Gedächtnis waren, erzählte Twain, dass er und seine Frau nach der Lesung in der New Yorker Chickering Hall Richard Watson Gilder (Herausgeber des *Century Magazine*) »über den Weg gelaufen« waren, der sie zu einem späten Nachtmahl in sein Haus einlud, wo Gilder verriet, dass Grant »drei Artikel über den Krieg für *Century* geschrieben« habe und »noch einen vierten schreiben« werde und dass er sich entschlossen darangemacht habe, »seine vollständigen Memoiren zu schreiben und sie in Buchform zu veröffentlichen«. Falls der davon abweichende Bericht im vorliegenden Diktat eine echte Begebenheit beschreibt, müsste sie am folgenden Abend stattgefunden haben, als Twain wieder eine Lesung in der Chickering Hall hielt, diesmal jedoch nicht in Begleitung seiner Frau (MT 2012, Bd. 1, 496–97; Bd. 2, Anm. 496: *»nach einer Lesung … noch einen vierten schreiben«*).

100 *sich mir jetzt die Chance bot, meinem alten Grolle gütlich zu tun* – Vgl. Shakespeares *Kaufmann von Venedig*, I / 3.
 General Sherman … seine Memoiren … Veröffentlichungsverfahren – Die zweibändigen Memoiren von General William T. Sherman wurden erstmals 1875 von D. Appleton & Company veröffentlicht. Laut dem Leiter der Abteilung für Buchabonnements hatte Sherman »einen Horror vor Buchagenten und würde sie weder unterstützen noch sie sein Buch vertreiben lassen« (Derby 1884, 182–84). Twain hielt 1887 fest, dass die Memoiren Sherman $ 25 000 eingebracht hätten, und behauptete, er hätte die Verkaufszahlen leicht vervierfachen und Tantiemen in Höhe von $ 80 000 an den Autor zahlen können (18. Sept. 1887 an Webster & Co., NN-BGC, in *MTLP*, 234). Webster & Company kaufte später die Rechte an Shermans Memoiren und legte sie 1890 bis 1892 neu auf.

102 *dass sein Gehalt auf dreitausendfünfhundert Dollar pro Jahr erhöht werde … und ich … das erforderliche Kapital zur Verfügung stelle* – Es wurde kein Vertrag mit diesen Konditionen gefunden. Wahrscheinlich wurde der Vertrag bald »aufgehoben«, um »einen neuen abzuschließen«, wie Twain in AD 29. Mai 1906 erzählt. Dieser »neue« Vertrag, datiert auf den 20. März 1885, wird in der Anm. 105: *»Webster … bestehenden Vertrag aufzuheben … dem neuen zufolge war ich sein Sklave«* kommentiert.
 meinen Schwager General Langdon – Olivias jüngerer Bruder Charles Jervis Langdon (vgl. MT 2012, Bd. 2, Anm. 213: *»im Hause ihres Vaters in Elmira … mit der ganzen Familie Langdon«*).

103 *Quartier … seiner neuen Bedeutung … angemessener* – Kurz nachdem der Vertrag mit Grant unterschrieben worden war, zog Webster Anfang März 1885 in größere Räumlichkeiten in 42 East 14th Street (Webster an SLC, 14. März 1885, CU-MARK; *MTB*, 2:806–07).

Anmerkungen

29. Mai 1906

104–05 *George Evans … »Aufgrund meiner Voreingenommenheit habe ich keines seiner Bücher gelesen.«* – Die englische Schriftstellerin Mary Ann Evans (1819–1880) war bekannt für ihre Romane wie *Adam Bede*, *Daniel Deronda* und *Middlemarch*, die sie unter dem Namen George Eliot veröffentlichte. Twain kombiniert hier ihren Namen mit ihrem Pseudonym. Charles Websters Sohn Samuel sagte 1946, dass er diese Geschichte nicht glaube, da sein Vater wusste, dass hinter dem Namen eine Frau stand, und er einige ihrer Werke besessen habe. Unklar ist, was Webster mit »Voreingenommenheit« meinte (falls er korrekt zitiert wurde), es sei denn, er versuchte sich bei Twain einzuschmeicheln, indem er dessen »Voreingenommenheit« übernahm. 1885 hatte Twain erklärt, dass er sich »in der vergangenen Woche durch das Buch *Middlemarch* hindurchgelangweilt habe mit seinen schwerfälligen & ermüdenden Analysen von Gefühlen & Motiven, seinen gähnend langweiligen Figuren, seiner öden & uninteressanten Handlung. […] Selbst wenn man mir im Gegenzug eine ganze Farm schenkte, würde ich kein weiteres dieser Bücher lesen« (21. Juli 1885 an Howells, NN-BGC, in *MTHL*, 2:533; *MTBus*, 364–65; vgl. auch Gribben 1980, 1:216–18).

105 *Webster … bestehenden Vertrag aufzuheben … dem neuen zufolge war ich sein Sklave* – Ein Vertrag, der am 20. März 1885 aufgesetzt wurde, sicherte Webster dasselbe Gehalt wie zuvor zu ($ 2500 pro Jahr), ein Drittel des Nettogewinns bis zu einem Höchstbetrag von $ 20 000 und ein Zehntel von dem, was darüber hinausging. Twain wurden 8 Prozent Zinsen auf sein vorgestrecktes Kapital zugesichert. Webster konnte außerdem nicht verantwortlich gemacht werden für Verluste, »die den Betrag überstiegen, den er während der Fortdauer der Partnerschaft an Gewinn hätte erzielen können«. Der Absatz, über den sich Twain offenbar echauffierte, erklärte Webster verantwortlich für »die Leitung sämtlicher Geschäfte der besagten Firma« einschließlich »der Einstellung und Entlassung von Angestellten und anderen Mitarbeitern […] und des Abschlusses von Verträgen für Dienstleistungen oder Material«. Twain konnte »nicht dazu verpflichtet werden, in irgendeiner Weise an besagtem Geschäft mitzuwirken oder dieses zu beaufsichtigen«. Das Einzige, was Twains Zustimmung bedurfte, waren »Vertragsschlüsse in Bezug auf die Veröffentlichung von Büchern« (NPV; vgl. MT 2012, Bd. 2, Anm. 499: *»Geschäftsnamen Charles L. Webster & Co.«*). Webster verteidigte sich gegen diese Anschuldigungen im Dezember 1888, kurz nachdem er in den Ruhestand gegangen war. Er teilte Whitford mit: »Mr. Clemens beschwert sich mit einem Mal über einen Absatz (der alle Geschäftsbefugnisse mir übertrug), der in jedem Vertrag, den er je mit mir geschlossen hat, stand« – was auf vier aufeinanderfolgende Verträge zutrifft (Webster an Whitford, 31. Dez. 1888, *MTBus*, 391).

106 *stürzte General Grant … und verletzte sich* – Dieser Unfall hatte im Dezember 1883 stattgefunden, wie sich Twain 1885 korrekt erinnerte, als er »Grant und die Chinesen« diktierte (MT 2012, Bd. 1, 486, Bd. 2, Anm. 486: *»Li Hongzhang«*).
Shrady oder Douglas – George F. Shrady (1837–1907) war neben John H. Douglas der Arzt, der Grant in seinen letzten Tagen in Mount McGregor beistand (»Another Quiet

48

Day«, *New York Times*, 25. Juni 1885, 4; zu Douglas vgl. MT 2012, Bd. 2, Anm. 504: »*Dr. Douglas*«).

108 *der denkwürdige 4. März 1885* – Vgl. AD 31. Mai 1906, Anm. 113: »*Die Nachricht wurde General Grant per Telegramm übermittelt*«.

31. Mai 1906

109 *Monadnock* – Twain verbrachte den Sommer und Frühherbst 1906, von Mitte Mai bis Ende Oktober, mit allen Mitgliedern seines Haushalts in Upton House, Dublin, New Hampshire. Sein Aufenthalt war durch kurze Abstecher nach New York und Boston unterbrochen.

111 *Webster … Jude … Ich habe keine Vorurteile gegen Juden* – Charles L. Webster war ganz sicher kein gläubiger Jude. Über seinen familiären Hintergrund ist nichts bekannt, was auf jüdische Abstammung schließen ließe. Eine umfassende wissenschaftliche Abhandlung über Twains Beziehung zu Juden findet sich in *Mark Twain's Jews* (Vogel 2006).

112 *Aber ich komme ab* – Ursprünglich lautete der diktierte Text wie folgt: »Ich sagte, dass, wenn ich bei der Kreuzigung gewesen wäre – Aber«; Twain löschte den unvollständigen Satz aus dem Schreibmaschinenmanuskript (vgl. Textual Commentary auf *MTPO*).

Einworttitel »General« … Grant … abgegeben, um Präsident zu werden – Als Grant im Juli 1866 der Titel »General of the Army« verliehen wurde, war diese Ehre zuvor nur George Washington zuteilgeworden. Grant legte ihn nach seiner Wahl zum Präsidenten 1869 ab; der Titel wurde an William T. Sherman weitergegeben (U.S. Army Center of Military History 2011; vgl. MT 2012, Bd. 2, Anm. 478: »*Zum ersten Mal sah ich General Grant … 1866*« und Anm. 493: »*das Weiße Haus … als armer Mann verlassen*«).

113 *Die Nachricht wurde General Grant per Telegramm übermittelt* – Twain war im Hause von Grant, als am 4. März 1885 ein Telegramm mit der Nachricht eintraf, dass der Kongress nach Jahren erfolgloser Anläufe Grant mit dem Titel General of the Army wieder auf die Liste der Pensionsberechtigten gesetzt hatte.

1879 in Chicago – Zu einer früheren Erzählung dieses Ereignisses vgl. »Das Chicagoer G.A.R. Festival«, MT 2012, Bd. 1, 478–83, Bd. 2, 240–43.

Schofield, Logan – John McAllister Schofield (1831–1906) hatte Befehlsgewalt während des Bürgerkriegs und war später Kriegsminister (1868) und Leiter der Militärakademie West Point (1876–1881); er blieb im aktiven Dienst und wurde 1895 als Generalleutnant pensioniert. John Alexander Logan (1826–1886) war Oberbefehlshaber der konföderierten Army of the Tennessee und ging nach dem Krieg in die Politik. Er war Abgeordneter von Illinois im Kongress und danach bis zu seinem Tod Senator.

1. Juni 1906

115 *die vielsagendste Rede, die ich je gehört habe … der begabte Depew* – Die Rede konnte
nicht mit Gewissheit bestimmt werden, Depew (vgl. Anm. 116: *»Jetzt liegt er im Sterben
und ist in Misskredit geraten«*) selbst aber beschreibt ein Ereignis, das einige Ähnlichkeit
mit Twains Erinnerung aufweist:

Ich kam zu spät zu dem Dinner und ging vor dem Podium entlang zu meinem Platz am
anderen Ende, während General Grant sprach. Zu jener Zeit war er noch nicht sehr abge-
klärt, obwohl er später ein beredter öffentlicher Sprecher wurde. Er machte eine kurze
Pause, bis ich mich gesetzt hatte, und sagte dann: »Wenn Chauncey Depew in meinen
Schuhen stecken würde und ich in seinen, wäre ich ein viel glücklicherer Mann.«
   Ich verwarf sofort die Rede, die ich während der sechsstündigen Reise von Washington
vorbereitet hatte, und fuhr mit einer Rede zu folgendem Thema fort: »Wer kann jetzt oder
in Zukunft die Schuhe von General Grant ausfüllen?« […]
   Die Begeisterung des Publikums im Verlauf der Rede übertraf alles, was ich je gesehen
hatte. Sie stürzten über Tische hinweg zu ihm und versuchten, den General im Raum her-
umzutragen. Als sich der Überschwang gelegt hatte, kam er zu mir und sagte voller Rührung: »Herzlichen Dank für diese Rede; es war die großartigste und wortgewandteste, die
ich je gehört habe.« (Depew 1924, 70–71)

Einem anderen Bericht zufolge benutzte Depew den einleitenden Satz »Kein sprachlicher
Glücksgriff kann so beredt sein wie …« wiederholt, um Grants Siege einen nach dem
anderen aufzulisten, und der »Effekt war magisch« (Marden 1907, 196).

116 *Jetzt liegt er im Sterben und ist in Misskredit geraten* – Der Republikaner Chauncey
M. Depew war seit 1899 Senator für New York. 1905 führten die Untersuchungen des
Lebensversicherungsskandals zu der Anschuldigung, er habe seinen politischen Einfluss
genutzt, um Firmeninteressen zu begünstigen, insbesondere die der Equitable Life Assurance Society (die ihm ein jährliches Pauschalhonorar von $ 20 000 zahlte) und der Van-
derbilt Railroad Companies. Obwohl er sich den allgemeinen Rücktrittsforderungen wi-
dersetzte, zog er sich doch aus vielen der 79 Firmen zurück, denen er vorstand oder als
Treuhänder verbunden war. Auch wenn die Zeitungen von seinem schlechten Gesundheitszustand berichtet hatten, starb er erst 1928 im Alter von 93 Jahren (*Los Angeles
Times*: »Recall Invoked for Depew«, 3. Jan. 1906, 1; »He Won't Resign«, 4. Jan. 1906, 1;
»Friends Uphold Depew. Brackett Seeks Cover«, *New York Times*, 4. Jan. 1906, 5;
»Senator Depew. Reasons Why He Should Withdraw from Public Life«, *San Francisco
Chronicle*, 5. Jan. 1906, 6).

116–17 *der Konföderiertengeneral Buckner … General Grant nahm die Festung* – Twain traf
Buckner nicht in Mount McGregor, dem Urlaubsort in der Nähe von Saratoga Springs,
New York, wo Grant seine letzten Tage verbrachte. Als Buckner dort am 10. Juli 1885
seinen Besuch abstattete, war Twain auf der Quarry Farm bei seiner Familie. Er hatte
bereits zwei Monate zuvor die hier erzählte Anekdote in seinem Notizbuch vermerkt

(*N&J3*, 149–50). Simon Bolivar Buckner (1823–1914) aus Kentucky hatte die Militär-akademie West Point zur selben Zeit wie Grant besucht und im mexikanischen Krieg in der gleichen Division gekämpft. Als Grant 1854 aus der Armee ausschied, lieh er sich von Buckner in New York Geld, um seine Hotelrechnung zu begleichen. Als sich Kentucky im Bürgerkrieg mit der Union verbündete, trat Buckner widerwillig den Konföderierten Staaten bei. Im Februar 1862 nahmen Streitkräfte der Union das Fort Donelson in Tennessee ein, der erste größere Sieg des Nordens. Grants Mitteilung an Buckner: »Nichts außer bedingungsloser und sofortiger Kapitulation wird akzeptiert«, brachte ihm für seine Initialen U. S. (Ulysses Simpson) den Spitznamen »Unconditional Surrender« Grant ein. Nach dem Krieg war Buckner Herausgeber des *Courier* in Louisville und von 1887 bis 1891 Gouverneur von Kentucky (Smith 2001, 89–90, 161–62, 165–66).

117 *Mrs. Grant verdiente ... eine halbe Million Dollar an dem Buch* – Der Nettogewinn am Buch wurde zwischen Mrs. Grant (70 Prozent) und der Firma Webster (30 Prozent) geteilt. Die Schätzungen über die Höhe der an Mrs. Grant gezahlten Lizenzgebühren gehen etwas auseinander, aber Twains Zahlen – heutzutage wären das mindestens 8 Millionen Dollar – sind plausibel; MT 2012, Bd. 2, Anm. 501: »*Vertrag aufgesetzt und das Buch meinen Händen anvertraut*«; vgl. auch AD 2. Juni 1906, Anm. 120: »*Fred Grant ... ordnete er eine weitere Buchprüfung an*«.

118 *Webster war in seiner Herrlichkeit angekommen* – 1887 behauptete Webster in einem selbstherrlichen Interview, er sei der Erste gewesen, der an Grant wegen seiner Memoiren herangetreten sei, mehrere Monate vor der Begebenheit, an die sich Twain hier erinnert:

Etwa zur Zeit des Konkurses von Grant & Ward […] ging ich zum General und erklärte, dass es für ihn sehr vorteilhaft wäre, die Geschichte seiner Karriere niederzuschreiben. Er erwiderte, dass John Russell Young und Adam Badeau beide über ihn geschrieben hätten und er aus Rücksicht auf die beiden Gentlemen nicht selbst zur Feder greifen wollte. Ich fuhr fort, meine Bitte vorzubringen, und auch *Century* wollte ihn unbedingt dazu bewegen, sein Leben niederzuschreiben. Schließlich hatte ich Erfolg, und der erste Band seiner Memoiren wurde der Öffentlichkeit vorgestellt.

Auch über seine Rolle, General Grant zu überreden, seine Memoiren zu diktieren, gibt Webster einen unglaubwürdigen Bericht:

Zuerst zögerte er und sagte, er hätte in seinem Leben noch nie auch nur einen Brief diktiert. […] Letztlich vereinbarte ich aber, täglich mit einem Stenographen zu ihm nach Hause zu kommen und zu bleiben, während der General etwa zwei Stunden lang diktierte, dann mit dem Stenographen nach Hause zu gehen und dort zu bleiben, bis er mir nicht nur seine Notizen, sondern den vollständigen Text der Ausführungen des Generals geliefert hätte. (»The Publisher of Grant's Book«, *Kansas City Star*, 25. Juni 1887, 1)

2. Juni 1906

119 *Charles L. Webster ... einer der eselhaftesten Menschen, denen ich je begegnet bin* –
Dieses Diktat über die Missgeschicke von Webster & Company ist einseitig und in vielen
Punkten fehlerhaft. Obwohl auf einige der Ungenauigkeiten in den Anmerkungen eingegangen wird, ist es nicht möglich, die tatsächlichen Geschehnisse exakt zu rekonstruieren. In *Mark Twain, Business Man* gibt Samuel Charles Webster eine gerechtere
Version der Interaktion zwischen Twain und Webster, deren unvereinbare Persönlichkeiten Konflikte unvermeidlich machten (*MTBus*; vgl. Anm. 129: »*Maschine war ein
Fehlschlag*«).
auf einer Stufe mit Sherlock Holmes – Obwohl auch Twain Rätselelemente als literarisches Ausdrucksmittel einsetzte, die durch intelligente Schlussfolgerungen gelöst werden mussten, hegte er keinerlei Bewunderung für Arthur Conan Doyles Sherlock Holmes,
den er für »einen aufgeblasenen und sentimentalen ›außergewöhnlichen Mann‹ von billi-
gem & halbherzigem Scharfsinn« hielt (8. Sept. 1901 an Twichell, CtY-BR). Seine »Double-Barrelled Detective Story« ist eine Parodie auf das Genre der Detektivgeschichte im
Allgemeinen, insbesondere aber auf Sherlock Holmes (SLC 1902a; zur Auseinandersetzung mit Twains Detektivgeschichten vgl. Lilian S. Robinsons »Afterword« in SLC 1996c).

120 *Fred Grant ... ordnete er eine weitere Buchprüfung an* – Colonel Frederick Grant, Sohn
des Generals, zog im April 1887 die Buchhaltung von Webster & Company in Zweifel und
beschwerte sich, dass Mrs. Grant ungerechtfertigt Anwaltshonorare »in Rechnung gestellt« worden seien. Er ersuchte seinen eigenen Buchhalter, die Bücher zu überprüfen,
und im Juli fasste er die Ergebnisse in einem 5-seitigen maschinengeschriebenen Brief
zusammen: der Nettogesamtgewinn der *Erinnerungen* betrage bis dato ca. $ 678 000;
davon stünden $ 475 000 (70 Prozent) Mrs. Grant zu, die bislang $ 361 000 erhalten
habe. Man schulde ihr daher noch $ 114 000, anstatt $ 33 000, wie es die Firma nahe-
legte. Der Streit setzte sich noch den folgenden Winter hindurch fort, wobei Grant einen
Prozess androhte und Webster & Company alle Verpflichtungen abstritten. Es ist unklar,
wie diese Angelegenheit schließlich beigelegt werden konnte, doch es wurden keine
rechtlichen Schritte eingeleitet (Webster an SLC, 23. April 1887, und Grant an Webster &
Company, 22. Juli 1887, CU-MARK; *N&J3*, 319, Anm. 54).
*Scott sechsundzwanzigtausend Dollar gestohlen ... wanderte für fünf oder neun Jahre
ins Zuchthaus* – Frank M. Scott (geb. 1859?) wurde im Juli 1885 als Kassenführer und
Buchhalter bei Charles L. Webster & Company angestellt. Laut Twains Notizbuch bekam
Webster fast von Anfang an anonyme Briefe, in denen behauptet wurde, Scott sei ein
Dieb. Ab Oktober 1886 hatte ihn Webster wegen Unterschlagung in Verdacht, wartete
aber einige Monate, bevor er einen Gutachter mit der Untersuchung beauftragte. Als
Scott im März 1887 verhaftet wurde, gab er zu, dass er von Anfang an gestohlen und dies
mit falschen Einträgen in den Büchern vertuscht habe. Er zahlte mit dem Geld Schulden
ab, spekulierte an der Börse und kaufte seiner Frau Schmuck. Außerdem begann er mit
dem Bau eines Hauses. Er wurde der Veruntreuung von $ 26 000 für schuldig befunden
und zu sechs Jahren Gefängnis verurteilt. Ende 1890 stellten Twain und Webster ein er-

folgreiches Gesuch an den Gouverneur, Scott zum Wohle seiner Familie begnadigen zu lassen. Nach seiner Entlassung bekam er eine Anstellung als Kassenführer und Buchhalter bei einem Drucker und »eignete sich wiederum Gelder seines Arbeitgebers in Höhe von $ 6300 widerrechtlich an« (vgl. Meredith Dickinson 1900, 344–49; *N&J3*, 283–84, Anm. 194, 314; *New York Times*: »A Weakness for Display«, 13. März 1887, 2; »Confessions of a Thief«, 18. März 1887, 5; Webster an SLC, 25. März 1887, CU-MARK; »City and Suburban News«, 23. April 1887, 3).

121–22 *seinen Anteil an dem Verlust … zu übernehmen … viertausend* – Scotts Bücher verzeichneten eine Auszahlung von $ 8000 an Webster, der meint, nur $ 4000 erhalten zu haben. In einem Vertrag vom 1. April 1887 (NPV) erhöhte Twain Websters Gehalt um jährlich $ 800, um ihn für seinen Verlust zu entschädigen. Später bereute er seine Großzügigkeit und machte den Vorschlag, Webster solle darauf »verzichten« und diese Erhöhung für das Gehalt eines neuen Angestellten »opfern« (28. Dez. 1887 an Webster, NPV, in *MTBus*, 389–90). Ein Teil der entwendeten Mittel – etwa $ 8000 – konnte zurückgewonnen werden, u. a. durch den Verkauf des Hauses, das Scott in seiner Heimatstadt Roseville, New Jersey, gebaut hatte (Webster an SLC, 29. Dez. 1887, CU-MARK; *N&J3*, 315–16, Anm. 46, 322, Anm. 66, 323, Anm. 70; *MTBus*, 349).

122 *einem ehemaligen Prediger … sammelte eine Bruttosumme von sechsunddreißigtausend Dollar ein … Webster erhielt davon nicht einen Cent* – Der Agent in Iowa, R. T. Root, war Mitglied der Amerikanischen Bibelgesellschaft. Ein Kollege beschrieb ihn später als Verkörperung der Frömmigkeit »nach außen hin«, aber in Wirklichkeit ein Scharlatan, der seine Schulden nur dann zurückzahlte, wenn es »ihm gut in den Kram passte« (Antrobus 1915, 1:363; American Bible Society 1872, Anhang, 9). Mitte 1885 erhielt Twain von seinem damals in Keokuk, Iowa, lebenden Bruder Orion die Warnung, dass Root ein »Gauner« sei. Twain aber antwortete voller Überzeugung, dass die eine Hälfte der Agenten »die Umsatzerwartungen so weit übertrifft, dass die andere Hälfte die Zahlung unterlassen könnte, ohne dass ein Schaden für das Buch oder mich entstünde; aber keiner von ihnen wird nicht zahlen. Das ist ganz und gar ausgeschlossen« (OC an SLC, 21. Aug. 1885, CU-MARK; 30. Aug. 1885 an OC, CU-MARK). Orion sollte jedoch recht behalten, denn Root blieb Webster & Company über $ 30000 schuldig. Im Juni 1888 machte Root ein Vergleichsangebot über $ 8000, das jedoch abgelehnt wurde. Anfang 1889 wurde dem Unternehmen von einem Gericht der volle Betrag zugesprochen, Root allerdings konnte nur $ 9000 zurückzahlen, wovon gemäß ihrem Anteil $ 7000 an Mrs. Grant gingen (Hall an SLC, 8. Juni 1888, CU-MARK; *N&J3*, 390, Anm. 306).

122–23 *Joe Jefferson … Autobiographie … Webster … ignorierte es* – Joseph Jefferson (1829 bis 1905) stammte aus einer Theaterfamilie und war seinerzeit einer der führenden Komiker. Seine Paraderolle gab er in *Rip Van Winkle*, nach der gleichnamigen Erzählung von Washington Irving, die er 40 Jahre lang spielte. Jefferson und Twain hatten sich spätestens 1885 kennengelernt. Am 11. Mai 1887 schrieb Twain an Webster: »Joe Jefferson hat seine Autobiographie geschrieben! Donner und Doria, sehen Sie, wir *müssen* Platz für großartige Bücher frei halten; sie schießen an den unwahrscheinlichsten Orten ganz plötzlich aus dem Boden.« Jefferson schickte sein Manuskript an Twain, dem es eine

»köstliche Lektüre« war (11. Mai 1887 und 28. Mai 1887 an Webster, NPV, in *MTBus*, 382, 383). Fünf Monate später schrieb Jefferson an Webster:

Ich schloss aus der langen Stille, die meiner Korrespondenz mit Mr. Clemens folgte – dem ich mich sehr verpflichtet fühle –, dass Sie den Plan, mein Buch zu veröffentlichen, nicht länger verfolgen. Unter diesem Eindruck habe ich Verhandlungen mit einer anderen Firma aufgenommen.

Sollten die Konditionen dort nicht akzeptabel sein, würde ich mich freuen, Ihnen abermals zu schreiben. Ich hätte Ihren Brief schon früher beantwortet, aber ich hatte Auftritte im Westen, und Ihre Korrespondenz hat mich erst gestern erreicht. (20. Okt. 1887, NPV)

The Autobiography of Joseph Jefferson wurde 1890 in der Century Company veröffentlicht.

123 *Er akzeptierte und veröffentlichte zwei oder drei Kriegsbücher, die keinen Gewinn abwarfen* – Das erste dieser Bücher war *McClellan's Own Story: The War for the Union* von Generalmajor George Brinton McClellan, postum im Dezember 1886 veröffentlicht. Im Jahr darauf folgten *The Genesis of the Civil War: The Story of Sumter 1860–1861* von Brigadegeneral Samuel Wylie Crawford und *Tenting on the Plains* von Elizabeth B. Custer, der Witwe von General George A. Custer (vgl. auch AD 8. Okt. 1906, Anm. 395: *»General Custers Witwe«*). Schließlich gab das Unternehmen 1888 die *Personal Memoirs* von General Philip Henry Sheridan heraus (*N&J3*, 269, Anm. 141). Wie sich Frederick J. Hall, Websters Nachfolger, erinnert, waren die »Militärmemoiren« anfangs erfolgreich, dann aber ging der Verkauf rasch zurück (Hall 1947). Twains Notizbücher aus jener Zeit sind gefüllt mit Kommentaren und Berechnungen in Bezug auf die schlechten Verkaufszahlen und den schwindenden Gewinn aller Bücher von Webster & Company (vgl. z. B. *N&J3*, 303, Anm. 12, 310, 332, 429–31). Twain hatte große Hoffnungen in diese Bücher gesetzt. Aber im Oktober 1888 stand fest, so Hall, dass »*Kriegsliteratur jedweder Art und gleich von wem nicht mehr zieht.* Wir müssen uns unermüdlich ins Zeug legen, damit wir 75 000 Exemplare von Sheridan loswerden. Ich hatte mir 100 000 Exemplare vorgenommen, bin aber gezwungen, diese Zahl nach unten zu korrigieren. Es gibt heutzutage nicht einen Mann, der ein weiteres Buch über den Krieg schreiben und davon auch nur 5000 Stück im ganzen Land verkaufen könnte« (15. Okt. 1888 an SLC, CU-MARK).
Für diesen Preis und dieses Format enthält es nicht genügend Wörter – Twain bezieht sich wahrscheinlich auf Almira Russell Hancocks Buch über ihren Mann, *Reminiscences of Winfield Scott Hancock* (1887). Das Buch war nur ein Drittel so lang wie die anderen Kriegsbücher, trotz Großdruck nur 340 Seiten inklusive Anhängen und ganzseitigen Illustrationen. Es spielte laut Paine nicht die Kosten seiner Herstellung ein (*N&J3*, 320, Anm. 60, 360, Anm. 191, *MTB* 2:856).
Henry Ward Beechers Leben Jesu – Henry Ward Beecher, der berühmte liberale Pastor der Plymouth Church in Brooklyn, hatte den ersten Band von *Life of Jesus, the Christ* 1871 bei J. B. Ford & Company veröffentlichen lassen, der zweite Band aber blieb unvollendet. Im Januar 1887 erklärte sich Beecher damit einverstanden, seine Autobiographie

für die Veröffentlichung bei Webster & Company zu schreiben. Zuerst wollte er jedoch *Life of Jesus* fertigstellen, so dass Webster eine Gesamtausgabe veröffentlichen könnte. Beecher erhielt für beide Bände einen verrechenbaren Vorschuss in Höhe von $ 5000, starb jedoch am 7. März, bevor er seinen Vertrag erfüllen konnte. Nach längeren Verhandlungen rückerstattete seine Familie den Vorschuss im Dezember 1888 (Hall an SLC, 27. Dez. 1888, und Webster an SLC, 26. Jan. 1887, CU-MARK; 11. Jan. 1889 an Hall, VtMiM, in *MTLP*, 252; *N&J3*, 276, Anm. 169). Der »ruinöse Skandal« begann im September 1872, kein Jahr nachdem der erste Band von *Life of Jesus* erschienen war, weil Beecher beschuldigt wurde, mit einem Gemeindemitglied Ehebruch zu begehen (vgl. AD 10. Okt. 1906, Anm. 404: »*Reverend Henry Ward Beecher in Brooklyn vor Gericht ... Gast in Sages Villa*«).

124 *Ein Yankee an König Artus' Hof* – Twain stellte *Ein Yankee an König Artus' Hof* im Frühjahr 1889 fertig, später im Jahr wurde das Buch veröffentlicht. Zu diesem Zeitpunkt hatte Webster seinen Anteil an der Firma bereits verkauft und war in Ruhestand gegangen. Es war sein Nachfolger Frederick J. Hall (vgl. Anm. 125: »*Stellvertreter und Geschäftsleiter ... Frederick J. Hall*«), der das Werk schnell und termingerecht produzierte (*CY*, 571–72, 577–89; 12. Nov. 1888 an Hall [2.], NN-BGC, in *MTLP*, 251, Anm. 3).

Bibliothek des Humors – Library of Humor; ab Ende 1880 schmiedete Twain Pläne, mit William Dean Howells und Charles Hopkins Clark, einem Redakteur des *Hartford Courant*, an einer Anthologie mit dem Titel *Mark Twain's Library of Humor* zu arbeiten (Twain spricht weiter über dieses Buch in AD 17. Juli 1906; zu Clark vgl. MT 2012, Bd. 2, Anm. 207: »*Charles Hopkins Clarks Herausgeberschaft*«). Sie hatten vor, das Buch von James R. Osgood publizieren zu lassen, doch dessen Firma ging im Mai 1885 bankrott, bevor die Arbeit daran beendet war. Webster & Company kaufte die Rechte an allen Mark-Twain-Titeln von Osgood, darunter die *Library of Humor*. Als Howells, der Hauptherausgeber, seine Arbeit 1885 beendet hatte, stand er bei Harper & Brothers unter Vertrag und konnte mit seinem Namen »nur innerhalb dieses Hauses« erscheinen. Twain bezahlte ihn für seine Arbeit, entschied aber, das Buch erst einmal »in eine Schublade zu stecken & ein paar Jahre abzuwarten, um zu sehen, was die Vorsehung damit vorhat« (Howells an SLC, 16. Okt. 1885, CU-MARK, in *MTHL*, 2:537; 18. Okt. 1885 an Howells, NN-BGC, in *MTHL*, 2:538–39; zu Howells vgl. MT 2012, Bd. 2, Anm. 483: »*Howells*«). Anfang 1887 schlug Howells vor, die *Library of Humor* an Harpers zu geben. Webster war dagegen, räumte jedoch ein, dass er das Buch nicht veröffentlichen könne, bevor er sich »nicht ein paar wichtige und dringende Angelegenheiten vom Hals geschafft« habe, und versicherte Twain, dass es »nicht alt wird, es wird sich immer verkaufen« (Webster an SLC, 17. Febr. 1887, CU-MARK). Im Sommer 1887 verlor Twain zunehmend die Geduld und war frustriert, weil er Rechte einholen und Illustrationen in Auftrag geben musste. Später, im selben Jahr, schrieb er in sein Notizbuch: »*Bib Humor* hätte im Herbst 86 erscheinen und 100 000 Mal verkauft werden sollen, statt sich im Winter 87/88 mit Custer und Cox gegenseitig auf den Füßen zu stehen« (*N&J3*, 360). Das Buch erschien letztendlich 1888, die Verkaufszahlen waren gut, aber nicht so gut, wie Twain gehofft hatte (3. Aug. 1887 an Webster, NN-BGC, in *MTLP*, 221–22, 15. Aug. 1887 an Hall und Webster, NN-BGC, in

MTLP, 223–24; *N&J3*, 35–36, Anm. 67, 276, Anm. 172, 302–03, Anm. 10; *MTB*, 2:857; zur späteren Ausgabe bei Harpers vgl. AD 17. Juli 1906; zum Buch von Sunset Cox vgl. AD 18. Dez. 1906, Anm. 508: »*Sunset Cox schmuggelte mich in den Sitzungssaal*«).

124 *William M. Laffan ... Mr. Walters aus Baltimore ... seine fürstliche Kunstsammlung* – William Mackay Laffan (1848–1909), ein langjähriger Freund von Twain, wanderte in jungen Jahren als gebürtiger Ire nach Amerika aus. Ab 1877 schrieb er über Kunst und Theater für die *New York Sun*, mit der er für die nächsten 32 Jahre verbunden bleiben sollte, als Herausgeber, Geschäftsführer und schließlich Eigentümer. Als Fachmann für chinesische Keramik fungierte er zudem als Kurator des Metropolitan Museum of Art (»W. M. Laffan Dead of Appendicitis«, *New York Times*, 20. Nov. 1909, 11; Mitchell 1924, 352). William Thompson Walters (1819–1894), geboren in Pennsylvania, machte sein Vermögen durch Handelsgeschäfte und im Bank- und Eisenbahnwesen. Seine Kunstsammlung hatte einen speziellen Fokus auf französische Gemälde und asiatische Keramik und wurde das Herzstück des Walters Art Museum in Baltimore, das 1934 seine Tore öffnete.

Walters aus Baltimore einen Prachtband herauszubringen gedenke ... mühelos ein Vermögen verdienen – In einem Brief an Webster vom 13. Januar 1887 schätzte Twain den »möglichen« Gewinn auf $ 750 000. Webster ließ sich in der Tat viel Zeit mit der Antwort an Laffan. Twain schrieb ihm am 5. September 1887 und am 17. Oktober abermals, um ihn zu drängen, sich noch vor Laffans Frankreichreise mit diesem zu treffen (13. Jan. 1887 an Webster, NPV, in *MTLP*, 213; 5. Sept. 1887 an Webster, NPV, in *MTBus*, 385–86; 17. Okt. 1887 an Webster & Co., NN-BGC, in *MTLP*, 236). Das Buch wurde später aus anderen Gründen zurückgestellt, die jedoch nichts mit Webster zu tun hatten. Twain erklärte Hall im Mai 1888:

Laffan wollte nach Europa, um die Künstler zu engagieren *und* den Mann (den großen Wolf von Paris), der den Text schreiben & beaufsichtigen sollte, bis alle Druckplatten fertiggestellt & die Bücher gedruckt & unseren Händen übergeben worden sind – eine Angelegenheit von 2 oder 3 Jahren.

Aber inzwischen habe ich eine Arbeit für Laffan gefunden, die ihm in zehn bis zwölf Monaten $ 210 000 einbringt, & natürlich wird er damit nicht aufhören, ehe sie fertig ist, um das Kunstbuch in Angriff zu nehmen. Ich würde ihn auch nicht *lassen*. Daher werden wir das Kunstbuch ein Jahr nicht weiter erwähnen & nehmen dann vielleicht noch einen Anlauf. (7. Mai 1888 an Hall, NN-BCG, in *MTLP* 245–46)

Der Katalog, mit einem Vorwort von Laffan, wurde nach Walters' Tod 1897 von D. Appleton & Company herausgegeben: *Oriental Ceramic Art: Illustrated by Examples from the Collection of W. T. Walters.*

125 *neuen deutschen Medikament Phenacetin* – Dieses Arzneimittel, auch unter dem Namen Acetophenetidin bekannt, wurde 1888 als fieber- und schmerzstillendes Präparat der deutschen Firma Bayer eingeführt. War es jahrelang weitverbreitet, weiß man heute um die gefährlichen Nebenwirkungen wie Nierenschäden und Krebs, und es wurde durch das verwandte Paracetamol (Acetaminophen) ersetzt.

125 *Webster ... sich mit zwölftausend Dollar zu begnügen und auszuscheiden* – 1887 wurde es für Webster immer schwieriger, aktiv am Geschäftsleben teilzunehmen, da er an einer akuten Neuralgie litt. Im Februar 1888 hielt Twain in seinem Notizbuch fest, dass Webster zugestimmt habe, »sich bis zum 1. April 1889 aus dem Geschäft, von allen seinen Funktionen & aus der Stadt zurückzuziehen & zu versuchen, seine Gesundheit wiederherzustellen« (*N&J3*, 374). Webster handelte von da an nie wieder im Namen der Firma, und im Dezember 1888 wurde sein Ruhestand offiziell, als er nach einer Reihe von Angeboten und Gegenangeboten einverstanden war, seinen Anteil für $ 12 000 zu verkaufen. Er blieb aber mit der Vereinbarung unzufrieden, wie er Whitford am 31. Dezember 1888 mitteilte: »Ich habe meinen Anteil für weit weniger verkauft, als er meiner Meinung nach wert ist, aber es ist vorbei, und damit hat sich's« (*MTBus*, 391). Er lebte mit seiner Familie zurückgezogen in Fredonia bis zu seinem Tod am 26. April 1891 im Alter von 93 Jahren infolge einer Grippe, die »zu einer Bauchfellentzündung und schweren Blutungen und schließlich zum Tod führte« (»Grant's Publisher Dead« *Columbus [Ga.] Enquirer*, 29. April 1891, 1; *N&J3*, 298, 374, 374–75, Anm. 239, 615, Anm. 151, 625–26, Anm. 193).

Stellvertreter und Geschäftsleiter ... Frederick J. Hall – Frederick Hall (1861–1926) wurde in New York City geboren und besuchte die Peekskill Military Academy. Er wurde von Webster & Company im Frühjahr 1884 als Stenograph und Bürogehilfe eingestellt und übernahm nach und nach weitere Aufgaben. 1886 wurde er in der Firma Partner mit einem Jahresgehalt von $ 1500 sowie einem Zwanzigstel des Nettogewinns aller Bücher außer Grants Memoiren (Vertrag vom 28. April 1886, NPV). Während Websters Abwesenheit kümmerte sich Hall um die Geschäfte und übernahm die Leitung schließlich ganz, nachdem er Websters Anteil im Dezember 1888 gekauft hatte. Nach dem Firmenbankrott 1894 führte er seine berufliche Karriere andernorts fort und wurde schließlich Vizepräsident der Habirshaw Electric Cable Company. Als begeisterter Golfer spielte er einmal pro Woche mit John D. Rockefeller (Caldwell und Feiker 1919, 113; »Died«, *New York Times*, 17. Okt. 1926, E9; Hall 1947).

125–26 *Stedman, der Dichter ... Selbstmord von Charles L. Webster & Company* – Twain kannte Edmund Clarence Stedman (1833–1908), einen einflussreichen Dichter und Kritiker, seit den frühen 1870er Jahren (23. Febr. 1872 an Redpath, L5, 47, Anm. 1). 1887 zahlte Webster & Company $ 8000 an W. E. Dibble, einen Verlag in Cincinnati, der nach dem Subskriptionsprinzip arbeitete, für die Druckplatten der ersten fünf Bände der *Library of American Literature*. In Zusammenarbeit mit Ellen M. Hutchinson (1851–1933), die für das Feuilleton der *New York Tribune* schrieb, stellte Stedman eine ursprünglich auf zehn Bände angelegte Anthologie zusammen (zu der am Ende ein elfter Band hinzugefügt wurde), die eine »Auswahl amerikanischer Literatur, sowohl Prosa als auch Lyrik, von der ersten Besiedlung des Landes bis hin zur Gegenwart«, enthalten sollte. Webster warb bei Twain enthusiastisch für dieses Werk, der antwortete: »Ich halte das Stedman-Buch für gut, aber ich kann es nicht über mich bringen, es für *sehr* gut zu halten« (1. März 1887 an Webster, NPV, in *MTLP*, 214). Webster & Company erwarben die *Library*, und sowohl Stedman als auch Hutchinson erhielten jeweils 3 Prozent der Lizenzgebühren. Obwohl der Verkauf der Reihe gut lief, konnten die zögerlichen Zahlungseingänge die Herstellkosten des Buches nicht decken. Als Twain kein Kapital mehr beisteuern konnte, sah sich Hall gezwungen, Geld zu leihen, um für die laufenden Ausgaben aufzukommen (Webster an SLC, 25. Febr. 1887, CU-MARK; Stedman und Hutchinson 1888–90; *N&J3*, 320, Anm. 62, 341, Anm. 123, 360–61, Anm. 195, 464, Anm. 195, 572, 612–13, Anm. 141; zu Twains Meinung über Stedman vgl. AD 3. Juli 1908).

126 *einer Bank, in der Whitford einer der Direktoren war* – Die Mount Morris Bank in Harlem war eine der eisernen Gläubiger von Webster & Company und lehnte es ab, Schuldverschreibungen zu erneuern, wenn sie fällig wurden. Bis Mai 1894 schuldete das finanziell angeschlagene Unternehmen der Bank $ 29 500. Whitford war Justiziar der Bank, aber es ist nicht bestätigt, dass er auch einer der Direktoren war (Harrison an SLC, 1. Juni 1894, CU-MARK, in *HHR*, 63, Anm. 3; 4. Mai 1894 an OLC, CU-MARK; »Business Troubles«, *New York Times*, 19. Sept. 1894, 11).

Panik von 93 – Der Bankrott der National Cordage Company am 4. Mai 1893 löste einen rapiden Einbruch des Aktienmarkts aus; bis Jahresende waren über 600 Banken und 15 000 Unternehmen bankrott. Die Panik löste die bis dahin schlimmste Rezession im Land aus, die fünf Jahre andauern sollte (Campbell 2008b, 168–69).

Anwesen hatte hundertsiebenundsechzigtausend Dollar gekostet – Die hier gemachte Schätzung ist die höchste unter den verschiedenen, die Twain über die Kosten für das Haus abgab, und ist vermutlich zu hoch. 1877 wurde das Anwesen für die Steuer geschätzt, und zwar auf $ 66 650 (Courtney 2011, 107–08; 7. Juli 1887 an Perkins [1.], Rechnung beiliegend, *Letters 1876–1880*).

Henry Robinson – Vgl. MT 2012, Bd. 2, Anm. 128: »*Gouverneur Henry C. Robinson*«.

127 *Webster & Company machte Bankrott* – Das Unternehmen meldete am 18. April 1894 Insolvenz an, nachdem die Mount Morris Bank auf einer Rückzahlung bestanden hatte. Der *New York Times* zufolge überschritten die Verbindlichkeiten das Vermögen um etwa $ 40 000 (ausgenommen die Schulden bei Olivia). Twain zahlte letztendlich etwa $ 15 000 an die Mount Morris Bank, die sich zu einem Vergleich bereit erklärt hatte und auf 50 Prozent der Ansprüche verzichtete (»Business Troubles«, *New York Times*, 19. Sept. 1894, 11; *MTLP*, 365; *HHR*, 23–24; Rogers an SLC, 10. Dez. 1897, CU-MARK, in *HHR*, 306, Anm. 1; Harrison an SLC, 11. Febr. 1898, CU-MARK, in *HHR*, 322).

Mr. Rogers … meine Bücher … nicht zur Vermögensmasse von Webster & Company zählten – Henry Huttleston Rogers, der reiche Vizepräsident der Standard Oil Company, schloss im Herbst 1893 Freundschaft mit Twain und begleitete ihn durch die komplexen finanziellen Angelegenheiten des Bankrotts. In dem Versuch, Webster & Company zu retten, organisierte er den Verkauf der *Library of American Literature* für $ 50 000 an seinen Schwiegersohn William Evarts Benjamin. Als der Bankrott schließlich unvermeidlich war, übertrug er das persönliche Vermögen Twains, darunter auch die Urheberrechte an seinen Büchern, auf Olivia (MT 2012, Bd. 1, 681; *HHR*, 10–11).

128 *hielten wir Vorträge, raubten und plünderten … Sämtliche Gläubiger haben für jeden Dollar hundert Cent erhalten* – Zu den Details seiner Welttournee vgl. AD 4. Juni 1906. Twain wurde von Olivia und seiner Tochter Clara begleitet; Susy und Jean blieben in den Vereinigten Staaten. Nachdem Susy kurz nach Ende der Tournee in Hartford an Hirnhautent-

zündung gestorben war, ließ sich die trauernde Familie in London nieder. Dort schrieb Twain *Reise um die Welt*. Das Buch wurde im Mai 1897 fertiggestellt und im November veröffentlicht. Im Februar 1898 schrieb Rogers' Sekretärin Katharine I. Harrison (die sich um die finanziellen Einigungen gekümmert hatte), dass nur noch drei Ansprüche bestünden, die bald abbezahlt seien (Harrison an SLC, 11. Febr. 1898, CU-MARK, in *HHR*, 322).

128 *Federal Steel Company … Gewinn von 125 Prozent* – Auf Anweisung von Twain kaufte Rogers im Oktober 1898 Vorzugs- und Stammaktien der neugegründeten Federal Steel Company, stark abgezinst, für nur $ 17139,87. Im Dezember verkaufte und reinvestierte er in 712 Anteile der Stammaktien des Unternehmens, deren Wert im Januar 1899 in die Höhe schoss, da man annahm, die Firma werde mit Konkurrenzunternehmen fusionieren und damit zu einem gigantischen Stahlkonzern. Rogers selbst war eine der treibenden Kräfte hinter diesem Zusammenschluss. Er verkaufte die Aktien am 21. Januar 1899 abermals und verzeichnete einen Gewinn von $ 16000. Die U. S. Steel Corporation wurde 1901 gegründet mit Rogers im Vorstand und Twain, einmal mehr, als Aktionär (Notizbuch 40, TS S. 50, 54, 55, CU-MARK; *New York Times*: »The Great Steel Trust«, 25. Dez. 1898, 2; »Mr. Carnegie Sells Out«, 5. Mai 1899, 1; »Steel Trust Officers«, *New York Evening Tribune*, 2. April 1901, 1).

129 *Maschine war ein Fehlschlag* – Über dieses desaströse Unternehmen berichtet Twain auch in der »Maschinenepisode« (MT 2012, Bd. 1, 536–46). Im vorliegenden Diktat gibt er Webster fast die Alleinschuld am Zusammenbruch des Verlages, obgleich Twains Investition von schätzungsweise $ 170000 in eine Setzmaschine ihren Teil dazu beitrug. Als 1885 die Grant-Memoiren produziert wurden, hatte Twain nichts als Lob für Webster übrig. Er sagte, Webster habe zwar eine »fürchterliche Saison« gehabt, diese »aber mit einer prächtigen Bilanz beendet; & bei einer ganzen Reihe von Geschäftsneuerungen, -einfällen und -erfolgen hat er sich nicht einen einzigen Fehltritt geleistet« (30. Juli 1885 an Annie Webster, NPV). Bis 1888 wuchs sich Twains Unzufriedenheit mit Webster zu Antipathie und schließlich zu Verachtung aus. In einem Brief vom 1. Juli 1889 an seinen Bruder Orion räumte er ein: »Ich habe noch nie für eine Kreatur auch nur ein Hunderttausendstel des Hasses empfunden, den ich gegenübe dieser Laus in Menschengestalt, Webster, hege« (CU-MARK).

Sie steht in der Cornell University – Bislang ging man davon aus, dass eine Maschine im Mark Twain House & Museum in Hartford erhalten wurde, während die andere von der Mergenthaler Company der Cornell University gestiftet und später im Zweiten Weltkrieg als Altmetall verwendet wurde (vgl. MT 2012, Bd. 2, Anm. 445: *»Erfinder einer … Setzmaschine … Cornell University«*). Neuere Informationen legen nahe, dass die Mergenthaler Company, die beide Prototypen besaß, eine Maschine an die Columbia University und eine an die Cornell University verlieh. Die Maschine der Cornell University wurde von 1898 bis 1921 ausgestellt und dann an die Mergenthaler Company zurückgegeben, die sie 1957 dem Mark Twain House & Museum stiftete. Die Maschine der Columbia University wurde in der Tat als Altmetall eingeschmolzen (Goble 1998, 14; Information zur Verfügung gestellt von Lance Heidig).

4. Juni 1906

130 *allabendlich hielt ich Vorträge* – Twain machte diese Vorträge in scherzhafter Weise wie moralische Lektionen auf und veranschaulichte seine Lektionen durch Beispiele aus seinen Werken. Sein dafür vorbereitetes Repertoire umfasste etwa 25 Auszügen aus *Die Arglosen im Ausland* (1869), *Bummel durch Europa* (1880), *Huckleberry Finns Abenteuer* (1885) und einigen anderen Werken (*HF 2003*, 617).

131 *Unfall, den ich in einem früheren Kapitel erwähnt habe* – Gemeint ist AD 13. Febr. 1906 (MT 2012, Bd. 1, 274).

mieteten wir die Nr. 14 West 10th Street – Die Familie zog am 1. November 1900 in das große möblierte Haus, das sie über Twains Freund Frank N. Doubleday gefunden hatte (JC 1900–1907).

Drei Monate Ruhe … in den Adirondacks … für den Sommer … York Harbor – Von Ende Juni bis Mitte September 1901 hielt sich Familie Clemens in einem Sommerhaus am Lower Saranac Lake auf, das sie »The Lair« (»Der Unterschlupf«) nannten (vgl. Abb. 11 & 12 hier in MT 2014, Bd. 1). Am 1. Oktober bezogen sie ein geräumiges Haus auf einem 6,5 Hektar großen Grundstück am Flussufer in Riverdale (heute bekannt als Wave Hill), in dem zuvor der Verleger William H. Appleton von 1866 bis zu seinem Tod 1899 gelebt hatte. Im folgenden Sommer, spät im Juni 1902, mieteten sie ein Häuschen in York Harbor, Maine (vgl. MT 2012, Bd. 2, Anm. 327: »*Vor vier oder fünf Jahren … ein Haus am Ufer des Hudson*«; *MTB*, 3:1135, 1141, 1176; Wave Hill 2011; »Personal Items«, *The School Journal*, 7. Juni 1902, 651).

Mr. Rogers kam mit der Kanawha, der schnellsten Dampfyacht in amerikanischen Gewässern – 1901 kaufte Rogers die *Kanawha*, eine fast 70 Meter lange dampfbetriebene Yacht. Er gestattete der Familie Clemens, sie für die Fahrt nach York Harbor zu nutzen, bei der Rogers selbst nicht dabei war. Am 26. Juni 1902 schrieb Twain ihm von unterwegs: »Großer Gott, Sie hätten dabei sein sollen! Die Fahrt von Riverdale bis zum Einbruch der Dunkelheit war bezaubernd & überwältigend & unglaublich schön« (26. Juni 1902 an Rogers, Sotheby 2003, Objekt 105; 5. Juli 1901 an Rogers, Fotokopie in CU-MARK, in *HHR*, 464, Nr. 1).

Jean war bei schlechter Gesundheit – Jeans epileptische Anfälle, unter denen sie seit 1896 litt, traten weiterhin auf unberechenbare Weise auf und wurden von Depressionen und Anwandlungen gedanklicher »Abwesenheit« eingeleitet (vgl. »Die Familie. Kurzbiographien«, S. 227 in diesem Band; SLC 1899b; Ober 2003, 156–66).

132 *fuhren wir nach Fairhaven* – 1895 baute Rogers ein Anwesen mit 85 Zimmern und mit Blick über die Bucht des südlichen Fairhaven, Massachusetts (vgl. Abb. 14 hier in MT 2014, Bd. 1; Thomas und Avila 2003, 10).

Aix-les-Bains … Bad Nauheim … ihr nichts … fehle – Olivia hielt sich von Juni bis Juli 1891 in Aix-les-Bains in Frankreich und von Juni bis Mitte September 1892 in Bad Nauheim auf. Am 10. Juni 1892 schrieb Twain an Clara: »Die beste Nachricht von allen ist, dass zwei Ärzte Mama für heilbar erklärt haben, & zwar für *ohne weiteres* heilbar. Sie sagen, mit diesen Bädern wird es gelingen & dass diese Bäder die einzigen auf der Welt sind, die das können« (CU-MARK).

133 *Ich schrieb sie sogleich in Form einer Erzählung ... und schickte sie an Harper's Monthly*
– Am 27. August 1902 schrieb Twain in sein Notizbuch: »›Himmel oder Hölle‹ an Harper
schicken?« Frederick A. Duneka, Geschäftsführer von Harper & Brother, antwortete am
18. September: »Herzlichen Dank für ›Himmel oder Hölle‹. Der Text ist großartig.« Die
Geschichte erschien im darauffolgenden Dezember im *Harper's Monthly* (SLC 1902d;
Notizbuch 45, TS S. 24, 27, CU-MARK). Der hier wiedergegebene Text basiert auf her-
ausgerissenen Seiten aus ebendieser Ausgabe, die Twain an die Maschinenabschrift des
Diktats heftete.

6. Juni 1906

155 *York ... Gedenkfeier ... zweihundertfünfzigsten Jahrestages* – York, Maine, wurde
1642 als Gorgeana gegründet und 1652 im Zuge der Neugründung umbenannt. Im
August 1902 feierte es sein 250. Bestehen als »erste Stadt Amerikas« (»The Old Town of
York«, *New York Tribune*, 3. Aug. 1902, »Illustrated Supplement«, 2; Baxter 1904, 34,
38–43).

156 *Zu Besuch erschien eine Dame ... Empfehlungsschreiben ... Lebensunterhalt mit Unterricht zu verdienen* – Die Besucherin, Florence Hartwig, Sängerin und Gesangslehre-
rin, hatte Amerika im Alter von 14 Jahren verlassen, um in Europa zu studieren. Sie
war mit Elias Hartwig, einem in Bukarest lebenden deutschen Geschäftsmann, verheiratet. Dort wurde sie am Hof von Elisabeth, der Königin von Rumänien (1843–1916),
Ehrenfrau und Sängerin. Sie besuchte die Familie Clemens im August 1902 und überbrachte ein Empfehlungsschreiben der Königin, das diese am 9. Mai verfasst hatte.
Elisabeth von Rumänien war in Deutschland geboren und hatte mit 26 Jahren Prinz Karl
von Rumänien geheiratet, der 1881 König wurde. Sie war bekannt für ihre Güte und
Wohltätigkeit. Darüber hinaus verfasste sie unter dem Pseudonym Carmen Sylva zahlreiche Gedichte, Märchen, Theaterstücke und Romane. Sie war seit Twains Aufenthalt
im Wiener Hotel Metropol 1897/98 eine Freundin und Verehrerin von ihm; in ihrem Brief
dankte sie ihm »für jeden schönen Gedanken, den Sie in mein müdes Herz gegos-
sen haben, und für jedes Lächeln auf einem mühsamen Weg!«. Er mochte besonders eines ihrer Bücher, *Märchen einer Königin*, und beschrieb sie in einem Aufsatz, der
im April 1902 in der *North American Review* erschien, als »reizende und liebenswerte
deutsche Prinzessin und Dichterin« (SLC 1902b, 437; »A Favorite at Carmen Sylva's
Court«, *Philadelphia Inquirer*, 31. Mai 1903, »Woman's Magazine«, 2; Elisabeth von Rumänien an SLC, 9. Mai 1902, CU-MARK, in *MTL*, 2:726–27; *MTB*, 2:1062; Gribben 1980,
1:218–19).

157 *Artikel eines österreichischen Prinzen über das Duellieren ... auf dem europäischen Kontinent* – Der Artikel »The Effort to Abolish the Duel« von Alfonso Carlos, Prinz von Bour-
bon-Sizilien und Österreich-Este (1849–1936), erschien 1902 in der August-Ausgabe der
North American Review (Alfonso Carlos 1902).

158 *Die französische Wendung war übersetzt* – In ihrem Brief erklärte Königin Elisabeth, dass

Hartwigs Mann gezwungen war, eine »hervorragende Anstellung« in Bukarest aufzugeben, nachdem er »sich geweigert hatte, sich an *une affaire onéreuse* (dt. einer kostspieligen Angelegenheit) zu beteiligen«. Offensichtlich schloss Twain aus Hartwigs Reaktion auf den Artikel über das Duellieren, dass der Ausdruck gleichbedeutend mit *une affaire d'honneur* – also einem Duell – sei (Elisabeth von Rumänien an SLC, 9. Mai 1902, CU-MARK, in *MTL*, 2:726–27). 1904 verfasste Twain ein Empfehlungsschreiben für Hartwig, in dem er das Lob der Königin zitierte (16. Nov. 1904, »Whom It May Concern«, Fotokopie in CU-MARK, in *MTL*, 2:727).

158 *sechzig Tage waren wir von Angst erfüllt* – Am 13. Oktober schrieb Twain: »Wir dachten, es sei eine Herzkrankheit, & 4 Wochen lang hatten wir wenig Hoffnung. Aber sie wird wieder gesund – das sagen alle. Wenn wir nur *heim* nach Riverdale könnten!« (13. Okt. 1902 an Pears, CtY-BR).

158–59 *Wir sicherten uns einen Sonderzug … Riverdale* – »Wir verließen York Harbor etwa gegen 9 gestern Morgen in einem Krankenwaggon & Spezialzug«, schrieb Twain am 16. Oktober an Laurence Hutton, »& erreichten die Grand Central Station um 5:40; eine Speziallokomotive beförderte uns in 20 Minuten rasch nach Riverdale – eine lange & beschwerliche Reise für eine Kranke & furchtbar ermüdend« (16. Okt. 1902 an Hutton, NjP-SC). In seinem Notizbuch hielt er fest, dass die Reise $ 339 gekostet habe (Notizbuch 45, TS S. 30, CU-MARK).

159 *ausgebildeten Krankenpflegerin* – Twain hielt Margaret Garrety, eingestellt am 28. September und wieder entlassen am 23. Oktober, für »eitel, albern, selbstgefällig, nicht vertrauenswürdig, eine vollkommene Dumpfbacke & eine Lügnerin durch Veranlagung & aus Gewohnheit« (Notizbuch 45, TS S. 29–30, 32, CU-MARK).

7. Juni 1906

160 *Susy Crane* – Susan Langdon Crane, Olivias Adoptivschwester (vgl. MT 2012, Bd. 2, Anm. 219: »*Mr. und Mrs. Theodore Crane*«).

den jungen Dodges – Clara und Jean waren mit den Kindern von Cleveland H. Dodge (vgl. Anm. 172: »*Haus von William E. Dodge, Cleveland Dodge*«), Elizabeth (geb. 1884), Julia (geb. 1885) und ihren Zwillingsbrüdern Bayard und Cleveland Earl (geb. 1888) befreundet (*Riverdale Census* 1900, 1127:10A).

161 *eine Frau namens Tobin* – Nicht bekannt.

Old Point Comfort – Eine Landzunge in Virginia am Ufer der Chesapeake Bay, die bekannt war für ihre Kurorte.

Katy – Katy Leary, langjährige Angestellte der Familie.

Brief an Susy Crane – Twains Vorbereitungen für dieses Diktat reichen bis Januar 1904 in Florenz zurück, als er Isabel Lyon bat, Material für ein Kapitel zu sammeln, das »Livy nicht sehen darf. An Susy Crane & Twichell schreiben, dass sie Briefe aus diesem Zeitraum für mich an Miss Lyon schicken sollen« (Lyons Transkript von SLC-Notizen, CU-MARK). Twain erhielt beide Briefe und fügte 1906 den handschriftlichen Brief an

Crane in die Maschinenabschrift des Diktats ein; eine maschinengeschriebene Kopie des Briefs an Twichell wurde angefertigt und das Original an ihn zurückgeschickt.

161–62 *Erfahrungen … in York Harbor* – Susan Crane reiste Mitte August 1902 von Elmira nach York Harbor, um bei Olivias Pflege zu helfen. Am 15. August schrieb Twain ihr: »Wir tun unser Bestes, um die Arztgeheimnisse vor ihr zu verbergen, aber sie ist klug & hartnäckig & jagt uns durch all unsere Verrenkungen & Ausflüchte & entlockt uns alles, & dann ist sie niedergeschlagen. Sie verlangt nach Dir, & sie hat recht« (15. Aug. 1902 an Crane, CU-MARK).

162 *Dr. Janeway* – Dr. Edward Gamaliel Janeway (1841–1911), ein angesehener Spezialist für Nervenerkrankungen und Tuberkulose, hatte mit McKinley und Cleveland zwei Präsidenten in seiner Patientenkartei, und damals behandelte er gerade den an Typhus erkrankten Cornelius Vanderbilt (*New York Times*: »Mr. Vanderbilt's Condition«, 24. Dez. 1902, 1; »Worst Fears Realized«, 14. Sept. 1901, 1; »Cleveland Had His Left Jaw Removed«, 21. Sept. 1917, 9; »Dr. E. G. Janeway, Diagnostician, Dead«, 11. Febr. 1911, 11).

Mrs. Hapgoods Mittagessen – Emilie Bigelow Hapgood (1868–1930), eine Freundin der Familie, war die Tochter eines Bankiers aus Chicago. 1896 heiratete sie den Schriftsteller Norman Hapgood (»Emilie Hapgood Dies of a Stroke«, *New York Times*, 17. Febr. 1930, 17; *Manhattan Census* 1900, 1115:1A).

163 *Miss Sherry* – Margaret Sherry wurde bald nach der Entlassung von Margaret Garrety am 23. Oktober eingestellt (vgl. AD 6. Juni 1906, Anm. 159: »*ausgebildeten Krankenpflegerin*«). Sherry begleitete die Familie im Herbst 1903 nach Italien; als sie sie einen Monat später verließ, notierte Twain: »Wir werden sie niemals vergessen & ihr immer dankbar sein« (Notizbuch 46, TS S. 31, CU-MARK).

Speisung der Fünftausend – Matthäus 14,13–21 (ebenfalls in den übrigen drei Evangelien).

164 *John Howells* – John Mead Howells (1868–1959) war der Sohn von William Dean und Elinor Howells. Im Anschluss an sein Studium in Harvard und an der École des Beaux-Arts in Paris gründete er die Architektengruppe Howells & Stokes in New York City. Von 1906 bis 1908 entwarf er Stormfield, Twains Haus in Redding, Connecticut, im Stil einer italienischen Villa und überwachte dessen Bau. In späteren Jahren entwarf er öffentliche Gebäude im ganzen Land einschließlich mehrerer Bauten für Harvard und Yale.

Mark Hambourg – Hambourg (1879–1960) war ein russischer Pianist, der seine Karriere als Wunderkind begonnen hatte. Nachdem er bei dem renommierten Klavierlehrer Theodor Leschetizky studiert hatte, begab er sich 1895 auf die erste von zahlreichen Welttourneen. Clara lernte ihn im Frühjahr 1898 kennen, als sie ebenfalls eine Schülerin Leschetizkys war (zu dieser Zeit begegnete sie außerdem seinem Mitschüler Ossip Gabrilowitsch, ihrem zukünftigen Ehemann). Hambourg trat zu dieser Zeit gerade in New York auf (CC 1938, 1–3; *New York Times*: »Mendelssohn Hall«, 6. Jan. 1903, 10; »Mark Hambourg's Recital«, 11. Jan. 1903, 14).

165 *Brief an Reverend Joseph H. Twichell* – Vgl. Anm. 161: »*Brief an Susy Crane*«.

166 *»War es der Himmel? Oder die Hölle?«* – Vgl. AD 4. Juni 1906 und Anm. 133: »*Ich schrieb sie sogleich in Form einer Erzählung … und schickte sie an Harper's Monthly*«.

168 *Clara … Einzelheiten eines dieser Nachmittage im Zimmer ihrer Mutter* – Am 31. Dezem-

ber, dem Tag, an dem Twain auch seinen Brief an Twichell verfasste, schrieb Clara ihrer
Freundin Dorothea Gilder:

Meine Güte! Ich habe immer behauptet, dass es keinen Sinn hat, zu lügen, denn selbst wenn
man sich die Worte gut zurechtlegt, sogar sehr gut zurechtlegt, macht doch der Gesichtsausdruck jede Aussicht auf eine erfolgreiche Täuschung zunichte – aber ich muss diese Aussage
zurücknehmen, denn alle Gespräche mit meiner Mutter sind eine einzige lange Kette von
Lügen. […] Jean ist draußen rodeln mit den Dodge-Kindern oder bei einer Matinee, sie
besucht Freunde in New York etc. etc. Es verwirrt mich derart, mir zu merken, dass ich bei
einer Unterrichtsstunde in der Stadt war, statt den ganzen Vormittag in der Nähe von Jeans
Zimmer zu wachen, dass ich nicht verstehe, warum meine Mutter meine vielen Patzer &
notdürftig überspielten Unstimmigkeiten nicht bemerkt. Bisher habe ich sie erfolgreich getäuscht, aber ich hoffe, Jean wird bald wieder gesund. (TS des Katalogs, George Robert
Minkoff Rare Books, 10. Dez. 1998, CU-MARK)

168 *dass mich diese Leute nicht einladen – ich könnte nicht kommen* – Twichell hatte Twain
am 30. Dezember Folgendes aus Hartford geschrieben: »Wenn Du am 21. Januar her-
kommst, könntest Du beim Festessen der Sons of the Revolution – in der Foot Guard
Armory – eine Rede halten oder, wenn Dir das lieber ist, beim Treffen des Workingmen's
Club in der Lafayette St. Public School Hall. Oder vielleicht kannst Du *beides* machen.
Ich wurde gebeten, Dich dazu zu bewegen, beide Gelegenheiten wahrzunehmen«
(CU-MARK).
ausführlichen Bericht über das Dinner … von einem der Festredner, Colonel Harvey –
George Harvey, Präsident von Harper & Brothers und Herausgeber von *North Ame-
rican Review* und *Harper's Weekly*, gab am 28. November 1902 im Metropolitan
Club anlässlich Twains 67. Geburtstag ein Festessen für über 50 Gäste (zu Harvey vgl.
MT 2012, Bd. 2, Anm. 119: »*Colonel Harvey*«). Ein »Festredner« wurde nicht ausgemacht, aber *Harper's Weekly* druckte die folgenden Gedichte ab, die bei dem Festessen vorgetragen wurden: »A Double-Barrelled Sonnet to Mark Twain« von Howells;
»Mark Twain (A Post-prandial Obituary)« von dem Humoristen John Kendrick Bangs
(1862–1922) und »A Toast to Mark Twain!« von Henry van Dyke (*Harper's Weekly* 46
[13. Dez. 1902]:1943–1944). Twain hielt zudem eine kurze Rede, in der er Twichell erwähnte und u. a. sagte:

Ein weiterer meiner ältesten Freunde ist hier – der Rev. Joe Twichell –, und immer wenn
Twichell eine Kirche gründet, sehe ich, wie sie sich zusammenscharen, um eilig das Land
rundherum aufzukaufen. Viele, viele Male war ich beim jährlichen Verkauf in seiner Kirche
anwesend und habe mit Gewinn alle Kirchenbänke aufgekauft, und es wäre seelisch wie finanziell besser für mich gewesen, wenn ich unter seinen Fittichen geblieben wäre. Ich versuche, ihm zu dienen, ich habe versucht, in dieser Welt Gutes zu tun, und es ist erstaunlich,
auf welch vielfältige Weise ich Gutes getan habe. (»When Twain Got His Say«, *New York
Times*, 30. Nov. 1902, 10)

169 *Fay Davis* – Im November 1902 gab Davis ihr erfolgreiches New Yorker Debüt in der Komödie *Imprudence* von H. V. Esmond (»The Theatres Last Night«, *New York Times*, 18. Nov. 1902, 9; vgl. AD 5. April 1906, Anm. 29: »*Fay Davis ... Charles Frohman ... Miss Lawton*«).

The Death-Wafer – Anfang 1902 wurde Twains Bühnenbearbeitung seiner Geschichte »The Death-Disk« vom Children's Theatre in der Carnegie Hall aufgeführt (»News of the Theatres«, *New York Times*, 7. Febr. 1902, 6). Für eine Beschreibung der Geschichte vgl. AD 30. Aug. 1906, Anm. 319–20: »*sechs Versuche ... The Death-Wafer*«.

Mary Foote – Mary Hubbard Foote (1872–1968) war eine Cousine der früheren Gouvernante der Clemens-Mädchen, Lilly Gillette Foote (vgl. MT 2012, Bd. 2, Anm. 221–22: »*Miss Foote (die Gouvernante) ... Gott und einen Himmel gibt – oder etwas Besseres*«). Nachdem Foote im Alter von 13 Jahren zur Waise geworden war, wurde sie von einer Tante in Hartford großgezogen und eine besonders enge Freundin von Susy. Sie schrieb sich 1890 an der Yale School of the Fine Arts ein und setzte ihre Ausbildung im Anschluss in Paris fort. 1901 kehrte sie nach New York zurück, richtete ein eigenes Atelier am Washington Square ein und wurde eine erfolgreiche Porträtmalerin. In den 1920er Jahren begann sie sich von der Kunst und dem Gesellschaftsleben abzuwenden. Sie zog dauerhaft in die Schweiz, um sich von Carl Jung behandeln zu lassen, der sie davon überzeugte, die professionelle Malerei aufzugeben (Fahlman 1991, 19–20; »Nook Farm Genealogy« 1974, Foote Addenda, vi).

171 *unberufen!* – Diesen abergläubischen deutschen Ausruf gebrauchte Twain häufig. In seinen eigenen Worten: »Wenn sich ein Deutscher vergisst & sich mit einem Mal zu einem starken Verlangen hinreißen lässt, schützt er sich umgehend, indem er ein ›Unberufen!‹ von sich gibt – ansonsten würden sich die bösen Geister, die sein tiefstes Verlangen entdeckt haben, sofort an die Arbeit machen und ihn zerstören« (30. Aug. 1881 an Norton, MH-H).

Judy – Julia Curtis Twichell (1869–1945), Joseph Twichells älteste Tochter, wurde von ihrer Familie Judy genannt. Sie war seit 1892 mit Howard Ogden Wood verheiratet (Twichell an SLC, 2. Febr. 1892, CU-MARK; »Wood-Twichell«, *New York Times*, 27. April 1892, 5).

172 *Haus von William E. Dodge, Cleveland Dodge* – William E. Dodge und sein Sohn, Menschenfreund und Finanzier Cleveland H. Dodge (1860–1926), besaßen jeweils ein Anwesen in Riverdale. Ihr Wohlstand stammte aus dem Familienunternehmen, das mit Metall handelte und das Williams Vater, der denselben Nachnamen trug, gegründet hatte (»Dodge Family Gets $ 20000000 Estate«, *New York Times*, 28. Juli 1926, 21; *Riverdale Census* 1900, 1127:10 A; *Social Register* 1902, 100; vgl. MT 2012, Bd. 2, Anm. 122: »*J. Pierpont Morgans Zigarren ... William E. Dodge ... bei ihm zum Abendessen eingeladen*«).

Haus von ... George W. Perkins – Perkins (1862–1920), Teilhaber von J. P. Morgan & Company und Vizepräsident der New York Life Insurance Company, war ein weiterer Nachbar in Riverdale. Mitte 1903 kaufte er das Haus, das Familie Clemens gemietet hatte. Bis zu diesem Zeitpunkt hatte es Frank A. Munsey gehört, der es im April 1902 von Appletons Erben erworben hatte. Zuletzt war Perkins einer der wichtigsten Finanziers an der Wall Street geworden und kaufte die benachbarten Grundstücke am Hudson River, um ein großes Anwesen zu schaffen (»Perkins the Wonder«, *Los Angeles Times*, 10. Mai 1903, B4; 30. Juni 1903 an Perkins, NRivd2; »Literary and Trade Notes«, *Publishers' Weekly*, 26. April 1902, 1014; Wave Hill 2011).

172 *die Geschichte unseres achtmonatigen Aufenthalts an diesem verruchten Ort* – Vgl. »Villa di Quarto« (MT 2012, Bd. 1, 52–87; Bd. 2, 109–12).

11. Juni 1906

174 *Franklin MacVeagh* – McVeagh (1837–1934) war ein Geschäftsmann, Anwalt und Bankier aus Chicago, der von 1909 bis 1913 als Finanzminister fungierte. Er ging Anfang Juli 1906 nach Europa und kehrte im August in sein Sommerhaus in Dublin zurück. Twain hatte im Sommer zuvor in Dublin mit ihm verkehrt (»News of the Society World«, *Chicago Tribune*, 20. Mai 1906, 13; Lyon 1906, Eintrag zum 25. Aug.).

175 *Haushalt, der aus sechs oder acht Personen besteht* – Zum Haushalt in Dublin gehörten Jean Clemens, Isabel Lyon, Albert Bigelow Paine, die Stenographin Josephine Hobby und folgende Angestellte: Jeans Dienstmädchen (Anna), eine Köchin (Mary), ein Kutscher (George O'Connor) und eine »Bedienung« (Katherine). Zusätzlich erfreuten sie sich der Gesellschaft von Jeans Hund (Prosper) sowie drei Kätzchen, die sie für den Sommer »gemietet« hatten (Lyon 1906, Einträge zum 18. Juni, 30. Aug. und 18. Okt.; JC 1900–1907, Eintrag zum 30. April 1906).

Alexander Selkirk … Schreckensort – Alexander Selkirk (1676–1721) war auf einer unbewohnten Insel, 350 Meilen vor der chilenischen Küste, gestrandet, wo er vier Jahre lang lebte. Um seine Tortur, die Vorlage für Daniel Defoes *Robinson Crusoe* (1719) gewesen sein soll, geht es auch in William Cowpers »Verses Supposed to Be Written by Alexander Selkirk« (1782), aus denen Twain hier nicht ganz korrekt zitiert.

176 *Anfang April … Ausbruch des Vesuvs … Bericht Plinius' des Jüngeren* – Ein heftiger Ausbruch des Vesuvs begann 1905 und erreichte im Jahr darauf seinen Höhepunkt. Zwischen dem 5. und 18. April 1906 wurden durch wiederholte Eruptionen mehrere Städte zerstört und Hunderte Menschen getötet. Detaillierte Schilderungen der Katastrophe erschienen täglich in der *New York Times* (Banks und Read 1906, 338–50). Gaius Plinius Caecilius Secundus, bekannt als Plinius der Jüngere (62?–113? n. Chr.), war ein bedeutender und wohlhabender Römer. Er beobachtete die Explosion des Vesuvs, die Herculaneum und Pompeji 79 n. Chr. unter vulkanischem Geröll begrub, von einem Ort auf der anderen Seite des Golfs von Neapel. Einige Jahre später beschrieb er das Ereignis in zwei Briefen an den Historiker Tacitus. Am 10. April veröffentlichte die *New York Times* englische Übersetzungen von Plinius' Briefen (»When Vesuvius Buried Pompeii A. D. 79«, 2).

Zerstörung San Franciscos – Das Erdbeben von San Francisco am 18. April 1906 und die im Anschluss ausgebrochene Feuersbrunst zerstörten über 28 000 Gebäude, töteten rund 3000 Menschen und hinterließen mehr als die Hälfte der Stadtbevölkerung obdachlos. Der Schaden belief sich, in heutigen Dollar gerechnet, auf über 8 Milliarden Dollar (Cherny 2008).

12. Juni 1906

178 *Ein Freund von mir* – Nicht bekannt.

ein junges … Ehepaar – Nicht bekannt.

wichtigster und einziger Reporter des Morning Call – Twain beschreibt seine Anstellung 1864 beim *Morning Call* in AD 13. Juni 1906. Er verließ San Francisco im Dezember 1866 und kehrte nur ein einziges Mal, 1868, für einige Monate zurück (MT 2012, Bd. 2, Anm. 615: »*1865 … in San Francisco … als ich Zeitungsreporter war*«).

179 *Madame Sembrichs … keine Angst an den Tag legte* – Marcella Sembrich (1858–1935), geboren im österreichischen Teil Polens, war ein Wunderkind an Klavier und Geige und wurde schließlich Sopranistin an der Oper. Sie trat an vielen europäischen Häusern auf, bevor sie 1883 ihr New Yorker Debüt gab, und sie sang von 1898 bis 1909 in der Metropolitan Opera Company. Ihr Ehemann, Guillaume Stengel-Sembrich (1846–1917), war Pianist und einer ihrer Lehrer. Das Metropolitan-Ensemble traf einen Tag vor der Eröffnungsvorstellung am 16. April in San Francisco ein und sollte 13 verschiedene Opern in ebenso vielen Tagen aufführen (»Guillaume Stengel Dies at the Gotham«, *New York Times*, 16. Mai 1917, 13; *San Francisco Chronicle*: »Amusements«, 18. März 1906, 42; »Grand Opera Stars Arrive«, 16. April 1906, 7). Twain könnte die Details seines Diktats einem Artikel in der *New York Times* vom 25. April entnommen haben, der Sembrichs Sicht der Katastrophe schildert. Sie berichtet, dass sie bei ihrem ersten Versuch, zu ihrem Zimmer im St. Francis Hotel zurückzukehren, eine »zweite Erschütterung spürte, die mich auf die Straße hinaustrieb«:

Doch ich konnte nicht im Freien bleiben ohne irgendetwas am Leib außer meinem Nachtgewand, und so ging ich ein zweites Mal zurück. Ich musste sechs Treppen hinaufsteigen, und in der dritten Etage kam die dritte Erschütterung. Ich ging weiter und holte das Kostüm, das ich jetzt anhabe, und meinen Schmuck. […] Wir packten Decken, ein paar Cracker und Whisky in einen Karren und gingen zum Strand in der Nähe des Presidio. Tausende Menschen und zahllose Tiere waren dort versammelt. Wir schliefen in jener Nacht am Strand zwischen Chinesen, Japanern, Negern und allen anderen Rassen, mit nichts zwischen uns und dem Himmel als unseren Decken. (»Conried's Singers Hug and Kiss Him«, *New York Times*, 25. April 1906, 6)

Sembrich und Twain waren miteinander bekannt. Im November zuvor hatte sie ihm Glückwünsche zu seinem 70. Geburtstag geschickt. Er dankte ihr und schrieb ihr am 30. April erneut: »Willkommen zurück unter den Lebenden, liebe Madame Sembrich, nach diesem außergewöhnlichen Abenteuer!« (1. Dez. 1905 und 30. April 1906 an Sembrich, NbolS).

180 *»Große Beben« in San Francisco … Zeitungsreporter* – Am 8. Oktober 1865 verursachte ein Erdbeben nicht nur erhebliche Schäden an den Gebäuden in San Francisco, sondern auch in umliegenden Städten wie San Jose und Santa Cruz. Zu dieser Zeit berichtete Twain für den *Territorial Enterprise* in Virginia City und hatte sich gerade bereit erklärt, Theaterkritiken für den *Dramatic Chronicle* in San Francisco zu schreiben (*ET&S2*, 289,

294, 297). Er verfasste mehrere kurze humorvolle Texte über das Ereignis: zwei Briefe an den *Enterprise* (»The Cruel Earthquake«, SLC 1865b, und »Popper Defieth Ye Earthquake«, SLC 1865c), einen kurzen Artikel im *Dramatic Chronicle* (»Earthquake Almanac«, SLC 1865d) und einen längeren Bericht in der *New York Weekly Review* (»The Great Earthquake in San Francisco«, SLC 1865 f.).

180 *Brief des Philosophen Professor William James ... Abwesenheit panikartiger Furcht* – Der Psychologe und Philosoph William James (1842–1910) lehrte von 1873 bis 1907 an der Harvard University und war zur Zeit des Erdbebens Gastprofessor in Stanford. Twain kannte mindestens zwei seiner Werke: *The Principles of Psychology* (1890) und *The Varieties of Religious Experience* (1902) (Gribben 1980, 1:351). Zwischen den beiden Männern hatte 1900 zudem ein Briefwechsel über die Wirksamkeit von Jonas Kellgrens Behandlung von Herzkrankheiten stattgefunden, und sie teilten das Interesse an »geistiger Heilung« (17. April 1900 und 23. April 1900 an James, MH-H; AD 21. Dez. 1906, vgl. Anm. 527: »*Theorie der ›geistigen Heilung‹*«). Bei dem »veröffentlichten Brief«, den Twain hier erwähnt, handelte es sich um den Artikel »On Some Mental Effects of the Earthquake«, der im *Youth's Companion* vom 7. Juni 1906 erschien (80:283–84). Darin schildert James seine Reaktion, als das Beben »den Raum durchschüttelte wie ein Terrier eine Ratte«:

Es war ausschließlich ein Gefühl des Entzückens und der Bewunderung; Entzücken über die Lebendigkeit, die eine so abstrakte Idee oder eine sprachliche Formulierung wie »Erdbeben« ausüben konnte, wenn sie spürbare Realität und konkrete Tatsache wurde; und Bewunderung dafür, wie das zerbrechliche kleine Holzhaus einem solchen Beben trotzen konnte. Ich spürte nicht mal eine Spur von Furcht; es war pure Freude und Zustimmung. […]

Ich rannte ins Zimmer meiner Frau und stellte fest, dass sie ebenfalls keine Furcht verspürt hatte, obwohl sie aus dem Tiefschlaf gerissen worden war. Von allen Personen, die ich im Anschluss befragte, hatten nur sehr wenige während des Bebens auch nur Angst verspürt. (William James 1983, 331–32)

181 *»kleine Ward« ... als er fünfundsechzig wurde* – Lewis P. Ward (1837–1903) war Schriftsetzer bei der *Alta California* in San Francisco, als Twain mit ihm 1865 ein Zimmer in der Stadt teilte. Er war ein Bürgerkriegsveteran, der Turnunterricht gab und an Fechtvorführungen teilnahm. Als die beiden alten Freunde 1888/89 für kurze Zeit in Briefkontakt standen, stellte Ward fest, Twain sei »immer noch derselbe aufrichtige, gute Kerl, der Sie waren, als ich Sie vor 24 Jahren zuletzt gesehen habe« (*San Francisco Census* 1900, 107:3A; Goodman an SLC, 2. Okt. 1903, CU-MARK; National Park Service 2012; *CofC*, 223; Ward an SLC, 23. Febr. 1889, CU-MARK; bezüglich Steve Gillis vgl. MT 2012, Bd. 2, Anm. 166: »*kannte die Familie Gillis ... Steve, George und Jim*«).
Steve Gillis und seinen Bruder Jim ... den jungen Söhnen und Töchtern der Familie – Twain erwähnte in AD 19. Jan. 1906, dass er 1864 und erneut 1865 ein Pensionsgast der Familie Gillis in San Francisco gewesen sei. Er freundete sich mit Steve Gillis an, als er

12. Juni 1906

beim *Enterprise* in Virginia City arbeitete, und verbrachte den Winter 1864/65 bei Jim und Billy Gillis in deren Hütte in Jackass Hill (vgl. MT 2012, Bd. 1, 166–167; Bd. 2, Anm. 166: »*kannte die Familie Gillis … Steve, George und Jim*«).

182 *ich bin der älteste Sohn der ältesten der Gillis-Schwestern* – Die älteste der Gillis-Schwestern, Theresa Ann (1843–1929), heiratete Henry Williams, einen in England geborenen Börsenmakler. Ihr ältester und 1906 einziger noch lebender Sohn war Henry Alston Williams (1864–1941). Die anderen Gillis-Schwestern waren Mary Elizabeth (Mollie, 1846–1916) und Francina California (1849–1916) (Evans, Gillis und Williams 1970).

13. Juni 1906

183 *war ich ein Reporter des Morning Call … Mr. Barnes' Vorstellungen* – Twain war von Juni bis Oktober 1864 Lokalreporter beim *Call*. Zu George Barnes vgl. MT 2012, Bd. 2, Anm. 46: »*Anfang 66 lud mich George Barnes ein*«.
Gerichtsdolmetscher – Charles T. Carvalho (1834?–1870), der offizielle Gerichtsdolmetscher, stammte aus Java (»Death of Charles T. Carvalho«, *San Francisco Bulletin*, 31. Jan. 1870; *CofC*, 76–77; *San Francisco Mortality Schedules* 1870, 74).

184 »*Onkel Remus*« – Schriftsteller Joel Chandler Harris (vgl. MT 2012, Bd. 2, Anm. 29: »*die unsterblichen Geschichten erzählt, die Onkel Remus Harris*«; vgl. auch AD 16. Okt. 1906).
diesen Dreck in Worten und Wendungen – Ein Großteil von Twains Artikeln ist in *Clemens of the »Call«* gesammelt; für die hier beschriebenen Artikel über Theater und Kriminalität vgl. »The Stage« (*CofC*, 93–98) und »Part Two: Crime and Court Reporter« (*CofC*, 139 bis 205).

185 *Der Morning Call … Chinesen mit Steinen bewarfen* – Twain hatte diesen Vorfall bereits im Mai 1870 in einem Artikel für die *Galaxy*, »Disgraceful Persecution of a Boy«, beschrieben: »Metzger aus der Brannan Street hetzten ihre Hunde auf einen Chinesen, der friedlich, mit einem Korb Wäsche auf dem Kopf, vorbeiging; und während sich die Hunde über ihn hermachten, steigerte einer der Metzger die Heiterkeit der Situation noch, indem er dem Chinesen mit einem halben Ziegelstein die Zähne einschlug« (SLC 1870a, 723). Später im gleichen Jahr verarbeitete er diesen Angriff in einem kurzen Text ebenfalls für die *Galaxy*, »Goldsmith's Friend Abroad Again«, in dem einige johlende junge Männer einen wilden Hund auf einen Chinesen hetzen. Zwei Polizisten ignorieren ihn zunächst, um ihn dann wegen »ordnungswidrigen Verhaltens und Ruhestörung« zu schlagen und zu verhaften (SLC 1870b, 571). 1880, in einem Brief an Howells, erinnert sich Twain an den »würdelosen *Morning Call*, dessen Auftrag von der Hölle & der Politik es war, die Stiefel der Iren zu lecken & die Chinesen dreist und unerschrocken mit Schmutz zu bewerfen« (3. Sept. 1880, *Letters 1876–1880*).

185–86 *New York Sun … millionenfache Schiebereien* – Twain bezieht sich auf eine »Sonderdepesche« des Korrespondenten der *Sun* in London, die am 10. Juni 1906 auf der Titelseite stand. Der Artikel »Blow to America Abroad« besagte, dass die jüngsten Enthüllungen über die Chicagoer Fleischindustrie »den Höhepunkt einer langen Kette von Berichten darstellen, von denen es in amerikanischen Telegrammen an englische und europäische Zeitungen seit Monaten wimmelt«. Insbesondere wird auf den Lebensversicherungsskandal eingegangen (vgl. MT 2012, Bd. 2, Anm. 100: *»gestern ... Bankaufsichtsratsposten«*). Das Telegramm, das als einziges gefunden wurde, nimmt jedoch keinen direkten Bezug auf die anderen Fälle von Schiebung in der Stadtverwaltung und der Eisenbahnindustrie, die Twain erwähnt. Artikel über die Korruption in Philadelphia und St. Louis waren spätestens seit Anfang 1905 in den Zeitungen präsent. Zuletzt waren im Mai 1906 Funktionäre der Pennsylvania Railroad unter Beschuss geraten, da sie unter Verdacht standen, Kohleunternehmen im Austausch für Aktiengeschenke niedrige Frachtgebühren gewährt zu haben (vgl. z. B. *New York Times*: »Railroad Officials Got Rich Gifts of Stock«, 17. Mai 1906, 1; »High Railroad Men Called«, 22. Mai 1906, 6; *Washington Post*: »Responsibility for Ring Rule«, 21. April 1905, 6; »Nation's Awakening«, 25. Nov. 1905, 5).

186 *Upton Sinclairs grässlicher Bericht über ... Beef Trust* – Upton Sinclair (1878–1968) veröffentlichte 1905 seinen Fortsetzungsroman *The Jungle*, der Anfang 1906 zum Kassenschlager avancierte. Seine erschreckende Beschreibung der Schlachthöfe Chicagos und die Enthüllungen über den Verkauf von verdorbenem Fleisch führten zu einem Entrüstungssturm über den Beef Trust, ein Konglomerat aus den drei größten Fleischunternehmen Chicagos (Swift, Armour und Morris). Der Londoner Korrespondent der *Sun* meinte, dass nicht einmal »das Ausmisten des Augiasstalls in Chicago« ausreichen würde, »um den Glauben Europas an die amerikanische Ehrlichkeit wiederherzustellen« (»Blow to America Abroad«, *New York Sun*, 10. Juni 1906, 1; »Report on Beef Trust«, *Wall Street Journal*, 5. Juni 1906, 7). Twain schrieb am 22. Juni 1906 an Sinclair: »Während ich irgendwann letzte Woche das morgendliche Kapitel meiner Autobiographie diktierte, ergab sich ein Absatz, in dem ich darauf hinweise, dass ich Ausmaß und Wirkungsgrad des Erdbebens begreife, das *The Jungle* unter dem Konservenstinktierkartell von Chicago ausgelöst hat«; im Anschluss zitiert er seine eigenen Bemerkungen aus diesem Diktat (»Mark Twain on ›The Jungle‹«, *Eau Claire [Wis.] Leader*, 7. Aug. 1906, Seite unbekannt).

Bericht, der den Präsidenten dazu bewog ... Gesetz zu verlangen – Nachdem er *The Jungle* gelesen hatte, ordnete Präsident Roosevelt eine Untersuchung an, leitete den Ergebnisbericht am 4. Juni an den amerikanischen Kongress weiter und drängte auf sofortige Maßnahmen. Der Meat Inspection Act, den er am 30. Juni 1906 unterzeichnete, bewilligte langfristige Gelder zur Überprüfung von Vieh vor und nach der Schlachtung und führte Vorschriften ein, die die Qualität von Fleischprodukten gewährleisten sollten (»Report on Beef Trust«, *Wall Street Journal*, 5. Juni 1906, 7; »Congress Passes Three Big Bills«, *Chicago Tribune*, 30. Juni 1906, 1, 4).

Dem Korrespondenten zufolge ... in den Vereinigten Staaten ... noch einen ehrlichen Menschen männlichen Geschlechts – Der Korrespondent der *Sun* vertrat die Meinung, es sei »die traurige Pflicht eines jeden gewissenhaften Korrespondenten, seine Landsleute über die Anklage zu informieren, die die Welt gegen sie erhebt, und sie zu warnen, dass nicht nur die kriminellen Geschäftsleute großen Stils beschuldigt werden. Das gesamte amerikanische Volk steht heute vor dem Gericht der öffentlichen Meinung mit den Schwesternationen als Richter« (»Blow to America Abroad«, *New York Sun*, 10. Juni 1906, 1).

186 *schwor ... meinen Steuern ab* – Vgl. MT 2012, Bd. 2, Anm. 182: »*wohlhabende Män-ner ... die ihren Steuerveranlagungen mit Eid widersprechen*«.

187 *Er nannte ihn Smiggy McGlural* – William K. McGrew (1827–1903) war Twains Kollege beim *Call*, und er ist zweifellos der Mann, an den Twain sich hier erinnert. Der Spitzname Smiggy McGlural war einem humorvollen Lied entlehnt, das in den frühen 1860er Jahren populär gewesen war. McGrew entstammte einer wohlhabenden Familie, hatte jedoch sein Erbe in der Finanzkrise von 1857 verloren. Er nahm eine Stelle bei der *New York Times* an, doch nach dem Tod seiner Frau unternahm er eine Reihe abenteuerlicher Rei-sen: Er überquerte den Kontinent dreimal zu Fuß und wanderte von Mittelamerika nach San Francisco, während er sich seinen Lebensunterhalt mit Flötespielen verdiente. 1864 war er relativ neu beim *Call* und ließ sich im Herbst 1865 beurlauben. Bis 1889 kehrte er sporadisch an seinen Arbeitsplatz zurück, bevor er kündigte, um als Jurist zu arbeiten (*San Francisco Census* 1900, 103:13B; *CofC*, 18–19, 304 Nr. 62–63; *ET&S2*, 546; Waltz und Eagle 2011; *San Francisco Chronicle*: »A Fatal Accident«, 3. Okt. 1893, 5; »Deaths«, 1. Mai 1903, 13).

188 *das Gebäude des Morning Call ... nichts als die eisernen Knochen übriggeblieben* – Das 19-stöckige *Call*-Gebäude, später unter dem Namen Spreckels-Gebäude bekannt, war 1897 an der Kreuzung Market und Third Street errichtet worden und jahrelang das höchste Bauwerk westlich des Mississippi. Die Feuersbrunst von 1906 beschädigte es stark, doch sein Stahlskelett blieb intakt, und das wiederaufgebaute und umgestaltete Gebäude steht bis heute (Himmelwright 1906, 231–234).

189 *in den Magnalia – Magnalia Christi Americana; or, The Ecclesiastical History of New Eng-land, from Its First Planting in the Year 1620 unto the Year of Our Lord, 1698* war das bedeutendste Werk des puritanischen Geistlichen Cotton Mather (1663–1728). Erstmals veröffentlicht wurde es 1702 in London; Twain besaß die amerikanische Erstausgabe, die 1820 in zwei Bänden erschienen war (Gribben 1980, 1:457). Die Passage, an die sich Twain hier erinnert, konnte nicht bestimmt werden.

Morning Call ... United States Mint, dessen Privatsekretär Bret Harte war – 1864 befand sich die Redaktion des *Call* in einem neuerrichteten Backsteingebäude 612 Commercial Street, direkt neben der United States Branch Mint. Der Leiter der Münzanstalt, Robert B. Swain (1822–1872), hatte in dem Gebäude Büros angemietet. Harte arbeitete von 1863 bis 1869 als sein Sekretär. Bei dieser Aufgabe blieb ihm reichlich Zeit zum Schrei-ben (*CofC*, 12, 227–28; 29. Dez. 1868 an Langdon, *L2*, 363, Anm. 9; Scharnhorst 2000a, 18). Twain beschreibt die Unterstützung Hartes durch Swain im AD 14. Juni 1906.

Harte schrieb ... für den Californian ... Ich war Beiträger – Harte gab den *Californian* vom 10. September bis zum 19. November 1864 heraus und war vermutlich für die ersten neun literarischen Beiträge von Twain verantwortlich (25. Sept. 1864 an JLC und PAM, *L1*, 314, Anm. 5). Harte beschrieb seine »Verdichteten Romane« als »humorvolle *Ver-dichtung* der hervorstechenden Merkmale gewisser Schriftsteller« (Harte 1867). Diese Parodien auf den Stil bekannter Autoren wie James Fenimore Cooper, Charles Dickens und Victor Hugo wurden überschwänglich gelobt. Die ersten beiden Texte erschienen im August 1862 in der *Golden Era*, und die Serie wurde von Juli 1865 bis Juni 1866 im *Californian* fortgesetzt. 1867 gab Harte alle 15 Texte gesammelt in *Condensed Novels. And Other Papers* heraus (New York: G. W. Carleton & Co.) (Scharnhorst 1995, 83–84, 92–98; Scharnhorst 2000a, 25–26).

189 *Charles H. Webb ... Prentice Mulford ... Hastings ... Charles Warren Stoddard* – Zu Webb vgl. AD 21. Mai 1906, Anm. 74: *»Charles H. Webb ... Herausgeber des Californian«*; zu Mulford und Stoddard vgl. MT 2012, Bd. 2, Anm. 615: *»Bret Harte ... The Golden Era«* und Anm. 634: *»Charles Warren Stoddard«*. Hastings konnte nicht identifiziert werden.

Ambrose Bierce, der auch heute noch ganz passabel für Zeitschriften schreibt – Bierce schrieb 1905/06 vor allem für den *New York American* und die *Cosmopolitan*, für die er die Kolumne »The Passing Show« verfasste. 1864 befand er sich weder in San Francisco (kämpfte vielmehr im Unionsheer), noch veröffentlichte er bis Juli 1868 einen Text in der *Golden Era*. Vermutlich erinnert sich Twain an seinen eigenen letzten Westküstenbesuch im Frühjahr/-sommer 1868: Im März jenes Jahres begann Bierce regelmäßig Artikel im *San Francisco News Letter and California Advertiser* zu veröffentlichen, und er sagte später, dass er Twain zum ersten Mal in den Büros dieser Zeitung getroffen habe (Morris 1995, 117, 238–40; Joshi und Schultz 1999, 75–76, 238–51; MT 2012, Bd. 2, Anm. 615: *»Bret Harte ... The Golden Era«*).

Harte ... in Kalifornien eingetroffen ... Yreka – 1854 kam Harte mit 17 nach Kalifornien, um bei seiner Mutter zu leben, die kurz zuvor wieder geheiratet hatte. Es ist nicht belegt, dass er je in Yreka, Siskiyou County, war. Wahrscheinlich verwechselte Twain Yreka mit Eureka (vgl. Anm. 190: *»Harte unterrichtete ... Jackass Gulch [wo ich mich einige Jahre später drei Monate aufhielt]«*). Im AD 4. Febr. 1907 macht er denselben Fehler. Yreka leitet sich vermutlich von einem Namen amerikanischer Ureinwohner für Mount Shasta ab (George R. Stewart 1931, 29–30; Gudde 1962, 353).

190 *Harte unterrichtete ... Jackass Gulch (wo ich mich einige Jahre später drei Monate aufhielt)* – Harte verließ San Francisco im Sommer 1857, um bei seiner verheirateten Schwester in Uniontown (auch Union, heute Arcata) an der Küste unweit von Eureka, Humboldt County, zu leben. Er unterrichtete an einer Schule und wurde im Dezember 1858 als Druckergehilfe bei der städtischen Zeitung *Northern Californian* angestellt. Sein Aufenthalt in Jackass Hill, in der Nähe der Bergarbeiterstadt Jackass Gulch in Tuolumne County, ging seiner Zeit in Uniontown voraus: Laut Jim Gillis wohnte Harte dort im Dezember 1855 für kurze Zeit mit ihm in seiner Hütte. Twain besuchte die Gegend einige Jahre später, im Winter 1864/65. Er beschreibt diese Erfahrung im AD 23. Jan. und 4. Febr. 1907 (George R. Stewart 1931, 52–53, 75–88; Gudde 1962, 13; O'Connor 1966, 32; Gillis 1930, 178–81; MT 2012, Bd. 2, Anm. 108: *»werde ich an etwas erinnert ... dessen Gischtspritzer nach Kalifornien zu wehen begannen«*).

drolligen Dialekt der Goldgräber ... bis Harte ihn erfand – Twain kritisierte Hartes wenig authentischen Dialekt auch in Kapitel 7 von *Is Shakespeare Dead?*.

13. Juni 1906

Ich bin mit dem *Argot* der Quarzminen und -mühlen vertraut; und wann immer dieses Gewerbe in einer von Bret Hartes Geschichten auftaucht, erkenne ich, sobald der erste Minenarbeiter den Mund aufmacht, dass Harte die Ausdrucksweise durch Zuhören gelernt hat – wie Shakespeare, ich meine den aus Stratford –, nicht durch Erfahrung. Niemand kann den Quarz-Dialekt richtig sprechen, ohne ihn mit Hacke und Schaufel und Bohrer und Zündschnur gelernt zu haben. (SLC 1909c, 74–75)

Twain hatte sich spätestens seit 1873 abschätzig über Hartes Verwendung von Dialekten geäußert (vgl. *N&J1*, 553). Er wiederholte diese Kritik in verschiedenen undatierten Randnotizen zu Hartes Werken. In seinem Exemplar von *The Luck of Roaring Camp, and Other Sketches* schrieb er zum Beispiel: »Miggles ist eine ausgezeichnete Geschichte. Der ›Dialekt‹ des Mädchens ist nicht gut, aber es gibt zumindest eine versöhnliche Tatsache – es ist schwer, zu erklären, *warum* er nicht gut ist, oder einzelne Fehler aufzuzeigen. Er ist auf großartige *allgemeine* Weise schlecht« (Harte 1870a, 55; Twains Randbemerkungen in dieser Ausgabe wurden in Booth 1954 veröffentlicht).

190 *kam Harte nach San Francisco … Arbeit im Büro der Golden Era* – Während Harte im Februar 1860 einen abwesenden Redakteur des *Northern Californian* vertrat, veröffentlichte er einen Artikel, in dem er ein an eingeborenen Frauen und Kindern begangenes Massaker verurteilte, das in der Nähe stattgefunden hatte. Angeblich wurde er daraufhin gezwungen, Uniontown zu verlassen, und kehrte nach San Francisco zurück. 1857/58 hatte er bereits einige Werke – Lyrik wie Prosa – in der *Golden Era* veröffentlicht und erhielt dort bald eine Stelle als Schriftsetzer (O'Connor 1966, 42–47; Scharnhorst 1995, 3–4).

14. Juni 1906

190 *Joe Lawrence* – Vgl. MT 2012, Bd. 2, Anm. 615: »Bret Harte … The Golden Era«.

192 *die Herausgeberschaft des geplanten Lakeside Magazine in Chicago zu übernehmen* – Harte hatte seit 1868 das überaus erfolgreiche *Overland Monthly* herausgegeben, und seine Veröffentlichungen in ebendieser Zeitschrift hatten ihn über Nacht berühmt gemacht (vgl. Anm. 192–93: »*er habe ›Wan Li, der Heide‹ nur zum Vergnügen geschrieben … Overland Monthly … Ruhm von ›Das Glück des Brüller-Lagers‹*«). Da er sich auch im Osten einen Namen machen wollte, verließ er San Francisco am 2. Februar 1871 und ging nach Boston. In Chicago bot man ihm die Herausgeberschaft und einen Teilerwerb des neukonzipierten *Lakeside Monthly* an (ein Relaunch des *Western Monthly*, das 1869 gegründet worden und bis zur Finanzkrise von 1873 recht erfolgreich gewesen war). Doch er brüskierte die Geldgeber der neuen Unternehmung, indem er nicht bei einem Bankett erschien, das zu seinen Ehren ausgerichtet wurde, sondern seine Reise Richtung Osten fortsetzte. Zu dieser Zeit bezeichnete Twain Hartes Reise als »einen perfekten Fackelzug der Skandale & Huldigungen. All diese Städte machen enormes Aufheben, wer ihn sich wohl als Einwohner sichern kann« (3. März 1871 an Riley, *L4*, 338, 339, Anm. 6; Mott 1938b, 404–06, 413–16).

Anmerkungen

192 *den Ozean überquerte, um Konsul zu werden … Krefeld, Deutschland … Glasgow –*
Mitte 1877 erfuhr Twain, dass Präsident Hayes vermutlich vorhatte, Harte mit einem diplomatischen Posten zu beehren. Er schrieb an Howells:

Ich habe in letzter Zeit drei oder vier Artikel gelesen, in denen es heißt, Bret Harte versuche,
die Konsulswürde zu erlangen. Im heutigen Artikel steht, dass er sie erhalten werde.

Wenn ich den Präsidenten kennte, würde ich es riskieren, ihm zu schreiben, denn er hat
gesagt, dass er, was Informationen über Amtsanwärter betrifft, die Aussage eines Privat-
manns genauso zu schätzen wisse wie die eines Kongressmitglieds.

Sie *kennen* ihn; & ich denke, es ist Ihre Bürgerpflicht, alles zu tun, was Ihnen möglich ist,
um die Blamage für die Literatur & dieses Land zu verhindern, die eine Berufung Bret
Hartes auf einen verantwortungsvollen Posten unweigerlich nach sich ziehen würde. Wo er
geht und steht, hinterlässt er ein Gewirr von betrogenen Händlern & hintergangenen Unschuldigen, die ihm Geld geliehen haben. *Nie* bezahlt er seine Schulden, es sei denn, er wird
kraft eines Gesetzes dazu gezwungen. Er leiht sich Geld von jedem neuen Bekannten &
zahlt es keinem zurück. Sein Wort ist wenig wert, seine Versprechen überhaupt nichts. Er
kann schneller lügen, als er voll von falschem Pathos faseln kann. Er trieft ständig vor
Whisky & Brandy; er steht in der Nacht auf, um sie kalt zu trinken. Kein Mensch, der ihn
je gekannt hat, respektiert ihn. Harte hat einen abscheulicheren Charakter als Geo. Butler,
denn ihm fehlt Butlers Schneid & Temperament.

Sie wissen, dass ich sieben Jahre Umgang mit dieser Kreatur gepflegt habe. Ich kann es
sogar immer noch – solange er daheim bleibt. Aber ich will nicht, dass er in die Fremde geschickt wird, um dort seine Spur der Verwüstung fortzusetzen. Er hat mir vor Monaten erzählt, dass er unter Mr. Tilden ein Konsulat erhalten würde, aber ich habe mich nicht weiter
darum gekümmert und es als bloße Lüge nach dem Frühstück abgetan, mit der er sich für
die Schurkereien des Tages aufwärmen wollte; & außerdem nahm ich an, dass sein Charakter so gut bekannt sei, dass sein schändlicher Plan nicht aufgehen könne. Aber diese Zeitungsartikel sind besorgniserregend. Kommen Sie, Howells, tun Sie etwas für die Ehre unserer Zunft. Stellen Sie mich unter Eid, wenn Sie wollen. (21. Juni 1877 an Howells [1.],
Letters 1876–1880)

Noch am selben Tag nahm er seine Bitte wieder zurück und erklärte, er habe »ein Ventil«
für seine Gefühle gebraucht. Er wisse, Howells sei diese Bitte »unangenehm«, wo doch
seine Frau die Cousine von Präsident Hayes sei. Howells leitete den Brief dennoch an
Hayes weiter (21. Juni 1877 an Howells [2.], *Letters 1876–1880*; MTHL, 1:186). Im April 1878 schrieb Howells einen äußerst offenen Brief über Harte an den Präsidenten:

Es widerstrebt mir, etwas über die Sache zu sagen, die Sie mir unterbreitet haben, aber ich
werde es auf Ihren Wunsch hin dennoch tun. Ich persönlich habe den Mann sehr gern, und
mir ist nichts bekannt, was gegen ihn spricht. Er verbrachte eine Woche bei uns in Cambridge, als er das erste Mal an die Ostküste kam, und wir alle mochten ihn. Er war nachlässig, was Termine betraf, aber das ist ein weitverbreiteter Fehler. Nachdem er uns verlassen

74

hatte, begann er Schulden zu machen und wurde aufgrund dessen in Boston verhaftet. (Ich habe es selbst gesehen.) Er ist berüchtigt dafür, sich Geld zu leihen, und er *war* ein berüchtigter Trinker. Das weiß ich nur vom *Hörensagen*. Weder hat er sich je Geld von *mir* geliehen, noch hat er (in meiner Anwesenheit) mehr getrunken als ich, und gestern sprach ich mit seinem Arzt, der sagt, dass seine Gewohnheiten inzwischen in Ordnung seien; dasselbe habe ich von anderen gehört. Nach allem, was ich höre, gibt er sich wirklich Mühe, sich zu bessern. Es wäre für ihn ein Geschenk des Himmels, wenn er einen derartigen Posten erhielte; denn er ist arm und schreibt nur unter Schwierigkeiten und sehr wenig. Er hatte den denkbar schlechtesten Ruf weg, was Pünktlichkeit, Zahlungsfähigkeit und Abstinenz angeht; aber er hat eine grausame Lektion gelernt, als er von größtem literarischem Erfolg in größtes Unglück stürzte, und Sie verfügen über ausreichende Menschenkenntnis, um zu beurteilen, ob er davon profitieren wird oder nicht.

Ich *persönlich* würde mich über seine Ernennung freuen, und ich habe große Hoffnungen für ihn – und Angst. Es wäre einfach, ihn abzuberufen, wenn er aus der Rolle fällt, und die Andeutung eines solchen Schicksals wäre sicher nützlich für ihn.

Ich muss Sie bitten, diesen Brief niemandem zu zeigen, sondern ihn mir freundlicherweise nach Cambridge zurückzuschicken. (Howells 1979, 194–95)

Harte wurde im Mai zum Kommerzialrat (Konsul) in Krefeld ernannt und reiste am 27. Juni ab, um sein Amt anzutreten (»Departures for Europe«, *New York Times*, 27. Juni 1878, 3). Als Twain davon erfuhr, schrieb er an Howells, dass Harte »ein Säufer, ein Schmarotzer, ein Feigling« sei, und vertrat die Meinung, dass der Präsident »schlicht seinen eigenen Ball ins Loch gespielt« habe (27. Juni 1887 an Howells, *Letters 1876–1880*). Harte gefiel Deutschland nicht, und er blieb lediglich zwei Jahre in Krefeld, bevor er nach Glasgow versetzt wurde, wo er von 1880 bis 1885 als Konsul fungierte.

192 *Als er in London starb … sechsundzwanzig Jahre lang fort* – Vgl. AD 4. Febr. 1907, Anm. 668: »*Seine Gattin … kehrte von da an … nicht mehr zurück*« und Anm. 675: »*wurde er zu verschiedenen Zeiten von einer Reihe von Frauen ausgehalten*«.

192–93 *er habe »Wan Li, der Heide« nur zum Vergnügen geschrieben … Overland Monthly … Ruhm von »Das Glück des Brüller-Lagers«* – Das *Overland Monthly* wurde 1868 von Anton Roman, einem Buchhändler und Verleger aus San Francisco, gegründet, um den Platz des eingestellten *Californian* einzunehmen. Harte, der Chefredakteur war und wesentliche Beiträge lieferte, veröffentlichte sein »Glück des Brüller-Lagers« im zweiten Augustheft (Harte 1868). Die Geschichte über Minenarbeiter in Kalifornien wurde im Westen des Landes ohne große Begeisterung aufgenommen, doch ihre unerwartete Popularität im Osten sicherte den Erfolg der Zeitschrift. In seinem Exemplar von *The Luck of Roaring Camp, and Other Sketches* notierte Twain: »Das ist Brets allerbeste Geschichte & die vollendetste – sie ist fast makellos« (Harte 1870a, 18). Twain verwechselt die Reihenfolge beider Texte: Hartes bekanntestes Dialektgedicht »Plain Language from Truthful James« (besser bekannt als »Wan Li, der Heide«) folgte auf »Das Glück des Brüller-Lagers« und erschien im September 1870 im *Overland Monthly* (Harte 1870c; in einem Brief an *Harper's Weekly* vom 5. Okt. 1905 machte er denselben Fehler, RPB-JH). Obwohl Harte es angeblich für »Unsinn« hielt und für »das schlechteste Gedicht, das ich je geschrieben habe«, machte es ihn über Nacht berühmt und wurde in zahllosen Zeitschriften und Sammelbänden veröffentlicht. Twain stimmte später widerwillig zu, es in *Mark Twain's Library of Humor* (1888) aufzunehmen. Im März 1882 schrieb er an Howells:

Ich arbeite an Bret Harte, aber es macht mir keine Freude. Er ist der schlechteste literarische Flickschuster, den ich kenne. Er ist so blind wie eine Fledermaus. Er sieht nie etwas richtig außer der kalifornischen Landschaft. Er ist so schlampig wie Thackeray und so langweilig wie Charles Lamb. Die Dinge, die Du und Clark angestrichen habt, sind auf ihre Weise sehr gut, aber in meinen voreingenommenen Augen erscheinen sie beklagenswert humorlos. Dennoch denke ich, wir können etwas trübseligen Blödsinn als Kontrast im Buch gebrauchen. (23. März 1882 an Howells, MH-H, in *MTHL*, 1:396)

Die *Library of Humor* enthielt drei weitere Texte von Harte: »A Jersey Centenarian«, »A Sleeping-Car Experience« und »The Society of the Stanislaus« (SLC 1888, 89–92, 352–58, 642–48, 679–80; Scharnhorst 2000a, 36–43; bezüglich *Mark Twain's Library of Humor* vgl. AD 2. Juni 1906, Anm. 124: »Bibliothek des Humors«).

193 *»Tennessees Partner« … Roman Gabriel Conroy* – »Tennessee's Partner« wurde im Oktober 1869 im *Overland Monthly* veröffentlicht und war Teil des Sammelbandes *The Luck of Roaring Camp, and Other Sketches*. In seinem Exemplar merkt Twain Folgendes an: »Der ›Dialekt‹ in dieser Geschichte ist deutlich besser als für gewöhnlich bei Harte; aber in seinem Pokerjargon tauchen ›bowers‹ auf, obwohl die da nichts zu suchen haben.« Zudem notierte Twain, dass die Geschichte einen »eher an Dickens & eine englische Atmosphäre denken lässt als an ›Pike County‹« (Harte 1869b, 1870a, 62, 71). Zu *Gabriel Conroy* vgl. AD 4. Febr. 1907 und Anm. 674: »*Vereinbarung, den Roman Gabriel Conroy zu schreiben … Vorschuss auf die Tantiemen*« und Anm. 675: »*dreitausendsechshundert Dollar Vorschuss*«.

alle Hervorbringungen seines Hirns für zehntausend Dollar … Atlantic Monthly zu überlassen – Am 6. März 1871 schrieb Harte an James Osgood, den Herausgeber von *Atlantic Monthly* und *Every Saturday* (gemeinsam mit James T. Fields): »Ich akzeptiere Ihr Angebot von $ 10 000 für die exklusive Veröffentlichung meiner Gedichte und Kurzgeschichten (nicht weniger als 12 an der Zahl) in Ihren Zeitschriften über den Zeitraum eines Jahres, beginnend am 1. März 1871« (CU-BANC, in Harte 1997, 48). Dieses großzügige Honorar galt damals als das höchste in der Geschichte amerikanischer Zeitschriften. Harte brauchte anderthalb Jahre, um den Vertrag zu erfüllen, aber im September 1872 hatte er für beide Zeitschriften zwölf Geschichten und Gedichte verfasst. Sie entsprachen jedoch nicht dem Niveau seiner früheren Werke, und sogar er selbst gab zu, dass mindestens einer der Texte »dummes Zeug« sei (Harte 1997, 61–62; O'Connor 1966, 145–46; Scharnhorst 2000a, 77–87; Scharnhorst 1995, 48–51, 132–34).

18. Juni 1906

195–96 *nicht etwa Fremden, sondern persönlichen Freundinnen von mir … Mrs. Williams* – Am Tag dieses Diktats notierte Isabel Lyon in ihrem Tagebuch: »Aus einem alten Sack Briefe, der vor etwa 5 Jahren aus Keokuk an SLC geschickt wurde, förderte er heute Morgen ein Bündel von 5 Briefen zutage, die Romanze & Tragödie zugleich sind. Heute diktierte er im Haus, & sein Thema waren die 5 Briefe und ihre Tragik, ein Diktat, das erst in 500 Jahren veröffentlicht werden soll« (Lyon 1906, Eintrag vom 18. Juni). Zwei der Charaktere in dem Drama, das sich in dem nachstehenden Briefwechsel entfaltet, waren keine »Fremden«, wie Twain behauptet: »Mrs. Williams« ist ein Pseudonym für Mollie Clemens, die Frau von Twains Bruder Orion, der hier unter dem Namen »Mr. W.« auftaucht. Orion und Mollie waren beide bereits tot. Dennoch ist die Meinung über Mollie, der Twain hier Ausdruck verleiht, zu verächtlich, um offen ausgesprochen zu werden. Einmal sagt er beispielsweise: »Ich habe vor der maschinell gefertigten Christin, die den zweiten schreibt, keinen Respekt. Ich glaube, dass sie *innerlich* den einsamen Flüchtling und das Baby bei rauem Märzwetter vor die Tür gesetzt hat« (MT 2014, Bd. 1, S. 204). (Twain kommt hier kurz durcheinander. Obwohl Mollie auf der Liste seiner Charaktere an zweiter Stelle steht – »Nr. 2 ist offensichtlich schon älter und verfügt anscheinend über einige Bildung« [MT 2014, Bd. 1, S. 195] –, schrieb sie den vierten Brief. Die ersten beiden Briefe wurden von Mrs. Griffiths verfasst.) Twain zensierte seine Aussagen gewöhnlich selbst, wenn er die Maschinenabschriften seiner Diktate überarbeitete. In diesem Fall bat er jedoch Lyon, die Briefe zu ändern, bevor sie abgeschrieben wurden, und jegliche Erwähnung von »Clemens« und »Keokuk« durch »Williams« und »Detroit« zu ersetzen. Als er plante, das Diktat in der *North American Review* zu veröffentlichen, wo es letztlich nie erschien, verschleierte er auch die anderen Namen und Orte. Im vorliegenden Text wurden die Ersetzungen von »Clemens« und »Keokuk« übernommen. Die restlichen Namen wurden wie im Originalmanuskript belassen, da die zweite Überarbeitung ausschließlich für die zeitnahe Veröffentlichung gedacht war (zu Einzelheiten vgl. Textual Commentary auf *MTPO*). Die Briefe wurden wortgetreu abgeschrieben, ohne Rechtschreibung und Zeichensetzung zu korrigieren.

205 *Mit Bret Harte werde ich schon irgendwann fertig werden* – Twain kommt erst Im AD 4. Febr. 1907 auf das Thema Harte zurück.

ich meine den kleinen Gott, den wir aus menschlichem Abfall gefertigt haben – Auf der Maschinenabschrift des vorliegenden Diktats notierte Twain, dass seine Bemerkungen zu Gott auf den »letzten 2 Seiten bis zur Auflage im Jahr 2406 n. Chr. zurückgehalten werden müssen«.

19. Juni 1906

206 *Bibel enthüllt uns den Charakter unseres Gottes* – Am 17. Juni schrieb Twain an Howells:

Morgen will ich ein Kapitel diktieren, für das man meine Erben & Rechtsnachfolger bei lebendigem Leib verbrennt, sollten sie wagen, es vor dem Jahr 2006 n. Chr. zu drucken – was sie nach meinem Ermessen nicht tun werden. Es wird eine ganze Reihe solcher Kapitel geben, wenn ich noch 3 oder 4 Jahre lebe. Die Ausgabe des Jahres 2006 n. Chr. wird bei Erscheinen großes Aufsehen erregen. Ich werde dann zusammen mit ein paar anderen toten Kumpels in der Gegend herumschweben und die Sache mitverfolgen. Sie sind eingeladen. (NN-BGC, in *MTHL*, 2:810–12)

Am 18. Juni begann Twain mit dem Diktat der Ideen über Gott und die Bibel, von denen er glaubte, er würde sich mit ihnen im Falle einer Veröffentlichung vor seinem Tod »Ächtung« einhandeln. Jedoch wurde sein Interesse nach nur zwei Absätzen in eine andere Richtung gelenkt, und er verschob seine möglicherweise anstößigen Gedanken auf den nächsten Tag. Das Thema Religion behandelte Twain noch in vier weiteren Diktaten, zuletzt im AD 25. Juni 1906.

208 *siebzigmal siebenmal* – Matthäus 18,22.

20. Juni 1906

210 *Von Konfuzius borgen wir die Goldene Regel* – Im 19. Jahrhundert begann man in der westlichen Welt zur Kenntnis zu nehmen, dass Konfuzius das Pendant zur »Goldenen Regel« (Matthäus 7,12) fünf Jahrhunderte vor Jesus Christus aufgestellt hatte. In den Analekten 15,23 heißt es: »Tue anderen nicht, was du nicht möchtest, dass sie dir tun.«
Sintflut ... uralte Babylon ... ein Favorit der Bibelmacher – Die Erzählung von einer großen Flut taucht weltweit in zahlreichen Mythologien auf. 1872 entdeckte George Smith, Mitarbeiter des British Museum, beim Entziffern einer keilförmigen Tafel einen babylonischen Mythos der Flut, der später als Teil des Gilgamesch-Epos identifiziert wurde. Die babylonische Version sorgte wegen der Parallelen zum Buch Genesis für großes Aufsehen, und ihre Bedeutung hinsichtlich der Datierung und Glaubwürdigkeit der biblischen Darstellung wurde ausführlich diskutiert. Eine Erörterung des babylonischen Textes aus atheistischer Perspektive findet sich in dem Buch *Bible Myths and Their Parallels in Other Religions* von T. W. Doane, das Twain zum Zeitpunkt des Diktates vermutlich gelesen hatte (Budge 1925, 267–68; Doane 1882, 19–32; Gribben 1980, 1:195).
Unbefleckte Empfängnis – Römisch-katholische Lehre, nach der Mariä Empfängnis und Geburt selbst frei von Erbsünde waren. Twain hingegen meint, dass sie Jesus nicht durch natürliche Fortpflanzung, sondern durch göttliche Intervention empfangen habe.
Hindus ... Buddhisten ... Gautama – Nach hinduistischer Tradition wurde Krishna, bedeutendste Inkarnation der Gottheit Vishnu, auf wundersame Art empfangen und durch gött-

liche Intervention davor gerettet, unmittelbar nach der Geburt getötet zu werden. Einer buddhistischen Tradition zufolge wurde Siddhartha Gautama (Buddha) von einer Jungfrau empfangen, nachdem sie geträumt hatte, ein weißer Elefant sei in ihre Seite eingedrungen. Diese beiden Fälle wundersamer Empfängnis werden bei Doane erörtert (vgl. Anm. 210: »*Sintflut ... uralte Babylon ... ein Favorit der Bibelmacher*«); das Kapitel »The Miraculous Birth of Christ Jesus« (Doane 1882, 114–17, 280; Gribben 1980, 1:195) in Twains Ausgabe ist mit zahlreichen Anmerkungen versehen.

211 *episkopalischer Geistlicher aus Rochester ... glaube nicht daran, dass der Erlöser durch ein Wunder empfangen worden sei* – Am 9. Mai 1906 wurde der Pastor der St. Andrew's Church in Rochester, Algernon Sidney Crapsey (1847–1927), der dort seit 1879 wirkte, von einem Kirchengericht der Häresie für schuldig befunden aufgrund der Ansichten, die er in seinen Predigten und in seinem 1905 veröffentlichten Werk *Religion and Politics* vertrat. Er verwarf »Lehren, nach denen Jesus Christus der Gott und Erlöser der Welt sei; nach denen dieser vom Heiligen Geist gezeugt worden sei; Lehren von der jungfräulichen Geburt Jesu, seiner Auferstehung und der Heiligen Dreifaltigkeit« (*New York Times*: »Dr. Crapsey a Heretic«, 16. Mai 1906, 9; »Crapsey Verdict Reached«, 10. Mai 1906, 1; »Crapsey Files an Appeal«, 7. Juni 1906, 6). Nachdem seine Berufung gegen das Urteil abgelehnt worden war, gab Crapsey sein Priesteramt im November 1906 auf. In seiner Autobiographie *The Last of the Heretics* beschreibt er sich selbst als »pantheistischen Humanisten« (Crapsey 1924, 232, 272, 276, 292).

Rev. Dr. Briggs – Charles Augustus Briggs (1841–1913), ein berühmter Geistlicher, Bibel- und Hebräischgelehrter, war von 1874 bis zu seinem Tod Professor am Union Theological Seminary in New York. 1893 wurde er durch die presbyterianische Kirche suspendiert, nachdem ihn ein Kirchengericht der Häresie für schuldig befunden hatte. Obwohl er weiterhin radikale Ansichten vertrat, wurde er später zum Pfarrer der Episkopalkirche ordiniert. Er veröffentlichte über 200 Bücher und Artikel und blieb einer der einflussreichsten Theologen seiner Zeit. Der von Twain zitierte Artikel zur Jungfrauengeburt, »Criticism and Dogma«, erschien 1906 in der Juni-Ausgabe der *North American Review* (Briggs 1906). Briggs argumentiert u. a. damit, dass die Engel, die die bevorstehende Geburt verkündeten, »verlässliche Zeugen« gewesen sein mussten und dass Maria und Joseph mit Sicherheit kein falsches Zeugnis abgelegt hätten, da dies »nicht mit ihrem Charakter zu vereinbaren« wäre. Darüber hinaus sei die Geschichte »von Jesu Familienmitgliedern Jakobus und Judas bestätigt« worden und war »in zeitlicher, geographischer und persönlicher Hinsicht der Geburt Jesu zu nahe, um in einer so wichtiger Angelegenheit irrezugehen« (865–66).

212 *verwirrten Christlichen Wissenschaftler ... Mother Eddy* – Vgl. AD 22. Juni 1906, Anm. 219: »*Wissenschaft und Gesundheit ... Mrs. Mary Baker G. Eddy*«.

22. Juni 1906

214 *verübt die ultrachristliche Regierung Russlands ... Massaker an ihren jüdischen Unterta-*
nen – In den ersten Jahren des 20. Jahrhunderts beförderte die Regierung von Zar Niko-
laus II., der von 1894 bis 1918 herrschte, einen brutalen Antisemitismus. Im April 1903
kam es in Kischinau zu Gewaltausbrüchen während des Pessachfestes. Sowohl Amtsträger auf lokaler als auch auf höchster Ebene hatten dazu angestiftet. Mit Rückendeckung
von Polizei und Armee ermordete ein christlicher Mob rund 50 Juden und verletzte 500.
Im Weiteren beteiligte sich die Regierung an zahlreichen Pogromen, u. a. im Oktober
1905 in Kischinau, als etwa 20 Juden von Randalierern getötet wurden.
grauenvolle Details von dem Korrespondenten der Bourse Gazette ... in Białystok ein-
traf – Twain ließ einen Ausschnitt des Artikels aus der *New York Times* vom 19. Juni in
das Typoskript dieses Diktats einfügen. Im Juni 1906 wurden etwa 200 Juden bei Pogromen in Białystok (heute im nordöstlichen Teil Polens), zu denen die örtliche Polizei wie
auch andere hohe Stellen angestiftet hatten, ermordet.

216 *Massaker an den Albigensern* – Die Albigenser (bzw. Katharer), Anhänger einer mittelal-
terlichen religiösen Sekte in Südfrankreich, waren vor allem in der Gegend um Albi ansässig. Sie lebten asketisch, übten Nächstenliebe und ernährten sich vegetarisch. Ihre
Überzeugungen sind vor allem durch ihre Feinde überliefert und daher nicht im Detail
bekannt; es ist jedoch anzunehmen, dass einige ihrer Lehren nicht christlichen Ursprungs
waren, weshalb die katholische Kirche sie als Ketzer verfolgte. 1208 ordnete Papst Inno-
zenz III. einen Kreuzzug gegen sie an, bei dem zahllose Menschen unabhängig von Alter,
Geschlecht oder Glauben ermordet wurden. Nach dem Kreuzzug kam es zu einer offiziellen Inquisition, wodurch die Sekte gänzlich ausgelöscht wurde.
Bartholomäusnacht – In der Bartholomäusnacht am 24. August 1572 wurden in Paris
mehrere Hugenottenführer auf Veranlassung von Katharina von Medici, der Mutter König
Karls IX., ermordet. Das Attentat war der Auslöser für ein Massaker, das immer größere
Ausmaße annahm und sich binnen einer Woche bis in die Provinzen ausweitete. Mehrere tausend Hugenotten wurden innerhalb von zwei Monaten durch die Katholiken ermordet.
Evangelium des Friedens – Römer 10,15 (Paraphrasierung von Jesaja 52,7): »Wie lieb-
lich sind die Füße derer, die den Frieden verkündigen.«
Georg III. herrschte sechzig Jahre ... Nachfolgerin Victoria – Georg III. (1738–1820)
herrschte von 1760 bis zu seinem Tod. Twain wohnte der Feier zum diamantenen Thron-
jubiläum und Regierungsrekord von Königin Victoria im Juni 1897 in London bei und
schrieb darüber drei Zeitungsartikel (vgl. MT 2012, Bd. 2, Anm. 576: *»der Festzug zum*
Rekordjubiläum der Queen«).
in jedem Jahr ihrer sechzigjährigen Regierung in einem anderen, gesonderten Krieg – Im
Londoner *Standard* war zu lesen, für die Zeit der 60-jährigen Regentschaft Victorias
»könnte man sechzig Nationen oder Völker nennen, über die die Waffen der Königin
triumphiert haben – von zivilisierten mächtigen Staaten bis hin zu den nackten Wilden in
Afrika und in der Südsee –, und diese Kriege wurden mit einer gewaltigen Ausweitung

des Hoheitsgebiets und des Einflusses belohnt« (»The Queen's Wars«, 22. Juni 1897, 2). Eine andere, zunächst in der radikalen *Reynolds's Newspaper* veröffentlichte Meldung, die anschließend von vielen amerikanischen Zeitungen übernommen wurde, zählte 42 Kriege auf: vom Ersten Anglo-Afghanischen Krieg (1838–1840) bis zur Bombardierung der Christen auf Kreta (1897) (»Always at War«, 28. Febr. 1897, 1).

217 *Alexanders VI.* – Papst Alexander VI. (bürgerlich Rodrigo Borgia, 1431–1503) galt als korrupt und moralisch verdorben. Feinde ließ er gefangen nehmen und töten, um ihren Besitz zu konfiszieren, und das Vermögen der Kirche gab er an die Kinder, die er mit einer Reihe von Geliebten gezeugt hatte.

jede christliche Regierung ... mit ihren Nachbarn eine fortwährende Partie Poker – Ende der 1880er Jahre begannen die europäischen Großmächte mit dem Ausbau ihrer Seestreitkräfte und steigerten die Produktion von Kriegsschiffen, um Feinde einzuschüchtern und von Übergriffen abzuhalten. Im Herbst 1905 verfügte Großbritannien über 66 sich im Einsatz oder Bau befindliche Kriegsschiffe, Frankreich über 40 und Deutschland über 37. Die russische Flotte dagegen war im Russisch-Japanischen Krieg (1904/05) durch den, wie Twain ihn nennt, »ungebildeten Fremden« (Japan) von vormals 27 auf 10 Schiffe dezimiert worden. 1906 nahm Großbritannien die *Dreadnought* in Betrieb, ein neuartiges Kriegsschiff, dessen Größe, Geschwindigkeit und Feuerkraft frühere Modelle übertrafen. Die USA übernahmen die neue Konstruktionsweise und begannen umgehend mit dem Bau zweier eigener Modelle. Dieses maritime Wettrüsten verstärkte die Spannungen, die zum Ersten Weltkrieg führen sollten (Sondhaus 2002, 102–08, 127, 131–35; Spears 1908, 305).

219 *Wissenschaft und Gesundheit ... Mrs. Mary Baker G. Eddy* – Die Christian-Science-Kirche beruft sich auf das Werk *Wissenschaft und Gesundheit mit Schlüssel zur Heiligen Schrift* (1875) von Mary Baker Eddy (1821–1910). Nach diesen Lehren ist das irdische Leben eine Illusion, und nur das geistige Reich ist real; folglich gilt Krankheit als Einbildung, von der der christliche Glaube heilen kann. Twain ließ Eddy sowohl Lob als auch Kritik zuteilwerden. Er glaubte zu einem gewissen Grad an die Heilkraft des Geistes und würdigte Eddys organisatorische Fähigkeiten; ihre Schriften hielt er allerdings für abstrus und inkohärent und zog ihre Autorschaft in Zweifel. Überdies diffamierte er sie als Heuchlerin wie machthungrige Betrügerin und bedauerte die zunehmende Beliebtheit ihrer Glaubenslehre. Twain besaß (oder bezog sich zumindest auf) sechs verschiedene Ausgaben von *Wissenschaft und Gesundheit* aus den Jahren 1881 bis 1902. Band 2 der Ausgabe von 1884 ist mitsamt Twains spärlichen Randbemerkungen in den Mark Twain Papers erhalten (Eddy 1884; *WIM*, 271, 293, 339, 554–55, 575). Twains erster Angriff auf die Christliche Wissenschaft erfolgte 1899 in einem Artikel für die *Cosmopolitan*, der nächste 1902/03 in der *North American Review*. Eine erweiterte Fassung dieser Artikel wurde 1907 unter dem Titel »Christian Science« veröffentlicht (SLC 1899c, 1902c, 1903b, 1903c, 1903d, 1907a). Twains Einstellung hielt allerdings seine einzige überlebende Tochter Clara nicht davon ab, der Glaubensgemeinschaft beizutreten, nachdem sie mehrere »Wunderheilungen« miterlebt hatte. In *Awake to a Perfect Day* (CC 1956) beschrieb sie ihren Übertritt und erläuterte die Ansichten ihres Vaters über Eddy. In AD 5. Okt. 1906

und 27. Dez. 1906 äußert Twain sich erneut zu dem Thema. Für eine detaillierte Erörterung vgl. *WIM*, 20–28, 553–77; Stoneley 1992, 116–45; Wills' »Introduction: Twain and Eddy« und Hills »Afterword« in SLC 1996a; vgl. auch Gribben 1980, 1:212–13.

23. Juni 1906

222 *Mr. Garfield ... starb* – Charles J. Guiteau (geb. 1841) schoss am 2. Juli 1881 auf den US-Präsidenten James A. Garfield (geb. 1831). In ärmlichen Verhältnissen lebend und arbeitslos, glaubte Guiteau, ihm stünde für eine Wahlkampfrede, die er geschrieben hatte, eine Stelle im diplomatischen Dienst zu. Während Garfield wegen des Steckschusses nahe der Bauchspeicheldrüse mit dem Tod kämpfte, berichteten die Zeitungen von Gebeten für seine Genesung (vgl. beispielsweise *Washington Post*: »The People's Prayers«, 4. Juli 1881, 4; »Invoking Divine Aid«, 22. Aug. 1881, 4). Garfield erlitt mehrere Infektionen, bis er am 19. September 1881 an einem Herzinfarkt starb. Guiteau wurde im Juni 1882 gehängt.

burische Bevölkerung ... Niederlage – Im Zweiten Burenkrieg (1899–1902) standen sich Großbritannien und die niederländischen Kolonien (Buren) in Südafrika gegenüber. Auslöser für die Kampfhandlungen waren Proteste britischer Goldgräber, die für sich in den Burengebieten die gleichen Rechte forderten. Zu ihrer Verteidigung wurden britische Truppen entsandt. Die Buren erklärten den Krieg und waren zunächst überlegen, doch als zusätzliche britische Soldaten eintrafen, verloren sie an Boden. Die Buren führten einen Guerillakrieg, wurden letztlich aber von den Briten besiegt, die Tausende burische Zivilisten in Lager sperrten, was für diese häufig den Tod bedeutete. Als im Mai 1902 ein Friedensvertrag unterzeichnet wurde, zählten die britischen Truppen 350 000 Mann, die der Buren nur 60 000. Im vorliegenden Diktat vertritt Twain ähnliche Ansichten wie in seiner Fabel »The War-Prayer« vom März 1905. Er hatte den kurzen Text bei *Harper's Bazar* eingereicht, doch die Herausgeberin Elizabeth Jordan schickte ihn am 22. März 1905 »mit Bedauern« zurück und erklärte, er sei zwar »ausgezeichnet, aber für eine Frauenzeitschrift in meinen Augen nicht so recht geeignet« (CU-MARK). Am 30. März sagte Twain zu Dan Beard: »Ich glaube nicht, dass das Gebet zu meinen Lebzeiten veröffentlicht wird. Nur den Toten ist es gestattet, die Wahrheit zu sagen« (DLC). Erst 1923 erschien der Text in ganzer Länge in Paines Ausgabe von *Europe and Elsewhere* (SLC 1923a, 394–98).

224 *Wespenjungen gemächlich die Beine abkauen* – Twain hatte schon 1895 seine Sicht der »teuflischen Erfindungen der Natur, die sinnloses Leid« verursachen, in seinem Notizbuch dargelegt: »Die Haltung der Natur allem Leben gegenüber ist zutiefst barbarisch, heimtückisch & boshaft« (Notizbuch 34, TS S. 31, CU-MARK). Vermutlich hatte er von dem grausamen Verhalten der Schlupfwespe durch Darwins Werk *Über die Entstehung der Arten* erfahren, und ihm war zweifellos bekannt, dass Darwin dieses Beispiel erwähnt, wenn er seine Schwierigkeiten beschreibt, an einen gütigen Gott zu glauben. *The Life and Letters of Charles Darwin* (laut Isabel Lyon gegen Ende des Jahres 1905 von Twain

aus der Bibliothek entliehen) enthält einen Brief Darwins an Asa Gray vom 22. Mai 1860, in dem Darwin schreibt:

Was die theologische Betrachtung der Frage angeht. Mich schmerzt das jedes Mal. Ich bin bestürzt. Es war nicht meine Absicht, wie ein Atheist zu schreiben. Aber ich muss zugeben, dass für mich – anders als für viele andere – die Beweise für einen göttlichen Plan und für umfassende Güte nicht so offensichtlich sind, auch wenn ich mir das wünschen würde. Es scheint mir zu viel Elend in der Welt zu geben. Ich kann nicht glauben, dass ein gütiger und allmächtiger Gott die Ichneumonidae erschaffen hätte, damit sie lebende Raupen äßen, oder eine Katze, damit sie mit den Mäusen spiele. (Darwin 1887, 2:105)

In AD 4. Febr. 1907 (fünfter Abschnitt) vertritt Twain diese Ansicht abermals und nennt die Schlupfwespe erneut als Beispiel (Darwin 1884, 234, 415; Gribben 1980, 1:176; Lyon 1905b, Eintrag vom 17. Okt.).

25. Juni 1906

229 *Der Mensch kann nichts für das, was er ist* – Viele der Gedanken, die Twain hier äußert, finden sich in ähnlicher Form bereits in *What Is Man?*, einem Essay in Dialogform, den er 1906 anonym drucken ließ, um ihn unter Freunden und Bekannten zu verteilen. Zur Entstehungszeit des Diktats war er mit der Durchsicht und Korrektur des Textes beschäftigt, der bei der De Vinne Press in Druck ging. In AD 4. Sept. 1907 und AD 2. Nov. 1908 setzt sich Twain erneut mit dieser Arbeit auseinander (*WIM*, 11–20).

17. Juli 1906

231 *Vor fünf oder sechs Wochen … dritten Verleger* – Vgl. AD 21. Mai bis 2. Juni 1906.
Mr. Duneka – Frederick A. Duneka (1859–1919) stammte aus Kentucky und arbeitete als Lokalredakteur für die *New York World*. Einer seiner Kollegen dort war George Harvey. Als Harvey 1900 Präsident von Harper & Brothers wurde, ernannte er Duneka zum Schriftführer des Vorstands und machte ihn zum Geschäftsführer. Duneka hatte editorisch u. a. mit Twain, Howells, Henry James und Theodore Dreiser zu tun. 1915 wurde er zum Vizepräsidenten von Harpers ernannt, musste jedoch bald aus gesundheitlichen Gründen in den Ruhestand treten (Colby 1920, 461; »Frederick A. Duneka Dead«, *New York Times*, 25. Jan. 1919, 11; Curtis 1890; Exman 1967, 187–88, 209, 211; vgl. auch Anm. 235: »*wollte Mr. Duneka … dass der Priester geläutert oder gestrichen werde*«).
231–32 *meine dreißigtausend Dollar … ihn eine Viertelmillion kostete* – In AD 23. Mai 1906 schildert Twain seine Vertragsverhandlungen mit Elisha Bliss zu *Durch dick und dünn*. Seine Überzeugung, dass Bliss ihn um $ 30 000 betrogen habe, gründete auf seiner Schätzung der »Hälfte des Verlagserlöses« bei einem Verkauf von 150 000 Exemplaren –

Twain zufolge stammte diese Zahl von Bliss selbst. Mit der Bemerkung: »[...] später sorgte ich dafür, dass es ihn eine Viertelmillion kostete«, bezieht sich Twain auf Francis E. Bliss (1843 bis 1915), der 1880 von seinem Vater den Vorsitz der American Publishing Company übernommen hatte. Twain spielt damit auf den Gewinn an, den Bliss mit dem Buch *Huckleberry Finn* hätte erzielen können, der ihm aber entging, da Twains eigener Verlag Charles L. Webster & Company es 1885 herausbrachte (vgl. MT 2012, Bd. 1, 299–301; SLC 1903a).

232 *Die Harpers hatten die eine Hälfte, die American Publishing Company die andere ... Colliers Angebot ... anders überlegt* – Gemäß einem Vertrag von 1895 hielt die American Publishing Company die Rechte an sieben Büchern, die sie ursprünglich herausgebracht hatte, während bei Harpers die Rechte für acht andere und an *Mark Twain's Library of Humor* lagen, die zuerst bei James R. Osgood bzw. bei Charles L. Webster & Company erschienen waren. 1896 trafen die beiden Unternehmen eine Vereinbarung, wonach die American Publishing Company eine Reihe von Twains gesammelten Werken (u. a. die Autograph, Royal und Riverdale Edition) veröffentlichen durfte einschließlich der Titel, an denen Harpers die Rechte hielt. Im Laufe des Jahres 1903 wurde verschiedentlich, zunächst von Twain, dann von P. F. Collier & Son und schließlich von Harpers erwogen, der American Publishing Company die Rechte an den Twain-Büchern abzukaufen, was quasi den Erwerb des gesamten Unternehmens bedeutet hätte. Soweit es sich überprüfen lässt, entspricht Twains Schilderung der Verhandlungen im Wesentlichen den Tatsachen. Nicht ganz klar wird, wieso sich Harpers – wie Twain es schildert – von dem Geschäft abbringen ließ, nachdem er von Colliers Angebot gehört hatte, spätestens im August aber wurde deutlich, dass Harpers Mark Twain exklusiv verlegen wollte: Wie Frank Bliss in seinem Tagebuch notierte, »wollten sie das gesamte Geschäft allein machen, & in ihren Augen stand Blutdurst« (Schmidt 2010, Kapitel 6). Mit den im Oktober 1903 geschlossenen Verträgen verwirklichte Harpers dieses Ziel (*HHR*, 534, Anm. 3, 671–77, 678–81, 691–99, 700–708; MT 2012, Bd. 2, Anm. 301: »*er wolle kündigen ... unterzeichneten wir den Vertrag ... nicht verhandelbar*«; Bliss an SLC, 27. Juni 1903, ViU; Harper & Brothers [London] an Chatto & Windus, 2. Nov. 1903, UkReU).

232–33 *Ende 1902 schrieb ich einige Artikel über die Christliche Wissenschaft ... Die Ankündigung ... war bereits erfolgt* – Twain veröffentlichte im Dezember 1902 sowie im Januar, Februar und April 1903 insgesamt vier Artikel zur Christlichen Wissenschaft in der *North American Review*. Harpers' Ankündigung für das Buch *Christian Science* erschien am 21. März 1903 in *Publishers' Weekly* (772) (SLC 1902c, 1903b, 1903c, 1903d; vgl. auch AD 22. Juni 1906, Anm. 219: »*Wissenschaft und Gesundheit ... Mrs. Mary Baker G. Eddy*«).

233 *Mr. Duneka sagte ... Veröffentlichung auf den Herbst verschoben* – In einem Brief, den er in dieser Zeit verfasste, schrieb Twain, diese List sei seine eigene Idee gewesen:

Die mit Mr. Duneka vereinbarte Form war sorgfältig gewählt – & wurde natürlich nicht eingehalten. Es war »jetzt zu spät für einen Erscheinungstermin im Frühjahr, der darum *auf den Herbst verschoben* wird«. Dadurch sollte mein Gesicht gewahrt werden, & es war mein

Vorschlag: Es sollte nicht publik werden, dass ein Buch von mir (in Wirklichkeit) abgelehnt worden war.

Die Situation entbehrt nicht einer gewissen Komik: Ich hatte mein Bestes getan, um mit Worten zu zeigen, dass der Kult der christlichen Wissenschaft in unserem Land an Einfluss gewonnen hatte – und hier war nun der *Beweis*: Er hatte den größten Verlag in den Staaten eingeschüchtert! (20. April 1903 oder später an Anderson, CU-MARK)

233 *Publishers' Weekly vom 11. April 1903 ... Buchhändler aus Pittsburgh* – Es ist bemerkenswert, dass sich Twain an das genaue Datum der Ankündigung erinnert. Am 24. Juni 1906 hatte er Isabel Lyon gebeten, im Jahrgang 1903 der *Publishers' Weekly* »irgendwann im April, um den 11. herum, eine von den Harpers unterzeichnete beleidigende Bekanntmachung« zu suchen (Lyon stenographisches Notizbuch #1, CU-MARK). Die Ankündigung lautete: »Weder Harper & Brothers noch die *North American Review* werden Mark Twains Arbeiten über die ›Christliche Wissenschaft‹ in Buchform veröffentlichen. Alle Bestellungen für das Buch sind annulliert« (*Publishers' Weekly*, 11. April 1903, 984). Ein Brief von einem »Buchhändler aus Pittsburgh« ist nicht erhalten.

234 *Mr. Duneka ... werde das Buch ... herausbringen* – Im April 1905 erklärte Duneka in einem nicht erhaltenen Brief an Twain, dass er *Christian Science* in Harpers' Ausgabe von Mark Twains gesammelten Werken aufnehmen wolle. Als dies nicht geschah, forderte Twain 1906 die Rückgabe des Manuskripts, da er glaubte, Harpers habe gar nicht vor, *Christian Science* zu veröffentlichen. Erst 1907 erschien das Buch bei Harpers (11. April 1905 an Morel, Wuliger 1953, 235–36; 13. Juni 1906 an Rogers, CtHMTH, in *HHR*, 610; *WIM*, 22–23).

Artikel über den Schlächter König Leopold von Belgien – Ende 1904 versprach Twain dem Sekretär der British Congo Reform Association, Edmund Dene Morel, einen Zeitschriftenartikel, der die Ausbeutung des Kongo-Freistaats durch König Leopold II. bloßstellen sollte. Im Februar 1905 wurde »König Leopolds Selbstgespräch« fertig. Die *North American Review* lehnte den Artikel als zu kontrovers ab, und so veröffentlichte ihn Twain im September desselben Jahres als Streitschrift. Die Erlöse aus dem Verkauf gingen an die Reform Association (Hawkins 1978, 153–56; 11. April 1905 an Morel, Wuliger 1953, 235–36; SLC 1905a; für weitere Anmerkungen Twains zu König Leopold vgl. AD 3. April 1906).

Mr. Nevinson ... der erste Artikel – Ende 1904 wurde der britische Journalist Henry Woodd Nevinson (1856–1941) von Harvey nach Portugiesisch-Westafrika (heute Angola) geschickt, um über die Sklavenarbeit auf den dortigen Plantagen zu berichten. Nevinsons Berichte wurden zwischen August 1905 und Februar 1906 in einer siebenteiligen Serie in *Harper's Monthly* veröffentlicht (Satre 2005, 2–12; Exman 1967, 251).

235 *Die »Geschichte eines Pferdes« ... erklärt hat er sich mir nicht* – Die Kurzgeschichte, im Original »A Horse's Tale«, entstand Ende 1905 und erschien im August und September 1906 in *Harper's Monthly*. Den Anstoß für diese Geschichte beschreibt Twain in AD 29. Aug. 1906. Duneka meinte in einem Brief an Twain vom 8. Mai 1906, »Die Geschichte eines Pferdes« sei »großartiger« als sein Essay über Howells, der für die Juli-Ausgabe

vorgesehen war, und es wurden keine Belege dafür gefunden, dass er irgendetwas bean-standete (CU-MARK; SLC 1906 g, 1906 h). Das Manuskript der Geschichte (jetzt bei NN-BGC) enthält keine Textpassage, in der sich Priester eilig aufmachen, um »sich das Gemetzel« in der Stierkampfarena anzusehen; aus der Endfassung wurde allerdings eine nahezu gänzlich antiklerikale Passage gestrichen, die in den Mark Twain Papers erhalten ist. In dem sechs Seiten umfassenden Fragment berichtet ein Pferd, dass in der Stier-kampfarena die »Hauptboxen dem Klerus vorbehalten« seien, daneben gibt es einige weitere Bemerkungen zur Teilnahme von Priestern an Stierkämpfen (MS in CU-MARK, 114D-E-F).

235 *wollte Mr. Duneka … dass der Priester geläutert oder gestrichen werde* – Duneka be-suchte Twain im Juli 1905 in seinem Sommerdomizil in Dublin, New Hampshire. Seine Reaktion auf *No. 44, the Mysterious Stranger* – die vierte und letzte Version des Ro-mans – wurde von Lyon wie folgt protokolliert: »Der erste Teil von Vierundvierzig ließ Mr. Duneka erbleichen, weil da der böse Priester Pater Adolf vorkommt« (Lyon 1905a, Ein-trag vom 12. Juli; *MSM*, 221–405). Nach Twains Tod veröffentlichten Duneka und Paine *The Mysterious Stranger: A Romance* (1916), wobei die erste Version der Geschichte als Textgrundlage diente, »The Chronicle of Young Satan«, in der der gottlose Priester Pater Adolf ebenfalls auftritt. Duneka und Paine strichen ihn und ersetzten ihn durch einen von ihnen erfundenen Astrologen (SLC 1916; Tuckey 1963, 19–20; vgl. auch AD 30. Aug. 1906, Anm. 317–18: »*Das Refugium der Ausgestoßenen … Abenteuer einer Mikrobe … Der geheimnisvolle Fremde*«).

236 *Mein drei Jahre alter Vertrag mit den Harpers … Mark Twains Bibliothek des Humors* – Dieser Vertrag von 1903 wird in AD 7. Aug. 1906 beschrieben (vgl. auch Anm. 259: »*einen weiteren Vertrag … Diener eines Herrn zu sein*«). Zur *Library of Humor*, erschienen 1888 bei Charles L. Webster & Company, vgl. AD 2. Juni 1906, Anm. 124: »*Bibliothek des Humors*«.

237 *Mr. Duneka … ein »Pirat« im Westen wolle das Buch neu auflegen … eine »Scheinaus-gabe«* – Im Oktober 1905 schlug Duneka Twain vor, bei Harpers eine Neuausgabe des Buches herauszubringen, um die Pläne einiger »mehr oder weniger obskurer Verleger im Westen« zu durchkreuzen, die mit der Veröffentlichung einer nicht autorisierten Ausgabe »drohten«: »Das würden wir nicht nur tun, um das Buch zu verkaufen, sondern auch da-mit niemand anders den Titel verwenden oder ein ähnliches herausbringen kann […]. In erster Linie geht es uns darum, Ihren Namen zu schützen, weniger um den Gewinn, der in dieser Sache zweitrangig ist.« Twain antwortete drei Tage später: »Legen Sie los, & bringen Sie die *Bibliothek* heraus, & zahlen Sie mir, was Ihnen an Tantiemen angemes-sen erscheint« (Duneka an SLC, 6. Okt. 1905, CU-MARK; 9. Okt 1905 an Duneka, NN-C; zum Piraten »im Westen« vgl. AD 31. Juli 1906 und Anm. 246: »*Der westliche Pirat … Buch tatsächlich veröffentlicht*«). Duneka schrieb zurück, dass nicht »viel Geld im Sinne von Tantiemen« dabei herausspringen würde, da die *Bibliothek* »kein Material, das Sie selbst geschrieben haben«, enthalte; er bot 3 Prozent, was Twain annahm (Duneka an SLC, 11. Okt. 1905, CU-MARK; Vertrag in CU-MARK).
Klausel berechtigt Mr. Duneka, dem alten Buch neues Material hinzuzufügen – Duneka

übertrug die Erstellung der überarbeiteten und erweiterten Ausgabe einem jungen Re-
daktionsassistenten namens Burges Johnson, der bei Harpers arbeitete und sich später
erinnerte, er sollte damals »den gesamten bisherigen Inhalt erhalten, aber genug neues
Material hinzufügen, um das Buch auf den aktuellen Stand zu bringen und auf mehrere
Bände auszuweiten« (Burges Johnson 1952, 65). Etwa ein Viertel jedes neuen Bandes
bestand aus Texten der alten *Bibliothek*, der Rest aus dem von Johnson ausgewählten
neuen Material.

238 *Gegen Ende April dieses Jahres begann Mr. Duneka, die Öffentlichkeit mit Bibliotheken
des Humors zu bespeien* – Im Februar, April und Mai 1906 erschienen drei Bände der
Library of Humor, als sich Twain die neue Reihe schließlich ansah, befand sich ein vierter
Band in Vorbereitung und war von Harpers bereits angekündigt worden. Am 4. Juni 1906
diktierte Twain einen empörten Brief an Duneka: »Ich stelle fest, dass diese *Bibliothek
des Humors* nicht die Auswahl ist, die von mir zusammengestellt wurde, sondern ein
neues Buch, an dessen Auswahl ich keinen Anteil hatte.« Zudem war es nicht die
»Scheinausgabe«, die er genehmigt hatte, sondern eine richtige Veröffentlichung, noch
dazu war der Preis von $ 1,50 pro Band überteuert. Twain forderte, den Verkauf der be-
reits gedruckten Bücher einzustellen und die Druckplatten zu vernichten. Diesen Brief
schickte er jedoch nicht ab, sondern leitete ihn zur Prüfung an Henry Rogers weiter
(4. Juni 1906 an Duneka *über* Lyon, MFai; 6. Juni 1906 an Rogers [1.], MFai, in *HHR*,
609–10). Tatsächlich hatte Twain einer Neubearbeitung und Erweiterung der ursprünglichen *Bibliothek* zugestimmt; die »Klausel«, die er in seinem Vertrag mit Harpers vom
19. Oktober 1905 übersehen hatte, räumte dem Verlag das Recht ein, »Teile wegzulassen und neues Material hinzuzufügen« (*BAL*, 2:3666–69; SLC 1906b, 1906c, 1906d,
1906e; »Notes among the Publishers«, *Springfield Republican* [Mass.], 12. Juli 1906, 11;
Vertrag in CU-MARK).

Ist ein Autor völlig unbekannt … 20 Prozent – Diese Einschätzung der Tantiemenan-
sprüche spiegelt Twains seit langem bestehende Auffassung, die er z. B. auch in »Über
General Grants Memoiren« (1885) äußert, und entspricht der nordamerikanischen Praxis
zu Beginn des 20. Jahrhunderts (MT 2012, Bd. 1, 498; Maurice 1908, 338; »Literary
Chat«, *Munsey's Magazine* 18 [Okt. 1897]:151–56).

239 *meinen Rechtsberater* – Edward Lauterbach (vgl. AD 30. Juli 1906, Anm. 240–41:
»*Edward Lauterbach … Larkin*«).

30. Juli 1906

240–41 *Edward Lauterbach … Larkin* – Lauterbach (1844–1923) war ein bekannter New Yorker
Firmenanwalt und spezialisiert auf Eisenbahnrecht; außerdem war er in der Republikanischen Partei aktiv. Twain engagierte ihn von 1904 bis 1906 und war beeindruckt: »Hätte
ich ihn schon vor 30 J. gehabt, wäre ich nicht so oft reingelegt worden« (Notizbuch 46, TS
S. 24, CU-MARK; »Edw. Lauterbach, Lawyer, Dies at 78«, *New York Times*, 5. März 1923,
15). John Larkin (1862?–1935) war ein auf Urheberrecht spezialisierter New Yorker An-

walt. Einen Großteil seines Berufslebens verbrachte er als allgemeiner Berater bei Harper & Brothers, wo er auch im Vorstand saß. 1906/07 vertrat er Twain in Urheberrechts-, Steuer- und Immobilienangelegenheiten (»John Larkin Dead; Noted Lawyer, 73«, *New York Times*, 19. Sept. 1935, 25).

241 *ein frühes Liebchen ins Gedächtnis* – Twain begegnete und umwarb Laura Mary Wright (1844–1932) vom 16. bis 18. Mai 1858, als er Junglotse auf der *Pennsylvania* war und mehrere Tage in New Orleans verbrachte. Laura befand sich auf Einladung ihres Onkels William C. Youngblood, eines Lotsen und Freunds von Twain, an Bord der *John J. Roe* (vgl. Anm. 242: »*John J. Roe ... Offiziere*« und Anm. 243: »*Passagierschiff Pennsylvania ... meinen Bruder Henry das Leben kostete*«). Twain war 22 und sie 14. Auch wenn Twain hier den Anschein erweckt, als hätte seine Bekanntschaft mit Laura nur diese wenigen Tage gedauert, schrieben die beiden einander lange Zeit und trafen sich noch mindestens einmal (vgl. Anm. 244: »*Danach habe ich sie nie wieder gesehen ... nie wieder ein Wort gewechselt*«). Offensichtlich antwortete Laura irgendwann nicht mehr auf seine Briefe. Twain glaubte, ihre Korrespondenz wäre abgefangen worden, später ließ Laura aber durchblicken, dass sie den Briefwechsel abgebrochen hatte: »*Ich* verstehe schon, warum Mr. C. *dachte*, seine Briefe wären abgefangen worden« (Laura M. Dake an Paine, 26. Jan. 1917, Fotokopie in CU-MARK; vgl. AD 29. Jan. 1907). 1862 heiratete sie den Anwalt Charles T. Dake (1839–1896). Sie arbeitete in Dallas als Lehrerin und zog dann nach Kalifornien, wo sie Anfang des 20. Jahrhunderts historische und phantastische Romane schrieb und an einer Schule unterrichtete (Edgar M. Branch, persönliches Gespräch, 23. Jan. 1986, CU-MARK; 6. Febr. 1861 an OC und MEC, *L1*, 114, Anm. 7; *Dallas Census* 1880, 1299:105C; »My Sutherland-Wright Ancestry« 2011, Einträge zu Laura Mary Wright und Charles T. S. Dake; *Missouri Marriage Records* 2011; Payne 2007, 40–43; vgl. auch Anm. 244: »*Brief von Laura Wright ... behinderten Sohn ... benötigt tausend Dollar*«).

242 *John J. Roe ... Offiziere* – Twain war vom 5. August bis zum 24. September 1857 Junglotse (»Steuermann«) auf der *John J. Roe*, die auf dem Mississippi zwischen St. Louis und New Orleans verkehrte. Zebulon Leavenworth (1830–1877) war noch 1867 als Lotse aktiv; sein Bruder Mark (1827?–1866), der Schiffskapitän, arbeitete ab 1864 bei einer Bank (vgl. Anm. nach 1. Juni 1857 an Taylor, *L1*, 74; *Missouri Death Records* 2011; 23. April 1867 an Stoddard, *L2*, 31, Anm. 2). Sobieski (Beck) Jolly (1831–1905) war von 1846 bis 1885 Lotse; im Amerikanischen Bürgerkrieg steuerte er für die Unionsstaaten Dampfschiffe auf dem Mississippi und dessen Nebenflüssen. Zuletzt begegnete ihm Twain im Mai 1902 beim Halt in St. Louis auf seiner letzten Fahrt nach Missouri (28. März 1874 an Thompson, *L6*, 100, Anm. 3; Ferris 1965, 14–16; »Mark Twain's Visit«, *St. Louis Globe-Democrat*, 30. Mai 1902, 9). Twain spricht von drei Lotsen, die im Mai 1858 auf der *John J. Roe* arbeiteten (Youngblood, Zeb Leavenworth und Jolly); üblicherweise waren nur zwei Lotsen an Bord (vgl. auch AD 31. Aug. 1906, wo Youngblood ebenfalls als einer der Lotsen erwähnt wird).

243 *Passagierschiff Pennsylvania ... meinen Bruder Henry das Leben kostete* – Twain trat seinen Dienst als Steuermann auf der *Pennsylvania* unter dem Schiffsführer William Brown im November 1857 an. Im Juni 1858 ereignete sich das Unglück, bei dem Henry

Clemens starb, vgl. Twains ausführliche Schilderung in AD 13. Jan. 1906 (MT 2012, Bd. 1, 131–34; Bd. 2, 134–35).

244 *Danach habe ich sie nie wieder gesehen … nie wieder ein Wort gewechselt* – Twain unternahm mindestens eine Reise in Lauras Geburtsstadt Warsaw, Missouri. Außerdem hörte er im Frühling 1880 etwas über sie, als er einen Brief des Schülers Wattie Bowser aus Dallas erhielt. Bowser bat ihn um Informationen für die Schülerzeitung und erwähnte, dass seine Lehrerin Mrs. Dake Twain gekannt habe, als er »ein kleiner Junge« gewesen sei (Murray an SLC, 8. Mai 1880, CU-MARK; Bowser an SLC, 16. März 1880, CU-MARK). Twain antwortete:

Nein, ich habe Deine Schulleiterin wahrlich nicht vergessen. Sie war ein sehr kleines Mädchen von sehr großem Geist, mit einem guten Gedächtnis, einem klugen Kopf, großem Appetit auf Bücher, guter geistiger Verdauung, einer ernsthaften Art & einem Hang zur Introspektion – ein ungewöhnliches Mädchen. Wie lang das schon her ist! Noch so eine Reise in die Vergangenheit, & ich werde erkennen, dass ich eigentlich längst auf den Friedhof gehöre. (20. März 1880 an Bowser, TxU-Hu)

Laura blieb über die Zeit und Entfernung hinweg wichtig für Twain. Sein ganzes Leben lang träumte er von ihr; erst im Januar 1906 hatte er sie als »das unverdorbene kleine Mädchen, die frische Blume der Wälder & Prärien« beschrieben (24. Jan 1906 an die Gordons, Fotokopie in CU-MARK). Seine Erinnerungen an Laura spiegeln sich auch in einigen seiner literarischen Werke wider. Sie beeinflusste seine Figur der jungen Laura Hawkins in *Das Goldene Zeitalter* (1873/74) und war das »Sweetheart«, von dem Twain in seiner Erzählung »My Platonic Sweetheart« (1898) träumte, die erst nach seinem Tod veröffentlicht wurde – und auch dann nur in Paines stark zensierter Fassung (SLC 1898; zu Lauras Präsenz in Twains Arbeiten vgl. Baetzhold 1972).

Brief von Laura Wright … behinderten Sohn … benötigt tausend Dollar – Diese Passage ist der einzige Hinweis, dass Laura um Hilfe für ihren »behinderten Sohn« bat. Ihr erster Brief an Twain von 1906 ging verloren oder wurde vernichtet, aber die Schilderung in diesem Diktat wird durch Twains Schreiben an Susan Crane vom selben Tag gestützt: »Sie ist arm, verwitwet, verschuldet & braucht dringend tausend Dollar. Ich habe sie ihr geschickt« (27. Juli 1906 an Crane, Fotokopie in CU-MARK). Am 12. August schrieb Laura erneut und sagte, da sie keine Antwort erhalten habe, fürchte sie, dass ihr vorheriger Brief verlorengegangen sei. Hier bitte sie um Hilfe für »einen jungen Freund, der mit aller Kraft nach Höherem strebt« (CU-MARK). Aus Lauras Nachrufen und bislang gefundenen sonstigen Dokumenten sind keine Nachkommen ersichtlich. Weil sie verhindern wollte, dass ihre Korrespondenz öffentlich werde, weigerte sich Laura später, obwohl sie Geld brauchte, ihre Beziehung zu Twain zu vermarkten. C. O. Byrd zufolge, der in den letzten Jahren ihres Lebens mit ihr verkehrte, lehnte sie Angebote »verschiedener Zeitschriften« ab, die Twains Briefe kaufen wollten. Sie bat Byrd, die Briefe, die »an sie und für sie« verfasst worden waren und deshalb »nicht veröffentlicht werden sollten«, nach ihrem Tod zu vernichten. Diesem Wunsch ist Byrd offensichtlich nachgekommen: Soweit bekannt, ist keiner der Briefe erhalten (Byrd an Charles H. Gold, 25. Febr. 1964, CU-MARK). Auch in AD 31. Aug. 1906 und 29. Jan. 1907 erinnert sich Twain noch einmal an Laura.

244 *ihr Vater ein geschätzter Richter ... in Missouri* – Foster P. Wright (1809–1887) wurde 1837 als Richter an ein erstinstanzliches Gericht berufen und wirkte in seiner weiteren Berufslaufbahn an verschiedenen Gerichten in Missouri (»My Sutherland-Wright Ancestry« 2011, Eintrag zu Foster Pellatier Wright).

31. Juli 1906

245 *Claras Kompliment hier einfügen, wo es nicht verlorengehen kann* – Der Rest von Claras Brief ging in der Tat »verloren«; nach aktuellem Kenntnisstand ist der vorliegende Auszug, der vermutlich direkt aus dem Original übernommen wurde, der einzige noch erhaltene Teil.

Artikel über Howells ... Auszug aus Leben in Venedig – In seinem Artikel über Howells, der im *Harper's Monthly* vom Juli 1906 veröffentlicht wurde, schrieb Twain: »Seit vierzig Jahren ist mir sein Englisch eine stete Freude und Überraschung. In der englisch schreibenden Welt gibt es meiner Überzeugung nach keinen Zweiten, der bestimmte wichtige Qualitäten – Klarheit, Verdichtung, sprachliche Genauigkeit und eine mühelose, scheinbar intuitive Stilsicherheit – so kontinuierlich zeigt wie er.« Twain zitiert Howells' Beschreibung des venezianischen Winters aus Kapitel 3 des Reiseberichts *Leben in Venedig*, der 1866 erstmals erschienen war, und kommt zu dem Schluss, dass die »Bilder nicht bloß starre, harte, naturgetreue Fotografien sind; es sind Fotografien mit Gefühl und Empfinden, Fotografien, die, so könnte man sagen, im Traum aufgenommen wurden«. Er beendet den Artikel mit einer humorvollen Beschreibung der »faden, abgedroschenen Bühnenanweisungen« anderer Autoren, denen er Howells' »frische Formen« gegenüberstellt (SLC 1906 g).

246 *Der westliche Pirat ... Buch tatsächlich veröffentlicht* – Der Raubdruck war nicht, wie Duneka und Twain befürchtet hatten, die *Library of Humor* von Webster & Company (vgl. AD 17. Juli 1906, Anm. 237: *»Mr. Duneka ... ein »Pirat« im Westen wolle das Buch neu auflegen ... eine »Scheinausgabe«*). Möglicherweise handelte es sich um *Hot Stuff by Famous Funny Men*. Dieses leinengebundene Buch, auf dessen Umschlag Mark Twain bei einer Lesung vor Theaterpublikum abgebildet ist, war der Nachdruck einer ursprünglich 1883 veröffentlichten und von Eli Perkins (Melville D. Landon) herausgegebenen Anthologie. 1900 wurde das Werk unter dem Titel *Library of Wit and Humor by Mark Twain and Others* mit Twains Porträt auf dem Cover neu aufgelegt; Twain verklagte den Vertreiber des Buches wegen Verletzung des Markenrechts und wollte auch gegen den Verlag sowie gegen »jedes Kaufhaus in New York« vorgehen (21. Dez. 1900 an Gurlitz, Fotokopie in CU-MARK; Landon (ohne Datum); Landon 1898; »Mark Twain, Plaintiff«, *New York Times*, 27. März 1901, 6; *BAL*, 5:11220).

mein Copyright-Anwalt – John Larkin.

246 *George Ade und Dooley* – George Ade (1866–1944) wurde durch seine ursprünglich für den *Chicago Record* geschriebenen »Fabeln in Slang« (»Fables in Slang«) berühmt, die ab 1899 als Buchreihe erschienen. Danach verfasste Ade erfolgreich Romane, Dramen und Musicals. Zu seinen letzten Werken gehört die Schilderung seiner Begegnung mit Mark Twain im Jahr 1902 (Gribben 1980, 1:10–11; Ade 1939). Zu »Dooley« (dem Humoristen Finley Peter Dunne) vgl. AD 22. Jan. 1907 und Anm. 602: *»bei einem Abendessen ... Mr. Peter Dunne Dooley«*. Ade und Dunne wurden von Howells als namhafte Persönlichkeiten der »Chicagoer Schule der Fiktion« gefeiert (Howells 1903, 739–46).

Besuch auf dem Friedhof von Hannibal, Missouri – 1902 besuchte Twain bei seiner letzten Reise nach Missouri die Stadt Hannibal und den dortigen Friedhof; vgl. MT 2012, Bd. 2, Anm. 353: *»John Garth ... Helen Kercheval ... Johns Grab«*.

246–47 *Nasby, Artemus Ward, Yawcob Strauss, Derby, Burdette, Eli Perkins, den »Danbury News Man«, Orpheus C. Kerr, Smith O'Brien, Josh Billings ... Ike Partington ... Doesticks ... Disbanded Volunteer* – Zu Artemus Ward und den »Leuten aus dem Pfaff's« vgl. AD 21. Mai 1906 und Anm. 74: *»Artemus Ward ... Vortragstournee durch Kalifornien ... die »Springfrosch«-Geschichte«* und Anm. 75. *»Henry Clapp ... The Saturday Press ... »Springfrosch« ... war der fröhlichste Bestandteil der Trauerfeierlichkeiten«*; zu Petroleum V. Nasby (David Ross Locke) vgl. MT 2012, Bd. 2, Anm. 609: *»Petroleum Vesuvius Nasby«*; zu George Derby vgl. MT 2012, Bd. 2, Anm. 484: *»konnte sich noch bestens an ›Squibob‹ Derby in West Point erinnern«* und zu Josh Billings (Henry Wheeler Shaw) vgl. MT 2012, Bd. 2, Anm. 613: *»Nasby, Billings und ich – saßen in der ersten Reihe«*. Die Figur des »Yawcob Strauss« kommt in verschiedenen in Pennsylvania-Dutch-Dialekt verfassten Gedichten von Charles Follen Adams (1842–1918) vor. Das bekannteste Werk von Robert J. Burdette (1844–1914) war sein Vortrag »The Rise and Fall of the Moustache«, den er über 500-mal gehalten haben soll. »Eli Perkins« war das Pseudonym des Humoristen Melville D. Landon (1839–1910). Der »Danbury News Man« war James Montgomery Bailey (1841–1894), der diesen Spitznamen seiner Kolumne in den *Danbury News* (Connecticut) verdankte. »Orpheus C. Kerr« (auszusprechen wie »office-seeker«, dt. »Stellensuchender« oder »Postenjäger«) war der Journalist Robert Henry Newell (1836–1901). Einen amerikanischen Humoristen namens Smith O'Brien gab es nicht; möglicherweise verwechselte Twain die Namen des aus Irland stammenden Schriftstellers Fitz-James O'Brien (1828–1862) und des irischen Patrioten William Smith O'Brien (1803–1864). Ike Partington ist eine Figur aus den Geschichten von B. P. Shillaber (1814–1890). Q. K. Philander Doesticks war der Künstlername des Journalisten Mortimer Thomson (1831–1875). Der »Disbanded Volunteer« war das Alter Ego von Joseph Barber (1808?–1874) in einer Reihe von Bürgerkriegsbriefen (»Suburban News«, *New York Times*, 15. April 1874, 8).

248 *Briefe des verstorbenen John Hay ... Chas. Orr* – Die Briefe an den Clevelander Industriellen Alexander Gunn (1837–1901) stammten von Twains Freund John Hay, der am 1. Juli 1905 gestorben war (vgl. MT 2012, Bd. 2, Anm. 38: *»John Hay, den heutigen Außenminister«*). Charles Orr (1858–1927), Oberschulrat Clevelands, der Twain die Kopien geschickt hatte, wollte die Briefe in einem kurzen Artikel veröffentlichen. Ihr damaliger

Anmerkungen

Besitzer, der Anwalt und Kunstmäzen Frank H. Ginn (1868–1938), hatte sie ihm gezeigt. Twains Werk, das in diesen Briefen (und im darauffolgenden Diktat) behandelt wird, ist *Date 1601*, eine derbe Persiflage der Sprache und Sitten im elisabethanischen Zeitalter. Anfangs zeigte Twain die 1876 entstandene Skizze nur einigen zuverlässigen männlichen Freunden. Doch Hay bescherte dem Text größere Verbreitung, als er ihn 1880 nach Cleveland brachte. Von seinem literarischen Zirkel, dem Vampire Club, wurde er wohlwollend aufgenommen und in einer anonymen Ausgabe von vielleicht sechs Exemplaren privat gedruckt (Kohn 1957; SLC 1880a, 1996b; Orr 1906; *BAL*, 2:3388; Barnes 2009; 19. Juli 1880 an Twichell, Transkript in CU-MARK; Hay an SLC, 15. Aug. 1880, CU-MARK; Rhodes 1922, 120–21).

248 *Der Globe hat sich von Downeys Übergriff noch nicht erholt* – Hay bezieht sich auf ein aktuelles Ereignis in Washington, D.C. Am 12. April 1880 brachte Stephen W. Downey, Kongressabgeordneter des Wyoming-Territoriums, einen Gesetzesvorschlag ein, der mit dem Apostolischen Glaubensbekenntnis begann und die Bereitstellung von $ 500 000 für die Bemalung der Wände des Kapitols mit Szenen wie »Geburt, Leben, Tod und Auferstehung unseres Heilands Jesus Christus« vorsah. Downey erhielt zudem die Erlaubnis, zusätzliche »Argumente« für seinen Gesetzesvorschlag im *Congressional Record* (den Hay mit dem Namen des Vorläufers als *Congressional Globe* bezeichnet) zu veröffentlichen. Als der *Record* am 22. April erschien, stellten die Leser zu ihrer Überraschung fest, dass es sich bei Downeys »Argumenten« um ein religiös-mythologisches Gedicht von 2500 Zeilen handelte. Die Angelegenheit machte Downey zum allgemeinen Gespött und löste eine Debatte über den Missbrauch des *Congressional Record* aus (*Washington Post*, 23. April 1880: »Downey's Immortal Ode«, 1; »Downey Invades the Record«, 2; Downey 1880).

249 *Ich antwortete Mr. Orr wie folgt* – Isabel Lyon notierte, dass ihr Twain seinen Brief an Orr diktierte, während er »laut lachend, glucksend, rauchend und jubilierend« im Bett lag (Anm. von Lyon, NN-BGC, TS in CU-MARK).

250 *Von Lt. C.E.S. Wood in West Point … eine Prachtausgabe … gefertigt* – 1882 druckte Lt. Charles Erskine Scott Wood die sogenannte West-Point-Ausgabe von *1601* (nach Twains ausdrücklicher Zustimmung) mit der kleinen Druckerpresse der West Point Military Academy. Mindestens 15 Exemplare waren zum Zeitpunkt von Twains Tod in seinem Besitz und befinden sich heute in den Mark Twain Papers. Wood (1852–1944), ein Universalgelehrter aus Pennsylvania und Adjutant des Superintendenten von West Point, leitete die Presseabteilung und war ein persönlicher Freund Twains. Raubdrucke von *1601* tauchten ab 1901 auf, aber erst im Schriftwechsel mit Orr bekannte Twain außerhalb des Kreises seiner Vertrauten, dass die Skizze von ihm stammte (zu einem Faksimile der West-Point-Ausgabe vgl. SLC 1939; Barnes 2009; Kohn 1957; SLC 1882a, 1996b).

251 *zehn Meilen … Spaziergänge zum Talcott Tower* – Der Bartlett Tower, ein hölzerner Aussichtspunkt auf dem Gebirgsrücken Talcott Mountain in der Nähe von Hartford, stand rund acht Meilen von Nook Farm entfernt, wo Twain und Twichell lebten. Der 1867 von Matthew Henry Bartlett erbaute Turm gehörte zu einer Besucheranlage mit Picknicktischen, Schaukeln und Erfrischungsständen (Brenda J. Miller 2012; Courtney 2008, 148–50).

252 *Dean Sage ... ließ ... ein Dutzend Exemplare privat drucken* – Dean Sage (1841–1902),
Sohn des wohlhabenden Holzhändlers Henry W. Sage, war ein enger Freund von Twain,
der ihn gelegentlich auch in finanziellen Fragen beriet. Er war ein bekannter Autor und
Sammler von Büchern über das Angeln. Es ist nicht belegt, dass er eine Ausgabe von
1601 gedruckt oder finanziert hätte (MT 2012, Bd. 2, Anm. 310: *»Mr. Henry W. Sage«*;
28. März 1875 an Sage, *L6*, 431, Anm. 1).

David Gray in Buffalo ... einem Freund in Japan – David Gray, Dichter und langjähriger
Herausgeber des *Buffalo Courier*, und der Journalist Edward H. House, der 1880 endgül-
tig von einem 10-jährigen Japan-Aufenthalt zurückgekehrt war, erhielten von C. E. S.
Wood jeweils ein Exemplar der West-Point-Ausgabe von *1601* (1882) (vgl. MT 2012,
Bd. 2, Anm. 287: *»David Gray ... Herausgeber der wichtigsten Zeitung«* und Anm. 307:
»Ned House«; Wood an SLC, 25. Juli 1882, CU-MARK).

Lord Houghton – Richard Monckton Milnes, der erste Baron Houghton (vgl. MT 2012,
Bd. 2, Anm. 408: *»Mr. Charles Kingsley ... Bis auf Sir Charles Dilke und Mr. Tom Hughes
sind sie alle tot«*).

Der gelehrte Rabbiner – Die Identität des Rabbis aus Albany ist nicht bekannt. Als Twain
diese Anekdote 1907 noch einmal einem Freund erzählte, konkretisierte er, dass die
zitierte Bemerkung über seine Grabinschrift eigentlich von dem Rabbi stamme und Gray
sie ihm nur hatte »zukommen lassen« (Lyon an Owen, 19. Jan 1936, NN-BGC).

253 *Rudolph Lindau vom Auswärtigen Amt* – Rudolf Lindau (1829–1910) war ein deutscher
Diplomat und Romanautor. Twain lernte ihn im Winter 1891/92 kennen, als Familie Cle-
mens in Berlin lebte. In AD 6. Dez. 1906 ist eine Erzählung über Lindau enthalten, den
Twain dort »Smith« nennt.

Mommsen – Theodor Mommsen (1817–1903), der große Experte für römische Geschichte, war der herausragende deutsche Wissenschaftler seiner Zeit, ein liberaler Politiker und eine Person des öffentlichen Lebens. Während seines Aufenthalts in Berlin
schrieb Twain in sein Notizbuch: »Zweimal mit Mommsen verwechselt worden. Wir haben
das gleiche Haar, aber bei näherer Überprüfung stellte sich heraus, dass wir nicht den
gleichen Verstand haben« (Notizbuch 31, TS S. 27, CU-MARK).

William Walter Phelps – Vgl. MT 2012, Bd. 2, Anm. 6: *»William Walter Phelps«*.

eine Skizze namens »Mehr Glück als Verstand« ... Lord Wolseley – Diese Skizze entstand im April 1886. Die angeblichen Tatsachen des Falls stammen laut Twain aus der
Geschichte eines Bekannten von Twichell, die Twichell weitererzählte. Die kleine Erzählung, deren Höhepunkt darin besteht, dass ein berühmter britischer Militärheld als ein in
Wahrheit »vollkommener Trottel« entblößt wird, veröffentlichte Twain erst nach einem,
wie Paine es nannte, »allgemeinen Hausputz, der nach dem ersten Scheitern der [Paige-
Setz-]Maschine stattfand«. Die Skizze erschien im August 1891 in *Harper's New Monthly
Magazine* (*MTB*, 2:1106; *N&J3*, 226; SLC 1891b). Twain zufolge erfuhr er später, dass er
in »Mehr Glück als Verstand«, ohne es zu wissen, die persönliche Geschichte von Garnet
Wolseley erzählt hatte, dem ersten Viscount Wolseley (1833–1913) und bedeutendsten
britischen Soldaten seiner Zeit. Wolseley, der aus einer armen Familie mit militäri-
schem Hintergrund stammte, machte durch Einsätze in Burma, auf der Krim und in Afrika

Karriere; 1882 wurde er in den Adelsstand erhoben, 1895 zum Oberbefehlshaber der britischen Armee ernannt. Er galt als Intellektueller und treibende Kraft einer Professionalisierung der Armee, wurde öffentlich als »unser einziger General« gefeiert und stand Pate für das »Vorbild eines modernen Generalmajors« in *Pirates of Penzance* von Gilbert und Sullivan. In vielen Einzelheiten passt die Erzählung jedoch nicht zur Person Wolseleys; daher lässt sich vermuten, dass der Protagonist in Twains Skizze die Eigenschaften verschiedener Militärpersönlichkeiten in sich vereint (Beck 2005). Twain erzählt diese Anekdote in leicht abgewandelter Form mit Variationen erneut in AD 27. Dez. 1906.

253 *1900 nahm ich in London an einem Bankett* – Twain besuchte 1900 das Dinner der American Society zum Unabhängigkeitstag in London, wo auch Choate und Wolseley zugegen waren (»London's Fourth«, *New York Daily People*, 5. Juli 1900, 5).

254 *er bat mich um ein Exemplar von 1601* – Nachdem Twain seine Exemplare wiedergefunden hatte, übergab er eines zögerlich an Wolseley. In seinem Brief vom 17. April 1909 erinnert er sich zwar an den Anlass ihrer Begegnung, nicht aber an den genauen Titel des Buches (UkBrH):

Mein lieber Lord Wolseley:

Es ist lange her – 8 oder 9 Jahre. Ich kam zu spät – es war ein Dinner anlässlich des 4. Juli, & die letzten Redner taten ihre Gefühle keuchend vor halbem Publikum & vielen leeren & sich leerenden Sitzen kund, & Sie fingen mich ab, & ich setzte mich hin & führte eine angenehme Unterhaltung mit Ihnen. Sie sehen, ich versuche mich zu erkennen zu geben.

Mit dem Ziel vor Augen, zu erfahren, ob Sie mich um ein Exemplar von *1603* baten? Ich *glaube*, dass Sie es höchstpersönlich taten, will es Ihnen aber ehrlich & aufrichtig nicht *anlasten* & würde das auch keinem anderen Unschuldigen anlasten wollen, da der Klassiker, um den es sich handelt, ein recht freimütiges Gespräch zwischen Königin Elisabeth, Shakespeare, Raleigh etc. ist, nicht eben ein Werk, das besitzen zu wollen man einem unbescholtenen Menschen anlasten möchte.

Als ich nach Hause kam, durchstöberte ich dieses Land & durchkämmte verschiedene fremde Länder, wo der Text unter der Hand gedruckt worden war, konnte jedoch kein Exemplar finden. Während meines Aufenthalts in England hatte ich drei Exemplare versprochen, & ich konnte diese Versprechen nicht einlösen.

Gehörte Ihre Lordschaft zu diesen dreien? Ich bin nur ein wohlmeinender Mensch, der versucht, Wort zu halten, darum weiß ich, dass Sie mir vergeben werden, falls ich irre. Vielleicht hätte ich *1603* nicht schreiben sollen, aber damals war ich jung (vor 34 Jahren) & machte viele Fehler. Einmal habe ich es von den anstößigen Stellen bereinigt, aber dann – nun, dann war da natürlich nichts mehr übrig.

Mit den angenehmsten Erinnerungen an diese inzwischen museumsreife Unterhaltung am 4. Juli bin ich

Ihrer Lordschaft
gehorsamer Diener
Mark Twain

6. August 1906

254 *der kann warten ... ihn in Öl sieden* – Twain hat die Identität des Betreffenden nie enthüllt. Am Ende von AD 7. Aug. 1906 bezeichnet er ihn als »Nr. 14 in der Galerie der Quatschköpfe« und verschiebt seine Anklage erneut.

dreizehn Personen ... meinen alten Groll gekonnt und erschöpfend auszuschlachten – Vgl. Shakespeares *Der Kaufmann von Venedig*, 1. Akt, 3. Szene. Zu einer Auflistung der mutmaßlichen »Personen, die es verdienen«, vgl. MT 2012, Bd. 2, 38–39.

255 *Schuldenlast* – Seine katastrophalen Investitionen, den Börsenkrach von 1893/94 und seine Schulden behandelte Twain in AD 2. Juni 1906.

255–56 *begegnete ich eines Abends zufällig H. H. Rogers ... Dr. Clarence C. Rice* – Rice (1853 bis 1935) hatte seine Praxis in New York City und wurde 1885 Hausarzt der Familie Clemens, die er gelegentlich in Hartford besuchte. Twain war zu Beginn seines New-York-Aufenthalts 1893/94 bei Rice in der 123 East 19th Street zu Gast. Der Schriftverkehr aus jenen Tagen widerlegt Twains Behauptung, er und Rice seien »eines Abends zufällig H. H. Rogers« begegnet: Rice hatte die beiden gezielt zusammengebracht. In einem Brief vom 17. September 1893 an Olivia schrieb Twain über Rice: »Er sagte mir, er hätte sich erlaubt, mit einem reichen Freund, der mich bewundere, über unsere Schwierigkeiten zu sprechen. Darüber habe ich mich sehr gefreut« (CU-MARK; Clarence C. Rice 1925; 1. Mai 1893 an OC, Transkript von PAM in CU-MARK; *N&J3*, 332, Anm. 92).

256 *schmückte ich den Bauch des Erdballs mit einer Girlande aus Vorträgen ... im Interesse von Websters Gläubigern* – Vgl. AD 2. Juni 1906, Anm. 128: »hielten wir Vorträge, raubten und plünderten ... Sämtliche Gläubiger haben für jeden Dollar hundert Cent erhalten« und AD 4. Juni 1906.

hundert Cent von jedem Dollar – Im ursprünglichen Diktat hatte Twain zugegeben: »Ich bin ein Schwächling, und man hätte mich vermutlich dazu überreden können, mit den vorhandenen Vermögenswerten von Webster die Schulden, so gut es eben ging, zu begleichen und es dabei bewenden zu lassen. Aber sämtliche Begriffe der Überredung, die das Wörterbuch hergibt, hätten nicht ausgereicht, Mrs. Clemens dazu zu bringen.« Bei der Durchsicht des Typoskripts strich er diese Anmerkung (vgl. Textual Commentary zu *MTPO*).

257 *Wert der Bücher ... meinen Kindern großzügige Unterstützung* – Twain formulierte bei der Manuskriptdurchsicht mehrere Sätze über seine Einnahmen aus Tantiemen um und ersetzte konkrete Dollarbeträge durch allgemeine Begriffe. In seinem ursprünglichen Diktat erklärte er, dass seine Tantiemen bald bei »zwanzigtausend Dollar pro Jahr« lagen, und manchmal »zehn- oder zwanzigtausend darüber«; tatsächlich beliefen sie sich manchmal »auf bis zu siebenundfünfzigtausend Dollar in einem Jahr und werden in den nächsten zwölf Monaten noch darüberliegen, wenn man alte Bücher, neue Bücher und Zeitschriftenmaterial zusammennimmt« (vgl. Textual Commentary zu *MTPO*).

7. August 1906

258 *Mr. Rogers … Verflechtungen mit Paige* – Zu Rogers' Rolle beim Umgang mit dem Miss-
erfolg der Paige-Setzmaschine vgl. MT 2012, Bd. 2, Anm. 545: *»Ich zahlte weiterhin die
Rechnung … $ 150 000 statt der ursprünglichen $ 30 000«.*
Einigung zwischen der American Publishing Company und den Harpers – Vgl. AD
17. Juli 1906, Anm. 232: *»Die Harpers hatten die eine Hälfte, die American Publishing
Company die andere … Colliers Angebot … anders überlegt«.*

259 *einen weiteren Vertrag … Diener eines Herrn zu sein* – Im Oktober 1903 kaufte Harpers
die American Publishing Company für den Betrag von $ 50 000, der je zur Hälfte von
Harpers und der Familie Clemens aufgebracht wurde. Harpers erklärte sich damit einverstanden, der Familie Clemens Tantiemen in Höhe von 20 Prozent auf Einzeltitel und
17 Prozent auf Sammelausgaben zu zahlen (*HHR*, 691–99, 700–708). Twain schrieb
damals in sein Notizbuch:

Der Vertrag […] bündelt alle meine Bücher in Harpers Händen, & jetzt sind sie endlich
wertvoll: Tatsächlich stellen sie ein Vermögen dar. Sie *garantieren* mir 5 Jahre lang $ 25 000
pro Jahr, werden aber, wenn intelligent damit umgegangen wird, viele Jahre lang das Doppelte einbringen. Vor vier Monaten hätte ich mir nicht vorstellen können, mich jemals von
meinem 30-jährigen Sklavendienst für den Bettelverein American Publishing Co befreien
zu können – eine unnütze Sorge, die immer einen schädlichen Einfluss auf die Bücher hatte.
(Notizbuch 46, TS S. 15, CU-MARK)

261 *Federal Steel … Aktien … für erheblich mehr als den doppelten Betrag* – Vgl. AD 2. Juni
1906, Anm. 128: *»Federal Steel Company … Gewinn von 125 Prozent«.*

8. August 1906

263 *Himmelfahrtskommando* – Militärjargon, eine Soldateneinheit, die, in der Regel freiwillig,
eine besonders gefährliche Mission antritt.

264 *Lohengrin* – Twain besuchte 1878 eine Aufführung der Oper von Richard Wagner in
Mannheim, die er in Kapitel 9 von *Bummel durch Europa* als »Lärm« (MT 1963a, 65) bezeichnet (Gribben 1980, 2:731).

266 *Papa reiste nach Europa … um mit Mr. G. W. Cable zu lesen* – Susy vollführt hier einen
Zeitsprung. Twain und Olivia waren von Mai bis Oktober 1873 mit ihr in England, Schottland und Irland; Twain hielt seine Vorträge gegen Ende der Reise in London. Die Lesereise mit Cable fand erst im Winter 1884/85 statt.

267 *das Kindermädchen* – Rosina Hay (vgl. AD 3. Okt. 1906, Anm. 387: *»heiratete sie einen
jungen Farmer«*).
Tante Clara Spaulding – Eine enge Freundin Olivias aus Kindertagen (vgl. MT 2012,
Bd. 2, Anm. 286: *»[Miss Clara L. Spaulding] … enge Freundin von Mama«*).

267 *Frank Warner* – Der damals 17-jährige Frank (1867–1931) war der Sohn von George H. und Elisabeth (Lilly) Gillette Warner, Nachbarn der Clemens in Nook Farm. Georges Bruder war Charles Dudley Warner (»Nook Farm Genealogy«, 1974, 30; MT 2012, Bd. 2, Anm. 223: »*George*«).

268 *Abend bereits in einem früheren Kapitel … geschildert* – Zu Twains früherer Schilderung des 14. März 1885 vgl. AD 6. Febr. 1906 (MT 2012, Bd. 1, 237–40; Bd. 2, Anm. 237–38: »*vor einem Vorhang … Susy Clemens, in die Seide und das Satin des Prinzen gekleidet*«). *bei dem Dinner neulich … Sir Henry Irving* – [Fußnote] Twain fügte viele solche Fußnoten in Susys Originalmanuskript ein. Am 10. November 1901 dinierte er mit dem berühmten britischen Schauspieler Sir Henry Irving (1838–1905) im Players Club (Notizbuch 44, TS S. 17, CU-MARK).

10. August 1906

269 *Zeitungsausschnitt aus der Westminster Gazette* – George Harvey von Harper & Brothers schickte Twain den undatierten Zeitungsausschnitt in einem Brief vom 9. August 1906 mit der Notiz: »Sieh an! GH« (CU-MARK). *»Evas Tagebuch«* – »*Evas Tagebuch*« entstand im Juli 1905 und erschien im Juni 1906 in Buchform (16. Juli 1905 an Duneka, NN-BGC; SLC 1906a; *BAL*, 2:3489).

271 *Endlich haben wir von Higbie gehört* – Calvin Higbie und Twain teilten sich 1862 im Goldgräberlager in Aurora eine Unterkunft. In seinem Brief vom 15. März 1906 legte er seinen Plan dar, seine Erlebnisse im Wilden Westen niederschreiben zu wollen. Der Brief findet sich im AD 26. März 1906 (MT 2012, Bd. 1, 429–30; Bd. 2, Anm. 428: »*Calvin H. Higbie … Captain John Nye*«).

272 *Robinson Crusoe* – Twain besaß Daniel Defoes Roman in einer Ausgabe von 1747, aus der er seinen Kindern gern vorlas (Gribben 1980, 1:181; CC 1931, 25). Vgl. auch AD 11. Juni 1906, Anm. 175: »*Alexander Selkirk … Schreckensort*«. *Sein Aufsatz trägt den Titel* – Im Original lautet dieser lange Titel: »*A Little Experience in Nevada and Surrounding Country in the Early Sixties, Leading up to My Acquaintance with Samuel L. Clemens, ›Mark Twain.‹*«; Higbies Essay findet sich in den Mark Twain Papers in zweifacher Ausführung (beide wurden 2002 erworben): als Originalmanuskript und als dessen maschinengeschriebene Kopie mit Twains Korrekturen. Zum Zeitpunkt von Higbies Tod 1914 war es noch gänzlich unveröffentlicht, wurde 1920 jedoch in einem Artikel der *Saturday Evening Post* ausführlich zitiert (Higbie 1906; Phillips 1920).

273 *habe Higbie den folgenden Brief geschrieben* – Von diesem Brief existiert nur Hobbys Maschinenabschrift, das an Higbie geschickte Original ist nicht erhalten.

274 *haben ein paar Dinge neu erfunden … den Ball* – In Higbies Essay wird eine Tanzveranstaltung anlässlich der Eröffnung eines Saloons beschrieben:

Es war eine seltsame Mischung fünf Damen und hunderte Herren, weshalb die Paare naturgemäß fast nur aus Männern bestanden, und diese boten einen kuriosen Anblick. Die unterschiedlichsten Charaktere; kaum einer mit Jacke, Minenarbeiter in roten Hemden,

mit Hosen die nicht in den Stiefeln steckten, Pistole Messer oder beides um die Taille ge-
gurtet. [… Sam] war bester Stimmung und machte viel Aufhebens, um seinen Tanzpartner
zu bespaßen, schenkte vor lauter Katzbuckeln jedoch weder der Musik noch den Tanzan-
weisungen von vorn auch nur die geringste Aufmerksamkeit. (Higbie 1906, TS S. 15–16)

274 *Pfannkuchenepisode* – Die »Episode« ist ein Auszug aus dem maschinengeschriebenen
Originalmanuskript von Higbies Essay, in dem Twain einen Schreibfehler korrigierte und
mehrere Absätze einfügte (Higbie 1906, TS S. 11–12).

11. August 1906

277 *in der heutigen Morgenzeitung … an Andrew Carnegie gerichtete Mitteilung* – Twains
Brief an Carnegie stammt vom 6. Februar 1901 (DLC) und wurde damals in zahlreichen
Zeitungen abgedruckt. Zwei Tage später antwortete Carnegie: »Für Sie kommt nur ein
Zweieinhalb-Dollar-Gesangbuch *in Gold* in Frage. Ihr Platz im (himmlischen) Chor erfordert das, & Sie sollen es bekommen« (CU-MARK). Falls Hobby tatsächlich einen Ausschnitt aus »der heutigen Morgenzeitung« abgetippt hat, so ist dieser nicht erhalten, wobei der vorliegende Text weitgehend mit demjenigen übereinstimmt, der 1906 in der
Augustausgabe von *Everyday Housekeeping* erschien (23:1005). Unabhängig von der
genauen Quelle muss zu irgendeinem Zeitpunkt ein Nachdruck in Großbritannien erfolgt
sein, da die »anderthalb Dollar« von Twain zu »sechs Shilling« wurden.

278 *Friedenspalast … Bibliotheken im Wert von achtzig Millionen Dollar* – Der für 1,5 Millionen Dollar erbaute Friedenspalast in Den Haag wurde 1913 fertiggestellt und ist seither
Sitz des Ständigen Schiedshofs, der ersten weltweiten Instanz zur Beilegung internatio-
naler Konflikte. Das Carnegie Institute in Pittsburgh wurde 1896 gegründet und bestand
zunächst aus einer Reihe von Kultur- und Bildungseinrichtungen, wie einem Museum,
einem Konzertsaal und mehreren technischen Fachschulen, aus denen schließlich die
Carnegie Mellon University hervorging. 1906 hatte Carnegie dem Institut insgesamt mehr
als 8 Millionen Dollar gestiftet. Für US-amerikanische und kanadische Lehrer ab 65 oder
für Lehrer mit mindestens 25 Dienstjahren rief er 1905 den Pensionsfonds Carnegie
Foundation for the Advancement of Teaching ins Leben; 1906 stockte er seinen ursprünglichen Stiftungsbetrag von 10 Millionen Dollar noch einmal um 5 Millionen Dollar auf.
Carnegies Gesamtausgaben für öffentliche Bibliotheken werden heute auf über 60 Millionen Dollar geschätzt (Carnegie Endowment 1922, 3–8, 127–35, 274–77, 311; »Comment«, *Harper's Weekly* 50 [11. Aug. 1906]:1123).

In einem früheren Kapitel – Ein solches »Kapitel« kommt in der Autobiographie nicht vor,
doch Twain erzählte diese Anekdote gern, so etwa drei Jahre zuvor im *Ladies' Home
Journal* (vgl. Anm. 279: *»Ich ließ mich … neben John T. Lewis fotografieren«*). John T.
Lewis (1835–1906) stammte aus Carroll County, Maryland, und lebte dort als freier
Schwarzer. 1864 ließ er sich in Elmira nieder, wo er zunächst als Kutscher für Jervis
Langdon, danach als Schmied arbeitete, bevor er als Pachtbauer auf die Quarry Farm

kam. Twain beschrieb die Ereignisse des 23. August 1877 in einem Brief an die Familie Howells (der komplette Brief vom 25. bzw. 27. August findet sich in *Letters 1876–1880*):

Vorgestern war ein herrlicher Sommertag hier oben auf dem Gipfel. Tante Marsh & Cousine May Marsh kamen Susie Crane & Livy auf der Farm besuchen. Wenig später kam Mutter Langdon mit dem Kindermädchen Nora & dem kleinen Jervis (Charley Langdons Sohn) in der »hohen Kutsche« den Hügel herauf – der Kutscher Timothy saß auf dem Bock. Es folgten Charleys Frau & kleine Tochter im Einspänner, gezogen von dem neuen, jungen, schnellen Grauen – einem langbeinigen Pferd. Theodore Crane kam ein wenig später nach.

Bay & Susie waren zur Stelle mit ihrem Kindermädchen Rosa. Auch ich war zur Stelle. Susie Cranes Trio farbiger Dienerinnen ebenfalls – Josie, das Hausmädchen; Tante Cord, die Köchin, 62 Jahre alt, mit Turban, sehr groß, sehr kräftig, stattlich in jeder Hinsicht (ihr Porträt findet sich in »A True Story Just as I Heard It« in meinen Skizzen); die Wäscherin Chocklate (so nennt Bay sie – sie kann Charlotte nicht aussprechen), noch größer, von noch imposanterer Statur, mit Turban, sehr schwarz, stolz und aufrecht wie eine Indianerin – sie ist 24. Dann waren da noch die Farmersfrau (farbig) & ihre kleine Tochter Susie.

Klingt das nicht nach einem guten Publikum für eine aufregende Vorstellung? Gutes Material, schnell erregend, leicht entflammend?

Lewis war noch in der drei Meilen entfernten Stadt mit seinem Zweispänner, um eine Ladung Dünger zu holen. Lewis ist der Farmer (farbig.) Er ist von mächtigem & muskulösem Körperbau, stämmig, bucklig, ungelenk, hat schöne männliche Züge & einen klaren Blick. Er ist ungefähr 45 – & ein hinreißender Anblick, wenn er in seinen flatternden Arbeitslumpen dasitzt, zusammengesackt zu einem Bündel, mit seinem alten Schlapphut, tief über die Ohren & in den Nacken gezogen. Ein Anblick, der selbst ein gebrochenes Herz zum Lächeln bringt.

Lewis hat hart gearbeitet & ist sehr arm geblieben. Am Ende eines Jahres der Schufterei kann er meist nicht einmal fünfzig Dollar Gewinn vorweisen. Er hatte sich Geld von den Cranes geliehen, bis er ihnen $ 700 schuldete – & man kann sich vorstellen, wie elend sich dieser pflichtbewusste & ehrliche Mann dabei fühlte, jahraus & jahrein diese hartnäckige, hoffnungslose Last mit sich herumzuschleppen.

Nun, die Sonne ging langsam unter, & die junge & hübsche Ida (Charley Langdons Frau) & ihre kleine Julia & das Kindermädchen Nora fuhren hinter dem neuen grauen Pferd zum Tor hinaus & schlugen den Weg ein, der tief den Hügel hinabführt – derweil stiegen die anderen in der Wagenauffahrt in die hohe Kutsche. Da drehte sich Ida jenseits des Zauns & der Wiese zu uns um – Theodore winkte ihr noch zum Abschied, denn er wusste nicht, dass ihre Geste ein wortloser Hilferuf war.

Im nächsten Moment sagte Livy: »Ida fährt viel zu schnell den Hügel hinunter!« Dann wurde ihre Stimme zu einer Art Schrei: »Das Pferd geht ihr durch!«

Man konnte fast zweihundert Meter den Abhang hinabsehen. Der Einspänner schien zu fliegen. Bei jeder Unebenheit, auf die er traf, schnellte er geradezu mannshoch in die Luft.

Theodore & ich ließen die schreiende Meute zurück & rannten ohne Hut & unter lau-

99

tem Rufen den Hang hinunter. Ein Nachbar erschien an seinem Tor – eine Zehntelsekunde zu spät! –, der Einspänner sauste an ihm vorbei wie ein flüchtiger Gedanke. Den letzten Blick erhaschte ich von ihm fern am Fuße des Hügels, wie er aus einer Staubwolke hinaus in die Luft schoss & dann verschwand. Als ich die Straße hinabflog und links & rechts den Weg absuchte, wollte ich am liebsten die Augen schließen, um das grausige Bild von Verstümmelung & Tod, mit dem ich rechnete, etwas hinauszuzögern.

Ich rannte & rannte & sah noch nichts, doch sagte ich mir: »In der Kurve werden sie sein; die können sie nicht lebendig nehmen.« Als ich endlich in Sichtweite der Kurve kam, sah ich dort zwei Kutschen ganz nah beieinanderstehen – eine davon war voller Leute. Ich dachte: »Natürlich – sie starren gerade geschockt auf die menschlichen Überreste.«

Doch als ich zu den Wagen gelangte, saß da Ida in ihrem Einspänner, & alle waren unversehrt, selbst Pferd und Kutsche. Ida wirkte blass, aber gefasst. Als ich auf sie zugerannt kam, warf sie mir über die Schulter ein Lächeln zu & sagte: »Sie sind auch noch am Leben *oder*?« Es war ein Wunder geschehen – nicht mehr, nicht weniger.

Denn Lewis der Wunderbare, gekrümmt auf seinem Wagen sitzend, hatte sich gerade mit der Düngerladung den Berg hinaufgemüht, als er das panische Pferd in vollem Galopp und mit Hufen, die es bei jedem Sprung mannshoch riss, auf sich zurasen sah. Also lenkte Lewis seine Kutsche genau in der besagten »Kurve« diagonal über die Straße und bildete so mit dem Zaun ein V – so konnte das galoppierende Pferd nicht entkommen, sondern musste in das V hineinlaufen. Dann sprang Lewis vom Kutschbock & stellte sich in sein V. Er sammelte seine ungeheuren Kräfte, und mit Creedmoor'scher Zielsicherheit griff er nach der Kandare des grauen Pferdes, als dieses vorüberstob, & fing es aus dem Stand ein!

Zum Dank für seinen mutigen Einsatz machten die Cranes Lewis Geldgeschenke und erließen ihm sämtliche Schulden. Ida Langdon schenkte ihm eine goldene Uhr mit Gravur, und von Twain bekam er mehrere signierte Ausgaben seiner Bücher. Als Lewis 1902 erneut in finanzielle Schwierigkeiten geriet, setzte ihm Twain eine Rente aus, für die er und Rogers aufkamen. Die heldenhafte Rettungsaktion hielt gleich zweimal Einzug in Twains Erzählwerk: in *Knallkopf Wilson* (die entsprechende Passage wurde vor Erscheinen des Romans gestrichen) und in Kapitel 52 von *Leben auf dem Mississippi* (McKeithan 1961, 23–25; 9. Aug. 1876 an Howells, Anm. 4, *Letters 1876–1880*; *MTB*, 2:599–600). »Creedmoor'sche Zielsicherheit« spielt auf das berühmte Wettschießen mit Langgewehren auf der Creed Farm in Upstate New York 1874 an.

279 *Ich ließ mich … neben John T. Lewis fotografieren* – Thomas E. Marr fotografierte die beiden im Juli 1903 für den illustrierten Artikel »Three Famous Authors Outdoors« im *Ladies' Home Journal* (20 [Nov. 1903]:1, 36–37; 17. Juli 1903 an Bok, ViU). Vgl. hier MT 2014, Bd. 1, Abb. 16.

280 *Lewis ein »Tunker« … ein »Deutscher Baptist«* – Die Church of the Brethren, auch bekannt als Tunker, ist eine Glaubensgemeinschaft, die von der Täuferbewegung geprägt ist. Ihre Wurzeln finden sich im Deutschland des 18. Jahrhunderts, charakteristisch ist die Gläubigentaufe durch dreifaches Untertauchen. Abgesehen davon gibt es starke Parallelen zu den Bräuchen der Mennoniten, die mit ein paar Tropfen Wasser taufen. Die weni-

gen Tunker-Gemeinden im heutigen Nordamerika finden sich vorwiegend in den Mittel-
atlantikstaaten und im Mittleren Westen.

282 *David Gray –* Vgl. MT 2012, Bd. 1, 306–08; Bd. 2, Anm. 307: »*Er sagte: ›David Gray.‹*.

283 *Verse von Kipling … der besiegten Buren –* 1902 besiegte Großbritannien die Buren in
Südafrika und annektierte ihre Gebiete (vgl. AD 23. Juni 1906, Anm. 222: »*burische Bevölkerung … Niederlage*«). Die Buren waren den Briten jedoch nach wie vor zahlenmäßig
überlegen, und als die Liberalen ihnen nach dem Machtwechsel 1905 das Wahlrecht
zuerkennen wollten, war Kipling außer sich (vgl. Anm. 283: »*reiste durch Amerika …
zur Quarry Farm*«). Sein am 27. Juli 1906 im Londoner *Standard* erschienenes Gedicht
»South Africa« brandmarkte die Pläne der Regierung als Verrat (»A Kipling Political
Poem«, *New York Times*, 27. Juli 1906, 1). Es ist jedoch unwahrscheinlich, dass Twain
unter den »heute Morgen eingegangenen Telegrammen« auf das Gedicht stieß, da es
bereits zwei Wochen zuvor veröffentlicht worden war. Quelle dürfte eher *Harper's Weekly*
vom 11. August gewesen sein, wo ein Auszug samt Kommentar abgedruckt wurde (Gilmour 2002, 196–99; »Comment«, *Harper's Weekly* 50 [11. Aug. 1906]:1123).
reiste durch Amerika … zur Quarry Farm – Von März bis Oktober 1889 reiste Rudyard
Kipling (1865–1936), zu der Zeit noch ein völlig unbekannter Journalist, ostwärts von Indien nach Großbritannien: Nach der Pazifiküberquerung fuhr er von San Francisco nach
Pennsylvania, wo er Freunde besuchte, bevor er die Schiffsreise nach Liverpool antrat.
Von unterwegs schickte er Reisebriefe an den *Pioneer* in Allahabad, die später gesammelt als *From Sea to Sea* (1899) erschienen. Vermutlich besuchte Kipling die Familie
Clemens am 15. August 1889 in Elmira; sein Artikel über den Besuch wurde jedoch erst
ein Jahr später veröffentlicht (*New York Herald*, 17. Aug. 1890, 5, in Scharnhorst 2006,
117–26). Zu dem Zeitpunkt hatte sich Kipling, der damals erst 24 Jahre alt war, als Romancier und Lyriker in Großbritannien und Amerika bereits einen Namen gemacht. Twain
spielte häufig darauf an, wie unerwartet und überwältigend Kiplings plötzlicher Ruhm war.
So schrieb er 1898: »Früher hätte Kipling in einen Picknickkorb gepasst – heute füllt er
die ganze Welt« (Notizbuch 40, TS S. 62, CU-MARK). Trotz seiner eigenen antiimperialis-
tischen Überzeugungen las und lobte Twain stets Kiplings Werk. Isabel Lyon berichtet, er
habe Kiplings reaktionäre Ansichten zurückgeführt auf dessen »Ausbildung, die seine
Ideale schon früh prägte; darum hatte er eine Vorliebe für Macht & Autorität & Königsherr-
schaft« (Lyon 1907, Eintrag vom 22. Jan.). Vgl. auch AD 13. Aug. 1906 (Graver 1992;
Gilmour 2002, 87–97; Krauth 2003, 209, 248–57; Gribben 1980, 1:375–82).

13. August 1906

284 *Erik Erikssons –* Die norwegischen Seefahrer Erik der Rote und sein Sohn Leif Eriksson
erforschten in der zweiten Hälfte des 10. Jahrhunderts Grönland und Vinland (das verschiedentlich in Labrador oder auch in Neufundland oder Neuengland vermutet wird).

285 *Er war mir kein Begriff … allseits bekannt … Rudyard Kipling –* Vgl. AD 11. Aug. 1906,
Anm. 283: »*reiste durch Amerika … zur Quarry Farm*«.

285 *Schlichten Geschichten … Dschungelbücher … Kim* – Kiplings Kurzgeschichtensammlung *Schlichte Geschichten aus den indischen Bergen* (1888), *Das Dschungelbuch* und
Das zweite Dschungelbuch (1894 bzw. 1895) sowie der Roman *Kim* (1901).

15. August 1906

286 *Mrs. Horr … Mr. Sam Cross* – Elizabeth Horr (1790?–1873) aus New York war Twains
erste Lehrerin. Der in Irland geborene Samuel Cross (1812–1886) kam 1837 nach Missouri und arbeitete ab 1840 als Lehrer in Hannibal. Twain ging Mitte der 1840er Jahre zur
Schule. Im Frühjahr 1849 organisierte Cross die Übersiedlung einiger Bürger Hannibals
nach Kalifornien und ließ sich als Jurist in Sacramento nieder, wo er es bis zum Richter
brachte (*Inds*, 326, 316).

287 *Jim Dunlap* – Es gab zu Twains Zeiten in Hannibal zwar einen James Dunlap, allerdings
gehörte »Dunlap« zu Twains Standardrepertoire an Namen, wenn es darum ging, die
Identität tatsächlicher Dorfbewohner zu verschleiern oder erfundene zu benennen. Laut
einem Tagebucheintrag von 1902 bekam er seine »erste Tracht Prügel« von Ed Stevens
(Notizbuch 45, TS S. 16, CU-MARK; MT 2012, Bd. 2, Anm. 385: »*Ed Stevens (lange tot)*«;
Marion Census 1850, 293B).
*Ich betete um Lebkuchen. Margaret Kooneman … brachte jeden Morgen ein großes
Stück* – Nach seinen Schweizer Notizen von 1897 hatte Twain vor, den Bäcker, seine
Tochter und das Lebkuchenstück in »Tom Sawyer's Conspiracy« aufzunehmen, wo Huck
Finn die Episode erleben sollte: »Der alte Koonemann & er sollen gebrochenes Englisch
sprechen. Aus dem liebenswerten, redseligen alten Kerl soll ein richtiger Charakter werden (Bäcker). Margaret K. brachte stets ein Stück Lebkuchen mit in die Schule, & Huck
betete um dasselbe« (Notizbuch 41, TS S. 59, CU-MARK; *Inds*, 289). In einer Notiz von
1905 maß Twain der Lebkuchenepisode unter dem Titel »Prayer« eine noch tiefere Bedeutung zu:

Warum sollte jemand darüber lachen, dass ich als Kind Gott um Lebkuchen bat? Worum
soll ein Kind Gott denn sonst bitten? – ein Kind, das von Lehrern & Pfarrern & heuchleri-
schen Bibelgeschichten immer nur angelogen worden war?

Mein Gebet wurde nicht erhört. Das war vor 65 Jahren. Ich kann mich heute noch an
den Schock erinnern. Ich war so verstört, als hätte ich meine eigene Mutter dabei ertappt,
wie sie mir gegenüber ein Versprechen brach.

War das der Beginn des Zweifels, der in 50 Jahren zur Gewissheit wurde: dass das Christentum & alle anderen Religionen nur Lug & Trug sind? (Autobiographisches Fragment
#146, CU-MARK)

27. August 1906

288 *in Kapitel XLI, sprach ich darüber, wie selten ein gutes Namens- und Personengedächtnis ist –* Wenn er damit nicht seine Bemerkungen zu James W. Nye (vgl. AD 2. April 1906)
meint, existiert keine solche Textstelle. Twain arbeitete im Rahmen seiner Autobiographie
1903 zum letzten Mal mit Kapitelnummern (MT 2012, Bd. 2, 30–33). Für die Diktate ab
1906 verzichtete er komplett darauf, insofern bleibt seine Anspielung unklar.
Brief von meinem Londoner Verleger … Steuer … für mein englisches Urheberrecht –
Der Zwischenfall ereignete sich 1887, als Twains Londoner Verlag Chatto & Windus ihm
mitteilte: »Wir haben gerade einigen ›Ärger‹ mit dem Finanzamt, das uns die Pistole auf
die Brust gesetzt hat, um von uns die Einkommensteuer für die Honorare unserer im
Ausland lebenden Autoren zu bekommen.« Twain verlangte weitere Unterlagen, die er
auch erhielt und aufbewahrte – »denn wenn ich mal ein Stündchen Muße haben sollte,
will ich zu diesem Thema vielleicht etwas Unsinniges niederschreiben« (Chatto und Windus an SLC, 24. Aug. 1887, UkReU; 19. Sept. 1887 an Chatto, UkReU).

290 *erbaten die Harpers etwas Unsinn –* »Offener Brief an die Queen«, Twains Version einer
Majestätsbeleidigung, erschien in der Dezember-Ausgabe 1887 von *Harper's New
Monthly Magazine*; den Inhalt gibt das vorliegende Diktat im Wesentlichen wieder. Als
seine Verleger Chatto und Windus den Artikel lasen, schrieben sie: »Leider hatten wir
nicht rechtzeitig eine Kopie des Artikels, um ihn dem Finanzamt anstelle des Schecks
über 47 Pfund, 19 Shilling, 4 Pence schicken zu können, der von uns höchst widerwillig in
Ihrem Namen ausgestellt wurde« (Chatto und Windus an SLC, 25. Nov. 1887, CU-MARK;
SLC 1887).

291 *Flug angelsächsischer Pfeile in der Schlacht von Senlac –* Die Schlacht bei Hastings
(14. Oktober 1066) fand auf dem Senlac-Hügel statt, mit Bogenschützen griffen jedoch
die Normannen an, nicht die Engländer.
»Herr Präsident, ich bin verlegen – sind Sie es auch?« – Twain erzählt die Geschichte in
dem damals unveröffentlichten Diktat »Das Chicagoer G. A. R. Festival« (MT 2012, Bd. 1,
478–79) von 1885 und in Kapitel 2 von *Reise um die Welt* (1897). Für eine Auflistung der
tatsächlichen Zeitpunkte und Umstände von Twains Begegnungen mit Grant vgl. MT
2012, Bd. 2, Anm. 478: *»Danach begegnete ich General Grant … ich bin verlegen – sind
Sie es auch?«* und *»im Jahre 1879«* sowie Anm. 479: *»Carter Harrison«* und *»Ich bin
nicht verlegen – sind Sie es?«*.
In einem früheren Kapitel – Vgl. AD 31. Mai 1906.

292–93 *1891 oder 92 … den Prinzen von Wales –* Familie Clemens verbrachte den Sommer
1892 in Bad Nauheim und bekam dort im August Besuch von Joseph und Harmony
Twichell. Bad Nauheim liegt nur etwa 30 Kilometer von Bad Homburg entfernt, wo Twain
am 21. August 1892 durch den britischen Botschafter Sir Edward Malet dem damaligen Prinzen von Wales, Albert Eduard (1841–1910; später König Eduard VII.), vorgestellt wurde (Notizbuch 32, TS S. 19–20, CU-MARK, Original im TxU-Hu; Courtney 2008,
244–45).

294 *W. W. Jacobs' Dialstone Lane –* Der britische Schriftsteller William Wymark Jacobs

(1863–1943) war trotz seines vorwiegend humoristischen Gesamtwerks vor allem für seine Horrorgeschichte »Die Affenpfote« (1902) bekannt. Twain empfahl häufig Jacobs' Roman *Dialstone Lane* (1904) (Gribben 1980, 1:348).

28. August 1906

294 *Higbies Antwort ist eingetroffen* – Vgl. AD 10. Aug. 1906.

296 *Bar Harbor* – Eine Meeresbucht bei Mount Desert Island, Maine.

Fellow-Craftsmen's Club … wohnte ich dem ersten Bankett bei – Der Fellowcraft Club, eine New Yorker Journalisten- und Illustratorenvereinigung mit über 200 Mitgliedern, wurde 1888 mit Richard Watson Gilder als Präsidenten gegründet. »Eine unserer wichtigsten Veranstaltungen«, schrieb Gilder, »ist ein monatliches Dinner mit Musik, Lesungen etc., das stets mit ein paar formlosen Ansprachen beginnt. Das Besondere daran ist die Zwanglosigkeit des Ganzen, und obwohl es von Reportern wimmelt, dringt der Inhalt der Ansprachen nicht an die Öffentlichkeit« (Gilder 1916, 185). Im vorliegenden Diktat schildert Twain das Dinner vom 15. November 1889. Der Fellowcraft Club löste sich 1892 auf (*N&J3*, 522, Anm. 132, 530, Anm. 148; »The Fellowcraft Club«, *New York Times*, 19. Mai 1888, 5; King 1892, 503; zu Gilder vgl. MT 2012, Bd. 2, Anm. 495: »*Gilder*«). In AD 31. Aug. und 3. Sept. 1906 greift Twain das Thema der »improvisierten Reden« erneut auf.

Major J. B. Pond war damals noch am Leben – James B. Pond starb 1903 (vgl. MT 2012, Bd. 2, Anm. 317: »*Major Pond*« und AD 20. Nov. 1906, Anm. 447: »*Als vor drei oder vier Jahren der Vortragsagent J. B. Pond starb … Ponds kleinem Jungen*«).

301 *Daguerres gewaltiger Erfindung* – Der Maler Louis Daguerre (1757–1851) erfand 1839 das erste, kommerziell erfolgreiche fotografische Verfahren, die Daguerreotypie.

302 *General Horace Porter* – Vgl. MT 2012, Bd. 2, Anm. 397: »*Paul Jones … Horace Porter*«.

29. August 1906

305 *Kapitel XXXI* – Vgl. AD 18. Juni 1906. Wie beim vorhergehenden Verweis auf »Kapitel XLI« (vgl. AD 27. Aug. 1906, Anm. 288: »*in Kapitel XLI, sprach ich darüber, wie selten ein gutes Namens- und Personengedächtnis ist*«) bleibt die Erwähnung der Kapitelnummer hier ungeklärt.

Geschichte von Soldier Boy – Zu »Die Geschichte eines Pferdes« vgl. Anm. 306: »›*Die Geschichte eines Pferdes*‹«.

Geschichte von dem armen Hund – »A Dog's Tale«, so der Originaltitel, erschien in der Dezember-Ausgabe 1903 von *Harper's Monthly* (SLC 1903 f.).

306 *(Mrs.) Lillian R. Beardsley* – Lillian Robinson Beardsley (1867–1925) stammte aus Coventry, Connecticut; ihr Ehemann war Zollbeamter (Rasmussen 2013, Brief 165).

»Die Geschichte eines Pferdes« – Twain begann mit »A Horse's Tale« im September 1905,

nachdem sich die Schauspielerin und Tierschützerin Minnie Maddern Fiske (1865–1932) mit folgender Bitte an ihn gewandt hatte:

Ich liege des Nachts sehr oft wach und frage mich, ob ich Sie vielleicht bitten dürfte, eine Geschichte über ein altes Pferd zu schreiben, das schließlich in einer Stierkampfarena endet. Eine Geschichte von Ihnen würde mehr bewegen als sämtliche Gesetze gegen Tierquälerei, die wir in Spanien versuchen auf den Weg zu bringen. Die Geschichte würde übersetzt und in Spanien in Umlauf gebracht werden. (Fiske an SLC, 15.? Sept. 1905, *MTB*, 3:1245–46)

»Ich schreibe die Geschichte sehr gern«, lautete Twains Antwort, und das tat er auch bald – »nicht in aller Ruhe, sondern in acht Tagen Eile & Hatz«, wie er an Clara schrieb. »Aber für eine 8-Tage-Arbeit ist sie gar nicht schlecht geraten. Und auch noch lukrativ – im Durchschnitt $ 700 pro Tag –, denn sie kommt in die Zeitung – in die Jan.- & Febr.-Ausgaben vom *Harper's*« (18. Sept. 1905 an Fiske, CU-MARK; 1. Okt. 1905 an CC, Foto-kopie in CU-MARK; 6. Okt. 1905 an CC, CU-MARK). Die Veröffentlichung in *Harper's Monthly* verschob sich auf August und September 1906. 1907 erschien die Erzählung abermals in Buchform (vgl. AD 17. Juli 1906, Anm. 235: *»Die ›Geschichte eines Pferdes‹ ... erklärt hat er sich mir nicht«*). Die spanische Übersetzung bzw. Druckfassung ist nicht erhalten, obwohl Mrs. Fiske in Kuba anscheinend »›The Horse's Prayer‹ [sic] in tausendfacher Auflage auf wasserbeständigem Papier drucken und verteilen ließ« (W. C. T. U. 1913, 205; SLC 1906 h, 1907b).

306 *Herausgeberin von Harper's Bazar einen Plan für eine ... Erzählung* – Elizabeth Jordan (1867–1947) war zwar die Herausgeberin von *Harper's Bazar*, doch stammte die Idee für das Gemeinschaftsprojekt »The Whole Family« von Howells. Mit diesem Fortsetzungs-roman, der von Dezember 1907 bis November 1908 erschien, erfüllten sich Howells und Twain so etwas wie einen langgehegten Wunsch. 1876 hatten sie eine »Blind-Novellette« – oder auch »Roh-Novellette« – geplant, wobei mehrere Autoren auf Basis derselben in-haltlichen Vorgaben unabhängig voneinander eine Geschichte schreiben sollten, die dann im *Atlantic Monthly*, dessen Herausgeber Howells damals war, in Fortsetzungen erscheinen sollte. Im April 1876 verfasste Twain seine Version des Handlungsgerüstes, nannte sie »A Murder, a Mystery, and a Marriage« und reichte sie bei Howells ein. Letzt-lich blieb sie aber unveröffentlicht, da Howells nicht genügend andere Autoren für das Projekt gewinnen konnte. Twain jedoch ließ »die Idee nicht los«, wie er Howells 1879 wissen ließ, und 1893 schrieb er an Olivia: »Ich habe vor, den Plan für die Roh-Novellet-ten zu verändern & ein paar Details hinzuzufügen, die das Ganze stark bereichern wer-den, wie ich glaube. Es ist schon schade; denn bliebe ich bei meinem alten Plan, läge meine Geschichte fix & fertig zu Hause in der Schublade« (15. April 1879 an Howells, *Letters 1876–1880*; 20. Okt. 1893 an OLC, Fotokopie in CU-MARK). Im Mai 1906, über 20 Jahre nach ihren ersten Gesprächen, bot Howells *The Whole Family* Elizabeth Jordan an und erklärte sich bereit, das Kapitel des »Vaters« zu übernehmen, während Twain »den kleinen Jungen übernehmen« sollte (Howells 1928, 2:224; June Howard 2001, 1, 13–15).

307 *Mr. Howells begann mit der Geschichte … hat sich der Junge noch nicht bei mir gemel-det* – Twain willigte anfangs ein, bei »The Whole Family« mitzumachen, und bestätigte Jordan, die Idee sei »ausgezeichnet«, doch müsse er zunächst ein paar Fortsetzungen der anderen Beteiligten sehen (Anm. von Lyon zu Jordan an SLC, 29. Mai 1906, CU-MARK). Man schickte ihm Howells' Kapitel und das zweite Kapitel »der altjüngferlichen Schwester« von Mary E. Wilkins Freeman (1852–1930), einer damals sehr bekannten Autorin, deren Romane und Erzählungen sich um Neuengland drehen. Doch der Musen-kuss blieb aus, und so zog Twain sein Angebot am 4. August 1906 zurück. Jordan bat ihn jedoch inständig, sich die Angelegenheit noch einmal zu überlegen, weshalb *Harper's Bazar* noch im Dezember mit Twains Namen für *The Whole Family* warb (SLC 2001, 70–75; 4. Aug. 1906 an Jordan, CU-MARK; Jordan an SLC, 10. Aug. 1906, CU-MARK; June Howard 2001, 16–17).

308 *zwei Briefe … gestern von einem Nachbarn überreicht … Brief Nr. 1* – Sumner B. Pearmain (1859–1941), ein Bostoner Börsenmakler und Twains Nachbar in Dublin, New Hampshire, zeigte ihm die mit Rechtschreibfehlern gespickten Briefe im August 1906 (Roswell F. Phelps 1941; Lyon 1906, Einträge vom 17. Juni und 29. Aug.). Pearmain hatte die Namen von Absenderin (Jennie Allen) und Adressatin (Anne Stockbridge) gestrichen. Für die ausführliche Geschichte vgl. AD 5. Okt. 1906.

Shevyott – Gemeint ist Cheviot, eine Art Wollstoff.

310 *Kapitän Ned Wakeman … zwei Schiffsreisen* – Edgar Wakeman (1818–1875), den Twain einmal als »herrlich ungebildeten alten Seemann, der sich selbst jedoch für einen Denker vor dem Herrn hält«, bezeichnete, wurde nicht auf See geboren (wie Twain auf S. 310 behauptet), sondern in Westport, Connecticut (24. April 1901 an Phelps, CtY-BR). Er fuhr bereits mit 14 zur See und arbeitete ab 1850 als Dampferkapitän mit Heimathafen San Francisco. Twain reiste nur einmal mit Wakeman, 1866 auf der *America* von Kali-fornien über Nicaragua nach New York, und sah ihn danach auch nur noch einmal wie-der, im Jahr 1868. Doch Wakeman sollte Twain zu einer ganzen Mannschaft fiktionaler bzw. halbfiktionaler Schiffskapitäne in seinem Erzählwerk inspirieren: Captain Waxman in seinen Briefen an die San Franciscoer *Alta California* im Dezember 1866, Kapitän Ned Blakely in Kapitel 50 von *Durch dick und dünn*, Hurricane Jones in »Some Rambling Notes of an Idle Excursion« (1877/78), zu dem Admiral in »The Refuge of the Derelicts« (1905/06) und zu Eli Stormfield, dem Helden der Kurzgeschichte »Kapitän Stormfields Besuch im Himmel«, über der Twain so lange brütete (vgl. Anm. 313: »*erzählte er mir von einem Besuch, den er dem Himmel abgestattet habe … Howells*«). Im Dezem-ber 1872 war es unter anderem auch Twains Verdienst, dass die Geldprobleme des ge-sundheitlich angeschlagenen Seemanns gelöst wurden. Außerdem half er Wakeman dabei, einen Verlag für sein Buch zu finden, das schließlich postum als *The Log of an Ancient Mariner* erschien (Edgar Wakeman 1878, 21, 30–31, 119–37; *N&J1*, 241–43; *RI 1993*, 331, 677–78, Anm. 331.10; *FM*, 157–248).

311 *auf den Chincha-Inseln den Mörder seines farbigen Maats vor Gericht stellte* – Twains Notizbucheintrag während der Reise mit Wakeman 1866 lautet: »Hinrichtung des Negers auf den Chincha-Inseln.« Damit wies er auf einen Vorfall im März 1858 hin, als Wakeman

Kommandant des Klippers *Adelaide* war, der vor der Isla Elide bei Mexiko ankerte. Ein schwarzer Matrose, William Williams, war angeklagt, den zweiten Steuermann, einen Weißen, ermordet zu haben. Eine Gruppe von Offizieren und Besatzungsmitgliedern, darunter Wakeman, verurteilte und hängte ihn. (Die Chinchas vor der Küste Perus sind Guano-Inseln, genau wie Isla Elide.) Twain gebrauchte die gleiche Formulierung in einem Brief an den *Chicago Republican* vom August 1868. Vier Jahre später, als er Wakemans Erlebnis in Kapitel 50 von *Durch dick und dünn* verarbeitete, vertauschte Twain die Hautfarben von Angeklagtem und Opfer. Danach erinnerte er sich stets daran, dass Wakeman »den Steuermann erhängt hatte [...], weil dieser den Neger umgebracht hatte«, und nicht umgekehrt (18. März 1874 an OC, *L6*, 82–84). Wakeman war für seinen Hang zur Selbstjustiz bekannt; kurz nach der Stadtgründung San Franciscos war er prominentes Mitglied einer Bürgerwehr und wurde mit mehreren Fällen von Lynchjustiz in Verbindung gebracht (*N&J1*, 253, 336; SLC 1868b; *RI 1993*, 677, Anm. 331.10; »Tragedy at Elide Island. Homicide of Thomas P. Lewis and Lynching of William Williams«, *San Francisco Bulletin*, 12. April 1858, 3; »Coroner's Inquest«, *San Francisco Alta California*, 14. Juni 1851, 4; »Our Ocean Commandery, No. 3. High-Handed Work of Capt. Wakeman«, *Boston Journal*, 2. Aug. 1890, 5).

311–12 *Als er dreiundfünfzig Jahre alt war ... nautische Paradies* – Mit 36 heiratete Wakeman Mary E. Lincoln, die er im selben Jahr als Passagierin an Bord der *SS New Orleans* auf dem Weg von San Francisco nach Panama kennengelernt hatte. Wakeman selbst berichtet in *The Log of an Ancient Mariner*, dass seine ersten Worte beim Anblick der in einem Liegestuhl an Deck schlafenden jungen Dame lauteten: »›Gentlemen‹, antwortete ich, ›das ist meine Frau; wenn sie die Augen aufmacht und nicht schielt und bei ihr kein Sparren locker ist, dann werde ich das Mädel heiraten, und wenn ich dazu noch vor dem Frühstück elf Männer umbringen muss.‹« Die beiden heirateten am 24. Dezember 1854. 1862 baute Wakeman eigenhändig das Haus in Brooklyn, Kalifornien, das später von Oakland eingemeindet wurde. Dort sollten Mary und er fünf Kinder großziehen (»Births, Marriages and Deaths in California«, *New York Times*, 31. Jan. 1855, 1; Edgar Wakeman 1878, 171–76, 227–28; Robert P. Wakeman 1900, 292; Bishop 1877, 450).

312 *als er starb ... Spendensammlung ... Ralston* – Als man Twain 1872 um Hilfe bat, war Kapitän Wakeman nicht gestorben, sondern hatte einen schweren Schlaganfall erlitten. Twains öffentlicher Spendenaufruf angesichts der 5000 Dollar Hypothek auf Wakemans Haus erschien am 14. Dezember 1872 auf der Titelseite der *Alta California* in San Francisco. Das Geld kam dank des tatkräftigen Einsatzes von H. D. Bacon innerhalb weniger Tage zusammen, der erwähnte Banker William C. Ralston trug gleichfalls dazu bei (Ray B. Browne 1961, 322–24; »Success of the Wakeman Subscription«, *San Francisco Bulletin*, 27. Dez. 1872, 3).

313 *erzählte er mir von einem Besuch, den er dem Himmel abgestattet habe ... Howells* – 1906 hatte Twain bereits mehr als 37 Jahre lang immer wieder an »Kapitän Stormfields Besuch im Himmel« gearbeitet und beinahe ebenso lange an eine Veröffentlichung gedacht (und diese immer wieder verworfen). In einem Brief an den *Chicago Republican*

vom August 1868 erzählte Twain noch, Wakeman habe ihm Ende Juli in Panama City von
»seinem bemerkenswerten Traum« erzählt (SLC 1868b). Somit kann ausgeschlossen
werden, dass Twain »im ersten Viertel des Jahres 1868« mit seiner eigenen Version begonnen hatte, im ersten Viertel des Jahres 1869 erschiene jedoch plausibel. Twain arbeitete in unregelmäßigen Abständen bis März 1878 an der Erzählung, als Howells auf die
Veröffentlichung einer neuen Fassung, der er ein Vorwort des Dekans von Westminster
voranstellen wollte, zu drängen begann. Zwischen 1878 und 1881 entstand ein Großteil
der Erzählung (Kapitel 3 und 4). Laut Joe Goodman zeigte ihm Twain irgendwann im darauffolgenden Jahrzehnt ebendiese Kapitel und äußerte sich besorgt, dass eine Veröffentlichung »seinen Ruf als Schriftsteller gefährden könnte; das Lesepublikum sei noch
nicht bereit für so etwas« (Goodman an Tufts, 12. Juli 1908, CU-MARK). Das Manuskript
blieb bis 1905/06 »in der Schublade«. Danach kamen Kapitel 1 und 2 hinzu, zusammen
mit weiteren Textpassagen, deren ursprünglich geplante Platzierung innerhalb des Ge-
samttextes jedoch unklar ist (23. März 1878 an OC, *Letters 1876–1880*; Baetzhold und
McCullough 1995, 129–38).

313 *Die angelehnte Himmelspforte ... einen knickerigen kleinen Zehn-Cent-Himmel* – Das
Buch, im Original *The Gates Ajar*, der aus Massachusetts stammenden Autorin Elizabeth Stuart Phelps (1844–1911) erschien im November 1868 und eroberte laut Twain
»die Herzen aller sentimentalen, phantasielosen Bürger des Landes im Sturm« (SLC
1901–02). Der Roman zeichnet das Jenseits als Erweiterung und Vollendung irdischen
Lebens – eine Auffassung, die als unorthodox und materialistisch kritisiert wurde. So
spottete Bret Harte in einer Rezension, die Twain im *Buffalo Express* nachdrucken ließ,
Phelps' Himmel sei »ein Ort, an dem Knaben ihre Luftballons wiederfinden, die sie auf der
Erde verloren haben« (Harte 1869a, 293). *The Gates Ajar* war ein kommerzieller Triumph
und verkaufte sich in den ersten zehn Jahren nach dem Erscheinen fast 70 000-mal – drei
Fortsetzungen folgten (Elizabeth Stuart Phelps 1964, 124–25; *BAL*, 8:20865; 25. Aug.
1869 an Stoddard, Anm. 2, *Letters NP1*; »The Great Novel of the Year!«, *Publishers'
Weekly*, 13. Okt. 1877, 449).
Jetzt aber beabsichtige ich, es in diese Autobiographie aufzunehmen – Im Typoskript
des Diktats merkte Paine an: »Ein Jahr später entschied er sich anders – Stormfield
erschien 1907/08 sowohl in einer Zeitschrift als auch in Buchform.« Das schließt eine
Aufnahme des Textes in die *Autobiographie* nicht unbedingt aus; allerdings scheint Twain
in späteren Diktaten davon auszugehen, dass seine Leser »Kapitän Stormfield« nicht
gelesen bzw. nicht einmal davon gehört haben. Folglich muss Twain die Aufnahme der
Erzählung in die Autobiographie irgendwann wieder verworfen haben, weshalb sie in
dieser Ausgabe auch nicht enthalten ist (zur vollständigsten Version von »Kapitän
Stormfields Besuch im Himmel« vgl. Baetzhold und McCullough 1995, 129–88). Zum
Zeitpunkt des vorliegenden Diktats wusste Twain offenbar noch nicht, was er mit seinem
»Stormfield« anstellen sollte. Die Fußnote, in der er behauptet, gerade »die letzten bei-
den Drittel verbrannt« zu haben, steht im Widerspruch zum Diktat des darauffolgenden
Tages (AD 30. Aug. 1906). Zu seiner hier verkündeten Absicht, das Werk »nicht vor Ablauf
von fünfzig Jahren« veröffentlichen zu wollen, passt außerdem nicht, dass er es zeit-

gleich George Harvey als Beitrag für *Harper's Monthly* anbot. Harvey lehnte die Geschichte ab, weil er sie angesichts der vorherrschenden religiösen Befindlichkeiten für zu kontrovers hielt, und wies Twain sanft zurecht: »Ich weiß, dass man so etwas momentan nicht drucken kann, und ich glaube, Sie wissen es auch, wenn Sie ehrlich sind.« Ein Jahr später veröffentlichte Harvey die Erzählung dann doch in *Harper's Monthly*, und 1909 wurde aus demselben Text Mark Twains letztes Buch zu Lebzeiten (Harvey an SLC, 7. Sept. 1906, NNC; SLC 1907/08, 1909b).

314 *Twichell … Kapitän Ned Wakeman* – Im August 1874 begleitete Twichell seinen Freund Yung Wing, der in diplomatischer Mission von New York nach Peru reiste. Am 22. August schrieb Twichell von einem Dampfer kurz vor Panama an Twain, er habe an Bord Kapitän Wakeman getroffen (CU-MARK):

Was für ein köstlicher alter Misanthrop – was für ein unterhaltsamer Denunziant! Und, o Mark, was für ein wortgewaltiger Kommentator des Alten Testaments!! […] Beim Gedanken daran, dass auch Du diesen faszinierenden und unsagbar vergnüglichen Geschichten schon einmal gelauscht hast, habe ich sie gleich noch mehr genossen. Aber vor dem Abschied oder *zum* Abschied will ich ihm doch sagen, dass ich ein Mann der Kirche bin. Angesichts einiger seiner Bemerkungen über den Berufsstand wird er sich bestimmt köstlich amüsieren.

Twichells Beschreibung seiner Gespräche mit Wakeman inspirierte Twain zu der rationalistischen Auslegung von 1. Könige 18 (Elias Machtprobe mit den Propheten des Baal), die er Kapitän Hurricane Jones im zweiten Kapitel von »Some Rambling Notes of an Idle Excursion« in den Mund legt. Die Skizze erschien zunächst im *Atlantic Monthly* und 1882 in der Kurzgeschichtensammlung *The Stolen White Elephant, Etc.* (Courtney 2008, 151–52; SLC 1877/78, 1882b, 36–105).

30. August 1906

316–17 *als ich bis zur Hälfte von Tom Sawyer vorgedrungen war … zwei Jahre lang in einem Schubfach gelegen hatte* – Twain hatte gerade das spätere Kapitel 18 vollendet, als »die Erzählung plötzlich entschlossen zum Stillstand« kam. Am 4. September 1874 schrieb er an John Brown:

Ich schreibe jetzt schon seit geraumer Zeit durchschnittlich fünfzig Manuskriptseiten pro Tag an einem Buch (einer Geschichte). […] Doch vorgestern Abend fiel mir auf, dass ich beim Kapitel jenes Tages völlig versagt hatte, was Struktur, Moral, Wahrhaftigkeit & Ausführung anging – genug Makel, um die Qualität eines jeden Kapitels zunichtezumachen – & so muss ich mein Tagwerk verbrennen & noch einmal von vorn anfangen. Offenbar war ich abgearbeitet und leer gepumpt. (SLC und OLC an Brown, *L6*, 221–25)

Twain strich den letzten Absatz auf Manuskriptseite 500 (nicht 400, wie es im vorliegenden Diktat heißt) und vernichtete den Rest des Kapitels. Acht oder neun Monate (und nicht zwei Jahre) später nahm er die Arbeit am Manuskript wieder auf und schloss sie am 5. Juli 1875 ab (*TS* S. 10–12, 505, 583, Anm. 148.30).

317 *Der Prinz und der Bettelknabe … Ein Yankee an König Artus' Hof … »Which Was It?«* – Twain begann 1877 mit *Der Prinz und der Bettelknabe*, brach die Arbeit daran aber Anfang 1878 ab, als er mit seiner Familie nach Europa reiste; erst 1880 setzte er sie fort. Über ein »trockenes Intervall von zwei Jahren« bei *Ein Yankee an König Artus' Hof* ist nichts bekannt, Twain schrieb zwischen 1886 und 1889 unregelmäßig an dem Buch. Die erste Schreibphase von »Which Was It?« fiel in den Sommer und Herbst 1899, als sich Twain in London und Sanna (Schweden) aufhielt. Zwischen 1900 und 1903 arbeitete er weiter an dieser Geschichte, bevor er sie endgültig aufgab (*P&P*, 3–7; *CY*, 1–13; *WWD*, 177–78).

317–18 *Das Refugium der Ausgestoßenen … Abenteuer einer Mikrobe … Der geheimnisvolle Fremde* – *The Refuge of the Derelicts* und *Three Thousand Years Among the Microbes*, so die Originaltitel, sind umfangreiche, aber unvollendete Romane aus den Jahren 1905/06 bzw. 1905, die bei Twains Tod nur in Manuskriptform vorlagen (eine Veröffentlichung erfolgte in *FM*, 157–248, und *WWD*, 430–553). Mit *The Mysterious Stranger* versuchte sich Twain zum vierten und letzten Mal an einer Geschichte über ein übernatürliches Wesen, das in einem Knabenkörper auf die Erde kommt. Die erste Fassung ist in der zweiten, die im Österreich des 18. Jahrhunderts spielt (»The Chronicle of Young Satan«, 1897–1900), noch gut erkennbar. Schauplatz der dritten Bearbeitung ist Missouri im 19. Jahrhundert (»Schoolhouse Hill«, 1898), und der letzte Versuch mit dem vollständigen Titel *No. 44, the Mysterious Stranger* spielt im 15. Jahrhundert in einem österreichischen Dorf und der dortigen Druckerei. Zum Zeitpunkt des vorliegenden Diktats war das Werk unvollendet, 1908 kamen noch mehr als 100 Seiten hinzu, doch das Manuskript wurde nie fertiggestellt (Tuckey 1963; *MSM*, 1–34).

318 *eine dieser halbfertigen Geschichten … ihre Helden Tom Sawyer und Jim* – Twain scheint hier auf eine Geschichte anzuspielen, an der er 1902 während des Familienurlaubs in York Harbor, Maine, arbeitete. Das Manuskript ist nicht erhalten, und die einzigen Anhaltspunkte sind Twains Briefe und Notizbücher sowie beiläufige Erwähnungen. Schauplatz der Erzählung war wie immer ein fiktionales Hannibal, wobei der erste Teil während Hucks und Toms Jugend spielen und der zweite Teil von den beiden und ihren Zeitgenossen 50 Jahre später handeln sollte. Howells schreibt, Twain habe ihm im August oder September 1902 aus »einer bemerkenswerten Geschichte« vorgelesen, bevölkert mit »Figuren, wie er sie als Knabe gekannt hatte«, später die Existenz der Geschichte jedoch geleugnet (Howells 1910, 90; Howells an SLC, 20. Okt. 1902, CU-MARK, in *MTHL*, 2:747–48). Anhand von Twains Aufzeichnungen wird klar, dass er plante, viele seiner Erinnerungen in den Roman einfließen zu lassen, die er auch in seiner Autobiographie verarbeitet hatte bzw. verarbeiten würde (Notizbuch 45, TS S. 2, 13, 21, CU-MARK).

einer humoristischen Zeitschrift … meinen Namen als Herausgeber zur Verfügung zu stellen – Das erwähnte Angebot kam möglicherweise von Robert Barr (1849–1912), der 1892 die Londoner Monatszeitschrift *The Idler* gegründet hatte. Damals bot er Twain einen Posten als nomineller Mitherausgeber ohne weitere Verpflichtungen an; die beiden konnten sich nicht einigen (angeblich weil Twain einen zu hohen Gewinnanteil forderte), und so ging die Mitherausgeberschaft an den Humoristen Jerome K. Jerome, Autor der bekannten Erzählung *Drei Mann in einem Boot*. Twain war jedoch an der Markteinführung der Zeitschrift beteiligt, da er *Der amerikanische Prätendent* als Fortsetzungsroman im *Idler* veröffentlichte und das Magazin außerdem in Amerika über seine Firma Charles L. Webster & Company vertrieb. 1895 überwarf sich Barr mit Jerome und musste die redaktionelle Leitung des *Idler* abgeben, doch zwei Jahre später wurde Jerome gekündigt, und Barr als alleiniger Besitzer versuchte dem Magazin zu einem Neuauftritt zu verhelfen. Er bot Twain abermals eine Aufnahme ins Editorial an, dieser aber lehnte ab: »Nein, Gott bewahre, ich wollt' weder Herausgeber noch Teilhaber sein. Und es ist schade, denn ich glaube, Ihr Plan wird aufgehen. Machen Sie nur – Sie sind jung & voller Energie – & großer Reichtum sei Ihnen beschieden! Ich bin alt & verschwinde ins Kloster« (29. Sept. 1897 an Barr, Fotokopie in CU-MARK; Oxenham 1946, 36–37; Ashley 2006, 93–100; SLC 1892b).

319–20 *sechs Versuche ... The Death-Wafer* – Zu »The Death-Disk« ließ sich Twain von einer Stelle in *Oliver Cromwell: Briefe und Reden* inspirieren, die er 1883 gelesen hatte. Es geht um drei Soldaten, die der Befehlsüberschreitung für schuldig befunden wurden; welcher der drei hingerichtet wird, soll das Los entscheiden. Die Tochter eines der Soldaten gibt ihrem Vater ahnungslos die Siegelwachsscheibe, die ihn zum Tode verurteilt. Twain hatte die Geschichte ursprünglich als Tragödie angelegt und wollte sie zusammen mit Howells schreiben, doch 1899, nach einem Gespräch mit Robert McClure, dem Bruder von S. S. McClure und Vertreter von *McClure's Magazine* in London, entschied er sich für einen versöhnlicheren Ausgang. Die Erzählung erschien in der Weihnachtsausgabe 1901 von *Harper's Monthly* (20. Dez. 1883 an Howells, MH-H, in *MTHL*, 2:455–59; *N&J3*, 14–15; Rasmussen 2007, 1:100–101; »Find R. B. M'Clure Suicide in His Home«, *New York Times*, 31. Mai 1914, 1; SLC 1901; vgl. auch AD 7. Juni 1906 und Anm. 169: »*The Death-Wafer*«).

31. August 1906

322 *Messieurs Brush und Smith* – Der Maler George de Forest Brush (1855–1941) gehörte der American-Renaissance-Bewegung um die Jahrhundertwende an. Joseph Lindon Smith (1863–1950) war ebenfalls Maler und begeisterter Anhänger des Laientheaters. Beide wohnten in der Künstlerkolonie von Dublin, New Hampshire (University Art Galleries 1985, 77–79, 115–16).

323 *vor vierzig Jahren in San Francisco ... Anekdote steht in einem meiner Bücher* – In einem zeitgenössischen Bericht über Twains zweiten Vortrag in San Francisco, der am 16. November 1866 in Platt's Hall stattfand, heißt es:

Der Vortragende begann mit einer Geschichte über den Postkutschendienst zwischen Ost- und Westküste, die er nie wieder hören wollte, denn er hatte sie in der *Tribune* gelesen, im

Brief von Bayard Taylor, in den Briefen von Ross Browne und in den Briefen aller anderen, die irgendwann einmal die Berge überquert und von der Existenz eines Horace Greeley und eines Hank Monk gehört hatten. (»Amusements, Etc.«, *San Francisco Alta California*, 17. Nov. 1866, 1)

Twain bedient sich der Anekdote in Kapitel 20 von *Durch dick und dünn*. Zu Horace Greeley, Hank Monk und John Ross Browne vgl. *RI 1993*, 608–12, und *L1*, 370, Anm. 6.

323 *da ich ... Zeitungsreporter gewesen war* – Beim *Morning Call* in San Francisco (vgl. AD 13. Juni 1906 und die Anm.).

326 *in der Chickering Hall, New York, eine Autorenlesung ... James Russell Lowell* – Twain grub die Monk-Greeley-Anekdote anlässlich der Lesung in der Chickering Hall am 28. November 1887 wieder aus. Es sprachen dort unter anderem George Washington Cable und James Whitcomb Riley, den Vorsitz hatte James Russell Lowell (1819–1891), ein berühmter Literat und Professor für moderne Sprachen und Literatur in Harvard. Er war Herausgeber des *Atlantic Monthly* (1857–1862) und der *North American Review* (1864 bis 1872) und wurde später amerikanischer Gesandter in Spanien und Botschafter in Großbritannien (»Authors Have a Matinee«, *New York Times*, 29. Nov. 1887, 5).

328 *Die Fotografien, die Mr. Paine vor mehreren Wochen auf der Säulenveranda gemacht hat ... schicke ich an Freunde* – Paine, der in seiner Jugend als Fotograf gearbeitet hatte, fotografierte Twain auf der Veranda von Upton House, Twains Sommerdomizil in Dublin, New Hampshire. Die Aufnahmen entstanden am 25. Juni 1906, einem Tag vor Twains Abreise nach New York, und nach seiner Rückkehr bestellte und signierte Twain sie als Porträtserie: »Die Bilder gefallen mir außerordentlich gut. Mr. Paine hat 7 Negative gemacht in der Hoffnung auf ein gelungenes; & als die Abzüge entwickelt waren, waren sie *alle* gut. Ich meinte, einen fortlaufenden Gedanken in ihnen zu erkennen, & nachdem ich die Reihenfolge mehrfach umgestellt hatte, wurde mir auch klar, welchen« (4. Sept. 1906 an CC, CU-MARK). Twain verschickte in diesem Sommer zahlreiche Abzüge – sicher mehr als ein »halbes Dutzend« – im Set an Angehörige und Freunde und vereinbarte noch im September ihren Abdruck in der Weihnachtsausgabe von *Harper's Weekly* (MT 2012, Bd. 2, Anm. 88–89: »*falls Sie aus dieser Masse an Vorfällen ... eine Biographie schreiben*«; Lyon 1906, Einträge vom 25. und 26. Juni; *MTB*, 3:1316; 27. Sept. 1906 an Ashcroft, Fotokopie in CU-MARK; SLC 1906j).

336 *von meinem kleinen vierzehnjährigen Liebchen ... einen charmanten charaktervollen Brief* – In ihrem Brief vom 27. August 1906 dankte Laura Wright Dake Twain überschwänglich für den Scheck über 1000 Dollar, den er ihr geschickt hatte (vgl. AD 30. Juli 1906):

Ach, wie kann ich Ihnen je danken! Was kann ich tun, außer Gott jeden Abend, wenn ich mich in seine Hände gebe, bitten, Sie und die Ihren zu segnen. Denn nach einem Spießrutenlauf durch nahezu sämtliche »Ismen« und spekulativen Philosophien, die den modernen Geist dem Dämon Baal in die Arme treiben, bin ich – ratlos – zum einfachen Glauben zurückgekehrt, vertraue mich nun *ganz* der göttlichen Fügung an und nehme hin, was sie mir beschert, ob Freud oder Leid und ohne sie in Zweifel zu ziehen. Als ich Ihnen, einer plötzlichen Regung folgend, schrieb in der Hoffnung, durch das Ihre Mr. Carnagies Herz zu erreichen, den ich nicht anders zu finden wusste, versiegelte ich den Brief mit einem glühenden »So Gott es will!«, und sieh an! Er hat mich erhört.

Auf eine persönliche Antwort von *Ihnen*, mein lieber alter Freund, hatte ich nicht zu hoffen gewagt, sonst hätte ich niemals um etwas Derartiges gebeten. [...] Doch ist es *nicht so sehr* Ihre großzügige Zuwendung, die mich bei der Erfüllung meines tiefsten Herzenswunsches am meisten bestärkt (und dieser lässt sich mit Worten allein nicht ausdrücken –), sondern das Wissen, dass Sie trotz weltweiter Verehrung der liebeswürdige Freund von damals geblieben sind. Wenige, nur sehr wenige überstehen diese Feuerprobe frei von Narben! (CU-MARK)

336 *John J. Roe ... Youngblood* – Vgl. AD 30. Juli 1906.

338 *Lyells Geologie* – Charles Lyells dreibändiges Werk *Principles of Geology* wurde nach dem Erscheinen (1830–1833) bis zum Tod des Autors 1875 mehrfach überarbeitet. Lyell etablierte damit die Geologie als Wissenschaft und brachte ihre Methoden und Fachbegriffe einem breiten Publikum nahe (Gribben 1980, 1:430).

3. September 1906

341 *George Brush und Joseph Smith* – Vgl. AD 31. Aug. 1906, Anm. 322: »*Messieurs Brush und Smith*«.
Professor Henderson – Ernest Flagg Henderson (1861–1928), ein in Berlin promovierter Historiker, hatte 1906 bereits drei Bücher über Deutschland geschrieben: *Select Historical Documents of the Middle Ages* (1892), *A History of Germany in the Middle Ages* (1894) und *A Short History of Germany. Volume 1: 9 A. D. to 1648 A.D.* (1902). Familie Clemens hatte Henderson und seine Frau, geborene Berta von Bunsen (1862–1942), Anfang der 1890er Jahre in Berlin kennengelernt. Zusammen mit ihren sechs Kindern verbrachten die Hendersons regelmäßig die Sommerferien in Dublin, New Hampshire (»Mrs. Bertha Henderson«, *New York Times*, 5. März 1942, 23; Lyon 1905a, Einträge vom 9. Aug. und 6. Okt.; U. S. National Archives and Records Administration 1877–1907, Rolle 55, Reisepassantrag von Ernest Flagg Henderson, ausgestellt 4. Nov. 1903).

342 *Brush machte sich Charakter und Habitus eines alten deutschen Professors zu eigen* – Laut Jean Clemens' Tagebuch war der Club »*brechend voll. Sämtliche Türen & Fenster quollen über von all den Männern und Frauen, die sie gerade noch fassen konnten.*« Sie erinnert sich an Brushs Diskussionsbeitrag:

Mr. Brush sagte, es seien zwar mehrere Frauen im Publikum, die er sehr liebe, doch finde er nicht, dass man die Männer gänzlich auslöschen solle, und um zu beweisen, dass Männer die besseren Erdenbürger seien, fuhr er fort: »Wie treffend lässt sich das, was ich eben gesagt habe, stützen durch eine Aussage« von Mr. Pumpelly, der vor kurzem auf einer archäologischen Expedition im Orient gewesen sei und dort zweitausend Jahre alte Knochen gefunden habe. Die Knochen der Männer seien gut erhalten & hart & leicht zu säubern gewesen, die Frauenknochen hingegen allesamt porös und vollkommen wertlos, woran man ihre größere Schwäche erkenne. (JC 1900–1907, Eintrag vom 1. Sept. 1906)

Professor Raphael Pumpelly (1837–1923), ein bedeutender Geologe, verbrachte seine Sommer ebenfalls in der Gegend von Dublin.

342 *Mr. Smith machte sich zielsicher den blumigen Stil eines erfahrenen Disputanten dörflicher Debattierclubs aus alten Zeiten zu eigen* – Jean Clemens gibt auch Smiths Diskussionsbeitrag wieder:

Dann stand Joe Smith auf und erklärte, dass, obwohl auch er Frauen für das liebenswertere und gutherzigere Geschlecht & deshalb für angenehmer im Umgang halte, Männer trotzdem die besseren Geschäftsleute seien, weshalb ihm die Entscheidung sehr schwerfalle. »Wie treffend lässt sich das, was ich eben gesagt habe, mit dem Fall des Mannes illustrieren«, & dann erzählte Mr. Smith die Geschichte eines Mannes, dem sein Arzt geraten hatte, stets zu Fuß in sein Geschäft zu gehen & niemals mit dem Automobil oder der Straßenbahn zu fahren. Der Mann war für seinen Geiz bekannt & dankbar, dadurch nicht nur seiner Gesundheit zu dienen, sondern auch das Geld für Benzin oder Fahrkarten zu sparen. An seinem ersten Morgen zu Fuß begegnete er vor der Kirche einer alten Frau, die ein winziges Baby auf dem Arm hielt und bitterlich weinte. Der Mann blieb stehen und fragte, was ihr fehle, & die Frau antwortete, immer noch weinend, sie wolle das Baby in der Kirche taufen lassen. »Nun, warum gehen Sie dann nicht hinein und lassen es taufen?« – »Ach, das kostet, & ich habe kein Geld.« – »Wie viel kostet es denn?« – »Drei Dollar.« Der Mann durchsuchte kurz seine Westentasche und zog dann einen Zehn-Dollar-Schein hervor, den er mit zufriedenem Lächeln der Frau überreichte. »Ist der für mich?«, rief sie außer sich vor Freude. »Ja. Und ich warte hier, während Sie das Kind taufen lassen und mir das Wechselgeld bringen!« Die Frau ging also hinein, & dann brachte sie dem Mann die sieben Dollar.

Als er in sein Büro kam, fiel seinem Geschäftspartner auf, dass er besser aussah & zufriedener & viel fröhlicher wirkte als sonst. Als er fragte, was mit ihm passiert sei & weshalb es ihm so viel besser ginge, sagte der Mann, dass ihm an diesem Tag vier gute Dinge passiert seien. Durch den Spaziergang fühle er sich bereits gestärkt; er habe das Benzingeld gespart; er habe ein Kind vor dem Teufel bewahrt und sei eine gefälschte Zehn-Dollar-Note losgeworden & habe dazu noch sieben Dollar zurückbekommen! Ein wahrhaft tüchtiger Geschäftsmann!! (JC 1900–1907, Eintrag vom 1. Sept. 1906)

343 *»Curfew Shall Not Ring To-night«* – Die damals 16-jährige Rose Hartwick (später verheiratete Thorpe) verfasste dieses Gedicht 1867, drei Jahre später wurde es veröffentlicht. Es handelt von einer jungen Frau, die die Glocken des Benediktinerklosters Chertsey Abbey anhält, um ihren Liebsten vor der Hinrichtung durch Cromwells Soldaten zu bewahren, nachdem er fälschlicherweise der Spionage während des Englischen Bürger-

kriegs für schuldig befunden wurde. Das Gedicht gehörte im 19. Jahrhundert zum Standardrepertoire eines jeden Lyrikabends und wurde trotz seiner Beliebtheit – so war es etwa ein Lieblingsgedicht Königin Victorias – oft parodiert (George Wharton James 1916, 5, 7–9, 14–15, 18–19).

344–45 *Sour Mash … duldete keine Hunde … sprang sie unverzüglich auf seinen Rücken* – In einem Brief an Twain vom 1. August 1886 berichtet Olivia von einem Besuch Clara Spauldings auf der Quarry Farm. Clara hatte ihren Hund Rob dabei, und »obwohl wir den Besuch sehr genossen, kann ich dasselbe nicht von Rob behaupten, denn in dem Moment, als er vor dem Haus auftauchte, sprang Sour Mash auf seinen Rücken und versenkte ihre Krallen so tief in seine Nase, dass er richtig blutete – ein Wunder, dass sie ihm nicht die Augen ausgekratzt hat« (CU-MARK). »Tapfere Sour Mash!«, antwortete Twain. »Kluge Sour Mash! Rob Spaulding ein Autogramm zu schicken, ohne Briefmarke, Karte, Umschlag oder sonst etwas zu brauchen« (2. Aug. 1886 an OLC, CU-MARK).

346 *Cadichon* – Die Clemens-Kinder hatten den Namen für ihren Esel dem Buch *Abenteuer des Esels Cadichon* (1860) von Sophie Rostopchine, Comtesse de Ségur entnommen, das die Familie in der englischen Übersetzung von 1880 besaß (Gribben 1980, 2:620).

348 *General Grant … General Beale … dessen außergewöhnliche, ehrliche, schöne Natur umrissen* – Beales Worte wurden im Rahmen eines »Sonder«-Reports aus Washington in der *Chicago Tribune* zitiert und vermutlich auch in anderen Zeitungen abgedruckt (»A Tribute. Gen. Beale's Recollections of the Dying General«, 2. April 1885, 1). Edward Fitzgerald (Ned) Beale (1822–1893), ein enger Freund Grants, war ein ehemaliger Marineoffizier und General der kalifornischen Miliz, Oberlandvermesser von Kalifornien und Nevada, Beauftragter für Indianische Angelegenheiten in Kalifornien und Nevada sowie millionenschwerer Ranchbesitzer in Kalifornien und Hyattsville, Maryland, nahe Washington. Unter Präsident Grant war er von 1876 bis 1877 Botschafter in Österreich-Ungarn. *Sir Ector von Maris* – Zit. n. Sir Thomas Malory, König Arthur und die Ritter der Tafelrunde. Aus dem Englischen von Hedwig Lachmann. Anaconda, Köln 2009, S. 1226–27. Die deutsche Übertragung stammt aus dem Jahre 1913 und ist dementsprechend weniger »wunderlich« und »bezaubernd«.

5. September 1906

355 *»Niederschrift« über die Kinder* – Twain und Olivia begannen die »Niederschrift« über die Kinder (»A Record of the Small Foolishnesses of Susie & ›Bay‹ Clemens [Infants]« im August 1876, als Susy vier und Clara zwei Jahre alt war; Jean war noch nicht geboren. Der letzte Eintrag ist vom 7. Juni 1885 (SLC 1876–85). Die in diesem Diktat genannten sieben Anekdoten stammen jedoch nicht alle aus der »Niederschrift«: Zwei halten sich eng an ein Manuskript von 1884 mit dem Titel »At the Farm« (CU-MARK), während es für eine andere gar keine schriftliche Quelle zu geben scheint.

357 *die zufällige Entdeckung einer Passage bei Darwin* – Darwin beschreibt in seiner »Biographischen Skizze eines Kindes«, wie sein kleiner Sohn zu lügen anfing:

Er blickte auf sein Lätzchen, das er sorgfältig aufgerollt hatte, und wieder verhielt er sich so merkwürdig, dass ich unbedingt herausfinden wollte, was er darin hatte, auch wenn er sagte, es sei nichts, und mir mehrmals befahl, ich solle »weggehen«. Schließlich fand ich heraus, dass es Flecken von Essiggurkenwasser aufwies, es war also eine bewusste, geplante Täuschung. Da wir dieses Kind jedoch erzogen, indem wir stets an sein Gewissen appellierten, wurde er bald so ehrlich, offen und sanft, wie man es sich nur wünschen konnte. (Darwin 1877, 292)

358 *Clara ... Debüt als Sängerin* – Vgl. AD 3. und 4. Okt. 1906.
Will Gillette – Schauspieler und Dramatiker, Bruder von Lilly Gillette Warner (vgl. MT 2012, Bd. 2, Anm. 239: »*Will Gillette*«).
Mrs. Leslie und ihren Töchtern ... Elsie Leslie war ... große Bühnenberühmtheit – Evelyn Lyde (geb. 1849) wurde als Mrs. Leslie bekannt, nach dem Künstlernamen ihrer Töchter Elsie und Dora Leslie. Elsie Leslie Lyde (1879–1966) und ihre Schwester Eda (Dora) O. Lyde (geb. 1873) wurden Mitglieder der Theatergruppe von Joseph Jefferson, einem Familienfreund, als das Unternehmen ihres Vaters 1885 in Konkurs ging. Jean traf Elsie im Laufe des Jahres 1889, als diese bereits durch ihre Rolle im Theaterstück *Editha's Burglar* (1887) berühmt geworden war, das zuerst am Broadway aufgeführt und dann (mit William Gillette als Dieb) auf Tournee ging. Ihre Hauptrolle in *Der kleine Lord* (1888) verhalf ihr zu noch größerer Bekanntheit. Sie freundete sich mit der Familie Clemens an und trat 1890 am Broadway in der Doppelrolle als Prinz Eduard und Tom Canty in Abby Sage Richardsons Bühnenbearbeitung von *Der Prinz und der Bettelknabe* auf, in der ihre Schwester die Rolle der Prinzessin Elizabeth übernahm (U.S. National Archives and Records Administration 1795–1905, Rolle 468, Passanträge für Evelyn und Eda Lyde, ausgegeben am 26. Mai 1896; *Newark Census* 1880, 779:224C; Lyde 1889, 372, 374; RGB/CL 2011; Odell 1927–1949, 14:263–64).
359 *Rosa* – Rosina Hay.

7. September 1906

360 *bei einem Bankett ... Ends of the Earth Club* – Die *New York Times* schrieb:

Der Ends of the Earth Club, mit Mark Twain als Ehrenvorsitzendem und Rudyard Kipling und Admiral George Dewey ebenfalls in hohen Ehrenpositionen, wurde vor drei Jahren von Globetrottern aus New York und anderen Orten auf der ganzen Welt gegründet. Die Mitglieder treffen sich einmal im Jahr, um zusammen zu essen und Glückwünsche auszutauschen. (»Ends of the Earthers Foregather Here Again. And Astonish Mark Twain with Some Very Brief Reports«, 17. Febr. 1906, 9)

Das Dinner zum dritten Jahrestag des Clubs fand am 16. Februar 1906 im Savoy Hotel in Manhattan statt. Zu Twains kurzer Ansprache über die Arbeit an *Das vergoldete Zeitalter* und seiner Vorlesung 1867 an der Cooper Union in New York vgl. Fatout 1976, 485–86.

360 *der Vorsitzende, ein pensionierter hochrangiger Offizier* – General James H. Wilson (1837–1925), Zeremonienmeister und inoffizieller Vorsitzender, hatte im Bürgerkrieg und im Spanisch-Amerikanischen Krieg gedient. Die Worte, die Twain hier zitiert, konnten in den Zeitungsberichten über seine Rede nicht gefunden werden, laut der *New York Tribune* aber war während des Banketts »die zur Schau getragene Dominanz der angelsächsischen Rasse der Grundgedanke vieler Äußerungen« (»From Ends of Earth«, *New York Tribune*, 17. Febr. 1906, 7).

das Aussehen jenes Mannes aus dem alten Almanach – Im 19. Jahrhundert enthielten Almanache üblicherweise die Zeichnung eines nackten, von den Tierkreiszeichen umgebenen Mannes. Dieser »Homo signorum« diente als »anatomische« Darstellung der Körperteile und der jeweiligen Tierkreiszeichen, die diese beeinflussen. Oft wurde dieser Mann mit aufgeschnittenem Bauch und sichtbaren Gedärmen dargestellt – entweder um auch diesen das Tierkreiszeichen (Jungfrau) zuweisen zu können oder aber um das Geschlechtsteil (Skorpion) zu verbergen. Der »Tierkreiszeichenmann« findet sich bereits in englischen und amerikanischen Almanachen des 17. Jahrhunderts; die Abbildung basiert auf klassischer und mittelalterlicher Astrologie (Kittredge 1904, 53–61).

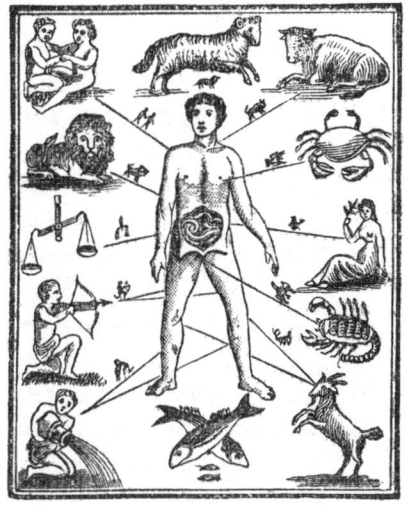

362 *»Machen Sie schneller«* – Der traditionelle Ruf von Zugführern, zum Beispiel bei der Manhattan Elevated Railway, um die Passagiere zum Ein- und Aussteigen zu bewegen (vgl. MT 2012, Bd. 2, Anm. 368: *»Machen Sie schneller«*).

363 *Campbell-Bannerman* – Sir Henry Campbell-Bannerman (1836–1908) wurde am 7. September als Henry Campbell im schottischen Kelvinside nahe Glasgow geboren. Widerwillig änderte er 1871 seinen Nachnamen in Campbell-Bannerman, um ein Immobilienerbe antreten zu können, das an diese Bedingung geknüpft war (Wilson 1973, 46–47). Vgl. Anm. 363: *»großer und mutiger Staatsmann ... in demselben Hotel«*.

Tribune bittet um Würdigungen – Twain sandte dieses Telegramm an den New-York-Korrespondenten der Londoner *Tribune*, Luther E. Price, der ihn darum gebeten hatte (Price an SLC, 6. Sept. 1906, VtMiM).

großer und mutiger Staatsmann ... in demselben Hotel – Twain traf Campbell-Bannerman vermutlich zum ersten Mal im August 1891 in Marienbad. Im Oktober 1898 könnten sie »täglich vertrauten Umgang« im Wiener Hotel Krantz gepflegt haben, wo Campbell-Bannerman und seine Frau Sarah Charlotte Bruce (gest. 1906) häufig nach ihrem jährlichen 6-wöchigen Aufenthalt in Marienbad einkehrten. Campbell-Bannerman begann seine Karriere 1868 im Unterhaus des britischen Parlaments als Liberaler für Stirling Burghs. Er war Verfechter der allgemeinen Grundschulbildung, trat ein für freien Handel,

Home Rule für Irland, Antiimperialismus und bessere soziale Bedingungen. Auch wenn er kein guter Redner war, trat er bekanntermaßen auch gegen provokante Gegner selbst aus den eigenen Reihen gekonnt für seine Überzeugungen ein. 1886 und von 1892 bis 1895 war er Kriegsminister und wurde 1895 von Königin Victoria zum Ritter geschlagen. 1905 ernannte ihn König Eduard VII. zum Premierminister (dem ersten, der auch so genannt wurde) und First Lord of the Treasury, was er bis Anfang April 1908, etwa zwei Wochen vor seinem Tod, blieb (John Wilson 1973, 137, 140, 149, 446, 634–42; »Premier's Wife Dead«, *New York Times*, 31. Aug. 1906, 9).

363 *Labouchère … pittoresken Persönlichkeit* – Henry du Pré Labouchère (1831–1912) besaß ein Theater und arbeitete als Theaterproduzent, Journalist, Redakteur und Herausgeber. Zuvor hatte er zwei Jahre am Trinity College studiert, Abenteuer in Südamerika und Mexiko gesucht, sechs Monate in einem Indianercamp der Anishinabe verbracht, war zehn Jahre als Attaché in Washington, D.C., und Europa gewesen und für zwei kurze Amtsperioden im Parlament als Liberaler für Windsor und Middlesex Ende der 1860er Jahre. Labouchère war für seinen Zynismus, seine Brillanz und Kampfeslust und sein abenteuerliches Leben bekannt. Seine Zeitschrift *Truth* deckte regelmäßig Betrugsfälle auf und lancierte Insiderinformationen über prominente Politiker und Mitglieder des Königshauses, was wiederholt zu Anklagen wegen Verleumdung führte. 1880 kehrte Labouchère als Liberaler für Northampton ins Parlament zurück, wo er bis 1906 tätig war.

364 *seine Frau … eine bedeutende Schauspielerin* – Labouchère lebte mit seiner Geliebten, der Schauspielerin Henrietta Hodson (1841–1910), zusammen, mit der er ein Kind hatte. Nachdem ihr Ehemann, Richard Walter Pigeon, den sie bereits früher verlassen hatte, 1887 gestorben war, heirateten Labouchère und Hodson. Ellen Terry nannte sie »eine brillante Burleske-Schauspielerin, eine gute Sängerin und eine hervorragende Tänzerin« mit »viel persönlichem Charme« (Terry 1908, 47). Hodson machte Karriere insbesondere mit komischen Rollen in Bristol und London, wo sie schließlich Managerin des Royalty Theatre wurde und als Erste darauf kam, das Orchester in einem Graben vor der Bühne unterzubringen. 1877 geriet sie in einen öffentlichen Streit mit W. S. Gilbert über seinen diktatorischen Führungsstil, als sie in seinem Stück *Pygmalion and Galatea* mitspielte, und klagte ihn in einem Flugblatt vor ihren Kolleginnen und Kollegen an. 1878 beendete sie ihre Schauspielkarriere. Twain sah sie vermutlich im August 1892 in Bad Homburg, wahrscheinlich an dem Tag, als er auch den Prinzen von Wales traf (23. Aug. 1892 an OC und MEC, CU-MARK; vgl. AD 27. Aug. 1906, Anm. 292–93: »*1891 oder 92 … den Prinzen von Wales*«).

des damaligen Nestors des Parlaments – Unbekannt.

Oppositionsführer Sir William Vernon Harcourt – Harcourt (1827–1904), Anwalt, Journalist und Mitglied der Liberalen im Parlament, war Innenminister und Schatzkanzler unter Gladstone, bevor er von 1896 bis 1898 die Opposition gegen die Regierung aus Konservativen und Unionisten anführte.

den Tod Wilhelms IV. – Am 20. Juni 1837.

365 *Prinz von Wales … die Übertragungsurkunde* – Ein Manuskriptfragment aus den Mark Twain Papers bezieht sich auf »die verlorene Urkunde für das neue Nationalmuseum«.

Die Verbindung dieser Notiz zu Äußerungen über Sir William Harcourt lässt vermuten, dass die Eröffnung der Tate Gallery gemeint ist und Harcourt selbst ihm die Geschichte erzählt hat. Harcourt war einer der wichtigsten Förderer der Museumsgründung und während der Zeremonie am 21. Juli 1897 anwesend, bei der Henry Tate dem Prinzen von Wales die Urkunden für das Grundstück und das Gebäude überreichte (AD-Fragment 148, CU-MARK; »The Prince of Wales and the Tate Gallery«, *London Times*, 22. Juli 1897, 7).

10. September 1906

366 *dem britischen Premier und seinem siebzigsten Geburtstag ... vorläufig will ich es damit bewenden lassen* – Twain erwähnt Campbell-Bannerman erneut in AD 1. Okt. 1907, geht jedoch nicht mehr auf seinen Geburtstag ein.

In einem Kapitel, das ich vor fünf Monaten diktiert – Vgl. AD 29. März 1906 (MT 2012, Bd. 1, 455–58).

als ich ein Kind von vierzehn Jahren war und mein Bruder verreisen musste ... eine Ausgabe seiner Wochenzeitung für ihn herausgab – Als Orion im September 1852 verreisen musste, bat er seinen Bruder, eine Ausgabe seines Wochenheftes *Hannibal Journal* herauszubringen. Twain, damals 16 Jahre alt, übernahm die Ausgabe vom 16. September und einen Teil der darauffolgenden. Drei von fünf Skizzen, die er schrieb, unterzeichnete er mit »W. Epaminondas Adrastus Blab« oder »W. E. A. B.«: »Historical Exhibition – A No. 1 Ruse« (über einen beschämenden Schwindel eines städtischen Händlers); »Editorial Agility« (an Joseph P. Ament gerichtet, den Herausgeber des Konkurrenzblatts *Hannibal Missouri Courier*, unter dem er von Mai 1848 bis Januar 1851 gelernt hatte); »Blabbing Government Secrets!« (eine Satire auf eine politische Debatte in Missouri anlässlich der Übereignung von Land an die Eisenbahn). Der Artikel aber, der wirklich Aufruhr verursachte, war mit »›Ortsansässiger‹ beschließt, Selbstmord zu begehen« betitelt und mit »Ein verteufelter Hund von einem Mitbürger« unterzeichnet. Darin machte er sich (ohne Nennung von Namen) über den Herausgeber des *Hannibal Tri-Weekly Messenger*, J. T. Hinton, lustig, der sich angeblich wegen der Zurückweisung einer Frau hatte ertränken wollen, aber gescheitert war. Twain illustrierte den kurzen Artikel mit einem selbst angefertigten Holzschnitt, der den Herausgeber mit einer Laterne auf seinem Weg in den Fluss zeigte, wo er »seine Leiche an die Fische des Bear Creek verfüttern wollte. [...] Da er jedoch Angst hatte, nicht mehr stehen zu können, *klopfte er das Wasser erst einmal mit seinem Gehstock ab.*« Hinton beschwerte sich in seiner eigenen Kolumne über eine derart grobe Behandlung, Twain aber legte am 23. September noch nach, indem er im »Pictur' Department« zwei zusätzliche Holzschnitte mit spöttischen Bemerkungen veröffentlichte, die er wieder mit »Ein verteufelter Hund von einem Mitbürger« unterzeichnete. Orion versuchte die Lage in ebendieser Ausgabe zu entschärfen, indem er schrieb, die Veröffentlichung sei »als reiner Spaß gedacht, ohne auch nur einen ernsthaften Gedanken, es sei keine Reaktion nötig außer vielleicht ein Lächeln auf Kosten des Herausgebers«. Doch noch am selben Tag antwortete Hinton ausführlich und bezeichnete den

Artikel als »schwaches Produkt des Hirns eines Jungspunds«. 1871 veröffentlichte Twain eine Skizze, die diese Ereignisse abermals aufnahm und zweifellos weiter ausschmückte: »My First Literary Venture« in der *Galaxy* (*ET&S1*, 71–75, 78; 4. März 1870 an Walden, *L4*, 86, Anm. 1; SLC 1852a, 1852b, 1852c, 1852d, 1852e, 1871).

366–67 *griff ich erst zehn Jahre später wieder zur Feder ... 1859* – Es wurden über 70 Briefe und Skizzen gefunden, die Twain zwischen 1849 und 1859 für Zeitungen geschrieben hat. Die meisten wurden in den kleinen Lokalzeitungen seines Bruders veröffentlicht: in der *Hannibal Western Union*, im *Hannibal Journal* und im *Muscatine Journal* (Iowa). Einige erschienen jedoch in Zeitschriften wie dem *Carpet-Bag* (Boston), dem *American Courier* (Philadelphia), dem *Hannibal Missouri Courier*, dem *St. Louis Missouri Republican* und dem *New Orleans Crescent*, während andere Texte wie »Jul'us Caesar« (SLC 1855/56) und verschiedene Gedichte für die Alben seiner Freunde unveröffentlicht blieben.

367 *Die Lotsen übergaben meine geschmacklose Satire ... sein Pseudonym* – Twains Satire war ein Sketch ohne Titel, in die ein »Herausgeber« einführte, gefolgt von einem Brief eines »Sergeant Fathom« mit Informationen zum Fluss. Sie wurde am 17. Mai 1859 in der täglich erscheinenden Kolumne »River Intelligence« des *New Orleans Crescent* veröffentlicht, weniger als sechs Wochen nachdem er seinen Lotsenschein gemacht hatte (SLC 1859). Zwei Tage nach der Veröffentlichung schrieb der Herausgeber, dass »der Brief, der in der Flusskolumne des *Crescent* vom Dienstagmorgen erschienen war«, von Mr. B. W. S. Bowen stammt, »dem Lotsen des Dampfschiffs *A. T. Lacey*« (*ET&S1*, 128, Anm. 10). Zu diesem Zeitpunkt war Barton S. Bowen gemeinsam mit Twain Lotse auf der *Lacey* (»Steamboat Calendar: Clemens's Piloting Assignments, 1857–1861«, *L1*, 389). Twain hat darüber »ausführlich« in Kapitel 50 von *Leben auf dem Mississippi* berichtet. Bislang gibt es noch keinen Beleg dafür, dass Isaiah Sellers (1803?–1864) seine Beiträge in Zeitungen jemals mit »Mark Twain« unterzeichnet hätte (24. Juni 1874 an Unbekannt, *L6*, 166–67, Anm. 1; Kruse 1992, 2–25).

Ich verfasste keine Literatur, bis 1866 – Twain unterscheidet hier zwischen Journalismus und Literatur. Vieles, was er für den *Enterprise* geschrieben hat – beispielsweise »Ye Sentimental Law Student« von 1863 –, kann jedoch kaum als Reportage bezeichnet werden. Selbst bevor er 1862 als Lokalreporter angestellt wurde, schrieb er ohne Honorar die sogenannten »Josh«-Briefe (nicht erhalten), die mindestens eine denkwürdige Burleske enthielten. Zudem schrieb er für verschiedene Zeitungen Dutzende Briefe mit humorvollen Skizzen sowie mehrere literarische Artikel für den *Californian* und die *Golden Era*, bevor »Der berühmte Springfrosch von Calaveras« am 18. November 1865 in der *New York Saturday Press* erschien (SLC 1863b, 1865e; *ET&S1*, 13–14, 16–17; vgl. AD 21. Mai 1906, insb. Anm. 75: *Henry Clapp ... The Saturday Press ... »Springfrosch« ... war der fröhlichste Bestandteil der Trauerfeierlichkeiten«*).

368 *Mr. Alden, dem Herausgeber von Harper's Monthly* – Der als »wahres Genie der Zeitschrift« bezeichnete Henry Mills Alden (1836–1919), der seit 1862 bei *Harpers* angestellt war, wurde 1869 Herausgeber des *Harper's New Monthly Magazine*. Diese Position bekleidete er 50 Jahre lang, wobei er sich einige Jahre vor seinem Tod aus der aktiven Geschäftsführung zurückzog. Von Beginn an beharrte er darauf, alle eingereichten

Manuskripte als Erster zu lesen, und obwohl er eng mit den Autoren zusammenarbeitete und zahlreiche Leitartikel wie auch die Kolumne »The Editor's Study« schrieb, war sein Wirken außerhalb der Redaktionsräume weitgehend unbekannt, was u. a. daran lag, dass die Öffentlichkeit die Herausgeberschaft meist mit William Dean Howells und George William Curtis in Verbindung brachte, die zu verschiedenen Zeiten die Autoren von »The Editor's Easy Chair« gewesen waren. An Aldens 70. Geburtstag sagte Twain über seinen »lieben und alten Freund«: »In Ihrer Brust schlägt ein gütiges Herz, und Ihr lieber und gewinnender Geist entwaffnet durch seinen Charme alle Feindseligkeiten und Angriffe, so dass Feinde zu Freunden werden und es für immer bleiben« (»Henry Mills Alden's 70th Birthday«, *Harper's Weekly* 50 [15. Dez. 1906]:1813–14; Howells 1919; *New York Times*: »Henry Mills Alden« und »Henry Mills Alden of Harper's, Dies«, 8. Okt. 1919, 18, 19).

368 *Mr. Thomas Rees* – Thomas Rees (1850–1933), Sohn von William S. Rees (gest. 1859), war Herausgeber des *Springfield State Register* (Illinois) und der *Keokuk Post* (»Death of William S. Rees, the Street Preacher«, *New York Times*, 12. Okt. 1859, 8).

eine beeidigte Erklärung – Diese eidesstattliche Erklärung befand sich eventuell im Besitz von Thomas Rees' älterem Bruder George, der stellvertretender Herausgeber der *Post* war, bis ihr Vater 1859 starb und George den Posten des Herausgebers übernahm (*Keokuk City Directory* 1859; *MTB*, 1:112; Rees 1908, 399–401).

373 *Kolumnen in Borgis-Type* – Text, der in einer Schriftart mittlerer Größe (9 Punkt) ohne zusätzlichen Zeilenabstand gedruckt ist.

Homer C. Wilbur … Sartain's Magazine – Das *Sartain's Union Magazine of Literature and Art* wurde zwischen 1849 und 1852 von John Sartain (1808–1897) in Philadelphia veröffentlicht. Sartain war ein Meister der Mezzotinto-Drucktechnik (Schabkunst) und Kollege und Freund von Edgar Allan Poe. Zu den prominenten Autoren der Zeitschrift gehörten Poe, Longfellow, Thoreau, James Russell Lowell, Bayard Taylor, Harriet Martineau, William Gilmore Simms, Richard H. Stoddard und George W. Bethune (Nichols 2004, 1, 12, 15). Es wurden keine Beiträge von Homer C. Wilbur gefunden.

375 *Burkes und Hares* – William Burke und William Hare wurden verurteilt, weil sie 1827/28 in Edinburgh 17 Menschen gefangen, getötet und die Leichen an Dr. Robert Knox, einen Privatdozenten für Anatomie am Edinburgh Medical College, verkauft haben, der sie sezieren wollte.

376 *Wenn der Eidschwörer sagt, es habe einen Vertrag gegeben und ich sei für die Arbeit bezahlt worden, sind beide Aussagen klare, schlichte Lügen* – Twain schrieb 1856/57 drei Reisebriefe unter dem Namen Thomas Jefferson Snodgrass und veröffentlichte sie in der *Keokuk Post* (»Correspondence«, »Snodgrass' Ride on the Railroad« und »Snodgrass, in a Adventure [sic]«; SLC 1856a, 1856b, 1857). Vielleicht hat es keinen schriftlichen Vertrag gegeben, aber bestimmt eine wenn auch nur mündliche Vereinbarung über die Veröffentlichung der Briefe. Thomas Rees, der lediglich von zwei der drei Briefe wusste, schrieb seine Version der Ereignisse 1908 nieder und meinte, dass Twain selbstverständlich bezahlt worden sei:

Die Firma Rees & Son vereinbarte mit dem jungen Mann, dass er einige Artikel für die Veröffentlichung in der *Keokuk Post* schreiben würde, für die sie einvernehmlich jeweils fünf Dollar als Honorar festlegten. [...] Nachdem er den ersten geschrieben hatte, sagte er, er wolle siebeneinhalb Dollar pro Artikel, und die Herausgeber waren damit einverstanden. Dann schrieb er den zweiten Artikel, der auch veröffentlicht wurde, wonach er der Überzeugung war, dass sein Talent zehn Dollar pro Artikel wert sei. Da die Herausgeber ihre Grenze jedoch bereits erreicht und schon zwölfeinhalb Dollar investiert hatten, sicherlich das erste Geld, das Mr. Clemens jemals für seine Texte erhalten hat und das in etwa dem entsprach, was die Zeitung innerhalb von zwei Jahren einnahm, wurden die Verhandlungen abgebrochen und die Artikelserie beendet. [...]

Momentan habe ich, verschlossen im Safe meines Büros, maschinengeschriebene Kopien dieser beiden Artikel, die ich den Akten meines Vaters entnommen habe. Beiden ist jeweils eine Erklärung beigefügt, die die Echtheit des Texts und die Umstände, unter denen sie von Mr. Clemens geschrieben wurden, bezeugen. [...]

Ich hatte überlegt, sie diesem Brief beizufügen, da sie aber so bemüht lustig und so schlecht komponiert sind, wenn man sie mit den jüngeren Texten von Mr. Clemens vergleicht, könnten einige Leute trotz der dazugehörigen Erklärungen möglicherweise glauben, ich hätte sie selbst geschrieben, und sogar Mr. Clemens könnte nach so vielen Jahren vielleicht daran zweifeln, dass er der Autor dieser Briefe ist. (Rees 1908, 400–01)

2. Oktober 1906

376 *Bankettrede am 19. September in New York* – Twains Rede beim jährlich stattfindenden Dinner der Associated Press im Waldorf Astoria Hotel war »ein Aufruf an die Nationen bezüglich einer vereinfachten Rechtschreibung« (»Spelling and Pictures and Twain at Dinner«, *New York Times*, 20. Sept. 1906, 4). Der Text ist in AD 19. Nov. 1906 enthalten. Laut Isabel Lyon hatte Twain zuerst eine andere Rede vorbereitet, deren Thema Melville Stone, Geschäftsführer von Associated Press, vorgeschlagen hatte:

Als ich später in mein Arbeitszimmer kam, fand ich 8 engbeschriebene Ms.-Seiten auf dem Schreibtisch. Es sei eine Rede – erklärte mir Mr. Clemens beim Abendessen –, eine Rede, die bei einem Pressebankett irgendwann im Sept. gehalten werden solle. Eine Rede, in der er Partei für Standard Oil ergreife. Es war wohl so, dass Mr. Melville Stone ihn darum gebeten hat, als er in N.Y. war; doch Mr. Clemens meinte, als Mr. Rogers' enger Freund könne er das nicht tun, & brachte viele vernünftige Gründe bei, aber Mr. Stone ließ nichts davon gelten, er wollte nur, dass Mr. Clemens die Rede hielt, & zwar als einen Angriff auf die Presse, die jedes Unternehmen »in den Dreck zieht«. (Lyon 1906, Eintrag vom 28. Juli.)

Besuch in Norfolk, Connecticut ... Debüt meiner Tochter Clara – Twain spricht in AD 3. und 4. Okt. 1906 ausführlicher zu diesem Thema.

376–77 *einer jungen Frau aus New York … einen großen Dienst erwiesen* – Twain spielt auf Charlotte Teller (1876–1953) an, eine Autorin und Sozialistin, die an der University of Chicago studiert hatte. Teller verwendete ihren Mädchennamen als Künstlernamen; sie lebte bereits von ihrem ersten Ehemann Frank Minitree Johnson getrennt, als sie Twain traf, nannte sich aber weiterhin »Mrs. Johnson«; 1912 heiratete sie Gilbert Hirsch und übernahm seinen Nachnamen. Sie lebte mit ihrer Großmutter und einigen anderen Autorinnen 3 Fifth Avenue und somit ganz in der Nähe von Familie Clemens. In AD 30. März 1906 erinnerte sich Twain an das Treffen, als sie Nikolai Tschaikowski, Anführer der Sozialrevolutionäre, mitbrachte, der auf der Suche nach Unterstützung für sein Anliegen war (MT 2012, Bd. 1, 458, Bd. 2, Anm. 458: »*russischen Revolutionär Tschaikowski*«). Eines ihrer noch unfertigen Werke, ein Theaterstück über Jeanne d'Arc, erweckte Twains Interesse, und die beiden verband bald eine enge Freundschaft. Twain war von ihrem Talent so beeindruckt, dass er anbot, ihre Manuskripte zu lesen. Am 13. April schrieb er ihr: »Wenn Sie Zweifel gehabt haben, hören Sie auf damit. Sie haben etwas Großes in sich, Charlotte – mehr als Sie auch nur ahnen, denke ich. Sie werden noch Ihre höchsten Erwartungen übertreffen« (NN-BGC). Auf einer Reise nach New York Ende September traf er Joseph H. Sears, um mit ihm über einen ihrer Romane, *The Cage*, zu sprechen:

Mrs. Johnson war gestern Abend einer der glücklichsten Menschen in Amerika. Ich hatte Sears (Präsident & Manager von Appletons) einladen lassen, & er kam sofort her, & wir sprachen eine Stunde lang. Er mag ihr Buch & will es verlegen; & ich habe ihn gebeten, die Rechte zur seriellen Veröffentlichung für sie zu verkaufen, & er sagte, er werde es gern tun & sie der Zeitschrift geben, die am meisten bietet. Er sagte außerdem, dass er sich üblicherweise ein Dutzend Autoren dauerhaft sichere – ein neues Buch pro Monat –, & er glaube, sie würde zu den zwölf gehören. (25. Sept. 1906 an Lyon und JC, Fotokopie in CU-MARK)

Der »große Dienst« war Twains Angebot, *The Cage* in Form eines Briefs an die Schauspielerin Maude Adams (berühmt für ihre Rolle in *Peter Pan*) zu unterstützen. Er beschrieb den Roman als

die Geschichte eines Frauenherzens, das so groß war, dass es für die Liebe zu einem Mann alle weltlichen Konventionen ignorierte. Genau das sollte eine echte Frau tun; & dadurch würde sie auch aus dem Mann einen echten Mann machen, vorausgesetzt er verfügt über Charakter. Und all dies geschieht im vertrauten Chicago von heute. Es ist ein starkes Buch, Peter Pan, & wenn Sie es einmal angefangen haben, lassen Sie dieser Mann & diese Frau erst wieder in Ruhe, wenn Sie die ganze Geschichte gelesen haben. (24.? Sept. 1906 an Adams, nicht gesendeter Entwurf, CU-MARK)

Aber Ende Oktober berichtete Lyon von einem Gerücht, das Twain beunruhigte (Lyon 1906, Eintrag für den 22. Okt.; Teller an SLC, 24. Okt. 1906, CU-MARK). Viele Jahre später schilderte Teller, was vorgefallen war:

Nur einige Tage danach erzählte mir Mr. Clemens äußerst aufgebracht, dass die Leute darüber reden würden, wie oft er mich sähe. Er war damals, daran erinnere ich mich, zwei Jahre älter als meine Großmutter, die bei mir in New York lebte. Als ich nachhakte, was genau geredet werde, schickte er nach seiner Sekretärin Miss Lyon, die berichtete, dass jemand im Players' Club Mr. Paine (den ich nie kennengelernt habe) gefragt hätte, wer diese Miss Teller sei, die Mark Twain so oft treffen würde.

Ich wusste nicht, warum ihn das beunruhigte, aber er war immer besonders empfindlich, was die öffentliche Meinung betraf. […] Er fragte mich, ob ich mit meiner Großmutter die 3 Fifth Ave. verlassen und an einem weniger verdächtigen Ort wohnen könne, wo er mich dann besuchen würde; aber ich wollte diesem Gerede nicht so viel Wert beimessen und dachte auch nicht, dass er in seiner Position einem so unbedeutenden Gerücht zu viel Beachtung schenken sollte. Ich fragte ihn, ob er sich um den Brief sorge, den er Mr. Seers gegeben hatte und der abfotografiert werden und als Ankündigung dienen sollte. Er bat mich zwar nicht darum, den Brief zurückzugeben, aber ich bestand darauf und sah ihn danach nicht mehr. (Teller 1925, 5–6)

Das Gerücht ließ sich jedoch nicht so bald aus der Welt schaffen. Fast ein Jahr später, am 2. Juli 1907, berichtete der *San Francisco Morning Call*, dass eine Hochzeit Twains mit Teller »durchaus eine Möglichkeit« sei (»Mark Twain and Charlotte Teller«, 8). Es kam noch schlimmer, als der *New York Herald* am 4. Juli behauptete, dass Twain mit Lyon verlobt sei. Er antwortete mit einem Telegramm aus London: »Ich kenne niemanden und werde auch niemals jemanden kennen, der den Platz meiner verstorbenen Ehefrau einnehmen könnte. Ich werde nie mehr heiraten.« (»Mark Twain Will Not Marry Again«, *Washington Post*, 6. Juli 1907, 6). Lyon gab Teller die Schuld an diesem zweiten Gerücht, aber Twain war später davon überzeugt, dass Lyon selbst dafür verantwortlich war. Teller und Twain schrieben sich zwischen 1907 und 1909 mehrere Briefe, belebten ihre Freundschaft aber nicht wieder (Trombley 2010, 137–38; Hill 1973, 172–73, 230; Schmidt 2009). *The Cage* wurde 1907 von D. Appleton & Company veröffentlicht und erhielt durchmischte Kritiken (vgl. zum Beispiel Peattie 1907 und »The Haymarket Riots«, *New York Times*, 9. März 1907, BR142).

377 *Ich glaube, dass nur ein Befehl jemals erlassen worden ist* – Diese »Philosophie« wurde zur Grundlage von Twains Essay »The Turning Point of My Life«, der 1910 veröffentlicht wurde (SLC 1910).

379 *Mein Vater starb* – Der hier beginnende Bericht über Twains frühe Karriere vor seinen Jahren im Westen ist eine Wiederholung der Schilderung in AD 28. und 29. März 1906 (vgl. MT 2012, Bd. 1, 439–58 und die dazugehörigen Anm. in Bd. 2, 227–31).

380 *einem Lotsen der Paul Jones* – Horace E. Bixby (vgl. MT 2012, Bd. 2, Anm. 456: »*Horace Bixby*«).

wäre ich in einem geistlichen Amt … gelandet – Obwohl Twains Bemerkungen über das Priestertum nach einem Scherz klingen, erzählte er seinem Bruder Orion im Oktober 1865 – offensichtlich im Ernst –, dass er Pastor hatte werden wollen:

Ich hatte in meinem ganzen Leben nur zwei *drängende* Ziele. Einerseits wollte ich Lotse werden & andererseits Prediger des Evangeliums. Das eine ist mir gelungen & das andere nicht, *weil* es mir nicht gelang, das richtige Handwerkszeug zu beschaffen – z. B. den Glauben. Ich habe es für immer aufgegeben. Ich verspürte sowieso nie eine »Berufung« in dieser Richtung, & mein Ehrgeiz war nichts weiter als schwärmerische Anmaßung. Aber ich hatte eine »Berufung« zur Literatur verspürt, wenn auch auf kleinem Level – z. B. zur humoristischen Literatur. Darauf kann man nicht besonders stolz sein, aber es ist meine größte Stärke [...].

Aber wie gesagt, es liegt in der *menschlichen Natur*, uns nach dem zu sehnen, wofür wir niemals vorgesehen waren. Das ist merkwürdig, aber die Wahrheit. Ich wollte Lotse oder Prediger sein, & ich war für beides ungefähr genauso gut geeignet wie der arme Emperor Norton für die Position des Obersten Richters der Vereinigten Staaten. (19. und 20. Okt. 1865 an OC, *L1*, 322–23)

381 *Goldminen in Humboldt County ... Esmeralda County* – Nachdem man 1860 in den West Humboldt Mountains Silber und Gold entdeckt hatte, wurde das Gebiet zu einem Bergbauzentrum. Twain hielt sich dort von Anfang Dezember 1861 bis Ende Januar 1862 auf. Einen Bericht über dieses Abenteuer findet sich in den Kapiteln 26–33 von *Durch dick und dünn* sowie im Brief an Jane Clemens vom 30. Januar 1862 (*L1*, 146–52). Anfang April reiste Twain nach Aurora in die Bergbauregion Esmeralda im südlichen Nevada. Ende Juni arbeitete er für kurze Zeit in der Quarzmine von Clayton (vgl. MT 2012, Bd. 1, 90; Bd. 2, Anm. 90–91: »*1862 nach Virginia ... Gehalt von vierzig Dollar die Woche*«).

Oberster Staatsrichter Turner – George Enoch Turner (1828–1885), Anwalt aus Ohio, wurde 1861 zum Oberrichter des Nevada-Territoriums ernannt. Er trat 1864 zurück, als die dortige Presse ihn – und den Rest der Richterschaft – der Korruption beschuldigte (Turner und SLC an OC, 18. bis 30. Sept. 1861, *L1*, 128–29, Nr. 2).

Hymettos – Hymettos ist ein Berg südöstlich von Athen und war in der Antike für seinen ausgezeichneten Honig bekannt.

Wen der Himmel verderben will, den schlägt er mit Blindheit – Dieses lateinische Sprichwort wird manchmal fälschlicherweise Euripides zugeschrieben (Householder 1936; Bartlett 1980, 78:1, 134:21).

Mit der Dummheit kämpfen Götter selbst vergebens – Aus *Die Jungfrau von Orleans* (1801) von Friedrich Schiller (Akt III, Szene 6).

382 *Sie erschien im Enterprise ... Lokalredakteur dieser Zeitung* – Diese Burleske befand sich in einem der Briefe, die er mit »Josh« unterzeichnet und gratis an den *Territorial Enterprise* in Virginia City geschickt hatte, vermutlich einige Monate bevor er dort als Lokalreporter angestellt wurde, im April 1862. Keiner der »Josh«-Briefe ist gefunden worden, aber 1893 beschrieb Rollin Daggett, ein Kollege Twains bei der Zeitung, diese bestimmte Burleske als eine »erfundene Rede zum vierten Juli, angeblich in der Nähe von Owens Lake gehalten, wo Mark auf der Suche nach Bodenschätzen war«, und er erinnerte sich, dass Eigentümer und Herausgeber Joseph T. Goodman »sofort entschied, dass der Autor

gefördert werden müsse« (*ET&S1*, 13, 15, 17). Twain reiste im September 1862 nach Virginia City, um seine neue Stelle anzutreten (zu Daggett vgl. MT 2012, Bd. 2, Anm. 165: »*Plunkett; zur Belegschaft gehörte R. M. Daggett*«; zu William Wright, dem »Lokalredakteur dieser Zeitung«, vgl. MT 2012, Bd. 2, Anm. 90–91: »*1862 nach Virginia … Gehalt von vierzig Dollar die Woche*«).

382 *zeichnete ich mit ›Mark Twain‹* – Twain war während der zweiten Sitzungsperiode im Territorium, die vom 11. November bis zum 20. Dezember 1862 stattfand, Korrespondent für den *Territorial Enterprise*. Nur zwei seiner Berichte, geschrieben am 5. und 12. Dezember, sind überliefert, aber keiner von beiden ist mit »Mark Twain« gezeichnet (SLC 1862a, 1862b). Auch wenn es möglich ist, dass Twain dieses Pseudonym für Werke verwendet hat, die verlorengegangen sind, berichtete Joe Goodman, dass die erste Unterschrift von »Mark Twain« auf einem »Brief aus Carson City« zu finden war, geschrieben vermutlich am 31. Januar 1863 und veröffentlicht einige Tage später im *Enterprise*. Goodman meint zudem, dass der »erste richtige Artikel«, der mit »Mark Twain« gezeichnet war, »Ye Sentimental Law Student« gewesen sei, der am 19. Februar veröffentlicht wurde (SLC 1863a, 1863b; *MTEnt*, 48; *ET&S1*, 18, 192–93, 215–16).

als ich beim San Francisco Morning Call entlassen wurde … Korrespondentenstelle – Der *Morning Call* kündigte Twain im Oktober 1864 (vgl. AD 13. Juni 1906). Joe Goodman vom *Territorial Enterprise* erklärte sich im September oder Oktober 1865 damit einverstanden, Twain für tägliche Briefe aus San Francisco zu bezahlen, die er auch schrieb, bis er im März 1866 zu den Sandwichinseln aufbrach.

3. Oktober 1906

383 *nach Norfolk, Connecticut, fuhr … früher einmal öffentlich gesungen, aber das war in Italien gewesen* – Ende 1898 wechselte Clara von Klavier- zu Gesangsunterricht und hoffte, professionell als Mezzosopranistin arbeiten zu können. Ihr erster Auftritt, am 22. Januar 1901 in Washington, D. C., war ein Fehlschlag; ein mitleidiger Rezensent gab ihrem »Lampenfieber« und einer »teilweisen Lähmung der Stimmbänder« die Schuld (»Music and the Drama«, *Chicago Tribune*, 23. Jan. 1901, 7). Das italienische Konzert, das Twain erwähnt, fand am 8. April 1904 in Florenz statt. Twain schrieb Rogers, dass Clara »das ganze Haus – mich eingeschlossen – mit der Fülle & Stärke ihrer Stimme & ihrer Fähigkeit, sie zu kontrollieren, beeindruckte. Ganz ohne Hilfe oder Aufhebens hat sie einen Triumph erzielt. Die Glückwünsche waren reichlich & kamen von Herzen« (12. April 1904 an Rogers, Salm, in *HHR*, 561). Claras Auftritt in Norfolk, Connecticut, am 22. September 1906 war ihr professionelles Debüt. In den nächsten Jahren gab sie weitere Konzerte (größtenteils von ihrem Vater finanziert), verfolgte jedoch keine Musikkarriere (5. März 1899 an James R. Clemens, CtHMTH; *Hartford Courant*: »Miss Clemens's Debut«, 23. Jan. 1901, 8; »Miss Clemens's Success«, 3. Mai 1904, 5; »Miss Clemens Well Received«, 24. Sept. 1906, 10; Shelden 2010, 173–75, 231–32, 345–46, 382).

385 *polnische Amme* – Julia Koslosky (22. April 1882 an OLC, CU-MARK).

386 *George, der farbige Butler* – George Griffin (vgl. MT 2012, Bd. 2, Anm. 238: »*George …
 Leibdiener von General Devens*«).

*Abenteuer … maßen wir den dreien, die ich geschildert habe, stets einen hohen Wert
bei* – Die ersten zwei beschriebenen Vorfälle ereigneten sich am 2. und 9. Januar 1881
(9. Jan. 1881 an JLC, NPV). Der dritte Vorfall, an dem der Barbier teilhatte, ist in keinem
Brief erwähnt und kann daher nicht genau datiert werden.

in der zweiten Etage eines Hotels in Baden-Baden – Dieser Vorfall ereignete sich im
Hotel de France, wo sich Familie Clemens von Ende Juli bis Anfang August 1878 aufhielt. Clara berichtete später, dass sie in der fünften Etage untergebracht waren (*N&J2*,
113–14, 367; CC 1931, 6).

387 *heiratete sie einen jungen Farmer* – Rosina Hay (1852?–1926) arbeitete ab 1874 für Familie Clemens und verließ sie am 16. August 1883, um ihre Hochzeit vorzubereiten. Am
4. September heiratete sie in der Elmira's Park Church Horace K. Terwilliger, der 1909
Verwaltungsangestellter für die New York State Assembly war (*N&J2*, 365, Anm. 33; *Hartford Census* 1880, 97:117C; Staver 1938, 34; Koenig 1909, 591; MT 2012, Bd. 2, Anm.
340: »*Hübsche kleine deutsche Mädchen … und konnte kein Englisch*«).

4. Oktober 1906

388 *Clara am 22. in Norfolk singen würde* – Vgl. AD 3. Okt. 1906, Anm. 376: »*Besuch in Norfolk, Connecticut … Debüt meiner Tochter Clara*«.

Claras Porträt … überdimensionalen Lettern »Mark Twains Tochter« – Das *Boston Journal* druckte beispielsweise ein Porträt unter der Überschrift »Twains Tochter gibt ihr Debüt
als Sängerin« (14. Sept. 1906, 7). Die Zeichnung scheint jedoch ein Archivbild zu sein
und sieht Clara nicht sehr ähnlich.

389 *unsere alte Katy* – Katy Leary.

Mrs. R. W. Gilder – Helena de Kay Gilder (1846–1916), die 1874 Richard Watson Gilder
heiratete, war eine erfolgreiche Künstlerin, die bei Winslow Homer studiert hatte. Viele
ihrer Illustrationen wurden im *Century Magazine* und in den Lyrikbänden ihres Ehemanns
veröffentlicht. Im New Yorker Haus der Gilders trafen sich die wichtigsten Künstler, Autoren und Musiker der Zeit. Auch Twain und seine Töchter waren häufig bei den regelmäßig
stattfindenden Freitagssoireen zu Gast (McNay 2011; »R. W. Gilder's Widow Dies«, *New
York Times*, 29. Mai 1916, 11; Lyon 1906, Einträge für den 3., 16., 23. und 30. März und
den 6. April).

Mr. Luckstone – Isidore Luckstone (1861–1941) war Claras Gesangslehrer und begleitete
sie auf dem Klavier. Er begann seine berufliche Laufbahn im Alter von 15 Jahren als Pianist und arbeitete schon nach wenigen Jahren auch als Dirigent. Er begleitete viele berühmte Sänger und Musiker, darunter Enrico Caruso, Fritz Kreisler und Marcella Sembo-
rich, und komponierte einige Lieder. Später arbeitete er kaum noch als Begleiter, sondern
war vor allem als Gesangslehrer gefragt. Im März 1906 sang Clara erstmals bei ihm vor.
Isabel Lyon schrieb in ihr Tagebuch: »Mr. Luckstone sprach sein Urteil, & zwar lautete es,

dass C.C.s Atem nicht so sei, wie er sein sollte. Luckstone ist stark & lebhaft & wie ein Wikinger & kompetent – & seine Erklärungen waren aufschlussreich & inspirierend« (Lyon 1906, Eintrag vom 16. März).

390 *Rodman Gilder* – Nach seinem Harvard-Abschluss 1899 arbeitete Rodman Gilder (1877 bis 1953), Sohn von Richard Watson und Helena Gilder, als freiberuflicher Journalist für die *New York Evening Sun* und den *Criterion*. Von 1904 bis 1911 war er bei der Crocker-Wheeler Electric Company (einem Motorenhersteller) zunächst für die Öffentlichkeitsarbeit, später in der Geschäftsführung tätig. 1911 heiratete er Louise Comfort Tiffany, die Tochter von Louis Comfort Tiffany.

Miss Gordon – Clara J. Gordon, Krankenschwester im New Yorker Sanatorium, war Clara Clemens eine gute Freundin geworden, als diese sich dort nach dem Tod ihrer Mutter aufhielt (Hill 1973, 97).

391 *Die Zeitungen berichteten über meine Ansprache* – Eine Rezension des Konzerts in der *New York Sun* titelte: »Twains ›erster Auftritt‹. Anlässlich des Debüts seiner Tochter als Sängerin erzählt er, wie er einst von Lampenfieber ergriffen wurde«, und gab Twains vollständige Rede wieder, in der er sich an die »Todesangst« erinnert, die er empfand, als er im Oktober 1866 in San Francisco das erste Mal auf einer öffentlichen Bühne stand. Clara wird erst im letzten Absatz erwähnt, wo es heißt, dass sie »während des ersten Lieds Nervosität zeigte«, aber im Folgenden »kühl und ausdrucksstark« Werke von Grieg, Schubert, Haydn u. a. interpretiert habe (24. Sept. 1906, 3). Der Text von Twains Rede findet sich in Fatout 1976, 528–29.

5. Oktober 1906

392 *Vor mehreren Wochen fügte ich … zwei seltsame, skurrile Briefe … ein* – Twain übernahm diese »seltsamen, skurrilen« Briefe in AD 29. Aug. 1906.

392–93 *verwendete ich einen der Briefe in einer Rede … Die Rede wurde veröffentlicht* – Den ersten Brief nutzte Twain für eine Rede beim Dinner der Associated Press am 19. September 1906, die am folgenden Tag in der *New York Times* veröffentlicht wurde und in AD 19. Nov. 1906 zu finden ist (»Spelling and Pictures and Twain at Dinner«, *New York Times*, 20. Sept. 1906, 4; vgl. AD 2. Okt. 1906, Anm. 376: »Bankettrede am 19. September in New York«, und AD 19. Nov. 1906).

393 *Miss Anny Stokbridge* – Anne W. Stockbridge (geb. 1854) war Musiklehrerin und Direktorin von Stockbridge Hall, einem Mädcheninternat in Yarmouth, Maine (*Freeport Census* 1900, 590:21 A; Patterson 1908, 96).

Mr. Stockbridge vom University Club Boston – William H. Stockbridge (geb. 1844) war Musiklehrer (*Freeport Census* 1900, 590:5B). Der University Club war ein Sport- und Freizeitverein und wurde 1891 gegründet.

394 *Miss Grace Donworth* – Grace Donworth (1857–1945) war die Historikerin der Machias-Gruppe der Daughters of the American Revolution (*Machias Census* 1900, 602:10A; *D. A. R. Directory* 1908, 45; Flagg 1966, 97–98).

394 *Mit vorzüglicher Hochachtung* – Auf den oberen Rand von Stockbridges Brief schrieb Twain: »Sagen Sie ihr, dass ich einen Verleger suchen werde, wenn ich nach New York komme.« Er antwortete ihr am 4. Oktober und bot seine Hilfe an (NN-BGC):

Liebe Miss Stockbridge (falls sie wirklich existiert):
257 Benefit Street (falls es eine solche Adresse wirklich gibt)
Ja, ich würde mich über eine Kopie dieses anderen Briefs freuen. Diese ganze Fälschung ist herrlich, & ich zittere vor Angst, dass Sie selbst eine Fälschung sein könnten & ich Ihr argloses Opfer. (Aber keine Sorge, das ist nicht wichtig.)
Zum Thema Veröffentlichung. In 8 Tagen fahre ich nach Hause nach New York –
21 Fifth Avenue
Sie könnten mir so viele maschinengeschriebene »Jennie«-Briefe dorthin senden, wie Miss Donworth bereits gefälscht hat, & ich werde sie einem Zeitschriftenredakteur zeigen & ihm Ihre Adresse geben, wenn sie ihm gefallen.
Denn sie sollten zuerst in einer Zeitschrift *als Serie* erscheinen.
Ich denke, der Schwindel, dass sie echt seien, sollte aufrechterhalten werden. Das ist zwar eine Sünde, aber was soll's. Die Zeitungen werden ihre Echtheit in Zweifel ziehen, & das ist gute & preiswerte Werbung. Ein christlicher Herausgeber liebt so etwas.

Mit freundlichen Grüßen
S. L. Clemens

1907 wurden die »Jennie Allen«-Briefe als Serie im *Ladies' Home Journal* veröffentlicht; Donworth gab sich erst als Autorin zu erkennen, als sie im Jahr darauf auch in Buchform erschienen (*MTB*, 3:1318–20; Donworth 1908).
hatte Chatterton mit seinen erfundenen Poesien Rowleys den Schriftsteller Horace Walpole erfolgreich getäuscht – Thomas Chatterton (1752–1770) wurde in Bristol geboren und wuchs in ärmlichen Verhältnissen auf. Mit 16 Jahren fing er an, Manuskripte in einem pseudomittelalterlichen Stil zu fälschen. In der Hoffnung, die Unterstützung von Horace Walpole (1717–1797), dem 4. Earl of Orford und berühmten Literaten, zu finden, schickte er ihm eine Abhandlung über frühe englische Maler, die angeblich von einem Mönch und Dichter namens Thomas Rowley stammte, der im 15. Jahrhundert gelebt habe. Zunächst zeigte Walpole Interesse und bat darum, die Gedichte sehen zu dürfen, aber weitere Überlegungen und Ratschläge von Freunden aus der Literaturszene überzeugten ihn, dass es sich um Betrug handelte. Chatterton stellte weitere Werke Rowleys her, starb jedoch 1770, als er noch nicht 18 war, an einer Überdosis Arsen und Laudanum. In den 1780er Jahren wurden die »Rowley-Gedichte« nach und nach veröffentlicht und fanden ihre Anhänger. Die Frage nach ihrer Echtheit führte zu einer öffentlichen Kontroverse, in deren Verlauf die Fälschung bewiesen, die Geschicklichkeit des jungen Chatterton aber anerkannt wurde.
William-Henry Irelands Shakespeare-Fälschungen von scharfsinnigen Shakespeare-Forschern akzeptiert – William-Henry Ireland (1775–1835) war der uneheliche Sohn eines Londoner Kunsthandwerkers und Shakespeare-Verehrers. Um seinen Vater zu beein-

129

drucken und Chatterton nachzuahmen (vgl. Anm. 394: »*hatte Chatterton mit seinen erfundenen Poesien Rowleys den Schriftsteller Horace Walpole erfolgreich getäuscht*«), begann Ireland 1794 mit der Produktion gefälschter Dokumente, die angeblich von Shakespeare selbst geschrieben und in seinem Nachlass aufgetaucht waren. Irelands erste Versuche waren bescheiden – eine Urkunde und ein Schuldschein –, schon bald aber fälschte er Briefe und Bühnentexte einschließlich des vollständigen Theaterstücks *Vortigern*. Irelands Vater zeigte die »Funde« seines Sohnes verschiedenen Literaten, von denen viele (u. a. James Boswell) schriftlich bestätigten, dass sie sie für echt hielten. Nach Veröffentlichung einer Sammlung dieser Dokumente 1795 wurde der Betrug von Edmond Malone, dem wichtigsten Shakespeare-Wissenschaftler der Zeit, aufgedeckt. Auf Berühmtheit folgten Beleidigungen; *Vortigern* wurde »von der Bühne gebrüllt«, und Ireland senior starb 1800, noch immer nicht bereit, anzuerkennen, dass die Dokumente seines Sohnes Fälschungen waren (Schoenbaum 1991, 132–67).

395 *Buch Mormon wurde von Joseph Smith … geborgen … in einem abgelegenen Winkel Kanadas* – Joseph Smith (1805–1844) behauptete, diese mit alten, von ihm als »reformiert ägyptisch« bezeichneten Schriftzeichen beschriebenen Metallplatten gefunden zu haben, nachdem er den Fundort in mehreren Visionen gesehen hatte. Er übersetzte sie anhand von »Sehersteinen«, um das Buch Mormon zu rekonstruieren. Die Platten waren unter einem Stein nahe Manchester im westlichen Teil des Staats New York vergraben gewesen (*RI* 1993, 601, Anm. 107.5–10). Twain diktierte »der Staat New York«, änderte dies im Typoskript jedoch zu »Kanada«. Der Grund dafür ist unklar.

Bruder Quimby – Phineas Quimby (1802–1866), der erste praktizierende Vertreter der geistigen Heilung in den USA, nutzte in den 1860er Jahren Hypnose, um Eddy zu behandeln. Seine Lehren führten dazu, dass sie ebenfalls glaubte, mit Hilfe des Geistes Krankheiten heilen zu können. Später entwickelte sie daraus die religiöse Doktrin, die zur Grundlage ihrer Glaubensgemeinschaft »Kirche Christi, Wissenschaftler« wurde (vgl. AD 22. Juni 1906, Anm. 219: »*Wissenschaft und Gesundheit … Mrs. Mary Baker G. Eddy*«).

8. Oktober 1906

395 *Einträge, die einen ganzen Monat abdecken* – In diesen Einträgen schildert Susy den Besuch ihrer Eltern in Onteora Park, einer Künstler- und Autorenkolonie in den Catskills. Während dieser Zeit, vom 24. bis zum 29. August 1885, blieben Susy und ihre Schwestern auf der Quarry Farm in Elmira. Twain führt die Schilderung seiner dortigen Erlebnisse in AD 9. und 10. Okt. 1906 fort.

General Grant, der Bildhauer Gerhardt – Im Frühling 1885 hatte Karl Gerhardt eine Büste des sterbenden Grant gefertigt, die dessen Familie ausgezeichnet gefiel. Auf Twains Vorschlag hin versuchte er, einen Auftrag für die Ausführung einer Statue Grants zu erhalten – ein Versuch, der bis zuletzt erfolglos blieb (*N&J3*, 157; zu Gerhardt und Twains Bericht seiner Arbeit an der Grant-Büste vgl. MT 2012, Bd. 1, 511–20, Bd. 2, Anm. 489: »*Gerhardt … keine Aufträge*«).

395 *Mrs. Candace Wheeler, Miss Dora Wheeler* – Candace Wheeler (1827–1923), eine Pio-
nierin im Bereich der Innenarchitektur, die mit Louis Comfort Tiffany zusammenarbeitete,
half 1881 bei der Einrichtung des Clemens-Hauses in Hartford. 1883 gehörte sie zu den
Gründern von Onteora Park. Dora (1857–1940), Candaces Tochter, war Künstlerin und
Porträtzeichnerin. Familie Clemens lernte die beiden über ihren gemeinsamen Freund
Dean Sage kennen; es entwickelte sich eine »lange und angenehme Freundschaft«
(Wheeler 1918, 324; *N&J3*, 178, 212, 221, 562).
Mr. Frank Stockton, Mrs. Mary Mapes Dodge – Vgl. AD 9. Okt. 1906, Anm. 400: »Mr.
Frank Stockton« und Anm. 400: »Mrs. Mary Mapes Dodge«.
General Custers Witwe – Elizabeth B. Custer (1842–1933) heiratete 1864 General
George A. Custer und begleitete ihn danach überallhin, wo er stationiert war, im Bürger-
krieg sogar bis an die Front. Nach seinem Tod 1876 bei Little Bighorn idealisierte sie
sein Andenken in Vorträgen und Büchern. 1887 gaben Webster & Company *Tenting on
the Plains*, ihre Erlebnisse in den Forts von Texas und Kansas zwischen 1865 und 1867,
heraus.

399 *ein mutiges Experiment* – Twain beschrieb dieses »Experiment« in einem Brief an Mary
Rogers:

Am Abend des großen Sturms fuhr ich durch den sintflutartigen Regen ins Dorf & sprach
im Keller der Kirche vor einem gut gefüllten Saal voller triefender Bauern & ihrer Familien
(dort findet monatlich eine kostenlose Veranstaltung statt, die von den Kirchenfrauen organisiert wird), alle in dunkler Kleidung, & mein gespenstisches Kostüm war das einzige
Fröhliche in diesem Raum. Ich wollte meine Kleidung erklären, aber auf dem Weg zur
Bühne hielt mich Miss Fanny Dwight – Sommergast, eine Hausfreundin, eine Frau von
außergewöhnlichem Geschmack & wunderbarem Urteilsvermögen – auf & flüsterte: »Mr.
Clemens, Sie sehen einfach hinreißend aus!« Ich flüsterte zurück: »Miss Fanny, ich wollte
etwas zu meiner Kleidung sagen & sie rechtfertigen, aber das muss ich wohl jetzt nicht
mehr.« Einige junge Damen sehen eben klarer als andere! (11.–16. Okt. 1906, NNC, in
Leary 1961, 69–75)

Mut aufzubringen … den ganzen Winter hindurch weiße Kleidung zu tragen – Twain trug
seinen heute so berühmten weißen Anzug am 7. Dezember 1906 in Washington, wo er
vor einem Kongresskomitee eine Rede zum Thema Urheberrecht hielt (vgl. AD 26. Dez.
1906). Zuvor hatte er in diesem Anzug bereits mehreren Reportern Interviews und einen
Ausblick auf das zu erwartende Spektakel gegeben. Howells erinnert sich:

Er hätte sich keine dramatischere Geste ausdenken können als die, mit der er seinen weiten
Mantel von sich warf und ganz in Weiß dastand, von den Füßen bis zum Scheitel seines
silberfarbenen Haares. Es war ein beeindruckender *Coup*; aber im Laufe der wunderbaren
Rede, in der er das unglaubliche Durcheinander an Unsinn, das die Grundlage aller Gesetze
zum Urheberrecht geworden war, in der Luft zerriss, vergaß man sogar seine spektakuläre
Aufmachung. (Howells 1910, 96)

Seitdem trug er seinen Anzug so regelmäßig in privaten und öffentlichen Zusammen-
künften, dass die *Washington Post* ihn am 1. Mai als »seinen urheberrechtlich geschützten Flanellanzug« bezeichnete (»Mark Twain in Gloom«, 5; eine hervorragende Charakterisierung des Phänomens des weißen Anzugs findet sich in Shelden 2010, xvii-xxiv und
Anm. 433–35).

400 *was Choate vergangenen März sagte* – Twain und Choate hatten sich am 29. März 1906
während des Treffens der New York State Association for Promoting the Interests of the
Blind unterhalten (vgl. MT 2012, Bd. 2, Anm. 462: »*Vorsitzender bei der ersten Tagung
eines Verbandes ... Interessen erwachsener Blinder ... Joseph H. Choate*«). Choates
Bemerkungen enthielten nach einem Bericht der *New York Times* keine Kommentare
zum Leben nach 70; vermutlich fielen sie in einer privaten Unterhaltung (»Twain and
Choate Talk at Meeting for Blind«, 30. März 1906, 9).

9. Oktober 1906

400 *Mr. Frank Stockton* – Francis R. Stockton (1834–1902) arbeitete für *Scribner's Monthly*
und später als stellvertretender Herausgeber von *St. Nicholas*, einer Zeitschrift für Ju-
gendliche. Seine zahlreichen Geschichten und Romane für Kinder zeichneten sich durch
ihren intelligenten Humor aus.
Mrs. Mary Mapes Dodge – Mary Mapes Dodge (1831–1905) wurde nach dem Tod ihres
Ehemanns 1858 Autorin. Ihr bekanntestes Werk ist der Kinderroman *Hans Brinker oder
Die silbernen Schlittschuhe* (1865). Sie war von 1873 bis zu ihrem Tod Herausgeberin der
Zeitschrift *St. Nicholas*.

401 *zur Zeit von Rip Van Winkle* – Washington Irvings berühmte Geschichte, die 1819 zum
ersten Mal veröffentlicht wurde, spielt vor und nach dem Unabhängigkeitskrieg in den
Catskills.

10. Oktober 1906

402 *Laurence Hutton, Charles Dudley Warner und Carroll Beckwith* – Twains Freundschaft
mit dem Theaterkritiker und Redakteur Laurence Hutton (1843–1904) begann wahrscheinlich 1883, als Hutton Twain einlud, Mitglied des Kinsmen Club zu werden, einer
informellen Verbindung von Schriftstellern, Künstlern und Schauspielern. James Carroll
Beckwith (1852–1917), erfolgreicher Künstler und Dozent, fertigte 1890 ein Porträt von
Twain an, das im Mark Twain House & Museum in Hartford zu sehen ist (vgl. MT 2012,
Bd. 2, Anm. 555: »*den kleinen Kinsmen Club in London*«; *N&J3*, 10, Anm. 10; zu Warner
vgl. AD 10. April 1906, Anm. 54: »*lud sie Fiske, Charles Dudley Warner und dessen Frau
ein ... Nilfahrt*«).
Dean Sage – Vgl. AD 31. Juli 1906, Anm. 252: »*Dean Sage ... ließ ... ein Dutzend Exem-
plare privat drucken*«.
Mrs. Dodge ... wir waren ihre Gäste – Twain vermischt hier anscheinend zwei unter-

schiedliche Besuche in Onteora. Susy beschrieb den ersten Besuch, der im August 1885 stattfand (vgl. AD 8. Okt. 1906, Anm. 395: »*Einträge, die einen ganzen Monat abdecken*«), doch die Familie Twain kehrte im Sommer 1890 zurück und blieb fast drei Monate – wie das Datum zeigt, das Twain hier als Marginalie eingetragen hat. Das von Mary Mapes Dodge ausgerichtete Dinner muss 1890 stattgefunden haben, da sie ihr Sommerhaus in Onteora erst 1888 bauen ließ.

Festlichkeiten für Grant – Twain beschrieb das Bankett, das 1879 zu Ehren General Grants während der Versammlung der Grand Army of the Republic ausgerichtet wurde, in »Das Chicagoer G. A. R. Festival« (MT 2012, Bd. 1, 478).

403 *Mr. Medill, Eigentümer der Chicago Tribune* – Joseph Medill (1823–1899) war einer der Gründer der Republikanischen Partei, die sich für die Abschaffung der Sklaverei einsetzte. Er war überzeugter Anhänger Lincolns und nach dem Bürgerkrieg radikaler Befürworter der Reconstruction, also auch der Wiedereingliederung aller abtrünnigen US-Bundesstaaten. Er kaufte 1855 Anteile an der *Chicago Tribune* und arbeitete, nachdem er 1874 Hauptanteilseigner geworden war, bis zu seinem Tod als Geschäftsführer der Zeitung (Mott 1950, 284, 347–48).

Dean Sage ... und Reverend Joe Twichell ... Kommilitonen – Sage und Twichell waren bereits gute Freunde, als Twain sie Ende der 1860er Jahre kennenlernte. Allerdings konnte kein Beleg für ein Yale-Studium von Sage gefunden werden. Er erhielt sein Juradiplom 1861 von der Albany Law School (Courtney 2008, 141–42; *Yale Alumni Directory* 1920).

404 *Reverend Henry Ward Beecher in Brooklyn vor Gericht ... Gast in Sages Villa* – Beecher wurde wegen seiner Beziehung zu Elizabeth Tilton, einem Gemeindemitglied, des Ehebruchs beschuldigt und im August 1874 von deren Ehemann Theodore Tilton wegen Entfremdung von Zuneigung (»Alienation of Affection«) verklagt. Die Zeitungen berichteten täglich über das Gerichtsverfahren, das im Juli 1875 endete, ohne dass sich die Geschworenen auf ein Mehrheitsurteil einigen konnten (vgl. MT 2012, Bd. 2, Anm. 202: »*Mr. Beecher könnte ein Verbrechen ... bis zum bitteren Ende beistehen*«). Familie Sage hatte ein besonderes Interesse an dem Fall, da Henry W. Sage viele Jahre lang in Beechers Kirche in Plymouth als Verwalter tätig gewesen war und inzwischen Beechers Sohn William in seinem Holzgeschäft beschäftigte. Ab dem 13. April 1875 übernachteten Twain und Twichell zweimal bei Sage und wohnten am folgenden Tag gemeinsam Beechers Gerichtsverfahren bei (*L5*: MEC und SLC an JLC und PAM, 26. Nov. 1872, 231, Anm. 3; 3. Dez. 1872 an OLL, 237–38, Anm. 7–11; *L6*: 29.? Juli 1874 an Twichell, 202–03, Anm. 2; vgl. Anm. nach 18. April 1875 an OLC, 446, 448–49).

405 *Um 1873 wurde Sage Opfer eines Ruhrausbruchs* – Twain gibt eine unvollständige Fassung dieses Vorfalls am Ende des Manuskripts von »Meine Autobiographie [Willkürliche Auszüge daraus]«, das er 1897/98 in Wien schrieb. Er strich den Abschnitt, als er das Manuskript 1906 für seine Autobiographie überarbeitete (vgl. Textual Commentary dieser Skizze auf MTPO).

11. Oktober 1906

408 *Neulich las ich eine ziemlich despektierliche Bemerkung* – Der Verfasser und das exakte Datum dieses Zeitungsartikels konnten nicht identifiziert werden. Die »despektierliche Bemerkung«, auf die Bezug genommen wird, erschien aber wahrscheinlich am 1. August 1885 in der *New York Sun*. Darin wird behauptet, dass der »Mann, der reichlich Geld an Grants Tod verdient, Mark Twain« sei und dass er an der Veröffentlichung der Memoiren »eine Viertel- bis Drittelmillion Dollar« verdienen würde. In dem Artikel heißt es fälschlicherweise, dass Grants Erben die Hälfte des Gewinns erhielten, tatsächlich lag der Anteil von Webster & Company nur bei 30 Prozent. Twain gab eine Reihe von Schätzungen über die Höhe der Tantiemen ab, die Mrs. Grant erhielt. In seiner letzten Schätzung in AD 1. Juni 1906 gab er an, dass sich ihr Anteil auf »gut eine halbe Million Dollar« belaufe – damit läge sein Anteil bei etwa $ 215 000 (»Mark Twain's Big Speculation«, Scrapbook 22:62, CU-MARK; MT 2012, Bd. 2, Anm. 501: *»Vertrag aufgesetzt und das Buch meinen Händen anvertraut«*; vgl. auch AD 2. Juni 1906, Anm. 117: *»Mrs. Grant verdiente ... eine halbe Million Dollar an dem Buch«*).

Beisetzungsfeierlichkeiten für Grant ... Fifth Avenue Hotel ... eine Horde amerikanischer Berühmtheiten – Grants Beisetzung fand am 8. August 1885 in Manhattan statt. Etwa 50 000 Würdenträger und Mitglieder der Armee begleiteten seinen Sarg in einem Trauerzug, der am Rathaus, nördlich von Riverside Park mit Blick auf den Hudson, seinen Anfang nahm. Grants Leichnam ruhte zunächst in einem vorläufigen Grab in Riverside Park, wurde aber 1897 in einen anderen Teil des Parks umgesetzt und in einem großen Mausoleum aus Granit und Marmor beigesetzt, dem sogenannten »Grant's Tomb«. Grants Familie residierte (in Abwesenheit der Witwe) im Fifth Avenue Hotel, wo sie die vielen Freunde und Berühmtheiten empfing, die ihr Beileid bekunden wollten, darunter Twain, der eigens dafür nach New York gereist war (»Mighty in Death. Grant Followed to the Tomb by Thousands«, *New York Express and Mail*, 8. Aug. 1885, Scrapbook 22:78–83, CU-MARK; 6. Aug. 1885 an OLC [3.], CU-MARK).

Redpath ... Ossawatomie Browns ... »Jayhawkers« – Laut dem Kansas-Nebraska Act von 1854 konnten beide Territorien eigenständig entscheiden, wie sie sich zur Sklaverei verhielten, was zu blutigen Auseinandersetzungen führte zwischen den Siedlern in Kansas, die die Sklaverei abschaffen wollten, und den Befürwortern der Sklaverei im westlichen Missouri. John Brown, der zusammen mit seinen Söhnen und weiteren Unterstützern versuchte, die Sklavereigegner zu verteidigen, wurde nach gewalttätigen Streitereien mit den »Grenzraufbolden« (»border ruffians«) der Spitzname »Ossawatomie« verliehen, nach dem Namen der Stadt in Kansas, wo die Auseinandersetzung stattgefunden hatte. Redpath, ein überzeugter Abolitionist, arbeitete von 1855 bis 1858 als Journalist in Kansas und verfasste Artikel, die für die Abschaffung der Sklaverei plädierten. Zeitweise brachte er in Doniphan eine eigene Zeitung heraus, den *Crusader of Freedom*. Im Sommer 1856 führte er ein Interview mit Brown und nahm anschließend für kurze Zeit als Mitglied von Browns bewaffneter Truppe an militärischen Aktionen teil. Redpath verfasste eine wohlwollende (und deshalb in der Folge umstrittene) Biographie Browns, die

11. Oktober 1906

1860 veröffentlicht wurde. Die Mitglieder der Gruppe der »Jayhawkers« waren nicht, wie Twain behauptete, Befürworter der Sklaverei. Dieser Begriff wurde im Gegenteil für die Rebellen, die sich wie Brown und seine Männer gegen die Sklaverei wandte, verwendet, mittlerweile wird er als Bezeichnung für alle Bewohner Kansas gebraucht. Die »Grenzraufbolde«, die sich für die Sklaverei einsetzten, wurden auch »Wegelagerer« (»bushwackers«) genannt (McKivigan 2008, 7–42, 47, 51–54; zu Brown vgl. MT 2012, Bd. 2, Anm. 623: »Ossawatomie Browns ... Tragödie von 1859 ... Atlantic Monthly«).

12. Oktober 1906

409 *des verwegenen Guerilleros ... der die Jayhawkers anführte* – Dieser Rebellenführer, eigentlich ein »Bushwacker«, kein »Jayhawker«, konnte nicht identifiziert werden. Vgl. Anm. 408: *»Redpath ... Ossawatomie Browns ... »Jayhawkers«.*

15. Oktober 1906

411 *George* – George Griffin.
413 *ich versuchte, ein ... Hochrad ... zu bezwingen ... Twichell und ich nahmen jeden Tag Unterricht* – Twain und Twichell versuchten im Frühling 1884, Fahrradfahren zu lernen. Twain beschrieb seine Erfahrung in dem Text »Der Fahrradbändiger« (»Taming the Bicycle«), den er zunächst beim *New York Sun* einreichen wollte, dann aber zerriss, als er zu dem Schluss kam, dass er ihn »*kein bisschen* leiden kann«. Da er aber bereits eine Kopie an Charles Webster geschickt hatte, der davon eine Maschinenabschrift anfertigen ließ (31. Mai 1884 und 6. Juni 1884 an Webster, NPV, in *MTBus*, 258), ist ein Manuskript (wahrscheinlich die Kopie, die an Webster geschickt wurde) in Vassar erhalten geblieben. Ein unvollständiges Typoskript, das Twain überarbeitet hatte, ist in den Mark Twain Papers zu finden (*SLC* 1884; *N&J3*, 55, Anm. 123).
Pond's Extract – Ein beliebtes Arzneimittel aus Zaubernuss, das seit 1846 als ein äußerlich anzuwendendes Mittel bei Abschürfungen, Schnitten und Verbrennungen sowie einer Reihe weiterer Leiden verkauft wurde.
414 *Papa fünfzig Jahre alt ... Gedicht und die Beiträge hier einfügen* – Susy fügte am 28. November 1885 einen Ausschnitt aus *The Critic* in ihre Biographie ein, der ein Gedicht und drei Briefe anlässlich Twains 50. Geburtstag umfasste. Twain übernahm zwei dieser Ehrungen (Briefe von Stockton und Warner) in dieses Diktat; die anderen zwei – ein Gedicht von Holmes und ein Brief von Harris – lieferte er in AD 30. Okt. 1906 nach. Warner und Harris werden in AD 16. Okt. 1906 beschrieben; zu Stockton vgl. AD 9. Okt. 1906, Anm. 400: *»Mr. Frank Stockton«.*
415 *FRANK R. STOCKTON* – Twain bedankte sich am 29. November 1885 bei Stockton für dessen Glückwünsche (Pforzheimer):

Mein lieber Mr. Stockton:

Ach, aber ich bin wie der Mann, der die Nadeln schliff: Ich werde mich nicht wiederholen. Allerdings aus einem anderen Grund: er konnte, aber wollte nicht, ich will, aber kann nicht. Und trotzdem danke ich Ihnen für den großzügigen Wunsch, & er bedeutet mir unermesslich viel, da er von Ihnen kommt.

Herzlich
Ihr S. L. Clemens

Der »Mann, der die Nadeln schliff« ist eine Anspielung auf Stocktons Erzählung »His Wife's Deceased Sister«, die im Januar 1884 im *Century Magazine* veröffentlicht wurde. Einer der Charaktere ist ein Schriftsteller, der einen frühen Erfolg nicht wiederholen kann und deshalb seinen Lebensunterhalt damit verdienen muss, »Nadelspitzen zu schmirgeln«.

16. Oktober 1906

415 *Warner ist tot. Stockton ist tot. Ich habe an beiden Beerdigungen teilgenommen* – Warner starb im Oktober 1900, 29 Jahre nachdem sich Familie Clemens in Hartford niedergelassen hatte. Seine Beerdigung fand in der Asylum Hill Congregational Church statt; Twain war einer der Ehrensargträger, Reverend Joseph Twichell leitete den Gottesdienst. Frank Stockton starb im April 1902. Die Trauerfeier fand im Haus seiner Schwester in Philadelphia statt; Twain war auch hier wieder Ehrensargträger (»Funeral of Mr. Warner«, *Hartford Courant*, 24. Okt. 1900, 4; »Frank R. Stockton's Funeral«, *New York Times*, 25. April 1902, 3).

416 *Onkel Remus … über tausend Jahre alt … ein neues Foto von ihm gesehen* – Twain sah wahrscheinlich ein von Underwood und Underwood aufgenommenes Foto von Joel Chandler Harris, das am 15. Juli 1906 in der *Washington Post* (17) erschien (und möglicherweise auch in weiteren Publikationen). Harris war 57 Jahre alt (vgl. Abb. 31 hier in MT 2014, Bd. 1; außerdem MT 2012, Bd. 2, Anm. 29: »*die unsterblichen Geschichten erzählt, die Onkel Remus Harris*«).

dass ich Onkel Remus zuletzt sah … in unserem Haus in Hartford – Harris stattete Hartford im Frühling 1883 einen lang versprochenen Besuch ab (12. Dez. 1881 und 5. Sept. 1882 an Harris, GEU; Harris 1918, 191–92).

in einem früheren Kapitel … Abenteuer mit den Katern – Vgl. »Fragmente meiner Autobiographie. Aus Kapitel IX«, MT 2012, Bd. 1, 623–37.

30. Oktober 1906

420 *ein Gedicht von Oliver Wendell Holmes und einen Gruß von Onkel Remus (Joel Chandler Harris)* – Holmes' Gedicht und der Brief von Harris entstammen dem Ausschnitt aus *The Critic* vom 28. November 1885, den Susy in ihre Biographie übernommen hatte (vgl. AD

15. Okt. 1906, Anm. 414: »*Papa fünfzig Jahre alt … Gedicht und die Beiträge hier einfügen*«).

421 *Für Mark Twain* (ZU SEINEM FÜNFZIGSTEN GEBURTSTAG) – Twain drückt seine Dankbarkeit in
dem folgenden Brief an Holmes aus, den er wahrscheinlich am 29. November 1885
verfasste (*MTL*, 2:466):

Lieber Mr. Holmes, – ich werde niemals auch nur zur Hälfte ausdrücken können, wie
stolz Sie mich gemacht haben. Wenn ich es könnte, würden Sie sagen, dass sich Ihre
Mühe beinahe bezahlt gemacht hat. Und dann noch die Familie: Wenn ich Ihnen die
elektrisierende Überraschung und Dankbarkeit und das Hochgefühl der Frau und der
Kinder gestern Abend vermitteln könnte, als sie über den *Critic* stolperten, den ich, mit
kunstvoller Kunstlosigkeit, aufgeschlagen und mich dann zurückgezogen hatte, um zu
sehen, was wohl passieren würde – nun, es war großartig und gut und schön zu sehen und
erweckte in mir dasselbe Gefühl wie in einem Sieger, der das jubelnde Publikum vorbei-
ziehen sieht; und wenn Sie es auch gesehen hätten, hätten Sie verstanden, dass diese Beschreibung der Wahrheit entspricht. Denn ich habe meine Kinder in Ihrer Gesellschaft
großgezogen, in der Gesellschaft einer warmen und freundlichen und wohlwollenden,
aber dennoch weit entfernten Sonne; und so war Ihre Geste, als hätte die Sonne vom
Himmel auf mich herab das Wunder eines besonderen Lichtstrahls gesandt, der mich
vor den Augen meiner Familie verwandelte. Ich wusste, was dieses Gedicht für meine
Familie bedeuten würde; ich wusste, dass ich in ihren Augen zu weit entfernten und
strahlenden Höhen emporgehoben werde, hinauf zu einer Bruderschaft mit Mr. Nautilus
höchstselbst [»Chambered Nautilus« ist der Titel eines Gedichts von Wendell Holmes],
und dass sie mich bis an ihr Lebensende mit dieser Bruderschaft in Verbindung bringen werden; und so stellte ich sicher, dass ich da sein würde, um die Überraschung zu bezeugen.

Charles Dudley Warner verzückt mit einem Gedicht um des glücklichen Gedichtes selbst
willen; und so war ich in der Tat auch glücklich, aber vor allem hat es den Stachel aus meinem fünfzigsten Jahr gezogen; hat den Schmerz entfernt, die Trauer und die merkwürdige
Scham und hat mich froh und stolz gemacht angesichts des Ereignisses.

Mit Ehrerbietung und Verbundenheit,

Ihr

S. L. Clemens

423 *JOEL CHANDLER HARRIS* – Twain schrieb am 29. November 1885 auch an Harris
(GEU):

Lieber Onkel Remus:

Ich danke Ihnen herzlich & besonders für die guten Worte über Huck, dieses misshandelte Kind von mir, das man mit so viel ungerechtem Schlamm beworfen hat. Irgendwie
kann *ich* nicht aufhören, an ihn zu glauben, & es tut mir in der Seele gut, dass mich ein
Mann unterstützt, der die Orte kennt, an denen solche Jungen leben, & weiß, wovon er

spricht. Mögen Sie niemals fünfzig sein, bevor Sie es wirklich müssen, & mögen wir dann alle da sein, um die gütigen Worte zu sagen, die den Affront abmildern.

Herzlich
Ihr S. L. Clemens

Neben den persönlichen Danksagungen an seine Freunde richtete Twain am 29. November in *The Critic* das Wort an alle Gratulanten (CLU-SC):

Meine lieben Verschworenen:

Das war die freudigste Überraschung, die ich jemals erlebt habe, & dafür danke ich Ihnen von Herzen. Es versöhnt mich damit, fünfzig Jahre alt zu sein; & Sie haben das Wunder vollbracht, dies zu erreichen – ich selbst hätte ein solches niemals selbst vollbringen können. Mögen Sie alle bis zu Ihrem fünfzigsten leben & in dieser Zeit der schrecklichen Not einen wohlgesonnenen Kameraden finden.

Herzlich
Ihr S. L. Clemens

Es konnte kein persönlicher Dankesbrief an Warner für seine Ehrung in *The Critic* gefunden werden (vgl. AD 15. Okt. 1906; »Mark Twain Surprised«, *The Critic*, 4. Dez. 1885, 271).

423 *James Russell Lowell* – Lowell wurde am 22. Februar 1869 50 Jahre alt, beinahe ein Jahr bevor Twain im Dezember 1869 Howells kennenlernte.

423–24 *Major General Franklin, der im Bürgerkrieg einer von McClellans Lieblingsgenerälen gewesen war ... Monday Evening Club* – William Buel Franklin diente unter General George B. McClellan. Twain bespricht Franklin, McClellan und den Monday Evening Club in AD 12. und 13. Jan. 1906 (MT 2012, Bd. 1, 121, 128–29, Anm. 121: »*Als ich fünfzig Jahre alt war ... bis ich Hartford im Sommer 1891 verließ*« und Anm. 128: »*A. C. Dunham ... Kapitalist*«).

424 *in der Ersten Schlacht am Bull Run* – Die Erste Schlacht am Bull Run, die sich am 21. Juli 1861 in der Nähe von Manassas in Virginia ereignete, endete mit dem panischen Rückzug der Truppen der Unionsstaaten.

7. November 1906

425 *Als ich mich das erste Mal in Ägypten aufhielt ... Epidemie der Vereinfachten Schreibweise ... Krösus ... Khedive* – Dieses Diktat wurde zuerst in *Briefe von der Erde* (1962) veröffentlicht, herausgegeben von Bernard DeVoto, der vermutete, dass es am 7. November 1906 »in ein Diktat eingefügt«, aber »sicherlich vor diesem Tag verfasst« worden sei (*LE*, 159–63, 291). Diese Zweifel sind nachvollziehbar, doch Hobby machte ihren üblichen Vermerk auf dem Typoskript, wonach das Diktat zwei Stunden gedauert hatte, und Twain schrieb am selben Tag an Mary Rogers, dass er »heute Morgen eine Weile diktiert

habe – das erste Mal seit 19 Tagen. Über Vereinfachte Rechtschreibung« (*NNC*). Ein Manuskript konnte nicht gefunden werden, aber es ist anzunehmen, dass Twain den Text als Rede verfasst hatte, die er in Ägypten halten wollte, denn er plante im Oktober 1906 voller Enthusiasmus, den Winter dort zu verbringen. Allerdings verwarf er seine Pläne am 31. Oktober 1906 und versuchte deshalb vielleicht, seine Ägypten-Rede zu retten, indem er sie für die Autobiographie diktierte. Andrew Carnegie stimmte im Januar 1906 zu, das Simplified Spelling Board finanziell zu unterstützen, war er doch der Meinung, dass die englische Sprache aufgrund ihrer irregulären Orthographie nicht als »Weltsprache« angenommen werden würde (»Carnegie Assaults the Spelling Book«, *New York Times*, 12. März 1906, 1). Twain stimmte zu, Mitglied des Board zu werden, und warb in einer Reihe von Reden und Artikeln für die vereinfachte Rechtschreibung. Er spricht in seinen Diktaten von Carnegie als »Krösus« und von Theodore Roosevelt als dem »Khedive«. Zwölf Tage später schreibt Twain in AD 19. Nov. 1906 über die Ursprünge der vereinfachten Rechtschreibung und Roosevelts gescheiterte Unterstützung (Lyon 1906, Einträge vom 27.–31. Okt.; *MTB*, 3:1325–26; »Simple Spellers Start with 300 Pruned Words«, *New York Times*, 13. März 1906, 6).

428 *Das Problem ist nicht die Rechtschreibung … es ist das Alphabet* – Twain sprach über diese Idee ausführlicher in einer Rede, die er während eines Banketts zu Ehren von Andrew Carnegie am 9. Dezember 1907 hielt, zudem in dem Manuskript »A Simplified Alphabet« (»Mark Twain Jeers at Simple Spelling«, *New York Times*, 10. Dez. 1907, 2; SLC 1909a; zu dem Text der Rede vgl. Fatout 1976, 597–600; vgl. auch AD 10. Dez. 1907).

8. November 1906

430 *seit er General Grants Buch veröffentlicht hat* – Vgl. AD 28. Mai 1906.
den Artikel … in der Christian Union ohne ihr Wissen veröffentlicht – Vgl. AD 21. Dez. 1906.

431 *Jean hält sich … in einem Landsanatorium auf* – Twain hatte dafür gesorgt, dass Jean in das Privatsanatorium ihres Arztes Frederick Peterson in Katonah, New York, fahren konnte. Sie brach am 25. Oktober 1906 auf und hielt sich die nächsten drei Jahre in Sanatorien, gemieteten Unterkünften und Kliniken auf, bis Twain sie im April 1909 zurück nach Stormfield holte (Lystra 2004, 83–85).
Mrs. Kate Douglas Wiggin Riggs … Dorothea Gilder … Norman Hapgood und Mrs. Hapgood … Mr. Riggs – Die Schriftstellerin und Pädagogin Kate Douglas Wiggin (1856 bis 1923), deren bekanntestes Buch *Rebecca of Sunnybrook Farm* (1903) war, hatte 1895 den Geschäftsmann George Christopher Riggs geheiratet. Dorothea Gilder (1882–1920) war Richard Watson Gilders älteste Tochter und mit Clara befreundet. Zu Norman Hapgood und seiner Frau vgl. MT 2012, Bd. 2, Anm. 307: »*Norman Hapgoods Palast*«, und AD 7. Juni 1906, Anm. 162: »*Mrs. Hapgoods Mittagessen*«.

432 *Gulliver in Liliput* – Aus Jonathan Swifts *Gullivers Reisen* (1726).

433 *meine fünf oder sechs unvollendeten Bücher* – Vgl. AD 30. Aug. 1906, Anm. 317–18: »*Das Refugium der Ausgestoßenen … Abenteuer einer Mikrobe … Der geheimnisvolle*

Fremde« und Anm. 318: *»eine dieser halbfertigen Geschichten ... ihre Helden Tom Sawyer und Jim«.*

433–34 *F. Hopkinson Smith ... Originalmanuskripte versteigert werden* – Twain hatte diese Geschichte zwölf Jahre zuvor in einem Brief vom 12. Februar 1894 an Olivia beschrieben, also zwei Wochen nachdem sich die Angelegenheit zugetragen hatte (CU-MARK):

Und habe ich Dir von Mrs. Kate Douglas Wiggin & dem Verkauf der Manuskripte erzählt? Es gab nämlich eine große Versammlung bei Sherry's zugunsten des Kindergartens, & es wurde Musik gespielt, & dann wurde verkündet, dass Hopkinson Smith & Mrs. Wiggin aus unveröffentlichten Manuskripten lesen & jeweils das Ms. des anderen versteigern würden.

Smith handelte Mrs. Wiggins hoch auf $ 85 – eine schöne runde Zahl. Natürlich wollte Mrs. W. es genauso gut machen; aber als sie das Auktionspodium erklommen hatte, fand sie heraus, dass Smiths Text nichts weiter war als ein maschinengeschriebenes Ms. Aber sie bearbeitete uns gewitzt & gekonnt & streute Scherze in alle Himmelsrichtungen; & obwohl es ein Brocken Arbeit für sie war, kämpfte sie mutig weiter, bis sie dieselbe Summe sichergestellt hatte, die ihr tatsächliches Ms. eingebracht hatte.

Mary Mapes Dodge sagte zu ihr im Gespräch –

»Es war schäbig von ihm, dich mit einer Maschinenabschrift zum Versteigern antreten zu lassen. Es wäre vollkommen angemessen gewesen, wenn du dich geweigert hättest. Du warst doch sicher wütend?«

»Innerlich – *ja.* Ich habe, ehrlich gesagt, gekocht. Oh, ich hätte mich so *gern* geweigert.«

»Warum hast du es dann nicht getan?«

»Ach, na ja, ich bin doch eine Dame & muss immer so verdammt höflich sein!«

Die Versteigerung wurde im Restaurant Sherry's am 29. Januar 1894 abgehalten zugunsten der New York Kindergarten Association, eines Projekts von Wiggin. F. Hopkinson Smith (1838–1915) war Schriftsteller, Maler und Ingenieur; heute kennt man ihn vor allem im Zusammenhang mit dem Fundament, auf dem das Podest der Freiheitsstatue ruht. Twain traf Smith zum ersten Mal am 20. Dezember 1880 bei einem Dinner des Tile Club in New York. Acht Jahre später beschrieb ihn Twain so: »bekannter Aquarellmaler, Ingenieur, Architekt, Planer von Eisenbahnbrücken, Zeitschriftenautor, Tischredner, Vortragender, ein Hansdampf in allen Gassen & in allem ein Meister & außerdem ein alter & geschätzter Freund von mir« (27. Dez. 1888 an Gripenberg, FiH2; 11., 12., 13. Febr. 1894 an OLC, CU-MARK; »Notes«, *The Critic*, 3. Febr. 1894, 84; *N&J2*, 360, Anm. 14).

435 *Chases geräumigem Luxusstudio* – Das Studio des Malers William Merritt Chase (1849 bis 1916) in der 10. Straße in New York wurde von dem Kunstkritiker Arthur Hoeber als das »Allerheiligste der Bruderschaft der Ästhetiker« beschrieben (Gallati 1995, 39–42).

19. November 1906

436 *beschuldigten Satzes, der so faszinierend schrecklich war* – Vgl. AD 9. Febr. 1906 (MT 2012, Bd. 1, 261–62). Der lange Abschnitt im Manuskript von *Huckleberry Finn*, in dem Jim eine mitternächtliche Begegnung mit einer Leiche im Obduktionssaal einer Medizinschule beschreibt (und die Twain vor der Veröffentlichung strich), war möglicherweise einer der Abschnitte, die »faszinierend schrecklich« waren (HF 2003, 531–38).

436–37 *Andrew Carnegie entfachte diesen Sturm … britische Löwe empört* – Twain war einer von vielen Schriftstellern, die die Petition für eine Rechtschreibreform unterzeichneten. Diese gelangte im Mai 1905 in Umlauf und rief dazu auf, eine vereinfachte Schreibung von zwölf gebräuchlichen Wörtern wie *program* (anstatt *programme*), *prolog* (anstatt *prologue*) und *thru* (anstatt *through*) zu benutzen. Andrew Carnegies finanzielle Unterstützung war von der Anzahl der Unterschriften abhängig. Mit dem Ergebnis zufrieden, richtete Carnegie Anfang 1906 das Simplified Spelling Board ein, welches von dem Kritiker Brander Matthews geleitet wurde. Der Ausschuss brachte bald eine erweiterte Liste mit 300 Rechtschreibempfehlungen heraus. Roosevelt ordnete die staatliche Druckerei am 27. August an, das vereinfachte System in allen Veröffentlichungen der Verwaltungsabteilungen zu verwenden. In Amerika wurde darauf schmunzelnd reagiert, anders jedoch im Vereinigten Königreich, wo die Reaktion überraschend scharf ausfiel. Die *Pall Mall Gazette* nannte Roosevelt einen Anarchisten, und der *Evening Standard* erinnerte ihn daran, dass die englische Sprache »uns gehörte, als Amerika noch ein wildes und unentdecktes Land war«. Der *Globe* schwor, dass der britische Widerstand gegen die Rechtschreibreform härter werden würde als der philippinische Widerstand gegen die amerikanische Herrschaft, während im *Leader* zu lesen war: »Aba sicha, wenn Ruzvelt, unterstützt fon Karnegi, sagt, wir müssn unsre Rächtschreibung reformirn, müssn wir das tun, und basta, denn Karnegi hat alle Dollers und Ruzvelt hat allen Grips« (»England in Fury Yelps at Ruzvelt«, *Chicago Tribune*, 26. Aug. 1906, 1). Gegen diese Flut an Protesten, die sich gegen Amerika und Roosevelt richteten, wandte Carnegie ein, dass die Rechtschreibreform weder amerikanisch sei noch von Roosevelt ausging: Die Reform sei eine internationale Bewegung und die überarbeitete Rechtschreibung 1883 von einem angloamerikanischen Komitee empfohlen worden. Doch auch die Unterstützung in Amerika ließ bald nach. Am 13. Dezember sprach sich das Repräsentantenhaus gegen Roosevelts präsidiales Dekret aus, worauf er es umgehend zurückzog (Scott 1905; *New York Times*: »Carnegie Assaults the Spelling-Book«, 12. März 1906, 1; »Spelling Changes Came from England – Carnegie«, 7. Sept. 1906, 1; Matthews an SLC, 21. Mai 1905, CU-MARK; *U. S. Government Printing Office* 1906, 5–6; »New Spelling Dies«, *Washington Post*, 14. Dez. 1906, 1).

438 *vor den Delegierten der Associated Press die folgende Rede* – Vgl. AD 5. Okt. 1906, Anm. 392–93: »*verwendete ich einen der Briefe in einer Rede … Die Rede wurde veröffentlicht*«.

439 *1883, als die Bewegung für die Vereinfachte Schreibweise erstmals ihre Stimme erhob –*

1883 empfahl die Philological Society of London zusammen mit der American Philological Association eine standardisierte Schreibweise für 3000 Wörter (»Spelling Changes Came from England – Carnegie«, *New York Times*, 7. Sept. 1906, 1).

20. November 1906

443 *Georgia Cayvan ... Sprecherziehung nach der Methode Delsartes* – Cayvan (1857 bis 1906) wurde in Bath, Maine, geboren. Sie studierte an der Lewis B. Monroe School of Oratory, die ein System expressiver Gesten lehrte, die von dem französische Musiker und Lehrer François Delsarte (1811–1871) stammten. Anschließend verfolgte Cayvan eine Karriere als professionelle Rednerin und Sprecherin (Gagey 1971, 2:314–15; »Georgia Cayvan Dead«, *New York Tribune*, 20. Nov. 1906, 7; Wilbor 1887, 256–57).

443–44 *Miss Porters berühmter Schule* – In Sarah Porters Mädcheninternat in Farmington, Connecticut, gegründet um 1843, wurden die Fächer Latein, Deutsch, Französisch, Naturphilosophie, Rhetorik, Mathematik, Chemie, Geographie, Geschichte und Musik unterrichtet, und zwar ohne Benotungen und Prüfungen, so dass jede Schülerin ohne Wettbewerbsdruck in ihrem eigenen Tempo Fortschritte machen konnte. Es wurde kein Beleg gefunden, dass Georgia Cayvan oder Twain der Schule einen Besuch abgestattet hätten (*N&J3*, 444, Anm. 121).

444 *Die Bühne war ihr Traum ... dass auch ihr Verstand angegriffen war* – Cayvan wurde 1881 als Iocaste in einer Inszenierung von *König Ödipus* gefeiert. Sie erreichte den Höhepunkt ihrer Karriere zwischen 1887 und 1894 als Hauptdarstellerin des New Yorker Lyceum Theatre, doch dann begann für sie eine Zeit der Krankheit und der Untätigkeit. 1898 tauchte ihr Name als angeblich Mitschuldige in einem skandalösen Scheidungsfall auf. Auch wenn sie von allen Vorwürfen entlastet wurde, hieß es, der Skandal habe sie geistig verwirrt. 1900 kam sie in ein Sanatorium, wo sie im Laufe der Zeit erblindete und in einen vegetativen Zustand fiel; die Zeitungsberichte lassen kaum Zweifel daran, dass sie an Syphilis erkrankt war (»Miss Cayvan Exonerated«, *New York Times*, 4. Jan. 1899, 7; »Georgia Cayvan Childish«, *Hartford Courant*, 17. Juli 1902, 10; »Georgia Cayvan Dead«, *York Tribune*, 20. Nov. 1906, 7; »Georgia Cayvan Dead«, *New York Sun*, 20. Nov. 1906, 1). *Ihre Kollegen eilten ihr in Scharen zu Hilfe* – 1903 war Cayvans persönliches Vermögen erschöpft, so dass Broadways berühmteste Schauspieler und Manager eine Benefizveranstaltung zu ihren Gunsten veranstalteten (»Benefit for Georgia Cayvan«, *Fort Worth Star-Telegram*, 13. Jan. 1903, 6).

446 *Begegnet bin ich Helen Keller ... in Laurence Huttons Haus* – Vgl. AD 30. März 1906 (MT 2012, Bd. 1, 463–67; Bd. 2, Anm. 465–67: »Wrentham, Mass. ... Helen Keller«). *Miss Sullivan war Expertin in der Methode von Dr. Howe* – Samuel Gridley Howe (1801 bis 1876) war ein amerikanischer Pädagoge, der sich auf den Unterricht von Blinden, Tauben und geistig Behinderten spezialisiert hatte. Er brachte der blinden und tauben Laura Bridgman bei, sich zu verständigen. Hierbei wandte er zwei Methoden an: Zum einen benutzte er Karten mit eingestanzten Buchstaben, zum anderen ein Handalphabet

(d. h., er buchstabierte mit den Fingern). Anne Sullivan, Kellers Lehrerin, machte ihren Abschluss an Howes Blindenschule (Perkins Institute); bevor sie nach Alabama ging, um Keller zu unterrichten, beschäftigte sie sich mit Howes Ausführungen zu seinem Bridgman-Fall; zu Sullivan vgl. MT 2012, Bd. 2, Anm. 463: »*Miss Sullivan*«.

446 *hielt ich mich … in London auf … Helen und Miss Sullivan mittellos* – Im November 1896 hatte sich Familie Clemens in tiefer Trauer nach Susys Tod vollkommen zurückgezogen, als Eleanor Hutton schrieb, dass Kellers reicher Gönner, John S. Spaulding, gestorben sei, ohne für Keller Vorkehrungen getroffen zu haben. Es sei deshalb zweifelhaft, ob sie nach Radcliffe gehen könne. Am 26. November antwortete ihr Twain:

Es gibt nur einen Grund, warum ich mich nicht sofort aufmache & versuche, reiche Engländer für Helens Fall zu interessieren: Ich gehe nirgendwohin, ich treffe mich mit niemandem, ich halte meine Adresse streng geheim. Ich darf nicht entdeckt werden, ansonsten würde meine Arbeit an dem großen Buch sofort schrecklich gestört werden.

Aber ich habe Mrs. Rogers geschrieben & sie gebeten, ihren Ehemann davon zu überzeugen, den Fall den anderen Standard-Oil-Chefs darzulegen & sie zu fragen, ob sie einen vorläufigen *jährlichen* Fonds beisteuern wollen, der weiterläuft, solange Helen im College ist; etwas, um die dringendsten täglichen Bedürfnisse zu decken & was Ihnen Zeit gibt, einen Plan auszuarbeiten, um einen *dauerhaften* Fonds einzurichten. Ich hoffe sehr, dass mein Vorschlag Früchte tragen wird. Ich habe erwähnt, dass Laurence in der Nähe ist & bei Harper's einspringen könnte, sofern es gewünscht wird.

Ich würde Ihnen vorschlagen, jeden, der zu einem dauerhaften Fonds nichts beisteuern will, zu einem *jährlichen* Beitrag von $ 25 zu verpflichten & ihn mit einem kleineren Betrag davonkommen zu lassen, wenn es sein muss. Mrs. Clemens und ich haben jährliche Spenden von insgesamt $ 2300 getätigt – die Zinsen von $ 40 000, verstehen Sie, & es hat uns nichts ausgemacht –, aber wenn uns jemand um die $ 40 000 gebeten hätte, wäre uns angst und bange geworden. (NjP-SC)

Rogers schrieb Twain einen Monat später, dass »die Helen-Keller-Angelegenheit mit Mrs. Hutton zufriedenstellend geregelt worden ist, zumindest für den Moment«. Er beschrieb dann »einen bemerkenswerten Zufall im Zusammenhang mit der Angelegenheit«. Bei einem kürzlichen Dinner im Lotos Club hatte er durch Laurence Hutton von Helen Kellers Situation erfahren, worauf Rogers seine Hilfe angeboten habe:

Am Montagmorgen fand ich auf dem Frühstückstisch einen Brief von Mrs. Hutton vor, und Mrs. Rogers erhielt einen Brief von Ihnen; beide handelten von demselben Thema, nämlich: Helen Keller. Mrs. Rogers machte sich noch am selben Tag auf den Weg zu Mrs. Hutton und hat sich sehr nett mit ihr unterhalten und das Arrangement fixiert, das ich zuvor erwähnt habe. Ich weiß nicht, ob Sie diesen Zufall auf Ihre mentale Telegraphie zurückführen oder nicht, aber ich habe mir auf jeden Fall gedacht, dass ich Ihnen davon erzähle, weil ich weiß, dass es Ihnen bestimmt gefallen wird. (Rogers an Clemens, 24. Dez. 1896, CU-MARK, in *HHR*, 256–58)

In einem Brief vom 4. Januar 1897 pflichtete Twain ihm bei und schrieb, dass der Zufall »einfacher mit Telegraphie zu erklären ist als mit anderen Dingen« (Salm, in *HHR*, 258– 60). Rogers unterstützte Kellers Studium in Radcliffe finanziell und hinterließ ihr ein jährliches Einkommen, als er 1909 starb (Herrmann 1999, 94, 108–9; Keller 2005, 113).

447 *Als vor drei oder vier Jahren der Vortragsagent J. B. Pond starb ... Ponds kleinem Jungen* – James B. Pond (vgl. MT 2012, Bd. 2, Anm. 317: »*Major Pond*«) starb am 21. Juni 1903 an Herzversagen, nachdem ihm ein vereitertes Bein amputiert worden war. Sein Sohn James B. Pond jr. war damals 13 Jahre alt. William Webster Ellsworth (1855 bis 1936), einer von Ponds Klienten, arbeitete vor allem als Herausgeber, war aber auch als Autor und Dozent tätig. Twain antwortete auf Elsworths Bitte Ende Juni 1903: »Einen Fonds? Spenden eintreiben? Es ist einfacher, Tote auferstehen zu lassen. Eine *Rente* ist die Lösung. Ich habe es probiert & weiß es. Bringen Sie die Leute dazu, einen monatlichen Beitrag zu leisten« (Ende Juni 1903 an Ellsworth, Ausschnitt in CU-MARK; *Hudson Census* 1900, 979:10 A; *New York Times*: »Major J. B. Pond Is Dead«, 22. Juni 1903, 1; »Wm. W. Ellsworth, Lecturer, 81, Dies«, 19. Dez. 1936, 19).

447–48 *Sir Henry M. Stanley ... Expedition zur Rettung Emin Paschas* – Entdecker und Autor Henry M. Stanley (1841–1904) wurde als John Rowlands in Wales geboren. Seine Mutter verließ die Familie nach seiner Geburt, und sein Vater starb kurze Zeit später. Nach dem Tod seines Großvaters kam er in eine Pflegefamilie und wurde mit sechs Jahren in ein Armenhaus gesteckt, in dem er misshandelt wurde. Er riss mit 15 aus und emigrierte 1859 nach New Orleans. Dort wurde er von dem Kaufmann Henry Morton Stanley adoptiert, dessen Namen er annahm. Seine erfolgreiche Karriere als Journalist begann er nach dem Bürgerkrieg, in dem er für beide Seiten kämpfte – und von beiden desertierte. 1869 erhielt er vom *New York Herald* den Auftrag, den schottischen Missionar David Livingstone aufindig zu machen, der seit längerem als in Afrika verschollen galt. Nach langen Strapazen war Stanley im November 1871 erfolgreich (sprichwörtlich geworden ist sein angeblicher Ausspruch: »*Dr. Livingstone, I presume*«, dt. »Dr. Livingstone, nehme ich an«) und kehrte nach Europa zurück, wo er mit seinen Veröffentlichungen und Vorträgen berühmt wurde. 1879 erforschte Stanley den Kongo und gründete den Kongo-Freistaat im Auftrag von König Leopold II. von Belgien. Er kehrte 1887 nach Afrika zurück und leitete eine Mission, um Emin Pascha, den in Europa geborenen Gouverneur einer Provinz im Sudan, zu retten, der sich gegen den Aufstand der Mahdisten zur Wehr setzte, die weite Teile des Landes unter ihre Kontrolle gebracht hatten. Aber als Stanley ihn 1888 erreichte, wollte Emin Nachschub für seine Truppen, keine Rettung; er begleitete Stanley an die Ostküste und kehrte anschließend sogleich wieder ins Landesinnere zurück, wo er später von Sklavenhändlern getötet wurde. Die Rettungsmission scheiterte, und die Anzahl der Todesopfer war enorm, doch die von James B. Pond organisierte Vortragsreihe Stanleys in Amerika war äußerst erfolgreich (November 1890 bis April 1891) wie auch Stanleys Buch *Im dunkelsten Afrika. Aufsuchung, Rettung und Rückzug Emin Pascha's* (1890), das Twain erfolglos für Webster & Company zu akquirieren versucht hatte. Stanley ließ sich in England nieder, diente im Parlament und wurde 1899 in den Ritterstand erhoben (25. Okt. 1872 an OLC, *L5*, 201–02, Anm. 4; *Chicago Tribune*: »Henry M. Stanley

Starts on His Long Lecturing Tour«, 14. Nov. 1890, 2; »Henry M. Stanley to Sail Next
Week«, 11. April 1891, 2; *N&J3*, 304–05, Anm. 19).

448 *als er einen meiner Vorträge in St. Louis mitstenographiert ... hatte* – Stanley arbeitete als
festangestellter Reporter für den *Missouri Democrat* in St. Louis, als er von Twains Vortrag am 26. März 1867 über die Sandwichinseln berichtete (20. Dez. 1870 an Judd, *L4*,
278–80, Anm. 8).

21. November 1906

449–50 *Father Hawley ... einer dieser jährlichen Zusammenkünfte* – David Hawley (1809–1876)
arbeitete bis 1851 als Farmer. Anschließend wurde er vom City Mission Board für wohltätige Dienste an den Armen und Bedürftigen Hartfords angestellt. Die nächsten 25 Jahre
kümmerte er sich um die Verteilung von »weltlichen Wohltätigkeiten« und verbrachte einen Großteil seiner Zeit bei den Bedürftigen. Hawley legte einen Bericht über seine Arbeit
auf der Jahresversammlung der City Missionary Society vor. Twain hielt zweimal Vorträge
in Hartford, um Hawleys Arbeit zu unterstützen: am 31. Januar 1873 und am 5. März 1875
(28. Jan. 1873 »to the Public«, *L5*, 287–90; 6. März 1875 an Seaver, *L6*, 402–03; »City
Missions«, *Hartford Courant*, 8. Dez. 1873, 2).

450 *Wendell Phillips* – Phillips (1811–1884) erlangte Ende der 1830er Jahre Berühmtheit
dank seiner eloquenten und leidenschaftlichen Reden gegen die Sklaverei. Nach dem
Bürgerkrieg unterstützte er eine Reihe unterschiedlicher Reformen, z. B. das Wahlrecht
für ehemalige Sklaven, gleiche Rechte für Frauen, die Abstinenzbewegung und eine bessere Behandlung der Indianer Nordamerikas. Twain traf ihn am 18. März 1869 im Haus
der Familie Langdon in Elmira; an diesem Abend besuchten er und Olivia wahrscheinlich
Phillips' Vortrag über den irischen Politiker Daniel O'Connell. Später standen beide, Twain
und Phillips, bei James Redpaths Agentur unter Vertrag (Anm. nach 13. März 1869, *L3*,
174–75).

22. November 1906

453 *unterstützte ich ... Chace' Gesetzentwurf* Twain reiste im Januar 1886 auf Einladung
der American Copyright League (Urheberrechtsvereinigung) nach Washington, um vor
dem Patentausschuss des Senats zu sprechen. Die League befürwortete Hawleys Gesetzentwurf zum internationalen Urheberrecht. Twain stimmte allerdings nicht vollkommen mit der offiziellen Linie der League überein und war deshalb reserviert. Bei der Anhörung vom 28. Januar verschob er seinen Redebeitrag, da ihn die Unstimmigkeiten
zwischen ihm und den führenden Mitgliedern der League verärgerten; bei der nächsten
Anhörung am folgenden Tag sprach er sich mit Einschränkungen für Hawleys Gesetzentwurf aus, nachdem der Sekretär der League, George Walton Green, ihn dazu aufgefordert
hatte, »unverblümt wie der sprichwörtliche kleine Mann zu sprechen«. In seinen Anmerkungen setzte sich Twain für die von ihm sogenannte »Druckklausel« ein, die die
Interessen der Herausgeber, Drucker und Hersteller schützen sollte, indem sie die Pro-

duktion von Büchern im eigenen Land zur Bedingung machte (Fatout 1976, 206–09; Robert Underwood Johnson 1923, 267). Senator Jonathan Chace aus Rhode Island, ein Mitglied des Patentausschusses, schlug einen alternativen Gesetzentwurf vor, der eine solche Klausel ebenfalls beinhaltete, Twain sah jedoch davon ab, Chace' Gesetzentwurf genauer zu erwähnen. In dem von Susy eingefügten Zeitungsausschnitt wurden zudem General Joseph Hawley, die International Typographical Union, die die Arbeiter in der US-amerikanischen und kanadischen Druckindustrie vertrat, und James Russell Lowell erwähnt, der seit 1885 Präsident der American Copyright League war (Seville 2006, 217–24, 299; zu Hawley vgl. MT 2012, Bd. 2, Anm. 206: »*General Hawley, Chefredakteur ... auf seinem Posten im Kongress*«; zu Chace' Gesetzentwurf vgl. auch AD 18. Dez. 1906, Anm. 508: »*Das internationale Gesetz wurde verabschiedet und trat in Kraft*«).

454 *1888 oder 89 ... Autor des Struwwelpeter* – Der Autor und Illustrator des *Struwwelpeter* (1845) war Heinrich Hoffmann (1809–1894) aus Frankfurt. Twain traf ihn möglicherweise während seines Besuchs in Frankfurt im Oktober 1891. Am 27. Oktober schrieb er seinem Herausgeber Fred Hall von Berlin aus, dass er gerade »3 Tage & Nächte« damit verbracht habe, den *Struwwelpeter* ins Englische zu übersetzen, und ihm in Kürze den Text schicken werde. Er wollte, dass Hall die Übersetzung »auf der leeren Seite, die dem dazugehörigen Bild & dem *deutschen Text* gegenüberliegt«, veröffentlicht und das Buch »am 10. Dez. rechtzeitig für die Feiertage auf dem amerikanischen Markt« herausbringt. Doch schon am darauffolgenden Tag schrieb er Hall noch einmal, diesmal aus Frankfurt, um ihm mitzuteilen, dass er bei dem Versuch gescheitert sei, die Druckplatten der deutschen Ausgabe zu erwerben, die er für sein Buch hatte verwenden wollen (CSmH, in *MTLP*, 287–89; Wecter 1941). Twains Übersetzung, die keine Veröffentlichung fand, wird in den Diktaten von 1906 nicht erwähnt. Sein Vorwort des Manuskripts von 1891 beginnt mit:

Struwwelpeter ist Deutschlands bekanntestes Buch & erzielt die höchsten Verkaufszahlen, die das Buchgewerbe je gesehen hat, & die größte Verbreitung. Seit beinahe fünfzig Jahren hat es einen festen Platz in jedem Kinderzimmer Deutschlands. Vielleicht kann niemand ergründen, worin die geheimnisvolle Faszination dieses Buches liegt, doch dass es eine eigentümliche & mächtige Anziehungskraft auf Kinder *ausübt*, ist schon seit langem unumstritten. (SLC 1891a)

456 *in fünf Jahren ... werden meine Urheberrechte zu erlöschen beginnen* – 1906 wurden Kunstwerke durch das US-amerikanische Urheberrecht 28 Jahre ab Veröffentlichung geschützt und konnten danach für weitere 14 Jahre geschützt werden. Bei dieser Rechtslage wären die *Arglosen im Ausland*, 1869 erstmals veröffentlicht, nach einer entsprechenden Verlängerung schon 1911 lizenzfrei und für jedermann frei verfügbar gewesen, gefolgt von Twains anderen Werken in der Reihenfolge ihrer Veröffentlichung. Eine Beschreibung seines Plans, das Urheberrecht seiner Bücher zu verlängern, indem er sie zusammen mit seinen autobiographischen Diktaten (als fortlaufende Fußnoten) neu herausbrachte, findet sich in MT 2012, Bd. 2, 39–41 (Draper 1901, 40).

23. November 1906

456 *Thorvald Solberg, Direktor der Copyright-Registratur* – Solberg (1852–1949), Mitglied der American Copyright League, verwaltete die Registrierung von Urheberrechten von 1897 bis 1930. Er spielte eine große Rolle bei der Formulierung des Urheberrechtsgesetzes von 1909 (vgl. AD 23. Nov. 1906, Anm. 456: *»die Patentausschüsse des Senats und des Repräsentantenhauses ... ihre Anhörungen zur anhängigen Urheberrechtsnovelle«*; »T. Solberg Dead; Copyright Expert«, *New York Times*, 16. Juli 1949, 13).

die Patentausschüsse des Senats und des Repräsentantenhauses ... ihre Anhörungen zur anhängigen Urheberrechtsnovelle – Am 31. Mai 1906 wurde vor den Patentausschüssen des Repräsentantenhauses und des Senats ein Gesetzentwurf vorgestellt, mit dem das amerikanische Urheberrecht »ergänzt und vereinheitlicht« werden sollte. Eine erste Reihe öffentlicher Anhörungen wurde im Juni abgehalten; Twain sprach bei einer der darauffolgenden Anhörungen am 7. Dezember 1906 (vgl. AD 18., 19. und 26. Dez. 1906). Das Gesetz wurde schließlich als Copyright Act aus dem Jahr 1909 verabschiedet. Danach war das Urheberrecht auf 28 Jahre befristet mit der Möglichkeit einer Verlängerung um weitere 28 Jahre (»The Copyright Campaign«, *Publishers' Weekly*, 3. Juli 1909, 22–24; 7. Dez. 1906 an JC, Fotokopie in CU-MARK).

457 *eine Idee zum internationalen Urheberrecht ... Holmes verlachte dieses Projekt* – Ein Gesetzentwurf, der die USA dazu verpflichten sollte, die Urheberrechte ausländischer Autoren anzuerkennen, wurde im Dezember 1871 im Repräsentantenhaus eingereicht, jedoch nicht weiter vorangetrieben und im Februar 1873 schließlich verworfen. Im Dezember 1872 formulierte Twain den ersten Entwurf einer Petition, die sich für ein internationales Urheberrecht aussprach. Es kann allerdings sein, dass sie niemals eingereicht wurde (20.–22. Dez. 1872 an Twichell, *L5*, 255–58). 1875 skizzierte er eine neue Petition und fuhr Anfang November nach Boston, »um ein paar der hohen Tiere im Literaturbetrieb wegen des Urheberrechtsprojekts zu treffen« (27. Okt. 1875 an Howells, *L6*, 576–78). Twain erwartete die (eingeschränkte) Unterstützung von Holmes: »Holmes wird unterschreiben«, hatte er am 18. September an Howells geschrieben, »er sagte, er würde es machen, wenn er nicht an vorderster Front stehen muss«. Doch nach seinem Besuch in Boston und den Verleumdungen, die Holmes offensichtlich über das Projekt in Umlauf gebracht hatte, ließ Twain die Petition fallen wie auch (zumindest vorübergehend) seine Bemühungen um eine Urheberrechtsreform (vgl. 18. Sept. 1875 an Howells mit der eingefügten Petition, *L6*, 536–39).

24. November 1906

460 *Lord Thwing* – Der Familienname von Henry, dem ersten Baron von Thring (1818–1907), erscheint in den Typoskripten durchgängig als »Thwing«, was die Vermutung nahelegt, dass Hobby während der Diktate »Thwing« verstand. Twain korrigierte diese Schreibweise nicht; als Hobby in einem späteren Diktat (AD 26. Dez. 1906) doch einmal »Thring« tippte, »korrigierte« er es stattdessen zu »Thwing«.

461 *der Einlassungen Stephensons ... zwölf Meilen pro Stunde* – Der englische Ingenieur George Stephenson (1781–1848), der »Vater der Eisenbahn«, erschien 1825 vor einem parlamentarischen Ausschuss des englischen Unterhauses, um sich für die vorgeschlagene Eisenbahnverbindung zwischen Liverpool und Manchester einzusetzen. Die Geschichte seiner Aussage wurde im 19. Jahrhundert für Journalisten zu einem Allgemeinplatz. Twains detaillierte Version dieser Anekdote geht möglicherweise auf einen bekannten Bericht von Samuel Smiles zurück:

> In seinem starken northumbrischen Dialekt kämpfte Stephenson darum, sich mitzuteilen, während ihn seine Gegner mit Zwischenrufen und Schmähungen verhöhnten und auch der Ausschuss selbst, einige schüttelten den Kopf und bezweifelten flüsternd seinen Geisteszustand, als er voller Überzeugung schwor, dass er die Lokomotive auf eine Geschwindigkeit von zwölf Meilen pro Stunde bringen könne! (Smiles 1857, 231)

In *Ein Yankee an König Artus' Hof* platzierte Twain Stephenson in einer Reihe mit Gutenberg, James Watt und Alexander Graham Bell als »die Schöpfer – nach Gott – dieser Welt« (MT 1965/2010, 304).

462 *Macaulay ... Rede* – Während der Debatten im Unterhaus des britischen Parlaments, die schließlich zum Copyright Act aus dem Jahr 1842 führten, hielt Thomas Babington Macaulay (1800–1859) zwei berühmte Reden (am 5. Februar 1841 und am 6. April 1842) gegen die vorgeschlagenen Urheberrechtsentwürfe. In seiner ersten Rede vertrat er die Meinung, dass das Urheberrecht einem Monopol gleichzusetzen sei, und stellte sich gegen den Versuch, es auf 60 Jahre nach dem Tod eines Autors auszudehnen. In seiner zweiten Rede betonte er, wie recht und billig einheitliche Urheberrechtskonditionen für alle Bücher seien, und schlug den Gesetzentwurf vor, der letztlich auch verabschiedet wurde. Vgl. dazu Anm. 463: »*Gesetzentwurf zur Verlängerung der Schutzfrist*«. G. O. Trevelyan, Macaulays Neffe und Biograph, nannte diese Rede »so unterhaltsam wie ein Essay von Elia und so überzeugend wie ein Beweis von Euklid«. Twain war mit Macaulays Schriften gut vertraut, da dieser einer seiner Lieblingsautoren war, ungeachtet der Einschränkungen des Urheberrechts, die Macaulay in seinen Reden vorgeschlagen hatte (Trevelyan 1876, 2:134–36; Gribben 1980, 1:434–36, 2:712).

463 *Gesetzentwurf zur Verlängerung der Schutzfrist* – Am 3. April 1900 hörten fünf Ausschussmitglieder des britischen Oberhauses Twains Aussage zu den zwei Urheberrechtsgesetzentwürfen an, die im Parlament debattiert wurden. Seit 1842 galt in Großbritannien das Urheberrecht eines literarischen Werks entweder während der Lebensspanne des Autors plus sieben Jahre nach seinem Tod oder 42 Jahre ab dem Veröffentlichungsdatum, je nachdem was sich als länger herausstellte. Einer der diskutierten Gesetzentwürfe schlug die Lebensspanne des Autors plus 30 Jahre vor. Twain verlas eine schriftliche Stellungnahme, in der er sich für ein unbefristetes Urheberrecht aussprach, und wurde anschließend vom Ausschuss befragt (Draper 1901, 40, 45; »Mark Twain on Copyright«, *The Publishers' Circular*, 7. April 1900, 367–68; »Mark Twain«, *New York Times*, 21. April 1900, BR7; *SLC* 2002, 112, Anm. 3).

463 *Lord Thwing* – In diesem Diktat geht Twain sehr freimütig mit den Fakten um, die in den veröffentlichten Protokollen der Ausschusssitzung festgehalten wurden. Er bauschte insbesondere die Rolle von Lord Thring auf und macht ihn zu seinem wichtigsten Gesprächspartner; tatsächlich wurden wohl alle Aussagen und Fragen, die Twain hier Lord Thring zuschreibt, entweder von anderen gestellt oder überhaupt nicht geäußert (House of Lords 1900).

464 *das Neue und das Alte Testament ... Eigentum der Oxford University Press* – Im Vereinigten Königreich liegen die Rechte an der King-James-Bibel *(King James Version)* für unbegrenzte Zeit aufseiten der Krone, die die Druckrechte auf die Königliche Druckerei und die Druckerpressen der Oxford und Cambridge University übertragen hat. Die Rechte am *Book of Common Prayer* werden auf vergleichbare Weise geregelt. In AD 30. Juli 1907 gibt Twain den Verleger John Murray als Quelle seiner Informationen an (Bentley 1997, 372, 386).

30. November 1906

468 *neue Version von »Es gibt ein frohes Land« ... Billy Rice in der Neger-Minstrel-Show* – Dieses Lied parodiert die erste Strophe eines Kirchenliedes, das 1838 von Andrew Young geschrieben wurde (*N&J3*, 38, Anm. 76):

> *There is a happy land,*
> *Far, far away,*
> *Where saints in glory stand,*
> *Bright, bright as day.*
> *O, how they sweetly sing,*
> *»Worthy is our Saviour King,*
> *Loud let His praises ring,*
> *Praise, praise for aye.«*

[Es gibt ein frohes Land / Weit, weit von hier, / Mit Heiligen voll Pracht / Hell, hell wie der Tag. / O, wie süß sie singen, / »Würdevoll ist unser Retter, / Laut soll sein Lob erklingen, / Lob, lob für ihn.]
Der Autor der burlesken Fassung ist nicht bekannt; die Version wurde um 1876 populär. Billy Rice (Künstlername von William H. Pearl, 1844–1902) war ein äußerst beliebter Minstrel-Show-Darsteller. In Minstrel-Shows traten weiße Schauspieler als stereotypisierte Schwarze auf. Rice' Karriere erstreckte sich über 30 Jahre (»A Boarding House Hymn«, *New York Commercial Advertiser*, 18. Juli 1876, 1; »Fact and Fancy«, *Macon [Ga.] Telegraph*, 3. Nov. 1877, 4; Edward Le Roy Rice 1911, 163).

469 *Billy Birch, David Wambold, Backus* – William Birch (1831–1897) gründete zusammen mit Charles Backus (1831–1883), Dave Wambold (1836–1889) und William H. Bernard (1830–1890) die berühmte San Francisco Minstrel Troupe, für die sich Twain während seiner Zeit in Kalifornien begeisterte. 1867 schrieb er in einem Brief an die *Alta California*

von New York aus: »Unsere alten San Francisco Minstrels haben hier ohne Frage Eindruck hinterlassen [...]. Die Kompanie ist noch dieselbe – Birch, Backus, Wambold und
Bernard. Sie sind außerordentlich erfolgreich« (*SLC* 1867c). Die Gruppe von Birch und
Backus stand in unterschiedlichen Besetzungen 18 Jahre auf dem New Yorker Spielplan,
was erst durch den frühen Tod von Backus 1883 beendet wurde (*ET&S1*, 316, 490, Anm.
316.19; Edward Le Roy Rice 1911, 68–71).

469 *die erste Neger-Minstrel-Show, die ich sah* – Die erste Minstrel-Gruppe, deren Aufenthalt
in Hannibal dokumentiert ist, waren G. Bancker's Sable Brothers. Diese wurden in einem
Brief von »Lorio« – höchstwahrscheinlich Orion Clemens – erwähnt, der in der *St. Louis
Reveille* vom 30. April 1847 veröffentlicht wurde (Scharnhorst 2010, 277–79).

472 *»Buffalo Gals«, »Camptown Races«, »Old Dan Tucker«* – Diese drei Lieder wurden
für Minstrel-Shows geschrieben oder in den Aufführungen dargeboten. »Buffalo Gals«,
geschrieben von dem Minstrel-Darsteller Cool White, basiert auf dem Lied »Lubly Fan«
(1844). »Camptown Races« (1850) wurde von Stephen Foster verfasst, »Old Dan
Tucker« (1843) von dem Minstrel Dan Emmett veröffentlicht (Mahar 1999, 274; Gribben
1980, 1:222, 238).

*»The Blue Juniata«, »Sweet Ellen Bayne«, »Nelly Bly«, »A Life on the Ocean Wave«,
»The Larboard Watch«* – Die hier erwähnten Lieder sind von Marion Dix Sullivan (»The
Blue Juniata«, 1844), Stephen Foster (»Ellen Bayne«, 1854, und »Nelly Bly«, 1849),
Epes Sargent (»A Life on the Ocean Wave«, 1838) und Thomas E. Williams (»The Lar-
board Watch«) (Gribben 1980, 1:238, 2:603, 678, 774).

Tante Betsey Smith – Twains Nichte Annie Moffett Webster erinnerte sich an Elizabeth
W. Smith (geb. 1794 oder 1795), die eine alte Freundin der Familie Clemens in Hannibal
war, als eine häufige und willkommene Besucherin in St. Louis. Smith diente als Vorbild
für Nebenfiguren in »Those Extraordinary Twins« (SLC 1892c), »Hellfire Hotchkiss«
(1897, in *Inds*, 109–33) und »Schoolhouse Hill« (1898, in *Inds*, 214–59; 3.? Okt. 1859 an
Smith, *L1*, 94–95, Anm. 2).

473 *Christy Minstrel Troupe* – Die Minstrel-Gruppe unter der Leitung von E. P. Christy (1815
bis 1862) trat von 1843 bis 1855 auf und war eine der ersten, die es zu großer Bekanntheit brachte. Als sich Christy 1855 zur Ruhe setzte, gaben verschiedene Gruppen unter
Leitung seiner Söhne und Geschäftspartner weiterhin Vorstellungen unter dem Namen
»Christy« (Brown 2005).

1. Dezember 1906

475 *Mr. Clemens' frühe Experimente mit dem Mesmerismus* – Die Texte vom 1., 2. und 3. Dezember wurden nicht diktiert, sondern 1903 von Clemens per Hand geschrieben und
1906 hier eingefügt.

Ein aufregendes Ereignis in unserem Dorf (Hannibal) war die Ankunft des Magnetiseurs –
Twain beschreibt möglicherweise Begebenheiten, die sich im Mai 1847 zutrugen, als zwei
Mesmeristen names Sparhawk und Layton in Hannibal auftraten und zwei Wochen jeden

Abend »Experimente« durchführten. Der *Hannibal Gazette* zufolge stand ihr »Subjekt (das in der Stadt wohnhaft ist) anscheinend vollkommen unter magnetischem Einfluss«. Die Darbietungen wurden ebenfalls in einem Brief von »Lorio« (wahrscheinlich Orion Clemens) an die *St. Louis Reveille* beschrieben, der am 20. Mai veröffentlicht wurde (vgl. Scharnhorst 2010, 279–80, für Zitate aus der *Gazette*).

475 *Hicks, unseren Gesellen* – Urban East Hicks (1828–1905) arbeitete offensichtlich ab Mitte der 1840er Jahre als Druckergeselle für Henry La Cossitts *Hannibal Gazette* (wo Twain 1847 für kurze Zeit als Druckerlehrling und Laufbursche angestellt war) und von 1848 bis 1850 für das *Hannibal Journal*. Im Herbst 1850 wechselte er wahrscheinlich zu Orion Clemens' *Hannibal Western Union*, wo Twain und Jim Wolf ab Januar 1851 als Lehrlinge arbeiteten. Ein paar Monate später reiste Hicks an die nordwestliche Pazifikküste der USA, wo er als Lehrer und Drucker arbeitete. 1855/56 kämpfte Hicks als freiwilliger Offizier in den Kriegen gegen die Yakima- und Klickitat-Stämme. Anschließend arbeitete er in verschiedenen Positionen in der territorialen Verwaltung Washingtons. Ab 1861 war er Redakteur und Herausgeber einer Reihe von Zeitungen in Washington und Oregon. 1886 schrieb Twain einem gemeinsamen Freund: »Ich erinnere mich lebhaft & mit Vergnügen an Urban E. & auch an die Fechtkämpfe, die wir zu Kolumnen & Quacksalberklischees austrugen [...]. Wenn ich Hicks hier treffen könnte, würde ich ihn mit einem Barbecue & einem Fackelzug empfangen & ihm das ganze Haus zur Verfügung stellen (17. Jan. 1886 an Himes, MoPeS; *Inds*, 324; Hicks 1886, 20; MT 2012, Bd. 2, Anm. 453: »*Orion ... kaufte ... Hannibal Journal*« und Anm. 631: »*Jim Wolf*«).

480 *der alte Dr. Peake, der Rädelsführer ... in der Gemeinde* – Humphrey Peake (1773 bis 1856) wuchs auf dem Familienanwesen in Virginia auf, das an Mount Vermon grenzte; sein Vater ging mit George Washington zur Jagd. Peake war 1812 Militärarzt von Virginia, 1813 Friedensrichter und von 1820 bis 1830 Zollbeamter im Hafen von Alexandria. Er zog Mitte der 1830er nach Missouri und dann nach Hannibal, wo er 1839 Land kaufte, eine Arztpraxis eröffnete und Freundschaft mit John Marshall Clemens schloss. 1847, im Alter von 74 Jahren, praktizierte er immer noch in denselben Räumlichkeiten. 1897 beschrieb ihn Twain als einen »vornehmen Gentleman der alten Schule« und benutzte ihn als Vorbild für die Figur des Dr. Wheelwright, den »würdevollen alten Mann einer ›Ersten Familie Virginias‹ und imposanten Dorfgelehrten« in »Schoolhouse Hill« (*Inds*, 104, 238, 296; *U. S. and International Marriage Records* 2011; »Medical Notice«, *Hannibal Journal*, 1. Juli 1847, unbekannte Seite; *Hannibal Courier-Post* 2011; Jim Boulden, private Korrespondenz, 23. Aug. 2011, CU-MARK). Twain erzählte einem Zeitungsreporter, dass

er sich an den alten Dr. Peake besser erinnern könne als an beinahe jeden anderen Bürger Hannibals der letzten fünfzig Jahre. Er beschrieb Dr. Peake als einen Mann aus Virginia, der bei staatlichen Anlässen Kniehosen, große Silberschnallen an seinen Halbschuhen und eine Perücke trug. Er [...] und der ältere Clemens, Sams Vater, waren Abonnenten des *Weekly National Intelligencer*, der in Washington, D.C., herausgegeben wurde, und beide hatten die Angewohnheit, über die Reden, die im Congress gehalten worden waren, von dem Zeitpunkt, an dem die Zeitung eintraf, bis zum Eintreffen der nächsten Ausgabe zu diskutieren. (»Good-bye to Mark Twain«, *Hannibal Courier-Post*, 3. Juni 1902, 1)

480 *dass ich ohne Scham frohlockte* – Twains Arbeitsnotizen von 1880 zu *Huckleberry Finn* zeigen, dass er darüber nachdachte, sein Treffen mit dem Mesmeristen zu verarbeiten: »Beschreib den mesmerischen Blödsinn, mit Huck & dem König als Protagonisten« (*HF* 2003, 486). Und 1897 wollte er seine Erfahrungen noch einmal in »Tom Sawyer's Conspiracy« unterbringen: »Der Mesmerist – Tom wird nicht bezahlt, obwohl er Hicks übertrumpfte, der $ 3 pro Woche bekam« (Notizbuch 41, S. 58, CU-MARK). Schließlich kam in keiner der Geschichten der »mesmerische Blödsinn« vor.

2. Dezember 1906

480 *Mr. Clemens' Experimente mit dem Mesmerismus werden fortgesetzt* – Bei diesem Text handelt es sich ebenso wie bei dem vorangegangenen um ein Manuskript Twains aus dem Jahr 1903, das 1906 überarbeitet und eingefügt wurde.
in einem großen weißen Haus Hill Street, Ecke Main Street … Dr. Grant – 1846 zog Familie Clemens bei Dr. Orville R. Grant (1815–1854?) und seiner Familie ein und lebte in der Wohnung über der Apotheke. Statt Miete zu zahlen, verpflegten sie die Grants, nachdem sich herausgestellt hatte, dass der gesamte Besitz der Clemens zur Begleichung von Schulden verkauft werden musste (vgl. MT 2012, Bd. 1, 445, 473–74), John Marshall Clemens starb nur wenige Monate später, im März 1847. Der in Kentucky geborene Grant erlangte im März 1838 seinen Doktor der Medizin »nach dem Modus Operandi der Mediziner« am Louisville Medical Institute. Anscheinend verbrachte er geraume Zeit in Virginia, bevor er sich in Hannibal niederließ, wo er beinahe zehn Jahre lang als Arzt, Chirurg und Apotheker praktizierte (Yandell 1838). 1845 behandelte er den tödlich verwundeten Sam Smarr, der von William Owsley auf offener Straße vor der Apotheke niedergeschossen worden war, ein Vorfall, den Twain im 21. Kapitel von *Huckleberry Finns Abenteuer* schildert. Darüber hinaus erinnerte sich Twain 1867, dass im selben Jahr der stadtbekannte Säufer Jimmy Finn starb und »seine Leiche zu Dr. Grant kam« (SLC 1867b). Twain hatte das Haus ein Jahr vor dem Verfassen dieses Manuskripts aufgesucht, als er vom 29. Mai bis 3. Juni 1902 zuletzt in Hannibal gewesen war (Wecter 1952, 133; *Inds*, 318–19, 339–40; *Kanawha Census* 1850, 954:101 A).
trugen Dr. Grant und Dr. Reyburn auf der Straße einen Streit mit Stockdegen aus – Im August 1845 wurde in den Tauschausgaben der Zeitungen (vgl. MT 2012, Bd. 2, Anm. 272: »[Tauschausgaben]«) über den Vorfall berichtet, jedoch unter Nennung eines anderen Angreifers: »Am Freitag vor einer Woche kam es in Hannibal zu einer Prügelei, bei der ein Mann namens Railey auf Dr. Orville R. Grant losging und ihm mit einer an seinem Spazierstock befestigten Spitze die linke Lunge durchbohrte« (»Affray at Hannibal, Mo.«, *Philadelphia North American*, 26. Aug. 1845, 1).
Mrs. Crawford, Mrs. Grants Mutter – 1837 heiratete Orville Grant in Charleston, West

Virginia, Miriam M. McFarland (1820–1853). Ihr Vater hatte vier Ehefrauen; Miriam war die Tochter aus der ersten Ehe mit Lethe Reynolds McFarland (1800–1882). Dass sie je den Namen Crawford annahm, konnte nicht belegt werden (Little 1893, 149–50; Atkinson 1876, 273).

480 *als das Richmond Theatre abbrannte* – Am Abend des 26. Dezember 1811 brach während des Nachspiels der Pantomime »Raymond and Agness, or the Bleeding Nun« im Richmond Theatre ein Feuer aus, das das Theater »mit blitzartiger Geschwindigkeit« zerstörte. In nur zehn Minuten breitete es sich von einem Bühnenkronleuchter auf das gesamte Gebäude aus. Trotz aller Versuche, die im Theater Eingeschlossenen zu retten, starben von insgesamt 600 Besuchern 54 Frauen und 18 Männer (Richmond Then and Now 2011).

483 *»When we were marching through Georgia«* – Das Stück »Marching through Georgia« wurde 1865 von Henry Clay Work geschrieben, um Generalmajor William Tecumseh Sherman und seinen Marsch zum Meer zu ehren, einen Feldzug, der Ende 1864 eine Schneise der Zerstörung hinterließ und das Ende des Bürgerkriegs beschleunigte.
besuchte ich meine alte Mutter, die ich zehn Jahre lang nicht gesehen hatte ... beschloss ... alte Schuld zu bekennen – Wahrscheinlich gestand Twain seiner Mutter die Täuschung im Januar 1885, als er auf seiner Lesereise mit George Washington Cable in Keokuk haltmachte. Davor hatte er seine Mutter zuletzt im August 1874 gesehen, als er und Olivia sie in Fredonia, New York, besuchten, wo sie bei Pamela Moffett lebte (14. Jan. 1885 an OLC, CU-MARK; vgl. Anm. nach 1.–3. Aug. 1874 an Dickinson, *L6*, 205).

485 *Carlyle hat gesagt: »Eine Lüge kann nicht leben.«* – Thomas Carlyles *Die Französische Revolution* zählte zu Twains Lieblingsbüchern, doch war er auch mit anderen seiner Werke vertraut. In »The Stump-Orator« schrieb Carlyle: »Die Natur lässt keine Lüge zu«; eine nähere Entsprechung des von Twain verwendeten Zitats war nicht auffindbar (Gribben 1980, 1:128–29; Carlyle 1864, 180).

3. Dezember 1906

485 *Mesmerismus wird fortgesetzt – Der Vorfall mit Baron F.* – Wie die Texte vom 1. und 2. Dezember basiert auch dieser auf einem Manuskript aus dem Jahr 1903, das 1906 eingefügt wurde.

485–86 *dinierten wir bei den C.'s ... über den Tisch auf Mr. B.* – Die in diesem Absatz genannten Personen konnten nicht identifiziert werden.

486 *Mesmerismus ... Charcot später unter der Bezeichnung Hypnotismus* – Der Begriff »Mesmerismus« geht auf den Namen seines Begründers Franz Mesmer (1734–1815) zurück, einen der ersten Wissenschaftler, die das Phänomen untersuchten. Er schrieb die von ihm beobachteten außergewöhnlichen Effekte »animalischem Magnetismus« zu – einer Kraft der Energieübertragung von einem belebten oder unbelebten Objekt auf ein anderes. 1842 kam der schottische Arzt James Braid (1795–1860) zu dem Schluss, dass vielmehr »ein spezieller Zustand des Nervensystems, herbeigeführt durch die starre und

abstrahierte Konzentration des mentalen und visuellen Blicks auf ein gewöhnliches, un-
aufgeregtes Objekt«, verantwortlich sei. Braid regte an, den von Wissenschaftlern belä-
chelten Begriff »Mesmerismus« durch die Bezeichnung »Hypnotismus« zu ersetzen
(Braid 2008, 10, 31). Jean-Martin Charcot (1825–1893), ein angesehener französischer
Neurologe, wandelte eine Pariser Frauenheilanstalt in ein renommiertes Forschungs-
und Lehrkrankenhaus um. Er erlangte weltweite Berühmtheit für seine öffentlichen Vorträge und Demonstrationen, bei denen unter Hypnose stehende Patienten Symptome
wie vorübergehende Lähmung der Gliedmaßen, Taubheit und Stummheit, Gedächtnis-
verlust, übersteigerte oder nicht vorhandene Empfindlichkeit der Haut, Halluzinationen,
Schlafwandeln sowie plötzliche Verrenkungen, Um-sich-Schlagen und Krämpfe zeigten
(Hustvedt 2011, 10–12, 58–63, 90–93, 106–13).

5. Dezember 1906

491   *nicht so grausam ... wie das Leben im heutigen Russland* – 1905 veröffentlichte Twain
den bitteren Essay »Das Selbstgespräch des Zaren«. Im selben Jahr äußerte er in einem
öffentlichen Protest ähnliche Ansichten über die »irrsinnige und unerträgliche Sklaverei«
des russischen Volkes sowie die »mittelalterliche Barbarei« des Zaren (SLC 1905c; vgl.
MT 2012, Bd. 2, Anm. 459: *»bis auf Dr. Seaman und mich niemand öffentlichen Protest«*
und *»Roosevelt habe der russischen Revolution den Todesstoß versetzt«*).
EHEFRAUEN FÜR BROT VERKAUFT – Diese Meldung erschien am 5. Dezember in der
New York Sun. Die Hungersnot von 1906 war eine der schlimmsten in der Geschichte Russlands: Geschätzte 20 Millionen Menschen waren vom Hungertod bedroht
(»20 000 000 Face Famine«, *New York Times,* 4. Dez. 1906, 4).

492   *John Cadwalader ... Anlass zu einer solchen Notiz* – John Cadwalader (1843–1925) war
im Laufe seiner Karriere als Jurist an Landes- und Bundesgerichten tätig (»John Cadwalader Dies at 81 Years«, *New York Times,* 13. März 1925, 19). Die besagte Geschichte
erzählte er Twain bei einem gemeinsamen Abendessen am 28. August 1902 (Notizbuch 45, TS S. 20, CU-MARK).
John Marshall, Vorsitzender Richter am Obersten Gerichtshof der USA ... Denkmal –
John Marshall (geb. 1755) starb am 6. Juli 1835. Am darauffolgenden Tag traf sich die
Anwaltskammer von Philadelphia, um den Denkmalfonds einzurichten (U. S. Government
Printing Office 1884, 81–82).
der bereits erwähnte junge Spendeneintreiber – Peter McCall (1809–1880) war das letzte
noch lebende Mitglied des Komitees. Nachdem er sein Studium in Princeton 1826 mit
Auszeichnung abgeschlossen hatte, studierte er bei dem Juristen und Politiker Joseph
R. Ingersoll Jura, wurde 1830 als Anwalt in Philadelphia zugelassen und begann seine
bemerkenswerte Karriere. Zu seinen berühmteren Klienten zählte Samuel Morse, den er
erfolgreich bei mehreren Klagen wegen Verletzungen seiner Telegraphenpatente vertrat.
Von 1840 bis 1848 war McCall Mitglied des Stadtrats von Philadelphia, 1844 bis 1845
Bürgermeister der Stadt (U. S. Government Printing Office 1884, 91; Wilson und Fiske

1887–89, 4:75; »Obituary. Death of Hon. Peter McCall, a Well-Known Citizen«, *Philadelphia North American*, 1. Nov. 1880, o. S.).

493 *Philadelphias verehrtester ... Anwalt Daniel O'Dogherty* – Der in Philadelphia geborene Daniel Dougherty (1826–1892) verbrachte eine Kindheit in Armut. 1849 wurde er als Anwalt zugelassen. Neben seinen Auftritten vor Gericht verhalf ihm schnell auch seine Redekunst zu Bekanntheit, von der er oft zur Unterstützung politischer Ziele Gebrauch machte. 1864 trat er für Lincolns Wiederwahl ein und hielt gleich zweimal die Nominierungsrede für einen Präsidentschaftskandidaten bei der Democratic Convention: 1880 für General Winfield Scott Hancock und 1888 für Grover Cleveland (»Daniel Dougherty Dead«, *New York Times*, 6. Sept. 1892, 2; Young 1892; Wilson und Fiske 1887–89, 2:210–11).

fünfzigtausend Dollar ... sind bereits aufgebracht – Unter der Voraussetzung, dass keine Einzelspende $ 10 überstieg, waren bis 1835 von den Mitgliedern der Anwaltskammer in Pennsylvania und anderen Städten $ 2557 gesammelt worden – bis 1880 waren daraus fast $ 20000 geworden. 1882 »steuerte der Kongress dem Anwaltsfonds weitere $ 20000 bei, weil die Nation die Anwaltskammer dabei unterstützen wollte, die Erinnerung an diesen großartigen Mann, der so viel geleistet hat, aufrechtzuerhalten« (U. S. Government Printing Office 1884, 3, 12–13, 23–25, 90).

494 *Denkmal zur Erinnerung an Marshall ... Gelände des Kapitols in Washington* – Die Bronzestatue wurde 1883 von William Wetmore Story (1819–1895) angefertigt, dem Sohn von Richter Joseph Story, Marshalls Freund und Kollegen am Obersten Gerichtshof. Das Denkmal wurde auf der Westseite des Kapitols aufgestellt und am 10. Mai 1884 feierlich enthüllt. 1981 versetzte man es ins Untergeschoss des Obersten Gerichtshofs, wo es bis heute steht.

6. Dezember 1906

494–95 *Die Wunde der Dreijährigen ... zuckte Clara leicht, die anderen aber schrumpften* – Möglicherweise vermischt Twain hier zwei Vorfälle zu einem. Im Juli 1880 notierte er beide Ereignisse in seiner »Niederschrift der kleinen Albernheiten von Susie & ›Bay‹ Clemens«. Der erste Vorfall ereignete sich um 1877, als Clara drei Jahre alt war und »ihr fast die Zeigefingerkuppe abgequetscht wurde – sie war voller Interesse & kommentierte in einem fort, während der Arzt die Wunde nähte, & zuckte kaum mit der Wimper«. Beim zweiten Vorfall, der Twain zufolge »letzten Frühling« passiert war, hatte Clara

eine böse & schmerzhafte Eiterbeule an der Hand, & Mama machte sich bereit, sie aufzustechen. Bay war gelassen, Susie zitterte & war ängstlich. Als das grausige Werk vonstattenging, hielt sich Bay wacker & zuckte nur gelegentlich zusammen. Susie sagte immer wieder: »Was *ist* sie doch tapfer!« – & zuletzt ließ sich sogar Mama ein Kompliment abnötigen und sagte: »Du bist *wirklich* ein tapferes kleines Ding!« Daraufhin antwortete Bay gelassen: »*Keiner ist tapferer außer* Gott!« (SLC 1876–85, 69, 71)

494–95 *Anordnung des Kaisers von Deutschland ... niemanden mehr geben, mit dem du Be-*
kanntschaft schließen kannst, außer Gott – Das Festessen fand am 20. Februar 1892 in
Berlin statt im Haus von Twains Cousine dritten Grades, Alice Clemens von Versen, und
ihrem Mann Maximilian, einem preußischen General der Kavallerie (vgl. MT 2012, Bd. 1,
448; Bd. 2, Anm. 448: »*Wilhelm II. ... bei einer privaten Verköstigung*«, wo als Ort fälschlicherweise Wien angegeben wurde). Am 24. Januar hatte Twain eine frühere Einladung
in den Palast, die ihm seine Cousine im Namen von Kaiser Wilhelm II. überbracht hatte,
wegen »schwerer Bronchitis und Grippe« ablehnen müssen:

Am selben oder dem darauffolgenden Tag kam Frau von V. erneut & sagte, der Kaiser habe
ihr aufgetragen, in ihrem Haus ein Festessen für ihn & mich auszurichten – stattfinden solle
es an dem Tag, an dem es mir wieder bessergehe.

Vor ein oder zwei Tagen hörten wir – nach einer Unterhaltung über das bevorstehende
Ereignis –, wie Jean sagte: »Ich wünschte, ich könnte in Papas Anziehsachen hingehen«
– kurze Denkpause –, »aber es würde wohl nichts nützen, ich glaube, der Kaiser würde mich
nicht erkennen.« (Notizbuch 31, TS S. 21, CU-MARK)

495 *Prinz Heinrich und sechs bis acht weitere Gäste* – Prinz Heinrich von Preußen war der
Bruder des Kaisers (vgl. AD 11. Febr. 1907, Anm. 692: »*Prinz Heinrich ... Bankett, das*
der wohlhabende Eigentümer der Staats-Zeitung ... gab«). Zu den anderen Gästen zählten u. a. Hugo Fürst von Radolin (1841–1917), der ehemalige Graf von Radolin-Radolin-
ski, der kurz darauf zum deutschen Botschafter in Konstantinopel ernannt wurde, und
zwei von Twains Freunden aus der Reichskanzlei: Franz von Rottenburg (1845–1907),
Unterstaatssekretär im Reichsamt des Innern, und Rudolf Lindau (vgl. AD 31. Juli 1906,
Anm. 253: »*Rudolph Lindau vom Auswärtigen Amt*«, Anm. 496: »*Smith*« und Anm. 498:
»*Acht Jahre später kam Smith durch Wien*« zu diesem Diktat; Notizbuch 31, TS S. 31,
CU-MARK; *MTB*, 2:940; *London Morning Post*: »Germany«, 22. Apr. 1891, 7; »Germany«,
2. Juli 1892, 5; »Death of Dr. Von Rottenburg«, *London Times*, 15. Febr. 1907, 7).

496 *wertvollstes Buch sei Alte Zeiten auf dem Mississippi. Auf diese Bemerkung komme ich*
gleich noch zurück – Twain kommt später auf das Lob des Kaisers für *Leben auf dem*
Mississippi und weitere seiner Werke zurück; vgl. AD 17. Dez. 1906 sowie AD 11. und
12. Febr. 1907.
Smith – »Smith« war Twains Freund Rudolf Lindau, der unter dem ersten Reichskanzler
Deutschlands, Otto von Bismarck (1815–1898), die Presseabteilung des Auswärtigen
Amts leitete. Zwischen 1878 und 1890 zählte Lindau zu Bismarcks »vertrautesten Mitarbeitern«. Als Bismarck 1890 von Wilhelm II. entlassen und durch Georg Leo Graf von
Caprivi (1831–1899) ersetzt wurde, behielt Lindau seinen Posten. Er verließ sein Amt
erst, als er Anfang 1892 nach Konstantinopel ging, um »Urlaub« zu machen (»The German Emperor and Prince Bismarck«, *London Standard*, 28. Sept. 1897, 5).

498 *Acht Jahre später kam Smith durch Wien* – Twain hatte Lindau zuletzt 1898 in Wien gesehen; 1901 erzählte er ihm in einem Brief von seinen Erinnerungen an das Festessen in
Berlin:

Wie gut erinnere ich mich an den Abend, an dem Sie mich baten, den Kaiser zu beobachten und zu zählen, wie viele Sekunden er mit Ihnen spricht, damit ich, wenn denn sechzig Sekunden zusammenkämen, um dieses sichere Zeichen wüsste, dass er zufrieden mit Ihnen war und Ihrem Urlaub in Konstantinopel zustimmen würde; ich erinnere mich auch, dass er Ihnen die Hand auf die Schulter legte und dass, als er mit Ihnen fertig war, zwölf Minuten verstrichen waren, und damit wusste ich, dass Sie so lange in Konstantinopel bleiben könnten, wie es Ihnen beliebte, und dort die deutsche Botschaft übernehmen dürften, wenn Sie wollten. Seit diesem Abend sind zehn Jahre vergangen, und tatsächlich ließen Sie es sich seitdem in der türkischen Hauptstadt wohl sein. Sie führten dort ein perfektes Leben, und wir alle hoffen, dass Sie diesen Zauber mit nach Helgoland nehmen können. (24. Apr. 1901 an Lindau, ViU)

Nach seinen Jahren in Konstantinopel, wo er auch als Direktor des Tabak-Komitees der Anatolischen Eisenbahn tätig war, setzte sich Lindau auf der Nordseeinsel Helgoland zur Ruhe (Lindau 1917).

13. Dezember 1906

499 *Was die herannahende amerikanische Monarchie betrifft ... Mr. Root ... Vorsitzende des Banketts* – Twains Bemerkung bezieht sich auf ein Festessen zu Ehren des Außenministers Elihu Root (1845–1937), das am 12. Dezember von der Pennsylvania Society im Waldorf Astoria veranstaltet wurde (vgl. Anm. 499: *»ein Mann wie Sie, Mr. Root, Hauptberater des Präsidenten«*). Zwar kehrte Twain am Nachmittag des Dinners von einer Washington-Reise nach New York zurück, jedoch gibt es keinen Beleg dafür, dass er auch an der Veranstaltung teilnahm (vgl. AD 18. Dez. 1906; Lyon 1906, Einträge 10.– 12. Dez.). Der vorliegende Text stützt sich auf ein Manuskript, in dem Twain eine Reihe von Zitaten aus Roots Rede notierte, über die am Morgen nach dem Bankett in der *New York Times* berichtet worden war. Den Vorsitz führte James Hampden Robb (1846–1911), ein pensionierter Bankier sowie ehemaliger Abgeordneter und Senator (*New York Times*: »Root, Crying for Power, Meets a Judge's Reply«, 13. Dez. 1906, 1–2; »J. Hampden Robb, Ex-Senator, Dead«, 22. Jan. 1911, 11).

ein Mann wie Sie, Mr. Root, Hauptberater des Präsidenten – Nach einer bemerkenswerten, mehr als 30 Jahre umfassenden Anwaltskarriere in New York City war Elihu Root von 1899 bis 1904 Kriegsminister im Kabinett von William McKinley und ab 1905 Außenminister unter Theodore Roosevelt. Später wurde er US-Senator für New York (1909–1915) und tat sich auf dem Gebiet des internationalen Rechts sowie als Diplomat hervor. Für seine Leistungen erhielt er 1912 den Friedensnobelpreis.

Er sagte nicht ausdrücklich, dass wir uns stetig auf ... die Monarchie zubewegen – Root sprach sich für eine Zentralisierung der Macht innerhalb der US-Bundesregierung aus und argumentierte, dass die Gesetze der einzelnen Staaten oft miteinander in Konflikt stünden und nicht den nationalen Interessen entsprächen. Der Applaus für Roots Rede fiel »vergleichsweise zurückhaltend« aus, während die Gegenrede John Hay Browns, eines Richters am Obersten Gerichtshof von Pennsylvania, begeistert aufgenommen wurde; Browns Ausführungen zufolge sei es die Aufgabe der Bundesgerichte, »das Land vor den Konsequenzen von Verfassungsüberschreitungen der Legislative zu bewahren« (»Root, Crying for Power, Meets a Judge's Reply«, *New York Times*, 13. Dez. 1906, 1–2).

501 »*Aber es ist noch nicht das Ende da.*« – Dieses Zitat aus Matthäus 24,6 (bzw. Markus 13,7) stammt nicht aus dem Bericht über Roots Rede, sondern wurde von Twain hinzugefügt.

»*Schiffsgeldes*« – In Kriegszeiten hatte die englische Krone das Recht, von Hafenstädten Schiffe (oder alternativ Geld) einzufordern. König Karl I. änderte diese Regelung dahingehend, dass »Schiffsgeld« auch in Friedenszeiten und im ganzen Land erhoben werden konnte. Dadurch wurde es im Grunde zu einer laufenden Steuer, die ohne Zustimmung des Parlaments eingezogen werden konnte.

17. Dezember 1906

503 *Alte Zeiten auf dem Mississippi das höchste Lob des Kaisers* – Vgl. AD 6. Dez. 1906.
Ich kam ... heim – Im Februar 1892 logierte Familie Clemens im Hotel Royal, Unter den Linden in Berlin. Sie bewohnte dort »sechs Zimmer & ein Esszimmer & einen Salon« (Notizbuch 31, TS S. 20, CU-MARK).

504 *von meinen dreiundzwanzig Büchern* – Von 1903 bis 1906 umfasste die autorisierte Gesamtausgabe von Mark Twain 23 Bände. Twain vergisst allerdings, dass *The $ 30,000 Bequest and Other Stories* kurz zuvor als Band 24 der Harper's Hillcrest Edition erschienen war (Schmidt 2010, Kapitel 6 und 26).

506 *nahm ich die Sun zur Hand und stieß auf einen Leitartikel* – Der Leitartikel mit dem Titel »Der Millionär im Overall« (»The Millionaire in Overalls«), der ohne Verfasserangabe in der *New York Sun* erschien, zieht folgendes Fazit:

Diese grundlegende und unbestreitbare philosophische Unterscheidung zwischen Arbeit und Arbeitsspiel oder Spielarbeit ist nicht von uns. Sie stammt von unserem weißgekleideten jungen Freund, dem ehrenwerten Mark Twain; doch wagen wir zu behaupten, dass sie sich hundertmal bei den alten Griechen finden lässt, die andere für sich arbeiten ließen, während sie sich selbst körperlich »ertüchtigten«; und sie muss schon alt gewesen sein, als Noah noch zur See fuhr.

Arbeit um der Arbeit willen ist Aberglaube und Selbsttäuschung. Das Beste, was sich darüber sagen lässt, ist, dass dadurch ein großer Fehler aufrechterhalten wird. Wenn es schon fast zu einem Gesetz der Menschheit geworden ist, warum sollte dann noch jemand darüber in Verzückung geraten? Die Schwerkraft ist viel beeindruckender und ein Naturgesetz. Fühlt sich etwa irgendjemand berufen, Gott für die Schwerkraft zu danken, wenn ihm ein Ziegelstein auf den Kopf fällt? (17. Dez. 1906, 8)

506 *das Zaunstreichen in Tom Sawyer* – Am Ende des 2. Kapitels, das die berühmte Szene enthält, schrieb Mark Twain:

Tom sagte sich, die Welt sei doch nicht so hohl und leer. Er hatte, ohne es zu wissen, ein wichtiges Gesetz entdeckt, welches das menschliche Handeln bestimmt, dass nämlich, um das Begehren eines Mannes oder eines Jungen nach etwas zu wecken, weiter nichts nötig ist, als die Sache schwer erreichbar zu machen. Wäre er ein großer und weiser Philosoph gewesen, wie der Schreiber dieses Buches, dann hätte er jetzt verstanden, dass Arbeit in dem besteht, was man zu tun verpflichtet ist, und dass Spiel in dem besteht, was man nicht zu tun verpflichtet ist. (MT 1962/2010, 24–25)

18. Dezember 1906

506–07 *fuhr ich ... nach Washington ... Mr. Paine begleitete mich* – Twain und Paine kamen am Abend des 6. Dezember in Washington an. Die gemeinsamen Anhörungen vor den Patentausschüssen des Senats und des Abgeordnetenhauses zum Thema Urheberrecht fanden vom 7. bis 11. Dezember statt (vgl. AD 23. Nov. 1906, Anm. 456: *»die Patentausschüsse des Senats und des Repräsentantenhauses ... ihre Anhörungen zur anhängigen Urheberrechtsnovelle«*). Paines ausführlicher Bericht über die Reise findet sich unter *MTB*, 3:1343–50.

507 *Ausschuss, der aus zwei Verlegern, einem Dichter und Robert Underwood Johnson bestand* – Robert Underwood Johnson (1853–1937), 1906 Sekretär der American Copyright League, wurde 1881 Mitherausgeber des *Century Magazine* und hatte als solcher mehrere von Twains Texten betreut, die ganz oder teilweise dort erschienen. Zum Zeitpunkt dieses Diktats hatte er die Gedichtbände *The Winter Hour and Other Poems* (1892), *Songs of Liberty and Other Poems* (1897) und *Poems* (1902) veröffentlicht. William Worthen Appleton (1845–1924) trat 1899 die Nachfolge seines Vaters William H. als Präsident der Firma D. Appleton & Company an, die vor allem für Reisebücher und Nachschlagewerke wie die *Appletons' Cyclopaedia of American Biography* (1887–1889) bekannt war. 1906 fungierte er als Vorstand der American Publishers' Copyright League. George Haven Putnam (1844–1930) stieg 1866 als Partner bei Wiley & Putnam, dem Verlag seines Vaters, ein. Nach dessen Tod 1872 gründeten Putnam und seine Brüder in New York den Verlag G. P. Putnam's Sons, der in erster Linie Populärliteratur und Werke amerikanischer Staatsmänner herausbrachte. Putnam war 1887 Gründungsmitglied der American Publishers' Copyright League und verfasste zudem mehrere Bücher zum internationalen Urheberrecht. Richard R. Bowker (1848–1933) war 1906 zweiter Vizepräsident der American Copyright League. 1879 kaufte er *Publishers' Weekly* und fungierte ab 1884 als Herausgeber. Er verfasste mehrere politische und wirtschaftliche Abhandlungen und brachte 1886 das umfassende Nachschlagewerk *Copyright: Its Law and Its Literature* heraus. Seine erste Gedichtsammlung *From the Pen of R. R. B.* erschien erst 1916. Twain bezieht sich auf Bowkers Posten als Vizepräsident der 1901 gegründeten De Laval

Steam Turbine Company in New York. Die Lavalturbine erzeugte elektrischen Strom für die Beleuchtung von Zügen (Garrison 1904, 4).

507 *Als ich vor sechzehn Jahren nach Washington fuhr ... Mr. Lowell* – Twain verwechselt zwei unterschiedliche Reisen nach Washington und sagt irrtümlicherweise, dass beide »vor sechzehn Jahren« stattgefunden hätten. Bei der ersten im Januar 1886 standen er und James Russel Lowell dem Patentausschuss des Senats Rede und Antwort, als dieser zwei Gesetzentwürfe zum internationalen Urheberrecht diskutierte (vgl. AD 22. Nov. 1906, Anm. 453: »*unterstützte ich ... Chace' Gesetzentwurf*«). Die zweite Reise fand 1889 statt (vgl. Anm. 508: »*Sunset Cox schmuggelte mich in den Sitzungs- saal*«).

508 *Edward Everett Hale* – Vgl. AD 4. Febr. 1907, Anm. 679: »*Edward Everett Hale ... Der Mann ohne Vaterland*«.

Das internationale Gesetz wurde verabschiedet und trat in Kraft – Der International Copy- right Act aus dem Jahr 1891 war das erste US-Gesetz, das die Urheberrechte ausländi- scher Autoren berücksichtigte. Es basierte auf Chace' Gesetzentwurf, für das sich Twain 1886 eingesetzt hatte.

Sieg wurde Johnson zugeschrieben ... Ehrenlegion – Neben Johnson erhielt auch Putnam den Orden der Ehrenlegion (»Notes and Announcements«, *London Publishers' Circular 54* [2. Mai 1891]:448).

Sunset Cox schmuggelte mich in den Sitzungssaal – Am 31. Januar 1889 reiste Twain mit Johnson nach Washington, um Lobbyarbeit für den Gesetzentwurf zum internationalen Urheberrecht zu betreiben. Am 2. Februar erzählte er in einer Rede vor der Washington Ladies' Literary Association von seinen Bemühungen. Der Gesetzentwurf wurde durch Verschleppungstaktik blockiert und kam nie zur Abstimmung. Twain kannte Samuel Sullivan (Sunset) Cox (1824–1889) seit 1870. 1887 hatte er in seinem Verlag Charles L. Webster & Company ein Buch von ihm herausgebracht, das den Titel *Diversions of a Diplomat in Turkey* trug. Cox war Demokrat und saß beinahe 30 Jahre im Kongress, zu- nächst für Ohio (1857–1865) und später für New York (1869–1889) (6. Juli 1870 an OLC, *L4*, 164–66; *N&J3*, 332, Anm. 91, 445, Anm. 123; »›Mark Twain's‹ Speech«, *Washington Post*, 4. Febr. 1889, 2).

509 *Mr. John D. Long* – John Davis Long (1838–1915) war von 1880 bis 1882 republikani- scher Gouverneur von Massachusetts. Als Twain ihn im Februar 1889 besuchte, befand er sich im letzten Monat seiner dritten Amtszeit als US-Kongressabgeordneter von Mas- sachusetts.

Underwood ... und Bowker erschienen ... und ich ergriff das Wort – Underwood, Bowker und Twain sprachen allesamt bei der zweiten Anhörung zum Urheberrechtsgesetz, die am Nachmittag des ersten Tages (7. Dezember) stattfand; Twains Ansprache findet sich in AD 26. Dez. 1906. U. a. gaben auch der Künstler Francis D. Millet sowie die Autoren Edward Everett Hale und Thomas Nelson Page Erklärungen ab (»Plead for Copyright«, *Washington Post*, 8. Dez. 1906, 4; U. S. Congress 1906, 77–98, 114–21; zu Millet und Page vgl. MT 2012, Bd. 2, Anm. 97: »*Frank Millet [Maler]*« und Anm. 324: »*Lesung in Washington ... Thomas Nelson Page ... im Weißen Haus*«).

510 *Sprecher, Mr. Cannon* – Joseph Gurney Cannon (1836–1926), ein Republikaner aus Illinois, saß zwischen 1873 und 1923 mit zwei Unterbrechungen 46 Jahre im Repräsentantenhaus. 1903 wurde er zum Sprecher des Hauses gewählt. Am 7. Dezember 1906 schrieb ihm Twain einen Brief, in dem er ihn um Hilfe bat: »Es ist von außerordentlicher Wichtigkeit, dass ich für 2 bis 3 Stunden in den Plenarsaal komme & Mann für Mann mit den Mitgliedern spreche, um einem der wertvollsten Güter der Nation sowie einem ihrer wertvollsten Gewerbezweige – ihrer Literatur – Unterstützung, Förderung & Schutz zu sichern. Ich habe Argumente dabei – und ein Fass. Mit flüssigem Inhalt« (Ms.-Faksimile, Chapple 1910, 301).

Neal hat einer Reihe von Sprechern des Hauses gedient – Henry Neal (1850–1921) wurde 1876 von Samuel J. Randall, Sprecher des Repräsentantenhauses, als Pförtner und Bote eingestellt. Der »tüchtige, freundliche und gewissenhafte« Neal, der bereits 31 Jahre lang unter sieben Sprechern gedient hatte, als er Twain 1906 behilflich war, behielt seinen Posten bis zum Lebensende (»Petty Spoils«, *Washington Post*, 21. Jan. 1911, 6). Als Mitglied der Freimaurer, der Colored Personal Liberty League und der Oldest Inhabitants Association war Neal »mit praktisch allen wichtigen Männern des öffentlichen Lebens vertraut. Er kannte zahlreiche Geheimnisse der neun Sprecher, unter denen er gedient hatte, genoss ihr Vertrauen und bewährte sich ohne Ausnahme, sowohl was Ehrlichkeit als auch was diplomatisches Geschick anging, in jeder Situation gleichermaßen« (»Henry Neal Gets Final Message«, *Chicago Defender*, 8. Okt. 1921, 1; »Liberty League Banquet«, *Washington Post*, 31. März 1899, 2; *Washington Census* 1900, 164:7A).

511 *Vorsitzenden der Ausschüsse des Senats und des Repräsentantenhauses* – Senator Alfred B. Kittredge aus South Dakota (1861–1911) und der Kongressabgeordnete Frank D. Currier aus New Hampshire (1853–1921) (U.S. Congress 1906, 2).

ohne weitere Überredungsversuche meinerseits – Twain fügte folgenden Kommentar hinzu, den er jedoch wieder strich: »*Anmerkung.* 300 Verleger, deren Interessen mehrere Millionen Dollar im Jahr umfassen, und ein Dutzend Autoren, deren Interessen so gut wie nichts umfassen, was Geld angeht.«

19. Dezember 1906

515 *Jene Klausel in der Verfassung* – Abschnitt 8 der US-Verfassung ermächtigt den Kongress dazu, »den Fortschritt der Wissenschaft und der nützlichen Künste dadurch zu fördern, dass den Autoren und Erfindern für beschränkte Zeit das ausschließliche Recht an ihren Schriftwerken und Entdeckungen gesichert wird«.

Baron Tauchnitz … Tauchnitz' Sohn – Christian Bernhard von Tauchnitz (1816–1895) gründete 1837 einen Verlag in Leipzig und veröffentlichte zunächst nur Übersetzungen aus dem Griechischen und Lateinischen. Ab 1841 verlegte er außerdem eine neue Reihe auf Englisch, die *Collection of British Authors*, später *Collection of British and American Authors*. Obwohl es kein internationales Urheberrechtsgesetz gab, bot Tauchnitz den Autoren eine ihrer Ansicht nach großzügige Summe für das Recht zur Neuveröffentlichung der Werke, was ihm die Dankbarkeit und Treue von Autoren wie Charles Dickens, George Eliot, Thomas Carlyle, Henry Wadsworth Longfellow, William Makepeace Thackeray und Anthony Trollope einbrachte. 1876 ließ Tauchnitz über Bret Harte bei Twain anfragen, ob dieser einer Veröffentlichung von *Tom Sawyers Abenteuer* im Rahmen der Reihe zustimmen würde. Twain antwortete: »Dass Sie mein moralisches Recht an meinen Büchern anerkennen, freut mich, wenngleich es mich nicht überrascht, denn ich wusste schon zuvor, dass Sie immer so höflich zu Autoren sind« (14. Sept. 1876 an Tauchnitz, *Letters 1876–1880*). 1860 wurde Tauchnitz von Ernst II., Herzog von Sachsen-Coburg und Gotha (Bruder von Prinz Albert, dem Mann von Königin Victoria), in den Freiherrnstand erhoben. Diese Ehre hatte er zum Teil seinen Bestrebungen für die Bekanntmachung englischer Literatur in Deutschland zu verdanken. Nach Tauchnitz' Tod verlegte sein Sohn, Baron Christian Karl Bernhard von Tauchnitz (1841–1921), Twains Bücher unter denselben Bedingungen weiter (Meyer 1929, 1339; Reece 1937, 27; »Baron Tauchnitz's Service Told«, *London Daily Telegraph*, 1. Sept. 1895, 28; »Death of Baron von Tauchnitz«, *New York Times*, 15. Aug. 1895, 5).

516 *»Zur Macht, die Rom einst war,/Zur Pracht von Griechenland«* – Aus Edgar Allan Poes Gedicht »To Helen«, das in den 1830er Jahren in verschiedenen Magazinen erschienen war.

20. Dezember 1906

517 *What Cheer* – Das What Cheer House an der Ecke Sacramento Street und Leidesdorff Street wurde 1852 eröffnet. Die Klientel des alkoholfreien Männerhotels bestand hauptsächlich aus Minenarbeitern, Matrosen und Farmern. Das beliebte preiswerte Restaurant im Untergeschoss verkaufte angeblich bis zu 4000 Mahlzeiten am Tag, die in den 1860er Jahren 5 Cent pro Portion kosteten. Das Hotel brannte infolge des Erdbebens von 1906 ab (Craig 2003; Conlin 1986, 140–42).
Miners' Restaurant – Das Miners' Restaurant in der Commercial Street nahe der Büroräume des *San Francisco Call* war für seine »anständigen Mahlzeiten« bekannt, bei denen offenbar mehr Wert auf »Quantität statt Qualität« gelegt wurde. Das Restaurant wurde im Oktober 1863 abgerissen (»An Old Land-Mark Gone«, *Virginia City Evening Bulletin*, 24. Okt. 1863, 4; *RI 1993*, 702–03, Anm. 408.27–409.1).

21. Dezember 1906

521 *ein Artikel unter der Überschrift »Was er hätte tun sollen«* – Der Artikel, im Original »What Ought He to Have Done?«, erschien am 11. Juni 1885 in der *Christian Union* (31:13). Es handelte sich dabei um den Abdruck eines Leserbriefs aus der Mai-Ausgabe des Magazins *Babyhood*, der dort mit »X« unterzeichnet war (1:180–81). Es geht darin um einen Jungen, der ein Papier vom Schreibtisch seines Vaters auf den Boden wirft und sich

trotzig weigert, es wieder aufzuheben. Der Vater versohlt ihn so lange, »bis – er – das – Papier – mit – seinen – eigenen – Händen – aufhebt«; weil der Junge es stattdessen mit den Zähnen aufhebt, fragt der Verfasser des Briefs, was der Vater hätte tun sollen. Es ist nicht ersichtlich, weshalb Twain davon ausging, dass die Mutter des Jungen den Leserbrief schrieb.

522 *Brieföffner* – Damals üblicherweise aus Knochen oder Holz.

524 *Papas Artikel in der Christian Union* – Twains Artikel erschien ebenfalls in Form eines Leserbriefs unter dem Titel »›Was er hätte tun sollen?‹: Mark Twains Standpunkt« in der *Christian Union* vom 16. Juli 1885 (SLC 1885b). Nachdem er den Vater des Jungen als albernen Esel bezeichnet hat, weil dieser seinen Sohn schlage, um ihn zum Gehorsam zu bringen, lobt Twain die Erziehungsmethoden Olivias: Sie schlug die Kinder nicht »aus Bosheit und niemals im Zorn«, sondern erst nach »ein, zwei Stunden. Bis dahin haben sich beide Parteien beruhigt, und die eine ist richterlich und die andere empfänglich.« Sein Artikel erschien im August 1885 unter demselben Titel in *Babyhood*, begleitet von einem Schreiben des Vaters, in dem dieser sein Verhalten rechtfertigt (»John, Senior, Speaks«, 1:275–77).

525 *Briefe, die ihn krittisirten ... der Vater des Kindes* – In den Mark Twain Papers finden sich mehrere Briefe zu Twains Artikel, von denen die meisten wohlwollend sind. Der »schlimmste von allen« ist mit »Thomas Twain« unterzeichnet; Twain vermerkte auf dem Brief, dass er »offensichtlich von ›John senior‹«, dem Vater des Jungen, stamme, doch ist das unwahrscheinlich. Der Verfasser zeigte sich entsetzt über Livys Angewohnheit, die Bestrafung der Kinder hinauszuzögern, und beschreibt eine sadistische Phantasievorstellung, in der er Olivia foltert:

Ihre Frau muss eine ehrwürdige Närrin sein, eine Erbsenzählerin, eine kalvinistische Schulmeisterin von anno dazumal. Mir wird ganz schlecht, wenn ich mir nur vorstelle, wie sie herumläuft und an die »Pflicht« denkt, d. h. an das bevorstehende Vergnügen, dann mit ihrer verfluchten »Ruhe« das ›Urteil‹ vollstreckt und dabei erwartet, dass das Kind erkennt, dass sie aus Liebe, nicht aus »Zorn« handelt. Oh – zum Teufel mit dieser Frau! Ich hatte eine solche Mutter, und weil sie meine Mutter war, werde ich nichts Respektloses über sie sagen, außer dass weder meine beiden Brüder noch ich bei ihrem Tod eine Träne vergossen; zwar weinte unsere Schwester, wie Frauen es zu tun pflegen, doch fand auch sie sich schnell mit dem Verlust der vortrefflichen Zuchtmeisterin ab, die uns mit ihren unwiderruflichen Urteilen, dem stundenlangen qualvollen Hinauszögern, ihrer ruhigen ›Vollstreckung‹ und den anschließenden verhassten Umarmungen und ähnlichem Humbug alle zu Heuchlern machte. Es bereitet mir Freude, Ihre Frau zu verfluchen. Ich finde, sie hat es verdient, und es verschafft mir Erleichterung. Drei Jahre nach dem Tod unserer Mutter heiratete unser Vater erneut, und unsere junge Stiefmutter gewann unser aller Herzen. Bei ihr gab es keine Spur von verfluchter Krokodilsruhe. Sie war zuzeiten launisch, konnte mit der Zunge austeilen und einstecken, manchmal verpasste sie uns einen kleinen Klaps, aber dergleichen war schnell vergessen, sie war fröhlich, gutmütig, hilfsbereit, nachsichtig, gutherzig – sie glaubte an ihre Vorbildfunktion, und gute Laune & überstürzte Gemütsausbrüche waren nichts weiter als ein Sommergewitter. Sie verstand Kinder, sie liebte sie, sie wusste, was in unseren Köpfen vorging, und kannte unsere unvollkommene Sichtweise. Sie war 20 Wagenladungen von stereotypen Feldwebelmüttern samt ihrer verfl. organisierten Disziplin wert –

Wo Sie schon dabei waren, Mr. Mark Twain, warum haben Sie nicht gleich ein bisschen Geld verdient und eine bildhafte Beschreibung der »Folterszene« sowie einen ausführlichen Bericht des Modus Operandi mitgeliefert? Bestimmt hat die bewundernswerte Mrs. Twain eine Spezialmethode oder eine eigene Waffe, die sie mit Ruhe und Bedacht ausgewählt hat. Bestimmt kennt sie alle empfindlichen Stellen der kindlichen Anatomie und nimmt die Auswirkungen sorgfältig zur Kenntnis und studiert sie, wenn sie sich in aller Ruhe der »Folterszene« hingibt – Folter! Großer Gott, und noch dazu von einer christlichen Mutter! […]

Zum Teufel mit Ihrer bewundernswerten Frau, Mr. Twain. Ich wünschte, ich hätte sie ganz für mich allein und ohne Unterbrechung für eine halbe Stunde in einem Zimmer. Ich würde ihr die Hände fesseln, würde sie mit den Füßen am Boden auf einem Tisch festbinden, so dass ein bestimmtes hinteres Körperteil einen schönen Halbmond bildet, die nach außen gewölbte Seite zuoberst, ich würde sie bis auf die Haut ausziehen und dann mit einem robusten Lederriemen mit an den Enden verknoteten Strängen ihren Hintern bearbeiten. Himmel! Schon allein die Vorstellung bereitet mir Vergnügen! Es gäbe keine Verzögerung zwischen Urteil und Vollstreckung. Ich würde meine Wut als gerecht erachten. Aber im Sturm, Sturzbach, Wirbelwind meiner Leidenschaft würde ich die Ruhe einer wissenschaftlichen Untersuchung an den Tag legen. Ich würde die Folterung genau analysieren und mich mit wachsendem Vergnügen am Anblick der Blasen und Striemen erfreuen, die sich unter meiner wissenschaftlichen Behandlung anhäufen. Dann würde ich Mrs Twain losbinden, zum Sofa führen und sie schneller, als man es sagen kann, »mit meiner Liebe wieder glücklichen Herzens und frohen Geistes machen«! (21. Juli 1885, CU-MARK)

527 *Mr. Laurence Barrette und Mr. und Mrs. Hutton* – Der Schauspieler Lawrence Barrett (1838–1891) und der Theaterkritiker Laurence Hutton in Begleitung seiner vor einem Jahr angetrauten Frau Eleanor Varnum Mitchell Hutton (1848–1910) verbrachten den 3. und 4. März 1886 bei Familie Clemens. Twain hatte Barrett flüchtig in San Francisco kennengelernt, und ihre Bekanntschaft vertiefte sich 1874, als er Barrett die Rolle des Colonel Sellers in *Das vergoldete Zeitalter* gab (vgl. Anm. nach 10. Mai 1874 an Haddon, *L6*, 148–49). Barrett war mit seiner Repertoire-Theatertruppe nach einem erfolgreichen einmonatigen Engagement in New York nach Hartford gekommen, wo er am 3. März den hinterlistigen buckligen Ehemann Lanciotto in George H. Bokers Verstragödie *Francesca da Rimini* (nach Dante) gab und am 4. März die Titelrolle in Victor Hugos *Hernani* spielte (*New York Times*: »Died«, 17. Nov. 1910, 9; »Mr. Lawrence Barrett«, 18. Febr. 1886, 5; »Notes of the Week«, 28. Febr. 1886, 6; *Hartford Courant*: »Lawrence Barrett This Evening«, 3. März 1886, 2; »Lawrence Barrett in ›Hernani‹«, 5. März 1886, 3; Barrett an SLC und OLC, 27. Febr. 1886, CU-MARK; Hutton an Winter, 4. März 1886, JIm; U. S. National Archives and Records Administration 1795–1905, Rolle 227, Ausweisantrag für Eleanor V. Mitchell, 10. Febr. 1879).

Mrs. … sagte – Möglicherweise meinte Susy hier Susan Warner (Mrs. Charles Dudley

Warner), für deren Namen sie auch an einer anderen Stelle ihrer Biographie eine Lücke ließ (MT 2012, Bd. 2, Anm. 256: »*Susy Warner*«).

527 *Theorie der »geistigen Heilung«* – Geistige oder mentale Heilung ging im späten 19. Jahrhundert auf den Glauben zurück, dass Krankheiten in negativen Gedanken gründeten und deshalb auch durch mentale Anstrengung geheilt werden könnten. Mary Baker Eddys 1875 publizierte Schrift *Wissenschaft und Gesundheit* war nur eines der zahlreichen Bücher, die diese Vorstellung propagierten. 1894 sagte Twain, Lilly Gillette Foote, die seit etwa 1880 Susys und Claras Gouvernante war, sei zumindest in den frühen 1890er Jahren eine »beredte Verehrerin der geistigen Heilung« gewesen. Möglicherweise war sie es, die die Familie überzeugte, damit zu experimentieren (3. Aug. 1894 an OLC, CU-MARK; Ober 2003, 210–18; zu Foote vgl. MT 2012, Bd. 2, Anm. 221–22: »*Miss Foote [die Gouvernante] … Gott und einen Himmel gibt – oder etwas Besseres*«). Twain war bis zum Ende seines Lebens von der Heilkraft des Geistes fasziniert, obwohl er der Christlichen Wissenschaft und anderen religiösen Auslegungen dieser Philosophie skeptisch gegenüberstand. In AD 27. Dez. 1906 kommt er erneut auf das Thema zu sprechen. *Miss Holden* – Nicht bekannt.

528 *Mrs. George Warner* – Lilly Gillette Warner (vgl. AD 8. Aug 1906, Anm. 267: »*Frank Warner*«).

529 *Fotos von unserem Prinzen und Bettelknaben … die Szene mit Lady Jane* – Die Fotos wurden genau ein Jahr, nachdem die Clemens-Kinder das Stück zum ersten Mal aufgeführt hatten (vgl. AD 8. Aug. 1906), von Horace L. Bundy aus Hartford gemacht. Für die Aufnahme mit Margaret Warner (genannt Daisy) als Bettelknabe (Tom Canty) und Susy als Prinz (Eduard VI.), die Susy als »Befragung« bezeichnet, vgl. MT 2012, Bd. 1, Abb. 12. Das Bild von der »Lady Jane Grey«-Szene mit Clara als Lady Jane Grey und Daisy Warner als Bettelknabe in den Kleidern des Prinzen vgl. Abb. 2 hier in MT 2014, Bd. 1.

530 *mit Ausnahme Mr. Howells'* – Howells äußerte sich bereits 1875 in seiner Kritik von *Sketches, New and Old* zu der Twain innewohnenden Ernsthaftigkeit und seinem philosophischen Tiefgang: »Dieses Buch hat noch eine andere Eigenschaft, die wir in Zukunft wohl immer mehr mit unserem vertrauten Bild von ihm [Twain] in Verbindung bringen werden. Hinter der auf den ersten Blick nicht moralisierenden Komik steckt ein Ernst, der wohl auf die Durchdringungen der politischen und gesellschaftlichen Absurditäten durch den Humoristen zurückzuführen ist« (Howells 1875, 749). In seinen Kritiken von *Bummel durch Europa*, *Der Prinz und der Bettelknabe* und späteren Werken wies er sogar noch eindringlicher auf diese ernsthafte Ader hin (Howells 1880, 1881).
schrieb ich eine Philosophie … drei Menschen, die das Manuskript sahen – Zwischen April und Juli 1898 verfasste Twain in Wien und Kaltenleutgeben den ersten Entwurf zu *What Is Man?*, an dem er mindestens bis September 1905 arbeitete. Im Dezember 1906, zum Zeitpunkt dieses Diktats, war *What Is Man?* bereits gedruckt und privat verteilt worden. Die Bezeichnung als »Manuskript«, das nur »drei Menschen« gesehen haben, weist darauf hin, dass Twain hier älteres Material verwendet – seine Manuskript-Anmerkungen zu Susys Biographie (SLC 1901–2a; vgl. AD 25. Juni 1906, Anm. 229: »*Der Mensch kann nichts für das, was er ist*«).

531 *Mr. Jesse Grant* – Ulysses S. Grants jüngster Sohn (MT 2012, Bd. 2, Anm. 493: »*Grants ältestem Sohn Colonel Fred Grant*«).

532 *Miss Corey* – Susan (Susy) Corey (geb. 1865?) schloss 1884 das Stuttgarter Konservatorium ab und unterrichtete Susy und Clara Clemens Mitte der 1880er Jahre in Hartford in Musik und Klavier. Manchmal nahm sie auch – mitunter als Lehrerin oder Tutorin – am Deutschunterricht von Olivia und den Mädchen teil. Ihre Mutter war Ella J. Corey (geb. 1841?), eine alte Freundin von Olivia aus Elmira (*Buffalo Courier*: »Musical Personals and Miscellany«, 22. Aug. 1885, und »Social Topics«, 13. Sept. 1885, o. S.; *N&J3*, 631; OLC an SLC, 14. Nov. 1884 und 16. Jan. 1885, CtHMTH; 17. und 18. Mai 1869 an OLL, *L3*, 243, Anm. 4; *Chemung Census* 1870, 914:302 A).

Mama und Papa Clara und Daisy … Mikado – Die vier fuhren am Freitag, dem 16. April 1886, nach New York, wo sie im Fifth-Avenue Theatre eine der letzten Aufführungen von Gilbert und Sullivans Operette *Mikado* durch die D'Oyly Carte Opera Company sahen (»Amusements«, *New York Times*, 16. Apr. 1886, 7; *N&J3*, 234; 12. Apr. 1886 an Howells, MH-H, in *MTHL*, 2:553).

532–33 *Cable … funkelnagelneue Frau* – Am 24. November 1906 heiratete George Washington Cable mit 62 seine zweite Frau Eva Colegate Stevenson aus Kentucky (gest. 1923), »eine Frau von achtundvierzig Jahren, mit zauberhaftem gesellschaftlichem Geschick, eine hervorragende Musikerin, geistreich und großherzig, von heiterem Temperament und voll inniger Zuneigung«, wie Cable an Andrew und Louise Carnegie schrieb (Turner 1956, 335–36; »Mrs. Eva Stevenson Cable«, *New York Times*, 8. Juni 1923, 19). Louise Stewart Bartlett Cable (geb. 1846), seine erste Frau und die Mutter seiner Kinder, war 1904 nach 35 Ehejahren gestorben (Rubin 1969, 249–50).

26. Dezember 1906

533 *Brief von einem Gentleman … Phrenologie* – Der auf den 7. Dezember 1906 datierte Brief stammte von Frederic Whyte (1867–1941), einem ehemaligen Reuters-Korrespondenten, der Lektor bei Cassell & Company (1889–1904) sowie produktiver Autor und Übersetzer war (Archives Hub 2011). Whyte schrieb: »Ich habe den Herausgeber des *Daily Graphic* dazu bewogen, die Kolumnen des Magazins nicht nur Wissenschaftlern zur Diskussion zu öffnen, sondern auch anderen Autoren und Beobachtern, deren Ansichten interessant und wertvoll sind«, und weiter: »Ich würde mich sehr über ein paar Zeilen von Ihnen freuen« (CU-MARK).

unterzog ich die Phrenologie einem kleinen Test … bei Fowler – Lorenzo N. Fowler (1811–1896) war ein aktiver Phrenologe, Dozent und Autor. Er und sein älterer Bruder Orson Squire Fowler (1809–1887) machten am Amherst College ihren Abschluss. Neben den Büchern, die er gemeinsam mit seinem Bruder verfasste (vgl. Anm. 534: »*Fowler und Wells an der Spitze … Veröffentlichungen fanden weite Verbreitung*«), schrieb Lorenzo auch *Synopsis of Phrenology and Physiology* (1844) und *Marriage: Its History and Philosophy, with Directions for Happy Marriages* (1846). Nachdem er 1863 aus dem familieneigenen Verlag in New York ausgestiegen war, zog er nach London, von wo aus er weiterhin für das von der Firma publizierte *Phrenological Journal* schrieb. Während der 1870er Jahre nahm er in seinem Büro in der Fleet Street nahe Ludgate Circus Untersuchungen vor (Stern 1969, 210; 1971, 188). Für Twains Besuche in den Jahren 1872/73 wurden außer dieser Aufzeichnung keine Belege gefunden.

534 *Fowler und Wells an der Spitze … Veröffentlichungen fanden weite Verbreitung* – Das erste gemeinsam von Lorenzo und Orson Fowler verfasste und publizierte Buch *Phrenology Proved, Illustrated, and Applied* erschien 1836. Zwei Jahre später gründeten sie in Philadelphia das *Phrenological Journal*, 1842 in New York einen eigenen Verlag. 1844 holte Orson seinen Schwager Samuel R. Wells (1820–1875) an Bord und gründete das Unternehmen Fowler & Wells. Ihre zahlreichen Veröffentlichungen, die hauptsächlich aus der Feder von Orson stammten – darunter *Physiology, Animal and Mental* (1842), *Self-Culture and Perfection of Character* (1843), *Love and Parentage Applied to the Improvement of Offspring* (1844), *Amativeness; or, Evils and Remedies of Excessive and Perverted Sexuality* (1844) und *A Home for All; or, The Gravel Wall, and Octagon Mode of Building* (1849) –, erfreuten sich großer Beliebtheit. 1850 befand sich vermutlich fast eine halbe Million ihrer »diversen Veröffentlichungen […] in den Händen der amerikanischen Öffentlichkeit« (Stern 1971, 84). 1863 zogen sich die Fowler-Brüder aus der Firma zurück, die unter verschiedenen Namen bis 1904 von anderen Familienmitgliedern weitergeführt wurde.

535 *die Stimme des Zweiflers sich nicht hören lässt in unserm Lande* – Eine Referenz auf Kapitel 2, Vers 12, des Hoheliedes Salomos: »Die Blumen sind hervorgekommen im Lande, der Lenz ist herbeigekommen, und die Turteltaube lässt sich hören in unserm Lande.«

537 *William T. Stead … Rückschlüsse auf den Charakter* – Die »Rückschlüsse auf den Charakter« wurden von William T. Stead (1849–1912), einem radikalen Journalisten, politischen Reformer und Spiritualisten, in Auftrag gegeben. 1890 hatte er in seinem neuen Magazin *Review of Reviews* eine überschwängliche Rezension zu *Ein Yankee an König Artus' Hof* verfasst, die eine der wenigen positiven Kritiken aus Großbritannien war. Zu jener Zeit stand Stead in Korrespondenz mit Twain, und als er ihn zufällig im März 1894 bei einer Atlantiküberquerung traf, bat er ihn um Hilfe bei seinem Handlese-Experiment. Noch im selben Jahr veröffentlichte Stead in der Juli-Ausgabe seines vierteljährlich erscheinenden spiritistischen Fachblatts *Borderland* Bilder von Twains Händen und bat »Experten«, aus ihnen zu lesen und ihm ihre Ergebnisse mitzuteilen. Im Oktober 1894 wurden die Antworten von vier Handlesern abgedruckt. Diese Ausgabe des Magazins war nicht aufzufinden, doch Twain bekam ein Exemplar zur Ansicht und äußerte sich in einem Brief an Stead dazu. Er sprach den Handlesern nur verhaltenes Lob aus und merkte an, dass lediglich einer von ihnen »angibt, dass ich eine komische Veranlagung habe; die anderen drei schweigen dazu« (30. Nov. 1894 an Stead [2.], ViU; Stead 1895; *CY*, 26–27; Baylen 1964).

sechs renommierte Handleser … in New York – Die Deutungen von drei dieser Handleser sind in AD 28. Jan. 1907 eingefügt.

in Form eines offiziellen Dokuments … Rede eingetroffen – Twains Rede vom 7. Dezember 1906 wurde in *Copyright Hearings, December 7 to 11, 1906* der Government Printing Office abgedruckt (SLC 1906i). Vgl. AD 18. Dez. 1906.

538 *»Es ist genug, dass ein jeglicher Tag.«* – Aus der Bergpredigt, Matthäus 6,34.
Dekalog – Die Zehn Gebote.

540 *vor den Urheberrechtsausschuss des britischen Oberhauses gerufen* – Vgl. AD 24. Nov. 1906, Anm. 463: *»Gesetzentwurf zur Verlängerung der Schutzfrist«.*

541 *Lord Thwing* – Henry, der erste Baron Thring. Vgl. AD 24. Nov. 1906, Anm. 460: *»Lord Thwing«.*

542 *vor Queen Annes Zeit … ein zeitlich unbegrenztes Urheberrecht* – Edward Everett Hale, der direkt vor Twain als Sprecher antrat, sagte: »Die ganze Angelegenheit mit dem Urheberrecht nahm ihren Anfang, als es zu Königin Annes Zeit gesetzlich verankert wurde, weil man damals dachte, man würde den Autoren damit einen Gefallen tun« (Hale 1906, 114; zu Hale vgl. AD 4. Febr. 1907, Anm. 679: *»Edward Everett Hale … Der Mann ohne Vaterland«*). Das Statute of Anne, das von 1710 bis 1842 Anwendung fand, war das erste Gesetz zum Urheberschutz. Davor wurden die Rechte von der Stationers' Company, einer Druckergilde, verwaltet und den Verlegern übertragen, die das Copyright auf unbegrenzte Zeit von den Autoren erwarben. Im Rahmen des neuen Gesetzes wurde die erste zeitliche Beschränkung des Urheberrechts eingeführt; fortan lag es für eine Dauer von 14 Jahren bei den Autoren, mit Verlängerungsoption für weitere 14 Jahre.

543 *Kap-Kairo-Eisenbahn* – Die von Cecil Rhodes geplante Bahn- und Dampferstrecke, die sich über 5000 Kilometer von Kapstadt an der Südküste Afrikas nach Kairo im Norden erstrecken sollte, wurde nie fertiggestellt. 1906 waren etwa zwei Drittel der Route in Betrieb (»From the Cape to Cairo«, *New York Times*, 20. Aug. 1906, 3).
William Penn – William Penn (1644–1718) war von 1682 bis 1684 als Landerschließer in den amerikanischen Kolonien tätig, die ihm von König Karl II. anvertraut worden waren. Außerdem erwarb er zusätzliche Ländereien von den Ureinwohnern. Twain scheint ihn mit Peter Minuit zu verwechseln, von dem es heißt, er habe Manhattan im Jahr 1626 für etwa 24 Dollar gekauft.
1714 unter Queen Anne – Königin Anne starb 1714; Twain meint das Gesetz aus dem Jahr 1710 (vgl. Anm. 542: *»vor Queen Annes Zeit … ein zeitlich unbegrenztes Urheberrecht«*).

544 *Lord Macaulay … Rede zum Urheberrecht* – Vgl. AD 24. Nov. 1906, Anm. 462: *»Macaulay … Rede«.*
Mrs. Stowes zwei Töchter … Lebensunterhalt war sehr bescheiden – Harriet Beecher Stowes Roman *Onkel Toms Hütte* (1852) war ein herausragender Erfolg; bis Anfang 1863 waren etwa 310 000 Exemplare gedruckt worden, und das Buch brachte Beecher Stowe weiterhin regelmäßige Zahlungen von mehreren tausend Dollar im Jahr ein, bis 1893 der Urheberrechtsschutz auslief. Beecher Stowes Tantiemen, die 1892 bei $ 6694 gelegen hatten, fielen 1895 auf $ 697. In dem im Januar 1905 veröffentlichten »Concerning Copyright. An Open Letter to the Register of Copyrights« schrieb Twain: »›Onkel Toms Hütte‹ wirft bis heute Profit ab, den bekommen aber nur die Verleger – Mrs. Stowes Anspruch erlosch sieben Jahre vor ihrem Tod; ihre Töchter verdienen nichts mehr an dem Buch.

Vor Jahren konnten sie sich ihr bescheidenes Zuhause nicht mehr leisten, mussten ausziehen und sich eine einfachere Unterkunft suchen« (SLC 1905b, 3–4; Winship 2012; MT
2012, Bd. 2, Anm. 195: »*Reverend Charles Stowe … Sohn Harriet Beecher Stowes*«).
Stowes Zwillingstöchter, Harriet Beecher Stowe (1836–1907) und Eliza Tyler Stowe
(1836–1912), blieben ledig. Sie lebten mit ihren Eltern – und pflegten ihre Eltern – in einem kleinen Haus in der Forest Street in Hartford in direkter Nachbarschaft von Familie
Clemens. Nach dem Tod der Autorin 1896 zogen die Schwestern nach Simsbury, Connecticut, um in der Nähe ihres Bruders Charles zu sein (Beecher Stowe Center 2011).

545 *dem Alten und Neuen Testament … zeitlich unbegrenzter Urheberschutz* – Vgl. AD
24. Nov. 1906, Anm. 464: »*das Neue und das Alte Testament … Eigentum der Oxford
University Press*«.

27. Dezember 1906

546 *geistige Heilung* – Vgl. AD 21. Dez. 1906 sowie Anm. 527: »*Theorie der ›geistigen Heilung‹*«.

551 *Sie wissen nicht, wer der Held der Skizze ist? … Lord Wolseley* – Vgl. AD 31. Juli 1906
(und Anm. 253: »*eine Skizze namens »Mehr Glück als Verstand« … Lord Wolseley*«),
wo Twain diese Anekdote über »Mehr Glück als Verstand« und sein Treffen mit Lord
Wolseley beim Abendessen anlässlich des amerikanischen Unabhängigkeitstages im
Jahr 1900 zum ersten Mal erzählt.

28. Dezember 1906

552–53 *»Hurra, sagt sie« … Charles Reade* – In der ursprünglichen Maschinenabschrift dieses
Diktats wird die Anekdote einem gewissen »Charles Reid« zugeordnet, offensichtlich ein
Schreibfehler der Stenographin, denn gemeint ist der beliebte britische Romanautor
Charles Reade (1814–1884). Twain kannte Reade schon seit 1872, hatte viele seiner
Bücher, darunter auch *Die weltlichen und geistlichen Abenteuer des jungen Herrn Gerard*
(1861), gelesen und mochte sie. Die »Hurra, sagt sie«-Anekdote ist jedoch nicht von
Reade, sondern stammt aus Kapitel 30 des 1870 anonym veröffentlichten Werks *Miss
Van Kortland* des amerikanischen Schriftstellers Frank Lee Benedict (1834–1910) (Bene-
dict 1870; *MTB*, 1:462; Gribben 1980, 2:571–73).

554 *Wie Gargery: »Was für ein Spaß!«* – Standardspruch von Joe Gargery in Charles Dickens' *Große Erwartungen*.

555 *Andrew Langs herzlichen Händedruck* – Dieser Geburtstagstribut von Andrew Lang
(1844–1912), einem schottischen Romanautor, Dichter, Folkloristen und Literaturkritiker,
wurde 1886 in Langs Kolumne »At the Sign of the Ship« in der Februar-Ausgabe des
Longman's Magazine veröffentlicht (Andrew Lang 1886). Wenn das Susys Quelle war,
nahm sie geringe Änderungen vor und strich den Großteil der folgenden Passage aus
dem ersten Absatz: »Wenn er sich zwischen Bilder und an heilige Orte begibt, haben wir

vielleicht alle das Gefühl, er sei ein ziemlich schreckliches Geschöpf. Aber auf einem Mississippi-Dampfer oder in einer Bar oder als Redakteur einer landwirtschaftlichen Zeitung (ohne die nötigen Kenntnisse) oder rittlings auf einem berühmten mexikanischen Zossen oder auf der Suche nach einer Silbermine oder Indianer-Joe auf der Spur ist Mark ganz er selbst.«

555 *Zum Dinner für Booth ... Rede* – Mit der Behauptung, dass diese Rede »nie gehalten« wurde, vertuscht Twain einen seiner seltenen Misserfolge als Tischredner. Er hatte diese Ansprache bei einem Festessen des Players Club zu Ehren von Edwin Booth (1833 bis 1893) im Delmonico's Restaurant am Abend des 30. März 1889 gehalten. Der Club veranstaltete das Festessen, um Booth dafür zu danken, dass er dem Club das Stanford White Mansion, 16 Gramercy Park, überschrieben hatte (*New York Times*: »The Players' Clubhouse«, 1. Jan. 1889, 5; »The Booth Supper«, 1. April 1889, 4). Brander Matthews, der unter den Anwesenden war, erinnerte sich: »Er verlor kein Wort über den Ehrengast; stattdessen war sein Thema die Sandklaffmuschel in Neuengland – und was noch schlimmer war: Diese unangebrachte Darbietung wurde vom Blatt abgelesen!« »Wir ließen die Köpfe hängen«, schrieb ein anderer Gast, »und hofften, es möge bald vorbei sein« (Matthews 1922, 273; Morgan 1910, 69–70). Die Rede taucht in Susys Biographie, die mit einem Eintrag vom 4. Juli 1886 endet, nicht auf.

Sandklaffmuschel – Mya arenaria.

557 *Depew ... die Sandklaffmuschel der großen Welt der Denk- und Redekunst* – Vgl. AD 1. Juni 1906.

558 *Pilla* – Der Spitzname von Mildred Howells (1872–1966), dem jüngsten Kind der Howells, die später eine erfolgreiche Dichterin, Aquarellmalerin und Illustratorin wurde (»Mildred Howells«, *New York Times*, 20. April 1966, 47).

Mr. Howells ... in Silas Lapham ... einen Satz über einen Juden – Howells erhielt drei Briefe von jüdischen Lesern, während *Die große Versuchung* zwischen November 1884 und August 1885 als Fortsetzungsroman im *Century Magazine* veröffentlicht wurde. In einem drängt ihn Cyrus L. Sulzberger, der Herausgeber des *American Hebrew*, eine Passage aus dem 2. Kapitel zu streichen, bevor der Roman in Buchform veröffentlicht würde. In besagter Passage stellt Silas fest, dass Juden, obwohl es keinen Sinn ergibt, für sinkende Grundstückspreise sorgen, wenn sie in ein Wohnviertel ziehen. Sulzberger betonte, dass die Bemerkung »des Autors unwürdig« sei, keinem literarischen Zweck diene und dass »der Gedanke mit Gewalt eingeführt wird aus dem einzig feststellbaren Grund, einem Vorurteil nachzugeben, gegen das alle gebildeten und kultivierten Juden ankämpfen müssen«. Howells antwortete am 17. Juli 1885: »Ich hatte angenommen, in Verurteilung des Vorurteils zu schreiben, über das Sie sich zu Recht beschweren, aber meine Ironie scheint ihr Ziel verfehlt zu haben.« Trotz seiner Verärgerung, missverstanden worden zu sein, entfernte er die Passage und eine ähnliche in demselben Kapitel vor der Veröffentlichung des Buches (Arms und Gibson 1943, 119–22; Howells 1884, 22–23, 25; Howells 1980, 124–25).

Mr. Wood, ein Bekanter von ihm – Der »Bekannte« von Charles Erskine Scott Wood war Morris W. Fechheimer (1844–1886), der festgestellt hatte, dass Twain in seinen Schriften

Juden niemals lächerlich mache oder persifliere. Twain schrieb Wood am 22. Januar 1885: »Ich habe nie die Neigung verspürt, die Juden zu persiflieren. [...] Wir persiflieren keine Menschen, die wir besonders respektieren – das täte man nur leidlich gut und würde sich danach seiner schämen.« Als Gründe nannte er im Wesentlichen die, die Susy hier anführt (Fotokopie des TS in CU-MARK; »Morris W. Fechheimer«, *The West Shore*, April 1886, 115; zu Wood vgl. AD 31. Juli 1906, Anm. 250: »*Von Lt. C. E. S. Wood in West Point ... eine Prachtausgabe ... gefertigt*«). Nachdem er den Brief gesehen hatte, antwortete Fechheimer Twain am 5. Februar 1906:

Mir sind immer wieder Äußerungen untergekommen, dass Scott mit seinem *Ivanhoe* und Lessing mit *Nathan der Weise* die ersten Autoren ihrer jeweiligen Länder waren, die in der Neuzeit einen Juden in einem anderen als dem verächtlichsten Licht darstellten. Nun scheint es mir, dass das, was Sie in dieser Hinsicht unterlassen haben, ebenso erwähnenswert ist wie das, was jene aktiv getan haben. (CU-MARK)

559 *Vortrag zugunsten der Waisen ... jüdisches Waisenhaus ... alles vorhanden sei* – Twain hielt seinen Vortrag »Ein amerikanischer Vandale im Ausland« (»American Vandal Abroad«) am 22. Januar 1869 für das Cleveland Protestant Orphan Asylum und erzielte für das Waisenhaus Einnahmen von $ 564, für eine Badewanne und andere Anschaffungen. In dem Versuch, weitere Spenden zu motivieren, sagte Twain am Ende seiner Rede:

Haben Sie keine Bedenken, dass Sie zu viel für die Waisen spenden könnten, denn wie viel Sie auch geben, Sie sind bei diesem Geschäft immer fein heraus. Andere Leute müssen sich nämlich um diese sechzig Waisenkinder kümmern und sie sogar *waschen*. [Anhaltendes Gelächter.] Waisen müssen gewaschen werden! Und das ist keine leichte Aufgabe, es gibt nämlich nur einen Waschzuber, und es ist eine langwierige Sache! Man kann immer nur eine Waise auf einmal waschen! Man muss sie aufs allersorgfältigste waschen, und wenn man mit den sechzig durch ist, muss die erste schon wieder gewaschen werden. Waisen bleiben nämlich nicht sauber! Ich bin selbst seit fünfundzwanzig Jahren Waise und weiß, dass das so ist. (»Mark Twain«, *Cleveland Leader*, 23. Jan. 1869, 4)

Das 1853 gegründete Heim lag an der Woodland Avenue in der Nähe von Clevelands Jewish Orphan Asylum für die Waisen jüdischer Bürgerkriegsveteranen, das 1868 eröffnet worden war und vom Unabhängigen Orden B'nai B'rith gesponsert wurde (*L3*: 7. Jan. 1869 an Fairbanks et al., 15–17; 23. Jan. 1869 an Twichell und Familie, 68, Anm. 5; 5. Febr. 1869 an Fairbanks, 87–88, Anm. 4; *Cleveland Directory* 1871, 542; Rose 1950, 246, 351).

562 *Viele Jahre sind vergangen, und die Pflöcke sind verschwunden* – Twain erfand das Geschichtsspiel auf der Quarry Farm in Elmira im Juli 1883 und steckte am 18. Juli die ersten Pflöcke in den Boden. Zwei Tage später schrieb er an Howells, dass er auch einen Weg gefunden habe, das Spiel drinnen zu spielen, nämlich mit einem Cribbage-Brett (NN-BGC, in *MTHL*, 1:435–36).

563 *altes Buch* – Vermutlich *Die Arglosen im Ausland* (1869) oder *Durch dick und dünn* (1872). Es ist unwahrscheinlich, dass Twain *Der berühmte Springfrosch* (1867) als sein erstes Buch zählte, da er sich darum bemüht hatte, die Druckplatten zu zerstören und einen Nachdruck zu verhindern (vgl. AD 23. Mai 1906, Anm. 79: »*zustehenden Tantiemen abtrete ... achthundert Dollar in bar*«).

Persönliche Erinnerungen an Jeanne d'Arc ... wollte ich nicht, dass meine Autorschaft bekannt würde – »Personal Recollections of Joan of Arc« wurde angeblich, wie es damals hieß, von »Monsieur Louis de Conte [...] aus dem Altfranzösischen in heutiges Englisch übersetzt, nach dem unveröffentlichten Originalmanuskript von Jean François Alden im französischen Nationalarchiv«, und erschien 1895/96 in Fortsetzungen in *Harper's New Monthly Magazine*. Nach Veröffentlichung der ersten Folge im April 1895 wurde Twains Urheberschaft fast sofort vermutet und bestätigt. Am 11. April schrieb der *Hartford Courant*: »Es steht nun fest, dass Mr. Clemens der Autor ist« (»Those ›Personal Recollections‹«, 8). Obwohl sein Name bei der Fortsetzungsveröffentlichung nie genannt wurde, steht »Mark Twain« sowohl auf der Titelseite als auch auf dem Rücken der 1896 erschienenen Buchversion (SLC 1895–96, 1896; Rood 1895; »News Notes«, *Bookman*, April 1895, 145).

564 *Artikel, in dem ich meinen Stil sorgfältig verschleierte ... Autorschaft unerkannt bleibe* – Am 21. August 1905 schrieb Twain an George Harvey: »Ich veröffentliche einen anonymen Artikel in einer auswärtigen Zeitung und hoffe, dass meine Autorschaft nicht aufgedeckt wird« (Willis F. Johnson 1929, 81). Bei der »auswärtigen Zeitung« handelte es sich um das *Collier's Weekly* und bei dem Artikel um »Christliche Staatsbürgerschaft« (»Christian Citizenship«), einen kurzen Appell an den Wähler, »seinen christlichen Moralkodex« bei der bevorstehenden Kommunalwahl zu beachten und New Yorks Tammany-Hall-Regierung eine Abfuhr zu erteilen. Der Artikel erschien in der Ausgabe vom 2. September und wurde »einem großen Kulturschaffenden« zugeschrieben, »dessen Gründe für die Anonymität uns ebenso wie ihm hinreichend erscheinen« (SLC 1905 f.; Lee an SLC, 13. Sept. 1905, CU-MARK; Louis J. Budd, unveröffentlichtes TS in CU-MARK).

Thomas Bailey Aldrich Nachfolger von Mr. Howells ... Den Artikel habe ich geschrieben – Aldrich, der Anfang 1881 Howells' Nachfolge beim *Atlantic Monthly* antrat, veröffentlichte den Beitrag, ein Nachruf auf den alten Westen mit »rhetorischen Schönheitsfehlern«, im November 1881 in der Rubrik »Contributors' Club« ohne Titel und Autor. Twain schrieb ihm am 2. November: »Ich habe diesen Artikel also *doch* geschrieben. Der Scheck dafür ist angekommen; nun weiß ich, dass ich ihn geschrieben habe« (MH-H; SLC 1881).

566 *Jean war schwer krank gewesen* – Dieser Vorfall ereignete sich Ende November 1890, als Olivia ans Sterbebett ihrer Mutter, Olivia Lewis Langdon, nach Elmira gerufen wurde. Twain und Olivia fuhren beide hin, Clara und Jean blieben mit den Bediensteten zu Hause. Jean war zehn Jahre alt. Susy war in Bryn Mawr (26.–27. Nov. 1890 an OLC, *Twainian* 35 [Sept.–Okt. 1976]:2–3; 27. Nov. 1890 an Howells, MH-H, in *MTHL*, 2:633–34).

568 *Bessie Stone schrieb ... Mary zu einem Kind des Gebets* – Bessie Stones erster Brief an Twain von 1870 oder 1871 ist vermutlich nicht erhalten, aber 1883 schrieb sie erneut, Jesus sei »gerade zu einigen meiner Freunde gekommen und hat Einlass gefunden; und

ich, die ich in diesen zwölf Jahren unablässig für Sie gebetet habe, erwarte, dass er nun zu Ihnen kommen wird«. Twain schrieb auf den Umschlag »verfl. Närrin«. 1890 schickte sie Twain Geburtstagsgrüße und bezog sich auf Mary Jane Wilks' Versprechen an Huckleberry Finn im 28. Kapitel, sie werde für ihn beten. Sie fügte hinzu: »Als Sie diesen außergewöhnlichen Absatz in die Welt aussandten, versteckten Sie darin nicht einen Hinweis an Ihre kleine Freundin, dass Sie sich noch immer etwas aus meinen Gebeten machten?« (Stone an SLC, 13. Febr. 1883 und 30.? Nov. 1890, CU-MARK; *HF 2003*, 244).

29. Dezember 1906

571 *Beerdigung meiner Mutter* – Jane Lampton Clemens starb am 27. Oktober 1890. Sie »wurde von ihren Kindern nach Hannibal gebracht« und neben ihrem Ehemann »zur Ruhe gebettet« (*MTB*, 2:901). In »Jane Lampton Clemens«, seiner bewegenden Hommage an sie, schloss Twain: »Sie hatte stets das Herz eines jungen Mädchens, und in der Lieblichkeit und Gelassenheit des Todes erschien sie auf wundersame Weise wieder jung. Sie war immer wunderschön« (*Inds*, 82–92).

572 *Geheimnis, das sie über sechzig Jahre lang in ihrem Herzen bewahrt hatte* – Twain erfuhr das »Geheimnis« seiner Mutter offenbar 1886 von Pamela Moffett, die Jane, Orion und Mollie im April in Keokuk besucht und dann auf ihrem Rückweg nach Fredonia Zwischenstopps in New York und Hartford eingelegt hatte. Jane Clemens hatte es zunächst Orion erzählt, dann Pamela und schließlich Mollie; und sie hatte allesamt um Verschwiegenheit gebeten. Der Arzt (dessen Namen sowohl Twain als auch Mollie zu jener Zeit als »Barrett« – nicht »Gwynn« – angaben) war Richard Ferril Barret (1804–1860), der im nahe gelegenen Green County, Kentucky, lebte, als Jane 1823 John Clemens heiratete. Er studierte von 1824 bis 1827 Medizin in Cincinnati und an der Transylvania University in Lexington, Kentucky, und heiratete 1832 Maria Buckner. 1840 war er zusammen mit Dr. Joseph Nash McDowell Mitbegründer der Medizinischen Fakultät am Kemper College (später Missouri Medical College) in St. Louis. Später beschrieb man ihn als »überaus großmütig und einnehmend – von großer, eleganter und vornehmer Gestalt, mit römisch anmutenden Gesichtszügen. [...] Sein Stolz auf seine Rasse und sein gelehrtes Auftreten ließen ihn vornehm und aristokratisch erscheinen, doch seine Impulse waren leidenschaftlich und seine Umgangsformen höflich und einnehmend« (Scharf 1883, 1:677). Sein Sohn, Richard Aylett Barret (geb. 1834), der ein erfolgreicher Arzt, Anwalt und Journalist wurde, verbrachte den größten Teil seines Lebens in St. Louis. Twain erzählte Howells im Mai 1886 eine etwas andere – und wahrscheinlich zutreffendere – Version der Geschichte seiner Mutter. Er sagte, Orion habe Jane zu »einer Versammlung alter Siedler des Mississippi-Tals in einem Ort in Iowa« begleitet (keinem »medizinischen Kongress«, wie er es hier erzählt). Als man ihr sagte, dass Dr. Barret »nach St. Louis zurückgekehrt« sei, fuhren sie »direkt zurück nach Keokuk« (19. Mai 1886, NN-BGC, in *MTHL*, 2:566–68). Bei der Veranstaltung könnte es sich um die »Tri-State Old Settlers' Reunion« gehandelt haben, die im September 1885 in Keokuk abgehalten wurde; eine Versamm-

lung in Burlington oder an einem anderen »Ort in Iowa« ist nicht dokumentiert. Und sollte bei der Veranstaltung ein Dr. Barret anwesend gewesen sein, dann war es der Sohn des Mannes, den Jane gekannt hatte und der 1860 gestorben war (Briefe in CU-MARK: PAM an Samuel Moffett, 2. April 1886 und 21. Mai 1886; MEC an SLC und OLC, 3. Febr. 1887; und OC und MEC an SLC und OLC, 23. Febr. 1887; *Inds*, 300–301; Conard 1901, 1:160–63; Scharf 1883, 1:676–77; Carolyn D. Palmgreen, persönliches Gespräch, 30. Dez. 1985, CU-MARK; Varble 1964, 113–14, 351–52).

573 *Aaron Burr ... seine Tochter* – Theodosia Burr Alston (1783–1813), Tochter des früheren Vizepräsidenten Aaron Burr, war ein Wunderkind, das mehrere Sprachen beherrschte, u. a. Latein und Griechisch. Nach dem Tod ihrer Mutter, als sie elf Jahre alt war, übernahm sie im Haus ihres Vaters die Rolle der Gastgeberin. 1801 heiratete sie Joseph Alston (1779–1816) aus South Carolina, der 1812 Gouverneur wurde. 1807 wurde Aaron Burr aufgrund der Burr-Verschwörung, wie sie später genannt wurde, festgenommen, dann aber wegen eines Formfehlers freigesprochen. Er zog sich vier Jahre nach Europa zurück, bevor er seine juristische Karriere in New York wieder aufnahm. Im Dezember 1812 ging Theodosia in Georgetown, South Carolina, an Bord des Schoners *Patriot*, der Richtung New York auslief. Zu jenem Zeitpunkt war sie bei schlechter Gesundheit und litt nach dem Tod ihres 10-jährigen Sohnes unter Depressionen. Wochenlang ging Burr täglich am Pier von Manhattan entlang und hielt vergebens nach dem Schiff Ausschau, dessen Schicksal bis heute ungeklärt ist (Lomask 1982, 361–63; Parmet und Hecht 1967, 56, 67, 88–90, 163, 300–04, 328–30; Côté 2012).

6. Januar 1907

574 *Reverend Joseph H. Twichell begleitet mich ... letzten Besuch auf Bermuda* – Am 2. Januar verließen Twain, Twichell und Isabel Lyon New York an Bord der *RMS Bermudian* in Richtung Bermuda, zwei Tage später kamen sie in Hamilton an und quartierten sich im Princess Hotel ein. Am 7. Januar traten sie, erneut auf der *Bermudian*, die Rückreise nach New York an. Miss Hobby begleitete sie nicht (Lyon 1907, Einträge vom 2., 4., 7. und 9. Jan.; Hoffmann 2006, 69–78). Bei diesem Diktat und wahrscheinlich auch beim ersten Teil des nächsten (9. Januar) notierte Lyon Twains Worte in Langschrift (sie konnte nicht stenographieren), und Hobby fertigte später die Maschinenabschrift anhand von Lyons Notizen an, die heute nicht erhalten sind. Twain hatte Bermuda zuletzt vom 20. bis 24. Mai 1877 in Begleitung von Twichell besucht. Sein Reisebericht, »Some Rambling Notes of an Idle Excursion« (vgl. Anm. 310: »*Kapitän Ned Wakeman ... zwei Schiffsreisen*«), erschien von Oktober 1877 bis Januar 1878 in vier Fortsetzungen im *Atlantic Monthly* (SLC 1877–78; zum Notizbuch, das er während der Reise führte, vgl. *N&J2*, 8–36).

Olney's Geographie – *A Practical System of Modern Geography* von Jesse Olney (1798 bis 1872) wurde erstmals 1828 veröffentlicht. Innovativ in der Darstellung der Geographie der Erde, alles andere als neutral in der Charakterisierung der ethnischen Gruppen, wurde das Buch 30 Jahre in praktisch jeder Schule der Vereinigten Staaten verwendet. Häufig überarbeitet und erweitert, erlebte es 98 Auflagen. Olney war Lehrer im Staat New York und von 1821 bis 1831 Schuldirektor in Hartford. 1834 zog er nach Southington, wo Twichell geboren wurde (1838) und seine Kindheit verbrachte. Obwohl Olney fortan einen Großteil seiner Zeit dem Schreiben von Lehrbüchern widmete, arbeitete er daran, ein System von staatlichen Schulen in Connecticut aufzubauen, und eröffnete seine eigene »Auswahlschule« (Timlow 1875, 450; Baker 1996; Courtney 2008, 8–17).

575 *Kirkham's Grammatik – English Grammar in Familiar Lectures* von Samuel Kirkham, erstmals veröffentlicht 1824, erschien in Dutzenden von Ausgaben bei verschiedenen Verlagen. Eine Ausgabe, die 1835 in Baltimore erschien und als die »einhundertfünfte« bezeichnet wird, ist Teil der Mark Twain Papers und könnte Twain in seiner Jugend in Hannibal gehört haben (Kirkham 1835; für eine Diskussion ihrer Herkunft und Authentizität vgl. Gribben 1980, 1:383–84).

Miss Kirkham ... nahm noch immer Pensionsgäste auf – Emily Kirkham und ihre verwitwete Mutter Mary Ann (gest. 1894) führten die Pension, in der Twain und Twichell 1877 einkehrten. Emily war zu jener Zeit 25 (Hoffmann 2006, 35, 74).

dem Tag, an dem ihr einziger Neffe geboren wurde – Twain hatte die Geburt in seinem Notizbuch von 1877 festgehalten: »Mrs. Kirkham wurde mitten in der Nacht ein Enkelkind geboren – also an einem Donnerstagmorgen, dem Geburtstag der Königin, 24. Mai« (*N&J2*, 32).

Twichell ... Peters ... Wilkinson ... Mark Twain – Twichell reiste unter seinem richtigen Namen mit dem Schiff nach Bermuda und zurück. Ein »Reverend Mr. Peters« kommt in der zweiten Folge von »Some Rambling Notes of an Idle Excursion« vor, dabei handelt es sich aber nicht um Twichell, der während der ganzen Serie als »der Reverend« bezeichnet wird. Twain verwendete während des größten Teils der Reise seinen mittleren Namen, Langhorne, als Pseudonym, nicht Wilkinson (*Bermuda Royal Gazette* [Fotokopien in CU-MARK, mit freundlicher Genehmigung von Donald Hoffmann]: »Passengers Arrived«, 22. Mai 1877, 2; »Passengers Sailed«, 29. Mai 1877, 2; »›Mark Twain‹, the very amusing author ...«, 29. Mai 1877, 2; Twichell 1874–1916, Eintrag vom 28. Mai 1877; Hoffmann 2006, 26, 72).

576 *rasch entwickelnden Möglichkeiten der Luftfahrt* – Orville und Wilbur Wright hatten ihre ersten Motorflüge am 17. Dezember 1903 durchgeführt. Anfang 1908 beauftragte sie das Kriegsministerium mit dem Bau eines Doppeldeckers für $ 25 000, der eine Distanz von 125 Meilen bei einer Geschwindigkeit von 40 Meilen pro Stunde zurücklegen konnte.

Verse Tennysons – Diese Zeilen aus »Locksley Hall«, erstmals 1842 veröffentlicht, wurden in den ersten Jahren des 20. Jahrhunderts häufig zitiert, als Luftfahrt zur gelebten Wirklichkeit wurde (Tennyson 1842, 2:104; *Perlen englischer Dichtung in deutscher Fassung*, New York: The De Vinne Press, ca. 1915; ins Deutsche übertragen von Herman Behr):

> Tauchte weit dann in die Zukunft,
> Wie nur Menschenaugen dringen;
> Sah im Geist das Weltenganze
> Mit den künft'gen Wunderdingen;

> Sah am Himmel Wunderschiffe,
> Von entlegensten Gestaden,
> Flotten – zauberhaft getrieben
> Und mit Gütern schwer beladen;
>
> Kampfgeschrei erfüllt die Lüfte!
> Plötzlich aus des Himmels Blau,
> Wo der Völker Luftgeschwader
> Streiten, fällt's wie grauser Tau.

Kurz vor der Aufzeichnung dieses Diktats hatte George Harvey die Zeilen in seinem »Editor's Diary« in der *North American Review* vom 21. Dezember 1906 zitiert (Harvey 1906, 1330–33).

576 *10000 Menschen getötet und 80000 verletzt* – Diese Zahlen stammen aus dem Jahresbericht der zwischenstaatlichen Handelskommission Interstate Commerce Commission, der dem Kongress am 19. Dezember 1906 vorgelegt worden war. Als Twain dieses Diktat überarbeitete, korrigierte er die ursprüngliche Zahl der Verletzten nach oben. Offenbar nahm er diese Änderung nach dem 10. Januar vor, als er »einen Weltalmanach gekauft & über Zugunfälle in den USA in den vergangenen neun Jahren gelesen« hatte. Er wiederholt die ursprüngliche Zahl von 60000 im AD 25. Febr. 1907, und obwohl er auch dieses Diktat überarbeitete, korrigierte er die Zahl dort nicht (»Commerce Commission Reports«, *Wall Street Journal*, 20. Dez. 1906, 7; Thompson 1907, 3–8, 44–45; Lyon 1907, Eintrag vom 10. Jan.).

9. Januar 1907

578 *Tammany* – Klientelistisch agierende Parteimaschinerie der Demokraten in New York City, benannt nach dem Delaware-Indianerhäuptling Tamanend. 1789 gegründet, erlangte sie den Höhepunkt ihrer Macht – und Korruption – Mitte des 19. und zu Beginn des 20. Jahrhunderts und blieb bis in die 1960er Jahre hinein ein Einflussfaktor in der New Yorker Politik.
Christliche Temperenzler-Vereinigung der Frau – Die Woman's Christian Temperance Union (W. C. T. U.) wurde 1874 gegründet, um den Alkoholkonsum zu bekämpfen, vor allem wegen seiner destruktiven Auswirkungen auf die Familie. Heute hat sie als die »älteste, durchgehend bestehende nichtkonfessionelle Freiwilligenorganisation für Frauen in der Welt« eine breitere Agenda von sozialen Anliegen, darunter Frauenrechte (W. C. T. U. 2011). Twains Mutter und Schwester gehörten zu den frühesten Mitgliedern der Organisation. Zunächst unterstützte Twain die Bemühungen um einen gemäßigten Alkoholkonsum, lehnte das Ziel der vollkommenen Alkoholabstinenz aber bald ab (vgl. *L6*: 12. März 1874 an den Herausgeber des *London Standard*, 66–73; 23. Juli 1875 an PAM, 515–16).

580 *Über die Auslegung der Gottheit* – Die eigentliche Quelle für den Rest dieses Diktats ist

»Interpreting the Deity«, ein Manuskript, das Twain im Juni 1905 geschrieben hatte. Jean Clemens tippte das Manuskript wahrscheinlich Ende August 1905 ab, und ihre Maschinenabschrift ist die unmittelbare Quelle des hier wiedergegebenen Textes (SLC 1905e; Lyon 1905a, Einträge vom 17. Sept., 23. Sept., 1. Okt. und 21. Okt.).

580 *Rosettasteins ... Champollion* – Diese Basaltplatte, 1799 von Napoleons Truppen in Nordägypten entdeckt, wurde von Priestern mit einer Inschrift versehen, die die Verehrung von Ptolemaios V., König von Ägypten (205–180 v. Chr.), bekräftigen sollte. Der Text ist in den drei damals gebräuchlichen Schriften niedergeschrieben: Hieroglyphen (verwendet für priesterliche Dokumente), Demotisch (die normale einheimische Schrift) und Griechisch (von der Regierung verwendet). Die griechische Inschrift stellte den Schlüssel zur Entzifferung der Hieroglyphen durch den wegbereitenden Ägyptologen Jean François Champollion (1790–1832) dar, der seine erste Übersetzung 1822 bis 1824 veröffentlichte. Die hier abgebildeten Hieroglyphen (wie auch die demotischen Schriftzeichen und die angeblichen Petroglyphen von Dighton auf S. 581–82) hat Twain selbst gezeichnet. Obwohl die meisten davon auf dem Stein von Rosetta vorkommen, ist Twains unmittelbare Quelle unbekannt. Er hat offenbar einige Symbole ausgewählt und sie in zufälliger Reihenfolge angeordnet.

Grünfeldt ... Gospodin – Beide Namen sind erfunden. »Gospodin« ist Russisch und bedeutet »Herr«.

581 *Rawlinson* – Sir Henry Creswicke Rawlinson (1810–1895) war ein angesehener britischer Soldat, Diplomat und Gelehrter, der vornehmlich bekannt ist für seine Entschlüsselung der akkadischen Keilschrift 1844 bis 1846, nicht der Hieroglyphen.

Flucht von Elba – Napoleon Bonaparte entkam im Februar 1815 von der Insel Elba, wohin er im Mai 1814 nach seiner Niederlage auf der Iberischen Halbinsel verbannt worden war.

582 *Dighton Rock ... zwei kurze Hieroglyphenzeilen* – Dighton Rock ist ein vierzig Tonnen schwerer Findling im Taunton River in der Nähe von Berkley, Massachusetts, der dort vermutlich während der letzten Eiszeit vor ungefähr 10000 Jahren abgelagert wurde. Seit über 300 Jahren studieren Wissenschaftler und die allgemeine Öffentlichkeit die mysteriösen Inschriften, die zu verschiedenen Zeiten für Phönizisch, Römisch, Altnordisch, Chinesisch, Japanisch, Portugiesisch und Indianisch gehalten wurden. Die von Twain gezeichneten Petroglyphen sind keine Kopie jener Inschriften. 1963 wurde der Felsen aus dem Flussbett geborgen und befindet sich nun in einem eigens errichteten Museum (Massachusetts Historical Society 2011).

583 *Sueton's Kaiserbiographien* – The Lives of The Twelve Caesars von C. Suetonius Tranquillus war in der Übersetzung von Alexander Thomson als Teil der Reihe Bohn's Classical Library erschienen. Die Ausgabe von 1876, die Twain besaß, mit Anmerkungen versah und in diesem Diktat dreimal zitierte, ist in den Mark Twain Papers erhalten. In einer seiner Randbemerkungen hielt Twain fest, dass der Text »in Cowboy-Englisch übersetzt« worden sei. Paine vermerkte: »Das war eines von Mark Twains Lieblingsbüchern – eines der allerletzten, die er noch zu lesen versuchte.« Und in seiner Twain-Biographie berichtete er, dass dieser Band eines der Werke war, die Twain auf dem Sterbebett bei sich hatte (Suetonius 1876; *MTB*, 3:1576–77).

583 *Caesar Augustus* – Gaius Octavius (63 v. Chr.–14 n. Chr.), der unter dem Namen Augustus als erster römischer Kaiser regierte (27 v. Chr.–14 n. Chr.).

584 *König Heinrich ist tot … Heinrichs Tochter des Thrones zu berauben* – Heinrich I. (1068 bis 1135) regierte von 1100 bis zu seinem Tod. Sein Neffe, Stephan von Blois (1097? bis 1154), entmachtete Heinrichs Tochter, die verwitwete deutsche Kaiserin Matilda (1102 bis 1167), und bemächtigte sich des englischen Throns. Stephan hatte Matilda zuvor als rechtmäßiger Erbin Heinrichs die Treue geschworen. Ihr gewaltsamer Kampf um die Macht, in dessen Verlauf Matilda den Thron 1141 sechs Monate lang innehatte, setzte sich bis 1153 fort, als Stephan Matildas Sohn, den späteren Heinrich II. (regierte 1154 bis 1189), als seinen Erben anerkannte.

Heinrich von Huntingdon … seiner Chronik – Heinrich von Huntingdon (1084?–1155), ab 1110 Erzdiakon von Huntingdon, schrieb *Historia Anglorum*, eine Chronik, die »die Geschichte Englands von der Invasion durch Julius Caesar bis zur Thronbesteigung Heinrichs II.« umfasst. Twain verwendete die 1853 erschienene Ausgabe aus der Reihe Bohn's Antiquarian Library; sein mit Anmerkungen versehenes Exemplar befindet sich heute in der Huntington Library (CSmH; Gribben 1980, 1:308).

»woraufhin der Herr … starb binnen eines Jahres« – Vgl. Henry of Huntingdon 1853, 262; für die folgenden Zitate ebd., 273, 266–67, 269, 282–83.

587 *Marmion … Godfrey* – Sowohl Marmion (gest. 1143) als auch Geoffrey de Mandeville (gest. 1144, in der Chronik fälschlich Godfrey genannt) wurden wegen der Schändung von Kircheneigentum exkommuniziert.

589 *Der gerechte Gott … Tod zugeführt wurde* – Dieses Zitat stammt nicht aus Huntingdons Text, sondern aus der anonymen Schrift *The Acts of Stephen, King of England and Duke of Normandy* (*Die Taten Stephans, König von England und Herzog der Normandie*). Sie ist in der Ausgabe der Chronik aus dem Jahr 1853, die Twain vorlag, mitenthalten (Henry of Huntingdon 1853, 321–430).

Robert F. … Verbrechen begangen – Fitzhildebrand war »ein Soldat mit Erfahrung, doch von niederer Abstammung«, dessen »militärische Tugenden von Wollust und Trunksucht besudelt wurden«. Um 1141 schickte ihn die Gräfin von Anjou mit einem Trupp Soldaten los, um William de Pont de l'Arche in einem Kampf gegen den Bischof von Winchester zu Hilfe zu kommen. Fitzhildebrand jedoch

verführte Williams Frau, und durch ein schreckliches und abscheuliches Komplott der beiden wurde William in Ketten gelegt und in den Kerker geworfen. Nachdem er sich so des Schlosses Williams, seiner Schätze und seiner Frau bemächtigt hatte, trat Robert die Allianz mit der Gräfin, der er seine ehrenhafte Mission verdankte, mit Füßen und ging ein Bündnis mit dem König und dem Bischof ein. (Henry of Huntingdon 1853, 399–400)

kurz bevorsteht – Dieses hier beginnende Zitat stammt aus einem Brief von Papst Gregor I. (540–604) an Ethelbert, den König von Kent (552?–616) (Henry of Huntingdon 1853, 74–75).

590 *»vorher gesandt … für das kommende Gericht«* – Vgl. Henry of Huntingdon 1853, 75–76.

590 *GOTT STEHT HINTER DIESEM KRIEG* – Dieser Artikel erschien in der *New York Times* vom 12. Juni 1905. Es ging dabei um den Russisch-Japanischen Krieg 1904/05, der Russland eine schwere Niederlage bescherte (vgl. MT 2012, Bd. 2, Anm. 459: »Präsident ... Friedensengel ... Russland und Japan« und Anm. 459: »bis auf Dr. Seaman und mich niemand öffentlichen Protest«).

Reverend Dr. Newell Dwight Hillis – Hillis (1858–1929) war von 1899 bis 1924 Pfarrer der Plymouth Congregational Church in Brooklyn und ein produktiver Verfasser von inspirativen Schriften.

591 *Millionen hungernder und unterdrückter Russen* – Twain kommentiert die entsprechenden Ereignisse in Russland ausführlicher in AD 22. Juni 1906 und AD 5. Dez. 1906.

Brooklyner Lob ist eine halbe Verleumdung – Nach der engl. Redewendung »*self-praise is half slander*« (Mieder, Kingsbury und Harder 1992, 531).

15. Januar 1907

592 *Dienstag, 15. Januar 1907* – Dieses Diktat folgt auf eine Lücke von fünf Tagen. An mindestens zwei dieser Tage bereitete Twain aber offenbar Diktate vor. In ihrem Tagebuch vermerkte Isabel Lyon am 10. Januar, er habe am Vormittag zum Thema Zugunfälle diktiert, einem Thema, auf das er bereits in AD 6. Jan. 1907 eingegangen war. Und am Sonntag, dem 13. Januar, notierte sie, er habe vor, »das Diktat vom Freitag« zu lesen, »das Hobby gestern schon geschickt haben sollte & nicht schickte« (Lyon 1907). Mehr ist über AD 10. und 11. Jan. 1907 nicht bekannt.

593 *Prozess, der unsere Republik in eine Monarchie verwandelt* – Twain kommt auf die Frage der »herannahenden amerikanischen Monarchie« bereits in seinen Ausführungen zu Elihu Roots Rede in AD 13. Dez. 1906 zu sprechen.

594–95 *gestanden wir den Invaliden ... Pensionen zu ... Grand Army of the Republic* – Anfangs erhielten nur diejenigen Veteranen der Unionsarmee eine Pension, die infolge des Bürgerkrieges Behinderungen davongetragen hatten. Gemäß dem Disability Pension Act (Gesetz zur Invalidenrente) von 1890 hatte jedoch jeder Unionssoldat, der 90 Tage gedient hatte und arbeitsunfähig war, unabhängig von den Gründen und vom Einkommen Anspruch auf eine Pension. Dasselbe galt sogar für Veteranenwitwen, die selbst erst nach dem Krieg geboren wurden und geheiratet hatten. Die Grand Army of the Republic (G. A. R.), eine politisch einflussreiche Vereinigung von Unionsveteranen, wurde 1866 gegründet und hatte zu ihrer Spitzenzeit 1890 mehr als 400 000 Mitglieder. Eines ihrer Hauptziele bestand darin, sich für Pensionsleistungen einzusetzen, und die Republikaner im Kongress, die 1890 den Disability Pension Act verabschiedeten, konnten sich der Stimmen der G. A. R. sicher sein. Darüber hinaus wurden regelmäßig besondere Pensionsgesetze von den »Stimmenfängern im Kongress« verabschiedet; so behauptete beispielsweise das *Louisville Courier-Journal* 1900, diese Praktik habe sich zur »größten, die Regierung ausraubenden Maschinerie« entwickelt, »die es jemals in einer sogenannten freien Republik gegeben hat« (»The Pension Roll«, *Washington Post*, 14. Aug. 1900,

4, Nachdruck des *Louisville Courier-Journal*; Glasson 1918, 219–21, 233–38; für weitere Bemerkungen zu großzügigen Pensionen vgl. AD 28. Jan. und 11. Febr. 1907).

595 *die unsterbliche Durchführungsverordnung Nr. 78* – Diese von Präsident Theodore Roosevelt erlassene Durchführungsverordnung über Militärpensionen war am 13. April 1904 in Kraft getreten. Sie erweiterte die Bestimmungen des Disability Pension Act von 1890 (vgl. Anm. 594–95: »*gestanden wir den Invaliden ... Pensionen zu ... Grand Army of the Republic*«), indem sie ein hohes Alter als pensionswürdige Behinderung mit aufnahm: Jedem Unionsveteranen, der 90 Tage gedient und das Alter von 62 Jahren erreicht hatte, standen $ 6 pro Monat zu – bei höherem Alter galten entsprechend höhere Sätze. Die Kosten der Executive Order 78 wurden auf eine Summe von 15 Millionen Dollar pro Jahr geschätzt. Roosevelts Kritiker sahen in dieser Verordnung einen Versuch, sich im Wahljahr »die Pensionsstimmen zu sichern«, und einen typischen Fall seiner »Übertretung der verfassungsmäßigen Beschränkung der Exekutive«. Die Wertung von hohem Alter als Behinderung, wie es die Verordnung vorsah, wurde durch Beschlüsse des Kongresses vom 24. April 1906 und vom 4. März 1907 im Gesetz verankert (»Mr. Roosevelt's Pension Order«, *New York Times*, 18. Sept. 1904, 6; Glasson 1918, 246–49; vgl. auch AD 29. Mai 1907, wo Twain die »illegale Verordnung 78« als Punkt in Roosevelts Sündenregister anführt).

596 *eine Mitteilung in der Sun ... »Ein Veteran der Unionsarmee«* – Dieser Brief an den Herausgeber der *New York Sun* wurde am 15. Januar unter der Überschrift »Service Pensions« veröffentlicht. Twain kommentiert und zitiert ungefähr die Hälfte davon in diesem Diktat.
Gesetzentwurf zur Armeepension ohne Gegenstimmen verabschiedet – Der »Veteran der Unionsarmee« reagierte auf den Bericht der *New York Sun* vom 12. Januar 1907 über ein Gesetz, das am Tag zuvor verabschiedet worden war. Es gewährte Pensionen von $ 12 pro Monat im Alter von 62 Jahren bis hin zu $ 15 im Alter von 70 Jahren – Beträge, die deutlich über die in der Executive Order 78 festgesetzten hinausgingen. Dieselben Pensionen wurden auch Veteranen des Mexikanisch-Amerikanischen Krieges zuerkannt. Der einstimmige Beschluss kam zustande nach einer Diskussion darüber, ob der Krieg zwischen den Bundesstaaten eine Rebellion oder ein Bürgerkrieg gewesen sei. Man einigte sich auf Letzteres (»Was Civil War a Rebellion?«, *New York Sun*, 12. Jan. 1907, 4; »No Rebellion in '61, Declares the Senate«, *New York Times*, 12. Jan. 1907, 2; Glasson 1918, 249–50).

597 *Bunker Hill* – Die Schlacht von Bunker Hill am 17. Juni 1775.
bewilligte der Kongress allen Veteranen eine zusätzliche Prämie – In den Jahren nach dem Bürgerkrieg wurden den Veteranen der Unionsarmee Prämien in unterschiedlicher Höhe gezahlt, je nachdem wann sie eingetreten waren und wie lange sie gedient hatten. Soldaten, die sich zwischen dem 12. April 1861 (dem Beginn des Bürgerkrieges) und dem 24. Dezember 1863 verpflichtet und drei Jahre ehrenhaft gedient hatten, erhielten eine Prämie in Höhe von $ 100. Ein Gesetz, das der Kongress am 28. Juli 1866 verabschiedete, gewährte ihnen eine zusätzliche Prämie von $ 100 (Lamphere 1881, 112).

598 *Vorschlag, die Pensionen ... auf Soldaten der Konföderierten Armee auszudehnen* – Der »Veteran der Unionsarmee« schrieb: »Der Krieg ist vorbei und das Land wieder vereint

durch Bande, die von Tag zu Tag stärker werden und uns immer enger verbinden. Warum vollenden wir die Sache nicht mit einem Schlag und lassen die Veteranen der Union und der Konföderation gleichermaßen von der Armeepension profitieren?« (»Service Pensions«, *New York Sun*, 15. Jan. 1907, 6). Konföderationsveteranen hatten nie Anspruch auf Pensionen der Bundesregierung, erhielten aber einige Zuwendungen von den Südstaaten.

17. Januar 1907

599 *Helen Keller ... Mrs. Macy ... ihre erste Lehrerin* – Am 16. Januar notierte Isabel Lyon in ihrem Tagebuch:

Helen Keller kam heute Abend zu Besuch. Um halb acht traf sie mit Mrs Macy ein – & als der König, der im Zimmer auf & ab gelaufen war, ihr an der Tür der Bibliothek entgegenkam, um sie zu empfangen, und sie mit kurzen, zögerlichen Schritten eintrat, schlang sie die Arme um ihn & vergrub den Kopf an seinem Hals & tastete nach seinen Haaren[;] als Mrs Macy ihr sagte, dass er noch immer seinen Heiligenschein trage – weinte der König. (Lyon 1907)

Keller war zum Zeitpunkt dieses Besuchs 26. Zu Twains Freundschaft mit ihr und ihrer Lehrerin und Begleiterin Annie Sullivan Macy (Ehefrau des Schriftstellers John Macy) vgl. MT 2012, Bd. 1, 463; Bd. 2, Anm. 15: »*Vorgang in Helen Kellers Erinnerung*« und Anm. 463: »*Miss Sullivan*«.
vollständige Universitätsausbildung – Keller machte 1904 ihren Abschluss am Radcliffe College mit Auszeichnung.
600 *Susan Coolidge* – Das Pseudonym von Sarah Chauncey Woolsey (1835–1905), vor allem bekannt als beliebte Kinderbuchautorin, aber auch viel veröffentlichte Dichterin, Zeitschriftenautorin und Herausgeberin. Ihr Gedicht »Helen Keller«, das Twain im Folgenden zitiert, war in ihrer postum veröffentlichten Sammlung *Last Verses* enthalten, von der Twain ein Exemplar besaß (Woolsey 1906, 3–4; Gribben 1980, 2·786).
601 *Helens ... Hände ... begannen ... den Takt zu schlagen* – In ihrem Tagebucheintrag vom 17. Januar beschrieb Lyon das Verhalten Kellers, insbesondere ihre Reaktion auf die Musik:

Ich hätte nicht erwartet, dass sie so wäre, wie sie ist. Ich dachte, sie wäre blasiert & ein bisschen verzogen – wegen ihrer großen Bekanntheit; aber sie ist kein bisschen verzogen. Die Anzeichen ihrer großen Plagen sind immer gegenwärtig, weil sie so abhängig von anderen ist – sie wartet mit einer süßen, fast atemlosen Aufmerksamkeit, während Mrs Macy ihr mit unfassbarer Geschwindigkeit die Äußerung oder die Bemerkung buchstabiert, die soeben gefallen ist, & wenn sie damit fertig ist, kräuselt sich Helens Gesicht vor Begeisterung, & ein süßer kleiner Schauer des Vergnügens durchläuft sie, & an ihrer Miene erkennt man, dass sie genau verstanden hat. Helen & Mrs Macy sind Mrs Laurence Huttons Gäste,

Anmerkungen

& während wir auf Mrs Macys Erscheinen warteten, der anderswo wohnt, wurde vorgeschlagen, ich solle etwas auf der Orchestrelle spielen, um zu sehen, ob Helen die Vibra-
tionen der Musik spüren könne – Ich nahm den Erlkönig, & beim ersten tiefen Zittern
des Basses wandte sie sich sofort Mrs Macy zu & sagte: »Musik.« Sie war sich der Abstu-
fungen vollkommen bewusst – sie sagte nämlich, die Musik erinnere sie an das An- &
Abschwellen von Wind oder Wellen. Sie trug ein weißes, mit vielen weichen Spitzen
besetztes Kleid & eine Kette – eine lange zweireihige Kette aus Korallenperlen. Ihr Gesicht, vor allem seine linke Seite, ist sehr edel. […] Mir war sofort das Vornehme & die
Fraulichkeit & das großartige Spiel von Intellekt & Zuneigung & Emotion & Ernsthaftigkeit aufgefallen, die es ausmachen. Der König sagt: »Sie ist ein Schatz.[«] (Lyon
1907)

Franz Schubert komponierte 1815 seinen »Erlkönig« für Solostimme und Klavier als
Vertonung von Goethes gleichnamigem Gedicht. Twains Aeolian Orchestrelle war ein
imposantes, mit Ornamenten versehenes Harmonium von zweieinhalb Meter Höhe, das
mit Tretschemeln und Notenrollen betrieben wurde. Er hatte es 1904 für $ 2600 zusam-
men mit 60 Notenrollen gekauft. Darauf zu spielen gehörte zu Lyons Aufgaben (eine
umfassende bebilderte Erörterung der Orchestrelle vgl. Richards 1983, 42–46; zu Mrs.
Hutton vgl. AD 20. Nov. 1906, Anm. 446: *»hielt ich mich … in London auf … Helen und
Miss Sullivan mittellos«*, und 21. Dez. 1906, Anm. 527: *»Mr. Laurence Barrette und Mr.
und Mrs. Hutton«*).

22. Januar 1907

602 *In einem früheren Kapitel … »Die Liebe kam am Morgen«* – AD 2. Febr. 1906 (vgl. MT
2012, Bd. 1, 220; Bd. 2, Anm. 220: *»In einem ihrer Bücher habe ich einige Verse gefunden … dass die Verse von ihr selbst stammen«*).
Stedman … William Wilfred Campbell – Frank Nicholls Kennin identifizierte Campbell in
einem Brief vom 17. Januar 1907 als Autor des Gedichts »Love« (CU-MARK). Kennin
hatte in einem Auszug aus AD 2. Febr. 1906, der am 5. Oktober 1906 in der *North American Review* veröffentlicht worden war (NAR 3), gesehen, dass Twain das Gedicht fälschlich Susy Clemens zugeschrieben hatte. Isabel Lyon notierte in ihrem Tagebuch, dass
Twain froh über die Richtigstellung sei, weil

er nicht wollte, dass Susy aus dem Grab heraus einen Anspruch erhob, der ihr nicht zustand.
Er sagte weiter, der spezielle Grund für seine Abneigung gegen Stedman bestehe darin, dass
der König ihm direkt nach unserer Rückkehr aus Italien geschrieben & ihn gefragt habe, ob
er ihm sagen könne, wer die Verse geschrieben hat, & Stedman habe ihm einen derart
gleichgültigen Brief geschrieben, einen, der alle Ehre auf Stedman den Anthologen versammelt & kein Interesse für die Gedichte irgendeines anderen außer denen von Stedman erkennen ließ. (Lyon 1907, Eintrag vom 20. Jan.)

Zu Stedman vgl. AD 2. Juni 1906, Anm. 125–26: »*Stedman, der Dichter … Selbstmord von Charles L. Webster & Company*«. Sein »gleichgültiger Brief«, offensichtlich vom Juli oder August 1904, ist nicht überliefert.

602 *seinem Buch Beyond the Hills of Dream* – Campbells Buch erschien 1899, drei Jahre nach Susys Tod. »Love« war schon im Oktober 1891 im *Century Magazine* veröffentlicht worden, wo Susy es vermutlich gesehen hatte. Zu Kennins Brief vom 17. Januar, in dem der Titel von Campbells Buch genannt wurde, notierte Lyon die Anweisung Twains, »das Buch zu besorgen« (CU-MARK). Ob sie Erfolg hatte, ist nicht bekannt.

Namen des Autors … auf dem Grabstein hinzugefügt – Die Inschrift auf Susy Clemens' Grabstein auf dem Woodlawn Cemetery in Elmira, New York, lautet nun:

> »Warme Sommersonne
> Scheine freundlich hier,
> Warmer Wind aus Süden
> Wehe sachte hier,
> Grünes Gras darüber
> Liege leicht, liege sacht –
> Gute Nacht, teures Herz,
> Gute Nacht, gute Nacht.«
> Robert Richardson

Diese Zeilen sind eine von Familie Clemens vorgenommene Adaption der letzten Strophe von Robert Richardsons (1850–1901) Gedicht »Annette« aus seiner 1893 erschienenen Sammlung *Willow and Wattle* (Jerome und Wisbey 1977, 165; Robert Richardson 1893, 33–35; vgl. auch Gribben 1980, 2:577–78).

bei einem Abendessen … Mr. Peter Dunne Dooley – Finley Peter Dunne (1867–1936) war der Autor einiger beliebter Sammlungen sozialer und politischer Kommentare aus der Perspektive und in der Sprache eines irischen Barmanns namens Martin Dooley. Dunne und Twain hatten sich 1899 in London kennengelernt. Das Abendessen am 21. Januar fand im Haus des Verlegers Robert J. Collier (1876–1918) statt. In ihrem Tagebuch notierte Lyon, Twain »kam um 10.30 mit Freesie im Knopfloch heim & rauchte eine lange, dicke Zigarre. Er ließ sich in seinen großen braunen Sessel fallen & erzählte, dass Mr. Dooley da war [&] wie angenehm es war« (Lyon 1907; Ellis 1941, 126–27).

602–03 *Dooley … an der Spitze aller Satiriker seiner Generation* – Twains Bewunderung für Dunne wurde während ihrer jahrzehntelangen Freundschaft mehr als erwidert. 1935, an Twains 100. Geburtstag, schrieb Dunne: »Wenn irgendein hundertster Geburtstag gefeiert werden sollte, dann der unseres unvergleichlichen Humoristen. Emerson und Clemens, unsere größten Autoren; Emerson und Clemens, Hawthorne, Poe, Whitman, Abraham Lincoln. Keine ›Hundertjahrfeier‹ kann zu lebhaft, kein Denkmal zu hoch sein für ihn und seinen Ruhm« (Dunne 1963, 240).

603 *Ich spielte Carambolage* – Carambolage, auch Carambol, wird auf einem Billardtisch ohne Taschen mit zwei weißen Spielbällen und einem roten Objektball gespielt. Um einen

Punkt zu erzielen, muss ein Spieler einen Stoß machen, bei dem sein Spielball die beiden anderen Bälle karamboliert (berührt). Trifft er daneben, ist er nicht mehr an der Reihe und darf seine »Serie« nicht fortsetzen.

604 *suchte Mr. Dillon meinen Schwager in einer geschäftlichen Angelegenheit auf* – Olivia Clemens' jüngerer Bruder, Charles J. Langdon, hatte 1870, nach dem Tod ihres Vaters Jervis, dessen Nachfolge als Leiter der Kohlefirma der Familie angetreten (vgl. MT 2012, Bd. 2, Anm. 213: »*im Hause ihres Vaters in Elmira … mit der ganzen Familie Langdon*«). Dillon konnte nicht identifiziert werden. Für die Version dieses Diktats, die am 5. April 1907 in der *North American Review* veröffentlicht wurde (NAR 15), änderte Twain »Dillon« in den erfundenen Namen »Dalton«.

viele Male mit ihm im Club gespielt – Vermutlich im Elmira City Club.

Mr. George Robinson – George M. Robinson, ein Möbelhersteller und -verkäufer aus Elmira, war ein langjähriger Freund und Billardpartner von Twain (Boyd und Boyd 1872, 183–84; Towner 1892, 185–86; *N&J2*, 430; *N&J3*, 578). Für die Veröffentlichung des Auszugs in der *North American Review* vom 5. April 1907 änderte Twain seinen Namen zu »Robertson«.

607 *berühmten Wortwechsel mit dem Stallknecht* – Der Vorfall ereignete sich am Abend des 12. November 1874, nach dem ersten Tag der komisch misslungenen »Exkursion per pedes«, die Twain und Twichell von Hartford nach Boston unternahmen. 1882 nahm Twain einen 19 Seiten langen Bericht über die »hochroten lavaartigen Ergüsse von hoffnungsloser & vollkommen unbewusster Profanität« des Stallburschen in das Manuskript des 34. Kapitels von *Leben auf dem Mississippi* auf, strich ihn aber vor der Veröffentlichung des Buches wieder. Der Bericht wurde erst 1940 veröffentlicht, als Bernard DeVoto ihn in der irrigen Annahme, es handle sich um einen frühen autobiographischen Entwurf, in *Mark Twain in Eruption* herausbrachte. 1907 wurde das Gespräch nur unter Freunden »berühmt«, die zweifellos gehört hatten, wie Twain davon erzählte (12. Nov. 1874 an OLC [1. und 2.], *L6*, 277–79; MT 2012, Bd. 2, 80 (Fußnote 24); SLC 1882c, 431, 437; *MTE*, 366–72).

Patrick – Patrick McAleer, von 1870 bis 1891 Kutscher der Familie Clemens (MT 2012, Bd. 2, Anm. 215: »*Patrick McAleer, sechsunddreißig Jahre … Freund unserer Familie*« und Anm. 372: »*Beerdigung … Patricks Familie*«).

608 *PS. Samstag. Er ist hier gewesen. Wir wollen nicht darüber reden* – In ihrem Tagebuch berichtete Lyon über Dunnes Billardbesuch am Freitag, dem 25. Januar:

> Der König sagt: »Mich dürstet geradezu nach Blut, & Mr Dooley wird es mir liefern!« – Billard! – Mr Dooley kommt zum Mittagessen. Aber der König geht im Billardzimmer mit schnellen, leichten, eifrigen Schritten auf & ab – bereit für ein Diktat, aber noch bereiter für das Blut von Mr Dooley –
>
> Später: – Er bekam sein Blut, denn er & Mr Dooley spielten den ganzen Nachmittag – & obwohl M^r D kein guter Billardspieler ist, ist er doch eine gute Gesellschaft, & der König war ziemlich zufrieden, glaube ich – (Lyon 1907)

Paine erinnerte sich offenbar an daselbe Zusammentreffen, als er notierte, dass sich Dunnes Niederlagen »fortsetzten, bis Clemens fünfundzwanzig Dollar von Dunnes Geld besaß und Dunne schwitzte und fluchte und Mark Twain sich vor Vergnügen schüttelte« (*MTB*, 3:1367). Da Twains Postskript aber darauf hinweist, dass der Billardwettbewerb nicht zu seiner Zufriedenheit ausgegangen war, handelt es sich hierbei womöglich um die Gelegenheit, bei der er Dunnes Biographen zufolge seinen

Trick anwandte, eine weiße Billardkugel anzubieten, die nicht ganz rund war, und die Verwirrung seines Gegners beobachtete, während dieser versuchte, sie als Spielball einzusetzen. Doch Dunne war entweder vorgewarnt oder bemerkte den Fehler schnell, denn er ignorierte ihn so lang, bis Twain ihm den Rücken zuwandte, dann tauschte er schnell die Spielbälle aus und drehte den Spieß um. (Ellis 1941, 195)

23. Januar 1907 und ohne Datum

608 *George* – George M. Robinson.

608–09 *Vor mehr als vierzig Jahren … Belegschaft unseres Büros* – Wenn das Jahr, das Twain hier angibt (1865), korrekt ist, dann bezieht er sich auf seine Arbeit für den *San Francisco Dramatic Chronicle*, für den er zwischen Oktober und Dezember dieses Jahres mehrere Dutzend nicht signierte Artikel beisteuerte. Lokalreporter des *San Francisco Morning Call* war er von Juni bis Oktober 1864 (vgl. AD 12. Juni 1906, Anm. 180: »›Große Beben‹ in *San Francisco … Zeitungsreporter«* und AD 13. Juni 1906).

610 *Vor einem Vierteljahrhundert … in London … Dickens-Lesungen* – Vgl. MT 2012, Bd. 2, Anm. 634: »*1873 hielt ich in London Vorträge … George Dolby, meinen Agenten«* und Anm. 635: »*Dolby war lange Jahre Agent … für Charles Dickens«*.

613 *Mr. Clemens beweist* – Die Einfügung eines zusammenfassenden Absatzes an dieser Stelle (normalerweise nur am Beginn eines Diktats zu finden) kennzeichnet den Anfang eines neuen Abschnitts. Obwohl eine Datumszeile fehlt, entstanden die beiden Abschnitte offensichtlich an verschiedenen Tagen: Hobbys getippten Notizen zufolge hatte das Diktat jedes der beiden Abschnitte zweieinhalb Stunden gedauert, die übliche Zeit für die Arbeit an einem Vormittag.

614 *in Jackass Gulch, Kalifornien* – Twain bezieht sich auf seinen Besuch der »südlichen Minen« in Angels Camp und Jackass Hill im Winter 1864/65. Die Wirtschaft der Gegend war rückläufig, nachdem die 1848 entdeckten reichen Seifengoldlagerstätten erschöpft waren und nur noch die Möglichkeit der »Goldnestsuche« ließen, was seine Freunde Jim Gillis und Dick Stoker betrieben. Zu Twains fiktionaler Darstellung des wackligen Saloons und Billardtisches in der verwahrlosenden Stadt »Boomerang«, geschrieben im September 1865, nur Monate nachdem er die Gegend verlassen hatte, vgl. »Einziger verlässlicher Bericht über den berühmten Springfrosch von Calaveras County« (SLC 1865a); vgl. auch AD 13. Juni 1906 und AD 4. Febr. 1907; Herbert O. Lang 1882, 3–4.

615 *Hoppe, Schaefer, Sutton … weitere Meister des Billardspiels* – Twain besuchte drei

Spiele der Billardweltmeisterschaften im Madison Square Garden im Frühjahr 1906: am 9. April mit Rogers, am 11. April mit Paine und am 18. April (kein Begleiter bekannt). Bei den ersten beiden Gelegenheiten bedachten ihn die Zuschauer spontan mit Applaus. Laut einem Bericht der *New York Times* nahm er nach dem dritten Spiel »den üblichen Platz auf einer Seite des Tisches« ein, um dem Spiel zuzusehen, einer Form von Carambolage mit Cadre-Strichen im Abstand von 18 Zoll von jeder Bande (was er weiter unten »Achtzehn-Zoll-Cadre« nennt). Außerdem hielt er am 24. April (dem Tag nach dem Turnierende) eine kurze Rede bei einer Billardausstellung, einer Benefizveranstaltung für die Opfer des Erdbebens in San Francisco (zum Text vgl. Fatout 1976, 520–21; Lyon 1906, Eintrag vom 10. April; *New York Times*: »Hoppe Defeats Cutler; Schaefer Wins Easily«, 12. April 1906, 7; »Sutton Beats Slosson by Superior Billiards«, 19. April 1906, 14; »Billiard Benefit Plans«, 23. April 1906, 12; »Sutton Beats Schaefer«, 24. April 1906, 12). William F. Hoppe (1887–1959) war erst 18, als das Turnier stattfand, hatte seinen ersten Weltmeistertitel aber bereits gewonnen. Er gewann noch 50 weitere, bevor er sich 1952 zur Ruhe setzte. Jacob Schaefer sen. (1855–1910), genannt der »Wizard«, war für seine Vielseitigkeit bekannt und wurde Meister in verschiedenen Billarddisziplinen. George H. Sutton (1870–1938) machte einen Abschluss in Medizin, bevor er Billardprofi wurde. Obwohl er im Alter von acht Jahren bei einem Unfall in einer Sägemühle beide Unterarme bis zum Ellbogen verloren hatte, verblüffte er die Zuschauer durch sein beachtliches Können. Bei dem Turnier im April 1906 wurde Sutton Zweiter, gefolgt von Schaefer und Hoppe. Den Sieg trug George F. Slosson aus New York davon; die anderen Teilnehmer waren Louis Cure (aus Paris), Albert G. Cutler und Orlando E. Morningstar (Gamo 1908, 309; Hoppe 1975, vii, 4, 88, 97, 105–09; *New York Times*: »Schaefer, the Wizard, Dead«, 9. März 1910, 9; »›Handless‹ Sutton, Billiard Player, 68«, 16. Mai 1938, 17).

616 *Vor siebenundzwanzig Jahren … in Bateman's Point bei Newport, Rhode Island* – Familie Clemens hielt sich vom 31. Juli bis zum 8. September 1875 in diesem beliebten Sommerresort auf, das vom Eigentümer Seth Bateman auf einer alten Farm errichtet worden war (*L6*: vgl. Anm. nach 29.? Juli 1875 an Redpath, 521–22; 1. Sept. 1875 an Milnes, 531).

28. Januar 1907

619 *besonderer Freund … Dinner im Union League Club* – Der New Yorker Union League Club war ein privater Gesellschaftsclub vermögender und einflussreicher Unternehmer, Anwälte und Staatsmänner. Er wurde 1863 gegründet, um während des Amerikanischen Bürgerkrieges die Union der Nordstaaten zu unterstützen. Nach dem Sezessionskrieg verschrieb sich der Club anderen gesellschaftlichen Anliegen unterschiedlicher Art. Twain traf sich am 26. Januar mit William Evarts Benjamin (1859–1940), der seit 1902 Mitglied war, im Clubhaus Fifth Avenue, Ecke East 39th Street zum Abendessen. Benjamin, ein Büchersammler und Verleger, war mit Anne Engle Rogers verheiratet, der ältesten Tochter von Henry Huttleston Rogers (*New York Times*: »Dinner to Senator Clark«, 27. Jan.

1907, 13; »Union League Club May Quit Fifth Avenue«, 14. Okt. 1905, 1; Lyon 1907, Eintrag für 26. Jan.; Union League Club 1916, 57; *HHR*, 736).

619 *Senator Clark aus Montana* – William Andrews Clark (1839–1925) erlangte durch Goldschürfen und Kupferbergbau in Montana und Arizona und später durch Bankgeschäfte ein beachtliches Vermögen. Zweimal, 1889 (als Montana ein Bundesstaat wurde) und 1893, kandidierte er erfolglos als Senator für die Demokraten. 1899 wurde er zwar gewählt, der Sitz wurde ihm aber wegen eines Bestechungsvorwurfes vom US-Senat verweigert. Vgl. Anm. 620: *»Clark aus Montana ... seit Tweeds Zeiten«.*

620 *Kürzlich haben wir einen US-Senator ins Zuchthaus gesteckt* – Joseph Ralph Burton (1852–1923), ein republikanischer Senator aus Kansas, wurde verurteilt, weil er $ 2500 von einer Firma angenommen hatte, deren dubiose Geschäfte für »schnellen Reichtum« zu einem »Nutzungsverbot der Postleistungen« geführt hatten, für die er sich im Gegenzug beim Post Office Department für die Firma einsetzen sollte. Er trat im Juni 1906 von seinem Amt zurück, weil er auch nach der Revision beim Obersten Gerichtshof der Vereinigten Staaten zu fünf Monaten Haft verurteilt wurde. (»Burton Must Go to Jail Supreme Court Decides«, *New York Times*, 22. Mai 1906, 2).

Sie alle plündern die Staatskasse – Vgl. AD 15. Jan. 1906 und Anm. 594–95: *»gestanden wir den Invaliden ... Pensionen zu ... Grand Army of the Republic«.*

Junior Grand Army of the Republic ... Junior Junior Grand Army of the Republic – Twain meint hier zwei miteinander verbundene Organisationen der Veteranen, Sons of Veterans of the United States of America (gegründet 1881) und National Auxiliary to Sons of Union Veterans of the Civil War (gegründet 1883).

Clark aus Montana ... seit Tweeds Zeiten – Im Januar 1900 entschied ein Untersuchungsausschuss des Senats, dass Clark den Sitz, den er 1899 gewonnen hatte, nicht erhalten sollte, weil er sich die Stimmen der Abgeordneten in Montana, die für ihn votiert hatten, erkauft hatte. Obwohl er diesen Umstand bestritt, gab er zu, fast $ 140000 für den Wahlkampf aufgewendet zu haben, und trat zurück, bevor man ihn vor Gericht bringen und verurteilen konnte. Clarks Bestechungsversuch der Legislative von Montana war mitverantwortlich dafür, dass 1913 der 17. Zusatzartikel der Verfassung verabschiedet wurde, dem zufolge Senatoren durch die Wähler direkt gewählt werden und nicht mehr wie zuvor durch die Legislative ihres Bundesstaats (Rossum 2001, 2, 190, 214). Anfang 1901 sah sich Clark bestätigt, als er ohne die Aufwendung von Bestechungsgeldern erneut in den Senat gewählt wurde und sein Mandat eine vollständige Amtszeit innehatte. Twains Feindseligkeit wurde zweifellos auch durch seine Freundschaft zu Henry Rogers befeuert, dem Vizepräsidenten von Standard Oil, einem Konzern, der seit langem versuchte, Marktführer in der Kupferindustrie Montanas zu werden. Rogers und Clark waren politische Feinde und beschuldigten sich gegenseitig der Bestechung. Die skrupellosen Geschäftspraktiken von Standard Oil und die harte Arbeitspolitik des Konzerns verhalfen Clark 1901 zu seinem Wahlsieg (Foor 1941, 136, 150–59, 251–56, 259–62, 266–71; zu Tweed vgl. AD 4. April 1906, Anm. 20: *»William M. Tweed ... Hunt im Arrest«*).

620–21 *Mr. Clark hatte kürzlich dem Union League Club ... europäische Gemälde ... überlassen* – Clark hatte »dreißig Bilder [...] im Wert von $ 1000000« zur Verfügung gestellt (»Dinner to Senator Clark«, *New York Times*, 27. Jan. 1907, 13). Zu seiner Sammlung gehörten u. a. Werke von Tizian, Degas, Van Dyck, Rembrandt und Gainsborough. 1926 vermachte er mehr als 800 Werke der Corcoran Gallery of Art in Washington, die deren Hauptbestand an europäischer Kunst bilden (Corcoran Gallery 2011).

621 *Clarks Einkommen ... dreißig Millionen Dollar im Jahr betrage* – Clark war mit einem Vermögen von 100 Millionen Dollar der mit Abstand wohlhabendste Senator. Chauncey Depew, der 14. auf der Liste, besaß lediglich 2 Millionen Dollar (William K. Howard 1906).

621–22 *Jay Gould ... die edelste und heiligste Tat der amerikanischen Geschichte* – Im September 1879 telegraphierte Gould an die Howard Association of Memphis die Summe von $ 5000, um die Organisation bei ihrer Arbeit für Gelbfieberpatienten in der Stadt zu unterstützen, und schrieb dazu: »Führen Sie Ihre gute Arbeit fort, bis ich Ihnen sage, dass Sie aufhören können, und ich werde die Rechnung begleichen.« Von seiner Großzügigkeit wurde überall in der Presse berichtet, und selbst nach seinem Tod 1892 wurde sie in einem Leserbrief der *Washington Post* erwähnt (»Watching Yellow Fever«, *New York Times*, 6. Sept. 1879, 1; »Jay Gould's Good Deeds«, *Washington Post*, 8. Dez. 1892, 4; vgl. MT 2012, Bd. 2, Anm. 288: *»hatte Jay Gold ... die kommerzielle Moral ... umgestülpt«*).

622 *Präsident des Kunstausschusses* – Nicht bekannt.

Präsident der Union League – Finanzier George R. Sheldon (1857–1919) wurde am 10. Januar 1907 zum Präsidenten des Union League Club gewählt (*New York Times*: »Sheldon Beats Odell's Man«, 11. Jan. 1907, 2; »Geo. R. Sheldon Dies of Mine Injuries«, 15. Jan. 1919, 11).

624 *Handlesekunst ... New Yorker Chiromanten ... Abdrücke meiner Hände* – Unter der Überschrift »Handlesekunst« wird der übrige Text des Tages zusammengefasst. Es handelt sich um ein Manuskript, das Twain 1905 verfasst hat. Es besteht aus den abgetippten Berichten der drei Handleser und seinen eigenen Kommentaren (vgl. Anm. 626: *»Handdeutung durch Niblo«*). In AD 29. Jan. 1907 erklärt Twain, dass George Harvey, der Herausgeber von *Harper's Weekly* und Verlagsleiter von Harper & Brothers, das Handlinienlesen veranlasst habe. Zu Twains Lebzeiten blieben die Notizen unveröffentlicht, erst 2010 wurden Ausschnitte im *Playboy* veröffentlicht (SLC 2010b).

ohne jeden Sinn für Humor – Einer der vier Handlinienleser schrieb, Twain habe einen »ausgeprägten und guten Sinn für Humor«. Der vollständige Text der Handliniendeutung gilt als verschollen, doch diese Worte zitierte Stead in der Januar-Ausgabe der Zeitschrift *Borderland* von 1895 (Stead 1895, 61), vgl. AD 26. Dez. 1906, Anm. 537: *»William T. Stead ... Rückschlüsse auf den Charakter«*.

626 *ging ich in London ... zu Fowler* – Vgl. AD 26. Dez. 1906, Anm. 533: *»unterzog ich die Phrenologie einem kleinen Test ... bei Fowler«*.

Handdeutung durch Niblo – Die drei Experten, die 1905 die Handlinien von Twain lasen und deren Ergebnisse Bestandteil dieses Diktates sind, waren alle zu Beginn des 20. Jahrhunderts tätig. Professor Niblo (sein echter Name war Marshall Clark) wohnte in San Francisco, wo er in der Lokalzeitung unter der Bezeichnung »Astro-Trance-Hellseher« inserierte. Er erlangte kurzzeitig zweifelhaften Ruhm, als ihm 1909 eine junge

Erbin unter Hypnose eröffnete, dass ihr Schicksal die Hochzeit mit ihm vorsehe, obwohl er bereits verheiratet war. John William Fletcher (1852–1913), Medium und Dozent, brachte seine letzten Lebensjahre als Handlinienleser in New York zu. (Twain besuchte ihn später persönlich, vgl. AD 12. Febr. 1907.) 1913 erlag Fletcher einem Herzinfarkt, als ihn Polizisten aufsuchten, um einen Haftbefehl zu vollstrecken. Der dritte Handleser, Carl Louis Perin, lehnte die Bezeichnung Spiritualist ab und sah sich vielmehr als »wissenschaftlicher Handlinienleser«, der angeblich ein Studium am »Oriental Occult College of India« absolviert hatte. Wenn er die Handlinien von Twain nach dem 24. Februar 1905 las, dann widersetzte er sich einer richterlichen Auflage, der zufolge er nicht mehr wahrsagen durfte, und verwirkte möglicherweise eine Kaution von $ 500 (Melton 2001, s. v. »Fletcher, John William«; »Clairvoyants«, *San Francisco Call*, 16. Aug. 1905, 10; »Niblo, Mystic, Also Author«, *Chicago Tribune*, 18. Jan. 1910, 5; »Says He Is a Clairvoyant«, *Washington Post*, 25. März 1900, 16; »Sleuths Fooled the Wizard«, *New York Times*, 25. Febr. 1905, 16).

627 *»Die Welt tritt zur Seite, um jenen vorbeizulassen, der weiß, wohin er geht«* – Aus *The Call of the Twentieth Century: An Address to Young Men* von David Starr Jordan, einem Naturforscher und von 1891 bis 1913 Präsidenten der Stanford University (Jordan 1903, 48).

628 *Mr. Spencer* – Herbert Spencer (1820–1903), englischer Philosoph und Universalgelehrter.

629 *Henry A. Butters aus Long Valley* – Twain war der Ansicht, dass ihn Butters um $ 12500 betrogen hatte, indem er 1905 den Bankrott der Plasmon Company herbeiführte, in die Twain investiert hatte. Butters besaß in Kalifornien sowohl eine Villa in Piedmont als auch eine Viehfarm in Long Valley in Lassen County auf der Ostseite der Sierra Nevada (MT 2012, Bd. 2, Anm. 250: *»Henry Butters, Harold Wheeler und die übrigen Plasmon-Diebe«*; »Big Deal Made Yesterday«, *Reno Nevada State Journal*, 12. Juli 1903, 1; »Oakland Capitalist Succumbs to Pneumonia«, *San Francisco Chronicle*, 27. Okt. 1908,4).

630 *stand ich ganze neun Mal kurz vor dem Ertrinken* – Twain blieb beharrlich bei der Aussage, dass er neunmal fast ertrunken sei. Vgl. AD 9. März 1906 (MT 2012, Bd. 1, 351–55; 2. Jan. 1895 an Rogers, CU-MARK, in *HHR*, 115; SLC 1899a, 2).

635 *Der Venusgürtel zeigt seine Liebe zur Menschheit* – Auf dem Schreibmaschinenmanuskript von Perins Bericht strich Twain folgende Bemerkung: »Von der Formation des Handhügels schließe ich, dass dieser Mann verheiratet und glücklich ist« (vgl. Textual Commentary bei *MTPO*).

639 *Vor sechs Jahren schrieb ich eine Philosophie ... an einem geheimen Ort versteckt* – Twain bezieht sich hier auf *What Is Man?* (vgl. AD 25. Jun 1906, Anm. 229: *»Der Mensch kann nichts für das, was er ist«* und AD 21. Dez. 1906, Anm. 530: *»schrieb ich eine Philosophie ... drei Menschen, die das Manuskript sahen«*).

641 *ordnete seine Deutung der Hand Königin Margarethes irrtümlich der von Gräfin Raybaudi-Massiglia zu* – Ob sich dieser Vorfall tatsächlich ereignete, ist nicht bekannt. Margarethe Maria Therese Johanna (Margherita Maria Teresa Giovanna di Savoia; 1851 bis 1926) war mit König Umberto I. von Italien verheiratet. Als dieser 1900 umgebracht wurde, bestieg ihr Sohn, Viktor Emanuel III., den Thron, und sie wurde als Königinmutter bekannt. (Ihre angebliche Lieblingspizza wurde nach ihr genannt, die Pizza Margherita.)

Die Gräfin Raybaudi-Massiglia war die Besitzerin der Villa di Quarto in der Nähe von Florenz, wo Twains Familie Ende 1903 bis Juni 1904, als Olivia starb, wohnte. Twain konnte die Gräfin wegen ihres unerträglichen Benehmens, ihrer Boshaftigkeit und der heimlichen Liebesbeziehung zu ihrem Verwalter nicht ausstehen (MT 2012, Bd. 2, Anm. 53: *»Gräfin Massiglia«*).

29. Januar 1907

641–42 *Haus eines Bekannten … Hellseher war ein wohlbeleibter Herr mittleren Alters* – Isabel Lyon notierte, dass Twain am Nachmittag des 23. Januar 1907 die Sozialarbeiterin und Verfechterin für das Frauenstimmrecht Maud Nathan (1862–1946) besuchte, um den »klugen Wahrsager Prof. Bert Rees zu treffen, einen grobschlächtigen Deutschen, der auf wunderbare Weise lesen konnte, was auf zusammengefalteten Zetteln stand. Er erzählte dem König unter anderem, dass er 98 Jahre, zehn Monate & 2 Tage alt werden würde – & der König wollte einige dieser Jahre & Monate & Tage eintauschen« (Lyon 1907). Prof. Bert Reese (eigentlich W. Berthold Riess, 1840–1926) war ein gebürtiger Preuße, der um 1890 nach New York zog. Er reiste als professioneller Hellseher und Entertainer durch Amerika und Europa und erlangte kurzzeitig Ruhm, als Thomas Edison 1910 Zeuge seiner hellseherischen Fähigkeiten wurde. Reese war ein »Zettelleser«: sein Publikum schrieb Fragen auf Zettel und faltete sie zusammen; Reese las die Fragen auf hellseherische Weise und beantwortete sie. Harry Houdini sagte, »unter allen Taschenspielern ist er der klügste, dem ich je begegnet bin« (Ernst und Carrington 1932, 120–23; Marshall 1910; »W. Bert Reese Dies; Famed Clairvoyant«, *New York Times*, 11. Juli 1926, E9).

644–45 *Kapitel … über meine Ehe und meine Kinder* – Twain bezieht sich hier offensichtlich auf AD 28. März 1906, das auszugsweise am 18. Januar 1907 in der *North American Review* erschienen ist (NAR 10). Weder dieses Kapitel noch das »vorangehende« in der Ausgabe vom 4. Januar (NAR 9), das AD 1., 2. und 13. Dez. 1906 enthält, weisen alle Familiendetails auf, die er hier nennt.

646 *Mrs. Hooker* – Isabella Beecher Hooker (1822–1907) war die Halbschwester von Henry Ward Beecher. John und Isabella Hooker, die Twain Anfang 1868 durch Olivias Familie kennenlernte, gehörten zu den ursprünglichen Bewohnern des Viertels Nook Farm in Hartford. Familie Clemens mietete für drei Jahre das Haus der Hookers (von Oktober 1871 bis September 1874), während sie in der Nähe ihr eigenes Haus baute. Isabella Hooker, die sich ihr Leben lang für die Rechte der Frauen einsetzte, starb am 25. Januar (8. Jan. 1868 an JLC und PAM, *L2*, 146, Anm. 4; 20. Sept. 1874 an Parish, *L6*, 236–37; »Last of Beecher Family Is Dead«, *Hartford Courant*, 25. Jan. 1907, 1).
Dr. Hooker … Sargträger bei der Beerdigung seiner Mutter – Eward Beecher Hooker (1855–1927) war Arzt und Präsident des amerikanischen Instituts für Homöopathie. Twain war einer der Sargträger von Hookers Mutter, die am 28. Januar in Hartford beigesetzt wurde (»Homeopaths Elect Officers«, *Washington Post*, 14. Sept. 1906, 3;

»Dr. Edward Beecher Hooker«, *New York Times*, 24. Juni 1907, 23; »Mrs. Hooker's Funeral«, *Hartford Courant*, 29. Jan. 1907, 6).

646 *meine Sekretärin* – Isabel Lyon.

die Autobiographie meines Bruders Orion – Vgl. AD 6. April 1906, Anm. 43: *»Orion … seine Autobiographie … machte er einen Helden aus sich«.*

647 *Mrs. Holliday … Wahrsagerinnen* – Mrs. Richard Holliday (geb. um 1800 als Melicent S. McDonald) war das Vorbild für die Figur der Witwe Douglas in *Tom Sawyer* und *Huckleberry Finn* (*Inds*, 325). 1897 beschrieb Twain sie in »Villagers of 1840–3«: »Gut situiert. Gastfreundlich, mag gerne Feste junger Leute. Witwe. Alt, möchte aber unbedingt wieder heiraten. Immer zu Wahrsagern unterwegs; immer in der Lage, alle davon zu überzeugen, dass ihr von dem ersten Betrüger 3 [Ehemänner] versprochen worden sind. So wird die Prophezeiung immer wieder bestätigt. Schließlich starb sie, bevor sich die Prophezeiungen bewahrheiten konnten« (*Inds*, 96).

Kapitel … in der North American Review veröffentlicht wurde – Twain meint AD 28., 29. März und 2. April 1906 (MT 2012, Bd. 1, 439–46, 446–58). Ursprünglich wählte er Ausschnitte aus diesen drei Diktaten für ein Kapitel in der *North American Review* aus. Ab der Ausgabe vom 4. Januar 1907 verfügte die Zeitschrift allerdings nur noch über einen geringeren Umfang, und das vorgesehene Kapitel wurde zweigeteilt: Eine Hälfte erschien am 18. Januar 1907 (NAR 10), die andere in der darauffolgenden Ausgabe vom 1. Februar (NAR 11).

648 *Laura Wright … siebenundvierzig Jahre lang nichts gehört* – Vgl. AD 30. Juli 1906, Anm. 241: *»ein frühes Liebchen ins Gedächtnis«.*

von Sam … folgenden Brief erhalten – Orion fügte am oberen Rand des Twain-Briefs diese Bemerkung an, bevor er ihn an seine Mutter und Schwester nach St. Louis weiterschickte. Twain hatte den Brief zu Orion nach Memphis in Missouri geschickt, wo dieser mit seiner Frau und Tochter lebte und versuchte, eine Anwaltskanzlei aufzubauen. Der eingefügte Brieftext wurde leicht verändert, vermutlich von Twain selbst auf der mittlerweile verschollenen Kopie, die Orion von dem Originalbrief angefertigt hatte. Twain sagt, dass Orion sie »Wort für Wort genau kopierte« (wie Orion in seinen beigefügten Bemerkungen versichert), weshalb zu vermuten ist, dass die Abweichungen vom Original nicht von Orion stammen. Das unveränderte Originalmanuskript wurde in *Mark Twain's Letters, Volume 1* (107–16) veröffentlicht, und alle Texte und Anmerkungen dieses Bandes sind im *MTPO* vorhanden.

Madame Caprell – Madame Caprell arbeitete von 1857 bis 1861 als Wahrsagerin in St. Louis und New Orleans. Einige Informationen über Familie Clemens hatte sie sicherlich aus Gesprächen mit Mrs. Holliday, einer ihrer Kundinnen (6. Febr. 1861 an OC und MEC, *L1*, 112–13, Anm. 1).

654–55 *Die Mutter meiner Mutter … Vater starb mit 48* – Twains Vorfahren, in der genannten Reihenfolge, sind: Margaret (Peggy) Casey (Mutter der Mutter, 1783–1818); Jane Lampton (Mutter, 1803–1890); Benjamin Lampton (Vater der Mutter, 1770–1837); William Lampton (Großvater der Mutter, 1724–1790) und Martha (Patsy) Schooler (Großmutter der Mutter, 1741–1811); Samuel Clemens (Vater des Vaters, 1770–1805, der durch einen umstürzenden Balken beim Hausbau starb); John Marshall Clemens (Vater, 1798–1847); Pamelia Goggin (Mutter des Vaters, 1775–1845) (Lampton 1990, 23, 30, 79, 88).

655 *Cook's Pillen* – Dieses Medikament, eine Kombination aus mehreren starken Abführmitteln (getrocknetem Aloe-Extrakt, Rhabarber, Kalomel und Seifenpulver) wurde von John Esten Cooke (1798–1853) aus Virginia entwickelt und von John C. Gunn in seiner Zeitschrift über Hausmittel *Domestic Medicine* (1830) als »Cook's Pills« bekanntgemacht. Die Pillen wurden bei verschiedenen Beschwerden eingesetzt (Swiderski 2009, 140–41; Hiss und Ebert 1910, 560).

30. Januar 1907

655 *Cromwell … Karl II.* – Oliver Cromwell (1599–1658) war der puritanische politische und militärische Anführer der Parlamentarier während der englischen Bürgerkriege (1642 bis 1651), die dazu führten, dass die englische Monarchie gestürzt wurde. Als sogenannter Lordprotektor des neuen republikanischen Commonwealth setzte er sich für moralische und spirituelle Reformen ein. Die Monarchie wurde nach seinem Tod wieder installiert, und König Karl II. (1630–1685) bestieg den Thron.

656 *»Die Presse ist das Palladium unserer Freiheiten.«* – Das vollständige Zitat lautet: »Die Pressefreiheit ist das *Palladium* aller bürgerlichen, politischen und religiösen Rechte eines Engländers« und steht als Widmung in dem Buch *Letters* des englischen Polemikers, der um 1770 unter dem Pseudonym Junius bekannt war.

Mr. Guggenheim … politische Korruptheit bis zum Sättigungsgrad – Simon Guggenheim (1867–1941) verdiente, wie sein Vater und seine sieben Brüder, ein Vermögen mit Bergbau und Eisenverhüttung. Er wurde am 15. Januar durch die Legislative des Bundesstaates zum republikanischen Senator für Colorado gewählt. Als ihm vorgeworfen wurde, dass er sich die Stimmen der Abgeordneten erkauft hätte, antwortete er: »Das Geld, das ich gespendet habe, hat den Männern dazu verholfen, gewählt zu werden, und natürlich fühlen sie sich nun verpflichtet, mich zu wählen. So wird es heutzutage überall in den Vereinigten Staaten gehandhabt« (»Guggenheim Is Scored«, *Washington Post*, 15. Jan. 1907, 1; »Guggenheim for Colorado«, *Los Angeles Times*, 16. Jan. 1907, 15). Obwohl nie offiziell gegen Guggenheim vorgegangen wurde, blieb der Ruf der Unehrlichkeit an ihm haften. Im Juli 1907 sagte der Richter Ben B. Lindsey aus Denver: »Guggenheim gehört nicht in die Senatskammer, sondern ins Gefängnis oder an den Galgen« (»Advises Gallows for Guggenheim«, *Chicago Tribune*, 16. Juli 1907, 1).

Die Denver Post … schreibt – Das Datum dieses Zeitungsartikels aus der *Denver Post* konnte nicht ermittelt werden.

Tom Patterson – Thomas MacDonald Patterson (1839–1916) war seit 1901 demokratischer Senator für Colorado und befand sich im letzten Jahr seiner Amtszeit.

657 *Antrag, die Methoden zu prüfen … tilgte ihn … aus dem Protokoll* – Am 11. Januar wurde der Legislative von Colorado ein Antrag vorgelegt, der vorsah, dass ein Ausschuss Guggenheims »angeblichen Kauf seines Senatorpostens« untersuchen sollte. Der Beschluss wurde auf die Tagesordnung gesetzt, und durch »mündliche Abstimmung« wurde die An-

gelegenheit »aus den Akten gelöscht« (»Guggenheim Vindicated«, *Los Angeles Times*, 12. Jan. 1907, 17).

657–58 *Reverend Elliot B. X. … Shakespeares eigenhändige Unterschrift … Echtheit zu bewei-sen* – 1886 fand Frank M. Bristol, Pfarrer und Bibliophiler aus Chicago, vermutlich in Ne-vada ein Exemplar der zweiten Folioausgabe (1632) von Shakespeares Theaterstücken. Auf einem Leerblatt war ein Stück Papier aufgeklebt, auf dem sich Shakespeares Unter-schrift befand. In dem Buch war auch die Unterschrift von John Ward zu finden. Dass dies der Name eines Vikars aus dem Stratford-on-Avon des 17. Jahrhunderts war, machte die Unterschrift Shakespeares noch glaubwürdiger. Bristol kaufte das Buch und verkaufte es weiter an den vermögenden Büchersammler Charles F. Gunther aus Chicago. Bald stellte sich heraus, dass es sich um eine Fälschung handelte und die Unterschrift nur eine Imi-tation einer der Unterschriften auf Shakespeares Testament war. Twain selbst ignoriert das in *Is Shakespeare Dead?* (1909), wo er die fünf damals noch vorhandenen Unter-schriften auflistet (»Literary Notes«, *New York Tribune*, 18. Febr. 1886, 6; Vining 1887; Rolfe 1890; »The Gunther Autograph«, *New Shakespeareana* 4 [April 1905]: 56–62; SLC 1909c, 33–34; Tannenbaum 1927, 149, 152–53).

660 *Exemplar der indianischen Bibel Eliots … Mr. Trumbull* – Der Missionar John Eliot (ca. 1604 bis 1690) übersetzte die Bibel ins Natick (einen Dialekt aus der Algonkin-Sprachfamilie), die Sprache des Volkes der Massachusett-Naragansett. Es wurden 1000 Ausgaben dieser ersten Bibel auf dem Doppelkontinent Amerika zwischen 1660 und 1663 in Cambridge, Massachusetts, gedruckt. 1881 war der bekannte Historiker und Sprachwissenschaftler James Hammond Trumbull (ein Bekannter von Twain aus Hartford) angeblich der einzige Mensch, der diese Sprache noch lesen konnte. Seine letzten Lebensjahre verbrachte er damit, ein Natick-Wörterbuch zu verfassen, das er fast fertigstellte, bevor er 1897 starb. Es wurde nach seinem Tod 1903 vom Bureau of the American Ethnology des Smithsonian Institute herausgegeben (Library of Congress 2011; »Eliot's Indian Bible«, *Chicago Tribune*, 17. April 1881, 24; »Key to Eliot's Bible«, *New York Times*, 15. Aug. 1903, BR13).

661 *Ich erinnere mich an ein Gegenbeispiel … Audubons* – Die ursprüngliche Folioausgabe von John James Audubons *Birds of America*, die zwischen 1827 und 1838 in London veröffentlicht wurde, umfasste vier Bände mit Bildtafeln; fünf Textbände wurden zwischen 1831 und 1838 herausgegeben. In einem 1897 im *Century Magazine* veröffentlichten Nachruf beschreibt Twain diesen Vorfall und vergleicht ihn mit Trumbulls Verkauf der Eliot-Bibel: »James Hammond Trumbull. The Tribute of a Neighbor« (SLC 1897).

1. Februar 1907

661 *Brief … von Kapitän Ned Wakeman … wie der des Mädchens aus dem Westen … eine Passage aus Susys Biographie* – Twain behandelt die Korrespondenz des »Mädchens aus dem Westen« in AD 18. Juni 1906; Ned Wakemans Brief findet sich in AD 29. Aug. 1906; die Passage aus Twains Biographie, die von Susy stammt, ist in AD 8. Aug. 1906 eingefügt und wird von Twain anerkennend kommentiert.

662 *einen Brief ... an Helen Keller ... Miss Sullivan (Mrs. Macy)* – Twain erhielt, vermutlich von Helen Keller und Anne Sullivan, eine maschinengeschriebene Kopie dieses Briefes von B. B. Page (von dem man nicht mehr weiß als das, was im Brief steht). Keller veröffentlichte 1903 *Geschichte meines Lebens* (vgl. AD 20. Nov. 1906 und AD 17. Jan. 1907).

663 *wenn ein Mann aus dem Westen nach Osten geht, sollte er sich gut waschen* – Angeblich sagte Charles William Eliot, Präsident der Harvard University, im Mai 1903, dass Abgesandte aus dem Westen für eine bevorstehende Konferenz in Boston nach Revere Beach fahren sollten, weil »ihnen ein Bad guttäte« (»Do Westerners Need Baths?«, *Kansas City Star*, 22. Mai 1903, 1).

664 *Miss Francis Wilard* – Frances Willard (1839–1898) war eine national bekannte Politikerin, die sich für die Abstinenzbewegung und für Arbeits- und Frauenrechte einsetzte.

kleine Schwarze Spilgefärtin Marthy Washington – Helen Keller konnte sich nicht an den richtigen Namen ihrer Spielgefährtin aus der Kindheit erinnern, die sie in *Geschichte meines Lebens* Martha Washington nennt. Das afroamerikanische Mädchen verstand Kellers Wünsche, noch bevor diese sprechen lernte (Keller 1903, 10–13; 2005, 79).

der Herzog ... König Eduard ... mit Miss May Golet verlobt – Die Verlobung des verarmten Grafen von Roxburghe mit May Goelet, angeblich Amerikas reichster Erbin, wurde im September 1903 verkündet. Die *Los Angeles Times* berichtete, König Eduard VII. befürwortete »solche Hochzeiten stets sehr, da er sich nur allzu schmerzlich bewusst sei, dass die englische Gesellschaft Geld nötiger habe als alles andere, um sich am Leben zu halten« (»Duke to Wed May Goelet«, *Chicago Tribune*, 3. Sept. 1903, 5; »›Well Done Roxburghe‹, Says the King«, *Los Angeles Times*, 14. Sept. 1903, 2).

Lue Dilen ... den Weltrekord gebrochen – Lou Dillon, eine Trabrennstute, legte am 24. August 1903 in Readville, Massachusetts, eine Meile in genau zwei Minuten zurück und stellte damit einen Weltrekord auf. Ihr Jockey war Millard Saunders (»Lou Dillon Trots a Mile in Two Minutes«, *New York Times*, 25. Aug. 1903, 1).

4. Februar 1907 und ohne Datum

665 *Montag, 4. Februar 1907* – Dieses Diktat besteht aus fünf Einzeldiktaten, die unter dem Datum des 4. Februar zusammengefasst wurden. Das fünfte Diktat wurde wahrscheinlich vor dem 9. Februar geschrieben, da es einen Zeitungsausschnitt vom 29. Januar enthält, der laut Twain »vor zehn oder zwölf Tagen« veröffentlicht worden war.

Harte ... in der belebten Goldgräbersiedlung Yreka – Harte lebte für einige Zeit in Uniontown, einer Stadt in der Nähe von Eureka (nicht Yreka), die einen Zugang zu den Goldfeldern in den östlichen Bergen bot (vgl. AD 13. Juni 1906, Anm. 189: »Harte ... in Kalifornien eingetroffen ... Yreka« und Anm. 190: »Harte unterrichtete ... Jackass Gulch [wo ich mich einige Jahre später drei Monate aufhielt]«; George R. Stewart 1931, 61–62).

666 *Tom Fitch ... Joe Goodman ... bei einem Duell zum Krüppel gemacht ... zu seinen ersten Lieben zurück* – Twain beschreibt das Duell zwischen Fitch, dem Herausgeber der

Virginia City Union, und Goodman, dem Herausgeber der Konkurrenzzeitschrift *Territorial Enterprise*, in AD 19. Jan. 1906 (MT 2012, Bd. 1, 165–169; Bd. 2, Anm. 165–66: »*Goodman war der Einzige ... Tom Fitch ... stimmte ihn mit einer Kugel milde*«). Fitch schrieb Twain in einem Brief (CU-MARK) vom 14. Januar 1907, dass Goodman und er nach dem Duell »gute Freunde« wurden. Fitch schrieb auch, dass er, nachdem er aus Nevada fortgegangen war, in 34 Anwaltskanzleien zwischen »New York und Honolulu« und für »Anwälte des Supreme Court in 9 Staaten, 3 Territorien und im District of Columbia« gearbeitet habe. Schließlich eröffnete er seine eigene Anwaltskanzlei in Tucson, Arizona, wo er sich an »der brütenden Stille, der weitläufigen Umgebung, den Lavendelbergen und der elektrisierten Luft der Wüste« erfreute.

666 *Als »Das Glück des Brüller-Lagers« in die Welt hineinplatzte* – Vgl. AD 14. Juni 1906, Anm. 192–93: »*er habe ›Wan Li, der Heide‹ nur zum Vergnügen geschrieben ... Overland Monthly ... Ruhm von ›Das Glück des Brüller-Lagers‹*«.

668 *Seine Gattin ... kehrte von da an ... nicht mehr zurück* – Harte heiratete 1862 in San Rafael, Kalifornien, Anna Griswold (1832–1920), eine Kontraaltistin, die er in der Thomas Starr King's First Unitarian Church in San Francisco kennengelernt hatte. In den folgenden 13 Jahren bekamen sie vier Kinder: Griswold (1863–1901), Francis King (»Frank«, 1865–1917), Jessamy (1872–1964) und Ethel (1875–1964). Allerdings passte das Paar nicht gut zusammen. Anna war eine fordernde, wenn nicht dominante Ehefrau, die lieber in einem Hotel wohnte, um keine Hausarbeit verrichten zu müssen, während sich Harte nach einem friedvollen Zuhause sehnte. Keiner der beiden konnte gut mit Geld umgehen, und schon bald reichte ihnen ihr Einkommen nicht zum Leben aus. Sie trennten sich, als Harte im Juni 1878 nach Europa reiste; er schrieb seiner Familie regelmäßig, und gelegentlich entwarfen sie Pläne für ein Wiedersehen – entweder in Amerika oder Europa –, die sie jedoch nie umsetzten. Sein Sohn Frank besuchte ihn 1884 und 1888 in England; 1893 ließen sich Frank und seine Frau in Weybridge (Surrey) nieder, und fünf Jahre später zogen Anna und Ethel Harte zu ihnen. Harte besuchte Frank immer wieder und freute sich, seine Enkelkinder zu sehen. Seine Frau und er hatten sich zu diesem Zeitpunkt jedoch bereits entfremdet und blieben getrennt. (Scharnhorst 2000a, 20–23, 33, 87, 114, 140–41, 165, 195, 215, 227, 232; Harte 1997, 44, Anm. 3; George R. Stewart 1931, 204, 282–83, 307).

Bayard Taylor ... dasselbe Schiff – Das Festmahl zu Ehren von Taylor fand am 4. April 1878 im Delmonico's statt. Wie auch die Familie Clemens reiste er auf der *SS Holsatia*, die am 11. April den Hafen von New York verließ und nach Hamburg fuhr (*N&J2*, 43, 53, Anm. 19, 63, Anm. 41; für Taylor vgl. AD 10. April 1906, Anm. 53–54: »*Willard Fiske ... Bayard Taylor ... Cornell University*«).

lernte ich einen Gentleman kennen ... Groll gegen ihn – Hartes Unterstützer war Thomas B. Musgrave (gest. 1903), Geschäftsführer einer Maklerfirma in New York (Scharnhorst 2000b, 213; »Thomas B. Musgrave Dead«, *New York Times*, 1. Mai 1903, 9).

669 *Als Harte 1870 seine spektakuläre Tournee quer durch den Kontinent beendet hatte* – Vgl. AD 14. Juni 1906, Anm. 192: »*die Herausgeberschaft des geplanten Lakeside Magazine in Chicago zu übernehmen*«.

669–70 *Harte ... nach Hartford ... fünfhundert* – Harte besuchte die Clemens vom 13. bis 14. Juni 1872. Nachdem er wieder zurück nach New York gereist war, schrieb er, dass er einen Scheck erhalten und einen seiner Gläubiger gleich am nächsten Tag ausgezahlt habe (15. Juni 1872 an Howells, *L5*, 103, 105, Anm. 2; Harte an SLC, 17. Juni 1872, CU-MARK, in Harte 1997, 67–68).

670 *Einmal schrieb er ein Schauspiel mit einem ... ganz und gar entzückenden Chinesen darin* – Anfang September 1876 sah Twain Hartes Theaterstück *Die beiden Männer von Sandy-Bar* kurz nach der Uraufführung in New York. Er erzählte Howells, »an Hartes Stück kann noch herumgedoktert werden, bis es völlig akzeptabel ist, & dann wird es jedes Jahr große Summen einbringen. [...] Das Stück hat mich sehr amüsiert trotz seines momentan rohen Zustands« (14. Sept. 1876 an Howells, *Letters 1876–1880*). In das Stück flossen die Inhalte aus zwei Kurzgeschichten von Harte während seiner Zeit in Kalifornien ein: »Mr. Thompson's Prodigal« und »The Idyl [*sic*] of Red Gulch«. Der Komik halber wurde die Figur des Wäschers Hop Sing hinzugefügt. Dieser »ganz und gar entzückende Chinese« hatte einen Auftritt von nur wenigen Minuten und mit lediglich neun Zeilen Sprechtext (Harte 1869c, 1870b, 1870c; Scharnhorst 2000a, 118, 124).
Harte aber hatte die Feindschaft der New Yorker Theaterkritiker auf sich gezogen ... Misserfolg seien die Kritiker verantwortlich – Bei der Premiere war das Publikum »wohlgestimmt und amüsiert«, die Rezensionen aber fielen größtenteils vernichtend aus. Der Kritiker der *Times* schrieb beispielsweise: »Die Stimmung des Stücks ist rührselig und schnulzig, die Handlung flach, das Pathos lächerlich und der Witz larmoyant«, kurz gesagt, »ein jämmerlicher Haufen Müll« (»Amusements«, *New York Times*, 29. Aug. 1876, 5). Frühere Klagen von Harte gegen Theaterkritiker sind nicht bekannt, aber er »war bei der Presse nie beliebt«, so der Hauptdarsteller des Stücks Stuart Robson (»Mr. Bret Harte's Critics«, *Baltimore Gazette*, 12. Okt. 1876, 1). Nach der New Yorker Premiere kam es zu harschen Wortgefechten zwischen Harte und den Kritikern. Den Anfang machte ein im *New York Herald* veröffentlichter Brief, den er von Robson erhalten hatte. In ihm wurde behauptet, dass sich die Kritiker nur vom »größten Portemonnaie« dazu bewegen ließen, die »längsten und besten Aufmacher« zu schreiben. Ein gehässiger Artikel im *San Francisco Chronicle* beschrieb den Vorfall folgendermaßen:

Mr. Harte beschuldigt »Vertreter der wichtigsten Zeitungen New Yorks« öffentlich der Bestechung und wirft ihnen vor, dass sie Geld für gute Kritiken verlangten. Die *Sun* und der *Spirit of the Times* haben die Namen der geldgierigen Kritiker gefordert, aber bis jetzt wurden sie nicht genannt. Die Theaterkritiker der *Sun* und der *Tribune* beteuern ihre Unschuld und streiten die Vorwürfe ab. Mr. Harte hat seinen guten Ruf für immer verloren und die Aufmerksamkeit von Menschen aller Gesellschaftsschichten auf sich gezogen, die es bisher nicht scherte, ob er ein Gentleman ist oder nicht. Dass er Talent besitzt, streitet niemand ab; aber das gilt auch für ein dressiertes Maultier. [...] Seine ehemaligen Freunde verachten ihn. Diejenigen, die an ihn geglaubt haben, haben jeglichen Glauben verloren, und seine Verleger machen mit ihm keinen Gewinn mehr. [...] Kalifornien überlässt Francis Bret Harte mit seinen Schwindeleien, seinen Schulden, seiner Undankbarkeit und seinen anderen brillanten Eigenschaften der Obhut der Ostküste, wo er – so Gott will! – für immer bleiben möge. (»Francis Bret Harte«, *San Francisco Chronicle*, 6. Okt. 1876, 6)

Nach fünf Wochen in New York tourte Robson mit dem Stück durch zwölf andere Städte; ein letztes Mal wurde es 1878 in San Francisco aufgeführt. Später gab Twain zu, das Stück völlig falsch eingeschätzt zu haben und dass »sein begabter Urheber jedes Gesetz der erfolgreichen dramatischen Konstruktion missachtet« habe (zitiert aus Scharnhorst 2000a, 121). Angeblich verlor er mit der Produktion $ 10000 (Harte an die Herausgeber des *New York Herald*, der *Sun* und des *Graphic*, am 2., 13. und 21. Sept. 1876, Harte 1997, 128–31, 135–37, 139–41; Scharnhorst 1995, 186).
schlug er mir vor, gemeinsam mit ihm an einem Stück zu arbeiten ... blieb zwei Wochen bei uns – Twain schrieb am 11. Oktober 1876 an Howells:

Bret Harte kam vor kurzem zu mir & bat mich, ihm beim Schreiben eines Theaterstückes behilflich zu sein, & die Erlöse würden wir teilen, & ich stimmte zu. Ich soll Scotty Briggs hinzufügen (vgl. Buck Fanshaws Begräbnis in *Durch dick und dünn*) & er den Chinesen (ein wunderbar lustiger Geselle, wie Bret ihn präsentiert – für 5 Minuten – in seinem Stück *Sandy-Bar*). Der Chinese wird *die* Figur des Stückes sein, & wir beide sollen an ihr arbeiten & sie entwickeln. Bret wird die Handlung entwerfen & ich ebenso; wir werden die bessere der beiden Handlungen verwenden oder aus beiden etwas herausnehmen & daraus eine dritte machen. Meine Handlung steht – ich habe sie gestern beendet – es hat mich sechs Tage mit jeweils 8 oder 9 Stunden Arbeit pro Tag gekostet & mich fast umgebracht. (*Letters 1876–1880*)

Harte blieb gegen Ende Oktober zwei Wochen in Hartford, um an dem Stück *Ah Sin* zu arbeiten. Bei seiner Abreise war es allerdings längst noch nicht fertig. Twain arbeitete weiter an dem Stück und reiste sogar Ende April und Anfang Mai 1877 nach Baltimore, um die Proben vor der Uraufführung in Washington am 7. Mai zu beaufsichtigen (27. April 1877 und 1. Mai 1877 an Howells, *Letters 1876–1880*).

671 *Einmal kam er zu uns ... »Faithful Blossom«* – Harte kam am 5. Dezember nach Hartford zurück und blieb mindestens vier Tage. Während seines Besuchs arbeitete er an der Fortsetzungsfolge der Serie »Thankful Blossom«, die an vier Sonntagen zwischen dem 3. und 24. Dezember in der *New York Sun* erschien (Harte an Osgood, 5. Dez. 1876, Harte 1997, 142–43; Harte 1876). Am 5. Dezember schrieb Twain an George Bentley, Herausgeber der englischen Zeitschrift *Temple Bar*: »Mr. Bret Harte hat mir seine reizende kleine Liebesgeschichte vorgelesen. Da ich sie für das beste literarische Werk halte, das er je geschrieben hat, wollte ich mich damit an *Temple Bar* wenden. Ich sagte ihm, wenn ich es rechtzeitig ablieferte und es auch sonst in der Zeitschrift verwendbar wäre, würden Sie ihn dafür angemessen entlohnen.« (*Letters 1876–1880*). Die Geschichte erschien nie in *Temple Bar*.
Mr. Dana – Charles A. Dana (1819–1897) war von 1868 bis zu seinem Tod Herausgeber und Teilhaber der *New York Sun*.

671 *George* – George Griffin.

672 *der Club der jungen Mädchen ... Saturday Morning Club* – Der Club wurde im Frühjahr 1876 auf Initiative des Bostoner Verlegers James T. Fields gegründet und bestand zu Beginn aus 19 oder 20 jungen Frauen, die sich samstagvormittags regelmäßig zu Diskussionsrunden und Vorträgen trafen. Twain war häufig Gast und hielt Reden. 1881 schenkte er den Frauen Anstecknadeln, die er bei Tiffany & Company in New York bestellt hatte. Das Treffen, das er hier schildert, muss am 9. Dezember 1876 stattgefunden haben (Saturday Morning Club 1976, 7–12, 59; N&J2, 370–71, Anm. 49).

verfassten eine gute bühnentaugliche Komödie – Ah Sin wurde im Mai 1877 kurzzeitig in Washington auf die Bühne gebracht und fand großen Anklang. Doch schon bevor es in New York gespielt wurde, war Twain mit dem Stück unzufrieden, vor allem mit Hartes Beitrag. Am 12. Juli schrieb er an seine Mutter:

Es kostete Bret Harte & mich 14 Arbeitstage (und viele weitere), um dieses Stück (*Ah Sin*) zu entwickeln, die Rohversion; wir brauchten zusammen 8 Tage, um es zu schreiben, nachdem die Handlung stand. Wir haben es gar nicht überarbeitet & aufpoliert – & wir werden es unser Lebtag bereuen. Es war nicht meine Schuld; es war einzig und allein die Schuld des gewieften Lügners, Schwindlers, Betrügers & literarischen Diebs, Bret Harte, Sohn eines Juden-Hausierers aus Albany. Ich werde keine Träne vergießen, wenn das Stück im Oktober schlecht ankommt. Das *sollte* es – *das* weiß ich gewiss. (*Letters 1876–1880*)

Sein Part war der bessere ... Das Stück ging unter – Ah Sin hatte am 31. Juli in New York Premiere. Die Reaktion des Publikums war wohlwollend, wie Twain am 3. August an Howells schrieb. Er bezog sich auf *Colonel Sellers*, die Theaterversion von *Das vergoldete Zeitalter*, die 1874 erstmals aufgeführt wurde:

Ah Sin hat in der Fifth Avenue großen Anklang gefunden. Die Reaktion auf *Col. Sellers* war im Vergleich dazu ruhig. Wenn Bret Harte seinen Namen verschwiegen hätte (leider ist es mir nicht in den Sinn gekommen, es vorzuschlagen), dann hätte das Stück in den Zeitungen genauso viel Applaus geerntet wie im Theater. Die Kritiken waren gerechtfertigt; die Kritiken der großen New Yorker Tageszeitungen sind gerecht, durchgehend intelligent & geradeheraus & ehrlich. (*Letters 1876–1880*)

Die Kritikermeinungen gingen auseinander. Im *New York Herald* hieß es, das Stück habe »beim Publikum Erfolg« gehabt, könne aber »nicht wirklich als ein gutes Stück« bezeichnet werden. In der *Tribune*: »Die Dialoge glänzten vor Scharfsinnigkeit«, während die *Sun* die Handlung beschrieb als »schwach, alltäglich und gar nicht originell [...], die Charaktere sind nur skizzenhaft. [...] Als literarisches Werk liegt es unter dem Niveau einer Theaterkritik. Als Unterhaltung allerdings bringt es einen zum Lachen und wirkt lebendig, da es geschickt aufgeführt wird« (Kritiken zitiert in SLC 1961, xiii, xv). Aber Twain änderte seine Meinung über Hartes Beitrag nicht, wie er am 3. August an Howells schrieb:

Ich habe ziemlich viel Arbeit in das New Yorker Stück gesteckt & kaum eine Spur von Harte darin gelassen. Aber es ist voller unverbesserlicher Fehler: nämlich Hartes absichtlicher Diebstähle und Plagiate & meiner eigenen unabsichtlichen. Ich glaube nicht, dass Harte jemals vorhatte, es ehrlich anzugehen. Er ist der erbärmlichste Dieb, der unsere Erde beschmutzt. (*Letters 1876–1880*)

Nach einer kurzen erfolglosen Tournee erklärte Twain schließlich, dass das Stück »auf jämmerlichste, unheilbare Weise gescheitert« sei, und ließ es nicht mehr aufführen (15. Okt. 1877 an Howells, *Letters 1876–1880*; Duckett 1964, 158; zum Text des Stückes vgl. SLC 1961).

673 *Sie schmarotzen von Ihrer hart arbeitenden verwitweten Schwester ... Gläubiger, die nach Ihnen Ausschau halten* – Hartes ältere Schwester, Eliza C. T. Harte (1831–1912), heiratete 1851 Frederick Knaufft (1810–1892). Das Paar wohnte 45 Fifth Avenue, New York, und betrieb eine Pension und ein Familienhotel in Morristown, New Jersey. In den 1870er Jahren zogen die Hartes oft um und fanden übergangsweise immer wieder in einem der beiden Domizile Unterkunft. Dazu kam, dass sich Harte eine große Geldsumme von Knaufft geliehen hatte, die er nicht zurückzahlen konnte, und somit ständig Schulden hatte. Während seiner Vortragsreise schickte er öfter Geld an seine Schwester, um längst fällige Rechnungen zu begleichen. Seine Schneider und Herrenausstatter bezahlte er jedoch nicht, obwohl diese bereits ein Gerichtsverfahren gegen ihn gewonnen hatten (Scharnhorst 2000a, 87, 115; Harte an SLC: 25. Juli 1872, 8. Aug. 1874, 24. Dez. 1875 und 16. Dez. 1876, CU-MARK, in Harte 1997, 69–70, 97–99, 125–27, 143–45; Scharnhorst 2000b, 200, 204–05, 208–09, 216–17).

674 *schuldete mir Harte fünfzehnhundert Dollar* – Bei einem Versuch, etwas von dem Geld, das ihm Harte schuldete, einzutreiben, schrieb Twain im folgenden Sommer an seinen Rechtsanwalt: »Die Anteile von meinem & Bret Hartes neuem Theaterstück *Ah Sin* werden an Sie gezahlt. [...] Bitte überweisen Sie beide Anteile auf mein Konto bei Bissell & teilen Sie mir den Betrag mit. Harte soll keinen Cent davon erhalten, bevor er nicht seine ganze Schuld bei mir abgezahlt hat« (3. Aug. 1877 an Perkins [2.], *Letters 1876–1880*). Es ist nicht bekannt, wann – bzw. ob – Twain diese scharfe Zurechtweisung, an die er sich hier erinnert, tatsächlich erteilte. Der Bruch in der Freundschaft mit Harte ereignete sich jedenfalls nicht vor März 1877, denn in der Zwischenzeit besprachen sie eine weitere mögliche Zusammenarbeit. Am 1. März antwortete Harte verärgert auf einen von Twains Briefen (der nicht mehr vorhanden ist): »Wenn ich gleich am nächsten Tag nach Erhalt Ihres Briefes geantwortet hätte, würden wir, glaube ich, nun keine Korrespondenz mehr führen oder gemeinsamen Geschäften nachgehen.« Im unteren Teil des Briefes schreibt er: »Nein, Mark, ich glaube, es ist nicht ratsam für uns, gemeinsam ein weiteres Stück zu schreiben.« Auf der Rückseite des Briefes schrieb Twain: »Ich habe nur zwei Seiten dieser unsäglichen Idiotie gelesen. Mehr ertrage ich nicht« (Harte an SLC, 1. März 1877, CU-MARK, in Duckett 1964, 134–37).
Vereinbarung, den Roman Gabriel Conroy zu schreiben ... Vorschuss auf die Tantiemen – Auf Bitten von Elisha Bliss überzeugte Twain Harte, ein Buch bei der American

Publishing Company zu veröffentlichen. Im September 1872 schloss Bliss mit Harte einen Vertrag über einen 600-Seiten-Roman und zahlte ihm $ 1000 Vorschuss. Fertigge-
stellt wurde das Manuskript zu *Gabriel Conroy* aber erst im Juni 1875, zweieinhalb Jahre
nach dem vereinbarten Termin (Vertrag vom 8. Sept. 1872, CLU-SC; Scharnhorst 2000a,
116; Duckett 1964, 101–03).

675 *dreitausendsechshundert Dollar Vorschuss* – Bis Ende 1875 hatte Bliss »zwischen
$ 3 & $ 4000« an Harte gezahlt (Harte an SLC, 24. Dez. 1875, CU-MARK, in Harte 1997,
125–26). Durch den Verkauf der Serienrechte an *Scribner's Monthly* für $ 6000, die sich
Bliss mit Harte teilte, hatte er einen Teil seiner Vorleistungen aber bereits vorher eingenommen. Der Roman wurde ab November 1875 zunächst als zehnteiliger Episodenro-
man in der Zeitung veröffentlicht und erschien kurze Zeit später als Buch. Die wenigen
Vorzüge des Romans – einige eindrucksvolle Szenen und scharfsinnige Bemerkungen
über die falsche Einschätzung und ungerechte Behandlung chinesischer Immigranten –
täuschten nicht über die groteske Handlung der Liebesgeschichten mit unwahrschein-
lichen Zufällen, Imitationen, Verführung, Freitod, Betrug und Andeutungen von Kanniba-
lismus hinweg. *Gabriel Conroy* bekam schlechte Kritiken und wurde zu einem Ladenhüter,
der sich in den ersten beiden Jahren gerade einmal 3500-mal verkaufte. (Allerdings
wurde der Roman in mehrere Sprachen übersetzt und war in Deutschland recht beliebt.)
Harte war der Meinung, dass Bliss das Buch nicht offensiv genug vermarktet hatte, und
beschwerte sich, dass seine Aufforderung zu einer akkuraten Tantiemenabrechnung
ignoriert wurde (Scharnhorst 2000a, 116–17; Scharnhorst 1995, 144, 198; Duckett 1964,
106, 109; APC 1866–79, 90). Teilweise machte Harte auch Twain für Bliss' Verhalten
verantwortlich, und auf mehr als fünf Seiten machte er seinem Ärger in einem Brief vom
1. März 1877 Luft:

Nicht einmal die $ 6000 Vorschuss von Bliss können den Verlust wettmachen, den ich da-
durch erleiden werde, dass ich bei *ihm* veröffentlicht habe und nicht bei einem ehrbaren
Verleger. Das ist wirklich nicht richtig, Mark, und als mein Freund hätten Sie vorher einen
Blick in Bliss' Bücher und auf seine Methoden werfen müssen mit dem Wunsch, dass Ihrem
Freund recht getan werde, wie auch mit dem Wunsch, einen möglichen Vorschuss von
$ 500 auf unsere gemeinsame Arbeit reinzuholen, wenn das Buch keinen Erfolg hat.
(CU-MARK, in Duckett 1964, 125)

wurde er zu verschiedenen Zeiten von einer Reihe von Frauen ausgehalten – Es konnte
nur über eine der Frauen etwas herausgefunden werden: Hydeline de Seigneux Van de
Velde (1853–1913). Sie sprach drei Sprachen fließend und war eine charmante Gastgeberin und gewandte Gesprächspartnerin, die Harte bei einigen seiner Theaterstücke
behilflich war. Sie wurde in gewissem Sinn seine Mäzenin, die sein Talent förderte und
für die richtige »Umgebung und Voraussetzung für die Entfaltung seiner Kräfte« sorgte
(»Broadway Notebook«, *New York Tribune*, 26. Aug. 1883, 4, zitiert in Harte 1997, 302–03,
Anm. 2). 1882 erklärte Harte seiner Frau die Lage folgendermaßen:

Ich denke, ich fühle mich am wohlsten bei meinen Freunden, den Van de Veldes, in London. Die 4-jährige Freundschaft hat dazu geführt, dass ihr behagliches Zuhause in London auch mein Zuhause ist, wenn ich in London bin. […] Sie haben insgesamt neun Kinder und fast ebenso viele Bedienstete. Es ist der kultivierteste, höflichste, einfachste, eleganteste und ungekünsteltste Haushalt, den man sich nur vorstellen kann. Der Vater und die Mutter sind beide Ausländer von Rang und Namen: Madame ist die Tochter von Count de Launay, dem italienischen Botschafter in Berlin. Sir Arthur Van de Velde ist der Kanzler der Belgischen Gesandtschaft. Sie haben mich in ihre Familie aufgenommen – weiß der Himmel, wie oder warum –, als ob sie mich schon seit Jahren kennte. (Harte an Anna Harte, 11. Okt. 1882, Harte 1997, 291–92)

Nicht nur Einstellung und Verhalten von Mrs. Van de Velde waren unkonventionell. Berichten zufolge war sie noch immer mit ihrem ersten Mann verheiratet. Ihre Bekanntschaft mit Harte verschaffte ihr deshalb Zugang zu literarischen und sozialen Kreisen, zu denen sie sonst keinen Zugang gehabt hätte. Gerüchte und Spekulationen über das Verhältnis der beiden nahmen nach dem Tod von Herrn Van de Velde 1892 zu, als sie zusammen in eine andere Wohnung zogen. Offenbar wurde aus der Freundschaft irgendwann eine Liebesbeziehung. 1895 gingen sie gemeinsam auf eine sechswöchige Reise, nachdem sie England getrennt verlassen hatten, sich aber in der Schweiz trafen. 1902 starb Harte an Kehlkopfkrebs in ihrem Landhaus in Camberley in Surrey (Scharnhorst 2000a, 163–65, 169–74, 197–99, 204–06, 228–29; Harte an Hydeline Van de Velde, 10. Sept. 1880, Harte 1997, 271–73).

675 *Orions umsichtige Gewissenhaftigkeit … mich meine Spekulationen mit Aktien von Hale & Norcross ruinierten* – Vgl. AD 5. April 1906, Anm. 32: »*kaufte fünfzig Aktien … war ich finanziell ruiniert*«.

676 *Ich fuhr nach Jackass Gulch und kampierte … bei einigen Freunden* – Twains Bergbaufreunde waren Jim und Billy Gillis sowie ihr Partner Dick Stoker (MT 2012, Bd. 2, Anm. 108: »*werde ich an etwas erinnert … dessen Gischtspritzer nach Kalifornien zu wehen begannen*«, vgl. AD 12. Juni 1906, Anm. 181: »*Steve Gillis und seinen Bruder Jim … den jungen Söhnen und Töchtern der Familie*« und AD 23. Jan. 1907, Anm. 614: »*in Jackass Gulch, Kalifornien*«.

Meine Freunde hatten … nach diesem Vermögen getrachtet … es nicht gefunden – Sie waren in Wirklichkeit nicht immer erfolglos, denn im Januar 1864 fand Billy Gillis ein sogenanntes »Nest«, »aus dem sie in den folgenden drei Tagen siebentausend Dollar herausholten« (Gillis 1930, 10–11).

678 *Parsloe* – Twain und Harte überredeten den berühmten Komödianten Charles T. Parsloe (1836–1898), der in Hartes Stück *Die beiden Männer von Sandy-Bar* den Charakter des Hop Sing gab, die Hauptrolle des chinesischen Wäschers in *Ah Sin* zu übernehmen. Sie hofften, dass Parsloe genauso beliebt und erfolgreich sein würde wie damals John T. Raymond in *Colonel Sellers*. Parsloe erwarb die Rechte an dem Stück, und zwar das »Alleinrecht für die gesamte Welt« (29. Dez. 1876 an Conway *durch* Fanny C. Hesse, *Letters 1876–1880*; »Death List of a Day«, *New York Times*, 23. Jan. 1898, 7).

679 *Edward Everett Hale … Der Mann ohne Vaterland* – Hale (1822–1909) war unitarischer Pfarrer, Verleger und Verfasser mehrerer Romane, geschichtlicher Abhandlungen und Geschichten. *Der Mann ohne Vaterland*, eine patriotische Parabel, die im Dezember 1863 (also nicht »als der Bürgerkrieg kurz vor dem Ausbruch stand«) anonym im *Atlantic Monthly* veröffentlicht wurde, brachte ihm weltweiten Ruhm und regte Unterstützung für die Unionsstaaten an (Hale 1863).

einer der kaltblütigsten Betrügereien der Republikanischen Partei … von Hayes – Die Präsidentschaftswahl am 7. November 1876 war die zweite in der Geschichte, in der der Verlierer, Samuel J. Tilden (demokratischer Gouverneur von New York), mehr Wähler-stimmen erhielt als der Gewinner, Rutherford B. Hayes (republikanischer Gouverneur von Ohio). Am 9. November schickte Twain voller Freude ein Telegramm an Howells, weil Hayes offenkundig die Wahl gewonnen hatte (*Letters 1876–1880*). Hayes wurde jedoch erst im März 1877 als Wahlsieger anerkannt, als ihm eine Wahlkommission des Kongres-ses 185 und Tilden nur 184 Stimmen zusprach. Als Teil des Kompromisses zwischen den Parteien stimmten die Republikaner zu, die Truppen aus dem Süden abzuziehen, was den Wiedereingliederungsprozess der ausgetretenen Staaten nach dem Bürgerkrieg abschloss. Es ist nicht bekannt, wann oder warum Twain seine Meinung änderte und plötzlich fand, dass die Wahl »eine der kaltblütigsten Betrügereien« war.

680 *der Mann ohne Vaterland bekam sein Konsulat* – Vgl. AD 14. Juni 1906, Anm. 192: »*den Ozean überquerte, um Konsul zu werden … Krefeld, Deutschland … Glasgow*« mit wei-teren Informationen über Hartes Ernennung.

John McCullough, der Tragöde – Vgl. AD 16. Jan. 1906 (MT 2012, Bd. 1, 147–49, Bd. 2, Anm. 149: »*John McCullough*«).

681 *Bret Hartes Sohn … John McCullough nahm sich des Jungen an* – Harte nahm im Inter-esse seines Sohns Frank Kontakt mit dem bekannten Theaterautor, Schauspieler und Produzenten Dion Boucicault (1820–1890) und mit McCullough auf. In einem Brief vom 15. Dezember 1882 schrieb er Frank:

Am 8. dieses Monats wollte Mr. Boucicault seine Reise von London nach New York an-treten. Vor ein paar Tagen führte ich eine weitere Unterhaltung mit ihm bezüglich Deiner Angelegenheiten. Er sagte, er werde Dich empfangen, wann immer Du ihn besuchst oder einen Termin mit ihm vereinbarst, er werde Dir offen Rat geben und Dir, falls er Dich für geeignet erachte, sofort eine Anstellung anzunehmen, alles in seiner Macht Stehende tun, Dir zu helfen. Ob das bedeutet, dass er *selbst* Dich anstellt, weiß ich nicht; er ist ein Mann, der von seinen eigenen Geschäften in Beschlag genommen ist, aber da es schließlich mit Schauspiel, Theater und Management zu tun hat, mögen Eure Interessen vielleicht zusam-menkommen. Einer Sache kannst Du Dir sicher sein, ich denke, er wird offen zu Dir sein; nicht um Dich völlig zu entmutigen, falls Du nicht so weit bist, wie Du glaubst, aber um Dir zu zeigen, was du für den Anfang tun kannst. Dies hat McCullough auf meine Bitte hin zugesagt, für Dich zu tun – und *nicht*, wie Deine Mutter mir schreibt, dass er Dir gesagt hätte, ›Dich zu beleidigen, falls erforderlich, um Dich von der Bühne fernzuhalten‹. Es ist kaum der Mühe wert, zu wiederholen, dass ich McCullough so etwas niemals sagen *könnte* oder gesagt *habe* oder etwas Derartiges an ihn geschrieben hätte. Ich habe ihm gesagt, wenn du körperlich nicht für die aktiven Anforderungen der Bühne geschaffen bist, sollte er dir davon abraten. (Harte 1926, 220)

Unabhängig davon, was Harte an McCullough schrieb, hatte er offenbar Zweifel an den schauspielerischen Fähigkeiten seines Sohnes. Frank erhielt dennoch eine Anstellung und spielte kleinere Rollen in Boucicaults Truppe; 1885/86 arbeitete er mit Lawrence Barrett und kam anschließend zu Boucicault zurück; 1887/88 spielte er für das Ensemble von Edwin Booth. Nach vier Jahren auf der Bühne gab Frank die Schauspielerei auf und arbeitete ab 1889 als Sekretär in Boucicaults Schauspielschule. 1895 schrieb Harte an seine Frau: »Ich verstehe auch nicht, warum Frank ›gelitten‹ haben soll; während seiner gesamten für ihn unpassenden Bühnenkarriere genoss er Vorteile, von denen die größten Schauspieler nur träumen können, und er hat sie nicht genutzt« (Harte an Anna Harte, 15. Febr. 1884, 15. Juni 1884, 3. April 1886, 30. März 1895 und 15. Febr. 1889, Harte 1997, 308–10, 313–15, 332–34, 355–57, 396–97; Harte an Anna Harte, 16. Nov. 1885 und 15. Juli 1887, und Harte an Frank Harte, 28. Dez. 1885, Harte 1926, 290–91, 294–95, 317–19; »Faithless Wives«, *San Francisco Chronicle*, 28. Nov. 1889, 1).

682 *die Kunst des Zeichnens* – Jessamy Harte war eine Künstlerin mit mäßigem Talent. Sie zeigte 1892/93 ihre Werke während der Weltausstellung in Chicago (Harte an Anna Harte, 19. Nov. 1893, Harte 1997, 388–90).

683 *Bret Harte hat seine Familie im Stich gelassen* – Nach 1878 hatte Twain keinen persönlichen Kontakt mehr zu Harte. Aus Klatsch und Tratsch der Presse bezog er seine Informationen, die häufig ungenau waren. In Wahrheit schickte Harte regelmäßig Geld an seine Familie. Aus Krefeld schickte er monatlich im Durchschnitt $ 150; aus Glasgow das gesamte Jahresgehalt in Höhe von $ 3000, das er als Konsul verdiente. Außerdem schickte er Geld für Weihnachtsgeschenke und zusätzliche Geldsummen für Sonderausgaben wie Urlaub, wenn er sie auftreiben konnte, und lebte selbst nur von seinem mageren Einkommen als Schriftsteller. Laut seinem Enkel schickte Harte in den ersten 15 Jahren, die er im Ausland verbrachte, mehr als $ 60 000 nach Hause. Allerdings stimmt es, dass er sich zu einer Wiedervereinigung mit seiner Frau nicht recht entschließen konnte. Kurz nach seiner Ankunft schrieb er ihr über die Unannehmlichkeiten, die das Leben in Deutschland mit sich brachte, und er riet Frank davon ab, ihn zu besuchen, weil er ihm keine Unterkunft gewähren könne. Doch 1883/84 lud er seine Familie mehr als einmal nach Glasgow ein, was sie jedoch ablehnte. Er sah seine Frau nur noch wenige Male wieder, obwohl er regelmäßig lange, warmherzige Briefe an sie und seine Kinder schrieb und sehnsüchtig auf ihre Antworten wartete (Harte an Anna Harte, 4. Aug. 1883, 16. Okt. 1878, 17. Sept. 1883 und 15. Juni 1884, Harte 1997, 191–96, 300–02, 313; Duckett 1964, 184–85, 200–01, 232).

Steele … mit einer der Töchter verlobt – Jessamy Harte heiratete im Juni 1898 Henry Milford Steele (1866?–1917). Steele arbeitete zunächst als Kunstredakteur bei *Scribner's Monthly*. Später widmete er sich Finanzgeschäften, der Ölförderung und dem Bergbau in Kalifornien. Als sich das Ehepaar 1910 scheiden ließ, beschuldigte Steele Jessamy, ihn verlassen zu haben, während sie »extreme Grausamkeit« als Scheidungsgrund angab (*New York Times*: »Bret Harte's Daughter Weds«, 28. Juni 1898, 7; »Mrs. Harte-Steele Divorced«, 2. Jan. 1910, 4; »Widely-Known Oil Man Passes Away«, *Los Angeles Times*, 27. Febr. 1917, I10).

684 *JESSAMY BRET HARTE VERARMT* – Dieser Zeitungsartikel erschien am 29. Januar auf der ersten Seite der *New York Sun*. Der Name von Jessamys Ehemann ist im Artikel falsch geschrieben (vgl. Anm. 683: »*Steele ... mit einer der Töchter verlobt*«).

die Stadt will ihr aber nur die Reise bis New York bezahlen – Die berühmte Schauspielerin Eleanor Robson organisierte eine Benefizveranstaltung für Jessamy Harte. Am 14. Februar führte sie mit ihrem Ensemble eine Theaterfassung von Hartes Geschichte »Salomy Jane's Kiss« auf. Sie hatten gehofft, mindestens $ 5000 einzunehmen, es kamen aber nur $ 800 zusammen (Harte 1898; »Aid Daughter of Bret Harte«, *San Francisco Chronicle*, 31. Jan. 1907, 9; »Mrs. Steele in New York«, *Washington Post*, 7. Febr. 1907, 13; »Benefit for Mrs. Steele Raises $ 800«, *New York Times*, 15. Febr. 1907, 11). In einem Brief vom 29. Januar bat Robson auch Twain, an der Veranstaltung teilzunehmen (CU-MARK). Seine erste Antwort ist in Isabel Lyons Stenographischem Notizbuch #2 festgehalten: »Es zeugt wahrscheinlich von besserem Geschmack, mich nicht einzubringen. Wir waren die letzten 30 Jahre keine Freunde. Unter diesen Umständen möchte ich keinen prominenten Platz einnehmen – kenne kein Familienmitglied, das anders ist als Bret Harte. Ich verachtete ihn – wenn viele Namhafte anwesend sein werden, dann schön & gut« (CU-MARK). Twain nahm zwar nicht an der Veranstaltung teil, verfasste allerdings ein Empfehlungsschreiben für öffentliche Zwecke:

Ich bin der Ansicht, dass die Amerikaner Bret Harte zu Dankbarbeit verpflichtet sind, denn er malte nicht nur Bilder von Kalifornien, die das Herz erwärmen, sondern steckte in seine Arbeit solch unendliche Zärtlichkeit, solches Mitgefühl, solche Stärke und solches Verdienst, dass er damit die Aufmerksamkeit der Welt auf Amerika lenkte. Seine Tochter verdient deshalb unser Mitgefühl. (»Aid for Harte's Daughter«, *New York Times*, 30. Jan. 1907, 18)

Laut Lyon gab Twain die Erlaubnis, seinen Namen zu verwenden, um die Einnahmen zu erhöhen, doch dann zog er sie zurück: »Er sieht das ganze Ding als Werbung für Eleanor Robson. Er ist so impulsiv, & immer wieder muss er Aussagen zurücknehmen, die er mit Enthusiasmus gemacht hat« (Lyon 1907, Einträge für 29. und 30. Jan.). Anfang 1907 zeigten sich bei Jessamy bereits erste Symptome ihrer psychischen Krankheit, aufgrund deren sie 1915 in eine psychiatrische Klinik eingewiesen wurde; sie starb dort 1964 im Alter von 92 Jahren (»Mrs. Steele in New York«, *Washington Post*, 7. Febr. 1907, 13; Scharnhorst 2000a, 232).

685 *Wir machen der Spinne ... keinen Vorwurf* – Vgl. AD 23. Juni 1906, Anm. 224: »*Wespenjungen gemächlich die Beine abkauen*«.

688 *Stanford White* – Vgl. AD 28. Febr. 1907, Anm. 727: »*Die schrecklichste cause célèbre ... Architekten Stanford White*«.

11. Februar 1907

689 *Vorgestern geschah etwas* – Vgl. AD 12. Febr. 1907.

691 *auffälliger Phasen deutschen Studentenlebens in Bummel durch Europa* – Mark Twain behandelt das deutsche Studentenleben in den Kapiteln 4–7 und im Anhang C von *Bummel durch Europa* (1880). Er greift dabei auf Erlebnisse während des Aufenthalts seiner Familie von Mai bis Juni 1878 in Heidelberg zurück.

unsere großzügigen Soldatenpensionen ... System des Stimmenkaufs – Vgl. AD 15. Jan. 1907 und Anm. 594–95: »*gestanden wir den Invaliden ... Pensionen zu ... Grand Army of the Republic*«, Anm. 595: »*die unsterbliche Durchführungsverordnung Nr. 78*« und Anm. 596: »*Gesetzentwurf zur Armeepension ohne Gegenstimmen verabschiedet*«.

eine Taktlosigkeit begangen ... Seiner Majestät – In AD 29. März 1906 meinte Twain, dass sein Vergehen bei diesem Anlass ein unpassender Ausruf über eine Kartoffel gewesen sei (vgl. MT 2012, Bd. 1, 448).

692 *Prinz Heinrich ... Bankett, das der wohlhabende Eigentümer der Staats-Zeitung ... gab* – Prinz Heinrich von Preußen (1862–1929), der Bruder Kaiser Wilhelms II., reiste von Februar bis März 1902 durch die Vereinigten Staaten und wurde aufwändig bewirtet. Twain meint an drei Abendessen zu Ehren des Prinzen teilgenommen zu haben, davon sind zwei belegt: das des New Yorker Bürgermeisters Low am 25. Februar und jenes, das er in diesem Diktat ausführlich beschreibt. Es wurde am 26. Februar von Herman Ridder (1851–1915) gegeben, dem Herausgeber der *New Yorker Staats-Zeitung*, Amerikas größter deutschsprachiger Zeitung. Ridders Bankett im Waldorf Astoria Hotel wurde von mehr als 1200 Verlegern und Herausgebern besucht (*New York Times*: »Prince Guest of Mayor«, 26. Febr. 1902, 2; »Press of America Honors Prince Henry«, 27. Febr. 1902, 1).

George W. Smalley – Smalley war der USA-Korrespondent der *London Times* (vgl. MT 2012, Bd. 2, Anm. 409: »*Bei einem Abendessen bei Smalley lernten wir Herbert Spencer kennen*«).

12. Februar 1907

694 *der letzte und zuversichtlichste aller Handleser* – Isabel Lyon hielt fest, dass Twain am 26. Januar den Handleser John Williams Fletcher aufgesucht hatte: »Um vier Uhr kam er äußerst amüsiert nach Hause. Fletcher hatte ihm gesagt, er werde fast ein Jahrhundert alt werden« (Lyon 1907). Fletcher hatte zwei Jahre zuvor bereits einen Handabdruck Twains gelesen (vgl. AD 28. Jan. 1907, Anm. 626: »*Handdeutung durch Niblo*«).

ein Herr ... aus Berlin eingetroffen – S. N. D. North, der Vorsitzende einer amerikanischen Delegation in Deutschland »in Sachen Zollreform«, besuchte Twain am 10. Februar in New York und überbrachte eine Nachricht von Wilhelm II. (Lyon 1907, Eintrag vom 10. Febr.; »German Tariff Prospects«, *New York Times*, 28. Jan. 1907, 5).

695 *er »war am Zug«* – »*hold the age«;* beim Draw Poker (bzw. verdeckten Poker), wie es im 19. Jahrhundert gespielt wurde, musste der Spieler zur Linken des Gebers »hold the age«, d. h., er war vor allen anderen Spielern mit Bieten an der Reihe.

19. Februar 1907

696 *19. Februar 1907* – Das richtige Datum dieses Diktates ist unbekannt; Twains vage chro-
nologische Aussagen im Text lassen, wörtlich genommen, auf einen Zeitpunkt zwischen
1904 und 1907 schließen. Der Text ist erhalten als Typoskript eines unbekannten Typis-
ten; das hier verwendete Datum wurde von Isabel Lyon eingetragen. In einem Brief an
seinen Freund, den britischen Bibliothekar John Y. W. MacAlister, bezeichnete Twain diesen Aufsatz als ein Diktat für die Autobiographie. MacAlister, wie Twain Mitglied des
Savage Club, schrieb Twain am 6. Februar 1907 (CU-MARK) mit der Bitte um einen Originalbeitrag zu einem Jubiläumsband für den 50. Geburtstag des Clubs. Twain antwortete
am 21. Februar:

Ich hatte keine freie Zeit zur Verfügung, etwas Besonderes zu schreiben, daher habe ich dies
aus dem riesigen Stapel autobiographischer Manuskripte gezogen. Es wird nach meinem
Tod erscheinen, zusammen mit meinen anderen Memoiren. An einzelnen Stellen fehlt es an
Eleganz, aber ich poliere selten auf Hochglanz nach, denn Diktiertes ist *Gesprochenes*, &
Gesprochenes ist umso besser & natürlicher, wenn es hier & da etwas holpert. (NN-BGC)

Das Stück wurde in dem Band des Savage Club als »Mark Twain's Own Account« gedruckt (Aaron Watson 1907, 131–35; zum Savage Club vgl. Anm. 698: *»Edmund Routledge … Savage Club«*).
nach England zu reisen … Material für ein Buch – Auf einen Vorschlag von Joseph
Blamire, einem New Yorker Agenten seines Londoner Verlages George Routledge & Sons,
fuhr Twain von August bis November 1872 nach England und machte sich umfangreiche
Notizen für ein Reisebuch, das er nie fertigstellte. Am 21. August verließ er den New
Yorker Hafen auf der *Scotia* und kam zehn Tage später in Liverpool an, von wo aus er am
2. September mit dem Zug nach London fuhr (*L5*: 21. Juli 1872 an Blamire, 128–31, Anm.
3; 11. Aug. 1872 an OC, 144–45, Anm. 1; Anm. nach 1. Sept. 1872 an OLC, 153).

697 *ich fuhr zum Haus meines Verlegers … Die Routledges* – Die erste englische Ausgabe
der *Arglosen im Ausland* wurde 1870 von John Camden Hotten herausgegeben. Da
es noch keine internationalen Urheberrechtsabkommen gab, zahlte er Twain nichts für
dieses Privileg. Er teilte den Text in zwei Bände, *The Innocents Abroad* und *The New
Pilgrim's Progress*. Drei Jahre zuvor, also 1867, hatte die Firma von George Routledge &
Sons einen Nachdruck von *Der berühmte Springfrosch von Calaveras* herausgebracht,
ebenfalls ohne Erlaubnis oder Honorarzahlung; die Verkaufszahlen waren vielversprechend, und so strebte der Verlag die exklusiven Rechte an Twains Büchern in England
an. Mitte 1871, als Twain im Begriff war, bei der American Publishing Company das Buch
Durch dick und dünn zu veröffentlichen, schrieb er an Elisha Bliss: »Haben Sie etwas von
Routledge gehört? Nach dem großen Verkaufserfolg meines anderen Buches (*Springfrosch*) dachte ich, wir könnten etwas erreichen, wenn ich ihm die Rechte gebe« (21. Juni
1871, *L4*, 410–11). Die englischen Rechte konnte man sich sichern, indem man ein Buch
in England verlegte, kurz bevor es in den USA erschien. Das war bei *Durch dick und dünn*

der Fall gewesen, und Anfang September 1872, als Twain den Routledges in London einen Besuch abstatten wollte, hatten sie eben erst eine zweibändige Ausgabe der *Arglosen im Ausland* herausgegeben. Sie wurden Twains bevorzugte britische Verleger, die die autorisierten englischen Ausgaben von *Der berühmte Springfrosch von Calaveras, Mark Twain's Sketches, A Curious Dream, Die Arglosen im Ausland, Durch dick und dünn* und *Das vergoldete Zeitalter* herausbrachten. 1876 wechselte Twain mit *Tom Sawyers Abenteuer* zu Hottens Nachfolgern, Chatto & Windus (*ET&S1*, 546–55, 586–610; *RI 1993*, 876–77).

697–98 *auf den Sandwichinseln … schiffbrüchigen Hornet* – 1866 war Twain in Honolulu, als die Überlebenden der *Hornet* nach 43 Tagen auf See die Sandwichinseln erreichten. Er interviewte die ausgehungerte Besatzung sofort und schrieb die Geschichte für die *Sacramento Union* nieder. Später in diesem Jahr schrieb er auch »Forty-three Days in an Open Boat«, das in der Dezember-Ausgabe des *Harper's New Monthly Magazine* erschien (SLC 1866a, 1866b). Mehr als 30 Jahre später schrieb er 1898 über diese frühe Erfahrung als Autor in »Mein Debüt als Literat« und nannte es »Kapitel XIV meiner unveröffentlichten Autobiographie« (MT 2012, Bd.1, 577–608; Bd.2, 275–81).

698 *Edmund Routledge … Savage Club* – Edmund Routledge (1843–1899) wurde 1865 Teilhaber im Verlag seines Vaters. Twain besuchte den Club nicht am ersten Tag seines Aufenthalts in London, sondern etwa drei Wochen später, am 21. September (seine Rede nach dem Dinner dort wurde als Beilage zum Brief vom 22. September 1872 an Conway gedruckt [2.], *L5*, 172–78). Der Savage Club wurde 1857 als privater und zwangloser Club für Autoren, Journalisten und Künstler gegründet. Manche glaubten, dass der Name des Clubs auf den Dichter und Dramatiker Richard Savage (gest. 1743) zurückging, der vor allem durch Samuel Johnsons Biographie bekannt ist. Der Journalist und Romanautor George Augustus Sala hingegen versicherte, dass »wir uns nur aus Spaß Savages nannten« (dt. die Wilden) und »einen schrillen Schrei oder Schlachtruf auszurufen pflegten, der in bestimmten Abständen im Chor erklang« (Aaron Watson 1907, 21; *L5*: 21. Nov. 1873 an OLC, 480, Anm. 2; 22. Sept. 1872 an OLC, 169–70, Anm. 3). *Tom Hood, Harry Lee und … Frank Buckland* – Die erwähnten Mitglieder des Savage Club sind Tom Hood (1835–1874), Dichter, Journalist, Herausgeber und Sohn des Dichters und Humoristen Thomas Hood (1799–1845); Henry S. Lee (1826–1888), autodidaktischer Naturforscher und Autor populärer Werke über Meeresflora und -fauna; Francis Trevelyan Buckland (1826–1880), Arzt, bedeutender Naturhistoriker und Fischzuchtexperte. *fünf Fünf-Pfund-Noten … der Fracktasche meines Gesellschaftsanzugs* – Am 22. September 1872 berichtete Twain in einem Brief an seine Frau, 30 oder 40 Pfund in Scheinen verloren zu haben (aber nicht, sie wiedergefunden zu haben) (*L5*, 169–70).

699 *Ich war Mitglied des Lotos … Ehrenmitglied des Savage* – Twain wurde 1873 als Mitglied des Lotos Club aufgenommen; 1895 wurde er Mitglied auf Lebenszeit. Ehrenmitglied des Savage Club wurde er vermutlich 1897 (Pardee an SLC, 13. Febr. 1873, CU-MARK; »Mark Twain a Life Member of the Lotos«, *New York Tribune*, 25. April 1895, 11; Notizbuch 40, TS S. 19, CU-MARK). *der König … Nansen, den Polarforscher … Stanley* – Der Prinz von Wales (später König

Eduard VII.) war 1882 zum Ehrenmitglied auf Lebenszeit gewählt worden. Henry M. Stanley wurde diese Ehre 1890 zuteil. Der norwegische Forscher Fridtjof Nansen (1861–1930) wurde 1897 aufgrund seiner historischen Leistung erwählt, nachdem er im April 1895 bei dem Versuch, den Nordpol zu erreichen, weiter vorstieß als je zuvor ein Mensch (»The Savage Club«, *London Morning Post*, 13. Febr. 1882, 3; Aaron Watson 1907, 135; »Stanley a Savage«, *Boston Herald*, 26. Febr. 1890, 2; zu Stanleys Leben und Heldentaten vgl. AD 20. Nov. 1906, Anm. 447–48: »*Sir Henry M. Stanley … Expedition zur Rettung Emin Paschas*«).

25. Februar 1907

699 *Katastrophe der Larchmont* – Am Abend des 11. Februar stieß das Dampfschiff *Larchmont* der Reederei Joy Line, das von Providence nach New York unterwegs war, in der Meerenge Block Island Sound mit einem Schoner zusammen. Beinah alle der mutmaßlich 160 Passagiere kamen ums Leben; 14 erfroren in einem Rettungsboot. Kapitän George W. McVay und die anderen Offiziere der *Larchmont* wurden wegen ihrer unzureichenden Rettungsversuche der Feigheit beschuldigt. Die New Yorker Zeitungen berichteten ausführlich über die Katastrophe; Twains direkte Quelle ist nicht erwähnt (*New York Times*: »Probably 150 Lost in Wreck«, 13. Febr. 1907, 1; »How Survivors Escaped«, 14. Febr. 1907, 2; »Another Larchmont Victim«, 16. Febr. 1907, 3; »Did All I Could for Others – M'Vay«, 17. Febr. 1907, 4).

701 *LETZTE ÜBERLEBENDE GERETTET* – Dieser Artikel ist aus der *New York Sun* vom 24. Februar.

705 *SCHRAUBE ZERSTÖRT 18-STUNDEN-ZUG* – Dieser Artikel erschien in der *New York Sun* vom 24. Februar.

706 *Den offiziellen Statistiken, die die Regierung der Vereinigten Staaten zusammenstellt* – Vgl. AD 6. Jan. 1907 und Anm. 576: »*10 000 Menschen getötet und 80 000 verletzt*«.

707 *eine ältere Schwester von Harriet Beecher Stowe* – Entweder Catharine Beecher (1800–1878) oder Mary Beecher Perkins (1805–1900), die beide in Hartfords Viertel Nook Farm lebten (Andrews 1950, 17).

26. Februar 1907

708 *habe ich einen Club gegründet … Die menschliche Rasse* – Am 6. Februar 1907 schrieb Twain eine Einladung an William Dean Howells, George Harvey und Finley Peter Dunne, in der er zur ersten Sitzung des Clubs Die menschliche Rasse am 15. Februar einlud (CtHMTH). Der vollständige Name des Clubs lautete: »Die gottverdammte menschliche Rasse« (»The God Damned Human Race«), wie Twains Widmung vom 7. Februar auf einer Ausgabe des Christian Science zeigt, die an Isabel Lyon in ihrer Funktion als »Hon. Sec. G. D. H. R.« gerichtet war (NN-BGC).

712 *Königin Wilhelmina und ihrem Gemahl Prinz Heinrich* – Wilhelmina (1880–1962), Tochter von König Wilhelm III. der Niederlande, war mit Herzog Heinrich von Mecklenburg-Schwerin (1876–1934) verheiratet. Sie regierte ab 1890 (zuerst unter einer Regentschaft), bis sie 1948 abdankte.

27. Februar 1907

713 *1904. Villa Quarto, Florenz, Januar* – Dieser Bericht über Twains erste Schreibmaschine wurde 1904 in Florenz diktiert; Hobby schrieb vermutlich ein mittlerweile verlorengegangenes Typoskript ab, das ursprünglich von Jean Clemens anhand der handschriftlichen Notizen von Isabel Lyon angefertigt worden war (vgl. MT 2012, Bd. 2, 34–39).
Zum ersten Mal sah ich eine Schreibmaschine … 1871 … Nasby – Twain sah und erwarb seine erste Schreibmaschine während eines Aufenthalts in Boston im November 1874. Er und Twichell hatten versucht, von Hartford zu Fuß dorthin zu gelangen, gaben aber in Webster, Massachusetts, auf und setzten die Reise per Zug fort. Petroleum V. Nasby (David Ross Locke) wird nicht erwähnt, weder in Twains Briefen noch in Twichells Tagebucheinträgen über den Boston-Aufenthalt, obwohl Nasby zu jener Zeit in Boston Lesungen hielt. Die Schreibmaschine wurde nach Hartford geliefert, wo Twain am 9. Dezember seinen ersten Brief darauf tippte (*L6*: 9. Dez. 1874 an OC, 308–10; 13. Nov. 1874 an Redpath, 281; zu Locke vgl. MT 2012, Bd. 2, Anm. 609: »*Petroleum Vesuvius Nasby*«).

714 *»Der Junge stand auf dem brennenden Deck«* – Die erste Zeile aus Felicia Hemans' Gedicht »Casabianca« (1826), das in allen Schulen auswendig gelernt wurde (vgl. *Tom Sawyers Abenteuer*, Kap. 21).

714–15 *Die Maschine schrieb nicht (wie heute) Groß- und Kleinbuchstaben, sondern nur … gotische Großbuchstaben* – Twains Erinnerungen an diese Zeit und diese Schreibmaschine verschmelzen mit späteren Ereignissen und einer anderen Schreibmaschine. 1882 stellte Twain in Hartford eine Typistin unbekannten Namens ein, die seine diktierten Briefe in Kurzschrift festhalten und dann anhand ihrer Notizen abtippen sollte. Sowohl die Schreibmaschine von 1874 als auch die von 1882 verfügten nur über Großbuchstaben, diese waren aber nicht gotisch (*HF 2003*, 687, Anm. 75; A. A. Stewart 1912, 91; vgl. auch Anm. 715: »*Meine Schreibkraft tippte 73 ein Buch für mich ab*«).

715 *den ersten Brief … den ich diktierte … an Edward Bok* – Bok (1863–1930) wurde in den Niederlanden geboren und kam mit sechs Jahren in die USA. Er besuchte öffentliche Schulen in Brooklyn und arbeitete sich in der Verlagsbranche hoch. Er gründete und verlegte das *Brooklyn Magazine* (später *Cosmopolitan*) und führte als Herausgeber das *Ladies' Home Journal* zu noch nie da gewesener Beliebtheit. Mit seinem Privatvermögen, das er als Verleger und Inhaber eines Konsortiums erworben hatte, unterstützte er wohltätige Unternehmungen und setzte sich für soziale Reformen ein. Der Brief, an den Twain sich erinnert, stammte vom 24. Februar 1882 (Bok 1922, 204–05):

ICH HOFFE, DASS ICH SIE NICHT BELEIDIGE; ICH WILL SICHERLICH NICHTS MIT DER ABSICHT SAGEN, SIE ZU BELEIDIGEN. ICH MUSS ALLERDINGS ETWAS KLARSTELLEN, UND ICH WILL DAS SO HÖFLICH WIE MÖGLICH TUN. WORUM SIE MICH BITTEN, DARUM WERDE ICH ETWA SECHSMAL IN DER WOCHE GEBETEN. DREIHUNDERT BRIEFE IM JAHR! MAN MÖCHTE INSTINKTIV ZUSAGEN, ABER DIE ZEIT UND DER BERUF LASSEN DAS NICHT ZU. DER EINZIGE WEG IST ES, ALLEN ABZUSAGEN, OHNE AUSNAHME, UND ICH MÖCHTE IHRE AUFMERKSAMKEIT AUF ETWAS LENKEN, WAS IHNEN MÖGLICHERWEISE ENTGANGEN IST, UND ZWAR: NIEMAND HAT FREUDE DARAN, SEINEN BROTERWERB AUCH IN DER FREIZEIT AUSZUÜBEN. SCHREIBEN IST MEIN BROTERWERB, UND ICH GEHE IHM NUR NACH, WENN ICH DAZU VERPFLICHTET BIN. SIE KÖNNEN EINEN ARZT, BAUARBEITER ODER BILDHAUER FRAGEN, WONACH SIE MICH FRAGEN, UND ES HÄTTE NICHTS UNSCHICKLICHES, ABER WENN SIE EINEN VON IHNEN NACH EINER PROBE SEINES SCHAFFENS FRAGTEN, HÄTTE ER ALLES RECHT, SIE ZUR ORDNUNG ZU RUFEN. ES WÄRE NICHT ANGEMESSEN, EINEN ARZT NACH EINER LEICHE ALS ANDENKEN ZU FRAGEN.

MARK TWAIN

Der Brief an Bok war wohl nicht der erste Brief, den Twain diktierte. Es gibt noch drei ältere Briefe vom Februar 1882, von denen unwahrscheinlich ist, dass er sie selbst getippt hat.

715 *In einem früheren Kapitel* – Vgl. AD 24. Mai 1906 und Anm. 91: »*Graham Bell ... Telefonkabel ... das erste ... in einem Privathaus*«.
Meine Schreibkraft tippte 73 ein Buch für mich ab – Twain bringt die Fakten über seine unbekannte Typistin durcheinander (vgl. Anm. 714–15: »*Die Maschine schrieb nicht (wie heute) Groß- und Kleinbuchstaben, sondern nur ... gotische Großbuchstaben*«). *Tom Sawyers Abenteuer* wurde von 1872 bis 1875 verfasst, aber nicht auf einer Schreibmaschine getippt. Das Buch, von dem »die junge Frau einen beträchtlichen Teil« auf der Maschine abtippte, war *Leben auf dem Mississippi*. Harry M. Clarke (und Jakob B. Coykendall) hatten im Sommer 1882 in Elmira »einen beträchtlichen Teil« dieses Buches abgetippt (24. April 1883 an »Whom It May Concern«, Freedman; *TS* S. 503–04). Die junge Frau schrieb den Rest auf der Schreibmaschine ab, als Twain Ende September nach Hartford zurückkehrte, aber drei Monate später erkrankte sie an Scharlach und konnte die Arbeit nicht fertigstellen. Es war Twains erstes Buch, das er in maschinengeschriebener Fassung an den Verlag sandte (*HF 2003*, 688–89).

716 *Am Silvesterabend ... eine außergewöhnliche Erfindung, das Telharmonium ... in einem Privathaus* – Das Telharmonium, erfunden von Thaddeus Cahill (1867–1934), war ein elektrischer Apparat (eine Art früher Synthesizer), mit dem man Musik machen und über die Telefonleitung übertragen konnte. Es wurde von zwei Spielern auf einer äußerst komplizierten Tastatur bedient und konnte viele verschiedene Instrumente imitieren. Mit Strom wurde es von Generatoren versorgt, die sich an einer zentralen Station befanden und

Signale an »Adapter« (Lautsprecher) sandte. Cahill ließ sich sein Gerät 1897 patentieren und führte 1901 ein Modell vor; im Sommer 1906 wurde ein viel größerer Apparat, der 200 Tonnen wog, in der »Telharmonic Hall« in New York installiert (Broadway, Ecke 39. Straße). Es gab Vorführungen; Telharmonie wurde in manche New Yorker Restaurants und Museen übertragen, und das Presseecho war sehr groß. Twain hatte einen Zeitungsbericht gelesen und erhielt am 21. Dezember eine private Vorführung. Sofort organisierte er ein Silvesterkonzert in seinem Zuhause in der 21 Fifth Avenue. Da er knapp eine Meile südlich der Reichweite der Telharmonium-Kabel lebte, wurde eine spezielle Verlängerung nötig, um die Verbindung herzustellen. Etwa 60 Gäste – darunter etliche Zeitungsreporter – kamen zur Feier, auf der das Telharmonium im Mittelpunkt stand. Twain schrieb am Neujahrstag an Jean:

Um 23 Uhr 55 gab es eine von mir vorbereitete Überraschung: herrliche Musik – gespielt auf einem *stummen* Klavier mit 300 Tasten etwa eineinhalb Meilen entfernt am Broadway & per Telefonkabel in unseren Salon übertragen – das erste Mal, dass diese wundersame Erfindung in einem Privathaushalt zu hören war. In zwei Wochen wird sie 1000 Meilen nach Chicago übertragen & dort die Musik für die Electrical Convention liefern, & in ein oder zwei Jahren wird der Künstler in seine Tasten hauen & seine Musik in 20 000 Wohnungen liefern – & so billig wie Wasser; nur 20 Cent pro Stunde, & man kann sie nach Belieben abdrehen wie das Gas. (ViU)

Der öffentliche Betrieb, der 1907 eingeführt wurde, zog nicht genügend Abonnenten an, und so wurde das Telharmonium im darauffolgenden Jahr eingestellt (Weidenaar 1995, 5, 28–35, 63–69, 121–33, 142, 198–99, 222–24, 267; »Twain and the Telephone«, *New York Times*, 23. Dez. 1906, 2; Lyon 1906, Einträge vom 21. und 31. Dez., und ein Eintrag, datiert 31. Dez., der auf die Seite des 1. Dez. geschrieben worden war; Shelden 2010, 3–8).

717 *Whiteley … von einem bisher nicht identifizierten Mann erschossen* – Whiteley (1831 bis 1907) eröffnete 1863 ein Geschäft im Londoner Vorort Westbourne Grove, wo er ausgefallene Geschenkartikel verkaufte. In den 1880er Jahren war sein Unternehmen bereits enorm gewachsen, und so gab sich der wohlhabende Whiteley selbst den Titel »Universallieferant«. Der Mord an ihm war das Ergebnis seiner ehebrecherischen Verwicklungen. Whiteley und ein Freund, George Rayner, hatten Affären mit den Schwestern Emily und Louisa Turner, die in Brighton lebten. Der Mörder wurde 1879 als uneheliches Kind von Emily Turner geboren; er wuchs unter dem Namen Horace Rayner auf, aber seine Mutter erzählte ihm (wie er später sagte), dass Whiteley sein Vater sei. In der Hoffnung auf finanzielle Unterstützung kam Rayner am 24. Januar 1907 zu Whiteley ins Geschäft. Nachdem er zurückgewiesen worden war, erschoss er ihn und unternahm daraufhin einen Selbstmordversuch. Er kam vor Gericht und wurde nach zehnminütiger Beratung der Geschworenen des Mordes für schuldig gesprochen und zum Tode verurteilt. Trotz Rayners Behauptung, er wolle »das alles endlich hinter sich bringen«, hatte er mit einem Antrag Erfolg, aufgrund dessen seine Todesstrafe in

lebenslängliche Haft umgewandelt wurde. Im Gefängnis Parkhurst versuchte er erneut, sich das Leben zu nehmen, was als kriminelle Handlung mit zwei Wochen Einzelhaft bestraft wurde. Er wurde 1919 entlassen (*London Times*: »The Murder of Mr. Whiteley«, 23. März 1907, 6; »The Convict Rayner«, 1. April 1907, 8; »Attempted Suicide of Mr. Whiteley's Murderer«, 23. Okt. 1907, 8; »The Convict Rayner«, 21. Nov. 1907, 6).

719 *Dollis Hill House, London, 1900 –* Belegen nach zu urteilen, schrieb Twain diese Skizze am oder um den 19. September 1900; Hobby transkribierte das Manuskript. Das Dollis Hill House wurde 1825 nahe Willesden erbaut, was zu dieser Zeit ein ländliches Gebiet außerhalb Londons war. Von 1881 diente das Haus als Sommerresidenz des Grafen von Aberdeen, und nachdem man ihn 1897 zum Generalgouverneur von Kanada ernannt hatte, wurde das Grundstück an das Bezirksamt verkauft, damit es als öffentlicher Park genutzt werden konnte. Das Haus war jedoch noch bewohnt und wurde an die Clemens vermietet, die am 2. Juli einzogen. Die Nähe zu London kam den Clemens gelegen, weil Jean von dem Osteopathen Dr. Jonas Kellgren behandelt wurde und dessen Praxis in Belgravia dreimal die Woche aufsuchte. Twains erster Eindruck vom Haus war kein positiver. »Es ist sicherlich das dreckigste Wohnhaus Europas – möglicherweise des Universums«, schrieb er beim Einzug in sein Notizbuch; aber die Lage verbesserte sich nach einer Reinigung und mit dem Vertrautwerden (Notizbuch 43, TS S. 20, CU-MARK). Die Clemens bewohnten das Dollis Hill House im Sommer 1900 und genossen die Abgeschiedenheit. Am 6. Oktober fuhren sie mit der *SS Minnehaha* Richtung New York, nachdem man ihnen versichert hatte, dass Jeans Behandlung von einem amerikanischen Osteopathen fortgesetzt werden könne. Die Außenanlagen des Dollis Hill House wurden am 25. Mai 1901 als Gladstone Park für die Allgemeinheit eröffnet; das Haus selbst aber verfiel im Laufe des 20. Jahrhunderts immer mehr. Nachdem man es 1994 geschlossen hatte, wurde es im Januar 2012 trotz der Proteste von Anwohnern abgerissen (Dollis Hill House Trust 2011; 31. Juli 1900 an Rogers, Salm, in *HHR*, 448; 7. Juni 1900 an Baldwin, UkOxU; 4. Okt. 1900 an Pond, NN-BGC; Ober 2003, 157–61; »Opening of Gladstone Park«, *London Times*, 27. Mai 1901, 10; Brady 2012).

Mr. Gladstone ... Homer – Zum britischen Premierminister William Gladstone vgl. MT 2012, Bd. 2, Anm. 564: »*Mr. Gladstone*«. Gladstone hatte Eton und Oxford absolviert und war ein begabter Altphilologe. Zu seinen Werken in diesem Bereich gehören eine Versübersetzung der *Ilias* (zu seinen Lebzeiten unveröffentlicht), sieben Bände mit Studien über Homer, ein Thesaurus des homerischen Griechisch und eine Übersetzung von Horaz' *Oden*.

722 *Harrod's und den Army & Navy Stores –* Harrods entstand 1849 in Knightsbridge; 1900 war es bereits zu einem Kaufhaus mit 80 Abteilungen gewachsen, mit einer Grundfläche von fast 50 Hektar. Die Army & Navy Stores wurden 1871 als Kooperative von einer Gruppe Junioroffizieren gegründet, damit sie Lebensmittel zu einem niedrigeren Preis bekamen. Der erste Laden eröffnete 1872 in London und wuchs zu einem Imperium mit Filialen in England sowie in Indien (Falk und Campbell 1997, 69; John Richardson 2001, 3–4).

27. Februar 1907

723 *»Druck der Umzüge zum Quartalstag«* – Mietverträge begannen und endeten für ge-
wöhnlich quartalsweise, daher waren Umzugsunternehmen besonders ausgelastet.
Ankerwache – Die Mindestgröße der Besatzung, die an Bord sein muss, während ein
Schiff ankert und der Rest der Besatzung außer Dienst ist.

28. Februar 1907

727 *Die schrecklichste cause célèbre ... Architekten Stanford White* – Am 25. Juni 1906 erschoss der Millionär Harry K. Thaw (1871–1947) den berühmten Architekten Stanford
White (1853–1906), während dieser ein Stück im Theater auf dem Dach des Madison
Square Garden besuchte. Thaw war zuvor schon wiederholt wegen sexueller Gewalt,
Drogenmissbrauch und mentaler Labilität auffällig geworden. Sein Mordprozess begann
im Januar 1907, und Thaw gab an, die Gedanken an Whites frühere intime Handlungen
mit Evelyn Nesbit (1884–1967), Modell und Tänzerin, hätten ihn gequält. Beide Männer
hatten mit ihr eine Affäre begonnen, als sie 16 war, und Thaw hatte sie 1905 geheiratet,
als sie 21 war. Evelyn Nesbit Thaw wurde am 7. Februar als Zeugin befragt; während der
20 Verhandlungstage stellte sie es so dar, als ob White ihr Drogen verabreicht hätte.
Thaws Anwälte argumentierten, er leide an »amerikanischer Demenz«, einer zuvor unbekannten Krankheit, bei der sich Eifer in der Verteidigung weiblicher Keuschheit in unkon-
trollierbare Gewalt verwandele. Der Prozess endete am 12. April mit einem Unentschieden der Geschworenen. In einem zweiten Prozess im darauffolgenden Jahr wurde Thaw
wegen Unzurechnungsfähigkeit für nicht schuldig befunden; er wurde in ein Krankenhaus
für geisteskranke Straftäter eingewiesen, aus dem er 1913 ausbrach. Er wurde gefasst
und wegen Verschwörung angeklagt; zwei Jahre später wurde er jedoch für zurechnungsfähig erklärt und entlassen (Mooney 1976, 22–28, 244–62, 266–73, passim).

728 *mit Ausnahme von vier besonders abscheulichen Sätzen* – Diese »abscheulichen« Sätze
sind nicht identifiziert worden. Twain hatte sie möglicherweise von einem seiner Freunde
gehört, die mit dem Prozess zu tun hatten, wie etwa District Attorney William T. Jerome,
der Ankläger, oder Martin W. Littleton, der später beim zweiten Prozess 1908 Thaws
Hauptanwalt wurde (*MTB*, 3:1406–07; Mooney 1976, 244, 266).
Nach unseren infamen Gesetzen wird der Verführer nicht bestraft – In einem Artikel von
1903, der in *Harper's Weekly* veröffentlicht wurde (»Why Not Abolish It?«), hatte Twain
seine Ansicht zum Ausdruck gebracht, dass das Schutzalter abgeschafft werden sollte,
und argumentiert, dass es die Schuld von den Männern, die verführen, zu den Frauen,
die verführt werden, verlagere. Er kommt auf dieses Thema zurück in AD 20. April 1907
(SLC 1903e).

729 *Tom Reed ... Henry Rogers in der Karibik segelten* – Im April 1902 segelte Twain auf
Rogers' Yacht, der *Kanawha*, zu den Bahamas; einer der anderen Gäste war Thomas
B. Reed (1839–1902). Reed war Jurist und diente von 1877 bis 1899 als republikanischer
Kongressabgeordneter von Maine und während eines Großteils dieser Zeit als ein-
flussreicher Sprecher des Repräsentantenhauses; er trat zurück, als Präsident McKinley

gegen Spanien in den Krieg zog. Twain genoss Reeds Gesellschaft und nannte ihn einen »herrlichen & unwiderstehlichen alten Ochsenfrosch«, und sie verbrachten einen Gutteil der Zeit auf dem Schiff mit Poker und politischen Diskussionen (7. Aug. 1902 an Rogers, CU-MARK, in *HHR*, 496; *MTB*, 3:1162–63).

729–30 *Harveys Parabel … Der Mann, der Babys verspeiste* – George Harvey, Präsident von Harper & Brothers sowie Herausgeber von *Harper's Weekly*, veröffentlichte seine Parabel in der März-Ausgabe dieses Magazins (Harvey 1907).

Zusatzmaterialien

Mark Twain. Kurzbiographie

1835   Geboren am 30. November in Florida, Missouri, als sechstes Kind von John Marshall und Jane Lampton Clemens. Von seinen sechs Geschwistern erreichten nur Orion, Pamela und Henry das Erwachsenenalter (vgl. »Familienbiographien«).

1839/40   Zieht nach Hannibal, Missouri, am Westufer des Mississippi; besucht eine für den Westen typische Gemeindeschule (»common school«) in Hannibal (1840).

1842–1847   Verbringt die Sommer auf der Farm seines Onkels John Quarles nahe Florida, Missouri.

1847   Am 24. März stirbt sein Vater. Verlässt die Schule und beginnt als Laufbursche und Setzerlehrling für Henry La Cossitts in Hannibal erscheinende *Gazette* zu arbeiten.

1848   Lehrling bei Joseph P. Ament, dem neuen Herausgeber und Besitzer des in Hannibal verlegten *Missouri Courier*. Arbeitet und lebt bei Ament bis Ende 1850.

1851   Stößt im Januar zu Orions Zeitung, der in Hannibal erscheinenden *Western Union*, wo bald »A Gallant Fireman« (»Ein ritterlicher Feuerwehrmann«) erscheint, sein erstes bekanntes veröffentlichtes Werk.

1853–1857   Verlässt Hannibal im Juni 1853 nach fast drei Jahren Lehre bei Orion. Arbeitet als Setzergeselle in St. Louis, New York, Philadelphia, Muscatine (Iowa), Keokuk (Iowa) und Cincinnati.

1857   Verlässt am 16. Februar Cincinnati auf der *Paul Jones*, gesteuert von Horace E. Bixby, der einwilligt, ihn zum Mississippi-Lotsen auszubilden.

1858   Henry Clemens stirbt an Verletzungen, die er bei der Explosion der *Pennsylvania* erlitten hat.

1859   Erhält am 9. April die offizielle Zulassung, Schaufelraddampfer »nach und von St. Louis und New Orleans« zu steuern. Bis 1861 hat er als

»guter Durchschnittslotse« auf mindestens einem Dutzend Schiffen gedient.

1861 Wird Freimaurer (tritt 1869 aus seiner Loge aus). Arbeitet als gewerblicher Lotse bis zum Ausbruch des Bürgerkriegs. Schließt sich der Hannibal Home Guard an, einer kleinen Gruppe von Freiwilligen mit südstaatlicher Gesinnung. Tritt nach zwei Wochen wieder aus und begleitet Orion ins Nevada-Territorium, wo dieser bis 1864 als Sekretär des Territoriums fungiert. Arbeitet kurzzeitig für Orion, schürft dann Silber.

1862 Schürft im Humboldt- und im Esmeralda-Minenrevier. Sendet (heute verlorengegangene) Beiträge, gezeichnet mit »Josh«, an den in Virginia City erscheinenden *Territorial Enterprise* und wird im Oktober dessen Lokalreporter.

1863/64 Zeichnet am 3. Februar 1863 zum ersten Mal als »Mark Twain«. Während er für den *Enterprise* schreibt, wird er Nevada-Korrespondent für den in San Francisco erscheinenden *Morning Call*. Um einer Strafverfolgung wegen Duellierens zu entgehen, zieht er um den 1. Juni 1864 nach San Francisco und arbeitet vier Monate lang als Lokalreporter für den *Californian* und die *Golden Era*. Anfang Dezember besucht er Jackass Hill in Tuolumne County, Kalifornien.

1865 Besucht Angels Camp in Calaveras County, Kalifornien. Kehrt nach San Francisco zurück und fängt an, einen täglichen Brief für den *Enterprise* zu schreiben. Schreibt weiterhin für den *Californian*. »Jim Smiley and His Jumping Frog« (»Jim Smiley und sein springender Frosch«) wird am 18. November in der in New York erscheinenden *Saturday Press* veröffentlicht.

1866 Reist als Korrespondent der *Sacramento Union*, für die er fünfundzwanzig Briefe schreibt, auf die Sandwichinseln (Hawaii). Hält im Oktober seinen ersten Vortrag in San Francisco.

1867 Sein erstes Buch, *The Celebrated Jumping Frog of Calaveras County, and Other Sketches (Der berühmte Springfrosch von Calaveras County und andere Skizzen)*, wird im Mai veröffentlicht. Hält seinen ersten Vortrag in New York City. Segelt auf der *Quaker City* nach Europa und ins Heilige Land. Trifft am 27. Dezember in New York Olivia (Livy) Langdon. In Washington, D. C., arbeitet er kurze Zeit als Privatsekretär für William M. Stewart, Senator für Nevada.

1868   Hält zahlreiche Vorträge in den Bundesstaaten des Ostens und des Mittleren Westens. Umwirbt Livy und macht ihr einen Heiratsantrag, den sie im November annimmt.

1869   Veröffentlicht *The Innocents Abroad (Die Arglosen im Ausland)*. Kauft mit Jervis Langdons Hilfe einen Drittel-Anteil am *Buffalo Express*.

1870   Heiratet Olivia am 2. Februar; sie lassen sich in einem Haus in Buffalo nieder, das Jervis Langdon für sie gekauft hat. Sohn Langdon kommt am 7. November zur Welt.

1871   Verkauft den *Express* und das Haus und zieht nach Hartford, Connecticut. Die nächsten zwei Jahrzehnte lebt die Familie in Hartford und verbringt ihre Sommer auf der Quarry Farm in Elmira.

1872   Tochter Olivia Susan (Susy) Clemens wird am 19. März geboren; Sohn Langdon stirbt am 2. Juni. *Roughing It (Durch dick und dünn)* wird in Hartford und in London veröffentlicht (das britische Urheberrecht ist damit gesichert). Besucht im Herbst London, um Vorträge zu halten.

1873   Nimmt die Familie für fünf Monate mit nach England und Schottland. Begleitet sie nach Hause (Livy ist schwanger) und kehrt im November allein nach England zurück. *The Gilded Age (Das vergoldete Zeitalter)*, zusammen mit Charles Dudley Warner geschrieben, wird in London und Hartford veröffentlicht.

1874   Kehrt im Januar nach Hause zurück; Tochter Clara Langdon Clemens wird am 8. Juni geboren. Die Familie zieht in das Haus, das sie in Hartford erbaut hat.

1875/76   Veröffentlicht *Mark Twain's Sketches, New and Old (Mark Twains Skizzen, neu und alt)* (1875) und *The Adventures of Tom Sawyer (Tom Sawyers Abenteuer)* (1876).

1878/79   Reist mit der Familie durch Europa.

1880   Veröffentlicht *A Tramp Abroad (Bummel durch Europa)*. Tochter Jane (Jean) Lampton Clemens wird am 26. Juli geboren.

1881   Beginnt, in die Paige-Setzmaschine zu investieren. Veröffentlicht *The Prince and the Pauper (Der Prinz und der Bettelknabe)*.

1882   Kehrt zum Mississippi zurück, um Material für *Life on the Mississippi (Leben auf dem Mississippi)* zu sammeln, das 1883 veröffentlicht wird.

1884/85   Gründet den Verlag Charles L. Webster & Co., benannt nach dem Neffen seiner Frau und führenden Angestellten des Verlags. Vortragsreise mit George Washington Cable (November–Februar). *Adventures of Huckleberry Finn (Huckleberry Finns Abenteuer)* wird in London (1884) und New York (1885) veröffentlicht. Verlegt Ulysses S. Grants *Memoiren* (1885).

1889   Veröffentlicht *A Connecticut Yankee in King Arthur's Court (Ein Yankee an König Artus' Hof)*.

1891–94   Reist und lebt in Frankreich, der Schweiz, Deutschland und Italien. Häufige Geschäftsreisen in die Vereinigten Staaten. Henry H. Rogers, Vizepräsident von Standard Oil, macht es sich zur Aufgabe, Twains Geschicke in günstigere Bahnen zu lenken. 1894 melden Webster & Co. Konkurs an, und auf Rogers' Rat gibt Twain die Paige-Maschine auf. *The Tragedy of Pudd'nhead Wilson (Querkopf Wilson)* wird in Fortsetzungen und 1894 als Buch veröffentlicht.

1895   Startet im August, begleitet von Olivia und Clara, eine weltweite Lesereise, um seine finanzielle Lage zu stabilisieren; hält Vorträge auf dem Weg zur Pazifikküste und dann in Australien und Neuseeland.

1896   Hält Vorträge in Indien, Ceylon und Südafrika. Veröffentlicht *Personal Recollections of Joan of Arc (Persönliche Erinnerungen an Jeanne d'Arc)*. Am 18. August stirbt Susy in Hartford an einer Hirnhautentzündung. Bei Jean wird Epilepsie diagnostiziert. Wohnt in London.

1897   *Following the Equator (Reise um die Welt)* wird in London und Hartford veröffentlicht. Lebt in Weggis (Schweiz) und Wien.

1898   Zahlt Schulden an seine Gläubiger vollständig zurück. Lebt in Wien und im nahe gelegenen Kaltenleutgeben.

1899–1901   Wohnt in London, dazwischen Aufenthalte in europäischen Kurorten. Die Familie kehrt im Oktober 1900 in die Vereinigten Staaten zurück, wohnt in der Nummer 14 West 10th Street, New York, dann in Riverdale in der Bronx. Veröffentlicht »To the Person Sitting in Darkness« (»An die Person, die im Dunkeln sitzt«) (Februar 1901).

1902   Besucht zum letzten Mal Hannibal und St. Louis. Olivias Gesundheitszustand verschlechtert sich dramatisch. Isabel V. Lyon, die als ihre Sekretärin eingestellt wurde, wird schon bald Twains Sekretärin.

1903   Zieht mit der Familie in die gemietete Villa di Quarto in Florenz. Harper & Brothers erwirbt die Exklusivrechte an Mark Twains gesamtem Werk.

1904   Fängt an, Lyon seine Autobiographie zu diktieren; Jean tippt ihre Kopie.

Olivia stirbt am 5. Juni in Florenz an Herzversagen. Die Familie kehrt in die Vereinigten Staaten zurück. Twain mietete ein Haus in der Fifth Avenue 21, New York.

1905 Verbringt den Sommer mit Jean in Dublin, New Hampshire. Schreibt »The War-Prayer« (»Das Kriegsgebet«).

1906 Beginnt im Januar die Autobiographischen Diktate. Eine Auswahl davon wird zwischen 1906 und 1907 in der *North American Review* veröffentlicht. Beauftragt John Mead Howells, ein Haus zu entwerfen, das in Redding, Connecticut, gebaut werden soll. *What Is Man? (Was ist der Mensch?)* wird anonym zur privaten Verteilung gedruckt.

1907 Veröffentlicht *Christian Science (Christliche Wissenschaft)*. Stellt Ralph W. Ashcroft als Assistenten ein. Reist nach England, um einen Ehrentitel der Oxford University entgegenzunehmen.

1908 Zieht in das Haus in Redding namens »Innocence at Home« (»Arglosigkeit zu Hause«), später »Stormfield« (»Sturmfeld«).

1909 Entlässt Lyon und Ashcroft. Jean stößt zu Twain in Stormfield. Clara heiratet am 6. Oktober den Pianisten und Dirigenten Ossip Gabrilowitsch. Jean stirbt am 24. Dezember an Herzversagen.

1910 Erkrankt auf Bermuda an einer schweren Angina; reist mit Paine am 12. April nach New York. Stirbt am 21. April in Stormfield.

Für eine weitaus detailliertere Chronologie siehe *Mark Twain: Collected Tales, Sketches, Speeches, and Essays, 1852–1890* (Budd 1992a, 949–97).

Die Familie. Kurzbiographien

Im Folgenden werden nur die Biographien von Twains engsten Angehörigen – seinen Eltern, Geschwistern, seiner Frau und seinen Kindern – angeführt. Informationen zu anderen Verwandten einschließlich der Familie von Olivia Clemens können über das Personenregister gefunden werden.

John Marshall Clemens (1798–1847), Twains Vater, wurde in Virginia geboren. Als Jugendlicher zog er mit seiner Mutter und seinen Geschwistern nach Kentucky, wo er Rechtswissenschaften studierte und 1822 die Lizenz zur Niederlassung als Anwalt erhielt. Ein Jahr später heiratete er Jane Lampton. 1827 zog die Familie Clemens nach Jamestown, Tennessee, wo John ein Geschäft eröffnete und später Gerichtsschreiber am dortigen Bezirksgericht wurde. 1835 zog er mit seiner Familie nach Missouri und ließ sich zuerst im Dorf Florida nieder, wo Samuel Clemens zur Welt kam. Zwei Jahre später wurde John zum Richter am Bezirksgericht von Monroe County ernannt, was ihm den Ehrentitel »Judge« einbrachte, den der junge Twain, weil er es nicht besser wusste, zu einer bedeutenden Machtstellung überhöhte. 1839 zog die Familie nach Hannibal, wo er einen Laden in der Main Street betrieb und vermutlich 1844 zum Friedensrichter gewählt wurde. Zum Zeitpunkt seines Todes war er Kandidat für die Position des Gerichtsschreibers am Berufungsgericht, starb aber einige Monate vor der Wahl. Er galt als einer der angesehensten Bürger des Bezirks und als überaus ehrlich, war jedoch im Kreis seiner Familie verschlossen und leicht reizbar. Eine zeitgenössische Anspielung auf John Clemens' »angeschlagene Nerven«, zusammen mit seinem erheblichen Konsum von Medikamenten, könnte auf ein chronisches Leiden schließen lassen. Als er 1847 plötzlich an einer Lungenentzündung starb, hinterließ er die Familie in relativer Armut. Beim Tod seines Vaters war Twain selbst erst elf Jahre alt; später schrieb er, »meine eigene Kenntnis seiner belief sich auf kaum mehr als ein gegenseitiges Vorstellen« (*Inds*, 309–11; 4. Sept. 1883 an Holcombe, MnHi).

Jane Lampton Clemens (1803–1890), Twains Mutter, wurde in Adair County, Kentucky, geboren. Ihre Ehe mit dem mürrischen und humorlosen John Marshall Clemens war keine Liebesheirat: Spät in ihrem Leben vertraute sie ihrer Familie an, dass sie geheiratet hatte, um einen anderen Verehrer vor den Kopf zu stoßen. Sie brachte sieben Kinder zur Welt, von denen, als ihr Ehemann 1847 starb, nur noch vier (Orion, Pamela, Samuel und Henry [1838–1858]) am Leben waren. Als Witwe verließ Jane Hannibal, Missouri, und lebte von 1853 bis 1870 in Muscatine, möglicherweise auch in Keokuk, Iowa, und in St. Louis, Missouri, zuerst im Haushalt von Orion Clemens, dann bei ihrer Tochter, Pamela Moffett. Als Twain 1870 heiratete und sich in Buffalo, New York, niederließ, gründete sie mit der verwitweten Pamela einen Haushalt im nahe gelegenen Fredonia. 1882 zog sie nach Keokuk, Iowa, wo sie für den Rest ihres Lebens bei Orion lebte. Sie wurde auf dem Mount-Olivet-Friedhof in Hannibal neben ihrem Ehemann und ihrem Sohn Henry begraben. Ihr Pfarrer in Hannibal nannte sie »eine Frau mit dem sonnigsten Naturell, lebhaft, leutselig, beliebt bei jedermann« (Wecter 1952, 86). Sie war das Vorbild für Tante Polly in *Tom Sawyer* (SLC 1876), *Huckleberry Finn* (SLC 1885) und anderen Werken. Nach ihrem Tod im Jahr 1890 schrieb Twain einen bewegenden Nachruf: »Jane Lampton Clemens« (*Inds*, 82–92, 311).

Orion Clemens (1825–1897), Twains älterer Bruder, kam in Gainesboro, Tennessee, zur Welt. Nach dem Umzug der Familie Clemens nach Hannibal, Missouri, ging er bei einem Buchdrucker in die Lehre. 1850 gründete er in Hannibal die Zeitung *Western Union*. Im folgenden Jahr wurde er außerdem Besitzer des dortigen *Journal* und stellte Twain und Henry, den jüngeren Bruder der beiden, als Schriftsetzer ein. 1853, kurz nachdem Twain sein Zuhause verlassen hatte, um auf Reisen zu gehen, zog Orion mit seiner Mutter und Henry nach Muscatine, Iowa. Dort heiratete er Mary (Mollie) Stotts (1834–1904), die 1855 eine Tochter, Jennie, zur Welt brachte. Er setzte sich bei den Präsidentschaftswahlen 1860 für Lincoln ein und wurde durch den Einfluss eines Freundes mit dem Titel eines Sekretärs für das neugegründete Nevada-Territorium belohnt (1861). Mollie und Jennie zogen 1862 zu ihm; 1864 starb Jennie an Fleckfieber. In diesem Jahr wurde Nevada zum Bundesstaat, und Orion konnte keine politische Position erlangen, die mit seiner vorherigen als Territoriumssekretär vergleichbar gewesen wäre. In den nächsten zwei Jahrzehnten mühte er sich, seinen Lebensunterhalt als Korrekturleser, Erfinder, Hühnerzüchter, Rechtsanwalt, Vortragender und Autor zu verdienen. Von der Mitte der 1870er Jahre bis zu seinem Tod

1897 wurde er von einem amüsierten, aber auch entnervten Twain finanziell unterstützt, der meinte, er war »immer ehrlich und ehrenhaft«, aber »träumte ununterbrochen, war ein Träumer von Geburt an« (*Inds*, 311–13; vgl. MT 2012, Bd. 1, 439–46; Bd. 2, 227–28).

Pamela A. (Clemens) Moffett (1827–1904), auch als »Pamelia« oder »Mela« bekannt, war Twains ältere Schwester. Geboren in Jamestown, Tennessee, besuchte sie nach dem Umzug der Familie Clemens nach Hannibal die Schule von Elizabeth Horr und wurde im November 1840 von ihrer Lehrerin wegen ihres »freundlichen Umgangs und ihres gewissenhaften Einsatzes für ihre diversen Studien« gelobt. Pamela spielte Klavier und Gitarre und unterstützte ihre Familie in den 1840er Jahren finanziell, indem sie Musikstunden gab. Im September 1851 heiratete sie William Anderson Moffett (1816–1865), einen Kommissionär, und zog nach St. Louis. Ihre Kinder waren Annie (1852–1950) und Samuel (1860–1908). Ab 1870 lebte Pamela in Fredonia, New York. Twain sagte von Pamela, sie sei »ihr ganzes Leben stark gebeutelt« gewesen. Sie war wahrscheinlich das Vorbild für Toms Cousine Mary in *Tom Sawyer*, *Huckleberry Finn* und anderen Werken (*Inds*, 313).

Olivia Louise Langdon Clemens (1845–1904), im vertrauten Kreis »Livy« genannt, wurde in Elmira, New York, als Tochter von Jervis Langdon (1809–1870), einem reichen Kohlenhändler, und Olivia Lewis Langdon (1810–1890) geboren und wuchs dort auch auf. Die Langdons waren streng religiös, reformistisch und Abolitionisten. Livys Schulbildung in den 1850er und 1860er Jahren bestand aus einer Kombination aus Hausunterricht und Unterricht an Thurston's Female Seminary und dem Elmira Female College. Obwohl sie immer schon kränklich gewesen war, verschlechterte sich ihr Gesundheitszustand zwischen 1860 und 1864 so sehr, dass sie invalide wurde. »Ihre vollen Kräfte sollte sie zeitlebens nicht wiedererlangen«, sagte Twain 1906. Er wurde der schüchternen, ernsten Livy im Dezember 1867 vorgestellt; bald begann er ernsthaft und langwierig um sie zu werben, hauptsächlich durch Briefe. Sie heirateten im Februar 1870 und ließen sich in Buffalo, New York, in einem von Livys Vater gekauften Haus nieder. Dort wurde im November ihr erstes Kind, Langdon Clemens, geboren. 1871 mieteten sie sich im Viertel Nook Farm in Hartford, Connecticut, ein und wurden bald zu einem wesentlichen Bestandteil dieser literarischen und intellektuellen Enklave. Sie erwarben ein Grundstück und bauten das markante Haus, das von 1874 bis 1891 ihr Zuhause wurde. Der kleine Langdon starb 1872; nach ihm wurden drei Töchter geboren: Olivia Susan (Susy) 1872, Clara 1874 und Jane (Jean) 1880. Später erinnerte sich Clara an Livys »selbstloses, zartes Wesen – verbunden mit völligem Verständnis, sowohl intellektuell als auch menschlich, für ihren Ehemann«; sie kümmerte »sich um alles, was Haus und Heim anging, was die Bewirtung vieler Gäste mit einschloss«, und schuf »Zeit für Französisch- und Deutschstunden ebenso wie für stundenlanges Vorlesen für mich und meine Schwestern« (CC 1931, 24–25). Für ihren liebenden Ehemann, den sie zärtlich »junger Mann« (»Youth«) nannte, war Livy eine »treue, besonnene und akribische Lektorin« (MT 2012, Bd. 1, 270–80). Im Juni 1891, als die Ausgaben stiegen und Twains Investitionen sowohl seine eigenen Einnahmen als auch Livys persönliches Einkommen aufzuzehren drohten, gaben sie das Haus in Hartford auf und begaben sich für eine Zeit nach Europa, um Geld zu sparen; von da an verbrachte Livy ihr Leben in temporären Unterkünften, Hotelsuiten und angemieteten Häusern. Als sich Twain im April 1894 gezwungen sah, Konkurs anzumelden, wurde die finanzielle Zukunft der Familie durch den Ausweg gerettet, Livy den Status eines »bevorzugten Gläubigers« zu geben und alle Urheberrechte Twains auf sie zu übertragen. 1895/96 begleiteten sie und Clara Twain auf seiner weltweiten Vortragsreise. Der Tod ihrer Tochter Susy im Jahr 1896 war ein Schicksalsschlag, von dem sie sich nie mehr erholte. Sie starb im Juni 1904 in Italien an Herzversagen.

Olivia Susan Clemens (1872–1896), genannt »Susy«, war Twains älteste Tochter. Ihre frühe Erziehung wurde hauptsächlich zu Hause von ihrer Mutter, ab dem Jahr 1880 dann einige Jahre lang von einer Hauslehrerin übernommen. Ihr Talent für das Schreiben, das Theaterspiel und die Musik war früh offenkundig. Mit dreizehn begann sie im Geheimen, eine Biographie über ihren Vater zu verfassen, von der er später vieles in seine Autobiographie übernahm; diese Biographie ist ein reizvolles Porträt idyllischen Familienlebens. Susy begleitete ihre Eltern 1873 nach England und 1878/79 bei einem längeren Aufenthalt im Ausland. Im Herbst 1890 verließ sie ihr Zuhause, um das Bryn Mawr College in Pennsylvania zu besuchen, wo sie allerdings nur ein Semester absolvierte. Im Juni 1891 gab die Familie Clemens das Haus in Hartford auf und begab sich, um Geld zu sparen, zusammen mit Susy für eine Zeitlang nach Europa, wo sie bis zur Mitte des Jahres 1895 blieben. Susy besuchte Schulen in Genf und Berlin und nahm Sprach- und Stimmunterricht, litt jedoch zunehmend unter physischen und nervösen Beschwerden, für die ihre Eltern verschiedene Behandlungen bis hin zu Geistheilung und Hydrotherapie ausprobierten. Nach dem Auf-

enthalt in Europa entschloss sich Susy, sich nicht mit Vater, Mutter und ihrer Schwester Clara auf Twains Vortragsreise um die Welt (1895/96) zu begeben; sie und ihre
Schwester Jean blieben in Elmira, New York, dem Wohnsitz ihrer Tante Susan Crane.
Im August 1896, während sie das Zuhause ihrer Kindheit in Hartford besuchte, erkrankte Susy an einem Fieber, das sich als spinale Meningitis herausstellte. Sie starb,
während ihre Mutter und ihre Schwester über den Atlantik reisten, um bei ihr zu sein.
»Eine Wolke liegt nun dauerhaft über allem«, schrieb Twain in sein Notizbuch (Notizbuch 40, TS S. 8, CU-MARK; vgl. MT 2012, Bd. 1, 217–26).

Clara Langdon Clemens (1874–1962), genannt »Bay«, war Twains zweite Tochter.
Sie wurde in Hartford, Connecticut, geboren und hauptsächlich zu Hause von ihrer
Mutter und Hauslehrerinnen unterrichtet. Während des Aufenthalts der Familie in Europa von 1891 bis 1895 genoss Clara ein größeres Maß an Unabhängigkeit als ihre
Schwestern und kehrte allein nach Berlin zurück, um dort Musik zu studieren. Sie war
die einzige von Twains Töchtern, die ihn und Livy 1895/96 auf ihrer Weltreise begleitete. Sowohl der Tod ihrer Schwester Susy als auch der erste epileptische Anfall ihrer
anderen Schwester Jean fielen in das Jahr 1896: »Es dauerte lang, bis in unserem
Haushalt wieder jemand lachte«, erinnerte sich Clara (CC 1931, 179). Die Familie ließ
sich 1897 in Wien nieder. Clara strebte eine Laufbahn als Pianistin an und studierte
bei Theodor Leschetizky, über den sie den jungen russischen Pianisten Ossip Gabrilowitsch (1878–1936) kennenlernte. 1898 hatte sich Claras Berufswunsch von Pianistin zu Sängerin gewandelt, einer Karriere, die ihr mehr wohlgesonnene Nachsicht
als Beifall einbrachte. Nach dem Tod ihrer Mutter im Jahr 1904 erlitt Clara einen Nervenzusammenbruch und absolvierte 1905/06 immer wieder, ohne ihre Familie, Liege-
kuren. Sie war von ihrem Vater finanziell abhängig, verbrachte aber immer weniger
Zeit in seinem Haushalt, reiste und gab gelegentlich Liederabende. Als ihr der Einfluss von Isabel V. Lyon und Ralph Ashcroft auf ihren Vater und dessen Finanzen zunehmend suspekt wurde, überzeugte ihn Clara 1909 davon, das Paar zu entlassen.
Im gleichen Jahr heiratete sie Gabrilowitsch; ihre Tochter, Nina Gabrilowitsch (1910
bis 1966), war Twains letzte direkte Nachkommin. Zwischen 1904 und 1910 verlor
Clara ihre Mutter, ihre Schwester Jean und ihren Vater; im Alter von fünfunddreißig
Jahren war sie die Alleinerbin des Nachlasses von Mark Twain, welcher für sie treu-
händerisch verwaltet wurde und bis zu ihrem Tod nicht in seiner Gesamtheit veräußert
werden durfte. Für ihr weiteres Leben nutzte sie ihren Einfluss, um die öffentliche Darstellung ihres Vaters zu kontrollieren. Gabrilowitsch starb 1936; 1944 heiratete Clara

den russischen Dirigenten Jacques Samossoud (1894–1966). Ihre Erinnerungen an ihren Vater, *My Father, Mark Twain*, wurden 1931 veröffentlicht. Sie verbrachte die letzten Jahrzehnte ihres Lebens in Südkalifornien. Claras Nachlass von Twains persönlichen Dokumenten, der 1962 an die University of California, Berkeley, ging, bildet die Basis der Mark Twain Papers, die in der Bancroft Library aufbewahrt werden.

Jean (Jane Lampton) Clemens (1880–1909), Twains jüngste Tochter, wurde nach seiner Mutter benannt, aber immer Jean gerufen. Wie ihre Schwestern wurde sie hauptsächlich zu Hause unterrichtet. 1896, als sie eine Schule in Elmira, New York, besuchte, erlitt sie einen schweren epileptischen Anfall. Ihr wurden Beruhigungsmittel verschrieben, und während der nächsten Jahre versuchten ihre besorgten Eltern, das Fortschreiten der Krankheit aufzuhalten, unter anderem indem sie den Sommer 1899 in Schweden verbrachten, um Jean von dem bekannten Osteopathen Jonas Kellgren behandeln zu lassen. Ihr Gesundheitszustand, der sich nach dem Tod der Mutter 1904 verschlechterte, und die häufigen Umzüge der Familie gaben Jean wenig Gelegenheit, eine selbständige Existenz aufzubauen. Ende des Jahres 1899 begann sie sich selbst den Umgang mit der Schreibmaschine beizubringen, um die Manuskripte ihres Vaters abtippen zu können. Außerdem liebte sie das Reiten und andere Aktivitäten im Freien und setzte sich für Tier- und Menschenrechte ein. Im Oktober 1906 wurde Jean in ein Sanatorium in Katonah, New York, geschickt; hier, in diesem »Exil«, blieb sie bis zum April 1909, als sie wieder zu ihrem Vater nach Stormfield in Redding, Connecticut, zog. Im Laufe der nächsten Monate genoss sie ein enges, glückliches Verhältnis zu ihm und übernahm Isabel Lyons Aufgaben als Sekretärin. Jean starb am 24. Dezember 1909 in Stormfield, offenbar an einem Herzinfarkt, den sie während eines Anfalls erlitt. Während der nächsten Tage schrieb Twain eine herzzerreißende Erinnerung an sie mit dem Titel »Closing Words of My Autobiography« (»Abschließende Worte meiner Autobiographie«; SLC 1909).

Editorische Notiz

Zur amerikanischen Ausgabe

Der vorliegende Band besteht aus 104 Autobiographischen Diktaten, die nach ihrem Entstehungsdatum chronologisch geordnet sind und damit die Serie fortsetzen, die in *Meine geheime Autobiographie* (MT 2012) begonnen wurde. Den Anfang macht AD 2. April 1906 (Band 1 endete mit dem vom 30. März 1906). AD 28. Febr. 1907 bildet den Abschluss und entstand zwei Jahre, bevor Twain aufhörte, weitere Diktate anzufertigen. Die Geschichte von Mark Twains Arbeit an seiner Autobiographie, von den vorläufigen Manuskripten und Diktaten, die er zwischen 1870 und 1905 produzierte, bis zu der Diktatserie, die 1906 begann, wird im Kapitel »Entstehungsgeschichte« in der *Geheimen Autobiographie* (MT 2012, Bd. 2, 7–87) dargestellt. Die Gründe der Herausgeber für die Auswahl bestimmter Varianten und für vorgenommene Fehlerkorrekturen werden dort in der »Editorischen Notiz« ausführlich erläutert (ebd., 333 bis 360). Beides ist bei Mark Twain Project Online (*MTPO*) in einer englischen Fassung auch elektronisch einzusehen.

Die Quelltexte dieses Bandes präsentieren eine neue textliche Ausgangssituation: Es gibt nun sowohl Originale als auch Durchschläge von Typoskripten. Es ist nicht bekannt, wann Josephine Hobby damit begann, Durchschläge anzufertigen, vermutlich aber Ende Mai oder Anfang Juni 1906. Ihre ursprüngliche Vorgehensweise, Mark Twains überarbeitete Exemplare neu abzutippen, was aufeinanderfolgende Typoskripte hervorbrachte, behielt sie nur bis August 1906 bei. Ab diesem Zeitpunkt gibt es nur noch einen einzigen maschinengeschriebenen Text pro Diktat, und oft fehlt heute entweder das Original oder der Durchschlag.

Mark Twains Überarbeitungsweise dieser Texte birgt einige Schwierigkeiten für die Textrekonstruktion. Beginnend mit dem AD 31. Juli, kristallisiert sich ein neues Muster heraus: Er überarbeitete ein Exemplar (üblicherweise das Original) und übertrug seine Änderungen auf das andere (normalerweise den Durchschlag), das er dann weiter überarbeitete, oft wohl mit Blick auf eine (partielle) Veröffentlichung zu Lebzeiten. Manchmal ließ er seine Sekretärin Isabel Lyon die Änderungen übertragen.

Die Übertragung wurde in der Regel sehr gewissenhaft durchgeführt. Doch gelegentlich schrieben Twain oder Lyon nicht alle ursprünglich eingetragenen Änderungen ab. In den allermeisten Fällen geschah dies wohl versehentlich, weshalb alle Änderungen grundsätzlich berücksichtigt werden müssen, unabhängig davon, ob sie nun auf dem Original oder auf dem Durchschlag vorgenommen worden sind. In einigen Fällen jedoch scheint Twain im Zuge der Übertragung gezielte neue Korrekturen angebracht zu haben. In diesen Fällen wurde die Version gewählt, die als die spätere angenommen werden kann.

Manche Diktate, die Hobby mit Durchschrift anfertigte, korrigierte sie später selbst. In jenen Fällen, in denen sie Diskrepanzen durch Auslassung oder Unaufmerksamkeit erzeugt hatte, folgen wir ihrer korrigierten (oder erstkorrigierten) Version.

Wie schon bei *Meine geheime Autobiographie* ist jedes Diktat mit einem Kommentar versehen – ausschließlich auf *MTPO* erhältlich –, der im Detail erläutert, wie die Herausgeber zwischen Varianten ausgewählt und wie und wo sie den Text korrigiert haben. Die Kommentare benennen und erklären zudem jede notwendige Abweichung von diesen generellen Richtlinien.

Frühere Veröffentlichungen in englischer Sprache

Im Folgenden findet sich eine Liste, die das Datum der frühesten Veröffentlichung aller Texte in diesem Band nennt, falls es eine gab. Separate Veröffentlichungen diverser Schriftstücke, die Twain in seine *Autobiographie* miteinbezog, wie Reden, Briefe und literarische Werke, werden nicht angegeben, außer der separat veröffentlichte Text basierte auf einem AD. Die Bezeichnung »partiell« umfasst alles von der Veröffentlichung eines Exzerptes bis hin zu einem fast kompletten Stück. Kurze Zitate aus Typoskripten in kritischen oder biographischen Werken werden nicht belegt. Charles Neider, der Herausgeber von *Mark Twains Autobiographie (AMT)*, hat Exzerpte dermaßen umgeordnet und neu kombiniert, dass alle Veröffentlichungen seiner Ausgabe als »partiell« angesehen werden müssen. Am Ende dieses Kapitels findet sich eine Liste jener »Kapitel meiner Autobiographie«, die in Fortsetzungen zwischen 7. September 1906 und Dezember 1907 in der *North American Review* (NAR) erschienen sind. Alle Werke, die mit einer Abkürzung oder einem Kurztitel genannt werden, werden im Literaturverzeichnis genau angegeben.

AD April 1906 – Februar 1907

2. April 1906: NAR 11, 229–32, partiell; *MTA*, 2:303–10; *AMT*, 103–06.

3. April 1906: NAR 2, 459–60, partiell; *MTE*, 33–34, 252–53, partiell.

4. April 1906: *MTA*, 2:310–16, partiell.

5. April 1906: NAR 12, 337–41, partiell; *MTA*, 2:316–25, partiell; *AMT*, 106–07, 218–21.

6. April 1906: NAR 12, 341–44, partiell; *MTA*, 2:325–32, partiell; *AMT*, 221–24.

9. April 1906: *MTA*, 2:332–40, partiell.

10. April 1906: *MTA*, 2:340–49.

11. April 1906: *MTA*, 2:349–57, partiell; *AMT*, 170–74.

21. Mai 1906: NAR 2, 449–53; *MTE*, 143–48; *AMT*, 152–54, 158–59.

23. Mai 1906: *MTE*, 148–55; *AMT*, 159–61, 225–27.

24. Mai 1906: *MTE*, 155–65; *AMT*, 227–33.

26. Mai 1906: *MTE*, 165–70; *AMT*, 233–36.

28. Mai 1906: *MTE*, 170–79; *AMT*, 236–41, 245–46.

29. Mai 1906: *MTE*, 179–82, partiell; AMT, 246–48.

31. Mai 1906: *AMT*, 248–51.

1. Juni 1906: *MTE*, 182–86, partiell; *AMT*, 251–54.

2. Juni 1906: *MTE*, 186–95, partiell; *AMT*, 254–58, 263–64.

4. Juni 1906: SLC 1902d, partiell; *AMT*, 325–28.

6. Juni 1906: *AMT*, 328–32.

7. Juni 1906: *AMT*, 332–43.

11. Juni 1906: bisher unveröffentlicht.

12. Juni 1906: SLC 2009b.

13. Juni 1906: SLC 1922a, 455–58, partiell; *MTE*, 254–63; *AMT*, 119–24.

14. Juni 1906: SLC 1922a, 458–60, partiell; *MTE*, 263–68; *AMT*, 124–27.

18. Juni 1906: bisher unveröffentlicht.

19. Juni 1906: SLC 1963, 332–35.

20. Juni 1906: SLC 1963, 335–38; *AutoMT1-RE*, 411–14.

22. Juni 1906: SLC 1963, 338–43.

23. Juni 1906: SLC 1963, 343–49.

25. Juni 1906: SLC 1963, 349–52.

17. Juli 1906: bisher unveröffentlicht.

30. Juli 1906: *AMT*, 79–81.

31. Juli 1906: *MTE*, 200–211, partiell; *AMT*, 268–71, 272–74.

6. August 1906: bisher unveröffentlicht.

7. August 1906: bisher unveröffentlicht.

8. August 1906: *AMT*, 284–86.

10. August 1906: bisher unveröffentlicht.

11. August 1906: *MTE*, 35, 309–10, partiell; *AMT*, 286.

13. August 1906: *MTE*, 310–12; *AMT*, 286–88.

15. August 1906: *MTE*, 107–10; *AMT*, 31–33.

27. August 1906: SLC 2009c.

28. August 1906: bisher unveröffentlicht.

29. August 1906: *MTE*, 243–49, partiell; *AMT*, 275–78.

30. August 1906: SLC 1922b, 310–12, partiell; *MTE*, 196–200, partiell; *AMT*, 264–67; SLC 2004, 46–47, partiell.

31. August 1906: *AMT*, 81–83, 143–47.

3. September 1906: bisher unveröffentlicht.

4. September 1906: SLC 2010a, 181–86.

5. September 1906: NAR 19, 247–51.

7. September 1906: *MTE*, 380–83, partiell; *AMT*, 345–47.

10. September 1906: *MTE*, 228–39.

2. Oktober 1906: *MTE*, 384–93, partiell.

3. Oktober 1906: bisher unveröffentlicht.

4. Oktober 1906: bisher unveröffentlicht.

5. Oktober 1906: bisher unveröffentlicht.

8. Oktober 1906: NAR 15, 673–77.

9. Oktober 1906: NAR 24, 327–28.

10. Oktober 1906: NAR 22, 8–12; *AMT*, 309–13.

11. Oktober 1906: NAR 24, 330, partiell; *AMT*, 162.

12. Oktober 1906: NAR 24, 330–31; *AMT*, 162–63.

15. Oktober 1906: NAR 17, 1–4, partiell; SLC 2010a, 186–87, partiell.

16. Oktober 1906: NAR 24, 328–30; *MTE*, 136–39; *AMT*, 47–48.

30. Oktober 1906: *MTE*, 139–42, partiell; *AMT*, 48–50.

7. November 1906: *LE*, 159–63.

8. November 1906: NAR 21, 689–91, partiell.

19. November 1906: NAR 19, 243–45, partiell.

20. November 1906: bisher unveröffentlicht.

21. November 1906: bisher unveröffentlicht.

22. November 1906: bisher unveröffentlicht.

23. November 1906: bisher unveröffentlicht.

24. November 1906: *MTE*, 372–80; *AMT*, 279–83.

30. November 1906: NAR 19, 245–47, partiell; *MTE*, 110–18, partiell; *AMT*, 58–63.

1. Dezember 1906: NAR 9, 5–9; *MTE*, 118–25; *AMT*, 50–54.

2. Dezember 1906: NAR 9, 9–14; *MTE*, 125–31; *AMT*, 54–58.

3. Dezember 1906: *MTE*, 131–36.

5. Dezember 1906: *MTE*, 211–13, partiell; *AMT*, 271–72.

6. Dezember 1906: NAR 14, 561–65.

13. Dezember 1906: NAR 9, 1–5; *MTE*, 61–66.

17. Dezember 1906: NAR 14, 565–67, partiell.

18. Dezember 1906: bisher unveröffentlicht.

19. Dezember 1906: bisher unveröffentlicht.

20. Dezember 1906: NAR 22, 17–21.

21. Dezember 1906: NAR 18, 113–18, 119–22, partiell; NAR 19, 241–43, partiell.

26. Dezember 1906: *AMT*, 63–67.

27. Dezember 1906: bisher unveröffentlicht.

28. Dezember 1906: Harnsberger 1948, 48–50, partiell.

29. Dezember 1906: bisher unveröffentlicht.

6. Januar 1907: NAR 21, 695–98.

9. Januar 1907: bisher unveröffentlicht.

15. Januar 1907: *MTE*, 66–70, partiell; SLC 2007, 95–101, partiell.

17. Januar 1907: bisher unveröffentlicht.

22. Januar 1907: NAR 15, 677–82.

23. Januar 1907: NAR 20, 471–74, partiell; NAR 24, 331–36, partiell; *AMT*, 130–38

28. Januar 1907: *MTE*, 70–77, partiell; SLC 2010b, partiell.

29. Januar 1907: bisher unveröffentlicht.

30. Januar 1907: *MTE*, 81–83, 91–96.

1. Februar 1907: bisher unveröffentlicht.

4. Februar 1907: *MTE*, 268–92, partiell; *AMT*, 127–29, 294–309.

11. Februar 1907: NAR 14 (fälschlicherweise 10. Februar), 567–68, partiell; *MTB*, 2:940–43, partiell.

12. Februar 1907: NAR 14, 568–70.

19. Februar 1907: Aaron Watson 1907, 131–35.

25. Februar 1907: bisher unveröffentlicht.

26. Februar 1907: bisher unveröffentlicht.

27. Februar 1907: SLC 1905d, 391, partiell.

28. Februar 1907: bisher unveröffentlicht.

»Chapters from My Autobiography« in der *North American Review* (NAR 1906/07)

Die im Folgenden kursiv aufgelisteten Texte wurden vollständig oder nahezu vollständig publiziert, d. h. mit nicht mehr als einem fehlenden Absatz oder vereinzelt ausgelassenen Sätzen.

Ausgabe		Inhalt
NAR 1	7. Sept. 1906	AD, 26. März 1906 (Einleitung); Meine Autobiographie [Willkürliche Auszüge daraus] (erster Teil)
NAR 2	21. Sept. 1906	AD, *21. Mai 1906*; Fragmente meiner Autobiographie. Aus Kapitel IX (erster Teil); [*Robert Louis Stevenson und Thomas Bailey Aldrich*]; AD, 3. April 1906
NAR 3	5. Okt. 1906	AD, 1. Febr. 1906, 2. Febr. 1906, 5. Febr. 1906
NAR 4	19. Okt. 1906	AD, 7. Febr. 1906, *8. Febr. 1906*
NAR 5	2. Nov. 1906	AD, *9. Febr. 1906*, *12. Febr. 1906*
NAR 6	16. Nov. 1906	AD, 26. Febr. 1906, *7. März 1906*, 22. März 1906
NAR 7	7. Dez. 1906	AD, 5. März 1906, 6. März 1906, 23. März 1906
NAR 8	21. Dez. 1906	AD, 19. Jan. 1906
NAR 9	4. Jan. 1907	AD, *13. Dez. 1906, 1. Dez. 1906, 2. Dez. 1906*
NAR 10	18. Jan. 1907	AD, 28. März 1906, 29. März 1906
NAR 11	1. Febr. 1907	AD, 29. März 1906 (fälschlicherweise 28. März in der NAR), 2. April 1906
NAR 12	15. Febr. 1907	[John Hay]; AD, 5. April 1906, 6. April 1906
NAR 13	1. März 1907	Meine Autobiographie [Willkürliche Auszüge daraus] (zweiter Teil)
NAR 14	15. März 1907	AD, *6. Dez. 1906*, 17. Dez. 1906, 11. Febr. 1907 (fälschlicherweise 10. Febr. in der NAR), *12. Febr. 1907*, 17. Jan. 1906
NAR 15	5. April 1907	AD, *8. Okt. 1906, 22. Jan. 1907*

NAR 16	19. April 1907	AD, 12. Jan. 1906, 13. Jan. 1906, 15. Jan. 1906
NAR 17	3. Mai 1907	AD, 15. Okt. 1906; Fragmente meiner Autobiographie. Aus Kapitel IX (zweiter Teil)
NAR 18	17. Mai 1907	AD, 21. Dez. 1906, *28. März 1907*
NAR 19	7. Juni 1907	AD, 21. Dez. 1906 (mit einer vom 22. Dez. datierten Notiz), 19. Nov. 1906, 30. Nov. 1906, *5. Sept. 1906*
NAR 20	5. Juli 1907	*Notizen zu »Die Arglosen im Ausland«*; AD, 23. Jan. 1907
NAR 21	2. Aug. 1907	AD, 8. Nov. 1906, 8. März 1906, *6. Jan. 1907*
NAR 22	Sept. 1907	AD, *10. Okt. 1906*, 19. Jan. 1906 (in der NAR mit 12. März 1906 datiert, mit einer vom 13. Mai 1907 datierten Notiz), *20. Dez. 1906*
NAR 23	Okt. 1907	AD, 9. März 1906, *16. März 1906*, 26. Juli 1907, 30. Juli 1907
NAR 24	Nov. 1907	AD, *9. Okt. 1906*, *16. Okt. 1906*, 11. Okt. 1906, *12. Okt. 1906*, 23. Jan. 1907
NAR 25	Dez. 1907	AD, 11. Jan. 1906, *3. Okt. 1907*

Zur deutschen Ausgabe

Der vorliegenden erstmaligen deutschen Ausgabe der Autobiographie Mark Twains* liegt die Absicht zugrunde, den Text dieses endlich zugänglich gemachten literarischen Hauptwerkes eines der Begründer der modernen Literatur freizulegen und so das Buch zu präsentieren, das der Autor mit seinem minutiösen Editionsplan vor Augen gehabt haben muss.

Daher hat sich der Verlag (anders als die amerikanischen Herausgeber) für eine 2-bändige Ausgabe entschieden, die den hinter der historisch-kritischen Originalausgabe stehenden Anspruch auf wissenschaftliche Zuverlässigkeit übernimmt, zugleich aber versucht, deren umfangreiches Material so leserfreundlich wie möglich darzubieten. In Band 1 finden sich die von Hans-Christian Oeser übertragenen autobiographischen Texte Twains, in Band 2 sämtliche erläuternden Materialien, übersetzt von einer wissenschaftlichen Übersetzergruppe unter der Leitung von Andreas Mahler.

Aus der Logik des komplexen Referenzsystems heraus werden in der Regel die englischen Originaltitel angegeben; ausgenommen hiervon sind die Stellen, an denen deutsche Übersetzungen anzuführen sind. Hierbei wird i.d.R. zitiert nach: Ausgewählte Werke in zwölf Bänden. Hrsg. von Karl-Heinz Schönfelder, Aufbau-Verlag, Berlin und Weimar 1960–1967 (seltene Ausnahmen siehe nächste Seite).

---

* *Autobiography of Mark Twain. The Complete and Authoritative Edition, Vol. 2* (University of California Press, Berkeley und Los Angeles 2013). Bisher auf Deutsch veröffentlicht sind nur vereinzelte Fragmente unterschiedlicher Bearbeitungsstufen des zugrunde liegenden Textkonvoluts, meist verfremdet durch starke (vielfach zensierende) Eingriffe, als Einzelpublikation oder in Sammelbänden, v.a.: *Autobiographie* (Carl Hanser Verlag, München 1967), *Autobiographische Schriften* (Aufbau-Verlag, Berlin und Weimar 1969).

Verwendete deutsche Titel und die Originaltitel

Deutscher Titel	Originaltitel	Quelle deutsch	original
1601	*1601, and Is Shakespeare Dead?*		SLC 1996b
Abenteuer einer Mikrobe während dreitausend Jahren – von einer Mikrobe	*Three Thousand Years Among the Microbes*		unvollendet
Bibliothek des Humors	*Mark Twains Library of Humor*		SLC 1906 a–e
Bummel durch Europa	*A Tramp Abroad*	MT 1963a	SLC 1880a
Das Refugium der Ausgestoßenen	*The Refuge of the Derelicts*		unvollendet
Das vergoldete Zeitalter	*The Gilded Age: ATale of To-day*		SLC 1873/ 74
Der amerikanische Prätendent	*The American Claimant*		SLC 1892b
»Der berühmte Springfrosch von Calaveras«	»The Celebrated Jumping Frog of Calaveras County« / Jim Smiley and His Jumping Frog	MT 1963a	SLC 1865/ 1867a
Der geheimnisvolle Fremde	*The Mysterious Stranger*	MT 1966	SLC 1916
»Der gestohlene weiße Elefant«	»The Stolen White Elephant«		SLC 1877/ 78
Der Prinz und der Bettelknabe	*The Prince and the Pauper*	MT 1965	SLC 1881
Die Arglosen im Ausland	*The Innocents Abroad*	MT 1961	SLC 1869a
»Die Geschichte eines Pferdes«	»A Horse Tale«		SLC 1907b
Durch dick und dünn	*Roughing It*	MT 1960	SLC 1872
Ein Yankee an König Artus' Hof	*A Connecticut Yankee in King Arthur's Court*	MT 1965/ 2010	SLC 1889
»Evas Tagebuch«	»Diary of Eve«		SLC 1906a

Huckleberry Finns Abenteuer	*Adventures of Huckleberry Finn*	MT 1963/2010	SLC 1885
Kapitän Stormfields Besuch im Himmel	*Captain Stormfield's Visit to Heaven*	MT 1954	SLC 1907/08; 1909b
»König Leopolds Selbstgespräch«	»King Leopold's Soliloquy«	MT 1967	SLC 1905a
Leben auf dem Mississippi (Alte Zeiten auf dem Mississippi)	*Life on the Mississippi (Old Times on the Mississippi)*	MT 1988/2011	SLC 1883
»Mehr Glück als Verstand«	»Luck«		SLC 1891b
Persönliche Erinnerungen an Jeanne d'Arc	*Personal Recollections of Joan of Arc*		SLC 1896
Reise um die Welt	*Following the Equator* (in England: *More Tramps Abroad*)	MT 1964	SLC 1897a
Skizzen alt und neu	*Sketches Old and New*		
Tom Sawyers Abenteuer	*The Adventures of Tom Sawyer*	MT 1962/2010	SLC 1982
»War es der Himmel? Oder die Hölle?«	»Was it Heaven? Or Hell?«		SLC 1902d

Verzeichnisse

Bibliographie

Hier finden sich die vollständigen bibliographischen Angaben zu allen von den amerikanischen Herausgebern verwendeten und mit Kurztiteln oder anderen Kürzeln angegebenen Quellen. Werke von Mitgliedern der Familie Clemens sind unter den Autoreninitialen angegeben (vgl. »Abkürzungsverzeichnis«). Die Originalwerke Twains finden sich also unter SLC (Samuel L. Clemens); die zitierten deutschen Übersetzungen unter MT (Mark Twain).

Ade, George. 1939. *One Afternoon with Mark Twain*. Chicago: Mark Twain Society of Chicago.

Alfonso Carlos, Prince of Bourbon and Austria-Este. 1902. »The Effort to Abolish the Duel.« *North American Review* 175 (Aug.): 194–200.

American Bible Society. 1872. *Fifty-sixth Annual Report of the American Bible Society, Presented May 9, 1872*. New York: American Bible Society.

AMT 1959. *The Autobiography of Mark Twain*. Hrsg. von Charles Neider. New York: Harper & Brothers.

Anderson, Frederick, und Kenneth M. Sanderson (Hrsg.). 1971. *Mark Twain: The Critical Heritage*. New York: Barnes and Noble.

Andrews, Kenneth R. 1950. *Nook Farm: Mark Twain's Harford Circle*. Cambridge: Harvard University Press.

Antrobus, Augustine M. 1915. *History of Des Moines County Iowa and Its People*. 2 Bde. Chicago: S. J. Clarke Publishing Company.

APC (American Publishing Company). 1866–79. »Books received from the Binderies, Dec 1st *1866* to Dec 31. *1879*«, Inventarverzeichnis des Unternehmens, NN-BGC.

Archives Hub. 2011. »Frederic Whyte Papers.« http://archiveshub.ac.uk/data/gb186fw. Stand: 8. Dez. 2011.

Arms, George, und William M. Gibson. 1943. »›Silas Lapham,‹ ›Daisy Miller,‹ and the Jews.« *New England Quarterly* 16 (März): 118–22.

Asher, Robert. 2011. »Connecticut Inventors.« http://www.ctheritage.org/encyclopedia/topicalsurveys/inventors.htm. Stand: 11. Jan. 2011.

Ashley, Mike. 2006. *The Age of the Storytellers: British Popular Fiction Magazines*, 1880–1950. London: British Library.

Atkinson, George W. 1876. *History of Kanawha County*. Charleston, West Virginia: Gedruckt vom *West Virginia Journal*.

AutoMT1. 2010. *Autobiography of Mark Twain, Volume 1*. Hrsg. von Harriet Elinor Smith et al. The Mark Twain Papers. Berkeley/Los Angeles: University of California Press. Online: MTPO.

AutoMT1-RE. 2012. *Autobiography of Mark Twain, Volume 1*. Reader's Edition. Hrsg. von Harriet Elinor Smith et al. Berkeley/Los Angeles: University of California Press.

Baetzhold, Howard G. 1972. »Found: Mark Twain's ›Lost Sweetheart.‹« *American Literature 44* (Nov.): 414–29.

Baetzhold, Howard G., und Joseph B. McCullough (Hrsg.). 1995. *The Bible According to Mark Twain: Writings on Heaven, Eden, and the Flood*. Athens: University of Georgia Press.

Baker, Simon. 1996. »Jesse Olney's Innovative Geography Text of 1828 for Common Schools.« *Journal of Geography 95* (Jan.–Febr.): 32–38.

BAL. 1955–91. *Bibliography of American Literature*. Zusammengestellt von Jacob Blanck. 9 Bde. New Haven: Yale University Press.

Banks, Charles Eugene, und Opie Read. 1906. *The History of the San Francisco Disaster and Mount Vesuvius Horror*. O. S.

Barnes, Tim. 2009. »C. E. S. Wood (1852–1944).« *The Oregon Encyclopedia*. http://www.oregon-encyclopedia.org/entry/view/c_e_s_wood. Stand: 25. Jan. 2011.

Bartlett, John. 1980. *Familiar Quotations: A Collection of Passages, Phrases and Proverbs Traced to Their Sources in Ancient and Modern Literature*. 15., durchgesehene, erweiterte Aufl. Hrsg. von Emily Morison Beck. Boston: Little, Brown and Co.

Baxter, James Phinney. 1904. *Agamenticus, Bristol, Gorgeana, York*. York, Maine: Old York Historical and Improvement Society.

Baylen, Joseph O. 1964. »Mark Twain, W. T. Stead and ›The Tell-Tale Hands.‹« *American Quarterly* 16 (Winter): 606–12.

Beck, Hamilton. 2005. »Mark Twain on the Crimean War.« *The Victorian Web*. http://www.victorianweb.org/history/crimea/beck/1.html. Stand: 19. Okt. 2011.

Beecher Stowe Center. 2011. »Stowe's Family.« http://www.harrietbeecherstowecenter.org/hbs/stowe_family.shtml. Stand: 16. Dez. 2011.

Benedict, Frank Lee. 1870. *Miss Van Kortland. A Novel. By the Author of »My Daughter Elinor«*. New York: Harper & Brothers.

Bentley, G. E. jr. 1997. »The Holy Pirates: Legal Enforcement in England of the Patent in the Authorized Version of the Bible ca. 1800.« *Studies in Bibliography* 50: 372–89.

Bishop, D. M., und Co, (Hrsg.). 1877. *Bishop's Oakland Directory for 1877–8*. San Francisco: B. C. Vandall.

Bishop, Morris. 1962. *A History of Cornell*. Ithaca, New York: Cornell University Press.

Bok, Edward W. 1922. *The Americanization of Edward Bok*. New York: Charles Scribner's Sons.

Booth, Bradford A. 1954. »Mark Twain's Comments on Bret Harte's Stories.« *American Literature* 25 (Jan.): 492–95.

Boyd, Andrew, und W. Harry Boyd (Hrsg.). 1872. *Boyd's Elmira and Corning Directory: Containing the Names of the Citizens, a Compendium of the Government, and Public and Private Institutions … 1872–3*. Elmira, New York: Andrew & W. Harry Boyd.

Brady, Tara. 2012. »Campaigners' Dismay as Listed Mansion Falls to the Bulldozers.« *Brent and Kilburn (England) Times*, 19. Jan., 14.

Braid, James. 2008. *The Discovery of Hypnosis: The Complete Writings of James Braid, »The Father of Hypnotherapy.«* Hrsg. von Donald Robertson. Studley, England: National Council for Hypnotherapy.

Briggs, Charles Augustus. 1906. »Criticism and Dogma.« *North American Review* 182 (Juni): 861–74.

Brown, T. Allston. 2005. »Early History of Negro Minstrelsy.« http://www.circushistory.org/Cork/BurntCork3.htm. Stand: 12. Juli 2011.

Browne, Charles Farrar [alias Artemus Ward]. 1865. *Artemus Ward; His Travels*. New York: G. W. Carleton and Co.

Browne, Ray B. 1961. »Mark Twain and Captain Wakeman.« *American Literature* 33 (Nov.): 320–29.

Budd, Louis J. (Hrsg.).
   1992a. *Mark Twain: Collected Tales, Sketches, Speeches, & Essays, 1852–1890*. The Library of America. New York: Literary Classics of the United States.
   1992b. *Mark Twain: Collected Tales, Sketches, Speeches, & Essays, 1891–1910*. The Library of America. New York: Literary Classics of the United States.

Budge, E. A. Wallis. 1925. *The Rise and Progress of Assyriology*. London: Martin Hopkinson and Co.

Caldwell, O. H., und F. M. Feiker. 1919. »Gossip of the Trade.« *Electrical Merchandising* 22 (Aug.): 109–16.

Campbell, Ballard C.
   2008a. *American Disasters: 201 Calamities That Shook the Nation*. Hrsg. von Ballard C. Campbell. New York: Checkmark Books.
   2008b. »1893: Financial Panic and Depression.« In Campbell 2008a, 168–71.

Carlyle, Thomas. 1864. *Collected Works. Volume 13, Latter-Day Pamphlets*. London: Chapman and Hall.

Carnegie Endowment. 1919. *A Manual of the Public Benefactions of Andrew Carnegie*. Washington, D. C.: Carnegie Endowment for International Peace.

CC (Clara Langdon Clemens, verh. Gabrilowitsch und Samossoud).
   1931. *My Father, Mark Twain*. New York: Harper & Brothers.
   1938. *My Husband, Gabrilowitsch*. New York: Harper & Brothers.
   1956. *Awake to a Perfect Day: My Experience with Christian Science*. New York: Citadel Press.

Chapple, Joe Mitchell. 1910. »Affairs at Washington.« *National Magazine* 32 (Juni–Juli): 285–310.

Chatham Census. 1880. *Population Schedules of the Tenth Census of the United States, 1880. Rolle T9. New Jersey: Morris County, Chatham Township*. Fotokopie in CU-MARK.

Chautauqua County. 1904. *The Centennial History of Chautauqua County*. 2 Bde. Jamestown, New York: Chautauqua History Company.

Chemung Census. 1870. *Population Schedules of the Ninth Census of the United States, 1870. Rolle M593. New York: Chemung County, Elmira*. Fotokopie in CU-MARK.

Cherny, Robert W. 2008. »1906: San Francisco Earthquake and Fire.« In Campbell 2008a, 198–200.

CHi. California Historical Society, San Francisco.

Clemens, Clara Langdon. Vgl. CC.

Clemens, Olivia Susan [Susy]. Vgl. OSC.

Clemens, Samuel Langhorne. Vgl. SLC.

Cleveland Directory. 1871. *Cleveland Directory, 1871–72. Comprising an Alphabetical List of All Business Firms and Private Citizens; A Classified Business Directory; and a Directory of the Public Institutions of the City.* Zusammengestellt von A. Bailey. Cleveland: W. S. Robison and Co.

CLU-SC. University of California, Los Angeles, Department of Special Collections, Los Angeles, Kalifornien.

CofC. 1969. *Clemens of the »Call«: Mark Twain in San Francisco.* Hrsg. von Edgar M. Branch. Berkeley/Los Angeles: University of California Press.

Colby, Frank Moore (Hrsg.). 1920. *The New International Year Book: A Compendium of the World's Progress for the Year 1919.* New York: Dodd, Mead and Co.

Conard, Howard L. (Hrsg.). 1901. *Encyclopedia of the History of Missouri.* 6 Bde. New York: Southern History Company.

Conlin, Joseph R. 1986. *Bacon, Beans, and Galantines.* Reno: University of Nevada Press.

Connecticut Historical Society. 2012. »A Guide to the Gilman Family Papers at the Connecticut Historical Society.« http://www.chs.org/finding_aides/finding_aids/gilmf1787.html. Stand: 10. April 2012.

Cooper Union. 2011. »The Cooper Union.« http://cooper.edu/about-us. Stand: 10. Mai 2011.

Corcoran Gallery. 2012. »A Love of Europe.« http://www.corcoran.org/past_exhibitions/past/a_love_of_europe_highlights-from-the-william-a.-clark-collection. Stand: 10. Juli 2012.

Côté, Richard N. 2012. »Theodosia Burr Alston: Portrait of a Prodigy.« http://www.bookdoctor.com/corinthian/cote/theodosia.html. Stand: 23. Jan. 2012.

Courtney, Steve.
    2008. *Joseph Hopkins Twichell: The Life and Times of Mark Twain's Closest Friend.* Athens: University of Georgia Press.
    2011. *»The Loveliest Home That Ever Was«: The Story of the Mark Twain House in Hartford.* Mineola, New York: Dover Publications.

Craig, Christopher. 2003. »Woodward, R(obert) B(lum): Hotel and Amusement Resort Proprietor.« In *Encyclopedia of San Francisco.* http://www.sfhistoryencyclopedia.com. Stand: 12. Okt. 2011.

Crapsey, Algernon Sidney. 1924. *The Last of the Heretics.* New York: Alfred A. Knopf.

CSmH. Henry E. Huntington Library, Art Collections and Botanical Gardens, San Marino, Kalifornien.

CtHMTH. Mark Twain House and Museum, Hartford, Connecticut.

CtHSD. Stowe-Day Memorial Library and Historical Foundation, Hartford, Connecticut.

CtY-BR. Yale University, Beinecke Rare Book and Manuscript Library, New Haven, Connecticut.

CU-BANC. University of California, The Bancroft Library, Berkeley.

CU-MARK. University of California, Mark Twain Collection, Berkeley.

Curtis, David A. 1890. »In and About New York.« *Kalamazoo (Michigan) Gazette*, 24. Mai, 6.

CY. 1979. *A Connecticut Yankee in King Arthur's Court.* Hrsg. von Bernard L. Stein mit einer Einleitung von Henry Nash Smith. The Works of Mark Twain. Berkeley/Los Angeles: University of California Press.

Dallas Census. 1880. *Population Schedules of the Tenth Census of the United States, 1880.* Rolle T9. Texas: *Dallas.* Fotokopie in CU-MARK.

D.A.R. Directory. 1908. *Directory of the National Society of the Daughters of the American Revolution.* Zusammengestellt von Order of the Sixteenth Continental Congress. Washington, D.C.: o.S.

Darwin, Charles.

1877. »A Biographical Sketch of an Infant.« *Mind: A Quarterly Review of Psychology and Philosophy 7* (Juli): 285–94.

1884. *On the Origin of Species by Means of Natural Selection.* New York: D.Appleton and Co.

1887. *The Life and Letters of Charles Darwin, Including an Autobiographical Chapter.* Hrsg. von Francis Darwin. 2 Bde. New York: D.Appleton and Co.

Depew, Chauncey M. 1922. *My Memories of Eighty Years.* New York: Charles Scribner's Sons.

Derby, J.C. 1884. *Fifty Years among Authors, Books and Publishers.* New York: G.W.Carleton and Co.

Dickinson, Asa Don. 1935. »Huckleberry Finn is Fifty Years Old – Yes; But is He Respectable?« *Wilson Bulletin for Librarians* 10 (Nov.): 180–85.

Dickinson, S. Meredith. 1900. *Reports of Cases Decided in the Court of Chancery, and, on Appeal, in the Court of Errors and Appeals, of the State of New Jersey, Volume 13.* Newark: Soney and Sage.

Disturnell, John (Hrsg.). 1876. *New York as It Was and as It Is.* New York: D. Van Nostrand.

DLC. United States Library of Congress, Washington, D.C.

Doane, T.W. 1882. *Bible Myths and Their Parallels in Other Religions.* 4.Aufl. New York: Commonwealth Company.

Dollis Hill House Trust. 2011. »Dollis Hill House: Our History.« http://www.dollishillhouse.org.uk/history.htm. Stand: 17.Aug.2011.

Donworth, Grace. 1908. *The Letters of Jennie Allen to Her Friend Miss Musgrove.* Boston: Small, Maynard and Co.

Downey, Stephen W. 1880. *The Immortals. Argument of Hon. Stephen W. Downey, of Wyoming Territory, in the House of Representatives, Tuesday, April 13, 1880, on a Bill Providing for Certain Paintings on the Walls of the National Capitol.* Washington, D.C.: o.S.

Draper, Warwick H. 1901. »Copyright Legislation.« *Law Quarterly Review* 17 (Jan.): 39–55.

Duckett, Margaret. 1964. *Mark Twain and Bret Harte.* Norman: University of Oklahoma Press.

Dunne, Finley Peter [alias Martin Dooley]. 1963. *Mr. Dooley Remembers: The Informal Memoirs of Finley Peter Dunne.* Hrsg. und mit Einleitung und Kommentar von Philip Dunne. Boston and Toronto: Little, Brown and Co.

Eddy, Mary Baker G. 1884. *Science and Health; with a Key to the Scriptures.* 10.Aufl. 2 Bde. Cambridge: Hrsg. vom Autor. SLCs Ausgabe von Bd.2 in CU-MARK.

Ellis, Elmer. 1941. *Mr. Dooley's America: A Life of Finley Peter Dunne.* New York: Alfred A. Knopf.

Ellsworth, William Webster. 1919. *A Golden Age of Authors: A Publisher's Recollection.* Boston: Houghton Mifflin Company.

Ernst, Bernard M.L., und Hereward Carrington. 1932. *Houdini and Conan Doyle: The Story of a Strange Friendship.* New York: Albert and Charles Boni.

ET&S1. 1979. Early Tales & Sketches, Volume 1 (1851–1864). Hrsg. von Edgar Marquess Branch und Robert H. Hirst unter Mitarbeit von Harriet Elinor Smith. The Works of Mark Twain. Berkeley/Los Angeles: University of California Press.

ET&S2. 1981. Early Tales & Sketches, Volume 2 (1864–1865). Hrsg. von Edgar Marquess Branch und Robert H. Hirst unter Mitarbeit von Harriet Elinor Smith. The Works of Mark Twain. Berkeley/Los Angeles: University of California Press.

Evans, Peter A., William R. Gillis und Henry Alston Williams. 1970. Genealogie der Gillis-Familie, unveröffentlichte Ms.-Dokumente, Fotokopie in CU-MARK.

Exman, Eugene. 1967. *The House of Harper: One Hundred and Fifty Years of Publishing.* New York: Harper and Row.

Fagen, M.D. (Hrsg.). 1975. *A History of Engineering and Science in the Bell System: The Early Years (1875–1925).* O.S.: Bell Telephone Laboratories.

Fahlman, Betsy. 1991. »Women Art Students at Yale, 1869–1913: Never True Sons of the University.« *Woman's Art Journal* 12 (Frühling–Sommer): 15–23.

Falk, Pasi, und Colin Campbell. 1997. *The Shopping Experience.* London: Sage Publications.

Fanning, Philip Ashley. 2003. *Mark Twain and Orion Clemens: Brothers, Partners, Strangers.* Tuscaloosa: University of Alabama Press.

Fatout, Paul. 1976. *Mark Twain Speaking.* Iowa City: University of Iowa Press.

Ferris, Ruth. 1965. »Captain Jolly in the Civil War.« *Missouri Historical Society Bulletin* 22 (Okt.): 14–31.

FiH2. Suomalaisen Kirjallisuuden Seura (Finnish Literature Society), Helsinki, Finland.

Flagg, Mildred Buchanan. 1966. *Boston Authors Now and Then: More Members of the Boston Authors Club, 1900–1966.* Cambridge: Dresser, Chapman and Grimes.

FM. 1972. Mark Twain's Fables of Man. Hrsg. von John S. Tuckey. Einleitung von Kenneth M. Sanderson und Bernard L. Stein. Berkeley/Los Angeles: University of California Press.

Foor, Forrest LeRoy. 1941. »The Senatorial Aspirations of William A. Clark, 1898–1901: A Study in Montana Politics.« Ph. D. diss., University of California, Berkeley.

Freedman. Collection of Samuel N. Freedman.

Freeport Census. 1900. Population Schedules of the Twelfth Census of the United States, 1900. Rolle T623. Maine: Cumberland County, Freeport Township. Fotokopie in CU-MARK.

Fuller, Frank. 1911. »Utah's War Governor Talks of Many Famous Men.« *New York Times*, 1. Okt., 5:10.

Gagey, Edmond M. 1971. »Cayvan, Georgia Eva.« In *Notable American Women, 1607–1950: A Biographical Dictionary.* Hrsg. von Edward T. James, Janet Wilson James und Paul S. Boyer. 3 Bde. Cambridge: Belknap Press of Harvard University Press.

Gallati, Barbara Dayer. 1995. *William Merritt Chase.* New York: Harry N. Abrams.

Gamo, Benjamin. 1908. *Modern Billiards: A Complete Text-Book of the Game.* New York: Brunswick-Balke-Collender Company.

Garrison, Charles. 1904. »The De Laval Steam Turbine.« *National Engineer* 8 (April): 1–4.

Geer, Elihu (Hrsg.).

    1882. *Geer's Hartford City Directory and Hartford Illustrated; for the Year Commencing July 1st, 1882.* Hartford: Elihu Geer.

1886. *Geer's Hartford City Directory; July 1, 1886: Being a Fifteen-Fold Directory of Hartford.* Hartford: Elihu Geer.

GEU. Emory University, Atlanta, Georgia.

Gilder, Rosamond. 1916. *Letters of Richard Watson Gilder.* Boston: Houghton Mifflin Company.

Gillis, William R. 1930. *Gold Rush Days with Mark Twain.* New York: Albert and Charles Boni.

Gilmour, David. 2002. *The Long Recessional: The Imperial Life of Rudyard Kipling.* New York: Farrar, Straus and Giroux.

Glasson, William H. 1918. *Federal Military Pensions in the United States.* Hrsg. von David Kinley. New York: Oxford University Press.

Goble, Corban. 1998. »Mark Twain's Nemesis: The Paige Compositor.« *Printing History: The Journal of the American Printing History Association* 18 (36): 2–16.

Gowdy, Anne Razey. 2003. »Frances Miriam Berry Whitcher, 1812?–1852.« In *Writers of the American Renaissance: An A-Z Guide.* Hrsg. von Denise D. Wright. Westport, Connecticut: Greenwood Publishing Group.

Graver, William J. 1992. »Rudyard Kipling and Mark Twain: A Literary Friendship.« *The Kipling Journal* 66 (Sept.): 13–30.

Gribben, Alan. 1980. *Mark Twain's Library: A Reconstruction.* 2 Bde. Boston: G. K. Hall & Co.

Gribben, Alan, und Nick Karanovich (Hrsg.). 1992. *Overland with Mark Twain: James B. Pond's Photographs and Journal of the North American Lecture Tour of 1895.* Elmira, New York: Center for Mark Twain Studies.

Gudde, Erwin G. 1962. *California Place Names: The Origin and Etymology of Current Geographical Names.* 2. durchgesehene, erweiterte Aufl. Berkeley/Los Angeles: University of California Press.

Hale, Edward Everett.

1863. »The Man without a Country.« *Atlantic Monthly* 12 (Dez.): 665–79.

1906. »Statement of Rev. Edward Everett Hale.« Rede, gehalten am 7. Dez. vor dem Senat und den Patentausschüssen des Repräsentantenhauses. In U. S. Congress 1906, 114–15.

Hall, Frederick J. 1947. »Fred J. Hall Tells the Story of His Connection with Charles L. Webster & Co.« *Twainian* 6 (Nov.–Dez.): 1–3.

Hannibal Courier-Post. 2011. »About us.« http://www.hannibal.net/contact. Stand: 4. Aug. 2011.

Harnsberger, Caroline Thomas (Hrsg.). 1948. *Mark Twain at Your Fingertips.* New York: Beechhurst Press.

Harris, Julia Collier. 1918. *The Life and Letters of Joel Chandler Harris.* Boston/New York: Houghton Mifflin Company.

Harte, Bret.

1867. »Preface.« In *Condensed Novels. And Other Papers.* New York: G. W. Carleton and Co.

1868. »The Luck of Roaring Camp.« *Overland Monthly* 1 (Aug.): 183–89.

1869a. »Current Literature.« *Overland Monthly* 3 (Sept.): 292–96.

1869b. »Tennessee's Partner.« *Overland Monthly* 3 (Okt.): 360–65.

1869c. »The Idyl of Red Gulch.« *Overland Monthly* 3 (Dez.): 569–74.

1870a. *The Luck of Roaring Camp, and Other Sketches.* Boston: Fields, Osgood, and Co. SLCs Exemplar in CU-MARK.

1870b. »Mr. Thompson's Prodigal.« *Overland Monthly* 5 (Juli): 91–95.

1870c. »Plain Language from Truthful James.« *Overland Monthly* 5 (Sept.): 287–88. Auch bekannt als »The Heathen Chinee«.

1876. »Thankful Blossom: A Romance of the Jerseys, 1779.« *New York Sun*: 3. Dez., 1–2; 10. Dez., 1–2; 17. Dez., 1–2; 24. Dez., 1–2.

1898. »Salomy Jane's Kiss.« *New York Sun*, 22. Mai und 29. Mai, Abschnitt 3, 7.

1926. *The Letters of Bret Harte.* Hrsg. von Geoffrey Bret Harte. Boston: Houghton Mifflin Company.

1997. *Selected Letters of Bret Harte.* Hrsg. von Gary Scharnhorst. Norman: University of Oklahoma Press.

Hartford Census. 1880. *Population Schedules of the Tenth Census of the United States, 1880. Rolle T9. Connecticut: Hartford County.* Fotokopie in CU-MARK.

Harvard Directory. 1910. *Harvard University Directory: A Catalogue of Men Now Living Who Have Been Enrolled as Students in the University.* Cambridge: Harvard University.

Harvey, George.

1906. »The Editor's Diary.« *North American Review* 183 (21. Dez.): 1321–36.

1907. »The Man Who Ate Babies.« *Harper's Weekly* 51 (2. März): 296.

Hawkins, Hunt. 1978. »Mark Twain's Involvement with the Congo Reform Movement: ›A Fury of Generous Indignation.‹« *New England Quarterly* 51 (Juni): 147–75.

Henry of Huntingdon. 1853. *The Chronicle of Henry of Huntingdon. Comprising the History of England, from the Invasion of Julius Caesar to the Accession of Henry II. Also, The Acts of Stephen, King of England and Duke of Normandy.* Übersetzt und hrsg. von Thomas Forester. Bohn's Antiquarian Library. London: Henry G. Bohn.

Herrmann, Dorothy. 1999. *Helen Keller: A Life.* Chicago: University of Chicago Press.

Hershkowitz, Leo. 1977. *Tweed's New York: Another Look.* Garden City, New York: Anchor Press/Doubleday.

HF 2003. 2003. *Adventures of Huckleberry Finn.* Hrsg. von Victor Fischer und Lin Salamo, mit dem verstorbenen Walter Blair. The Works of Mark Twain. Berkeley/Los Angeles: University of California Press. Online: *MTPO.*

HHR. 1969. *Mark Twain's Correspondence with Henry Huttleston Rogers.* Hrsg. von Lewis Leary. The Mark Twain Papers. Berkeley/Los Angeles: University of California Press.

Hicks, Urban E. 1886. *Yakima and Clickitat Indian Wars, 1855 and 1856. Personal Recollections of Capt. U. E. Hicks.* Portland, Oregon: Himes the Printer.

Higbie, Calvin H. 1906. »A Short Description Leading up to my Acquaintance with Saml. L. Clemens, Mark Twain.« Zwei Versionen erhalten: Higbies 64-seitiges Original-Ms. und ein 34-seitiges TS von einem unbekannten Schreiber (Version gesendet an SLC; mit dessen Revision); CU-MARK.

Hill, Hamlin.

1964. *Mark Twain and Elisha Bliss.* Columbia: University of Missouri Press.

1973. *Mark Twain: God's Fool.* New York: Harper and Row.

Himmelwright, A. L. A. 1906. *The San Francisco Earthquake and Fire: A Brief History of the Disaster.* New York: Roebling Construction Company.

Hirst, Robert H. 1975. »The Making of *The Innocents Abroad*: 1867–1872.« Ph. D. diss., University of California, Berkeley.

Hiss, A. Emil, und Albert E. Ebert. 1910. *The New Standard Formulary*. Chicago: G. P. Engelhard and Co.

Hoffmann, Donald. 2006. *Mark Twain in Paradise: His Voyages to Bermuda*. Columbia: University of Missouri Press.

Hoppe, Willie. 1975. *Thirty Years of Billiards*. Hrsg. von Thomas Emmett Crozier. New York: Dover Publications.

Householder, Fred W. jr. 1936. »Quem Deus Vult Perdere Dementat Prius.« *The Classical Weekly* 29 (April): 165–67.

House of Lords. 1900. *Report from the Select Committee of the House of Lords on the Copyright Bill [H. L.] and the Copyright (Artistic) Bill [H. L.]; Together with the Proceedings of the Committee, Minutes of Evidence, and Appendix. Session 1900*. London: Her Majesty's Stationery Office.

Howard, June. 2001. *Publishing the Family*. Durham, North Carolina: Duke University Press.

Howard, William K. 1906. »Twenty-five United States Senators Estimated to Be Worth $ 171 000 000.« *Washington Post*, 27. Mai, SM3.

Howells, William Dean.

   1875. »Recent Literature.« *Atlantic Monthly* 36 (Dez.): 748–60. Nachdruck in Appendix E, »Howells's Review of *Mark Twain's Sketches, New and Old*«, L6, 655–58.

   1880. »Mark Twain's New Book.« *Atlantic Monthly* 45 (Mai): 686–88.

   1881. »New Publications. A Romance by Mark Twain.« *New York Tribune*, 25. Okt., 6.

   1884. »The Rise of Silas Lapham.« *Century Magazine* 29 (Nov.): 13–26.

   1903. »Certain of the Chicago School of Fiction.« *North American Review* 176 (Mai): 734–46.

   1910. *My Mark Twain: Reminiscences and Criticisms*. New York: Harper & Brothers.

   1919. »Editor's Easy Chair. In Memoriam.« *Harper's Monthly Magazine* 140 (Dez.): 133–36.

   1928. *Life in Letters of William Dean Howells*. Hrsg. von Mildred Howells. 2 Bde. Garden City, New York: Doubleday, Doran and Co.

   1979. *W. D. Howells, Selected Letters, Volume 2: 1873–1881*. Hrsg. und kommentiert von George Arms und Christoph K. Lohmann. Textbearbeitung von Christoph K. Lohmann und Jerry Herron. Boston: Twayne Publishers.

   1980. *W. D. Howells, Selected Letters, Volume 3: 1882–1891*. Hrsg. und kommentiert von Robert C. Leitz III mit Richard H. Ballinger und Christoph K. Lohmann. Textbearbeitung von Christoph K. Lohmann. Boston: Twayne Publishers.

Hudson Census. 1900. *Population Schedules of the Twelfth Census of the United States, 1900. Rolle T623. New Jersey: Hudson County, Jersey City*. Fotokopie in CU-MARK.

Hustvedt, Asti. 2011. *Medical Muses: Hysteria in Nineteenth-Century Paris*. New York: W. W. Norton and Co.

IaCrM. Iowa Masonic Library, Cedar Rapids.

Inds. 1989. Huck Finn and Tom Sawyer among the Indians, and Other Unfinished Stories. Vorwort und Anmerkungen von Dahlia Armon und Walter Blair. The Mark Twain Library. Berkeley/Los Angeles: University of California Press. Online: *MTPO*.

Ingersoll, Luther A. 1908. *Ingersoll's Century History: Santa Monica Bay Cities.* Los Angeles: Luther A. Ingersoll.

InU-Li. Indiana University Lilly Rare Books, Bloomington.

James, George Wharton. 1916. *Rose Hartwick Thorpe and the Story of »Curfew Must Not Ring To-night.«* Pasadena, Kalifornien: Radiant Life Press.

James, William. 1983. *Essays in Psychology.* Hrsg. von Frederick H. Burkhardt, Fredson Bowers und Ignas K. Skrupskelis, mit einer Einleitung von William R. Woodward. Cambridge: Harvard University Press.

JC (Jean Lampton Clemens). 1900–1907. *Diaries of Jean L. Clemens, 1900–1907.* 7 Bde. Ms., CSmH.

Jerome, Robert D., und Herbert A. Wisbey jr. 1977. *Mark Twain in Elmira.* Elmira, New York: Mark Twain Society.

JIm. Iwaki Meisei University, Iwaki, Fukushima, Japan.

Johnson, Burges. 1952. »A Ghost for Mark Twain.« *Atlantic* 189 (Mai): 65–66.

Johnson, Robert Underwood. 1923. *Remembered Yesterdays.* Boston: Little, Brown & Co.

Johnson, Willis F. 1929. *George Harvey, »A Passionate Patriot.«* Boston: Houghton Mifflin Company.

Jordan, David Starr. 1903. *The Call of the Twentieth Century: An Address to Young Men.* Boston: Beacon Press.

Joshi, S. T., und David E. Schultz. 1999. *Ambrose Bierce: An Annotated Bibliography of Primary Sources.* Westport, Connecticut: Greenwood Press.

Kanawha Census. 1850. *Population Schedules of the Seventh Census of the United States, 1850.* Rolle M432. Virginia: Kanawha County. Fotokopie in CU-MARK.

Keller, Helen.

　1903. *The Story of My Life.* New York: Doubleday, Page and Co.

　2005. *Helen Keller: Selected Writings.* Hrsg. von Kim E. Nielsen. New York: New York University Press.

Keokuk City Directory. 1859. *Lee County Genealogy History.* Vorgelegt und transkribiert von Salli Griswold. http://iagenweb.org/lee/data/1859/1859-5.htm. Stand: 13. Mai 2011.

King, Moses.

　1892. *King's Handbook of New York City: An Outline History and Description of the American Metropolis.* Boston: Moses King.

　1893. *King's Handbook of New York City: An Outline History and Description of the American Metropolis.* 2. Aufl. Boston: Moses King.

Kirkham, Samuel. 1835. *English Grammar in Familiar Lectures, Accompanied by a Compendium; Embracing a New Systematick Order of Parsing, a New System of Punctuation, Exercises in False Syntax, and a System of Philosophical Grammar in Notes: To Which Are Added an Appendix, and a Key to the Exercises: Designed for the Use of Schools and Private Learners.* 105. Aufl. Baltimore: John Plaskitt.

Kittredge, George Lyman. 1904. *The Old Farmer and His Almanack.* Boston: William Ware and Co.

Koenig, Samuel S. (Hrsg.). 1909. *Manual for the Use of the Legislature of the State of New York.* Albany: J. B. Lyon Company.

Kohn, John S. Van E. 1957. »Mark Twain's 1601.« *Princeton University Library Chronicle* 18 (Winter): 49–54.

Krass, Peter. 2007. *Ignorance, Confidence, and Filthy Rich Friends: The Business Adventures of Mark Twain, Chronic Speculator and Entrepreneur.* Hoboken: John Wiley and Sons.

Krauth, Leland. 2003. *Mark Twain and Company: Six Literary Relations.* Athens: University of Georgia Press.

Kruse, Horst H. 1992. »Mark Twain's *Nom de Plume*: Some Mysteries Resolved.« *Mark Twain Journal* 30 (Frühling): 1–32.

L1. 1988. *Mark Twain's Letters, Volume 1: 1853–1866.* Hrsg. von Edgar Marquess Branch, Michael B. Frank und Kenneth M. Sanderson. The Mark Twain Papers. Berkeley/Los Angeles: University of California Press. Online: *MTPO.*

L2. 1990. *Mark Twain's Letters, Volume 2: 1867–1868.* Hrsg. von Harriet Elinor Smith, Richard Bucci und Lin Salamo. The Mark Twain Papers. Berkeley/Los Angeles: University of California Press. Online: *MTPO.*

L3. 1992. Mark Twain's Letters, Volume 3: 1869. Hrsg. von Victor Fischer, Michael B. Frank und Dahlia Armon. The Mark Twain Papers. Berkeley/Los Angeles: University of California Press. Online: *MTPO.*

L4. 1995. *Mark Twain's Letters, Volume 4: 1870–1871.* Hrsg. von Victor Fischer, Michael B. Frank und Lin Salamo. The Mark Twain Papers. Berkeley/Los Angeles: University of California Press. Online: *MTPO.*

L5. 1997. *Mark Twain's Letters, Volume 5: 1872–1873.* Hrsg. von Lin Salamo und Harriet Elinor Smith. The Mark Twain Papers. Berkeley/Los Angeles: University of California Press. Online: *MTPO.*

L6. 2002. *Mark Twain's Letters, Volume 6: 1874–1875.* Hrsg. von Michael B. Frank und Harriet Elinor Smith. The Mark Twain Papers. Berkeley/Los Angeles: University of California Press. Online: *MTPO.*

Letters 1876–1880. 2007. *Mark Twain's Letters, 1876–1880.* Hrsg. von Victor Fischer, Michael B. Frank und Harriet Elinor Smith mit Sharon K. Goetz, Benjamin Griffin und Leslie Myrick. *Mark Twain Project Online.* Berkeley/Los Angeles: University of California Press [Link auf http://www.marktwainproject.org].

Letters NP1. 2010. *Mark Twain's Letters Newly Published 1.* Hrsg. von Victor Fischer, Michael B. Frank, Sharon K. Goetz und Harriet Elinor Smith. *Mark Twain Project Online.* Berkeley/Los Angeles: University of California Press [Link auf http://www.marktwainproject.org].

Lamphere, George N. 1881. *The United States Government: Its Organization and Practical Workings.* Philadelphia: J. B. Lippincott and Co.

Lampton, Lucius Marion. 1990. *The Genealogy of Mark Twain.* Jackson, Mississippi: Diamond L. Publishing.

Landon, Melville D. [alias Eli Perkins].

    1898. *Library of Wit and Humor by Mark Twain and Others.* Chicago: Thompson and Thomas.

    Ohne Datum. *Hot Stuff by Famous Funny Men: Comprising Wit, Humor, Pathos, Ridicule, Satires, Dialects, Puns, Conundrums, Riddles, Charades, Jokes and Magic.* Chicago: Reilly and Britton Company.

Lang, Andrew. 1886. »At the Sign of the Ship.« *Longman's Magazine* 7 (Febr.): 445–46. Nachdruck in Anderson and Sanderson 1971, 146–47.

Lang, Herbert O. 1882. *A History of Tuolumne County.* San Francisco: B. F. Alley.

Lanier, Henry Wysham (Hrsg.). 1938. *The Players' Book: A Half-Century of Fact, Feeling, Fun and Folklore.* New York: The Players.

Laws.

    1862. *Laws of the Territory of Nevada, Passed at the First Regular Session of the Legislative Assembly.* San Francisco: Valentine and Co.

    1863. *Laws of the Territory of Nevada, Passed at the Second Regular Session of the Legislative Assembly.* Virginia City: J. T. Goodman and Co.

Lawton, Mary. 1925. *A Lifetime with Mark Twain: The Memories of Katy Leary, for Thirty Years His Faithful and Devoted Servant.* New York: Harcourt, Brace and Co.

LE. 1962. *Letters from the Earth.* Hrsg. von Bernard DeVoto. Mit einem Vorwort von Henry Nash Smith. New York: Harper and Row.

Leary, Lewis (Hrsg.). 1961. *Mark Twain's Letters to Mary.* New York: Columbia University Press.

Library of Congress. 2011. »The Eliot Indian Bible: First Bible Printed in America.« Library of Congress Bible Collection. Andauernde Ausstellung, eröffnet am 11. April 2008. http://myloc.gov/exhibitions/bibles/pages/objectlist.aspx. Stand: 25. Aug. 2011.

Lindau, Rudolf. 1917. *Morgenland und Abendland.* Mit einer Einleitung von Wilhelm Rath, einem Bilde des Verfassers und 11 Zeichnungen von Franz Müller-Münster. Hamburg-Grossborstel: Verlag der Deutschen Dichter-Gedächtnis-Stiftung.

Little, Mrs. C. M. 1893. *History of the Clan MacFarlane.* Tottenville, New York: Mrs. C. M. Little.

Lomask, Milton. 1982. *Aaron Burr: The Conspiracy and Years of Exile*, 1805–1836. New York: Farrar, Straus, Giroux.

Lossing, Benson J. 1884. *History of New York City, Embracing an Outline Sketch of Events from 1609 to 1830, and a Full Account of Its Development from 1830 to 1884.* New York: A. S. Barnes and Co.

Lyde, Elsie Leslie. 1889. »My Stage Life.« Mit einem zusätzlichen Geleit von Lucy C. Lillie. *Cosmopolitan* 6 (Febr.): 372–77.

Lyon, Isabel V.

    1903–6. 74-seitiges Notizbuch mit Einträgen zwischen dem 7. Nov. 1903 und dem 14. Jan. 1906, CU-MARK.

    1905a. Tagebuch: *The Standard Daily Reminder: 1905.* Ms., Notizbuch, 368 Seiten, CU-MARK. [Lyon führte 1905 zwei Tagebücher, dieses und Lyon 1905b; manche Einträge erscheinen in beiden, aber jedes enthält Einträge, die nicht in dem anderen zu finden sind.]

    1905b. *Diary in The Standard Daily Reminder: 1905.* Ms., Notizbuch, 368 Seiten, Fotokopie in CU-MARK [1971 befand sich das Originaltagebuch im Besitz von Mr. und Mrs. Robert V. Antenne und Mr. und Mrs. James F. Dorrance aus Rice Lake, Wisconsin; gegenwärtig ist keine Verortung möglich. Lyon führte 1905 zwei Tagebücher, dieses und Lyon 1905b; manche Einträge erscheinen in beiden, aber jedes enthält Einträge, die nicht in dem anderen zu finden sind].

1906. Tagebuch: *The Standard Daily Reminder: 1906*. Ms., Notizbuch, 368 Seiten, CU-MARK.

1907. Tagebuch: *Date Book for 1907*. Ms., Notizbuch, 368 Seiten, CU-MARK.

Lystra, Karen. 2004. Dangerous Intimacy: The Untold Story of Mark Twain's Final Years. Berkeley/Los Angeles: University of California Press.

Machias Census. 1900. *Population Schedules of the Twelfth Census of the United States, 1900. Rolle T623. Maine: Washington County, Machias Township*. Fotokopie in CU-MARK.

Mahar, William J. 1999. *Behind the Burnt Cork Mask: Early Blackface Minstrelsy and Antebellum American Popular Culture*. Urbana: University of Illinois Press.

Manhattan Census. 1900. *Population Schedules of the Twelfth Census of the United States, 1900. Rolle T623. New York: Manhattan*. Fotokopie in CU-MARK.

Marden, Orison Swett (Hrsg.). 1907. *The Consolidated Library*. Bd. 14, *The Ethics of Business and Inspiration of Daily Life*. Durchgesehene Aufl. New York: Bureau of National Literature and Art.

Marion Census. 1850. Population Schedules of the Seventh Census of the United States, 1850. Rolle 406. Missouri: Marion, Mercer, Miller, and Mississippi Counties. National Archives Microfilm Publications, Mikrokopie Nr. 432. Washington, D. C.: General Services Administration.

Marshall, Edward. 1910. »Wizard with Amazing Powers Astounds Scientists.« New York Times, 13. Nov., SM1–2.

Massachusetts Historical Society. 2011. »Seth Eastman on Dighton Rock.« http://www.masshist.org/objects/2011march.php. Stand: 7. Sept. 2011.

Matthews, Brander.

    1885. »Huckleberry Finn.« *Saturday Review* 59 (31. Jan.): 153–54. Nachdruck in Anderson and Sanderson, 121–25.

    1896. »The Penalty of Humor.« *Harper's New Monthly Magazine* 92 (Mai): 897–900.

    1922. »Memories of Mark Twain.« In *The Tocsin of Revolt and Other Essays*, 253–94. New York: Charles Scribner's Sons.

Maurice, Arthur Bartlett. 1908. »The Author's Full Dinner Pail.« *Bookman* 28 (Dez.): 326–39.

McKeithan, Daniel Morley. 1961. *The Morgan Manuscript of Mark Twain's »Pudd'nhead Wilson«*. Essays and Studies on American Language and Literature, 12. Uppsala: A.-B. Lundequistska Bokhandeln.

McKivigan, John. 2008. *Forgotten Firebrand: James Redpath and the Making of Nineteenth-Century America*. Ithaca: Cornell University Press.

McNay, Dan. 2011. »Helena de Kay Gilder.« http://helenadekaygilder.org/index.htm. Stand: 18. Mai 2011.

Melton, J. Gordon (Hrsg.). 2001. *Gale Encyclopedia of Occultism and Parapsychology*. 2 Bde. Detroit: Gale Research.

Meyer, Hermann Julius. 1929. *Meyers Lexikon, Band 11*. 7. Aufl. Leipzig: Bibliographisches Institut.

MFai. Millicent Library, Fairhaven, Massachusetts.

MH-H. Harvard University, Houghton Library, Cambridge, Massachusetts.

Mieder, Wolfgang, Stewart A. Kingsbury und Kelsie B. Harder (Hrsg.). 1992. *A Dictionary of American Proverbs*. New York: Oxford University Press.

Miller, Brenda J. 2012. »Bartlett's Tower.« http://www.ctvisit.com/travelstories/details/bartlett-s-tower/81. Stand: 6. April 2012.

Miller, James (Hrsg.). 1866. *Miller's New York as It Is*. New York: J. Miller. Zitate sind aus dem Nachdruck von 1975, *The 1866 Guide to New York City*. New York: Schocken Books.

Miller, William C. 1973. »Samuel L. and Orion Clemens vs. Mark Twain and His Biographers (1861–1862).« *Mark Twain Journal* 16 (Sommer): 1–9.

Missouri Death Records. 2011. *Missouri Death Records, 1834–1910* [Online-Datenbank]. http://ancestry.com. Stand: 3. Okt. 2011.

Missouri Marriage Records. 2011. *Missouri Marriage Records, 1805–2002* [Online-Datenbank]. http://ancestry.com. Stand: 10. Sept. 2011.

Mitchell, Edward P. 1924. *Memoirs of an Editor: Fifty Years of American Journalism*. New York: Charles Scribner's Sons.

MnHi. Minnesota Historical Society, St. Paul.

Mooney, Michael Macdonald. 1976. *Evelyn Nesbit and Stanford White: Love and Death in the Gilded Age*. New York: William Morrow and Co.

MoPeS. St. Mary's Seminary, Perryville, Missouri.

Morgan, James Appleton. 1910. »Concluding Chapter of Dr. Morgan's Autobiography.« *New Shakespeareana* 9, Nr. 2–3 (Mai–Sept.): 42–78.

Morris, Roy jr. 1995. *Ambrose Bierce: Alone in Bad Company*. New York: Crown Publishers.

Mott, Frank Luther.

1938a. *A History of American Magazines, 1850–1865*. Cambridge: Harvard University Press.

1938b. *A History of American Magazines*, 1865–1885. Cambridge: Harvard University Press.

1950. *American Journalism: A History of Newspapers in the United States through 260 Years, 1690 to 1950*. Durchgesehene Aufl. New York: Macmillan Company.

MSM. 1969. *Mark Twain's Mysterious Stranger Manuscripts*. Hrsg. von William M. Gibson. The Mark Twain Papers. Berkeley/Los Angeles: University of California Press.

MT (Mark Twain).

1954. Kapitän Stormfields Besuch im Himmel. Übers. von C. Palma und H. Peiser. Mit einem Nachwort von Max Schroeder und 34 Illustrationen von Elisabeth Shaw. Aufbau-Verlag, Berlin.

1960. Durch dick und dünn. Ausgewählte Werke in zwölf Bänden, Bd. 3. Hrsg. und mit einem Nachwort von Karl-Heinz Schönfelder. Übers. von Otto Wilck. Aufbau-Verlag, Berlin.

1961. Die Arglosen im Ausland. Ausgewählte Werke in zwölf Bänden, Bd. 2. Hrsg. und mit einem Nachwort von Karl-Heinz Schönfelder. Übers. von Ana Maria Brock. Aufbau-Verlag, Berlin.

1962/2010. Tom Sawyers Abenteuer. Ausgewählte Werke in zwölf Bänden, Bd. 4. Hrsg. und mit einem Nachwort von Karl-Heinz Schönfelder. Übers. von Lore Krüger. Aufbau-Verlag, Berlin.

1963a. Der Berühmte Springfrosch von Calaveras. Erzählungen. Ausgewählte Werke in zwölf Bänden, Bd. 1. Hrsg. und mit einem Nachwort von Karl-Heinz Schönfelder. Übers. von Günther Klotz. Aufbau-Verlag, Berlin.

1963b. Bummel durch Europa. Ausgewählte Werke in zwölf Bänden, Bd. 5. Hrsg. und mit einem Nachwort von Karl-Heinz Schönfelder. Übers. von Ana Maria Brock. Aufbau-Verlag, Berlin.

1963/2010. Huckleberry Finns Abenteuer. Ausgewählte Werke in zwölf Bänden, Bd. 8. Hrsg. und mit einem Nachwort von Karl-Heinz Schönfelder. Übers. von Lore Krüger. Aufbau-Verlag, Berlin.

1964. Reise um die Welt. Ausgewählte Werke in zwölf Bänden, Bd. 11. Hrsg. und mit einem Nachwort von Karl-Heinz Schönfelder. Übers. von Ana Maria Brock. Aufbau-Verlag, Berlin.

1965. Der Prinz und der Bettelknabe. Ausgewählte Werke in zwölf Bänden, Bd. 6. Hrsg. und mit einem Nachwort von Karl-Heinz Schönfelder. Übers. von Lore Krüger. Aufbau-Verlag, Berlin.

1965/2010. Ein Yankee an König Artus' Hof. Ausgewählte Werke in zwölf Bänden, Bd. 9. Hrsg. und mit einem Nachwort von Karl-Heinz Schönfelder. Übers. von Lore Krüger. Aufbau-Verlag, Berlin.

1966. Der geheimnisvolle Fremde. Erzählungen. Ausgewählte Werke in zwölf Bänden, Bd. 10. Hrsg. und mit einem Nachwort von Karl-Heinz Schönfelder. Übers. von Ana Maria Brock und Otto Wilcke. Aufbau-Verlag, Berlin.

1967. König Leopolds Selbstgespräch: Essays, Berichte, Skizzen. Ausgewählte Werke in zwölf Bänden, Bd. 12. Hrsg. und mit einem Nachwort von Karl-Heinz Schönfelder. Übers. von Ana Maria Brock. Aufbau-Verlag, Berlin.

1988/2011. Leben auf dem Mississippi. Ausgewählte Werke in zwölf Bänden, Bd. 7. Hrsg. und mit einem Nachwort von Karl-Heinz Schönfelder. Übers. von Lore Krüger. Aufbau-Verlag, Berlin.

2012 Meine geheime Autobiographie. Hrsg. von Harriet Elinor Smith. Mit einem Vorwort von Rolf Vollmann. 2 Bde. Übers. von Hans-Christian Oeser (Bd. 1) und Andreas Mahler et al. (Bd. 2). Aufbau-Verlag, Berlin.

MTA. 1924. *Mark Twain's Autobiography.* Hrsg. von Albert Bigelow Paine. 2 Bde. New York: Harper & Brothers.

MTB. 1912. Mark Twain: A Biography. Hrsg. von Albert Bigelow Paine. 3 Bde. New York: Harper & Brothers. [Die Bandangaben richten sich nach dieser Ausgabe; Seitenzahlen sind in allen Ausgaben gleich.]

MTBus. 1946. Mark Twain, Business Man. Hrsg. von Samuel Charles Webster. Boston: Little, Brown & Co.

MTE. 1940. *Mark Twain in Eruption.* Hrsg. von Bernard DeVoto. New York: Harper & Brothers.

MTEnt. 1957. Mark Twain of the »Enterprise«. Hrsg. von Henry Nash Smith unter Mitarbeit von Frederick Anderson. Berkeley/Los Angeles: University of California Press.

MTH. 1947. *Mark Twain and Hawaii.* Von Walter Francis Frear. Chicago: Lakeside Press.

MTHL. 1960. *Mark Twain-Howells Letters.* Hrsg. von Henry Nash Smith und William M. Gibson unter Mitarbeit von Frederick Anderson. 2 Bde. Cambridge: Belknap Press of Harvard University Press.

MTL. 1917. *Mark Twain's Letters.* Hrsg. von Albert Bigelow Paine. 2 Bde. New York: Harper & Brothers.

MTLP. 1967. Mark Twain's Letters to His Publishers, 1867–1894. Hrsg. von Hamlin Hill. The Mark Twain Papers. Berkeley/Los Angeles: University of California Press.

MTPO. Mark Twain Project Online. Hrsg. von the Mark Twain Project. Berkeley/Los Angeles: University of California Press. http://www.mark twainproject.org [Start: 1. Nov. 2007].

MTTB. 1940. Mark Twain's Travels with Mr. Brown. Hrsg. von Franklin Walker und G. Ezra Dane. New York: Alfred A. Knopf.

Murray, Timothy D. 1986. »G. W. Carleton (New York: 1861–1871); G. W. Carleton and Company

(New York: 1871–1886).« *Dictionary of Literary Biography, Volume 49: American Literary Publishing Houses, 1638–1899. Part 1: A-M.* Hrsg. von Peter Dzwonkoski. Detroit: Gale Research Company.

»My Sutherland-Wright Ancestry.« 2011. Privat zusammengestellte Genealogie, Fotokopie in CU-MARK.

N&J1. 1975. *Mark Twain's Notebooks & Journals, Volume 1 (1855–1873).* Hrsg. von Frederick Anderson, Michael B. Frank und Kenneth M. Sanderson. The Mark Twain Papers. Berkeley/Los Angeles: University of California Press.

N&J2. 1975. *Mark Twain's Notebooks & Journals, Volume 2 (1877–1883).* Hrsg. von Frederick Anderson, Lin Salamo und Bernard Stein. The Mark Twain Papers. Berkeley/Los Angeles: University of California Press.

N&J3. 1979. *Mark Twain's Notebooks & Journals, Volume 3 (1883–1891).* Hrsg. von Robert Pack Browning, Michael B. Frank und Lin Salamo. The Mark Twain Papers. Berkeley/Los Angeles: University of California Press.

NAR 1. 1906. »Chapters from My Autobiography. – I. By Mark Twain.« *North American Review* 183 (7. Sept.): 321–30. Druckfahnen der »Einleitung« (NAR 1pf) in ViU.

NAR 2. 1906. »Chapters from My Autobiography. – II. By Mark Twain.« *North American Review* 183 (21. Sept.): 449–60. Druckfahnen (NAR 2pf) in ViU.

NAR 3. 1906. »Chapters from My Autobiography. – III. By Mark Twain.« *North American Review* 183 (5. Okt.): 577–89. Druckfahnen (NAR 3pf) in ViU.

NAR 4. 1906. »Chapters from My Autobiography. – IV. By Mark Twain.« *North American Review* 183 (19. Okt.): 705–16. Druckfahnen (NAR 4pf) in ViU.

NAR 5. 1906. »Chapters from My Autobiography. – V. By Mark Twain.« *North American Review* 183 (2. Nov.): 833–44. Druckfahnen (NAR 5pf) in ViU.

NAR 6. 1906. »Chapters from My Autobiography. – VI. By Mark Twain.« *North American Review* 183 (16. Nov.): 961–70. Druckfahnen (NAR 6pf) in ViU.

NAR 7. 1906. »Chapters from My Autobiography. – VII. By Mark Twain.« *North American Review* 183 (7. Dez.): 1089–95. Druckfahnen (NAR 7pf) in ViU.

NAR 8. 1906. »Chapters from My Autobiography. – VIII. By Mark Twain.« *North American Review* 183 (21. Dez.): 1217–24. Druckfahnen (NAR 8pf) in ViU.

NAR 9. 1907. »Chapters from My Autobiography. – IX. By Mark Twain.« *North American Review* 184 (4. Jan.): 1–14. Druckfahnen (NAR 9pf) in ViU.

NAR 10. 1907. »Chapters from My Autobiography. – X. By Mark Twain.« *North American Review* 184 (18. Jan.): 113–19. Druckfahnen (NAR 10pf) in ViU.

NAR 11. 1907. »Chapters from My Autobiography. – XI. By Mark Twain.« *North American Review* 184 (1. Febr.): 225–32. Druckfahnen (NAR 11pf) in ViU.

NAR 12. 1907. »Chapters from My Autobiography. – XII. By Mark Twain.« *North American Review* 184 (15. Febr.): 337–46. Druckfahnen (NAR 12pf) in ViU.

NAR 13. 1907. »Chapters from My Autobiography. – XIII. By Mark Twain.« *North American Review* 184 (1. März): 449–63. Druckfahnen (NAR 13pf) in ViU.

NAR 14. 1907. »Chapters from My Autobiography. – XIV. By Mark Twain.« *North American Review* 184 (15. März): 561–71.

NAR 15. 1907. »Chapters from My Autobiography. – XV. By Mark Twain.« *North American Review* 184 (5. April): 673–82. Druckfahnen (NAR 15pf) in ViU.

NAR 16. 1907. »Chapters from My Autobiography. – XVI. By Mark *Twain.*« *North American Review* 184 (19. April): 785–93.

NAR 17. 1907. »Chapters from My Autobiography. – XVII. By Mark Twain.« *North American Review* 185 (3. Mai): 1–12. Druckfahnen (NAR 17pf) in ViU.

NAR 18. 1907. »Chapters from My Autobiography. – XVIII. By Mark Twain.« *North American Review* 185 (17. Mai): 113–22.

NAR 19. 1907. »Chapters from My Autobiography. – XIX. By Mark Twain.« *North American Review* 185 (7. Juni): 241–51. Druckfahnen (NAR 19pf) in ViU.

NAR 20. 1907. »Chapters from My Autobiography. – XX. By Mark Twain.« *North American Review* 185 (5. Juli): 465–74.

NAR 21. 1907. »Chapters from My Autobiography. – XXI. By Mark Twain.« *North American Review* 185 (2. Aug.): 689–98. Druckfahnen (NAR 21pf) in ViU.

NAR 22. 1907. »Chapters from My Autobiography. – XXII. By Mark Twain.« *North American Review* 186 (Sept.): 8–21.

NAR 23. 1907. »Chapters from My Autobiography. – XXIII. By Mark Twain.« *North American Review* 186 (Okt.): 161–73.

NAR 24. 1907. »Chapters from My Autobiography. – XXIV. By Mark Twain.« *North American Review* 186 (Nov.): 327–36. Druckfahnen (NAR 24pf) in ViU.

NAR 25. 1907. »Chapters from My Autobiography. – XXV. By Mark Twain.« *North American Review* 186 (Dez.): 481–94. Druckfahnen (NAR 25pf) in ViU.

National Park Service. 2012. *The Civil War Soldiers and Sailors System* [Online-Datenbank]. http://www.nps.gov/civilwar/soldiers-and-sailors-database.htm. Stand: 11. Juli 2012.

NBolS. Marcella Sembrich Memorial Studio, Bolton Landing, New York.

Newark Census. 1880. *Population Schedules of the Tenth Census of the United States, 1880. Rolle T9. New Jersey: Essex County, Newark.* Fotokopie in CU-MARK.

Nichols, Heidi L. 2004. *The Fashioning of Middle-Class America: »Sartain's Union Magazine of Literature and Art« and Antebellum Culture.* New York: Peter Lang.

NjP-SC. Princeton University, Princeton Special Collection, Princeton, New Jersey.

NN-BGC. New York Public Library, Albert A. and Henry W. Berg Collection, New York, New York.

NNC. Columbia University, New York, New York.

NNPM. Pierpont Morgan Library, New York, New York.

»Nook Farm Genealogy.« 1974. TS von einem anonymen Hrsg., CtHSD.

NPV. Jean Webster McKinney Family Papers, Francis Fitz Randolph Rare Book Room, Vassar College Library, Poughkeepsie, New York.

NRivd2. Wave Hill House, Riverdale, Bronx, New York.

Ober, K. Patrick. 2003. *Mark Twain and Medicine: »Any Mummery Will Cure«.* Columbia: University of Missouri Press.

O'Connor, Richard. 1966. *Bret Harte*: A Biography. Boston: Little, Brown and Co.

Odell, George C. D. 1927–49. *Annals of the New York Stage.* 15 Bde. New York: Columbia University Press.

Verzeichnisse

Orr, Charles. 1906. »An Unpublished Masterpiece.« *Putnam's Monthly and The Critic* 1 (Nov.): 250–51.
OSC (Olivia Susan [Susy] Clemens).
    1885–86. Untitled biography of her father, 131-seitiges Ms., kommentiert von SLC, ViU. In OSC
        1985, 83–225; Teile auch in *MTA*, Bd. 2, passim; und in Salsbury 1965, passim.
    1985. *Papa: An Intimate Biography of Mark Twain.* Hrsg. von Charles Neider. Garden City, New
        York: Doubleday & Co.
Oxenham, Erica. 1946. *Scrap-Book of J. O.* London: Longmans, Green and Co.
P&P. 1979. *The Prince and the Pauper.* Hrsg. von Victor Fischer und Lin Salamo mit Unterstüt-
    zung von Mary Jane Jones. The Works of Mark Twain. Berkeley/Los Angeles: University of
    California Press.
Parmet, Herbert S., und Marie B. Hecht. 1967. *Aaron Burr: Portrait of an Ambitious Man.* New
    York: Macmillan Company.
Patterson, Homer L. 1908. *Patterson's College and School Directory of the United States and
    Canada.* Chicago: American Educational Company.
Payne, Darwin. 2007. »Literary Connections: Mark Twain, Katherine Anne Porter, William A. Owens,
    and Tennessee Williams.« *Legacies: A History Journal for Dallas* 19 (Frühling): 40–51.
Peattie, Elia W. 1907. »Socialistic Romance with Haymarket Riot as Culmination.« *Chicago Tri-
    bune*, 16. März, 9.
Pforzheimer. Collection of Walter L. Pforzheimer.
Phelps, Elizabeth Stuart. 1964. *The Gates Ajar.* Hrsg. von Helen Sootin Smith. The John Harvard
    Library. Cambridge: Belknap Press of Harvard University Press.
Phelps, Roswell F. 1941. »Sumner B. Pearmain, 1859–1941.« *Journal of the American Statistical
    Association* 36 (Dez.): 545–46.
Phillips, Michael J. 1920. »Mark Twain's Partner.« *Saturday Evening Post* 193 (11. Sept.): 22–23,
    69–70, 73–74.
Portsmouth Census. 1860. *Population Schedules of the Eighth Census of the United States,
    1860. Rolle M653. New Hampshire: Rockingham County, Portsmouth Township.* Fotokopie in
    CU-MARK.
Rasmussen, R. Kent.
    2007. *Critical Companion to Mark Twain: A Literary Reference to His Life and Work.* 2 Bde. New
        York: Facts on File.
    2013. *Dear Mark Twain.* Berkeley and Los Angeles: University of California Press.
Reece, John Holroyd. 1937. *The Harvest: Being the Record of One Hundred Years of Publishing,
    1837–1937.* Leipzig: Tauchnitz.
Rees, Thomas. 1908. *Sixty Days in Europe and What We Saw There.* Springfield, Illinois: State
    Register Company.
Reynolds, Cuyler (Hrsg.). 1911. *Hudson-Mohawk Genealogical and Family Memoirs.* 4 Bde. New
    York: Lewis Historical Publishing Company.
RGB/CL. 2011. »Essay on Chase's ›Little Lord Fauntleroy‹.« Spanierman Gallery, New York.
    http://www.spanierman.com/Chase,-William-Merritt/essay/top/Essay. Stand: 10. März 2011.
Rhodes, James Ford. 1922. *The McKinley and Roosevelt Administrations, 1897–1909.* New York:
    Macmillan.

RI 1993. 1993. *Roughing It*. Hrsg. von Harriet Elinor Smith, Edgar Marquess Branch, Lin Salamo und Robert Pack Browning. The Works of Mark Twain. Berkeley/Los Angeles: University of California Press. [Diese Ausgabe ersetzt diejenige von 1972.]

Rice, Clarence C. 1925. »Mark Twain's Doctor Tells How Wit Won Humorist His Wife.« *Boston Sunday Globe*, 29. Nov., unbekannte Seite.

Rice, Edward Le Roy. 1911. *Monarchs of Minstrelsy, from »Daddy« Rice to Date*. New York: Kenny Publishing Company.

Richards, James Howard. 1983. »Music and the Reed Organ in the Life of Mark Twain.« *American Music* 1 (Herbst): 38–47.

Richardson, John. 2001. *The Sorcerer's Apprentice: Picasso, Provence, and Douglas Cooper*. Chicago: University of Chicago Press.

Richardson, Robert. 1893. *Willow and Wattle: Poems*. Edinburgh: John Grant.

Richmond Then and Now. 2011. »Richmond Theatre Fire.« http://richmondthenandnow.com/newspaper-Articles/Richmond-Theatre-Fire.html. Stand: 5. Aug. 2011.

Riverdale Census. 1900. *Population Schedules of the Twelfth Census of the United States, 1900. Rolle T623. New York: Bronx Borough, Riverdale*. Fotokopie in CU-MARK.

Rocha, Guy. 2000. »Sell the Sizzle and not the Steak: Mark Twain in Carson City.« http://nsla.nevadaculture.org/index.php?option=com_content&task=view&id=726&itemid=418. Stand: 3. Jan. 2012.

Rolfe, W. J. 1890. »The So-Called Gunther Autograph of Shakespeare.« *The Critic*, 8. März, 117.

Rood, Henry Edward. 1895. »New York Letter.« *Literary World* 26 (6. April): 104–05.

Rose, William Ganson. 1950. *Cleveland: The Making of a City*. Cleveland: World Publishing Company.

Rossum, Ralph A. 2001. *Federalism, the Supreme Court, and the Seventeenth Amendment: The Irony of Constitutional Democracy*. Lanham, Maryland: Lexington Books.

RPB-JH. Brown University, John Hay Library of Rare Books and Special Collections, Providence, Rhode Island.

Rubin, Louis D. 1969. *George W. Cable: The Life and Times of a Southern Heretic*. New York: Pegasus.

Salm. Collection of Peter A. Salm.

Salsbury, Edith Colgate (Hrsg.). 1965. *Susy and Mark Twain: Family Dialogues*. New York: Harper & Row.

Samon, Jud. 1979. »Sagebrush Falstaff: A Biographical Sketch of James Warren Nye.« Ph. D. diss., University of Maryland.

San Francisco Census. 1900. *Population Schedules of the Twelfth Census of the United States, 1900. Rolle T623. California: San Francisco*. Fotokopie in CU-MARK.

San Francisco Mortality Schedules. 1870. *U. S. Federal Census Mortality Schedules, 1850–1885. Rolle T655. California: San Francisco*. Fotokopie in CU-MARK.

Satre, Lowell J. 2005. *Chocolate on Trial: Slavery, Politics, and the Ethics of Business*. Athens: Ohio University Press.

Saturday Morning Club. 1976. *One Hundred Years of the Saturday Morning Club of Hartford*. Hartford: Saturday Morning Club.

Scharf, J. Thomas. 1883. *History of St. Louis City and County, from the Earliest Periods to the Present Day*. 2 Bde. Philadelphia: Louis H. Everts and Co.

Scharnhorst, Gary.

1995. *Bret Harte: A Bibliography*. Scarecrow Author Bibliographies, Nr. 95. Lanham, Maryland: Scarecrow Press.

2000a. *Bret Harte: Opening the American Literary West*. Bd. 17 in *The Oklahoma Western Biographies*, hrsg. von Richard W. Etulain. Norman: University of Oklahoma Press.

2000b. »›I Do not Write This in Anger‹: Bret Harte's Letters to His Sister, 1871–93.« *Resources for American Literary Study* 26 (Nr. 2): 200–222.

2006. *Mark Twain: The Complete Interviews*. Tuscaloosa: University of Alabama Press.

2010. »The ›Lorio‹ Letters to the *St. Louis Daily Reveille*: On Mark Twain, Minstrelsy, Mesmerism, and McDowell's Cave.« *Resources for American Literary Study* 33:277–84.

Schmidt, Barbara.

2002. »Frank Fuller, *The* American, Revisited.« *Twainian* 58 (März): 1–3.

2009. »Mark Twain's Angel-Fish Roster and Other Young Women of Interest«. http://www.twainquotes.com/angelfish/angelfish.html. Stand: 20. Mai 2009.

2010. »A History of and Guide to Uniform Editions of Mark Twain's Works«. http://www.twainquotes.com/uniformEds/toc.html. Stand: 19. Nov. 2010.

2011. »Mark Twain's Juggernaut Club Correspondence – The Helene Picard Letters.« http://www.twainquotes.com/picard.html. Stand: 12. April 2011.

Schoenbaum, S. 1991. *Shakespeare's Lives*. Neuausgabe. Oxford: Clarendon Press.

Scott, Charles P. G. 1905. »A Declaration of Independence: A Promise as to Twelve Words.« O. S.

Seville, Catherine. 2006. *The Internationalisation of Copyright Law: Books, Buccaneers and the Black Flag in the Nineteenth Century*. Cambridge: Cambridge University Press.

Shelden, Michael. 2010. *Mark Twain, Man in White: The Grand Adventure of His Final Years*. New York: Random House.

SLC (Samuel Langhorne Clemens).

1852a. »Blabbing Government Secrets!« *Hannibal Weekly Journal*, 16. Sept., 2.

1852b. »Editorial Agility.« *Hannibal Weekly Journal*, 16. Sept., 2.

1852c. »Historical Exhibition – A No. 1 Ruse.« *Hannibal Weekly Journal*, 16. Sept., 2. Nachdruck in *ET&S1*, 78–82.

1852d. »›Local‹ Resolves to Commit Suicide.« *Hannibal Weekly Journal*, 16. Sept., 2. Nachdruck in *ET&S1*, 72–75.

1852e. »Pictur' Department.« *Hannibal Weekly Journal*, 16. Sept., 2. Nachdruck in *ET&S1*, 72–74, 76–77.

1855–56. »›Jul'us Caesar‹.« 14-seitiges Ms. in vier Folios, NPV. Abgedruckt in *ET&S1*, 110–17.

1856a. »Correspondence.« Brief, datiert vom 18. Okt. *Keokuk Saturday Post*, 1. Nov., 4. Nachdruck in SLC 1928, 3–16.

1856b. »Snodgrass' Ride on the Railroad.« Brief, datiert vom 14. Nov. *Keokuk Post*, 29. Nov., 2, und *Keokuk Saturday Post*, 6. Dez., 4. Nachdruck in SLC 1928, 19–33.

1857. »Snodgrass, in a Adventure.« Brief, datiert vom 14. März. *Keokuk Post*, 10. April, 2, und *Keokuk Saturday Post*, 18. April, 4. Nachdruck in SLC 1928, 37–48.

1859. »River intelligence.« *New Orleans Crescent*, 17. Mai, 7. Nachdruck in ET&S1, 126–33.

1862a. »Letter from Carson City.« Brief, datiert vom 5. Dez. *Virginia City Territorial Enterprise*, 8.? Dez., Ausschnitt im Scrapbook 1:60, CU-MARK. Nachdruck in *MTEnt*, 35–38.

1862b. »Letter from Carson City.« Brief, datiert vom 12. Dez. *Virginia City Territorial Enterprise*, 15.? Dez., Ausschnitt im Scrapbook 1:60, CU-MARK. Nachdruck in *MTEnt*, 39–41.

1863a. »Letter from Carson City.« Brief, datiert »Saturday Night« (31.? Jan.). *Virginia City Territorial Enterprise*, 3.? Febr., Ausschnitt im Scrapbook 4:11, CU-MARK. Nachdruck in *ET&S1*, 192–98.

1863b. »Ye Sentimental Law Student.« *Virginia City Territorial Enterprise*, 19. Febr. Nachdruck in *ET&S1*, 215–19.

1865a. »The Only Reliable Account of the Celebrated Jumping Frog of Calaveras County.« 11-seitiges Ms., geschrieben zwischen dem 1. Sept. und dem 16. Okt., NPV. In *ET&S2*, 262–78.

1865b. »The Cruel Earthquake.« *Gold Hill News*, 13. Okt., 2, Nachdruck vom *Virginia City Territorial Enterprise* vom 10.–11. Okt. Nachdruck in *ET&S2*, 289–93.

1865c. »Popper Defieth Ye Earthquake.« *Virginia City Territorial Enterprise*, 15.–31. Okt., Ausschnitt im Yale Scrapbook, CtY-BR, 38 A-39. Nachdruck in *ET&S2*, 294–96.

1865d. »Earthquake Almanac.« *San Francisco Dramatic Chronicle*, 17. Okt., 3. Nachdruck in *ET&S2*, 297–99.

1865e. »Jim Smiley and His Jumping Frog.« *New York Saturday Press* 4 (18. Nov.): 248–49. Nachdruck in ET&S2, 282–88.

1865f. »The Great Earthquake in San Francisco.« *New York Weekly Review* 16 (25. Nov.): 5. Nachdruck in ET&S2, 300–310.

1866a. »Letter from Honolulu.« Brief, datiert vom 25. Juni. *Sacramento Union*, 19 Juli, 1. Nachdruck in *MTH*, 335–47.

1866b. »Forty-three Days in an Open Boat.« *Harper's New Monthly Magazine* 34 (Dez.): 104–13.

1867a. *The Celebrated Jumping Frog of Calaveras County, and Other Sketches.* Hrsg. von John Paul. New York: C. H. Webb.

1867b. »Letter from ›Mark Twain‹.« Brief, datiert vom 16. April. San Francisco *Alta California*, 26. Mai, 1. Nachdruck in *MTTB*, 141–48.

1867c. »Letter from ›Mark Twain‹.« Brief, datiert vom 18. Mai. San Francisco *Alta California*, 23. Juni, 1. In Teilen Nachdruck in *MTTB*, 180–91.

1868a. »Letter from Mark Twain.« Brief, datiert vom 2. Mai. *Chicago Republican*, 31. Mai, 2.

1868b. »Letter from Mark Twain.« Brief, datiert vom 17. Aug. *Chicago Republican*, 23. Aug., 2.

1869. *The Innocents Abroad; or, The New Pilgrims' Progress.* Hartford: American Publishing Company.

1870a. »Disgraceful Persecution of a Boy.« *Galaxy* 9 (Mai): 722–24.

1870b. »Goldsmith's Friend Abroad Again.« *Galaxy* 10 (Okt.): 569–71.

1871. »Memoranda.« *Galaxy* 11 (April): 615–18. Enthält: »Valedictory«, »My First Literary Venture«, »About a Remarkable Stranger«.

1873–74. *The Gilded Age: A Tale of To-day*. Charles Dudley Warner (Koautor). Hartford: American Publishing Company. [Frühe Ausgaben sind mit 1873, spätere mit 1874 angegeben: siehe BAL, 2:3357.]

1876–85. »A Record of the Small Foolishnesses of Susie & ›Bay‹ Clemens (Infants).« 111-seitiges Ms., ViU.

1877–78. »Some Rambling Notes of an Idle Excursion.« *Atlantic Monthly* 40 (Okt.–Dez. 1877): 443–47, 586–92, 718–24; *Atlantic Monthly* 41 (Jan. 1878): 12–19.

1880a. *[Date, 1601.] Conversation, as It Was by the Social Fireside, in the Time of the Tudors.* [Cleveland: privat gedruckt.]

1880b. *A Tramp Abroad*. Hartford: American Publishing Company.

1881. »– He is gone…« Artikel ohne Titel in »The Contributors' Club.« *Atlantic Monthly* 48 (Nov.): 716–17.

1882a. *Date 1601. Conversation, as It Was by the Social Fireside, in the Time of the Tudors.* [West Point, New York]: Done att Ye Academie Presse.

1882b. *The Stolen White Elephant, Etc.* Boston: James R. Osgood & Co.

1882c. »Twichell and the profane ostler.« 19-seitiges Ms., nummeriert 429–47, von SLC aus Kapitel 34 von *Life on the Mississippi* gestrichen, CU-MARK. In *MTE*, 366–72, fälschlicherweise als ein frühes Kapitel der Autobiographie angenommen.

1883. *Life on the Mississippi*. Boston: James R. Osgood & Co.

1884. »Taming the Bicycle.« 80-seitiges Ms., NPV. In SLC 1917, 285–96.

1885a. *Adventures of Huckleberry Finn*. New York: Charles L. Webster & Co.

1885b. »›What Ought He to Have Done?‹: Mark Twain's Opinion.« *Christian Union* 32 (16. Juli): 4–5.

1887. »A Petition to the Queen of England.« *Harper's New Monthly Magazine* 76 (Dez.): 157–58. Nachdruck in Budd 1992a, 922–26.

1888. *Mark Twain's Library of Humor*. New York: Charles L. Webster and Co.

1891a. »Struwwelpeter or Happy Tales and Funny Pictures. Freely Translated by Mark Twain.« Aus dem deutschen Text von Heinrich Hoffmann. 26-seitiges Ms., CtY-BR. In SLC 1935.

1891b. »Luck.« *Harper's New Monthly Magazine* 83 (Aug.): 407–09. Nachdruck in SLC 1892a.

1892a. *Merry Tales*. New York: Charles L. Webster & Co.

1892b. *The American Claimant*. New York: Charles L. Webster & Co.

1892c. »The Tragedy of Pudd'nhead Wilson and the Comedy Those Extraordinary Twins.« 124-seitiges Ms., NN-BGC, und 6-seitiges Ms. aus dem längeren Ms. verworfen, NNPM.

1895–96. »Personal Recollections of Joan of Arc.« *Harper's New Monthly Magazine* 90 (April): 680–99; (Mai): 845–58; 91 (Juni): 82–94; (Juli): 227–39; (Aug.): 456–67; (Sept.): 543–55; (Okt.): 743–53; (Nov.): 879–94; 92 (Dez.): 135–50; (Jan.): 288–306; (Febr.): 432–45; (März): 585–97; (April): 655–73.

1896. *Personal Recollections of Joan of Arc*. New York: Harper & Brothers.

1897. »James Hammond Trumbull. The Tribute of a Neighbor.« *Century Magazine* 55 (Nov.): 154–55.

1898. »My Platonic Sweetheart.« 58-seitiges Ms., geschrieben im Juli, CU-MARK. In *Harper's Monthly Magazine* 126 (Dez. 1912): 14–20, und Budd 1992b, 284–96.

1899a. »Samuel Langhorne Clemens.« 14-seitiges Ms., im März verfasste Notizen für Samuel E. Moffett und seine Vorbereitungen für einen biographischen Essay, NN-BGC.

1899b. »Jean's Illness.« 9-seitiges titelloses Ms., geschrieben am 5. Aug., CU-MARK.

1899c. »Christian Science and the Book of Mrs. Eddy.« *Cosmopolitan* 27 (Okt.): 585–94.

1901. »The Death-Disk.« *Harper's Monthly Magazine* 104 (Dez.): 19–26.

1901–2a. »Footnotes to Susy's Biography.« 32-seitiges titelloses Ms., ViU.

1901–2b. einseitiges titelloses Ms., gestrichen aus SLC 1901–2a (»Footnotes to Susy's Biography«), CU-MARK.

1902a. »A Double-Barrelled Detective Story.« *Harper's Monthly Magazine* 104 (Jan.-Febr.): 254–70, 429–41.

1902b. »Does the Race of Man Love a Lord?« *North American Review* 174 (April): 433–44.

1902c. »Christian Science.« *North American Review* 175 (Dez.): 756–68.

1902d. »Was it Heaven? Or Hell?« *Harper's Monthly Magazine* 106 (Dez.): 11–20.

1903a. »As Regards the Company's Benevolences.« 4-seitiges TS, CU-MARK. In *HHR*, 533–34.

1903b. »Christian Science – II.« *North American Review* 176 (Jan.): 1–9.

1903c. »Christian Science – III.« *North American Review* 176 (Febr.): 173–84.

1903d. »Mrs. Eddy in Error.« *North American Review* 176 (April): 505–17.

1903e. »Why not Abolish It?« *Harper's Weekly* 47 (2. Mai): 732. Nachdruck in Budd 1992b, 550–53.

1903 f. »A Dog's Tale.« *Harper's Monthly Magazine* 108 (Dez.): 11–19.

1905a. *King Leopold's Soliloquy: A Defense of His Congo Rule.* Boston: P.R. Warren Company.

1905b. »Concerning Copyright: An Open Letter to the Register of Copyrights.« *North American Review* 180 (Jan.): 1–8. Nachdruck in Budd 1992b, 627–34.

1905c. »The Czar's Soliloquy.« *North American Review* 180 (März): 321–26.

1905d. »From My Unpublished Autobiography.« *Harper's Weekly* 49 (18. März): 391. Nachdruck als »Mark Twain Was Pioneer in Use of Typewriter«, *Atlanta Constitution*, 3. April, 6, und als »The First Writing-Machines« in SLC 1906 f., 166–70.

1905e. »As Concerns Interpreting the Deity.« 32-seitiges Ms. und 24-seitiges TS, geschrieben im Juni und später im Sommer abgetippt, CU-MARK. In SLC 1917, 265–74, und *WIM*, 109–20.

1905 f. »Christian Citizenship.« *Collier's, The National Weekly*, 2. Sept., 17. Nachdruck in Budd 1992b, 658–60.

1906a. *Eve's Diary: Translated from the Original MS.* New York: Harper & Brothers.

1906b. *Mark Twain's Library of Humor: A Little Nonsense.* New York: Harper & Brothers.

1906c. *Mark Twain's Library of Humor: Men and Things.* New York: Harper & Brothers.

1906d. *Mark Twain's Library of Humor: The Primrose Way.* New York: Harper & Brothers.

1906e. *Mark Twain's Library of Humor: Women and Things.* New York: Harper & Brothers.

1906 f. *The $30,000 Bequest and Other Stories.* New York: Harper & Brothers.

1906 g. »William Dean Howells.« *Harper's Monthly Magazine* 113 (Juli): 221–25. Nachdruck in Budd 1992b, 722–30.

1906 h. »A Horse's Tale.« *Harper's Monthly Magazine* 113 (Aug.–Sept.): 327–42, 539–49.

1906i. »Statement of Mr. Samuel L. Clemens.« Rede, gehalten am 7. Dez. vor dem Senat und den Patentausschüssen des Repräsentantenhauses. In U. S. Congress 1906, 116–21.

1906j. »Mark Twain Soliloquizes on ›Being Good‹ and Decides to Let ›Good Enough‹ Alone.« *Harper's Weekly* 50 (15. Dez.): 1790–91.

1907a. *Christian Science, with Notes Containing Corrections to Date*. New York: Harper and Brothers. Nachdruck in WIM, 215–397.

1907b. *A Horse's Tale*. New York: Harper and Brothers.

1907–08. »Extract from Captain Stormfield's Visit to Heaven.« *Harper's Monthly Magazine* 116 (Dez. 1907): 41–49; (Jan. 1908): 266–76.

1909a. »A Simplified Alphabet.« 15-seitiges Ms., CU-MARK. In SLC 1917, 256–64.

1909b. *Extract from Captain Stormfield's Visit to Heaven*. New York: Harper & Brothers.

1909c. *Is Shakespeare Dead? From My Autobiography*. New York: Harper & Brothers.

1910. »The Turning Point of My Life«. *Harper's Bazar* 44 (Febr.): 118–19. Nachdruck in Budd 1992b, 929–38 und *WIM*, 455–64.

1916. *The Mysterious Stranger: A Romance*. New York: Harper & Brothers.

1917. *What Is Man? And Other Essays*. New York: Harper & Brothers.

1922a. »Unpublished Chapters from the Autobiography of Mark Twain: Part II.« *Harper's Monthly Magazine* 144 (März): 455–60.

1922b. »Unpublished Chapters from the Autobiography of Mark Twain.« *Harper's Monthly Magazine* 145 (Aug.): 310–15.

1923a. *Europe and Elsewhere*. Mit einem Geleit von Brander Matthews und einer Einleitung von Albert Bigelow Paine. New York: Harper & Brothers.

1923b. *Mark Twain's Speeches*. Mit einer Einleitung von Albert Bigelow Paine und einem Geleit von William Dean Howells. New York: Harper & Brothers.

1928. *The Adventures of Thomas Jefferson Snodgrass*. Hrsg. von Charles Honce, mit einem Vorwort von Vincent Starrett und einem Geleit zu »A Celebrated Village Idiot« von James O'Donnell Bennett. Chicago: Pascal Covici.

1935. *Slovenly Peter (Struwwelpeter), or Happy Tales and Funny Pictures, Freely Translated by Mark Twain*. Aus dem deutschen Text von Heinrich Hoffmann. New York: Harper & Brothers.

1939. *Mark Twain's Conversation as It Was by the Social Fireside in the Time of the Tudors*. Embellished with an Illuminating Introduction, Facetious Footnotes and a Bibliography by Franklin J. Meine. Chicago: privat gedruckt für die Mark Twain Society of Chicago.

1961. »Ah Sin.« *A Dramatic Work by Mark Twain and Bret Harte*. Hrsg. von Frederick Anderson. San Francisco: Book Club of California.

1963. »Reflections on Religion.« Edited by Charles Neider. *Hudson Review* 16 (Herbst): 329–52.

1996a. *Christian Science*. Vorwort von Shelley Fisher Fishkin. Einleitung von Garry Wills. Nachwort von Hamlin Hill. The Oxford Mark Twain. New York: Oxford University Press.

1996b. *1601, and Is Shakespeare Dead?* Vorwort von Shelley Fisher Fishkin. Einleitung von Erica Jong. Nachwort von Leslie A. Fiedler. The Oxford Mark Twain. New York: Oxford University Press.

1996c. *The Stolen White Elephant and Other Detective Stories*. Vorwort von Shelley Fisher

Fishkin. Einleitung von Walter Mosley. Nachwort von Lillian S. Robinson. The Oxford Mark Twain. New York: Oxford University Press.

2001. *A Murder, a Mystery, and a Marriage*. Vor- und Nachwort von Roy Blount jr. New York: W. W. Norton and Co.

2002. »Copyright in Perpetuity.« *The Green Bag*, 2d ser., 6 (Herbst): 109–15.

2004. *Mark Twain's Helpful Hints for Good Living: A Handbook for the Damned Human Race*. Hrsg. von Lin Salamo, Victor Fischer und Michael B. Frank. Berkeley/Los Angeles: University of California Press.

2007. *Mark Twain's Civil War*. Hrsg. von David Rachels. Lexington: University Press of Kentucky.

2009a. *Who Is Mark Twain?* Hrsg. und mit einem Geleit von Robert H. Hirst. New York: Harper Studio.

2009b. »Hell or San Francisco: In Which the Author Recalls the ›Great Earthquake of 1865‹ in the Wake of a Much Greater One in 1906.« *California* 120 (März–April): 28–29.

2009c. »The Prince and the President: In Which the Author Recalls Meetings with Edward, Prince of Wales and Ulysses S. Grant.« *California* 120 (März–April): 43–46.

2010a. *Mark Twain's Book of Animals*. Hrsg. von Shelley Fisher Fishkin. Berkeley/Los Angeles: University of California Press.

2010b. »The Palm Readers.« *Playboy 57* (Dez.): 84–86.

Smiles, Samuel. 1857. *The Life of George Stephenson, Railway Engineer*. London: John Murray.

Smith, Jean Edward. 2001. *Grant*. New York: Simon & Schuster.

Social Register. 1902. *Social Register, Summer 1902*. New York: Social Register Association.

Sondhaus, Lawrence. 2002. *Navies of Europe, 1815–2002*. London: Longman.

Sotheby. 2003. *The Mark Twain Collection of Nick Karanovich*. Auktion vom 19. Juni. New York: Sotheby and Co.

Spears, John R. 1908. *A History of the United States Navy*. New York: Charles Scribner's Sons.

Staver, Addie Johnstone (Hrsg.). 1938. »Marriage Records. Copy of the Original Records of Marriage by Rev. Thomas K. Beecher of Park Church, Elmira, New York, from 1854 to 1900.« Kopie für Chemung Chapter of Daughters of the American Revolution. Fotokopie in CU-MARK.

Stead, William T. 1895. »Character Reading by Palmistry and Otherwise.« *Borderland* 2 (Jan.): 60–64.

Stedman, Edmund Clarence, und Ellen Mackay Hutchinson (Hrsg.). 1888–90. *A Library of American Literature from the Earliest Settlement to the Present Time*. 11 Bde. New York: Charles L. Webster and Co.

Stern, Madeleine B.

1969. »Mark Twain Had His Head Examined.« *American Literature* 41 (Mai): 207–18.

1971. *Heads and Headlines: The Phrenological Fowlers*. Norman: University of Oklahoma Press.

Stewart, A. A. (Hrsg.). 1912. *The Printer's Dictionary of Technical Terms*. Boston: School of Printing, North End Union.

Stewart, George R. jr. 1931. *Bret Harte: Argonaut and Exile*. Boston: Houghton Mifflin Company.

Stoneley, Peter. 1992. *Mark Twain and the Feminine Aesthetic*. Cambridge: Cambridge University Press.

Suetonius Tranquillus, C. 1876. *The Lives of The Twelve Cæsars. By C. Suetonius Tranquillus; to Which Are Added, His Lives of the Grammarians, Rhetoricians, and Poets.* Übersetzt von Alexander Thomson. Überarbeitet und korrigiert von T. Forester. Bohn's Classical Library. London: George Bell and Sons. SLC Kopie in CU-MARK.

Swiderski, Richard M. 2009. *Calomel in America: Mercurial Panacea, War, Song and Ghosts.* Boca Raton: BrownWalker Press.

Tannenbaum, Samuel A. 1927. *Problems in Shakspere's Penmanship: Including a Study of the Poet's Will.* New York: Century Company, für die Modern Language Association of America.

Teller, Charlotte. 1925. *S. L. C. to C. T.* New York: Privatdruck.

Tennyson, Alfred. 1842. *Poems.* 2 Bde. London: Edward Moxon.

Terry, Ellen. 1908. *The Story of My Life: Recollections and Reflections.* New York: McClure Company.

Thieme, Otto Charles, et al. 1993. *With Grace and Favour: Victorian and Edwardian Fashion in America.* Cincinnati: Cincinnati Art Museum.

Thomas, Joseph D., und Jay Avila (Hrsg.). 2003. *A Picture Postcard History of Fairhaven.* New Bedford: Spinner Publications.

Thompson, Slason. 1907. *Railway Statistics of the United States of America for the Year Ending June 30, 1906. Compared with the Official Reports of 1905 and Recent Statistics of Foreign Railways.* Chicago: Gunthorp-Warren Printing Company.

Timlow, Heman R. 1875. *Ecclesiastical and Other Sketches of Southington, Conn.* Hartford: Case, Lockwood and Brainard Company.

Towner, Ausburn [alias Ishmael]. 1892. *Our County and Its People: A History of the Valley and County of Chemung from the Closing Years of the Eighteenth Century.* Syracuse, New York: D. Mason & Co.

Trevelyan, G. Otto. 1876. *The Life and Letters of Lord Macaulay.* 2 Bde. London: Longmans, Green and Co.

Trombley, Laura Skandera. 2010. *Mark Twain's Other Woman: The Hidden Story of His Final Years.* New York: Alfred A. Knopf.

TS. 1980. *The Adventures of Tom Sawyer; Tom Sawyer Abroad; and Tom Sawyer, Detective.* Hrsg. von John C. Gerber, Paul Baender und Terry Firkins. The Works of Mark Twain. Berkeley/Los Angeles: University of California Press.

Tuckey, John S. 1963. *Mark Twain and Little Satan.* West Lafayette, Indiana: Purdue University Studies.

Turner, Arlin. 1956. *George Washington Cable: A Biography.* Durham, North Carolina: Duke University Press.

Twichell, Joseph H. 1874–1916. »Personal Journal.« Ms. von 12 Bde., Joseph H. Twichell Collection, CtY-BR.

TxU-Hu. Harry Ransom Humanities Research Center, University of Texas, Austin.

UkBrH. Brighton and Hove Libraries, Rare Books and Special Collections, Hove, Sussex, England.

UkOxU. Oxford University, Bodleian Library, Oxford, England.

UkReU. University of Reading Library, Whiteknights, Reading, Berkshire, England.

Union League Club. 1916. *The Union League Club of New York*. New York: Knickerbocker Press (G. P. Putnam's Sons).

University Art Galleries. 1985. *A Circle of Friends: Art Colonies of Cornish and Dublin*. Durham: University Art Galleries, University of New Hampshire.

U. S. and International Marriage Records. 2011. *U. S. and International Marriage Records, 1560–1900* [Online-Datenbank]. http://ancestry.com. Stand: 4. Aug. 2011.

U. S. Army Center of Military History. 2011. »U. S. Army Five-Star Generals.« http://www.history.army.mil/html/faq/5star.html. Stand: 21. Jan. 2011.

U. S. Congress. 1906. *Copyright Hearings, December 7 to 11, 1906. Arguments before the Committees on Patents of the Senate and House of Representatives, Conjointly, on the Bills S. 6330 and H. R. 19853*. Washington, D. C.: Government Printing Office.

U. S. Government Printing Office.

    1884. *Exercises at the Ceremony of Unveiling the Statue of John Marshall, Chief Justice of the United States, in Front of the Capitol, Washington, May 10, 1884 ... With the Proceedings of the Philadelphia Bar Relating to the Monument to Chief Justice Marshall*. Washington, D. C.: Government Printing Office.

1906. *Simplified Spelling. For the Use of Government Departments*. Washington, D. C.: Government Printing Office.

U. S. National Archives and Records Administration.

    1795–1905. *Passport Applications*. Mikrofilmnr.: M1372. Fotokopie in CU-MARK.

    1877–1907. *Emergency Passport Applications (Passports Issued Abroad)*. Mikrofilmnr.: M1834. Fotokopie in CU-MARK.

    1907–9. *Fentress Land Co. et al. v. Bruno Gernt et al*. Civil Case No. 967, Circuit Court of the United States for the Southern Division of the Eastern District of Tennessee, Southeast Region Archives, Morrow, Georgia.

Varble, Rachel M. *1964. Jane Clemens. The Story of Mark Twain's Mother*. Garden City, New York: Doubleday & Co.

Vining, E. P. 1887. »The Gunther Folio and Autograph.« *Shakespeariana* 4:154–59.

ViU. University of Virginia, Charlottesville.

Vogel, Dan. 2006. *Mark Twain's Jews*. Jersey City, New Jersey: KTAV Publishing House.

VtMiM. Middlebury College, Middlebury, Vermont.

Wakeman, Edgar. 1878. *The Log of an Ancient Mariner. Being the Life and Adventures of Captain Edgar Wakeman*. Hrsg. von Minnie Wakeman-Curtis. San Francisco: A. L. Bancroft and Co.

Wakeman, Robert P. 1900. *Wakeman Genealogy*. 1630–1899. Meriden, Connecticut: Journal Publishing Company.

Waltz, Robert B., und David G. Engle. 2011. »The Traditional Ballad Index: An Annotated Bibliography of the Folk Songs of the English-Speaking World.« http://www.csufresno.edu/folklore/BalladSearch.html. Stand: 21. März 2011.

Washington Census. 1900. *Population Schedules of the Twelfth Census of the United States, 1900. Rolle T623. Washington: District of Columbia*. Fotokopie in CU-MARK.

Watson, Aaron. 1907. *The Savage Club: A Medley of History, Anecdote and Reminiscence ... With a Chapter by Mark Twain*. London: T. Fisher Unwin.

Watson, Thomas A. 1926. *Exploring Life. The Autobiography of Thomas A. Watson.* New York: D. Appleton and Co.

Wave Hill. 2011. »A Brief History of Wave Hill: 1843–1903.« http://wavehill.org/about/history.html. Stand: 8. März 2011.

W. C. T. U.

1913. *Report of the Ninth Convention of the World's Woman's Christian Temperance Union.* O. S.

2011. »Early History.« http://www.wctu.org/earlyhistory.html. Stand: 17. Aug. 2011.

Wecter, Dixon.

1941. »Mark Twain as Translator from the German.« *American Literature* 13 (Nov.): 257–63.

1952. *Sam Clemens of Hannibal.* Boston: Houghton Mifflin Company, Riverside Press.

Weidenaar, Reynold. 1995. *Magic Music from the Telharmonium.* Metuchen, New Jersey: Scarecrow Press.

Wheeler, Candace. 1918. *Yesterdays in a Busy Life.* New York: Harper & Brothers.

White, Andrew Dickson. 1905. *Autobiography of Andrew Dickson White.* 2 Bde. New York: Century Company.

White, Horatio S. 1925. *Willard Fiske, Life and Correspondence: A Biographical Study.* New York: Oxford University Press.

Whitford, Noble E. 1906. *History of the Canal System of the State of New York Together with Brief Histories of the Canals of the United States and Canada: Supplement to the Annual Report of the State Engineer and Surveyor of the State of New York for the Fiscal Year Ending Sept. 30, 1905.* 2 Bde. Albany: Brandow Printing Company.

Wilbor, Elsie M. (Hrsg.). 1887. *Werner's Directory of Elocutionists, Readers, Lecturers and Other Public Instructors and Entertainers.* New York: Edgar S. Werner.

Wilson, James Grant, und John Fiske (Hrsg.). 1887–89. *Appletons' Cyclopaedia of American Biography.* 6 Bde. New York: D. Appleton and Co.

Wilson, John. 1973. CB: *A Life of Sir Henry Campbell-Bannerman.* London: Constable and Co.

WIM. 1973. *What Is Man? And Other Philosophical Writings.* Hrsg. von Paul Baender. The Works of Mark Twain. Berkeley: University of California Press.

Winship, Michael. 2012. »Uncle Tom's Cabin: History of the Book in the 19th-Century United States.« http://utc.iath.virginia.edu/interpret/exhibits/winship/winship.html. Stand: 14. Febr. 2012.

Woolsey, Sarah Chauncey [alias Susan Coolidge]. 1906. *Last Verses.* Boston: Little, Brown, and Co.

Wuliger, Robert. 1953. »Mark Twain on *King Leopold's Soliloquy*.« *American Literature* 25 (Mai): 234–37.

WWD. 1967. *Mark Twain's Which Was the Dream? and Other Symbolic Writings of the Later Years.* Hrsg. von John S. Tuckey. The Mark Twain Papers. Berkeley/Los Angeles: University of California Press.

Yale Alumni Directory. 1920. *Alumni Directory of Yale University (Graduates and Nongraduates).* Zusammengestellt von Lottie G. Bishop. New Haven: Yale University.

Yandell, L. P. 1838. »Louisville Medical Institute.« *American Medical Intelligencer* 2 (2. April): 14.

Young, John Russell. 1892. »More Than Eloquent. John Russell Young Tells of Thirty Years' Friendship with Daniel Dougherty the Orator.« Pittsburgh (Pennsylvania) Dispatch, 18. Sept., 9.

Abkürzungsverzeichnis

Hier finden sich die wichtigsten in diesem Band verwendeten Abkürzungen; zu Kurz-titeln vgl. die »Bibliographie«.

AD   Autobiographisches Diktat

CC   Clara Langdon Clemens (Gabrilowitsch Samossoud)

HC   Henry Clemens

JC   Jean Lampton Clemens

JLC   Jane Lampton Clemens

MEC   Mary E. (Mollie) Clemens

MS   Manuskript (engl. Ms.)

Ms.   Manuskript

MT   Mark Twain (Samuel Langhorne Clemens)

MTPO   Mark Twain Project Online

OC   Orion Clemens

OLC   Olivia (Livy) Langdon Clemens

OLL   Olivia (Livy) Louise Langdon

OSC   Olivia Susan (Susy) Clemens

PAM   Pamela Ann Moffett

SLC   Samuel Langhorne Clemens (Mark Twain)

TS   Typoskript

Dank

Die amerikanischen Herausgeber danken Robert H. Hirst, Gesamtherausgeber der Mark Twain Papers, sowie dem Beirat des Mark Twain Project: Frederick Crews, Mary C. Francis, Peter E. Hanff, Thomas C. Leonard, Michael Millgate, Alison Mudditt, George A. Starr, G. Thomas Tanselle und Elaine Tennant.

Das Mark Twain Project ist ein Editions- und Veröffentlichungsprogramm der Bancroft Library, das sich seit 1967 eine kritische Gesamtausgabe sämtlicher Schriften Mark Twains zum Ziel gesetzt hat.